도승하
감정평가관계법규
1차 | 기본서

도승하 편저   동영상강의 www.pmg.co.kr

박문각

박문각 감정평가사

감정평가관계법규 기본서는 법조문 학습의 어려움을 최소화하고자 조문형 교재가 아닌 일반 이론 스타일의 교재로 출간하였기에 편하게 읽고 정리할 수 있을 것입니다. 이에 더하여 중요한 빈출 조문은 O·X 문제로 확인할 수 있게 추가하여 주요 빈출 지문을 효율적으로 공부할 수 있습니다.

각 법률 조문 중 기출되었던 연도를 표시하여 어떠한 조문과 내용이 자주 출제되었는지 쉽게 확인할 수 있기에 자주 출제된 주제 위주로 효율적으로 공부할 수 있습니다.

감정평가관계법규는 「국토의 계획 및 이용에 관한 법률」, 「건축법」, 「공간정보의 구축 및 관리 등에 관한 법률」 중 지적에 관한 규정, 「국유재산법」, 「도시 및 주거환경정비법」, 「부동산등기법」, 「감정평가 및 감정평가사에 관한 법률」, 「부동산 가격공시에 관한 법률」 및 「동산·채권 등의 담보에 관한 법률」을 범위로 합니다.

감정평가관계법규는 법률에 규정된 방법과 내용을 토대로 진행되기에 여러 법령의 내용을 기본적으로 숙지하고 있어야 할 것입니다.

감정평가의 초석이 될 수 있는 감정평가관계법규 시험에 길잡이가 되고, 많은 수험생 분들의 합격을 기원합니다.

도승하 편저

CONTENTS
이 책의 차례

CONTENTS
이 책의 차례

PREFACE

CONTENTS
이 책의 차례

CONTENTS
이 책의 차례

국토의 계획 및 이용에 관한 법률

국토의 계획 및 이용에 관한 법률 기본 구조 및 최근 출제빈도 확인하기(매년 13문제 출제)

단원	출제빈도
제1장 총칙	28, 29, 31, 32, 33, 34, 35
제2장 광역도시계획	30, 31, 32, 33, 34, 35
제3장 도시·군기본계획	29, 31, 32
제4장 도시·군관리계획	
제1절 도시·군관리계획의 수립 절차	28, 29, 30, 31, 32, 33, 34, 35
제1절의2 공간재구조화계획	
제2절 용도지역·용도지구·용도구역	28, 29, 30, 31, 32, 34, 35
제3절 도시·군계획시설	28, 29, 30, 32, 33, 34, 35
제4절 지구단위계획	28, 29, 30, 32, 34
제5장 개발행위의 허가 등	
제1절 개발행위의 허가	29, 30, 31, 33, 34, 35
제2절 개발행위에 따른 기반시설의 설치	31, 34, 35
제3절 성장관리계획	33, 34
제6장 용도지역·용도지구 및 용도구역에서의 행위	28, 29, 30, 32, 33, 34, 35
제7장 도시·군계획시설사업의 시행	29, 34
제8장 비용	
제9장 도시계획위원회	29, 31
제10장 토지거래의 허가 등	
제11장 보칙	29, 31, 32, 34
제12장 벌칙	32

총칙

이 법은 국토의 이용·개발과 보전을 위한 계획의 수립 및 집행 등에 필요한 사항을 정하여 공공복리를 증진시키고 국민의 삶의 질을 향상시키는 것을 목적으로 한다(제1조).

Ⅰ 기본개념(제2조)

1. "광역도시계획"이란 제10조에 따라 지정된 **광역계획권의 장기발전방향을** 제시하는 계획을 말한다.
2. "도시·군계획"이란 특별시·광역시·특별자치시·특별자치도·시 또는 군(광역시의 관할 구역에 있는 군은 제외)의 관할 구역에 대하여 수립하는 **공간구조와 발전방향**에 대한 계획으로서 도시·군기본계획과 도시·군관리계획으로 구분한다.
3. "도시·군기본계획"이란 특별시·광역시·특별자치시·특별자치도·시 또는 군의 관할 구역 및 생활권에 대하여 기본적인 **공간구조와 장기발전방향을** 제시하는 종합계획으로서 **도시·군관리계획 수립의 지침이** 되는 계획을 말한다.
4. "도시·군관리계획"이란 특별시·광역시·특별자치시·특별자치도·시 또는 군의 개발·정비 및 보전을 위하여 수립하는 토지 이용, 교통, 환경, 경관, 안전, 산업, 정보통신, 보건, 복지, 안보, 문화 등에 관한 다음의 계획을 말한다. [기출 28 32 33]
   가. 용도지역·용도지구의 지정 또는 변경에 관한 계획
   나. 개발제한구역, 도시자연공원구역, 시가화조정구역, 수산자원보호구역의 지정 또는 변경에 관한 계획
   다. 기반시설의 설치·정비 또는 개량에 관한 계획
   라. 도시개발사업이나 정비사업에 관한 계획
   마. 지구단위계획구역의 지정 또는 변경에 관한 계획과 지구단위계획
   바. 삭제 〈2024.2.6.〉
   사. 도시혁신구역의 지정 또는 변경에 관한 계획과 도시혁신계획
   아. 복합용도구역의 지정 또는 변경에 관한 계획과 복합용도계획
   자. 도시·군계획시설입체복합구역의 지정 또는 변경에 관한 계획
5. "지구단위계획"이란 도시·군계획 수립 대상지역의 일부에 대하여 토지 이용을 합리화하고 그 기능을 증진시키며 미관을 개선하고 양호한 환경을 확보하며, 그 지역을 체계적·계획적으로 관리하기 위하여 수립하는 도시·군관리계획을 말한다.

5의2. 삭제 〈2024.2.6.〉

5의3. "성장관리계획"이란 성장관리계획구역에서의 난개발을 방지하고 계획적인 개발을 유도하기 위하여 수립하는 계획을 말한다.

5의4. "공간재구조화계획"이란 토지의 이용 및 건축물이나 그 밖의 시설의 용도·건폐율·용적률· 높이 등을 완화하는 용도구역의 효율적이고 계획적인 관리를 위하여 수립하는 계획을 말한다.

5의5. "도시혁신계획"이란 창의적이고 혁신적인 도시공간의 개발을 목적으로 도시혁신구역에서의 토지의 이용 및 건축물의 용도·건폐율·용적률·높이 등의 제한에 관한 사항을 따로 정하기 위하여 공간재구조화계획으로 결정하는 도시·군관리계획을 말한다.

5의6. "복합용도계획"이란 주거·상업·산업·교육·문화·의료 등 다양한 도시기능이 융복합된 공간의 조성을 목적으로 복합용도구역에서의 건축물의 용도별 구성비율 및 건폐율·용적률·높이 등의 제한에 관한 사항을 따로 정하기 위하여 공간재구조화계획으로 결정하는 도시·군관리계획을 말한다.

6. "기반시설"이란 다음 시설을 말한다(당해 시설 그 자체의 기능발휘와 이용을 위하여 필요한 부대시설 및 편익시설을 포함한다). [기출 28 29 30 31 32 33 35]

① 교통시설

도로·철도·항만·공항·주차장·자동차정류장·궤도·차량 검사 및 면허시설

---

1. 도로 :
    가. 일반도로   나. 자동차전용도로   다. 보행자전용도로
    라. 보행자우선도로   마. 자전거전용도로   바. 고가도로
    사. 지하도로

2. 자동차정류장 :
    가. 여객자동차터미널   나. 물류터미널   다. 공영차고지
    라. 공동차고지   마. 화물자동차 휴게소   바. 복합환승센터
    사. 환승센타

---

② 공간시설

광장·공원·녹지·유원지·공공공지

---

1. 광장 :
    가. 교통광장   나. 일반광장   다. 경관광장
    라. 지하광장   마. 건축물부설광장

---

③ 유통·공급시설

유통업무설비, 수도·전기·가스·열공급설비, 방송·통신시설, 공동구·시장, 유류저장 및 송유설비

④ 공공·문화체육시설

학교·공공청사·문화시설·공공필요성이 인정되는 체육시설·연구시설·사회복지시설·공공직업훈련시설·청소년수련시설

⑤ 방재시설

하천·유수지·저수지·방화설비·방풍설비·방수설비·사방설비·방조설비

⑥ 보건위생시설

장사시설·도축장·종합의료시설

⑦ 환경기초시설

하수도·폐기물처리 및 재활용시설·빗물저장 및 이용시설·수질오염방지시설·폐차장

※ 도시·군관리계획으로 미리 결정하지 않고 시행할 수 있는 기반시설

1. 도시지역 또는 지구단위계획구역에서 다음 각 목의 기반시설을 설치하고자 하는 경우

　가. 주차장, 차량 검사 및 면허시설, 공공공지, 열공급설비, 방송·통신시설, 시장·공공청사·문화시설·공공필요성이 인정되는 체육시설·연구시설·사회복지시설·공공직업 훈련시설·청소년수련시설·저수지·방화설비·방풍설비·방수설비·사방설비·방조설비·장사시설·종합의료시설·빗물저장 및 이용시설·폐차장

　나. 「도시공원 및 녹지 등에 관한 법률」의 규정에 의하여 점용허가대상이 되는 공원안의 기반시설

　다. 그 밖에 국토교통부령으로 정하는 시설

> 1. 공항 중 「공항시설법 시행령」 제3조 제3호의 규정에 의한 도심공항터미널
> 2. 삭제 〈2016.12.30.〉
> 3. 여객자동차터미널 중 전세버스운송사업용 여객자동차터미널
> 4. 광장 중 건축물부설광장
> 5. 전기공급설비(발전시설, 옥외에 설치하는 변전시설 및 지상에 설치하는 전압 15만 4천 볼트 이상의 송전선로는 제외한다)
> 5의2. 「신에너지 및 재생에너지 개발·이용·보급 촉진법」 제2조 제3호에 따른 신·재생에너지설비로서 다음 각 목의 어느 하나에 해당하는 설비
> 　가. 「신에너지 및 재생에너지 개발·이용·보급 촉진법 시행규칙」 제2조 제2호에 따른 연료전지 설비 및 같은 조 제4호에 따른 태양에너지 설비
> 　나. 「신에너지 및 재생에너지 개발·이용·보급 촉진법 시행규칙」 제2조 제1호, 제3호 및 제5호부터 제12호까지에 해당하는 설비로서 발전용량이 200킬로와트 이하인 설비(전용주거지역 및 일반주거지역 외의 지역에 설치하는 경우로 한정한다)
> 6. 다음 각 목의 어느 하나에 해당하는 가스공급설비
> 　가. 「액화석유가스의 안전관리 및 사업법」 제5조 제1항에 따라 액화석유가스충전사업의 허가를 받은 자가 설치하는 액화석유가스 충전시설
> 　나. 「도시가스사업법」 제3조에 따라 도시가스사업의 허가를 받은 자 또는 같은 법 제39조의2 제1항 각 호 외의 부분 전단에 따른 도시가스사업자 외의 가스공급시설설치자가 설치하는 같은 법 제2조 제5호에 따른 가스공급시설
> 　다. 「환경친화적 자동차의 개발 및 보급 촉진에 관한 법률」 제2조 제9호에 따른 수소연료공급시설

상단 헤더는 PART 01

　　라. 「고압가스 안전관리법」 제3조 제1호에 따른 저장소로서 자기가 직접 다음의 어느 하나의 용도로 소비할 목적으로 고압가스를 저장하는 저장소

　　　　1) 발전용 : 전기(電氣)를 생산하는 용도

　　　　2) 산업용 : 제조업의 제조공정용 원료 또는 연료(제조부대시설의 운영에 필요한 연료를 포함한다)로 사용하는 용도

　　　　3) 열병합용 : 전기와 열을 함께 생산하는 용도

　　　　4) 열 전용(專用) 설비용 : 열만을 생산하는 용도

6의2. 수도공급설비 중 「수도법」 제3조 제9호의 마을상수도

7. 유류저장 및 송유설비 중 「위험물안전관리법」 제6조에 따른 제조소등의 설치허가를 받은 자가 「위험물안전관리법 시행령」 별표 1에 따른 인화성액체 중 유류를 저장하기 위하여 설치하는 유류저장시설

8. 다음 각 목의 학교

　　가. 「유아교육법」 제2조 제2호에 따른 유치원

　　나. 「장애인 등에 대한 특수교육법」 제2조 제10호에 따른 특수학교

　　다. 「초·중등교육법」 제60조의3에 따른 대안학교

　　라. 「고등교육법」 제2조 제5호에 따른 방송대학·통신대학 및 방송통신대학

9. 삭제 〈2018.12.27.〉

10. 다음 각 목의 어느 하나에 해당하는 도축장

　　가. 대지면적이 500제곱미터 미만인 도축장

　　나. 「산업입지 및 개발에 관한 법률」 제2조 제8호에 따른 산업단지 내에 설치하는 도축장

11. 폐기물처리 및 재활용시설 중 재활용시설

12. 수질오염방지시설 중 「광산피해의 방지 및 복구에 관한 법률」 제31조(2021.3.9. 삭제)에 따른 한국광해관리공단이 같은 법 제11조에 따른 광해방지사업의 일환으로 폐광의 폐수를 처리하기 위하여 설치하는 시설(「건축법」 제11조에 따른 건축허가를 받아 건축하여야 하는 시설은 제외한다)

2. 도시지역 및 지구단위계획구역외의 지역에서 다음 각목의 기반시설을 설치하고자 하는 경우

　가. 상기 제1 '가' 및 '나'의 기반시설

　나. 궤도 및 전기공급설비

　다. 그 밖에 국토교통부령이 정하는 시설

1. 삭제 〈2018.12.27.〉

2. 자동차정류장

3. 광장

4. 유류저장 및 송유설비

5. 제1 '다' 중 제1호·제6호·제6호의2·제8호부터 제12호까지의 시설

7. "도시·군계획시설"이란 기반시설 중 도시·군관리계획으로 결정된 시설을 말한다.

8. "광역시설"이란 기반시설 중 광역적인 정비체계가 필요한 다음 각 목의 시설로서 대통령령으로 정하는 시설을 말한다.

　① 2 이상의 관할구역에 걸치는 시설 : 도로·철도·광장·녹지, 수도·전기·가스·열공급설비, 방송·통신시설, 공동구, 유류저장 및 송유설비, 하천·하수도(하수종말처리시설을 제외한다)

　② 2 이상의 특별시·광역시·특별자치시·특별자치도·시 또는 군이 공동으로 이용하는 시설 : 항만·공항·자동차정류장·공원·유원지·유통업무설비·문화시설·공공필요성이 인정되는 체육시설·사회복지시설·공공직업훈련시설·청소년수련시설·유수지·장사시설·도축장·하수도(하수종말처리시설에 한한다)·폐기물처리 및 재활용시설·수질오염방지시설·폐차장

9. "공동구"란 전기·가스·수도 등의 공급설비, 통신시설, 하수도시설 등 지하매설물을 공동 수용함으로써 미관의 개선, 도로구조의 보전 및 교통의 원활한 소통을 위하여 지하에 설치하는 시설물을 말한다.

10. "도시·군계획시설사업"이란 도시·군계획시설을 설치·정비 또는 개량하는 사업을 말한다.

11. "도시·군계획사업"이란 도시·군관리계획을 시행하기 위한 다음의 사업을 말한다.

　① 도시·군계획시설사업

　②「도시개발법」에 따른 도시개발사업

　③「도시 및 주거환경정비법」에 따른 정비사업

12. "도시·군계획사업시행자"란 이 법 또는 다른 법률에 따라 도시·군계획사업을 하는 자를 말한다.

13. "공공시설"이란 도로·공원·철도·수도, 그 밖에 대통령령으로 정하는 공공용 시설을 말한다.

　① 항만·공항·광장·녹지·공공공지·공동구·하천·유수지·방화설비·방풍설비·방수설비·사방설비·방조설비·하수도·구거(溝渠 : 도랑)

　② 행정청이 설치하는 시설로서 주차장, 저수지 및 그 밖에 국토교통부령으로 정하는 시설

> **＊ 국토교통부령으로 정하는 시설**
> 1. 공공필요성이 인정되는 체육시설 중 운동장
> 2. 장사시설 중 화장장·공동묘지·봉안시설(자연장지 또는 장례식장에 화장장·공동묘지·봉안시설 중 한 가지 이상의 시설을 같이 설치하는 경우를 포함한다)

　③「스마트도시 조성 및 산업진흥 등에 관한 법률」제2조 제3호 다목에 따른 시설 : 스마트도시서비스의 제공 등을 위한 스마트도시 통합운영센터 등 스마트도시의 관리·운영에 관한 시설

14. "국가계획"이란 중앙행정기관이 법률에 따라 수립하거나 국가의 정책적인 목적을 이루기 위하여 수립하는 계획 중 제19조(도시군기본계획의 내용) 제1항 제1호부터 제9호까지에 규정된 사항이나 도시·군관리계획으로 결정하여야 할 사항이 포함된 계획을 말한다.

15. "용도지역"이란 토지의 이용 및 건축물의 용도, 건폐율, 용적률, 높이 등을 제한함으로써 토지를 경제적·효율적으로 이용하고 공공복리의 증진을 도모하기 위하여 서로 중복되지 아니하게 도시·군관리계획으로 결정하는 지역을 말한다.

16. "용도지구"란 토지의 이용 및 건축물의 용도·건폐율·용적률·높이 등에 대한 용도지역의 제한을 강화하거나 완화하여 적용함으로써 용도지역의 기능을 증진시키고 경관·안전 등을 도모하기 위하여 도시·군관리계획으로 결정하는 지역을 말한다. [기출 28]

17. "용도구역"이란 토지의 이용 및 건축물의 용도·건폐율·용적률·높이 등에 대한 용도지역 및 용도지구의 제한을 강화하거나 완화하여 따로 정함으로써 시가지의 무질서한 확산방지, 계획적이고 단계적인 토지이용의 도모, 혁신적이고 복합적인 토지활용의 촉진, 토지이용의 종합적 조정·관리 등을 위하여 도시·군관리계획으로 결정하는 지역을 말한다.

18. "개발밀도관리구역"이란 개발로 인하여 기반시설이 부족할 것으로 예상되나 기반시설을 설치하기 곤란한 지역을 대상으로 건폐율이나 용적률을 강화하여 적용하기 위하여 지정하는 구역을 말한다.

19. "기반시설부담구역"이란 개발밀도관리구역 외의 지역으로서 개발로 인하여 도로, 공원, 녹지 등 대통령령으로 정하는 기반시설의 설치가 필요한 지역을 대상으로 기반시설을 설치하거나 그에 필요한 용지를 확보하게 하기 위하여 지정·고시하는 구역을 말한다.

> "도로, 공원, 녹지 등 대통령령으로 정하는 기반시설"이란 다음 각 호의 기반시설(해당 시설의 이용을 위하여 필요한 부대시설 및 편의시설을 포함한다)을 말한다. [기출 33]
> 1. 도로(인근의 간선도로로부터 기반시설부담구역까지의 진입도로를 포함한다)
> 2. 공원
> 3. 녹지
> 4. 학교(「고등교육법」 제2조에 따른 학교는 제외한다 : 대학)
> 5. 수도(인근의 수도로부터 기반시설부담구역까지 연결하는 수도를 포함한다)
> 6. 하수도(인근의 하수도로부터 기반시설부담구역까지 연결하는 하수도를 포함한다)
> 7. 폐기물처리 및 재활용시설
> 8. 그 밖에 특별시장·광역시장·특별자치시장·특별자치도지사·시장 또는 군수가 법 제68조 제2항 단서에 따른 기반시설부담계획에서 정하는 시설

20. "기반시설설치비용"이란 단독주택 및 숙박시설 등 대통령령으로 정하는 시설의 신·증축 행위로 인하여 유발되는 기반시설을 설치하거나 그에 필요한 용지를 확보하기 위하여 제69조에 따라 부과·징수하는 금액을 말한다.

Q 참고   국토 이용 및 관리의 기본원칙(제3조)

국토는 자연환경의 보전과 자원의 효율적 활용을 통하여 환경적으로 건전하고 지속가능한 발전을 이루기 위하여 다음 각 호의 목적을 이룰 수 있도록 이용되고 관리되어야 한다.
1. 국민생활과 경제활동에 필요한 토지 및 각종 시설물의 효율적 이용과 원활한 공급
2. 자연환경 및 경관의 보전과 훼손된 자연환경 및 경관의 개선 및 복원
3. 교통·수자원·에너지 등 국민생활에 필요한 각종 기초 서비스 제공
4. 주거 등 생활환경 개선을 통한 국민의 삶의 질 향상

5. 지역의 정체성과 문화유산의 보전

6. 지역 간 협력 및 균형발전을 통한 공동번영의 추구

7. 지역경제의 발전과 지역 및 지역 내 적절한 기능 배분을 통한 사회적 비용의 최소화

8. 기후변화에 대한 대응 및 풍수해 저감을 통한 국민의 생명과 재산의 보호

9. 저출산·인구의 고령화에 따른 대응과 새로운 기술변화를 적용한 최적의 생활환경 제공 [기출 29]

> ↻ **줄임표현**
>
> 특별시장·광역시장·특별자치시장·도지사·특별자치도지사 : 시·도지사
> 특별시·광역시·특별자치시·도 또는 특별자치도 = 시·도

Ⅱ 총칙 일반

1. 도시의 지속가능성 및 생활인프라 수준 평가(제3조의2) [기출 34]

국토교통부장관은 도시의 지속가능하고 균형 있는 발전과 주민의 편리하고 쾌적한 삶을 위하여 도시의 지속가능성 및 생활인프라(교육시설, 문화·체육시설, 교통시설 등의 시설로서 국토교통부장관이 정하는 것을 말한다) 수준을 평가할 수 있다. 국가와 지방자치단체는 평가 결과를 도시·군계획의 수립 및 집행에 반영하여야 한다.

국토교통부장관은 평가를 실시하려는 경우 특별시장·광역시장·특별자치시장·특별자치도지사·시장 또는 군수에게 해당 지방자치단체의 자체평가를 실시하여 그 결과를 제출하도록 하여야 하며, 제출받은 자체평가 결과를 바탕으로 최종평가를 실시한다(국토교통부장관은 평가를 전문기관에 의뢰할 수 있다). [기출 34]

국토교통부장관은 평가결과의 일부 또는 전부를 공개할 수 있으며, 「도시재생 활성화 및 지원에 관한 특별법」에 따른 도시재생 활성화를 위한 비용의 보조 또는 융자, 「지방자치분권 및 지역균형발전에 관한 특별법」에 따른 포괄보조금의 지원 등에 평가결과를 활용하도록 할 수 있다.

> * **도시의 지속가능성 및 생활인프라 수준 평가의 기준·절차** [기출 34]
> 1. 지속가능성 평가기준 : 토지이용의 효율성, 환경친화성, 생활공간의 안전성·쾌적성·편의성 등에 관한 사항
> 2. 생활인프라 평가기준 : 보급률 등을 고려한 생활인프라 설치의 적정성, 이용의 용이성·접근성·편리성 등에 관한 사항

2. 국가계획, 광역도시계획 및 도시·군계획의 관계 등(제4조) [기출 31]

① 도시·군계획은 특별시·광역시·특별자치시·특별자치도·시 또는 군의 관할 구역에서 수립되는 다른 법률에 따른 토지의 이용·개발 및 보전에 관한 계획의 기본이 된다.

② 광역도시계획 및 도시·군계획은 국가계획에 부합되어야 하며, 광역도시계획 또는 도시·군

계획의 내용이 국가계획의 내용과 다를 때에는 국가계획의 내용이 우선한다. 이 경우 국가계획을 수립하려는 중앙행정기관의 장은 미리 지방자치단체의 장의 의견을 듣고 충분히 협의하여야 한다.

③ 광역도시계획이 수립되어 있는 지역에 대하여 수립하는 도시·군기본계획은 그 광역도시계획에 부합되어야 하며, 도시·군기본계획의 내용이 광역도시계획의 내용과 다를 때에는 광역도시계획의 내용이 우선한다. [기출 33]

④ 특별시장·광역시장·특별자치시장·특별자치도지사·시장 또는 군수(광역시의 관할 구역에 있는 군의 군수는 제외)가 관할 구역에 대하여 다른 법률에 따른 환경·교통·수도·하수도·주택 등에 관한 부문별 계획을 수립할 때에는 도시·군기본계획의 내용에 부합되게 하여야 한다.

3. 국토의 용도 구분(제6조)

국토는 토지의 이용실태 및 특성, 장래의 토지 이용 방향, 지역 간 균형발전 등을 고려하여 다음과 같은 용도지역으로 구분한다.

(1) **도시지역** : 인구와 산업이 밀집되어 있거나 밀집이 예상되어 그 지역에 대하여 체계적인 개발·정비·관리·보전 등이 필요한 지역

(2) **관리지역** : 도시지역의 인구와 산업을 수용하기 위하여 도시지역에 준하여 체계적으로 관리하거나 농림업의 진흥, 자연환경 또는 산림의 보전을 위하여 농림지역 또는 자연환경보전지역에 준하여 관리할 필요가 있는 지역

(3) **농림지역** : 도시지역에 속하지 아니하는 「농지법」에 따른 농업진흥지역 또는 「산지관리법」에 따른 보전산지 등으로서 농림업을 진흥시키고 산림을 보전하기 위하여 필요한 지역

(4) **자연환경보전지역** : 자연환경·수자원·해안·생태계·상수원 및 「국가유산기본법」 제3조에 따른 국가유산의 보전과 수산자원의 보호·육성 등을 위하여 필요한 지역

4. 용도지역별 관리 의무(제7조)

국가나 지방자치단체는 제6조에 따라 정하여진 용도지역의 효율적인 이용 및 관리를 위하여 다음에서 정하는 바에 따라 그 용도지역에 관한 개발·정비 및 보전에 필요한 조치를 마련하여야 한다.

(1) **도시지역** : 이 법 또는 관계 법률에서 정하는 바에 따라 그 지역이 체계적이고 효율적으로 개발·정비·보전될 수 있도록 미리 계획을 수립하고 그 계획을 시행하여야 한다.

(2) **관리지역** : 이 법 또는 관계 법률에서 정하는 바에 따라 필요한 보전조치를 취하고 개발이 필요한 지역에 대하여는 계획적인 이용과 개발을 도모하여야 한다.

(3) **농림지역** : 이 법 또는 관계 법률에서 정하는 바에 따라 농림업의 진흥과 산림의 보전·육성에 필요한 조사와 대책을 마련하여야 한다.

(4) **자연환경보전지역** : 이 법 또는 관계 법률에서 정하는 바에 따라 환경오염 방지, 자연환경·수질·수자원·해안·생태계 및 「국가유산기본법」 제3조에 따른 국가유산의 보전과 수산자원의 보호·육성을 위하여 필요한 조사와 대책을 마련하여야 한다.

5. 다른 법률에 따른 토지 이용에 관한 구역 등의 지정 제한 등(제8조)

1) 중앙행정기관의 장이나 지방자치단체의 장은 다른 법률에 따라 토지 이용에 관한 지역·지구·구역 또는 구획 등(이하 "구역 등")을 지정하려면 그 구역 등의 지정목적이 이 법에 따른 용도지역·용도지구 및 용도구역의 지정목적에 부합되도록 하여야 한다.

2) 중앙행정기관의 장이나 지방자치단체의 장은 다른 법률에 따라 지정되는 구역 등 중 대통령령으로 정하는 면적 이상의 구역 등을 지정하거나 변경하려면 중앙행정기관의 장은 국토교통부장관과 협의하여야 하며 지방자치단체의 장은 국토교통부장관의 승인을 받아야 한다.

> ① "대통령령으로 정하는 면적"이란 1제곱킬로미터(「도시개발법」에 의한 도시개발구역의 경우에는 5제곱킬로미터)를 말한다.
> ② 중앙행정기관의 장 또는 지방자치단체의 장이 국토교통부장관에게 협의 또는 승인을 요청하는 때에는 다음 각 호의 서류를 국토교통부장관에게 제출하여야 한다.
> 　1. 구역 등의 지정 또는 변경의 목적·필요성·배경·추진절차 등에 관한 설명서(관계 법령의 규정에 의하여 당해 구역 등을 지정 또는 변경할 때 포함되어야 하는 내용을 포함한다)
> 　2. 대상지역과 주변지역의 용도지역·기반시설 등을 표시한 축척 2만 5천분의 1의 토지이용현황도
> 　3. 대상지역 안에 지정하고자 하는 구역 등을 표시한 축척 5천분의 1 내지 2만 5천분의 1의 도면
> 　4. 그 밖에 국토교통부령이 정하는 서류

3) 지방자치단체의 장이 2)에 따라 승인을 받아야 하는 구역 등 중 대통령령으로 정하는 면적 미만의 구역 등을 지정하거나 변경하려는 경우 특별시장·광역시장·특별자치시장·도지사·특별자치도지사(이하 "시·도지사"라 한다)는 2)에도 불구하고 국토교통부장관의 승인을 받지 아니하되, 시장·군수 또는 구청장(자치구의 구청장을 말한다. 이하 같다)은 시·도지사의 승인을 받아야 한다.

> ① "대통령령으로 정하는 면적"이란 5제곱킬로미터[특별시장·광역시장·특별자치시장·도지사·특별자치도지사(이하 "시·도지사"라 한다)가 법 제113조 제1항에 따른 시·도도시계획위원회(이하 "시·도도시계획위원회"라 한다)의 심의를 거쳐 구역 등을 지정 또는 변경하는 경우에 한정한다]를 말한다.
> ② 시장·군수 또는 구청장(자치구의 구청장을 말한다. 이하 같다)이 시·도지사의 승인을 요청하는 경우에는 다음 각 호의 서류를 시·도지사에게 제출하여야 한다.
> 　1. 구역 등의 지정 또는 변경의 목적·필요성·배경·추진절차 등에 관한 설명서(관계 법령의 규정에 의하여 당해 구역 등을 지정 또는 변경할 때 포함되어야 하는 내용을 포함한다)
> 　2. 대상지역과 주변지역의 용도지역·기반시설 등을 표시한 축척 2만 5천분의 1의 토지이용현황도
> 　3. 대상지역 안에 지정하고자 하는 구역 등을 표시한 축척 5천분의 1 내지 2만 5천분의 1의 도면

4) 2) 및 3)에도 불구하고 다음 어느 하나에 해당하는 경우에는 국토교통부장관과의 협의를 거치지
아니하거나 국토교통부장관 또는 시·도지사의 승인을 받지 아니한다.
① 다른 법률에 따라 지정하거나 변경하려는 구역 등이 도시·군기본계획에 반영된 경우
② 제36조에 따른 보전관리지역·생산관리지역·농림지역 또는 자연환경보전지역에서 다음
각 목의 지역을 지정하려는 경우
가. 「농지법」 제28조에 따른 농업진흥지역
나. 「한강수계 상수원수질개선 및 주민지원 등에 관한 법률」 등에 따른 수변구역
다. 「수도법」 제7조에 따른 상수원보호구역
라. 「자연환경보전법」 제12조에 따른 생태·경관보전지역
마. 「야생생물 보호 및 관리에 관한 법률」 제27조에 따른 야생생물 특별보호구역
바. 「해양생태계의 보전 및 관리에 관한 법률」 제25조에 따른 해양보호구역
③ 군사상 기밀을 지켜야 할 필요가 있는 구역 등을 지정하려는 경우
④ 협의 또는 승인을 받은 구역 등을 대통령령으로 정하는 범위에서 변경하려는 경우

"대통령령으로 정하는 범위에서 변경하려는 경우"란 다음 각 호의 어느 하나에 해당하는 경
우를 말한다.
1. 협의 또는 승인을 얻은 지역·지구·구역 또는 구획 등(이하 "구역 등"이라 한다)의 면적
의 10퍼센트의 범위 안에서 면적을 증감시키는 경우
2. 협의 또는 승인을 얻은 구역 등의 면적산정의 착오를 정정하기 위한 경우

5) 국토교통부장관 또는 시·도지사는 2) 및 3)에 따라 협의 또는 승인을 하려면 중앙도시계획위원
회 또는 시·도도시계획위원회의 심의를 거쳐야 한다. 다만, 다음 경우에는 그러하지 아니하다.
① 보전관리지역이나 생산관리지역에서 다음 각 목의 구역 등을 지정하는 경우
가. 「산지관리법」 제4조 제1항 제1호에 따른 보전산지
나. 「야생생물 보호 및 관리에 관한 법률」 제33조에 따른 야생생물 보호구역
다. 「습지보전법」 제8조에 따른 습지보호지역
라. 「토양환경보전법」 제17조에 따른 토양보전대책지역
② 농림지역이나 자연환경보전지역에서 다음 각 목의 구역 등을 지정하는 경우
가. ①의 각 목의 어느 하나에 해당하는 구역 등
나. 「자연공원법」 제4조에 따른 자연공원
다. 「자연환경보전법」 제34조 제1항 제1호에 따른 생태·자연도 1등급 권역
라. 「독도 등 도서지역의 생태계보전에 관한 특별법」 제4조에 따른 특정도서
마. 「자연유산의 보존 및 활용에 관한 법률」 제11조부터 제13조까지에 따른 명승 및 천연기
념물과 그 보호구역
바. 「해양생태계의 보전 및 관리에 관한 법률」 제12조 제1항 제1호에 따른 해양생태도 1등급
권역

6) 중앙행정기관의 장이나 지방자치단체의 장은 다른 법률에 따라 지정된 토지 이용에 관한 구역 등을 변경하거나 해제하려면 제24조에 따른 도시·군관리계획의 입안권자의 의견을 들어야 한다. 이 경우 의견 요청을 받은 도시·군관리계획의 입안권자는 이 법에 따른 용도지역·용도지구·용도구역의 변경이 필요하면 도시·군관리계획에 반영하여야 한다.

7) 시·도지사가 다음 어느 하나에 해당하는 행위를 할 때 6)의 후단에 따라 도시·군관리계획의 변경이 필요하여 시·도도시계획위원회의 심의를 거친 경우에는 다음 해당 심의를 거친 것으로 본다.

① 「농지법」 제31조 제1항에 따른 농업진흥지역의 해제 : 「농업·농촌 및 식품산업 기본법」 제15조에 따른 시·도 농업·농촌및식품산업정책심의회의 심의

② 「산지관리법」 제6조 제3항에 따른 보전산지의 지정해제 : 「산지관리법」 제22조 제2항에 따른 지방산지관리위원회의 심의

6. 다른 법률에 따른 도시·군관리계획의 변경 제한(제9조)

중앙행정기관의 장이나 지방자치단체의 장은 다른 법률에서 이 법에 따른 도시·군관리계획의 결정을 의제(擬制)하는 내용이 포함되어 있는 계획을 허가·인가·승인 또는 결정하려면 대통령령으로 정하는 바에 따라 중앙도시계획위원회 또는 지방도시계획위원회의 심의를 받아야 한다. 다만, 다음 각 호 어느 하나에 해당하는 경우에는 그러하지 아니하다.

1. 제8조 2) 또는 3)에 따라 국토교통부장관과 협의하거나 국토교통부장관 또는 시·도지사의 승인을 받은 경우

2. 다른 법률에 따라 중앙도시계획위원회나 지방도시계획위원회의 심의를 받은 경우

3. 그 밖에 대통령령으로 정하는 경우

영 제6조(다른 법률에 의한 용도지역 등의 변경제한)

① 법 제9조 각 호 외의 부분 본문에 따라 중앙행정기관의 장 또는 지방자치단체의 장은 용도지역·용도지구·용도구역의 지정 또는 변경에 대한 도시·군관리계획의 결정을 의제하는 계획을 허가·인가·승인 또는 결정하고자 하는 경우에는 미리 다음 각 호의 구분에 따라 중앙도시계획위원회 또는 지방도시계획위원회의 심의를 받아야 한다. 다만, 법 제8조 '4)-①'에 해당하거나 도시·군관리계획의 결정을 의제하는 계획에서 그 계획면적의 5퍼센트 미만을 변경하는 경우에는 그러하지 아니하다.

1. 중앙도시계획위원회의 심의를 받아야 하는 경우

   가. 중앙행정기관의 장이 30만제곱미터 이상의 용도지역·용도지구 또는 용도구역의 지정 또는 변경에 대한 도시·군관리계획의 결정을 의제하는 계획을 허가·인가·승인 또는 결정하고자 하는 경우

   나. 지방자치단체의 장이 5제곱킬로미터 이상의 용도지역·용도지구 또는 용도구역의 지정 또는 변경에 대한 도시·군관리계획의 결정을 의제하는 계획을 허가·인가·승인 또는 결정하고자 하는 경우

2. 지방도시계획위원회의 심의를 받아야 하는 경우 : 지방자치단체의 장이 30만제곱미터 이상 5제곱킬로미터 미만의 용도지역·용도지구 또는 용도구역의 지정 또는 변경에 대한 도시·군관리계획의 결정을 의제하는 계획을 허가·인가·승인 또는 결정하고자 하는 경우

② 중앙행정기관의 장 또는 지방자치단체의 장이 제1항의 규정에 의하여 중앙도시계획위원회 또는 지방도시계획위원회의 심의를 받는 때에는 다음 각 호의 서류를 국토교통부장관 또는 당해 지방도시계획위원회가 설치된 지방자치단체의 장에게 제출하여야 한다.

1. 계획의 목적·필요성·배경·내용·추진절차 등을 포함한 계획서(관계 법령의 규정에 의하여 당해 계획에 포함되어야 하는 내용을 포함한다)
2. 대상지역과 주변지역의 용도지역·기반시설 등을 표시한 축척 2만5천분의 1의 토지이용현황도
3. 용도지역·용도지구 또는 용도구역의 지정 또는 변경에 대한 내용을 표시한 축척 1천분의 1 (도시지역외의 지역은 5천분의 1 이상으로 할 수 있다)의 도면
4. 그 밖에 국토교통부령이 정하는 서류

📖 확인문제

01 국토의 계획 및 이용에 관한 법령상 기반시설과 그 해당시설의 연결로 옳지 않은 것은? ✦ 32회

① 공간시설 – 연구시설　　　　　② 방재시설 – 유수지
③ 유통·공급시설 – 시장　　　　④ 보건위생시설 – 도축장
⑤ 교통시설 – 주차장

답 ①

02 국토의 계획 및 이용에 관한 법령상 도시·군관리계획에 해당하는 것을 모두 고른 것은? ✦ 32회

> ㄱ. 정비사업에 관한 계획
> ㄴ. 수산자원보호구역의 지정에 관한 계획
> ㄷ. 기반시설의 개량에 관한 계획
> ㄹ. 시범도시사업의 재원조달에 관한 계획

① ㄱ, ㄷ　　　　　　　　　　　② ㄴ, ㄹ
③ ㄱ, ㄴ, ㄷ　　　　　　　　　④ ㄴ, ㄷ, ㄹ
⑤ ㄱ, ㄴ, ㄷ, ㄹ

답 ③

03 국토의 계획 및 이용에 관한 법령상 기반시설 중 유통·공급시설에 해당하는 것은? ✦ 31회

① 재활용시설　　　　　　　　　② 방수설비
③ 공동구　　　　　　　　　　　④ 주차장
⑤ 도축장

답 ③

제1장 총칙 주요 내용 O·X 확인 문제

01 도시·군관리계획이란 특별시·광역시·특별자치시·특별자치도·시 또는 군의 개발·정비 및 보전을 위하여 수립하는 토지 이용, 교통, 환경, 경관, 안전, 산업, 정보통신, 보건, 복지, 안보, 문화 등에 관한 다음 각 목의 계획을 말한다. (   )

02 도시·군관리계획의 종류를 쓰시오.

(   )

03 용도지역이란 토지의 이용 및 건축물의 용도, 건폐율, 용적률, 높이 등을 제한함으로써 토지를 경제적·효율적으로 이용하고 공공복리의 증진을 도모하기 위하여 서로 중복되게 도시·군관리계획으로 결정하는 지역을 말한다. (   )

04 개발밀도관리구역이란 개발로 인하여 기반시설이 부족할 것으로 예상되나 기반시설을 설치하기 곤란한 지역을 대상으로 건폐율이나 용적률을 완화하여 적용하기 위하여 지정하는 구역을 말한다.
(   )

05 기반시설부담구역이란 개발밀도관리구역 내의 지역으로서 개발로 인하여 도로, 공원, 녹지 등 기반시설의 설치가 필요한 지역을 대상으로 기반시설을 설치하거나 그에 필요한 용지를 확보하게 하기 위하여 지정·고시하는 구역을 말한다. (   )

06 기반시설의 종류(부대시설 및 편익시설을 포함)

(1) (   ) : 도로·철도·항만·공항·주차장·자동차정류장·궤도·차량 검사 및 면허시설

(2) (   ) : 광장·공원·녹지·유원지·공공공지

(3) (   ) : 유통업무설비, 수도·전기·가스·열공급설비, 방송·통신시설, 공동구·시장, 유류저장 및 송유설비

(4) (   ) : 학교·공공청사·문화시설·공공필요성이 인정되는 체육시설·연구시설·사회복지시설·공공직업훈련시설·청소년수련시설

(5) (   ) : 하천·유수지·저수지·방화설비·방풍설비·방수설비·사방설비·방조설비

(6) (   ) : 장사시설·도축장·종합의료시설

(7) (   ) : 하수도·폐기물처리 및 재활용시설·빗물저장 및 이용시설·수질오염방지시설·폐차장

07 국토교통부장관은 도시의 지속가능성 및 생활인프라 수준을 평가할 수 있으며, 국가와 지방자치단체는 평가 결과를 도시·군계획의 수립 및 집행에 반영할 수 있다. (   )

08 도시·군기본계획의 내용이 광역도시계획의 내용과 다를 때에는 도시·군기본계획의 내용이 우선 한다. (   )

09 다른 법률에 따른 환경·교통·수도·하수도·주택 등에 관한 부문별 계획을 수립할 때에는 광역도 시계획의 내용에 부합되게 하여야 한다. (   )

10 도시·군기본계획은 다른 법률에 따른 토지의 이용·개발 및 보전에 관한 계획의 기본이 된다. (   )

11 중앙행정기관의 장 및 지방자치단체장은 도시·군관리계획의 결정을 의제하는 계획을 허가·인가· 승인 또는 결정하려면 중앙도시계획위원회 또는 지방도시계획위원회와 협의를 해야 한다. (   )

📖 제1장 총칙 주요 내용 O·X 확인 문제 정답

01 (○) 도시·군관리계획이란 특별시·광역시·특별자치시·특별자치도·시 또는 군의 개발·정비 및 보전을 위하여 수립하는 토지 이용, 교통, 환경, 경관, 안전, 산업, 정보통신, 보건, 복지, 안보, 문화 등에 관한 다음 각 목의 계획을 말한다.

02 도시·군관리계획의 종류를 쓰시오.
   가. 용도지역·용도지구의 지정 또는 변경에 관한 계획
   나. 개발제한구역, 도시자연공원구역, 시가화조정구역, 수산자원보호구역의 지정·변경
   다. 기반시설의 설치·정비 또는 개량에 관한 계획
   라. 도시개발사업이나 정비사업에 관한 계획
   마. 지구단위계획구역의 지정 또는 변경에 관한 계획과 지구단위계획
   바. 도시혁신구역의 지정 또는 변경에 관한 계획과 도시혁신계획
   사. 복합용도구역의 지정 또는 변경에 관한 계획과 복합용도계획
   아. 도시·군계획시설입체복합구역의 지정 또는 변경에 관한 계획

03 (×) 중복되지 않게 결정한다.

04 (×) 건폐율이나 용적률을 강화하여 적용하기 위하여 지정하는 구역을 말한다.

05 (×) 개발밀도관리구역 외의 지역에 지정·고시한다.

06 기반시설의 종류(부대시설 및 편익시설을 포함)
    (1) (교통시설) : 도로·철도·항만·공항·주차장·자동차정류장·궤도·차량 검사 및 면허시설
    (2) (공간시설) : 광장·공원·녹지·유원지·공공공지
    (3) (유통·공급시설) : 유통업무설비, 수도·전기·가스·열공급설비, 방송·통신시설, 공동구·시장,
           유류저장 및 송유설비
    (4) (공공·문화체육시설) : 학교·공공청사·문화시설·공공필요성이 인정되는 체육시설·연구시설·
           사회복지시설·공공직업훈련시설·청소년수련시설
    (5) (방재시설) : 하천·유수지·저수지·방화설비·방풍설비·방수설비·사방설비·방조설비
    (6) (보건위생시설) : 장사시설·도축장·종합의료시설
    (7) (환경기초시설) : 하수도·폐기물처리 및 재활용시설·빗물저장 및 이용시설·수질오염방지시설·
           폐차장

07 (×) 반영하여야 한다.

08 (×) 도시·군기본계획의 내용이 광역도시계획의 내용과 다를 때에는 광역도시계획의 내용이 우선
    한다.

09 (×) 광역도시계획이 아닌 도시·군기본계획의 내용에 부합되게 하여야 한다.

10 (○) 도시·군계획은 다른 법률에 따른 토지의 이용·개발 및 보전에 관한 계획의 기본이 된다.
    도시·군기본계획은 도시·군계획의 종류이므로 맞다.

11 (×) 중앙도시계획위원회 또는 지방도시계획위원회의 심의를 받아야 한다.

광역도시계획

광역도시계획은 매년 1문제 정도 출제되는 빈출 파트이다. 광역도시계획 지정권자와 수립권자를 구분하여 학습하고, 제 절차규정을 숙지하여야 한다.

1. 광역계획권 지정(변경)(제10조) [기출 30 34]

: 중앙행정기관의 장, 시·도지사, 시장 또는 군수는 지정 및 변경을 요청할 수 있다. [기출 35]

(1) 지정구역 : 둘 이상의 특별시/광역시/특별자치시/특별자치도/시 또는 군의 전부 또는 일부 [구군(광역시 군)읍면 단위]

(2) 계획권 지정 [기출 30]

① 특별시, 광역시, 자치시, 자치도, 도 → 국토교통부장관이 지정

② 시, 군 → 도지사가 지정

(3) 절차

① 광역계획권 지정

② 시·도지사, 시장 또는 군수 의견청취(+ 도지사는 중앙행정기관의 장 의견청취 추가)

③ 중앙/지방 도시계획위원회 심의

④ 국토교통부장관 및 도지사는 시·도지사, 시장 또는 군수에 통보하여야 한다. [기출 35]

2. 광역도시계획 수립(제11조 내지 제17조의2)

(1) 광역도시계획 수립 및 수립권자(2 이상 지역에 수립하므로 공동이 원칙이다)(제11조) [기출 32]

1) **원칙적인 지정권자** [기출 31 35]

① 광역계획권이 같은 도의 관할 구역에 속하여 있는 경우

: 시·도지사가 공동으로 수립하고 국토교통부장관의 승인을 받아야 한다.

② 광역계획권이 둘 이상의 시·도의 관할 구역에 걸쳐 있는 경우

: 시장·군수가 공동으로 수립하고 도지사의 승인을 받아야 한다.

2) **지정권자와 국토교통부장관 및 시·도지사가 공동으로 수립하는 경우**

① 시·도지사가 요청하는 경우 및 필요한 경우에는 국토교통부장관과 시·도지사 공동 수립

② 시장·군수가 요청하는 경우 및 필요한 경우에는 도지사와 시장·군수가 공동 수립 (이 경우 국토교통부장관의 승인은 받지 않아도 된다)

3) **지정권자 단독으로 수립하는 경우**

① 국토교통부장관 : 지정일로부터 3년 이내 승인신청 없는 경우 및 국가계획과 관련된 경우

② 도지사 : 지정일로부터 3년 이내 승인신청 없는 경우 및 시장·군수의 협의에 따른 요청이 있는 경우(국토교통부장관의 승인 불요). [기출 31 35]

> **＊ 계획의 조정(법 제17조)** [기출 30 31]
>
> ① 광역도시계획을 공동으로 수립하는 시·도지사(시장·군수)는 그 내용에 관하여 서로 협의가 되지 아니하면 공동이나 단독으로 국토교통부장관(도지사)에게 조정을 신청할 수 있다. 국토교통부장관(도지사)은 단독으로 조정신청을 받은 경우에는 기한을 정하여 당사자 간에 다시 협의를 하도록 권고할 수 있으며, 기한까지 협의가 이루어지지 아니하는 경우에는 직접 조정할 수 있다.
> ② 국토교통부장관(도지사)은 조정의 신청을 받거나 직접 조정하려는 경우에는 중앙도시계획위원회의 심의를 거쳐 광역도시계획의 내용을 조정하여야 한다. 이 경우 이해관계를 가진 지방자치단체의 장은 중앙도시계획위원회(도의 지방도시계획위원회)의 회의에 출석하여 의견을 진술할 수 있다.
> ③ 광역도시계획을 수립하는 자는 조정 결과를 광역도시계획에 반영하여야 한다.
>
> **＊ 광역도시계획협의회 구성 및 운영 가능(법 제17조의2)**
> - 공동수립 시 협의, 조정, 자문을 위해 운영 가능
> - 협의·조정 시 반영해야 한다. - 시·도지사·시장·군수는 따라야 한다. [기출 30]
> - 광역도시계획협의회의 위원은 관계 공무원, 광역도시계획에 관하여 학식과 경험이 있는 사람으로 구성한다. 광역도시계획협의회의 구성 및 운영에 관한 구체적인 사항은 광역도시계획 수립권자가 협의하여 정한다.

(2) 광역도시계획 수립절차

1) 기초조사(제13조)

① 국토교통부장관, 시·도지사, 시장 또는 군수 → 인구, 경제, 사회, 문화, 토지이용, 환경, 교통, 주택 그 밖에 대통령령으로 정하는 사항[1] 중 그 광역도시계획의 수립 또는 변경에 필요한 사항 등을 조사/측량 하여야 함 → (전문기관에 의뢰 가능)
② 관계 행정기관 장에게 자료요청 가능(특별사정 없으면 제공해야 한다.) [기출 33]
③ 기초조사정보체계를 구축 운영해야 하며 5년마다 변동사항 반영해야 한다. [기출 34 35]
＊ 기초조사를 함에 있어서 조사할 사항에 관하여 다른 법령의 규정에 의하여 조사·측량한 자료가 있는 경우에는 이를 활용할 수 있다.

---

1) "대통령령으로 정하는 사항"이란 다음 각 호의 사항을 말한다.
  1. 기후·지형·자원·생태 등 자연적 여건
  2. 기반시설 및 주거수준의 현황과 전망
  3. 풍수해·지진 그 밖의 재해의 발생현황 및 추이
  4. 광역도시계획과 관련된 다른 계획 및 사업의 내용
  5. 그 밖에 광역도시계획의 수립에 필요한 사항

2) 공청회(제14조) [기출 30 32]

① 주민 및 관련전문가 – 타당 시 반영해야 한다.

② 공청회 개최예정일 14일 전까지 1회 이상 공고(일간신문, 관보, 공보, 인터넷 홈페이지, 방송 등)해야 함 / 광역계획권 단위로(필요시 여러 개 지역으로 구분개최 가능)

3) 의견청취(제15조)

① 시·도지사, 시장 또는 군수가 수립하는 경우에는 관계 시·도/시·군 의회 및 시장·군수의 의견을(특별한 사정 없으면 30일 이내 의견제시) 들어야 한다.

② 국토교통부장관이 수립하는 경우에는 시·도지사에 송부하고 시·도지사는 시·도 의회 및 시장·군수의 의견을 청취하고(특별한 사정 없으면 30일 이내 의견제시) '국'에게 송부해야 한다.

4) 수립

5) 협의 및 심의(제16조)

① 국토교통부장관이 승인하거나 수립변경하는 경우(시·도지사 공동수립 포함)에는 중앙행정기관의 장과 협의(특별한 사정이 없으면 30일 내 의견제시)하고 중앙도시계획위원회의 심의를 거쳐야 한다.

② 도지가사 승인하거나 수립변경하는 경우(시장군수 공동수립 포함)에는 행정기관의 장과(국토교통부장관 포함) 협의(특별한 사정이 없으면 30일 내 의견제시)하고 지방도시계획위원회의 심의를 거쳐야 한다.

영 제13조(광역도시계획의 승인)

① 시·도지사는 광역도시계획의 승인을 받으려는 때에는 광역도시계획안에 다음 각 호의 서류를 첨부하여 국토교통부장관에게 제출해야 한다.

  1. 기초조사 결과 [기출 33]
  2. 공청회개최 결과
  3. 관계 시·도의 의회와 관계 시장 또는 군수(광역시의 관할구역 안에 있는 군의 군수를 제외하며, 이하 같다. 다만, 제110조·제112조·제127조·제128조 및 제130조에서는 광역시의 관할구역 안에 있는 군의 군수를 포함한다)의 의견청취 결과
  4. 시·도도시계획위원회의 자문을 거친 경우에는 그 결과
  5. 관계 중앙행정기관의 장과의 협의 및 중앙도시계획위원회의 심의에 필요한 서류

② 국토교통부장관은 제출된 광역도시계획안이 수립기준 등에 적합하지 아니한 때에는 시·도지사에게 광역도시계획안의 보완을 요청할 수 있다.

③ 광역도시계획의 공고는 해당 시·도의 공보와 인터넷 홈페이지에, 광역도시계획의 공고는 해당 시·군의 공보와 인터넷 홈페이지에 게재하는 방법으로 하며, 관계 서류의 열람기간은 30일 이상으로 해야 한다.

---

6) 승인(제16조) [기출 33]

  ① 시·도지사 공동 수립 시 − 국토교통부장관 승인(도지사 단독으로 수립하거나 시장·군수와 공동으로 수립하는 경우에는 승인 불요)

  ② 시장·군수 공동 수립 시 − 도지사 승인

7) 공고

  ① 국토교통부장관이 승인 및 수립 변경하는 경우 → 중앙행정기관의장과 시·도지사에 송부 → 시·도지사는 공고(공보, 홈페이지)하고 열람(30일 이상)할 수 있게 해야 한다.

  ② 도지사가 승인 및 수립변경하는 경우 → 행정기관의 장과(국토교통부장관 포함) 시장 또는 군수에 송부 → 시장 또는 군수는 공고(공보, 홈페이지)하고 열람(30일 이상)할 수 있게 해야 한다.

(3) 광역도시계획 내용(제12조) [기출 30 31]

  ① 광역계획권의 공간 구조와 기능 분담에 관한 사항

  ② 광역계획권의 녹지관리체계와 환경 보전에 관한 사항

  ③ 광역시설의 배치·규모·설치에 관한 사항

  ④ 경관계획에 관한 사항

  ⑤ 광역계획권에 속하는 특별시·광역시·특별자치시·특별자치도·시 또는 군 상호 간의 기능 연계에 관한 사항

    ↳광역계획권의 교통 및 물류유통체계에 관한 사항

    ↳광역계획권의 문화·여가공간 및 방재에 관한 사항

  + 광역도시계획의 수립기준 등은 대통령령으로 정하는 바에 따라 국토교통부장관이 정한다.

> 영 제10조(광역도시계획의 수립기준)
> 국토교통부장관은 광역도시계획의 수립기준을 정할 때에는 다음 각 호의 사항을 종합적으로 고려하여야 한다.
> 1. 광역계획권의 미래상과 이를 실현할 수 있는 체계화된 전략을 제시하고 국토종합계획 등과 서로 연계되도록 할 것
> 2. 특별시·광역시·특별자치시·특별자치도·시 또는 군간의 기능분담, 도시의 무질서한 확산방지, 환경보전, 광역시설의 합리적 배치 그 밖에 광역계획권안에서 현안사항이 되고 있는 특정부문 위주로 수립할 수 있도록 할 것
> 3. 여건변화에 탄력적으로 대응할 수 있도록 포괄적이고 개략적으로 수립하도록 하되, 특정부문 위주로 수립하는 경우에는 도시·군기본계획이나 도시·군관리계획에 명확한 지침을 제시할 수 있도록 구체적으로 수립하도록 할 것
> 4. 녹지축·생태계·산림·경관 등 양호한 자연환경과 우량농지, 보전목적의 용도지역, 국가유산 및 역사문화환경 등을 충분히 고려하여 수립하도록 할 것

5. 부문별 계획은 서로 연계되도록 할 것
6. 「재난 및 안전관리 기본법」 제24조 제1항에 따른 시·도안전관리계획 및 같은 법 제25조 제1항에 따른 시·군·구안전관리계획과 「자연재해대책법」 제16조 제1항에 따른 시·군 자연재해저감 종합계획을 충분히 고려하여 수립하도록 할 것

📖 확인문제

01 국토의 계획 및 이용에 관한 법령상 국토교통부장관이 단독으로 광역도시계획을 수립하는 경우는?

✦ 32회

① 시·도지사가 협의를 거쳐 요청하는 경우
② 광역계획권을 지정한 날부터 3년이 지날 때까지 관할 시·도지사로부터 광역도시계획의 승인 신청이 없는 경우
③ 광역계획권이 둘 이상의 시·도의 관할 구역에 걸쳐 있는 경우
④ 광역계획권이 같은 도의 관할 구역에 속하여 있는 경우
⑤ 중앙행정기관의 장이 요청하는 경우

답▶ ②

02 국토의 계획 및 이용에 관한 법령상 광역도시계획에 관한 설명으로 옳은 것은?

✦ 31회

① 광역도시계획에는 경관계획에 관한 사항 중 광역계획권의 지정목적을 이루는 데 필요한 사항에 대한 정책 방향이 포함되어야 한다.
② 도지사가 광역계획권을 지정하려면 관계 중앙행정기관의 장의 의견을 들은 후 지방의회의 동의를 얻어야 한다.
③ 광역도시계획을 공동으로 수립하는 시·도지사는 그 내용에 관하여 서로 협의가 되지 아니하는 경우 공동으로 국토교통부장관에게 조정을 신청하여야 한다.
④ 광역계획권이 둘 이상의 시·도의 관할 구역에 걸쳐 있는 경우에는 국토교통부장관이 당해 광역도시계획의 수립권자가 된다.
⑤ 도지사는 시장 또는 군수가 요청하는 경우에는 단독으로 광역도시계획을 수립할 수 있으며, 이 경우 국토교통부장관의 승인을 받아야 한다.

답▶ ①

제2장 광역도시계획 주요 내용 O·X 확인 문제

01 국토교통부장관 또는 도지사는 인접한 둘 이상의 특별시·광역시·특별자치시·특별자치도·시 또는 군의 관할 구역 전부를(일부만의 지정은 불가하다) 광역계획권으로 지정할 수 있다. (   )

02 광역계획권이 같은 도의 관할 구역에 속하여 있는 경우에는 관할 시장 또는 군수가 공동으로 수립하고, 광역계획권이 둘 이상의 시·도의 관할 구역에 걸쳐 있는 경우에는 관할 시·도지사가 공동으로 수립한다. (   )

03 광역계획권을 지정한 날부터 2년이 지날 때까지 관할 시장 또는 군수로부터 광역도시계획의 승인 신청이 없는 경우에는 관할 도지사가 수립하고, 국가계획과 관련된 광역도시계획의 수립이 필요한 경우나 광역계획권을 지정한 날부터 5년이 지날 때까지 관할 시·도지사로부터 광역도시계획의 승인 신청이 없는 경우에는 국토교통부장관이 수립한다. (   )

04 국토교통부장관은 시·도지사가 요청하는 경우와 그 밖에 필요하다고 인정되는 경우에도 관할 시·도지사와 공동으로 광역도시계획을 수립할 수 없다. (   )

05 도지사는 시장 또는 군수가 요청하는 경우와 그 밖에 필요하다고 인정하는 경우에는 관할 시장 또는 군수와 공동으로 광역도시계획을 수립할 수 있으나, 시장 또는 군수가 협의를 거쳐 요청하는 경우에는 단독으로 광역도시계획을 수립할 수 없다. (   )

06 광역도시계획의 내용에는 광역계획권의 공간 구조와 기능 분담에 관한 사항, 광역계획권의 녹지관리체계와 환경 보전에 관한 사항, 광역시설의 설치·정비·개량에 관한 사항, 경관계획에 관한 사항이 포함된다. (   )

07 국토교통부장관, 시·도지사, 시장 또는 군수가 기초조사정보체계를 구축한 경우에는 등록된 정보의 현황을 3년마다 확인하고 변동사항을 반영하여야 한다. (   )

08 광역도시계획을 수립하거나 변경하려면 미리 공청회를 열어 주민과 관계 전문가 등으로부터 의견을 들어야 하며, 공청회에서 제시된 의견이 타당하다고 인정하면 지방도시계획위원회의 심의를 거쳐 그 타당성을 검토하고 필요시 광역계획권을 여러 개의 지역으로 구분하여 개최할 수 있다. (   )

09 공청회를 개최하려면 일간신문, 관보, 공보, 인터넷 홈페이지 또는 방송 등의 방법으로 공청회 개최예정일 20일 전까지 1회 이상 공고해야 한다. (   )

10 시 · 도지사는 광역도시계획을 수립하거나 변경하려면 국토교통부장관의 승인을 받아야 한다. 도지사가 단독으로 수립하는 광역도시계획도 승인대상이다. (   )

11 시 · 도지사는 광역도시계획의 승인을 받으려는 때에는 광역도시계획안에 기초조사 결과, 공청회 개최 결과, 관계 시 · 도의 의회와 관계 시장 또는 군수의 의견청취 결과, 시 · 도도시계획위원회의 자문을 거친 경우에는 그 결과, 관계 중앙행정기관의 장과의 협의 및 중앙도시계획위원회의 심의에 필요한 서류를 국토교통부장관에게 제출해야 한다. (   )

12 광역도시계획을 공동으로 수립하는 시 · 도지사(시장 또는 군수)는 그 내용에 관하여 서로 협의가 되지 아니하면 공동으로 국토교통부장관(도지사)에게 조정신청을 해야 한다. (   )

13 국토교통부장관, 시 · 도지사, 시장 또는 군수는 광역도시계획을 공동으로 수립할 때에는 광역도시계획의 수립에 관한 협의 및 조정이나 자문 등을 위하여 광역도시계획협의회를 구성하여 운영할 수 있다. 해당 시 · 도지사, 시장 또는 군수는 이에 따를 수 있다. (   )

📖 제2장 광역도시계획 주요 내용 O · X 확인 문제 정답

01 (×) 국토교통부장관 또는 도지사는 인접한 둘 이상의 특별시 · 광역시 · 특별자치시 · 특별자치도 · 시 또는 군의 관할 구역 전부 또는 일부를 광역계획권으로 지정할 수 있다.

02 (○)

03 (×) 각각 3년이 지날 때까지 승인신청을 해야 한다.

04 (×) 국토교통부장관은 시 · 도지사가 요청하는 경우와 그 밖에 필요하다고 인정되는 경우에는 관할 시 · 도지사와 공동으로 광역도시계획을 수립할 수 있다.

05 (×) 도지사는 시장 또는 군수가 요청하는 경우와 그 밖에 필요하다고 인정하는 경우에는 관할 시장 또는 군수와 공동으로 광역도시계획을 수립할 수 있으며, 시장 또는 군수가 협의를 거쳐 요청하는 경우에는 단독으로 광역도시계획을 수립할 수 있다.

06 (×) 광역시설의 설치·정비·개량에 관한 사항이 아니라, 광역시설의 배치·규모·설치에 관한 사항이다.

07 (×) 5년마다 확인하고 변동사항을 반영하여야 한다.

08 (×) 광역도시계획을 수립하거나 변경하려면 미리 공청회를 열어 주민과 관계 전문가 등으로부터 의견을 들어야 하며, 공청회에서 제시된 의견이 타당하다고 인정하면 광역도시계획에 반영하여야 한다. 필요시 광역계획권을 여러 개의 지역으로 구분하여 개최할 수 있다.

09 (×) 개최예정일 14일 전까지 1회 이상 공고해야 한다.

10 (×) 시·도지사는 광역도시계획을 수립하거나 변경하려면 국토교통부장관의 승인을 받아야 한다. 도지사가 단독으로 수립하는 광역도시계획은 그러하지 아니하다.

11 (○)

12 (×) 광역도시계획을 공동으로 수립하는 시·도지사(시장 또는 군수)는 그 내용에 관하여 서로 협의가 되지 아니하면 공동이나 단독으로 국토교통부장관(도지사)에게 조정을 신청할 수 있다.

13 (×) 국토교통부장관, 시·도지사, 시장 또는 군수는 광역도시계획을 공동으로 수립할 때에는 광역도시계획의 수립에 관한 협의 및 조정이나 자문 등을 위하여 광역도시계획협의회를 구성하여 운영할 수 있다. 해당 시·도지사, 시장 또는 군수는 이에 따라야 한다.

Chapter 03
도시 · 군기본계획
(제18조 내지 제23조)

학습전략

매년 1문제 정도 출제되고 있으며, 기초조사와 공청회 및 승인권자가 주로 출제되고 있다.

특별시장·광역시장·특별자치시장·특별자치도지사·시장 또는 군수는 관할구역 내 도시군기본계획을 수립(변경)하여야 한다(5년마다 타당성 검토)(제23조) [기출 29 31]

1. 수립지역 및 수립권자(제18조) [기출 32]

: 특별시장·광역시장·특별자치시장·특별자치도지사·시장 또는 군수는 관할 구역 내에 대하여 수립해야 한다[지역여건상 필요하면 다른 지역의 전부 또는 일부포함 가능(미리 인근 특별시장·광역시장·특별자치시장·특별자치도지사·시장 또는 군수와 협의해야 한다)]

** 시 또는 군의 위치, 인구의 규모, 인구감소율 등 고려하여 수립하지 않을 수 있다.
  ① 수도권(서울/경기/인천) 아니고 & 광역시 경계 연접 안 된 시 또는 군 & 인구 10만 이하 시 또는 군 [기출 31]
  ② 관할구역 전부에 광역도시계획(도시군기본계획 반영사항 모두 포함) 수립된 시 또는 군

* 특별시장·광역시장·특별자치시장 또는 특별자치도지사는 확정
* 시장 또는 군수는 도지사 승인 → 도지사는 수립 ✕
* 국가계획 및 광역도시계획 내용을 도시군기본계획에 반영해야 한다.

* 도시군기본계획 수립기준(국토교통부장관이 정한다) - (시행령 제16조)
  ① 특별시·광역시·특별자치시·특별자치도·시 또는 군의 기본적인 공간구조와 장기발전방향 제시하는 토지이용, 교통, 환경 등에 관한 종합계획이 되게 할 것
  ② 여건변화에 탄력적으로 대응할 수 있도록 포괄적이고 개략적으로 수립되도록 할 것
  ③ 종전 계획 내용 중 수정이 필요한 부분만 발췌하여 보완함으로써 계획의 연속성이 유지되도록 할 것
  ④ 개발가능 토지는 시차를 두고 개발되도록 할 것 등등

* 도시군기본계획의 내용 - 다음과 같은 정책방향 포함할 것(제19조)

1. 지역적 특성 및 계획의 방향·목표에 관한 사항
2. 공간구조, 생활권의 설정 및 인구의 배분에 관한 사항
2의2. 생활권의 설정과 생활권역별 개발·정비 및 보전 등에 관한 사항

> **＊ 생활권계획 수립의 특례**
> ① 특별시장·광역시장·특별자치시장·특별자치도지사·시장 또는 군수는 생활권역별 개발·정비 및 보전 등에 필요한 경우 대통령령으로 정하는 바에 따라 생활권계획을 따로 수립할 수 있다.
> ② 생활권계획을 수립할 때에는 도시·군기본계획의 수립을 위한 절차를 준용한다.
> ③ 생활권계획이 수립 또는 승인된 때에는 해당 계획이 수립된 생활권에 대해서는 도시·군기본계획이 수립 또는 변경된 것으로 본다. 이 경우 생활권의 설정 및 인구의 배분에 관한 사항 등은 대통령령으로 정하는 범위에서 수립·변경하는 경우로 한정한다.

3. 토지의 이용 및 개발에 관한 사항
4. 토지의 용도별 수요 및 공급에 관한 사항
5. 환경의 보전 및 관리에 관한 사항
6. 기반시설에 관한 사항
7. 공원·녹지에 관한 사항
8. 경관에 관한 사항
8의2. 기후변화 대응 및 에너지절약에 관한 사항
8의3. 방재·방범 등 안전에 관한 사항
9. 제2호부터 제8호까지, 제8호의2 및 제8호의3에 규정된 사항의 단계별 추진에 관한 사항
10. 그 밖에 대통령령으로 정하는 사항

> 1. 도심 및 주거환경의 정비·보전에 관한 사항
> 2. 다른 법률에 따라 도시·군기본계획에 반영되어야 하는 사항
> 3. 도시·군기본계획의 시행을 위하여 필요한 재원조달에 관한 사항
> 4. 그 밖에 법 제22조의2 제1항에 따른 도시·군기본계획 승인권자가 필요하다고 인정하는 사항

＊ 도시·군기본계획의 수립기준

1. 특별시·광역시·특별자치시·특별자치도·시 또는 군의 기본적인 공간구조와 장기발전방향을 제시하는 토지이용·교통·환경 등에 관한 종합계획이 되도록 할 것
2. 여건변화에 탄력적으로 대응할 수 있도록 포괄적이고 개략적으로 수립하도록 할 것
3. 도시·군기본계획을 정비할 때에는 종전의 도시·군기본계획의 내용 중 수정이 필요한 부분만을 발췌하여 보완함으로써 계획의 연속성이 유지되도록 할 것
4. 도시와 농어촌 및 산촌지역의 인구밀도, 토지이용의 특성 및 주변환경 등을 종합적으로 고려하여 지역별로 계획의 상세정도를 다르게 하되, 기반시설의 배치계획, 토지용도 등은 도시와 농어촌 및 산촌지역이 서로 연계되도록 할 것
5. 부문별 계획은 도시·군기본계획의 방향에 부합하고 도시·군기본계획의 목표를 달성할 수

있는 방안을 제시함으로써 도시·군기본계획의 통일성과 일관성을 유지하도록 할 것

6. 도시지역 등에 위치한 개발가능토지는 단계별로 시차를 두어 개발되도록 할 것

7. 녹지축·생태계·산림·경관 등 양호한 자연환경과 우량농지, 보전목적의 용도지역, 국가유
   산 및 역사문화환경 등을 충분히 고려하여 수립하도록 할 것

8. 경관에 관한 사항에 대하여는 필요한 경우에는 도시·군기본계획도서의 별책으로 작성할 수
   있도록 할 것

9. 「재난 및 안전관리 기본법」 제24조 제1항에 따른 시·도안전관리계획 및 같은 법 제25조
   제1항에 따른 시·군·구안전관리계획과 「자연재해대책법」 제16조 제1항에 따른 시·군 자
   연재해저감 종합계획을 충분히 고려하여 수립하도록 할 것

2. 수립절차

(1) 기초조사(제20조) [기출 29 32]

① 특별시장·광역시장·특별자치시장·특별자치도지사·시장 또는 군수 => 인구, 경제, 사
   회, 문화, 토지이용, 환경, 교통, 주택 등 조사/측량하여야 한다. => (전문기관에 의뢰
   가능)

② 관계 행정기관 장에게 자료요청 가능(특별사정 없으면 제공해야 한다.)

③ 기초조사정보체계 구축 운영해야 하며 5년마다 변동사항 반영해야 한다.

* 토지적성평가 : 토지의 토양, 입지, 활용가능성 등
* 재해취약분석 : 재해 취약성에 관한 분석

→ 토지적성평가 및 재해취약분석 생략가능 [기출 31 32]
   ① 도시군기본계획 입안일부터 5년 이내에 실시한 경우
   ② 다른 법률에 따른 지역/지구 등의 지정이나 개발계획 수립 등으로 도시군기본계획의
      변경이 필요한 경우

(2) 공청회(필수절차)(제20조)

① 주민 관련전문가 - 타당 시 반영

② 공청회 개최예정일 14일 전까지 1회 이상 공고(일간신문, 관보, 공보, 인터넷 홈페이지,
   방송 등)

③ 계획권 단위로(필요시 여러 개 지역으로 구분개최 가능)

(3) 의견청취(제21조)

특별시장·광역시장·특별자치시장·특별자치도지사·시장 또는 군수는 의회의 의견을(특별
한 사정 없으면 30일 이내 의견제시) 들어야 한다.

(4) 수립

(5) 특별시장·광역시장·특별자치시장·특별자치도지사의 확정(협의, 심의 및 공고)(제22조)

① 특별시장·광역시장·특별자치시장·특별자치도지사·시장 또는 군수는 행정기관의 장(국토교통부장관 포함)과 협의(특별한 사정 없으면 30일 내 의견제시)하고, 지방 도시계획위원회 심의를 받아야 한다 [기출 31 32].

② 특별시장·광역시장·특별자치시장·특별자치도지사·시장 또는 군수 수립변경 시 : 관계 행정기관의 장(국토교통부장관 포함)에게 송부 + 특별시·광역시·특별자치시·특별자치도의 공보/홈페이지에 게시(30일 이상) – 열람

(6) 시·군 도시·군기본계획의 승인(제22조의2)

① 시장 또는 군수는 도시·군기본계획을 수립하거나 변경하려면 대통령령으로 정하는 바에 따라 도지사의 승인을 받아야 한다(시장 또는 군수는 기초조사, 공청회, 의견청취 결과와 협의/심의에 필요한 자료를 도지사에게 제출 + 도지사는 수립기준에 부적합 시 계획안의 보완요청 가능) [기출 29 31 32].

② 도지사는 도시·군기본계획을 승인하려면 관계 행정기관의 장(국토교통부장관 표함)과 협의한 후(특별한 사정 없으면 30일 내 의견제시) 지방도시계획위원회의 심의를 거쳐야 한다.

③ 도지사는 관계 행정기관의 장(국토교통부장관 포함) 및 시장 또는 군수에게 송부 + 시·군 공보/홈페이지에 게시(30일 이상) – 열람

확인문제

01 국토의 계획 및 이용에 관한 법령상 도시 · 군기본계획에 관한 설명으로 옳은 것은? ✦ 32회
① 특별시장 · 광역시장 · 특별자치시장 · 도지사 · 특별자치도지사는 관할 구역에 대하여 도시 · 군기본계획을 수립하여야 한다.
② 시장 또는 군수가 도시 · 군기본계획을 변경하려면 지방의회의 승인을 받아야 한다.
③ 도시 · 군기본계획을 변경하기 위하여 공청회를 개최한 경우, 공청회에서 제시된 의견이 타당하다고 인정하더라도 도시 · 군기본계획에 반영하지 않을 수 있다.
④ 도시 · 군기본계획 입안일부터 5년 이내에 토지적성평가를 실시한 경우에는 도시 · 군기본계획의 수립을 위한 기초조사의 내용에 포함되어야 하는 토지적성평가를 하지 아니할 수 있다.
⑤ 도지사는 시장 또는 군수가 수립한 도시 · 군기본계획에 대하여 관계 행정기관의 장과 협의하였다면, 지방도시계획위원회의 심의를 거치지 아니하고 승인할 수 있다.

답 ④

02 국토의 계획 및 이용에 관한 법령상 도시 · 군기본계획에 관한 설명으로 옳지 않은 것은? ✦ 31회
① 다른 법률에 따른 지역 · 지구 등의 지정으로 인하여 도시 · 군기본계획의 변경이 필요한 경우에는 토지적성평가를 하지 아니할 수 있다.
② 광역시장은 도시군기본계획을 변경하려면 관계 행정기관의 장과 협의한 후 지방도시계획위원회의 심의를 거쳐야 한다.
③ 시장 또는 군수는 도시 · 군기본계획을 변경하려면 도지사의 승인을 받아야 한다.
④ 시장 또는 군수는 10년마다 관할 구역의 도시 · 군기본계획에 대하여 타당성을 전반적으로 재검토하여 정비하여야 한다.
⑤ 「수도권정비계획법」에 의한 수도권에 속하지 아니하고 광역시와 경계를 같이하지 아니한 시로서 인구 10만명 이하인 시의 시장은 도시기본계획을 수립하지 아니할 수 있다.

답 ④

제3장 도시 · 군기본계획 주요 내용 O · X 확인 문제

01 특별시장 · 광역시장 · 특별자치시장 · 특별자치도지사 · 시장 또는 군수 및 구청장은 관할 구역에 (지역여건상 필요시 인접한 관한 구역 전부 또는 일부 포함가능 : 미리 협의 필요) 대하여 도시 · 군 기본계획을 수립하여야 한다. (   )

02 수도권에 속하고 광역시와 경계를 같이하는 시 또는 군으로서 인구 10만명 이하인 시 또는 군은 도시 · 군기본계획을 수립하지 아니할 수 있다. (   )

03 관할구역 일부에 대하여 광역도시계획이 수립되어 있는 시 또는 군으로서 당해 광역도시계획에 기본계획에 포함될 내용이 모두 포함되어 있는 시 또는 군은 도시 · 군기본계획을 수립하지 아니할 수 있다. (   )

04 도시 · 군기본계획 입안일부터 3년 이내에 토지적성평가를 실시한 경우, 다른 법률에 따른 지역 · 지구 등의 지정이나 개발계획 수립 등으로 인하여 도시 · 군기본계획의 변경이 필요한 경우에는 토지적성평가 또는 재해취약성분석을 하지 아니할 수 있다. (   )

05 특별시장 · 광역시장 · 특별자치시장 또는 특별자치도지사는 도시 · 군기본계획을 수립하거나 변경 하려면 관계 행정기관의 장(국토교통부장관을 포함)의 의견을 청취한 후 지방도시계획위원회의 협 의를 거쳐야 한다. (   )

06 시장 또는 군수는 도시 · 군기본계획을 수립하거나 변경하려면 대통령령으로 정하는 바에 따라 국 토교통부장관 승인을 받아야 한다. (   )

07 도지사는 도시 · 군기본계획을 승인하려면 관계 행정기관의 장과(국토교통부장관을 포함) 협의한 후 중앙도시계획위원회의 심의를 거쳐야 한다. (   )

08 특별시장 · 광역시장 · 특별자치시장 · 특별자치도지사 · 시장 또는 군수는 5년마다 관할 구역의 도 시 · 군기본계획에 대하여 타당성을 전반적으로 재검토하여 정비할 수 있다. (   )

제3장 도시·군기본계획 주요 내용 O·X 확인 문제 정답

01 (×) 구청장은 아니다.

02 (×) 수도권에 속하지 아니하고 광역시와 경계를 같이하지 아니한 시 또는 군으로서 인구 10만명 이하
인 시 또는 군은 도시·군기본계획을 수립하지 아니할 수 있다.

03 (×) 관할구역 전부에 대하여

04 (×) 5년

05 (×) 특별시장·광역시장·특별자치시장 또는 특별자치도지사는 도시·군기본계획을 수립하거나 변
경하려면 관계 행정기관의 장(국토교통부장관을 포함)과 협의한 후 지방도시계획위원회의 심의
를 거쳐야 한다.

06 (×) 도지사의 승인을 받아야 한다.

07 (×) 지방도시계획위원회의 심의를 거쳐야 한다.

08 (×) 5년마다 타당성을 전반적으로 재검토하여 정비하여야 한다.

도시·군관리계획

도시·군관리계획 수립절차(제24조 내지 제35조)

학습전략

매년 1문제 정도 출제된다. 주요 암기 주제는 아래와 같다.
① 관리계획의 입안제안
② 관리계획의 결정권자
③ 관리계획 결정의 효력과 지형도면의 고시

1. 도시·군관리계획 입안(제24조)

: 특별시장·광역시장·특별자치시장·특별자치도지사·시장 또는 군수는 5년마다 타당성 재검토

(1) 입안권자

1) 특별시장·광역시장·특별자치시장·특별자치도지사·시장 또는 군수는 관할 구역에 대하여 도시·군관리계획을 입안한다.

> **＊인접 시군 전부 또는 일부 포함 가능**
> ① 지역여건상 필요시 미리 인접 특별시장·광역시장·특별자치시장·특별자치도지사·시장 또는 군수와 협의한 경우
> ② 인접 특별시·광역시·특별자치시·특별자치도·시 또는 군이 포함된 기본계획이 수립된 경우
> ③ 관계 특별시장·광역시장·특별자치시장·특별자치도지사·시장 또는 군수가 협의하여 공동입안 또는 입안할 자를 정한다. 협의불성립 시 입안하려는 지역이 같은 도내는 도지사가, 다른 시·도는 국토교통부장관이(수산자원보호구역은 해양수산부장관이) 입안자를 정하고 고시해야 한다.

2) 아래 경우는 국토교통부장관이 직접 또는 관계 중앙행정기관의 장의 요청에 의하여 입안할 수 있다(관할 시·도지사, 시장 또는 군수 의견을 들어야 한다).
① 국가계획과 관련된 경우 [기출 35]
② 둘 이상 시·도에 걸친 용도지역/지구/구역, 사업의 계획 중 관리계획으로 결정할 사항이 있는 경우 [기출 35]
③ 특별시장·광역시장·특별자치시장·특별자치도지사·시장 또는 군수가 국토교통부장관의 관리계획 조정 요구(상위계획에 부합하지 않아서)에 따라 관리계획을 정비하지 않는 경우

3) 아래 경우는 도지사가 직접 또는 시·군 요청에 의하여 입안 가능(관계 시장 또는 군수 의견 들어야 한다)

① 둘 이상 시·군에 걸친 용도지역/지구/구역, 사업의 계획 중 관리계획으로 결정할 사항 있는 경우

② 도지사 직접 수립하는 사업의 계획으로서 관리계획으로 결정할 사항 있는 경우

(2) 입안 – 광역도시계획 및 도시·군기본계획(생활권 계획 포함)에 부합할 것(제25조) [기출 30 35]

1) 국토교통부장관(해양수산부장관), 시·도지사, 시장 또는 군수가 입안 시 도시·군관리계획도서(계획도와 계획조서)와 계획설명서(기초조사결과/재원조달방안 및 경관계획 등 포함)를 작성해야 한다.

2) 계획의 상세정도, 관리계획으로 정해야 하는 기반시설의 종류 등에 대해 도시 및 농산어촌지역의 인구밀도, 토지이용의 특성 및 주변환경 등을 종합고려하여 차등을 두어 입안해야 한다.

3) 도시·군관리계획의 수립기준, 도시·군관리계획도서 및 계획설명서의 작성기준/방법 등은 국토교통부장관이 정한다 [기출 31].

＊ 도시·군관리계획의 수립기준

국토교통부장관(수산자원보호구역의 경우 해양수산부장관)은 도시·군관리계획의 수립기준을 정할 때에는 다음 각 호의 사항을 종합적으로 고려하여야 한다.

1. 광역도시계획 및 도시·군기본계획 등에서 제시한 내용을 수용하고 개별 사업계획과의 관계 및 도시의 성장추세를 고려하여 수립하도록 할 것

2. 도시·군기본계획을 수립하지 아니하는 시·군의 경우 당해 시·군의 장기발전구상 및 도시·군기본계획에 포함될 사항 중 도시·군관리계획의 원활한 수립을 위하여 필요한 사항이 포함되도록 할 것

3. 도시·군관리계획의 효율적인 운영 등을 위하여 필요한 경우에는 특정지역 또는 특정부문에 한정하여 정비할 수 있도록 할 것

4. 공간구조는 생활권단위로 적정하게 구분하고 생활권별로 생활·편익시설이 고루 갖추어지도록 할 것 [기출 33]

5. 도시와 농어촌 및 산촌지역의 인구밀도, 토지이용의 특성 및 주변환경 등을 종합적으로 고려하여 지역별로 계획의 상세정도를 다르게 하되, 기반시설의 배치계획, 토지용도 등은 도시와 농어촌 및 산촌지역이 서로 연계되도록 할 것

6. 토지이용계획을 수립할 때에는 주간 및 야간활동인구 등의 인구규모, 도시의 성장추이를 고려하여 그에 적합한 개발밀도가 되도록 할 것

7. 녹지축·생태계·산림·경관 등 양호한 자연환경과 우량농지, 보전목적의 용도지역, 국가유산 및 역사문화환경 등을 충분히 고려하여 수립하도록 할 것 [기출 33]

8. 수도권안의 인구집중유발시설이 수도권외의 지역으로 이전하는 경우 종전의 대지에 대하여

는 그 시설의 지방이전이 촉진될 수 있도록 토지이용계획을 수립하도록 할 것 [기출 33]

9. 도시·군계획시설은 집행능력을 고려하여 적정한 수준으로 결정하고, 기존 도시·군계획시설은 시설의 설치현황과 관리·운영상태를 점검하여 규모 등이 불합리하게 결정되었거나 실현가능성이 없는 시설 또는 존치 필요성이 없는 시설은 재검토하여 해제하거나 조정함으로써 토지이용의 활성화를 도모할 것

10. 도시의 개발 또는 기반시설의 설치 등이 환경에 미치는 영향을 미리 검토하는 등 계획과 환경의 유기적 연관성을 높여 건전하고 지속가능한 도시발전을 도모하도록 할 것 [기출 33]

11. 「재난 및 안전관리 기본법」 제24조 제1항에 따른 시·도안전관리계획 및 같은 법 제25조 제1항에 따른 시·군·구안전관리계획과 「자연재해대책법」 제16조 제1항에 따른 시·군 자연재해저감 종합계획을 고려하여 재해로 인한 피해가 최소화되도록 할 것

(3) 입안특례(제35조)

1) 국토교통부장관, 시·도지사, 시장 또는 군수는 관리계획을 조속히 입안하여야 할 필요시 광역도시계획이나 기본계획과 함께 입안할 수 있다 [기출 29].

2) 국토교통부장관(해양수산부장관), 시·도지사, 시장 또는 군수는 관리계획 입안 시(관리계획을 결정하려 할 때 해야 하는 협의를) 관계 중앙행정기관의 장이나 관계 행정기관의 장과 협의 할 수 있다.

→ 이 경우 시장이나 군수는 도지사에게 관리계획의 결정을 신청할 때에 관계 행정기관의 장과의 협의 결과를 첨부해야 한다(단, 지단구역 지정/변경 및 지단계획 수립/변경에 관한 관리계획은 제외한다).

→ 미리 협의한 사항에 대해서는 도시관리계획을 결정하려 할 때 해야 하는 협의를 생략할 수 있다.

(4) 입안제안(제26조) [기출 28 29 30 31 34 35]

"주민(이해관계자 포함) + 계획도서와 계획설명서 첨부해서 제안 가능(국토교통부장관/시·도지사, 시장 또는 군수가 입안반영하는 경우 활용가능)"

→ 토지면적 일정비율 소유자 동의 요구됨(국공유지 제외)

---

* 제안가능사항

① 기반시설의 설치, 정비, 개량(4/5 이상 동의)

② 지구단위계획구역의 지정 및 변경과 지구단위계획의 수립 및 변경(2/3 이상 동의 필요)

③ 용도지구의 지정 및 변경(2/3 이상 동의 필요)

가. 개발진흥지구 중 공업 또는 유통물류기능 등을 집중적으로 개발·정비하기 위해 대통령령으로 정하는 개발진흥지구(산업·유통개발진흥지구)(아래 1,2,3,4 모두 충족)

1. 지정 대상 지역의 면적은 1만제곱미터 이상 3만제곱미터 미만일 것

2. 지정 대상 지역이 자연녹지지역·계획관리지역 또는 생산관리지역일 것. 다만,

계획관리지역에 있는 기존 공장의 증축이 필요한 경우로서 해당 공장이 도로·철도·하천·건축물·바다 등으로 둘러싸여 있어 증축을 위해서는 불가피하게 보전관리지역 또는 농림지역을 포함해야 하는 경우에는 전체 면적의 20퍼센트 이하의 범위에서 보전관리지역 또는 농림지역을 포함하되, 다음 각 목의 어느 하나에 해당하는 경우에는 20퍼센트 이상으로 할 수 있다.

가. 보전관리지역 또는 농림지역의 해당 토지가 개발행위허가를 받는 등 이미 개발된 토지인 경우

나. 보전관리지역 또는 농림지역의 해당 토지를 개발하여도 주변지역의 환경오염·환경훼손 우려가 없는 경우로서 해당 도시계획위원회의 심의를 거친 경우

3. 지정 대상 지역의 전체 면적에서 계획관리지역의 면적이 차지하는 비율이 100분의 50 이상일 것. 이 경우 자연녹지지역 또는 생산관리지역 중 도시·군기본계획에 반영된 지역은 계획관리지역으로 보아 산정한다.

4. 지정 대상 지역의 토지특성이 과도한 개발행위의 방지를 위하여 국토교통부장관이 정하여 고시하는 기준에 적합할 것

　　나. 용도지구에 따른 건축물, 그 밖의 시설의 용도·종류 및 규모 등의 제한을 지구단위계획으로 대체하기 위한 용도지구(아래 1, 2 모두 충족)

1. 둘 이상의 용도지구가 중첩 지정되어 행위제한 내용을 정비하거나 통합관리할 필요 있는 지역 대상으로

2. 해당 용도지구에 따른 건축물, 그 밖의 시설의 용도·종류 및 규모 등의 제한을 대체하는 지구단위계획구역의 지정 및 변경과 지구단위계획의 수립 및 변경에 관한 사항을 동시에 제안할 것

　　④ 도시·군계획시설입체복합구역의 지정 및 변경과 도시·군계획시설입체복합구역의 건축제한·건폐율·용적률·높이 등에 관한 사항

* 제안일로부터 45일 이내에(1회 30일 연장 가능) 처리결과를 제안자에게 통보(필요시 중앙/지방 도시계획위원회 자문을 거칠 수 있다)

* 제안자와 협의하여 입안 및 결정에 필요한 비용의 전부 또는 일부를 제안자에게 부담시킬 수 있다. [기출 35]

* 제안, 제안을 위한 토지소유자의 동의 비율, 제안서의 처리 절차 등에 필요한 사항은 대통령령으로 정한다.

2. 수립절차

(1) 기초조사(제27조)

　　1) 인구, 경제, 사회, 문화, 토지이용, 환경, 교통, 주택 등 조사·측량 → 전문기관 의뢰 가능 + 경미한 경우 생략가능(영 제25조 제3항 및 제4항 각 호 사항)

영 제25조(도시·군관리계획의 결정)

③ 다음 각 호의 어느 하나에 해당하는 경우(다른 호에 저촉되지 않는 경우로 한정한다)에는 관계 행정기관의 장과의 협의, 국토교통부장관과의 협의 및 중앙도시계획위원회 또는 지방도시계획위원회의 심의를 거치지 않고 도시·군관리계획(지구단위계획 및 입지규제최소구역계획은 제외한다)을 변경할 수 있다.

1. 다음 각 목의 어느 하나에 해당하는 경우

    가. 단위 도시·군계획시설부지 면적의 5퍼센트 미만의 변경인 경우. 다만, 다음의 어느 하나에 해당하는 시설은 해당 요건을 충족하는 경우만 해당한다.

    1) 도로 : 시작지점 또는 끝지점이 변경(해당 도로와 접한 도시·군계획시설의 변경으로 시작지점 또는 끝지점이 변경되는 경우는 제외한다)되지 않는 경우로서 중심선이 종전에 결정된 도로의 범위를 벗어나지 않는 경우

    2) 공원 및 녹지 : 다음의 어느 하나에 해당하는 경우

    가) 면적이 증가되는 경우

    나) 최초 도시·군계획시설 결정 후 변경되는 면적의 합계가 1만제곱미터 미만이고, 최초 도시·군계획시설 결정 당시 부지 면적의 5퍼센트 미만의 범위에서 면적이 감소되는 경우. 다만, 「도시공원 및 녹지 등에 관한 법률」 제35조 제1호의 완충녹지(도시지역 외의 지역에서 같은 법을 준용하여 설치하는 경우를 포함한다)인 경우는 제외한다.

    나. 지형사정으로 인한 도시·군계획시설의 근소한 위치변경 또는 비탈면 등으로 인한 시설부지의 불가피한 변경인 경우

    다. 그 밖에 국토교통부령으로 정하는 경미한 사항의 변경인 경우

2. 삭제 〈2019.8.6.〉

3. 이미 결정된 도시·군계획시설의 세부시설을 변경하는 경우로서 세부시설 면적, 건축물 연면적 또는 건축물 높이의 변경[50퍼센트 미만으로서 시·도 또는 대도시(「지방자치법」 제198조 제1항에 따른 서울특별시·광역시 및 특별자치시를 제외한 인구 50만 이상 대도시를 말한다. 이하 같다)의 도시·군계획조례로 정하는 범위 이내의 변경은 제외하며, 건축물 높이의 변경은 층수변경이 수반되는 경우를 포함한다]이 포함되지 않는 경우

4. 도시지역의 축소에 따른 용도지역·용도지구·용도구역 또는 지구단위계획구역의 변경인 경우

5. 도시지역 외의 지역에서 「농지법」에 의한 농업진흥지역 또는 「산지관리법」에 의한 보전산지를 농림지역으로 결정하는 경우

6. 「자연공원법」에 따른 공원구역, 「수도법」에 의한 상수원보호구역, 「문화유산의 보존 및 활용에 관한 법률」에 따라 지정된 지정문화유산과 그 보호구역 또는 「자연유산의 보존 및 활용에 관한 법률」에 따라 지정된 천연기념물등과 그 보호구역을 자연환경보전지역으로 결정하는 경우

6의2. 체육시설(제2조 제3항에 따라 세분된 체육시설을 말한다. 이하 이 호에서 같다) 및

그 부지의 전부 또는 일부를 다른 체육시설 및 그 부지로 변경(둘 이상의 체육시설을 같은 부지에 함께 결정하기 위하여 변경하는 경우를 포함한다)하는 경우

6의3. 문화시설(제2조 제3항에 따라 세분된 문화시설을 말하되, 국토교통부령으로 정하는 시설은 제외한다. 이하 이 호에서 같다) 및 그 부지의 전부 또는 일부를 다른 문화시설 및 그 부지로 변경(둘 이상의 문화시설을 같은 부지에 함께 결정하기 위하여 변경하는 경우를 포함한다)하는 경우

6의4. 장사시설(제2조 제3항에 따라 세분된 장사시설을 말한다. 이하 이 호에서 같다) 및 그 부지의 전부 또는 일부를 다른 장사시설 및 그 부지로 변경(둘 이상의 장사시설을 같은 부지에 함께 결정하기 위하여 변경하는 경우를 포함한다)하는 경우

7. 그 밖에 국토교통부령(법 제40조에 따른 수산자원보호구역의 경우 해양수산부령을 말한다.)이 정하는 경미한 사항의 변경인 경우

④ 지구단위계획 중 다음 각 호의 어느 하나에 해당하는 경우(다른 호에 저촉되지 않는 경우로 한정한다)에는 관계 행정기관의 장과의 협의, 국토교통부장관과의 협의 및 중앙도시계획위원회·지방도시계획위원회 또는 공동위원회의 심의를 거치지 않고 지구단위계획을 변경할 수 있다. 다만, 제14호에 해당하는 경우에는 공동위원회의 심의를 거쳐야 한다.

1. 지구단위계획으로 결정한 용도지역·용도지구 또는 도시·군계획시설에 대한 변경결정으로서 제3항 각 호의 어느 하나에 해당하는 변경인 경우(다른 호에 저촉되지 않는 경우로 한정한다)

2. 가구(제42조의3 제2항 제4호에 따른 별도의 구역을 포함한다. 이하 이 항에서 같다)면적의 10퍼센트 이내의 변경인 경우

> 4. 지구단위계획구역에서 공공사업의 시행, 대형건축물의 건축 또는 2필지 이상의 토지소유자의 공동개발 등을 위하여 필요한 경우에는 특정 부분을 별도의 구역으로 지정하여 계획의 상세 정도 등을 따로 정할 수 있도록 할 것

3. 획지(劃地 : 구획된 한 단위의 토지를 말한다. 이하 같다) 면적의 30퍼센트 이내의 변경인 경우

4. 건축물높이의 20퍼센트 이내의 변경인 경우(층수변경이 수반되는 경우를 포함한다)

5. 제46조 제7항 제2호 각 목의 1에 해당하는 획지의 규모 및 조성계획의 변경인 경우

6. 삭제 〈2019.8.6.〉

7. 건축선 또는 차량출입구의 변경으로서 다음 각 목의 어느 하나에 해당하는 경우
   가. 건축선의 1미터 이내의 변경인 경우
   나. 「도시교통정비 촉진법」 제17조 또는 제18조에 따른 교통영향평가서의 심의를 거쳐 결정된 경우

8. 건축물의 배치·형태 또는 색채의 변경인 경우

9. 지구단위계획에서 경미한 사항으로 결정된 사항의 변경인 경우. 다만, 용도지역·용도지구·도시·군계획시설·가구면적·획지면적·건축물높이 또는 건축선의 변경에 해당하는 사항을 제외한다.

10. 법률 제6655호 국토의 계획 및 이용에 관한 법률 부칙 제17조 제2항의 규정에 의하여 제2종지구단위계획으로 보는 개발계획에서 정한 건폐율 또는 용적률을 감소시키거나 10퍼센트 이내에서 증가시키는 경우(증가시키는 경우에는 제47조 제1항의 규정에 의한 건폐율·용적률의 한도를 초과하는 경우를 제외한다)

11. 지구단위계획구역 면적의 10퍼센트(용도지역 변경을 포함하는 경우에는 5퍼센트를 말한다) 이내의 변경 및 동 변경지역안에서의 지구단위계획의 변경

12. 국토교통부령으로 정하는 경미한 사항의 변경인 경우

13. 그 밖에 제1호부터 제12호까지와 유사한 사항으로서 도시·군계획조례로 정하는 사항의 변경인 경우

14. 「건축법」 등 다른 법령의 규정에 따른 건폐율 또는 용적률 완화 내용을 반영하기 위하여 지구단위계획을 변경하는 경우

2) 관계 행정기관 장에게 자료요청 가능(특별사정 없으면 제공해야 한다.)

3) 기초조사정보체계 구축 운영해야 한다 - 5년마다 변동사항 반영

4) 환경성 검토 포함 + 토지적성평가 + 재해취약성 분석

＊ 입안지역이 도심지에 위치하거나 개발이 끝나 나대지가 없는 경우 등 기초/환경성/토지적성/재해취약성 분석 생략이 가능한 경우 [기출 28 35]

1) 환경성 검토를 실시하지 아니할 수 있는 요건 [기출 28]
① 지구단위계획구역이 도심지(상업지역과 상업지역에 연접한 지역을 말한다)에 위치하는 경우
② 지구단위계획구역 안의 나대지 면적이 구역면적의 2퍼센트에 미달하는 경우
③ 지구단위계획구역 또는 도시·군계획시설부지가 다른 법에 따라 지역·지구 등으로 지정되거나 개발계획이 수립된 경우
④ 지구단위계획구역의 지정목적이 해당 구역을 정비 또는 관리하고자 하는 경우로서 지구단위계획의 내용에 너비 12미터 이상 도로의 설치계획이 없는 경우
⑤ 기존의 용도지구를 폐지하고 지구단위계획을 수립 또는 변경하여 그 용도지구에 따른 건축물이나 그 밖의 시설의 용도·종류 및 규모 등의 제한을 그대로 대체하려는 경우
⑥ 해당 도시·군계획시설의 결정을 해제하려는 경우 등

2) 환경성 검토를 실시하지 아니할 수 있는 요건
① 상기 "1)"의 사유
② 전략환경영향평가 대상인 도시·군관리계획을 입안하는 경우

3) 토지적성평가를 실시하지 아니할 수 있는 요건
① 상기 "1)"의 사유
② 도시·군관리계획 입안일부터 5년 이내에 토지적성평가를 실시한 경우
③ 주거지역·상업지역 또는 공업지역에 도시·군관리계획을 입안하는 경우 [기출 35]
④ 법 또는 다른 법령에 따라 조성된 지역에 도시·군관리계획을 입안하는 경우

⑤ 「개발제한구역의 지정 및 관리에 관한 특별조치법 시행령」 제2조 제3항 제1호·제2호 또는 제6호(같은 항 제1호 또는 제2호에 따른 지역과 연접한 대지로 한정한다)의 지역에 해당하여 개발제한구역에서 조정 또는 해제된 지역에 대하여 도시·군관리계획을 입안하는 경우

⑥ 「도시개발법」에 따른 도시개발사업의 경우

⑦ 지구단위계획구역 또는 도시·군계획시설부지에서 도시·군관리계획을 입안하는 경우

⑧ 다음의 어느 하나에 해당하는 용도지역·용도지구·용도구역의 지정 또는 변경의 경우

　가. 주거지역·상업지역·공업지역 또는 계획관리지역의 그 밖의 용도지역으로의 변경(계획관리지역을 자연녹지지역으로 변경하는 경우는 제외한다)

　나. 주거지역·상업지역·공업지역 또는 계획관리지역 외의 용도지역 상호 간의 변경(자연녹지지역으로 변경하는 경우는 제외한다)

　다. 용도지구·용도구역의 지정 또는 변경(개발진흥지구의 지정 또는 확대지정은 제외한다)

⑨ 다음의 어느 하나에 해당하는 기반시설을 설치하는 경우

　가. 제55조 제1항 각 호에 따른 용도지역별 개발행위규모에 해당하는 기반시설

> 1. 도시지역
>   가. 주거지역·상업지역·자연녹지지역·생산녹지지역 : 1만제곱미터 미만
>   나. 공업지역 : 3만제곱미터 미만
>   다. 보전녹지지역 : 5천제곱미터 미만
> 2. 관리지역 : 3만제곱미터 미만
> 3. 농림지역 : 3만제곱미터 미만
> 4. 자연환경보전지역 : 5천제곱미터 미만

　나. 도로·철도·궤도·수도·가스 등 선형(線型)으로 된 교통시설 및 공급시설

　다. 공간시설(체육공원·묘지공원 및 유원지는 제외한다)

　라. 방재시설 및 환경기초시설(폐차장은 제외한다)

　마. 개발제한구역 안에 설치하는 기반시설

4) 재해취약성분석을 실시하지 않을 수 있는 요건

① 상기 "1)"의 사유

② 도시·군관리계획 입안일부터 5년 이내에 재해취약성분석을 실시한 경우

③ 상기 "3) ⑧"에 해당하는 경우(방재지구의 지정·변경은 제외한다)

④ 다음의 어느 하나에 해당하는 기반시설을 설치하는 경우

　가. 제55조 제1항 각 호에 따른 용도지역별 개발행위규모에 해당하는 기반시설

> 1. 도시지역
>   가. 주거지역·상업지역·자연녹지지역·생산녹지지역 : 1만제곱미터 미만
>   나. 공업지역 : 3만제곱미터 미만

다. 보전녹지지역 : 5천제곱미터 미만
2. 관리지역 : 3만제곱미터 미만
3. 농림지역 : 3만제곱미터 미만
4. 자연환경보전지역 : 5천제곱미터 미만

나. 제3호 자목1)의 기반시설
다. 공간시설 중 녹지·공공공지

(2) 의견청취(제28조)

1) 주민의견 의견청취 [기출 32]

① 국토교통부장관(해양수산부장관), 시·도지사, 시장 또는 군수는 주민의견청취 후 타당시 반영하고 지방방의회의 의견을 들어야 한다.

② 국방상/국가안전보장상 기밀유지사항(관계 중앙행정기관의 장이 요청하는 경우만) 및 경미한 경우는 생략가능(영 제25조 제3항 및 제4항 각 호 사항)

1-1) 의견청취 방법

① 국토교통부장관 및 도지사 : 국토교통부장관(해양수산부장관) / 도지사는 의견청취 기한을 밝혀 관리계획안을 관계 특별시장·광역시장·특별자치시장·특별자치도지사·시장 또는 군수에게 송부 → 도시·군관리계획안을 받은 특별시장·광역시장·특별자치시장·특별자치도지사·시장 또는 군수는 명시된 기한까지 그 도시·군관리계획안에 대한 주민의 의견을 들어 그 결과를 국토교통부장관이나 도지사에게 제출하여야 한다.

② 특별시장·광역시장·특별자치시장·특별자치도지사·시장 또는 군수 : 해당 지방자치단체의 공보나 전국 또는 특별시·광역시·특별자치시·특별자치도·시 또는 군의 지역을 주된 보급지역으로 하는 2 이상 일간신문에 게시하고, 해당 지방자치단체의 홈페이지에 공고 → 14일 이상 일반이 열람할 수 있게 해야 한다. → 열람기간 내에 특별시장·광역시장·특별자치시장·특별자치도지사·시장 또는 군수에게 의견서를 제출할 수 있다. → 국토교통부장관, 시·도지사, 시장 또는 군수는 제출된 의견을 반영할 것인지 여부를 검토하여 열람기간 종료일부터 60일 내에 통보해야 한다.

1-2) 국토교통부장관(해양수산부장관)/시·도지사, 시장 또는 군수는 아래 경우에 해당하는 경우로서 그 내용이 해당 지방자치단체 조례로 정한 중요한 사항인 경우에는 그 내용을 다시 공고/열람하여 주민의견을 들어야 한다.

① 청취한 주민 의견을 도시·군관리계획안에 반영하고자 하는 경우

② 관계 행정기관의 장과 협의, 중앙/시·도 도시계획위원회 심의 또는 시·도건축위원회와 도시계획위원회의 공동 심의에서 제시된 의견(시·도지사가 지구단위계획이나 지구

단위계획으로 대체하는 용도지역 폐지에 관한 사항을 결정하는 경우)을 반영하여 결정하려는 경우

** 도시·군관리계획 결정 시 관계 행정기관의 장과 협의하는 사항

1. 국토교통부장관/시·도지사가 중앙행정기관의 장/행정기관의 장과 협의한 사항
2. 시·도지사가 국토교통부장관이 직접 입안한 관리계획을 변경하거나 중요한 사항에 관한 관리계획을 결정하려면 국토교통부장관과 협의
   ① 광역도시계획과 관련하여 시·도지사가 입안한 도시·군관리계획
   ② 개발제한구역이 해제되는 지역에 대해서 해제 이후 최초로 결정되는 관리계획
   ③ 2 이상의 시·도에 걸치는 기반시설 설치/정비/개량에 관한 관리계획 중 국토교통부령이 정하는 관리계획(면적 1제곱킬로미터 이상인 공원의 면적을 5퍼센트 이상 축소하는 것에 관한 것)

1-3) 주민의 의견청취에 필요한 사항은 지방자치단체의 조례로 정한다. [기출 29 32]

　가. 해당 지방자치단체의 공보나 둘 이상의 '전국 또는 해당 지방자치단체를 누된 보급지역으로 하는' 일반일간신문

　나. 해당 지방자치단체의 인터넷 홈페이지 등의 매체

2) 국토교통부장관, 시·도지사, 시장 또는 군수는 도시·군관리계획을 입안하려면 대통령령으로 정하는 사항에 대하여 해당 지방의회의 의견을 들어야 한다.

　① 국토교통부장관(해양수산부장관)/도지사는 의견청취 기한을 밝혀 관리계획안을 관계 특별시장·광역시장·특별자치시장·특별자치도지사·시장 또는 군수에게 송부 → 기한 내 의견 의회의 의견을 들어 그 결과를 국토교통부장관/도지사에게 제출하여야 한다.

　② 특별시장·광역시장·특별자치시장·특별자치도지사·시장 또는 군수는 의견 제시 기한을 밝혀 지방의회에 관리계획안을 송부해야 한다 → 의회는 기한 내에 의견을 제시해야 한다.

"대통령령으로 정하는 사항"이란 다음 각 호의 사항을 말한다. 다만, 시행령 제25조 제3항 각 호의 사항 및 지구단위계획으로 결정 또는 변경결정하는 사항은 제외한다.

1. 용도지역·용도지구 또는 용도구역의 지정 또는 변경지정. 다만, 용도지구에 따른 건축물이나 그 밖의 시설의 용도·종류 및 규모 등의 제한을 그대로 지구단위계획으로 대체하기 위한 경우로서 해당 용도지구를 폐지하기 위하여 도시·군관리계획을 결정하는 경우에는 제외한다.
2. 광역도시계획에 포함된 광역시설의 설치·정비 또는 개량에 관한 도시·군관리계획의 결정 또는 변경결정
3. 다음 각 목의 어느 하나에 해당하는 기반시설의 설치·정비 또는 개량에 관한 도시·군관리계획의 결정 또는 변경결정. 다만, 지방의회의 권고대로 도시·군계획시설결정(도시·군계획시설에 대한 도시·군관리계획결정을 말한다. 이하 같다)을 해제하기 위한

도시·군관리계획을 결정하는 경우는 제외한다.

가. 도로 중 주간선도로(시·군 내 주요지역을 연결하거나 시·군 상호 간이나 주요지방
  상호 간을 연결하여 대량통과교통을 처리하는 도로로서 시·군의 골격을 형성하는
  도로를 말한다. 이하 같다)

나. 철도 중 도시철도

다. 자동차정류장 중 여객자동차터미널(시외버스운송사업용에 한한다)

라. 공원(「도시공원 및 녹지 등에 관한 법률」에 따른 소공원 및 어린이공원은 제외한다)

마. 유통업무설비

바. 학교 중 대학

사. 삭제 〈2018.11.13.〉

아. 삭제 〈2005.9.8.〉

자. 공공청사중 지방자치단체의 청사

차. 삭제 〈2018.11.13.〉

카. 삭제 〈2018.11.13.〉

타. 삭제 〈2018.11.13.〉

파. 하수도(하수종말처리시설에 한한다)

하. 폐기물처리 및 재활용시설

거. 수질오염방지시설

너. 그 밖에 국토교통부령으로 정하는 시설

> 1. 공공필요성이 인정되는 체육시설 중 운동장
> 2. 장사시설 중 화장장·공동묘지·봉안시설(자연장지 또는 장례식장에 화장장·
>   공동묘지·봉안시설 중 한 가지 이상의 시설을 같이 설치하는 경우를 포함한다)

(3) 입안/협의/심의(제30조)

① 국토교통부장관(해양수산부장관)은 관계 중앙행정기관의 장과 협의(특별한 사정 없는 한
  요청받은 날부터 30일 내 의견 제시해)하고 중앙도시계획위원회의 심의를 거쳐야 한다.

② 시·도지사, 시장 또는 군수는 관계 행정기관의 장과 협의(특별한 사정 없는 한 30일 내 의견
  제시해)하고 + 시·도 또는 시·군·구 도시계획위원회 심의를 거쳐야 한다.

  단, 시·도지사/시장·군수가 지구단위계획이나 계획으로(지단구역 지정/변경 포함 가능)
  대체하는 용도지구의 폐지에 관한 사항을 결정하려면 **시·도/시·군에 두는 건축위원회와
  시·도/시·군·구 도시계획위원회의 공동심의를 추가로 거쳐야 한다.**

영 제25조 제2항

건축위원회와 도시계획위원회가 공동으로 지구단위계획을 심의하려는 경우에는 다음 각 호의
기준에 따라 공동위원회를 구성한다.

1. 공동위원회의 위원은 건축위원회 및 도시계획위원회의 위원 중에서 시·도지사 또는 시장·

군수가 임명 또는 위촉할 것. 이 경우 지방도시계획위원회에 지구단위계획을 심의하기 위한 분과위원회가 설치되어 있는 경우에는 당해 분과위원회의 위원 전원을 공동위원회의 위원으로 임명 또는 위촉하여야 한다.

2. 공동위원회의 위원 수는 30명 이내로 할 것
3. 공동위원회의 위원 중 건축위원회의 위원이 3분의 1 이상이 되도록 할 것
4. 공동위원회 위원장은 제1호에 따라 임명 또는 위촉한 위원 중에서 시·도지사 또는 시장·군수가 임명 또는 위촉할 것

③ 시·도지사/시장·군수는 국토교통부장관이 입안하여 결정한 계획을 변경하거나, 대통령령으로 정한 중요한 사항에 관한 관리계획을 결정하려면 미리 국토교통부장관과 협의해야 한다 [기출 31].

> *** 대통령령으로 정한 중요한 사항**
> 시행령 제25조 제3항 각 호 및 제4항 각 호의 사항과 관계 법령에 따라 국토교통부장관(해양수산부장관)과 미리 협의한 사항을 제외한다.
> 1. 광역도시계획과 관련하여 시도지사가 입안한 도시·군관리계획
> 2. 개발제한구역이 해제 이후 최초로 결정되는 도시·군관리계획
> 3. 2 이상의 시도에 걸치는 기반시설의 설치, 정비, 개량에 관한 사항 중 국토교통부령으로 정하는 관리계획(국토교통부령 : 면적이 1제곱킬로미터 이상의 공원면적을 5퍼센트 이상 축소하는 계획)

④ 국토교통부장관(해양수산부장관) / 시·도지사 / 시장·군수는 국방상/국가안전보장상 기밀유지 필요시(관계 중앙행정기관의 장이 요청하는 경우만) 계획의 전부/일부에 대하여 협의/심의를 생략할 수 있다.

* 결정된 도시·군관리계획 변경 시 협의/심의 절차 동일 → 경미한 경우에는 그러하지 아니하다 (시행령 제25조 제3항 및 제4항).

(4) 결정(제29조)

1) 시·도지사가 직접 또는 시장·군수 신청에 따라 결정한다[인구 50만 이상의 대도시(이하 '대도시')의 시장도 직접 결정]
시장·군수는 계획도서 및 설명서에 주민/의회 의견청취 결과와 지방도시계획위원회의 자문을 거친 경우 그 결과 및 협의/심의에 필요한 서류를 첨부하여 도지사에게 신청(개/시/수 신청 시는 시·도지사 동일) → 시장·군수가 개발제한구역/시가화조정구역 관련 관리계획 결정 신청 시는 도지사 거쳐서 국토교통부장관에게 신청 / 시장·군수는 수산자원보호구역 관련 관리계획 결정 신청 시는 도지사 거쳐서 해양수산부장관에게 신청

2) **국토교통부장관 직접결정** [기출 30]
① 국토교통부장관이 입안한 관리계획

② 개발제한구역 지정 및 변경

③ 시가화조정구역의 지정 및 변경(국가계획과 연계된 경우)

3) 시장·군수 직접결정

① 시장·군수가 입안한 지구단위계획구역의 지정/변경과 지구단위계획의 수립/변경

② 지단계획으로 대체하는 용도지구 폐지에 관한 도시·군관리계획[해당 시장(대도시장 제외) 또는 군수가 도지사와 미리 협의한 경우에 한정함]

4) 해양수산부장관 직접결정

수산자원보호구역의 지정 및 변경

(5) 고시(제32조)

1) 관리계획 내용 고시(관보/공보 + 홈페이지 : 계획취지, 위치, 면적 및 규모)

> 1. 국토교통부장관(해양수산부장관) 도지사는 관계서류를 관계 특별시장·광역시장·특별자치시장·특별자치도지사·시장 또는 군수에게 송부하여 일반이 열람할 수 있도록 하여야 하며,
> 2. 특별시장·광역시장·특별자치시장·특별자치도지사·시장 또는 군수는 관계 서류를 일반이 열람할 수 있도록 하여야 한다.

2) 지형도면 고시

① 특별시장·광역시장·특별자치시장·특별자치도지사·시장 또는 군수는 관리계획이 고시되면 지적이 표시된 지형도에 관리계획 사항을 자세히 밝힌 도면을 작성해야 한다.

② 시장(대도시장 제외), 군수는 지형도에 관리계획(지구단위계획구역의 지정변경, 지구단위계획 수립변경은 제외)에 관한 사항을 자세히 밝힌 도면(지형도면)을 작성해서 도지사의 승인받아야 한다. → 도지사는 지형도면과 결정고시된 관리계획을 대조하여 착오가 없다고 인정되면 30일 이내에 승인해야 한다.

③ 국토교통부장관(해양수산부장관) / 도지사는 관리계획을 직접 입안한 경우에는 특별시장·광역시장·특별자치시장·특별자치도지사·시장 또는 군수의 의견을 들어 직접 지형도면을 작성할 수 있다. [기출 31]

④ 국토교통부장관(해양수산부장관), 시·도지사, 시장군수는 직접 지형도면을 작성하거나 지형도면을 승인한 경우에는 이를 고시해야 한다.

(6) 도시·군관리계획 결정의 효력(제31조)

1) 효력발생 : 지형도면 고시한 날부터 효력발생 [기출 29 30 31]

2) 기득권 보호 특례

- 결정 당시 이미 사업이나 공사에 착수한 자는 계속 공사 가능(다른 법령상 허가 등이 필요한 경우에는 허가 등을 득한 경우)

－ 시가화조정구역이나 수산자원보호구역의 경우에는 특별시장·광역시장·특별자치시장·특별자치도지사·시장 또는 군수에게 신고하고 사업이나 공사 계속 가능 [기출 35]

① 고시일로부터 3개월 이내에 특별시장·광역시장·특별자치시장·특별자치도지사·시장 또는 군수에게 신고 필요

② 신고행위가 건축목적인 토지의 형질변경인 경우에는 형질변경 공사 완료 후 3월 이내에 건축허가 신청한 때 건축 가능

③ 건축목적토지형질변경 공사완료 후 1년 이내에 관리계획 고시가 있는 경우 － 고시일 ~ 6개월 내 건축허가 신청한 때 건축 가능

3. 타당성 검토(5년마다)(제34조)

(1) 도시·군계획시설 설치에 관한 사항

① 결정고시일부터 3년 이내에 도시·군계획시설의 설치에 관한 도시·군계획시설사업의 전부 또는 일부가 시행되지 아니한 경우 해당 시설결정의 타당성

② 도시·군계획시설결정에 따라 설치된 시설 중 여건 변화 등으로 존치 필요성이 없는 도시·군계획시설에 대한 해제 여부

(2) 용도지구 지정에 관한 사항

① 지정목적을 달성하거나 여건 변화 등으로 존치 필요성이 없는 용도지구에 대한 변경 또는 해제 여부

② 해당 용도지구와 중첩하여 지구단위계획구역이 지정되어 지구단위계획이 수립되거나 다른 법률에 다른 지역, 지구 등이 지정된 경우 해당 용도지구의 변경 및 해제 여부 등을 포함한 용도지구 존치의 타당성

③ 둘 이상의 용도지구가 중첩하여 지정되어 있는 경우 용도지구의 지정 목적, 여건 변화 등을 고려할 때 해당 용도지구를 지구단위계획으로 대체할 필요성(기존 용도지구를 폐지하고 그 용도지구에서의 제한을 대체하는 사항)이 있는지 여부

(3) 기본계획 미수립 시장 또는 군수는 계획설명서에 당해 시군의 장기발전구상을 포함시켜야 하며 공청회를 개최하여 이에 관한 주민의 의견을 들어야 한다.

📖 **확인문제**

01 국토의 계획 및 이용에 관한 법령상 도시·군관리계획에 관한 설명으로 옳은 것은?　◆ 31회

① 도시·군관리계획 결정의 효력은 지형도면을 고시한 날의 다음날부터 발생한다.

② 시·도지사는 국토교통부장관이 입안하여 결정한 도시·군관리계획을 변경하려면 미리 환경 부장관과 협의하여야 한다.

③ 도시·군관리계획을 입안할 수 있는 자가 입안을 제안받은 경우 그 처리 결과를 제안자에게 알려야 한다.

④ 도시·군관리계획도서 및 계획설명서의 작성기준·작성방법 등은 조례로 정한다.

⑤ 도지사가 도시·군관리계획을 직접 입안하는 경우 지형도면을 작성할 수 없다.

답 ③

02 국토의 계획 및 이용에 관한 법령상 도시·군계획 등에 관한 설명으로 옳은 것은?　◆ 31회

① 광역도시계획은 광역계획권의 장기발전방향을 제시하는 계획을 말한다.

② 도시·군기본계획의 내용이 광역도시계획의 내용과 다를 때에는 도시·군기본계획의 내용이 우선한다.

③ 도시·군관리계획으로 결정하여야 할 사항은 국가계획에 포함될 수 없다.

④ 시장 또는 군수가 관할 구역에 대하여 다른 법률에 따른 환경에 관한 부문별 계획을 수립할 때에는 도시·군관리계획의 내용에 부합되게 하여야 한다.

⑤ 이해관계자가 도시·군관리계획의 입안을 제안한 경우, 그 입안 및 결정에 필요한 비용의 전부를 이해관계자가 부담하여야 한다.

답 ①

제4장 제1절 도시·군관리계획 수립절차 주요 내용 O·X 확인 문제

01 도시·군관리계획의 수립기준, 도시·군관리계획도서 및 계획설명서의 작성기준·작성방법 등은 대통령령으로 정한다. (   )

02 도시·군관리계획의 수립기준으로 옳은 것은 몇 개인가? (   )

> 1. 공간구조는 생활권단위로 적정하게 구분하고 생활권별로 생활·편익시설이 고루 갖추어지도록 할 것
> 2. 토지이용계획을 수립할 때에는 주간 및 야간활동인구 등의 인구규모, 도시의 성장추이를 고려하여 그에 적합한 개발밀도가 되도록 할 것
> 3. 녹지축·생태계·산림·경관 등 양호한 자연환경과 우량농지, 국가유산 및 역사문화환경 등을 고려하여 토지이용계획을 수립하도록 할 것
> 4. 수도권안의 인구집중유발시설이 수도권외의 지역으로 이전하는 경우 종전의 대지에 대하여는 그 시설의 지방이전이 촉진될 수 있도록 토지이용계획을 수립하도록 할 것
> 5. 도시의 개발 또는 기반시설의 설치 등이 환경에 미치는 영향을 미리 검토하는 등 계획과 환경의 유기적 연관성을 높여 건전하고 지속가능한 도시발전을 도모하도록 할 것

03 주민(이해관계자 제외)은 도시·군관리계획 입안을 제안하는 경우 도시·군관리계획도서와 계획설명서를 첨부하여야 한다. 입안을 제안받은 자는 제안자와 협의하여 제안된 도시·군관리계획의 입안 및 결정에 필요한 비용의 전부 또는 일부를 제안자에게 부담시켜야 한다. (   )

04 주민이 도시·군관리계획을 입안할 수 있는 경우를 쓰시오.
(   )

05 도시·군관리계획의 입안을 제안받은 자는 그 처리 결과를 제안일로부터 45일 이내에(1회에 한하여 45일을 연장 가능) 제안자에게 알려야 한다. (   )

06 도시·군관리계획을 입안하는 경우에는 기초조사를 하고 해당 정보를 체계적으로 관리하고 효율적으로 활용하기 위하여 기초조사정보체계를 구축·운영할 수 있다. (   )

07 기초조사정보체계를 구축한 경우에는 등록된 정보의 현황을 3년마다 확인하고 변동사항을 반영하여야 한다. (   )

08 도시·군관리계획으로 입안하려는 지역이 (   )에 위치하거나 개발이 끝나 (   )가 없는 경우에는 기초조사를 하지 아니할 수 있다.

09 국토교통부장관(해양수산부장관), 시·도지사, 시장 또는 군수는 도시·군관리계획을 입안할 때에는 주민의 의견을 들어야 하며, 그 의견이 타당하다고 인정되면 도시·군관리계획안에 반영할 수 있으며 국방상 또는 국가안전보장상 기밀을 지켜야 할 필요가 있는 사항으로 중앙행정기관의 장이 요청하는 경우에는 그러하지 아니한다. (   )

10 도시·군관리계획 수립 시 주민의 의견 청취에 필요한 사항은 국토교통부장관이 정한다.
(   )

11 도시·군관리계획은 시·도지사·대도시사장이 직접 또는 시장·군수의 신청에 따라 결정한다.
(   )

12 시장 또는 군수가 입안한 지구단위계획구역의 지정·변경과 지구단위계획의 수립·변경에 관한 도시·군관리계획 및 지구단위계획으로 대체하는 용도지구 폐지에 관한 도시·군관리계획[해당 시장(대도시 시장은 제외한다) 또는 군수가 도지사와 미리 협의한 경우에 한정한다]은 시장 또는 군수가 직접 결정할 수 있다. (   )

13 국토교통부장관이 결정하는 도시·군관리계획을 쓰시오.
(   )

14 시·도지사는 국토교통부장관이 입안하여 결정한 도시·군관리계획을 변경하거나 중요한 사항에 관한 도시·군관리계획을 결정하려면 미리 지방도시계획위원회와 협의하여야 한다. (   )

15 도시·군관리계획 결정의 효력은 지형도면을 고시한 다음 날부터 발생한다. (   )

16 국토교통부장관, 시·도지사, 시장 또는 군수, 구청장은 도시·군관리계획을 조속히 입안하여야 할 필요가 있다고 인정되면 광역도시계획이나 도시·군기본계획을 수립할 때에 도시·군관리계획을 함께 입안할 수 있다. (   )

제4장 제1절 도시·군관리계획 수립절차 주요 내용 O·X 확인 문제 정답

01 (×) 도시·군관리계획의 수립기준, 도시·군관리계획도서 및 계획설명서의 작성기준·작성방법 등은 대통령령으로 정하는 바에 따라 국토교통부장관이 정한다.

02 모두 맞음. 도시·군관리계획의 수립기준은 아래와 같다.

---

* 도시·군관리계획의 수립기준

1. 광역도시계획 및 도시·군기본계획 등에서 제시한 내용을 수용하고 개별 사업계획과의 관계 및 도시의 성장추세를 고려하여 수립하도록 할 것
2. 도시·군기본계획을 수립하지 아니하는 시·군의 경우 당해 시·군의 장기발전구상 및 법 제19조 제1항의 규정에 의한 도시·군기본계획에 포함될 사항 중 도시·군관리계획의 원활한 수립을 위하여 필요한 사항이 포함되도록 할 것
3. 도시·군관리계획의 효율적인 운영 등을 위하여 필요한 경우에는 특정지역 또는 특정부문에 한정하여 정비할 수 있도록 할 것
4. 공간구조는 생활권단위로 적정하게 구분하고 생활권별로 생활·편익시설이 고루 갖추어지도록 할 것
5. 도시와 농어촌 및 산촌지역의 인구밀도, 토지이용의 특성 및 주변환경 등을 종합적으로 고려하여 지역별로 계획의 상세정도를 다르게 하되, 기반시설의 배치계획, 토지용도 등은 도시와 농어촌 및 산촌지역이 서로 연계되도록 할 것
6. 토지이용계획을 수립할 때에는 주간 및 야간활동인구 등의 인구규모, 도시의 성장추이를 고려하여 그에 적합한 개발밀도가 되도록 할 것
7. 녹지축·생태계·산림·경관 등 양호한 자연환경과 우량농지, 국가유산 및 역사문화환경 등을 고려하여 토지이용계획을 수립하도록 할 것
8. 수도권안의 인구집중유발시설이 수도권외의 지역으로 이전하는 경우 종전의 대지에 대하여는 그 시설의 지방이전이 촉진될 수 있도록 토지이용계획을 수립하도록 할 것
9. 도시·군계획시설은 집행능력을 고려하여 적정한 수준으로 결정하고, 기존 도시·군계획시설은 시설의 설치현황과 관리·운영상태를 점검하여 규모 등이 불합리하게 결정되었거나 실현가능성이 없는 시설 또는 존치 필요성이 없는 시설은 재검토하여 해제하거나 조정함으로써 토지이용의 활성화를 도모할 것
10. 도시의 개발 또는 기반시설의 설치 등이 환경에 미치는 영향을 미리 검토하는 등 계획과 환경의 유기적 연관성을 높여 건전하고 지속가능한 도시발전을 도모하도록 할 것
11. 「재난 및 안전관리 기본법」 제24조 제1항에 따른 시·도안전관리계획 및 같은 법 제25조 제1항에 따른 시·군·구안전관리계획과 「자연재해대책법」 제16조 제1항에 따른 시·군 자연재해저감 종합계획을 고려하여 재해로 인한 피해가 최소화되도록 할 것

---

03 (×) 주민과 이해관계인을 포함한다. // 비용의 전부 또는 일부를 제안자에게 부담시킬 수 있다.

04 도시 · 군관리계획 입안의 제안

> 1. 기반시설의 설치 · 정비 또는 개량에 관한 사항[토지면적의 4/5 이상 소유자 동의 필요(국공유지 제외(이하동일))]
> 2. 지구단위계획구역의 지정 및 변경과 지구단위계획의 수립 및 변경에 관한 사항(2/3 이상)
> 3. 용도지구의 지정 및 변경에 관한 사항 (2/3 이상)
>   가. 개발진흥지구 중 공업기능 또는 유통물류기능 등을 집중적으로 개발 · 정비하기 위한 개발진흥지구(산업 · 유통개발진흥지구)
>   나. 용도지구에 따른 건축물이나 그 밖의 시설의 용도 · 종류 및 규모 등의 제한을 지구단위계획으로 대체하기 위한 용도지구
> 4. 도시 · 군계획시설입체복합구역의 지정 및 변경과 도시 · 군계획시설입체복합구역의 건축제한 · 건폐율 · 용적률 · 높이 등에 관한 사항

05 (×) 1회에 한하여 30일 연장이 가능하다.

06 (×) 기초조사정보체계를 구축 · 운영하여야 한다.

07 (×) 5년마다 확인하고 변동사항을 반영하여야 한다.

08 (×) 도시 · 군관리계획으로 입안하려는 지역이 (도심지)에 위치하거나 개발이 끝나 (나대지)가 없는 경우에는 기초조사, 환경성 검토, 토지적성평가 또는 재해취약성분석을 하지 아니할 수 있다.

09 (○) 주민이 제시한 의견이 타당하다고 인정되면 도시 · 군관리계획안에 반영하여야 한다. 국방상 또는 국가안전보장상 기밀을 지켜야 할 필요가 있는 사항 중 관계 중앙행정기관의 장이 요청하는 것만 해당한다.

10 (×) 주민의 의견 청취에 필요한 사항은 해당 지방자치단체의 조례로 정한다.

11 (○) 도시 · 군관리계획은 시 · 도지사 · 대도시시장이 직접 또는 시장 · 군수의 신청에 따라 결정한다.

12 (○) 시장 또는 군수가 입안한 지구단위계획구역의 지정 · 변경과 지구단위계획의 수립 · 변경에 관한 도시 · 군관리계획 및 지구단위계획으로 대체하는 용도지구 폐지에 관한 도시 · 군관리계획[해당 시장(대도시 시장은 제외한다) 또는 군수가 도지사와 미리 협의한 경우에 한정한다]은 시장 또는 군수가 직접 결정할 수 있다.

13 국토교통부장관이 결정하는 도시·군관리계획을 쓰시오.
- – 국토교통부장관이 입안한 도시·군관리계획
- – 개발제한구역의 지정 및 변경에 관한 도시·군관리계획
- – 국가계획과 연계하여 시가화조정구역의 지정 및 변경에 관한 도시·군관리계획

14 (×) 시·도지사는 국토교통부장관이 입안하여 결정한 도시·군관리계획을 변경하거나 중요한 사항에 관한 도시·군관리계획을 결정하려면 미리 국토교통부장관과 협의하여야 한다.

15 (×) 도시·군관리계획 결정의 효력은 지형도면을 고시한 날부터 발생한다.

16 (×) 구청장은 입안권자가 아니다.

제1절의2 공간재구조화계획

1. 공간재구조화계획의 입안(제35조의2)

① 특별시장·광역시장·특별자치시장·특별자치도지사·시장 또는 군수는 다음 각 호의 용도구역을 지정하고 해당 용도구역에 대한 계획을 수립하기 위하여 공간재구조화계획을 입안하여야 한다.
1. 도시혁신구역 및 도시혁신계획
2. 복합용도구역 및 복합용도계획
3. 도시·군계획시설입체복합구역(제1호 또는 제2호와 함께 구역을 지정하거나 계획을 입안하는 경우로 한정한다)

② 공간재구조화계획의 입안과 관련하여 도시·군관리계획 절차를 준용한다.

③ 국토교통부장관은 ① 및 ②에도 불구하고 도시의 경쟁력 향상, 특화발전 및 지역 균형발전 등을 위하여 필요한 때에는 관할 특별시장·광역시장·특별자치시장·특별자치도지사·시장 또는 군수의 요청에 따라 공간재구조화계획을 입안할 수 있다.

④ ①~③까지에 따라 공간재구조화계획을 입안하려는 국토교통부장관(수산자원보호구역의 경우 해양수산부장관), 시·도지사, 시장 또는 군수(이하 "공간재구조화계획 입안권자"라 한다)는 공간재구조화계획도서(계획도와 계획조서를 말한다. 이하 같다) 및 이를 보조하는 계획설명서(기초조사결과·재원조달방안 및 경관계획을 포함한다. 이하 같다)를 작성하여야 한다.

⑤ 공간재구조화계획의 입안범위와 기준, 공간재구조화계획도서 및 계획설명서의 작성기준·작성방법 등은 국토교통부장관이 정한다.

2. 공간재구조화계획 입안의 제안(제35조의3)

① 주민(이해관계자 포함한다. 이하 동일)은 제35조의2 ①의 용도구역 지정을 위하여 공간재구조화계획 입안권자에게 공간재구조화계획의 입안을 제안할 수 있다. 이 경우 제안서에는 공간재구조화계획도서와 계획설명서를 첨부하여야 한다.

② ①에 따라 공간재구조화계획의 입안을 제안받은 공간재구조화계획 입안권자는 「국유재산법」·「공유재산 및 물품 관리법」에 따른 국유재산·공유재산이 공간재구조화계획으로 지정된 용도구역 내에 포함된 경우 등 대통령령으로 정하는 경우에는 제안자 외의 제3자에 의한 제안이 가능하도록 제안 내용의 개요를 공고하여야 한다. 다만, 제안받은 공간재구조화계획을 입안하지 아니하기로 결정한 때에는 그러하지 아니하다.

③ 공간재구조화계획 입안권자는 ①에 따른 최초 제안자의 제안서 및 ②에 따른 제3자 제안서에 대하여 토지이용계획의 적절성 등 대통령령으로 정하는 바에 따라 검토·평가한 후 제출한 제안서 내용의 전부 또는 일부를 공간재구조화계획의 입안에 반영할 수 있다.

④ 공간재구조화계획 입안권자가 제안서 내용의 채택 여부 등을 결정한 경우에는 그 결과를 제안자와 제3자에게 알려야 한다.

⑤ 공간재구조화계획 입안권자는 제안자 또는 제3자와 협의하여 제안된 공간재구조화계획의 입안 및 결정에 필요한 비용의 전부 또는 일부를 제안자 또는 제3자에게 부담시킬 수 있다.

⑥ ①부터 ⑤까지에 규정된 사항 외에 공간재구조화계획 제안의 기준, 절차 등에 필요한 사항은 대통령령으로 정한다.

3. 공간재구조화계획의 내용 등(제35조의4)

공간재구조화계획에는 다음 각 호의 사항을 포함하여야 한다.

1. 제35조의2 ①의 용도구역 지정 위치 및 용도구역에 대한 계획 등에 관한 사항
2. 제35조의2 ①의 용도구역을 지정함에 따라 인근 지역의 주거·교통·기반시설 등에 미치는 영향 등 대통령령으로 정하는 사항

4. 공간재구조화계획 수립을 위한 기초조사, 의견청취 등(제35조의5)

① 공간재구조화계획의 입안을 위한 기초조사, 주민과 지방의회의 의견 청취 등에 관하여는 도시·군관리계획 절차를 준용한다(제28조 제4항 제2호의 경우 관계 행정기관의 장과의 협의, 중앙도시계획위원회의 심의만 해당한다)를 준용한다. 이 경우 "도시·군관리계획"은 "공간재구조화계획"으로, "국토교통부장관, 시·도지사, 시장 또는 군수"는 "공간재구조화계획 입안권자"로 본다.

② 기초조사, 환경성 검토, 토지적성평가 또는 재해취약성분석은 공간재구조화계획 입안일부터 5년 이내 기초조사를 실시한 경우 등 대통령령으로 정하는 바에 따라 생략할 수 있다.

5. 공간재구조화계획의 결정(제35조의6)

① 공간재구조화계획은 시·도지사가 직접 또는 시장·군수의 신청에 따라 결정한다. 다만, 제35조의2에 따라 국토교통부장관이 입안한 공간재구조화계획은 국토교통부장관이 결정한다.

② 국토교통부장관 또는 시·도지사가 공간재구조화계획을 결정하려면 미리 관계 행정기관의 장(국토교통부장관을 포함한다)과 협의하고 다음 각 호에 따라 중앙도시계획위원회 또는 지방도시계획위원회의 심의를 거쳐야 한다. 이 경우 협의 요청을 받은 기관의 장은 특별한 사유가 없으면 그 요청을 받은 날부터 30일(도시혁신구역 지정을 위한 공간재구조화계획 결정의 경우에는 근무일 기준으로 10일) 이내에 의견을 제시하여야 한다.

1. 다음 각 목의 어느 하나에 해당하는 사항은 중앙도시계획위원회의 심의를 거친다.
   가. 국토교통부장관이 결정하는 공간재구조화계획
   나. 시·도지사가 결정하는 공간재구조화계획 중 제35조의2 ①의 용도구역 지정 및 입지 타당성 등에 관한 사항
2. 제1호 각 목의 사항을 제외한 공간재구조화계획에 대하여는 지방도시계획위원회의 심의를 거친다.

③ 국토교통부장관 또는 시·도지사는 공간재구조화계획을 결정하면 대통령령으로 정하는 바에 따라 그 결정을 고시하고, 국토교통부장관이나 도지사는 관계 서류를 관계 특별시장·광역시

장·특별자치시장·특별자치도지사·시장 또는 군수에게 송부하여 일반이 열람할 수 있도록 하여야 하며, 특별시장·광역시장·특별자치시장·특별자치도지사는 관계 서류를 일반이 열람할 수 있도록 하여야 한다.

6. 공간재구조화계획 결정의 효력 등(제35조의7)

① 공간재구조화계획 결정의 효력은 지형도면을 고시한 날부터 발생한다. 다만, 지형도면이 필요 없는 경우에는 고시한 날부터 효력이 발생한다.

② ①에 따라 고시를 한 경우에 해당 구역 지정 및 계획 수립에 필요한 내용에 대해서는 고시한 내용에 따라 도시·군기본계획의 수립·변경(인구의 배분 등은 대통령령으로 정하는 범위에서 변경하는 경우로 한정한다)과 도시·군관리계획의 결정(변경결정을 포함한다) 고시를 한 것으로 본다.

③ 지형도면 고시 등에 관하여는 도시·군관리계획을 준용한다.

④ ①에 따라 고시를 할 당시에 이미 사업이나 공사에 착수한 자(이 법 또는 다른 법률에 따라 허가·인가·승인 등을 받아야 하는 경우에는 그 허가·인가·승인 등을 받아 사업이나 공사에 착수한 자를 말한다)는 그 공간재구조화계획 결정과 관계없이 그 사업이나 공사를 계속할 수 있다.

⑤ ①에 따라 고시된 공간재구조화계획의 내용은 도시·군계획으로 관리하여야 한다.

제2절 용도지역/지구/구역(제36조 내지 제42조)

학습전략

매년 1문제 정도 출제되는 부분으로서 용도지역, 지구, 구역의 각 개념과 지정권자를 명확히 알아야 한다.

1. 용도지역(제36조) : 국토교통부장관, 시·도지사, 대도시 시장이 관리계획으로 지정 [기출 35]

(1) 도시지역

인구와 산업이 밀집되어 있거나 밀집이 예상되어 그 지역에 대하여 체계적인 개발·정비·관리·보전 등이 필요한 지역

→ 도시지역은 다음의 어느 하나로 구분하여 지정한다.

① **주거지역** : 거주의 안녕과 건전한 생활환경의 보호를 위하여 필요한 지역

② **상업지역** : 상업이나 그 밖의 업무의 편익을 증진하기 위하여 필요한 지역

③ **공업지역** : 공업의 편익을 증진하기 위하여 필요한 지역

④ **녹지지역** : 자연환경·농지 및 산림의 보호, 보건위생, 보안과 도시의 무질서한 확산을 방지하기 위하여 녹지의 보전이 필요한 지역

(2) 관리지역

도시지역의 인구와 산업을 수용하기 위하여 도시지역에 준하여 체계적으로 관리하거나 농림업의 진흥, 자연환경 또는 산림의 보전을 위하여 농림지역 또는 자연환경보전지역에 준하여 관리할 필요가 있는 지역

→ 관리지역은 다음의 어느 하나로 구분하여 지정한다.

① 보전관리지역 : 자연환경 보호, 산림 보호, 수질오염 방지, 녹지공간 확보 및 생태계 보전 등을 위하여 보전이 필요하나, 주변 용도지역과의 관계 등을 고려할 때 자연환경 보전지역으로 지정하여 관리하기가 곤란한 지역

② 생산관리지역 : 농업·임업·어업 생산 등을 위하여 관리가 필요하나, 주변 용도지역 과의 관계 등을 고려할 때 농림지역으로 지정하여 관리하기가 곤란한 지역

③ 계획관리지역 : 도시지역으로의 편입이 예상되는 지역이나 자연환경을 고려하여 제한 적인 이용·개발을 하려는 지역으로서 계획적·체계적인 관리가 필요한 지역

(3) 농림지역

도시지역에 속하지 아니하는 「농지법」에 따른 농업진흥지역 또는 「산지관리법」에 따른 보전 산지 등으로서 농림업을 진흥시키고 산림을 보전하기 위하여 필요한 지역

(4) 자연환경보전지역

자연환경·수자원·해안·생태계·상수원 및 「국가유산기본법」 제3조에 따른 국가유산의 보 전과 수산자원의 보호·육성 등을 위하여 필요한 지역

* 국토교통부장관/시·도지사, 대도시 시장은 주거/상업/공업/녹지지역을 다시 세분하여 지 정변경 가능 [기출 28 29 30]

* 시·도지사, 대도시 시장은 조례로 다시 세분된 주거/상업/공업/녹지지역을 추가적으로 세 분하여 지정 가능

(5) 용도지역 세분(주거/상업/공업/녹지지역) [기출 35]

도시지역	주거지역	전용 (양호)	1종	단독주택 중심의 양호한 주거환경
			2종	공동주택 중심의 양호한 주거환경
		일반 (편리)	1종	저층주택 중심(4층 이하)
			2종	중층주택 중심
			3종	중고층주택 중심
		준주거		주거기능 위주로 이를 지원하는 일부 상업/업무기능 보완 위해 필요한 지역
	상업지역	중심		도심, 부도심 상업, 업무기능 확충 위해 필요한 지역
		일반		일반적인 상업, 업무기능 담당 위해 필요한 지역

		유통	도시 내 및 지역 간 유통기능의 증진 위해 필요한 지역
		근린	근린지역에서의 일용품 및 서비스 공급 위해 필요한 지역
	공업 지역	전용	주로 중화학, 공해성 공업
		일반	환경 저해 아니하는 공업
		준공업	경공업 그 밖의 공업 + 주거, 상업, 업무기능 보완 필요한 지역
	녹지 지역	보전	도시의 자연환경, 경관, 산림 및 녹지공간 보전필요 있는 지역
		생산	주로 농업적 생산을 위하여 개발을 유보할 필요가 있는 지역
		자연	도시 녹지공간확보, 도시확산 방지, 장래 도시용지 공급 등을 위해 보전할 필요가 있는 지역
			+ 불가피한 경우에 한하여 제한적인 개발이 허용
관리 지역	보전 관리		
	생산 관리		
	계획 관리		
농림 지역			
자연 환경 보전 지역			

2. **용도지구(제37조)** : 국토교통부장관 및 시·도지사, 대도시 시장

  (1) 세분지정

   국토교통부장관 및 시·도지사, 대도시 시장은 다시 세분하여 지정변경 가능 → 경관, 방재, 보호, 취락, 개발진흥지구 다시 세분함.

  (2) 신설

   시/도/대장은 조례로 용도지구의 명칭 및 지정목적, 건축, 그 밖의 행위의 금지 및 제한 등 정하여 용도지구 신설 가능 [기출 32]

   ① 용도지역, 지구, 구역, 지단구역 및 다른 법률상 지역, 지구만으로 효율적인 토지이용 달성할 수 없는 부득이한 사유의 경우

   ② 행위제한은 필요최소한도

   ③ 용도지역 또는 용도지구의 행위제한을 완화하는 용도지구 신설 ×

(3) 용도지구

- **방화지구** : 화재의 위험을 예방하기 위하여 필요한 지구
- **방재지구** : 풍수해, 산사태, 지반의 붕괴, 그 밖의 재해를 예방하기 위하여 필요한 지구
  ① **시가지방재지구** [기출 35] : 건축물·인구가 밀집되어 있는 지역으로서 시설 개선 등을 통하여 재해 예방이 필요한 지구
  ② **자연방재지구** : 토지의 이용도가 낮은 해안변, 하천변, 급경사지 주변 등의 지역으로서 건축 제한 등을 통하여 재해 예방이 필요한 지구

- **보호지구** [기출 29 30 31 32] : 국가유산, 중요 시설물(항만, 공항 등 대통령령으로 정하는 시설물) 및 문화적·생태적으로 보존가치가 큰 지역의 보호와 보존을 위하여 필요한 지구

> * **항만, 공항 등 대통령령으로 정하는 시설물** [기출 29]
> 항만, 공항, 공용시설(공공업무시설, 공공필요성이 인정되는 문화시설·집회시설·운동시설 및 그 밖에 이와 유사한 시설로서 도시·군계획조례로 정하는 시설을 말한다), 교정시설·군사시설

  ① **역사문화환경보호지구** : 국가유산·전통사찰 등 역사·문화적으로 보존가치가 큰 시설 및 지역의 보호와 보존을 위하여 필요한 지구
  ② **중요시설물보호지구** : 중요시설물의 보호와 기능의 유지 및 증진 등을 위하여 필요한 지구
  ③ **생태계보호지구** : 야생동식물서식처 등 생태적으로 보존가치가 큰 지역의 보호와 보존을 위하여 필요한 지구

- **경관지구** [기출 32] : 경관의 보전·관리 및 형성을 위하여 필요한 지구
  ① **자연경관지구** : 산지·구릉지 등 자연경관을 보호하거나 유지하기 위하여 필요한 지구
  ② **시가지경관지구** : 지역 내 주거지, 중심지 등 시가지의 경관을 보호/유지하거나 형성하기 위하여 필요한 지구
  ③ **특화경관지구** : 지역 내 주요 수계의 수변 또는 문화적 보존가치가 큰 건축물 주변의 경관 등 특별한 경관을 보호/유지거나 형성하기 위해 필요한 지구
    * 수계 : 물이 점점 모여 한 줄기를 이르는 하천의 본류

- **고도지구** : 쾌적한 환경 조성 및 토지의 효율적 이용을 위하여 건축물 높이의 최고한도를 규제할 필요가 있는 지구
- **복합용도지구** [기출 32] : 지역의 토지이용 상황, 개발 수요 및 주변 여건 등을 고려하여 효율적/복합적인 토지 이용 도모 위해 특정시설의 입지를 완화할 필요가 있는 지구
- **특정용도제한지구** [기출 31] : 주거 및 교육 환경 보호나 청소년 보호 등의 목적으로 오염물질 배출시설, 청소년 유해시설 등 특정시설의 입지를 제한할 필요가 있는 지구

- **개발진흥지구** : 주거기능/상업기능/공업기능/유통물류기능/관광기능/휴양기능 등을 집중 개발·정비할 필요가 있는 지구
    ① **주거개발진흥지구** : 주거기능을 중심으로 개발·정비할 필요가 있는 지구
    ② **산업·유통개발진흥지구** : 공업기능 및 유통·물류기능을 중심으로 개발·정비할 필요가 있는 지구
    ③ **관광·휴양개발진흥지구** : 관광·휴양기능을 중심으로 개발·정비할 필요가 있는 지구
    ④ **복합개발진흥지구** [기출 28] : 주거기능, 공업기능, 유통·물류기능 및 관광·휴양기능 중 2 이상의 기능을 중심으로 개발·정비할 필요가 있는 지구
    ⑤ **특정개발진흥지구** : 주거기능, 공업기능, 유통·물류기능 및 관광·휴양기능 외의 기능을 중심으로 특정목적을 위하여 개발·정비할 필요가 있는 지구

- **취락지구** [기출 28] : 녹지·관리·농림·자연환경보전지역·개발제한구역 또는 도시자연공원구역의 취락을 정비하기 위한 지구
    ① **자연취락지구** : 녹지·관리·농림 또는 자연환경보전지역 안의 취락을 정비하기 위하여 필요한 지구
    ② **집단취락지구** [기출 35] : 개발제한구역 안의 취락을 정비하기 위하여 필요한 지구

(4) 기타

1) 시·도지사대장은 연안침식이 진행 중 + 우려되는 지역은 방재지구의 지정/변경을 관리계획으로 결정해야 한다(재해저감대책 포함).
    ① 연안침식으로 심각한 피해 발생하거나 우려 있어 관리 필요한 지역으로 연안침식관리구역으로 지정된 지역
    ② 풍수해, 산사태 등 동일재해가 최근 10년 내 2회 이상 발생하여 인명피해 입은 지역으로 향후 동일 재해 발생 시 상당한 피해 우려되는 지역

2) 시·도지사대장은 대통령령으로 정하는 주거(일반), 공업(일반), 관리지역(계획)에 복합용도지구를 지정할 수 있다 [기출 32].
    ① 용도지역 변경 시 기반시설 부족해지는 등 문제가 우려되어 해당 용도지역의 건축제한만을 완화하는 것이 적합한 경우에 지정할 것
    ② 간선도로의 교차지, 대중교통의 결절지 등 토지이용 및 교통여건의 변화가 큰 지역 또는 용도지역 간의 경계지역, 가로변 등 토지를 효율적으로 활용할 필요가 있는 지역일 것
    ③ 용도지역의 지정목적이 크게 저해되지 않도록 전체 면적의 3분의 1 이하의 범위에서 지정할 것
    ④ 해당지역의 체계적/계획적 개발 및 관리를 위하여 지정 대상지가 국장이 정한 고시하는 기준에 적합할 것

3) 시·도지사대장은 조례로 정하는 바에 따라 경관지구(특화경관지구의 세분 포함), 중요시설물보호지구, 특정용도제한지구를 세분하여 지정 가능

3. **개발제한구역(제38조)** [기출 31] : 국토교통부장관 지정

　도시의 무질서한 확산방지 + 도시주변의 자연환경 보전하여 + 도시민의 건전한 생활환경 확보 위해 도시의 개발을 제한할 필요가 있거나, 국방부장관의 요청이 있어 보안상 도시개발을 제한할 필요가 인정 시 지정 + **구역 지정/변경에 필요한 사항은 따로 법률로 정함**

4. **도시자연공원구역(제38조의2)** [기출 28 29] : 시·도지사 및 대도시시장 지정

　도시의 자연환경 및 경관 보호하고 도시민에게 건전한 여가, 휴식공간을 제공하기 위하여 도시지역 안에서 식생이 양호한 산지의 개발을 제한할 필요 있는 경우 + **구역 지정/변경에 필요한 사항은 따로 법률로 정함**

5. **시가화조정구역(제39조)** : ① 시·도지사가 직접 또는 관계 행정기관의 장 요청에 따라 지정 또는 ② 국토교통부장관이 지정(국가계획 연계하여 구역지정/변경 필요시)할 수 있다.

　1) 도시지역과/주변지역의 무질서한 시가화 방지 + 계획적/단계적 개발 도모 위해 5~20년 이내 기간 시가화 유보[유보기간 끝난 날 다음날 효력 상실 [기출 35] + 국토교통부/시·도 고시(실효일자, 사유, 실효된 관리계획내용)] + 실효고시는 국토교통부장관이 하는 경우에는 관보와 국토교통부의 인터넷 홈페이지에, 시·도지사가 하는 경우에는 해당 시·도의 공보와 인터넷 홈페이지에 게재하는 방법으로 한다 [기출 32].

　2) 당해 도시지역과 그 주변지역의 인구의 동태, 토지의 이용상황, 산업발전상황 등을 고려하여 유보기간을 정해야 한다.

6. **수산자원보호구역(제40조)** [기출 31] : 해양수산부장관 직접 또는 관계 행정기관의 장 요청

　수산자원을 보호, 육성하기 위하여 필요한 공유수면이나 그에 인접한 토지

7. **도시혁신구역의 지정 등(제40조의3)**

　① 공간재구조화계획 결정권자 다음 각 호의 어느 하나에 해당하는 지역을 도시혁신구역으로 지정할 수 있다.

　　1. 도시·군기본계획에 따른 도심·부도심 또는 생활권의 중심지역

　　2. 주요 기반시설과 연계하여 지역의 거점 역할을 수행할 수 있는 지역

　　3. 그 밖에 도시공간의 창의적이고 혁신적인 개발이 필요하다고 인정되는 경우로서 대통령령으로 정하는 지역

　② 도시혁신계획에는 도시혁신구역의 지정 목적을 이루기 위하여 다음 각 호에 관한 사항이 포함되어야 한다.

　　1. 용도지역·용도지구, 도시·군계획시설 및 지구단위계획의 결정에 관한 사항

　　2. 주요 기반시설의 확보에 관한 사항

　　3. 건축물의 건폐율·용적률·높이에 관한 사항

　　4. 건축물의 용도·종류 및 규모 등에 관한 사항

5. 제83조의3에 따른 다른 법률 규정 적용의 완화 또는 배제에 관한 사항

6. 도시혁신구역 내 개발사업 및 개발사업의 시행자 등에 관한 사항

7. 그 밖에 도시혁신구역의 체계적 개발과 관리에 필요한 사항

③ 도시혁신구역의 지정 및 변경과 도시혁신계획은 다음 각 호의 사항을 종합적으로 고려하여 공간재구조화계획으로 결정한다.

1. 도시혁신구역의 지정 목적

2. 해당 지역의 용도지역·기반시설 등 토지이용 현황

3. 도시·군기본계획 등 상위계획과의 부합성

4. 주변 지역의 기반시설, 경관, 환경 등에 미치는 영향 및 도시환경 개선·정비 효과

5. 도시의 개발 수요 및 지역에 미치는 사회적·경제적 파급효과

④ 다른 법률에서 제35조의6에 따른 공간재구조화계획의 결정을 의제하고 있는 경우에도 이 법에 따르지 아니하고 도시혁신구역의 지정과 도시혁신계획을 결정할 수 없다.

⑤ 공간재구조화계획 결정권자가 공간재구조화계획을 결정하기 위하여 제35조의6 ②에 따라 관계 행정기관의 장과 협의하는 경우 협의 요청을 받은 기관의 장은 그 요청을 받은 날부터 10일(근무일 기준) 이내에 의견을 회신하여야 한다.

⑥ 도시혁신구역 및 도시혁신계획에 관한 도시·군관리계획 결정의 실효, 도시혁신구역에서의 건축 등에 관하여 다른 특별한 규정이 없으면 제53조(지구단위계획구역의 지정 및 지구단위계획에 관한 도시·군관리계획결정의 실효 등) 및 제54조(지구단위계획구역에서의 건축 등)를 준용한다. 이 경우 "지구단위계획구역"은 "도시혁신구역"으로, "지구단위계획"은 "도시혁신계획"으로 본다.

⑦ 도시혁신구역의 지정 및 변경과 도시혁신계획의 수립 및 변경에 관한 세부적인 사항은 국토교통부장관이 정하여 고시한다.

8. 복합용도구역의 지정 등(제40조의4)

① 공간재구조화계획 결정권자는 다음 각 호의 어느 하나에 해당하는 지역을 복합용도구역으로 지정할 수 있다.

1. 산업구조 또는 경제활동의 변화로 복합적 토지이용이 필요한 지역

2. 노후 건축물 등이 밀집하여 단계적 정비가 필요한 지역

3. 그 밖에 복합된 공간이용을 촉진하고 다양한 도시공간을 조성하기 위하여 계획적 관리가 필요하다고 인정되는 경우로서 대통령령으로 정하는 지역

② 복합용도계획에는 복합용도구역의 지정 목적을 이루기 위하여 다음 각 호에 관한 사항이 포함되어야 한다.

1. 용도지역·용도지구, 도시·군계획시설 및 지구단위계획의 결정에 관한 사항

2. 주요 기반시설의 확보에 관한 사항

3. 건축물의 용도별 복합적인 배치비율 및 규모 등에 관한 사항

4. 건축물의 건폐율·용적률·높이에 관한 사항

5. 제83조의4에 따른 특별건축구역계획에 관한 사항

6. 그 밖에 복합용도구역의 체계적 개발과 관리에 필요한 사항

③ 복합용도구역의 지정 및 변경과 복합용도계획은 다음 각 호의 사항을 종합적으로 고려하여 공간재구조화계획으로 결정한다.

1. 복합용도구역의 지정 목적

2. 해당 지역의 용도지역·기반시설 등 토지이용 현황

3. 도시·군기본계획 등 상위계획과의 부합성

4. 주변 지역의 기반시설, 경관, 환경 등에 미치는 영향 및 도시환경 개선·정비 효과

④ 복합용도구역 및 복합용도계획에 관한 도시·군관리계획 결정의 실효, 복합용도구역에서의 건축 등에 관하여 다른 특별한 규정이 없으면 제53조(지구단위계획구역의 지정 및 지구단위계획에 관한 도시·군관리계획결정의 실효 등) 및 제54조(지구단위계획구역에서의 건축 등)를 준용한다. 이 경우 "지구단위계획구역"은 "복합용도구역"으로, "지구단위계획"은 "복합용도계획"으로 본다.

⑤ 복합용도구역의 지정 및 변경과 복합용도계획의 수립 및 변경에 관한 세부적인 사항은 국토교통부장관이 정하여 고시한다.

9. 도시·군계획시설입체복합구역의 지정(제40조의5)

① 도시·군관리계획의 결정권자는 도시·군계획시설의 입체복합적 활용을 위하여 다음 각 호의 어느 하나에 해당하는 경우에 도시·군계획시설이 결정된 토지의 전부 또는 일부를 도시·군계획시설입체복합구역(이하 "입체복합구역"이라 한다)으로 지정할 수 있다.

1. 도시·군계획시설 준공 후 10년이 경과한 경우로서 해당 시설의 개량 또는 정비가 필요한 경우

2. 주변지역 정비 또는 지역경제 활성화를 위하여 기반시설의 복합적 이용이 필요한 경우

3. 첨단기술을 적용한 새로운 형태의 기반시설 구축 등이 필요한 경우

4. 그 밖에 효율적이고 복합적인 도시·군계획시설의 조성을 위하여 필요한 경우로서 대통령령으로 정하는 경우

② 이 법 또는 다른 법률의 규정에도 불구하고 입체복합구역에서의 도시·군계획시설과 도시·군계획시설이 아닌 시설에 대한 건축물이나 그 밖의 시설의 용도·종류 및 규모 등의 제한(이하 이 조에서 "건축제한"이라 한다), 건폐율, 용적률, 높이 등은 대통령령으로 정하는 범위에서 따로 정할 수 있다. 다만, 다른 법률에 따라 정하여진 건축제한, 건폐율, 용적률, 높이 등을 완화하는 경우에는 미리 관계 기관의 장과 협의하여야 한다.

③ 건폐율과 용적률은 제77조 및 제78조에 따라 대통령령으로 정하고 있는 해당 용도지역별 최대한도의 200퍼센트 이하로 한다.

④ 그 밖에 입체복합구역의 지정·변경 등에 필요한 사항은 국토교통부장관이 정한다.

10. 도시혁신구역, 복합용도구역, 입체복합구역에 대한 공공시설등의 설치비용 등(제40조의6)

① 다음 각 호의 어느 하나에 해당하는 구역 안에서 개발사업이나 개발행위를 하려는 자(도시 · 군계획시설입체복합구역의 지정 및 변경과 도시 · 군계획시설입체복합구역의 건축제한 · 건폐율 · 용적률 · 높이 등에 관한 사항 따라 도시 · 군관리계획을 입안하거나 제35조의3에 따라 공간재구조화계획을 입안하는 경우 입안 제안자를 포함한다)는 건축물이나 그 밖의 시설의 용도, 건폐율, 용적률 등의 건축제한 완화 또는 행위제한 완화로 인한 토지가치 상승분(「감정평가 및 감정평가사에 관한 법률」에 따른 감정평가법인등이 해당 구역에 따른 계획 등의 변경 전 · 후에 대하여 각각 감정평가한 토지가액의 차이를 말한다)의 범위에서 해당 구역에 따른 계획으로 정하는 바에 따라 해당 구역 안에 제52조의2 제1항 각 호[2])의 시설(이하 이 조 및 제52조의2에서 "공공시설등"이라 한다)의 부지를 제공하거나 공공시설등을 설치하여 제공하도록 하여야 한다.

1. 제40조의3에 따른 도시혁신구역
2. 제40조의4에 따른 복합용도구역
3. 제40조의5에 따른 입체복합구역

② 공공시설등의 부지제공과 설치, 비용납부 등에 관하여는 제52조의2 ②부터 ⑥까지를 준용한다. 이 경우 "지구단위계획구역"은 각각 "도시혁신구역", "복합용도구역", "입체복합구역"으로, "지구단위계획"은 각각 "도시혁신계획", "복합용도계획", "도시 · 군관리계획"으로 본다.

③ ① 및 ②는 ①의 각 호의 구역이 의제되는 경우에도 적용한다. 다만, 다음 각 호의 부담금이 부과(해당 법률에 따라 부담금을 면제하는 경우를 포함한다)되는 경우에는 그러하지 아니하다.

1. 「개발이익 환수에 관한 법률」에 따른 개발부담금
2. 「재건축초과이익 환수에 관한 법률」에 따른 재건축부담금

11. 공유수면매립지에 관한 용도지역 지정(제41조)

① 공유수면(바다만 해당) 매립목적이 이웃 용도지역과 같으면 도시 · 군관리계획의 입안 및 결정 절차 없이 준공일로부터 이웃 용도지역으로 지정된 것으로 본다. 관계 특별시장 · 광역시장 · 특별자치시장 · 특별자치도지사 · 시장 또는 군수는 지체 없이 고시해야 한다.

② 매립목적이 이웃 용도지역 내용과 다른 경우 및 매립구역이 둘 이상의 용도지역에 걸쳐 있거나 이웃하고 있는 경우 그 매립구역이 속할 용도지역은 도시 · 군관리계획결정으로 지정하여야 한다. [기출 31 35]

③ 관계 행정기관의 장은 공유수면 매립 준공검사를 하면 지체 없이 특별시장 · 광역시장 · 특별자치시장 · 특별자치도지사 · 시장 또는 군수에게 통보해야 한다.

---

2) "공공시설 등"
공공시설, 기반시설, 「공공주택 특별법」에 따른 공공임대주택 또는 「건축법」에 따른 기숙사 등 공공필요성이 인정되어 해당 시 · 도 또는 대도시의 조례로 정하는 시설

12. 다른 법률에 따라 지정된 지역의 용도지역 지정 등의 의제(제42조)

(1) 도시지역으로 결정/고시된 것으로 보는 경우 [기출 30]

① 항만법에 따른 항만구역으로서 도시지역에 연접한 공유수면

  항만구역 : 외항선/내항선이 입항/출항하는 구역

② 어촌어항법에 따른 어항구역으로서 도시지역에 연접한 공유수면

  어항구역 : 어선의 출입정박/어획물의 양륙/기상악화 시 안전하게 대피할 수 있는 활동 근거지

③ 산업입지 및 개발에 관한 법률에 따른 국가산업단지, 일반산업단지 및 도시첨단산업단지 (농공단지 없음!!) [기출 35]

④ 택지개발촉진법에 따른 택지개발지구

⑤ 전원개발촉진법에 따른 전원개발사업구역 및 예정구역(수력발전소 또는 송변전설비만을 설치하기 위한 경우는 제외)

* 전원 : 발전 송전 변전

* 상기 지역, 단지, 지구 등이 해제된 경우(사업완료로 해제되는 경우 제외) 법률에서 어떤 용도지역에 해당되는지를 규정하고 있지 않으면 지정 이전의 용도지역으로 환원된 것으로 봄[기출 35] → 지정권자는 용도지역 환원 사실을 고시하고 특별시장·광역시장·특별자치시장·특별자치도지사·시장 또는 군수에게 통보해야 한다.(시·도공보 + 홈페이지)

* 기득권 보호 : 용도지역 환원 당시 이미 사업이나 공사에 착수한 자(법령상 허가 등 요구 시 받은 자)는 사업/공사계속 가능

(2) 관리지역 [기출 30 32]

① 관리지역에서 농지법에 따른 농업진흥지역으로 지정/고시된 지역은 농림지역으로 본다.

② 관리지역의 산림 중 산지관리법에 따라 보전산지로 지정/고시된 지역은 그 고시에서 구분하는 바에 따라 농림지역 또는 자연환경보전지역으로 결정/고시된 것으로 본다.

(3) 기타

관계 행정기관의 장이 상기 지역을 지정한 경우 고시된 지형도면 또는 지형도에 그 지정 사실을 표시하여 관할 특별시장·광역시장·특별자치시장·특별자치도지사·시장 또는 군수에게 통보해야 한다. → 통보 시(용도지역 표시한 1/1,000 및 1/5,000 지형도 첨부 + 지구/구역/단지 등의 지정범위의 지적이 표시된 지형도 첨부)

01 국토의 계획 및 이용에 관한 법령상 용도지역 – 용도지구 – 용도구역에 관한 설명으로 옳지 않은 것은? ✦ 32회

① 제2종 일반주거지역은 중층주택을 중심으로 편리한 주거환경을 조성하기 위하여 필요한 지역을 말한다.

② 시·도지사는 대통령령으로 정하는 주거지역·공업지역·관리지역에 복합용도지구를 지정할 수 있다.

③ 경관지구는 자연경관지구, 시가지경관지구, 특화경관지구로 세분할 수 있다.

④ 관리지역에서 「농지법」에 따른 농업진흥지역으로 지정·고시된 지역은 농림지역으로 결정·고시된 것으로 본다.

⑤ 시가화조정구역의 지정에 관한 도시·군관리계획의 결정은 시가화 유보기간이 끝난 날부터 그 효력을 잃는다.

📖 ⑤

02 국토의 계획 및 이용에 관한 법령상 용도지역·용도지구·용도구역에 관한 설명으로 옳지 않은 것은? ✦ 31회

① 녹지지역과 공업지역은 도시지역에 속한다.

② 용도지구 중 보호지구는 주거 및 교육 환경 보호나 청소년 보호 등의 목적으로 청소년 유해시설 등 특정시설의 입지를 제한할 필요가 있는 지구이다.

③ 국토교통부장관은 국방부장관의 요청이 있어 보안상 도시의 개발을 제한할 필요가 있다고 인정되면 개발제한구역의 지정을 도시·군관리계획으로 결정할 수 있다.

④ 해양수산부장관은 수산자원을 보호·육성하기 위하여 필요한 공유수면이나 그에 인접한 토지에 대한 수산자원보호구역의 지정을 도시·군관리계획으로 결정할 수 있다.

⑤ 공유수면매립구역이 둘 이상의 용도지역에 걸쳐 있거나 이웃하고 있는 경우 그 매립구역이 속할 용도지역은 도시·군관리계획결정으로 지정하여야 한다.

📖 ②

제4장 제2절 용도지역/지구/구역 주요 내용 O · X 확인 문제

01 용도지역의 지정은 국토교통부장관, 시·도지사, 시장 또는 군수가 결정한다. (   )

02 빈칸을 채우시오.

( ) 지역	( ) 지역	( ) 지역	1종	단독주택 중심의 양호한 주거환경
			2종	공동주택 중심의 양호한 주거환경
		( ) 지역	1종	저층주택 중심(4층 이하)
			2종	중층주택 중심
			3종	중고층주택 중심
		( )지역		주거기능 위주로 이를 지원하는 일부 상업/업무기능 보완 위해 필요한 지역
	( ) 지역	( )지역		도심, 부도심 상업, 업무기능 확충 위해 필요한 지역
		( )지역		일반적인 상업, 업무기능 담당 위해 필요한 지역
		( )지역		도시 내 및 지역 간 유통기능의 증진 위해 필요한 지역
		( )지역		근린지역에서의 일용품 및 서비스 공급 위해 필요한 지역
	( ) 지역	( )지역		주로 중화학, 공해성 공업
		( )지역		환경 저해 아니하는 공업
		( )지역		경공업 그 밖의 공업 + 주거, 상업, 업무기능 보완 필요한 지역
	( ) 지역	( )지역		도시의 자연환경, 경관, 산림 및 녹지공간 보전필요 있는 지역
		( )지역		주로 농업적 생산을 위하여 개발을 유보할 필요가 있는 지역
		( )지역		도시 녹지공간확보, 도시확산 방지, 장래 도시용지 공급 등을 위해 보전할 필요가 있는 지역
				+ 불가피한 경우에 한하여 제한적인 개발이 허용
( ) 지역	( ) 지역			자연환경 보호, 산림 보호, 수질오염 방지, 녹지공간 확보 및 생태계 보전 등을 위하여 보전이 필요하나, 주변 용도지역과의 관계 등을 고려할 때 자연환경보전지역으로 지정하여 관리하기가 곤란한 지역
	( ) 지역			농업·임업·어업 생산 등을 위하여 관리가 필요하나, 주변 용도지역과의 관계 등을 고려할 때 농림지역으로 지정하여 관리하기가 곤란한 지역
	( ) 지역			도시지역으로의 편입이 예상되는 지역이나 자연환경을 고려하여 제한적인 이용·개발을 하려는 지역으로서 계획적·체계적인 관리가 필요한 지역
( )지역				도시지역에 속하지 않고, 농림업 진흥 및 산림 보전 위해 필요
( ) 지역				자연환경·수자원·해안·생태계·상수원 및 국가유산의 보전과 수산자원의 보호·육성 등을 위하여 필요

03 용도지역의 지정은 국토교통부장관, 시·도지사, 시장 또는 군수가 결정한다. (   )

04 용도지구의 지정과 관련하여 빈 칸을 완성하시오.

---

1. (   )지구 : 경관의 보전·관리 및 형성을 위하여 필요한 지구
   가. (   )지구 : 산지·구릉지 등 자연경관을 보호하거나 유지하기 위하여 필요한 지구
   나. (   )지구 : 지역 내 주거지, 중심지 등 시가지의 경관을 보호 또는 유지하거나 형성하기 위하여 필요한 지구
   다. (   )지구 : 지역 내 주요 수계의 수변 또는 문화적 보존가치가 큰 건축물 주변의 경관 등 특별한 경관을 보호 또는 유지하거나 형성하기 위하여 필요한 지구
2. (   )지구 : 쾌적한 환경 조성 및 토지의 효율적 이용을 위하여 건축물 높이의 최고한도를 규제할 필요가 있는 지구
3. (   )지구 : 화재의 위험을 예방하기 위하여 필요한 지구
4. (   )지구 : 풍수해, 산사태, 지반의 붕괴, 그 밖의 재해를 예방하기 위하여 필요한 지구
   가. (   )지구 : 건축물·인구가 밀집되어 있는 지역으로서 시설 개선 등을 통하여 재해 예방이 필요한 지구
   나. (   )지구 : 토지의 이용도가 낮은 해안변, 하천변, 급경사지 주변 등의 지역으로서 건축 제한 등을 통하여 재해 예방이 필요한 지구
5. (   )지구 : 국가유산, 중요 시설물(항만, 공항, 교정시설, 군사시설 등) 및 문화적·생태적으로 보존가치가 큰 지역의 보호와 보존을 위하여 필요한 지구
   가. (   )지구 : 국가유산·전통사찰 등 역사/문화적으로 보존가치가 큰 시설 및 지역의 보호와 보존을 위하여 필요한 지구
   나. (   )지구 : 중요시설물의 보호와 기능의 유지 및 증진 등을 위하여 필요한 지구
   다. (   )지구 : 야생동식물서식처 등 생태적으로 보존가치가 큰 지역의 보호와 보존을 위하여 필요한 지구
6. (   )지구 : 녹지지역·관리지역·농림지역·자연환경보전지역·개발제한구역 또는 도시자연공원구역의 취락을 정비하기 위한 지구
   가. (   )지구 : 녹지지역·관리지역·농림지역 또는 자연환경보전지역안의 취락을 정비하기 위하여 필요한 지구
   나. (   )지구 : 개발제한구역안의 취락을 정비하기 위하여 필요한 지구
7. (   )지구 : 주거기능·상업기능·공업기능·유통물류기능·관광기능·휴양기능 등을 집중적으로 개발·정비할 필요가 있는 지구
   가. (   )지구 : 주거기능을 중심으로 개발·정비할 필요가 있는 지구
   나. (   )지구 :공업기능 및 유통·물류기능을 중심으로 개발·정비할 필요가 있는 지구
   라. (   )지구 : 관광·휴양기능을 중심으로 개발·정비할 필요가 있는 지구
   마. (   )지구 : 주거기능, 공업기능, 유통·물류기능 및 관광·휴양기능 중 2 이상의 기능을 중심으로 개발·정비할 필요가 있는 지구

바. (　　)지구 : 주거기능, 공업기능, 유통 · 물류기능 및 관광 · 휴양기능 외의 기능을 중심으로 특정한 목적을 위하여 개발 · 정비할 필요가 있는 지구

8. (　　)지구 : 주거 및 교육 환경 보호나 청소년 보호 등의 목적으로 오염물질 배출시설, 청소년 유해시설 등 특정시설의 입지를 제한할 필요가 있는 지구

9. (　　)지구[주거지역(일반) · 공업지역(일반) · 관리지역(계획)] : 지역의 토지이용 상황, 개발 수요 및 주변 여건 등을 고려하여 효율적이고 복합적인 토지이용을 도모하기 위하여 특정시설의 입지를 완화할 필요가 있는 지구

05 당해 용도지역 또는 용도구역의 행위제한을 완화하는 용도지구를 신설하는 경우에 시 · 도지사는 지역여건상 필요하면 조례로 용도지구의 명칭 및 지정목적, 건축이나 그 밖의 행위의 금지 및 제한에 관한 사항 등을 도시 · 군관리계획으로 결정할 수 있다. (　　　)

06 국토교통부장관은 도시의 (　　　　)을 방지하고 도시주변의 (　　　　)을 보전하여 도시민의 건전한 (　　　　)을 확보하기 위하여 도시의 개발을 제한할 필요가 있거나 (　　　　)의 요청이 있어 보안상 도시의 개발을 제한할 필요가 있다고 인정되면 개발제한구역의 지정 또는 변경을 도시 · 군관리계획으로 결정할 수 있다.

07 시 · 도지사 또는 대도시 시장은 도시의 (　　　　) 및 (　　　　)을 보호하고 도시민에게 건전한 (　　　　)을 제공하기 위하여 도시지역 안에서 식생(植生)이 양호한 산지(山地)의 개발을 제한할 필요가 있다고 인정하면 (　　　　)구역의 지정 또는 변경을 도시 · 군관리계획으로 결정할 수 있다.

08 시 · 도지사는 5~30년 이내의 기간 동안 시가화를 유보할 필요가 있다고 인정되면 시가화조정구역의 지정 또는 변경을 도시 · 군관리계획으로 결정할 수 있다. 시가화조정구역의 지정에 관한 도시 · 군관리계획의 결정은 시가화 유보기간이 끝난 날의 다음날부터 그 효력을 잃는다. (　　　)

09 국가계획과 연계하여 시가화조정구역의 지정 또는 변경이 필요한 경우에는 둘 이상의 시 · 도지사가 협의하여 시가화조정구역의 지정 또는 변경을 도시 · 군관리계획으로 결정할 수 있다. (　　　)

10 도시 · 군관리계획 결정권자가 도시 · 군관리계획을 결정하기 위하여 관계 행정기관의 장과 협의하는 경우 협의 요청을 받은 기관의 장은 그 요청을 받은 날부터 20일(근무일 기준) 이내에 의견을 회신하여야 한다. (　　　)

11 공유수면(바다만 해당한다)의 매립 목적이 그 매립구역과 이웃하고 있는 용도지역의 내용과 같으면 도시 · 군관리계획의 입안 및 결정 절차에 따라 그 매립구역이 속할 용도지역은 도시 · 군관리계획결정으로 지정하여야 한다. (　　　)

12 도시지역으로 결정·고시된 것으로 볼 수 있는 지역을 쓰시오.

(   )

13 관리지역에서 농업진흥지역으로 지정·고시된 지역은 (   )지역으로, 관리지역의 산림 중 보전산지로 지정·고시된 지역은 그 고시에서 구분하는 바에 따라 (   )지역 또는 (   )지역으로 결정·고시된 것으로 본다.

📖 제4장 제2절 용도지역/지구/구역 주요 내용 O·X 확인 문제 정답

01 (×) 용도지역의 지정은 국토교통부장관, 시·도지사 또는 대도시 시장이 결정한다.

02 빈칸을 채우시오.

도시지역 = 인구, 산업 밀집 및 예상	주거지역	전용 (양호)	1종	단독주택 중심의 양호한 주거환경
			2종	공동주택 중심의 양호한 주거환경
		일반 (편리)	1종	저층주택 중심(4층 이하)
			2종	중층주택 중심
			3종	중고층주택 중심
		준주거		주거기능 위주로 이를 지원하는 일부 상업/업무기능 보완 위해 필요한 지역
	상업지역	중심		도심, 부도심 상업, 업무기능 확충 위해 필요한 지역
		일반		일반적인 상업, 업무기능 담당 위해 필요한 지역
		유통		도시 내 및 지역 간 유통기능의 증진 위해 필요한 지역
		근린		근린지역에서의 일용품 및 서비스 공급 위해 필요한 지역
	공업지역	전용		주로 중화학, 공해성 공업
		일반		환경 저해 아니하는 공업
		준공업		경공업 그 밖의 공업 + 주거, 상업, 업무기능 보완 필요한 지역
	녹지지역	보전		도시의 자연환경, 경관, 산림 및 녹지공간 보전필요 있는 지역
		생산		주로 농업적 생산을 위하여 개발을 유보할 필요가 있는 지역
		자연		도시 녹지공간확보, 도시확산 방지, 장래 도시용지 공급 등을 위해 보전할 필요가 있는 지역
				+ 불가피한 경우에 한하여 제한적인 개발이 허용
관리지역	보전관리			자연환경 보호, 산림 보호, 수질오염 방지, 녹지공간 확보 및 생태계 보전 등을 위하여 보전이 필요하나, 주변 용도지역과의 관계 등을 고려할 때 자연환경보전지역으로 지정하여 관리하기가 곤란한 지역
	생산관리			농업·임업·어업 생산 등을 위하여 관리가 필요하나, 주변 용도지역과의 관계 등을 고려할 때 농림지역으로 지정하여 관리하기가 곤란한 지역
	계획관리			도시지역으로의 편입이 예상되는 지역이나 자연환경을 고려하여 제한적인 이용·개발을 하려는 지역으로서 계획적·체계적인 관리가 필요한 지역
농림지역				도시지역에 속하지 않고, 농림업 진흥 및 산림 보전 위해 필요
자연환경 보전지역				자연환경·수자원·해안·생태계·상수원 및 국가유산의 보전과 수산자원의 보호·육성 등을 위하여 필요

03 (×) 용도지구의 지정은 국토교통부장관, 시·도지사 또는 대도시 시장이 결정한다.

04 용도지구의 지정과 관련하여 빈 칸을 완성하시오.

1. (경관)지구 : 경관의 보전·관리 및 형성을 위하여 필요한 지구
   가. (자연경관)지구 : 산지·구릉지 등 자연경관을 보호하거나 유지하기 위하여 필요한 지구
   나. (시가지경관)지구 : 지역 내 주거지, 중심지 등 시가지의 경관을 보호 또는 유지하거나 형성하기 위하여 필요한 지구
   다. (특화경관)지구 : 지역 내 주요 수계의 수변 또는 문화적 보존가치가 큰 건축물 주변의 경관 등 특별한 경관을 보호 또는 유지하거나 형성하기 위하여 필요한 지구
2. (고도)지구 : 쾌적한 환경 조성 및 토지의 효율적 이용을 위하여 건축물 높이의 최고한도를 규제할 필요가 있는 지구
3. (방화)지구 : 화재의 위험을 예방하기 위하여 필요한 지구
4. (방재)지구 : 풍수해, 산사태, 지반의 붕괴, 그 밖의 재해를 예방하기 위하여 필요한 지구
   가. (시가지방재)지구 : 건축물·인구가 밀집되어 있는 지역으로서 시설 개선 등을 통하여 재해 예방이 필요한 지구
   나. (자연방재)지구 : 토지의 이용도가 낮은 해안변, 하천변, 급경사지 주변 등의 지역으로서 건축 제한 등을 통하여 재해 예방이 필요한 지구
5. (보호)지구 : 국가유산, 중요 시설물(항만, 공항, 교정시설, 군사시설 등) 및 문화적·생태적으로 보존가치가 큰 지역의 보호와 보존을 위하여 필요한 지구
   가. (역사문화환경보호)지구 : 국가유산·전통사찰 등 역사/문화적으로 보존가치가 큰 시설 및 지역의 보호와 보존을 위하여 필요한 지구
   나. (중요시설물보호)지구 : 중요시설물의 보호와 기능의 유지 및 증진 등을 위하여 필요한 지구
   다. (생태계보호)지구 : 야생동식물서식처 등 생태적으로 보존가치가 큰 지역의 보호와 보존을 위하여 필요한 지구
6. (취락)지구 : 녹지지역·관리지역·농림지역·자연환경보전지역·개발제한구역 또는 도시자연공원구역의 취락을 정비하기 위한 지구
   가. (자연취락)지구 : 녹지지역·관리지역·농림지역 또는 자연환경보전지역안의 취락을 정비하기 위하여 필요한 지구
   나. (집단취락)지구 : 개발제한구역안의 취락을 정비하기 위하여 필요한 지구
7. (개발진흥)지구 : 주거기능·상업기능·공업기능·유통물류기능·관광기능·휴양기능 등을 집중적으로 개발·정비할 필요가 있는 지구
   가. (주거개발진흥)지구 : 주거기능을 중심으로 개발·정비할 필요가 있는 지구
   나. (산업·유통개발진흥)지구 : 공업기능 및 유통·물류기능을 중심으로 개발·정비할 필요가 있는 지구
   라. (관광·휴양개발진흥)지구 : 관광·휴양기능을 중심으로 개발·정비할 필요가 있는 지구
   마. (복합개발진흥)지구 : 주거기능, 공업기능, 유통·물류기능 및 관광·휴양기능 중 2 이상의 기능을 중심으로 개발·정비할 필요가 있는 지구

CHAPTER 04 도시·군관리계획 **83**

> 바. (특정개발진흥)지구 : 주거기능, 공업기능, 유통·물류기능 및 관광·휴양기능 외의 기
> 능을 중심으로 특정한 목적을 위하여 개발·정비할 필요가 있는 지구
> 8. (특정용도제한)지구 : 주거 및 교육 환경 보호나 청소년 보호 등의 목적으로 오염물질 배출
> 시설, 청소년 유해시설 등 특정시설의 입지를 제한할 필요가 있는 지구
> 9. (복합용도)지구[주거지역(일반)·공업지역(일반)·관리지역(계획)] : 지역의 토지이용 상
> 황, 개발 수요 및 주변 여건 등을 고려하여 효율적이고 복합적인 토지이용을 도모하기 위하
> 여 특정시설의 입지를 완화할 필요가 있는 지구

05 (×) 당해 용도지역 또는 용도구역의 행위제한을 완화하는 용도지구는 신설할 수 없다.

06 국토교통부장관은 도시의 (무질서한 확산)을 방지하고 도시주변의 (자연환경)을 보전하여 도시민의 건
전한 (생활환경)을 확보하기 위하여 도시의 개발을 제한할 필요가 있거나 (국방부장관)의 요청이 있어
보안상 도시의 개발을 제한할 필요가 있다고 인정되면 개발제한구역의 지정 또는 변경을 도시·군관리
계획으로 결정할 수 있다(구역 지정/변경에 필요한 사항은 따로 법률로 정함).

07 시·도지사 또는 대도시 시장은 도시의 (자연환경) 및 (경관)을 보호하고 도시민에게 건전한 (여가·휴
식공간)을 제공하기 위하여 도시지역 안에서 식생(植生)이 양호한 산지(山地)의 개발을 제한할 필요가
있다고 인정하면 (도시자연공원)구역의 지정 또는 변경을 도시·군관리계획으로 결정할 수 있다(구역
지정/변경에 필요한 사항은 따로 법률로 정함).

08 (×) 5~20년 이내의 기간 동안

09 (×) 국가계획과 연계하여 시가화조정구역의 지정 또는 변경이 필요한 경우에는 국토교통부장관이
직접 시가화조정구역의 지정 또는 변경을 도시·군관리계획으로 결정할 수 있다.

10 (×) 10일(근무일 기준) 이내에 의견을 회신하여야 한다.

11 (×) 공유수면(바다만 해당한다)의 매립 목적이 그 매립구역과 이웃하고 있는 용도지역의 내용과 같으
면 도시·군관리계획의 입안 및 결정 절차 없이 그 매립준공구역은 그 매립의 준공인가일부터
이와 이웃하고 있는 용도지역으로 지정된 것으로 본다. 공유수면의 매립 목적이 그 매립구역과
이웃하고 있는 용도지역의 내용과 다른 경우 및 그 매립구역이 둘 이상의 용도지역에 걸쳐 있거
나 이웃하고 있는 경우 그 매립구역이 속할 용도지역은 도시·군관리계획결정으로 지정하여야
한다.

12 도시지역으로 결정·고시된 것으로 볼 수 있는 지역을 쓰시오.

　－ 항만구역으로서 도시지역에 연접한 공유수면

　－ 어항구역으로서 도시지역에 연접한 공유수면

　－ 국가산업단지, 일반산업단지 및 도시첨단산업단지

　－ 택지개발지구

　－ 전원개발사업구역 및 예정구역(수력발전소 또는 송·변전설비만을 설치하기 위한 전원개발사업구역
　　및 예정구역은 제외)

13 농림지역, 농림지역, 자연환경보전지역

용도지역 · 용도지구 및 용도구역에서의 행위 제한(제76조 내지 제84조)

학습전략

필수 암기 대상!!
① 용도지역에서의 건폐율과 용적률 상한 비율
② 용도지역 미지정 또는 미세분 지역에서의 행위제한

1. 용도지역 및 용도지구에서의 건축물의 건축 제한 등(제76조)

(1) 용도지역

건축물, 그 밖의 시설의 용도, 종류 및 규모 등의 제한(용도지역/지구 목적에 부합하게 할 것)은 대통령령으로 정한다. 건축물이나 그 밖의 시설의 용도 · 종류 및 규모 등의 제한은 해당 용도지역의 지정목적에 적합하여야 한다. [기출 28 30]

* 부속건축물에 대한 제한은 주된 건축물에 대한 제한에 의한다.

영 제71조(용도지역안에서의 건축제한)

① 법 제76조 제1항에 따른 용도지역안에서의 건축물의 용도 · 종류 및 규모 등의 제한(이하 "건축제한"이라 한다)은 다음 각호와 같다.

1. 제1종전용주거지역안에서 건축할 수 있는 건축물 : 별표 2에 규정된 건축물
2. 제2종전용주거지역안에서 건축할 수 있는 건축물 : 별표 3에 규정된 건축물
3. 제1종일반주거지역안에서 건축할 수 있는 건축물 : 별표 4에 규정된 건축물
4. 제2종일반주거지역안에서 건축할 수 있는 건축물 : 별표 5에 규정된 건축물
5. 제3종일반주거지역안에서 건축할 수 있는 건축물 : 별표 6에 규정된 건축물
6. 준주거지역안에서 건축할 수 없는 건축물 : 별표 7에 규정된 건축물
7. 중심상업지역안에서 건축할 수 없는 건축물 : 별표 8에 규정된 건축물
8. 일반상업지역안에서 건축할 수 없는 건축물 : 별표 9에 규정된 건축물
9. 근린상업지역안에서 건축할 수 없는 건축물 : 별표 10에 규정된 건축물
10. 유통상업지역안에서 건축할 수 없는 건축물 : 별표 11에 규정된 건축물
11. 전용공업지역안에서 건축할 수 있는 건축물 : 별표 12에 규정된 건축물
12. 일반공업지역안에서 건축할 수 있는 건축물 : 별표 13에 규정된 건축물
13. 준공업지역안에서 건축할 수 없는 건축물 : 별표 14에 규정된 건축물
14. 보전녹지지역안에서 건축할 수 있는 건축물 : 별표 15에 규정된 건축물
15. 생산녹지지역안에서 건축할 수 있는 건축물 : 별표 16에 규정된 건축물
16. 자연녹지지역안에서 건축할 수 있는 건축물 : 별표 17에 규정된 건축물
17. 보전관리지역안에서 건축할 수 있는 건축물 : 별표 18에 규정된 건축물
18. 생산관리지역안에서 건축할 수 있는 건축물 : 별표 19에 규정된 건축물
19. 계획관리지역안에서 건축할 수 없는 건축물 : 별표 20에 규정된 건축물

---

20. 농림지역안에서 건축할 수 있는 건축물 : 별표 21에 규정된 건축물
21. 자연환경보전지역안에서 건축할 수 있는 건축물 : 별표 22에 규정된 건축물

** 국토의 계획 및 이용에 관한 법률 시행령

제1종전용주거지역안에서 건축할 수 있는 건축물(제71조 제1항 제1호 관련) [기출 28 30]

가. 단독주택(다가구주택을 제외한다)

나. 「건축법 시행령」 별표 1 제3호 가목부터 바목까지 및 사목(공중화장실·대피소, 그 밖에 이와 비슷한 것 및 지역아동센터는 제외한다)의 제1종 근린생활시설로서 해당 용도에 쓰이는 바닥면적의 합계가 1천제곱미터 미만인 것

제2종전용주거지역안에서 건축할 수 있는 건축물(제71조 제1항 제2호 관련)

가. 단독주택

나. 공동주택

다. 제1종 근린생활시설로서 당해 용도에 쓰이는 바닥면적의 합계가 1천제곱미터 미만인 것

제1종일반주거지역안에서 건축할 수 있는 건축물(제71조 제1항 제3호 관련)

[4층 이하(「주택법 시행령」 제10조 제1항 제2호에 따른 단지형 연립주택 및 같은 항 제3호에 따른 단지형 다세대주택인 경우에는 5층 이하를 말하며, 단지형 연립주택의 1층 전부를 필로티 구조로 하여 주차장으로 사용하는 경우에는 필로티 부분을 층수에서 제외하고, 단지형 다세대주택의 1층 바닥면적의 2분의 1 이상을 필로티 구조로 하여 주차장으로 사용하고 나머지 부분을 주택 외의 용도로 쓰는 경우에는 해당 층을 층수에서 제외한다. 이하 이 호에서 같다)의 건축물만 해당한다. 다만, 4층 이하의 범위에서 도시·군계획조례로 따로 층수를 정하는 경우에는 그 층수 이하의 건축물만 해당한다]

가. 단독주택

나. 공동주택(아파트를 제외한다)

다. 제1종 근린생활시설

라. 제10호의 교육연구시설 중 유치원·초등학교·중학교 및 고등학교

마. 제11호의 노유자시설

제2종일반주거지역안에서 건축할 수 있는 건축물(제71조 제1항 제4호 관련)

가. 단독주택

나. 공동주택

다. 제1종 근린생활시설

라. 종교시설

마. 교육연구시설 중 유치원·초등학교·중학교 및 고등학교

바. 노유자시설

제3종일반주거지역안에서 건축할 수 있는 건축물

가. 단독주택

나. 공동주택

다. 제1종 근린생활시설

라. 종교시설

마. 교육연구시설 중 유치원·초등학교·중학교 및 고등학교

바. 노유자시설

준주거지역안에서 건축할 수 없는 건축물(제71조 제1항 제6호 관련)

가. 제2종 근린생활시설 중 단란주점

나. 판매시설 중 같은 호 다목의 일반게임제공업의 시설

다. 의료시설 중 격리병원

라. 숙박시설[생활숙박시설로서 공원·녹지 또는 지형지물에 따라 주택 밀집지역과 차단되거나 주택 밀집지역으로부터 도시·군계획조례로 정하는 거리(건축물의 각 부분을 기준으로 한다) 밖에 건축하는 것은 제외한다]

마. 위락시설

바. 「건축법 시행령」 별표 1 제17호의 공장으로서 별표 4 제2호 차목 (1)부터 (6)까지의 어느 하나에 해당하는 것

사. 위험물 저장 및 처리 시설 중 시내버스차고지 외의 지역에 설치하는 액화석유가스 충전소 및 고압가스 충전소·저장소(「환경친화적 자동차의 개발 및 보급 촉진에 관한 법률」 제2조 제9호의 수소연료공급시설은 제외한다)

아. 자동차 관련 시설 중 폐차장

자. 「건축법 시행령」 별표 1 제21호의 가목·다목 및 라목에 따른 시설과 같은 호 아목에 따른 시설 중 같은 호 가목·다목 또는 라목에 따른 시설과 비슷한 것

차. 자원순환 관련 시설

카. 묘지 관련 시설

중심상업지역안에서 건축할 수 없는 건축물(제71조 제1항 제7호 관련)

가. 단독주택(다른 용도와 복합된 것은 제외한다)

나. 공동주택[공동주택과 주거용 외의 용도가 복합된 건축물(다수의 건축물이 일체적으로 연결된 하나의 건축물을 포함한다)로서 공동주택 부분의 면적이 연면적의 합계의 90퍼센트(도시·군계획조례로 90퍼센트 미만의 범위에서 별도로 비율을 정한 경우에는 그 비율) 미만인 것은 제외한다]

다. 숙박시설 중 일반숙박시설 및 생활숙박시설. 다만, 다음의 일반숙박시설 또는 생활숙박시설은 제외한다.

(1) 공원·녹지 또는 지형지물에 따라 주거지역과 차단되거나 주거지역으로부터 도시·군계획조례로 정하는 거리(건축물의 각 부분을 기준으로 한다) 밖에 건축하는 일반숙박시설

(2) 공원·녹지 또는 지형지물에 따라 준주거지역 내 주택 밀집지역, 전용주거지역 또는 일반주거지역과 차단되거나 준주거지역 내 주택 밀집지역, 전용주거지역 또는 일반주거지역으로부터 도시·군계획조례로 정하는 거리(건축물의 각 부분을 기준으로 한다) 밖에 건축하는 생활숙박시설

라. 「건축법 시행령」 별표 1 제16호의 위락시설[공원·녹지 또는 지형지물에 따라 주거지역과
차단되거나 주거지역으로부터 도시·군계획조례로 정하는 거리(건축물의 각 부분을 기준
으로 한다) 밖에 건축하는 것은 제외한다]

마. 「건축법 시행령」 별표 1 제17호의 공장(제2호 바목에 해당하는 것은 제외한다)

바. 위험물 저장 및 처리 시설 중 시내버스차고지 외의 지역에 설치하는 액화석유가스 충전소
및 고압가스 충전소·저장소(「환경친화적 자동차의 개발 및 보급 촉진에 관한 법률」 제2조
제9호의 수소연료공급시설은 제외한다)

사. 자동차 관련 시설 중 폐차장

아. 동물 및 식물 관련 시설

자. 자원순환 관련 시설

차. 묘지 관련 시설

일반상업지역안에서 건축할 수 없는 건축물(제71조 제1항 제8호 관련)

가. 숙박시설 중 일반숙박시설 및 생활숙박시설. 다만, 다음의 일반숙박시설 또는 생활숙박시
설은 제외한다.

　(1) 공원·녹지 또는 지형지물에 따라 주거지역과 차단되거나 주거지역으로부터 도시·군계
획조례로 정하는 거리(건축물의 각 부분을 기준으로 한다) 밖에 건축하는 일반숙박시설

　(2) 공원·녹지 또는 지형지물에 따라 준주거지역 내 주택 밀집지역, 전용주거지역 또는
일반주거지역과 차단되거나 준주거지역 내 주택 밀집지역, 전용주거지역 또는 일반주
거지역으로부터 도시·군계획조례로 정하는 거리(건축물의 각 부분을 기준으로 한다)
밖에 건축하는 생활숙박시설

나. 「건축법 시행령」 별표 1 제16호의 위락시설[공원·녹지 또는 지형지물에 따라 주거지역과
차단되거나 주거지역으로부터 도시·군계획조례로 정하는 거리(건축물의 각 부분을 기준
으로 한다) 밖에 건축하는 것은 제외한다]

다. 「건축법 시행령」 별표 1 제17호의 공장으로서 별표 4 제2호 차목 (1)부터 (6)까지의 어느
하나에 해당하는 것

라. 위험물 저장 및 처리 시설 중 시내버스차고지 외의 지역에 설치하는 액화석유가스 충전소
및 고압가스 충전소·저장소(「환경친화적 자동차의 개발 및 보급 촉진에 관한 법률」 제2조
제9호의 수소연료공급시설은 제외한다)

마. 자동차 관련 시설 중 폐차장

바. 「건축법 시행령」 별표 1 제21호 가목부터 라목까지의 규정에 따른 시설 및 같은 호 아목에
따른 시설 중 동물과 관련된 가목부터 라목까지의 규정에 따른 시설과 비슷한 것

사. 자원순환 관련 시설

아. 묘지 관련 시설

근린상업지역안에서 건축할 수 없는 건축물(제71조 제1항 제9호 관련)

가. 의료시설 중 격리병원

나. 「건축법 시행령」 별표 1 제15호의 숙박시설 중 일반숙박시설 및 생활숙박시설. 다만, 다음

의 일반숙박시설 또는 생활숙박시설은 제외한다.

(1) 공원·녹지 또는 지형지물에 따라 주거지역과 차단되거나 주거지역으로부터 도시·군계획조례로 정하는 거리(건축물의 각 부분을 기준으로 한다) 밖에 건축하는 일반숙박시설

(2) 공원·녹지 또는 지형지물에 따라 준주거지역 내 주택 밀집지역, 전용주거지역 또는 일반주거지역과 차단되거나 준주거지역 내 주택 밀집지역, 전용주거지역 또는 일반주거지역으로부터 도시·군계획조례로 정하는 거리(건축물의 각 부분을 기준으로 한다) 밖에 건축하는 생활숙박시설

다. 위락시설[공원·녹지 또는 지형지물에 따라 주거지역과 차단되거나 주거지역으로부터 도시·군계획조례로 정하는 거리(건축물의 각 부분을 기준으로 한다) 밖에 건축하는 것은 제외한다]

라. 「건축법 시행령」 별표 1 제17호의 공장으로서 별표 4 제2호 차목 (1)부터 (6)까지의 어느 하나에 해당하는 것

마. 위험물 저장 및 처리 시설 중 시내버스차고지 외의 지역에 설치하는 액화석유가스 충전소 및 고압가스 충전소·저장소(「환경친화적 자동차의 개발 및 보급 촉진에 관한 법률」 제2조 제9호의 수소연료공급시설은 제외한다)

바. 「건축법 시행령」 별표 1 제20호의 자동차 관련 시설 중 같은 호 다목부터 사목까지에 해당하는 것

사. 「건축법 시행령」 별표 1 제21호 가목부터 라목까지의 규정에 따른 시설 및 같은 호 아목에 따른 시설 중 동물과 관련된 가목부터 라목까지의 규정에 따른 시설과 비슷한 것

아. 자원순환 관련 시설

자. 묘지 관련 시설

유통상업지역안에서 건축할 수 없는 건축물(제71조 제1항 제10호 관련)

가. 단독주택

나. 공동주택

다. 의료시설

라. 「건축법 시행령」 별표 1 제15호의 숙박시설 중 일반숙박시설 및 생활숙박시설. 다만, 다음의 일반숙박시설 또는 생활숙박시설은 제외한다.

(1) 공원·녹지 또는 지형지물에 따라 주거지역과 차단되거나 주거지역으로부터 도시·군계획조례로 정하는 거리(건축물의 각 부분을 기준으로 한다) 밖에 건축하는 일반숙박시설

(2) 공원·녹지 또는 지형지물에 따라 준주거지역 내 주택 밀집지역, 전용주거지역 또는 일반주거지역과 차단되거나 준주거지역 내 주택 밀집지역, 전용주거지역 또는 일반주거지역으로부터 도시·군계획조례로 정하는 거리(건축물의 각 부분을 기준으로 한다) 밖에 건축하는 생활숙박시설

마. 「건축법 시행령」 별표 1 제16호의 위락시설[공원·녹지 또는 지형지물에 따라 주거지역과 차단되거나 주거지역으로부터 도시·군계획조례로 정하는 거리(건축물의 각 부분을 기준으로 한다) 밖에 건축하는 것은 제외한다]

바. 공장

사. 「건축법 시행령」 별표 1 제19호의 위험물 저장 및 처리 시설 중 시내버스차고지 외의 지역
   에 설치하는 액화석유가스 충전소 및 고압가스 충전소·저장소(「환경친화적 자동차의 개
   발 및 보급 촉진에 관한 법률」 제2조 제9호의 수소연료공급시설은 제외한다)

아. 동물 및 식물 관련 시설

자. 자원순환 관련 시설

차. 묘지 관련 시설

전용공업지역안에서 건축할 수 있는 건축물(제71조 제1항 제11호 관련)

가. 제1종 근린생활시설

나. 「건축법 시행령」 별표 1 제4호의 제2종 근린생활시설[같은 호 아목·자목·타목(기원만 해
   당한다)·더목 및 러목은 제외한다]

다. 공장

라. 창고시설

마. 위험물저장 및 처리시설

바. 자동차관련시설

사. 자원순환 관련 시설

아. 발전시설

일반공업지역안에서 건축할 수 있는 건축물(제71조 제1항 제12호 관련)

가. 제1종 근린생활시설

나. 제2종 근린생활시설(단란주점 및 안마시술소를 제외한다)

다. 판매시설(해당일반공업지역에 소재하는 공장에서 생산되는 제품을 판매하는 시설에 한한다)

라. 운수시설

마. 공장

바. 창고시설

사. 위험물저장 및 처리시설

아. 자동차관련시설

자. 자원순환 관련 시설

차. 발전시설

준공업지역안에서 건축할 수 없는 건축물(제71조 제1항 제13호 관련)

가. 위락시설

나. 묘지 관련 시설

보전녹지지역안에서 건축할 수 있는 건축물(제71조 제1항 제14호 관련)

(4층 이하의 건축물에 한한다. 다만, 4층 이하의 범위 안에서 도시·군계획조례로 따로 층수를
정하는 경우에는 그 층수 이하의 건축물에 한한다)

가. 교육연구시설 중 초등학교

나. 창고(농업·임업·축산업·수산업용만 해당한다)

다. 교정시설

라. 국방·군사시설

생산녹지지역안에서 건축할 수 있는 건축물(제71조 제1항 제15호 관련)

(4층 이하의 건축물에 한한다. 다만, 4층 이하의 범위 안에서 도시·군계획조례로 따로 층수를 정하는 경우에는 그 층수 이하의 건축물에 한한다)

가. 단독주택

나. 제1종 근린생활시설

다. 교육연구시설 중 유치원·초등학교

라. 노유자시설

마. 수련시설

바. 운동시설 중 운동장

사. 창고(농업·임업·축산업·수산업용만 해당한다)

아. 위험물저장 및 처리시설 중 액화석유가스충전소 및 고압가스충전·저장소

자. 「건축법 시행령」 별표 1 제21호의 시설(같은 호 다목 및 라목에 따른 시설과 같은 호 아목에 따른 시설 중 동물과 관련된 다목 및 라목에 따른 시설과 비슷한 것은 제외한다)

차. 교정시설

카. 국방·군사시설

타. 방송통신시설

파. 발전시설

하. 야영장 시설

자연녹지지역안에서 건축할 수 있는 건축물(제71조 제1항 제16호 관련)

(4층 이하의 건축물에 한한다. 다만, 4층 이하의 범위 안에서 도시·군계획조례로 따로 층수를 정하는 경우에는 그 층수 이하의 건축물에 한한다)

가. 단독주택

나. 제1종 근린생활시설

다. 제2종 근린생활시설[같은 호 아목, 자목, 더목 및 러목(안마시술소만 해당한다)은 제외한다]

라. 의료시설(종합병원·병원·치과병원 및 한방병원을 제외한다)

마. 교육연구시설(직업훈련소 및 학원을 제외한다)

바. 노유자시설

사. 수련시설

아. 운동시설

자. 창고(농업·임업·축산업·수산업용만 해당한다)

차. 동물 및 식물관련시설

카. 자원순환 관련 시설

타. 교정시설

파. 국방·군사시설

하. 방송통신시설

거. 발전시설

너. 묘지관련시설

더. 관광휴게시설

러. 장례시설

머. 야영장 시설

보전관리지역안에서 건축할 수 있는 건축물(제71조 제1항 제17호 관련)

(4층 이하의 건축물에 한한다. 다만, 4층 이하의 범위 안에서 도시·군계획조례로 따로 층수를 정하는 경우에는 그 층수 이하의 건축물에 한한다)

가. 단독주택

나. 교육연구시설 중 초등학교

다. 교정시설

라. 국방·군사시설

생산관리지역안에서 건축할 수 있는 건축물(제71조 제1항 제18호 관련)

(4층 이하의 건축물에 한한다. 다만, 4층 이하의 범위 안에서 도시·군계획조례로 따로 층수를 정하는 경우에는 그 층수 이하의 건축물에 한한다)

가. 단독주택

나. 「건축법 시행령」 별표 1 제3호 가목, 사목(공중화장실, 대피소, 그 밖에 이와 비슷한 것만 해당한다) 및 아목에 따른 제1종 근린생활시설

다. 교육연구시설 중 초등학교

라. 운동시설 중 운동장

마. 창고(농업·임업·축산업·수산업용만 해당한다)

바. 「건축법 시행령」 별표 1 제21호 마목부터 사목까지의 규정에 따른 시설 및 같은 호 아목에 따른 시설 중 식물과 관련된 마목부터 사목까지의 규정에 따른 시설과 비슷한 것

사. 교정시설

아. 국방·군사시설

자. 발전시설

계획관리지역안에서 건축할 수 없는 건축물(제71조 제1항 제19호 관련)

가. 4층을 초과하는 모든 건축물

나. 공동주택 중 아파트

다. 제1종 근린생활시설 중 휴게음식점 및 제과점으로서 국토교통부령으로 정하는 기준에 해당하는 지역에 설치하는 것

라. 제2종 근린생활시설 중 일반음식점·휴게음식점·제과점으로서 국토교통부령으로 정하는 기준에 해당하는 지역에 설치하는 것과 단란주점

마. 판매시설(성장관리계획구역에 설치하는 판매시설로서 그 용도에 쓰이는 바닥면적의 합계
가 3천제곱미터 미만인 경우는 제외한다)

바. 제14호의 업무시설

사. 숙박시설로서 국토교통부령으로 정하는 기준에 해당하는 지역에 설치하는 것

아. 위락시설

자. 「건축법 시행령」 별표 1 제17호의 공장 중 다음의 어느 하나에 해당하는 것. 다만, 「공익사
업을 위한 토지 등의 취득 및 보상에 관한 법률」에 따른 공익사업 및 「도시개발법」에 따른
도시개발사업으로 해당 특별시·광역시·특별자치시·특별자치도·시 또는 군의 관할구
역으로 이전하는 레미콘 또는 아스콘 공장과 성장관리계획구역에 설치하는 공장(「대기환경
보전법」, 「물환경보전법」, 「소음·진동관리법」 또는 「악취방지법」에 따른 배출시설의 설
치 허가 또는 신고 대상이 아닌 공장으로 한정한다)은 제외한다.

(1) 별표 16 제2호 아목 (1)부터 (4)까지에 해당하는 것. 다만, 인쇄·출판시설이나 사진처
리시설로서 「물환경보전법」 제2조 제8호에 따라 배출되는 특정수질유해물질을 전량 위
탁처리하는 경우는 제외한다.

(2) 화학제품시설(석유정제시설을 포함한다). 다만, 다음의 어느 하나에 해당하는 시설로서
폐수를 「하수도법」 제2조 제9호에 따른 공공하수처리시설 또는 「물환경보전법」 제2조
제17호에 따른 공공폐수처리시설로 전량 유입하여 처리하거나 전량 재이용 또는 전량
위탁처리하는 경우는 제외한다.

(가) 물, 용제류 등 액체성 물질을 사용하지 않고 제품의 성분이 용해·용출되는 공정
이 없는 고체성 화학제품 제조시설

(나) 「화장품법」 제2조 제3호에 따른 유기농화장품 제조시설

(다) 「농약관리법」 제30조 제2항에 따른 천연식물보호제 제조시설

(라) 「친환경농어업 육성 및 유기식품 등의 관리·지원에 관한 법률」 제2조 제6호에 따
른 유기농어업자재 제조시설

(마) 동·식물 등 생물을 기원(起源)으로 하는 산물(이하 "천연물"이라 한다)에서 추출
된 재료를 사용하는 다음의 시설[「대기환경보전법」 제2조 제11호에 따른 대기오염
물질배출시설 중 반응시설, 정제시설(분리·증류·추출·여과 시설을 포함한다),
용융·용해시설 및 농축시설을 설치하지 않는 경우로서 「물환경보전법」 제2조 제
4호에 따른 폐수의 1일 최대 배출량이 20세제곱미터 이하인 제조시설로 한정한다]

1) 비누 및 세제 제조시설

2) 공중위생용 해충 구제제 제조시설(밀폐된 단순 혼합공정만 있는 제조시설로서
특별시장·광역시장·특별자치시장·특별자치도지사·시장 또는 군수가 해당
지방도시계획위원회의 심의를 거쳐 인근의 주거환경 등에 미치는 영향이 적다
고 인정하는 시설로 한정한다)

(3) 제1차금속, 가공금속제품 및 기계장비 제조시설 중 「폐기물관리법 시행령」 별표 1 제4
호에 따른 폐유기용제류를 발생시키는 것

(4) 가죽 및 모피를 물 또는 화학약품을 사용하여 저장하거나 가공하는 것
(5) 섬유제조시설 중 감량·정련·표백 및 염색 시설. 다만, 다음의 기준을 모두 충족하는 염색시설은 제외한다.
　(가) 천연물에서 추출되는 염료만을 사용할 것
　(나) 「대기환경보전법」 제2조 제11호에 따른 대기오염물질 배출시설 중 표백시설, 정련시설이 없는 경우로서 금속성 매염제를 사용하지 않을 것
　(다) 「물환경보전법」 제2조 제4호에 따른 폐수의 1일 최대 배출량이 20세제곱미터 이하일 것
　(라) 폐수를 「하수도법」 제2조 제9호에 따른 공공하수처리시설 또는 「물환경보전법」 제2조 제17호에 따른 공공폐수처리시설로 전량 유입하여 처리하거나 전량 재이용 또는 전량 위탁처리할 것
(6) 「수도권정비계획법」 제6조 제1항 제3호에 따른 자연보전권역 외의 지역 및 「환경정책기본법」 제38조에 따른 특별대책지역 외의 지역의 사업장 중 「폐기물관리법」 제25조에 따른 폐기물처리업 허가를 받은 사업장. 다만, 「폐기물관리법」 제25조 제5항 제5호부터 제7호까지의 규정에 따른 폐기물 중간·최종·종합재활용업으로서 특정수질유해물질이 「물환경보전법 시행령」 제31조 제1항 제1호에 따른 기준 미만으로 배출되는 경우는 제외한다.
(7) 「수도권정비계획법」 제6조 제1항 제3호에 따른 자연보전권역 및 「환경정책기본법」 제38조에 따른 특별대책지역에 설치되는 부지면적(둘 이상의 공장을 함께 건축하거나 기존 공장부지에 접하여 건축하는 경우와 둘 이상의 부지가 너비 8미터 미만의 도로에 서로 접하는 경우에는 그 면적의 합계를 말한다) 1만제곱미터 미만의 것. 다만, 특별시장·광역시장·특별자치시장·특별자치도지사·시장 또는 군수가 1만5천제곱미터 이상의 면적을 정하여 공장의 건축이 가능한 지역으로 고시한 지역 안에 입지하는 경우나 자연보전권역 또는 특별대책지역에 준공되어 운영 중인 공장 또는 제조업소는 제외한다.

농림지역안에서 건축할 수 있는 건축물(제71조 제1항 제20호 관련)
가. 단독주택으로서 현저한 자연훼손을 가져오지 아니하는 범위 안에서 건축하는 농어가주택(「농지법」 제32조 제1항 제3호에 따른 농업인 주택 및 어업인 주택을 말한다. 이하 같다)
나. 「건축법 시행령」 별표 1 제3호 사목(공중화장실, 대피소, 그 밖에 이와 비슷한 것만 해당한다) 및 아목에 따른 제1종 근린생활시설
다. 교육연구시설 중 초등학교
라. 창고(농업·임업·축산업·수산업용만 해당한다)
마. 「건축법 시행령」 별표 1 제21호 마목부터 사목까지의 규정에 따른 시설 및 같은 호 아목에 따른 시설 중 식물과 관련된 마목부터 사목까지의 규정에 따른 시설과 비슷한 것
바. 발전시설

[비고]

「국토의 계획 및 이용에 관한 법률」 제76조 제5항 제3호에 따라 농림지역 중 농업진흥지역, 보전산지 또는 초지인 경우에 건축물이나 그 밖의 시설의 용도·종류 및 규모 등의 제한에 관하여는 각각 「농지법」, 「산지관리법」 또는 「초지법」에서 정하는 바에 따른다.

자연환경보전지역안에서 건축할 수 있는 건축물(제71조 제1항 제21호 관련)
가. 단독주택으로서 현저한 자연훼손을 가져오지 아니하는 범위 안에서 건축하는 농어가주택
나. 교육연구시설 중 초등학교

(2) 용도지구

용도지구에서의 건축물이나 그 밖의 시설의 용도·종류 및 규모 등의 제한에 관한 사항은 이 법 또는 다른 법률에 특별한 규정이 있는 경우 외에는 대통령령으로 정하는 기준에 따라 특별시·광역시·특별자치시·특별자치도·시 또는 군의 조례로 정할 수 있다. 건축물이나 그 밖의 시설의 용도·종류 및 규모 등의 제한은 해당 용도지구의 지정목적에 적합하여야 한다.

[기출 29 32]

영 제72조(경관지구안에서의 건축제한)
① 경관지구안에서는 그 지구의 경관의 보전·관리·형성에 장애가 된다고 인정하여 도시·군계획조례가 정하는 건축물을 건축할 수 없다. 다만, 특별시장·광역시장·특별자치시장·특별자치도지사·시장 또는 군수가 지구의 지정목적에 위배되지 아니하는 범위 안에서 도시·군계획조례가 정하는 기준에 적합하다고 인정하여 해당 지방자치단체에 설치된 도시계획위원회의 심의를 거친 경우에는 그러하지 아니하다.
② 경관지구안에서의 건축물의 건폐율·용적률·높이·최대너비·색채 및 대지안의 조경 등에 관하여는 그 지구의 경관의 보전·관리·형성에 필요한 범위 안에서 도시·군계획조례로 정한다.
③ 제1항 및 제2항에도 불구하고 다음 각 호의 어느 하나에 해당하는 경우에는 해당 경관지구의 지정에 관한 도시·군관리계획으로 건축제한의 내용을 따로 정할 수 있다.
  1. 제1항 및 제2항에 따라 도시·군계획조례로 정해진 건축제한의 전부를 적용하는 것이 주변지역의 토지이용 상황이나 여건 등에 비추어 불합리한 경우. 이 경우 도시·군관리계획으로 정할 수 있는 건축제한은 도시·군계획조례로 정해진 건축제한의 일부에 한정하여야 한다.
  2. 제1항 및 제2항에 따라 도시·군계획조례로 정해진 건축제한을 적용하여도 해당 지구의 위치, 환경, 그 밖의 특성에 따라 경관의 보전·관리·형성이 어려운 경우. 이 경우 도시·군관리계획으로 정할 수 있는 건축제한은 규모(건축물 등의 앞면 길이에 대한 옆면 길이 또는 높이의 비율을 포함한다) 및 형태, 건축물 바깥쪽으로 돌출하는 건축설비 및 그 밖의 유사한 것의 형태나 그 설치의 제한 또는 금지에 관한 사항으로 한정한다.

영 제74조(고도지구안에서의 건축제한)
고도지구안에서는 도시·군관리계획으로 정하는 높이를 초과하는 건축물을 건축할 수 없다.

영 제75조(방재지구안에서의 건축제한)

방재지구안에서는 풍수해·산사태·지반붕괴·지진 그 밖에 재해예방에 장애가 된다고 인정하여 도시·군계획조례가 정하는 건축물을 건축할 수 없다. 다만, 특별시장·광역시장·특별자치시장·특별자치도지사·시장 또는 군수가 지구의 지정목적에 위배되지 아니하는 범위 안에서 도시·군계획조례가 정하는 기준에 적합하다고 인정하여 당해 지방자치단체에 설치된 도시계획위원회의 심의를 거친 경우에는 그러하지 아니하다.

영 제76조(보호지구 안에서의 건축제한)

보호지구 안에서는 다음 각 호의 구분에 따른 건축물에 한하여 건축할 수 있다. 다만, 특별시장·광역시장·특별자치시장·특별자치도지사·시장 또는 군수가 지구의 지정목적에 위배되지 아니하는 범위 안에서 도시·군계획조례가 정하는 기준에 적합하다고 인정하여 관계 행정기관의 장과의 협의 및 당해 지방자치단체에 설치된 도시계획위원회의 심의를 거친 경우에는 그러하지 아니하다.

1. 역사문화환경보호지구 : 「국가유산기본법」의 적용을 받는 국가유산을 직접 관리·보호하기 위한 건축물과 문화적으로 보존가치가 큰 지역의 보호 및 보존을 저해하지 아니하는 건축물로서 도시·군계획조례가 정하는 것
2. 중요시설물보호지구 : 중요시설물의 보호와 기능 수행에 장애가 되지 아니하는 건축물로서 도시·군계획조례가 정하는 것. 이 경우 제31조 제3항에 따라 공항시설에 관한 보호지구를 세분하여 지정하려는 경우에는 공항시설을 보호하고 항공기의 이·착륙에 장애가 되지 아니하는 범위에서 건축물의 용도 및 형태 등에 관한 건축제한을 포함하여 정할 수 있다.
3. 생태계보호지구 : 생태적으로 보존가치가 큰 지역의 보호 및 보존을 저해하지 아니하는 건축물로서 도시·군계획조례가 정하는 것

영 제80조(특정용도제한지구안에서의 건축제한)

특정용도제한지구안에서는 주거기능 및 교육환경을 훼손하거나 청소년 정서에 유해하다고 인정하여 도시·군계획조례가 정하는 건축물을 건축할 수 없다.

영 제82조(그 밖의 용도지구안에서의 건축제한)

제72조부터 제80조까지에 규정된 용도지구 외의 용도지구안에서의 건축제한에 관하여는 그 용도지구지정의 목적달성에 필요한 범위 안에서 특별시·광역시·특별자치시·특별자치도·시 또는 군의 도시·군계획조례로 정한다.

2. 건축물이나 시설물의 용도·종류·규모를 각각 규정하고 있는 경우(제76조)

(1) 취락지구 : 국계법 대통령령

1) 자연취락지구 → 국계법 시행령 별표 23

> 시행령 [별표 23] 자연취락지구안에서 건축할 수 있는 건축물
> 1. 건축할 수 있는 건축물(4층 이하의 건축물에 한한다. 다만, 4층 이하의 범위 안에서 도시·군계획조례로 따로 층수를 정하는 경우에는 그 층수 이하의 건축물에 한한다)

가. 「건축법 시행령」 별표 1 제1호의 단독주택

나. 「건축법 시행령」 별표 1 제3호의 제1종 근린생활시설

다. 「건축법 시행령」 별표 1 제4호의 제2종 근린생활시설[같은 호 아목, 자목, 너목, 더목 및 러목(안마시술소만 해당한다)은 제외한다]

라. 「건축법 시행령」 별표 1 제13호의 운동시설

마. 「건축법 시행령」 별표 1 제18호 가목의 창고(농업·임업·축산업·수산업용만 해당한다)

바. 「건축법 시행령」 별표 1 제21호의 동물 및 식물관련시설

사. 「건축법 시행령」 별표 1 제23호의 교정시설

아. 「건축법 시행령」 별표 1 제23호의2의 국방·군사시설

자. 「건축법 시행령」 별표 1 제24호의 방송통신시설

차. 「건축법 시행령」 별표 1 제25호의 발전시설

2. 도시·군계획조례가 정하는 바에 의하여 건축할 수 있는 건축물(4층 이하의 건축물에 한한다. 다만, 4층 이하의 범위 안에서 도시·군계획조례로 따로 층수를 정하는 경우에는 그 층수 이하의 건축물에 한한다)

가. 「건축법 시행령」 별표 1 제2호의 공동주택(아파트를 제외한다)

나. 「건축법 시행령」 별표 1 제4호 아목·자목·너목 및 러목(안마시술소만 해당한다)에 따른 제2종 근린생활시설

다. 「건축법 시행령」 별표 1 제5호의 문화 및 집회시설

라. 「건축법 시행령」 별표 1 제6호의 종교시설

마. 「건축법 시행령」 별표 1 제7호의 판매시설 중 다음의 어느 하나에 해당하는 것

   (1) 「농수산물유통 및 가격안정에 관한 법률」 제2조에 따른 농수산물공판장

   (2) 「농수산물유통 및 가격안정에 관한 법률」 제68조 제2항에 따른 농수산물직판장으로서 해당용도에 쓰이는 바닥면적의 합계가 1만제곱미터 미만인 것(「농어업·농어촌 및 식품산업 기본법」 제3조 제2호에 따른 농업인·어업인, 같은 법 제25조에 따른 후계농어업경영인, 같은 법 제26조에 따른 전업농어업인 또는 지방자치단체가 설치·운영하는 것에 한한다)

바. 「건축법 시행령」 별표 1 제9호의 의료시설 중 종합병원·병원·치과병원·한방병원 및 요양병원

사. 「건축법 시행령」 별표 1 제10호의 교육연구시설

아. 「건축법 시행령」 별표 1 제11호의 노유자시설

자. 「건축법 시행령」 별표 1 제12호의 수련시설

차. 「건축법 시행령」 별표 1 제15호의 숙박시설로서 「관광진흥법」에 따라 지정된 관광지 및 관광단지에 건축하는 것

카. 「건축법 시행령」 별표 1 제17호의 공장 중 도정공장 및 식품공장과 읍·면지역에 건축하는 제재업의 공장 및 첨단업종의 공장으로서 별표 16 제2호 아목 (1)부터 (4)까지의 어느 하나에 해당하지 아니하는 것

타. 「건축법 시행령」 별표 1 제19호의 위험물저장 및 처리시설
파. 「건축법 시행령」 별표 1 제20호의 자동차 관련 시설 중 주차장 및 세차장
하. 「건축법 시행령」 별표 1 제22호의 자원순환 관련 시설
거. 「건축법 시행령」 별표 1 제29호의 야영장 시설

2) 집단취락지구 → 개발제한구역의 지정 및 관리에 관한 특별 조치법령

(2) 개발진흥지구 : 국계법 대통령령(제79조)

영 제79조(개발진흥지구에서의 건축제한)

① 법 제76조 제5항 제1호의2에 따라 지구단위계획 또는 관계 법률에 따른 개발계획을 수립하는 개발진흥지구에서는 지구단위계획 또는 관계 법률에 따른 개발계획에 위반하여 건축물을 건축할 수 없으며, 지구단위계획 또는 개발계획이 수립되기 전에는 개발진흥지구의 계획적 개발에 위배되지 아니하는 범위에서 도시·군계획조례로 정하는 건축물을 건축할 수 있다.

② 법 제76조 제5항 제1호의2에 따라 지구단위계획 또는 관계 법률에 따른 개발계획을 수립하지 아니하는 개발진흥지구에서는 해당 용도지역에서 허용되는 건축물을 건축할 수 있다.

③ 제2항에도 불구하고 산업·유통개발진흥지구에서는 해당 용도지역에서 허용되는 건축물 외에 해당 지구계획(해당 지구의 토지이용, 기반시설 설치 및 환경오염 방지 등에 관한 계획을 말한다)에 따라 다음 각 호의 구분에 따른 요건을 갖춘 건축물 중 도시·군계획조례로 정하는 건축물을 건축할 수 있다.

1. 계획관리지역 : 계획관리지역에서 건축이 허용되지 아니하는 공장 중 다음 각 목의 요건을 모두 갖춘 것
    가. 「대기환경보전법」, 「물환경보전법」 또는 「소음·진동관리법」에 따른 배출시설의 설치 허가·신고 대상이 아닐 것
    나. 「악취방지법」에 따른 배출시설이 없을 것
    다. 「산업집적활성화 및 공장설립에 관한 법률」 제9조 제1항 또는 제13조 제1항에 따른 공장설립 가능 여부의 확인 또는 공장설립 등의 승인에 필요한 서류를 갖추어 법 제30조 제1항에 따라 관계 행정기관의 장과 미리 협의하였을 것

2. 자연녹지지역·생산관리지역·보전관리지역 또는 농림지역 : 해당 용도지역에서 건축이 허용되지 않는 공장 중 다음 각 목의 요건을 모두 갖춘 것
    가. 산업·유통개발진흥지구 지정 전에 계획관리지역에 설치된 기존 공장이 인접한 용도지역의 토지로 확장하여 설치하는 공장일 것
    나. 해당 용도지역에 확장하여 설치되는 공장부지의 규모가 3천제곱미터 이하일 것. 다만, 해당 용도지역 내에 기반시설이 설치되어 있거나 기반시설의 설치에 필요한 용지의 확보가 충분하고 주변지역의 환경오염·환경훼손 우려가 없는 경우로서 도시계획위원회의 심의를 거친 경우에는 5천제곱미터까지로 할 수 있다.

(3) 복합용도지구 : 국계법 대통령령(제81조)

> **영 제81조(복합용도지구에서의 건축제한)**
> 복합용도지구에서는 해당 용도지역에서 허용되는 건축물 외에 다음 각 호에 따른 건축물 중 도시·군계획조례가 정하는 건축물을 건축할 수 있다.
> 1. 일반주거지역 : 준주거지역에서 허용되는 건축물. 다만, 다음 각 목의 건축물은 제외한다.
>   가. 「건축법 시행령」 별표 1 제4호의 제2종 근린생활시설 중 안마시술소
>   나. 「건축법 시행령」 별표 1 제5호 다목의 관람장
>   다. 「건축법 시행령」 별표 1 제17호의 공장
>   라. 「건축법 시행령」 별표 1 제19호의 위험물 저장 및 처리 시설
>   마. 「건축법 시행령」 별표 1 제21호의 동물 및 식물 관련 시설
>   바. 「건축법 시행령」 별표 1 제28호의 장례시설
>
> 2. 일반공업지역 : 준공업지역에서 허용되는 건축물. 다만, 다음 각 목의 건축물은 제외한다.
>   가. 「건축법 시행령」 별표 1 제2호 가목의 아파트
>   나. 「건축법 시행령」 별표 1 제4호의 제2종 근린생활시설 중 단란주점 및 안마시술소
>   다. 「건축법 시행령」 별표 1 제11호의 노유자시설
>
> 3. 계획관리지역 : 다음 각 목의 어느 하나에 해당하는 건축물
>   가. 「건축법 시행령」 별표 1 제4호의 제2종 근린생활시설 중 일반음식점·휴게음식점·제과점(별표 20 제1호 라목에 따라 건축할 수 없는 일반음식점·휴게음식점·제과점은 제외한다)
>   나. 「건축법 시행령」 별표 1 제7호의 판매시설
>   다. 「건축법 시행령」 별표 1 제15호의 숙박시설(별표 20 제1호 사목에 따라 건축할 수 없는 숙박시설은 제외한다)
>   라. 「건축법 시행령」 별표 1 제16호 다목의 유원시설업의 시설, 그 밖에 이와 비슷한 시설

(4) 농공단지 : 산업입지 및 개발에 관한 법률

(5) 농림지역 중 농업진흥지역 : 농지법

(6) 농림지역 중 보전산지 또는 초지 : 산지관리법 또는 초지법

(7) 자연환경보전지역 중
  ① 공원구역 : 자연공원법
  ② 상수원보호구역 : 수도법
  ③ 지정문화유산과 그 보호구역 : 문화유산의 보존 및 활용에 관한 법률
  ④ 천연기념물 등과 그 보호구역 : 자연유산의 보존 및 활용에 관한 법률
  ⑤ 해양보호구역 : 해양생태계의 보전 및 관리에 관한 법률

(8) 자연환경보전지역 중 수산자원보호구역 : 수산자원관리법

(9) 보전관리지역이나 생산관리지역에 대하여 농림축산식품부장관, 해양수산부장관, 환경부장관 또는 산림청장이 농지보전, 자연환경보전, 해양환경보전 또는 산림보전에 필요하다고 인정하는 경우에는 농지법, 자연환경보전법, 야생생물 보호 및 관리에 관한 법률, 해양생태계의 보전 및 관리에 관한 법률 또는 산림자원의 조성 및 관리에 관한 법률에 따라 제한할 수 있다.

3. 용도지역, 용도지구 및 용도구역 안에서의 건축제한 등의 예외

① 경관지구/고도지구 안에서 건축법상 리모델링이 필요한 경우에는 건축물의 높이, 규모 등의 제한을 완화하여 제한 가능
② 건축제한 규정 법령

개발제한구역 - 개발제한구역의 지정 및 관리에 관한 특별법에 따른다.
도시자연공원구역 - 도시공원 및 녹지 등에 관한 법률에 따른다.
수산자원보호구역 - 수산자원관리법에 따른다.
시가화조정구역 - 국토의 계획 및 이용에 관한 법률에 따른다.

③ 방재지구 안에서 1층 전부를 필로티 구조로 하는 경우 필로티 부분을 층수에서 제외한다.
④ 용도지역·용도지구 안에서의 도시·군계획시설에 대하여는 건축제한 등의 규정을 적용하지 아니한다.
⑤ 용도지역·용도지구 또는 용도구역 안에서 허용되는 건축물 또는 시설을 설치하기 위하여 공사현장에 설치하는 자재야적장, 레미콘·아스콘생산시설 등 공사용 부대시설은 당해 공사에 필요한 최소한의 면적의 범위 안에서 기간을 정하여 사용 후에 그 시설 등을 설치한 자의 부담으로 원상복구할 것을 조건으로 설치를 허가할 수 있다.

4. 건폐율(제77조)

① 건폐율의 최대한도는 관할 구역의 면적과 인구규모, 용도지역의 특성 등을 고려하여 조례로 정한다.
② 조례로 80퍼센트 이하의 범위로 따로 정하는 경우
- 취락지구(집단취락지구는 개발제한구역의 지정 및 관리에 관한 특별조치법에서 정한 대로) : 60% 이하
- 개발진흥지구[도시지역 외의 지역 또는 대통령령으로 정하는 용도지역(자연녹지)만 해당한다] : 도시지역 외 = 40%, 자연녹지 = 30% 이하, 계획관리지역에 산업·유통개발진흥지구가 지정된 경우에는 60%
- 수산자원보호구역 : 40% 이하
- 자연공원법상 자연공원 : 60% 이하
- 산업입지 및 개발에 관한 법률상 농공단지 : 70% 이하
- 공업지역에 있는 산업입지법상 국가산업단지, 일반산업단지 및 도시첨단산업단지, 준산업단지 : 80% 이하

③ 대통령령으로 따로 정하는 경우

1. 토지이용의 과밀화를 방지하기 위하여 건폐율을 강화할 필요가 있는 경우 – (그 구역에 적용할 건폐율의 최대한도의 40퍼센트 이상의 범위에서 조례로 정하는 비율)
2. 주변 여건을 고려하여 토지의 이용도를 높이기 위하여 건폐율을 완화할 필요가 있는 경우
3. 녹지, 보전관리, 생산관리, 농림 또는 자연환경보전지역에서 농업·임업·어업용 건축물을 건축하려는 경우
4. 보전관리, 생산관리, 농림 또는 자연환경보전지역에서 주민생활의 편익 증진 목적의 건축물을 건축하려는 경우

① 특별시장·광역시장·특별자치시장·특별자치도지사·시장 또는 군수가 상기 제1호에 따라 도시지역에서 토지이용의 과밀화를 방지하기 위하여 건폐율을 낮춰야 할 필요가 있다고 인정하여 당해 지방자치단체에 설치된 도시계획위원회의 심의를 거쳐 정한 구역 안에서의 건축물의 경우에는 그 건폐율은 그 구역에 적용할 건폐율의 최대한도의 40퍼센트 이상의 범위에서 특별시·광역시·특별자치시·특별자치도·시 또는 군의 도시·군계획조례가 정하는 비율 이하로 한다.

② 상기 제2호에 따라 다음 각 호의 어느 하나에 해당하는 건축물의 경우에는 그 건폐율은 다음 각 호에서 정하는 비율을 초과할 수 없다.

1. 준주거지역·일반상업지역·근린상업지역·전용공업지역·일반공업지역·준공업지역 중 방화지구의 건축물로서 주요 구조부와 외벽이 내화구조인 건축물 중 도시·군계획조례로 정하는 건축물 : 80퍼센트 이상 90퍼센트 이하의 범위에서 특별시·광역시·특별자치시·특별자치도·시 또는 군의 도시·군계획조례로 정하는 비율

2. 녹지지역·관리지역·농림지역 및 자연환경보전지역의 건축물로서 방재지구의 재해저감대책에 부합하게 재해예방시설을 설치한 건축물 : 용도지역별 건폐율의 150퍼센트 이하의 범위에서 도시·군계획조례로 정하는 비율

3. 자연녹지지역의 창고시설 또는 연구소(자연녹지지역으로 지정될 당시 이미 준공된 것으로서 기존 부지에서 증축하는 경우만 해당한다) : 40퍼센트의 범위에서 최초 건축허가 시 그 건축물에 허용된 건폐율

4. 계획관리지역의 기존 공장·창고시설 또는 연구소(2003년 1월 1일 전에 준공되고 기존 부지에 증축하는 경우로서 해당 지방도시계획위원회의 심의를 거쳐 도로·상수도·하수도 등의 기반시설이 충분히 확보되었다고 인정되거나, 도시·군계획조례로 정하는 기반시설 확보 요건을 충족하는 경우만 해당한다) : 50퍼센트의 범위에서 도시·군계획조례로 정하는 비율

5. 녹지지역·보전관리지역·생산관리지역·농림지역 또는 자연환경보전지역의 건축물로서 다음 각 목의 어느 하나에 해당하는 건축물 : 30퍼센트의 범위에서 도시·군계획조례로 정하는 비율

가. 「전통사찰의 보존 및 지원에 관한 법률」 제2조 제1호에 따른 전통사찰

나. 「문화유산의 보존 및 활용에 관한 법률」에 따른 지정문화유산 및 국가등록문화유산 또는 「자연유산의 보존 및 활용에 관한 법률」에 따른 천연기념물등

다. 「건축법 시행령」 제2조 제16호에 따른 한옥

6. 종전의 「도시계획법」(2000년 1월 28일 법률 제6243호로 개정되기 전의 것을 말한다) 제2조 제1항 제10호에 따른 일단의 공업용지조성사업 구역(이 조 제4항 제6호에 따른 산업단지 또는 준산업단지와 연접한 것에 한정한다) 내의 공장으로서 관할 특별시장·광역시장·특별자치시장·특별자치도지사·시장 또는 군수가 해당 지방도시계획위원회의 심의를 거쳐 기반시설의 설치 및 그에 필요한 용지의 확보가 충분하고 주변지역의 환경오염 우려가 없다고 인정하는 공장 : 80퍼센트 이하의 범위에서 도시·군계획조례로 정하는 비율

7. 자연녹지지역의 학교(「초·중등교육법」 제2조에 따른 학교 및 「고등교육법」 제2조 제1호부터 제5호까지의 규정에 따른 학교를 말한다)로서 다음 각 목의 요건을 모두 충족하는 학교 : 30퍼센트의 범위에서 도시·군계획조례로 정하는 비율

가. 기존 부지에서 증축하는 경우일 것

나. 학교 설치 이후 개발행위 등으로 해당 학교의 기존 부지가 건축물, 그 밖의 시설로 둘러싸여 부지 확장을 통한 증축이 곤란한 경우로서 해당 도시계획위원회의 심의를 거쳐 기존 부지에서의 증축이 불가피하다고 인정될 것

다. 「고등교육법」 제2조 제1호부터 제5호까지의 규정에 따른 학교의 경우 「대학 설립·운영 규정」 별표 2에 따른 교육기본시설, 지원시설 또는 연구시설의 증축일 것

8. 자연녹지지역의 주유소 또는 액화석유가스 충전소로서 다음 각 목의 요건을 모두 충족하는 건축물 : 30퍼센트의 범위에서 도시·군계획조례로 정하는 비율

가. 2021년 7월 13일 전에 준공되었을 것

나. 다음의 요건을 모두 충족하는 「환경친화적 자동차의 개발 및 보급 촉진에 관한 법률」 제2조 제9호에 따른 수소연료공급시설의 증축이 예정되어 있을 것

1) 기존 주유소 또는 액화석유가스 충전소의 부지에 증축할 것

2) 2024년 12월 31일 이전에 증축 허가를 신청할 것

③ 상기 제3호 및 제4호에 따라 보전관리지역·생산관리지역·농림지역 또는 자연환경보전지역에 「농지법」 제32조 제1항에 따라 건축할 수 있는 건축물의 건폐율은 60퍼센트 이하의 범위에서 특별시·광역시·특별자치시·특별자치도·시 또는 군의 도시·군계획조례로 정하는 비율 이하로 한다.

④ 상기 제3호에 따라 생산녹지지역 또는 자연녹지지역(자연녹지지역은 도시·군계획조례로 정하는 지역으로 한정한다)에 건축할 수 있는 다음 각 호의 건축물의 경우에 그 건폐율은 해당 생산녹지지역 또는 자연녹지지역이 위치한 특별시·광역시·특별

자치시·특별자치도·시 또는 군의 농어업 인구 현황, 농수산물 가공·처리시설의 수급실태 등을 종합적으로 고려하여 60퍼센트 이하(자연녹지지역의 경우에는 40퍼센트 이하)의 범위에서 해당 특별시·광역시·특별자치시·특별자치도·시 또는 군의 도시·군계획조례로 정하는 비율 이하로 한다.

1. 「농지법」 제32조 제1항 제1호에 따른 농수산물의 가공·처리시설[해당 특별시·광역시·특별자치시·특별자치도·시·군 또는 해당 도시·군계획조례가 정하는 연접한 시·군·구(자치구를 말한다. 이하 같다)에서 생산된 농수산물의 가공·처리시설만 해당한다] 및 농수산업 관련 시험·연구시설
2. 「농지법 시행령」 제29조 제5항 제1호에 따른 농산물 건조·보관시설
3. 「농지법 시행령」 제29조 제7항 제2호에 따른 산지유통시설(해당 특별시·광역시·특별자치시·특별자치도·시·군 또는 해당 도시·군계획조례가 정하는 연접한 시·군·구에서 생산된 농산물을 위한 산지유통시설만 해당한다)

상기 제2호에 따라 생산녹지지역, 자연녹지지역 또는 생산관리지역에 있는 기존 공장(해당 용도지역으로 지정될 당시 이미 준공된 공장으로 한정한다)의 소유자가 해당 용도지역으로 변경지정된 날부터 10년이 되는 날까지 증축(준공 당시의 부지에서 증축하는 경우로 한정한다) 허가를 신청한 경우에는 건폐율을 40퍼센트 이내의 범위에서 최초 건축허가 시 해당 공장에 허용된 건폐율까지 완화하여 적용할 수 있다.

상기 제2호에 따라 생산녹지지역, 자연녹지지역, 생산관리지역 또는 계획관리지역에 있는 기존 공장(해당 용도지역으로 지정될 당시 이미 준공된 것으로 한정한다)이 부지를 확장하여 건축물을 증축하는 경우(해당 용도지역으로 변경지정된 날부터 10년이 되는 날까지 증축허가를 신청하는 경우로 한정한다)로서 다음 각 호의 어느 하나에 해당하는 경우에는 그 건폐율은 40퍼센트의 범위에서 해당 특별시·광역시·특별자치시·특별자치도·시 또는 군의 도시·군계획조례로 정하는 비율을 초과해서는 안 된다. 이 경우 제1호의 경우에는 부지를 확장하여 추가로 편입되는 부지(해당 용도지역으로 지정된 이후에 확장하여 추가로 편입된 부지를 포함하며, 이하 "추가편입부지"라 한다)에 대해서만 건폐율 기준을 적용하고, 제2호의 경우에는 준공 당시의 부지(해당 용도지역으로 지정될 당시의 부지를 말하며, 이하 이 항에서 "준공당시부지"라 한다)와 추가편입부지를 하나로 하여 건폐율 기준을 적용한다. 〈신설 2024.5.28.〉

1. 추가편입부지에 건축물을 증축하는 경우로서 다음 각 목의 요건을 모두 갖춘 경우
   가. 추가편입부지의 면적이 3천제곱미터 이하로서 준공당시부지 면적의 50퍼센트 이내일 것
   나. 관할 특별시장·광역시장·특별자치시장·특별자치도지사·시장 또는 군수가 해당 지방도시계획위원회의 심의를 거쳐 기반시설이 충분히 설치되어 있거나

기반시설의 설치에 필요한 용지가 충분히 확보되어 있고, 주변지역의 환경오염
우려가 없다고 인정할 것
2. 준공당시부지와 추가편입부지를 하나로 하여 건축물을 증축하려는 경우로서 다음
각 목의 요건을 모두 갖춘 경우
가. 제1호 각 목의 요건을 모두 갖출 것
나. 관할 특별시장·광역시장·특별자치시장·특별자치도지사·시장 또는 군수가
해당 지방도시계획위원회의 심의를 거쳐 다음의 어느 하나에 해당하는 인증 등
을 받기 위하여 준공당시부지와 추가편입부지를 하나로 하여 건축물을 증축하
는 것이 불가피하다고 인정할 것
1) 「식품위생법」에 따른 식품안전관리인증
2) 「농수산물 품질관리법」에 따른 위해요소중점관리기준 이행 사실 증명
3) 「축산물 위생관리법」에 따른 안전관리인증
다. 준공당시부지와 추가편입부지를 합병할 것. 다만, 「건축법 시행령」 제3조 제1항
제2호가목에 해당하는 경우에는 합병하지 않을 수 있다.

④ 자연녹지지역에 설치되는 도시·군계획시설 중 유원지의 건폐율은 30퍼센트의 범위에서 도시·
군계획조례로 정하는 비율 이하로 하며, 공원의 건폐율은 20퍼센트의 범위에서 도시·군계획
조례로 정하는 비율 이하로 한다.

5. 용적률(제78조)

① 용적률의 최대한도는 관할 구역의 면적과 인구규모, 용도지역의 특성 등을 고려하여 조례로
정한다. [기출 28]

② 조례로 200퍼센트 이하의 범위로 따로 정하는 경우
    - 도시지역 외의 지역에 지정된 개발진흥지구 : 100% 이하
    - 수산자원보호구역 : 80% 이하
    - 자연공원법상 자연공원 : 100% 이하
    - 산업입지 및 개발에 관한 법률상 농공단지(도시지역 외의 지역에 지정된 경우에 한한다) :
      150% 이하

③ 건축물의 주위에 공원, 광장, 도로, 하천 등의 공지가 있거나 이를 설치하는 경우에는 대통령
령으로 정하는 바에 따라 조례로 용적률을 따로 정할 수 있다.

1) 준주거지역·중심상업지역·일반상업지역·근린상업지역·전용공업지역·일반공업지역
또는 준공업지역안의 건축물로서 다음 각호의 1에 해당하는 건축물에 대한 용적률은 경관·
교통·방화 및 위생상 지장이 없다고 인정되는 경우에는 제1항 각호의 규정에 의한 해당
용적률의 120퍼센트 이하의 범위 안에서 특별시·광역시·특별자치시·특별자치도·시 또

> 는 군의 도시·군계획조례가 정하는 비율로 할 수 있다.
>
> 1. 공원·광장(교통광장을 제외한다. 이하 이 조에서 같다)·하천 그 밖에 건축이 금지된 공지에 접한 도로를 전면도로로 하는 대지안의 건축물이나 공원·광장·하천 그 밖에 건축이 금지된 공지에 20미터 이상 접한 대지안의 건축물
> 2. 너비 25미터 이상인 도로에 20미터 이상 접한 대지안의 건축면적이 1천제곱미터 이상인 건축물
>
> 2) 다음 각 호의 지역·지구 또는 구역안에서 건축물을 건축하고자 하는 자가 그 대지의 일부를 공공시설부지로 제공하는 경우에는 당해 건축물에 대한 용적률은 200퍼센트 이하의 범위 안에서 대지면적의 제공비율에 따라 특별시·광역시·특별자치시·특별자치도·시 또는 군의 도시·군계획조례가 정하는 비율로 할 수 있다.
>
> 1. 상업지역
> 2. 「도시 및 주거환경정비법」에 따른 재개발사업 및 재건축사업을 시행하기 위한 정비구역

④ 도시지역(녹지지역), 관리지역에서 창고 등 대통령령으로 정하는 용도의 건축물 또는 시설물(창고를 말한다)은 조례로 정하는 높이로 규모 등을 제한할 수 있다.

⑤ 방재지구의 재해저감대책에 부합하게 재해예방시설을 설치하는 건축물의 경우 주거지역, 상업지역, 공업지역에서는 해당 용적률의 140퍼센트 범위에서 조례로 정하는 비율로 가능

⑥ 건축물을 건축하려는 자가 그 대지의 일부에 사회복지시설(어린이집, 노인복지관, 조례로 정하는 사회복지시설)을 기부채납 시 용적률 완화 가능 → 기부시설 연면적의 2배 이하 범위에서 추가건축 허용 가능. 단 조례로 정하는 용적률의 120퍼센트(용도지역별 용적률의 최대한도를 상한으로 한다) 초과할 수 없다. 기부받은 사회복지시설은 용도변경 및 주요부분을 분양 또는 임대할 수 없고, 설치장소를 변경(면적/규모 확장, 지단에 기부한 경우는 지단 내에서의 변경)하는 경우를 제외하고 국가나 지단 외에게 소유권을 이전할 수 없다 [기출 28].

⑦ 이 법 및 「건축법」 등 다른 법률에 따른 용적률의 완화에 관한 규정은 이 법 및 다른 법률에도 불구하고 다음의 구분에 따른 범위에서 중첩하여 적용할 수 있다. 다만, 용적률 완화 규정을 중첩 적용하여 완화되는 용적률이 해당 용도지역별 용적률 최대한도를 초과하는 경우에는 관할 시·도지사, 시장·군수 또는 구청장이 제30조 제3항 단서 또는 같은 조 제7항에 따른 건축위원회와 도시계획위원회의 공동 심의를 거쳐 기반시설의 설치 및 그에 필요한 용지의 확보가 충분하다고 인정하는 경우에 한정한다.

> **제30조 제3항**
>
> ③ 국토교통부장관은 도시·군관리계획을 결정하려면 중앙도시계획위원회의 심의를 거쳐야 하며, 시·도지사가 도시·군관리계획을 결정하려면 시·도도시계획위원회의 심의를 거쳐야 한다. 다만, 시·도지사가 지구단위계획(지구단위계획과 지구단위계획구역을 동시에 결정할 때에는 지구단위계획구역의 지정 또는 변경에 관한 사항을 포함할 수 있다)이나 제52조 제1항 제1호의2에 따라 지구단위계획으로 대체하는 용도지구 폐지에 관한 사항을 결정하려

면 대통령령으로 정하는 바에 따라 「건축법」 제4조에 따라 시·도에 두는 건축위원회와 도시계획위원회가 공동으로 하는 심의를 거쳐야 한다.

제30조 제7항

⑦ 시장 또는 군수가 도시·군관리계획을 결정하는 경우에는 제1항부터 제6항까지의 규정을 준용한다. 이 경우 "시·도지사"는 "시장 또는 군수"로, "시·도도시계획위원회"는 "제113조 제2항에 따른 시·군·구도시계획위원회"로, "「건축법」 제4조에 따라 시·도에 두는 건축위원회"는 "「건축법」 제4조에 따라 시 또는 군에 두는 건축위원회"로, "특별시장·광역시장·특별자치시장·특별자치도지사"는 "시장 또는 군수"로 본다.

- **지구단위계획구역** : 제52조 제3항에 따라 지구단위계획으로 정하는 범위

제52조 제3항(지구단위계획구역 내 완화적용)

③ 용도지역/지구에서의 건축물의 건축 제한, 용도지역의 건폐율/용적률 및 건축법상 대지조경, 공개공지확보, 대지와 도로의 관계, 건축물 높이 제한, 일조확보 위한 건축물 높이 제한, 주차장법상 부설주차장 설치·지정, 부설주차장 설치계획서

- **지구단위계획구역 외의 지역** : 용도지역별 용적률 최대한도의 120퍼센트 이하

⑧ 다음 각 호의 어느 하나에 해당하는 경우에는 해당 지역의 용적률을 다음 각 호의 구분에 따라 완화할 수 있다.

1. 주거지역에서 「공공주택 특별법 시행령」에 따른 공공임대주택 또는 임대의무기간이 8년 이상인 「민간임대주택에 관한 특별법」에 따른 민간임대주택을 건설하는 경우 : 주거지역 용도지역별 최대한도의 120퍼센트 이내의 범위에서 도시·군계획조례로 정하는 비율

2. 다음 각 목의 어느 하나에 해당하는 자가 「고등교육법」 제2조에 따른 학교의 학생이 이용하도록 해당 학교 부지 외에 「건축법 시행령」 별표 1 제2호 라목에 따른 기숙사를 건설하는 경우 : 주거지역 용도지역별 최대한도의 범위에서 도시·군계획조례로 정하는 비율

   가. 국가 또는 지방자치단체

   나. 「사립학교법」에 따른 학교법인

   다. 「한국사학진흥재단법」에 따른 한국사학진흥재단

   라. 「한국장학재단 설립 등에 관한 법률」에 따른 한국장학재단

   마. 가목부터 라목까지의 어느 하나에 해당하는 자가 단독 또는 공동으로 출자하여 설립한 법인

3. 「고등교육법」 제2조에 따른 학교의 학생이 이용하도록 해당 학교 부지에 기숙사를 건설하는 경우 : 용도지역별 최대한도의 범위에서 도시·군계획조례로 정하는 비율

4. 「영유아보육법」 제14조 제1항에 따른 사업주가 같은 법 제10조 제4호의 직장어린이집을 설치하기 위하여 기존 건축물 외에 별도의 건축물을 건설하는 경우 : 용도지역별 최대한도의 범위에서 도시·군계획조례로 정하는 비율

5. 어린이집, 노인복지관, 사회복지시설 어느 하나에 해당하는 시설을 국가 또는 지방자치단 체가 건설하는 경우 : 용도지역별 최대한도의 범위에서 도시·군계획조례로 정하는 비율
6. 의료시설 부지에 감염병관리시설을 설치하는 경우로서 다음 각 목의 요건을 모두 갖춘 경우 : 용도지역별 최대한도의 120퍼센트 이하의 범위에서 도시·군계획조례로 정하는 비율
   가. 질병관리청장이 효율적인 감염병 관리를 위하여 필요하다고 인정하는 시설을 설치하는 경우일 것
   나. 필요감염병관리시설 외 시설의 면적은 도시·군계획조례로 정하는 용적률에 해당하는 면적 이내일 것
7. 다음 어느 하나에 해당되는 경우에는 '1~6'을 적용하지 아니한다.

> 1. 개발제한구역·시가화조정구역·녹지지역 또는 공원에서 해제되는 구역과 새로이 도시지역으로 편입되는 구역 중 계획적인 개발 또는 관리가 필요한 지역인 경우
> 2. 기존의 용도지역 또는 용도지구가 용적률이 높은 용도지역 또는 용도지구로 변경되는 경우로서 기존의 용도지역 또는 용도지구의 용적률을 적용하지 아니하는 경우

6. 건폐율 및 용적률 [기출 28 30 31 33 34 35]

용도지역				건폐율(%)	용적률(%) (하한~상한)	
도시지역	주거지역	전용 (양호)	1종	50	50	100
			2종	50	50	150
		일반 (편리)	1종	60	100	200
			2종	60	100	250
			3종	50	100	300
		준주거		70	200	500
	상업지역	중심		90	200	1,500
		일반		80	200	1,300
		유통		80	200	1,100
		근린		70	200	900
	공업지역	전용		70	150	300
		일반		70	150	350
		준공업		70	150	400
	녹지지역	보전		20	50	80
		생산		20	50	100
		자연		20	50	100

				20	50	80
관리지역	보전 관리			20	50	80
	생산 관리			20	50	80
	계획 관리			40	50	100
농림지역				20	50	80
자연환경 보전지역				20	50	80

7. 용도지역 미지정 또는 미세분 지역에서의 행위(건축제한, 건폐율, 용적률) 제한 등(제79조 ~ 제81조)

(1) 도시/관리/농림/자연환경보전지역 미지정 → 자연환경보전지역 적용 [기출 28 29 30 33]

(2) 도시지역, 관리지역 미세분 → 보전녹지, 보전관리 적용 [기출 28 29 30 33]

(3) 개발제한구역 → 개발제한구역의 지정 및 관리에 관한 특별조치법

(4) 도시자연공원구역 → 도시공원 및 녹지 등에 관한 법률

(5) 도시혁신구역에서의 행위제한 → 토지의 이용, 건축물이나 그 밖의 시설의 용도·건폐율·용적률·높이 등에 관한 제한 및 그 밖에 대통령령으로 정하는 사항에 관하여는 도시혁신계획으로 따로 정한다.

(6) 복합용도구역에서의 행위제한 → ① 건축물이나 그 밖의 시설의 용도·종류 및 규모 등의 제한에 관한 사항은 대통령령으로 정하는 범위에서 복합용도계획으로 따로 정한다. ② 복합용도구역에서의 건폐율과 용적률은 용도지역별 건폐율과 용적률의 최대한도의 범위에서 복합용도계획으로 정한다.

(7) 시가화조정구역 →

① 국방상 또는 공익상 불가피한 것으로서 관계 중앙행정기관의 장의 요청에 의하여 국토교통부장관이 시가화조정구역의 지정목적달성에 지장이 없다고 인정하는 도시군계획사업만 가능

② 허가받아 행위 가능[+ 의제되는 허가신고권자 및 허가대상행위와 관련이 있는 공공시설의 관리자 또는 허가대상행위에 따라 설치되는 공공시설을 관리하게 될 자와 협의 필요 + 도시·군계획사업의 시행자 의견(계획사업에 지장을 주는지 여부)] + 필요시 조경 등 필요조치를 조건으로 허가 가능 [기출 35]

> 1. 농업·임업 또는 어업용의 건축물 중 대통령령으로 정하는 종류와 규모의 건축물이나 그 밖의 시설을 건축하는 행위
> 2. 마을공동시설, 공익시설/공공시설, 광공업 등 주민의 생활을 영위하는 데에 필요한 행위

　　　로서 대통령령으로 정하는 행위

　　3. 입목의 벌채, 조림, 육림, 토석의 채취, 그 밖에 대통령령으로 정하는 경미한 행위 [기출 35]

③ 특별시장·광역시장·특별자치시장·특별자치도지사·시장 또는 군수는 개발행위허가를 받지 아니하고 개발행위를 하거나 허가내용과 다르게 개발행위를 하는 자에게는 그 토지의 원상회복을 명할 수 있다. => 미이행 시 「행정대집행법」에 따른 행정대집행에 따라 원상회복을 할 수 있다(이 경우 행정대집행에 필요한 비용은 개발행위허가를 받은 자가 예치한 이행보증금을 사용할 수 있다).

> ＊ 시가화조정구역안에서의 행위허가의 기준 등
>
> 특별시장·광역시장·특별자치시장·특별자치도지사·시장 또는 군수는
>
> ① 시가화조정구역의 지정목적달성에 지장이 있거나 당해 토지 또는 주변토지의 합리적인 이용에 지장이 있다고 인정되는 경우에는 허가를 하여서는 아니 된다.
> ② 특별한 사유가 없는 한 허가를 거부하여서는 아니 된다.
> ③ 허가를 함에 있어서 시가화조정구역의 지정목적상 필요하다고 인정되는 경우에는 조경 등 필요한 조치를 할 것을 조건으로 허가할 수 있다.
> ④ 허가를 하고자 하는 때에는 당해 행위가 도시·군계획사업의 시행에 지장을 주는지의 여부에 관하여 당해 시가화조정구역안에서 시행되는 도시·군계획사업의 시행자의 의견을 들어야 한다.
> ＊ 시가화조정구역 안에 있는 산림 안에서의 입목의 벌채, 조림 및 육림의 허가기준에 관하여는 「산림자원의 조성 및 관리에 관한 법률」의 규정에 의한다.

＊＊ 허가 시 산지전용허가 및 신고, 산지일시사용허가 및 신고, 입목벌채 등의 허가 및 신고 의제

＊＊ 개발행위허가의 규모와 기준을 준용한다.

8. 기존 건축물에 대한 특례(제82조)

법령의 제정·개정 등으로 기존 건축물이 국계법에 맞지 아니하게 된 경우에는 대통령령으로 정하는 범위에서 증축, 개축, 재축 또는 용도변경을 할 수 있다.

> 영 제93조(기존의 건축물에 대한 특례)
>
> 아래 어느 하나의 경우에 해당하여 부적합하게 된 경우
> 1. 법령 또는 도시·군계획조례의 제정·개정
> 2. 도시·군관리계획의 결정·변경 또는 행정구역의 변경
> 3. 도시·군계획시설의 설치, 도시·군계획사업의 시행 또는 「도로법」에 의한 도로의 설치
> ① 기존의 건축물이 법령상 건축제한·건폐율 또는 용적률 규정에 부적합하게 된 경우에도 재축 또는 대수선(「건축법」 제2조 제1항 제9호에 따른 대수선을 말하며, 건폐율·용적률이 증가되지 아니하는 범위로 한정한다)을 할 수 있다.

1. 법령 또는 도시·군계획조례의 제정·개정
2. 도시·군관리계획의 결정·변경 또는 행정구역의 변경
3. 도시·군계획시설의 설치, 도시·군계획사업의 시행 또는 「도로법」에 의한 도로의 설치

② 기존의 건축물이 건축제한 또는 건폐율 규정에 부적합하게 된 경우에도 기존 부지 내에서 증축 또는 개축하려는 부분이 건축제한 및 용적률 규정에 적합한 경우로서 다음 각 호의 어느 하나에 해당하는 경우에는 다음 각 호의 구분에 따라 증축 또는 개축을 할 수 있다.

1. 기존의 건축물이 건폐율 기준에 부적합하게 된 경우 : 건폐율이 증가하지 아니하는 범위에서의 증축 또는 개축
2. 기존의 건축물이 건폐율 기준에 적합한 경우 : 건폐율 기준을 초과하지 아니하는 범위에서의 증축 또는 개축

③ 기존의 건축물이 건축제한·건폐율 또는 용적률 규정에 부적합하게 된 경우에도 부지를 확장하여 추가편입부지에 증축하려는 부분이 건축제한·건폐율 및 용적률 규정에 적합한 경우에는 증축을 할 수 있다. 이 경우 추가편입부지에서 증축하려는 건축물에 대한 건폐율과 용적률 기준은 추가편입부지에 대해서만 적용한다.

④ 기존의 공장이나 제조업소가 건축제한·건폐율 또는 용적률 규정에 부적합하게 된 경우에도 기존 업종보다 오염배출 수준이 같거나 낮은 경우에는 특별시·광역시·특별자치시·특별자치도·시 또는 군의 도시·군계획조례로 정하는 바에 따라 건축물이 아닌 시설을 증설할 수 있다.

⑤ 기존의 건축물이 건축제한, 건폐율 또는 용적률 규정에 부적합하게 된 경우에도 해당 건축물의 기존 용도가 국토교통부령(수산자원보호구역의 경우에는 해양수산부령을 말한다)으로 정하는 바에 따라 확인되는 경우(기존 용도에 따른 영업을 폐업한 후 기존 용도 외의 용도로 사용되지 아니한 것으로 확인되는 경우를 포함한다)에는 업종을 변경하지 아니하는 경우에 한하여 기존 용도로 계속 사용할 수 있다. 이 경우 기존의 건축물이 공장이나 제조업소인 경우로서 대기오염물질발생량 또는 폐수배출량이 「대기환경보전법 시행령」 별표 1의3 및 「물환경보전법 시행령」 별표 13에 따른 사업장 종류별 대기오염물질발생량 또는 배출규모의 범위에서 증가하는 경우는 기존 용도로 사용하는 것으로 본다.

⑥ ⑤의 전단에도 불구하고 기존의 건축물이 공장이나 제조업소인 경우에는 도시·군계획조례로 정하는 바에 따라 대기오염물질발생량 또는 폐수배출량이 증가하지 아니하는 경우에 한하여 기존 용도 범위에서의 업종변경을 할 수 있다.

⑦ 기존의 건축물이 건축제한·건폐율 또는 용적률 규정에 적합하지 아니하게 된 경우에도 해당 건축물이 있는 용도지역·용도지구·용도구역에서 허용되는 용도(건폐율·용적률·높이·면적의 제한을 제외한 용도를 말한다)로 변경할 수 있다.

영 제93조의3(기존 공장에 대한 특례)

제93조 ② 및 ③에도 불구하고 녹지지역 또는 관리지역에 있는 기존 공장(해당 용도지역으로 지정될 당시 이미 준공된 공장으로 한정한다)이 다음 각 호의 어느 하나에 해당하는 경우로서 해당 공장의 소유자가 제93조 제1항 각 호의 사유가 발생한 날부터 10년이 되는 날까지 증축 또는 개축 허가를 신청하는 경우에는 해당 호에서 정한 비율까지 건폐율을 완화하여 적용할 수 있다.

1. 건축제한 또는 건폐율 규정에 부적합하게 된 기존 공장을 기존 부지 내에서 증축 또는 개축하는 경우로서 증축 또는 개축하려는 부분이 다음 각 목의 요건을 모두 충족하는 경우 : 40퍼센트 이내의 범위에서 최초 건축허가 시 해당 공장에 허용된 건폐율
   가. 증축 또는 개축하려는 부분의 용도가 공장일 것
   나. 증축 또는 개축하려는 부분이 용적률 규정에 적합할 것
2. 건축제한·건폐율 또는 용적률 규정에 부적합하게 된 기존 공장의 부지를 확장하여 건축물을 증축하려는 경우로서 다음 각 목의 어느 하나에 해당하는 경우 : 40퍼센트. 이 경우 가목의 경우에는 추가편입부지에 대해서만 건폐율 기준을 적용하고, 나목의 경우에는 기존 부지와 추가편입부지를 하나로 하여 건폐율 기준을 적용한다.
   가. 추가편입부지에 건축물을 증축하려는 경우로서 다음의 요건을 모두 갖춘 경우
      1) 추가편입부지의 면적이 3천제곱미터 이하로서 기존 부지면적의 50퍼센트 이내일 것
      2) 증축하려는 부분이 건축제한 및 용적률 규정에 적합할 것
      3) 관할 특별시장·광역시장·특별자치시장·특별자치도지사·시장 또는 군수가 해당 지방도시계획위원회의 심의를 거쳐 기반시설이 충분히 설치되어 있거나 기반시설의 설치에 필요한 용지가 충분히 확보되어 있고, 주변지역의 환경오염 우려가 없다고 인정할 것
   나. 기존 부지와 추가편입부지를 하나로 하여 건축물을 증축하려는 경우로서 다음 각 목의 요건을 모두 갖춘 경우
      1) 가목1)부터 3)까지의 요건을 모두 갖출 것
      2) 관할 특별시장·광역시장·특별자치시장·특별자치도지사·시장 또는 군수가 해당 지방도시계획위원회의 심의를 거쳐 다음의 어느 하나에 해당하는 인증 등을 받기 위하여 기존 부지와 추가편입부지를 하나로 하여 건축물을 증축하는 것이 불가피하다고 인정할 것
         가) 「식품위생법」 제48조에 따른 식품안전관리인증
         나) 「농수산물 품질관리법」 제70조에 따른 위해요소중점관리기준 이행 사실 증명
         다) 「축산물 위생관리법」 제9조에 따른 안전관리인증
      3) 기존 부지와 추가편입부지를 합병할 것. 다만, 「건축법 시행령」 제3조 제1항 제2호 가목에 해당하는 경우에는 합병하지 않을 수 있다.

9. 도시지역에서의 다른 법률의 배제(제83조)

① 도로법상 접도구역

② 농지법상 농지취득자격증명(다만, 녹지지역의 농지로서 도시·군계획시설사업에 필요하지 아니한 농지는 제외)

10. 도시혁신구역에서의 다른 법률의 적용 특례(제83조의3)

① 도시혁신구역에 대하여는 다음 각 호의 법률 규정에도 불구하고 도시혁신계획으로 따로 정할 수 있다.

1. 「주택법」 제35조에 따른 주택의 배치, 부대시설·복리시설의 설치기준 및 대지조성기준

2. 「주차장법」 제19조에 따른 부설주차장의 설치

3. 「문화예술진흥법」 제9조에 따른 건축물에 대한 미술작품의 설치

4. 「건축법」 제43조에 따른 공개 공지 등의 확보

5. 「도시공원 및 녹지 등에 관한 법률」 제14조에 따른 도시공원 또는 녹지 확보기준

6. 「학교용지 확보 등에 관한 특례법」 제3조에 따른 학교용지의 조성·개발 기준

② 도시혁신구역으로 지정된 지역은 「건축법」 제69조에 따른 특별건축구역으로 지정된 것으로 본다.

③ 시·도지사 또는 시장·군수·구청장은 「건축법」 제70조에도 불구하고 도시혁신구역에서 건축하는 건축물을 같은 법 제73조에 따라 건축기준 등의 특례사항을 적용하여 건축할 수 있는 건축물에 포함시킬 수 있다.

④ 도시혁신구역의 지정·변경 및 도시혁신계획 결정의 고시는 「도시개발법」 제5조에 따른 개발계획의 내용에 부합하는 경우 같은 법 제9조 제1항에 따른 도시개발구역의 지정 및 개발계획 수립의 고시로 본다. 이 경우 도시혁신계획에서 정한 시행자는 같은 법 제11조에 따른 사업시행자 지정요건 및 도시개발구역 지정 제안 요건 등을 갖춘 경우에 한정하여 같은 법에 따른 도시개발사업의 시행자로 지정된 것으로 본다.

⑤ 도시혁신계획에 대한 도시계획위원회 심의 시 「교육환경 보호에 관한 법률」 제5조 제8항에 따른 지역교육환경보호위원회, 「문화유산의 보존 및 활용에 관한 법률」 제8조에 따른 문화유산위원회(같은 법 제70조에 따른 시·도지정문화유산에 관한 사항의 경우 같은 법 제71조에 따른 시·도문화유산위원회를 말한다) 또는 「자연유산의 보존 및 활용에 관한 법률」 제7조의2에 따른 자연유산위원회(같은 법 제40조에 따른 시·도자연유산에 관한 사항의 경우 같은 법 제41조의2에 따른 시·도자연유산위원회를 말한다)와 공동으로 심의를 개최하고, 그 결과에 따라 다음 각 호의 법률 규정을 완화하여 적용할 수 있다. 이 경우 다음 각 호의 완화 여부는 각각 지역교육환경보호위원회, 문화유산위원회 및 자연유산위원회의 의결에 따른다.

1. 「교육환경 보호에 관한 법률」 제9조에 따른 교육환경보호구역에서의 행위제한

2. 「문화유산의 보존 및 활용에 관한 법률」 제13조에 따른 역사문화환경 보존지역에서의 행위제한

3. 「자연유산의 보존 및 활용에 관한 법률」 제10조에 따른 역사문화환경 보존지역에서의 행위제한

11. 복합용도구역에서의 건축법 적용 특례(제83조의4)

제83조의3 제2항 및 제3항은 복합용도구역에도 적용한다. 이 경우 "도시혁신구역"은 "복합용도구역"으로 본다.

12. 둘 이상의 용도지역·지구·구역에 걸치는 대지에 대한 적용 기준(제84조)

(1) 작은 부분의 규모가 330제곱미터 이하인 경우(도로변에 띠 모양으로 지정된 상업지역은 660제곱미터)

① 건폐율 및 용적률 → 가중평균

② 건폐율 및 용적률 외 건축제한 → 큰 면적이 속하는 용도지역 등에 관한 규정 적용. 단, 건축물이 고도지구에 걸쳐 있는 경우에는 건축물 및 대지 전부에 대하여 고도지구 규정 적용

(2) 하나의 건축물이 방화지구와 그 밖의 용도지역·용도지구 또는 용도구역에 걸쳐 있는 경우에는 그 전부에 대하여 방화지구의 건축물에 관한 규정을 적용한다. 단, 건축물이 있는 방화지구와 그 밖의 용도지역·지구·구역의 경계가 방화벽으로 구획되는 경우. 그 밖의 용도지역·지구·구역에 대해서는 그러하지 아니한다.

(3) 하나의 대지가 녹지지역과 그 밖의 용도지역·용도지구 또는 용도구역에 걸쳐 있는 경우 → 각각의 용도지역·지구·구역의 건축물 및 토지에 관한 규정을 적용한다(규모가 가장 작은 부분이 녹지지역으로서 해당 녹지지역이 330제곱미터 이하인 경우는 제외).
단, 녹지지역이 고도지구나 방화지구에 걸쳐 있는 경우에는 상기 (1), (2) 동일

확인문제

01 국토의 계획 및 이용에 관한 법령상 용도지역별 용적률의 범위로 옳지 않은 것은? (단, 조례 및 기타 강화·완화조건은 고려하지 않음) ✦ 31회

① 제2종일반주거지역 : 100퍼센트 이상 250퍼센트 이하
② 유통상업지역 : 200퍼센트 이상 1천100퍼센트 이하
③ 생산녹지지역 : 50퍼센트 이상 100퍼센트 이하
④ 준공업지역 : 150퍼센트 이상 500퍼센트 이하
⑤ 농림지역 : 50퍼센트 이상 80퍼센트 이하

[답] ④

02 국토의 계획 및 이용에 관한 법령상 용도지역 안에서의 건폐율의 최대한도가 가장 큰 것은? (단, 조례 및 기타 강화, 완화조건은 고려하지 않음) ✦ 32회

① 제1종 일반주거지역   ② 일반상업지역
③ 계획관리지역   ④ 준공업지역
⑤ 준주거지역

[답] ②

제4장 제2-1절 용도지역/지구/구역에서의 행위 제한 주요 내용 O · X 확인 문제

01 용도지역의 건폐율과 용적률을 쓰시오.

용도지역				건폐율(%)	용적률(%) (하한~상한)	
도시지역	주거 지역	전용 (양호)	1종	( )	( )	( )
			2종	( )	( )	( )
		일반 (편리)	1종	( )	( )	( )
			2종	( )	( )	( )
			3종	( )	( )	( )
		준주거		( )	( )	( )
	상업 지역	중심		( )	( )	( )
		일반		( )	( )	( )
		유통		( )	( )	( )
		근린		( )	( )	( )
	공업 지역	전용		( )	( )	( )
		일반		( )	( )	( )
		준공업		( )	( )	( )
	녹지 지역	보전		( )	( )	( )
		생산		( )	( )	( )
		자연		( )	( )	( )
관리지역	보전 관리			( )	( )	( )
	생산 관리			( )	( )	( )
	계획 관리			( )	( )	( )
농림지역				( )	( )	( )
자연환경 보전지역				( )	( )	( )

02 도시지역, 관리지역, 농림지역 또는 자연환경보전지역으로 용도가 지정되지 아니한 지역에 대하여
는 건축물의 건축 제한, 건폐율 및 용적률을 적용할 때에 농림지역에 관한 규정을 적용한다.
( )

03 도시지역 또는 관리지역이 세부 용도지역으로 지정되지 아니한 경우에는 해당 용도지역이 도시지역인 경우에는 보전녹지지역에 관한 규정을 적용하고, 관리지역인 경우에는 생산관리지역에 관한 규정을 적용한다. (　　　)

04 국방상 또는 공익상 시가화조정구역안에서는 사업시행이 불가피한 것으로서 관계 중앙행정기관의 장의 요청에 의하여 국토교통부장관이 시가화조정구역의 지정목적달성에 지장이 없다고 인정하는 도시·군계획사업만 시행할 수 있다. (　　　)

제4장 제2-1절 용도지역/지구/구역에서의 행위 제한 주요 내용 O·X 확인 문제 정답

01 용도지역의 건폐율과 용적률을 쓰시오.

용도지역				건폐율(%)	용적률(%)(하한~상한)	
도시지역	주거지역	전용(양호)	1종	50	50	100
			2종	50	50	150
		일반(편리)	1종	60	100	200
			2종	60	100	250
			3종	50	100	300
		준주거		70	200	500
	상업지역	중심		90	200	1,500
		일반		80	200	1,300
		유통		80	200	1,100
		근린		70	200	900
	공업지역	전용		70	150	300
		일반		70	150	350
		준공업		70	150	400
	녹지지역	보전		20	50	80
		생산		20	50	100
		자연		20	50	100
관리지역	보전관리			20	50	80
	생산관리			20	50	80
	계획관리			40	50	100
농림지역				20	50	80
자연환경보전지역				20	50	80

02 (×) 자연환경보전지역에 관한 규정을 적용한다.

03 (×) 관리지역인 경우에는 보전관리지역에 관한 규정을 적용한다.

04 (×) 국방상 또는 공익상 시가화조정구역안에서는 사업시행이 불가피한 것으로서 관계 중앙행정기관의 장의 요청에 의하여 국토교통부장관이 시가화조정구역의 지정목적달성에 지장이 없다고 인정하는 도시·군계획사업을 시행할 수 있고, 도시·군계획사업 외의 경우에는 ① 농업·임업 또는 어업용의 건축물 중 대통령령으로 정하는 종류와 규모의 건축물이나 그 밖의 시설을 건축하는 행위, ② 마을공동시설, 공익시설·공공시설, 광공업 등 주민의 생활을 영위하는 데에 필요한 행위로서 대통령령으로 정하는 행위, ③ 입목의 벌채, 조림, 육림, 토석의 채취, 그 밖에 대통령령으로 정하는 경미한 행위를 할 수 있다.

학습전략

매년 출제되는 부분으로 공동구 및 매수청구제도가 최고 빈출 파트이다.

1. 도시·군계획시설(광역시설)의 설치 및 관리(제43조)

1) 지상·수상·공중·수중 또는 지하에 기반시설을 설치하려면 그 시설의 종류·명칭·위치·규모 등을 미리 관리계획으로 결정한다. 다만, 용도지역·기반시설의 특성 등을 고려하여 대통령령으로 정하는 경우에는 그러하지 아니하다. [기출 28]

＊ **대통령령으로 정하는 경우**

1. 도시지역 또는 지구단위계획구역에서 다음 각 목의 기반시설을 설치하고자 하는 경우

   가. 주차장, 차량 검사 및 면허시설, 공공공지, 열공급설비, 방송·통신시설, 시장·공공청사·문화시설·공공필요성이 인정되는 체육시설·연구시설·사회복지시설·공공직업훈련시설·청소년수련시설·저수지·방화/방풍/방수/사방/방조설비·장사시설·종합의료시설·빗물저장 및 이용시설·폐차장

   나. 「도시공원 및 녹지 등에 관한 법률」의 규정에 의하여 점용허가대상이 되는 공원 안의 기반시설

   다. 그 밖에 국토교통부령으로 정하는 시설

   > 1. 공항 중 「공항시설법 시행령」 제3조 제3호의 규정에 의한 도심공항터미널
   > 2. 삭제 〈2016.12.30.〉
   > 3. 여객자동차터미널 중 전세버스운송사업용 여객자동차터미널
   > 4. 광장 중 건축물부설광장
   > 5. 전기공급설비(발전시설, 옥외에 설치하는 변전시설 및 지상에 설치하는 전압 15만 4천볼트 이상의 송전선로는 제외한다)
   > 5의2. 「신에너지 및 재생에너지 개발·이용·보급 촉진법」 제2조 제3호에 따른 신·재생에너지설비로서 다음 각 목의 어느 하나에 해당하는 설비
   >   가. 「신에너지 및 재생에너지 개발·이용·보급 촉진법 시행규칙」 제2조 제2호에 따른 연료전지 설비 및 같은 조 제4호에 따른 태양에너지 설비
   >   나. 「신에너지 및 재생에너지 개발·이용·보급 촉진법 시행규칙」 제2조 제1호, 제3호 및 제5호부터 제12호까지에 해당하는 설비로서 발전용량이 200킬로와트 이하인 설비(전용주거지역 및 일반주거지역 외의 지역에 설치하는 경우로 한정한다)
   > 6. 다음 각 목의 어느 하나에 해당하는 가스공급설비
   >   가. 「액화석유가스의 안전관리 및 사업법」 제5조 제1항에 따라 액화석유가스충전사업의 허가를 받은 자가 설치하는 액화석유가스 충전시설

　　나.「도시가스사업법」제3조에 따라 도시가스사업의 허가를 받은 자 또는 같은 법 제39조의2 제1항 각 호 외의 부분 전단에 따른 도시가스사업자 외의 가스공급시설설치자가 설치하는 같은 법 제2조 제5호에 따른 가스공급시설

　　다.「환경친화적 자동차의 개발 및 보급 촉진에 관한 법률」제2조 제9호에 따른 수소연료공급시설

　　라.「고압가스 안전관리법」제3조 제1호에 따른 저장소로서 자기가 직접 다음의 어느 하나의 용도로 소비할 목적으로 고압가스를 저장하는 저장소

　　　　1) 발전용 : 전기(電氣)를 생산하는 용도

　　　　2) 산업용 : 제조업의 제조공정용 원료 또는 연료(제조부대시설의 운영에 필요한 연료를 포함한다)로 사용하는 용도

　　　　3) 열병합용 : 전기와 열을 함께 생산하는 용도

　　　　4) 열 전용(專用) 설비용 : 열만을 생산하는 용도

6의2. 수도공급설비 중「수도법」제3조 제9호의 마을상수도

7. 유류저장 및 송유설비 중「위험물안전관리법」제6조에 따른 제조소등의 설치허가를 받은 자가「위험물안전관리법 시행령」별표 1에 따른 인화성액체 중 유류를 저장하기 위하여 설치하는 유류저장시설 [기출 28]

8. 다음 각 목의 학교

　　가.「유아교육법」제2조 제2호에 따른 유치원

　　나.「장애인 등에 대한 특수교육법」제2조 제10호에 따른 특수학교

　　다.「초·중등교육법」제60조의3에 따른 대안학교

　　라.「고등교육법」제2조 제5호에 따른 방송대학·통신대학 및 방송통신대학

9. 삭제〈2018.12.27.〉

10. 다음 각 목의 어느 하나에 해당하는 도축장

　　가. 대지면적이 500제곱미터 미만인 도축장

　　나.「산업입지 및 개발에 관한 법률」제2조 제8호에 따른 산업단지 내에 설치하는 도축장

11. 폐기물처리 및 재활용시설 중 재활용시설

12. 수질오염방지시설 중「광산피해의 방지 및 복구에 관한 법률」제31조(2021.3.9. 삭제)에 따른 한국광해관리공단이 같은 법 제11조에 따른 광해방지사업의 일환으로 폐광의 폐수를 처리하기 위하여 설치하는 시설(「건축법」제11조에 따른 건축허가를 받아 건축하여야 하는 시설은 제외한다)

2. 도시지역 및 지구단위계획구역 외의 지역에서 다음 각 목의 기반시설을 설치하고자 하는 경우

가. 제1호 가목 및 나목의 기반시설

나. 궤도 및 전기공급설비

다. 그 밖에 국토교통부령이 정하는 시설

1. 공항 중 「공항시설법 시행령」 제3조 제3호의 규정에 의한 도심공항터미널
2. 자동차정류장 [기출 28]
3. 광장
4. 유류저장 및 송유설비
5. 수도공급설비 중 「수도법」 제3조 제9호의 마을상수도
6. 다음 각 목의 어느 하나에 해당하는 가스공급설비
    가. 「액화석유가스의 안전관리 및 사업법」 제5조 제1항에 따라 액화석유가스충전사
    업의 허가를 받은 자가 설치하는 액화석유가스 충전시설
    나. 「도시가스사업법」 제3조에 따라 도시가스사업의 허가를 받은 자 또는 같은 법 제
    39조의2 제1항 각 호 외의 부분 전단에 따른 도시가스사업자 외의 가스공급시설
    설치자가 설치하는 같은 법 제2조 제5호에 따른 가스공급시설
    다. 「환경친화적 자동차의 개발 및 보급 촉진에 관한 법률」 제2조 제9호에 따른 수소
    연료공급시설
    라. 「고압가스 안전관리법」 제3조 제1호에 따른 저장소로서 자기가 직접 다음의 어느
    하나의 용도로 소비할 목적으로 고압가스를 저장하는 저장소
        1) 발전용 : 전기(電氣)를 생산하는 용도
        2) 산업용 : 제조업의 제조공정용 원료 또는 연료(제조부대시설의 운영에 필요한
        연료를 포함한다)로 사용하는 용도
        3) 열병합용 : 전기와 열을 함께 생산하는 용도
        4) 열 전용(專用) 설비용 : 열만을 생산하는 용도
7. 다음 각 목의 학교
    가. 「유아교육법」 제2조 제2호에 따른 유치원
    나. 「장애인 등에 대한 특수교육법」 제2조 제10호에 따른 특수학교
    다. 「초·중등교육법」 제60조의3에 따른 대안학교
    라. 「고등교육법」 제2조 제5호에 따른 방송대학·통신대학 및 방송통신대학
8. 다음 각 목의 어느 하나에 해당하는 도축장
    가. 대지면적이 500제곱미터 미만인 도축장
    나. 「산업입지 및 개발에 관한 법률」 제2조 제8호에 따른 산업단지 내에 설치하는 도축장
9. 폐기물처리 및 재활용시설 중 재활용시설
10. 수질오염방지시설 중 「광산피해의 방지 및 복구에 관한 법률」 제31조에 따른 한국광
    해관리공단이 같은 법 제11조에 따른 광해방지사업의 일환으로 폐광의 폐수를 처리
    하기 위하여 설치하는 시설(「건축법」 제11조에 따른 건축허가를 받아 건축하여야 하
    는 시설은 제외한다)

2) 도시·군계획시설의 결정, 구조 및 설치의 기준 등에 필요한 사항은 국토교통부령으로 정하고
세부사항은 조례로 정한다. 다만, 이 법 또는 다른 법률에 특별한 규정이 있는 경우에는 그에
따른다.

3) 국가가 관리하는 경우는 대통령령으로, 지방자치단체가 관리하는 경우에는 조례로 관리사항을 정한다. 국가가 관리하는 도시·군계획시설은 「국유재산법」에 따른 중앙관서의 장이 관리한다.

4) 효율적인 토지이용을 위하여 둘 이상의 도시·군계획시설을 같은 토지에 함께 결정하거나 도시·군계획시설이 위치하는 공간의 일부를 구획하여 도시·군계획시설을 결정할 수 있다.

2. 광역시설 설치·관리(제45조)

1) 관계 특별시장·광역시장·특별자치시장·특별자치도지사·시장 또는 군수가 협약을 체결하거나 협의회 등을 구성하여 광역시설을 설치·관리할 수 있다.
  → 협약, 협의회 등 구성되지 않는 경우 시, 군이 같은 도에 속할 때에는 도지사가 설치·관리할 수 있다.

2) 국가계획으로 설치하는 광역시설은 설치·관리를 사업목적·사업종목으로 하여 법률에 따라 설립된 법인이 설치·관리할 수 있다.
  예 인천공항 → 별도 법인 관리 : 인천국제공항공사

3) 지방자치단체는 환경오염이 심하게 발생하거나 해당 지역의 개발이 현저하게 위축될 우려가 있는 광역시설을 다른 관할구역에 설치할 때에는 환경오염방지를 위한 사업이나 해당 지역 주민의 편익을 증진시키기 위한 사업을 해당 지방자치단체와 함께 시행하거나 필요한 자금을 지원해야 한다.
  ① **환경오염방지 사업**
    녹지, 하수도 또는 폐기물처리 및 재활용시설의 설치사업과 대기오염, 수질오염, 악취, 소음 및 진동방지사업 등
  ② **지역주민의 편익을 위한 사업**
    도로, 공원, 수도공급설비, 문화시설, 사회복지시설, 노인정, 하수도, 종합의료시설 등의 설치사업 등

3. 공동구(수용해야 할 시설이 모두 수용되도록 해야 한다.)

(1) 설치(제44조) [기출 28 29 30 31 32]

아래 해당 지역, 지구, 구역 등이 대통령령으로 정하는 규모(200만제곱미터) 초과 시 사업시행자는 공동구 설치해야 한다. [기출 35]

> • 도시개발법상 도시개발구역
> • 택지개발촉진법상 택지개발지구
> • 경제자유구역의 지정 및 운용에 관한 특별법상 경제자유구역
> • 도시 및 주거환경정비법상 정비구역
> • 그 밖에 대통령령으로 정하는 지역
>   1. 「공공주택 특별법」상 공공주택지구
>   2. 「도청이전을 위한 도시건설 및 지원에 관한 특별법」상 도청이전신도시

→ 개발사업계획 수립 시에 공동구 설치에 관한 계획 포함해야 한다.

(2) 설치항목(제44조) [기출 35]

1) **필수** : 전선로, 통신선로, 수도관, 열수송관(난방), 중수도관(물재활용), 쓰레기수송관

2) **공동구협의회 심의 거쳐 수용할 수 있는 시설** : 가스관, 하수도관, 그 밖의 시설

(3) 절차(제44조)

1) 사업계획 수립 시 공동구 점용예정자와 설치 노선 및 규모 등 미리 협의하고 공동구협의회의 심의를 거쳐야 한다.

2) 도로관리청은 지하매설물의 빈번한 설치 및 유지관리 등의 행위로 인하여 도로구조의 보전과 안전하고 원활한 도로교통의 확보에 지장을 초래하는 경우에는 공동구 설치에 대한 타당성을 검토해야 한다.

3) 재정여건 및 설치 우선순위 등을 고려하여 단계적으로 공동구가 설치될 수 있도록 해야 한다.

(4) 설치비용 부담(제44조)

1) 공동구 설치비용은 별도 규정 없으면 점용예정자와 사업시행자가 부담해야 한다. [기출 35]

> 1. 설치공사비용
> 2. 내부공사비용
> 3. 설치 위한 측량·설계비용
> 4. 공동구설치로 인한 보상필요시 보상비용
> 5. 공동구부대시설의 설치비용
> 6. 국가 등 융자받은 경우 이자
> (보조금 있는 때에는 그 보조금의 금액 공제)

2) **점용예정자의 비용부담 범위** : 개별적으로 매설할 때 필요한 비용의 범위에서 대통령령으로 정함(특별시장·광역시장·특별자치시장·특별자치도지사·시장 또는 군수가 공동구협의회의 심의를 거쳐 해당 공동구의 위치, 규모 및 주변 여건 등을 고려하여 정함)

3) 국가, 특별시장·광역시장·특별자치시장·특별자치도지사·시장 또는 군수는 공동구의 원활한 설치를 위하여 그 비용의 일부를 보조 또는 융자 가능

4) 점용예정자는 공동구설치공사 착수 전에 부담액의 3분의 1 이상 납부하고 점용공사기간 만료일 전까지 나머지 납부(만료일 전에 공사가 완료된 경우에는 공사완료일) [기출 35]

(5) 관리(제44조의2)

1) **공동구의 관리·운영** : 특별시장·광역시장·특별자치시장·특별자치도지사·시장 또는 군수(공동구관리자)가 운영 + 효율적인 관리 운영 위해 필요시 대통령령으로 정하는 기관에 위탁 가능(지방공사, 지방공단, 국토안전관리원, 조례로 정하는 기관) [기출 28]

2) 안전점검

특별시장·광역시장·특별자치시장·특별자치도지사·시장 또는 군수는 5년마다 공동구
의 안전 및 유지관리계획을 수립하고(미리 관계 행정기관의 장과 협의하고 공동구협의회의
심의 거쳐)/시행해야 한다. [기출 28 29 30]

> 1. 공동구의 안전 및 유지관리를 위한 조직, 인원 및 장비의 확보에 관한 사항
> 2. 긴급상황 발생 시 조치체계에 관한 사항
> 3. 안전점검 또는 정밀안전진단의 실시계획에 관한 사항
> 4. 해당 공동구의 설계, 시공, 감리 및 유지관리 등에 관련된 설계도서의 수집·보관에 관한
>   사항
> 5. 그 밖에 공동구의 안전 및 유지관리에 필요한 사항

3) 공동구관리자(특별시장·광역시장·특별자치시장·특별자치도지사·시장 또는 군수)는 1
년에 1회 이상 공동구의 안점점검을 실시해야 한다(시설물의 안전 및 유지관리에 관한 특
별법상 '안전점검 및 정밀안전진단'). → 이상 시 지체 없이 정밀안전진단, 보수, 보강 등
필요조치를 해야 한다. [기출 28 29 30 35]

(6) **공동구의 관리비용(제44조의3)** [기출 29 30 32]

① 공동구의 관리 소요비용은 공동구점용자가 함께 부담해야 한다[점용면적 고려하여 공동구
관리자(특별시장·광역시장·특별자치시장·특별자치도지사·시장 또는 군수)가 정함 :
연 2회로 분할 납부하게 해야 한다].

② 공동구 설치비용을 부담하지 않은 자(부담액 미완납자 포함)가 점용·사용하려면 공동구
관리자의 허가를 받아야 한다.

③ 공동구 점용하거나 사용하는 자는 조례로 정하는 바에 따라 점용료 또는 사용료를 납부해
야 한다.

4. 도시·군계획시설의 공중 및 지하 설치기준과 보상 등(제46조)

도시·군계획시설을 공중, 수중, 수상 또는 지하에 설치하는 경우 그 높이나 깊이의 기준과 그
설치로 인하여 토지나 건물의 소유권 행사에 제한을 받는 자에 대한 보상 등에 관하여는 따로 법
률로 정한다(조례 ×).

5. 매수청구(제47조)

(1) 대상

- 도시·군계획시설 부지[지목이 대(건축물 및 정착물 포함)]의 매수청구
- 도시·군계획시설 결정 고시일부터 10년 이내에 시행 안 된 경우(실시계획인가나 그에 상응
하는 절차가 진행된 경우는 제외) [기출 30]

특별시장·광역시장·특별자치시장·특별자치도지사·시장 또는 군수에게 토지의 매수청구
가능 단, 다음의 경우에는 그에 해당하는 자에게 가능

① 사업자가 정해진 경우에는 그 시행자에게 매수청구한다. [기출 32]

② 시설 설치/관리 의무자가 있는 자가 있으면 그 의무자에게 매수청구한다.

③ 설치/관리 의무자가 다른 경우에는 설치의무자에게 매수청구한다.

(2) 절차

- 매수의무자는 매수청구 받은 날부터 6개월 이내에 매수 여부를 결정하여 토지소유자와 특별 시장·광역시장·특별자치시장·특별자치도지사·시장 또는 군수에게 알려야 한다. [기출 34]

- 매수하기로 결정한 토지는 매수 결정을 알린 날부터 2년 이내에 매수해야 한다.

- 매수의무자는 현금으로 대금 지급 원칙임(매수가격/매수절차는 특별한 규정이 있는 경우 외에는 토지보상법을 준용한다).

아래 1·2의 경우는 채권지급 가능[상환기간은 10년 이내 / 상환기간 및 이율은 조례로 정한 다(1년 만기 정기예금금리의 평균 이상) + 채권발행절차 등은 지방재정법에 따른다]. [기출 32 34]

1. 토지 소유자가 원하는 경우 + 매수의무자가 지방자치단체

2. 부재부동산 소유자의 토지(토지보상법 영 제26조 준용) 또는 비업무용 토지(법인세법 영 제49조 제1항 제1호 준용)로서 매수대금이 3천만원 초과 + 매수의무자가 지방자치단체

(3) 건축물 또는 공작물의 설치 [기출 29 34]

매수하지 않기로 결정한 경우 및 2년 이내에 매수하지 않은 경우에는, 허가를 받아 건축물 또는 공작물 설치 가능

---

* 설치 가능 건축물 또는 공작물

1. 단독주택 − 3층 이하

2. 1종 근생 − 3층 이하

3. 2종 근생 − 3층 이하(같은 건축물에 해당 용도 바닥면적 합계 500제곱미터 미만인 다중생 활시설(고시원업), 같은 건축물에 해당 용도 바닥면적 합계가 150제곱미터 미만인 단란주 점, 안마시술소, 노래연습장은 제외)

4. 공작물

---

6. 도시·군계획시설결정의 실효 등(제48조)

(1) 실효 및 고시 [기출 33]

결정고시일부터 20년 이내에 사업시행을 아니한 경우 20년이 되는 날의 다음날에 효력이 소 멸된다. → 시·도지사, 대도시 시장은 지체 없이 고시해야 한다(실효일자, 사유, 도시군계획 내용)(국토교통부장관은 관보 및 국토교통부홈페이지에 시·도지사, 대도시 시장은 공보 및 홈페이지).

(2) 현황 보고 및 해제

① 특별시장·광역시장·특별자치시장·특별자치도지사·시장 또는 군수는 도시·군계획시 설(국토교통부장관이 결정한 시설 중 관계 중앙행정기관의 장이 직접 설치하기로 한 시설

은 제외)을 설치할 필요성이 없어진 경우 또는 고시일부터 10년이 지날 때까지 사업시행이 되지 않은 경우 아래의 각 현황과 단계별 집행계획을 해당 지방의회에 보고해야 한다(그 후 해제되지 않은 시설은 2년마다 보고).

가. 장기미집행 도시·군계획시설 등의 전체 현황(시설의 종류, 면적 및 설치비용 등을 말한다)

나. 장기미집행 도시·군계획시설 등의 명칭, 고시일 또는 변경고시일, 위치, 규모, 미집행 사유, 단계별 집행계획, 개략 도면, 현황 사진 또는 항공사진 및 해당 시설의 해제에 관한 의견

다. 그 밖에 지방의회의 심의·의결에 필요한 사항

② 지방의회는 보고가 접수된 날부터 90일 이내에 특별시장·광역시장·특별자치시장·특별자치도지사·시장 또는 군수에게 시설결정의 해제 권고 가능(서면 : 도시·군관리계획시설의 명칭, 위치 규모 및 해제사유 등 포함)

③ 특별시장·광역시장·특별자치시장·특별자치도지사·시장 또는 군수는 특별한 사정이 없으면 해제를 위한 도시·군관리계획을 결정(권고일로부터 1년 이내에)하거나(사정 있으면 권고일로부터 6개월 이내에 소명해야 한다.) (상위계획과의 연관성, 단계별 집행계획, 교통, 환경 및 주민의사 등 고려) 시장군수는 도지사에게(도지사가 결정한 관리계획) 그 결정을 신청해야 한다. 도지사는 특별한 사정이 없으면 해제를 위한 도시·군관리계획 결정해야 한다(신청일로부터 1년 이내).

7. 도시·군계획시설결정의 해제 신청 등(제48조의2)

1) 고시일부터 10년 내 미시행 시 + 단계별 집행계획상 해당 도시·군계획시설의 실효 시까지 집행계획이 없는 경우에는 토지소유자는 관리계획 입안권자에게 도시·군계획시설결정 해제를 위한 관리계획 입안을 신청할 수 있다.

① 신청받은 날부터 3개월 이내에 입안 여부를 소유자에게 알려야 한다.

② 해당 계획시설결정의 실효 시까지 설치하기로 집행계획을 수립하는 등 아래에서 정하는 특별한 사유가 없으면 해제를 위한 관리계획 입안해야 한다.

> 1. 해당 도시·군계획시설결정의 실효 시까지 해당 도시·군계획시설을 설치하기로 집행계획을 수립하거나 변경하는 경우
> 2. 해당 도시·군계획시설에 대하여 법 제88조에 따른 실시계획이 인가된 경우
> 3. 해당 도시·군계획시설에 대하여 보상법상 보상계획이 공고된 경우(소유자/관계인이 20인 이하 공고생략한 경우 포함)
> 4. 신청토지 전부가 포함된 일단의 토지가 공익사업을 시행하기 위한 절차(지역·지구 등의 지정 또는 사업계획 승인 등)가 진행 중이거나 완료된 경우
> 5. 해당 도시·군계획시설결정의 해제를 위한 도시·군관리계획 변경절차가 진행 중인 경우

2) 해제를 위한 입안이 되지 않는 경우 대통령령으로 정한 사유에 해당되면 결정권자에게 도시·군계획시설결정의 해제 신청할 수 있다.

> 1. 입안권자가 해제입안을 하지 아니하기로 정하여 신청인에게 통지한 경우
> 2. 입안권자가 해제입안을 하기로 정하여 신청인에게 통지하고 해제입안을 하였으나 해당 도시·군계획시설에 대한 도시·군관리계획 결정권자가 관리계획 결정절차를 거쳐 신청토지의 전부 또는 일부를 해제하지 아니하기로 결정한 경우(상기 제5호를 사유로 해제입안을 하지 아니하는 것으로 통지되었으나 도시·군관리계획 변경절차를 진행한 결과 신청토지의 전부 또는 일부를 해제하지 아니하기로 결정한 경우를 포함한다)

3) 결정권자는 해제신청을 받은 날부터 2개월 이내에 결정 여부를 정하여 소유자에게 알려야 한다. 특별한 사유가 없으면 해제해야 한다. 토지소유자는 해제되지 아니하는 등 대통령령이 정하는 사항에 해당하면 국토교통부장관에게 도시·군계획시설결정의 해제 심사를 신청할 수 있다.

> **대통령령이 정하는 사항**
> 1. 결정권자가 해제를 하지 아니하기로 정하여 신청인에게 통지한 경우
> 2. 결정권자가 해제를 하기로 정하여 신청인에게 통지하였으나 도시·군관리계획 결정절차를 거쳐 신청토지의 전부 또는 일부를 해제하지 아니하기로 결정한 경우

4) 국토교통부장관은 결정권자에게 해제를 권고할 수 있다(중앙도시계획위원회의 심의를 거쳐야 한다) → 특별한 사유 없으면 권고받은 날로부터 6개월 이내에 해제해야 한다.

5) 도시·군계획시설결정의 해제결정(해제하지 아니하기로 하는 결정 포함)은 다음 구분에 따른 날부터 6개월 이내에 이행되어야 한다(관계 법률에 따른 별도의 협의가 필요한 경우 그 협의에 필요한 기간은 기간계산에서 제외한다).
   ㄱ. 도시·군계획시설결정의 해제입안을 하기로 통지한 경우 : 입안권자가 신청인에게 입안하기로 통지한 날
   ㄴ. 도시·군계획시설결정을 해제하기로 통지한 경우 : 결정권자가 신청인에게 해제하기로 통지한 날
   ㄷ. 도시·군계획시설결정을 해제할 것을 권고받은 경우 : 결정권자가 해제권고를 받은 날

6) 도시·군계획시설결정의 해제결정을 하는 경우로서 이전 단계에서 도시·군관리계획 결정절차를 거친 경우에는 해당 지방도시계획위원회의 심의만을 거쳐 도시·군계획시설결정의 해제결정을 할 수 있다(다만, 결정권자가 입안 내용의 변경이 필요하다고 판단하는 경우에는 그러하지 아니하다). 이 경우에는 2개월 이내에 이행되어야 한다.

확인문제

01 국토의 계획 및 이용에 관한 법령상 도시·군계획시설 부지의 매수 청구에 관한 설명으로 옳은 것을 모두 고른 것은? (단, 조례는 고려하지 않음) ✦ 32회

> ㄱ. 도시·군계획시설채권의 상환기간은 10년 이내로 한다.
> ㄴ. 시장 또는 군수가 해당 도시·군계획시설사업의 시행자로 정하여진 경우에는 시장 또는 군수가 매수의무자이다.
> ㄷ. 매수의무자는 매수하기로 결정한 토지를 매수 결정을 알린 날부터 3년 이내에 매수하여야 한다.
> ㄹ. 매수 청구를 한 토지의 소유자는 매수의무자가 매수하지 아니하기로 결정한 경우 개발행위허가를 받아 대통령령으로 정하는 건축물을 설치할 수 있다.

① ㄱ, ㄴ   ② ㄱ, ㄷ
③ ㄷ, ㄹ   ④ ㄱ, ㄴ, ㄹ
⑤ ㄴ, ㄷ, ㄹ

답 ④

02 국토의 계획 및 이용에 관한 법령상 사업시행자가 공동구를 설치하여야 하는 지역 등에 해당하지 않는 것은? (단, 지역 등의 규모는 200만제곱미터를 초과함) ✦ 32회

① 「지역 개발 및 지원에 관한 법률」에 따른 지역개발사업구역
② 「도시개발법」에 따른 도시개발구역
③ 「경제자유구역의 지정 및 운영에 관한 특별법」에 따른 경제자유구역
④ 「도시 및 주거환경정비법」에 따른 정비구역
⑤ 「도청이전을 위한 도시건설 및 지원에 관한 특별법」에 따른 도청이전신도시

답 ① (법 제44조 제1항 및 영 제35조의2 제2항 제2호)

01 도시개발구역, 택지개발지구, 경제자유구역, 정비구역, 공공주택지구, 도청이전신도시 사업의 경우 100만 제곱미터를 초과하는 경우에는 공동구를 설치해야 한다. (   )

02 공동구가 설치된 경우에는 공동구에 수용하여야 할 시설이 모두 수용되도록 하여야 한다.
필수 : 전선로, 통신선로, 수도관, 열수송관(난방), 중수도관(물재활용), 쓰레기수송관 공동구협의회 심의를 거쳐 수용할 수 있는 시설 : (   ), (   ), 그 밖의 시설

03 공동구의 설치(개량)에 필요한 비용은 공동구 점용예정자가 부담하고, 공사 착수 전에 부담액의 3분의 1 이상 납부하고 점용공사기간 만료일 전까지 나머지를 납부(만료일 전에 공사가 완료된 경우에는 공사완료일)해야 한다. (   )

04 공동구관리자는 3년마다 해당 공동구의 안전 및 유지관리계획을 대통령령으로 정하는 바에 따라 수립·시행하여야 한다. 공동구관리자는 1년에 2회 이상 공동구의 안전점검을 실시하여야 한다.
(   )

05 도시·군계획시설을 공중·수중·수상 또는 지하에 설치하는 경우 그 높이나 깊이의 기준과 그 설치로 인하여 토지나 건물의 소유권 행사에 제한을 받는 자에 대한 보상 등에 관하여는 「공익사업을 위한 토지 등의 취득 및 보상에 관한 법률」로 정한다. (   )

06 도시·군계획시설 결정 고시일부터 5년 이내에 사업이 시행되지 아니하는 경우(계획의 인가나 그에 상당하는 절차가 진행된 경우는 제외), 지목(地目)이 대(垈)인 토지(건축물 및 정착물은 제외한다)의 소유자는 국토교통부장관에게 그 토지의 매수를 청구할 수 있다. 시설의 설치 및 관리 의무자가 다른 경우에는 관리의무자에게 매수청구할 수 있다. (   )

07 매수할 때에는 현금으로 그 대금을 지급하되, 매수의무자가 (   )인 경우로서 '토지소유자가 원하거나', '부재부동산 소유자의 토지 또는 비업무용 토지로서 매수대금이 (   )만원을 초과하여 그 초과하는 금액을 지급하는 경우'에는 채권을 발행하여 지급할 수 있다(상환기관 10년 이내, 은행 1년 만기 정기예금 금리의 평균 이상, 구체적인 상환기관과 이율은 조례로 정한다). 도시·군계획시설채권의 발행절차나 그 밖에 필요한 사항에 관하여 이 법에 특별한 규정이 있는 경우 외에는 (   )에서 정하는 바에 따른다.

08 매수 청구된 토지의 매수가격·매수절차 등에 관하여 이 법에 특별한 규정이 있는 경우 외에는 「공익사업을 위한 토지 등의 취득 및 보상에 관한 법률」을 준용한다. (   )

09 매수의무자는 매수 청구를 받은 날부터 3개월 이내에 매수 여부를 결정하여 토지 소유자와 매수의무자에게 알려야 하며, 매수하기로 결정한 토지는 매수 결정을 알린 날부터 3년 이내에 매수하여야 한다. (　　　)

10 '매수하지 않기로 결정하거나 매수 결정을 알린 날부터 2년이 지날 때까지 해당 토지를 매수하지 아니하는 경우'에 허가를 받아 행할 수 있는 건축물 또는 공작물을 쓰시오.

(　　　　　　　　　　　　　　　　　　　　　　　　　　　　　　　　　　)

11 도시·군계획시설에 대하여 그 고시일부터 20년이 지날 때까지 그 시설의 설치에 관한 도시·군계획시설사업이 시행되지 아니하는 경우 그 도시·군계획시설결정은 그 고시일부터 20년이 되는 날에 그 효력을 잃는다. (　　　)

제4장 제3절 도시·군계획시설 주요 내용 O·X 확인 문제 정답

01 (×) 도시개발구역, 택지개발지구, 경제자유구역, 정비구역, 공공주택지구, 도청이전신도시 사업의 경우 200만 제곱미터를 초과하는 경우에는 공동구를 설치해야 한다.

02 가스관, 하수도관

03 (×) 공동구의 설치(개량)에 필요한 비용은 공동구 점용예정자와 사업시행자가 부담하고, 공사 착수 전에 부담액의 3분의 1 이상 납부하고 점용공사기간 만료일 전까지 나머지를 납부(만료일 전에 공사가 완료된 경우에는 공사완료일)해야 한다.

04 (×) 5년마다 / 1년에 1회 이상

05 (×) 「공익사업을 위한 토지 등의 취득 및 보상에 관한 법률」이 아닌 따로 법률로 정한다.

06 (×) 도시·군계획시설 결정 고시일부터 10년 이내에 사업이 시행되지 아니하는 경우(계획의 인가나 그에 상당하는 절차가 진행된 경우는 제외), 지목(地目)이 대(垈)인 토지(건축물 및 정착물포함)의 소유자는 특별시장·광역시장·특별자치시장·특별자치도지사·시장 또는 군수에게 그 토지의 매수를 청구할 수 있다. 시설의 설치 및 관리 의무자가 다른 경우에는 설치의무자에게 매수청구 할 수 있다.

07 지방자치단체, 3천, 지방재정법

08 (O) 매수 청구된 토지의 매수가격·매수절차 등에 관하여 이 법에 특별한 규정이 있는 경우 외에는 「공익사업을 위한 토지 등의 취득 및 보상에 관한 법률」을 준용한다.

09 (×) 6개월 이내에 매수 여부를 결정하여 결정을 알린 날부터 2년 이내에 매수하여야 한다.

10 3층 이하의 '단독주택, 1종 근생, 2종근생(다중생활시설, 단란주점, 안마시술소, 노래연습장은 제외)' 및 공작물 가능

11 (×) 20년이 되는 날의 다음날에 그 효력을 잃는다.

제3-1절 도시·군계획시설사업의 시행(제85조 내지 제100조)

학습전략

빈출 출제 부분은 아니지만 감정평가와 관련이 높으므로 꼼꼼히 그 절차를 학습하여야 한다.

1. 집행계획 수립(제85조)

1) 특별시장·광역시장·특별자치시장·특별자치도지사·시장 또는 군수는 도시·군계획시설 결정 고시일부터 3개월 이내에 재원조달계획, 보상계획 등을 포함하는 단계별 집행계획을 수립하고 공고해야 한다(변경 시 동일, 경미한 경우는 제외)(수립 시 관계행정기관의 장과 협의하고 지방의회 의견을 들어야 한다). [기출 29 34]
   ① 1단계 : 3년 이내 시행
   ② 2단계 : 3년 후 시행(매년 검토하여 1단계로 포함시킬 수 있다)

2) 국토교통부장관/도지사가 직접 입안한 관리계획인 경우 국토교통부장관/도지사는 단계별 집행계획을 수립하여 특별시장·광역시장·특별자치시장·특별자치도지사·시장 또는 군수에게 송부할 수 있다. [기출 34]

3) 도시·군관리계획의 결정이 의제되는 경우에는 2년 이내에 수립 가능 [기출 34]
   ① 도시 및 주거환경정비법
   ② 도시재정비 촉진을 위한 특별법
   ③ 도시재생 활성화 및 지원에 관한 특별법

2. 시행자(제86조 및 제87조)

(1) 특별시장·광역시장·특별자치시장·특별자치도지사·시장 또는 군수 원칙 [기출 29 34]
   둘 이상 특별시·광역시·특별자치시·특별자치도·시 또는 군에 걸치는 경우 협의하여 시행자 결정 → 협의불성립 시 국토교통부장관(둘 이상 시도) / 도지사(도 내)가 지정한다.

(2) 국토교통부장관
   국가계획 관련 및 특히 필요하다고 인정되는 경우에는 특별시장·광역시장·특별자치시장·특별자치도지사·시장 또는 군수의 의견을 들어 직접 시행할 수 있다.

(3) 도지사
   광역도시계획과 관련 또는 특히 필요한 경우 시장 또는 군수의 의견을 들어 직접 시행할 수 있다.

(4) 국가/지방자치단체/공공기관 등이 아닌 경우로서 국토교통부장관/시·도지사/시장 또는 군수가 지정한 자(지정 시 그 내용을 고시해야 한다) [기출 29 34]
   지정받으려면 토지(국공유지 제외) 면적의 2/3 이상 소유하고, 토지소유자 총수의 1/2 이상의 동의 갖추어야 한다.

> * 공공기관 등 = 한국농수산식품유통공사, 대한석탄공사, 한국토지주택공사, 한국관광공사, 농어촌공사, 도로공사, 석유공사, 수자원공사, 전력공사, 철도공사 + 지방공사 및 지방공단 / 다른 법률에 의하여 도시·군계획시설사업이 포함된 사업의 시행자로 지정된 자 / 공공시설(무상귀속)을 설치하고자 하는 자 / 기부를 조건으로 시설물을 설치하려는 자

(5) 필요시 사업시행대상지역 또는 대상시설을 둘 이상으로 분할하여 시행 가능(실시계획도 분할 작성) [기출 29 34]

3. 실시계획의 작성 및 인가[+고시(공보, 홈페이지)](제88조 및 제90조)

1) 사업시행자는 실시계획 작성 [기출 34]

→ 국토교통부장관, 시·도지사, 대도시 시장 인가(단, 준공검사 후 경미한 사항 변경 시는 제외) + 도시·군관리계획 변경사항 및 이를 반영한 지형도면 고시해야 한다. + 작성 및 인가하려면 미리 그 사실 공고하고 14일 이상 일반인 열람하게 해야 한다(소유자 및 이해관계인은 열람기간 이내에 시행자에게 의견서를 제출할 수 있으며, 의견이 타당하다고 인정되면 그 의견을 실시계획에 반영하여야 한다)

> *** 실시계획 포함사항**
> 1. 사업의 종류 및 명칭
> 2. 사업의 면적 또는 규모
> 3. 사업시행자의 성명 및 주소(법인인 경우에는 법인의 명칭 및 소재지와 대표자의 성명 및 주소)
> 4. 사업의 착수예정일 및 준공예정일
> 5. 자금조달계획 [기출 34]

2) 도시·군계획시설사업의 시행자가 실시계획의 인가를 받고자 하는 경우 국토교통부장관이 지정한 시행자는 국토교통부장관의 인가를 받아야 하며, 그 밖의 시행자는 시·도지사 또는 대도시 시장의 인가를 받아야 한다(기반시설의 설치나 그에 필요한 용지의 확보, 위해 방지, 환경오염 방지, 경관 조성, 조경 등의 조치를 할 것을 조건으로 실시계획을 인가할 수 있다). 다만, 준공검사를 받은 후에 해당 도시·군계획시설사업에 대하여 국토교통부령으로 정하는 경미한 사항을 변경하기 위하여 실시계획을 작성하는 경우에는 국토교통부장관, 시·도지사 또는 대도시 시장의 인가를 받지 아니한다. 작성, 폐지, 변경 동일(경미한 사항 제외)하다.

> *** 경미한 사항**
> 1. 사업명칭을 변경하는 경우
> 2. 구역경계의 변경이 없는 범위 안에서 행하는 건축물의 연면적(구역경계 안에 「건축법 시행령」 별표 1에 따른 용도를 기준으로 그 용도가 동일한 건축물이 2개 이상 있는 경우에는 각 건축물의 연면적을 모두 합산한 면적을 말한다) 10퍼센트 미만의 변경과 「학교시설사업 촉

진법」에 의한 학교시설의 변경인 경우

2의2. 다음 각 목의 공작물을 설치하는 경우

　　가. 도시지역 또는 지구단위계획구역에 설치되는 공작물로서 무게는 50톤, 부피는 50세제곱미터, 수평투영면적은 50제곱미터를 각각 넘지 않는 공작물

　　나. 도시지역·자연환경보전지역 및 지구단위계획구역 외의 지역에 설치되는 공작물로서 무게는 150톤, 부피는 150세제곱미터, 수평투영면적은 150제곱미터를 각각 넘지 않는 공작물

3. 기존 시설의 일부 또는 전부에 대한 용도변경을 수반하지 않는 대수선·재축 및 개축인 경우

4. 도로의 포장 등 기존 도로의 면적·위치 및 규모의 변경을 수반하지 아니하는 도로의 개량인 경우

5. 구역경계의 변경이 없는 범위에서 측량결과에 따라 면적을 변경하는 경우

3) 실시계획에는 사업시행에 필요한 설계도서, 자금계획, 시행기간, 그 밖에 대통령령으로 정하는 사항(실시계획을 변경하는 경우에는 변경되는 사항에 한정한다)을 자세히 밝히거나 첨부하여야 한다.

> *** 대통령령으로 정하는 사항**
> 1. 사업시행지의 위치도 및 계획평면도
> 2. 공사설계도서(「건축법」제29조에 따른 건축협의를 하여야 하는 사업인 경우에는 개략설계도서)
> 3. 수용 또는 사용할 토지 또는 건물의 소재지·지번·지목 및 면적, 소유권과 소유권 외의 권리의 명세 및 그 소유자·권리자의 성명·주소
> 4. 도시·군계획시설사업의 시행으로 새로이 설치하는 공공시설 또는 기존의 공공시설의 조서 및 도면(행정청이 시행자인 경우에 한한다)
> 5. 도시·군계획시설사업의 시행으로 용도폐지되는 공공시설에 대한 둘 이상의 감정평가법인 등의 감정평가서(행정청이 아닌 자가 시행자인 경우에 한정한다). 다만, 제2항에 따른 해당 도시·군계획시설사업의 실시계획 인가권자가 새로운 공공시설의 설치비용이 기존의 공공시설의 감정평가액보다 현저히 많은 것이 명백하여 이를 비교할 실익이 없다고 인정하거나 사업 시행기간 중에 제출하도록 조건을 붙이는 경우는 제외한다.
> 6. 도시·군계획시설사업으로 새로이 설치하는 공공시설의 조서 및 도면과 그 설치비용계산서(행정청이 아닌 자가 시행자인 경우에 한한다). 이 경우 새로운 공공시설의 설치에 필요한 토지와 종래의 공공시설이 설치되어 있는 토지가 같은 토지인 경우에는 그 토지가격을 뺀 설치비용만 계산한다.
> 7. 법 제92조 제3항의 규정에 의한 관계 행정기관의 장과의 협의에 필요한 서류
> 8. 제4항의 규정에 의한 특별시장·광역시장·특별자치시장·특별자치도지사·시장 또는 군수의 의견청취 결과

4) 국토교통부장관, 시·도지사, 시장 또는 군수가 지정한 자는 실시계획 작성 시 특별시장·광역시장·특별자치시장·특별자치도지사·시장 또는 군수 의견청취해야 한다.

5) 관련 인·허가등의 의제

① 국토교통부장관, 시·도지사 또는 대도시 시장이 실시계획을 작성 또는 변경작성하거나 인가 또는 변경인가를 할 때에 그 실시계획에 대한 다음 각 호의 인·허가등에 관하여 관계 행정기관의 장과 협의한 사항(인가 전에 미리 협의하여야 한다)에 대하여는 해당 인·허가등을 받은 것으로 보며, 실시계획을 고시한 경우에는 관계 법률에 따른 인·허가등의 고시·공고 등이 있은 것으로 본다.

---

* 관련 인·허가등의 의제

1. 「건축법」 건축허가, 건축신고 및 가설건축물 건축의 허가 또는 신고
2. 「산업집적활성화 및 공장설립에 관한 법률」 공장설립등의 승인
3. 「공유수면 관리 및 매립에 관한 법률」 공유수면의 점용·사용허가, 점용·사용 실시계획의 승인 또는 신고, 공유수면의 매립면허, 국가 등이 시행하는 매립의 협의 또는 승인 및 공유수면매립실시계획의 승인
4. 삭제
5. 「광업법」 채굴계획의 인가
6. 「국유재산법」 사용·수익의 허가
7. 「농어촌정비법」 농업생산기반시설의 사용허가
8. 「농지법」 농지전용의 허가 또는 협의, 농지전용의 신고 및 농지의 타용도 일시사용의 허가 또는 협의
9. 「도로법」 도로관리청이 아닌 자에 대한 도로공사 시행의 허가 및 도로의 점용 허가
10. 「장사 등에 관한 법률」 무연분묘의 개장허가
11. 「사도법」 사도 개설의 허가
12. 「사방사업법」 토지의 형질 변경 등의 허가 및 사방지 지정의 해제
13. 「산지관리법」 산지전용허가 및 산지전용신고, 산지일시사용허가·신고, 토석채취허가, 토사채취신고 및 「산림자원의 조성 및 관리에 관한 법률」 입목벌채 등의 허가·신고
14. 「소하천정비법」 소하천공사 시행의 허가 및 소하천의 점용허가
15. 「수도법」 일반수도사업 및 공업용수도사업의 인가, 전용상수도 설치 및 전용공업용수도 설치의 인가
16. 「연안관리법」 연안정비사업실시계획의 승인
17. 「에너지이용 합리화법」 에너지사용계획의 협의
18. 「유통산업발전법」 대규모점포의 개설등록
19. 「공유재산 및 물품 관리법」 사용·수익의 허가
20. 「공간정보의 구축 및 관리 등에 관한 법률」 사업의 착수·변경 또는 완료의 신고
21. 「집단에너지사업법」 집단에너지의 공급 타당성에 관한 협의
22. 「체육시설의 설치·이용에 관한 법률」 사업계획의 승인

---

23. 「초지법」 초지전용의 허가, 신고 또는 협의
24. 「공간정보의 구축 및 관리 등에 관한 법률」 지도등의 간행 심사
25. 「하수도법」 공공하수도에 관한 공사시행의 허가 및 공공하수도의 점용허가
26. 「하천법」 하천공사 시행의 허가, 하천 점용의 허가
27. 「항만법」 항만개발사업 시행의 허가 및 항만개발사업실시계획의 승인

② 국토교통부장관은 의제되는 인·허가등의 처리기준을 관계 중앙행정기관으로부터 받아 통합하여 고시하여야 한다.

4. 실효(제88조)

1) 도시·군계획시설결정 고시일부터 10년 이후에 실시계획을 작성하거나 인가받은 사업시행자(장기미집행 사업시행자)는 실시계획 고시일로부터 5년 이내에 수용재결신청하지 않으면 5년이 지난 다음 날에 그 실시계획은 효력을 잃는다. + 고시

2) 5년 이내 토지면적의 2/3 이상 소유 또는 사용권원 확보 시는 7년 이내 재결신청하지 않으면 7년 다음 날 실효된다.

3) 재결신청 없이 모든 토지/건축물(정착된 물건) 소유하거나 사용권원 확보 시에는 실효되지 않는다.

4) 도시·군계획시설결정 고시일로부터 20년 이내에 실시계획이 폐지/실효되면 20년이 되는 날의 다음 날 결정고시는 실효된다.

5) 도시·군계획시설결정 고시일로부터 20년 이후에 실시계획이 폐지/실효되면 그 날 결정고시는 실효된다.

5. 원상회복 등(제89조)

1) 특별시장·광역시장·특별자치시장·특별자치도지사·시장 또는 군수는 인가 없이 또는 인가 내용과 다르게 사업을 하는 경우에는 토지의 원상회복 명령 가능 → 대집행 가능(이행보증금으로 비용충당 가능)

2) 특별시장·광역시장·특별자치시장·특별자치도지사·시장 또는 군수는 기반시설의 설치나 그에 필요한 용지의 확보, 위해 방지, 환경오염 방지, 경관 조성, 조경 등을 위해 필요하다고 인정되는 경우 대통령령으로 정한 경우에는 이행보증금 예치하게 할 수 있다(국가/지방자치단체/공공기관/지방공사/지방공단은 제외). [기출 29]
① 도시·군계획시설사업으로 인하여 도로·수도공급설비·하수도 등 기반시설의 설치가 필요한 경우
② 도시·군계획시설사업으로 인하여 제59조 제1항 제2호 내지 제5호의 1에 해당하는 경우

> * 영 제59조 제1항 제2호 내지 제5호의 1에 해당하는 경우
> - 토지의 굴착으로 인하여 인근의 토지가 붕괴될 우려가 있거나 인근 건축물 또는 공작물이 손괴될 우려가 있는 경우
> - 토석의 발파로 인한 낙석·먼지 등에 의하여 인근지역에 피해가 발생할 우려가 있는 경우
> - 토석을 운반하는 차량의 통행으로 인하여 통행로 주변의 환경이 오염될 우려가 있는 경우
> - 토지의 형질변경이나 토석의 채취가 완료된 후 비탈면에 조경을 할 필요가 있는 경우

6. 관계서류의 열람 등(제93조) 및 서류의 송달(제94조)

1) 사업시행자는 등기소나 관계 행정기관의 장에게 필요한 서류의 열람/복사 및 그 등본·초본의 발급을 무료로 청구할 수 있다.

2) 행정청이 아닌 사업시행자는 서류송달 필요가 있으나 이해관계인의 주소나 거소가 불분명하거나 송달할 수 없을 때에는 공시송달하려는 경우 국토교통부장관, 시·도지사, 대도시 시장에게 승인받아야 한다.

7. 수용 및 사용 등(제95조 및 제96조)

1) 사업에 필요한 물건 또는 권리를 수용하거나 사용할 수 있고 필요시 인접한 물건 또는 권리를 일시 사용할 수 있다.
   ① 토지·건축물 또는 그 토지에 정착된 물건
   ② 토지·건축물 또는 그 토지에 정착된 물건에 관한 소유권 외의 권리

2) 수용 및 사용에 관하여는 이 법에 특별한 규정이 있는 경우 외에는 「토지보상법」을 준용한다.

3) 실시계획을 고시한 경우에는 사업인정 및 그 고시가 있었던 것으로 본다. 다만, 재결 신청은 실시계획에서 정한 도시·군계획시설사업의 시행기간에 해야 한다.

8. 국공유지의 처분 제한(제97조)

도시·군관리계획결정을 고시한 경우에는 국공유지로서 필요한 토지는 관리계획으로 정하여진 목적 외의 목적으로 매각하거나 양도할 수 없고 위반 시 무효이다.

9. 공사완료의 공고 등(제98조) 및 공공시설 등의 귀속(제99조)

1) ① 공사완료 시 시행자는 공사완료보고서를 작성하여 시·도지사, 대도시 시장의 준공검사를 받아야 한다. 시·도지사·대도시 시장은 공사완료 공고를 하여야 한다.
   ② 국토교통부장관, 시·도지사, 대도시 시장이 시행자인 경우에는 공사완료 공고를 하여야 한다.

2) 공공시설 등의 귀속 → 개발행위 허가에 따른 공공시설 등의 귀속 규정 준용

3) 공공시설 귀속 → 관리청 의견 청취 필요
   (관리청 불분명 시 도로 등에 대해서는 국토교통부장관, 하천은 환경부장관, 그 외 재산은 기획재정부장관을 관리청으로 봄)

(1) 행정청
   ① 새로 설치 또는 대체 공공시설은 관리청에 무상귀속 + 준공(국토교통부장관, 시·도지사, 대도시 시장은 공사완료 공고 시)검사 시 공공시설의 종류와 토지 세목을 관리청에 통지해야 한다.
   ② 종래 공공시설은 행정청에 무상귀속
      → 귀속된 공공시설의 처분으로 인한 수익금을 도시군계획사업 외의 목적에 사용하여 서는 안 됨

(2) 행정청 외
   새로 설치한 공공시설은 관리청에 무상귀속 + 개발행위 완료 전에 관리청에 그 종류와 토지의 세목을 통지해야 한다. + 특별시장·광역시장·특별자치시장·특별자치도지사·시장 또는 군수는 준공검사 시 그 내용을 관리청에 통보해야 한다. + 준공검사 받음으로써 각각 귀속/양도된 것으로 본다(용도폐지되는 공공시설은 설치비용 범위에서 무상양도 가능).
   * 준공검사증명서면이 등기원인을 증명하는 서면으로 갈음된다.

10. 다른 법률과의 관계(제100조)

도시·군계획시설사업으로 조성된 대지와 건축물 중 국가나 지방자치단체의 소유에 속하는 재산을 처분하려면 「국유재산법」과 「공유재산 및 물품 관리법」에도 불구하고 대통령령으로 정하는 바에 따라 다음 순위에 따라 처분 가능
① 해당 도시·군계획시설사업의 시행으로 수용된 토지 또는 건축물 소유자에의 양도
② 다른 도시·군계획시설사업에 필요한 토지와의 교환

01 특별시장 · 광역시장 · 특별자치시장 · 특별자치도지사 · 시장 또는 군수는 도시 · 군계획시설결정의 고시일부터 1개월 이내에 단계별 집행계획을 수립하고 공고 하여야 한다(의제사업은 2년 이내). (   )

02 5년 이내에 시행하는 도시 · 군계획시설사업은 제1단계 집행계획에, 5년 후에 시행하는 도시 · 군계획시설사업은 제2단계 집행계획에 포함되도록 하여야 한다. (   )

03 특별시장 · 광역시장 · 특별자치시장 · 특별자치도지사 · 시장 또는 군수가 시행하되, 둘 이상의 관할 구역에 걸쳐 시행되게 되는 경우에는 둘 이상의 시 · 도의 구역에 걸치는 경우에는 국토교통부장관, 같은 도 내인 경우에는 도지사가 시행자를 지정하는 것이 원칙이다. (   )

04 국토교통부장관과 도지사는 도시 · 군계획시설사업을 시행할 수 없다. (   )

05 국토교통부장관, 시 · 도지사, 시장 또는 군수로부터 시행자로 지정을 받으려면 도시계획시설사업의 대상인 토지(국 · 공유지를 제외한다)면적의 2분의 1 이상에 해당하는 토지를 소유하고, 토지소유자 총수의 2분의 1 이상에 해당하는 자의 동의를 얻어야 한다. (   )

06 도시 · 군계획시설사업의 시행자는 도시 · 군계획시설사업을 효율적으로 추진하기 위하여 필요하다고 인정되면 사업시행대상지역 또는 대상시설을 둘 이상으로 분할하여 도시 · 군계획시설사업을 시행할 수 있다. (   )

07 도시 · 군계획시설결정의 고시일부터 10년 이후에 실시계획을 작성하거나 인가받은 도시 · 군계획시설사업의 시행자가 실시계획 고시일부터 5년 이내에 「공익사업을 위한 토지 등의 취득 및 보상에 관한 법률」에 따른 재결신청을 하지 아니한 경우에는 실시계획 고시일부터 5년이 지난 날에 그 실시계획은 효력을 잃는다. (   )

08 도시 · 군계획시설결정의 고시일부터 20년이 되기 전에 실시계획이 폐지되거나 효력을 잃고 다른 도시 · 군계획시설사업이 시행되지 아니하는 경우에는 도시 · 군계획시설결정의 고시일부터 20년이 되는 날에 효력을 잃고, 도시 · 군계획시설결정의 고시일부터 20년이 되는 날의 다음 날 이후 실시계획이 폐지되거나 효력을 잃은 경우에는 실시계획이 폐지되거나 효력을 잃은 다음 날에 효력을 잃는다. (   )

09 특별시장·광역시장·특별자치시장·특별자치도지사·시장 또는 군수는 기반시설의 설치나 그에 필요한 용지의 확보, 위해 방지, 환경오염 방지, 경관 조성, 조경 등을 위하여 필요하다고 인정되는 경우로서 그 이행을 담보하기 위하여 도시·군계획시설사업의 시행자인 지방자치단체에게 이행보증금을 예치하게 할 수 있다. (   )

10 도시·군계획시설사업의 시행자는 도시·군계획시설사업에 필요한 토지·건축물 또는 그 토지에 정착된 물건에 대한 소유권 및 소유권 외의 권리 수용하거나 사용할 수 있고 인접한 토지·건축물 또는 그 토지에 정착된 물건에 대한 소유권 및 소유권 외의 권리를 수용할 수 있다. (   )

11 수용 및 사용에 관하여는 이 법에 특별한 규정이 있는 경우 외에는 「공익사업을 위한 토지 등의 취득 및 보상에 관한 법률」을 준용하되 실시계획을 고시한 경우에는 사업인정 및 그 고시가 있었던 것으로 본다. 재결 신청은 실시계획을 고시한 날로부터 1년 이내에 해야 한다. (   )

01 (×) 3개월 이내에 단계별 집행계획을 수립하고 공고하여야 한다(의제사업은 2년 이내)

02 (×) 각 5년이 아니라 3년이다.

03 (×) 서로 협의하는 것이 원칙이다. 협의가 성립되지 않는 경우 국토교통부장관 및 도지사가 정한다.

04 (×) 국토교통부장관은 국가계획과 관련되거나 그 밖에 특히 필요하다고 인정되는 경우에는 관계 특별시장·광역시장·특별자치시장·특별자치도지사·시장 또는 군수의 의견을 들어 직접 도시·군계획시설사업을 시행할 수 있으며, 도지사는 광역도시계획과 관련되거나 특히 필요하다고 인정되는 경우에는 관계 시장 또는 군수의 의견을 들어 직접 도시·군계획시설사업을 시행할 수 있다.

05 (×) 도시계획시설사업의 대상인 토지(국·공유지를 제외한다)면적의 3분의 2 이상에 해당하는 토지를 소유하고, 토지소유자 총수의 2분의 1 이상에 해당하는 자의 동의를 얻는 것을 말한다.

06 (○)

07 (×) 5년이 지난 다음 날에 그 실시계획은 효력을 잃는다.

08 (×) 각각 20년이 되는 다음 날 및 20년이 되는 날에 효력을 잃는다.

09 (×) 국가, 지방자치단체, 공공기관, 지방공사 및 지방공단의 경우에는 그러하지 아니하다

10 (×) 인접한 토지·건축물 또는 그 토지에 정착된 물건에 대한 소유권 및 소유권 외의 권리를 일시 사용할 수 있다.

11 (×) 재결 신청은 도시·군계획시설사업의 시행기간에 하여야 한다.

제4절 | 지구단위계획(제49조 내지 제55조)

학습전략

매년 1문제정도 출제된다. ① 수립지역, ② 수립내용, ③ 실효사유를 집중적으로 학습한다.

지구단위계획구역 및 지구단위계획은 도시·군관리계획으로 결정한다(제50조).

1. **지구단위계획(제49조)** – 수립기준은 국토교통부장관이 정한다.

   다음 사항을 고려하여 수립해야 한다.

   ---
   ① 도시의 정비·관리·보전·개발 등 지구단위계획구역의 지정 목적
   ② 주거·산업·유통·관광휴양·복합 등 지구단위계획구역의 중심기능
   ③ 해당 용도지역의 특성 [기출 29]
   ④ 그 밖에 대통령령으로 정하는 사항 [기출 29]
     1. 지역 공동체의 활성화
     2. 안전하고 지속가능한 생활권의 조성
     3. 해당 지역 및 인근 지역의 토지 이용을 고려한 토지이용계획과 건축계획의 조화

   ** 수립기준 고려사항
   1. 개발제한구역에 지구단위계획을 수립할 때에는 개발제한구역의 지정 목적이나 주변환경이 훼손되지 아니하도록 하고, 「개발제한구역의 지정 및 관리에 관한 특별조치법」을 우선하여 적용할 것 [기출 32]
   1의2. 보전관리지역에 지구단위계획을 수립할 때에는 제44조 제1항 제1호의2 각 목 외의 부분 후단에 따른 경우를 제외하고는 녹지 또는 공원으로 계획하는 등 환경 훼손을 최소화할 것
   1의3. 「문화유산의 보존 및 활용에 관한 법률」 제13조에 따른 역사문화환경 보존지역 및 「자연유산의 보존 및 활용에 관한 법률」 제10조에 따른 역사문화환경 보존지역에서 지구단위계획을 수립하는 경우에는 국가유산 및 역사문화환경과 조화되도록 할 것 [기출 32]
   2. 지구단위계획구역에서 원활한 교통소통을 위하여 필요한 경우에는 지구단위계획으로 건축물부설주차장을 해당 건축물의 대지가 속하여 있는 가구에서 해당 건축물의 대지 바깥에 단독 또는 공동으로 설치하게 할 수 있도록 할 것. 이 경우 대지 바깥에 공동으로 설치하는 건축물부설주차장의 위치 및 규모 등은 지구단위계획으로 정한다.
   3. 제2호에 따라 대지 바깥에 설치하는 건축물부설주차장의 출입구는 간선도로변에 두지 아니하도록 할 것. 다만, 특별시장·광역시장·특별자치시장·특별자치도지사·시장 또는 군수가 해당 지구단위계획구역의 교통소통에 관한 계획 등을 고려하여 교통소통에 지장이 없다고 인정하는 경우에는 그러하지 아니하다.
   4. 지구단위계획구역에서 공공사업의 시행, 대형건축물의 건축 또는 2필지 이상의 토지소유자의

공동개발 등을 위하여 필요한 경우에는 특정 부분을 별도의 구역으로 지정하여 계획의 상세 정
도 등을 따로 정할 수 있도록 할 것

5. 지구단위계획구역의 지정 목적, 향후 예상되는 여건변화, 지구단위계획구역의 관리 방안 등을
고려하여 제25조 제4항 제9호에 따른 경미한 사항을 정하는 것이 필요한지를 검토하여 지구단
위계획에 반영하도록 할 것

6. 지구단위계획의 내용 중 기존의 용도지역 또는 용도지구를 용적률이 높은 용도지역 또는 용도
지구로 변경하는 사항이 포함되어 있는 경우 변경되는 구역의 용적률은 기존의 용도지역 또는
용도지구의 용적률을 적용하되, 공공시설부지의 제공현황 등을 고려하여 용적률을 완화할 수
있도록 계획할 것

7. 제46조 및 제47조에 따른 건폐율·용적률 등의 완화 범위를 포함하여 지구단위계획을 수립하도
록 할 것 [기출 32]

8. 법 제51조 제1항 제8호의2에 해당하는 도시지역 내 주거·상업·업무 등의 기능을 결합하는 복
합적 토지 이용의 증진이 필요한 지역은 지정 목적을 복합용도개발형으로 구분하되, 3개 이상의
중심기능을 포함하여야 하고 중심기능 중 어느 하나에 집중되지 아니하도록 계획할 것 [기출 32]

9. 법 제51조 제2항 제1호의 지역에 수립하는 지구단위계획의 내용 중 법 제52조 제1항 제1호 및
같은 항 제4호(건축물의 용도제한은 제외한다)의 사항은 해당 지역에 시행된 사업이 끝난 때의
내용을 유지함을 원칙으로 할 것 [기출 32]

10. 도시지역 외의 지역에 지정하는 지구단위계획구역은 해당 구역의 중심기능에 따라 주거형, 산
업·유통형, 관광·휴양형 또는 복합형 등으로 지정 목적을 구분할 것 [기출 32]

11. 도시지역 외의 지구단위계획구역에서 건축할 수 있는 건축물의 용도·종류 및 규모 등은 해당
구역의 중심기능과 유사한 도시지역의 용도지역별 건축제한 등을 고려하여 지구단위계획으로
정할 것

2. 지구단위계획구역의 지정 등(제51조)

(1) **임의지역** - 국토교통부장관, 시·도지사, 시장 또는 군수는 전부 일부에 지구단위계획구역을
지정할 수 있다. [기출 28 31]

1. 용도지구 [기출 28 31 34]

2. 도시개발법상 도시개발구역 [기출 28 31 34]

3. 도시정비법상 정비구역 [기출 28 31]

4. 택지개발촉진법상 택지개발지구

5. 주택법상 대지조성사업지구

6. 산업입지 및 개발에 관한 법률상 산업단지와 준산업단지

7. 관광진흥법상 관광단지와 관광특구

8. 개발제한구역, 도시자연공원구역, 시가화조정구역 또는 공원에서 해제구역, 녹지에서 주
거·상업·공업지역으로 변경되는 구역, 새로 도시지역으로 편입되는 구역 중 계획적인
개발 또는 관리가 필요한 지역 [기출 35]

8의2. 도시지역 내 주거·상업·업무 등의 기능을 결합하는 등 복합적 토지 이용을 증진시킬 필요가 있는 지역(대통령령으로 정함)

> *** 대통령령으로 정하는 요건에 해당하는 지역**
> 일반주거, 준주거, 준공업 및 상업지역에서 낙후된 도심 기능을 회복하거나 도시균형발전을 위한 중심지 육성이 필요한 경우로서 아래 어느 하나 해당 지역
> 1. 주요 역세권, 고속버스 및 시외버스 터미널, 간선도로의 교차지 등 양호한 기반시설을 갖추고 있어 대중교통 이용이 용이한 지역
> 2. 역세권의 체계적·계획적 개발이 필요한 지역
> 3. 셋 이상 노선이 교차하는 대중교통 결절지로부터 1Km 이내 위치한 지역
> 4. 역세권개발구역, 고밀복합형 재정비촉진지구로 지정된 지역

8의3. 도시지역 내 유휴토지를 효율적으로 개발하거나 교정시설, 군사시설 그 밖에 대통령령으로 정하는 시설(철도, 항만, 공항, 공장, 병원, 학교, 공공청사, 공공기관, 시장, 운동장 및 터미널 + 조례로 정하는 시설)을 이전 또는 재배치하여 토지 이용을 합리화하고, 그 기능을 증진시키기 위하여 집중적으로 정비가 필요한 지역으로서 대통령령으로 정하는 요건에 해당하는 지역

> *** 대통령령으로 정하는 요건에 해당하는 지역**
> 5천제곱미터 이상으로서 도시군계획조례로 정하는 면적 이상의 유휴토지 또는 대규모 시설의 이전부지로서 아래 어느 하나에 해당하는 지역
> 1. 대규모 시설의 이전에 따라 도시기능의 재배치 및 정비가 필요한 지역
> 2. 토지의 활용 잠재력이 높고 지역거점 육성이 필요한 지역
> 3. 지역경제 활성화와 고용창출의 효과가 클 것으로 예상되는 지역

9. 도시지역의 체계적·계획적인 관리 또는 개발이 필요한 지역
10. 그 밖에 양호한 환경의 확보나 기능 및 미관의 증진 등을 위하여 필요한 지역으로서 대통령령으로 정하는 지역

> *** 대통령령으로 정하는 지역**
> 1. 법 제127조의 규정에 의하여 지정된 시범도시
> 2. 법 제63조의 규정에 의하여 고시된 개발행위허가제한지역
> 3. 지하 및 공중공간을 효율적으로 개발하고자 하는 지역
> 4. 용도지역의 지정·변경에 관한 도시·군관리계획을 입안하기 위하여 열람공고된 지역
> 5. 주택재건축사업에 의하여 공동주택을 건축하는 지역
> 6. 지구단위계획구역으로 지정하고자 하는 토지와 접하여 공공시설을 설치하고자 하는 자연녹지지역
> 7. 양호한 환경의 확보 또는 기능 및 미관의 증진 등을 위하여 필요한 지역으로서 도시·군계획조례로 정한 지역

(2) **필수지역**(다만, 토지이용 및 건축계획 수립된 경우는 해당 아님)
  1) 정비구역, 택지개발지구에서 사업이 끝난 후 10년이 지난 지역
  2) 임의지역 중 체계적·계획적인 개발 또는 관리가 필요한 지역으로서 대통령령으로 정하는 지역

> * **대통령령으로 정하는 지역**
> 다음의 지역으로서 그 면적이 30만제곱미터 이상인 지역
> 1. 시가화조정구역 또는 공원에서 해제되는 지역. 다만, 녹지지역으로 지정 또는 존치되거나 법 또는 다른 법령에 의하여 도시·군계획사업 등 개발계획이 수립되지 아니하는 경우를 제외한다.
> 2. 녹지지역에서 주거지역·상업지역 또는 공업지역으로 변경되는 지역
> 3. 그 밖에 특별시·광역시·특별자치시·특별자치도·시 또는 군의 도시·군계획조례로 정하는 지역

(3) **도시지역 외의 지역을 지구단위계획구역으로 지정하려는 경우는 아래 중 어느 하나 해당**
  1) 지정하려는 구역 면적의 100분의 50 이상이 계획관리지역으로서 대통령령으로 정하는 요건에 해당하는 지역

> 1. 계획관리지역 외에 지구단위계획구역에 포함하는 지역은 생산관리지역 또는 보전관리지역일 것
> 1의2. 보전관리지역을 포함하는 경우에는 다음 요건에 충족될 것
>   (이 경우 개발행위허가를 받는 등 이미 개발된 토지, 「산지관리법」 제25조에 따른 토석채취허가를 받고 토석의 채취가 완료된 토지로서 같은 법 제4조 제1항 제2호의 준보전산지에 해당하는 토지 및 해당 토지를 개발하여도 주변지역의 환경오염·환경훼손 우려가 없는 경우로서 해당 도시계획위원회 또는 제25조 제2항에 따른 공동위원회의 심의를 거쳐 지구단위계획구역에 포함되는 토지의 면적은 다음에 따른 보전관리지역의 면적 산정에서 제외한다)
>   가. 전체 지구단위계획구역 면적이 10만제곱미터 이하인 경우 : 전체 면적의 20퍼센트 이내
>   나. 전체 지구단위계획구역 면적이 10만제곱미터 초과 20만제곱미터 이하인 경우 : 2만제곱미터
>   다. 전체 지구단위계획구역 면적이 20만제곱미터를 초과하는 경우 : 전체 면적의 10퍼센트 이내
> 2. 지구단위계획구역으로 지정하고자 하는 토지의 면적이 다음 어느 하나에 규정된 면적 요건에 해당할 것
>   가. 지정하고자 하는 지역에 아파트 또는 연립주택의 건설계획이 포함되는 경우에는 30만제곱미터 이상일 것
>   (다음 요건 해당 시 일단의 토지를 통합하여 하나의 지구단위계획구역으로 지정 가능)

> (1) 아파트 또는 연립주택의 건설계획이 포함되는 각각의 토지의 면적이 10만제곱미터 이상이고, 그 총면적이 30만제곱미터 이상일 것
> (2) (1)의 각 토지는 국토교통부장관이 정하는 범위 안에 위치하고, 국토교통부장관이 정하는 규모 이상의 도로로 서로 연결되어 있거나 연결도로의 설치가 가능할 것
> 나. 지정하고자 하는 지역에 아파트 또는 연립주택의 건설계획이 포함되는 경우로서 다음의 어느 하나에 해당하는 경우에는 10만제곱미터 이상일 것
> (1) 지구단위계획구역이 「수도권정비계획법」 규정에 의한 자연보전권역인 경우
>   ＊ 자연보전권역 : 한강 수계의 수질과 녹지 등 자연환경을 보전할 필요가 있는 지역
> (2) 지구단위계획구역 안에 초등학교용지를 확보하여 관할 교육청의 동의를 얻거나 지구단위계획구역 안 또는 지구단위계획구역으로부터 통학이 가능한 거리에 초등학교가 위치하고 학생수용이 가능한 경우로서 관할 교육청의 동의를 얻은 경우
> 다. 가목 및 나목의 경우를 제외하고는 3만제곱미터 이상일 것
> 3. 당해 지역에 도로·수도공급설비·하수도 등 기반시설을 공급할 수 있을 것
> 4. 자연환경·경관·미관 등을 해치지 아니하고 국가유산의 훼손우려가 없을 것

2) 개발진흥지구로서 대통령령으로 정하는 요건 해당 지역

> 1. 상기 제2호부터 제4호까지의 요건에 해당할 것
> 2. 당해 개발진흥지구가 다음의 지역에 위치할 것
> 가. 주거·복합(주거기능이 포함된 경우에 한함) 및 특정개발진흥지구 : 계획관리지역
> 나. 산업·유통 및 복합개발진흥지구(주거기능이 포함되지 않은 경우) : 계획, 생산 또는 농림지역
> 다. 관광·휴양개발진흥지구 : 도시지역 외의 지역

3) 용도지구를 폐지하고 그 용도지구에서의 행위 제한 등을 지구단위계획으로 대체하려는 지역

3. 지구단위계획의 내용(제52조)

(1) 내용

"2, 4" 포함한 둘 이상의 사항이 포함되어야 한다. 다만 "1의2"를 내용으로 하는 지구단위계획의 경우에는 그러하지 아니하다.

> 1. 용도지역이나 용도지구를 대통령령으로 정하는 범위에서 세분하거나 변경하는 사항
>   − 용도지역 또는 용도지구의 세분 또는 변경은 세분된 범위 안에서 세분 또는 변경하는 것으로 한다.
>   − 임의지역 중 8의2, 8의3에 따라 지정된 지구단위계획구역에서는 세분된 용도지역 간의 변경을 포함한다(주거지역, 상업지역, 공업지역, 녹지지역 간).

1의2. 기존 용도지구 폐지하고 그 용도지구에서의 건축물이나 그 밖의 시설의 용도·종류 및 규모 등의 제한을 대체하는 사항

2. 대통령령으로 정하는 기반시설의 배치와 규모

> * 다음의 시설로서 해당 지구단위계획구역의 지정목적 달성을 위하여 필요한 시설
> 1. 임의지역 중 2에서 7까지의 규정에 따른 지역인 경우에는 해당 법률에 따른 개발사업으로 설치하는 기반시설
> 2. 기반시설. 다만 철도, 항만, 공상, 궤도, 공원(「도시공원 및 녹지 등에 관한 법률」상 묘지공원), 유원지, 방송통신시설, 유류저장 및 송유설비, 학교(「고등교육법」상 학교), 저수지, 도축장시설 중 시도 또는 대도시의 도시군계획조례로 정하는 기반시설은 제외

3. 도로로 둘러싸인 일단의 지역 또는 계획적인 개발, 정비를 위하여 구획된 일단의 토지의 규모와 조성계획

4. 건축물의 용도제한, 건축물의 건폐율 또는 용적률, 건축물 높이의 최고한도 또는 최저한도

5. 건축물의 배치, 형태, 색채 또는 건축선에 관한 계획 [기출 30]

6. 환경관리계획 또는 경관계획

7. 보행안전 등을 고려한 교통처리계획

8. 그 밖에 토지 이용의 합리화, 도시나 농산어촌의 기능 증진 등에 필요한 사항으로서 대통령령으로 정하는 사항

> * 대통령령으로 정하는 사항
> 1. 지하 또는 공중공간에 설치할 시설물의 높이·깊이·배치 또는 규모
> 2. 대문·담 또는 울타리의 형태 또는 색채
> 3. 간판의 크기·형태·색채 또는 재질
> 4. 장애인·노약자 등을 위한 편의시설계획
> 5. 에너지 및 자원의 절약과 재활용에 관한 계획
> 6. 생물서식공간의 보호·조성·연결 및 물과 공기의 순환 등에 관한 계획
> 7. 국가유산 및 역사문화환경 보호에 관한 계획

(2) 지구단위계획은 도로, 상하수도 등 대통령령으로 정하는 도시·군계획시설의 처리·공급 및 수용능력이 지구단위계획구역에 있는 건축물의 연면적, 수용인구 등 개발밀도와 적절한 조화를 이룰 수 있도록 하여야 한다.

> * 대통령령으로 정하는 도시·군계획시설
> 도로·주차장·공원·녹지·공공공지, 수도·전기·가스·열공급설비, 학교(초등학교 및 중학교에 한한다)·하수도·폐기물처리 및 재활용시설

(3) 지구단위계획구역 내 완화적용

용도지역·지구에서의 건축물의 건축 제한 및 건축법상 대지조경, 공개공지확보, 대지와 도로의 관계, 건축물 높이 제한, 일조확보를 위한 높이 제한, 주차장법상 부설주차장 설치지정, 부설주차장 설치계획

심화

1. 시행령 제46조(도시지역 내 지구단위계획구역에서의 건폐율 등의 완화적용)

도시지역 내 지구단위계획구역에서 건축물의 용도, 종류, 규모, 건폐율, 용적률, 높이 제한 완화 적용 → 건폐율 150%, 용적률 200% 초과할 수 없다.

제1항

1. 건축하려는 자가 대지의 일부를 공공시설 등의 부지로 제공 또는 공공시설 설치 시(국공유 재산으로 관리한다) → 건폐율, 용적률, 높이 제한 완화. 다만 공공시설 등의 부지로 제공한 자가 구역 내 다른 토지에 건축 시에는 용적률만 완화

  가. 완화할 수 있는 건폐율 = 해당 용도지역에 적용되는 건폐율 × [1 + 공공시설 등의 부지로 제공하는 면적(공공시설 등의 부지를 제공하는 자가 법 제65조 제2항에 따라 용도가 폐지되는 공공시설을 무상으로 양수받은 경우에는 그 양수받은 부지면적을 빼고 산정한다. 이하 이 조에서 같다) ÷ 원래의 대지면적] 이내

  나. 완화할 수 있는 용적률 = 해당 용도지역에 적용되는 용적률 + [1.5 × (공공시설 등의 부지로 제공하는 면적 × 공공시설 등 제공 부지의 용적률) ÷ 공공시설 등의 부지 제공 후의 대지면적] 이내

  다. 완화할 수 있는 높이 = 「건축법」 제60조에 따라 제한된 높이 × (1 + 공공시설 등의 부지로 제공하는 면적 ÷ 원래의 대지면적) 이내

2. 공공시설 등을 설치하여 제공(그 부지의 제공은 제외한다)하는 경우에는 공공시설 등을 설치하는 데에 드는 비용에 상응하는 가액(價額)의 부지를 제공한 것으로 보아 제1호에 따른 비율까지 건폐율·용적률 및 높이 제한을 완화하여 적용할 수 있다. 이 경우 공공시설 등 설치비용 및 이에 상응하는 부지 가액의 산정 방법 등은 시·도 또는 대도시의 도시·군계 획조례로 정한다.

3. 공공시설 등을 설치하여 그 부지와 함께 제공하는 경우에는 제1호 및 제2호에 따라 완화할 수 있는 건폐율·용적률 및 높이를 합산한 비율까지 완화하여 적용할 수 있다.

제2항

토지를 공공시설부지로 제공한 자가 보상금 반환 시(이자 가산) 건폐율, 용적률, 높이 제한 완화 → 반환금은 기반시설 확보에 사용

제3항

공개공지/공개공간을 의무면적 초과하여 설치한 경우 → 건폐율, 높이 제한 완화

1. 완화할 수 있는 용적률 = 「건축법」 제43조 제2항에 따라 완화된 용적률 + (당해 용도지역에 적용되는 용적률 × 의무면적을 초과하는 공개공지 또는 공개공간의 면적의 절반 ÷ 대지면적) 이내

2. 완화할 수 있는 높이 =「건축법」제43조 제2항에 따라 완화된 높이 + (「건축법」제60조에 따른 높이 × 의무면적을 초과하는 공개공지 또는 공개공간의 면적의 절반 ÷ 대지면적) 이내

제4항

조례의 규정에도 불구하고 제84조 범위 안에서 건폐율 완화 가능

제6항 [기출 34]

주차장 설치기준 100퍼센트 완화 → 한옥마을 보존, 차 없는 거리 조성, 원활한 교통소통/보행 환경 조성 위해 차량진입 금지구간을 지정한 경우

제7항 · 제8항 [기출 34]

도시지역에 개발진흥지구를 지정하고 당해 지구를 지구단위계획구역으로 지정한 경우 → 용적률120%, 높이 제한 120% 완화하여 적용할 수 있다.

제9항

아래 경우는 용적률을 완화규정을 적용하지 않는다.

1. 개발제한구역, 시가화조정구역, 녹지지역 또는 공원에서 해제되는 구역과 새로이 도시지역으로 편입되는 구역 중 계획적인 개발/관리가 필요한 지역인 경우
2. 기존의 용도지역/지구가 용적률이 높은 용도지역/지구로 변경되는 경우로서 기존의 용도지역/지구의 용적률을 적용하지 아니하는 경우

제11항 · 제12항 · 제13항

임의지역 중 8의2에 따라 준주거지역에서 ① 건축물을 제공하는 자가 그 대지일부를 공공시설 부지제공 또는 공공시설설치 제공 시 용적률 140%(부지제공 및 설치비용은 용적률 완화에 따른 토지가치 상승분의 범위로 한다) / ② 도심 공공주택 복합사업 또는 소규모재개발사업을 시행하는 경우 용적률 140% / ③ 높이 제한(채광확보) 200% 범위 내 완화 가능
→ 그 비용 중 조례로 정하는 일정비율 이상은 공공임대주택을 제공하는 데 사용해야 한다.

제14항

법 제29조에 따른 도시 · 군관리계획의 결정권자는 지구단위계획구역 내「국가첨단전략산업 경쟁력 강화 및 보호에 관한 특별조치법」제2조 제1호에 따른 국가첨단전략기술을 보유하고 있는 자가 입주하는(이미 입주한 경우를 포함한다)「산업입지 및 개발에 관한 법률」제2조 제8호에 따른 산업단지에 대하여 용적률 완화에 관한 산업통상자원부장관의 요청이 있는 경우 같은 법 제3조 제1항에 따른 산업입지정책심의회의 심의를 거쳐 법 제52조 제3항에 따라 지구단위계획으로 제85조 제1항 각 호에 따른 용도지역별 최대한도의 140퍼센트 이내의 범위에서 용적률을 완화하여 적용할 수 있다.

2. **시행령 제47조(도시지역 외 지구단위 계획구역에서의 건폐율 등의 완화 적용)**
   ① 지구단위계획구역(도시지역 외에 지정하는 경우로 한정한다)에서는 지구단위계획으로 해당 용도지역 또는 개발진흥지구에 적용되는 건폐율의 150퍼센트 및 용적률의 200퍼센트 이내에서 건폐율 및 용적률을 완화하여 적용할 수 있다. [기출 28 34] 다만, 산업 · 유통개발진흥지

구의 전부 또는 일부에 대해 지구단위계획구역이 지정된 경우에는 건폐율의 120퍼센트 이내의 범위에서 건폐율을 완화하여 적용할 수 있다.

② 지구단위계획구역에서는 지구단위계획으로 건축물의 용도·종류 및 규모 등을 완화하여 적용할 수 있다. 다만, 개발진흥지구에(계획관리지역 내 개발진흥지구 제외) 지정된 지구단위계획구역에 대하여는 아파트 및 연립주택은 허용되지 아니한다.

4. 공공시설 등(공공시설, 기반시설, 공공임대주택 또는 기숙사 등 조례로 정하는 시설) 설치비용 등(제52조의2)

1) 임의지역 중 8의2, 8의3의 경우 용도지역변경으로 용적률이 높아지거나 건축제한이 완화되는 경우 또는 도시계획시설 결정이 변경되어 행위제한이 완화되는 경우에는 해당 지구단위계획구역에서 건축물을 건축하려는 자가 용도지역의 변경 또는 도시·군계획시설 결정의 변경 등으로 인한 토지가치 상승분의 범위에서 공공시설등의 부지를 제공 또는 설치하여 제공해야 한다.

> "공공시설등":
> 1. 공공시설
> 2. 기반시설
> 3. 「공공주택 특별법」에 따른 공공임대주택 또는 「건축법」에 따른 기숙사 등 공공필요성이 인정되어 해당 시·도 또는 대도시의 조례로 정하는 시설

2) 공공시설 등이 충분할 때에는 장기미집행시설의 설치, 공공임대주택 또는 기숙사, 공공시설 또는 기반시설 설치에 필요한 비용 납부로 갈음할 수 있다[지구단위계획구역이 특별시 또는 광역시인 경우, 20/100 이상 ~ 30/100 이하의 비율은 구(자치구) 또는 군(광역시 군)에 귀속된다].

3) 공공시설 등의 설치비용의 관리 및 운용을 위하여 기금설치 가능 → 10% 이상을 **장기미집행시**설 설치에 우선 사용하고, 구(자치구)/군(광역시)은 **전부를** 장기미집행시설에 우선 사용해야 한다.

5. 지구단위계획구역 지정 및 지구단위계획에 관한 도시·군관리계획결정의 실효 등(제53조)

: 실효 시 지체 없이 고시해야 한다(실효일자, 실효사유, 실효된 지구단위계획구역의 내용) [기출 30]

1) 구역 결정고시일로부터 3년 이내에 계획결정고시가 없으면 3년이 되는 다음날 실효된다. 다른 법률에서 지구단위계획의 결정에 관하여 따로 정한 경우에는 그 법률에 따라 결정할 때까지 구역지정의 효력은 유지된다.

2) 주민이 입안한 지구단위계획에 관한 결정고시일로부터 5년된 이내에 허가·인가·승인 등을 받아 사업/공사에 착수하지 않으면 5년 다음날 실효된다.

→ 지단계획과 관련한 도시·군관리계획결정 사항은 해당 지단구역 지정 당시의 도시·군관리계획으로 환원된 것으로 본다. [기출 30 32 34]

6. 지구단위계획구역에서의 건축 등(제54조)

지단계획에 맞게 건축물을 건축 또는 용도변경하거나 공작물을 설치해야 한다(지단계획 미수립 시는 그러하지 아니한다).

---

* 일정기간 내 철거예정 가설건축물 제외

1. 존치기간(연장된 존치기간을 포함한 총 존치기간을 말한다)이 3년의 범위에서 해당 특별시장·광역시장·특별자치시장·특별자치도지사·시장 또는 군수의 도시·군계획조례로 정한 존치기간 이내인 가설건축물. 다만, 다음 각 목의 어느 하나에 해당하는 가설건축물의 경우에는 각각 다음 각 목의 기준에 따라 존치기간을 연장할 수 있다.

   가. 국가 또는 지방자치단체가 공익 목적으로 건축하는 가설건축물 또는 「건축법 시행령」 제15조 제5항 제4호에 따른 전시를 위한 견본주택이나 그 밖에 이와 비슷한 가설건축물 : 횟수별 3년의 범위에서 해당 특별시·광역시·특별자치시·특별자치도·시 또는 군의 도시·군계획조례로 정하는 횟수만큼

   나. 「건축법」 제20조 제1항에 따라 특별자치시장·특별자치도지사 또는 시장·군수·구청장의 허가를 받아 도시·군계획시설 및 도시·군계획시설예정지에서 건축하는 가설건축물 : 도시·군계획사업이 시행될 때까지

2. 재해복구기간 중 이용하는 재해복구용 가설건축물

3. 공사기간 중 이용하는 공사용 가설건축물

확인문제

01 국토의 계획 및 이용에 관한 법령상 지구단위계획에 관한 설명이다. (   )에 들어갈 내용으로 각각 옳은 것은? ✦ 32회

> 주민의 입안제안에 따른 지구단위계획에 관한 (ㄱ) 결정의 고시일부터 (ㄴ) 이내에 이 법 또는 다른 법률에 따라 허가·인가·승인 등을 받아 사업이나 공사에 착수하지 아니하면 그 (ㄴ)이 된 날의 다음 날에 그 지구단위계획에 관한 (ㄱ) 결정은 효력을 잃는다.

① ㄱ : 도시·군기본계획, ㄴ : 3년
② ㄱ : 도시·군기본계획, ㄴ : 5년
③ ㄱ : 도시·군관리계획, ㄴ : 1년
④ ㄱ : 도시·군관리계획, ㄴ : 3년
⑤ ㄱ : 도시·군관리계획, ㄴ : 5년

답 ⑤ (법 제53조 제2항)

02 국토의 계획 및 이용에 관한 법령상 국토교통부장관이 지구단위계획의 수립기준을 정할 때 고려하여야 하는 사항으로 옳지 않은 것은? ✦ 32회

① 도시지역 외의 지역에 지정하는 지구단위계획구역은 해당 구역의 중심기능에 따라 주거형, 산업·유통형, 관광·휴양형 또는 복합형 등으로 지정 목적을 구분할 것
② 「택지개발촉진법」에 따라 지정된 택지개발지구에서 시행되는 사업이 끝난 후 10년이 지난 지역에 수립하는 지구단위계획의 내용 중 건축물의 용도제한의 사항은 해당 지역에 시행된 사업이 끝난 때의 내용을 유지함을 원칙으로 할 것
③ 「문화유산의 보존 및 활용에 관한 법률」에 따른 역사문화환경 보존지역에서 지구단위계획을 수립하는 경우에는 국가유산 및 역사문화환경과 조화되도록 할 것
④ 건폐율·용적률 등의 완화 범위를 포함하여 지구단위계획을 수립하도록 할 것
⑤ 개발제한구역에 지구단위계획을 수립할 때에는 개발제한구역의 지정 목적이나 주변환경이 훼손되지 아니하도록 하고, 「개발제한구역의 지정 및 관리에 관한 특별조치법」을 우선하여 적용할 것

답 ②

제4장 제4절 지구단위계획 주요 내용 O·X 확인 문제

01 지구단위계획의 수립기준은 국토교통부장관 및 시·도지사가 정한다. (   )

02 지구단위계획 수립 시 고려해야 하는 사항은 모두 몇 개인가? (   )

> 1. 도시의 정비·관리·보전·개발 등 지구단위계획구역의 지정 목적
> 2. 주거·산업·유통·관광휴양·복합 등 지구단위계획구역의 중심기능
> 3. 해당 용도지역의 특성
> 4. 지역 공동체의 활성화
> 5. 안전하고 지속가능한 생활권의 조성
> 6. 해당 지역 및 인근 지역의 토지 이용을 고려한 토지이용계획과 건축계획의 조화

03 지구단위계획구역의 지정권자는 국토교통부장관, 시·도지사, 시장·군수·구청장이다.
(   )

04 도시개발법상 도시개발구역의 경우에는 그 지역의 전부에 대해서만 지정할 수 있다.
(   )

05 아래 지구단위계획구역의 지정 가능 지역 중 지정할 수 없는 지역이 있는지 판단하고, 필수지역으로 지정해야 하는 경우는 어떤 경우인지 그 이유를 약술하시오.
(   )

> 1. 용도지구
> 2. 도시개발법상 도시개발구역
> 3. 도시정비법상 정비구역
> 4. 택지개발촉진법상 택지개발지구
> 5. 주택법상 대지조성사업지구
> 6. 산업입지 및 개발에 관한 법률상 산업단지와 준산업단지
> 7. 관광진흥법상 관광단지와 관광특구
> 8. 개발제한구역, 도시자연공원구역, 시가화조정구역 또는 공원해제구역, 녹지에서 주거·상업·공업지역으로 변경되는 구역, 새로 도시지역으로 편입되는 구역 중 계획적인 개발 또는 관리가 필요한 지역
> 8의2. 도시지역 내 주거·상업·업무 등의 기능을 결합하는 등 복합적인 토지 이용을 증진시킬 필요가 있는 지역으로서 대통령령으로 정하는 요건에 해당하는 지역(역세권의 체계적·

> 계획적 개발이 필요한 지역, 셋 이상 노선이 교차하는 대중교통 결절지로부터 1km 이내
> 위치한 지역 등)
>
> 8의3. 도시지역 내 유휴토지를 효율적으로 개발하거나 교정시설, 군사시설 그 밖에 대령으로
> 정하는 시설(철도, 항만, 공항, 공장, 병원, 학교, 공공청사, 공공기관, 시장, 운동장 및 터
> 미널, 조례로 정하는 시설)을 이전 또는 재배치하여 토지 이용을 합리화하고, 그 기능을
> 증진시키기 위하여 집중적으로 정비가 필요한 지역으로서 대령으로 정하는 요건에 해당하
> 는 지역(5천제곱미터 이상으로서 도시군계획조례로 정하는 면적 이상의 유휴토지 또는 대
> 규모 시설의 이전부지)
>
> 9. 도시지역의 체계적·계획적인 관리 또는 개발이 필요한 지역
>
> 10. 시범도시 등

06 지구단위계획 수립 시 기반시설의 배치와 규모 및 건축물의 용도제한, 건축물의 건폐율 또는 용적률, 건축물 높이의 최고한도 또는 최저한도 및 환경관리계획 또는 경관계획는 반드시 포함되어야 한다(기존의 용도지구를 폐지하고 그 용도지구에서의 건축물이나 그 밖의 시설의 용도·종류 및 규모 등의 제한을 대체하는 경우를 제외). (   )

07 도시지역 외 지구단위계획구역에서는 건폐율의 200퍼센트 및 용적률의 150퍼센트 이내에서 건폐율 및 용적률을 완화하여 적용할 수 있다. (   )

08 한옥마을을 보존하고자 하는 경우, 차 없는 거리를 조성하고자 하는 경우에는 주차장 설치기준을 50퍼센트까지 완화하여 적용할 수 있다. (   )

09 지구단위계획구역 결정 고시일부터 5년 이내에 지구단위계획이 결정·고시되지 아니하면 그 5년이 되는 날의 다음날에 효력을 잃고, 주민이 입안을 제안한 지구단위계획의 결정 고시일부터 3년이내에 사업이나 공사에 착수하지 아니하면 그 3년이 된 날의 다음날에 효력을 잃는다.
(   )

제4장 제4절 지구단위계획 주요 내용 O·X 확인 문제 정답

01 (×) 지구단위계획의 수립기준은 국토교통부장관이 정한다.

02 지구단위계획 수립 시 고려해야 하는 사항은 모두 몇 개인가? (7개 모두 맞음)

> 1. 도시의 정비·관리·보전·개발 등 지구단위계획구역의 지정 목적
> 2. 주거·산업·유통·관광휴양·복합 등 지구단위계획구역의 중심기능
> 3. 해당 용도지역의 특성
> 4. 지역 공동체의 활성화
> 5. 안전하고 지속가능한 생활권의 조성
> 6. 해당 지역 및 인근 지역의 토지 이용을 고려한 토지이용계획과 건축계획의 조화

03 (×) 지구단위계획구역의 지정권자는 국토교통부장관, 시·도지사, 시장 또는 군수이다.

04 (×) 지구단위계획구역을 지정할 수 있는 지역의 경우에는 그 지역의 전부 또는 일부에 대하여 지정할 수 있다.

05 모두 가능한 지역이다.
 * 필수지역(토지이용 및 건축계획 수립된 경우는 아니하다)
 1) 정비구역, 택지개발지구에서 사업이 끝난 후 10년이 지난 지역
 2) ① 시가화조정구역 또는 공원에서 해제되는 지역(녹지지역으로 지정 또는 존치되거나 법 또는 다른 법령에 의하여 도시·군계획사업 등 개발계획이 수립되지 아니하는 경우 제외)으로서 그 면적이 30만제곱미터 이상인 지역, ② 녹지지역에서 주거지역·상업지역 또는 공업지역으로 변경되는 지역으로서 그 면적이 30만제곱미터 이상인 지역, ③ 조례로 정하는 지역으로서 그 면적이 30만제곱미터 이상인 지역

06 (×) 환경관리계획 또는 경관계획에 관한 내용은 필수 포함 사항이 아니다.

> 지구단위계획의 내용 포함사항
> '2와 4'의 사항을 포함한 둘 이상의 사항이 포함되어야 한다(제1의2의 경우는 제외)
> 1. 용도지역이나 용도지구를 대통령령으로 정하는 범위에서 세분하거나 변경하는 사항
> 1의2. 기존의 용도지구를 폐지하고 그 용도지구에서의 건축물이나 그 밖의 시설의 용도·종류 및 규모 등의 제한을 대체하는 사항
> 2. 대통령령으로 정하는 기반시설의 배치와 규모

3. 도로로 둘러싸인 일단의 지역 또는 계획적인 개발·정비를 위하여 구획된 일단의 토지의 규모와 조성계획
4. 건축물의 용도제한, 건축물의 건폐율 또는 용적률, 건축물 높이의 최고한도 또는 최저한도
5. 건축물의 배치·형태·색채 또는 건축선에 관한 계획
6. 환경관리계획 또는 경관계획
7. 보행안전 등을 고려한 교통처리계획
8. 그 밖에 토지 이용의 합리화, 도시나 농·산·어촌의 기능 증진 등에 필요한 사항으로서 대통령령으로 정하는 사항

07 (×) 건폐율 150퍼센트 및 용적률의 200퍼센트 이내에서 완화하여 적용할 수 있다.

08 (×) 주차장 설치기준을 100퍼센트까지 완화하여 적용할 수 있다.

09 (×) 지구단위계획구역 결정 고시일부터 3년 이내에 지구단위계획이 결정·고시되지 아니하면 그 3년이 되는 날의 다음날에 효력을 잃고, 주민이 입안을 제안한 지구단위계획의 결정 고시일부터 5년 이내에 사업이나 공사에 착수하지 아니하면 그 5년이 된 날의 다음날에 효력을 잃는다.

개발행위의 허가 등

개발행위의 허가(제56조 내지 제65조)

학습전략

개발행위의 허가파트는 전 영역이 골고루 출제되고 있다. 전반적인 내용을 잘 숙지하여야 할 것이다.

1. 허가대상(제56조)

(1) 아래 행위는 특별시장·광역시장·특별자치시장·특별자치도지사·시장 또는 군수의 허가를 받아야 한다[도시·군계획사업에 의한 행위는 허가는 제외(+ 도시·군계획사업에 시행에 지장을 주는지 시행자의 의견을 들어야 한다)].

① **건축물의 건축** : 건축법상 건축

② **공작물의 설치** : 인공을 가하여 제작한 시설물(건축법상 건축물 제외)

③ **토지의 형질변경** : 절토, 성토, 정지, 포장 등 토지형상 변경 + 공유수면 매립

> * 경작을 위한 경우로서 대통령령으로 정하는 토지의 형질변경은 제외
> 조성이 끝난 농지에서 농작물 재배, 농지의 지력 증진 및 생산성 향상을 위한 객토(새 흙 넣기)·환토(흙 바꾸기)·정지(땅고르기) 또는 양수·배수시설의 설치·정비를 위한 토지의 형질변경으로서 다음 각 호의 어느 하나에 해당하지 않는 형질변경을 말한다.
> 1. 인접토지의 관개·배수 및 농작업에 영향을 미치는 경우
> 2. 재활용 골재, 사업장 폐토양, 무기성 오니(오염된 침전물) 등 수질오염 또는 토질오염의 우려가 있는 토사 등을 사용하여 성토하는 경우. 다만, 농지법에 따른 성토는 제외한다.
> 3. 지목의 변경을 수반하는 경우(전·답 사이의 변경은 제외한다)
> 4. 옹벽 설치(허가를 받지 않아도 되는 옹벽 설치는 제외) 또는 2미터 이상의 절토·성토가 수반되는 경우. 다만, 절토·성토에 대해서는 2미터 이내의 범위에서 조례로 따로 정할 수 있다.

④ **토석의 채취** : 흙, 모래, 자갈, 바위 등 토석 채취(형질변경을 목적으로 하는 경우 제외)

> ** 타법의제
> − 형질변경 및 토석채취의 개발행위 중 임도설치와 사방사업 시 도시지역과 계획관리지역에서는 산림자원의 조성 및 관리에 관한 법률과 사방사업법에 따르고,
> − 형질변경(농업/임업/어업을 목적으로 하는 경우만 해당한다) 및 토석채취의 개발행위 중 임도설치와 사방사업 시 보전관리지역, 생산관리지역, 농림지역, 자연환경보전지역에서는 산지관리법에 따른다.

⑤ **토지분할**(건축법 제57조에 따른 건축물이 있는 대지의 분할은 제외)
- 녹지/관리/농림/자연환경보전지역 안에서 관계법령상 허가 등을 받지 않고 행하는 토지분할
- 건축법상 분할제한면적 미만으로의 토지의 분할(주거/기타지역 60, 상업 150, 공업 150, 녹지 200제곱미터 미만)
- 관계법령상 허가 등 받지 않고 행하는 너비 5미터 이하로의 토지의 분할

⑥ **녹지, 관리 또는 자연환경보전지역에 물건을 쌓아놓는 행위** :「건축법」제22조에 따라 사용승인을 받은 건축물의 울타리 안(적법한 절차에 의하여 조성된 대지에 한한다)에 위치하지 아니한 토지에 물건을 1개월 이상 쌓아놓는 행위

(2) 개발행위를 변경하는 경우에도 허가를 받아야 한다. 다만 아래의 경미한 사항 변경 시에는 그러하지 아니하며 이 경우 지체 없이 특별시장·광역시장·특별자치시장·특별자치도지사·시장 또는 군수에게 통지해야 한다. [기출 29]

① 사업기간을 단축하는 경우
② 부지면적 또는 건축물 연면적을 5퍼센트 범위에서 축소하는 경우 [기출 29 34]
  [공작물의 무게, 부피 또는 수평투영면적(하늘에서 내려다보이는 **수평 면적**) 또는 **토석채취량**을 5퍼센트 범위에서 축소하는 경우 포함]
③ 관계 법령의 개정 또는 관리계획의 변경에 따라 허가받은 사항을 불가피하게 변경하는 경우
④ 공간정보법 및 건축법상 허용되는 오차를 반영하기 위한 변경인 경우
⑤ 건축법 시행령 제12조 제3항 해당하는 경우(공작물 위치를 1미터 범위에서 변경하는 경우 포함)

2. 허가 없이 가능한 경우(제56조)

① 재해복구나 재난수습을 위한 응급조치 - 1개월 내 특별시장·광역시장·특별자치시장·특별자치도지사·시장 또는 군수에게 신고해야 한다. [기출 31]
② 건축법상 신고대상 건축물의 개축, 증축 또는 재축과 이에 필요한 범위에서의 토지형질변경 → 도시·군계획시설사업 시행되지 아니하고 있는 시설의 부지만 가능
③ 그 밖에 대통령령으로 정하는 경미한 행위

> **＊대통령령으로 정하는 경미한 행위(시행령 제53조)**
> 다음 규정된 범위에서 특별시·광역시·특별자치시·특별자치도·시·군의 조례로 정하는 경우에는 그에 따른다.
> 1. 건축물의 건축 : 건축허가 또는 건축신고 및 가설건축물 허가 또는 신고 대상이 아닌 건축
> 2. 공작물의 설치
>   가. 도시지역 또는 지구단위계획구역에서 무게 50톤 이하/부피 50세제곱미터 이하/수평투영면적 50제곱미터 이하인 공작물의 설치. 다만 건축법령 제118조 제1항(공작물을 축조할 때 특특시군구에게 신고해야 하는 공작물)에 해당하는 공작물의 설치는 제외한다.

나. 도시지역·자연환경보전지역 및 지구단위계획구역 외의 지역에서 무게가 150톤 이하, 부피가 150세제곱미터 이하, 수평투영면적이 150제곱미터 이하인 공작물의 설치. 다만, 건축법령 제118조 제1항에 해당하는 공작물의 설치는 제외한다.

　다. 녹지지역·관리지역 또는 농림지역 안에서의 농림어업용 비닐하우스(「양식산업발전법」 제43조 제1항 각 호에 따른 양식업을 하기 위하여 비닐하우스 안에 설치하는 양식장은 제외한다)의 설치

3. 토지의 형질변경

　가. 높이 50센티미터 이내 또는 깊이 50센티미터 이내의 절토·성토·정지 등(포장을 제외하며, 주거·상업 및 공업지역 외의 지역에서는 지목변경을 수반하지 아니하는 경우에 한한다)

　나. 도시지역·자연환경보전지역 및 지구단위계획구역 외의 지역에서 면적이 660제곱미터 이하인 토지에 대한 지목변경을 수반하지 아니하는 절토·성토·정지·포장 등(토지의 형질변경 면적은 형질변경이 이루어지는 당해 필지의 총면적을 말한다)

　다. 조성이 완료된 기존 대지에 건축물이나 그 밖의 공작물을 설치하기 위한 토지의 형질변경 (절토 및 성토는 제외한다)

　라. 국가·지방자치단체가 공익상의 필요에 의하여 직접 시행하는 사업을 위한 토지의 형질변경

4. 토석채취

　가. 도시지역 또는 지구단위계획구역에서 채취면적이 25제곱미터 이하인 토지에서의 부피 50세제곱미터 이하의 토석채취

　나. 도시지역, 자연환경보전지역 및 지구단위계획구역 외의 지역에서 채취면적이 250제곱미터 이하인 토지에서의 부피 500세제곱미터 이하의 토석채취

5. 토지분할

　가. 「사도법」에 의한 사도개설허가를 받은 토지의 분할 [기출 34]

　나. 토지의 일부를 국유지 또는 공유지로 하거나 공공시설로 사용하기 위한 토지의 분할

　다. 행정재산 중 용도폐지되는 부분의 분할 또는 일반재산을 매각·교환 또는 양여하기 위한 분할

　라. 토지의 일부가 도시·군계획시설로 지형도면고시가 된 당해 토지의 분할

　마. 너비 5미터 이하로 이미 분할된 토지의 「건축법」 제57조 제1항에 따른 분할제한면적 이상으로의 분할

6. 물건을 쌓아놓는 행위

　가. 녹지지역 또는 지구단위계획구역에서 물건을 쌓아놓는 면적이 25제곱미터 이하인 토지에 전체 무게 50톤 이하, 전체 부피 50세제곱미터 이하로 물건을 쌓아놓는 행위

　나. 관리지역(지구단위계획구역으로 지정된 지역을 제외한다)에서 물건을 쌓아놓는 면적이 250제곱미터 이하인 토지에 전체 무게 500톤 이하, 전체 부피 500세제곱미터 이하로 물건을 쌓아놓는 행위

3. 허가절차(제57조)

1) 개발행위에 따른 기반시설의 설치나 그에 필요한 용지확보(개발밀도관리구역 안에서는 제외), 위해방지, 환경오염 방지, 경관, 조경 등에 관한 계획서 첨부하여 신청. 다만, 건축법 적용받는 건축 및 공작물 설치 시에는 건축법상 절차에 따라 신청서를 제출하여야 한다.

   이 경우 개발밀도관리구역 안에서는 기반시설의 설치나 그에 필요한 용지의 확보에 관한 계획서를 제출하지 아니한다.

2) 특별시장·광역시장·특별자치시장·특별자치도지사·시장 또는 군수는 특별한 사유 없으면 15일(관계 행정기관의 장과의 협의/도시계획위원회위 심의 기간은 제외) 이내에 허가 또는 불허가 처분을 해야 한다(서면 및 국토이용정보체계를 통해 알려야 한다).

3) 특별시장·광역시장·특별자치시장·특별자치도지사·시장 또는 군수는 개발행위에 따른 기반시설의 설치 또는 그에 필요한 용지의 확보, 위해 방지, 환경오염 방지, 경관, 조경 등에 관한 조치를 조건으로 허가 가능 → 개발행위허가에 조건을 붙이려는 때에는 미리 개발행위허가를 신청한 자의 의견을 들어야 한다. [기출 31 34]

4. 허가기준(제58조)

(1) 허가기준에 맞는 경우에만 허가/변경하여야 한다.

① 용도지역별 특성을 고려하여 대통령령으로 정하는 개발행위의 규모에 적합할 것. 다만, 농어촌정비사업으로 이루어지는 경우 등 대통령령으로 정하는 경우는 규모의 제한을 받지 않는다 [기출 31].

> ** **토지의 형질변경 면적 기준**(다만, 관리지역 및 농림지역에 대하여는 토지형질변경 및 토석의 채취의 규정에 의한 면적의 범위 안에서 특별시·광역시·특별자치시·특별자치도·시 또는 군의 도시군계획조례로 따로 정할 수 있다) [기출 31 35]
> 1. 도시지역 : 주거지역, 상업지역, 자연녹지지역, 생산녹지지역 : 1만제곱미터 미만
>   공업지역 : 3만제곱미터 미만
>   보전녹지지역 : 5천제곱미터 미만
> 2. 관리지역/농림지역 : 3만제곱미터 미만
> 3. 자연환경보전지역 : 5천제곱미터 미만
>
> ** 둘 이상의 용도지역에 걸친 경우에는 각 용도지역 규정 적용하되, 토지 총 면적이 걸쳐 있는 용도지역 중 큰 용도지역의 개발행위 규모를 초과하여서는 아니 된다.

> ** 농어촌정비사업으로 이루어진 경우 등 대통령령으로 정하는 경우
> 1. 지구단위계획으로 정한 가구 및 획지의 범위 안에서 이루어지는 토지의 형질변경으로서 당해 형질변경과 관련된 기반시설이 이미 설치되었거나 형질변경과 기반시설의 설치가 동시에 이루어지는 경우
> 2. 해당 개발행위가 「농어촌정비법」 제2조 제4호에 따른 농어촌정비사업으로 이루어지는 경우

2의2. 해당 개발행위가 「국방·군사시설 사업에 관한 법률」 제2조 제2호에 따른 국방·군사시설사업으로 이루어지는 경우

3. 초지조성, 농지조성, 영림 또는 토석채취를 위한 경우

3의2. 해당 개발행위가 다음의 어느 하나에 해당하는 경우. 이 경우 특별시장·광역시장·특별자치시장·특별자치도지사·시장 또는 군수는 개발행위에 대한 허가를 하려면 도시계획위원회의 심의를 거쳐야 하고 시장(대도시 시장은 제외한다) 또는 군수(권한 위임받은 군수/자치구청장 포함)는 도시계획위원회에 심의요청 전에 해당 지방자치단체에 설치된 지방도시계획위원회에 자문할 수 있다.

　가. 하나의 필지(법 제62조에 따른 준공검사를 신청할 때 둘 이상의 필지를 하나의 필지로 합칠 것을 조건으로 하여 허가하는 경우를 포함하되, 개발행위허가를 받은 후에 매각을 목적으로 하나의 필지를 둘 이상의 필지로 분할하는 경우는 제외한다)에 건축물을 건축하거나 공작물을 설치하기 위한 토지의 형질변경

　나. 하나 이상의 필지에 하나의 용도에 사용되는 건축물을 건축하거나 공작물을 설치하기 위한 토지의 형질변경

4. 건축물의 건축, 공작물의 설치 또는 지목의 변경을 수반하지 아니하고 시행하는 토지복원사업

5. 그 밖에 국토교통부령이 정하는 경우
　- 폐염전을 육상수조식해수양식업 및 육상축제식해수양식업을 위한 양식시설로 변경하는 경우
　- 관리지역에서 1993년 12월 31일 이전에 설치된 공장의 증설로서 다음의 요건을 갖춘 경우(대기환경보전법상 특정대기유해물질/수질환경보전법상 특정수질유해물질을 배출하는 공장 제외)
　　가. 시설자동화 또는 공정개선을 위한 증설일 것
　　나. 1993년 12월 31일 당시의 공장부지면적의 50퍼센트 이하의 범위 안에서의 증설로서 증가되는 총면적이 3만제곱미터 이하일 것
　　다. 증설로 인하여 증가되는 오염물질배출량이 1995년 6월 30일 이전의 오염물질배출량의 50퍼센트를 넘지 아니할 것
　　라. 증설로 인하여 인근지역의 농업생산에 지장을 줄 우려가 없을 것

② 도시·군관리계획 및 성장관리계획의 내용에 어긋나지 아니할 것
③ 도시군계획사업의 시행에 지장이 없을 것 [기출 29]
④ 주변환경이나 경관과 조화를 이룰 것(주변지역의 토지이용실태 또는 토지이용계획, 건축물의 높이, 토지의 경사도, 수목의 상태, 물의 배수, 하천/호소/습지의 배수 등)
⑤ 해당 개발행위에 따른 기반시설의 설치나 그에 필요한 용지의 확보계획이 적절할 것

(2) 허가기준은 지역의 특성, 지역의 개발상황, 기반시설의 현황 등을 고려하여 정한다.

① **시가화용도** : 토지의 이용 및 건축물의 용도·건폐율·용적률·높이 등에 대한 용도지역의 제한에 따라 개발행위허가의 기준을 정하는 주거, 상업, 공업지역

② **유보용도** : 도시계획위원회 심의 통하여 개발행위허가의 기준을 강화 또는 완화하여 적용할 수 있는 계획관리지역, 생산관리지역 및 녹지지역 중 대통령령으로 정하는 지역(→ 자연녹지지역)

③ **보전용도** : 도시계획위원회 심의 통하여 개발행위허가의 기준을 강화하여 적용할 수 있는 보전관리지역, 농림지역, 자연환경보전지역 및 녹지지역 중 대통령령으로 정하는 지역(→ 생산녹지/보전녹지지역)

5. 도시계획위원회의 심의(제59조)

관계 행정기관의 장은 건축, 공작물설치, 형질변경, 토석채취 시 대통령령으로 정하는 행위를 허가하거나 다른 법률에 따른 인가, 허가, 승인 또는 협의를 하려면 중앙/지방도시계획위원회 심의를 거쳐야 한다.

> *** 대통령령으로 정하는 행위**
> 1. 건축·공작물설치를 위한 형질변경의 경우 면적이 허가기준 이상인 경우
> 2. 녹지지역, 관리지역, 농림지역 또는 자연환경보전지역에서 건축·공작물 설치를 위한 형질변경인 경우 허가면적 미만인 경우
> 3. 부피 3만제곱미터 이상의 토석채취

① 중앙도시계획위원회의 심의를 거쳐야 하는 사항

가. 면적이 1제곱킬로미터 이상인 토지의 형질변경

나. 부피 1백만세제곱미터 이상의 토석채취

② 시·도도시계획위원회 또는 시·군·구도시계획위원회 중 대도시에 두는 도시계획위원회의 심의를 거쳐야 하는 사항

가. 면적이 30만제곱미터 이상 1제곱킬로미터 미만인 토지의 형질변경

나. 부피 50만세제곱미터 이상 1백만세제곱미터 미만의 토석채취

③ 시·군·구도시계획위원회의 심의를 거쳐야 하는 사항

가. 면적이 30만제곱미터 미만인 토지의 형질변경

나. 부피 3만세제곱미터 이상 50만세제곱미터 미만의 토석채취

중앙행정기관의 장이 '②', '③' 사항 허가 시에는 중도위 심의 거쳐야 하며, 시·도지사가 '③' 사항 허가 시에는 시·도 도시계획위원회의 심의를 거쳐야 한다.

> **** 다음 하나에 해당 중앙/지방도시계획위원회 심의를 거치지 아니한다.** [기출 29 31 33 34]
> 1. 이 법 또는 다른 법률에 따라 도시계획위원회 심의 받는 구역에서 하는 개발행위
> 2. 지구단위계획 또는 성장관리계획을 수립한 지역에서 하는 개발행위

3. 주, 상, 공업지역에서 시행하는 개발행위 중 조례로 정하는 규모, 위치 등에 해당하지 아니하는 개발행위

4. 환경영향평가법상 환경영향평가를 받은 개발행위

5. 도시교통정비 촉진법상 교통영향평가에 대한 검토를 받은 개발행위

6. 농어촌정비법에 따른 농어촌정비사업 중 대통령령으로 정하는 사업을 위한 개발행위

　　가. 농업생산기반을 조성·확충하기 위한 농업생산기반 정비사업

　　나. 생활환경을 개선하기 위한 농어촌 생활환경 정비사업

　　다. 농어촌산업 육성사업

　　라. 농어촌 관광휴양자원 개발사업

　　마. 한계농지 등의 정비사업

7. 산림자원 조성 및 관리에 관한 법률에 따른 산림사업 및 사방사업법에 따른 사방사업을 위한 개발행위

국토교통부장관이나 지방자치단체의 장은 2, 4, 5 해당 개발행위가 도시군계획에 포함되지 아니한 경우에는 관계 행정기관의 장에게 대통령령으로 정하는 바에 따라 심의 받도록 요청 가능 (심의 필요사유를 명시해야 한다) + 관계 행정기관의 장은 특사 없으면 요청에 따라야 한다. → 중앙행정기관의 장은 중도/지단장은 지도 심의 받아야 한다.

6. 이행보증(제60조)

(1) 이행보증

특별시장·광역시장·특별자치시장·특별자치도지사·시장 또는 군수는 기반시설의 설치나 그에 필요한 용지의 확보, 위해 방지, 환경오염 방지, 경관, 조경 등을 위하여 필요하다고 인정되는 경우 이의 이행을 보증하기 위하여 이행보증금을 예치하게 할 수 있다.

＊ 예외

① 국가나 지방자치단체가 시행하는 개발행위 [기출 31 33]

② 공공기관 중 대통령령으로 정하는 기관이 시행하는 개발행위

③ 지단 조례로 정하는 공공단체가 시행하는 개발행위

＊＊ 개발행위에 대한 준공검사 받은 때에 즉시 이행보증금 반환

＊ 개발행위허가의 이행담보 및 이행보증금

① 이행담보가 필요한 경우

　　1. 개발행위로(건축, 공작물설치, 토지형질변경 및 토석의 채취) 인하여 도로·수도공급설비·하수도 등 기반시설의 설치가 필요한 경우

　　2. 토지의 굴착으로 인하여 인근의 토지가 붕괴될 우려가 있거나 인근의 건축물 또는 공작물이 손괴될 우려가 있는 경우

　　3. 토석의 발파로 인한 낙석·먼지 등에 의하여 인근지역에 피해가 발생할 우려가 있는 경우

---

4. 토석을 운반하는 차량의 통행으로 인하여 통행로 주변의 환경이 오염될 우려가 있는 경우
5. 토지의 형질변경이나 토석의 채취가 완료된 후 비탈면에 조경을 할 필요가 있는 경우

② 이행보증금의 예치금액은 기반시설의 설치나 그에 필요한 용지의 확보, 위해의 방지, 환경 오염의 방지, 경관 및 조경에 필요한 비용의 범위 안에서 산정하되 총공사비의 20퍼센트 이내(산지에서의 개발행위의 경우 「산지관리법」 제38조에 따른 복구비를 합하여 총공사비의 20퍼센트 이내)가 되도록 하고, 그 산정에 관한 구체적인 사항 및 예치방법은 특별시·광역시·특별자치시·특별자치도·시 또는 군의 도시·군계획조례로 정한다. 이 경우 산지에서의 개발행위에 대한 이행보증금의 예치금액은 「산지관리법」 제38조에 따른 복구비를 포함하여 정하되, 복구비가 이행보증금에 중복하여 계상되지 아니하도록 하여야 한다. [기출 33]

③ 이행보증금은 현금으로 납입하되, 「국가를 당사자로 하는 계약에 관한 법률 시행령」 제37조 제2항 각 호 및 「지방자치단체를 당사자로 하는 계약에 관한 법률 시행령」 제37조 제2항 각 호의 보증서 등 또는 「한국광해광업공단법」 제8조 제1항 제6호에 따라 한국광해광업공단이 발행하는 이행보증서 등으로 이를 갈음할 수 있다.

④ 이행보증금은 개발행위허가를 받은 자가 준공검사를 받은 때에는 즉시 이를 반환하여야 한다. [기출 33]

⑤ 특별시장·광역시장·특별자치시장·특별자치도지사·시장 또는 군수는 원상회복을 명하는 경우에는 국토교통부령으로 정하는 바에 따라 구체적인 조치내용·기간 등을 정하여 서면으로 통지해야 한다.

(2) 원상회복

특별시장·광역시장·특별자치시장·특별자치도지사·시장 또는 군수는 무허가 및 허가내용과 다른 개발 시 원상회복 명령 가능(구체적인 조치내용·기간 등을 정하여 서면으로 통지해야 한다) + 불이행 시 대집행 가능(이행보증금 사용 가능) [기출 29 33]

7. 인허가의제(제61조 및 제61조의2)

1) 다른 법률상 인허가 등 사항에 대해서 미리 관계 행정기관의 장과 협의 시 받은 것으로 본다.
   → 특별시장·광역시장·특별자치시장·특별자치도지사·시장 또는 군수는 개발행위복합민원 일괄협의회 개최해야 한다(개발행위 허가 신청일로부터 10일 이내 개최해야 한다).
   → 협의회 개최 3일 전까지 관계 행정기관의 장에게 협의회 개최를 알려야 한다.
   → 관계 행정기관의 장은 협의 의견 제출하되, 의견제출이 곤란한 경우에는 20일 이내에 의견 제출해야 한다.
   → 의견제출 없으면 협의된 것으로 본다.

2) 인허가의제 관련서류 첨부하여 신청 → 협의요청을 받은 관계 행정기관의 장은 요청받은 날부터 20일 내에 의견 제출해야 한다. 미제출 시 협의된 것으로 본다.

＊ 의제내용

1. 「공유수면 관리 및 매립에 관한 법률」에 따른 공유수면의 점용·사용허가, 점용·사용 실시계획의 승인 또는 신고, 공유수면의 매립면허 및 공유수면매립실시계획의 승인

2. 삭제 〈2010.4.15.〉

3. 「광업법」 제42조에 따른 채굴계획의 인가

4. 「농어촌정비법」 제23조에 따른 농업생산기반시설의 사용허가

5. 「농지법」에 따른 농지전용의 허가 또는 협의, 농지전용의 신고 및 농지의 타용도 일시사용의 허가 또는 협의

6. 「도로법」에 따른 도로관리청이 아닌 자에 대한 도로공사 시행의 허가, 도로와 다른 시설의 연결 허가 및 도로의 점용 허가

7. 「장사 등에 관한 법률」 제27조 제1항에 따른 무연분묘(無緣墳墓)의 개장(改葬) 허가

8. 「사도법」 제4조에 따른 사도(私道) 개설(開設)의 허가

9. 「사방사업법」 제14조에 따른 토지의 형질 변경 등의 허가 및 같은 법 제20조에 따른 사방지 지정의 해제

10. 「산지관리법」 제14조·제15조에 따른 산지전용허가 및 산지전용신고, 같은 법 제15조의2에 따른 산지일시사용허가·신고, 같은 법 제25조 제1항에 따른 토석채취허가, 같은 법 제25조 제2항에 따른 토사채취신고 및 「산림자원의 조성 및 관리에 관한 법률」 제36조 제1항·제5항에 따른 입목벌채(立木伐採) 등의 허가·신고

11. 「소하천정비법」 제10조에 따른 소하천공사 시행의 허가 및 같은 법 제14조에 따른 소하천의 점용 허가

12. 「수도법」 제52조에 따른 전용상수도 설치 및 같은 법 제54조에 따른 전용공업용수도설치의 인가

13. 「연안관리법」 제25조에 따른 연안정비사업실시계획의 승인

14. 「체육시설의 설치·이용에 관한 법률」 제12조에 따른 사업계획의 승인

15. 「초지법」 제23조에 따른 초지전용의 허가, 신고 또는 협의

16. 「공간정보의 구축 및 관리 등에 관한 법률」 제15조 제4항에 따른 지도 등의 간행 심사

17. 「하수도법」 제16조에 따른 공공하수도에 관한 공사시행의 허가 및 같은 법 제24조에 따른 공공하수도의 점용허가

18. 「하천법」 제30조에 따른 하천공사 시행의 허가 및 같은 법 제33조에 따른 하천 점용의 허가

19. 「도시공원 및 녹지 등에 관한 법률」 제24조에 따른 도시공원의 점용허가 및 같은 법 제38조에 따른 녹지의 점용허가

8. 준공검사(제62조)

아래 해당하는 개발행위 완료 시 특별시장·광역시장·특별자치시장·특별자치도지사·시장 또는 군수에게 준공검사 받아야 함(건축행위는 건축법상 사용승인) → 준공검사 받으면 의제되는 인허가 등도 관계 행정기관의 장과 협의한 사항에 대하여는 그 준공검사·준공인가 등을 받은 것으로 봄(관계서류 제출 + 미리 관계 행정기관의 장과 협의)

① **공작물의 설치**(건축법에 따라 설치되는 것 제외 : 옹벽 등의 공작물 – 옹벽, 굴뚝, 광고탑, 고 가수조, 지하대피호 등 이와 유사한 것으로서 신고대상)

② **토지형질변경**

③ **토석채취**

9. 허가제한(제63조)[녹계 수조 오염(3년) + 달라 지 기(+2년)]

1) **국토교통부장관, 시·도지사, 시장 또는 군수**는 중앙/지방도시계획위원회의 심의를 거쳐[3] 한 차례만 3년 이내의 기간 동안 제한할 수 있다. 아래 ③~⑤까지는 심의 없이 한 차례만 2년 이내의 범위에서 제한 연장이 가능하다. [기출 29 31 34]

① **녹지, 계획관리지역**으로 **수목**이 집단적으로 자라고 있거나 **조수류** 등이 집단적으로 서식 하고 있는 지역 또는 우량 농지 등으로 보전 필요 있는 지역

② 개발행위로 인하여 주변의 환경, 경관, 미관 및 「국가유산기본법」 제3조에 따른 국가유산 등이 크게 **오염**되거나 손상될 우려가 있는 지역

③ 도시·군기본계획/관리계획 수립하고 있는 지역으로 계획결정 시 용도지역·지구·구역 변경이 예상되고 허가기준이 크게 **달라**질 것으로 예상되는 지역

④ **지**구단위계획구역으로 지정된 지역

⑤ **기**반시설부담구역으로 지정된 구역

2) 국토교통부장관, 시·도지사, 시장 또는 군수는 제한하려면 미리 시군의 의견을 청취하고 제 한지역·사유·대상행위 및 제한기간을 미리 고시해야 한다. 제한사유 없어진 경우는 제한기 간 끝나기 전이라도 지체 없이 제한 해제하고 고시해야 한다(해제지역 및 해제시기).

3) 개발행위허가의 제한 및 개발행위허가의 제한 해제에 관한 고시는 국토교통부장관이 하는 경 우에는 관보에, 시·도지사 또는 시장·군수가 하는 경우에는 당해 지방자치단체의 공보에 게 재하는 방법에 의한다. 국토교통부장관, 시·도지사, 시장 또는 군수는 고시한 내용을 해당 기관의 인터넷 홈페이지에도 게재하여야 한다.

10. 도시·군계획시설 부지에서의 개발행위(제64조)

1) 특별시장·광역시장·특별자치시장·특별자치도지사·시장 또는 군수는 도시·군계획시설 설치 예정 장소에 도시·군계획시설이 아닌 건축물의 건축이나 공작물의 설치를 허가해서는 안 된다.

> *** 대통령령으로 정한 경우는 예외**
> 1. 지상, 수상, 공중, 수중 또는 지하에 일정한 공간적 범위를 정하여 도시·군계획시설이 결정되 어 있고, 그 도시·군계획시설의 설치, 이용 및 장래의 확장 가능성에 지장이 없는 범위에서 도

---

[3] 개발행위허가를 제한하고자 하는 자가 국토교통부장관 또는 시·도지사인 경우에는 중앙도시계획위원회 또는 시·도도시계획위원회의 심의 전에 미리 제한하고자 하는 지역을 관할하는 시장 또는 군수의 의견을 들어야 한다.

시·군계획시설이 아닌 건축물 또는 공작물을 그 도시·군계획시설인 건축물 또는 공작물의 부지에 설치하는 경우

2. 도시·군계획시설과 도시·군계획시설이 아닌 시설을 같은 건축물 안에 설치한 경우(도시계획법개정법률 개정되기 전에 설치한 경우)로서 법 제88조의 규정에 의한 실시계획인가를 받아 다음의 어느 하나에 해당하는 경우

　　가. 건폐율이 증가하지 아니하는 범위 안에서 당해 건축물을 증축 또는 대수선하여 도시·군계획시설이 아닌 시설을 설치하는 경우

　　나. 도시·군계획시설의 설치·이용 및 장래의 확장 가능성에 지장이 없는 범위 안에서 도시·군계획시설을 도시·군계획시설이 아닌 시설로 변경하는 경우

3. 「도로법」 등 도시·군계획시설의 설치 및 관리에 관하여 규정하고 있는 다른 법률에 의하여 점용허가를 받아 건축물 또는 공작물을 설치하는 경우

4. 도시·군계획시설의 설치·이용 및 장래의 확장 가능성에 지장이 없는 범위에서 「신에너지 및 재생에너지 개발·이용·보급 촉진법」에 따른 태양에너지 설비 또는 연료전지 설비를 설치하는 경우

5. 도시·군계획시설의 설치·이용이나 장래의 확장 가능성에 지장이 없는 범위에서 재해복구 또는 재난수습을 위한 응급조치로서 가설건축물 또는 공작물을 설치하는 경우

2) 특별시장·광역시장·특별자치시장·특별자치도지사·시장 또는 군수는 시설결정 고시일부터 2년 이내 미이행된 사업 중 단계별 집행계획이 수립되지 아니하거나 1단계 집행계획(단계별 집행계획을 변경한 경우에는 최초의 단계별 집행계획을 말한다)에 포함되지 아니한 시설부지에 대하여는 다음의 행위를 허가할 수 있다.

① 가설건축물의 건축과 이에 필요한 범위에서의 토지의 형질 변경

② 도시·군계획시설 설치에 지장이 없는 공작물의 설치와 이에 필요한 범위에서의 토지의 형질 변경

③ 건축물의 개축 또는 재축과 이에 필요한 범위에서의 토지의 형질 변경(건축법상 신고대상인 경우 제외)

3) 가설건축물의 건축이나 공작물의 설치를 허가한 토지에서 도시·군계획시설사업 시행 시 그 시행예정일 3개월 전까지 소유자의 부담으로 철거 등 원상회복에 필요한 조치를 명해야 함 + 불이행 시 대집행 가능

11. 공공시설 귀속(제65조) : 관리청 의견청취 필요

(1) 공공시설 귀속에 관한 사항이 포함된 개발행위허가를 하려면 미리 해당 관리청의 의견을 들어야 한다.

　→ 관리청 미지정 시 관리청이 지정된 후 준공 전에 의견을 들어야 한다.

　→ 관리청 불분명 시 도로 등에 대해서는 국토교통부장관, 하천은 환경부장관, 그 외 재산은 기획재정부장관을 관리청으로 봄

(2) 특별시장·광역시장·특별자치시장·특별자치도지사·시장 또는 군수가 관리청의 의견을 듣고 허가를 한 경우 허가받은 자는 그 허가에 포함된 공공시설의 점용 및 사용에 관하여 관계 법률에 따른 승인, 허가 등을 받은 것으로 보아 개발행위를 할 수 있고, 이 경우 해당 공공시설의 점용 또는 사용료는 면제된 것으로 본다.

(3) 개발행위허가(개발행위허가 인허가의제 포함)를 받은 자가 행정청인 경우 [기출 30 33 35]
→ 새로 설치 또는 대체 공공시설은 관리청에 무상귀속 + 준공검사 시 공공시설의 종류와 토지의 세목을 관리청에 통지해야 한다.
→ 통지한 날에 각각 귀속된 것으로 본다.
→ 종래 공공시설은 행정청에 무상귀속
→ 귀속된 공공시설의 처분으로 인한 수익금을 도시·군계획사업 외의 목적에 사용하여서는 아니 된다.

(4) 행정청 외
→ 새로 설치한 공공시설은 관리청에 무상귀속 + 개발행위 완료 전에 관리청에 그 종류와 토지의 세목을 통지해야 한다. + 특별시장·광역시장·특별자치시장·특별자치도지사·시장 또는 군수는 준공검사 시 그 내용을 관리청에 통보해야 한다.
→ 준공검사 받음으로써 각각 귀속·양도된 것으로 본다.
→ 용도폐지되는 공공시설은 설치비용 범위에서 무상양도 가능
* 공공시설을 등기할 때에 준공검사증명서면이 등기원인을 증명하는 서면으로 갈음한다.

(5) 기타
① 개발행위허가를 받은 자가 행정청인 경우 개발행위허가를 받은 자는 제1항에 따라 그에게 귀속된 공공시설의 처분으로 인한 수익금을 도시·군계획사업 외의 목적에 사용하여서는 아니 된다.
② 공공시설의 귀속에 관하여 다른 법률에 특별한 규정이 있는 경우에는 이 법률의 규정에도 불구하고 그 법률에 따른다.

📖 **확인문제**

01 국토의 계획 및 이용에 관한 법령상 개발행위의 허가 등에 관한 설명으로 옳은 것은? ✦ 31회

① 재난수습을 위한 응급조치인 경우에도 개발행위허가를 받고 하여야 한다.

② 시장 또는 군수가 개발행위허가에 경관에 관한 조치를 할 것을 조건으로 붙이는 경우 미리 개발행위허가를 신청한 자의 의견을 들어야 한다.

③ 성장관리계획을 수립한 지역에서 하는 개발행위는 중앙도시계획위원회와 지방도시계획위원회의 심의를 거쳐야 한다.

④ 지방자치단체는 자신이 시행하는 개발행위의 이행을 보증하기 위하여 이행보증금을 예치하여야 한다.

⑤ 기반시설부담구역으로 지정된 지역은 중앙도시계획위원회의 심의를 거쳐 10년 이내의 기간 동안 개발행위허가를 제한할 수 있다.

답 ②

02 국토의 계획 및 이용에 관한 법령상 개발행위 규모의 제한을 받는 경우 용도지역과 그 용도지역에서 허용되는 토지형질변경면적을 옳게 연결한 것은? ✦ 31회

① 상업지역 – 3만제곱미터 미만

② 공업지역 – 3만제곱미터 미만

③ 보전녹지지역 – 1만제곱미터 미만

④ 관리지역 – 5만제곱미터 미만

⑤ 자연환경보전지역 – 1만제곱미터 미만

답 ②

03 국토의 계획 및 이용에 관한 법령상 개발행위에 대한 도시계획위원회의 심의를 거쳐야 하는 사항에 관한 조문의 일부이다. (   )에 들어갈 내용으로 각각 옳은 것은? ✦ 32회

시·군·구 도시계획위원회의 심의를 거쳐야 하는 사항
• 면적이 (ㄱ)만제곱미터 미만인 토지의 형질변경
• 부피 (ㄴ)만세제곱미터 이상 50만세제곱미터 미만의 토석채취

① ㄱ : 30, ㄴ : 3

② ㄱ : 30, ㄴ : 5

③ ㄱ : 30, ㄴ : 7

④ ㄱ : 50, ㄴ : 3

⑤ ㄱ : 50, ㄴ : 5

답 ①

제2절 | 개발행위에 따른 기반 시설의 설치(제66조 내지 제75조)

학습전략

빈출되는 파트는 아니지만 개념과 대상구역은 숙지하고 있어야 한다.

1. 개발밀도관리구역(제66조)

(1) 절차(제66조) [기출 31 35]

1) 특별시장·광역시장·특별자치시장·특별자치도지사·시장 또는 군수는 주거/상업/공업지역에서 기반시설(도시·군계획시설 포함)의 처리·공급 또는 수용능력이 부족할 것으로 예상되는 지역 중 기반시설의 설치가 곤란한 지역을 개발밀도관리구역으로 지정(변경)할 수 있고, 지정하는 경우 고시해야 한다(당해 지방자치단체 공보 + 홈페이지). [기출 33 35]

2) 특별시장·광역시장·특별자치시장·특별자치도지사·시장 또는 군수는 건폐율/용적률 (해당 용도지역에 적용되는 용적률의 최대한도의 50퍼센트)을 강화 적용해야 한다. [기출 35]

3) 특별시장·광역시장·특별자치시장·특별자치도지사·시장 또는 군수는 개발밀도관리구역 지정·변경 시 개발밀도관리구역의 명칭/범위/건폐율 또는 용적률의 강화범위를 포함하여 지방도시계획위원회의 심의 거쳐야 한다. [기출 35]

(2) 지정기준 및 관리방법(시행령 제63조)

국토교통부장관은 다음 사항을 종합 고려하여 지정기준 및 관리방법을 정해야 한다.

1) 개발밀도관리구역은 도로·수도공급설비·하수도·학교 등 기반시설의 용량이 부족할 것으로 예상 [기출 35] + 기반시설의 설치가 곤란한 지역으로 다음 중 1에 해당하는 지역에 지정할 수 있도록 할 것
   ① 도로서비스 수준이 매우 낮아 차량통행이 현저하게 지체되는 지역
   ② 당해 지역의 도로율이 용도지역별 도로율에 20퍼센트 이상 미달하는 지역
   ③ 향후 2년 이내에 당해 지역의 수도에 대한 수요량이 수도시설의 시설용량을 초과할 것으로 예상되는 지역
   ④ 향후 2년 이내에 당해 지역의 하수발생량이 하수시설의 시설용량을 초과할 것으로 예상되는 지역
   ⑤ 향후 2년 이내에 당해 지역의 학생 수가 학교수용능력을 20퍼센트 이상 초과할 것으로 예상되는 지역

2) 개발밀도관리구역 경계선 명확하게 구분 : 도로·하천 그 밖에 특색 있는 지형지물 이용하거나 용도지역의 경계선을 따라 설정하는 등

3) 용적률의 강화범위는 기반시설의 부족 정도를 고려하여 결정할 것

4) 개발밀도관리구역 안의 기반시설의 변화를 주기적으로 검토하여 용적률을 강화 또는 완화하거나 개발밀도관리구역을 해제하는 등 필요조취 취하도록 할 것

2. 기반시설부담구역 지정(제67조)

(1) 구역 지정

아래 중 하나에 해당하는 지역에 대해서는 특별시장·광역시장·특별자치시장·특별자치도지사·시장 또는 군수는 기반시설부담구역 지정해야 한다[+ 주민의견청취 + 지방도시계획위원회 심의 + 고시(지방자치단체 공보)] / + 특별시장·광역시장·특별자치시장·특별자치도지사·시장 또는 군수는 개발행위가 집중되어 해당 지역의 계획적인 관리의 필요성이 인정되면 아래에 해당하지 않아도 지정할 수 있다.

① 행위 제한이 완화되거나 해제되는 지역
② 용도지역 등이 변경되거나 해제되어 행위 제한이 완화되는 지역
③ 개발행위허가 현황 및 인구증가율 등을 고려하여 대통령령으로 정하는 지역
  (기반시설의 설치가 필요하다고 인정하는 지역으로 아래 어느 하나에 해당)
    – 해당 지역의 전년도 개발행위허가 건수가 전전년도 대비 20퍼센트 이상 증가한 지역
    – 해당 지역의 전년도 인구증가율이 그 지역이 속하는 특별시·광역시·특별자치시·특별자치도·시 또는 군(광역시 군 제외)의 전년도 인구증가율보다 20퍼센트 이상 높은 지역

(2) 기반시설설치계획

특별시장·광역시장·특별자치시장·특별자치도지사·시장 또는 군수는 기반시설설치구역 지정되면 기반시설설치계획 수립하고 관리계획에 반영해야 한다.

1) 포함내용
① 설치가 필요한 기반시설의 종류(총칙 정의 개념 참조), 위치 및 규모
② 기반시설의 설치 우선순위 및 단계별 설치계획
③ 그 밖에 기반시설의 설치에 필요한 사항

2) 고려사항
① 기반시설의 배치는 기반시설부담구역의 토지이용계획 또는 앞으로 예상되는 개발수요를 고려하여 적절하게 정할 것
② 기반시설의 설치시기는 재원조달계획, 시설별 우선순위, 사용자의 편의와 예상되는 개발행위의 완료시기 등을 고려하여 합리적으로 정할 것

3) 지구단위계획을 수립한 경우에는 기반시설설치계획을 수립한 것으로 본다.

(3) 지정해제

기반시설부담구역의 지정고시일부터 1년이 되는 날까지 기반시설설치계획을 수립하지 아니하면 그 1년이 되는 날의 다음날에 기반시설부담구역의 지정은 해제된 것으로 본다.

3. 기반시설부담구역 지정기준(시행령 제66조)

① 기반시설부담구역은 기반시설이 적절하게 배치될 수 있는 규모로서 최소 10만 제곱미터 이상의 규모가 되도록 지정할 것

② 소규모 개발행위가 연접하여 시행될 것으로 예상되는 지역의 경우에는 하나의 단위구역으로 묶어서 구역을 지정할 것

③ 기반시설부담구역의 경계는 도로, 하천, 그 밖의 특색 있는 지형지물을 이용하는 등 경계선이 분명하게 구분되도록 할 것

4. 기반시설설치비용의 부과대상 및 산정기준과 납부 및 체납처분(제68조 ~ 제70조)

(1) 부과대상 [기출 34]

건축법상 용도별 건축물로서 200제곱미터(기존 건축물의 연면적 포함)를 초과하는 건축물의 신축/증축 행위를 하는 자[건축행위의 위탁자(도급자) + 토지임차해서 건축행위하는 행위자 또는 지위의 승계자 포함]는 부담금을 내야 한다.

다만, 기존 건축물을 철거하고 신축하는 경우는 기존 건축물의 연면적을 초과하는 행위만 부과대상으로 한다.

> 기반시설설치비용이란 단독주택 및 숙박시설 등 대통령령으로 정하는 시설(건축법 시행령 별표1에 따른 용도별 건축물, 다만 국계법 별표1의 건축물은 제외한다)의 신·증축 행위로 인하여 유발되는 기반시설을 설치하거나 그에 필요한 용지를 확보하기 위하여 부과·징수하는 금액을 말한다.

(2) 설치비용

기반시설 표준시설비용(+ 용지비용)에 부과대상 건축연면적과 민간 개발사업자가 부담하는 부담률(기반시설 설치를 위하여 사용되는 총 비용 중 국가·지단의 부담분을 제외한 민간 개발사업자가 부담하는 부담률)(100분의 20 → 특별시장·광역시장·특별자치시장·특별자치도지사·시장 또는 군수는 건물의 규모, 지역 특성 등을 고려하여 100분의 25의 범위에서 부담률 가감 가능)을 곱한 금액으로 한다.

다만, 특별시장·광역시장·특별자치시장·특별자치도지사·시장 또는 군수가 해당 지역의 기반시설 소요량 등을 고려하여 대통령령으로 정하는 바에 따라 기반시설부담계획을 수립한 경우에는 그 부담계획에 따른다.

(3) 표준시설비용 : 기반시설 조성을 위하여 사용되는 단위당 시설비

국토교통부장관은 해당 연도의 생산자물가상승률 등을 고려하여 매년 1월 1일 기준으로 기반시설 표준시설비용을 매년 6월 10일까지 고시해야 한다.

＊기반시설부담계획의 수립

① 특별시장·광역시장·특별자치시장·특별자치도지사·시장 또는 군수가 기반시설부담계획 수립하는 경우 포함내용

1. 기반시설의 설치 또는 그에 필요한 용지의 확보에 소요되는 총부담비용
2. 총부담비용 중 건축행위를 하는 자(납부의무자)가 각각 부담하여야 할 부담분

> **＊부담분 산정방법**
> 1. 총부담비용을 건축물의 연면적에 따라 배분하되, 건축물의 용도에 따라 가중치를 부여하여 결정하는 방법
> 2. "1"에도 불구하고 특별시장·광역시장·특별자치시장·특별자치도지사·시장 또는 군수와 납부의무자가 서로 협의하여 산정방법을 정하는 경우에는 그 방법

3. 부담분의 부담시기
4. 재원의 조달 및 관리·운영방법

② 기반시설부담계획 수립하는 경우 종합적 고려 사항

1. 총부담비용은 각 시설별로 소요되는 용지보상비·공사비 등 합리적 근거를 기준으로 산출하고, 기반시설의 설치 또는 용지 확보에 필요한 비용을 초과하여 과다하게 산정되지 아니하도록 할 것
2. 각 납부의무자의 부담분은 건축물의 연면적·용도 등을 종합적으로 고려하여 합리적이고 형평에 맞게 정하도록 할 것
3. 기반시설부담계획의 수립시기와 기반시설의 설치 또는 용지의 확보에 필요한 비용의 납부시기가 일치하지 아니하는 경우에는 물가상승률 등을 고려하여 부담분을 조정할 수 있도록 할 것

③ 기반시설부담계획 수립/변경 시에는 주민의견청취 및 지방도시계획위원회의 심의를 거치고 그 내용을 고시하여야 한다. 경미한 사항을 변경하는 경우에는 그러하지 아니하다.

> **＊경미한 사항**
> 1. 납부의무자의 전부 또는 일부의 부담분을 증가시키지 아니하고 부담시기를 앞당기지 아니한 경우
> 2. 기반시설의 설치 및 그에 필요한 용지의 확보와 관련하여 특별시장·광역시장·특별자치시장·특별자치도지사·시장 또는 군수의 지원을 경감하지 아니한 경우

(4) 용지비용

용지비용은 부과대상이 되는 건축행위가 이루어지는 토지를 대상으로 다음의 기준을 곱하여 산정한 가액으로 한다.

① 지역별 기반시설의 설치 정도를 고려하여 0.4 범위에서 지방자치단체의 조례로 정하는 용지환산계수

② 기반시설부담구역의 개별공시지가 평균 및 대통령령으로 정하는 건축물별 기반시설유발 계수(별표 1의3)

> 용지환산계수란 기반시설부담구역별로 기반시설이 설치된 정도를 고려하여 산정된 기반시설 필요 면적률(기반시설부담구역의 전체 토지면적 중 기반시설이 필요한 토지면적의 비율을 말한다)을 건축 연면적당 기반시설 필요 면적으로 환산하는데 사용되는 계수를 말한다.

국토의 계획 및 이용에 관한 법률 시행령 [별표 1의3]

1. 단독주택 : 0.7
2. 공동주택 : 0.7
3. 제1종 근린생활시설 : 1.3
4. 제2종 근린생활시설 : 1.6
5. 문화 및 집회시설 : 1.4
6. 종교시설 : 1.4
7. 판매시설 : 1.3
8. 운수시설 : 1.4
9. 의료시설 : 0.9
10. 교육연구시설 : 0.7
11. 노유자시설 : 0.7
12. 수련시설 : 0.7
13. 운동시설 : 0.7
14. 업무시설 : 0.7
15. 숙박시설 : 1.0
16. 위락시설 : 2.1
17. 공장
　　가. 목재 및 나무제품 제조공장(가구제조공장은 제외한다) : 2.1
　　나. 펄프, 종이 및 종이제품 제조공장 : 2.5
　　다. 비금속 광물제품 제조공장 : 1.3
　　라. 코크스, 석유정제품 및 핵연료 제조공장 : 2.1
　　마. 가죽, 가방 및 신발제조공장 : 1.0
　　바. 전자부품, 영상, 음향 및 통신장비 제조공장 : 0.7
　　사. 음·식료품 제조공장 : 0.5
　　아. 화합물 및 화학제품 제조공장 : 0.5
　　자. 섬유제품 제조공장(봉제의복 제조공장은 제외한다) : 0.4
　　차. 봉제의복 및 모피제품 제조공장 : 0.7
　　카. 가구 및 그 밖의 제품 제조공장 : 0.3
　　타. 그 밖의 전기기계 및 전기 변환장치 제조공장 : 0.3

파. 조립금속제품 제조공장(기계 및 가구공장을 제외한다) : 0.3

하. 출판, 인쇄 및 기록매체 복제공장 : 0.4

거. 의료, 정밀, 광학기기 및 시계 제조공장 : 0.4

너. 제1차 금속 제조공장 : 0.3

더. 컴퓨터 및 사무용기기 제조공장 : 0.4

러. 재생용 가공원료 생산공장 : 0.3

머. 고무 및 플라스틱 제품 제조공장 : 0.4

버. 그 밖의 운송장비 제조공장 : 0.4

서. 그 밖의 기계 및 장비 제조공장 : 0.4

어. 자동차 및 트레일러 제조공장 : 0.3

저. 담배제조공장 : 0.3

18. 창고시설 : 0.5

19. 위험물저장 및 처리시설 : 0.7

20. 자동차관련시설 : 0.7

21. 동물 및 식물관련시설 : 0.7

22. 자원순환 관련 시설 : 1.4

23. 교정시설 : 0.7

23의2. 국방·군사시설 : 0.7

24. 방송통신시설 : 0.8

25. 발전시설 : 0.7

26. 묘지 관련 시설 : 0.7

27. 관광휴게시설 : 1.9

28. 장례시설 : 0.7

29. 야영장시설 : 0.7

(5) 감면

납부의무자가 기반시설을 설치하거나 필요한 용지를 확보한 경우 + 도로법상 원인자 부담금 등 대통령령으로 정하는 비용을 납부한 경우에는 기반시설설치비용에서 감면

1) 기반시설 설치한 경우 감면비용 계산 방법

① 건축허가 득한 날 둘 이상 감정평가법인 등이 평가한 금액 산술평균 + 부과기준시점을 기준으로 국토교통부장관이 매년 고시하는 기반시설별 단위당 표준조성비에 납부의무자가 설치하는 기반시설량을 곱하여 산정한 기반시설별 조성비용(다만, 의무자가 실제 투입된 조성비용 명세서를 제출하면 국토교통부령으로 정하는 바에 따라 인정 가능)

② 부과기준시점에 다음에 해당하는 토지가액과 상기 조성비용 적용하여 산정된 공제 금액이 기반시설설치비용을 초과하는 경우에는 그 금액을 납부의무자가 직접 기반시설을 설치하는 데 든 비용으로 본다.

> 1. 부과기준시점으로부터 가장 최근에 결정·공시된 개별공시지가
> 2. 국가, 지단, 공공기관 또는 지방공기업으로부터 매입한 토지의 가액
> 3. 공공기관 또는 지방공기업이 매입한 토지의 가액
> 4. 토지보상법상 협의 또는 수용에 따라 취득한 토지의 가액
> 5. 해당 토지의 무상 귀속을 목적으로 한 토지의 감정평가금액

2) 용지를 확보한 경우 계산 방법

건축허가 득한 날을 기준으로 한 둘 이상 감정평가법인 등의 평가금액 산술평균

3) 기반시설을 설치하거나 용지를 확보한 경우 외에 기반시설설치비용에서 감면하는 비용 및 감면액

> 1. 「대도시권 광역교통 관리에 관한 특별법」에 따른 광역교통시설부담금의 100분의 10에 해당하는 금액
> 2. 「도로법」 제91조 제1항 및 제2항에 따른 원인자부담금 전액
> 3. 「수도권정비계획법」 제12조에 따른 과밀부담금의 100분의 10에 해당하는 금액
> 4. 「수도법」 제71조에 따른 원인자부담금 전액
> 5. 「하수도법」 제61조에 따른 원인자부담금 전액
> 6. 「학교용지확보 등에 관한 특례법」 제5조에 따른 학교용지부담금 전액
> 7. 「자원의 절약과 재활용촉진에 관한 법률」 제19조에 따른 폐기물비용부담금 전액
> 8. 「지방자치법」 제155조에 따른 공공시설분담금 전액

(6) 부과납부

1) 특별시장·광역시장·특별자치시장·특별자치도지사·시장 또는 군수는 건축허가(허가 의제되는 사업승인 포함)를 받은 날부터 2개월 이내에 부과 → 사용승인(준공검사) 신청 시까지 납부

2) 기반시설설치비용을 내지 아니하는 경우에는 「지방행정제재·부과금의 징수 등에 관한 법률」에 따라 징수 가능

3) 특별시장·광역시장·특별자치시장·특별자치도지사·시장 또는 군수는 기반시설설치비용을 납부한 자가 사용승인 신청 후 해당 건축행위와 관련된 기반시설의 추가 설치 등 기반시설설치비용을 환급하여야 하는 사유가 발생하는 경우에는 그 사유에 상당하는 기반시설설치비용을 환급해야 한다.

(7) 예정 통지

1) 부과기준시점부터 30일 이내에 납부의무자에게 적용되는 부과 기준 및 부과될 기반시설설치비용을 미리 알려야 한다. → 15일 이내에 특별시장·광역시장·특별자치시장·특별자치도지사·시장 또는 군수에게 심사 청구 가능(고지 전 심사) → 15일 내 심사결과 통지

→ 예정 통지에 이의가 없는 경우 또는 고지 전 심사청구에 대한 심사결과를 통지한 경우에는 그 통지한 금액에 따라 기반시설설치비용을 결정해야 한다.

2) 건축연면적이 증가되는 등 비용증가사유가 발생한 경우에는 변경허가 등을 받은 날을 기준으로 "변경된 건축허가사항 등에 대한 기반시설설치비용 − 당초 건축허가사항 등에 대한 기반시설설치비용"을 추가로 부과해야 한다.

(8) 납부

1) 현금, 신용카드(또는 직불카드), 물납(토지) 가능

2) 물납신청은 납부기한 20일 전까지 신청하고 신청서를 받은 날부터 10일 이내에 신청인에게 수납여부를 서면으로 알려야 한다.

3) 물납신청 토지가액은 해당 기반시설설치비용의 부과액을 초과할 수 없다.

4) 물납토지가액을 뺀 금액을 현금, 신용카드 또는 직불카드로 납부해야 한다.

5) 물납토지가액은 "물납수납 여부를 알린 날의 가장 최근에 결정·공시된 개별공시지가에 공시일부터 서면으로 알린 날까지의 지가변동률을 적용하여 산정한 금액"을 합한 가액으로 한다.

6) 특별시장·광역시장·특별자치시장·특별자치도지사·시장 또는 군수는 물납을 받으면 해당 기반시설부담구역에 설치한 기반시설특별회계에 귀속시켜야 한다.

(9) 연기/분할

아래에 해당하여 납부하기가 곤란하다고 인정되면 1년의 범위에서 납부 기일을 연기하거나 2년의 범위에서 분할 납부 인정 가능(고지서 받은 날부터 15일 이내에 신청 → 15일 이내에 연기 또는 분할 납부 여부를 서면으로 통지 → 연기 또는 분할 납부로 유예된 기간에 대해서 국세기본법령상 이자를 더하여 징수)

① 재해나 도난으로 재산에 심한 손실을 입은 경우
② 사업에 뚜렷한 손실을 입은 때
③ 사업이 중대한 위기에 처한 경우
④ 납부의무자나 그 동거 가족의 질병이나 중상해로 장기치료가 필요한 경우

(10) 독촉

특별시장·광역시장·특별자치시장·특별자치도지사·시장 또는 군수는 사용승인 신청 시까지 그 기반시설설치비용을 완납하지 아니하면 납부기한이 지난 후 10일 이내에 독촉장 발송

(11) 기타

1) 특별시장·광역시장·특별자치시장·특별자치도지사·시장 또는 군수는 기반시설설치비용의 관리 및 운용을 위하여 기반시설부담구역별로 특별회계를 설치해야 한다. + 필요사항은 조례로 정함 [기출 32]

2) 기반시설설치비용은 해당 기반시설부담구역에서 기반시설의 설치 또는 그에 필요한 용지
의 확보 등을 위하여 사용해야 한다.
① 기반시설부담구역별 기반시설설치계획 및 기반시설부담계획 수립
② 기반시설부담구역에서 건축물의 신·증축행위로 유발되는 기반시설의 신규 설치, 그에
필요한 용지 확보 또는 기존 기반시설의 개량
③ 기반시설부담구역별로 설치하는 특별회계의 관리 및 운영

다만, 해당 기반시설부담구역에 사용하기가 곤란한 경우로서 대통령령(해당 기반시설부담
구역에 필요한 기반시설을 모두 설치하거나 그에 필요한 용지를 모두 확보한 후에도 잔액
이 생기는 경우)으로 정하는 경우에는 해당 기반시설부담구역의 기반시설과 연계된 기반시
설의 설치 또는 그에 필요한 용지의 확보 등에 사용할 수 있다.

📖 확인문제

01 국토의 계획 및 이용에 관한 법령상 개발밀도관리구역에 관한 설명으로 옳지 않은 것은? ✦ 31회

① 개발밀도관리구역의 지정권자는 특별시장·광역시장·특별자치시장·특별자치도지사·시장
또는 군수이다.
② 개발밀도관리구역은 기반시설의 설치가 용이한 지역을 대상으로 건폐율·용적률을 강화하여
적용하기 위해 지정한다.
③ 개발밀도관리구역에서는 해당 용도지역에 적용되는 용적률 최대한도의 50퍼센트 범위에서 용
적률을 강화하여 적용한다.
④ 지정권자가 개발밀도관리구역을 지정하려면 해당 지방자치단체에 설치된 지방도시계획위원회
의 심의를 거쳐야 한다.
⑤ 지정권자는 개발밀도관리구역을 지정·변경한 경우에는 그 사실을 당해 지방자치단체의 공보
에 게재하는 방법으로 고시하여야 한다.

답 ②

제3절 성장관리계획 : 5년마다 타당성 검토(제75조의2 내지 제75조의4)

학습전략

성장관리계획은 최근 출제빈도가 높아지고 있으므로 구역 지정 대상 및 계획수립 내용 등을 숙지한다.

1. 구역지정(제75조의2)

(1) 특별시장·광역시장·특별자치시장·특별자치도지사·시장 또는 군수는 녹지, 관리, 농림, 자연환경보전지역 중 다음 지역의 전부/일부에 성장관리계획구역을 지정(성장관리계획 수립)할 수 있다. [기출 33]

① 개발수요가 많아 무질서한 개발이 진행되고 있거나 진행될 것으로 예상되는 지역

② 주변의 토지이용이나 교통여건 변화 등으로 향후 시가화가 예상되는 지역

③ 주변지역과 연계하여 체계적인 관리가 필요한 지역

④ 「토지이용규제 기본법」 제2조 제1호에 따른 지역·지구 등의 변경으로 토지이용에 대한 행위제한이 완화되는 지역

⑤ 그 밖에 난개발의 방지와 체계적인 관리가 필요한 지역으로서 대통령령으로 정하는 지역

> **＊ 대통령령으로 정하는 지역**
> 1. 인구감소/경제성장 정체 등으로 압축적이고 효율적인 도시성장관리가 필요한 지역
> 2. 공장 등과 입지 분리 등을 통해 쾌적한 주거환경 조성이 필요한 지역
> 3. 그 밖에 난개발의 방지와 체계적인 관리가 필요한 지역으로서 조례로 정하는 지역

(2) 절차

1) 특별시장·광역시장·특별자치시장·특별자치도지사·시장 또는 군수는 성장관리계획구역을 지정하거나 이를 변경하려면 대통령령으로 정하는 바에 따라 미리 주민과 해당 지방의회의 의견(특별한 사유가 없으면 60일 이내에 제시해야 하고 제시하지 아니하면 의견은 없는 것으로 본다)을 들어야 하며, 관계 행정기관과의 협의(행정기관의 장은 특별한 사유가 없으면 요청을 받은 날부터 30일 이내에 의견을 제시하여야 한다) 및 지방도시계획위원회의 심의를 거쳐야 한다. 다만, 대통령령으로 정하는 경미한 사항을 변경하는 경우에는 그러하지 아니하다.

> 경미한 경우는 생략가능 → 행정기관의 장에게 서류 송부 + 고시 열람
> 성장관리계획구역의 면적을 10퍼센트 이내에서 변경하는 경우(둘 이상 읍면동에 걸친 경우는 각 읍면동 지역 면적을 각각 10퍼센트 이내에서 변경하는 경우로 한정한다)

＊ 주민의견청취 시 성장관리계획구역 안의 주요 내용을 해당 지방자치단체의 공보나 전국

또는 해당 지역을 주된 보급지역으로 하는 둘 이상의 일간신문과 지방자치단체 홈페이지 공고 + 14일 이상 일반인이 열람할 수 있게 해야 한다. → 의견제출 시 열람기간 종료일부터 30일 이내에 통보해야 한다.

> 특별시장·광역시장·특별자치시장·특별자치도지사·시장 또는 군수는 다음 각 호의 어느 하나에 해당하는 경우 주민과 해당 지방의회의 의견 청취, 관계 행정기관과의 협의 및 지방도시계획위원회의 심의를 거치지 않고 성장관리계획을 변경할 수 있다.
> 1. 경미한 사항을 변경하는 경우에 해당하는 변경지역에서 성장관리계획을 변경하는 경우
> 2. 성장관리계획의 변경이 다음 각 목의 어느 하나에 해당하는 경우
>   가. 단위 기반시설부지 면적의 10퍼센트 미만을 변경하는 경우. 다만, 도로의 경우 시작지점 또는 끝지점이 변경되지 않는 경우로서 중심선이 종전 도로의 범위를 벗어나지 않는 경우로 한정한다.
>   나. 지형사정으로 인한 기반시설의 근소한 위치변경 또는 비탈면 등으로 인한 시설부지의 불가피한 변경인 경우

(3) 성장관리계획구역의 지정 또는 변경 고시 게재사항

① 성장관리계획구역의 지정 또는 변경 목적
② 성장관리계획구역의 위치 및 경계
③ 성장관리계획구역의 면적 및 규모

2. 계획수립 포함사항(제75조의3 및 제75조의4)

(1) 성장관리계획 수립 내용 [기출 34]

① 도로, 공원 등 기반시설의 배치와 규모에 관한 사항
② 건축물의 용도제한, 건축물의 건폐율 또는 용적률
③ 건축물의 배치, 형태, 색채 및 높이
④ 환경관리 및 경관계획
⑤ 그 밖에 난개발의 방지와 체계적인 관리에 필요한 사항으로서 대통령령으로 정하는 사항

> ＊ 대통령령으로 정하는 사항
> 1. 성장관리계획구역 내 토지개발·이용, 기반시설, 생활환경 등의 현황 및 문제점 [기출 34]
> 2. 그 밖에 난개발의 방지와 체계적인 관리에 필요한 사항으로서 조례로 정하는 사항

(2) 완화적용

1) 성장관리계획구역에서는 조례로 정하는 비율까지 건폐율을 완화하여 적용 가능 [기출 35]
   ① 계획관리지역 : 50퍼센트 이하
   ② 생산관리지역 농림지역 및 대통령령으로 정하는 녹지지역(자연녹지/생산녹지) : 30퍼센트 이하

2) 계획관리지역에서 용적률 125퍼센트 이내에서 완화 가능

3) 성장관리계획구역에서 개발행위 또는 건축물의 용도변경을 하려면 그 성장관리계획에 맞게 해야 한다.

(3) 재검토

1) 특별시장·광역시장·특별자치시장·특별자치도지사·시장 또는 군수는 5년마다 관할 구역 내 수립된 성장관리계획에 대하여 대통령령으로 정하는 바에 따라 그 타당성 여부를 전반적으로 재검토하여 정비하여야 한다.

2) 특별시장·광역시장·특별자치시장·특별자치도지사·시장 또는 군수는 성장관리계획을 재검토하여 정비하는 경우에는 다음 각 호의 사항을 포함하여 검토한 후 그 결과를 성장관리계획 입안에 반영해야 한다.

① 개발수요의 주변지역으로의 확산 방지 등을 고려한 성장관리계획구역의 면적 또는 경계의 적정성

② 성장관리계획이 난개발의 방지 및 체계적인 관리 등 성장관리계획구역의 지정목적을 충분히 달성하고 있는지 여부

③ 성장관리계획구역의 지정목적을 달성하는 수준을 초과하여 건축물의 용도를 제한하는 등 토지소유자의 토지이용을 과도하게 제한하고 있는지 여부

④ 향후 예상되는 여건변화

(4) 성장관리계획구역 지정·변경의 기준 및 절차, 성장관리계획 수립·변경의 기준 및 절차 등에 관한 세부적인 사항은 국토교통부장관이 정하여 고시한다.

📘 제5장 개발행위의 허가 등 주요 내용 O·X 확인 문제

01 도시·군계획사업을 시행하는 경우에는 시·도지사가 개발행위의 허가를 받아야 한다. (   )

02 개발행위 허가 대상으로 틀린 것은? (   )

> 1. 건축물의 건축 또는 공작물의 설치
> 2. 토지의 형질 변경(경작을 위한 형질 변경은 제외)
> 3. 토석의 채취
> 4. 토지 분할(건축물이 있는 대지의 분할은 제외한다)
> 5. 녹지지역·관리지역·농림지역 또는 자연환경보전지역에 물건을 1개월 이상 쌓아놓는 행위

03 토지의 형질변경 및 토석채취 개발행위 중 보전관리지역·생산관리지역·농림지역 및 자연환경보전지역의 산림에서는(농업·임업·어업을 목적으로 하는 형질 변경만 해당) 사방사업법에 따른다. (   )

04 건축법상 허가대상 건축물의 개축·증축 또는 재축과 이에 필요한 범위에서의 토지의 형질 변경 및 경미한 행위의 경우에는 개발행위허가를 받지 아니하고 할 수 있다. (   )

05 사도개설허가를 받은 토지의 분할 및 토지의 일부를 국유지 또는 공유지로 하거나 공공시설로 사용하기 위한 토지로 분할하는 경우에는 허가를 받지 않아도 된다. (   )

06 개발행위허가를 하는 경우에는 개발행위에 따른 기반시설의 설치 또는 그에 필요한 용지의 확보를 조건으로 개발행위허가를 할 수 있으며, 이러한 경우에는 신청자의 의견을 들어서는 안 된다. (   )

07 개발행위허가의 신청에 대하여 특별한 사유가 없으면 20일(도시계획위원회의 심의를 거쳐야 하거나 관계 행정기관의 장과 협의를 하여야 하는 경우에는 심의 또는 협의기간을 제외한다) 이내에 허가 또는 불허가의 처분을 하여야 한다. (   )

08 사업기간을 단축하는 경우, 부지면적 또는 건축물 연면적을 10퍼센트 범위에서 축소하는 경우에는 개발행위 변경허가를 받지 않아도 된다. (   )

09 토지형질변경 규모와 관련하여 빈 칸을 채우시오. 단, 농어촌정비사업으로 이루어지는 경우에는 개발행위 규모의 제한을 받지 아니한다.

---

1. 도시지역
   가. 주거지역·상업지역·자연녹지지역·생산녹지지역 : (   ) 미만
   나. 공업지역 : (   ) 미만
   다. 보전녹지지역 : (   ) 미만
2. 관리지역 : (   ) 미만
3. 농림지역 : (   ) 미만
4. 자연환경보전지역 : (   ) 미만

---

10 관계 행정기관의 장은 건축, 공작물설치, 형질변경, 토석채취 시 대통령령으로 정하는 행위를 허가하거나 다른 법률에 따른 인가, 허가, 승인 또는 협의를 하려면 도시계획위원회의 우선협의를 거쳐야 한다. (   )

11 도시계획위원회의 심의를 거쳐야 하는 사항 중 빈칸을 채우시오.

---

① 중앙도시계획위원회의 심의를 거쳐야 하는 사항
   가. 면적이 (   )제곱킬로미터 이상인 토지의 형질변경
   나. 부피 (   )세제곱미터 이상의 토석채취
② 시·도도시계획위원회 또는 대도시에 두는 도시계획위원회의 심의를 거쳐야 하는 사항
   가. 면적이 (   )제곱미터 이상 (   )제곱킬로미터 미만인 토지의 형질변경
   나. 부피 (   )세제곱미터 이상 (   )세제곱미터 미만의 토석채취
③ 시·군·구도시계획위원회의 심의를 거쳐야 하는 사항
   가. 면적이 (   )제곱미터 미만인 토지의 형질변경
   나. 부피 (   )세제곱미터 이상 (   )세제곱미터 미만의 토석채취

---

12 지구단위계획 또는 성장관리계획을 수립한 지역에서 하는 개발행위, 산림사업 및 사방사업을 위한 개발행위는 도시계획위원회의 심사를 거치지 않아도 된다. (   )

13 기반시설의 설치나 그에 필요한 용지의 확보, 위해 방지, 환경오염 방지, 경관, 조경 등을 위하여 필요하다고 인정되는 경우에 이행보증금을 예치하게 할 수 있다[총공사비의 20퍼센트 이내(산지개발의 경우에는 복구비를 제외한 총공사비의 20퍼센트 이내)로 하되 그 산정에 관한 사항은 조례로 정한다](준공검사를 받은 때에는 즉시 이를 반환하여야 한다). (   )

14 도시계획위원회의 심의를 거쳐 한 차례만 3년 이내의 기간 동안 개발행위허가를 제한할 수 있다. 도시계획위원회의 심의 없이 한 차례만 2년 이내의 기간 동안 개발행위허가의 제한을 연장할 수 있는 경우를 고르시오. (,   ,   )

---

1. 녹지지역이나 계획관리지역으로서 수목이 집단적으로 자라고 있거나 조수류 등이 집단적으로 서식하고 있는 지역
2. 우량 농지 등으로 보전할 필요가 있는 지역
3. 도시·군기본계획을 수립하고 있는 지역으로서 그 도시·군기본계획이 결정될 경우 용도지역·용도지구 또는 용도구역의 변경이 예상되고 그에 따라 개발행위허가의 기준이 크게 달라질 것으로 예상되는 지역
4. 지구단위계획구역으로 지정된 지역
5. 기반시설부담구역으로 지정된 지역

---

15 개발행위허가를 받은 자가 행정청인 경우 새로 설치된 공공시설은 공공시설의 종류와 토지의 세목을 통지하는 경우에 그 시설을 관리할 관리청에 무상으로 귀속되고, 종래의 공공시설은 개발행위허가를 받은 자에게 무상으로 귀속된다. (   )

16 개발행위허가를 받은 자가 행정청이 아닌 경우 개발행위로 용도가 폐지되는 공공시설은 새로 설치한 공공시설의 설치비용의 120퍼센트에 상당하는 범위에서 개발행위허가를 받은 자에게 무상으로 양도할 수 있다. (   )

17 공공시설의 귀속에 관한 사항이 포함된 개발행위허가를 하려면 미리 해당 공공시설이 속한 관리청의 의견을 들어야 한다(관리청이 불분명한 경우에는 도로 등에 대하여는 국토교통부장관을, 하천에 대하여는 환경부장관을 관리청으로 보고, 그 외의 재산에 대하여는 기획재정부장관을 관리청으로 본다). (   )

18 특별시장·광역시장·특별자치시장·특별자치도지사·시장 또는 군수는 지방도시계획위원회의 심의를 거쳐 주거·상업 또는 공업지역에서의 개발행위로 기반시설(도시·군계획시설을 포함한다)의 처리·공급 또는 수용능력이 부족할 것으로 예상되는 지역 중 기반시설의 설치가 곤란한 지역을 개발밀도관리구역으로 지정할 수 있다. (   )

19 개발밀도관리구역의 경우 건폐율(최대한도의 50퍼센트) 또는 용적률을 강화하여 적용한다.
(   )

20 기반시설부담 대상은 단독주택 및 숙박시설 등 200제곱미터(기존 건축물의 연면적은 제외된다)를 초과하는 건축물의 신축·증축 행위로 한다. 기존 건축물을 철거하고 신축하는 경우에는 기존 건축물의 건축연면적을 초과하는 건축행위만 부과대상으로 한다. (   )

21 기반시설설치비용의 관리 및 운용을 위하여 기반시설부담구역별로 일반회계를 설치하여야 하며, 그에 필요한 사항은 지방자치단체의 조례로 정한다. (   )

22 국토교통부장관은 녹지지역, 관리지역, 농림지역 및 자연환경보전지역의 전부 또는 일부에 대하여 성장관리계획구역을 지정할 수 있다. (   )

23 계획관리지역에서 지정하는 성장관리계획구역에서는 건폐율을 50퍼센트 이하, 용적률을 100퍼센트 이하의 범위에서 완화하여 적용할 수 있다. (   )

24 특별시장·광역시장·특별자치시장·특별자치도지사·시장 또는 군수는 10년마다 관할 구역 내 수립된 성장관리계획에 대하여 그 타당성 여부를 전반적으로 재검토하여 정비하여야 한다. (   )

25 성장관리계획의 수립 포함사항에는 건축물의 배치, 행태, 색채, 높이 및 건축선이 포함된다. (   )

제5장 개발행위의 허가 등 주요 내용 O · X 확인 문제 정답

01 (×) 도시·군계획사업을 시행하는 경우에는 개발행위의 허가를 받지 않아도 된다.

02 (5) 농림지역은 허가대상지역이 아니다.

03 (×) 토지의 형질변경 및 토석채취 개발행위 중 도시지역과 계획관리지역의 산림에서의 임도설치와 사방사업을 하는 경우에는 산림자원의 조성 및 관리에 관한 법률과 사방사업법에 따르고, 보전관리지역·생산관리지역·농림지역 및 자연환경보전지역의 산림에서는(농업·임업·어업을 목적으로 하는 형질 변경만 해당) 산지관리법에 따른다.

04 (×) 재해복구나 재난수습을 위한 응급조치(1개월 내 신고), 건축법상 신고대상 건축물의 개축·증축 또는 재축과 이에 필요한 범위에서의 토지의 형질 변경 및 경미한 행위의 경우에는 개발행위허가를 받지 아니하고 할 수 있다.

05 (O)

06 (×) 개발행위허가를 하는 경우에는 개발행위에 따른 기반시설의 설치 또는 그에 필요한 용지의 확보, 위해 방지, 환경오염 방지, 경관, 조경 등에 관한 조치를 할 것을 조건으로 개발행위허가를 할 수 있다. 조건을 붙이려는 때에는 미리 개발행위허가를 신청한 자의 의견을 들어야 한다.

07 (×) 15일 이내에 허가 또는 불허가의 처분을 하여야 한다.

08 (×) 5퍼센트 범위에서 축소하는 경우에는 개발행위 변경허가를 받지 않아도 된다.

09

1. 도시지역 　가. 주거지역·상업지역·자연녹지지역·생산녹지지역 : (1만제곱미터) 미만 　나. 공업지역 : (3만제곱미터) 미만 　다. 보전녹지지역 : (5천제곱미터) 미만 2. 관리지역 : (3만제곱미터) 미만 3. 농림지역 : (3만제곱미터) 미만 4. 자연환경보전지역 : (5천제곱미터) 미만

10 (×) 관계 행정기관의 장은 건축, 공작물설치, 형질변경, 토석채취 시 대통령령으로 정하는 행위를 허가하거나 다른 법률에 따른 인가, 허가, 승인 또는 협의를 하려면 중도/지방도시계획위원회 심의를 거쳐야 한다.

11 ① 중앙도시계획위원회의 심의를 거쳐야 하는 사항
   가. 면적이 (1)제곱킬로미터 이상인 토지의 형질변경
   나. 부피 (1백만)세제곱미터 이상의 토석채취
② 시·도도시계획위원회 또는 대도시에 두는 도시계획위원회의 심의를 거쳐야 하는 사항
   가. 면적이 (30만)제곱미터 이상 (1)제곱킬로미터 미만인 토지의 형질변경
   나. 부피 (50만)세제곱미터 이상 (1백만)세제곱미터 미만의 토석채취
③ 시·군·구도시계획위원회의 심의를 거쳐야 하는 사항
   가. 면적이 (30만)제곱미터 미만인 토지의 형질변경
   나. 부피 (3만)세제곱미터 이상 (50만)세제곱미터 미만의 토석채취
중앙행정기관의 장이 '②', '③' 사항 허가 시에는 중도위 심의 거쳐야 하며, 시·도지사가 '③' 사항 허가 시에는 시·도 도시계획위원회의 심의를 거쳐야 한다.

12 (○) 도시계획위원회의 심의를 받는 구역에서 하는 개발행위, 지구단위계획 또는 성장관리계획을 수립한 지역에서 하는 개발행위, 산림사업 및 사방사업을 위한 개발행위는 심사를 거치지 않아도 된다.

13 (×) 복구비를 합하여 총공사비의 20퍼센트 이내이다.

14 (3, 4, 5)

15 (○) 개발행위허가를 받은 자가 행정청인 경우 새로 설치된 공공시설은 그 시설을 관리할 관리청에 무상으로 귀속되고, 종래의 공공시설은 개발행위허가를 받은 자에게 무상으로 귀속된다. 개발행위허가를 받은 자가 행정청인 경우 개발행위허가를 받은 자는 개발행위가 끝나 준공검사를 마친 때에는 해당 시설의 관리청에 공공시설의 종류와 토지의 세목(細目)을 통지하여야 하며 그 통지한 날에 해당 시설을 관리할 관리청과 개발행위허가를 받은 자에게 각각 귀속된 것으로 본다.

16 (×) 설치비용에 상당하는 범위에서 개발행위허가를 받은 자에게 무상으로 양도할 수 있다.

17 (○)

18 (○)

19 (×) 용적률(최대한도의 50퍼센트)을 강화하여 적용한다. 건폐율은 강화비율이 규정되어 있지 않다.

20 (×) 기존 건축물의 연면적을 포함한다.

21 (×) 특별회계를 설치하여야 하며, 그에 필요한 사항은 지방자치단체의 조례로 정한다.

22 (×) 특별시장·광역시장·특별자치시장·특별자치도지사·시장 또는 군수가 지정한다.

23 (×) 건폐율을 50퍼센트 이하, 용적률을 125퍼센트 이하의 범위에서 완화하여 적용할 수 있다.

24 (×) 5년마다

25 (×) 건축선은 포함되지 않는다.

---

1. 도로, 공원 등 기반시설의 배치와 규모에 관한 사항
2. 건축물의 용도제한, 건축물의 건폐율 또는 용적률
3. 건축물의 배치, 형태, 색채 및 높이
4. 환경관리 및 경관계획
5. 그 밖에 난개발의 방지와 체계적인 관리에 필요한 사항으로서 대통령령으로 정하는 사항

Chapter 06

용도지역 · 용도지구 및 용도구역 에서의 행위 제한(제76조 내지 제84조)

"제4장 제2-1절" 참조

도시·군계획시설사업의 시행
(제85조 내지 제100조)

"제4장 제3-1절" 참조

Chapter
08

비용(제101조 내지 제105조의2)

1. 비용 부담의 원칙(제101조)

광역도시계획 및 도시군계획의 수립과 도시·군계획시설사업에 관한 비용은 국가는 국가예산, 지단은 지단, 행정청이 아닌 자는 그 자가 부담함이 원칙이다.

2. 지방자치단체의 비용 부담(제102조)

1) 국토교통부장관/시·도지사는 그가 시행한 시설사업으로 이익받는 시·도/시 또는 군이 있으면 사업비용 중 일부를 부담시킬 수 있음 + 국토교통부장관은 비용 부담시키기 전에 행정안전부장관과 협의해야 함

2) 시·도지사는 시·도에 속하지 않는 특별시장·광역시장·특별자치시장·특별자치도지사·시장 또는 군수에게 비용 부담시키려면 해당 지방자치단체장과 협의하되, 협의불성립 시 행정안전부장관 결정에 따른다.

3) 시장 또는 군수는 다른 지단에게 비용의 일부를 그 이익을 받는 다른 지단과 협의하여 부담, 협의불성립 시 같은 도에 속할 때는 도지사가, 다른 시·도에 속할 때는 행정안전부장관 결정에 따른다.

4) 비용부담 총액은 사업소요비용의 50퍼센트를 넘지 못한다(조사·측량비, 설계비 및 관리비를 포함하지 아니한다).

3. 보조 또는 융자(제104조)

1) 시·도지사, 시장 또는 군수가 수립하는 광역도시·군계획 또는 도시·군계획에 관한 기초조사나 지형도면의 작성에 드는 비용은 대통령령으로 정하는 바에 따라(80퍼센트 이하의 범위 안에서 국가예산으로 보조 가능) 그 비용의 전부 또는 일부를 국가예산에서 보조할 수 있다.

2) 행정청이 시행하는 도시·군계획시설사업에 드는 비용(조사·측량비, 설계비 및 관리비를 제외한 공사비와 감정비를 포함한 보상비를 말한다)은 대통령령으로 정하는 바에 따라(50퍼센트 이하의 범위 안에서) 그 비용의 전부 또는 일부를 국가예산에서 보조하거나 융자할 수 있으며, 행정청이 아닌 자가 시행하는 도시·군계획시설사업에 드는 비용의 일부는 대통령령으로 정하는 바에 따라(3분의 1 이하의 범위 안에서) 국가 또는 지방자치단체가 보조하거나 융자할 수 있다. 이 경우 국가 또는 지방자치단체는 다음의 어느 하나에 해당하는 지역을 우선 지원할 수 있다.
① 도로, 상하수도 등 기반시설이 인근지역에 비하여 부족한 지역
② 광역도시계획에 반영된 광역시설이 설치되는 지역
③ 개발제한구역(집단취락만 해당한다)에서 해제된 지역
④ 도시·군계획시설결정의 고시일부터 10년이 지날 때까지 그 도시·군계획시설의 설치에

관한 도시·군계획시설사업이 시행되지 아니한 경우로서 해당 도시·군계획시설의 설치 필요성이 높은 지역

4. 취락지구에 대한 지원(제105조)

국가나 지방자치단체는 대통령령으로 정하는 바에 따라 취락지구 주민의 생활 편익과 복지 증진 등을 위한 사업을 시행하거나 그 사업을 지원할 수 있다.

① **집단취락지구** : 개발제한구역의 지정 및 관리에 관한 특별조치법령에서 정하는 바에 의한다.

② **자연취락지구**

　가. 자연취락지구 안에 있거나 자연취락지구에 연결되는 도로·수도공급설비·하수도 등의 정비

　나. 어린이놀이터·공원·녹지·주차장·학교·마을회관 등의 설치·정비

　다. 쓰레기처리장·하수처리시설 등의 설치·개량

　라. 하천정비 등 재해방지를 위한 시설의 설치·개량

　마. 주택의 신축·개량

5. 방재지구에 대한 지원(제105조의2)

국가나 지방자치단체는 이 법률 또는 다른 법률에 따라 방재사업을 시행하거나 그 사업을 지원하는 경우 방재지구에 우선적으로 지원할 수 있다.

Chapter 09 도시계획위원회 (제106조 내지 제116조)

1. 중앙도시계획위원회

(1) 구성(제107조)

1) 위원장·부위원장 각 1명 포함한 25명 이상 30명 이하 위원으로 구성 – 공무원이 아닌 위원의 수는 10명 이상으로 하고, 그 임기는 2년으로 한다. 보궐위원의 임기는 전임자 임기의 남은 기간으로 한다.

   * 위원장과 부위원장은 위원 중 국토교통부장관이 임명 또는 위촉한다.

2) 위원은 관계 중앙행정기관의 공무원과 토지 이용, 건축, 주택, 교통, 공간정보, 환경, 법률, 복지, 방재, 문화, 농림 등 도시·군계획과 관련된 분야에 관한 학식과 경험이 풍부한 자 중에서 국토교통부장관이 임명하거나 위촉한다.

3) 보궐위원의 임기는 전임자 임기의 남은 기간으로 한다.

(2) 수행사항(제106조)

① 광역도시계획·도시·군계획·토지거래계약허가구역 등 국토교통부장관의 권한에 속하는 사항의 심의

② 이 법 또는 다른 법률에서 중앙도시계획위원회의 심의를 거치도록 한 사항의 심의

③ 도시·군계획에 관한 조사·연구

(3) 직무 및 회의(제108조 및 제109조)

1) 위원장은 중앙도시계획위원회의 업무를 총괄하며, 중앙도시계획위원회의 의장이 된다.

2) 부위원장은 위원장을 보좌하며, 위원장이 부득이한 사유로 그 직무를 수행하지 못할 때에는 그 직무를 대행한다.

3) 위원장/부위원장 모두 부득이한 사유로 그 직무를 수행하지 못할 때에는 위원장이 미리 지명한 위원이 그 직무를 대행한다. [기출 29]

4) 중앙도시계획위원회의 회의는 국토교통부장관이나 위원장이 필요하다고 인정하는 경우에 국토교통부장관이나 위원장이 소집한다. → 회의는 재적위원 과반수의 출석으로 개의(開議)하고, 출석위원 과반수의 찬성으로 의결한다. [기출 29 31]

(4) 분과위원회(제110조)

1) 다음 각 호의 사항을 효율적으로 심의하기 위하여 중앙도시계획위원회에 분과위원회를 둘 수 있다(위원장 1인 포함한 5인 이상 17인 이하 위원으로 구성 / 위원장은 위원 중 호선한다).

> 1. 토지 이용에 관한 구역 등의 지정·변경 및 용도지역 등의 변경계획에 관한 사항
> 2. 개발행위에 대한 도시계획위원회의 심의에 관한 사항
> 3. 삭제
> 4. 중앙도시계획위원회에서 위임하는 사항

2) 분과위원회의 심의는 중앙도시계획위원회의 심의로 본다. 다만, 상기 1) 제4호의 경우에는 중앙도시계획위원회가 분과위원회의 심의를 중앙도시계획위원회의 심의로 보도록 하는 경우만 해당한다.

(5) 전문위원(제111조)

1) 도시·군계획 등에 관한 중요 사항을 조사·연구하기 위하여 중앙도시계획위원회에 전문위원을 둘 수 있다 [기출 29].
2) 전문위원은 위원장 및 중앙도시계획위원회나 분과위원회의 요구가 있을 때에는 회의에 출석하여 발언할 수 있다.
3) 전문위원은 토지 이용, 건축, 주택, 교통, 공간정보, 환경, 법률, 복지, 방재, 문화, 농림 등 도시·군계획과 관련된 분야에 관한 학식과 경험이 풍부한 자 중에서 국토교통부장관이 임명한다.

(6) 간사 및 서기(제112조)

1) 중앙도시계획위원회에 간사와 서기를 둔다.
2) 간사와 서기는 국토교통부 소속 공무원 중에서 국토교통부장관이 임명한다.
3) 간사는 위원장의 명을 받아 중앙도시계획위원회의 서무를 담당하고, 서기는 간사를 보좌한다.

2. 지방도시계획위원회(제113조)

(1) 다음 각 호의 심의를 하게 하거나 자문에 응하게 하기 위하여 시·도에 시·도도시계획위원회를 둔다(위원장, 부위원장 포함 25~30명/ 위원장은 시·도지사 임명·위촉, 부위원장은 호선).

> 1. 시·도지사가 결정하는 도시·군관리계획의 심의 등 시·도지사의 권한에 속하는 사항과 다른 법률에서 시·도도시계획위원회의 심의를 거치도록 한 사항의 심의
> 2. 국토교통부장관의 권한에 속하는 사항 중 중앙도시계획위원회의 심의 대상에 해당하는 사항이 시·도지사에게 위임된 경우 그 위임된 사항의 심의
> 3. 도시·군관리계획과 관련하여 시·도지사가 자문하는 사항에 대한 조언
> 4. 그 밖에 대통령령으로 정하는 사항에 관한 심의 또는 조언

(2) 도시·군관리계획과 관련된 다음 각 호의 심의를 하게 하거나 자문에 응하게 하기 위하여 시·군(광역시 군 포함) 또는 구에 각각 시·군·구도시계획위원회를 둔다(위원장, 부위원장 포함

15~25명 / 위원장은 시장·군수·구청장이 임명·위촉, 부위원장은 호선 / 2 이상 시·군·구 공동설치 시는 30명까지 가능). [기출 31]

> 1. 시장 또는 군수가 결정하는 도시·군관리계획의 심의와 국토교통부장관이나 시·도지사의 권한에 속하는 사항 중 시·도도시계획위원회의 심의대상에 해당하는 사항이 시장·군수 또는 구청장에게 위임되거나 재위임된 경우 그 위임되거나 재위임된 사항의 심의
> 2. 도시·군관리계획과 관련하여 시장·군수 또는 구청장이 자문하는 사항에 대한 조언
> 3. 개발행위의 허가 등에 관한 심의
> 4. 그 밖에 대통령령으로 정하는 사항에 관한 심의 또는 조언

(3) 분과위원회

1) 시·도도시계획위원회나 시·군·구도시계획위원회의 심의 사항 중 대통령령으로 정하는 사항을 효율적으로 심의하기 위하여 시·도도시계획위원회나 시·군·구도시계획위원회에 분과위원회를 둘 수 있다 [기출 31].

2) 분과위원회에서 심의하는 사항 중 시·도도시계획위원회나 시·군·구도시계획위원회가 지정하는 사항은 분과위원회의 심의를 시·도도시계획위원회나 시·군·구도시계획위원회의 심의로 본다.

(4) 전문위원

1) 도시·군계획 등에 관한 중요 사항을 조사·연구하기 위하여 지방도시계획위원회에 전문위원을 둘 수 있다.

2) 전문위원은 위원장 및 지방도시계획위원회나 분과위원회의 요구가 있을 때에는 회의에 출석하여 발언할 수 있다.

3) 전문위원은 토지 이용, 건축, 주택, 교통, 공간정보, 환경, 법률, 복지, 방재, 문화, 농림 등 도시·군계획과 관련된 분야에 관한 학식과 경험이 풍부한 자 중에서 국토교통부장관이 임명한다.

3. 회의록의 공개(제113조의2)

중앙도시계획위원회 및 지방도시계획위원회의 심의 일시·장소·안건·내용·결과 등이 기록된 회의록은 1년의 범위에서 대통령령으로 정하는 기간(중앙도시계획위원회의 경우에는 심의 종결 후 6개월, 지방도시계획위원회의 경우에는 6개월 이하의 범위에서 해당 지방자치단체의 도시·군계획조례로 정하는 기간)이 지난 후에는 공개 요청이 있는 경우 대통령령으로 정하는 바(회의록의 공개는 열람 또는 사본을 제공하는 방법)에 따라 공개하여야 한다. [기출 29 31]
다만, 공개에 의하여 부동산 투기 유발 등 공익을 현저히 해칠 우려가 있다고 인정하는 경우나 심의·의결의 공정성을 침해할 우려가 있다고 인정되는 이름/주민등록번호 등 대통령령으로 정

하는 개인식별 정보(이름·주민등록번호·직위 및 주소 등 특정인임을 식별할 수 있는 정보)에 관한 부분은 그러하지 아니하다.

4. 위원의 제척·회피(113조의3)

1) 중앙도시계획위원회의 위원 및 지방도시계획위원회의 위원은 다음 어느 하나에 해당하는 경우에 심의/자문에서 제척된다.

> 1. 자기나 배우자 또는 배우자이었던 자가 당사자이거나 공동권리자 또는 공동의무자인 경우
> 2. 자기가 당사자와 친족관계이거나 자기 또는 자기가 속한 법인이 당사자의 법률·경영 등에 대한 자문·고문 등으로 있는 경우
> 3. 자기 또는 자기가 속한 법인이 당사자 등의 대리인으로 관여하거나 관여하였던 경우
> 4. 그 밖에 해당 안건에 자기가 이해관계인으로 관여한 경우로서 대통령령으로 정하는 경우

2) 위원이 위의 각 호의 사유에 해당하는 경우에는 스스로 그 안건의 심의·자문에서 회피할 수 있다.

5. 벌칙 적용 시의 공무원 의제(제113조의4)

중앙도시계획위원회의 위원·전문위원 및 지방도시계획위원회의 위원·전문위원 중 공무원이 아닌 위원이나 전문위원은 그 직무상 행위와 관련하여 「형법」 제129조부터 제132조까지의 규정을 적용할 때에는 공무원으로 본다.

6. 기타(제114조 내지 제116조)

1) 중앙도시계획위원회와 분과위원회의 설치 및 운영에 필요한 사항은 대통령령으로 정한다.

2) 지방도시계획위원회와 분과위원회의 설치 및 운영에 필요한 사항은 대통령령으로 정하는 범위에서 해당 지방자치단체의 조례로 정한다.

3) 중앙도시계획위원회의 위원이나 전문위원, 지방도시계획위원회의 위원에게는 대통령령이나 조례로 정하는 바에 따라 수당과 여비를 지급할 수 있다.

4) 지방자치단체의 장이 입안한 광역도시계획·도시·군기본계획 또는 도시·군관리계획을 검토하거나 지방자치단체의 장이 의뢰하는 광역도시계획·도시·군기본계획 또는 도시·군관리계획에 관한 기획·지도 및 조사·연구를 위하여 해당 지방자치단체의 조례로 정하는 바에 따라 지방도시계획위원회에 전문위원 등으로 구성되는 도시/군계획상임기획단을 둔다.

확인문제

01 국토의 계획 및 이용에 관한 법령상 도시계획위원회에 관한 설명으로 옳은 것은? ◆ 31회

① 시·도도시계획위원회는 위원장 및 부위원장 각 1명을 포함한 20명 이상 25명 이하의 위원으로 구성한다.

② 시·도도시계획위원회의 위원장과 부위원장은 위원 중에서 해당 시·도지사가 임명 또는 위촉한다.

③ 중앙도시계획위원회의 회의는 재적위원 과반수의 출석으로 개의하고, 출석위원 과반수의 찬성으로 의결한다.

④ 시·군·구도시계획위원회에는 분과위원회를 둘 수 없다.

⑤ 중앙도시계획위원회 회의록은 심의 종결 후 3개월 이내에 공개 요청이 있는 경우 원본을 제공하여야 한다.

답 ③

제8장 비용 및 제9장 도시계획위원회 주요 내용 O · X 확인 문제

01 국토교통부장관이나 시 · 도지사는 그가 시행한 도시 · 군계획시설사업으로 현저히 이익을 받는 시 · 도, 시 또는 군이 있으면 비용의 일부를 그 이익을 받는 시 · 도, 시 또는 군에 부담시킬 수 있다. (   )

02 국토교통부장관은 시 · 도, 시 또는 군에 비용을 부담시키기 전에 행정안전부장관과 협의하여야 한다. 시 · 도지사는 해당 지방자치단체의 장과 협의하되, 협의가 성립되지 아니하는 경우에는 국토교통부장관이 결정하는 바에 따른다. (   )

03 시 · 도지사, 시장 또는 군수가 수립하는 광역도시 · 군계획 또는 도시 · 군계획에 관한 기초조사나 지형도면의 작성에 드는 비용은 그 비용의 전부 또는 일부를 지방자치단체예산에서 보조할 수 있다. (   )

04 중앙도시계획위원회는 위원장 · 부위원장 각 1명을 포함한 15명 이상 30명 이하의 위원으로 구성한다. (   )

05 위원장과 부위원장이 모두 부득이한 사유로 그 직무를 수행하지 못할 때에는 최고 연장자가 그 직무를 대행한다. (   )

06 토지 이용에 관한 구역등의 지정 · 변경 및 용도지역 등의 변경계획에 관한 사항, 개발행위에 대한 도시계획위원회의 심의를 위해서 중앙도시계획위원회에 분과위원회를 둘 수 없고 외부 전문위원을 도입해야 한다. (   )

07 시 · 도도시계획위원회나 시 · 군 · 구도시계획위원회에 분과위원회를 둘 수 있다. (   )

08 중앙도시계획위원회의 심의 일시 · 장소 · 안건 · 내용 · 결과 등이 기록된 회의록은 3개월이 지난 후에는 공개 요청이 있는 경우 공개하여야 한다. (   )

제8장 비용 및 제9장 도시계획위원회 주요 내용 O · X 확인 문제 정답

01 (O)

02 (×) 시 · 도지사는 해당 지방자치단체의 장과 협의하되, 협의가 성립되지 아니하는 경우에는 행정안전부장관이 결정하는 바에 따른다.

03 (×) 국가예산에서 보조할 수 있다.

04 (×) 25명 이상 30명 이하의 위원으로 구성한다.

05 (×) 위원장이 미리 지명한 위원이 그 직무를 대행한다.

06 (×) 중앙도시계획위원회에 분과위원회를 둘 수 있다.

07 (O)

08 (×) 6개월이 지난 후에는 공개 요청이 있는 경우 공개하여야 한다.

보칙(제127조 내지 제139조)

1. 시범도시(제127조)

(1) 시범도시 [기출 29 32]

국토교통부장관은 도시의 경제·사회·문화적인 특성을 살려 개성 있고 지속가능한 발전을 촉진하기 위하여 필요하면 직접 또는 관계 중앙행정기관의 장이나 시·도지사의 요청에 의하여 경관, 생태, 정보통신, 과학, 문화, 관광, 그 밖에 대통령령으로 정하는 분야별로 시범도시(시범지구나 시범단지를 포함한다)를 지정할 수 있다.

  ┖ 교육·안전·교통·경제활력·도시재생 및 기후변화 분야

  ┖ 국토교통부장관은 분야별로 시범도시의 지정에 관한 세부기준을 정할 수 있다.

(2) 시범도시는 다음의 기준에 적합하여야 함

① 시범도시의 지정이 도시의 경쟁력 향상, 특화발전 및 지역균형발전에 기여할 수 있을 것

② 시범도시의 지정에 대한 주민의 호응도가 높을 것

③ 시범도시의 지정목적 달성에 필요한 사업(이하 "시범도시사업"이라 한다)에 주민이 참여할 수 있을 것

④ 시범도시사업의 재원조달계획이 적정하고 실현가능할 것

(3) 시범도시 지정요청

관계 중앙행정기관의 장 또는 시·도지사는 국토교통부장관에게 시범도시의 지정을 요청하고자 하는 때에는 미리 설문조사·열람 등을 통하여 주민의 의견을 들은 후 관계 지방자치단체의 장의 의견을 들어야 한다.

1) 시·도지사는 시범도시의 지정을 요청하고자 하는 때에는 미리 당해 시·도도시계획위원회의 자문을 거쳐야 한다.

2) 관계 중앙행정기관의 장 또는 시·도지사는 시범도시의 지정을 요청하고자 하는 때에는 다음 서류를 국토교통부장관에게 제출해야 한다.

  ① 지정기준에 적합함을 설명하는 서류

  ② 지정을 요청하는 관계 중앙행정기관의 장 또는 시·도지사가 직접 시범도시에 대하여 지원할 수 있는 예산·인력 등의 내역

  ③ 주민의견청취의 결과와 관계 지방자치단체의 장의 의견

  ④ 시·도도시계획위원회에의 자문 결과

3) 국토교통부장관은 시범도시를 지정하려면 중앙도시계획위원회의 심의를 거쳐야 한다. [기출 29]

4) 국토교통부장관은 시범도시를 지정한 때에는 지정목적·지정분야·지정대상도시 등을 관보와 국토교통부의 인터넷 홈페이지에 공고하고 관계 행정기관의 장에게 통보해야 한다.

5) 국토교통부장관, 관계 중앙행정기관의 장 또는 시·도지사는 지정된 시범도시에 대하여 예산·인력 등 필요한 지원 가능 → 관계 중앙행정기관의 장 또는 시·도지사는 시범도시에 대하여 예산·인력 등을 지원한 때에는 그 지원내역을 국토교통부장관에게 통보하여야 한다.

(4) 비용보조

1) 국토교통부장관, 관계 중앙행정기관의 장 또는 시·도지사는 시범도시에 대하여 다음 범위에서 보조 또는 융자를 할 수 있다. [기출 29]

① 시범도시사업계획의 수립에 소요되는 비용의 80퍼센트 이하

② 시범도시사업의 시행에 소요되는 비용(보상비를 제외한다)의 50퍼센트 이하

2) 시·도지사는 시범도시에 대하여 상기 1)의 범위에서 보조나 융자를 할 수 있다.

(5) 시범도시사업계획의 수립·시행

① 시범도시를 관할하는 특별시장·광역시장·특별자치시장·특별자치도지사·시장·군수 또는 구청장은 다음 각호의 구분에 따라 시범도시사업의 시행에 관한 계획(이하 "시범도시사업계획")을 수립(변경)·시행하여야 한다[미리 설문조사·열람 등을 통하여 주민의 의견을 들어야 한다. + 미리 국토교통부장관(관계 중앙행정기관의 장 또는 시·도지사의 요청에 의하여 지정된 시범도시의 경우에는 지정을 요청한 기관을 말한다)과 협의하여야 한다].

1. 시범도시가 시·군 또는 구의 관할구역에 한정되어 있는 경우 : 관할 시장·군수 또는 구청장이 수립·시행

2. 그 밖의 경우 : 특별시장·광역시장·특별자치시장 또는 특별자치도지사가 수립·시행

② 시범도시사업계획에는 다음 각 호의 사항이 포함되어야 한다.

1. 시범도시사업의 목표·전략·특화발전계획 및 추진체제에 관한 사항

2. 시범도시사업의 시행에 필요한 도시·군계획 등 관련계획의 조정·정비에 관한 사항

3. 시범도시사업의 시행에 필요한 도시·군계획사업에 관한 사항

4. 시범도시사업의 시행에 필요한 재원조달에 관한 사항

4의2. 주민참여 등 지역사회와의 협력체계에 관한 사항

5. 그 밖에 시범도시사업의 원활한 시행을 위하여 필요한 사항

③ 특별시장·광역시장·특별자치시장·특별자치도지사·시장·군수 또는 구청장은 제1항에 따라 시범도시사업계획을 수립한 때에는 주요내용을 해당 지방자치단체의 공보와 인터넷 홈페이지에 고시한 후 그 사본 1부를 국토교통부장관에게 송부해야 한다.

(6) 시범도시사업의 평가·조정

① 시범도시를 관할하는 특별시장·광역시장·특별자치시장·특별자치도지사·시장·군수 또는 구청장은 매년 말까지 당해 연도 시범도시사업계획의 추진실적을 국토교통부장관과 당해 시범도시의 지정을 요청한 관계 중앙행정기관의 장 또는 시·도지사에게 제출하여야 한다.

② 국토교통부장관, 관계 중앙행정기관의 장 또는 시·도지사는 상기 규정에 의하여 제출된 추진실적을 분석한 결과 필요하다고 인정하는 때에는 시범도시사업계획의 조정요청, 지원 내용의 축소 또는 확대 등의 조치를 할 수 있다.

(7) 기타

1) 시장/군수/구청장은 시범도시사업의 시행을 위하여 필요한 경우에는 다음 사항을 도시·군계획조례로 정할 수 있다. [기출 29]

① 시범도시사업의 예산집행에 관한 사항

② 주민의 참여에 관한 사항

2) 제127조 제3항 : 국토교통부장관은 관계 중앙행정기관의 장이나 시·도지사에게 시범도시의 지정과 지원에 필요한 자료를 제출하도록 요청할 수 있다.

3) 제127조 제4항 : 시범도시의 지정 및 지원의 기준·절차 등에 관하여 필요한 사항은 대통령령으로 정한다.

4) 국토교통부장관은 직접 시범도시를 지정함에 있어 필요한 경우에는 국토교통부령이 정하는 바에 따라 대상 도시를 공모할 수 있다.

** 국토교통부장관은 시범도시를 공모하고자 하는 때에는 다음 사항을 관보에 공고해야 한다.

① 시범도시의 지정목적

② 시범도시의 지정분야

③ 시범도시의 지정기준

④ 시범도시의 지원에 관한 내용(그 내용이 미리 정하여져 있는 경우에 한한다) 및 일정

⑤ 시범도시의 지정일정

⑥ 그 밖에 시범도시의 공모에 필요한 사항

공모에 응모할 수 있는 자는 특별시장·광역시장·특별자치시장·특별자치도지사·시장·군수 또는 구청장으로 한다. [기출 29]

** 국토교통부장관은 시범도시의 공모 및 평가 등에 관한 업무를 원활하게 수행하기 위하여 필요한 때에는 전문기관에 자문하거나 조사·연구를 의뢰할 수 있다.

2. 국토이용정보체계의 활용(제128조)

1) 국토교통부장관, 시·도지사, 시장 또는 군수가 「토지이용규제 기본법」 제12조에 따라 국토이용정보체계를 구축하여 도시·군계획에 관한 정보를 관리하는 경우에는 해당 정보를 도시·군계획을 수립하는 데에 활용하여야 한다.

2) 특별시장·광역시장·특별자치시장·특별자치도지사·시장 또는 군수는 개발행위허가 민원 간소화 및 업무의 효율적인 처리를 위하여 국토이용정보체계를 활용하여야 한다.

3. 전문기관에 자문 등(제129조)

1) 국토교통부장관은 필요하다고 인정하는 경우에는 광역도시계획이나 도시·군기본계획의 승인, 그 밖에 도시·군계획에 관한 중요 사항에 대하여 도시·군계획에 관한 전문기관에 자문을 하거나 조사·연구를 의뢰할 수 있다.

2) 국토교통부장관은 자문을 하거나 조사·연구를 의뢰하는 경우에는 그에 필요한 비용을 예산의 범위에서 해당 전문기관에 지급할 수 있다.

4. 타인토지에의 출입 등(제130조)

1) 국토교통부장관, 시·도지사, 시장 또는 군수나 도시·군계획시설사업의 시행자는 다음 ①~④의 행위를 하기 위하여 필요하면 타인의 토지에 출입하거나 타인의 토지를 재료 적치장 또는 임시통로로 일시 사용할 수 있으며, 특히 필요한 경우에는 나무, 흙, 돌, 그 밖의 장애물을 변경하거나 제거할 수 있다. [기출 34]

① 도시·군계획·광역도시·군계획에 관한 기초조사

② 개발밀도관리구역, 기반시설부담구역 및 제67조 제4항에 따른 기반시설설치계획에 관한 기초조사

③ 지가의 동향 및 토지거래의 상황에 관한 조사 [기출 32]

④ 도시·군계획시설사업에 관한 조사·측량 또는 시행

2) 타인 토지에 출입하려는 자는 특별시장·광역시장·특별자치시장·특별자치도지사·시장 또는 군수의 허가를 받아야 하며, 출입하려는 날의 7일 전까지 그 토지의 소유자·점유자 또는 관리인에게 그 일시와 장소를 알려야 한다.

다만, 행정청인 도시·군계획시설사업의 시행자는 허가를 받지 아니하고 타인의 토지에 출입할 수 있다.

3) 타인의 토지를 재료 적치장 또는 임시통로로 일시사용하거나 나무, 흙, 돌, 그 밖의 장애물을 변경 또는 제거하려는 자는 토지의 소유자·점유자 또는 관리인의 동의를 받아야 한다.

4) 토지나 장애물의 소유자·점유자 또는 관리인이 현장에 없거나 주소 또는 거소가 불분명하여 그 동의를 받을 수 없는 경우에는 행정청인 도시·군계획시설사업의 시행자는 관할 특별시장·광역시장·특별자치시장·특별자치도지사·시장 또는 군수에게 그 사실을 통지하여야 하며, 행정청이 아닌 도시·군계획시설사업의 시행자는 미리 관할 특별시장·광역시장·특별자치시장·특별자치도지사·시장 또는 군수의 허가를 받아야 한다.

5) 토지를 일시 사용하거나 장애물을 변경 또는 제거하려는 자는 토지를 사용하려는 날이나 장애물을 변경 또는 제거하려는 날의 3일 전까지 그 토지나 장애물의 소유자·점유자 또는 관리인에게 알려야 한다.

6) 일출 전이나 일몰 후에는 그 토지 점유자의 승낙 없이 택지나 담장 또는 울타리로 둘러싸인 타인의 토지에 출입할 수 없다.

7) 토지의 점유자는 정당한 사유 없이 1)에 따른 행위를 방해하거나 거부하지 못한다.

8) 타인 토지에 출입하려는 자는 그 권한을 표시하는 증표와 허가증을 지니고 이를 관계인에게 내보여야 한다.

9) 증표와 허가증에 관하여 필요한 사항은 국토교통부령으로 정한다.

5. 토지에의 출입 등에 따른 손실 보상(제131조)

1) 타인 토지 출입 행위로 인하여 손실을 입은 자가 있으면 그 행위자가 속한 행정청이나 도시·군계획시설사업의 시행자가 그 손실을 보상하여야 한다.
   → 그 손실을 보상할 자와 손실을 입은 자가 협의하여야 한다.
   → 협의 불성립 시 관할 토지수용위원회에 재결 신청을 할 수 있다.

2) 관할 토지수용위원회의 재결에 관하여는 「공익사업을 위한 토지 등의 취득 및 보상에 관한 법률」 제83조부터 제87조까지 준용

6. 법률 등의 위반자에 대한 처분(제133조)

1) 국토교통부장관, 시·도지사, 시장·군수 또는 구청장은 다음의 어느 하나에 해당하는 자에게 이 법에 따른 허가·인가 등의 취소, 공사의 중지, 공작물 등의 개축 또는 이전, 그 밖에 필요한 처분을 하거나 조치를 명할 수 있다.

1. 제31조 제2항 단서(도시·군관리계획 결정 당시에 따른 신고를 하지 아니하고 사업 또는 공사를 한 자

> **＊ 제31조 제2항 단서**
> 시가화조정구역이나 수산자원보호구역의 지정에 관한 도시·군관리계획 결정이 있는 경우에는 대통령령으로 정하는 바에 따라 특별시장·광역시장·특별자치시장·특별자치도지사·시장 또는 군수에게 신고하고 그 사업이나 공사를 계속할 수 있다.

1의2. 도시혁신구역에서 해당 도시혁신계획에 맞지 아니하게 건축물을 건축 또는 용도변경을 하거나 공작물을 설치한 자

1의3. 복합용도구역에서 해당 복합용도계획에 맞지 아니하게 건축물을 건축 또는 용도변경을 하거나 공작물을 설치한 자

1의4. 입체복합구역에서 해당 도시·군관리계획에 맞지 아니하게 건축물을 건축 또는 용도변경을 하거나 공작물을 설치한 자2. 도시·군계획시설을 도시·군관리계획의 결정 없이 설치한 자

2. 도시·군계획시설을 제43조 제1항에 따른 도시·군관리계획의 결정 없이 설치한 자

3. 공동구의 점용 또는 사용에 관한 허가를 받지 아니하고 공동구를 점용 또는 사용하거나 같은 조 제3항에 따른 점용료 또는 사용료를 내지 아니한 자

4. 지구단위계획구역에서 해당 지구단위계획에 맞지 아니하게 건축물을 건축 또는 용도변경을 하거나 공작물을 설치한 자

5. 개발행위허가 또는 변경허가를 받지 아니하고 개발행위를 한 자

5의2. 개발행위허가 또는 변경허가를 받고 그 허가받은 사업기간 동안 개발행위를 완료하지 아니한 자

5의3. 개발행위허가를 받고 그 개발행위허가의 조건을 이행하지 아니한 자

6. 개발행위허가에 따른 이행보증금을 예치하지 아니하거나 토지의 원상회복명령에 따르지 아니한 자

7. 개발행위를 끝낸 후 준공검사를 받지 아니한 자

7의2. 원상회복명령에 따르지 아니한 자

7의3. 성장관리계획구역에서 그 성장관리계획에 맞지 아니하게 개발행위를 하거나 건축물 용도를 변경한 자

8. 제76조(같은 조 제5항 제2호부터 제4호까지의 규정은 제외)에 따른 용도지역 또는 용도지구에서의 건축 제한 등을 위반한 자

9. 건폐율을 위반하여 건축한 자

10. 용적률을 위반하여 건축한 자

11. 용도지역 미지정 또는 미세분 지역에서의 행위 제한 등을 위반한 자

12. 시가화조정구역에서의 행위 제한을 위반한 자

13. 둘 이상의 용도지역 등에 걸치는 대지의 적용 기준을 위반한 자

14. 도시·군계획시설사업시행자 지정을 받지 아니하고 도시·군계획시설사업을 시행한 자

15. 도시·군계획시설사업의 실시계획인가 또는 변경인가를 받지 아니하고 사업을 시행한 자

15의2. 도시·군계획시설사업의 실시계획인가 또는 변경인가를 받고 그 실시계획에서 정한 사업기간 동안 사업을 완료하지 아니한 자

15의3. 실시계획의 인가 또는 변경인가를 받은 내용에 맞지 아니하게 도시·군계획시설을 설치하거나 용도를 변경한 자

16. 이행보증금을 예치하지 아니하거나 토지의 원상회복명령에 따르지 아니한 자

17. 도시·군계획시설사업의 공사를 끝낸 후 준공검사를 받지 아니한 자

20. 제130조를 위반하여 타인의 토지에 출입하거나 그 토지를 일시사용한 자

21. 부정한 방법으로 다음 각 목의 어느 하나에 해당하는 허가·인가·지정 등을 받은 자

　　가. 제56조에 따른 개발행위허가 또는 변경허가

　　나. 제62조에 따른 개발행위의 준공검사

　　다. 제81조에 따른 시가화조정구역에서의 행위허가

　　라. 제86조에 따른 도시·군계획시설사업의 시행자 지정

　　마. 제88조에 따른 실시계획의 인가 또는 변경인가

　　바. 제98조에 따른 도시·군계획시설사업의 준공검사

22. 사정이 변경되어 개발행위 또는 도시·군계획시설사업을 계속적으로 시행하면 현저히 공익을 해칠 우려가 있다고 인정되는 경우의 그 개발행위허가를 받은 자 또는 도시·군계획시설사업의 시행자

2) 국토교통부장관, 시·도지사, 시장·군수 또는 구청장은 상기 1)의 '22'에 따라 필요한 처분을 하거나 조치를 명한 경우에는 이로 인하여 발생한 손실을 보상하여야 한다(협의 – 재결).

7. 행정심판(제134조)

1) 이 법에 따른 도시·군계획시설사업 시행자의 처분에 대하여는 「행정심판법」에 따라 행정심판을 제기할 수 있다.

2) 이 경우 행정청이 아닌 시행자의 처분에 대하여는 그 시행자를 지정한 자에게 행정심판을 제기하여야 한다.

8. 권리·의무의 승계 등(제135조)

1) 토지 또는 건축물에 관하여 소유권이나 그 밖의 권리를 가진 자의 도시·군관리계획에 관한 권리·의무는 그 토지 또는 건축물에 관한 소유권이나 그 밖의 권리의 변동과 동시에 그 승계인에게 이전한다.

2) 이 법 또는 이 법에 따른 명령에 의한 처분, 그 절차 및 그 밖의 행위는 그 행위와 관련된 토지 또는 건축물에 대하여 소유권이나 그 밖의 권리를 가진 자의 승계인에 대하여 효력을 가진다.

9. 청문(제136조) [기출 31]

국토교통부장관, 시·도지사, 시장·군수 또는 구청장은 다음 어느 하나에 해당하는 처분을 하려면 청문을 하여야 한다.
① 개발행위허가의 취소
② 도시·군계획시설사업의 시행자 지정의 취소
③ 실시계획인가의 취소

10. 보고 및 검사 등(제137조)

1) 국토교통부장관(수산자원보호구역의 경우 해양수산부장관을 말한다), 시·도지사, 시장 또는 군수는 다음 어느 하나에 해당하는 경우에는 개발행위허가를 받은 자나 도시·군계획시설사업의 시행자에게 감독을 위하여 필요한 보고를 하게 하거나 자료 제출을 명할 수 있으며, 소속 공무원으로 하여금 개발행위에 관한 업무 상황을 검사하게 할 수 있다.
① 다음 각 목의 내용에 대한 이행 여부의 확인이 필요한 경우
  가. 개발행위허가의 내용
  나. 실시계획인가의 내용
② 제133조 제1항 제5호, 제5호의2, 제6호, 제7호, 제7호의2, 제15호, 제15호의2, 제15호의3 및 제16호부터 제22호까지 중 어느 하나에 해당한다고 판단하는 경우
③ 그 밖에 해당 개발행위의 체계적 관리를 위하여 관련 자료 및 현장 확인이 필요한 경우

2) 업무를 검사하는 공무원은 그 권한을 표시하는 증표를 지니고 이를 관계인에게 내보여야 한다(증표에 관하여 필요한 사항은 국토교통부령으로 정한다).

11. 도시 · 군계획의 수립 및 운영에 대한 감독 및 조정(제138조)

1) 국토교통부장관(제40조에 따른 수산자원보호구역의 경우 해양수산부장관을 말한다. 이하 이 조에서 같다)은 필요한 경우에는 시 · 도지사 또는 시장 · 군수에게, 시 · 도지사는 시장 · 군수 에게 도시 · 군기본계획과 도시 · 군관리계획의 수립 및 운영실태를 감독하기 위하여 필요한 보고를 하게 하거나 자료를 제출하도록 명할 수 있으며, 소속 공무원으로 하여금 도시 · 군기 본계획과 도시 · 군관리계획에 관한 업무 상황을 검사하게 할 수 있다.

2) 국토교통부장관은 도시 · 군기본계획과 도시 · 군관리계획이 국가계획 및 광역도시계획의 취 지에 부합하지 아니하거나 도시 · 군관리계획이 도시 · 군기본계획의 취지에 부합하지 아니하 다고 판단하는 경우에는 특별시장 · 광역시장 · 특별자치시장 · 특별자치도지사 · 시장 또는 군 수에게 기한을 정하여 도시 · 군기본계획과 도시 · 군관리계획의 조정을 요구할 수 있다.

이 경우 특별시장 · 광역시장 · 특별자치시장 · 특별자치도지사 · 시장 또는 군수는 도시 · 군기 본계획과 도시 · 군관리계획을 재검토하여 정비하여야 한다.

3) 도지사는 시 · 군 도시 · 군관리계획이 광역도시계획이나 도시 · 군기본계획의 취지에 부합하 지 아니하다고 판단되는 경우에는 시장 또는 군수에게 기한을 정하여 그 도시 · 군관리계획의 조정을 요구할 수 있다.

이 경우 시장 또는 군수는 그 도시 · 군관리계획을 재검토하여 정비하여야 한다.

12. 권한의 위임 및 위탁(제139조)

1) 국토교통부장관(수산자원보호구역의 경우 해양수산부장관)의 권한은 그 일부를 대통령령으로 정하는 바에 따라 시 · 도지사에게 위임할 수 있으며, 시 · 도지사는 국토교통부장관의 승인을 받아 그 위임받은 권한을 시장 · 군수 · 구청장에게 재위임할 수 있다.

> **＊ 권한의 위임 및 위탁**
> ① 해양수산부장관은 "수산자원보호구역의 지정 및 변경에 관한 도시 · 군관리계획 중 1제곱킬 로미터 미만의 구역의 지정 및 변경에 해당하는 도시 · 군관리계획의 결정"에 관한 권한을 시 · 도지사에게 위임한다.
> ② 시 · 도지사는 위임받은 업무를 처리한 때에는 국토교통부령(수산자원보호구역의 경우 해양 수산부령)이 정하는 바에 따라 국토교통부장관에게 보고하여야 한다.

2) 이 법에 따른 시 · 도지사의 권한은 시 · 도의 조례로 정하는 바에 따라 시장 · 군수 또는 구청 장에게 위임할 수 있다. 이 경우 시 · 도지사는 권한의 위임사실을 국토교통부장관에게 보고하 여야 한다.

3) 권한이 위임되거나 재위임된 경우 그 위임되거나 재위임된 사항 중 다음 사항에 대하여는 그 위임 또는 재위임받은 기관이 속하는 지방자치단체에 설치된 지방도시계획위원회의 심의 또는 시 · 도의 조례로 정하는 바에 따라 건축법에 의하여 시 · 군 · 구에 두는 건축위원회와 도시계획

위원회가 공동으로 하는 심의를 거쳐야 하며, 해당 지방의회의 의견을 들어야 하는 사항에 대하여는 그 위임 또는 재위임받은 기관이 속하는 지방자치단체의 의회의 의견을 들어야 한다.

① 중앙도시계획위원회·지방도시계획위원회의 심의를 거쳐야 하는 사항

② 「건축법」 제4조에 따라 시·도에 두는 건축위원회와 지방도시계획위원회가 공동으로 하는 심의를 거쳐야 하는 사항

4) 국토교통부장관, 시·도지사, 시장 또는 군수의 사무는 그 일부를 대통령령이나 해당 지방자치단체의 조례로 정하는 바에 따라 다른 행정청이나 행정청이 아닌 자에게 위탁할 수 있다. 위탁받은 사무를 수행하는 자(행정청이 아닌 자로 한정한다)나 그에 소속된 직원은 「형법」이나 그 밖의 법률에 따른 벌칙을 적용할 때에는 공무원으로 본다.

 확인문제

01 국토의 계획 및 이용에 관한 법령상 '법률 등의 위반자에 대한 처분'을 함에 있어서 청문을 실시해야 하는 경우로 명시된 것을 모두 고른 것은? ✦ 31회

> ㄱ. 개발행위허가의 취소
> ㄴ. 개발행위의 변경허가
> ㄷ. 토지거래계약 허가의 취소
> ㄹ. 실시계획인가의 취소
> ㅁ. 도시·군계획시설사업의 시행자 지정의 취소

① ㄱ, ㄴ   ② ㄴ, ㄷ
③ ㄱ, ㄹ, ㅁ   ④ ㄷ, ㄹ, ㅁ
⑤ ㄱ, ㄴ, ㄷ, ㄹ

답 ③

Chapter

11

벌칙(제140조 내지 제144조)

1. 3년 이하의 징역 또는 3천만원 이하의 벌금(제140조)

① 개발행위 허가 또는 변경허가를 받지 아니하거나, 속임수나 그 밖의 부정한 방법으로 허가 또는 변경허가를 받아 개발행위를 한 자

② 시가화조정구역에서 허가를 받지 아니하고 제81조 제2항 각 호의 어느 하나에 해당하는 행위를 한 자

2. 기반시설설치비용을 면탈·경감할 목적 또는 면탈·경감하게 할 목적으로 거짓 계약을 체결하거나 거짓 자료를 제출한 자는 3년 이하의 징역 또는 면탈·경감하였거나 면탈·경감하고자 한 기반시설설치비용의 3배 이하에 상당하는 벌금에 처한다(제140조의2). [기출 32]

3. 2년 이하의 징역 또는 2천만원 이하의 벌금(제141조)

① 도시·군관리계획의 결정이 없이 기반시설을 설치한 자

② 공동구에 수용하여야 하는 시설을 공동구에 수용하지 아니한 자

③ 지구단위계획에 맞지 아니하게 건축물을 건축하거나 용도를 변경한 자

④ 제76조(같은 조 제5항 제2호부터 제4호까지의 규정은 제외한다)에 따른 용도지역 또는 용도지구에서의 건축물이나 그 밖의 시설의 용도·종류 및 규모 등의 제한을 위반하여 건축물이나 그 밖의 시설을 건축 또는 설치하거나 그 용도를 변경한 자

4. 1년 이하의 징역 또는 1천만원 이하의 벌금(제142조)

제133조(법률 등의 위반자에 대한 처분) 제1항에 따른 허가·인가 등의 취소, 공사의 중지, 공작물 등의 개축 또는 이전 등의 처분 또는 조치명령을 위반한 자

5. 양벌규정(제143조)

법인의 대표자나 법인 또는 개인의 대리인, 사용인, 그 밖의 종업원이 그 법인 또는 개인의 업무에 관하여 벌칙규정 어느 하나에 해당하는 위반행위를 하면 그 행위자를 벌할 뿐만 아니라 그 법인 또는 개인에게도 해당 조문의 벌금형을 과(科)한다.

다만, 법인/개인이 그 위반행위 방지를 위하여 해당 업무에 관한 상당한 주의, 감독을 게을리하지 않은 경우는 제외한다.

6. 과태료(제144조) [기출 32]

(1) 1천만원 이하의 과태료(제1항)

① 허가를 받지 아니하고 공동구를 점용하거나 사용한 자

② 정당한 사유 없이 제130조(토지에의 출입) 제1항에 따른 행위를 방해하거나 거부한 자

③ 제130조(토지에의 출입) 제2항부터 제4항까지의 규정에 따른 허가 또는 동의를 받지 아니하고 같은 조 제1항에 따른 행위를 한 자

④ 제137조(보고 및 감사) 제1항에 따른 검사를 거부·방해하거나 기피한 자

(2) 500만원 이하의 과태료(제2항)

① 제56조 제4항 단서에 따른 신고를 하지 아니한 자

> 법 제56조(개발행위의 허가) ④ 다음 각 호의 어느 하나에 해당하는 행위는 제1항에도 불구하고 개발행위허가를 받지 아니하고 할 수 있다. 다만, 제1호의 응급조치를 한 경우에는 1개월 이내에 특별시장·광역시장·특별자치시장·특별자치도지사·시장 또는 군수에게 신고하여야 한다.
> 1. 재해복구나 재난수습을 위한 응급조치
> 2. 「건축법」에 따라 신고하고 설치할 수 있는 건축물의 개축·증축 또는 재축과 이에 필요한 범위에서의 토지의 형질 변경(도시·군계획시설사업이 시행되지 아니하고 있는 도시·군계획시설의 부지인 경우만 가능하다)
> 3. 그 밖에 대통령령으로 정하는 경미한 행위

② 제137조(보고 및 감사) 제1항에 따른 보고 또는 자료 제출을 하지 아니하거나, 거짓된 보고 또는 자료 제출을 한 자

(3) 상기 (1)·(2)의 과태료는 대통령령으로 정하는 바에 따라 다음 ①·②의 자가 각각 부과·징수한다.

① (1)의 ②·④ 및 (2)의 ②의 경우 : 국토교통부장관(수산자원보호구역의 경우 해양수산부장관), 시·도지사, 시장 또는 군수

② (1)의 ①·③ 및 (2)의 ①의 경우 : 특별시장·광역시장·특별자치시장·특별자치도지사·시장 또는 군수

> * 벌칙 요약
> 1. 3년 이하의 징역 또는 3천만원 이하의 벌금
>   ① 개발행위 허가(변경허가) × 또는 속임수나 부정한 방법으로 허가(변경)받고 개발 시
>   ② 시가화조정구역에서 허가 없이 행위 시
> 2. 3년 이하 징역 또는 면탈·감경하려 한 설치비용 3배 이하 상당하는 벌금
>   기반시설설치비용 면탈·경감을 할 목적 또는 하게 할 목적으로 거짓 계약을 체결 및 거짓 자료를 제출한 자
> 3. 2년 이하의 징역 또는 2천만원 이하의 벌금
>   ① 도시·군관리계획의 결정이 없이 기반시설을 설치한 자
>   ② 공동구 필수 수용시설 미수용 시
>   ③ 지구단위계획에 맞지 아니하게 건축물을 건축하거나 용도를 변경한 자
>   ④ 용도지역 또는 용도지구에서 행위제한(용도·종류 및 규모 등)을 위반한 건축물
> 4. 1년 이하의 징역 또는 1천만원 이하의 벌금
>   이 법에 따른 허가·인가 등의 취소, 공사의 중지, 공작물 등의 개축 또는 이전 등의 처분 또는 조치명령을 위반한 자

5. 양벌규정

법인의 대표자나 법인 또는 개인의 대리인, 사용인, 그 밖의 종업원이 그 법인 또는 개인의 업무에 관하여 벌칙규정 어느 하나에 해당하는 위반행위를 하면 그 행위자를 벌할 뿐만 아니라 그 법인 또는 개인에게도 해당 조문의 벌금형을 과(科)한다.

다만, 법인/개인이 그 위반행위 방지를 위하여 해당 업무에 관한 상당한 주의, 감독을 게을리하지 않은 경우는 제외한다.

6. 과태료

(1) 1천만원 이하의 과태료(제1항)

① 무단으로 공동구를 점용하거나 사용한 자

② 정당한 사유 없이 타인토지출입/일시사용/장애물 변경·제거 행위를 방해/거부한 자

③ 타인토지출입 시 허가 또는 동의를 받지 않고 출입 시

④ 개발행위에 관한 업무상황 검사를 거부·방해하거나 기피한 자

(2) 500만원 이하의 과태료(제2항)

① 재해복구/재난수습을 위한 응급조치를 하고 1개월 내 미신고

② 개발행위에 관한 업무상황에 따른 보고 또는 자료 제출을 하지 아니하거나, 거짓된 보고 또는 자료 제출을 한 자

(3) 과태료 부과·징수의 주체

① (1)의 ②·④ 및 (2)의 ②의 경우 : 국토교통부장관(수산자원보호구역의 경우 해양수산부장관), 시·도지사, 시장 또는 군수

② (1)의 ①·③ 및 (2)의 ①의 경우 : 특·광·특·특·시 또는 군수

▼ 과태료의 부과 기준

위반행위	해당 법조문	과태료 금액
1. 법 제44조의3 제2항에 따른 허가를 받지 아니하고 공동구를 점용하거나 사용한 자	법 제144조 제1항 제1호	800만원
2. 법 제56조 제4항 단서에 따른 신고를 하지 아니한 자	법 제144조 제2항 제1호	200만원
3. 정당한 사유 없이 법 제130조 제1항에 따른 행위를 방해하거나 거부한 자	법 제144조 제1항 제2호	600만원
4. 법 제130조 제2항부터 제4항까지의 규정에 따른 허가 또는 동의를 받지 아니하고 같은 조 제1항에 따른 행위를 한 자	법 제144조 제1항 제3호	500만원
5. 법 제137조 제1항에 따른 검사를 거부·방해하거나 기피한 자	법 제144조 제1항 제4호	500만원
6. 법 제137조 제1항에 따른 보고 또는 자료 제출을 하지 아니하거나, 거짓된 보고 또는 자료 제출을 한 자	법 제144조 제2항 제2호	300만원

확인문제

01 국토의 계획 및 이용에 관한 법령상 과태료 부과 대상에 해당하는 것은? ✦ 32회

① 도시·군관리계획의 결정이 없이 기반시설을 설치한 자

② 공동구에 수용하여야 하는 시설을 공동구에 수용하지 아니한 자

③ 정당한 사유 없이 지가의 동향 및 토지거래의 상황에 관한 조사를 방해한 자

④ 지구단위계획에 맞지 아니하게 건축물을 건축하거나 용도를 변경한 자

⑤ 기반시설설치비용을 면탈·경감하게 할 목적으로 거짓 자료를 제출한 자

답 ③

제10장 보칙 및 제11장 벌칙 주요 내용 O·X 확인 문제

01 국토교통부장관은 중앙도시계획위원회의 심의를 거쳐 도시의 경제·사회·문화적인 특성을 살려 개성 있고 지속가능한 발전을 촉진하기 위하여 필요하면 직접 또는 관계 중앙행정기관의 장이나 시·도지사의 요청에 의하여 경관, 생태, 정보통신, 과학, 문화, 관광 등 분야별로 시범도시(시범지구나 시범단지는 제외한다)를 지정할 수 있다. (   )

02 국토교통부장관은 시범도시를 공모할 수 있고 공모에 응모할 수 있는 자에 구청장은 제외된다. (   )

03 국토교통부장관, 관계 중앙행정기관의 장은 시범도시사업계획의 수립에 소요되는 비용의 80퍼센트 이하, 시범도시사업의 시행에 소요되는 비용(보상비를 포함한다)의 50퍼센트 이하의 범위에서 보조 또는 융자를 할 수 있다. (   )

04 시장·군수 또는 구청장은 시범도시사업의 시행을 위하여 필요한 경우에는 시범도시사업의 예산 집행에 관한 사항, 주민의 참여에 관한 사항을 국토교통부장관이 정할 수 있다. (   )

05 타인의 토지에 출입하려는 자는 특별시장·광역시장·특별자치시장·특별자치도지사·시장 또는 군수의 허가를 받아야 하며, 출입하려는 날의 3일 전까지 그 토지의 소유자·점유자 또는 관리인에게 그 일시와 장소를 알려야 한다. 행정청인 도시·군계획시설사업의 시행자는 허가를 받고 7일 전까지 통지해야 한다. (   )

06 토지를 일시 사용하거나 장애물을 변경 또는 제거하려는 자는 토지를 사용하려는 날이나 장애물을 변경 또는 제거하려는 날의 7일 전까지 그 토지나 장애물의 소유자·점유자 또는 관리인에게 알려야 한다. (   )

07 일출 전이나 일몰 후에 그 토지 점유자의 승낙이 있는 경우에는 택지나 담장 또는 울타리로 둘러싸인 타인의 토지에 출입할 수 있다. (   )

08 토지에의 출입 등에 따른 행위로 인하여 손실을 입은 자가 있으면 그 행위자가 속한 행정청이나 도시·군계획시설사업의 시행자가 그 손실을 보상하여야 한다. (   )

09 도시·군계획시설사업 시행자의 처분에 대하여는 「행정심판법」에 따라 행정심판을 제기할 수 있다. 이 경우 행정청이 아닌 시행자의 처분에 대하여는 그 시행자를 지정한 자에게 행정심판을 제기하여야 한다. (   )

10 국토교통부장관, 시·도지사, 시장·군수 또는 구청장은 개발행위허가의 취소, 도시·군계획시설사업의 시행자 지정의 취소, 도시관리계획의 취소, 실시계획인가의 취소의 처분을 하려면 청문을 하여야 한다. ( )

11 개발행위 허가 또는 변경허가를 받지 아니하거나, 속임수나 그 밖의 부정한 방법으로 허가 또는 변경허가를 받아 개발행위를 한 자에게는 2년 이하의 징역 또는 2천만원 이하의 벌금을 부과한다. ( )

12 허가·인가 등의 취소, 공사의 중지, 공작물 등의 개축 또는 이전 등의 처분 또는 조치명령을 위반한 자에게는 1년 이하의 징역 또는 1천만원 이하의 벌금을 부과한다. ( )

13 공동구에 수용하여야 하는 시설을 공동구에 수용하지 아니한 자에게는 2년 이하의 징역 또는 2천만원 이하의 벌금을 부과한다. ( )

제10장 보칙 및 제11장 벌칙 주요 내용 O·X 확인 문제 정답

01 (×) 시범지구나 시범단지를 포함한다.

02 (×) 국토교통부장관은 시범도시를 공모할 수 있고 공모에 응모할 수 있는 자는 특별시장·광역시장·
특별자치시장·특별자치도지사·시장·군수 또는 구청장으로 한다.

03 (×) 보상비를 제외한다.

04 (×) 시범도시사업의 예산집행에 관한 사항, 주민의 참여에 관한 사항을 도시·군계획조례로 정할 수
있다.

05 (×) 타인의 토지에 출입하려는 자는 특별시장·광역시장·특별자치시장·특별자치도지사·시장 또
는 군수의 허가를 받아야 하며, 출입하려는 날의 7일 전까지 그 토지의 소유자·점유자 또는 관
리인에게 그 일시와 장소를 알려야 한다. 다만, 행정청인 도시·군계획시설사업의 시행자는 허가
를 받지 아니하고 타인의 토지에 출입할 수 있다.

06 (×) 3일 전까지 그 토지나 장애물의 소유자·점유자 또는 관리인에게 알려야 한다.

07 (○) 일출 전이나 일몰 후에는 그 토지 점유자의 승낙 없이 택지나 담장 또는 울타리로 둘러싸인 타인
의 토지에 출입할 수 없다.

08 (○)

09 (○)

10 (×) 국토교통부장관, 시·도지사, 시장·군수 또는 구청장은 개발행위허가의 취소, 도시·군계획시설
사업의 시행자 지정의 취소, 실시계획인가의 취소의 처분을 하려면 청문을 하여야 한다.

11 (×) 3년 이하의 징역 또는 3천만원 이하의 벌금

① 개발행위 허가 또는 변경허가를 받지 아니하거나, 속임수나 그 밖의 부정한 방법으로 허가
또는 변경허가를 받아 개발행위를 한 자
② 시가화조정구역에서 허가를 받지 아니하고 행위를 한 자

12 (○) 1년 이하의 징역 또는 1천만원 이하의 벌금
허가·인가 등의 취소, 공사의 중지, 공작물 등의 개축 또는 이전 등의 처분 또는 조치명령을 위반
한 자

13 (○) 2년 이하의 징역 또는 2천만원 이하의 벌금

① 도시·군관리계획의 결정이 없이 기반시설을 설치한 자
② 공동구에 수용하여야 하는 시설을 공동구에 수용하지 아니한 자
③ 지구단위계획에 맞지 아니하게 건축물을 건축하거나 용도를 변경한 자
④ 용도지역 또는 용도지구에서의 건축물이나 그 밖의 시설의 용도·종류 및 규모 등의 제한을
위반하여 건축물이나 그 밖의 시설을 건축 또는 설치하거나 그 용도를 변경한 자

합격까지 박문각

부동산 가격공시에 관한 법률

부동산 가격공시에 관한 법률 기본 구조 및 최근 출제빈도 확인하기(매년 3문제 출제)

단원	출제빈도
제1장 총칙	
제2장 지가의 공시	28 29 30 31 32 33 34 35
제3장 주택가격의 공시	28 29 30 31 32 33 34 35
제4장 비주거용 부동산가격의 공시	31 35
제5장 부동산가격공시위원회	34
제6장 보칙	

총칙

법의 목적과 기본개념이 정리된 총칙 내용의 출제빈도는 높지 않지만 기본내용을 이해하기 위해서 반드시 숙지해야 하는 용어들이므로 반복하여 익혀야 한다.

Ⅰ 목적(제1조)

이 법은 부동산의 적정가격(適正價格) 공시에 관한 기본적인 사항과 부동산 시장·동향의 조사·관리에 필요한 사항을 규정함으로써 부동산의 적정한 가격형성과 각종 조세·부담금 등의 형평성을 도모하고 국민경제의 발전에 이바지함을 목적으로 한다.

Ⅱ 정의(제2조)

1. "주택"이란 「주택법」 제2조 제1호에 따른 주택을 말한다.
   "주택"이란 세대(世帶)의 구성원이 장기간 독립된 주거생활을 할 수 있는 구조로 된 건축물의 전부 또는 일부 및 그 부속토지를 말하며, 단독주택과 공동주택으로 구분한다.
2. "공동주택"이란 「주택법」 제2조 제3호에 따른 공동주택을 말한다.
   "공동주택"이란 건축물의 벽·복도·계단이나 그 밖의 설비 등의 전부 또는 일부를 공동으로 사용하는 각 세대가 하나의 건축물 안에서 각각 독립된 주거생활을 할 수 있는 구조로 된 주택을 말하며, 그 종류와 범위는 대통령령으로 정한다.
   ① 아파트 : 주택으로 쓰는 층수가 5개 층 이상인 주택
   ② 연립주택 : 주택으로 쓰는 1개 동의 바닥면적 합계가 660제곱미터를 초과하고, 층수가 4개 층 이하인 주택 → (2개 이상의 동을 지하주차장으로 연결하는 경우에는 각각의 동으로 본다)
   ③ 다세대주택 : 주택으로 쓰는 1개 동의 바닥면적 합계가 660제곱미터 이하이고, 층수가 4개 층 이하인 주택 → (2개 이상의 동을 지하주차장으로 연결하는 경우에는 각각의 동으로 본다)
3. "단독주택"이란 공동주택을 제외한 주택을 말한다.
   ① 단독주택
   ② 다중주택 : 다음의 요건을 모두 갖춘 주택을 말한다.
      1) 학생 또는 직장인 등 여러 사람이 장기간 거주할 수 있는 구조로 되어 있는 것
      2) 독립된 주거의 형태를 갖추지 않은 것(각 실별로 욕실은 설치할 수 있으나, 취사시설은 설치하지 않은 것)
      3) 1개 동의 주택으로 쓰이는 바닥면적(부설 주차장 면적은 제외한다. 이하 같다)의 합계가 660제곱미터 이하이고 주택으로 쓰는 층수(지하층은 제외한다)가 3개 층 이하일 것. 다만, 1층의 전부 또는 일부를 필로티 구조로 하여 주차장으로 사용하고 나머지 부분을 주택 외의 용도로 쓰는 경우에는 해당 층을 주택의 층수에서 제외한다.

4) 적정한 주거환경을 조성하기 위하여 건축조례로 정하는 실별 최소 면적, 창문의 설치 및 크기 등의 기준에 적합할 것

③ 다가구주택 : 다음의 요건을 모두 갖춘 주택으로서 공동주택에 해당하지 아니하는 것을 말한다.

1) 주택으로 쓰는 층수(지하층은 제외한다)가 3개 층 이하일 것. 다만, 1층의 전부 또는 일부를 필로티 구조로 하여 주차장으로 사용하고 나머지 부분을 주택 외의 용도로 쓰는 경우에는 해당 층을 주택의 층수에서 제외한다.

2) 1개 동의 주택으로 쓰이는 바닥면적의 합계가 660제곱미터 이하일 것

3) 19세대(대지 내 동별 세대수를 합한 세대를 말한다) 이하가 거주할 수 있을 것

4. "비주거용 부동산"이란 주택을 제외한 건축물이나 건축물과 그 토지의 전부 또는 일부를 말하며 다음과 같이 구분한다.

① 비주거용 집합부동산 : 「집합건물의 소유 및 관리에 관한 법률」에 따라 구분소유되는 비주거용 부동산

② 비주거용 일반부동산 : ①을 제외한 비주거용 부동산

5. "적정가격"이란 토지, 주택 및 비주거용 부동산에 대하여 통상적인 시장에서 정상적인 거래가 이루어지는 경우 성립될 가능성이 가장 높다고 인정되는 가격을 말한다.

표준지의 선정 및 관리지침 제10조(표준지의 선정기준)

① 표준지를 선정하기 위한 일반적인 기준은 다음과 같다.

1. 지가의 대표성 : 표준지선정단위구역 내에서 지가수준을 대표할 수 있는 토지 중 인근지역 내 가격의 층화를 반영할 수 있는 표준적인 토지

2. 토지특성의 중용성 : 표준지선정단위구역 내에서 개별토지의 토지이용상황·면적·지형지세·도로조건·주위환경 및 공적규제 등이 동일 또는 유사한 토지 중 토지특성빈도가 가장 높은 표준적인 토지

3. 토지용도의 안정성 : 표준지선정단위구역 내에서 개별토지의 주변이용상황으로 보아 그 이용상황이 안정적이고 장래 상당기간 동일 용도로 활용될 수 있는 표준적인 토지

4. 토지구별의 확정성 : 표준지선정단위구역 내에서 다른 토지와 구분이 용이하고 위치를 쉽게 확인할 수 있는 표준적인 토지

② 특수토지 또는 용도상 불가분의 관계를 형성하고 있는 비교적 대규모의 필지를 일단지로 평가할 필요가 있는 경우에는 표준지로 선정하여 개별공시지가의 산정기준으로 활용될 수 있도록 하되, 토지형상·위치 등이 표준적인 토지를 선정한다.

③ 국가 및 지방자치단체에서 행정목적상 필요하여 표준지를 선정하여 줄 것을 요청한 특정지역이나 토지에 대해서는 지역특성을 고려하여 타당하다고 인정하는 경우에는 표준지를 선정할 수 있다.

제1장 총칙 주요 내용 O · X 확인 문제

01 이 법은 부동산의 거래가격 공시에 관한 기본적인 사항과 부동산 시장·동향의 조사·관리에 필요한 사항을 규정함으로써 부동산의 적정한 가격형성과 각종 조세·부담금 등의 형평성을 도모하고 국민경제의 발전에 이바지함을 목적으로 한다. (   )

02 적정가격이란 토지, 주택 및 비주거용 부동산에 대하여 통상적인 시장에서 정상적인 거래가 이루어져 성립된 가격을 말한다. (   )

제1장 총칙 주요 내용 O · X 확인 문제 정답

01 (×) 적정가격 공시에 관한 기본적인 사항

02 (×) 적정가격이란 토지, 주택 및 비주거용 부동산에 대하여 통상적인 시장에서 정상적인 거래가 이루어지는 경우 성립될 가능성이 가장 높다고 인정되는 가격을 말한다.

학습전략

제1절 표준지공시지가의 핵심 학습사항
① 표준지공시지가의 조사평가 기본절차(표준지 선정 및 산정 기준)
② 표준지공시지가의 공시사항
③ 토지소유자 의견청취 절차
④ 표준지공시지가의 적용 및 효력
⑤ 이의신청

1. **기본절차**(기출29 32) : 표준지 선정 → 조사/평가 → 의견청취 → 심의 → 공시
   1) 국토교통부장관은 이용상황 / 주변 환경 / 자연적·사회적 조건이 일반적으로 유사한 일단의 토지 중 표준지 선정

   2) 공시기준일(1월 1일) 현재 단위면적당(1제곱미터)(기출34 35) 적정가격 조사 – 평가(소유자 의견청취 필수) – 중앙부동산가격공시위원회 심의 – 공시(조사 평가인력 고려하여 부득이한 경우 공시기준일을 따로 정할 수 있다)(영 제3조)(기출29)

2. **세부절차(제3조)**
   (1) 선정(영 제2조)
   일단의 토지 중 이용상황, 주위환경, 자연적·사회적 조건이 유사한 일단의 토지 중에서 대표 필지 선정 + 선정 및 관리에 관한 기준은 중앙부동산가격공시위원회 심의를 거쳐 국토교통부 장관이 정함(표준지의 선정 및 관리지침)(기출32)

   (2) 평가의뢰(영 제7조)
   1) 복수평가 원칙 – 업무실적, 신인도 등 고려하여 둘 이상 법인등에게 의뢰(복수평가)함.
      – 조사평가 가능한 소속평가사수 비례 배정
      – 신인도, 종전 조사평가 성실도, 소속평가사 징계여부에 따라 물량조정 가능

      > **＊ 법인등선정기준(모두 충족해야 한다)**(기출28 33)
      > ① 선정기준일(조사평가의뢰일) 30일 이전이 되는 날 기준 직전 1년간 업무실적이 조사평가 수행에 적정한 수준일 것
      > ② 회계감사절차 또는 감정평가서의 심사체계가 적정할 것

③ 감평사법상 업무정지, 과태료 또는 소속평가사에 대한 징계처분 등이 다음 사항 어느 하나에 해당하지 않을 것
- 선정기준일부터 직전 2년간 업무정지처분을 3회 이상 받은 경우
- 선정기준일부터 직전 1년간 과태료 처분 3회 이상 받은 경우
- 선정기준일부터 직전 1년간 징계 받은 소속비율이 전체 10% 이상인 경우가 아닐 것
- 선정기준일부터 선정기준일 현재 업무정지기간이 만료된 날부터 1년이 지나지 아니한 경우

2) **단수평가 가능**[기출33] – 지가변동이 작은 경우에는 하나의 법인등에 의뢰 가능(단수평가)
① 최근 1년간 읍면동별 지가변동률이 전국 평균 지가변동률 이하인 지역
② 개발사업시행, 용도지역/지구 변경 사유 없는 지역

(3) 조사평가

1) **기준(영 제6조)**
① 국토교통부장관이 인근유사토지의 '사정개입(특수한 사정, 지식부족) 없는 거래가격/임대료' 및 유사이용 가치를 지닌 토지의 조성비용추정액(공시기준일 현재의 표준적인 조성비와 일반적인 부대비용), 인근지역 및 다른 지역과의 형평성·특수성, 표준지공시지가의 변동예측가능성 등을 고려하고,
② 건물 또는 그 밖의 정착물이 있거나 지상권 또는 그 밖의 토지의 사용/수익을 제한하는 권리는 없는 것으로 평가한다. [기출28 30]
③ 표준지공시지가의 조사·평가에 필요한 세부기준은 국토교통부장관이 정한다.

2) **조사평가 사항**
표준지공시지가 및 토지의 소재지, 면적 및 공부상 지목, 지리적 위치, 토지이용상황, 용도지역, 주위환경, 도로 및 교통환경, 토지 형상 및 지세

3) **소유자 의견청취(필수)(영 제5조)**
① 공시대상, ② 열람기간 및 방법, ③ 의견제출기간 및 의견제출방법, 공시 예정가격을 부동산공시가격시스템에 20일 이상 게시해야 한다.

+ 게시사실을 소유자에게 개별 통지해야 한다(구분건물인 경우에는 관리단/관리인에게 통지하여 게시판 등에 7일 이상 게시하게 할 수 있다)

+ 게시된 가격에 이의가 있는 소유자는 의견제출기간에 의견을 제출할 수 있다.

4) **시·도지사/시장·군수·구청장(자치구) 의견청취** : (시도/시군구는 20일 내에 의견제시 / 시군구는 시·군·구부동산가격공시위원회 심의를 거쳐 의견제시)(영 제8조)[기출32]

5) **보고서 제출** : 국토교통부장관은 실거래신고가격, 감정평가 정보체계 등을 활용하여 적정성을 검토할 수 있다(영 제8조).

① 부적정 판단 시 or 최고평가액이 최저평가액의 1.3배를 초과하는 경우에는 해당 법인등에게 보고서를 시정하여 다시 제출하게 할 수 있다. [기출32]

② 법령을 위반하여 수행되었다고 인정되는 경우에는 해당 법인등에 통보하고 다른 법인 등 2인에게 다시 의뢰해야 한다.

* **조사평가 보고서 첨부서류** : 지역분석조서, 표준지별로 작성한 표준지 조사사항 및 가격 평가의견서, 의견청취결과서(시군구의견), 표준지의 위치 표시 도면, 그 밖에 사실 확인에 필요한 서류

6) 결정 : 표준지공시지가는 제출된 보고서에 따른 조사·평가액의 산술평균치를 기준으로 한다. (영 제8조)[기출32].

3. 중앙부동산가격공시위원회 심의

4. 공시(법 제5조 및 영 제4조)[기출29 30]

(1) 공시방법

관보 공고(아래 공고사항) + 공시지가를 부동산공시가격시스템 게시

(2) 공고사항

① **공시사항** : 지번, 단위면적당 가격, 면적 및 형상, 표준지 이용상황, 주변토지 이용상황, 지목, 용도지역, 도로상황, 그 밖에 필요한 사항(제5조)[기출34 35]

② **열람방법**

③ 이의신청의 기간, 절차 및 방법

(3) **통지(임의규정)**

① 공시지가 및 이의신청기간, 절차 및 방법을 필요시 소유자에게 개별통지 가능(공유자 모두에게)

② 통지하지 않는 경우에는 공고 및 게시사실을 방송/신문 등을 통하여 알려 소유자가 열람하고 이의신청할 수 있게 해야 한다.

5. 열람(제6조)

공시한 때에는 특별시장·광역시장 또는 도지사를 거쳐 시장·군수 또는 구청장(지자체인 구)에게 송부하여 일반인이 열람할 수 있게 하고, 도서/도표(공시사항 포함) 등으로 작성하여 관계 행정기관에 공급해야 한다(전자기록 등 특수매체기록으로 작성공급 가능).

6. 이의신청(제7조)[기출28]

1) 공시일로부터 30일 이내 서면(전자문서 포함 / 사유증명 서류 첨부)으로 국토교통부장관에게 이의를 신청할 수 있다. [기출34]

2) 신청 기간 만료된 날부터 30일 이내에 심사하고 그 결과를 서면으로 통지해야 한다(이의가 타당하면 재공시).

7. 적용(제8조)[기출33]

1) 국가, 지방자치단체, 공공기관, 공공단체(산림조합, 산림조합중앙회, 농협협동조합, 농협협동조합중앙회, 수산업협동조합, 수산업협동조합중앙회, 한국농어촌공사, 중소벤처기업진흥공단, 산업단지관리공단)가 ① 공공용지의 매수 및 토지의 수용·사용에 대한 보상, 국공유지 취득 또는 처분, ② 국계법상 조성된 용지 등의 공급 또는 분양, ③ 도시개발사업, 정비사업, 농업생산기반 정비사업을 위한 환지·체비지의 매각 또는 환지신청, ④ 토지의 관리·매입·매각·경매 또는 재평가 시 적용한다.

2) 표준지공시지가를 (하나 또는 둘 이상)기준으로 비준표를 사용하여 직접산정하거나 법인등에 의뢰할 수 있다(필요시 가감조정 적용 가능).

8. 효력(제9조) [기출28 30 31]

① 토지시장에 지가정보 제공
② 국가·지단 등이 업무관련 지가산정 시 기준
③ 일반적인 토지거래 지표
④ 법인등이 평가 시 기준

9. 조사협조 요청(제4조)

관계 행정기관에 해당 토지의 인허가 내용 및 개별법에 따른 등록사항 등 대통령령으로 정하는 관련 자료의 열람 또는 제출을 요구 할 수 있다(정당한 사유 없는 한 요구에 따라야 함). (주민/외국인등록번호 제외)

> **＊ 개별법에 따른 등록사항 등 대통령령으로 정하는 관련 자료**
> 건축물대장(현황도면 포함)
> 실제 거래가격
> 지적도, 임야도, 정사영상지도, 토지/임야대장
> 감정평가 정보체계에 등록된 정보 및 자료
> 토지이용계획확인서(확인도면 포함)
> 확정일자부 중 임대차계약에 관한 자료
> 도시·군관리계획 지형도면(전자지도 포함)
> 행정구역별 개발사업 인허가 현황
> 등기부
> 표준지 소유자의 성명 및 주소

10. 타인토지 출입(제13조)

관계 공무원 또는 부동산가격공시업무를 의뢰받은 자는 표준지공시지가의 조사·평가 또는 개별공시지가의 산정을 위해 타인토지에 출입할 수 있고, 택지 또는 담장이나 울타리로 둘러싸인 경우에는 시장·군수·구청장의 허가를 받아야 한다(공무원은 허가 불요) [기출29 30].

+ 3일 전 점유자에게 일시와 장소 통지(점유자 알 수 없거나 부득이한 경우는 ×)

+ 일출 전·일몰 후에는 택지 또는 담장으로 둘러싸인 토지에 점유자의 승인 없이 출입 ×[기출30]

+ 증표(공무원증, 평가사자격증, 부동산원 직원증)와 허가증을 관계인에게 내보여야 함.

11. 부동산 가격정보 등의 조사(제15조)

1) 국토교통부장관은 부동산의 적정가격 조사 등 부동산 정책의 수립 및 집행을 위하여 부동산 시장동향, 수익률 등의 가격정보 및 관계 통계 등을 조사·관리하고 관계 행정기관 등에 제공할 수 있다.
   ① 토지·주택의 매매·임대 등 가격동향 조사
   ② 비주거용 부동산의 임대료·관리비·권리금 등 임대차 관련 정보와 공실률·투자수익률 등 임대사장 동향조사

2) 관계 행정기관에 국세, 지방세, 토지, 건물 등 관련 자료의 열람 또는 제출 요구(표준지공시지가 조사협조 준용)하거나 타인토지 출입 가능

12. 기타

1) 국토교통부장관은 표준지공시지가 조사평가를 의뢰받은 감정평가법인등이 공정/객관적으로 해당 업무를 수행할 수 있도록 해야 한다.

2) 표준지의 선정, 공시기준일, 공시의 시기, 조사·평가 기준 및 공시절차 등에 필요한 사항은 대통령령으로 정한다.

3) 감정평가법인등의 선정기준 및 업무범위는 대통령령으로 정한다.

4) 표준지의 조사·평가에 필요한 세부기준은 국토교통부장관이 정한다.

5) 감정평가법인등 선정 및 표준지 적정가격 조사·평가 물량 배정 등에 필요한 세부기준은 국토교통부장관이 고시한다.

6) 국토교통부장관은 개공산정 위해 필요시 표준지 대비 개별토지의 가격형성요인에 대한 표준적인 비교표를 작성해 시장·군수·구청장에게 제공해야 한다. [기출34]
   → 토지가격비준표(공통비준표/지역비준표)

** 공시사항 비교

표준지공시지가	지번, 단위면적당 가격, 면적 및 형상, 표준지 이용상황, 주변토지 이용상황, 지목, 용도지역, 도로상황, 그 밖에 필요한 사항
개별공시지가	개별공시지가 : 시군구 게시판 또는 홈페이지에 게시 ① 조사기준일, 공시필지의 수 및 개공 열람방법 등 개공 결정에 관한 사항 ② 이의신청의 기간/절차 및 방법

표준주택	지번, 표준주택가격, 대지면적 및 형상, 용도, 연면적, 구조 및 사용승인일(임시사용승인일 포함), 지목, 용도지역, 도로상황, 그 밖에 필요한 사항
개별주택	개별주택의 지번, 가격, 용도 및 면적, 그 밖에 공시에 필요한 사항 : 시군구(자치구) 게시판 또는 홈페이지에 게시 ① 조사기준일 및 개별주택가격의 열람방법 등 개별주택가격의 결정에 관한 사항 ② 이의신청의 기간/절차 및 방법
공동주택	공동주택의 소재지, 명칭, 동, 호수, 공동주택의 가격, 공동주택의 면적, 그 밖에 필요한 사항
비주거용 표준부동산	지번, 가격, 대지면적 및 형상, 용도, 연면적, 구조 및 사용승인일(임시사용승인일 포함), 지목, 용도지역, 도로상황, 그 밖에 필요한 사항
비주거용 개별부동산	비주거용 부동산가격, 지번, 그 밖에 대통령령으로 정하는 사항 (용도 및 면적, 그 밖에 비주거용 개별부동산가격 공시에 필요한 사항)
비주거용 집합부동산	비주거용 집합부동산의 소재지, 명칭, 동, 호수, 가격, 면적, 비주거용 집합부동산 공시에 필요한 사항

📖 확인문제

01 부동산 가격공시에 관한 법령상 개별공시지가에 관한 설명으로 옳지 않은 것은?

① 국토교통부장관은 표준지를 선정할 때에는 일단(一團)의 토지 중에서 해당 일단의 토지를 대표할 수 있는 필지의 토지를 선정하여야 한다.

② 국토교통부장관은 표준지공시지가를 공시하기 위하여 표준지의 가격을 조사·평가할 때에는 해당 토지 소유자의 의견을 들어야 한다.

③ 국토교통부장관은 표준지공시지가의 조사·평가액 중 최고평가액이 최저평가액의 1.3배를 초과하는 경우에는 해당 감정평가법인 등에게 조사·평가보고서를 시정하여 다시 제출하게 할 수 있다.

④ 감정평가법인 등은 표준지공시지가에 대하여 조사·평가보고서를 작성하는 경우에는 미리 해당 표준지를 관할하는 시·도지사 및 시장·군수·구청장의 의견을 들어야 한다.

⑤ 표준지공시지가는 감정평가법인 등이 제출한 조사·평가보고서에 따른 조사·평가액의 최저치를 기준으로 한다.

답 ⑤

제2장 제1절 표준지공시지가 주요 내용 O · X 확인 문제

01 국토교통부장관은 토지이용상황이나 주변 환경, 그 밖의 경제적 · 행정적 조건이 일반적으로 유사하다고 인정되는 일단의 토지 중에서 표준지를 선정한다. (   )

02 국토교통부장관은 표준지공시지가를 공시하기 위하여 표준지의 가격을 조사 · 평가할 때에는 토지소유자 및 시 · 도지사 · 시장 · 군수 · 구청장의 의견을 들어야 한다. (   )

03 표준지의 선정, 공시기준일, 공시의 시기, 조사 · 평가 기준 및 공시절차 등에 필요한 사항은 국토교통부장관이 정한다. (   )

04 표준지공시지가의 공시기준일은 1월 1일로 한다. 다만, 국토교통부장관은 표준지공시지가 조사 · 평가인력 등을 고려하여 부득이하다고 인정하는 경우에도 일부 지역을 지정하여 해당 지역에 대한 공시기준일을 따로 정할 수 없다. (   )

05 국토교통부장관은 공시사항, 열람방법, 이의신청의 기간 · 절차 및 방법을 부동산공시가격시스템에 게시하고 표준지공시지가를 관보에 게시하여야 한다. (   )

06 표준지에 지상권 또는 그 밖의 토지의 사용 · 수익을 제한하는 권리가 설정되어 있을 때에는 그 정착물이 표준지에 미치는 영향을 고려하여 평가하여야 한다. (   )

07 국토교통부장관이 표준지공시지가 조사 · 평가를 의뢰할 자를 선정할 때 고려해야 하는 사항으로 잘못된 것은? (   )

> 1. 표준지공시지가 조사 · 평가 의뢰일부터 20일 이전이 되는 날을 기준으로 하여 직전 1년간의 업무실적이 표준지 적정가격 조사 · 평가업무를 수행하기에 적정한 수준일 것
> 2. 회계감사절차 또는 감정평가서의 심사체계가 적정할 것
> 3. 「감정평가 및 감정평가사에 관한 법률」에 따른 업무정지처분, 과태료 또는 소속 감정평가사에 대한 징계처분 등이 다음 각 목의 기준 어느 하나에도 해당하지 아니할 것
>   가. 선정기준일부터 직전 2년간 업무정지처분을 3회 이상 받은 경우
>   나. 선정기준일부터 직전 2년간 과태료처분을 3회 이상 받은 경우
>   다. 선정기준일부터 직전 1년간 징계를 받은 소속 감정평가사의 비율이 선정기준일 현재 소속 전체 감정평가사의 10퍼센트 이상인 경우
>   라. 선정기준일 현재 업무정지기간이 만료된 날부터 1년이 지나지 아니한 경우
> 4. 상기 요건 중 3개 이상의 요건을 갖춘 감정평가법인등 중에서 선정해야 한다.

08 시·도지사 및 시장·군수·구청장은 의견 제시 요청을 받은 경우에는 요청받은 날부터 20일 이 내에 의견을 제시해야 한다. 시장·군수 또는 구청장은 시·도부동산가격공시위원회의 심의를 거 쳐 의견을 제시해야 한다. (   )

09 국토교통부장관은 표준지공시지가 보고서가 제출된 날로부터 1개월 이내에 실제 매매가격 및 감정 평가 정보체계 등을 활용하여 그 적정성 여부를 검토하고 부적정하다고 판단되거나 조사·평가액 중 최고평가액이 최저평가액의 1.3배를 초과하는 경우에는 해당 감정평가법인등에게 보고서를 시 정하여 다시 제출하게 할 수 있다. (   )

10 국토교통부장관이 하나의 감정평가법인등에 의뢰할 수 있는 경우는? (   )

> 1. 최근 1년간 읍·면·동별 지가변동률이 전국 평균 지가변동률 이하인 지역
> 2. 개발사업이 시행되거나 용도지역 또는 용도지구가 변경되는 등의 사유가 없는 지역

11 공시사항으로 틀린 것을 고르시오.

> 단위면적은 1제곱미터로 한다.
> 표준지의 지번
> 표준지의 단위면적당 가격
> 표준지의 면적 및 형상
> 표준지 및 주변토지의 이용상황
> 표준지의 지목
> 표준지의 용도지역
> 표준지의 도로 상황

12 표준지공시지가에 이의가 있는 자는 그 공시일부터 30일 이내에 서면 및 구두(전자문서 포함)로 국토교통부장관에게 이의를 신청할 수 있다. (   )

13 국토교통부장관은 이의신청을 받은 날부터 30일 이내에 이의신청을 심사하여 그 결과를 신청인에 게 서면으로 통지하여야 한다. (   )

14 이의신청의 내용이 타당하다고 인정될 때에는 중앙부동산가격공시위원회의 심의를 거쳐 해당 표 준지공시지가를 조정하여 다시 공시하여야 한다. (   )

15 표준지공시지가는 토지시장에 지가정보를 제공하고 일반적인 토지거래의 지표가 되며, 국가·지방자치단체 등이 그 업무와 관련하여 지가를 산정하거나 감정평가법인등이 개별적으로 토지를 감정평가하는 경우에 기준이 된다. (   )

16 국가 또는 지방자치단체, 공공기관, 공공단체가 지가를 산정하여 가감 조정하여 적용할 수 있는 경우가 아닌 것은? (   )

1. 공공용지의 매수 및 토지의 수용·사용에 대한 보상
2. 국유지·공유지의 취득 또는 처분
3. 법령에 따라 조성된 용지 등의 공급 또는 분양
4. 법원에 분쟁 중인 소송을 위한 토지가격의 산정
5. 택지개발사업·농업생산기반정비사업을 위한 환지·체비지의 매각 또는 환지신청
6. 토지의 관리·매입·매각·경매 또는 재평가

제2장 제1절 표준지공시지가 주요 내용 O · X 확인 문제 정답

01 (×) 자연적 · 사회적 조건이 일반적으로 유사하다고 인정되는 토지 중에서 선정한다.

02 (○)

03 (×) 대통령령으로 정한다.

04 (×) 부득이하다고 인정하는 경우에는 일부 지역을 지정하여 해당 지역에 대한 공시기준일을 따로
정할 수 있다.

05 (×) 국토교통부장관은 공시사항, 열람방법, 이의신청의 기간 · 절차 및 방법을 관보에 공고하고, 표준
지공시지가를 부동산공시가격시스템에 게시하여야 한다.

06 (×) 표준지에 건물 또는 그 밖의 정착물이 있거나 지상권 또는 그 밖의 토지의 사용 · 수익을 제한하
는 권리가 설정되어 있을 때에는 그 정착물 또는 권리가 존재하지 아니하는 것으로 보고 표준지
공시지가를 평가하여야 한다.

07 틀린 내용에 대한 바른 내용은 아래와 같다.

> 1. 표준지공시지가 조사 · 평가 의뢰일부터 30일 이전이 되는 날
> 3. 나. 선정기준일부터 직전 1년간 과태료처분을 3회 이상 받은 경우
> 4. "상기 요건 중 3개 이상의 요건을 갖춘 감정평가법인등 중에서 선정해야 한다."는 없는 요건이다.

08 (×) 시 · 군 · 구부동산가격공시위원회의 심의를 거쳐 의견을 제시해야 한다.

09 (×) 국토교통부장관은 실제 매매가격 및 감정평가 정보체계 등을 활용하여 그 적정성 여부를 검토할
수 있다. 1개월 이내에 검토해야 하는 것은 아니다.

10 각 요건을 모두 갖추어야 한다.

11 전부 맞음. 모두 공시사항이다.

12 (×) 서면(전자문서를 포함한다)으로 국토교통부장관에게 이의를 신청할 수 있다.

13 (×) 이의신청 기간이 만료된 날부터 30일 이내에 심사

14 (○)

15 (○)

16 (4, 5) 법원에 분쟁 중인 소송을 위한 토지가격의 산정은 해당되지 않는다. 택지개발사업이 아닌 도시개
발사업이 해당된다. 맞는 경우는 아래와 같다.

> 1. 공공용지의 매수 및 토지의 수용·사용에 대한 보상
> 2. 국유지·공유지의 취득 또는 처분
> 3. 법령에 따라 조성된 용지 등의 공급 또는 분양
> 5. 도시개발사업·도시정비사업·농업생산기반 정비사업을 위한 환지·체비지의 매각 또는 환지신청
> 6. 토지의 관리·매입·매각·경매 또는 재평가

제2절 개별공시지가

제2절 개별공시지가의 핵심 학습사항
① 개별공시지가 산정 기본절차(공시 하지 않아도 되는 경우 등)
② 개별공시지가 조사·산정지침 내용
③ 개별공시지가 검증 및 정정 제도
④ 개별공시지가 재공시(분할 합병 등)

1. 기본절차(제10조)

1) 시장·군수·구청장은 국세, 지방세 각종 세금 부과 및 다른 법령 목적지가산정에 사용되도록 하기 위하여 공시기준일 현재 관할 구역 안의 개별토지의 단위면적(1제곱미터)[기출30 32]당 가격을 결정·공시하고, 이를 관계 행정기관 등에 제공하여야 한다. [기출34]

2) 시·군·구부동산가격공시위원회 심의 후 공시기준일(1월 1일) 현재 개별토지의 단위면적당 (1제곱미터) 가격을 결정하여 공시하여야 한다.

3) 공시(5월 31일까지) + 관계행정기관 등에 제공

   ＊공시 안 할 수 있음[기출29 30 32 34 35]
   ① 표준지(표공 = 개공)로 선정된 토지
   ② 부담금(농지보전, 개발 등) 부과대상 아닌 토지
   ③ 조세(국세, 지방세) 부과대상 아닌 토지(국공유지는 공공용 토지만 해당)
   단, 관계 법령규정 및 관계 기관장과 협의하여 공시하기로 한 경우에는 공시해야 함.

2. 세부절차

(1) 산정

1) **국토교통부장관은 개별공시지가 조사·산정기준을 시장·군수 또는 구청장에게 통보해야 한다.** 시장·군수 또는 구청장은 그 기준에 따라 개별공시지가를 조사·산정하여야 한다.
   [기출29]
   ① 지가형성에 영향을 미치는 토지 특성조사에 관한 사항
   ② 비교표준지 선정에 관한 사항
   ③ 토지가격비준표 사용에 관한 사항
   ④ 그 밖에 조사 산정에 필요한 사항

2) 유사한 이용가치의 하나 또는 둘 이상의 표준지 ＊ 토지가격비준표(표공 개공 균형 유지)

(2) 검증(영 제18조)

산정지가검증	공시 전	탁상검증	법인등에 의뢰
의견제출검증(현장지가검증)	공시 전	현장검증	시군구청장 현지조사와 검증가능
이의신청검증	공시 후	현장검증	필요시 법인등에 의뢰

1) 의뢰

표준지공시지가 조사・평가 법인등 및 실적우수(표준지공시지가 조사・평가 법인등 선정기준 동일)법인 등에 의뢰(지가현황도면/지가조사자료 제공)

* **지가현황도면** : 해당 연도의 산정지가, 전년도의 개별공시지가 및 해당 연도의 표준지공시지가가 필지별로 기재된 도면

* 지가조사자료란 개별토지가격의 산정조서 및 그 밖에 토지이용계획에 관한 자료를 말한다.

2) 검증사항(기출31)

① 비교표준지 선정 적정성
② 개별토지 가격 산정의 적정성
③ 개공과 표공의 균형 유지에 관한 사항
④ 개공과 인근토지 지가와의 균형 유지에 관한 사항
⑤ 표준주택, 개별주택, 비주거용 표준비동산 및 비주거용 개별부동산 토지특성과 일치 여부
⑥ 용도지역, 토지이용상황 등 주요 특성이 공부와 일치하는지 여부
⑦ 그 밖에 시장・군수・구청장이 검토 의뢰한 사항

3) 검증생략

① 검증생략(개발사업 시행, 용도지역/지구 변경 시는 생략 불가) 시 개별토지 지변률과 읍면동 연평균 지변률 간의 차이가 작은 순으로 선정
② 검증생략 시 미리 관계 중앙행정기관과 협의해야 한다.

(3) 의견청취(소유자 및 이해관계인)(영 제19조)

1) 의견청취 시 개별토지가격 열람부를 갖추고 ① 열람기간 및 열람장소와, ② 의견제출기간 및 의견제출방법을 시군구(자치구) 게시판 또는 홈페이지에 20일 이상 게시 + 의견제출기간에 의견을 제출할 수 있다.

2) 의견제출기간 만료일 ~ 30일 이내 심사(시장・군수・구청장은 현지조사와 검증 가능) / 결과통지

* 표준지는 게시사실 통지규정 있으나 개공은 통지규정 없음.

3. 시 · 군 · 구부동산가격공시위원회 심의

4. 결정 및 공시(영 제21조)

(1) **공시사항** : 개별공시지가 - (아래 사항 시 · 군 · 구 게시판 또는 홈페이지에 게시)
   ① 조사기준일, 공시필지의 수 및 개공 열람방법 등 개공 결정에 관한 사항
   ② 이의신청의 기간/절차 및 방법

(2) **통지(임의규정)**
   ① 필요시 소유자에게 개별통지 가능(공유자 모두에게)
   ② 통지하지 않는 경우에는 공고 및 게시사실을 방송/신문 등을 통하여 알려 소유자가 열람
   하고 이의신청할 수 있게 해야 한다.

5. 이의신청(제11조)[기출30 32 35]

1) 공시일부터 30일 이내 서면으로 시장 · 군수 · 구청장에게 신청(증명서류 첨부)할 수 있다.

2) 이의신청 기간 만료일부터 30일 이내 심사하고 결과를 서면으로 통지(이의 타당 시 조정 공시)
   해야 한다.
   * 심사 위해 필요시 법인등에게 검증의뢰 가능(이의신청 현장지가 검증)

6. 개공 정정(제12조)[기출30 32 34]

1) 시장 · 군수 · 구청장은 틀린 계산, 오기, 표준지 선정착오, 공시절차 완전하게 이행하지 아니
   한 경우, 비준표 적용오류, 용도지역/지구 등 중요 요인조사에 잘못이 있는 경우 지체 없이
   이를 정정하여야 한다.

2) 시장 · 군수 · 구청장이 시 · 군 · 구 부동산가격공시위원회 심의를 거쳐 정정(단, 틀린 계산 또
   는 오기는 심의 없이 가능)

7. 분할 합병 등(영 제16조)[기출34]

공시기준일 이후 분할, 합병, 신규등록, 지목변경, 국 · 공유지에서 매각 등에 따라 사유로 된 토
지로서 개별공시지가가 없는 토지

사유발생	공시기준일	공시일
1.1 ~ 6.30	그 해 7.1	그 해 10.31까지
7.1 ~ 12.31	다음 해 1.1	다음 해 5.31까지

8. 타인토지 출입(표준지 동일)

9. 비용보조(제14조)[기출29 30 32 34 35]

개별공시지가의 결정 · 공시에 소요되는 비용은 대통령령으로 정하는 바에 따라 그 일부(50% 이
내)를 국고에서 보조할 수 있다.

10. 기타

(1) 지도감독

국토교통부장관은 지가공시 행정의 합리적인 발전을 도모하고 표준지공시지가와 개별공시지가와의 균형유지 등 적정한 지가형성을 위하여 필요하다고 인정하는 경우에는 개별공시지가의 결정·고시 등에 관하여 시장·군수·구청장을 지도·감독할 수 있다.

(2) 기타

개별공시지가의 산정, 검증 및 결정, 공시기준일, 공시의 시기, 조사·산정의 기준, 이해관계인의 의견청취, 감정평가법인등의 지정 및 공시절차 등에 필요한 사항은 대통령령으로 정한다.

📘 **확인문제**

01 부동산 가격공시에 관한 법령상 개별공시지가에 관한 설명으로 옳지 않은 것은?

① 시장·군수 또는 구청장은 개별공시지가에 토지가격비준표의 적용에 오류가 있음을 발견한 때에는 지체 없이 이를 정정하여야 한다.
② 표준지로 선정된 토지에 대하여 개별공시지가를 결정·공시하지 아니하는 경우에는 해당 토지의 표준지공시지가를 개별공시지가로 본다.
③ 개별공시지가에 이의가 있는 자는 그 결정·공시일부터 60일 이내에 서면 또는 구두로 이의를 신청할 수 있다.
④ 개별공시지가의 결정·공시에 소요되는 비용 중 국고에서 보조할 수 있는 비용은 개별공시지가의 결정·공시에 드는 비용의 50퍼센트 이내로 한다.
⑤ 개별공시지가의 단위면적은 1제곱미터로 한다.

답 ③

02 부동산 가격공시에 관한 법령상 개별공시지가의 검증을 의뢰받은 감정평가법인등이 검토·확인하여야 하는 사항에 해당하지 않는 것은?

① 비교표준지 선정의 적정성에 관한 사항
② 산정한 개별토지가격과 표준지공시지가의 균형 유지에 관한 사항
③ 산정한 개별토지가격과 인근토지의 지가와의 균형 유지에 관한 사항
④ 토지가격비준표 작성의 적정성에 관한 사항
⑤ 개별토지가격 산정의 적정성에 관한 사항

답 ④

01 시장은 시부동산가격공시위원회의 심의를 거쳐 매년 공시지가의 공시기준일 현재 관할 구역 안의 개별토지의 단위면적당 가격(단위면적은 1제곱미터로 한다)을 결정·공시하고, 이를 구청장 등에 제공하여야 한다. (   )

02 개별공시지가를 공시하지 않을 수 있는 경우는 (   ), (   ), 국세 또는 지방세 부과대상이 아닌 토지(   )이다.

03 3월 1일 분할·합병, 지목변경, 매각 등에 따라 개별공시지가가 없는 토지가 발생된 경우에는 6월 1일을 기준하여 개별공시지가를 결정·공시하여야 한다. (   )

04 국토교통부장관은 개별공시지가 조사·산정의 기준을 정하여 시장·군수 또는 구청장에게 통보하여야 한다. 포함사항은 몇 개인가? (   )

> 1. 지가형성에 영향을 미치는 토지 특성조사에 관한 사항
> 2. 개별공시지가의 산정기준이 되는 표준지의 선정에 관한 사항
> 3. 토지가격비준표의 사용에 관한 사항
> 4. 개별공시지가의 조사·산정에 필요한 사항
> 5. 개별공시지가 검증에 관한 사항
> 6. 토지소유자 및 이해관계인의 의견청취에 관한 사항
> 7. 조세 등 부과대상인지에 대한 대상 판단 사항

05 개별공시지가 산정 이후에는 감정평가법인등의 검증을 받고 토지소유자, 그 밖의 이해관계인의 의견을 들어야 한다. 검증생략사유를 쓰시오. (   )

06 검증사유를 모두 고르시오. (   )

> 1. 비교표준지 선정의 적정성에 관한 사항
> 2. 토지가격비준표의 사용에 관한 사항
> 3. 개별토지 가격 산정의 적정성에 관한 사항
> 4. 산정한 개별토지가격과 표준지공시지가의 균형 유지에 관한 사항
> 5. 산정한 개별토지가격과 인근토지의 지가와의 균형 유지에 관한 사항
> 6. 표준주택가격, 개별주택가격, 비주거용 표준부동산가격 및 비주거용 개별부동산가격 산정 시 고려된 토지 특성과 일치하는지 여부
> 7. 개별토지가격 산정 시 적용된 용도지역, 토지이용상황 등 주요 특성이 공부(公簿)와 일치하는지 여부

07 개별공시지가에 이의가 있는 자는 그 결정·공시일부터 30일 이내에 서면 또는 구두로 시장·군수 또는 구청장에게 이의를 신청할 수 있다. 타당하다고 인정될 때에는 개별공시지가를 조정하여 다시 결정·공시하여야 한다. (   )

08 개별공시지가에 틀린 계산, 오기, 표준지 선정의 착오, 토지가격비준표의 적용에 오류가 있는 경우에는 부동산가격공시위원회의 심의를 거쳐 지체 없이 이를 정정하여야 한다. (   )

09 관계 공무원등은 택지 또는 담장이나 울타리로 둘러싸인 타인의 토지에 출입하고자 할 때에는 시장·군수 또는 구청장의 허가를 받아 출입할 날의 3일 전에 그 점유자에게 일시와 장소를 통지하여야 한다. (   )

10 일출 전·일몰 후에는 그 토지의 점유자의 승인 없이 택지 또는 담장이나 울타리로 둘러싸인 타인의 토지에 출입을 하고자 하는 자는 그 권한을 표시하는 증표와 허가증을 지니고 이를 관계인에게 내보여야 한다. (   )

11 개별공시지가의 결정·공시에 소요되는 비용은 행정안전부 장관이 정하는 바에 따라 개별공시지가의 결정·공시에 드는 비용의 50퍼센트 이내로 한다. (   )

제2장 제2절 개별공시지가 주요 내용 O · X 확인 문제 정답

01 (×) 관계 행정기관 등에 제공하여야 한다.

02 표준지로 선정된 토지,
농지보전부담금 또는 개발부담금 등의 부과대상이 아닌 토지,
국세 또는 지방세 부과대상이 아닌 토지(국공유지의 경우에는 공공용 토지만 해당한다)

03 7월 1일이다.

> 1. 1월 1일부터 6월 30일까지의 사이에 사유가 발생한 토지 : 그 해 7월 1일
> 2. 7월 1일부터 12월 31일까지의 사이에 사유가 발생한 토지 : 다음 해 1월 1일

04 4개(1, 2, 3, 4가 맞음)

05 개별토지의 지가변동률과 해당 토지가 있는 읍 · 면 · 동의 연평균 지가변동률 간의 차이가 작은 순으로 대상 토지를 선정해야 한다. 다만, 개발사업이 시행되거나 용도지역 · 용도지구가 변경되는 등의 사유가 있는 토지는 검증 생략 대상 토지로 선정해서는 안 된다.

06 6개 맞음("2. 토지가격비준표의 사용에 관한 사항"은 개별공시지가 조사산정 내용임)

07 (×) 서면으로 이의신청을 할 수 있다.

08 (×) 틀린계산 및 오기의 경우에는 심의를 거치지 않는다.

09 (×) 관계 공무원은 허가를 받지 않는다. 부동산가격공시업무를 의뢰받은 자만 허가를 받는다.

10 (×) 일출 전 · 일몰 후에는 그 토지의 점유자의 승인 없이 택지 또는 담장이나 울타리로 둘러싸인 타인의 토지에 출입할 수 없다.

11 (×) 대통령령으로 정하는 바에 따라 보조할 수 있다.

📖 학습전략

제3장 주택가격공시제도의 핵심 학습사항
① 표준주택 공시사항 및 산정주체
② 개별주택 재공시사항(분할 합병 등)
③ 공동주택 산정 기본절차

제1절 표준주택가격공시제도(제16조)

1. **기본절차** : 표준주택 선정 → 조사/산정 → 의견청취 → 심의 → 공시

   1) 국토교통부장관은 용도지역, 건물구조 등이 일반적으로 유사한 일단의 단독주택 중 표준주택 선정

   2) 공시기준일(1월 1일) 현재 적정가격(표준주택가격) 조사 − 산정 − 중앙부동산가격공시위원회 심의 − 공시(조사 산정인력 및 표준주택 수 고려하여 부득이한 경우 일부 지역을 지정하여 해당 지역에 대한 공시기준일을 따로 정할 수 있다)(기출29)

2. **세부절차**

   (1) 선정

   일단의 단독주택 중 대표주택 선정

   + 선정 및 관리에 관한 기준은 중앙부동산가격공시위원회 심의 거쳐 국이 정함(표준주택 선정 및 관리지침)

   (2) 산정의뢰 − 한국부동산원에 의뢰(기출29 31)

   (3) 조사산정

   1) 기준(영 제31조)
      ① 인근유사 단독주택의 '사정개입(특수한 사정, 지식부족) 없는 거래가격/임대료' 및 유사 이용 가치를 지닌 단독주택의 건설필요비용추정액 고려(공시기준일 현재의 표준적인 건축비와 일반적인 부대비용)(기출28 31)
      ② 인근지역 및 다른 지역과의 형평성·특수성, 표준주택 변동예측가능성 등 종합참작
      ③ 전세권 또는 그 밖에 단독주택의 사용·수익을 제한하는 권리는 존재하지 아니하는 것으로 적정가격 산정[사법상 제한 배제(전세권 등)]

2) **조사산정 사항**(기출 35)

　　표준주택가격, 주택의 소재지, 공부상 지목 및 대지면적, 대지의 용도지역, 도로접면, 대지 형상, 주건물 구조 및 층수, 사용승인연도, 주위환경

　3) **소유자 의견청취(필수)(표준지 준용)**

　　의견청취 시 공시대상, 열람기간 및 방법, 의견제출기간 및 제출방법, 공시예정가격을 공시가격시스템에 20일 이상 게시 + 게시사실을 소유자에게 통지해야 한다.

　4) **시·도지사·시장·군수·구청장 의견청취** : [시도시군구는 20일 내에 의견제시 /시군구는 시·군·구부동산가격공시위원회 심의 거쳐 의견제시]

　5) **보고서 제출** : 국토교통부장관은 실거래신고가격, 감정평가 정보체계 등을 활용하여 적정성 여부를 검토할 수 있다.

　　부적정하다고 판단되거나 법령을 위반하여 수행되었다고 인정되는 경우에는 부동산원에 보고서를 시정하여 다시 제출하게 할 수 있다.

　　* **조사평가 보고서 첨부서류** : 지역분석조서, 표준주택별로 작성한 표준주택 조사사항 및 가격산정의견서, 의견청취결과서(시군구 의견), 표준주택의 위치 표시 도면, 그 밖에 사실 확인에 필요한 서류

　6) **결정** : 산술평균 ×, 부동산원 단수임

3. 중앙부동산가격공시위원회 심의

4. 공시

　(1) **공시방법(영 제28조)**(기출34)

　　관보 공고(아래 공고사항) + 표준주택가격을 부동산공시가격시스템 게시

　(2) **관보 공고사항**

　　① **공시사항** : 지번, 표준주택가격, 대지면적 및 형상, 용도, 연면적, 구조 및 사용승인일(임시사용승인일 포함), 지목, 용도지역, 도로상황, 그 밖에 필요한 사항(기출28 31 32 34)

　　② 열람방법

　　③ 이의신청의 기간, 절차 및 방법

　(3) **통지(임의규정)**

　　① 공시가격 및 이의신청기간, 절차 및 방법을 필요시 소유자(공유자 모두)에게 개별통지 가능

　　② 통지하지 않는 경우에는 공고 및 게시사실을 방송/신문 등을 통하여 알려 소유자가 열람하고 이의신청할 수 있게 해야 한다.

5. 열람

공시한 때에는 특별시장·광역시장 또는 도지사를 거쳐 시장·군수 또는 구청장(지자체인 구)에 게 송부 → 일반인 열람

+ 도서/도표(공시사항 포함) 등으로 작성하여 관계 행정기관에 공급해야 한다.

(전자기록 등 특수매체기록으로 작성 공급 가능)

6. 이의신청

1) 공시일로부터 30일 이내 서면(전자문서 포함 / 사유증명 서류 첨부)으로 국토교통부장관에게 가능

2) 신청 기간 만료된 날부터 30일 이내 심사 + 결과 서면 통지 / 이의 타당 시 재공시

7. 효력

국가, 지단 등이 그 업무와 관련하여 개별주택가격으로 산정하는 경우에 기준이 된다.

8. 조사협조 요청(표준지 준용)

9. 타인토지 출입(표준지 준용)

10. 기타

1) 표준주택의 선정, 공시기준일, 공시의 시기, 조사·산정 기준 및 공시절차 등에 필요한 사항은 대통령령으로 정한다.

2) 표준주택가격의 조사·산정에 필요한 세부기준은 국토교통부령으로 정한다.

3) 개별주택가격의 산정을 위해 필요하다고 인정하는 경우에는 표준주택과 산정대상 개별주택의 가격형성요인에 대한 표준적인 비교표를 작성하여 시장·군수·구청장에게 제공하여야 한다.

[기출28]

📖 **확인문제**

01 부동산 가격공시에 관한 법령상 표준주택가격의 공시사항에 포함되어야 하는 것을 모두 고른 것은?

> ㄱ. 표준주택의 지번
> ㄴ. 표준주택의 임시사용승인일
> ㄷ. 표준주택의 대지면적 및 형상
> ㄹ. 용도지역

① ㄱ, ㄴ   ② ㄷ, ㄹ
③ ㄱ, ㄴ, ㄷ   ④ ㄱ, ㄷ, ㄹ
⑤ ㄱ, ㄴ, ㄷ, ㄹ

답 ⑤

02 부동산 가격공시에 관한 법령상 주택가격의 공시에 관한 설명으로 옳은 것은?

① 국토교통부장관은 표준주택을 선정할 때에는 일반적으로 유사하다고 인정되는 일단의 공동주택 중에서 해당 일단의 공동주택을 대표할 수 있는 주택을 선정해야 한다.
② 국토교통부장관은 표준주택가격을 조사·산정하고자 할 때에는 한국부동산원 또는 둘 이상의 감정평가법인등에게 의뢰한다.
③ 표준주택가격은 국가·지방자치단체 등이 과세업무와 관련하여 주택의 가격을 산정하는 경우에 그 기준으로 활용하여야 한다.
④ 표준주택가격의 공시사항에는 지목, 도로 상황이 포함되어야 한다.
⑤ 개별주택가격 결정·공시에 소요되는 비용은 75퍼센트 이내에서 지방자치단체가 보조할 수 있다.

답 ④

제2절 개별주택가격공시제도(제17조)

1. 기본절차

시장·군수·구청장은 시·군·구부동산가격공시위원회의 심의를 거쳐 공시기준일(1월 1일) 현재 개별주택의 가격을 결정 공시(4월 30일까지)하고 관계 행정기관 등에 제공하여야 한다. [기출31]

* 공시 안 할 수 있음
- 표준주택(표준주택 = 개별주택)

  주택은 부담금 부과대상 아님!!!!
- 국세, 지방세 부과대상 아닌 단독주택

  단, 관계 법령규정 및 관계 기관장과 협의하여 공시하기로 한 경우에는 공시해야 함.

2. 세부절차

(1) 산정

1) 국토교통부장관은 개별주택 조사산정기준을 시군구에게 통보
   ① 주택가격형성에 영향을 미치는 주택특성 조사에 관한 사항
   ② 표준주택 선정에 관한 사항
   ③ 주택가격비준표 사용에 관한 사항
   ④ 그 밖에 조사 산정에 필요한 사항

2) 유사이용가치 표준주택 * 주택가격비준표(표주 개주 균형 유지)

   (하나 또는 둘 아님 하나임)!!!

(2) 검증

1) 의뢰

   부동산원에 의뢰(가격현황도면/가격조사자료 제공)

   * 가격현황도면이란 해당 연도에 산정된 개별주택가격, 전년도의 개별주택가격 및 해당연도의 표준주택가격이 주택별로 기재된 도면을 말한다.

2) 검증사항
   ① 비교표준주택 선정 적정성
   ② 개별주택가격 산정의 적정성
   ③ 개별주택가격과 표준주택가격의 균형 유지에 관한 사항
   ④ 개별주택가격과 인근 개별주택가격과의 균형 유지에 관한 사항
   ⑤ 표준지공시지가 및 개별공시지가 토지특성과 일치여부
   ⑥ 개별주택가격 산정 시 적용된 용도지역, 토지이용상황 등 주요특성이 공부와 일치하는지 여부
   ⑦ 그 밖에 시장·군수·구청장이 검토 의뢰한 사항

3) 검증생략(개발사업 시행, 용도지역/지구 변경 시는 생략 불가)

개별주택 변동률과 시군구 연평균 변동률 간의 차이가 작은 순으로 선정

검증생략 시 미리 관계 중앙행정기관과 협의해야 한다.

(3) 의견청취(소유자 및 이해관계인)

1) 소유자 및 이해관계인 의견청취 시 개별주택가격 열람부를 갖추고 ① 열람기간 및 열람장소와 ② 의견제출기간 및 의견제출방법을 시군구 게시판 또는 홈페이지에 20일 이상 게시 + 의견제출기간 내 의견제출 가능

2) 의견제출기간 만료일 ~ 30일 이내 심사 / 결과통지(시장·군수·구청장은 현지조사와 검증 가능)

3. 시·군·구부동산가격공시위원회 심의

4. 공시(개별주택의 지번, 가격, 용도 및 면적, 그 밖에 공시에 필요한 사항)

: 시·군·구(자치구) 게시판 또는 홈페이지에 게시

(1) 공시사항

① 조사기준일 및 개별주택가격의 열람방법 등 개별주택가격의 결정에 관한 사항

② 이의신청의 기간/절차 및 방법

(2) 통지(임의규정)

① 필요시 소유자에게 개별통지 가능(공유자 모두에게)

② 미통지 시 공고 게시사실을 방송/신문 등을 통해 알려 소유자가 열람하고 이의신청할 수 있게 해야 한다.

5. 이의신청

1) 공시일부터 30일 이내 서면으로 시장·군수·구청장에게 신청(증명서류 첨부)

2) 이의신청 기간 만료일부터 30일 이내 심사 / 결과 서면 통지(이의 타당 시 조정 공시)

6. 정정

1) 틀린 계산, 오기, 공시절차 완전하게 이행하지 아니한 경우, 주요요인 조사 잘못

2) 시·군·구청장이 시·군·구 부동산가격공시위원회 심의를 거쳐 정정(단, 틀린 계산 또는 오기는 심의 없이 가능)

7. 분할 합병 등

공시기준일 이후 분할, 합병, 건축물의 신축(건축법상 건축/대수선 또는 용도변경)이 된 단독주택, 국·공유에서 매각 등에 따라 사유로 된 단독주택으로서 개별주택가격이 없는 단독주택

사유발생	공시기준일	공시일
1.1 ~ 5.31	그 해 6.1	그 해 9.30
6.1 ~ 12.31	다음 해 1.1	다음 해 4.30

8. 효력

① 주택시장의 가격정보 제공

② 국가, 지단 등이 과세 등의 업무와 관련하여 주택의 가격을 산정하는 경우에 그 기준으로 활용될 수 있다.

8-1. 타인토지 출입 준용규정 없음!!!!

9. 비용보조

결정 공시 소요 비용 중 50% 이내 국고에서 보조 가능[기출31]

10. 기타

(1) 지도감독

국토교통부장관은 공시 행정의 합리적인 발전 도모, 표주 개주 균형유지 등 적정한 지가형성 위해 필요시 개별주택가격 결정·공시 등에 관하여 시장·군수 또는 구청장을 지도·감독할 수 있다.

(2) 기타

개별주택가격의 산정, 검증 및 결정, 공시기준일, 공시의 시기, 조사·산정의 기준, 이해관계인의 의견청취 및 공시절차 등에 필요한 사항은 대통령령으로 정한다.

제3절 공동주택가격공시제도(제18조)

1. 기본절차[기출30]

국토교통부장관은 공시기준일(1월 1일) 현재의 적정가격(공동주택가격)을 조사 - 산정 - 중앙부동산가격공시위원회 심의 - 공시(4월 30일까지) + 관계기관 제공

* 조사 산정인력 및 공동주택 수 고려하여 부득이한 경우 일부지역에 대해 따로 정할 수 있다.

* 공시 안 할 수 있음(국세청장과 협의하여 기준시가를 별도 결정·고시하는 경우)[기출30]
  ① 아파트
  ② 건축 연면적 165제곱미터 이상의 연립주택

2. 세부절차

(1) 의뢰 : 한국부동산원에 의뢰(기출30)

(2) 조사산정

1) 기준

① 인근유사공동주택의 '사정개입(특수한 사정, 지식부족) 없는 거래가격/ 임대료' 및 유사 이용가치를 지닌 공동주택의 건설필요비용추정액(표준적인 건축비와 일반적인 부대비용)

② 인근지역 및 다른 지역과의 형평성·특수성, 표주 변동예측가능성 등 고려

③ 전세권 또는 그 밖에 공동주택의 사용·수익을 제한하는 권리는 존재하지 아니하는 것으로 보고 적정가격 산정[사법상 제한 배제(전세권 등)]

2) 조사산정 사항

공동주택가격 및 공동주택의 소재지, 단지명, 동명 및 호명, 면적 및 공시가격, 그 밖에 필요한 사항

3) 소유자 및 이해관계인 의견청취(필수)

의견청취 시 공시대상, 열람기간 및 방법, 의견제출기간 및 제출방법, 공시 예정가격을 공시가격시스템에 20일 이상 게시

+ 게시된 가격에 이의가 있는 소유자는 의견제출기간에 의견을 제출할 수 있다.

** 표준지 조사평가관련 소유자의견청취규정 준용규정은 있으나, 개별통지 규정은 준용하지 않음!!

** 시도시군구 의견청취 없음

4) 보고서 제출

① 국토교통부장관은 행정안전부장관 / 국세청장 / 시·도지사·시장·군수·구청장에게 제공해야 한다. → 제공받은 자는 국토교통부장관에게 적정성 검토를 요청할 수 있다.

+ 국토교통부장관은 실거래신고가격, 감정평가 정보체계 등을 활용하여 적정성 검토 가능

② 부적정하다고 판단되는 경우 및 법령에 반하는 경우 부동산원에 시정 제출하게 할 수 있음

* 조사산정 보고서를 책자 또는 전자정보 형태로 국토교통부장관에게 제출해야 한다.

③ 개별 공동주택가격 외에 공동주택 분포현황, 가격변동률, 가격총액 및 면적당 단가/평균가격, 가격 상하위 현황, 의견제출 및 이의신청 접수현황 및 처리현황, 그 밖에 가격에 관한 사항을 포함해야 한다.

5) 결정 : 산술평균 ×, 부동산원 단수임

3. 중앙부동산가격공시위원회 심의

4. 공시

(1) 공시방법

관보 공고 + 공시가격을 부동산공시가격시스템 게시

+ 공고일부터 10일 이내에 공시사항을 행정안전부장관 / 국세청장 / 시장·군수·구청장에게 제공해야 한다.

(2) 관보공고사항

① 공시사항 : 공동주택의 소재지, 명칭, 동, 호수, 공동주택의 가격, 공동주택의 면적, 그 밖에 필요한 사항(기출30 34)

② 열람방법

③ 이의신청의 기간, 절차 및 방법

(3) 통지(임의규정)

① 공시가격 및 이의신청기간, 절차 및 방법을 필요시 소유자에게 개별통지 가능(공유자 모두에게)

② 통지하지 않는 경우에는 공고 및 게시사실을 방송/신문 등을 통하여 알려 소유자가 열람하고 이의신청할 수 있게 해야 한다.

5. 열람

공시한 때에는 특별시장·광역시장 또는 도지사를 거쳐 시장·군수 또는 구청장(지자체인 구)에게 송부 → 일반인 열람

+ 도서/도표(공시사항 포함) 등으로 작성하여 관계 행정기관에 공급해야 한다.
(전자기록 등 특수매체기록으로 작성공급가능)

6. 이의신청

1) 공시일로부터 30일 이내 서면(전자문서 포함 / 사유증명 서류 첨부)으로 국토교통부장관에게 가능

2) 신청 기간 만료된 날부터 30일 이내 심사 + 결과 서면 통지 / 이의 타당 시 재공시

7. 공동주택가격 정정

1) 틀린 계산, 오기, 공시절차 완전하게 이행하지 아니한 경우, 가격에 영향 미치는 동호수/층의 표시 등 주요 요인의 조사가 잘못된 경우

2) 국토교통부장관은 중앙부동산가격공시위원회의 심의를 거쳐 정정(단, 틀린 계산 또는 오기는 심의 없이 가능)하여야 한다.

8. 분할 합병 등(기출30)

공시기준일 이후 대지의 분할·합병, 건축물의 신축(건축법상 건축/대수선 또는 용도변경)이 된 공동주택, 국·공유 소유에서 매각 등에 따라 사유로 된 공동주택으로서 가격이 없는 공동주택

사유발생	공시기준일	공시일
1.1 ~ 5.31	그 해 6.1	그 해 9.30
6.1 ~ 12.31	다음 해 1.1	다음 해 4.30

9. 효력

① 주택시장의 가격정보 제공
② 국가, 지방자치단체 등이 과세 등의 업무와 관련하여 주택의 가격을 산정하는 경우에 그 기준으로 활용될 수 있다.

10. 조사협조 요청(표준지 준용)

11. 타인토지 출입(표준지 준용)

12. 기타

공동주택의 조사대상의 선정, 공시기준일, 공시의 시기, 공시사항, 조사·산정 기준 및 공시절차 등에 필요한 사항은 대통령령으로 정한다.

제3장 주택가격공시제도 주요 내용 O·X 확인 문제

01 국토교통부장관은 용도지역, 건물구조 등이 일반적으로 유사하다고 인정되는 일단의 공동주택 중에서 선정한 표준주택에 대하여 매년 공시기준일 현재의 적정가격을 조사·산정하고, 중앙부동산가격공시위원회의 심의를 거쳐 이를 공시하여야 한다. (   )

02 표준주택의 공시사항으로는 지번, 표준주택가격, 표준주택의 대지면적 및 형상, 표준주택의 용도, 연면적, 구조 및 사용승인일(임시사용승인일을 포함한다)이 있으며, 지목, 용도지역, 도로 상황은 포함사항이 아니다. (   )

03 국토교통부장관은 표준주택가격을 조사·산정하고자 할 때에는 한국부동산원에 의뢰하고, 국토교통부장관은 개별주택가격의 산정을 위하여 필요하다고 인정하는 경우에는 주택가격비준표 작성하여 시장·군수 또는 구청장에게 제공할 수 있다. (   )

04 개별주택가격은 주택시장의 가격정보를 제공하고, 국가·지방자치단체 등이 과세 등의 업무와 관련하여 주택의 가격을 산정하는 경우에 그 기준으로 활용될 수 있다. (   )

05 공동주택에 대하여 매년 공시기준일 현재의 적정가격을 공시하고, 이를 관계 행정기관 등에 제공하여야 한다. 다만, (   ), (   )의 경우 국세청장이 국토교통부장관과 협의하여 공동주택가격을 별도로 결정·고시하는 경우는 제외한다.

06 국토교통부장관은 공동주택가격을 공시하기 위하여 그 가격을 산정할 때에는 공동주택소유자와 그 밖의 이해관계인의 의견을 들어야 한다. (   )

07 공동주택의 조사대상의 선정, 공시기준일, 공시의 시기, 공시사항, 조사·산정 기준 및 공시절차 등에 필요한 사항은 대통령령으로 정한다. 국토교통부장관은 매년 4월 30일까지 공동주택가격을 산정·공시하여야 한다. (   )

08 국토교통부장관은 공시기준일 이후에 토지의 분할·합병이나 건축물의 신축 등이 발생한 경우에는 공동주택가격을 다시 결정·공시하여야 한다. 빈 칸을 채우시오.

> 1. 1월 1일부터 5월 31일까지의 사이에 사유가 발생한 공동주택 : (   )
> 2. 6월 1일부터 12월 31일까지의 사이에 사유가 발생한 공동주택 : (   )

09 국토교통부장관이 공동주택가격을 조사·산정하고자 할 때에는 부동산원에 의뢰한다. 국토교통부장관은 공시한 가격에 틀린 계산, 오기, 그 밖에 대통령령으로 정하는 명백한 오류가 있음을 발견한 때에는 지체 없이 이를 정정하여야 한다. (   )

제3장 주택가격공시제도 주요 내용 O·X 확인 문제 정답

01 (×) 일단의 단독주택 중에서 선정한다.

02 (×) 지목, 용도지역, 도로 상황도 포함사항이다.

03 (×) 시장·군수 또는 구청장에게 제공하여야 한다.

04 (O)

05 아파트, 건축 연면적 165제곱미터 이상의 연립주택

06 (O)

07 (O)

08
> 1월 1일부터 5월 31일까지의 사이에 사유가 발생한 공동주택 : 그 해 6월 1일
> 6월 1일부터 12월 31일까지의 사이에 사유가 발생한 공동주택 : 다음 해 1월 1일

09 (O)

Chapter
04

비주거용 부동산가격공시제도

제4장 비주거용 부동산가격공시제도의 핵심 학습사항
① 비주거용 표준부동산 및 집합부동산 가격 산정 주체(한국부동산원 및 감정평가법인등)
② 비주거용 개별부동산 및 집합부동산 산정 시 통지의무

제1절 비주거용 표준부동산(제20조)

1. 기본절차

1) 국토교통부장관은 용도지역, 이용상황, 건물구조 등이 일반적으로 유사한 일단의 비주거용 일반부동산 중 비주거용 표준부동산 선정 [기출31]

2) 공시기준일(1월 1일) 현재 적정가격(비주거용 표준부동산가격) 조사 − 산정 − 중앙부동산가격공시위원회 심의 − 공시할 수 있다. [기출31]

* 조사 산정인력 및 비주거용 표준부동산 수 고려하여 부득이한 경우 일부지역에 대해 따로 정할 수 있다.

2. 세부절차

(1) 선정
① 일단의 비주거용 일반부동산 중에서 대표할 수 있는 부동산을 선정(미리 해당 비주거용 표준부동산이 소재하는 시·도지사 및 시장·군수·구청장의 의견을 들어야 한다)
② 비주거용 표준부동산의 선정 및 관리에 필요한 세부기준은 중앙부동산가격공시위원회의 심의를 거쳐 국토교통부장관이 정한다.

(2) 의뢰
감정평가법인등 또는 부동산 가격의 조사 산정에 전문성이 있는 자(한국부동산원)

(3) 조사산정
1) 기준
① 인근유사 비주거용 일반부동산의 '사정개입(특수한 사정, 지식부족) 없는 거래가격/임대료' 및 유사비주거용 일반부동산의 건설필요비용추정액 등 고려(표준적인 건축비와 일반적인 부대비용)
② 전세권 또는 그 밖에 비주거용 일반부동산의 사용/수익을 제한하는 권리는 존재하지 아니하는 것으로 봄[사법상 제한 배제(전세권 등)]

2) 조사산정 사항

비주거용 표준부동산가격 및 부동산 소재지, 공부상 지목 및 대지면적, 대지의 용도지역, 도로접면, 대지형상, 건물용도 및 연면적, 주건물 구조 및 층수, 사용승인연도, 주위환경

3) 소유자 의견청취(필수)(표준지 준용)

의견청취 시 공시대상, 열람기간 및 방법, 의견제출기간 및 제출방법, 공시 예정가격을 공시가격시스템에 20일 이상 게시

+ 게시사실을 소유자에게 통지해야 한다.

+ 게시된 가격에 이의가 있는 소유자는 의견제출기간에 의견을 제출할 수 있다.

4) 시·도지사 및 시장·군수·구청장 의견청취 : (시·도지사·시장·군수·구청장은 20일 내에 의견제시 / 시군구는 시·군·구부동산가격공시위원회 심의 거쳐 의견제시)

5) 보고서 제출

국토교통부장관은 실거래신고가격, 감정평가 정보체계 등을 활용하여 적정성 검토 가능. 부적정하다고 판단되거나 법령에 반하는 경우 시정 제출하게 할 수 있음.

＊조사평가 보고서 첨부서류

지역분석조서, 비주거용 표준부동산별로 작성한 비주거용 표준부동산 조사사항 및 가격산정의견서, 의견청취결과서(시군구 의견), 비주거용 표준부동산의 위치 표시 도면, 그 밖에 사실 확인에 필요한 서류

6) 결정

3. 중앙부동산가격공시위원회 심의

4. 공시

(1) 공시방법 : 관보 공고(아래 공고사항) + 부동산공시가격시스템 게시

(2) 관보 공고사항

① 공시사항 : 지번, 비주거용 표준부동산의 가격, 대지면적 및 형상, 용도, 연면적, 구조 및 사용승인일(임시사용승인일 포함), 지목, 용도지역, 도로상황, 그 밖에 필요한 사항(기출31 35)

② 열람방법

③ 이의신청의 기간, 절차 및 방법

(3) 통지(임의규정)

① 공시가격 및 이의신청기간, 절차 및 방법을 필요시 소유자에게 개별통지 가능(공유자 모두에게)

② 미통지 시 공고 게시사실을 방송/신문 등을 통해 알려 소유자가 열람하고 이의신청할 수 있게 해야 한다.

5. 열람

공시한 때에는 특별시장·광역시장 또는 도지사를 거쳐 시장·군수 또는 구청장(지자체인 구)에게 송부 → 일반인 열람

+ 도서/도표(공시사항 포함) 등으로 작성하여 관계 행정기관에 공급해야 한다.

(전자기록 등 특수매체기록으로 작성공급가능)

6. 이의신청

1) 공시일로부터 30일 이내 서면(전자문서 포함 / 사유증명 서류 첨부)으로 국토교통부장관에게 가능

2) 신청 기간 만료된 날부터 30일 이내 심사 + 결과 서면 통지 / 이의 타당 시 재공시

7. 효력

국가, 지방자치단체 등이 그 업무와 관련하여 비주거용 개별부동산가격을 산정하는 경우 기준이 된다.

8. 조사협조 요청(표준지 준용)

9. 타인토지 출입(표준지 준용)

10. 기타

1) 비주거용 표준부동산의 선정, 공시기준일, 공시의 시기, 조사·산정 기준 및 공시절차 등에 필요한 사항은 대통령령으로 정한다.

2) 비주거용 표준부동산의 선정 및 관리에 필요한 세부기준은 중앙부동산가격공시위원회 심의를 거쳐 국토교통부장관이 정한다.

3) 비주거용 표준부동산가격의 조사·산정에 필요한 세부기준은 국토교통부장관이 정한다.

4) 비주거용 개별부동산 산정을 위해 필요한 경우에는 표준부동산 대비 개별부동산의 가격형성요인에 관한 비준표를 작성하여 시장·군수·구청장에 제공하여야 한다. [기출31]

제2절 **비주거용 개별부동산(제21조)**

1. 기본절차

시장·군수 또는 구청장은 시·군·구부동산가격공시위원회의 심의를 거쳐 공시기준일(1월 1일) 현재 비주거용 개별부동산의 가격을 결정·공시(4월 30일까지)할 수 있다.

＊ 평가가 아닌 결정

＊ 공시 안 할 수 있음(행정안전부장관과 국세청장이 국과 미리 대상 시기를 협의한 후 별도로 고시
하는 경우)
① 비주거용 표준부동산(=비주거용 개별부동산)
② 국세 또는 지방세 부과대상이 아닌 비주거용 일반부동산
③ 그 밖에 국토교통부장관이 정하는 경우
④ 단, 관계 법령규정 및 관계 기관장과 협의하여 공시하기로 한 경우에는 공시해야 함

2. 세부절차
(1) 산정
1) 국토교통부장관은 비주거용 개별부동산 조사산정기준을 시군구에게 통보
① 비주거용 일반부동산가격의 형성에 영향을 미치는 비주거용 일반부동산 특성조사에
관한 사항
② 비주거용 개별부동사가격의 산정기준이 되는 비주거용 표준부동산의 선정에 관한 사항
③ 비주거용 부동산가격비준표의 사용에 관한 사항
④ 그 밖에 조사 산정에 필요한 사항

2) 유사이용가치 비주거용 표준부동산 ＊ 비주거용 부동산가격비준표(해당 비주거용 일반부동
산의 가격과 비주거용 표준부동산가격이 균형을 유지하도록 하여야 한다)

(2) 검증

산정지가검증	공시 전	탁상검증
의견제출검증(현장지가검증)	공시 전	현장검증
이의신청검증	공시 후	현장검증

1) 의뢰
법인등 및 부동산원에 의뢰(가격현황도면/가격조사자료 제공)

＊ 가격현황도면이란 해당 연도에 산정된 비주거용 개별부동산가격, 전년도의 비주거용 부
동산가격 및 해당 연도의 비주거용 표준부동산가격이 비주거용 부동산별로 기재된 도면

2) 검증사항
① 비교표준부동산 선정의 적정성에 관한 사항
② 비주거용 개별부동산가격 산정의 적정성에 관한 사항
③ 비주거용 표준/개별부동산 간 가격 균형 유지에 관한 사항
④ 개별부동산 및 인근개별부동산 간 가격 균형 유지에 관한 사항

⑤ 표공/개공 산정 시 고려된 토지 특성과 일치하는지 여부

⑥ 비주거용 개별부동산가격 산정 시 적용된 용도지역, 토지이용상황 등 주요 특성이 공부와 일치하는지 여부

⑦ 그 밖에 시장·군수·구청장이 검토 의뢰한 사항

3) **검증생략 – (개발사업 시행, 용도지역/지구 변경 시는 생략 불가)**

① 개별부동산가격 변동률과 일반부동산이 있는 시군구 연평균 변동률 간의 차이가 작은 순으로 선정

② 검증생략 시 미리 관계 중앙행정기관과 협의해야 한다.

(3) 의견청취

1) 소유자/이해관계인 의견청취 시 비주거용 개별부동산가격 열람부를 갖추고 ① 열람기간 및 열람장소와 ② 의견제출기간 및 의견제출방법을 시·군·구 게시판 또는 홈페이지에 20일 이상 게시

2) 의견제출기간 만료일 ~ 30일 이내 심사 / 결과 통지(현지조사와 검증 가능)

3. 시군구부위심의

4. 공시

(1) 방법

별도 규정 없음!!!!!!

(2) 공시사항

비주거용 부동산가격, 지번, 그 밖에 대통령령으로 정하는 사항

(용도 및 면적, 그 밖에 비주거용 개별부동산가격 공시에 필요한 사항)

(3) 통지

비주거용 개별부동산 소유자에게 아래 사항을 개별통지하여야 한다.

① 조사기준일 및 비주거용 개별부동산의 수 및 비주거용 개별부동산가격의 열람방법 등 가격의 결정에 관한 사항

② 이의신청의 기간/절차 및 방법

5. 이의신청

1) 공시일부터 30일 이내 서면으로 시장·군수·구청장에게 신청(증명서류 첨부)

2) 이의신청 기간 만료일부터 30일 이내 심사 / 결과 서면 통지(이의 타당 시 조정 공시)

* 심사 위해 필요시 검증의뢰 가능(이의신청 현장지가 검증)

6. 정정

1) 틀린 계산, 오기, 비주거용 표준부동산 선정착오, 공시절차 완전하게 이행하지 아니한 경우, 비준표 적용오류, 용도지역/지구 등의 요인 조사 잘못

2) 시장·군수·구청장이 시·군·구부동산가격공시위원회 심의 거쳐 정정(단, 틀린 계산 또는 오기는 심의 없이 가능)

7. 분할 합병 등[기출 35]

공시기준일 이후 토지의 분할·합병, 건축물의 신축(건축법상 건축/대수선 또는 용도변경), 국·공유에서 매각 등에 따라 사유로 된 개별부동산으로서 가격이 없는 비주거용 일반부동산

사유발생	공시기준일	공시일
1.1 ~ 5.31	그 해 6.1	그 해 9.30
6.1 ~ 12.31	다음 해 1.1	다음 해 4.30

8. 효력

① 부동산시장에 가격정보 제공

② 국가, 지방자치단체 등이 과세 등의 업무와 관련하여 비주거용 부동산의 가격을 산정하는 경우에 그 기준으로 활용될 수 있다.

8-1. 타인토지 출입 준용규정 없음!!!!

8-2. 비용보조 준용규정 없음!!!!

9. 기타

(1) 지도감독

국토교통부장관은 공시행정의 합리적인 발전을 도모하고 비주거용 표준부동산가격과 비주거용 개별부동산가격과의 균형유지 등 적정한 가격형성을 위하여 필요한 경우에는 비주거용 개별부동산가격의 결정·공시 등에 관하여 시장·군수 또는 구청장을 지도·감독할 수 있다.

(2) 기타

1) 비주거용 개별부동산 가격의 산정, 검증 및 결정, 공시기준일, 공시의 시기, 조사·산정의 기준, 이해관계인의 의견청취 및 공시절차 등에 필요한 사항은 대통령령으로 정한다.

2) 비주거용 개별부동산가격의 검증에 필요한 세부적인 사항은 국토교통부장관이 정한다.

제3절 비주거용 집합부동산(제22조)

1. 기본절차

국토교통부장관은 공시기준일(1월 1일) 현재 적정가격(비주거용 집합부동산 가격) 조사 – 산정 – 중앙부동산가격공시위원회 심의 – 공시(4월 30일까지)할 수 있다.

시장·군수 또는 구청장은 비주거용 집합부동산을 결정·공시한 경우에는 이를 관계 행정기관 등에 제공해야 한다.

* 조사 산정인력 및 비주거용 집합부동산 수를 고려하여 부득이한 경우 일부지역에 대해 따로 정할 수 있다.

* 공시 안 할 수 있음
  : 행정안전부장관 또는 국세청장이 국토교통부장관과 미리 대상 시기를 협의한 후 별도로 고시하는 경우(행정안전부장관 또는 국세청장이 그 대상·시기 등에 대하여 미리 국토교통부장관과 협의한 후 비주거용 집합부동산가격을 별도로 결정·고시하는 경우)

2. 세부절차

(1) 의뢰

한국부동산원 / 부동산 가격의 조사 산정에 관한 전문성이 있는 자(법인등)

(2) 조사산정

1) 기준

① 인근유사 비주거용 집합부동산의 '거래가격/임대료' 및 유사이용가치를 지닌 비주거용 집합부동산의 건설필요비용추정액(사정개입, 표준건축비 일반부대비용 규정 없음)을 고려하고,

② 전세권 또는 그 밖에 비주거용 집합부동산의 사용·수익을 제한하는 권리는 존재하지 아니하는 것으로 보고 적정가격 산정[사법상 제한 배제(전세권 등)]한다.

2) 조사산정 사항

비주거용 집합부동산가격 및 소재지, 동명 및 호명, 면적 및 공시가격, 그 밖에 조사 산정에 필요한 사항

3) 소유자 및 이해관계인 의견청취(필수)

의견청취 시 공시대상, 열람기간 및 방법, 의견제출기간 및 제출방법, 공시 예정가격을 공시가격시스템에 20일 이상 게시

+ 게시된 가격에 이의가 있는 소유자는 의견제출기간에 의견을 제출할 수 있다.

** 시도시군구 의견청취 없음

** 표준지 조사평가관련 소유자의견청취규정 준용규정은 있으나, 개별통지 규정은 준용하지 않음

4) 보고서 제출

국토교통부장관은 행정안전부장관/국세청장/시·도지사, 시장·군수 또는 구청장에게 보고서를 제공해야 한다. → 제공받은 자는 국토교통부장관에게 적정성 검토를 요청할 수 있다.

국토교통부장관은 실거래신고가격, 감정평가 정보체계 등을 활용하여 적정성 검토 가능.

국토교통부장관은 적정성 여부 검토를 위해 필요시 부동산 조사 산정 기관 외에 전문성이 있는 자를 별도로 지정하여 의견을 들을 수 있다.

부적정하다고 판단되거나 법령에 반하는 경우 시정 제출하게 할 수 있음.

* 조사산정 보고서를 책자 또는 전자정보 형태로 국토교통부장관에게 제출해야 한다.

비주거용 집합부동산가격 외에 분포현황, 가격변동률, 가격총액 및 면적당 단가/평균가격, 가격 상하위 현황, 의견제출 및 이의신청 접수현황 및 처리현황, 그 밖에 비주거용 집합부동산가격에 관한 사항을 포함해야 한다.

3. 중앙부동산가격공시위원회 심의

4. 공시

(1) 공시방법

관보 공고 + 공시가격을 부동산공시가격시스템 게시

+ 공고일부터 10일 이내에 공시사항을 행정안전부장관/국세청장/시장·군수·구청장에게 제공해야 한다.

(2) 관보 공고사항

① 공시사항 : 비주거용 집합부동산(비주거용 집합부동산)의 소재지, 명칭, 동, 호수, 가격, 면적, 비주거용 집합부동산 공시에 필요한 사항
② 열람방법
③ 이의신청의 기간, 절차 및 방법

(3) 통지

공시하고 개별통지하여야 한다.

5. 열람

공시한 때에는 특별시장·광역시장 또는 도지사를 거쳐 시장·군수 또는 구청장(지자체인 구)에게 송부 → 일반인 열람

+ 도서/도표(공시사항 포함) 등으로 작성하여 관계 행정기관에 공급해야 한다.
  (전자기록 등 특수매체기록으로 작성 공급 가능)

6. 이의신청

1) 공시일로부터 30일 이내 서면(전자문서 포함 / 사유증명 서류 첨부)으로 국토교통부장관에게 가능

2) 신청 기간 만료된 날부터 30일 이내 심사 + 결과 서면 통지 / 이의 타당 시 재공시

7. 정정

1) 틀린 계산, 오기, 공시절차 완전하게 이행하지 아니한 경우, 가격에 영향 미치는 동호수/층의 표시 등 주요요인 조사 잘못

2) 국토교통부장관은 중앙부동산가격공시위원회 심의 거쳐 정정(단, 틀린 계산 또는 오기는 심의 없이 가능)

8. 분할 합병 등

공시기준일 이후 토지의 분할·합병, 건축물의 신축(건축법상 건축/대수선 또는 용도변경)이 된 비주거용 집합부동산, 국공유에서 매각 등에 따라 사유로 된 비주거용 집합부동산으로서 가격이 없는 비주거용 집합부동산

사유발생	공시기준일	공시일
1.1 ~ 5.31	그 해 6.1	그 해 9.30
6.1 ~ 12.31	다음 해 1.1	다음 해 4.30

9. 효력

① 비주거용 부동산시장에 가격정보 제공

② 국가, 지단 등이 과세 등의 업무와 관련하여 비주거용 부동산의 가격을 산정하는 경우에 그 기준으로 활용될 수 있다.

10. 조사협조 요청(표준지 준용)

11. 타인토지 출입(표준지 준용)

12. 기타

1) 비주거용 집합부동산의 조사대상의 선정, 공시기준일, 공시의 시기, 공시사항, 조사·산정 기준 및 공시절차 등에 필요한 사항은 대통령령으로 정한다.

2) 비주거용 집합부동산가격 조사 및 산정의 세부기준은 중앙부동산가격공시위원회 심의를 거쳐 국토교통부장관이 정한다.

확인문제

01 부동산 가격공시에 관한 법령상 비주거용 부동산가격의 공시에 관한 설명으로 옳지 않은 것은?

① 국토교통부장관이 비주거용 표준부동산을 선정할 경우 미리 해당 비주거용 표준부동산이 소재하는 시·도지사의 의견을 들어야 하나, 이를 시장·군수·구청장의 의견으로 대신할 수 있다.

② 국토교통부장관은 중앙부동산가격공시위원회의 심의를 거쳐 비주거용 표준부동산가격을 공시할 수 있다.

③ 비주거용 표준부동산가격의 공시에는 비주거용 표준부동산의 대지면적 및 형상이 포함되어야 한다.

④ 국토교통부장관은 비주거용 개별부동산가격의 산정을 위하여 필요하다고 인정하는 경우에는 비주거용 부동산가격 비준표를 작성하여 시장·군수 또는 구청장에게 제공하여야 한다.

⑤ 공시기준일이 따로 정해지지 않은 경우, 비주거용 집합부동산가격의 공시기준일은 1월 1일로 한다.

답 ①

제4장 비주거용 부동산가격공시제도 주요 내용 O·X 확인 문제

01 국토교통부장관은 용도지역, 이용상황, 건물구조 등이 일반적으로 유사하다고 인정되는 일단의 비주거용 일반부동산 중에서 선정한 비주거용 표준부동산에 대하여 매년 공시기준일 현재의 적정가격을 조사·산정하고, 중앙부동산가격공시위원회의 심의를 거쳐 이를 공시해야 한다. (   )

02 국토교통부장관은 비주거용 표준부동산을 선정할 때에는 일단의 비주거용 개별부동산 중에서 해당 일단의 비주거용 일반부동산을 대표할 수 있는 부동산을 선정하여야 한다. 이 경우 미리 해당 비주거용 표준부동산이 소재하는 시·도지사 및 시장·군수·구청장의 의견을 들어야 한다. (   )

03 비주거용 표준부동산가격의 공시기준일은 1월 1일로 하되, 따로 정할 수 있는 경우는 인정되지 않는다. (   )

04 비주거용 표준부동산가격의 공시에는 지번, 부동산가격, 대지면적 및 형상, 비주거용 표준부동산의 용도, 연면적, 구조 및 사용승인일(임시사용승인일 제외)이 포함된다. (   )

05 국토교통부장관은 비주거용 표준부동산가격을 조사·산정하려는 경우 한국부동산원에는 의뢰할 수 없다. (   )

06 시·도지사는 비주거용 개별부동산가격의 산정을 위하여 필요하다고 인정하는 경우에는 비주거용 부동산가격비준표를 작성하여 시장·군수 또는 구청장에게 제공하여야 한다. (   )

07 비주거용 개별부동산가격을 공시하는 시장·군수 또는 구청장은 조사기준일, 비주거용 개별부동산의 수 및 비주거용 개별부동산가격의 열람방법 등 비주거용 개별부동산가격의 결정에 관한 사항과 이의신청의 기간·절차 및 방법을 비주거용 개별부동산 소유자에게 개별 통지할 수 있다. (   )

08 국토교통부장관은 비주거용 집합부동산의 소재지·명칭·동·호수, 비주거용 집합부동산가격, 비주거용 집합부동산의 면적, 열람방법, 이의신청의 기간을 관보에 공고하고 집합부동산 소유자에게 개별 통지하여야 한다. (   )

제4장 비주거용 부동산가격공시제도 주요 내용 O·X 확인 문제 정답

01 (×) 공시할 수 있다.

02 (×) 일단의 비주거용 일반부동산 중에서 선정한다.

03 (×) 조사·산정인력 및 비주거용 표준부동산의 수 등을 고려하여 부득이하다고 인정하는 경우에는 일부 지역을 지정하여 해당 지역에 대한 공시기준일을 따로 정하여 고시할 수 있다.

04 (×) 임시사용승인일을 포함한다.

05 (×) 국토교통부장관은 비주거용 표준부동산가격을 조사·산정하려는 경우 감정평가법인등 또는 한국부동산원에게 의뢰한다.

06 (×) 국토교통부장관이 작성한다.

07 (×) 개별 통지하여야 한다.

08 (○)

Chapter 05 주택가격공시제도 요약

1. 표준주택가격공시제도

① 국토교통부장관은 용도지역, 건물구조 등이 일반적으로 유사한 일단의 단독주택 중 표준주택 선정

② 기본절차 : 표준주택 선정 → 조사/산정 → 의견청취 → 심의 → 공시

③ 산정의뢰 : 한국부동산원에 의뢰

④ 보고서 제출 : 부적정 판단 시 / 법령위반 시 부동산원에 시정 제출하게 할 수 있음

⑤ 공시사항 : 지번, 표준주택가격, 대지면적 및 형상, 용도, 연면적, 구조 및 사용승인일(임시사용승인일 포함), 지목, 용도지역, 도로상황, 그 밖에 필요한 사항

⑥ 효력 : 국가, 지단 등이 그 업무와 관련하여 개별주택가격으로 산정에 기준이 된다.

2. 개별주택가격공시제도

① 기본절차 : 시장·군수·구청장은 시·군·구부동산가격공시위원회 심의 거쳐 공시기준일 (1월 1일) 공시(4월 30일까지) + 관계 행정기관 등에 제공

   * 공시 안 할 수 있음
   • 표준주택(표준주택 = 개별주택)
   • 국세, 지방세 부과대상 아닌 단독주택

② 검증 : 부동산원에 의뢰(가격현황도면/가격조사자료 제공)

③ 공시사항 : 개별주택의 지번, 가격, 용도 및 면적, 그 밖에 공시에 필요한 사항

④ 분할 합병 등 : 공시기준일 이후 분할, 합병, 건축물의 신축(건축법상 건축/대수선 또는 용도변경)이 된 단독주택, 국공유에서 매각에 따라 사유로 된 단독주택으로서 가격 없는 단독주택

사유발생	공시기준일	공시일
1.1 ~ 5.31	그 해 6.1	그 해 9.30
6.1 ~ 12.31	다음 해 1.1	다음 해 4.30

* 사유발생/공시기준일/공시일은 비주거용 개별부동산 및 비주거용 집합부동산 동일 적용

⑤ 효력
   - 주택시장의 가격정보 제공
   - 국가, 지단 등이 과세 등의 업무와 관련하여 주택의 가격을 산정하는 경우에 그 기준으로 활용될 수 있다.

   * 타인토지 출입 준용규정 없음!!!!

3. 공동주택가격 공시제도

① **기본절차** : 국토교통부장관은 공시기준일(1월 1일) 현재 적정가격(공동주택가격) 조사 – 산정
– 중앙부동산가격공시위원회 심의 – 공시(4월 30일까지) + 관계기관 제공

   * 공시 안 할 수 있음(국세청장과 협의하여 기준시가를 별도 결정·고시하는 경우)
   - 아파트
   - 건축 연면적 165제곱미터 이상의 연립주택

② **의뢰** : 한국부동산원에 의뢰

③ **공시사항** : 공동주택의 소재지, 명칭, 동, 호수, 공동주택의 가격, 공동주택의 면적, 그 밖에
필요한 사항

④ **효력**

   – 주택시장의 가격정보 제공
   – 국가, 지단 등이 과세 등의 업무와 관련하여 주택의 가격을 산정하는 경우에 그 기준으로
   활용될 수 있다.

비주거용 부동산
가격공시제도 요약

1. 비주거용 표준부동산

① 국토교통부장관은 용도지역, 이용상황, 건물구조 등이 일반적으로 유사한 일단의 비주거용 일반부동산 중 비주거용 표준부동산 선정

② 공시기준일(1월 1일) 현재 적정가격(비주거용 표준부동산가격) 조사 – 산정 – 중앙부동산가격공시위원회 심의 – 공시할 수 있다.

③ 의뢰 : 감정평가법인등 또는 부동산 가격의 조사 산정에 전문성이 있는 자(한국부동산원)

④ 공시사항 : 지번, 가격, 대지면적 및 형상, 용도, 연면적, 구조 및 사용승인일(임시사용승인일 포함), 지목, 용도지역, 도로상황, 그 밖에 필요한 사항

2. 비주거용 개별부동산

① 기본절차 : 시장·군수·구청장은 시·군·구부동산가격공시위원회 심의 거쳐 공시기준일(1월 1일) 현재 비주거용 개별부동산의 가격을 결정 공시(4월 30일까지) 가능

＊ 평가가 아닌 결정

＊ 공시 안 할 수 있음(행안장과 국청장이 국과 미리 대상 시기를 협의한 후 별도로 고시하는 경우)
  • 비주거용 표준부동산(=비주거용 개별부동산)
  • 국세 또는 지방세 부과대상이 아닌 비주거용 일반부동산
  • 그 밖에 국토교통부장관이 정하는 경우
  • 단, 관계 법령규정 및 관계 기관장과 협의하여 공시하기로 한 경우에는 공시해야 함

② 세부절차 : 유사이용가치 비주거용 표준부동산 ＊ 비주거용 부동산가격비준표

③ 검증 : 법인등 및 부동산원에 의뢰(가격현황도면/가격조사자료 제공)

④ 공시사항 : 비주거용 부동산가격, 지번, 그 밖에 대통령령으로 정하는 사항(용도 및 면적, 그 밖에 비주거용 개별부동산가격 공시에 필요한 사항)

⑤ 비주거용 개별부동산 소유자에게 아래 사항을 개별통지하여야 한다.
  – 조사기준일 및 비주거용 개별부동산의 수 및 비주거용 개별부동산가격의 열람방법 등 가격의 결정에 관한 사항
  – 이의신청의 기간/절차 및 방법

⑥ 효력
  – 부동산시장에 가격정보 제공
  – 국가, 지단 등이 과세 등의 업무와 관련하여 비주거용 부동산의 가격을 산정하는 경우에 그 기준으로 활용될 수 있다.

＊ 타인토지 출입 준용규정 없음!!!!

＊ 비용보조 준용규정 없음!!!!

3. 비주거용 집합부동산

① 국토교통부장관은 공시기준일(1월 1일) 현재 적정가격(비주거용 집합부동산 가격) 조사 – 산정 – 중앙부동산가격공시위원회 심의 – 공시(4월 30일까지)할 수 있다.

시장・군수・구청장은 비주거용 집합부동산을 결정・공시한 경우에는 이를 관계 행정기관 등에 제공해야 한다.

＊ 조사 산정인력 및 비주거용 집합부동산 수를 고려하여 부득이한 경우 일부지역에 대해 따로 정할 수 있다.

＊ 공시 안 할 수 있음
: 행정안전부장관과 국세청장이 국과 미리 대상 시기를 협의한 후 별도로 고시하는 경우

② 의뢰 : 한국부동산원 / 부동산 가격의 조사 산정에 관한 전문성이 있는 자(법인등)

③ 소유자 및 이해관계인 의견청취(필수)

＊＊ 시도시군구 의견청취 없음

④ 공시사항 : 비주거용 집합부동산의 소재지, 명칭, 동, 호수, 가격, 면적, 비주거용 집합부동산 공시에 필요한 사항

⑤ 효력
– 비주거용 부동산시장에 가격정보 제공
– 국가, 지단 등이 과세 등의 업무와 관련하여 비주거용 부동산의 가격을 산정하는 경우에 그 기준으로 활용될 수 있다.

07 부동산가격공시위원회

Chapter 07

1. 중앙부동산가격공시위원회(국토교통부장관 소속으로 둔다)(제24조)

(1) 심의사항

① 부동산 가격공시 관계 법령의 제정·개정에 관한 사항 중 국토교통부장관이 심의에 부치는 사항

② 제3조에 따른 표준지의 선정 및 관리지침

③ 제3조에 따라 조사·평가된 표준지공시지가

④ 제7조에 따른 표준지공시지가에 대한 이의신청에 관한 사항

⑤ 제16조에 따른 표준주택의 선정 및 관리지침

⑥ 제16조에 따라 조사·산정된 표준주택가격

⑦ 제16조에 따른 표준주택가격에 대한 이의신청에 관한 사항

⑧ 제18조에 따른 공동주택의 조사 및 산정지침

⑨ 제18조에 따라 조사·산정된 공동주택가격

⑩ 제18조에 따른 공동주택가격에 대한 이의신청에 관한 사항

⑪ 제20조에 따른 비주거용 표준부동산의 선정 및 관리지침

⑫ 제20조에 따라 조사·산정된 비주거용 표준부동산가격

⑬ 제20조에 따른 비주거용 표준부동산가격에 대한 이의신청에 관한 사항

⑭ 제22조에 따른 비주거용 집합부동산의 조사 및 산정 지침[기출34]

⑮ 제22조에 따라 조사·산정된 비주거용 집합부동산가격

⑯ 제22조에 따른 비주거용 집합부동산가격에 대한 이의신청에 관한 사항

⑰ 제26조의2에 따른 계획 수립에 관한 사항

⑱ 그 밖에 부동산정책에 관한 사항 등 국토교통부장관이 심의에 부치는 사항

(2) 구성

1) 위원회는 위원장을 포함한 20명 이내의 위원으로 구성한다(성별 고려).

2) 위원회의 위원장은 국토교통부 제1차관이 된다. + 부위원장(1명)은 위원 중 위원장이 지명하는 사람이 된다.

3) 위원회의 위원은 중앙행정기관의 장(기획재정부, 행정안전부, 농림축산식품부, 보건복지부, 국토교통부)이 지명하는 6명 이내의 공무원과 다음 어느 하나에 해당하는 사람 중 국토교통부장관이 위촉하는 사람이 된다.

① 대학에서 토지·주택 등에 관한 이론을 가르치는 조교수 이상으로 재직하고 있거나 재직하였던 사람

② 판사, 검사, 변호사 또는 감정평가사의 자격이 있는 사람

③ 부동산가격공시 또는 감정평가 관련 분야에서 10년 이상 연구 또는 실무경험이 있는 사람

4) 공무원이 아닌 위원의 임기는 2년으로 하되, 한 차례 연임할 수 있다.

5) 국토교통부장관은 필요시 인정하면 위원회의 심의에 부치기 전에 미리 관계 전문가의 의견을 듣거나 조사·연구를 의뢰할 수 있다.

6) 위원회의 조직 및 운영에 필요한 사항은 대통령령으로 정한다.

(3) 운영

1) 위원장은 중앙부동산가격공시위원회를 대표하고, 중앙부동산가격공시위원회의 업무를 총괄한다.

2) 위원장은 중앙부동산가격공시위원회의 회의를 소집하고 그 의장이 된다.

3) 부위원장은 위원장을 보좌하고 위원장이 부득이한 사유로 직무를 수행할 수 없을 때에 그 직무를 대행한다.

4) 위원장 및 부위원장이 모두 부득이한 사유로 직무를 수행할 수 없을 때에는 위원장이 미리 지명한 위원이 그 직무를 대행한다.

5) 위원장은 중앙부동산가격공시위원회 회의를 소집할 때에는 개회 3일 전까지 의안을 첨부하여 위원에게 개별 통지해야 한다.

6) 중앙부동산가격공시위원회의 회의는 재적위원 과반수의 출석으로 개의(開議)하고, 출석위원 과반수의 찬성으로 의결한다.

7) 중앙부동산가격공시위원회의 위원 중 공무원이 아닌 위원에게는 예산의 범위에서 수당과 여비를 지급할 수 있다.

8) 중앙부동산가격공시위원회의 운영에 필요한 세부적인 사항은 중앙부동산가격공시위원회의 의결을 거쳐 위원장이 정한다.

(4) 위원의 제척·기피·회피

1) 제척

① 위원 또는 그 배우자나 배우자였던 사람이 해당 안건의 당사자(당사자가 법인·단체 등인 경우에는 그 임원을 포함)가 되거나 그 안건의 당사자와 공동권리자 또는 공동의무자인 경우

② 위원이 해당 안건의 당사자와 친족이거나 친족이었던 경우

③ 위원이 해당 안건에 대하여 증언, 진술, 자문, 조사, 연구, 용역 또는 감정을 한 경우

④ 위원이나 위원이 속한 법인·단체 등이 해당 안건의 당사자의 대리인이거나 대리인이었던 경우

⑤ 위원이 해당 안건의 당사자와 같은 감정평가법인 또는 감정평가사무소에 소속된 경우

2) 기피

당사자는 위원에게 공정한 심의 · 의결을 기대하기 어려운 사정이 있는 경우에는 중앙부동산가격공시위원회에 기피 신청을 할 수 있고, 중앙부동산가격공시위원회는 의결로 이를 결정한다. → 기피 신청의 대상인 위원은 그 의결에 참여하지 못한다.

3) 회피

위원이 제척사유에 해당하는 경우에는 스스로 해당 안건의 심의 · 의결에서 회피(回避)하여야 한다.

(5) 위원의 해촉 등

1) 해촉 사유

① 심신장애로 인하여 직무를 수행할 수 없게 된 경우

② 직무와 관련된 비위사실이 있는 경우

③ 직무태만, 품위손상이나 그 밖의 사유로 인하여 위촉위원으로 적합하지 아니하다고 인정되는 경우

④ 위원 스스로 직무를 수행하는 것이 곤란하다고 의사를 밝히는 경우

⑤ 제척사유에 해당하는 데에도 불구하고 회피하지 아니한 경우

2) 지명 철회

위원을 지명한 자는 해당 위원이 해촉 사유에 해당하는 경우에는 그 지명을 철회할 수 있다.

2. 시 · 군 · 구부동산가격공시위원회(시장, 군수, 구청장 소속으로 둔다)(제25조)

(1) 심의사항

① 제10조에 따른 개별공시지가의 결정에 관한 사항

② 제11조에 따른 개별공시지가에 대한 이의신청에 관한 사항

③ 제17조에 따른 개별주택가격의 결정에 관한 사항

④ 제17조에 따른 개별주택가격에 대한 이의신청에 관한 사항

⑤ 제21조에 따른 비주거용 개별부동산가격의 결정에 관한 사항

⑥ 제21조에 따른 비주거용 개별부동산가격에 대한 이의신청에 관한 사항

⑦ 그 밖에 시장 · 군수 또는 구청장이 심의에 부치는 사항

(2) 구성

1) 위원장 1명을 포함한 10명 이상 15명 이하의 위원으로 구성하며, 성별을 고려하여야 한다.

2) 위원장은 부시장 · 부군수 또는 부구청장이 된다.

→ 2명 이상이면 시장 · 군수 또는 구청장이 지명하는 부시장 · 부군수 또는 부구청장이 된다.

3) 위원은 시장 · 군수 또는 구청장이 지명하는 6명 이내의 공무원과 다음 중에서 시장/군수/구청장이 위촉하는 사람이 된다.

① 부동산가격공시 또는 감정평가에 관한 학식과 경험이 풍부하고 해당 지역의 사정에 정통한 사람

② 시민단체(「비영리민간단체 지원법」 제2조에 따른 비영리민간단체를 말한다)에서 추천한 사람

(3) 위원의 제척·기피·회피·해촉
중앙부동산가격공시위원회 준용

(4) 시·군·구부동산가격공시위원회의 구성·운영에 필요한 사항은 해당 시·군·구의 조례로 정한다.

보칙

1. 공시보고서의 제출(제26조)

1) 정부는 표준지공시지가, 표준주택가격 및 공동주택가격의 주요사항에 관한 보고서를 매년 정기국회의 개회 전까지 국회에 제출하여야 한다.

2) 국토교통부장관은 표준지공시지가, 표준주택가격, 공동주택가격, 비주거용 표준부동산가격 및 비주거용 집합부동산가격을 공시하는 때에는 부동산의 시세 반영률, 조사·평가 및 산정 근거 등의 자료를 홈페이지 등(부동산공시가격시스템)에 공개하여야 한다.
   ① 부동산 유형별 종합적인 시세 반영률
   ② 부동산 유형별 공시가격의 조사·산정 기준 및 절차
   ③ 부동산공시가격 산정에 고려된 용도지역 또는 용도 등 주요 특성 및 현황
   ④ 부동산공시가격 산정에 참고한 인근지역의 실거래가 및 시세자료 등 가격에 관한 자료

2. 적정가격 반영을 위한 계획 수립 등(제26조의2)

1) 국토교통부장관은 부동산공시가격이 적정가격을 반영하고 부동산의 유형·지역 등에 따른 균형성을 확보하기 위하여 부동산의 시세 반영률의 목표치를 설정하고, 이를 달성하기 위하여 대통령령으로 정하는 바에 따라 다음의 사항을 포함하여 계획을 수립하여야 한다.
   ① 부동산의 유형별 시세 반영률의 목표
   ② 부동산의 유형별 시세 반영률의 목표 달성을 위하여 필요한 기간 및 연도별 달성계획
   ③ 부동산공시가격의 균형성 확보 방안
   ④ 부동산 가격의 변동 상황 및 유형·지역·가격대별 형평성과 특수성을 반영하기 위한 방안

2) 국토교통부장관은 계획을 수립하기 위하여 필요한 경우에는 국가기관, 지방자치단체, 부동산원, 그 밖의 기관·법인·단체에 대하여 필요한 자료의 제출 또는 열람을 요구하거나 의견의 제출을 요구할 수 있다.

3) 계획을 수립하는 때에는 부동산 가격의 변동 상황, 지역 간의 형평성, 해당 부동산의 특수성 등 제반사항을 종합적으로 고려하여야 한다.

4) 국토교통부장관이 계획 수립 시에는 관계 행정기관과의 협의를 거쳐 공청회를 실시하고, 중앙부동산가격공시위원회 심의를 거쳐야 한다.

5) 국토교통부장관, 시장·군수 또는 구청장은 부동산공시가격을 결정·공시하는 경우 상기 계획에 부합하도록 하여야 한다.

3. 공시가격정보체계의 구축 및 관리(제27조)

1) 국토교통부장관은 토지, 주택 및 비주거용 부동산의 공시가격과 관련된 정보를 효율적이고 체

계적으로 관리하기 위하여 공시가격정보체계를 구축·운영 가능하고 아래 정보를 행정안전부 장관, 국세청장, 시도지사, 시장군수 또는 구청장에게 제공할 수 있다.

다만, 개인정보 보호 등 정당한 사유가 있는 경우에는 제공하는 정보의 종류와 내용을 제한할 수 있다.

* 정보체계 포함정보
  ① 법에 따라 공시되는 가격에 관한 정보
  ② 공시대상 부동산의 특성에 관한 정보
  ③ 그 밖에 부동산공시가격과 관련된 정보

2) 국토교통부장관은 정보체계를 구축하기 위하여 필요한 경우 관계 기관에 자료를 요청할 수 있고, 관계 기관은 정당한 사유가 없으면 그 요청을 따라야 한다.

3) 정보 및 자료의 종류, 공시가격정보체계의 구축·운영방법 등에 필요한 사항은 대통령령으로 정한다.

4. 회의록의 공개(제27조의2)

1) 중앙부동산가격공시위원회 및 시·군·구부동산가격공시위원회 심의의 일시·장소·안건·내용·결과 등이 기록된 회의록은 3개월의 범위에서 대통령령으로 정하는 기간(3개월)이 지난 후에는 대통령령으로 정하는 바에 따라 인터넷 홈페이지 등에 공개해야 한다.

2) 다만, 공익을 현저히 해할 우려가 있거나 심의의 공정성을 침해할 우려가 있다고 인정되는 이름, 주민등록번호 등 대통령령으로 정하는 개인 식별 정보에 관한 부분(이름·주민등록번호·주소 및 직위 등 특정인임을 식별할 수 있는 정보를 말한다)의 경우에는 그러하지 아니하다.

* 국토교통부장관은 중앙부동산가격공시위원회 심의의 회의록을 부동산공시가격시스템에 게시
  ① 법 제3조 제1항에 따른 표준지공시지가의 공시를 위한 심의
  ② 법 제16조 제1항에 따른 표준주택가격의 공시를 위한 심의
  ③ 법 제18조 제1항 본문에 따른 공동주택가격의 공시를 위한 심의
  ④ 법 제20조 제1항에 따른 비주거용 표준부동산가격의 공시를 위한 심의
  ⑤ 법 제22조 제1항 전단에 따른 비주거용 집합부동산가격의 공시를 위한 심의

* 시장·군수·구청장은 시·군·구부동산가격공시위원회 심의의 회의록을 해당 시군 또는 구의 게시판/인터넷 홈페이지에 게시하거나 국토교통부장관에게 부동산공시가격시스템에 게시하도록 요청해야 한다.
  ① 법 제10조 제1항에 따른 개별공시지가의 결정·공시를 위한 심의
  ② 법 제17조 제1항에 따른 개별주택가격의 결정·공시를 위한 심의
  ③ 법 제21조 제1항 본문에 따른 비주거용 개별부동산가격의 결정·공시를 위한 심의

5. 업무위탁(제28조)

국토교통부장관은 다음 업무를 부동산원 또는 국토교통부장관이 정하는 기관에 위탁 할 수 있다 (예산 범위 내 필요한 경비 보조 가능) → 시행령에서는 부동산원에 위탁하도록 규정하고 있음.

(1) 다음 업무 수행에 필요한 부대업무
　① 제3조에 따른 표준지공시지가의 조사·평가
　② 제16조에 따른 표준주택가격의 조사·산정
　③ 제18조에 따른 공동주택가격의 조사·산정
　④ 제20조에 따른 비주거용 표준부동산가격의 조사·산정
　⑤ 제22조에 따른 비주거용 집합부동산가격의 조사·산정

(2) 표준지공시지가, 표준주택/공동주택가격, 비주거용 표준부동산/집합부동산가격에 관한 도서·도표 등 작성·공급
(3) 토지가격비준표, 주택가격비준표 및 비주거용 부동산가격비준표의 작성·제공
(4) 부동산 가격정보 등의 조사
(5) 공시가격정보체계의 구축 및 관리
(6) 상기 업무와 관련된 업무로서 대통령령으로 정하는 업무 → 교육 및 연구를 말한다.

6. 수수료 등(제29조)

1) 부동산원 및 감정평가법인등은 이 법에 따른 표준지공시지가의 조사·평가, 개별공시지가의 검증, 부동산 가격정보·통계 등의 조사, 표준주택가격의 조사·산정, 개별주택가격의 검증, 공동주택가격의 조사·산정, 비주거용 표준부동산가격의 조사·산정, 비주거용 개별부동산가격의 검증 및 비주거용 집합부동산가격의 조사·산정 등의 업무수행을 위한 수수료와 출장 또는 사실 확인 등에 소요된 실비를 받을 수 있다.

2) 수수료의 요율 및 실비의 범위는 국토교통부장관이 정하여 고시한다.

7. 벌칙 적용에서 공무원 의제(제30조)

① 업무를 위탁받은 기관(부동산원)의 임직원
② 중앙부동산가격공시위원회의 위원 중 공무원이 아닌 위원

PART 03

감정평가 및 감정평가사에 관한 법률

감정평가 및 감정평가사에 관한 법률 기본 구조 및 최근 출제빈도 확인하기(매년 3문제 출제)

단원	출제빈도
제1장 총칙	28 29
제2장 감정평가	28 30 31 33
제3장 감정평가사	
제1절 업무와 자격	29 30 32
제2절 시험	
제3절 등록	30 32 35
제4절 권리와 의무	28 29 30 31 32 33 35
제5절 감정평가법인	30 32 35
제4장 한국감정평가사협회	
제5장 징계	28 31 33 35
제6장 과징금	34
제7장 보칙	31 34
제8장 벌칙	34

Chapter

01 총칙

I 목적(제1조)

이 법은 감정평가 및 감정평가사에 관한 제도를 확립하여 공정한 감정평가를 도모함으로써 국민의 재산권을 보호하고 국가경제 발전에 기여함을 목적으로 한다.

II 정의(제2조)

1. "토지등"이란 토지 및 그 정착물, 동산, 그 밖에 대통령령으로 정하는 재산과 이들에 관한 소유권 외의 권리를 말한다.

> **＊ 대통령령으로 정하는 재산**(기출28 29)
> 1. 저작권·산업재산권·어업권·양식업권·광업권 및 그 밖의 물권에 준하는 권리
> 2. 「공장 및 광업재단 저당법」에 따른 공장재단과 광업재단
> 3. 「입목에 관한 법률」에 따른 입목
> 4. 자동차·건설기계·선박·항공기 등 관계 법령에 따라 등기하거나 등록하는 재산
> 5. 유가증권

2. "감정평가"란 토지등의 경제적 가치를 판정하여 그 결과를 가액(價額)으로 표시하는 것을 말한다.

3. "감정평가업"이란 타인의 의뢰에 따라 일정한 보수를 받고 토지등의 감정평가를 업(業)으로 행하는 것을 말한다.

4. "감정평가법인등"이란 제21조에 따라 사무소를 개설한 감정평가사와 제29조에 따라 인가를 받은 감정평가법인을 말한다.

감정평가

제2장 감정평가 주요학습내용
① 감정평가법인등이 토지를 평가하는 경우 그 기준
② 감정평가보고서 기재사항 및 보존기간
③ 감정평가보고서의 적정성 검토, 타당성 조사, 표본조사 등

1. 기준(제3조)

1) 감정평가법인등이 토지를 평가하는 경우에는 그 토지와 이용가치가 비슷하다고 인정되는 「부동산 가격공시에 관한 법률」에 따른 표준지공시지가를 기준으로 해야 한다. 다만, 적정한 실거래가가 있는 경우에는 이를 기준으로 할 수 있다. [기출30 31]

2) 감정평가법인등이 「주식회사 등의 외부감사에 관한 법률」에 따른 재무제표 작성 등 기업의 재무제표 작성에 필요한 감정평가와 담보권의 설정·경매 등 대통령령으로 정하는 감정평가를 할 때에는 해당 토지의 임대료, 조성비용 등을 고려하여 감정평가를 할 수 있다. [기출33]

> **＊ 대통령령으로 정하는 감정평가**
> 1. 「자산재평가법」에 따른 토지등의 감정평가
> 2. 법원에 계속 중인 소송 또는 경매를 위한 토지등의 감정평가
>   (법원에 계속 중인 소송을 위한 감정평가 중 보상과 관련된 감정평가는 제외한다)
> 3. 금융기관·보험회사·신탁회사 등 타인의 의뢰에 따른 토지등의 감정평가

3) 감정평가의 공정성과 합리성을 보장하기 위하여 감정평가법인등(소속 감정평가사 포함)이 준수하여야 할 원칙과 기준은 국토교통부령으로 정한다. → 감정평가에 관한 규칙

4) 국토교통부장관은 감정평가법인등이 감정평가를 할 때 필요한 세부적인 기준(이하 "실무기준")의 제정 등에 관한 업무를 수행하기 위하여 대통령령으로 정하는 바에 따라 전문성을 갖춘 민간법인 또는 단체(이하 "기준제정기관")를 지정할 수 있다.

5) 국토교통부장관은 필요하다고 인정되는 경우 감정평가관리·징계위원회의 심의를 거쳐 기준제정기관에 실무기준의 내용을 변경하도록 요구할 수 있다. 이 경우 기준제정기관은 정당한 사유가 없으면 이에 따라야 한다.

6) 국가는 기준제정기관의 설립 및 운영에 필요한 비용의 일부 또는 전부를 지원할 수 있다.

1-1. 기준제정기관의 지정(영 제3조의2)

1) 국토교통부장관은 다음 요건을 모두 갖춘 민간법인 또는 단체를 기준제정기관으로 지정한다.

① 다음 각 목의 어느 하나에 해당하는 인력을 3명 이상 상시 고용하고 있을 것

    가. 등록한 감정평가사로서 5년 이상의 실무경력이 있는 사람

    나. 감정평가와 관련된 분야의 박사학위 취득자로서 해당 분야의 업무에 3년 이상 종사한 경력(박사학위를 취득하기 전의 경력을 포함)이 있는 사람

② 실무기준의 제정·개정 및 연구 등의 업무를 수행하는 데 필요한 전담 조직과 관리 체계를 갖추고 있을 것

③ 투명한 회계기준이 마련되어 있을 것

④ 국토교통부장관이 정하여 고시하는 금액 이상의 자산을 보유하고 있을 것

2) 기준제정기관으로 지정받으려는 민간법인 또는 단체는 국토교통부장관이 공고하는 지정신청서에 다음 서류를 첨부하여 국토교통부장관에게 제출해야 한다.

① 1)의 각 요건을 갖추었음을 증명할 수 있는 서류

② 민간법인 또는 단체의 정관 또는 규약

③ 사업계획서

3) 국토교통부장관은 기준제정기관을 지정하려면 감정평가관리·징계위원회의 심의를 거쳐야 한다.

4) 국토교통부장관은 기준제정기관 지정 시 지체 없이 그 사실을 관보에 공고하거나 국토교통부 홈페이지에 게시해야 한다.

1-2. 기준제정기관의 업무 등(영 제3조의3)

(1) 기준제정기관의 업무

① 감정평가실무기준의 제정 및 개정

② 감정평가실무기준에 대한 연구

③ 감정평가실무기준의 해석

④ 감정평가실무기준에 관한 질의에 대한 회신

⑤ 감정평가와 관련된 제도의 개선에 관한 연구

⑥ 그 밖에 감정평가실무기준의 운영과 관련하여 국토교통부장관이 정하는 업무

(2) 감정평가실무기준심의위원회

기준제정기관은 감정평가실무기준의 제정·개정 및 해석에 관한 중요 사항을 심의하기 위하여 기준제정기관에 국토교통부장관이 정하는 바에 따라 9명 이내의 위원으로 구성되는 감정평가실무기준심의위원회를 두어야 한다.

(3) 기타

감정평가실무기준심의위원회의 구성 및 운영에 필요한 사항은 국토교통부장관이 정한다.

2. 직무(제4조)

감정평가사는 타인의 의뢰를 받아 토지 등을 감정평가하는 것을 그 직무로 한다.
감정평가사는 공공성을 지닌 가치평가 전문직으로서 공정하고 객관적으로 그 직무를 수행한다.

3. 감정평가의 의뢰(제5조)

① 국가, 지방자치단체, 공공기관 또는 지방공기업법에 따른 지방공사가 토지등의 관리·매입·
매각·경매·재평가 등을 위해 감정평가하려면 법인등에 의뢰해야 한다.
   → 협회추천요청 가능(7일 내 추천)(추천기준은 대통령령으로 정한다)

> *** 감정평가법인등 추천 시 고려사항**
> 1. 감정평가 대상물건에 대한 전문성 및 업무실적
> 2. 감정평가 대상물건의 규모 등을 고려한 감정평가법인등의 조직규모 및 손해배상능력
> 3. 징계건수 및 내용
> 4. **부동산가격공시법에 따른 표준지공시지가 조사·평가 업무 수행 실적**
> 5. 그 밖에 협회가 추천에 필요하다고 인정하는 사항

② 금융기관·보험회사·신탁회사 또는 신용협동조합, 새마을금고[기출33]
   → 대출, 자산의 매입·매각·관리 또는 「주식회사 등의 외부감사에 관한 법률」에 따른 재무
   제표 작성을 포함한 기업의 재무제표 작성 등과 관련하여 토지등의 감정평가를 하려는 경
   우에는 법인등에 의뢰해야 한다.
   → 협회추천요청 가능(7일 내 추천)(추천기준은 상동)[기출28]

4. 감정평가서(제6조)

감정평가를 의뢰받은 때에는 지체 없이 감정평가 실시 후, 감정평가서(전자문서로 된 감정평가서
를 포함)를 발급해야 한다.

> **감정평가서의 발급(시행규칙 제2조)**
> ① 수수료 등 완납 시 즉시 감정평가서를 발급해야 한다. 다만, 국가·지방자치단체 또는 공공기관
> 이거나 특약이 있는 경우 완납 전에도 발급 가능
> ② 금융기관, 보험회사, 신탁회사, 신용협동조합, 새마을금고로부터의 대출목적인 경우는 대출기
> 관에 직접 감정평가서 송부 가능 + 감정평가 의뢰인에게는 그 사본을 송부해야 한다.
> ③ 의뢰인이 감정평가서 분실 및 훼손을 이유로 재발급 신청 시 정당한 사유 없으면 재발급해야
> 한다(필요실비 청구 가능). [기출28]

(1) 감정평가서 기재사항

① 감정평가법인등의 사무소 또는 법인의 명칭
② 감정평가를 한 감정평가사가 그 자격을 표시한 후 서명과 날인을 해야 한다.
③ 이 경우 감정평가법인의 경우에는 그 대표사원 또는 대표이사도 서명이나 날인을 해야 한다.

(2) 보존의무(기출28 30 31 33)

① 감정평가서의 원본 : 발급일부터 5년 이상

② 감정평가서의 관련 서류 : 발급일부터 2년 이상

해산하거나 폐업하는 경우 국토교통부장관에게 제출해야 한다(이 경우는 5년 및 2년 동안 보관이다). 이 경우 감정평가서의 원본과 관련 서류를 전자적 기록매체에 수록하여 보존하고 있으면 감정평가서의 원본과 관련 서류의 제출을 갈음하여 그 전자적 기록매체를 제출할 수 있다.

→ 해산하거나 폐업하는 경우에는 30일 이내에 원본과 관련 서류(전자기록매체)를 제출해야 한다.

5. 감정평가서의 심사 등(제7조)

1) 감정평가서의 적정성을 같은 법인 소속의 다른 감정평가사에게 ① 심사하게 하고, ② 심사사실을 표시하고 서명과 날인을 하게 하여야 한다.

2) 심사평가사는 감정평가 원칙과 기준 준수여부를 신의와 성실로써 공정하게 심사해야 한다.

3) 수정·보완 필요인정 시 → 수정·보완 의견 제시 → 수정·보완 확인 후, 감정평가서에 심사사실을 표시하고 서명과 날인을 해야 한다.

6. 적정성 검토(제7조)

감정평가 의뢰인 및 관계 기관은 감정평가서의 적정성에 대한 검토를 대통령령으로 정하는 기준을 충족하는 감정평가법인등(해당 감정평가서를 발급한 감정평가법인등은 제외한다)에게 의뢰가 능하다.

(1) 감정평가서 적정성 검토의뢰인 등(의뢰인 및 관계기관)(영 제7조의2)

① 감정평가 의뢰인

② 감정평가 의뢰인이 발급받은 감정평가서를 활용하는 거래나 계약 등의 상대방

③ 감정평가 결과를 고려하여 관계 법령에 따른 인가·허가·등록 등의 여부를 판단하거나 그 밖의 업무를 수행하려는 행정기관

다만, 「공익사업을 위한 토지 등의 취득 및 보상에 관한 법률」 등 관계 법령에 감정평가와 관련하여 권리구제 절차가 규정되어 있는 경우로서 권리구제 절차가 진행 중이거나 권리구제 절차를 이행할 수 있는 자(권리구제 절차의 이행이 완료된 자를 포함한다)는 제외한다.

(2) 검토의뢰 감정평가법인등

소속된 감정평가사(감정평가사인 감정평가법인등의 대표사원, 대표이사 또는 대표자를 포함한다)가 둘 이상인 감정평가법인등을 말한다.

(3) 감정평가서 적정성 검토절차 등(영 제7조의3)

① 발급받은 감정평가서(전자문서로 된 감정평가서 포함)의 사본을 첨부하여 감정평가법인등에게 검토를 의뢰해야 한다.

② 검토 의뢰를 받은 감정평가법인등은 지체 없이 검토업무를 수행할 감정평가사를 지정해야한다.

③ 검토업무를 수행할 감정평가사는 5년 이상 감정평가 업무를 수행한 사람으로서 감정평가실적이 100건 이상인 사람이어야 한다.

(4) 적정성 검토결과의 통보 등(영 제7조의4)

① 감정평가법인등은 의뢰받은 감정평가서의 적정성 검토가 완료된 경우에는 적정성 검토 의뢰인에게 검토결과서(전자문서로 된 검토결과서 포함)를 발급해야 한다.

② 검토결과서에는 감정평가법인등의 사무소 또는 법인의 명칭을 적고, 적정성 검토를 한 감정평가사가 그 자격을 표시한 후 서명과 날인을 해야 한다. 이 경우 감정평가사가 소속된곳이 감정평가법인인 경우에는 그 대표사원 또는 대표이사도 서명이나 날인을 해야 한다.

7. 타당성조사 등(제8조)

(1) 타당성조사

① 국토교통부장관은 감정평가서가 발급된 후 해당 감정평가가 이 법 또는 다른 법률에서 정하는 절차와 방법 등에 따라 타당하게 이루어졌는지를 직권으로 또는 관계 기관 등의 요청에 따라 조사할 수 있다. [기출33]

> 1. 국토교통부장관이 법 제47조에 따른 지도·감독을 위한 감정평가법인등의 사무소 출입·검사 또는 결과나 그 밖의 사유에 따라 조사가 필요하다고 인정하는 경우
> 2. 관계 기관 또는 감정평가 의뢰인이 조사를 요청하는 경우

② 타당성조사 시 해당 감정평가법인등 및 감정평가 의뢰인에게 의견진술기회 부여해야 한다.

(2) 타당성조사를 하지 않거나 중지할 수 있는 경우

① 법원의 판결에 따라 확정된 경우

② 재판이 계속 중이거나 수사기관에서 수사 중인 경우

③ 「공익사업을 위한 토지 등의 취득 및 보상에 관한 법률」 등 관계 법령에 감정평가와 관련하여 권리구제 절차가 규정되어 있는 경우로서 권리구제 절차가 진행 중이거나 권리구제절차를 이행할 수 있는 경우(권리구제 절차를 이행하여 완료된 경우를 포함한다)

④ 징계처분, 제재처분, 형사처벌 등을 할 수 없어 타당성조사의 실익이 없는 경우

(3) 타당성조사 절차

1) 조사착수일부터 10일 이내에 감정평가법인등 및 이해관계인에게 다음 사항을 알려야 한다.

> **＊통지내용**
> 1. 타당성조사의 사유
> 2. 타당성조사에 대하여 의견을 제출할 수 있다는 것과 의견을 제출하지 아니하는 경우의처리방법

        3. 법 제46조 제1항 제1호에 따라 업무를 수탁한 기관의 명칭 및 주소
        4. 그 밖에 국토교통부장관이 공정하고 효율적인 타당성조사를 위하여 필요하다고 인정하
           는 사항

    2) 통지일로부터 10일 이내 의견제출 가능

    3) 타당성 조사 완료 시 지체 없이 결과 통지

(4) 표본조사(영 제8조의2)

    1) 국토교통부장관은 감정평가 제도 개선을 위하여 감정평가서에 대한 표본조사를 실시할 수
       있다.

       + 표본조사에 필요한 세부사항은 국토교통부장관이 정하여 고시한다.

       + 국토교통부장관은 표본조사 결과 감정평가 제도의 개선이 필요하다고 인정되는 경우에
         는 기준제정기관에 감정평가의 방법과 절차 등에 관한 개선 의견을 요청할 수 있다.

    2) 표본조사의 방식
       ① 무작위추출방식의 표본조사
       ② 우선추출방식의 표본조사

    3) 우선추출방식 표본조사의 실시 분야[기출33]
       ① 최근 3년 이내에 실시한 타당성조사 결과 감정평가의 원칙과 기준을 준수하지 않는 등
          감정평가의 부실이 발생한 분야
       ② 무작위추출방식의 표본조사를 실시한 결과 법 또는 다른 법률에서 정하는 방법이나 절
          차 등을 위반한 사례가 다수 발생한 분야
       ③ 그 밖에 감정평가의 부실을 방지하기 위하여 협회의 요청을 받아 국토교통부장관이 필
          요하다고 인정하는 분야

8. 감정평가 정보체계의 구축·운용 등(제9조)

    1) 국토교통부장관은 국가등이 의뢰하는 감정평가와 관련된 정보 및 자료를 효율적이고 체계적
       으로 관리하기 위하여 감정평가 정보체계를 구축·운영할 수 있다.

    * 감정평가 정보체계에 관리하는 정보 및 자료(시행규칙 제4조)
    1. 감정평가의 선례정보(평가기관·평가목적·기준시점·평가가액 및 대상 토지·건물의 소재
       지·지번·지목·용도지역 또는 용도 등을 말한다)
    2. 토지 및 건물의 가격에 관한 정보(공시지가·지가변동률·임대정보·수익률·실거래가 등
       을 말한다) 및 자료[기출31]
    3. 그 밖에 감정평가에 필요한 정보 및 자료

＊ 한국부동산원은 감정평가 정보체계에 구축되어 있는 정보 및 자료를 다음의 수요자에게 제공
할 수 있다(시행규칙 제6조).
   1. 감정평가법인등(소속 감정평가사 및 사무직원을 포함한다)
   2. 한국부동산원 소속 직원
   3. 법 제33조 제1항에 따른 한국감정평가사협회
감정평가 정보체계에 등록된 정보 또는 자료를 영리 목적으로 활용할 수 없다. 다만, 감정평가
법인등이 그 업무 범위 내에서 활용하는 경우는 예외로 한다.

2) 보상, 경매, 공매 등 공적평가는 감정평가서 발급일부터 40일 이내에 감정평가 결과(감정평가
의 선례정보)를 정보체계에 등록해야 한다. 다만, 개인정보 보호 등 국토교통부장관이 정하는
정당한 사유가 있는 경우에는 그러하지 아니하다(보호가 필요한 개인정보를 제외한 감정평가
결과는 등록해야 한다). + 등록사실을 의뢰인에게 알려야 한다.

국가, 지방자치단체, 「공공기관의 운영에 관한 법률」에 따른 공공기관 또는 「지방공기업법」에 따라
설립한 지방공사가 다음 어느 하나에 해당하는 목적을 위하여 의뢰한 감정평가가 등록 대상이다.
1. 「공익사업을 위한 토지 등의 취득 및 보상에 관한 법률」에 따른 토지・물건 및 권리의 취득
   또는 사용
2. 「국유재산법」, 「공유재산 및 물품 관리법」 또는 그 밖의 법령에 따른 국유・공유재산(토지와
   건물만 해당한다)의 취득・처분 또는 사용・수익
3. 「국토의 계획 및 이용에 관한 법률」에 따른 도시・군계획시설부지 및 토지의 매수, 「개발제
   한구역의 지정 및 관리에 관한 특별조치법」에 따른 토지의 매수
4. 「도시개발법」, 「도시 및 주거환경정비법」, 「산업입지 및 개발에 관한 법률」 또는 그 밖의
   법령에 따른 조성토지 등의 공급 또는 분양
5. 「도시개발법」, 「산업입지 및 개발에 관한 법률」 또는 그 밖의 법령에 따른 환지 및 체비지의
   처분
6. 「민사소송법」, 「형사소송법」 등에 따른 소송
7. 「국세징수법」, 「지방세기본법」에 따른 공매
8. 「도시 및 주거환경정비법」 제24조 및 제26조에 따라 시장・군수등이 직접 시행하는 정비사
   업의 관리처분계획
9. 「공공주택 특별법」에 따른 토지 또는 건물의 매입 및 임대료 평가

3) 국토교통부장관은 감정평가 정보체계의 운용을 위해 필요한 경우 관계 기관에 자료제공을 요청
가능 + 요청받은 기관은 정당한 사유가 없으면 그 요청을 따라야 한다.

4) 국토교통부장관은 필요시 등록된 감정평가 결과의 수정・보완을 요청 할 수 있다(10일 이내에
수정・보완 등록해야 한다).

5) 정보 및 자료의 종류, 감정평가 정보체계의 구축・운영방법 등에 필요한 사항은 국토교통부령
으로 정한다.

제2장 감정평가 주요 내용 O·X 확인 문제

01 토지등이 아닌 것은? (   )

> 1. 저작권·산업재산권·어업권·양식업권·광업권 및 그 밖의 물권에 준하는 권리
> 2. 「공장 및 어업재단 저당법」에 따른 공장재단과 어업재단
> 3. 「입목에 관한 법률」에 따른 입목
> 4. 자동차·건설기계·선박·항공기 등 관계 법령에 따라 등기하거나 등록하는 재산
> 5. 유가증권
> 6. 토지 및 그 정착물, 동산에 관한 소유권 외의 권리

02 감정평가사가 토지를 감정평가하는 경우에는 표준지공시지가를 기준으로 하여야 한다. 다만, 적정한 실거래가가 있는 경우에는 이를 기준으로 할 수 있다. (   )

03 국토교통부장관은 필요하다고 인정되는 경우 감정평가관리·징계위원회의 심의를 거쳐 기준제정기관에 실무기준의 내용을 변경하도록 요구해야 한다. (   )

04 국가는 기준제정기관의 설립 및 운영에 필요한 비용의 일부 또는 전부를 지원할 수 있다.
(   )

05 감정평가사는 공공성을 지닌 가치평가 전문직으로서 공정하고 주관적으로 그 직무를 수행한다.
(   )

06 국가, 지방자치단체가 토지등의 관리·매입·매각·경매·재평가 등을 위하여 토지등을 감정평가하려는 경우에는 감정평가법인등에 의뢰할 수 있다. (   )

07 금융기관이 대출, 자산의 매입·매각·관리 또는 「주식회사 등의 외부감사에 관한 법률」에 따른 재무제표 작성을 포함한 기업의 재무제표 작성 등과 관련하여 토지등의 감정평가를 하려는 경우에는 감정평가법인등에 의뢰할 수 있다. (   )

08 한국감정평가사협회에 감정평가법인등의 추천을 요청한 경우 한국감정평가사협회는 요청을 받은 날부터 14일 이내에 감정평가법인등을 추천해야 한다. (   )

09 감정평가법인등은 감정평가를 의뢰받은 때에는 익일부터 14일 이내에 감정평가를 실시한 후 의뢰인에게 감정평가서를 발급하여야 한다. (   )

10 의뢰인이 감정평가서 재발급을 신청한 경우 재발급에 필요한 실비를 받을 수 있다. (   )

11 감정평가서의 원본과 그 관련 서류를 각 발급일로부터 5년 및 2년 이상 보존하여야 하며, 해산하거나 폐업하는 경우에도 발급일로부터 각 5년 및 2년 동안 보존하여야 한다. (   )

12 감정평가법인등은 해산하거나 폐업하는 경우 해산하거나 폐업한 날부터 14일 이내에 감정평가서의 원본과 그 관련 서류를 국토교통부장관에게 제출해야 한다. (   )

13 감정평가법인은 감정평가서를 의뢰인에게 발급하기 전에 감정평가를 한 소속 감정평가사가 작성한 감정평가서의 적정성을 다른 법인 소속의 다른 감정평가사에게 심사하게 하고, 그 적정성을 심사한 감정평가사로 하여금 감정평가서에 그 심사사실을 표시하고 서명과 날인을 하게 하여야 한다. (   )

14 국토교통부장관은 감정평가서가 발급된 후 해당 감정평가가 타당하게 이루어졌는지를 직권으로 또는 관계 기관 등의 요청에 따라 조사할 수 있다. 타당성조사를 할 경우에는 해당 감정평가법인등 및 이해관계인에게 의견진술기회를 줄 수 있다. (   )

15 타당성조사를 할 경우에는 해당 감정평가법인등 및 이해관계인에게 의견진술기회를 줄 수 있다. (   )

16 국토교통부장관이 타당성조사를 하지 않거나 중지할 수 있는 경우는? (   )

> 1. 법원의 판결에 따라 확정된 경우
> 2. 재판이 계속 중이거나 수사기관에서 수사 중인 경우
> 3. 「공익사업을 위한 토지 등의 취득 및 보상에 관한 법률」 등 관계 법령에 감정평가와 관련하여 권리구제 절차가 규정되어 있는 경우로서 권리구제 절차가 진행 중이거나 권리구제 절차를 이행할 수 있는 경우(권리구제 절차를 이행하여 완료된 경우는 제외한다)
> 4. 징계처분, 제재처분, 형사처벌 등을 할 수 없어 타당성조사의 실익이 없는 경우

17 국토교통부장관은 무작위추출방식의 표본조사 및 우선추출방식의 표본조사를 할 수 있다. (   )

18 최근 5년 이내에 실시한 타당성조사 결과 감정평가의 원칙과 기준을 준수하지 않는 등 감정평가의 부실이 발생한 분야는 우선추출방식의 표본조사 분야이다. (   )

19 한국부동산원은 국가등이 의뢰하는 감정평가와 관련된 정보 및 자료를 효율적이고 체계적으로 관리하기 위하여 감정평가 정보체계를 구축·운영할 수 있다. (   )

20 감정평가 정보체계에 관리하는 토지 및 건물의 가격에 관한 정보는 공시지가·지가변동률·임대정보·수익률·실거래가·해당 토지에 대한 조세자료 등을 말한다. (   )

제2장 감정평가 주요 내용 O · X 확인 문제 정답

01 (2) 어업재단 → 광업재단

02 (×) 감정평가사 → 감정평가법인등(법 제3조 제1항)

03 (×) 변경하도록 요구할 수 있다.

04 (○)

05 (×) 객관적으로 그 직무를 수행한다.

06 (×) 감정평가법인등에 의뢰하여야 한다.

07 (×) 감정평가법인등에 의뢰하여야 한다.

08 (×) 7일 이내에 감정평가법인등을 추천해야 한다.

09 (×) 지체 없이 감정평가를 실시한 후 의뢰인에게 감정평가서를 발급하여야 한다.

10 (○)

11 (○)

12 (×) 30일 이내에 감정평가서의 원본과 그 관련 서류를 국토교통부장관에게 제출해야 한다.

13 (×) 같은 법인 소속의 다른 감정평가사에게 심사하게 하여야 한다.

14 (×) 의견진술기회를 주어야 한다.

15 (×) 타당성조사를 할 경우에는 해당 감정평가법인등 및 이해관계인에게 의견진술기회를 주어야 한다.

16 (1, 2, 4), 3의 경우 권리구제 절차를 이행하여 완료된 경우를 포함한다.

17 (O)

18 (×) 우선추출방식 표본조사 분야는 아래와 같다.

> 1. 최근 3년 이내에 실시한 타당성조사 결과 감정평가의 원칙과 기준을 준수하지 않는 등 감정평가의 부실이 발생한 분야
> 2. 무작위추출방식의 표본조사를 실시한 결과 법 또는 다른 법률에서 정하는 방법이나 절차 등을 위반한 사례가 다수 발생한 분야
> 3. 그 밖에 감정평가의 부실을 방지하기 위하여 협회의 요청을 받아 국토교통부장관이 필요하다고 인정하는 분야

19 (×) 국토교통부장관은 국가등이 의뢰하는 감정평가와 관련된 정보 및 자료를 효율적이고 체계적으로 관리하기 위하여 감정평가 정보체계를 구축·운영할 수 있다.

20 (×) 해당 토지에 대한 조세자료는 해당되지 않는다.

감정평가사

제3장 감정평가사 주요학습내용
제3장 감정평가사 파트는 주요출제 영역이다. ① 감정평가법인등의 업무, ② 결격사유와 성실의무 및 ③ 명의대여 등의 금지, 손해배상책임을 잘 숙지해야 한다. 특히 결격사유와 성실의무는 정확하게 숙지해야 하며 자격취소사유를 명확하게 체크해야 한다.

제1절 업무와 자격

1. **감정평가법인등의 업무(제10조)**(기출29 32 33)

    ① 「부동산 가격공시에 관한 법률」에 따라 감정평가법인등이 수행하는 업무

    ② 「부동산 가격공시에 관한 법률」 제8조 제2호에 따른 목적을 위한 토지등의 감정평가

    ③ 「자산재평가법」에 따른 토지등의 감정평가

    ④ 법원에 계속 중인 소송 또는 경매를 위한 토지등의 감정평가

    ⑤ 금융기관·보험회사·신탁회사 등 타인의 의뢰에 따른 토지등의 감정평가

    ⑥ 감정평가와 관련된 상담 및 자문

    ⑦ 토지등의 이용 및 개발 등에 대한 조언이나 정보 등의 제공

    ⑧ 다른 법령에 따라 감정평가법인등이 할 수 있는 토지등의 감정평가

    ⑨ ①부터 ⑧까지의 업무에 부수되는 업무

2. **자격 → 감정평가사시험에 합격한 사람(제11조)**

3. **결격사유(제12조)** (기출30 32)

    ① 파산선고를 받은 사람으로서 복권되지 아니한 사람

    ② 금고 이상의 실형을 선고받고 그 집행이 종료(집행이 종료된 것으로 보는 경우를 포함한다)되거나 그 집행이 면제된 날부터 3년이 지나지 아니한 사람

    ③ 금고 이상의 형의 집행유예를 받고 그 유예기간이 만료된 날부터 1년이 지나지 아니한 사람

    ④ 금고 이상의 형의 선고유예를 받고 그 선고유예기간 중에 있는 사람

    ⑤ 부정한 방법으로 자격을 취득하여 감정평가사 자격이 취소되거나 자격증·등록증 또는 인가증을 양도 또는 대여하여 징계로서 자격취소된 후 3년이 지나지 아니한 사람

    ⑥ 감정평가사의 직무와 관련하여 금고 이상의 형을 선고받아(집행유예를 선고받은 경우를 포함한다) 그 형이 확정된 경우에 자격이 취소된 후 5년이 지나지 아니한 사람

    ⑦ 이 법에 따라 업무정지 1년 이상의 징계처분을 2회 이상 받은 후 다시 징계사유가 있는 사람으

로서 감정평가사의 직무를 수행하는 것이 현저히 부적당하다고 인정되는 경우에 자격이 취소된 후 5년이 지나지 아니한 사람

* 국토교통부장관은 상기 ①부터 ④까지 중 어느 하나에 해당하는지 여부를 확인하기 위하여 관계 기관에 자료를 요청할 수 있다 + 관계 기관은 특별한 사정이 없으면 그 자료를 제공해야 한다.

4. 자격의 취소(제13조)

① 부정한 방법으로 감정평가사의 자격을 받은 경우와 ② 감정평가사에 대한 징계로서 취소를 받은 경우에는 자격을 취소하여야 한다. ③ 자격취소 사실을 공고해야 한다.

> 자격취소 사실의 공고는 다음 각 호의 사항을 관보에 공고하고, 국토교통부의 인터넷 홈페이지에 게시하는 방법으로 한다.
> 1. 감정평가사의 성명 및 생년월일
> 2. 자격취소 사실
> 3. 자격취소 사유

→ 자격취소 처분일로부터 7일 이내에 자격증을 국토교통부장관에게 반납해야 한다(등록증 포함).

제2절 시험(제14조 ~ 제16조)

1. 제1차 시험과 제2차 시험

1) 시험의 최종 합격 발표일을 기준으로 결격사유에 해당하는 사람은 응시할 수 없다.

2) 국토교통부장관은 응시할 수 없음에도 불구하고 시험에 응시하여 최종 합격한 사람에 대해서는 합격결정을 취소해야 한다.

3) 감정평가법인 등 대통령령으로 정하는 기관에서 5년 이상 감정평가와 관련된 업무에 종사한 사람에 대해서는 시험 중 제1차 시험을 면제한다.

> * 감정평가법인 등 대통령령으로 정하는 기관
> 1. 감정평가법인
> 2. 감정평가사사무소
> 3. 협회
> 4. 「한국부동산원법」에 따른 한국부동산원(이하 "한국부동산원"이라 한다)
> 5. 감정평가업무를 지도하거나 감독하는 기관

6. 「부동산 가격공시에 관한 법률」에 따른 개별공시지가 · 개별주택가격 · 공동주택가격 또는 비주거용 부동산가격을 결정 · 공시하는 업무를 수행하거나 그 업무를 지도 · 감독하는 기관
7. 「부동산 가격공시에 관한 법률」에 따른 토지가격비준표, 주택가격비준표 및 비주거용 부동산가격비준표를 작성하는 업무를 수행하는 기관
8. 국유재산을 관리하는 기관
9. 과세시가표준액을 조사 · 결정하는 업무를 수행하거나 그 업무를 지도 · 감독하는 기관
* 업무종사기간을 산정할 때 기준일은 제2차 시험 시행일로 하며, 둘 이상의 기관에서 해당 업무에 종사한 사람에 대해서는 각 기관에서 종사한 기간을 합산한다.

4) 국토교통부장관은 다음 어느 하나에 해당하는 사람에 대해서는 해당 시험을 정지시키거나 무효로 한다(5년간 시험에 응시할 수 없다).
① 부정한 방법으로 시험에 응시한 사람
② 시험에서 부정한 행위를 한 사람
③ 시험의 일부 면제를 위한 관련 서류를 거짓 또는 부정한 방법으로 제출한 사람

2. 응시수수료

1) 응시수수료 납부 1, 2차 각 4만원 + 수수료는 현금이나 정보통신망을 이용한 전자화폐 · 전자결제 등의 방법으로 납부할 수 있다.

2) 응시수수료의 전부 또는 일부를 반환해야 한다.
① 응시수수료를 과오납(過誤納)한 경우
② 국토교통부장관의 귀책사유로 시험에 응시하지 못한 경우
③ 시험시행일 10일 전까지 응시원서 접수를 취소한 경우

제3절 | 등록

1. 등록 및 갱신등록(제17조)

1) 감정평가사 자격이 있는 사람(시험합격자)이 감정평가업무를 하려는 경우에는 실무수습(1년 / 1차 면제자는 4주) 또는 교육연수를(25시간 이상) 마치고 국토교통부장관에게 등록하여야 한다(등록부에 등재하고 등록증을 발급해야 한다). → 협회가 국토교통부장관의 승인을 받아 실시 · 관리한다. [기출30]

> * **감정평가사 실무수습사항(영 제16조)**
> 1. 감정평가에 관한 이론 · 실무, 직업윤리 및 그 밖에 감정평가사의 업무수행에 필요한 사항 습득해야 한다.

2. 국토교통부장관은 실무수습에 필요한 지시를 협회에 할 수 있다.

3. 협회는 실무수습계획을 수립하여 국토교통부장관의 승인을 받아야 하며, 실무수습이 종료되면 실무수습 종료일부터 10일 이내에 그 결과를 국토교통부장관에게 보고해야 한다.

** 실무수습은 감정평가에 관한 이론과 직업윤리를 습득하는 이론교육과정 및 감정평가에 관한 실무를 습득하는 실무훈련과정으로 나누어 시행한다.

*** 이론교육과정은 4개월간, 실무훈련과정은 8개월간 시행하며, 실무훈련과정은 이론교육과정의 이수 후 시행한다. 다만, 이론교육과정과 실무훈련과정의 기간을 조정할 필요가 있을 때에는 협회에서 그 기간을 따로 정할 수 있다(제1차 시험을 면제받고 감정평가사 자격을 취득한 사람에 대해서는 4주간의 이론교육과정을 시행한다).

이론교육과정은 강의 · 논문제출 등의 방법으로 시행하며, 실무훈련과정은 현장실습근무의 방법으로 시행한다. 현장실습근무지는 협회 및 감정평가법인등의 사무소 및 한국부동산원으로 한다. 다만, 한국부동산원의 경우에는 「한국부동산원법」 제12조 및 같은 법 시행령 제13조에 따라 한국부동산원이 수행하는 업무 중 감정평가와 관련된 업무를 담당하는 부서로 한정한다.

**** **감정평가사 교육연수** 대상자는 등록취소 및 업무정지 징계를 받은 감정평가사로 한다.

1. 교육연수의 시간은 25시간 이상으로 해야 한다.

2. 실무수습사항 "1~3" 준용

3. 교육연수의 내용 · 방법 및 절차와 그 밖에 필요한 사항은 국토교통부령으로 정한다.

2) 등록을 하려는 사람은 등록신청서(전자문서로 된 신청서 포함)에 감정평가사 자격을 증명하는 서류 및 실무수습/교육연수 종료를 증명하는 서류를 첨부하여 국토교통부장관에게 제출해야 한다.

→ 한국감정평가사협회가 국토교통부장관의 승인을 받아 실시 · 관리

→ 등록 후 등록 갱신, 이 경우 갱신기간은 3년 이상(5년마다)으로 한다. 〔기출32 35〕

① 국토교통부장관은 감정평가사 등록에 한 사람에게 감정평가사 등록을 갱신하려면 갱신등록 신청을 하여야 한다는 사실과 갱신등록신청절차를 등록일부터 5년이 되는 날의 120일 전까지 통지하여야 한다(문서, 팩스, 전자우편, 휴대전화에 의한 문자메시지 등의 방법 가능).

② 등록일부터 5년이 되는 날의 60일 전까지 갱신등록 신청서를 국토교통부장관에게 제출해야 한다.

③ 거부사유 미해당 시 등록부에 등재하고 등록증을 갱신하여 발급해야 한다.

2. **등록 및 갱신등록의 거부(제18조) + "① 감정평가사의 소속, 성명 및 생년월일 및 ② 거부사실"을 관보에 공고하고 정보통신망(국토교통부 홈페이지) 등을 이용하여 일반인에게 알려야 한다.**

① 결격사유에 해당하는 경우〔기출32〕

② 실무수습 또는 교육연수를 받지 아니한 경우

③ 감정평가사 등록이 취소된 후 3년이 지나지 아니한 경우

④ 업무가 정지된 감정평가사로서 그 업무정지 기간이 지나지 아니한 경우

⑤ 미성년자 또는 피성년후견인·피한정후견인

** 국토교통부장관은 상기 '① ~ ⑤'에 해당하는지 여부를 확인하기 위하여 관계 기관에 관련 자료를 요청 가능 + 관계 기관은 특별한 사정이 없으면 그 자료를 제공해야 한다.

3. 등록의 취소(등록증을 반납해야 한다.)(제19조) + "① 감정평가사의 소속, 성명 및 생년월일 및 ② 등록의 취소사유"를 관보에 공고하고 정보통신망(국토교통부 홈페이지) 등을 이용하여 일반인에게 알려야 한다.

* 등록취소사유
① 결격사유에 해당하는 경우[기출32 35]
② 사망한 경우
③ 등록취소를 신청한 경우
④ 등록취소 징계를 받은 경우

** 국토교통부장관은 상기 '① ~④'에 해당하는지 여부를 확인하기 위하여 관계 기관에 관련 자료를 요청 할 수 있다. 관계 기관은 특별한 사정이 없으면 그 자료를 제공해야 한다.

4. 외국감정평가사(상호주의)(제20조)
외국의 감정평가사 자격을 가진 사람으로서 결격사유에 해당하지 아니하는 사람은 그 본국에서 대한민국정부가 부여한 감정평가사 자격을 인정하는 경우에 한정하여 국토교통부장관의 인가를 받아 업무를 수행할 수 있다.

* 업무제한 가능
① 「부동산 가격공시에 관한 법률」에 따라 감정평가법인등이 수행하는 업무
② 「부동산 가격공시에 관한 법률」 제8조 제2호에 따른 목적을 위한 토지등의 감정평가
③ 「자산재평가법」에 따른 토지등의 감정평가
④ 법원에 계속 중인 소송 또는 경매를 위한 토지등의 감정평가
⑤ 금융기관·보험회사·신탁회사 등 타인의 의뢰에 따른 토지등의 감정평가
⑥ 다른 법령에 따라 감정평가법인등이 할 수 있는 토지등의 감정평가

제4절 권리와 의무

1. 사무소 개설 등(제21조)
등록을 한 감정평가사가 감정평가업을 하려는 경우에는 감정평가사사무소를 개설할 수 있다.
[기출32]

＊ 사무소 개설 못하는 경우
① 등록 및 갱신등록 거부사유에 해당하는 사람
② 제32조 제1항(제1호, 제7호 및 제15호는 제외한다)에 따라 설립인가가 취소되거나 업무가 정지된 감정평가법인의 설립인가가 취소된 후 1년이 지나지 아니하였거나 업무정지 기간이 지나지 아니한 경우 그 감정평가법인의 사원 또는 이사였던 사람
③ 제32조 제1항(제1호 및 제7호는 제외한다)에 따라 업무가 정지된 감정평가사로서 업무정지 기간이 지나지 아니한 사람

제32조(인가취소 등)
① 국토교통부장관은 감정평가법인등이 다음 각 호의 어느 하나에 해당하는 경우에는 그 설립인가를 취소(제29조에 따른 감정평가법인에 한정한다)하거나 2년 이내의 범위에서 기간을 정하여 업무의 정지를 명할 수 있다. 다만, 제2호 또는 제7호에 해당하는 경우에는 그 설립인가를 취소하여야 한다.
1. 감정평가법인이 설립인가의 취소를 신청한 경우
2. 감정평가법인등이 업무정지처분 기간 중에 제10조에 따른 업무를 한 경우
3. 감정평가법인등이 업무정지처분을 받은 소속 감정평가사에게 업무정지처분 기간 중에 제10조에 따른 업무를 하게 한 경우
4. 제3조 제1항을 위반하여 감정평가를 한 경우
5. 제3조 제3항에 따른 감정평가준칙을 위반하여 감정평가를 한 경우
6. 제6조에 따른 감정평가서의 작성·발급 등에 관한 사항을 위반한 경우
7. 감정평가법인등이 제21조 제3항이나 제29조 제4항에 따른 감정평가사의 수에 미달한 날부터 3개월 이내에 감정평가사를 보충하지 아니한 경우
8. 제21조 제4항을 위반하여 둘 이상의 감정평가사사무소를 설치한 경우
9. 제21조 제5항이나 제29조 제9항을 위반하여 해당 감정평가사 외의 사람에게 제10조에 따른 업무를 하게 한 경우
10. 제23조 제3항을 위반하여 수수료의 요율 및 실비에 관한 기준을 지키지 아니한 경우
11. 제25조, 제26조 또는 제27조를 위반한 경우. 다만, 소속 감정평가사나 그 사무직원이 제25조 제4항을 위반한 경우로서 그 위반행위를 방지하기 위하여 해당 업무에 관하여 상당한 주의와 감독을 게을리하지 아니한 경우는 제외한다.
12. 제28조 제2항을 위반하여 보험 또는 한국감정평가사협회가 운영하는 공제사업에 가입하지 아니한 경우
13. 정관을 거짓으로 작성하는 등 부정한 방법으로 제29조에 따른 인가를 받은 경우
14. 제29조 제10항에 따른 회계처리를 하지 아니하거나 같은 조 제11항에 따른 재무제표를 작성하여 제출하지 아니한 경우
15. 제31조 제2항에 따라 기간 내에 미달한 금액을 보전하거나 증자하지 아니한 경우
16. 제47조에 따른 지도와 감독 등에 관하여 다음 각 목의 어느 하나에 해당하는 경우
    가. 업무에 관한 사항의 보고 또는 자료의 제출을 하지 아니하거나 거짓으로 보고 또는 제출한 경우

    나. 장부나 서류 등의 검사를 거부, 방해 또는 기피한 경우

   17. 제29조 제5항 각 호의 사항을 인가받은 정관에 따라 운영하지 아니하는 경우

** 소속 감정평가사를 둘 수 있다(등록 및 갱신등록 거부사유 미해당자).

*** 소속 감정평가사가 아닌 사람에게 업무를 하게 하여서는 아니 된다.

**** 1개의 사무소만 설치가 가능하고, 합동사무소(2명 이상)를 설치할 수 있다(감정평가사합동
사무소의 규약을 국토교통부장관에게 제출해야 한다)[기출28 31 32 35].

2. 고용인의 신고(제21조의2조)

감정평가법인등은 소속 감정평가사 또는 사무직원을 고용하거나(업무시작 전) 고용관계가 종료된
때에는(종료된 날로부터 10일 이내) 국토교통부장관에게 신고하여야 한다(결격사유에 해당하는지
여부를 확인해야 한다)[기출34].

3. 사무소의 명칭 등(제22조)

1) "감정평가사사무소", "감정평가법인" 용어를 사용해야 한다.

2) 감정평가사가 아닌 사람은 "감정평가사" 또는 이와 비슷한 명칭 사용 ×

   감정평가법인등이 아닌 자는 "감정평가사사무소", "감정평가법인" 또는 이와 비슷한 명칭 사용 ×

4. 수수료 등(제23조)

1) 의뢰인으로부터 업무수행에 따른 수수료와 그에 필요한 실비를 받을 수 있다.

2) 수수료의 요율 및 실비의 범위는 국토교통부장관이 감정평가관리·징계위원회의 심의를 거쳐
결정한다. [기출30]

3) 감정평가법인등과 의뢰인은 수수료의 요율 및 실비에 관한 기준을 준수하여야 한다.

5. 사무직원(제24조)

1) 감정평가법인등은 그 직무의 수행을 보조하기 위하여 사무직원을 둘 수 있다.
2) 감정평가법인등은 사무직원을 지도·감독할 책임이 있다.

* 사무직원 결격사유[기출32 33]

> 제24조(사무직원)
> ① 감정평가법인등은 그 직무의 수행을 보조하기 위하여 사무직원을 둘 수 있다. 다만, 다음 각
> 호의 어느 하나에 해당하는 사람은 사무직원이 될 수 없다.
> 1. 미성년자 또는 피성년후견인·피한정후견인
> 2. 이 법 또는 「형법」 제129조부터 제132조까지, 「특정범죄 가중처벌 등에 관한 법률」 제2조
> 또는 제3조, 그 밖에 대통령령으로 정하는 법률에 따라 유죄 판결을 받은 사람으로서 다음
> 각 목의 어느 하나에 해당하는 사람

가. 징역 이상의 형을 선고받고 그 집행이 끝나거나 그 집행을 받지 아니하기로 확정된 후 3년이 지나지 아니한 사람

　　　나. 징역형의 집행유예를 선고받고 그 유예기간이 지난 후 1년이 지나지 아니한 사람

　　　다. 징역형의 선고유예를 받고 그 유예기간 중에 있는 사람

　3. 부정한 방법으로 자격을 취득하여 감정평가사 자격이 취소되거나 자격증·등록증 또는 인가증을 양도 또는 대여한 경우 징계로서 자격이 취소된 후 1년이 경과되지 아니한 사람.

　4. 감정평가사의 직무와 관련하여 금고 이상의 형을 선고받아(집행유예 포함) 그 형이 확정된 경우에 따라 자격이 취소된 후 5년이 경과되지 아니한 사람

　5. 업무정지 1년 이상의 징계처분을 2회 이상 받은 후 다시 징계사유가 있는 사람으로서 감정평가사의 직무를 수행하는 것이 현저히 부적당하다고 인정되는 경우에 따라 자격이 취소된 후 3년이 경과되지 아니한 사람

　6. 업무가 정지된 감정평가사로서 그 업무정지 기간이 지나지 아니한 사람

→ 국토교통부장관은 사무직원이 상기 사유 중 어느 하나에 해당하는지 여부를 확인하기 위하여 관계 기관에 관련 자료를 요청 가능, 관계 기관은 특별한 사정이 없으면 그 자료를 제공해야 한다.

6. 성실의무 등(제25조)(기출28 29 30 31 32 33 35)

① 감정평가법인등(소속 감정평가사 포함)은 업무를 하는 경우 품위를 유지하여야 하고, 신의와 성실로써 공정하게 하여야 하며, 고의 또는 중대한 과실로 업무를 잘못하여서는 아니 된다.

② 감정평가법인등은 자기 또는 친족 소유, 그 밖에 불공정하게 업무를 수행할 우려가 있다고 인정되는 토지등에 대해서는 그 업무를 수행하여서는 아니 된다.

③ 감정평가법인등은 토지등의 매매업을 직접 하여서는 아니 된다.

④ 감정평가법인등이나 그 사무직원은 수수료와 실비 외에는 어떠한 명목으로도 그 업무와 관련된 대가를 받아서는 아니 되며, 감정평가 수주의 대가로 금품 또는 재산상의 이익을 제공하거나 제공하기로 약속하여서는 아니 된다.

⑤ 감정평가사, 감정평가사가 아닌 사원 또는 이사 및 사무직원은 둘 이상의 감정평가법인(같은 법인의 주·분사무소를 포함한다) 또는 감정평가사사무소에 소속될 수 없으며, 소속된 감정평가법인 이외의 다른 감정평가법인의 주식을 소유할 수 없다.

⑥ 감정평가법인등이나 사무직원은 제28조의2에서 정하는 유도 또는 요구에 따라서는 아니 된다.

7. 비밀엄수(다른 법령에 특별한 규정이 있는 경우에는 그러하지 아니하다)(제26조)

8. 명의대여 등의 금지(알선 금지)(제27조)(기출29 30)

감정평가사 또는 감정평가법인등은 다른 사람에게 자기의 성명 또는 상호를 사용하여 감정평가 업무를 수행하게 하거나 자격증·등록증 또는 인가증을 양도·대여하거나 이를 부당하게 행사하여서는 아니 된다.

9. 손해배상책임(제28조)

1) 손해배상책임[기출31]

① 고의 또는 과실

② 감정평가 당시의 적정가격과 현저한 차이

③ 서류에 거짓을 기록함으로써

④ 감정평가 의뢰인이나 선의의 제3자에게 손해 발생 시 손해를 배상한다.

2) 감정평가법인등은 손해배상책임을 보장하기 위하여 보증보험에 가입하거나(가입 시 국토교통부장관에게 통보 / 1인당 1억 이상) 한국감정평가사협회가 운영하는 공제사업에 가입하는 등 필요한 조치를 하여야 한다. [기출28]

* 보증보험금으로 손해배상을 하였을 때에는 10일 이내에 보험계약을 다시 체결해야 한다.

* 고지의무

감정평가법인등은 감정평가 의뢰인이나 선의의 제3자에게 법원의 확정판결을 통한 손해배상이 결정된 경우에는 국토교통부령으로 정하는 바에 따라 그 사실을 국토교통부장관에게 알려야 한다.

> **규칙 제19조의2(손해배상 결정사실의 통지)**
> 감정평가법인등은 법 제28조 제3항에 따라 법원의 확정판결을 통한 손해배상이 결정된 경우에는 지체 없이 다음 각 호의 사항을 국토교통부장관에게 서면으로 알려야 한다.
> 1. 감정평가법인등의 명칭 및 주소
> 2. 감정평가의 목적, 대상 및 감정평가액
> 3. 손해배상 청구인
> 4. 손해배상금액 및 손해배상사유
>
> **규칙 제19조의3(손해배상능력 등에 관한 기준)**
> 법 제28조 제4항에 따른 감정평가법인등이 갖춰야 하는 손해배상능력 등에 관한 기준은 다음 각 호와 같다. 이 경우 감정평가법인등이 각 호의 요건을 모두 갖춰야 손해배상능력 등에 관한 기준을 충족한 것으로 본다.
> 1. 전문인 배상책임보험 등 법 제28조 제2항에 따른 보험 가입이나 공제사업 가입으로 보장되지 않는 손해배생책임을 보장할 수 있는 다른 손해배상책임보험에 가입할 것
> 2. 「주식회사의 외부감사에 관한 법률」 제18조에 따른 감사보고서(적정하다는 감사의견이 표명된 것으로 한정한다)를 갖추거나 매 사업연도가 끝난 후 3개월 이내에 표준재무제표증명[법 제21조에 따라 사무소(합동사무소를 포함한다)를 개설한 감정평가사로서 최근 3년간 연속하여 결손이 발생하지 않은 경우로 한정한다]을 발급받을 것

3) 국토교통부장관은 감정평가 의뢰인이나 선의의 제3자를 보호하기 위하여 감정평가법인등이 갖추어야 하는 손해배상능력 등에 대한 기준을 국토교통부령으로 정할 수 있다.

10. 감정평가 유도 · 요구 금지(제28조의2)

누구든지 감정평가법인등(감정평가법인 또는 감정평가사사무소의 소속 감정평가사를 포함한다)과 그 사무직원에게 토지등에 대하여 특정한 가액으로 감정평가를 유도 또는 요구하는 행위를 하여서는 아니 된다.

| 제5절 | 감정평가법인 |

1. 설립 등(조직적인 업무수행을 위한 법인 설립 가능 : 대표사원 또는 대표이사는 감정평가사이어야 한다.)(제29조 ~ 제31조)

(1) 법인 설립

1) 사원이 될 사람 또는 감정평가사인 발기인이 공동으로 정관 작성 + 국토교통부장관 인가 (인가의 신청을 받은 날부터 20일 이내에 인가 여부를 신청인에게 통지 + 20일 범위 내 연장 가능 + 연장 사유를 지체 없이 문서(전자문서 포함)로 통지해야 한다)

정관을 변경 시 같다. 다만, 경미한 사항의 변경은 신고한다(아래 ③ ~ ⑤)(14일 내 신고).

* 정관 기재사항
  ① 목적
  ② 명칭
  ③ 주사무소 및 분사무소의 소재지
  ④ 사원(주식회사의 경우에는 발기인)의 성명, 주민등록번호 및 주소
  ⑤ 사원의 출자(주식회사의 경우에는 주식의 발행)에 관한 사항
  ⑥ 업무에 관한 사항

2) 감정평가법인 설립인가를 받으려는 자는 사원(社員)이 될 사람 또는 감정평가사인 발기인 전원이 서명하고 날인한 인가 신청서에 다음 서류를 첨부하여 국토교통부장관에게 제출해야 한다.
  ① 정관
  ② 사원 및 소속 감정평가사의 등록증 사본(인가를 받은 외국감정평가사의 경우에는 인가서 사본을 말한다)
  ③ 감정평가사가 아닌 사원 또는 이사가 자격요건을 갖추었음을 증명하는 서류
  ④ 사무실 보유를 증명하는 서류
  ⑤ 그 밖에 국토교통부령으로 정하는 서류

3) 설립인가 시 국토교통부장관의 심사 · 확인사항
  ① 설립하려는 감정평가법인이 규정에 따른 요건을 갖추었는지 여부
  ② 정관의 내용이 법령에 적합한지 여부

(2) 구성

1) 감정평가법인은 전체 사원 또는 이사의 100분의 70이 넘는 범위에서 대통령령으로 정하는 비율(100분의 90) 이상을 감정평가사로 두어야 한다.

2) 감정평가사가 아닌 사원 또는 이사는 토지등에 대한 전문성 등 대통령령으로 정하는 자격을 갖춘 자로서 결격사유에 해당하거나 미성년자 또는 피성년후견인·피한정후견인에 해당하는 사람이 아니어야 한다.

> **＊ 대통령령으로 정하는 자격을 갖춘 자**
> 1. 변호사·법무사·공인회계사·세무사·기술사·건축사 또는 변리사 자격이 있는 사람
> 2. 법학·회계학·세무학·건축학, 그 밖에 국토교통부장관이 정하여 고시하는 분야의 석사학위를 취득한 사람으로서 해당 분야에서 3년 이상 근무한 경력(석사학위를 취득하기 전의 근무 경력을 포함한다)이 있는 사람
> 3. 제2호에 따른 분야의 박사학위를 취득한 사람
> 4. 그 밖에 토지등 분야에 관한 학식과 업무경험이 풍부한 사람으로서 국토교통부장관이 정하여 고시하는 자격이나 경력이 있는 사람

3) 감정평가법인은 5명 이상의 감정평가사를 두어야 하며, 주사무소(主事務所) 및 분사무소(分事務所)에는 각각 2명 이상의 감정평가사를 두어야 한다.

4) 소속평가사는 결격사유 및 사무소개설신고 불가사유[1]에 해당되면 안 된다.

(3) 합병

감정평가법인은 사원 전원의 동의 또는 주주총회의 의결이 있는 때에는 국토교통부장관의 인가를 받아 다른 감정평가법인과 합병할 수 있다. [기출30]

(4) 소속평가사 업무

감정평가법인은 해당 법인의 소속 감정평가사 외의 사람에게 업무를 하게 하여서는 아니 된다.

(5) 해산(국토교통부장관에게 14일 내 신고)[기출30 32]

① 정관으로 정한 해산 사유의 발생
② 사원총회 또는 주주총회의 결의
③ 합병
④ 설립인가의 취소
⑤ 파산
⑥ 법원의 명령 또는 판결

---

1) 제32조 제1항(제1호, 제7호 및 제15호는 제외한다)에 따라 설립인가가 취소되거나 업무가 정지된 감정평가법인의 설립인가가 취소된 후 1년이 지나지 아니하였거나 업무정지 기간이 지나지 아니한 경우 그 감정평가법인의 사원 또는 이사였던 사람

(6) 자본금 등
① 감정평가법인의 자본금은 2억원 이상이어야 한다. [기출32 35]
② 감정평가법인은 직전 사업연도 말 재무상태표의 자산총액에서 부채총액을 차감한 금액이 2억원에 미달하면 미달한 금액을 매 사업연도가 끝난 후 6개월 이내에 사원의 증여[증여받은 금액은 특별이익으로 계상(計上)]로 보전(補塡)하거나 증자(增資)하여야 한다.

(7) 기타
① 「주식회사 등의 외부감사에 관한 법률」에 따른 회계처리 기준을 적용해야 한다.
② 「주식회사 등의 외부감사에 관한 법률」에 따른 재무제표 작성 + 매 사업연도가 끝난 후 3개월 이내에 국토교통부장관에게 제출해야 한다(국토교통부장관은 필요한 경우 재무제표의 적정성을 검토할 수 있다).
③ 감정평가법인에 관하여 이 법에서 정한 사항을 제외하고는 「상법」 중 회사에 관한 규정을 준용한다.

2. 인가취소 등(법 제32조)

(1) 사유
국토교통부장관은 감정평가법인등이 다음 각 호의 어느 하나에 해당하는 경우에는 그 설립인가를 취소(감정평가법인에 한정한다)하거나 2년 이내의 범위에서 기간을 정하여 업무의 정지를 명할 수 있다. 다만, 제2호 또는 제7호에 해당하는 경우에는 그 설립인가를 취소하여야 한다.

1. 감정평가법인이 설립인가의 취소를 신청한 경우[기출30 32]
2. 감정평가법인등이 업무정지처분 기간 중에 제10조에 따른 업무를 한 경우[기출30 32]
3. 감정평가법인등이 업무정지처분을 받은 소속 감정평가사에게 업무정지처분 기간 중에 제10조에 따른 업무를 하게 한 경우
4. 토지평가기준(공시지가기준법)을 위반하여 감정평가를 한 경우
5. 감정평가 원칙과 기준을 위반하여 감정평가를 한 경우
6. 감정평가서의 작성·발급 등에 관한 사항을 위반한 경우
7. 감정평가법인등이 감정평가사의 수에 미달한 날부터 3개월 이내에 감정평가사를 보충하지 아니한 경우
8. 둘 이상의 감정평가사사무소를 설치한 경우
9. 소속 감정평가사 외의 사람에게 제10조에 따른 업무를 하게 한 경우
10. 수수료의 요율 및 실비에 관한 기준을 지키지 아니한 경우
11. 성실의무, 비밀엄수 또는 명의대여 등의 금지 규정을 위반한 경우. 다만, 소속 감정평가사나 그 사무직원이 제25조 제4항[2]을 위반한 경우로서 그 위반행위를 방지하기 위하여 해

---

2) 감정평가법인등이나 그 사무직원은 제23조에 따른 수수료와 실비 외에는 어떠한 명목으로도 그 업무와 관련된 대가를 받아서는 아니 되며, 감정평가 수주의 대가로 금품 또는 재산상의 이익을 제공하거나 제공하기로 약속하여서는 아니 된다.

당 업무에 관하여 상당한 주의와 감독을 게을리하지 아니한 경우는 제외한다.

12. 보증보험 또는 한국감정평가사협회가 운영하는 공제사업에 가입하지 아니한 경우

13. 정관을 거짓으로 작성하는 등 부정한 방법으로 인가를 받은 경우

14. 「주식회사 등의 외부감사에 관한 법률」에 따른 회계처리를 하지 아니하거나 재무제표를 작성하여 제출하지 아니한 경우

15. 제31조 제2항³⁾에 따라 기간 내에 미달한 금액을 보전하거나 증자하지 아니한 경우

16. 지도와 감독 등에 관하여 다음 각 목의 어느 하나에 해당하는 경우

　　가. 업무에 관한 사항의 보고 또는 자료의 제출을 하지 아니하거나 거짓으로 보고 또는 제출한 경우

　　나. 장부나 서류 등의 검사를 거부, 방해 또는 기피한 경우

17. 인가받은 정관에 따라 운영하지 아니하는 경우

(2) 절차

① 한국감정평가사협회는 증거서류 첨부하여 국토교통부장관에게 그 설립인가를 취소하거나 업무정지처분을 하여 줄 것을 요청할 수 있다.

② 국토교통부장관은 설립인가를 취소하거나 업무정지를 한 경우에는 그 사실을 관보에 공고하고, 정보통신망 등을 이용하여 일반인에게 알려야 한다.

③ 설립인가의 취소 및 업무정지처분은 위반 사유가 발생한 날부터 5년이 지나면 할 수 없다.

④ 설립인가의 취소와 업무정지에 관한 기준은 대통령령으로 정하고, 공고의 방법, 내용 및 그 밖에 필요한 사항은 국토교통부령으로 정한다.

> * 설립인가 취소 또는 업무정지 사실의 공고는 다음 각 호의 사항을 관보에 공고하고, 국토교통부의 인터넷 홈페이지에 게시하는 방법으로 한다.
> 1. 감정평가법인등의 명칭
> 2. 처분내용
> 3. 처분사유

---

3) 감정평가법인은 직전 사업연도 말 재무상태표의 자산총액에서 부채총액을 차감한 금액이 2억원에 미달하면 미달한 금액을 매 사업연도가 끝난 후 6개월 이내에 사원의 증여로 보전(補塡)하거나 증자(增資)하여야 한다.

확인문제

01 감정평가 및 감정평가사에 관한 법령상 감정평가법인에 관한 설명으로 옳지 않은 것은? ✦ 32회
① 감정평가법인은 토지 등의 이용 및 개발 등에 대한 조언이나 정보 등의 제공을 행한다.
② 감정평가법인은 토지 등의 매매업을 직접 하여서는 아니 된다.
③ 감정평가법인이 합병으로 해산한 때에는 이를 국토교통부장관에게 신고하여야 한다.
④ 국토교통부장관은 감정평가법인이 업무정지처분 기간 중에 감정평가업무를 한 경우에는 그 설립인가를 취소할 수 있다.
⑤ 감정평가법인의 자본금은 2억원 이상이어야 한다.

답 ④

02 감정평가 및 감정평가사에 관한 법령상 감정평가사에 관한 설명으로 옳지 않은 것은? ✦ 32회
① 감정평가사 결격사유는 감정평가사 등록의 거부사유와 취소사유가 된다.
② 등록한 감정평가사는 5년마다 그 등록을 갱신하여야 한다.
③ 등록한 감정평가사가 징계로 감정평가사 자격이 취소된 후 5년이 지나지 아니한 경우 국토교통부장관은 그 등록을 취소할 수 있다.
④ 감정평가사는 감정평가업을 하기 위하여 1개의 사무소만을 설치할 수 있다.
⑤ 부정한 방법으로 감정평가사 자격을 받은 이유로 그 자격이 취소된 후 3년이 지나지 아니한 사람은 감정평가사가 될 수 없다.

답 ③

03 감정평가 및 감정평가사에 관한 법령상 감정평가사의 권리와 의무에 관한 설명으로 옳지 않은 것은? ✦ 32회
① 등록을 한 감정평가사가 감정평가업을 하려는 경우에는 국토교통부장관에게 감정평가사사무소의 개설신고를 하지 않아도 된다.
② 감정평가사는 다른 사람에게 자격증·등록증을 양도·대여하여서는 아니 된다.
③ 감정평가사는 2명 이상의 감정평가사로 구성된 감정평가사합동사무소를 설치할 수 있다.
④ 감정평가사는 둘 이상의 감정평가법인 또는 감정평가사사무소에 소속될 수 없다.
⑤ 감정평가법인 등은 그 직무의 수행을 보조하기 위하여 피성년후견인을 사무직원으로 둘 수 있다.

답 ⑤

04 감정평가 및 감정평가사에 관한 법령상 감정평가사의 권리와 의무 등에 관한 설명으로 옳지 않은 것은? ✦ 31회
① 감정평가사합동사무소에 두는 감정평가사의 수는 2명 이상으로 한다.
② 감정평가사사무소의 폐업신고와 관련하여 국토교통부장관은 폐업신고의 접수업무를 한국감정평가사협회에 위탁한다.
③ 감정평가법인등은 소속 감정평가사의 고용관계가 종료된 때에는 한국부동산원에 신고하여야 한다.

④ 감정평가법인등은 고의 또는 중대한 과실로 잘못된 평가를 하여서는 아니 된다.

⑤ 감정평가법인등이 감정평가를 하면서 고의 또는 과실로 감정평가 당시의 적정가격과 현저한 차이가 있게 감정평가를 함으로써 선의의 제3자에게 손해를 발생하게 하였을 때에는 그 손해를 배상할 책임이 있다.

답 ③

05 감정평가 및 감정평가사에 관한 법령상 감정평가에 관한 설명으로 옳지 않은 것은? ✦ 31회

① 감정평가법인등이 토지를 감정평가하는 경우 적정한 실거래가가 있는 경우에는 이를 기준으로 할 수 있다.

② 감정평가법인등은 해산 또는 폐업하는 경우에도 감정평가서 관련 서류를 발급일부터 5년 이상 보존하여야 한다.

③ 국토교통부장관은 감정평가 타당성조사를 할 경우 해당 감정평가를 의뢰한 자에게 의견진술기회를 주어야 한다.

④ 감정평가법인은 감정평가서를 의뢰인에게 발급하기 전에 같은 법인 소속의 다른 감정평가사에게 감정평가서의 적정성을 심사하게 하여야 한다.

⑤ 토지 및 건물의 가격에 관한 정보 및 자료는 감정평가 정보체계의 관리대상에 해당한다.

답 ②

제3장 감정평가사 주요 내용 O · X 확인 문제

01 감정평가사 결격사유와 관련해서 각 경우에 들어가야 하는 연수를 모두 더하면 몇 년인가?

> 1. 금고 이상의 실형을 선고받고 그 집행이 종료된 날부터 (   )년이 지나지 아니한 사람
> 2. 금고 이상의 형의 집행유예기간이 만료된 날부터 (   )년이 지나지 아니한 사람
> 3. 부정한 방법으로 자격을 취득하여 취소된 후 (   )년이 지나지 아니한 사람
> 4. 금고 이상의 형을 선고받아 자격이 취소된 후 (   )년이 지나지 아니한 사람

02 감정평가사의 자격이 취소된 사람은 자격취소 처분일부터 14일 이내에 감정평가사 자격증을 반납 (등록증 포함)하여야 한다. (   )

03 감정평가사 자격이 있는 사람이 업무를 하려는 경우에는 실무수습 또는 교육연수를 마치고 국토교통부장관에게 등록할 수 있다. (   )

04 실무수습 이론교육과정은 4개월간, 실무훈련과정은 8개월간 시행하며, 실무훈련과정은 이론교육과정의 이수 전에 시행한다. (   )

05 감정평가사는 3년마다 등록을 갱신하여야 한다. (   )

06 등록 및 갱신등록 거부사유와 등록의 취소사유 중 공통사유가 아닌 것은? (   )

> 1. 결격사유에 해당하는 경우
> 2. 실무수습 또는 교육연수를 받지 아니한 경우
> 3. 사망한 경우
> 4. 등록취소의 징계를 받은 경우
> 5. 미성년자 또는 피성년후견인 · 피한정후견인

07 감정평가사가 감정평가업을 하려는 경우에는 감정평가사사무소를 개설하고 감정평가사 등록을 해야 한다. (   )

08 설립인가가 취소되거나 업무가 정지된 감정평가법인의 설립인가가 취소된 후 2년이 지나지 아니하였거나 업무정지 기간이 지나지 아니한 경우 그 감정평가법인의 사원 또는 이사였던 사람은 사무소를 개설할 수 없다. (   )

09 감정평가사 합동사무소를 개설하기 위해서는 5명 이상의 감정평가사를 두어야 하고 감정평가사합동사무소의 규약을 국토교통부장관에게 제출해야 한다. (   )

10 감정평가사는 감정평가업을 하기 위하여 1개의 사무소와 분사무소를 설치할 수 있다. (　　)

11 감정평가법인등은 소속 감정평가사 또는 사무직원을 고용하거나 고용관계가 종료된 때에는 10일 이내에 국토교통부장관에게 신고하여야 한다. (　　)

12 업무수행에 따른 수수료의 요율 및 실비의 범위는 국토교통부장관이 중앙감정평가위원회의 심의 를 거쳐 결정한다. (　　)

13 징역형의 집행유예를 선고받고 그 유예기간이 지난 후 1년이 지나지 아니한 사람은 사무직원이 될 수 없다. (　　)

14 소속 감정평가사는 감정평가 시에 신의와 성실로써 공정하게 하여야 하며, 고의 또는 경과실로 업 무를 잘못하여서는 아니 된다. (　　)

15 감정평가법인등은 토지등의 매매업을 직접 하여서는 아니 된다. (　　)

16 감정평가법인등이나 그 사무직원은 수수료 외에는 어떠한 명목으로도 그 업무와 관련된 대가를 받아서는 아니 된다. (　　)

17 감정평가사는 둘 이상의 감정평가법인 또는 감정평가사사무소에 소속될 수 없다. (　　)

18 감정평가법인등이나 사무직원은 특정가액의 유도 또는 요구에 따라서는 아니 된다. (　　)

19 감정평가사 또는 감정평가법인등은 자격증·등록증 또는 인가증을 양도·대여하거나 이를 부당하 게 행사하여서는 아니 되고 누구든지 이러한 행위를 알선해서는 아니 된다. (　　)

20 감정평가법인등이 감정평가를 하면서 고의 또는 중과실로 감정평가 당시의 적정가격과 차이가 있 게 감정평가를 하거나 감정평가 서류에 거짓을 기록함으로써 감정평가 의뢰인이나 선의의 제3자 에게 손해를 발생하게 하였을 때에는 감정평가법인등은 그 손해를 배상할 책임이 있다. (　　)

21 감정평가법인등은 손해배상책임을 보장하기 위하여 보증보험에 가입하거나 협회가 운영하는 공제 사업에 가입해야 한다. 보증보험에 가입하는 경우 해당 보험의 보험 가입 금액은 감정평가사 1명당 10억원 이상으로 한다. (　　)

22 감정평가법인등은 법원의 확정판결을 통한 손해배상이 결정된 경우에는 5일 이내에 국토교통부장관에게 서면으로 알려야 한다. 법원의 확정판결을 통한 손해배상이 결정된 경우에는 그 사실을 국토교통부장관에게 알려야 한다. (   )

23 국토교통부장관은 감정평가 의뢰인이나 선의의 제3자를 보호하기 위하여 감정평가법인등이 갖추어야 하는 손해배상능력 등에 대한 기준을 대통령령으로 정할 수 있다. (   )

24 국토교통부장관은 법인설립 인가의 신청을 받은 날부터 20일 이내에 인가 여부를 신청인에게 통지하여야 한다. 30일의 범위에서 기간을 연장할 수 있다. 감정평가법인의 대표사원 또는 대표이사는 감정평가사여야 한다. (   )

25 감정평가법인은 전체 사원 또는 이사의 100분의 70을 감정평가사로 두어야 한다. (   )

26 감정평가법인과 그 주사무소 및 분사무소에는 각 3명 이상의 감정평가사를 두어야 한다. (   )

27 감정평가법인 정관 중 사원의 출자(주식회사의 경우에는 주식의 발행)에 관한 사항을 변경하는 경우에는 국토교통부장관의 인가를 받아야 한다. (   )

28 감정평가법인은 사원 전원의 동의 또는 주주총회의 의결이 있는 때에는 국토교통부장관의 인가를 받아 다른 감정평가법인과 합병할 수 있다. (   )

29 감정평가법인에 관하여 「민법」 중 사단법인에 관한 규정을 준용한다. (   )

30 감정평가법인이 해산한 때에는 국토교통부장관에게 인가를 받아야 한다. (   )

31 감정평가법인의 자본금은 5억원 이상이어야 한다. 감정평가법인은 직전 사업연도 말 재무상태표의 자산총액에서 부채총액을 차감한 금액이 5억원에 미달하면 미달한 금액을 매 사업연도가 끝난 후 3개월 이내에 사원의 증여로 보전하거나 증자하여야 한다. (   )

32 국토교통부장관은 감정평가법인등이 업무정지처분 기간 중에 업무를 한 경우 및 감정평가법인이 법인 존속에 필요한 감정평가사의 수에 미달한 날부터 3개월 이내에 감정평가사를 보충하지 아니한 경우 설립인가를 취소할 수 있다. (   )

33 설립인가의 취소 및 업무정지처분은 위반 사유가 발생한 날부터 7년이 지나면 할 수 없다. (   )

제3장 감정평가사 주요 내용 O·X 확인 문제 정답

01 (×) 12년이다.

> 1. 금고 이상의 실형을 선고받고 그 집행이 종료된 날부터 3년이 지나지 아니한 사람
> 2. 금고 이상의 형의 집행유예기간이 만료된 날부터 1년이 지나지 아니한 사람
> 3. 부정한 방법으로 자격을 취득하여 취소된 후 3년이 지나지 아니한 사람
> 4. 금고 이상의 형을 선고받아 자격이 취소된 후 5년이 지나지 아니한 사람

02 (×) 7일 이내에 감정평가사 자격증을 반납(등록증 포함)하여야 한다.

03 (×) 등록하여야 한다.

04 (×) 실무수습 이론교육과정은 4개월간, 실무훈련과정은 8개월간 시행하며, 실무훈련과정은 이론교육과정의 이수 후 시행한다.

05 (×) 5년마다 갱신해야 한다.

06 (2, 3, 4, 5)

> *** 등록 및 갱신등록 거부사유**
> 1. 결격사유에 해당하는 경우
> 2. 실무수습 또는 교육연수를 받지 아니한 경우
> 3. 징계로 등록이 취소된 후 3년이 지나지 아니한 경우
> 4. 업무가 정지된 감정평가사로서 그 업무정지 기간이 지나지 아니한 경우
> 5. 미성년자 또는 피성년후견인·피한정후견인
>
> *** 등록의 취소 사유**
> 1. 결격사유에 해당하는 경우
> 2. 사망한 경우
> 3. 등록취소를 신청한 경우
> 4. 등록취소의 징계를 받은 경우

07 (×) 등록을 한 감정평가사가 감정평가업을 하려는 경우에는 감정평가사사무소를 개설할 수 있다.

08 (×) 설립인가가 취소된 후 1년이 지나지 아니하였거나 업무정지 기간이 지나지 아니한 경우 그 감정평가법인의 사원 또는 이사였던 사람은 사무소를 개설할 수 없다.

09 (×) 2명 이상의 감정평가사를 두어야 한다.

10 (×) 사무소는 분사무소를 설치할 수 없다.

11 (×) 고용 시에는 고용 시작 전에, 종료 시에는 종료된 날부터 10일 이내에 신고해야 한다.

12 (×) 업무수행에 따른 수수료의 요율 및 실비의 범위는 국토교통부장관이 감정평가관리·징계위원회의 심의를 거쳐 결정한다.

13 (○)

```
* 사무직원 결격사유
1. 미성년자 또는 피성년후견인·피한정후견인
2. 가. 징역 이상의 형을 선고받고 그 집행이 끝나거나 그 집행을 받지 아니하기로 확정된 후 3년이
      지나지 아니한 사람
   나. 징역형의 집행유예를 선고받고 그 유예기간이 지난 후 1년이 지나지 아니한 사람
   다. 징역형의 선고유예를 받고 그 유예기간 중에 있는 사람
3. 부정한 방법으로 자격을 취득하여 자격이 취소된 후 1년이 경과되지 아니한 사람
4. 금고이상의 실형을 받아 자격이 취소된 후 5년이 경과되지 아니한 사람
5. 업무정지 1년 이상의 징계처분을 2회 이상 받은 후 다시 징계사유에 해당되어 감정평가사의 직무
   를 수행하는 것이 현저히 부적당하다고 인정되어 자격이 취소된 후 3년이 경과되지 아니한 사람
6. 업무가 정지된 감정평가사로서 그 업무정지 기간이 지나지 아니한 사람
```

14 (×) 고의 또는 중대한 과실로 업무를 잘못하여서는 아니 된다.

15 (○)

16 (×) 수수료와 실비 외에는 어떠한 명목으로도 그 업무와 관련된 대가를 받아서는 아니 된다.

17 (○)

18 (○)

19 (○)

20 (×) 고의 또는 중과실 → 고의 또는 과실, 적정가격과 차이 → 적정가격과 현저한 차이

21 (×) 1명당 1억원 이상으로 한다.

22 (×) 5일이 아니라 지체 없이 국토교통부장관에게 서면으로 알려야 한다.

23 (×) 손해배상능력 등에 대한 기준을 국토교통부령으로 정할 수 있다.

24 (×) 20일의 범위에서 기간을 연장할 수 있다.

25 (×) 감정평가법인은 전체 사원 또는 이사의 100분의 70이 넘는 범위에서 대통령령으로 정하는
        비율(100분의 90) 이상을 감정평가사로 두어야 한다.

26 (×) 각 2명 이상의 감정평가사를 두어야 한다.

27 (×) 정관 변경 시 3~5는 신고사항이고 1, 2, 6은 인가를 받아야 한다.

┌───┐
│ 1. 목적   │
│ 2. 명칭   │
│ 3. 주사무소 및 분사무소의 소재지   │
│ 4. 사원(주식회사의 경우에는 발기인)의 성명, 주민등록번호 및 주소 │
│ 5. 사원의 출자(주식회사의 경우에는 주식의 발행)에 관한 사항   │
│ 6. 업무에 관한 사항   │
└───┘

28 (○)

29 (×) 「상법」 중 회사에 관한 규정을 준용한다.

30 (×) 국토교통부장관에게 신고하여야 한다.

31
(×) 5억 → 2억, 3개월 → 6개월

32 (×) 국토교통부장관은 감정평가법인등이 업무정지처분 기간 중에 업무를 한 경우 및 감정평가법인이
        법인 존속에 필요한 감정평가사의 수에 미달한 날부터 3개월 이내에 감정평가사를 보충하지 아
        니한 경우 설립인가를 취소할 수 있다. → 하여야 한다.

33 (×) 5년이 지나면 할 수 없다.

한국감정평가사협회

1. 감정평가사협회(제33조 및 제34조)

① 감정평가사의 품위 유지와 직무의 개선·발전을 도모하고, 회원의 관리 및 지도에 관한 사무를 하도록 하기 위하여 한국감정평가사협회를 둔다.

협회를 설립하려는 경우에는 사무소를 개설한 감정평가사나 감정평가법인등의 소속 감정평가사 30명 이상이 발기인이 되어 창립총회를 소집하고, 사무소를 개설한 감정평가사나 감정평가법인등의 소속 감정평가사 300명 이상이 출석한 창립총회에서 출석한 감정평가업자[4])등의 과반수의 동의를 받아 회칙을 작성한 후 인가 신청서를 국토교통부장관에게 제출해야 한다.

② 협회는 법인으로 한다.

③ 협회는 국토교통부장관의 인가를 받아 주된 사무소의 소재지에서 설립등기를 함으로써 성립한다.

④ 협회는 회칙으로 정하는 바에 따라 공제사업을 운영할 수 있다.

> 영 제31조(공제사업 등)
> ① 감정평가법인등은 협회의 공제사업에 가입한 경우에는 협회 회칙으로 정하는 바에 따라 그가 받은 수수료의 100분의 1 이상을 공제사업에 출자해야 한다.
> ② 제1항에도 불구하고 협회는 공제사고율, 공제금 지급실적 등을 고려하여 협회 회칙으로 출자금의 비율을 수수료의 100분의 1 미만으로 정할 수 있다.

⑤ 협회의 조직 및 그 밖에 필요한 사항은 대통령령으로 정한다.

⑥ 협회에 관하여 이 법에 규정된 것 외에는 「민법」 중 사단법인에 관한 규정을 준용한다.

> * 협회는 회칙을 정하여(변경 포함) 국토교통부장관의 인가를 받아야 한다.
> 1. 명칭과 사무소 소재지
> 2. 회원가입 및 탈퇴에 관한 사항
> 3. 임원 구성에 관한 사항
> 4. 회원의 권리 및 의무에 관한 사항
> 5. 회원의 지도 및 관리에 관한 사항
> 6. 자산과 회계에 관한 사항
> 7. 그 밖에 필요한 사항

2. 회원가입 의무 등(제35조)

① 감정평가법인등과 그 소속 감정평가사는 협회에 회원으로 가입하여야 하며, 그 밖의 감정평가사는 협회의 회원으로 가입할 수 있다.

② 협회에 회원으로 가입한 감정평가법인등과 감정평가사는 회칙을 준수하여야 한다.

---

4) 감정평가법인등으로 수정되어야 하는데 아직 법이 개정되지 않았음.

3. 윤리규정(제36조)

① 협회는 회원이 직무를 수행할 때 지켜야 할 직업윤리에 관한 규정을 제정하여야 한다.

② 회원은 직업윤리에 관한 규정을 준수하여야 한다.

4. 자문 등(제37조)

① 국가 등은 감정평가사의 직무에 관한 사항에 대하여 협회에 업무의 자문을 요청하거나 협회의 임원·회원 또는 직원을 전문분야에 위촉하기 위하여 추천을 요청할 수 있다.

② 협회는 자문 또는 추천을 요청받은 경우 그 회원으로 하여금 요청받은 업무를 수행하게 할 수 있다.

③ 협회는 국가 등에 대하여 필요한 경우 감정평가의 관리·감독·의뢰 등과 관련한 업무의 개선을 건의할 수 있다.

5. 회원에 대한 교육·연수 등(제38조)

① 협회는 회원, 등록을 하려는 감정평가사, 사무직원에 대하여 교육·연수를 실시하고 회원의 자체적인 교육·연수활동을 지도·관리한다.

② 교육·연수를 실시하기 위하여 협회에 연수원을 둘 수 있다.

③ 교육·연수 및 지도·관리에 필요한 사항은 협회가 국토교통부장관의 승인을 얻어 정한다.

6. 회원의 경력 등 관리(영 제33조)

① 협회는 회원으로 가입한 감정평가사의 경력 및 전문분야를 관리할 수 있다.

② 국토교통부장관은 경력 및 전문분야의 구분이나 관리의 기준에 관하여 협회에 의견을 제시할 수 있다.

7. 부설기관(영 제32조)

협회는 부동산공시제도 및 감정평가에 관한 각종 연구사업을 추진하기 위하여 정관으로 정하는 바에 따라 부설기관을 둘 수 있다.

Chapter 05 징계

제5장 감정평가 주요학습내용
① 징계의 종류(자격취소, 등록취소, 2년 이내의 업무정지 및 견책)
② 징계의 공고

1. 징계의 종류 등(제39조)

제39조(징계)

① 국토교통부장관은 감정평가사가 다음 각 호의 어느 하나에 해당하는 경우에는 제40조에 따른 감정평가관리 · 징계위원회의 의결에 따라 제2항 각 호의 어느 하나에 해당하는 징계를 할 수 있다. 다만, 제2항 제1호에 따른 징계는 제11호, 제12호에 해당하는 경우 및 제27조를 위반하여 다른 사람에게 자격증 · 등록증 또는 인가증을 양도 또는 대여한 경우에만 할 수 있다. [기출31]

1. 토지 감정평가사 공시지가기준법 및 거래사례비교법 적용에 대한 사항을 위반한 경우

2. 감정평가에 관한 원칙과 기준을 위반하여 감정평가를 한 경우

3. 감정평가서의 작성 · 발급 등에 관한 사항을 위반한 경우

3의2. 고의 또는 중대한 과실로 잘못 심사한 경우

4. 업무정지처분 기간에 업무를 하거나 업무정지처분을 받은 소속 감정평가사에게 업무정지처분 기간에 업무를 하게 한 경우

5. 등록이나 갱신등록을 하지 아니하고 업무를 수행한 경우

6. 구비서류를 거짓으로 작성하는 등 부정한 방법으로 등록이나 갱신등록을 한 경우

7. 사무소 개설 규정을 위반하여 감정평가업을 한 경우

8. 수수료의 요율 및 실비에 관한 기준을 지키지 아니한 경우

9. 성실의무, 비밀엄수, 명의대여 등의 금지를 위반한 경우

10. 지도와 감독 등에 관하여 다음 각 목의 어느 하나에 해당하는 경우
    가. 업무에 관한 사항의 보고 또는 자료의 제출을 하지 아니하거나 거짓으로 보고 또는 제출한 경우
    나. 장부나 서류 등의 검사를 거부 또는 방해하거나 기피한 경우

11. 감정평가사의 직무와 관련하여 금고 이상의 형을 선고받아(집행유예를 선고받은 경우를 포함한다) 그 형이 확정된 경우

12. 이 법에 따라 업무정지 1년 이상의 징계처분을 2회 이상 받은 후 다시 제1항에 따른 징계 사유가 있는 사람으로서 감정평가사의 직무를 수행하는 것이 현저히 부적당하다고 인정되는 경우

② 감정평가사에 대한 징계의 종류는 다음과 같다.

1. 자격의 취소

2. 등록의 취소

3. 2년 이하의 업무정지

4. 견책

③ 협회는 감정평가사에게 징계사유가 있다고 인정하는 경우에는 그 증거서류를 첨부하여 국토교통부장관에게 징계를 요청할 수 있다.

④ 자격이 취소된 사람은 자격증과 등록증을 국토교통부장관에게 반납하여야 하며, 등록이 취소되거나 업무가 정지된 사람은 등록증을 국토교통부장관에게 반납하여야 한다.

⑤ 업무가 정지된 자로서 등록증을 국토교통부장관에게 반납한 자 중 교육연수 대상에 해당하는 자가 등록갱신기간이 도래하기 전에 업무정지기간이 도과하여 등록증을 다시 교부받으려는 경우 교육연수를 이수하여야 한다.

⑥ "① 감정평가사의 소속, 성명 및 생년월일 및 ② 등록취소 또는 자격취소사실"을 관보에 공고하고 정보통신망 등 이용하여 일반인에게 알려야 한다.

⑦ 징계의결은 국토교통부장관의 요구에 따라 하며, 징계의결의 요구는 위반사유가 발생한 날부터 5년이 지나면 할 수 없다.

감정평가관리·징계위원회는 징계의결을 요구받은 날부터 60일 이내에 징계에 관한 의결을 해야 한다. 부득이한 사유가 있을 때에는 감정평가관리·징계위원회의 의결로 30일의 범위에서 그 기간을 한 차례만 연장할 수 있다.

2. 징계의 공고(제39조의2)

국토교통부장관은 징계를 한 경우에는 지체 없이 그 구체적인 사유를 해당 감정평가사, 감정평가법인등 및 협회에 각각 알리고(징계의 종류와 사유를 명확히 기재하여 서면으로 알려야 한다), 그 내용을 대통령령으로 정하는 바에 따라 관보 또는 인터넷 홈페이지 등에 게시 또는 공고하여야 한다.

* 통보일부터 14일 이내에 다음 사항을 관보에 공고해야 한다(감정평가 정보체계에도 게시).

1. 징계 받은 감정평가사의 성명, 생년월일, 소속된 감정평가법인등의 명칭 및 사무소 주소

2. 징계의 종류

3. 징계 사유(징계 사유와 관련된 사실관계의 개요를 포함한다)

4. 징계의 효력발생일(징계의 종류가 업무정지인 경우에는 업무정지 시작일 및 종료일)

* 협회는 통보받은 내용을 협회가 운영하는 인터넷 홈페이지에 3개월 이상 게재하는 방법으로 공개하여야 한다.

* 정보체계 및 인터넷 홈페이지 게시기간(공고일로부터)

1. 감정평가사 징계처분인 자격의 취소 및 등록의 취소의 경우 : 3년

2. 감정평가사 징계처분인 업무정지의 경우 : 업무정지 기간(3개월 미만인 경우에는 3개월)

3. 감정평가사 징계처분인 견책의 경우 : 3개월

** 협회는 감정평가를 의뢰하려는 자가 해당 감정평가사에 대한 징계 사실을 확인하기 위하여 징계 정보의 열람을 신청하는 경우에는 그 정보를 제공하여야 한다. [기출33]

** 징계 정보의 열람을 신청하려는 자는 신청 취지를 적은 신청서에 다음 서류를 첨부하여 협회에 제출해야 한다(열람 신청은 신청인이 신청서 및 첨부서류를 협회에 직접 제출하거나 우편, 팩스 또는 전자우편 등 정보통신망을 이용한 방법으로 가능).

1. 주민등록증 사본 또는 법인 등기사항증명서 등 신청인의 신분을 확인할 수 있는 서류
2. 열람 대상 감정평가사에게 감정평가를 의뢰(감정평가사가 소속된 감정평가법인이나 감정평가사사무소에 의뢰하는 것을 포함한다)하려는 의사와 징계 정보가 필요한 사유를 적은 서류
3. 대리인이 신청하는 경우에는 위임장 등 대리관계를 증명할 수 있는 서류

→ 신청을 받은 경우 10일 이내에 신청인이 징계 정보를 열람할 수 있게 해야 한다.
→ 협회는 징계 정보를 열람하게 한 경우에는 지체 없이 해당 감정평가사에게 그 사실을 알려야 한다.

** 제공 대상 정보는 관보에 공고하는 사항으로서 신청일부터 역산하여 다음 구분에 따른 기간까지 공고된 정보로 한다.

1. 감정평가사 징계처분인 자격의 취소 및 등록의 취소의 경우 : 10년
2. 감정평가사 징계처분인 업무정지의 경우 : 5년
3. 감정평가사 징계처분인 견책의 경우 : 1년

→ 협회는 열람을 신청한 자에게 열람에 드는 비용을 부담하게 할 수 있다.
→ 징계 정보의 열람에 필요한 세부사항은 국토교통부장관이 정하여 고시한다.

3. 감정평가관리 · 징계위원회(제40조)

(1) 심의 또는 의결 사항(국토교통부에 감정평가관리 · 징계위원회를 둔다)

① 감정평가 관계 법령의 제정 · 개정에 관한 사항 중 국토교통부장관이 회의에 부치는 사항
② 실무기준의 변경에 관한 사항
③ 감정평가사시험에 관한 사항
④ 수수료의 요율 및 실비의 범위에 관한 사항
⑤ 제39조에 따른 징계에 관한 사항
⑥ 그 밖에 감정평가와 관련하여 국토교통부장관이 회의에 부치는 사항

(2) 그 밖에 위원회의 구성과 운영 등에 필요한 사항은 대통령령으로 정한다.

▷심화◁

감정평가관리 · 징계위원회

* 감정평가관리 · 징계위원회의 구성 : 위원장 1명, 부위원장 1명 포함하여 13명으로 구성(성별을 고려해야 한다.)

** 위원회의 위원(위원장은 2. 또는 3.의 위원 중에서, 부위원장은 1.의 위원 중에서 국토교통부장관이 위촉하거나 지명하는 사람이 된다)

1. 국토교통부의 4급 이상 공무원 중에서 국토교통부장관이 지명하는 사람 3명
2. 변호사 중에서 국토교통부장관이 위촉하는 사람 2명
3. 「고등교육법」에 따른 대학에서 토지 · 주택 등에 관한 이론을 가르치는 조교수 이상으로 재직하고 있거나 재직하였던 사람 중에서 국토교통부장관이 위촉하는 사람 4명
4. 협회의 장이 소속 상임임원 중에서 추천하여 국토교통부장관이 위촉하는 사람 1명
5. 한국부동산원장이 소속 상임이사 중에서 추천하여 국토교통부장관이 위촉하는 사람 1명
6. 감정평가사 자격을 취득한 날부터 10년 이상 지난 감정평가사 중에서 국토교통부장관이 위촉하는 사람 2명

→ 2.부터 6.까지의 위원의 임기는 2년으로 하며, 한 차례만 연임할 수 있다.

*** **위원의 제척 · 기피 · 회피**

• 제척

1. 위원 또는 그 배우자나 배우자였던 사람이 해당 안건의 당사자가 되거나 그 안건의 당사자와 공동권리자 또는 공동의무자인 경우
2. 위원이 해당 안건의 당사자와 친족이거나 친족이었던 경우
3. 위원이 해당 안건에 대하여 증언, 진술, 자문, 연구, 용역 또는 감정을 한 경우
4. 위원이나 위원이 속한 법인 · 단체 등이 해당 안건의 당사자의 대리인이거나 대리인이었던 경우
5. 위원이 해당 안건의 당사자와 같은 감정평가법인 또는 감정평가사사무소에 소속된 경우

• 기피

해당 안건의 당사자는 위원에게 공정한 심의 · 의결을 기대하기 어려운 사정이 있는 경우에는 위원회에 기피 신청을 할 수 있고, 위원회는 의결로 기피 여부를 결정한다. 이 경우 기피 신청의 대상인 위원은 그 의결에 참여할 수 없다.

• 회피

위원이 상기 제척 사유에 해당하는 경우에는 스스로 해당 안건의 심의 · 의결에서 회피(回避)하여야 한다.

**** **위원의 지명철회 · 해촉**(국토교통부장관은 해당 위원에 대한 지명철회 및 해촉 가능)

1. 심신장애로 인하여 직무를 수행할 수 없게 된 경우
2. 직무와 관련된 비위사실이 있는 경우
3. 직무태만, 품위손상이나 그 밖의 사유로 인하여 위원으로 적합하지 아니하다고 인정되는 경우
4. 제38조 제1항 각 호의 어느 하나에 해당하는 데에도 불구하고 회피하지 아니한 경우

5. 위원 스스로 직무를 수행하는 것이 곤란하다고 의사를 밝히는 경우

***** 위원장의 직무

- 위원회를 대표하고, 위원회의 업무를 총괄한다.
- 위원회의 회의를 소집하고 그 의장이 된다.
- 위원장이 부득이한 사유로 직무를 수행할 수 없을 때에는 부위원장이 그 직무를 대행하며, 위원장 및 부위원장이 모두 부득이한 사유로 직무를 수행할 수 없는 때에는 위원장이 지명하는 위원이 그 직무를 대행한다. 다만, 불가피한 사유로 위원장이 직무를 대행할 위원을 지명하지 못할 경우에는 국토교통부장관이 지명하는 위원이 그 직무를 대행한다.

****** 징계의결 요구 내용을 검토하기 위해 위원회에 소위원회를 둘 수 있다.

******* 당사자의 출석

당사자는 위원회에 출석하여 구술 또는 서면으로 자기에게 유리한 사실을 진술하거나 필요한 증거를 제출할 수 있다.

******** 위원회의 의결

위원회의 회의는 재적위원 과반수의 출석으로 개의(開議)하고, 출석위원 과반수의 찬성으로 의결한다.

📖 확인문제

01 감정평가 및 감정평가사에 관한 법령상 감정평가사의 징계사유에 해당하지 않는 것은?   ✦ 31회

① 부정한 방법으로 갱신등록을 한 경우
② 수수료의 요율 및 실비에 관한 기준을 지키지 아니한 경우
③ 토지 등의 매매업을 직접 한 경우
④ 친족 소유 토지 등에 대해서 감정평가한 경우
⑤ 직무와 무관한 금고 이상의 형을 선고받아 그 형이 확정된 경우

답 ⑤

제5장 징계 주요 내용 O · X 확인 문제

01 국토교통부장관은 감정평가사가 감정평가관리 · 징계위원회의 의결에 따라 자격취소, 등록취소, 2년 이내의 업무정지, 견책, 경고에 해당하는 징계를 할 수 있다. (   )

02 감정평가사가 다른 사람에게 자격증 · 등록증 또는 인가증을 양도 또는 대여한 경우와 감정평가사의 직무와 관련하여 금고 이상의 형을 선고받아(집행유예를 선고받은 경우를 제외한다) 그 형이 확정된 경우 및 업무정지 1년 이상의 징계처분을 2회 이상 받은 후 다시 징계사유가 있는 사람으로서 감정평가사의 직무를 수행하는 것이 현저히 부적당하다고 인정되는 경우에는 자격취소를 해야 한다. (   )

03 징계의결은 국토교통부장관의 요구에 따라 하며, 징계의결의 요구는 위반사유가 발생한 날부터 4년이 지나면 할 수 없다. (   )

04 국토교통부장관은 감정평가사에 대한 징계를 한 때에는 14일 이내에 그 내용을 관보 또는 인터넷 홈페이지 등에 게시 또는 공고하여야 한다. (   )

05 징계내용 게시의 기간을 쓰시오.

> 1. 자격의 취소 및 등록의 취소의 경우 : (   )년
> 2. 업무정지의 경우 : 업무정지 기간[업무정지 기간이 (   )개월 미만인 경우에는 3개월]
> 3. 견책의 경우 : (   )개월

06 징계에 대한 정보 제공 대상은 관보에 공고하는 사항으로서 신청일부터 역산하여 다음 각 호의 구분에 따른 기간까지 공고된 정보로 한다. 각 호의 기간을 채우시오.

> 1. 자격의 취소 및 등록의 취소의 경우 : (   )년
> 2. 업무정지의 경우 : (   )년
> 3. 견책의 경우 : (   )년

제5장 징계 주요 내용 O · X 확인 문제 정답

01 (×) 경고는 징계가 아니다.

02 (×) 집행유예를 선고받은 경우를 포함한다. 자격취소를 해야 하는 것이 아니고 자격취소를 할 수 있는 경우이다.

03 (×) 징계의결은 국토교통부장관의 요구에 따라 하며, 징계의결의 요구는 위반사유가 발생한 날부터 5년이 지나면 할 수 없다.

04 (×) 국토교통부장관은 감정평가사에 대한 징계를 한 때에는 지체 없이 그 구체적인 사유를 해당 감정평가사, 감정평가법인등 및 협회에 각각 알리고, 그 내용을 대통령령으로 정하는 바에 따라 관보 또는 인터넷 홈페이지 등에 게시 또는 공고하여야 한다.

05 징계내용 게시의 기간을 쓰시오

1. 자격의 취소 및 등록의 취소의 경우 : 3년
2. 업무정지의 경우 : 업무정지 기간(업무정지 기간이 3개월 미만인 경우에는 3개월)
3. 견책의 경우 : 3개월

06 징계에 대한 정보 제공 대상은 관보에 공고하는 사항으로서 신청일부터 역산하여 다음 각 호의 구분에 따른 기간까지 공고된 정보로 한다. 각 호의 기간을 채우시오.

1. 자격의 취소 및 등록의 취소의 경우 : 10년
2. 업무정지의 경우 : 5년
3. 견책의 경우 : 1년

Chapter 06 과징금

학습전략

제6장 감정평가 주요학습내용
① 과징금의 부과
② 과징금 납부기한의 연장과 분할납부
③ 과징금의 징수와 체납처분

1. 과징금의 부과(제41조)

업무정지처분으로 「부동산 가격공시에 관한 법률」에 따른 표준지공시지가의 공시 등의 업무를 정상적으로 수행하는 데에 지장을 초래하는 등 공익을 해칠 우려가 있는 경우에는 업무정지처분을 갈음하여 5천만원(감정평가법인인 경우는 5억원) 이하의 과징금을 부과할 수 있다. [기출34]

＊**과징금 부과 시 고려사항**
　① 위반행위의 내용과 정도
　② 위반행위의 기간과 위반횟수
　③ 위반행위로 취득한 이익의 규모

＊**합병 시 위반행위 승계** : 합병 후 존속하거나 합병으로 신설된 감정평가법인이 행한 행위로 보아 과징금을 부과·징수 가능

심화

과징금의 부과기준 등(영 제43조)
① 과징금의 부과기준은 다음 각 호와 같다.
　1. 위반행위로 인한 별표 3 제2호의 개별기준에 따른 업무정지 기간이 1년 이상인 경우 : 과징금최고액의 100분의 70 이상을 과징금으로 부과
　2. 위반행위로 인한 별표 3 제2호의 개별기준에 따른 업무정지 기간이 6개월 이상 1년 미만인 경우 : 과징금최고액의 100분의 50 이상 100분의 70 미만을 과징금으로 부과
　3. 위반행위로 인한 별표 3 제2호의 개별기준에 따른 업무정지 기간이 6개월 미만인 경우 : 과징금최고액의 100분의 20 이상 100분의 50 미만을 과징금으로 부과
② 부과사유 고려하여 2분의 1 범위에서 늘리거나 줄일 수 있다. 다만, 늘리는 경우에도 과징금의 총액은 과징금최고액을 초과할 수 없다.

2. 이의신청(제42조)

통보받은 날부터 30일 이내에 사유서를 갖추어 국토교통부장관에게 이의를 신청할 수 있다.
→ 국토교통부장관은 이의신청에 대하여 30일 이내에 결정해야 한다(부득이한 경우 30일 범위에서 기간을 연장할 수 있다).
→ 국토교통부장관의 결정에 이의가 있는 자는 「행정심판법」에 따라 행정심판을 청구할 수 있다.

3. 과징금 납부 및 납부기한의 연장과 분할납부(제43조)

(1) 과징금 부과 및 납부
과징금을 부과 시 위반행위의 종류와 과징금의 금액을 명시하여 서면으로 통지해야 한다.
→ 통지일로부터 60일 내에 국토교통부장관이 정하는 수납기관에 납부해야 한다.

(2) 기한 연장 및 분납사유
① 재해 등으로 재산에 큰 손실을 입은 경우
② 과징금을 일시에 납부할 경우 자금사정에 큰 어려움이 예상되는 경우
③ 그 밖에 ①, ②에 준하는 사유가 있는 경우

(3) 납부기한 연장 등
① 납부기한 연장은 납부기한의 다음 날부터 1년을 초과할 수 없다.
② 분할납부를 하게 하는 경우 각 분할된 납부기한 간의 간격은 6개월 이내로 하며, 분할 횟수는 3회 이내로 한다.

(4) 납부기한을 연장받거나 분할납부를 하려면 납부기한 10일 전까지 국토교통부장관에게 신청해야 한다. [기출34]

(5) 납부기한 연장 및 분할납부 결정 취소(이 경우 과징금을 일시에 징수할 수 있다)
① 분할납부가 결정된 과징금을 그 납부기한까지 납부하지 아니하였을 때
② 담보의 변경이나 담보 보전에 필요한 국토교통부장관의 명령을 이행하지 아니하였을 때
③ 강제집행, 경매의 개시, 파산선고, 법인의 해산, 국세나 지방세의 체납처분을 받는 등 과징금의 전부나 나머지를 징수할 수 없다고 인정될 때
④ 그 밖에 ①부터 ③까지에 준하는 사유가 있을 때

4. 과징금의 징수와 체납처분(제44조)

(1) 국토교통부장관은 미납 시 납부기한의 다음 날부터 과징금을 납부한 날의 전날까지의 기간에 대하여 대통령령으로 정하는 가산금을 징수할 수 있다. [기출34]
(체납된 과징금액에 연 100분의 6을 곱하여 계산한 금액. 이 경우 가산금을 징수하는 기간은 60개월을 초과할 수 없다)

(2) 국토교통부장관은 미납 시 기간을 정하여 독촉하고, 그 지정한 기간 내에 과징금이나 가산금을 납부하지 아니하였을 때에는 국세 체납처분의 예에 따라 징수할 수 있다.
→ 독촉은 납부기한이 지난 후 15일 이내에 서면으로 하여야 한다.
→ 독촉장을 발부하는 경우 체납된 과징금의 납부기한은 독촉장 발부일부터 10일 이내로 한다.

Chapter 07 보칙

1. 청문(제45조)
① 부정한 방법으로 자격을 취득한 감정평가사 자격의 취소
② 감정평가법인의 설립인가 취소

2. 업무의 위탁(예산의 범위에서 필요한 경비를 보조 가능)(제46조) [기출31 34]
한국부동산원, 한국산업인력공단, 협회에 위탁할 수 있다. 다만, ③ 및 ④에 따른 업무는 협회에만 위탁 가능
① 감정평가 타당성조사 및 감정평가서에 대한 표본조사와 관련하여 대통령령으로 정하는 업무
② 감정평가사시험의 관리
③ 감정평가사 등록 및 등록 갱신
④ 소속 감정평가사 또는 사무직원의 신고
⑤ 그 밖에 대통령령으로 정하는 업무

심화

* 그 밖에 대통령령으로 정하는 업무의 위탁

① 한국부동산원에 위탁
1. 타당성조사를 위한 기초자료 수집 및 감정평가 내용 분석
2. 감정평가서에 대한 표본조사
3. 감정평가 정보체계의 구축·운영

② 협회에 위탁
1. 법 제6조 제3항 및 이 영 제6조에 따른 감정평가서의 원본과 관련 서류의 접수 및 보관
2. 법 제17조에 따른 감정평가사의 등록 신청과 갱신등록 신청의 접수 및 이 영 제18조에 따른 갱신등록의 사전통지
3. 삭제 〈2022.1.21.〉
3의2. 법 제21조의2에 따른 소속 감정평가사 또는 사무직원의 고용 및 고용관계 종료 신고의 접수
4. 제23조 제2항에 따른 보증보험 가입 통보의 접수

③ 한국산업인력공단에 위탁
감정평가사시험의 관리 업무

---

3. 지도 · 감독(제47조)

   ① 국토교통부장관은 감정평가법인등 및 협회를 감독하기 위하여 필요할 때에는 그 업무에 관한 보고 또는 자료의 제출, 그 밖에 필요한 명령을 할 수 있으며, 소속 공무원으로 하여금 그 사무소에 출입하여 장부 · 서류 등을 검사하게 할 수 있다.

   ② ①에 따라 출입 · 검사를 하는 공무원은 그 권한을 표시하는 증표를 지니고 이를 관계인에게 내보여야 한다.

4. 벌칙 적용에서 공무원 의제(제48조)

   다음 어느 하나에 해당하는 사람은 「형법」 제129조부터 제132조까지의 규정을 적용할 때에는 공무원으로 본다.

   ① 제10조 제1호 및 제2호의 업무를 수행하는 감정평가사

   > • 「부동산 가격공시에 관한 법률」에 따라 감정평가법인등이 수행하는 업무
   > • 「부동산 가격공시에 관한 법률」 제8조 제2호에 따른 목적을 위한 토지등의 감정평가

   ② 감정평가관리 · 징계위원회의 위원 중 공무원이 아닌 위원
   ③ 위탁업무에 종사하는 협회의 임직원

Chapter 08 벌칙

Ⅰ 3년 이하의 징역 또는 3천만원 이하의 벌금(제49조)

1. 부정한 방법으로 감정평가사의 자격을 취득한 사람
2. 감정평가법인등이 아닌 자로서 감정평가업을 한 자(기출34)
3. 구비서류를 거짓으로 작성하는 등 부정한 방법으로 등록이나 갱신등록을 한 사람(기출34)
4. 등록 또는 갱신등록이 거부되거나 자격 또는 등록이 취소된 사람으로서 업무를 한 사람
5. 고의로 업무를 잘못하거나 특정가액의 유도 또는 요구에 따른 자
6. 업무와 관련된 대가를 받거나 감정평가 수주의 대가로 금품 또는 재산상의 이익을 제공하거나 제공하기로 약속한 자
6의2. 특정한 가액으로 감정평가를 유도 또는 요구하는 행위를 한 자
7. 정관을 거짓으로 작성하는 등 부정한 방법으로 인가를 받은 자

Ⅱ 1년 이하의 징역 또는 1천만원 이하의 벌금(제50조)

1. 둘 이상의 사무소를 설치한 사람(기출34)
2. 소속 감정평가사 외의 사람에게 업무를 하게 한 자
3. 매매업을 영위하거나 둘 이상 법인등에 소속되거나 비밀엄수 의무를 위반한 자
4. 감정평가사의 자격증·등록증 또는 감정평가법인의 인가증을 다른 사람에게 양도 또는 대여한 자와 이를 양수 또는 대여받은 자 및 이를 알선한 자(기출34)

Ⅲ 몰수·추징(제50조의2)

업무와 관련된 대가를 받거나 감정평가 수주의 대가로 금품 또는 재산상의 이익을 제공하거나 제공하기로 약속한 자 및 감정평가사의 자격증·등록증 또는 감정평가법인의 인가증을 다른 사람에게 양도 또는 대여한 자와 이를 양수 또는 대여받은 자가 받은 금품이나 그 밖의 이익은 몰수한다. 이를 몰수할 수 없을 때에는 그 가액을 추징한다.

Ⅳ 양벌규정(제51조)

법인의 대표자나 법인 또는 개인의 대리인, 사용인, 그 밖의 종업원이 그 법인 또는 개인의 업무에 관하여 제49조 또는 제50조의 위반행위를 하면 그 행위자를 벌하는 외에 그 법인 또는 개인에게도 해당 조문의 벌금형을 부과한다. 다만, 법인 또는 개인이 그 위반행위를 방지하기 위하여 해당 업무에 상당한 주의와 감독을 게을리하지 아니한 경우에는 그러하지 아니하다.

Ⅴ 과태료

① 결격사유에 해당되는 사무직원을 둔 자에게는 500만원 이하의 과태료를 부과한다. [기출34]

② 400만원 이하의 과태료 부과

1. 보험 또는 협회가 운영하는 공제사업에의 가입 등 필요한 조치를 하지 아니한 사람

2. 업무에 관한 보고, 자료 제출, 명령 또는 검사를 거부·방해 또는 기피하거나 국토교통부장관에게 거짓으로 보고한 자

③ 300만원 이하의 과태료 부과

1. 감정평가서의 원본과 그 관련 서류를 보존하지 아니한 자

2. "감정평가사사무소" 또는 "감정평가법인"이라는 용어를 사용하지 아니하거나 "감정평가사", "감정평가사사무소", "감정평가법인" 또는 이와 유사한 명칭을 사용한 자

④ 150만원 이하의 과태료 부과

1. 감정평가 결과를 감정평가 정보체계에 등록하지 아니한 자

2. 자격증 또는 등록증을 반납하지 아니한 사람

3. 손해배상사실을 국토교통부장관에게 알리지 아니한 자

* 과태료는 대통령령으로 정하는 바에 따라 국토교통부장관이 부과·징수한다.

제6장 과징금, 제7장 보칙 및 제8장 벌칙 주요 내용 O · X 확인 문제

01 감정평가법인등의 업무정지처분이 「공익사업을 위한 토지 등의 취득 및 보상에 관한 법률」에 따른 보상평가 업무를 정상적으로 수행하는 데에 지장을 초래하는 우려가 있는 경우에는 업무정지처분을 갈음하여 5천만원(감정평가법인인 경우는 5억원) 이하의 과징금을 부과할 수 있다. (   )

02 국토교통부장관은 과징금을 부과하는 경우에는 위반행위의 내용과 정도, 위반행위의 기간과 위반 횟수, 위반행위로 취득한 이익의 규모는 고려하지 않는다. (   )

03 감정평가법인이 합병을 하는 경우 그 감정평가법인이 행한 위반행위는 합병 후 존속하거나 합병으로 신설된 감정평가법인이 행한 행위로 보아 과징금을 부과·징수할 수 없다. (   )

04 과징금의 부과에 이의가 있는 자는 이를 통보받은 날부터 30일 이내에 사유서를 갖추어 국토교통부장관에게 이의를 신청할 수 있다. 국토교통부장관은 30일 이내에 결정을 하여야 하며 20일의 범위에서 기간을 연장할 수 있다. (   )

05 과징금 이의신청에 대한 결정에 이의가 있는 자는 「행정소송법」에 따라 행정심판을 청구할 수 있다. (   )

06 국토교통부장관은 과징금납부의무자가 납부기한까지 과징금을 납부하지 아니한 경우에는 납부기한의 다음 날부터 과징금을 납부한 날의 전날까지의 기간에 대하여 연체료를 징수할 수 있다. (   )

07 시·도지사는 과징금납부의무자가 납부기한까지 과징금을 납부하지 아니하였을 때에는 국세 체납처분의 예에 따라 징수할 수 있다. (   )

08 국토교통부장관은 부정한 방법에 의한 자격취소 및 감정평가법인의 설립인가를 취소하는 경우에는 청문을 실시할 수 있다. (   )

09 국토교통부장관은 타당성조사를 위한 기초자료 수집 및 감정평가 내용 분석 업무를 한국감정평가사 협회에 위탁한다. (   )

10 과태료 부과 금액을 채우시오.

> 1. 결격사유 있는 사무직원을 둔 경우 : (   )만원 이하
> 2. 감정평가서의 원본과 그 관련 서류를 보존하지 아니한 자 : (   )만원 이하
> 3. 자격·등록취소의 경우 자격증 또는 등록증을 반납하지 아니한 경우 : (   )만원 이하

제6장 과징금, 제7장 보칙 및 제8장 벌칙 주요 내용 O·X 확인 문제 정답

01 (×) 감정평가법인등의 업무정지처분이 「부동산 가격공시에 관한 법률」에 따른 표준지공시지가의 공시 등의 업무를 정상적으로 수행하는 데에 지장을 초래하는 등 공익을 해칠 우려가 있는 경우에는 업무정지처분을 갈음하여 5천만원(감정평가법인인 경우는 5억원) 이하의 과징금을 부과할 수 있다.

02 (×) 국토교통부장관은 과징금을 부과하는 경우에는 위반행위의 내용과 정도, 위반행위의 기간과 위반 횟수, 위반행위로 취득한 이익의 규모를 고려해야 한다.

03 (×) 과징금을 부과·징수할 수 있다.

04 (×) 30일의 범위에서 기간을 연장할 수 있다.

05 (×) 「행정심판법」에 따라 행정심판을 청구할 수 있다.

06 (×) 연체료가 아니라 가산금을 징수할 수 있다.

07 (×) 시·도지사가 아니라 국토교통부장관이 징수한다.

08 (×) 청문을 실시해야 한다.

09 (×) 한국부동산원에 위탁한다.

10 과태료 부과 금액을 채우시오.

> 1. 결격사유 있는 사무직원을 둔 경우 : 500만원 이하
> 2. 감정평가서의 원본과 그 관련 서류를 보존하지 아니한 자 : 300만원 이하
> 3. 자격 및 등록취소의 경우 자격증 또는 등록증을 반납하지 아니한 경우 : 150만원 이하

PART 04

국유재산법

국유재산법 기본 구조 및 최근 출제빈도 확인하기(4문제 출제)

단원	출제빈도
제1장 총칙	29 30 31 32 35
제2장 총괄청	30
제2장의2 국유재산관리기금	30
제3장 행정재산	28 29 30 31 32 33 34 35
제4장 일반재산	
제1절 통칙	28 29 30 31 33 34
제2절 대부	28 31 33 34 35
제3절 매각	29 31 32 34 35
제4절 교환	30 31 32
제5절 양여	33
제6절 개발	30 32 34
제7절 현물출자	30 32 34
제8절 정부배당	
제4장의2 지식재산 관리·처분의 특례	33
제5장 대장과 보고	
제6장 보칙	30
제7장 벌칙	

Chapter 01 총칙

국유재산법 총칙에서는 행정재산과 일반재산에 공통으로 적용되는 내용들이 정리되어 있다.
① 기본 정의
② 국유재산의 종류
③ 국유재산의 취득 및 사권설정
④ 기부채납
⑤ 영구시설물의 축조 금지

이 법은 국유재산에 관한 기본적인 사항을 정함으로써 국유재산의 적정한 보호와 효율적인 관리·처분을 목적으로 한다(제1조).

국유재산의 관리와 처분에 관하여는 다른 법률에 특별한 규정이 있는 경우를 제외하고는 이 법에서 정하는 바에 따른다. 다만, 다른 법률의 규정이 총괄청에 관한 규정에 저촉되는 경우에는 이 법에서 정하는 바에 따른다(제4조).

I 정의(제2조)

1. "국유재산"이란 국가의 부담, 기부채납이나 법령 또는 조약에 따라 국가 소유로 된 재산을 말한다.
2. "기부채납"이란 국가 외의 자가 재산의 소유권을 무상으로 국가에 이전하여 국가가 이를 취득하는 것을 말한다.
3. "관리"란 국유재산의 취득·운용과 유지·보존을 위한 모든 행위를 말한다.
4. "처분"이란 매각, 교환, 양여, 신탁, 현물출자 등의 방법으로 국유재산의 소유권이 국가 외의 자에게 이전되는 것을 말한다.
5. "관리전환"이란 일반회계와 특별회계·기금 간 또는 서로 다른 특별회계·기금 간에 국유재산의 관리권을 넘기는 것을 말한다.
6. "정부출자기업체"란 정부가 출자하였거나 출자할 기업체로서 대통령령으로 정하는 기업체를 말한다.
7. "사용허가"란 행정재산을 국가 외의 자가 일정 기간 유상이나 무상으로 사용·수익할 수 있도록 허용하는 것을 말한다.
8. "대부계약"이란 일반재산을 국가 외의 자가 일정 기간 유상이나 무상으로 사용·수익할 수 있도록 체결하는 계약을 말한다.
9. "변상금"이란 사용허가나 대부계약 없이 국유재산을 사용·수익하거나 점유한 자(사용허가나 대부계약 기간이 끝난 후 다시 사용허가나 대부계약 없이 국유재산을 계속 사용·수익하거나 점유한 자를 포함한다. 이하 "무단점유자"라 한다)에게 부과하는 금액을 말한다. [기출30 35]
10. "총괄청"이란 기획재정부장관을 말한다.

11. "중앙관서의 장등"이란 「국가재정법」 제6조에 따른 중앙관서의 장(이하 "중앙관서의 장"이라 한다)과 일반재산의 관리·처분에 관한 사무를 위임·위탁받은 자를 말한다.

Ⅰ. 총괄청 및 감사원과 협의해야 하는 경우

1. 중앙관서의 장이 「국가재정법」에 따라 설치된 특별회계와 기금의 재원으로 공용재산 용도의 토지나 건물을 매입하려는 경우에는 총괄청과 협의하여야 한다.
2. 각 중앙관서의 장은 국유재산의 관리·처분에 관련된 법령을 제정·개정하거나 폐지하려면 그 내용에 관하여 총괄청 및 감사원과 협의하여야 한다.
3. 일반재산은 개척·매립·간척 또는 조림 사업을 시행하기 위하여 그 사업의 완성을 조건으로 대통령령으로 정하는 바에 따라 대부·매각 또는 양여를 예약할 수 있다. 중앙관서의 장등이 그 재산의 매각이나 양여를 예약하려는 경우에는 총괄청과 협의하여야 한다.
4. 중앙관서의 장이 소관 특별회계나 기금에 속하는 일반재산 중 대통령령으로 정하는 일반재산을 매각하려는 경우에는 총괄청과 협의하여야 한다.
5. 중앙관서의 장등은 일반재산을 양여하려면 총괄청과 협의하여야 한다.
6. 중앙관서의 장이 소관 특별회계나 기금에 속하는 일반재산을 개발하려는 경우에는 신탁업자의 선정, 신탁기간, 신탁보수, 자금차입의 한도, 시설물의 용도 등에 대하여 대통령령으로 정하는 바에 따라 총괄청과 협의하여야 한다.
7. 수탁자가 개발하려는 경우에는 위탁기간, 위탁보수, 자금차입의 한도, 시설물의 용도 등에 대하여 대통령령으로 정하는 바에 따라 총괄청이나 중앙관서의 장의 승인을 받아야 한다. 중앙관서의 장이 개발을 승인하려는 경우에는 대통령령으로 정하는 바에 따라 총괄청과 협의하여야 한다.
8. 정부배당대상기업은 정부배당을 결정하는 경우 이사회·주주총회 등 정부배당결정 관련 절차를 거치기 전에 총괄청과 중앙관서의 장과 각각 미리 협의하여야 한다.
9. 중앙관서의 장이나 지방자치단체의 장은 국유재산에 대하여 도시관리계획을 결정·변경하거나 다른 법률에 따라 이용 및 보전에 관한 제한을 하는 경우 대통령령으로 정하는 바에 따라 미리 해당 국유재산을 소관하는 총괄청이나 중앙관서의 장과 협의하여야 한다.
10. 중앙관서의 장등(다른 법령에 따라 국유재산의 관리·처분에 관한 사무를 위임 또는 위탁받은 자를 포함한다)은 국유재산인 공공시설의 귀속에 관한 사항이 포함된 개발행위에 관한 인·허가 등을 하려는 자에게 의견을 제출하려는 경우에는 대통령령으로 정하는 바에 따라 총괄청과 미리 협의하여야 한다.

Ⅱ. 총괄청 및 감사원에 보고해야 하는 경우

1. 중앙관서의 장등이 일반재산을 교환하는 경우에는 감사원에 보고하여야 한다.
2. 중앙관서의 장등의 소관에 속하는 국유재산이 멸실되거나 철거된 경우에는 지체 없이 그 사실을 총괄청과 감사원에 보고하여야 한다.

Ⅲ. 총괄청 승인이 필요한 경우

1. 중앙관서의 장이 국유재산을 행정재산으로 사용하려는 경우
2. 일반재산의 관리・처분에 관한 사무를 위임・위탁받은 자가 개발하려는 경우
3. 일반재산의 관리・처분에 관한 사무를 위임・위탁받은 자가 해당 일반재산의 대부료를 면제하려는 경우, 매각하려는 경우, 교환하려는 경우, 양여하려는 경우
4. 중앙관서의 장등이 신탁 개발하려는 경우 신탁계약을 체결하기 전에 신탁계약의 내용을 명백히 하여 총괄청과 협의하거나 총괄청의 승인을 받아야 한다.

Ⅱ 국유재산의 범위[제5조][기출30 33 35]

1. 부동산과 그 종물(從物)
2. 선박, 부표(浮標 : 일정한 위치에 고정되어 물 위에 떠 있는 물체), 부잔교(浮棧橋 : 수면의 높이에 따라 움직이게 한 다리), 부선거(浮船渠 : 배를 싣고 물 위에 떠서 작업할 수 있게 된 궤짝 모양의 물건) 및 항공기와 그들의 종물
3. 「정부기업예산법」 제2조에 따른 정부기업(이하 "정부기업"이라 한다)이나 정부시설에서 사용하는 기계와 기구 중 대통령령으로 정하는 것(기관차・전차・객차(客車)・화차(貨車)・기동차(汽動車) 등 궤도차량)(해당 기업이나 시설의 폐지와 함께 포괄적으로 용도폐지된 것은 해당 기업이나 시설이 폐지된 후에도 국유재산으로 한다)
4. 지상권, 지역권, 전세권, 광업권, 그 밖에 이에 준하는 권리
5. 「자본시장과 금융투자업에 관한 법률」 제4조에 따른 증권(이하 "증권"이라 한다)
6. 다음 각 목의 어느 하나에 해당하는 권리(이하 "지식재산"이라 한다)
   가. 「특허법」・「실용신안법」・「디자인보호법」 및 「상표법」에 따라 등록된 특허권, 실용신안권, 디자인권 및 상표권
   나. 「저작권법」에 따른 저작권, 저작인접권 및 데이터베이스제작자의 권리 및 그 밖에 같은 법에서 보호되는 권리로서 같은 법 제53조 및 제112조 제1항에 따라 한국저작권위원회에 등록된 권리(이하 "저작권등"이라 한다)
   다. 「식물신품종 보호법」 제2조 제4호에 따른 품종보호권
   라. 가목부터 다목까지의 규정에 따른 지식재산 외에 「지식재산 기본법」 제3조 제3호에 따른 지식재산권(법령 또는 조약 등에 따라 인정되거나 보호되는 지식재산에 관한 권리를 말한다). 다만, 「저작권법」에 따라 등록되지 아니한 권리는 제외한다.

Ⅲ 국유재산의 구분과 종류 등

1. 국유재산은 그 용도에 따라 행정재산과 일반재산으로 구분한다(제6조).
2. 행정재산의 종류는 다음과 같다(제6조).
   ① **공용재산** : 국가가 직접 사무용・사업용 또는 공무원의 주거용(직무 수행을 위하여 필요한 경

우로서 대통령령으로 정하는 경우로 한정한다)으로 사용하거나 대통령령으로 정하는 기한(국가가 행정재산으로 사용하기로 결정한 날부터 5년이 되는 날)까지 사용하기로 결정한 재산(국가가 직접 청사, 관사, 학교, 기숙사 등으로 사용하는 재산)

> "대통령령으로 정하는 경우"란 다음 각 호의 어느 하나에 해당하는 목적으로 사용하거나 사용하려는 경우를 말한다.
> 1. 대통령 관저[기출29]
> 2. 국무총리, 「국가재정법」 제6조 제1항 및 제2항에 따른 독립기관(국회·대법원·헌법재판소 및 중앙선거관리위원회) 및 중앙관서(중앙행정기관)의 장이 사용하는 공관[기출29]
> 3. 「국방·군사시설 사업에 관한 법률」 제2조 제1호에 따른 국방·군사시설 중 주거용으로 제공되는 시설
>
> > "국방·군사시설"이란 다음 각 목의 어느 하나에 해당하는 시설을 말한다.
> > 가. 군사작전, 전투준비, 교육·훈련, 병영생활 등에 필요한 시설
> > 나. 국방·군사에 관한 연구 및 시험 시설
> > 다. 군용 유류(油類) 및 폭발물의 저장·처리 시설
> > 라. 진지(陣地) 구축시설
> > 마. 군사 목적을 위한 장애물 또는 폭발물에 관한 시설
> > 바. 대한민국에 주둔하는 외국군대의 부대시설(部隊施設)과 그 구성원·군무원·가족의 거주를 위한 주택시설 등 군사 목적을 위하여 필요한 시설
> > 사. 그 밖에 군부대에 부속된 시설로서 군인의 주거·복지·체육 또는 휴양 등을 위하여 필요한 시설
>
> 4. 원래의 근무지와 다른 지역에서 근무하게 되는 사람 또는 인사명령에 의하여 지역을 순환하여 근무하는 사람에게 제공되는 주거용 시설
> 5. 비상근무에 종사하는 사람에게 제공되는 해당 근무지의 구내 또는 이와 인접한 장소에 설치된 주거용 시설[기출29]
> 6. 그 밖에 해당 재산의 위치, 용도 등에 비추어 직무상 관련성이 있다고 인정되는 주거용 시설

② **공공용재산** : 국가가 직접 공공용으로 사용하거나 대통령령으로 정하는 기한(국가가 행정재산으로 사용하기로 결정한 날부터 5년이 되는 날)까지 사용하기로 결정한 재산(국가가 직접 도로, 하천, 항만, 공항, 철도, 구거 등으로 사용하는 재산 / 공용재산과는 사용목적에 차이가 있고 기업용재산과는 사용주체 및 목적에 차이가 있다)

③ **기업용재산** : 정부기업(국가의 공기업 또는 영조물(營造物)을 말하며, 조폐공사·한국은행·석탄공사·도로공사·방송공사 등 공기업사업, 국유임야사업, 연초·인삼 등 전매사업, 철도·체신 사업 등을 말한다)이 직접 사무용·사업용 또는 그 기업에 종사하는 직원의 주거용[직무수행을 위하여 필요한 경우로서 대통령령으로 정하는 경우(공용재산 주거용이용 중 제4호부터 제6호까지에 해당하는 목적으로 사용하거나 사용하려는 경우)로 한정한다]으로 사용하거

나 대통령령으로 정하는 기한(정부기업이 행정재산으로 사용하기로 결정한 날부터 5년이 되는 날)까지 사용하기로 결정한 재산

④ **보존용재산** : 법령이나 그 밖의 필요에 따라 국가가 보존하는 재산(국가가 보존할 필요가 있다고 총괄청이 결정한 재산)

⑤ 행정재산의 사용 또는 보존 여부는 총괄청이 「국가재정법」 제6조에 따른 중앙관서의 장(이하 "중앙관서의 장"이라 한다)의 의견을 들어 결정한다.

> ** **중앙관서의 장(국가재정법 제6조 독립기관 및 중앙관서)**
> "독립기관"이라 함은 국회·대법원·헌법재판소 및 중앙선거관리위원회
> "중앙관서"라 함은 「헌법」 또는 「정부조직법」 그 밖의 법률에 따라 설치된 중앙행정기관. 국회의 사무총장, 법원행정처장, 헌법재판소의 사무처장 및 중앙선거관리위원회의 사무총장은 이 법을 적용할 때 중앙관서의 장으로 본다.

3. **"일반재산"이란 행정재산 외의 모든 국유재산을 말한다.** [기출29]

** 총괄청은 국유재산 중 공무원 또는 정부기업에 종사하는 직원의 주거용으로 사용하거나 주거용으로 사용할 필요가 있다고 인정하는 국유재산의 관리·처분 방법을 따로 정할 수 있다(영 제4조) [기출29].

4. 소유자 없는 부동산의 처리(제12조)

1) **총괄청이나 중앙관서의 장은 소유자 없는 부동산 취득하고 6개월 이상 공고(해당 부동산의 표시 + 정당한 권리주장 없으면 취득한다는 뜻 → 관보/일간신문 + 부동산 소재지 관할하는 지방조달청 홈페이지에 14일 이상 게재)해야 한다.** [기출35]

2) 공고를 입증하는 서류를 첨부하여 지적소관청에 등록을 신청할 수 있다.

3) 10년간 처분할 수 없음. 단 공익사업에 필요한 경우 및 매각이 불가피한 사유 있는 경우는 가능
[기출31]

5. 등기 / 등록 등(제14조)

1) 총괄청이나 중앙관서의 장은 국유재산 취득 시 지체 없이(그 소관에 속하게 된 날부터 60일 이내) 등기, 등록, 명의개서, 권리보전에 필요한 조치를 취해야 한다. + 권리자의 명의는 '국'으로 하되 소관중앙관서의 명칭을 함께 적어야 한다. 다만, 한국예탁결제원에 증권을 예탁하는 경우에는 권리자의 명의를 그 법인(한국예탁결제원)으로 할 수 있다. [기출34 35]

2) 중앙관서의 장은 국유재산이 지적공부와 일치하지 않으면 등록전환, 분할/합병 또는 지목변경 등 필요한 조치를 하여야 한다(공간정보법상 수수료 면제).

6. 증권의 보관·취급(제15조)

1) 총괄청이나 중앙관서의 장등은 증권을 한국은행이나 대통령령으로 정하는 법인(은행, 한국예탁결제원)에 보관·취급하게 하여야 한다.

2) 한국은행등은 보관·취급과 관련하여 국가에 손해를 끼친 경우에는 민법, 상법에 따라 손해 배상책임을 진다.

3) 한국은행등은 증권의 보관·취급에 관한 장부를 갖추어 두고 증권의 수급을 기록하여야 한다. 이 경우 장부와 수급의 기록은 전산자료로 대신할 수 있다.

4) 한국은행등은 증권의 수급에 관한 보고서 및 계산서를 작성하여 총괄청과 감사원에 제출하되, 감사원에 제출하는 수급계산서에는 증거서류를 붙여야 한다.

5) 한국은행등은 증권의 수급에 관하여 감사원의 검사를 받아야 한다.

7. 영구시설물의 축조 금지(제18조)

(1) 국가 외의 자는 국유재산에 건물, 교량 등 구조물과 그 밖의 영구시설물을 축조하지 못한다. 다만, 아래 예외사항의 경우에는 그러하지 아니하다(영구시설물을 축조하려는 자는 그 영구시설물의 축조 및 원상회복에 관한 계획서를 해당 중앙관서의 장등에게 제출해야 한다)[기출34].

(2) 예외사항(영구시설물의 철거 등 원상회복에 필요한 이행보증금을 착공 전까지 예치)

---

1. 기부를 조건으로 축조하는 경우
2. 국가에 소유권이 귀속되는 공공시설을 축조하는 경우
2의2. 매각대금을 나누어 내고 있는 일반재산

> 1. 공공단체(① 법령에 따라 정부가 자본금의 전액을 출자하는 법인, ② 법령에 따라 정부가 기본재산의 전액을 출연하는 법인)가 직접 비영리공익사업용으로 사용하려는 재산을 해당 공공단체에 매각하는 경우로서 매각대금의 2분의 1 이상을 낸 경우
> 2. 2012년 12월 31일 이전부터 사유건물로 점유·사용되고 있는 토지와 「특정건축물 정리에 관한 특별조치법」에 따라 준공인가를 받은 건물로 점유·사용되고 있는 토지를 해당 점유·사용자에게 매각하는 경우로서 그 토지에 있는 사유건물이 천재지변이나 그 밖의 재해로 파손된 경우
> 3. 지방자치단체에 그 지방자치단체가 직접 공용 또는 공공용으로 사용, 사회기반시설로 사용, 산업단지의 조성을 위하여 사용, 여가시설의 조성을 위하여 사용하는 경우 및 국유지개발목적회사에 개발대상 국유재산을 매각하는 경우에 해당하는 재산으로서 매각대금의 5분의 1 이상을 낸 경우
> 4. 산업단지에 공장 설립을 위하여 필요한 토지를 입주기업체에 매각하는 경우로서 매각대금의 5분의 1 이상을 낸 경우

3. 지방자치단체나 지방공기업이 사회기반시설 중 주민생활을 위한 문화시설, 생활체육시설 등 기획재정부령으로 정하는 사회기반시설을 해당 국유재산 소관 중앙관서의 장과 협의를 거쳐 총괄청의 승인을 받아 축조하는 경우 → 사회기반시설을 축조하려는 자는 축조등계획서를 해당 국유재산 소관 중앙관서의 장과 협의를 거친 후 총괄청에 제출하여 승인을 받아야 한다.
4. 일반재산을 대통령령으로 정하는 민간사업자와 공동으로 개발하는 경우

> 5. 교육부장관의 승인을 받아 학교시설(초, 중, 고, 특수)을 증축 또는 개축하는 경우 → 학교시설을 증축 또는 개축하려는 자는 총괄청 및 관련 중앙관서의 장과 협의를 거친 후 교육부장관에게 축조등계획서를 제출하여 승인을 받아야 한다.
> 6. 국유재산의 사용 및 이용에 지장이 없고 국유재산의 활용가치를 높일 수 있는 경우로서 대부계약의 사용목적을 달성하기 위하여 중앙관서의 장등이 필요하다고 인정하는 경우

1) "3.5.6"의 경우에 따라 영구시설물을 축조하는 자에게 해당 재산의 원상회복에 필요한 비용의 상당액(이하 "이행보증금"이라 한다)을 그 영구시설물을 착공하기 전까지 예치하게 해야 한다.

2) 이행보증금은 현금이나 금융기관 또는 외국은행이 발행한 지급보증서로 하되 중앙관서의 장등은 이행보증금을 예치한 자가 원상회복의 사유가 발생했는데도 원상회복을 이행하지 않은 경우에는 예치된 이행보증금으로 해당 국유재산을 원상회복할 수 있다.
중앙관서의 장등은 이행보증금을 원상회복 비용에 충당하고 남은 금액은 반환하되, 현금으로 납부하여 이자가 발생한 경우는 이자를 함께 반환한다.

3) 원상회복 사유가 발생한 시점에 영구시설물 또는 일부 시설물이 국유재산의 활용가치를 높일 수 있다고 인정되는 경우에는 원상회복을 하지 않고 그 영구시설물 또는 일부 시설물을 무상으로 취득할 수 있다. 이 경우 이행보증금은 그 전부 또는 일부를 반환해야 한다. 현금으로 납부하여 이자가 발생한 경우는 이자를 함께 반환한다.

8. 국유재산에 관한 법령의 협의(제19조)
각 중앙관서의 장은 국유재산의 관리·처분에 관련된 법령을 제정·개정하거나 폐지하려면 그 내용에 관하여 총괄청 및 감사원과 협의하여야 한다. [기출32]

Ⅳ 국유재산 관리 · 처분의 기본원칙(제3조) [기출29]
① 국가전체의 이익에 부합되도록 할 것
② 취득과 처분이 균형을 이룰 것
③ 공공가치와 활용가치를 고려할 것
④ 경제적 비용을 고려할 것
⑤ 투명하고 효율적인 절차를 따를 것

Ⅴ 국유재산의 보호

1. 국유재산의 사용/수익 및 시효취득(제7조)
1) 누구든지 이 법 또는 다른 법률에서 정하는 절차와 방법에 따르지 아니하고는 국유재산을 사용하거나 수익하지 못한다.

2) 행정재산은 「민법」 제245조에도 불구하고 시효취득(時效取得)의 대상이 되지 아니한다.

> **민법 제245조(점유로 인한 부동산소유권의 취득기간)**
> ① 20년간 소유의 의사로 평온, 공연하게 부동산을 점유하는 자는 등기함으로써 그 소유권을 취득한다.
> ② 부동산의 소유자로 등기한 자가 10년간 소유의 의사로 평온, 공연하게 선의이며 과실 없이 그 부동산을 점유한 때에는 소유권을 취득한다.

2. 사권 설정의 제한(제11조)[기출30 31 32]

1) 사권 설정된 재산은 취득하지 못한다. → 판결에 따라 취득한 경우는 가능

2) 국유재산에는 사권을 설정하지 못한다.

3) 일반재산은 아래 경우 사권 설정이 가능하다.

    ① 다른 법률/확정판결(재판상 화해 등 확정판결과 같은 효력을 갖는 것 포함)에 따라 일반재산에 사권을 설정하는 경우

    ② 일반재산의 사용 및 이용에 지장 없고, 재산의 활용가치를 높일 수 있는 경우로서 중앙관서의 장등이 필요하다고 인정하는 경우

3. 직원의 행위 제한(제20조)

국유재산에 관한 사무에 종사하는 직원은 그 처리하는 국유재산을 취득하거나 자기의 소유재산과 교환하지 못한다. [기출34] 다만, 해당 총괄청이나 중앙관서의 장의 허가를 받은 경우에는 그러하지 아니하다. 이에 반하는 경우 무효이다.

Ⅵ 국유재산 사무의 총괄과 관리[제8조]

1. 총괄청

1) 총괄청(기획재정부 청사는 청사관리본부에서 관리한다. 청사관리본부는 행정안전부 소속기관임)

2) 총괄청은 일반재산을 보존용재산으로 전환하여 관리할 수 있다. [기출29 30 31 35]

3) 총괄청은 국유재산에 관한 사무를 총괄하고 관리·처분한다(중앙관서의 장이 관리처분하는 국유재산은 제외). + 중앙관서의 장에게 관리처분 위임 가능

2. 중앙관서의 장

1) 중앙관서의 장은 ① 특별회계 및 ② 기금에 속하는 국유재산과 ③ 용도폐지되었으나 목적 또는 관리상 총괄청에 인계하는 것이 부적절한 재산을 관리·처분한다(용도폐지 시 원칙은 총괄청에 인계해야 한다)(제8조).

> **** 부적절한 재산**
> 1. 관리전환, 교환 또는 양여의 목적으로 용도를 폐지한 재산
> 2. 선박, 부표, 부잔교, 부선거 및 항공기와 그들의 종물의 재산
> 3. 공항·항만 또는 산업단지에 있는 재산으로서 그 시설운영에 필요한 재산
> 4. 총괄청이 그 중앙관서의 장에게 관리·처분하도록 하거나 다른 중앙관서의 장에게 인계하
>   도록 지정한 재산

* 총괄청은 국유재산의 관리·처분에 관한 소관 중앙관서의 장이 없거나 분명하지 아니한 국
유재산에 대하여 그 소관 중앙관서의 장을 지정한다(제24조).〔기출30〕

2) 중앙관서의 장은 "1)" 외의 국유재산을 행정재산으로 사용하려는 경우에는 대통령령으로 정하
는 바에 따라 총괄청의 승인을 받아야 한다. 총괄청은 사용승인을 할 때 우선사용예약을 고려
하여야 한다(제8조).

3. 사용승인철회(제8조의2)

사용승인이 철회된 경우에는 지체 없이 총괄청에 인계하여야 한다. 인계된 재산은 용도폐지된
것으로 본다.

> **** 승인철회(국유재산정책심의위원회 심의 거쳐 철회 – 미리 중앙관서의 장에게 의견제출 기회
> 부여)**
> 1. 다른 국가기관의 행정목적을 달성하기 위하여 우선적으로 필요한 경우
> 2. 총괄청 감사 결과 위법하거나 부당한 재산관리가 인정되는 경우
> 3. 감사원 감사 결과 위법하거나 부당한 재산관리가 인정되는 등 사용승인철회가 불가피하다고 인
>   정되는 경우

4. 총괄청 감사(제21조)

1) 총괄청은 중앙관서의 장등에 해당 국유재산의 관리상황에 관하여 보고하게 하거나 자료를 제출
하게 할 수 있다. 〔기출30〕

2) 중앙관서의 장은 소관 행정재산 중 대통령령으로 정하는 아래의 유휴 행정재산(행정재산으로
사용되지 아니하거나 사용할 필요가 없게 된 재산) 현황을 매년 1월 31일까지 총괄청에 보고하
여야 한다.
① 전년도 말 기준의 유휴 행정재산 총괄 현황 및 세부 재산 명세
② 유휴 행정재산의 발생 사유
③ 전년도 관리 현황 및 향후 활용계획
④ 그 밖에 총괄청이 유휴 행정재산의 현황을 파악하기 위하여 필요하다고 인정하는 사항

3) 총괄청은 중앙관서의 장등의 재산 관리상황과 유휴 행정재산 현황을 감사(監査)하거나 그 밖
에 필요한 조치를 할 수 있다. 〔기출30〕

5. 용도폐지 등

1) 총괄청은 중앙관서의 장에게(미리 의견제출 기회 부여) 용도폐지하거나 변경할 것을 요구할 수 있으며 그 국유재산을 관리전환하게 하거나 총괄청에 인계하게 할 수 있다(제22조).

2) 정당한 사유 없이 용도폐지 미이행 시 직권으로 용도폐지 가능 → 행정재산 사용 승인이 철회된 것으로 본다(제22조).

3) 용도폐지된 재산에 대해서 그 처리방법을 지정하거나 이를 인계받아 직접 처리할 수 있다(제23조).

6. 총괄사무의 위임 및 위탁(제25조)

총괄청은 총괄에 관한 사무의 일부를 조달청장 또는 지방자치단체의 장에게 위임하거나 정부출자기업체 또는 특별법에 따라 설립된 법인에 위탁할 수 있다.

영 제16조(총괄사무의 위임 및 위탁)

① 총괄청은 각 호의 사무를 조달청장에게 위임한다.

1. 법 제21조 제1항 및 제2항에 따른 총괄사무를 지원하기 위한 국유재산 현황의 조사 등에 관한 사무(제2항 제1호에 따른 사무는 제외한다)
2. 법 제21조 제3항에 따른 감사(監査) 및 그 밖에 필요한 조치를 지원하기 위한 국유재산 관리실태의 확인·점검에 관한 사무
3. 법 제24조에 따른 소관 중앙관서의 장의 지정에 관한 사무
4. 삭제
5. 은닉된 국유재산, 소유자 없는 부동산 및 「귀속재산처리법」 제2조에 따른 귀속재산(이하 "은닉재산등"이라 한다)의 사실조사와 국가 환수 및 귀속에 관한 사무
6. 장래의 행정수요에 대비하기 위한 비축용 토지의 취득에 관한 사무
7. 중앙관서의 장등 소관 행정재산의 법 제73조의2 제2항에 따른 무상귀속 사전협의에 관한 사무
8. 청사, 관사 등의 신축에 필요한 토지·건물의 조사에 관한 사무

법 제21조(총괄청의 감사 등)

① 총괄청은 중앙관서의 장등에 해당 국유재산의 관리상황에 관하여 보고하게 하거나 자료를 제출하게 할 수 있다.

② 중앙관서의 장은 소관 행정재산 중 대통령령으로 정하는 유휴 행정재산 현황을 매년 1월 31일까지 총괄청에 보고하여야 한다.

③ 총괄청은 중앙관서의 장등의 재산 관리상황과 유휴 행정재산 현황을 감사(監査)하거나 그 밖에 필요한 조치를 할 수 있다.

② 총괄청은 다음 각 호의 사무를 「한국자산관리공사 설립 등에 관한 법률」에 따른 한국자산관리공사에 위탁한다. 이 경우 위탁비용 등 필요한 사항은 기획재정부령으로 정한다.

---

1. 법 제21조 제1항 및 제2항에 따른 총괄사무를 지원하기 위한 국유재산 현황의 전수조사 사무로서 항공조사 사무 및 그에 부수하는 사무

2. 법 제73조의2 제1항에 따른 총괄청 소관 일반재산에 대한 도시·군관리계획의 협의에 관한 사무

3. 제38조 제3항에 따라 관리·처분에 관한 사무가 위탁된 총괄청 소관 일반재산의 「국토의 계획 및 이용에 관한 법률」 및 그 밖의 법률에 따른 무상귀속 협의에 관한 사무

③ 조달청장 또는 한국자산관리공사가 제1항 또는 제2항에 따라 위임받거나 위탁받은 사무를 수행하기 위하여 특별시장·광역시장·특별자치시장·도지사 또는 특별자치도지사(이하 "시·도지사"라 한다)와 중앙관서의 장등에게 협조를 요청하는 경우 시·도지사와 중앙관서의 장등은 이에 따라야 한다.

④ 조달청장은 제1항 제1호 및 제2호에 따른 사무를 수행하기 위하여 매년 2월 말일까지 국유재산 현황의 조사 계획 및 국유재산 관리 실태의 확인·점검 계획을 수립하여 총괄청에 보고하고, 해당 중앙관서의 장등에 통지하여야 한다.

⑤ 조달청장은 제1항 제1호에 따른 조사 결과, 같은 항 제2호에 따른 확인·점검 결과 및 국유재산의 관리에 필요한 사항 등을 총괄청에 보고하여야 한다

7. 승인 시 우선사용예약 고려(제40조의2)

1) 중앙관서의 장이 용도폐지된 날부터 1개월 이내에 장래 행정수요에 대비하기 위해서 사용승인을 우선적으로 해줄 것을 총괄청에 신청하는 것 → 총괄청은 신청을 받은 경우 중앙관서의 장이 제출한 사업계획 및 다른 기관의 행정수요 등을 고려하여 우선사용예약을 승인할 수 있다.

2) 우선사용예약을 승인받은 날부터 3년 이내에 총괄청으로부터 사용승인을 받지 아니한 경우에는 사용승인은 실효된다.

8. 관리전환(제16조)

1) "일반회계"와 "특별회계 및 기금" 간 전환 시는 총괄청과 중앙관서의 장 간의 협의

2) "특별회계 및 기금"과 "특별회계 및 기금" 간 전환 시는 중앙관서의 장 간의 협의

3) 협의 불성립 시 총괄청이 해당 재산의 관리 상황 및 활용계획, 국가 정책목적 달성을 위한 우선순위를 고려하여 결정한다.

9. 유상 관리전환(제17조)

관리전환하거나 서로 다른 회계/기금 간에 그 사용을 하도록 하는 경우에는 유상 관리전환이 원칙이다.

* 다음은 무상 가능

1. 직접 도로, 하천, 항만, 공항, 철도, 공유수면, 그 밖의 공공용으로 사용하기 위하여 필요한 경우(기출31)

2. 다음 하나에 해당하는 사유로 총괄청과 중앙관서의 장 또는 중앙관서의 장 간에 무상 관리
전환하기로 합의하는 경우

가. 관리전환하려는 국유재산의 감정평가에 드는 비용이 해당 재산의 가액(價額)에 비하여
과다할 것으로 예상되는 경우

나. 상호교환의 형식으로 관리전환하는 경우로서 유상으로 관리전환하는 데에 드는 예산
을 확보하기가 곤란한 경우

다. 특별회계 및 기금에 속하는 일반재산의 효율적 활용에 필요한 경우로서 국유재산정책
심의위원회의 심의를 거친 경우

10. 기부채납(제13조)

1) 총괄청/중앙관서의 장(특별회계나 기금에 속하는 국유재산으로 기부받는 경우)

2) 관리가 곤란하거나 필요하지 않은 경우 또는 기부에 조건이 붙은 경우는 받아서는 아니 된다
[기출32].

① 무상 사용허가 기간 지난 후 중앙관서의 장이 직접 사용하기 곤란한 경우

② 재산가액 대비 유지·보수 비용이 지나치게 많은 경우

③ 그 밖에 국가에 이익이 없는 것으로 인정되는 경우

* 아래 경우는 조건으로 보지 않는다.

① 행정재산으로 기부하는 재산에 대하여 기부자, 그 상속인, 그 밖의 포괄승계인에게 무상
으로 사용허가하여 줄 것을 조건으로 그 재산을 기부하는 경우

② 행정재산의 용도를 폐지하는 경우 그 용도에 사용될 대체시설을 제공한 자, 그 상속인,
그 밖의 포괄승계인이 그 부담한 비용의 범위에서 제55조 제1항 제3호에 따라 용도폐지
된 재산을 양여할 것을 조건으로 그 대체시설을 기부하는 경우

> **제55조 제1항 제3호**
> 대통령령으로 정하는 행정재산을 용도폐지하는 경우 그 용도에 사용될 대체시설을 제공
> 한 자 또는 그 상속인, 그 밖의 포괄승계인에게 그 부담한 비용의 범위에서 용도폐지된
> 재산을 양여하는 경우

3) 기부를 조건으로 건물이나 그 밖의 영구시설물을 축조하는 경우에는 총괄청이나 중앙관서의
장은 사용허가를 하기 전에 기부 등에 관한 계약을 체결하거나 이행각서를 받아야 한다.

> *** 기부채납 절차**
> ① 총괄청이나 중앙관서의 장은 기부를 받으려면 다음 사항을 적은 기부서를 받아야 한다.
> 이 경우 총괄청이나 중앙관서의 장은 필요한 경우 「전자정부법」 제36조 제1항에 따른 행정
> 정보의 공동이용을 통하여 해당 재산의 등기부 등본, 건축물대장, 토지대장, 임야대장, 지
> 적도, 임야도를 확인하여야 한다.

1. 기부할 재산의 표시
2. 기부자의 성명 및 주소
3. 기부의 목적
4. 기부할 재산의 가격
5. 소유권을 증명할 수 있는 서류
6. 「공간정보의 구축 및 관리 등에 관한 법률」 제2조 제19호에 따른 공유지연명부, 대지권 등록부, 경계점좌표등록부
7. 그 밖에 기부할 재산의 건축물현황도 등 필요한 도면

② 대표자에 의하여 기부하는 경우에는 대표자임을 증명하는 서류와 각 기부자의 성명·주소 및 기부재산을 적은 명세서를 기부서에 첨부하여야 한다.

Ⅶ 국유재산종합계획(제9조)

1) 총괄청은 다음 연도의 국유재산의 관리·처분에 관한 계획의 작성을 위한 지침을 매년 4월 30일 까지 중앙관서의 장에게 통보해야 한다. [기출30]

2) 중앙관서의 장은 1)의 지침에 따라 국유재산의 관리·처분에 관한 다음 연도의 계획을 작성하여 매년 6월 30일까지 총괄청에 제출해야 한다. [기출34]

3) 총괄청은 제출된 계획을 종합조정하여 수립한 국유재산종합계획을 국무회의의 심의를 거쳐 대통령의 승인을 받아 확정하고, 회계연도 개시 120일 전까지 국회에 제출해야 한다(변경 시 준용).

4) **국유재산종합계획 포함사항**

① 국유재산을 효율적으로 관리·처분하기 위한 중장기적인 국유재산 정책방향

② 대통령령으로 정하는 국유재산 관리·처분의 총괄 계획
   (국유재산의 취득/처분, 행정재산의 사용·일반재산의 개발·국유재산의 사용허가, 대부 등 관리에 관한 계획)

③ 국유재산 처분의 기준에 관한 사항

④ 「국유재산특례제한법」 제8조에 따른 국유재산특례 종합계획에 관한 사항

⑤ ①부터 ④까지의 규정에 따른 사항 외에 국유재산의 관리·처분에 관한 중요한 사항

5) 총괄청은 국유재산종합계획을 확정/변경한 경우에 중앙관서의 장에게 알리고, 변경한 경우에는 지체 없이 국회에 제출해야 한다.

6) 중앙관서의 장은 확정된 국유재산종합계획의 반기별 집행계획을 수립하여 해당 연도 1월 31일까지 총괄청에 제출해야 한다.

7) 총괄청이 국유재산종합계획을 수립하는 경우에는 「국가재정법」상 독립기관의 장의 의견을 최대한 존중하고, 국유재산 정책운용 등에 따라 불가피하게 조정이 필요한 때에는 해당 독립기관의 장과 미리 협의해야 한다.

8) 총괄청은 협의에도 불구하고 독립기관의 계획을 조정하려는 때에는 국무회의에서 독립기관의 장의 의견을 들어야 하며, 총괄청이 그 계획을 조정한 때에는 그 규모 및 이유, 조정에 대한 독립기관의 장의 의견을 국유재산종합계획과 함께 국회에 제출해야 한다.

국유재산의 취득(제10조)
국가는 국유재산의 취득을 위한 재원 확보를 위해 노력하여야 하고, 중앙관서의 장은 공용재산 용도의 토지나 건물을 매입하려는 경우에는 총괄청과 협의해야 한다.

 확인문제

01 국유재산법령상 국유재산에 관한 설명으로 옳지 않은 것은? ✦ 32회
① 국유재산책임관의 임명은 중앙관서의 장이 소속 관서에 설치된 직위를 지정하는 것으로 갈음할 수 있다.
② 확정판결에 따라 일반재산에 대하여 사권(私權)을 설정할 수 있다.
③ 총괄청은 국가에 기부하려는 재산이 재산가액 대비 유지·보수비용이 지나치게 많은 경우에는 기부받아서는 아니 된다.
④ 국가 외의 자는 기부를 조건으로 하더라도 국유재산에 영구시설물을 축조할 수 없다.
⑤ 중앙관서의 장은 국유재산의 관리·처분에 관련된 법령을 개정하려면 그 내용에 관하여 총괄청 및 감사원과 협의하여야 한다.

답 ④

02 국유재산법령상 국유재산에 관한 설명으로 옳은 것은? ✦ 31회
① 행정재산은 「민법」에 따른 시효취득의 대상이 된다.
② 판결에 따라 취득하는 경우에도 사권(私權)이 소멸되지 않은 재산은 국유재산으로 취득하지 못한다.
③ 총괄청은 일반재산을 보존용재산으로 전환하여 관리할 수 있다.
④ 직접 공공용으로 사용하기 위하여 국유재산을 관리전환하는 경우에는 유상으로 하여야 한다.
⑤ 중앙관서의 장이 국유재산으로 취득한 소유자 없는 부동산은 등기일부터 20년간은 처분할 수 없다.

답 ③

01 처분이란 국유재산의 취득·운용과 유지·보존을 위한 모든 행위를 말한다. (　　)

02 관리란 매각, 교환, 양여, 신탁, 현물출자 등의 방법으로 국유재산의 소유권이 국가 외의 자에게 이전되는 것을 말한다. (　　)

03 변상금이란 사용허가나 대부계약 없이 국유재산을 사용·수익하거나 점유한 자(사용허가나 대부계약 기간이 끝난 후 다시 사용허가나 대부계약 없이 국유재산을 계속 사용·수익하거나 점유는 제외된다)에게 부과하는 금액을 말한다. (　　)

04 국유재산 관리·처분의 기본원칙 중 틀린 것은? (　　)

> 1. 국가전체의 이익에 부합되도록 할 것
> 2. 취득과 관리가 균형을 이룰 것
> 3. 공공가치와 활용가치를 고려할 것
> 4. 경제적 비용을 고려할 것
> 5. 투명하고 효율적인 절차를 따를 것

05 정부기업이나 정부시설에서 사용하는 기계와 기구로서 해당 기업이나 시설의 폐지와 함께 포괄적으로 용도폐지된 것은 해당 기업이나 시설이 폐지된 후에도 국유재산으로 한다. (　　)

06 국유재산은 관리주체에 따라 행정재산과 일반재산으로 구분한다. (　　)

07 비상근무에 종사하는 사람에게 제공되는 해당 근무지의 구내 또는 이와 인접한 장소에 설치된 주거용 시설과 중앙관서의 장이 사용하는 공관은 공용재산 및 기업용재산이 될 수 있다. (　　)

08 누구든지 이 법 또는 다른 법률에서 정하는 절차와 방법에 따르지 아니하고는 국유재산을 사용하거나 수익하지 못하며 일반재산은 시효취득의 대상이 되지 아니한다. (　　)

09 중앙관서의 장은 일반재산을 보존용재산으로 전환하여 관리할 수 있다. (　　)

10 사권이 설정된 재산은 판결에 따라 취득하는 경우에도 그 사권이 소멸된 후가 아니면 국유재산으로 취득하지 못한다. (　　)

11 국유재산에는 사권을 설정하지 못한다. 다만, 일반재산에 대하여 다른 법류 또는 확정판결(재판상 화해는 제외된다)에 따라 사권을 설정하는 것은 가능하다. (　　　)

12 총괄청이나 중앙관서의 장은 소유자 없는 부동산을 국유재산으로 취득한다. 취득한 국유재산은 그 등기일부터 5년간은 처분을 하여서는 아니 된다. (　　　)

13 국가에 기부하려는 재산이 국가가 관리하기 곤란하거나 필요하지 아니한 것인 경우 또는 기부에 조건이 붙은 경우에는 받아서는 아니 된다. 기부채납이 가능한 경우는 몇 개인가? (　　　)

> 1. 행정재산으로 기부하는 재산에 대하여 기부자, 그 상속인, 그 밖의 포괄승계인에게 무상으로 사용허가하여 줄 것을 조건으로 그 재산을 기부하는 경우
> 2. 행정재산의 용도를 폐지하는 경우 그 용도에 사용될 대체시설을 제공한 자, 그 상속인, 그 밖의 포괄승계인이 그 부담한 비용의 범위에서 따라 용도폐지된 재산을 양여할 것을 조건으로 그 대체시설을 기부하는 경우
> 3. 무상 사용허가 기간이 지난 후에도 해당 중앙관서의 장이 직접 사용하기 곤란한 경우
> 4. 재산가액 대비 유지·보수 비용이 지나치게 많은 경우
> 5. 국가에 이익이 없는 것으로 인정되는 경우

14 무상으로 관리전환을 할 수 있는 경우는? (　　　)

> 1. 직접 도로, 하천으로 사용하기 위하여 필요한 경우
> 2. 관리전환하려는 국유재산의 감정평가에 드는 비용이 해당 재산의 가액에 비하여 과다할 것으로 예상되어 무상관리전환을 합의하는 경우
> 3. 상호교환의 형식으로 관리전환하는 경우로서 유상으로 관리전환하는 데에 드는 예산을 확보하기가 곤란한 경우로서 합의하는 경우
> 4. 특별회계에 속하는 일반재산의 효율적인 활용을 위하여 필요한 경우로서 국유재산정책심의위원회의 심의를 거치고 감사원의 승인을 받는 경우

15 중앙관서의 장은 국유재산의 관리·처분에 관련된 법령을 제정·개정하거나 폐지하려면 그 내용에 관하여 총괄청 및 감사원의 승인을 받아야 한다. (　　　)

16 총괄청은 국유재산의 관리·처분에 관한 소관 중앙관서의 장이 없거나 분명하지 아니한 국유재산에 대하여 그 소관 중앙관서의 장을 지정한다. (　　　)

17 국유재산관리기금에서 취득한 재산은 특별회계 소속으로 한다. (　　　)

01 (×) 관리에 대한 개념이다.

02 (×) 처분에 대한 개념이다.

03 (×) 사용허가나 대부계약 기간이 끝난 후 다시 사용허가나 대부계약 없이 국유재산을 계속 사용 · 수익하거나 점유한 자를 포함한다.

04 (2) → 취득과 처분이 균형을 이룰 것

05 (○)

06 (×) 국유재산은 그 용도에 따라 행정재산과 일반재산으로 구분한다.

07 (×) 대통령, 국무총리, 독립기관, 중앙관서의 장이 사용하는 공관은 공용재산이다.

08 (×) 행정재산이 시효취득의 대상이 되지 아니한다.

09 (×) 총괄청이 일반재산을 보존용재산으로 전환하여 관리할 수 있다.

10 (×) 사권이 설정된 재산은 그 사권이 소멸된 후가 아니면 국유재산으로 취득하지 못한다. 다만, 판결에 따라 취득하는 경우에는 그러하지 아니하다.

11 (×) 화해 포함

12 (×) 10년간은 처분을 하여서는 아니 된다.

13 (1, 2 가능) "1, 2"는 조건으로 보지 않는 경우이므로 기부채납이 가능하다.

14 (1, 2, 3이 무상으로 관리전환할 수 있다.)

> 4. 특별회계 및 기금에 속하는 일반재산의 효율적인 활용을 위하여 필요한 경우로서 국유재산정책심의위원회의 심의를 거친 경우 총괄청과 중앙관서의 장 또는 중앙관서의 장 간에 무상으로 관리전환하기로 합의하는 경우

15 (×) 총괄청 및 감사원과 협의하여야 한다.

16 (○)

17 (×) 국유재산관리기금에서 취득한 재산은 일반회계 소속으로 한다.

국유재산정책심의위원회 및 국유재산관리기금

I 국유재산정책심의위원회 구성 및 심의사항(제26조)

1. 구성
(위원장 포함 20명 이내 / 위원장 = 기획재정부장관, 위원은 기획재정부장관이 임명 / 공무원 아닌 위원이 과반수가 되어야 한다)(위원의 임기는 2년으로 하며, 한 차례만 연임할 수 있다) (위원회를 효율적으로 운영하기 위하여 위원회에 분야별 분과위원회를 둘 수 있다. 이 경우 분과 위원회의 심의는 위원회의 심의로 본다)

2. 심의사항
① 국유재산의 중요 정책방향에 관한 사항
② 국유재산과 관련한 법령 및 제도의 개정·폐지에 관한 중요 사항
③ 행정재산의 사용 승인 철회에 관한 사항
④ 국유재산종합계획의 수립 및 변경에 관한 중요 사항
⑤ 관리전환에 대한 협의 불성립 시 소관 중앙관서의 장의 지정 및 직권 용도폐지에 관한 사항
⑥ 국유재산정책심의위원회의 심의를 거친 경우(특별회계 및 기금에 속하는 일반재산의 효율적인 활용을 위하여 필요한 경우) 무상 관리전환에 관한 사항
⑦ 국유재산관리기금의 관리·운용에 관한 사항
⑧ 일반재산의 개발에 관한 사항
⑨ 현물출자에 관한 중요 사항
⑩ 국유재산특례제한법에 따른 국유재산특례의 신설 등 및 국유재산특례의 점검·평가에 관한 사항
⑪ 그 밖에 국유재산의 관리·처분 업무와 관련하여 총괄청이 중요하다고 인정한 사항

II 국유재산관리기금

1. 국유재산관리기금(제26조의2)
국유재산의 원활한 수급과 개발 등을 통한 국유재산의 효용을 높이기 위하여 국유재산관리기금을 설치한다.

2. 국유재산관리기금은 다음 재원으로 조성한다.(제26조의3)
① 정부의 출연금 또는 출연재산
② 다른 회계 또는 다른 기금으로부터의 전입금
③ 제26조의4에 따른 차입금
④ 다음 어느 하나에 해당하는 총괄청 소관 일반재산(증권은 제외한다)과 관련된 수입금
　　가. 대부료, 변상금 등 재산관리에 따른 수입금
　　나. 매각, 교환 등 처분에 따른 수입금
⑤ 총괄청 소관 일반재산에 대한 개발에 따른 관리·처분 수입금

⑥ ①부터 ⑤까지의 규정에 따른 재원 외에 국유재산관리기금의 관리·운용에 따른 수입금

3. 자금의 차입(제26조의4)

1) 총괄청은 국유재산관리기금의 관리·운용을 위하여 필요한 경우에는 위원회의 심의를 거쳐 국유재산관리기금의 부담으로 금융회사 등이나 다른 회계 또는 다른 기금으로부터 자금을 차입할 수 있다. 〔기출30〕

2) 총괄청은 국유재산관리기금의 운용을 위하여 필요할 때에는 국유재산관리기금의 부담으로 자금을 일시차입할 수 있다(일시차입금은 해당 회계년도 내에 상환해야 한다).

4. 국유재산관리기금은 다음 어느 하나에 해당하는 용도에 사용하고 국유재산관리기금에서 취득한 재산은 일반회계 소속으로 한다(제26조의5).

① 국유재산의 취득에 필요한 비용의 지출
② 총괄청 소관 일반재산의 관리·처분에 필요한 비용의 지출
③ 제26조의4에 따른 차입금의 원리금 상환
④ 제26조의6에 따른 국유재산관리기금의 관리·운용에 필요한 위탁료 등의 지출
⑤ 총괄청 소관 일반재산 중 부동산의 관리·처분에 관한 사무의 위임·위탁에 필요한 귀속금 또는 위탁료 등의 지출
⑥ 일반재산 개발에 필요한 비용의 지출
⑦ 「국가재정법」 제13조에 따른 다른 회계 또는 다른 기금으로의 전출금
⑧ ①부터 ⑦까지의 규정에 따른 용도 외에 국유재산관리기금의 관리·운용에 필요한 비용의 지출

5. 국유재산관리기금은 총괄청이 관리·운용한다(제26조의6).

아래 사무의 일부를 한국자산관리공사에 위탁할 수 있다(사무처리 비용은 국유재산관리기금의 부담으로 한다).

① 법 제26조의2에 따른 국유재산관리기금의 관리·운용에 관한 회계 사무
② 국유재산관리기금의 결산보고서 작성에 관한 사무
③ 국유재산관리기금의 재원으로 개발하는 사업에 관한 사무
④ 국유재산관리기금의 여유자금 운용에 관한 사무
⑤ 그 밖에 총괄청이 국유재산관리기금의 관리·운용에 관하여 필요하다고 인정하는 사무

6. 국유재산관리기금의 회계기관(제26조의7)

① 총괄청은 소속 공무원 중에서 국유재산관리기금의 수입과 지출에 관한 업무를 수행할 기금수입징수관, 기금재무관, 기금지출관 및 기금출납공무원을 임명하여야 한다.

② 총괄청이 제26조의6에 따라 국유재산관리기금의 관리·운용에 관한 사무의 일부를 한국자산관리공사에 위탁한 경우에는 국유재산관리기금의 출납업무 수행을 위하여 한국자산관리공사의 임원 중에서 기금수입 담당임원과 기금지출원인행위 담당임원을, 한국자산관리공사의 직원 중에서 기금지출원과 기금출납원을 각각 임명하여야 한다. 이 경우 기금수입 담당임원은 기금수입징수관의 직무를, 기금지출원인행위 담당임원은 기금재무관의 직무를, 기금지출원은 기금지출관의 직무를, 기금출납원은 기금출납공무원의 직무를 수행한다.

행정재산

① 행정재산은 처분할 수 없지만 양여와 교환은 가능하나 가능한 사유가 중요하다.
② 사용허가의 방법 중 수의계약 사유
③ 사용료 조정과 감면 및 사용허가기간
④ 관리 소홀에 대한 제재(변상금)

1. 처분제한(제27조)

행정재산은 처분하지 못한다. 다만, 다음의 어느 하나에 해당하는 경우에는 교환하거나 양여할 수 있다. [기출31]

① 공유(公有) 또는 사유재산과 교환하여 그 교환받은 재산을 행정재산으로 관리하려는 경우
법 제57조 및 제54조 제2, 3, 4항을 준용한다.

영 제57조(교환)

① 법 제54조 제1항에 따라 교환하는 재산은 다음 각 호의 어느 하나에 해당하는 경우 외에는 서로 유사한 재산이어야 한다.

1. 공유재산(公有財産)과 교환하는 경우
2. 새로운 관사를 취득하기 위하여 노후화된 기존 관사와 교환하는 경우

② 제1항에서 서로 유사한 재산의 교환은 다음 각 호의 어느 하나에 해당하는 경우로 한다.

1. 토지를 토지와 교환하는 경우
2. 건물을 건물과 교환하는 경우
3. 양쪽 또는 어느 한 쪽의 재산에 건물(공작물을 포함한다)이 있는 토지인 경우에 주된 재산(그 재산의 가액이 전체 재산가액의 2분의 1 이상인 재산을 말한다)이 서로 일치하는 경우
4. 동산(動産)을 동산과 교환하는 경우

③ 중앙관서의 장등은 일반재산이 다음 각 호의 어느 하나에 해당하는 경우에는 교환해서는 아니 된다. 다만, 제3호 또는 제4호에 해당하는 일반재산이 제4항 각 호의 어느 하나에 해당하는 경우에는 그러하지 아니하다.

1. 「국토의 계획 및 이용에 관한 법률」, 그 밖의 법률에 따라 그 처분이 제한되는 경우
2. 장래에 도로·항만·공항 등 공공용 시설로 활용할 수 있는 재산으로서 보존·관리할 필요가 있는 경우
3. 교환으로 취득하는 재산에 대한 구체적인 사용계획 없이 교환하려는 경우
4. 한쪽 재산의 가격이 다른 쪽 재산 가격의 4분의 3(법 제54조 제1항 제2호에 따른 교환인

경우에는 2분의 1을 말한다) 미만인 경우. 다만, 교환 대상 재산이 공유재산인 경우는 제외한다.

5. 교환한 후 남는 국유재산의 효용이 뚜렷하게 감소되는 경우

6. 교환 상대방에게 건물을 신축하게 하고 그 건물을 교환으로 취득하려는 경우

7. 그 밖에 법 제9조 제4항 제3호에 따른 처분기준에서 정한 교환제한대상에 해당하는 경우

④ 법 제54조 제1항 제4호에서 "해당 재산 소유자가 사유토지만으로는 진입·출입이 곤란한 경우 등 대통령령으로 정하는 불가피한 사유"란 다음 각 호의 어느 하나에 해당하는 사유를 말한다.

1. 사유재산 소유자가 사유토지만으로는 진입·출입이 곤란한 경우

2. 국가의 점유로 인하여 해당 사유재산의 효용이 현저하게 감소된 경우

3. 2016년 3월 2일 전부터 사유재산 소유자가 소유한 건물로 점유·사용되고 있는 일반재산인 토지로서 해당 토지의 향후 행정재산으로서의 활용가능성이 현저하게 낮은 경우

⑤ 중앙관서의 장등은 일반재산을 교환하려는 경우에는 기획재정부령으로 정하는 바에 따라 교환목적, 교환대상자, 교환재산의 가격 및 교환자금의 결제방법 등을 명백히 하여야 한다.

⑥ 공유재산과 교환하려는 경우에는 제42조 제1항에도 불구하고 중앙관서의 장등과 지방자치단체가 협의하여 개별공시지가로 산출된 금액이나 하나 이상의 감정평가법인등의 평가액을 기준으로 하여 교환할 수 있다.

⑦ 중앙관서의 장등은 동산과 동산을 교환하려는 경우에는 미리 총괄청과 협의하여야 한다.

⑧ 법 제42조 제1항에 따라 일반재산의 관리·처분에 관한 사무를 위임·위탁받은 자는 해당 일반재산을 교환하려는 경우에는 미리 총괄청의 승인을 받아야 한다.

제54조(교환) 제2, 3, 4항을 준용한다.

① 다음 각 호의 어느 하나에 해당하는 경우에는 일반재산인 토지·건물, 그 밖의 토지의 정착물, 동산과 공유 또는 사유재산인 토지·건물, 그 밖의 토지의 정착물, 동산을 교환할 수 있다.

1. 국가가 직접 행정재산으로 사용하기 위하여 필요한 경우

2. 소규모 일반재산을 한 곳에 모아 관리함으로써 재산의 효용성을 높이기 위하여 필요한 경우

3. 일반재산의 가치와 이용도를 높이기 위하여 필요한 경우로서 매각 등 다른 방법으로 해당 재산의 처분이 곤란한 경우

4. 상호 점유를 하고 있고 해당 재산 소유자가 사유토지만으로는 진입·출입이 곤란한 경우 등 대통령령으로 정하는 불가피한 사유로 인하여 점유 중인 일반재산과 교환을 요청한 경우

② 제1항에 따라 교환하는 재산의 종류와 가격 등은 대통령령으로 정하는 바에 따라 제한할 수 있다.

③ 제1항에 따라 교환할 때 쌍방의 가격이 같지 아니하면 그 차액을 금전으로 대신 납부하여야 한다.

④ 중앙관서의 장등은 일반재산을 교환하려면 그 내용을 감사원에 보고하여야 한다.

② 대통령령으로 정하는 행정재산(아래 법 제58조 제1항 각 호)을 직접 공용이나 공공용으로 사용하려는 지방자치단체에 양여하는 경우 법 제59조 및 제55조 제2, 3항을 준용한다. 양여하는 경우 총괄청과 협의하여야 한다.

영 제59조(양여 시의 특약등기)
법 제55조 제1항 제1호에 따라 양여하는 경우에는 법 제55조 제2항의 사유가 발생하면 그 양여계약을 해제한다는 내용의 특약등기를 하여야 한다.

제55조(양여)
① 일반재산은 다음 각 호의 어느 하나에 해당하는 경우에는 양여할 수 있다.
  1. 대통령령으로 정하는 일반재산을 직접 공용이나 공공용으로 사용하려는 지방자치단체에 양여하는 경우
  2. 지방자치단체나 대통령령으로 정하는 공공단체가 유지·보존비용을 부담한 공공용재산이 용도폐지됨으로써 일반재산이 되는 경우에 해당 재산을 그 부담한 비용의 범위에서 해당 지방자치단체나 공공단체에 양여하는 경우
  3. 대통령령으로 정하는 행정재산을 용도폐지하는 경우 그 용도에 사용될 대체시설을 제공한 자 또는 그 상속인, 그 밖의 포괄승계인에게 그 부담한 비용의 범위에서 용도폐지된 재산을 양여하는 경우
  4. 국가가 보존·활용할 필요가 없고 대부·매각이나 교환이 곤란하여 대통령령으로 정하는 재산을 양여하는 경우
② 제1항 제1호에 따라 양여한 재산이 10년 내에 양여목적과 달리 사용된 때에는 그 양여를 취소할 수 있다.
③ 중앙관서의 장등은 제1항에 따라 일반재산을 양여하려면 총괄청과 협의하여야 한다. 다만, 대통령령으로 정하는 가액 이하의 일반재산을 제1항 제3호에 따라 양여하는 경우에는 그러하지 아니하다.

영 제58조(양여)
① 법 제55조 제1항 제1호에서 "대통령령으로 정하는 일반재산"이란 다음 각 호의 어느 하나에 해당하는 재산을 말한다.
  1. 국가 사무에 사용하던 재산을 그 사무를 이관받은 지방자치단체가 계속하여 그 사무에 사용하는 일반재산
  2. 지방자치단체가 청사 부지로 사용하는 일반재산. 이 경우 종전 내무부 소관의 토지로서 1961년부터 1965년까지의 기간에 그 지방자치단체로 양여할 조건을 갖추었으나 양여하지 못한 재산을 계속하여 청사 부지로 사용하는 일반재산에 한정한다.
  3. 「국토의 계획 및 이용에 관한 법률」 제86조에 따라 지방자치단체(특별시·광역시·경기도와 그 관할구역의 지방자치단체는 제외한다)의 장이 시행하는 도로시설(1992년 이

전에 결정된 도시·군관리계획에 따른 도시·군계획시설을 말한다)사업 부지에 포함되어 있는 총괄청 소관의 일반재산

4. 「도로법」 제14조부터 제18조까지의 규정에 따른 도로(2004년 12월 31일 이전에 그 도로에 포함된 경우로 한정한다)에 포함되어 있는 총괄청 소관의 일반재산

5. 「5·18민주화운동 등에 관한 특별법」 제5조에 따른 기념사업을 추진하는 데에 필요한 일반재산

③ '①, ②에 따른 교환에 관한 교환목적·가격 등의 확인사항', '①, ②에 따라 양여하는 경우 총괄청과 협의하여야 하는 사항', '그 밖에 필요한 사항'은 대통령령으로 정한다(일반재산의 교환 및 양여와 관련된 규정을 준용한다).

2. 행정재산 관리, 위임, 위탁

(1) 관리책임관 임명(제27조의2)

1) 중앙관서의 장은 관서의 기획 업무 총괄 직위의 고위 공무원을 국유재산책임관으로 임명하여야 한다. [기출30] (중앙관서의 장이 소속 관서에 설치된 직위를 지정하는 것으로 갈음 가능) [기출32]

2) 국유재산책임관의 업무

① 국유재산 관리·처분에 관한 계획과 집행계획에 관한 업무

② 국유재산관리운용보고에 관한 업무

③ 국유재산 관리·처분 업무와 관련하여 대통령령으로 정하는 업무

(2) 관리사무 위임(제28조) → 아래 각 경우 감사원에 통지해야 한다.

1) 중앙관서의 장은 소속 공무원에게 그 소관에 속하는 행정재산의 관리에 관한 사무를 위임할 수 있다. 중앙관서의 장은 위임을 받은 공무원의 사무의 일부를 분장하는 공무원을 둘 수 있다.

2) 중앙관서의 장은 다른 중앙관서의 소속 공무원에게 위임할 수 있다[다른 중앙관서의 장의 의견(위임받을 공무원, 직위, 위임사무범위)을 듣고 위임].

3) 중앙관서의 장은 지방자치단체의 장이나 소속 공무원에게 위임할 수 있다[해당 지방자치단체를 감독하는 중앙관서의 장의 의견을(위임받을 공무원, 직위, 위임사무범위) 듣고 위임].

(3) 관리위탁(제29조)

1) 중앙관서의 장은 행정재산을 효율적으로 관리하기 위하여 필요하면 국가기관 외의 자에게 관리를 위탁 할 수 있다. [기출28]

2) 위탁받은 자는 중앙관서의 장의 승인을 받아 위탁재산 일부를 사용·수익하거나 다른 사람에게 사용·수익하게 할 수 있다(위탁기간 내에서만)[기출28].

3) 위탁자의 자격, 위탁기간, 위탁받은 재산의 사용료, 관리현황에 대한 보고, 위탁에 필요한 사항은 대통령령으로 정한다.

4) 위탁재산 규모 고려, 위탁기간은 5년 이내(아래 경우를 제외하고 5년을 초과하지 않는 범위 내에서 갱신할 수 있다)

① 관리위탁한 재산을 국가나 지방자치단체가 직접 공용이나 공공용으로 사용하기 위하여 필요한 경우

② 관리위탁을 받은 자가 관리위탁을 받을 자격을 갖추지 못하게 된 경우

③ 관리수탁자가 관리위탁 조건을 위반한 경우

④ 관리위탁이 필요하지 아니하게 된 경우

5) 관리위탁 재산의 관리

① 관리수탁자는 선량한 관리자로서의 주의의무를 다하여 공익목적에 맞게 위탁받은 재산을 관리하여야 하며, 그 재산에 손해가 발생한 경우에는 지체 없이 소관 중앙관서의 장에 보고하여야 한다.

② 관리수탁자는 위탁받은 재산의 원형이 변경되는 대규모의 수리 또는 보수를 하려면 소관 중앙관서의 장의 승인을 받아야 한다. 다만, 긴급한 경우에는 필요한 최소한의 조치를 한 후 지체 없이 그 내용을 중앙관서의 장에게 보고하여야 한다.

6) 관리위탁 재산의 사용료 등

① 위탁받은 재산을 사용·수익하는 자에게서 받는 사용료는 제29조(행정재산 사용료율과 사용료 산출방법) 및 제67조의8(지식재산 사용료등의 산정기준)의 사용료율과 산출방법에 따라 산출된 금액을 기준으로 하되, 예상수익을 고려하여 중앙관서의 장이 결정한다.

② 중앙관서의 장은 1년을 단위로 관리수탁자에게 지급할 총지출이 관리수탁자로부터 받을 총수입을 초과하는 경우에는 그 차액을 관리수탁자에게 지급하여야 하며, 총수입이 총지출을 초과하는 경우에는 그 차액을 국고에 납입하게 하여야 한다. 이 경우 지출 및 수입의 범위는 기획재정부령으로 정한다.

7) 관리수탁자는 위탁받은 재산의 연간 관리현황을 다음 연도 1월 31일까지 해당 중앙관서의 장에게 보고하여야 한다. 중앙관서의 장은 필요한 경우 관리위탁 재산의 관리현황을 확인·조사하거나 관리수탁자가 보고하도록 할 수 있다.

3. 행정재산의 사용허가

(1) 사용허가(제30조)

1) 행정재산의 사용허가 범위(제1항)[기출32]

① 공용·공공용·기업용 재산은 그 용도나 목적에 장애가 되지 아니하는 범위 내에서

② 보존용재산은 보존목적의 수행에 필요한 범위 내에서

2) 허가 외의 자에게 사용·수익하게 하여서는 아니 된다. 다만, 아래 경우는 중앙관서의 장

의 승인을 받아 다른 사람에게 사용·수익하게 할 수 있다(그 용도나 목적에 장애가 되거나 원상회복이 어려운 경우에는 승인하여서는 아니 된다)(제2항).

① 기부를 받은 재산에 대하여 사용허가를 받은 자가 그 재산의 기부자이거나 그 상속인, 그 밖의 포괄승계인인 경우

② 지방자치단체나 지방공기업이 행정재산에 대하여 제18조 제1항 제3호에 따른 사회기반 시설로 사용·수익하기 위한 사용허가를 받은 후 이를 지방공기업 등 대통령령으로 정 하는 기관으로 하여금 사용·수익하게 하는 경우

> **제18조 제1항 제3호**
> 사회기반시설 중 주민생활을 위한 문화시설, 생활체육시설 등 기획재정부령으로 정하는 사회기반시설을 해당 국유재산 소관 중앙관서의 장과 협의를 거쳐 총괄청의 승인을 받아 축조하는 경우

3) 사용허가를 받은 재산에 대한 시설(시행규칙 제19조) [기출35]

행정재산의 사용허가를 받은 자가 그 재산에 대하여 유지·보수 외의 시설을 설치하려는 때에는 그 경비조서를 갖추어 소관 중앙관서의 장의 승인을 받아야 한다. 중앙관서의 장이 승인을 하는 경우에는 그 시설의 경비에 대한 증명서류를 제출받아 보관하여야 한다.

(2) 사용허가 방법(법 제31조 및 시행령 제27조)

국유재산법 외에는 국가를 당사자로 하는 계약에 관한 법률을 준용한다. [기출29 35] + 중앙관서의 장은 사용허가부를 작성/관리해야 한다(전자적 처리를 할 수 없는 특별한 사유가 없으면 전자적 처리가 가능한 방법으로 작성·관리하여야 한다).

1) 일반경쟁 원칙[기출28 32]

경쟁에 부치는 경우에는 총괄청이 지정·고시하는 정보처리장치를 이용하여 입찰공고· 개찰·낙찰선언을 한다. 이 경우 중앙관서의 장은 필요하다고 인정하면 일간신문 등에 게 재하는 방법을 병행할 수 있으며, 같은 재산에 대하여 수 회의 입찰에 관한 사항을 일괄하 여 공고할 수 있다.

① 경쟁입찰은 1개 이상의 유효한 입찰이 있는 경우 최고가격 응찰한 자가 낙찰자가 됨. [기출31]

② 입찰공고에는 해당 행정재산의 사용료 예정가격 등 경쟁입찰에 부치려는 사항을 구체적 으로 밝혀야 하고, 사용허가 신청자에게 공고한 내용을 통지해야 한다.

③ 일반경쟁입찰 2회 유찰 시 세 번째 입찰부터 최초사용료 예정가격의 20/100을 최저한도 로 하여 매회 10/100의 금액만큼 그 예정가격을 낮추는 방법으로 조정할 수 있다. [기출34]

2) 제한경쟁/지명경쟁 가능한 경우

① 토지의 용도 등을 고려할 때 해당 재산에 인접한 토지의 소유자를 지명하여 경쟁에 부 칠 필요가 있는 경우

② 수의계약 사용허가의 신청이 경합하는 경우

③ 재산의 위치·형태·용도 등이나 계약의 목적·성질 등으로 보아 사용허가 받는 자의 자격을 제한하거나 지명할 필요가 있는 경우

3) 수의계약 가능한 경우

① 주거용으로 사용허가를 하는 경우[기출32]

② 경작용으로 실경작자에게 사용허가를 하는 경우[기출35]

③ 외교상 또는 국방상의 이유로 사용·수익 행위를 비밀리에 할 필요가 있는 경우

④ 천재지변이나 그 밖의 부득이한 사유가 발생하여 재해 복구나 구호의 목적으로 사용허가를 하는 경우

⑤ 법 제18조 제1항 제3호에 따른 사회기반시설로 사용하려는 지방자치단체나 지방공기업에 사용허가를 하는 경우

⑥ 법 제34조 제1항에 따라 사용료 면제의 대상이 되는 자에게 사용허가를 하는 경우

⑦ 국가와 재산을 공유하는 자에게 국가의 지분에 해당하는 부분에 대하여 사용허가를 하는 경우

⑧ 국유재산 관리·처분에 지장이 없는 경우로서 사용목적이나 계절적 요인 등을 고려하여 6개월 미만의 사용허가를 하는 경우

⑨ 두 번에 걸쳐 유효한 입찰이 성립되지 아니한 경우[기출31]

⑩ 그 밖에 재산의 위치·형태·용도 등이나 계약의 목적·성질 등으로 보아 경쟁입찰에 부치기 곤란하다고 인정되는 경우

(3) 사용료(제32조) : 결정 납부 조정 감면

매년 사용료를 징수하고(해당 재산가액에 1천분의 50 이상의 요율을 곱한 금액으로 하되, 월/일/시간 단위로 계산 가능), 사용료는 선납하여야 한다.

20만원 이하인 경우는 사용허가기간 동안의 사용료를 일시에 통합 징수할 수 있다.

ㄴ (사용허가 기간 중 사용료가 증가 또는 감소되어도 추가징수 및 반환하지 아니한다)

> **영 제29조(사용료율과 사용료 산출방법)**
> ① 연간 사용료는 해당 재산가액에 1천분의 50 이상의 요율을 곱한 금액으로 하되, 월 단위, 일 단위 또는 시간 단위로 계산할 수 있다. 다만, 다음 각 호의 어느 하나에 해당하는 경우에는 해당 재산의 가액에 해당 요율을 곱한 금액으로 하되, 제6호 단서의 경우에는 총괄청이 해당 요율이 적용되는 한도를 정하여 고시할 수 있다.
> 1. 경작용(「농지법 시행령」 제2조 제3항 제2호에 해당하는 시설로 직접 사용하는 용도를 포함한다) 또는 목축용인 경우 : 1천분의 10 이상
> 1의2. 「수산업법」에 따른 어업, 「내수면어업법」에 따른 내수면어업 또는 「양식산업발전법」에 따른 양식업(이하 이 호에서 "어업등"이라 한다)에 직접 사용하는 경우(어업등의 영위에 필요한 다음 각 목의 시설로 직접 사용하는 경우를 포함한다) : 1천분의 10 이상

가. 어구 등 어업등에 사용하는 장비를 보관하기 위한 시설

나. 수산종자 생산시설, 수산종자 배양장 등 수산자원 육성시설

다. 어업등으로 생산한 생산물의 건조, 간이 보관 시설 및 패류의 껍데기를 까기 위한 시설

라. 해수 취수·배수 및 여과를 위한 시설

마. 어업등으로 생산한 생산물 또는 어업등에 사용하는 장비를 선박에서 육지로 이동하기 위한 하역시설(생산물의 보관시설은 제외한다)

바. 그 밖에 어업등을 영위하기 위하여 필요한 시설로서 기획재정부장관이 정하여 고시하는 시설

1의3. 「임업·산림 공익기능 증진을 위한 직접지불제도 운영에 관한 법률」에 따른 임산물생산업 또는 육림업에 직접 사용하는 경우 : 1천분의 10 이상

2. 주거용인 경우 : 1천분의 20 이상(「국민기초생활 보장법」 제2조 제2호에 따른 수급자가 주거용으로 사용하는 경우 : 1천분의 10 이상)

3. 행정목적의 수행에 사용하는 경우 : 1천분의 25 이상

3의2. 지방자치단체가 해당 지방자치단체의 행정목적 수행에 사용하는 경우 : 1천분의 25 이상

3의3. 지방자치단체나 지방공기업이 법 제18조 제1항 제3호에 따른 사회기반시설로 사용하는 경우 : 1천분의 25 이상

4. 공무원의 후생목적으로 사용하는 경우 : 1천분의 40 이상

5. 「사회복지사업법」 제2조 제1호에 따른 사회복지사업에 직접 사용하는 경우 및 「부동산 실권리자명의 등기에 관한 법률 시행령」 제5조 제1항 제1호·제2호에 따른 종교단체가 그 고유목적사업에 직접 사용하는 경우 : 1천분의 25 이상

6. 「소상공인기본법」 제2조에 따른 소상공인(이하 "소상공인"이라 한다)이 경영하는 업종(「중소기업창업 지원법」 제5조 제1항 단서에 해당하는 업종은 제외한다)에 직접 사용하는 경우 : 1천분의 30 이상. 다만, 천재지변이나 「재난 및 안전관리 기본법」 제3조 제1호의 재난, 경기침체, 대량실업 등으로 인한 경영상의 부담을 완화하기 위해 총괄청이 기간을 정하여 고시하는 경우에는 1천분의 10 이상의 요율을 적용한다.

6의2. 「중소기업기본법」 제2조에 따른 중소기업(소상공인은 제외하며, 이하 "중소기업"이라 한다)이 경영하는 업종(「중소기업창업 지원법」 제5조 제1항 단서에 해당하는 업종은 제외한다)에 직접 사용하는 경우로서 천재지변이나 「재난 및 안전관리 기본법」 제3조 제1호의 재난, 경기침체, 대량실업 등으로 인한 경영상의 부담을 완화하기 위해 총괄청이 기간을 정하여 고시하는 경우 : 1천분의 30 이상

7. 다음 각 목의 어느 하나에 해당하는 기업 또는 조합이 해당 법령에 따른 사업 목적 달성을 위해 직접 사용하는 경우 : 1천분의 25 이상

가. 사회적기업

나. 협동조합 및 사회적협동조합

다. 자활기업

라. 마을기업

② 제1항에 따라 사용료를 계산할 때 해당 재산가액은 다음 각 호의 방법으로 산출한다. 이 경우 제1호, 제2호 및 제3호 본문에 따른 재산가액은 허가기간 동안 연도마다 결정하고, 제3호 단서에 따른 재산가액은 감정평가일부터 3년 이내에만 적용할 수 있다.

  1. 토지 : 사용료 산출을 위한 재산가액 결정 당시의 개별공시지가(「부동산 가격공시에 관한 법률」 제10조에 따른 해당 토지의 개별공시지가로 하며, 해당 토지의 개별공시지가가 없으면 같은 법 제8조에 따른 공시지가를 기준으로 하여 산출한 금액을 말한다. 이하 같다)를 적용한다.

  2. 주택 : 사용료 산출을 위한 재산가액 결정 당시의 주택가격으로서 다음 각 목의 구분에 따른 가격으로 한다.

    가. 단독주택 : 「부동산 가격공시에 관한 법률」 제17조에 따라 공시된 해당 주택의 개별주택가격

    나. 공동주택 : 「부동산 가격공시에 관한 법률」 제18조에 따라 공시된 해당 주택의 공동주택가격

    다. 개별주택가격 또는 공동주택가격이 공시되지 아니한 주택 : 「지방세법」 제4조 제1항 단서에 따른 시가표준액

  3. 그 외의 재산 : 「지방세법」 제4조 제2항에 따른 시가표준액으로 한다. 다만, 해당 시가표준액이 없는 경우에는 하나의 감정평가법인등의 평가액을 적용한다.

③ 경작용으로 사용허가하는 경우의 사용료는 제1항 제1호에 따라 산출한 사용료와 「통계법」 제3조 제3호의 통계작성기관이 조사·발표하는 농가경제조사통계에 따른 해당 시·도 농가별 단위면적당 농작물수입(서울특별시·인천광역시는 경기도, 대전광역시·세종특별자치시는 충청남도, 광주광역시는 전라남도, 대구광역시는 경상북도, 부산광역시·울산광역시는 경상남도의 통계를 각각 적용한다)의 10분의 1에 해당하는 금액 중 적은 금액으로 할 수 있다.

④ 국유재산인 토지의 공중 또는 지하 부분을 사용허가하는 경우의 사용료는 제1항에 따라 산출된 사용료에 그 공간을 사용함으로 인하여 토지의 이용이 저해되는 정도에 따른 적정한 비율을 곱하여 산정한 금액으로 한다.

⑤ 제1항에 따른 사용료는 공개하여야 하며, 그 공개한 사용료 미만으로 응찰한 입찰서는 무효로 한다.

⑥ 경쟁입찰로 사용허가를 하는 경우 첫해의 사용료는 최고입찰가로 결정하고, 2차 연도 이후 기간(사용허가를 갱신하지 아니한 사용허가기간 중으로 한정한다)의 사용료는 다음의 계산식에 따라 산출한다. 다만, 제1항 제6호 단서 및 같은 항 제6호의2에 따라 총괄청이 기간을 정하여 고시하는 경우 해당 기간의 사용료는 같은 항 제6호 단서 및 같은 항 제6호의2에 따라 각각 산출한 사용료로 한다.

[(입찰로 결정된 첫해의 사용료) × (제2항에 따라 산출한 해당 연도의 재산가액) ÷ (입찰 당시의 재산가액)]

⑦ 보존용재산을 사용허가하는 경우에 재산의 유지·보존을 위하여 관리비가 특히 필요할 때에는 사용료에서 그 관리비 상당액을 뺀 나머지 금액을 징수할 수 있다.

⑧ 제7항의 경우에 해당 보존용재산이 훼손되었을 때에는 공제된 관리비 상당액을 추징한다.

⑨ 제7항의 관리비의 범위는 기획재정부령으로 정한다.

(4) 분납가능(제32조)

1) 50만원 초과하는 경우에만 연 12회 이내에서 분납 가능(1년정기예금 수신금리 고려하여 이자 결정)

2) 1천만원 이상인 경우는 연간 사용료의 50% 범위 내에서 보증금 예치하게 하거나 이행보증조치 해야 한다(허가를 갱신하는 경우를 포함한다).

(5) 사용료 납부기한(영 제30조 제1항 ~ 제3항)

1) 사용료는 선납하여야 한다. 납부기한은 사용허가를 한 날부터 60일 이내로 하되 사용·수익을 시작하기 전으로 한다(부득이한 경우 따로 정할 수 있음). 다만, 중앙관서의 장은 부득이한 사유로 납부기한까지 사용료를 납부하기 곤란하다고 인정될 때에는 납부기한을 따로 정할 수 있다.

2) 천재지변, 재난, 경기침체, 대량실업 등으로 인한 경영상의 부담완화를 위해 총괄청이 대상과 기간을 정하여 고시하는 경우에는 해당 기간에 납부기한이 도래하거나 납부고지된 사용료를 고시로 정하는 바에 따라 1년의 범위에서 미루어 내게 할 수 있다.

(6) 2년차 사용료(영 제31조)

1) 입찰사용료 × 재산가액 / 입찰 시 재산가액

2) 사용료 조정 - 동일인(상속인/포괄승계인)이 1년 초과 사용 시(제33조) [기출33]

① 경작용, 목축용, 어업, 내수면어업, 양식업, 임산물생산업, 육림업, 주거용인 경우 : 전년대비 5% 이상 증가 시(사용허가를 갱신하는 경우도 포함) 5% 증가

② 상가건물 임대차보호법상 상가 : 전년대비 5% 이상 증가 시(사용허가를 갱신하는 경우를 포함하되, 사용허가를 2회 이상 갱신하는 경우에는 2회차 이상에 해당하는 갱신기간의 각 최초 연도의 경우는 제외한다) 5% 증가

③ 그 외 : 전년대비 9% 이상 증가 시(사용허가를 갱신하는 최초 연도의 경우는 제외) 9% 증가

(7) 사용료 감면(법 제34조 및 시행령 제32조) [기출28 29 31 32]

1) 중앙관서의 장은 다음 어느 하나에 해당하면 대통령령으로 정하는 바에 따라 그 사용료를 면제할 수 있다.

① 행정재산으로 할 목적으로 기부를 받은 재산에 대하여 기부자나 그 상속인, 그 밖의 포괄승계인에게 사용허가하는 경우

→ 사용료 총액이 기부받은 재산의 가액이 될 때까지 면제할 수 있되, 그 기간은 20년을 넘을 수 없다.

→ 지식재산인 경우에는 20년으로 한다. [기출33]

→ 건물이나 그 밖의 시설물을 기부받은 경우에는 사용료 총액에 그 건물이나 시설물의 부지사용료를 합산한다.

② 건물 등을 신축하여 기부채납을 하려는 자가 신축기간에 그 부지를 사용하는 경우

③ 행정재산을 직접 공용·공공용 또는 비영리 공익사업용으로 사용하려는 지방자치단체에 사용허가하는 경우

→ 지방자치단체는 사용료를 면제받으려면 그 재산의 취득 계획을 중앙관서의 장에게 제출하여야 한다. 중앙관서의 장이 사용료를 면제하려는 경우 사용허가 기간은 1년을 초과해서는 안 된다.

④ 행정재산을 직접 비영리 공익사업용으로 사용하려는 대통령령으로 정하는 공공단체(법령에 따라 정부가 자본금의 전액을 출자하는 법인 및 법령에 따라 정부가 기본재산의 전액을 출연하는 법인)에 사용허가하는 경우 [기출31]

2) 천재지변/재난으로 사용하지 못하게 된 경우 그 사용하지 못한 기간에 대한 사용료를 면제할 수 있다.

3) 중앙관서의 장은 행정재산의 형태·규모·내용연수 등을 고려하여 활용성이 낮거나 보수가 필요한 재산 등 대통령령으로 정하는 행정재산을 사용허가하는 경우에는 대통령령으로 정하는 바에 따라 사용료를 감면할 수 있다.

> *** 활용성이 낮거나 보수가 필요한 재산 등 대통령령으로 정하는 행정재산의 사용료 감면 기준**
> 1. 통행이 어렵거나 경사지거나 부정형(不定形) 등의 사유로 활용이 곤란한 토지로서 면적이 100제곱미터(㎡) 이하이고 재산가액이 1천만원 이하인 경우 : 사용료의 100분의 30을 감면
> 2. 면적이 30제곱미터 이하인 토지로서 재산가액이 100만원 이하인 경우 : 사용료의 100분의 30을 감면
> 3. 다음 어느 하나에 해당하는 건물로서 사용허가를 받은 자가 시설보수 비용을 지출하는 경우 : 지출하는 보수비용에 상당하는 금액을 사용료에서 감면(최초 1회로 한정한다)
>   가. 준공 후 20년이 지난 건물로서 원활한 사용을 위하여 보수가 필요한 경우
>   나. 「시설물의 안전 및 유지관리에 관한 특별법 시행령」 제12조에 따른 시설물의 안전등급 기준이 같은 영 별표 8에 따른 C등급 이하인 건물로서 안전관리를 위하여 보수가 필요한 경우
>   다. 천재지변이나 그 밖의 재해 등으로 인하여 파손된 건물로서 별도의 보수가 필요한 경우

(8) 사용허가기간(제35조)

1) 행정재산의 사용허가기간은 5년 이내로 한다. 다만, 기부채납의 경우는 사용료 총액이 기부받은 재산가액에 이르는 기간 이내로 한다.

2) 대통령령으로 정하는 경우를 제외하고 5년을 초과하지 않는 범위에서 종전의 사용허가를 갱신할 수 있다. 다만, 수의의 방법으로 사용허가를 할 수 있는 경우가 아니면 1회만 갱신할 수 있다. [기출28] → 갱신받으려는 자는 허가기간 만료 1개월 전에 중앙관서의 장에게 신청해야 한다. [기출34]

대통령령으로 정하는 경우(영 제34조)

1. 사용허가 범위에 포함되지 아니한 경우
   ① 공용·공공용·기업용 재산 : 그 용도나 목적에 장애가 되지 아니하는 범위
   ② 보존용재산 : 보존목적의 수행에 필요한 범위
2. 사용허가의 취소와 철회 사유에 해당하는 경우
   ① 거짓 진술을 하거나 부실한 증명서류를 제시하거나 그 밖에 부정한 방법으로 사용허가를 받은 경우
   ② 사용허가 받은 재산을 제30조 제2항을 위반하여 다른 사람에게 사용·수익하게 한 경우

   > (제30조 제2항) 허가 외의 자에게 사용·수익하게 하여서는 아니 된다. 다만, 아래 경우는 중앙관서의 장의 승인을 받아 다른 사람에게 사용·수익하게 할 수 있다(그 용도나 목적에 장애가 되거나 원상회복이 어려운 경우에는 승인하여서는 아니 된다).
   > ① 기부를 받은 재산에 대하여 사용허가를 받은 자가 그 재산의 기부자이거나 그 상속인, 그 밖의 포괄승계인인 경우
   > ② 지방자치단체나 지방공기업이 행정재산에 대하여 제18조 제1항 제3호에 따른 사회기반시설로 사용·수익하기 위한 사용허가를 받은 후 이를 지방공기업 등 대통령령으로 정하는 기관으로 하여금 사용·수익하게 하는 경우

   ③ 해당 재산의 보존을 게을리하였거나 그 사용목적을 위배한 경우
   ④ 납부기한까지 사용료를 납부하지 아니하거나 제32조 제2항 후단(사용료가 1천만원 이상인 경우 사용료의 50% 범위 내)에 따른 보증금 예치나 이행보증조치를 하지 아니한 경우
   ⑤ 중앙관서의 장의 승인 없이 사용허가를 받은 재산의 원래 상태를 변경한 경우
3. 사용허가한 재산을 국가나 지방자치단체가 직접 공용이나 공공용으로 사용하기 위하여 필요한 경우
4. 사용허가 조건을 위반한 경우
5. 중앙관서의 장이 사용허가 외의 방법으로 해당 재산을 관리·처분할 필요가 있다고 인정되는 경우 [기출28 33]

---

3) **갱신 시 사용료**

사용허가를 갱신하는 경우 갱신된 사용허가 기간의 연간 사용료는 다음 ①, ② 중 큰 금액으로 한다. 다만, 제29조 제1항 제6호 단서 및 같은 항 제6호의2에 따라 총괄청이 기간을 정하여 고시하는 경우 해당 기간의 사용료는 같은 항 제6호 단서 및 같은 항 제6호의2에 따라 각각 산출한 사용료로 한다.

> 영 제29조 제1항 제6호 : 「소상공인기본법」 제2조에 따른 소상공인(이하 "소상공인"이라 한다)
> 이 경영하는 업종(「중소기업창업 지원법」 제5조 제1항 단서에 해당하는 업종은 제외한다)에 직
> 접 사용하는 경우 : 1천분의 30 이상. 다만, 천재지변이나 「재난 및 안전관리 기본법」 제3조
> 제1호의 재난, 경기침체, 대량실업 등으로 인한 경영상의 부담을 완화하기 위해 총괄청이 기간
> 을 정하여 고시하는 경우에는 1천분의 10 이상의 요율을 적용한다.
>
> 영 제29조 제1항 제6호의2 : 「중소기업기본법」 제2조에 따른 중소기업(소상공인은 제외하며,
> 이하 "중소기업"이라 한다)이 경영하는 업종(「중소기업창업 지원법」 제5조 제1항 단서에 해당
> 하는 업종은 제외한다)에 직접 사용하는 경우로서 천재지변이나 「재난 및 안전관리 기본법」 제
> 3조 제1호의 재난, 경기침체, 대량실업 등으로 인한 경영상의 부담을 완화하기 위해 총괄청이
> 기간을 정하여 고시하는 경우 : 1천분의 30 이상

① 시행령 제29조에 따라 산출한 사용료
② 갱신직전 연도 연간 사용료[1] × 해당 연도 재산가액 / 갱신직전 연도 재산가액

단, 수의의 방법으로 사용허가를 받은 경우로서 그 사용허가를 갱신하는 경우 갱신된 사용허가
기간의 연간 사용료는 갱신시점에서 시행령 제29조에 따라 산출한 사용료로 한다(두 번에 걸쳐
유효한 입찰이 성립되지 아니한 경우 제외).

4. 사용허가의 취소와 철회(제36조) [기출28 35]

1) 중앙관서의 장은 행정재산의 사용허가를 받은 자가 다음 어느 하나에 해당하면 그 허가를 취소
   하거나 철회할 수 있다.

   ① 거짓 진술을 하거나 부실한 증명서류를 제시하거나 그 밖에 부정한 방법으로 사용허가를
      받은 경우
   ② 사용허가 받은 재산을 제30조 제2항을 위반하여 다른 사람에게 사용·수익하게 한 경우

   > (제30조 제2항) 허가 외의 자에게 사용·수익하게 하여서는 아니 된다. 다만, 아래 경우는 중앙
   > 관서의 장의 승인을 받아 다른 사람에게 사용·수익하게 할 수 있다(그 용도나 목적에 장애가
   > 되거나 원상회복이 어려운 경우에는 승인하여서는 아니 된다).
   > ① 기부를 받은 재산에 대하여 사용허가를 받은 자가 그 재산의 기부자이거나 그 상속인, 그
   >   밖의 포괄승계인인 경우
   > ② 지방자치단체나 지방공기업이 행정재산에 대하여 제18조 제1항 제3호에 따른 사회기반시설
   >   로 사용·수익하기 위한 사용허가를 받은 후 이를 지방공기업 등 대통령령으로 정하는 기관
   >   으로 하여금 사용·수익하게 하는 경우

---

1) 제29조 제1항 제6호 단서 및 같은 항 제6호의2에 따라 연간 사용료가 변경된 경우에는 변경 전 연간 사용료를
   말한다.

③ 해당 재산의 보존을 게을리하였거나 그 사용목적을 위배한 경우 [기출29 35]

④ 납부기한까지 사용료를 납부하지 아니하거나 제32조 제2항 후단에 따른 보증금 예치나 이행보증조치를 하지 아니한 경우

⑤ 중앙관서의 장의 승인 없이 사용허가를 받은 재산의 원래 상태를 변경한 경우

2) 중앙관서의 장은 사용허가한 행정재산을 국가나 지방자치단체가 직접 공용이나 공공용으로 사용하기 위하여 필요하게 된 경우에는 그 허가를 철회할 수 있다.

철회로 인하여 해당 사용허가를 받은 자에게 손실이 발생하면 그 재산을 사용할 기관은 대통령령으로 정하는 바(아래 ①, ②)에 따라 보상해야 한다.

① 사용허가 철회 당시를 기준으로 아직 남은 허가기간에 해당하는 시설비 or 시설이전(수목 옮겨심기 포함)에 필요한 경비

② 사용허가 철회에 따라 시설을 이전하거나 새로운 시설을 설치하게 되는 경우 그 기간 동안 영업을 할 수 없게 됨으로써 발생하는 손실에 대한 평가액

3) 중앙관서의 장은 사용허가를 취소하거나 철회한 경우에 그 재산이 기부를 받은 재산으로서 제30조 제2항 단서(다른 사람에게 사용·수익하게 한 경우)에 따라 사용·수익하고 있는 자가 있으면 그 사용·수익자에게 취소 또는 철회 사실을 알려야 한다.

5. 청문(제37조) [기출28 29 31 32 34]

사용허가 취소나 철회 시 청문을 해야 한다.

6. 원상회복(제38조) [기출34 35]

사용허가를 받은 자는 허가기간이 끝나거나 사용허가가 취소 또는 철회된 경우에는 그 재산을 원래 상태대로 반환하여야 한다. 다만, 중앙관서의 장이 미리 상태의 변경을 승인한 경우에는 변경된 상태로 반환할 수 있다.

7. 관리 소홀에 대한 제재(제39조)

사용료를 넘지 않는 범위에서 가산금을 징수할 수 있다.

→ 가산금은 사용허가 할 때 정해야 한다.

→ 가산금은 중앙관서의 장 또는 위임받은 자가 징수해야 한다.

→ 가산금을 징수할 때에는 그 금액, 납부기한, 납부장소와 가산금 산출근거를 명시하여 문서로 고지해야 한다.

→ 납부기한은 고지한 날부터 60일 이내로 한다.

8. 용도폐지(제40조)

1) 중앙관서의 장은 행정재산이 다음 어느 하나에 해당하는 경우에는 지체 없이 그 용도를 폐지해야 한다.

① 행정목적으로 사용되지 아니하게 된 경우

② 행정재산으로 사용하기로 결정한 날부터 5년이 지난날까지 행정재산으로 사용되지 아니한 경우 [기출29 31 32]

③ 제57조에 따라 개발하기 위하여 필요한 경우

> 1. 「건축법」 제2조에 따른 건축, 대수선, 리모델링 등의 행위
> 2. 「공공주택 특별법」, 「국토의 계획 및 이용에 관한 법률」, 「도시개발법」, 「도시 및 주거환경정비법」, 「산업입지 및 개발에 관한 법률」, 「주택법」, 「택지개발촉진법」 및 그 밖에 대통령령으로 정하는 법률에 따라 토지를 조성하는 행위

2) 중앙관서의 장은 용도폐지를 한 때에는 그 재산을 지체 없이 총괄청에 인계하여야 한다. 다만, 다음 어느 하나에 해당하는 재산은 그러하지 아니하다.

① 관리전환, 교환 또는 양여의 목적으로 용도를 폐지한 재산

② 제5조 제1항 제2호(선박, 부표, 부잔교, 부선거 및 항공기와 그들의 종물)의 재산

③ 공항·항만 또는 산업단지에 있는 재산으로서 그 시설운영에 필요한 재산

④ 총괄청이 그 중앙관서의 장에게 관리·처분하도록 하거나 다른 중앙관서의 장에게 인계하도록 지정한 재산

9. 우선사용 예약(제40조의2)

① 중앙관서의 장은 행정재산이 용도폐지된 날부터 1개월 이내에 장래의 행정수요에 대비하기 위해 사용승인을 우선적으로 해줄 것을 총괄청에 신청할 수 있다.
(재산의 표시, 사용목적, 사용계획, 총괄청이 필요하다고 인정하는 사항을 적은 신청서에 사업계획서를 첨부하여 제출)

② 총괄청은 중앙관서의 장이 제출한 사업계획 및 다른 기관의 행정수요 등을 고려하여 우선사용예약을 승인할 수 있다.

③ 중앙관서의 장이 우선사용예약을 승인받은 날부터 3년 이내에 총괄청으로부터 사용승인을 받지 아니한 경우에는 그 우선사용예약은 효력을 잃는다.

확인문제

01 국유재산법령상 행정재산에 관한 설명으로 옳지 않은 것은? ✦ 32회

① 중앙관서의 장은 행정재산을 직접 공공용으로 사용하려는 지방자치단체에 사용허가하는 경우에는 사용료를 면제할 수 있다.

② 중앙관서의 장은 사용허가를 받은 행정재산을 천재지변으로 사용하지 못하게 되면 그 사용하지 못한 기간에 대한 사용료를 면제할 수 있다.

③ 중앙관서의 장은 행정재산의 사용허가를 철회하려는 경우에는 「행정절차법」 제27조의 의견제출을 거쳐야 한다.

④ 중앙관서의 장은 행정재산으로 사용하기로 결정한 날부터 5년이 지난 날까지 행정재산으로 사용되지 아니한 경우에는 지체 없이 그 용도를 폐지하여야 한다.

⑤ 행정재산은 「민법」 제245조에도 불구하고 시효취득의 대상이 되지 아니한다.

답 ③

02 국유재산법령상 행정재산의 사용허가에 관한 설명으로 옳은 것은? ✦ 32회

① 중앙관서의 장은 보존용 행정재산의 용도나 목적에 장애가 되지 아니하는 범위에서만 그에 대한 사용허가를 할 수 있다.

② 행정재산을 주거용으로 사용허가를 하는 경우에는 일반경쟁의 방법으로 사용허가를 받을 자를 결정하여야 한다.

③ 중앙관서의 장은 사용허가한 행정재산을 지방자치단체가 직접 공공용으로 사용하기 위하여 필요하게 된 경우에는 그 허가를 철회할 수 있다.

④ 행정재산으로 할 목적으로 기부를 받은 재산에 대하여 기부자에게 사용허가하는 경우에는 그 사용허가기간은 5년 이내로 한다.

⑤ 행정재산의 사용허가에 관하여는 「국유재산법」에서 정한 것을 제외하고는 「민법」의 규정을 준용한다.

답 ③

03 국유재산법령상 중앙관서의 장이 행정재산의 사용료를 면제할 수 있는 경우에 해당하지 않는 것은? ✦ 31회

① 행정재산으로 할 목적으로 기부를 받은 재산에 대하여 기부자의 상속인에게 사용허가하는 경우

② 건물 등을 신축하여 기부채납을 하려는 자가 신축기간에 그 부지를 사용하는 경우

③ 행정재산을 직접 공공용으로 사용하려는 지방자치단체에 사용허가하는 경우

④ 사용허가를 받은 행정재산을 천재지변으로 사용하지 못하게 되었을 때 그 사용하지 못한 기간에 대한 사용료의 경우

⑤ 법령에 따라 정부가 자본금의 50퍼센트 이상을 출자하는 법인이 행정재산을 직접 비영리 공익사업용으로 사용하고자 하여 사용허가하는 경우

답 ⑤

04 국유재산법령상 행정재산에 관한 설명으로 옳지 않은 것은? ◆ 31회

① 행정재산은 사유재산과 교환할 수 없다.

② 행정재산을 경쟁입찰의 방법으로 사용허가하는 경우 1개 이상의 유효한 입찰이 있으면 최고가격으로 응찰한 자를 낙찰자로 한다.

③ 두 번에 걸쳐 유효한 입찰이 성립되지 아니한 행정재산의 경우 수의의 방법으로 사용허가를 받을 자를 결정할 수 있다.

④ 중앙관서의 장이 행정재산의 사용허가를 철회하려는 경우에는 청문을 하여야 한다.

⑤ 중앙관서의 장은 행정재산으로 사용하기로 결정한 날부터 5년이 지난 날까지 행정재산으로 사용되지 아니한 행정재산은 지체 없이 그 용도를 폐지하여야 한다.

답 ①

01 행정재산은 처분하지 못한다. 다만, 공유 또는 사유재산과 교환하여 그 교환받은 재산을 행정재산 으로 관리하려는 경우에는 교환할 수 있다. (   )

02 중앙관서의 장은 소관 국유재산의 관리 · 처분 업무를 효율적으로 수행하기 위하여 그 관서의 고위 공무원으로서 기획 업무를 총괄하는 직위에 있는 자를 국유재산책임관으로 임명하여야 한다(직위 를 지정하는 것으로 갈음할 수 있다). (   )

03 중앙관서의 장은 국가기관 외의 자에게 그 재산의 관리를 위탁할 수 있으며 관리위탁을 받은 자는 미리 총괄청의 승인을 받아 위탁받은 재산의 일부를 사용 · 수익하거나 다른 사람에게 사용 · 수익 하게 할 수 있다. (   )

04 사용허가를 받은 자는 그 재산을 어떠한 경우에도 다른 사람에게 사용 · 수익하게 하여서는 아니 된다. (   )

05 행정재산의 사용허가에 관하여는 이 법에서 정한 것을 제외하고는 「민법」상 계약에 관한 규정을 준용한다. (   )

06 행정재산을 수의의 방법으로 사용허가를 받을 자를 결정할 수 있는 경우가 아닌 것은?
(   )

> 1. 주거용으로 사용허가를 하는 경우
> 2. 경작용으로 실경작자에게 사용허가를 하는 경우
> 3. 외교상 또는 국방상의 이유로 사용 · 수익 행위를 비밀리에 할 필요가 있는 경우
> 4. 재해 복구나 구호의 목적으로 사용허가를 하는 경우
> 5. 대부료 면제의 대상이 되는 자에게 사용허가를 하는 경우
> 6. 국가와 재산을 공유하는 자에게 국가의 지분에 해당하는 부분에 대하여 사용허가를 하는 경우
> 7. 사용목적이나 계절적 요인 등을 고려하여 9개월 미만의 사용허가를 하는 경우
> 8. 세 번에 걸쳐 유효한 입찰이 성립되지 아니한 경우

07 중앙관서의 장은 행정재산에 대하여 일반경쟁입찰을 세 번 실시하여도 낙찰자가 없는 재산에 대하 여는 네 번째 입찰부터 최초 사용료 예정가격의 100분의 20을 최저한도로 하여 매회 100분의 10 의 금액만큼 그 예정가격을 낮추는 방법으로 조정할 수 있다. (   )

08 사용료가 20만원 이하인 경우에는 통합 징수할 수 있고, 50만원이 초과되는 경우에는 12회/년 이내 분납할 수 있다. 1,000만원 이상인 경우에는 사용료의 50%에 해당하는 금액 범위에서 보증금을 예치하게 하거나 이행보증조치를 할 수 있다. (   )

09 사용료율 빈 칸을 채우시오. (   )

> 1. 경작용 또는 목축용인 경우 : (   )
> 2. 임산물생산업 또는 육림업에 직접 사용하는 경우 : (   )
> 3. 주거용인 경우 : (   )
> 4. 공무원의 후생목적으로 사용하는 경우 : (   )
> 5. 소상공인이 경영하는 업종에 직접 사용하는 경우 : (   )

10 건물 등을 신축하여 기부채납을 하려는 자가 신축기간에 그 부지를 사용하는 경우에는 사용료를 감면해야 한다. (   )

11 행정재산의 사용허가기간은 5년 이내로 한다. 수의의 방법으로 사용허가를 하는 경우를 제외하고 1회만 갱신할 수 있다. (   )

12 중앙관서의 장은 사용허가한 행정재산을 국가나 지방자치단체가 직접 공용이나 공공용으로 사용하기 위하여 필요하게 된 경우에는 그 허가를 취소할 수 있다. (   )

13 중앙관서의 장은 행정재산의 사용허가를 취소하거나 철회하려는 경우에는 청문을 할 수 있다. (   )

14 중앙관서의 장은 행정목적으로 사용되지 아니하게 된 경우 및 행정재산으로 사용하기로 결정한 날부터 5년이 지난 날까지 행정재산으로 사용되지 아니한 경우에는 그 다음날 용도를 폐지하여야 한다. (   )

15 중앙관서의 장은 용도폐지된 재산에 대하여 사용승인을 우선적으로 해 줄 것을 용도폐지된 날부터 1개월 이내에 총괄청에 신청할 수 있다. 우선사용예약을 승인받은 날부터 2년 이내에 총괄청으로부터 사용승인을 받지 아니한 경우에는 그 우선사용예약은 효력을 잃는다. (   )

01 (O)

02 (O)

03 (×) 중앙관서의 장의 승인을 받아 위탁받은 재산의 일부를 사용·수익하거나 다른 사람에게 사용·수익하게 할 수 있다.

04 (×)

> * 중앙관서의 장의 승인을 받아 다른 사람에게 사용·수익하게 할 수 있는 경우
> 1. 기부를 받은 재산에 대하여 사용허가를 받은 자가 그 재산의 기부자이거나 그 상속인, 그 밖의 포괄승계인인 경우
> 2. 지방자치단체나 지방공기업이 행정재산에 대하여 제18조 제1항 제3호에 따른 사회기반시설로 사용·수익하기 위한 사용허가를 받은 후 이를 지방공기업 등 대통령령으로 정하는 기관으로 하여금 사용·수익하게 하는 경우

05 (×)「국가를 당사자로 하는 계약에 관한 법률」의 규정을 준용한다.

06 (5, 7, 8)

> 5. 사용료 면제의 대상이 되는 자에게 사용허가를 하는 경우
> 7. 사용목적이나 계절적 요인 등을 고려하여 6개월 미만의 사용허가를 하는 경우
> 8. 두 번에 걸쳐 유효한 입찰이 성립되지 아니한 경우

07 (×) 세 번이 아니라 두 번이다.

08 (×) 보증금을 예치하게 하거나 이행보증조치를 하도록 하여야 한다.

09 사용료율 빈 칸을 채우시오.

> 1. 경작용 또는 목축용인 경우 : 1천분의 10 이상
> 2. 임산물생산업 또는 육림업에 직접 사용하는 경우 : 1천분의 10 이상
> 3. 주거용인 경우 : 1천분의 20 이상
> 4. 공무원의 후생목적으로 사용하는 경우 : 1천분의 40 이상
> 5. 소상공인이 경영하는 업종에 직접 사용하는 경우 : 1천분의 30 이상

10 (×) 감면할 수 있다.

11 (○) 수의의 방법으로 사용허가를 할 수 있는 경우가 아니면 1회만 갱신할 수 있다.

12 (×) 철회할 수 있다.

13 (×) 청문을 하여야 한다.

14 (×) 지체 없이 그 용도를 폐지하여야 한다.

15 (×) 우선사용예약을 승인받은 날부터 3년 이내에 총괄청으로부터 사용승인을 받지 아니한 경우에는 그 우선사용예약은 효력을 잃는다.

일반재산

일반재산은 처분과 대부가 가능하다. 따라서 처분한 경우와 대부에 대한 상세한 내용정리가 요구된다.
① 대부기간 및 대부료
② 처분재산의 가격결정, 개척・매립・간척・조림을 위한 예약
③ 교환 및 양여 사유
④ 개발 및 현물출자

제1절 통칙

총 = 총괄청,   중 = 중앙관서의 장

Ⅰ 처분 등(제41조)

1) 일반재산은 대부 또는 처분할 수 있다. [기출28 29 30]

2) 중앙관서의 장은 국가의 활용계획이 없는 건물이나 그 밖의 시설물이 아래 해당하는 경우에는 철거할 수 있다.
   ① 구조상 공중의 안전에 미치는 위험이 중대한 경우
   ② 재산가액에 비하여 유지・보수 비용이 과다한 경우[기출29]
   ③ 위치, 형태, 용도, 노후화 등의 사유로 철거가 불가피하다고 중앙관서의 장등이 인정하는 경우

Ⅱ 관리・처분 사무의 위임/위탁(제42조)

1) 총괄청은 ① 일반재산의 관리・처분 사무의 일부를 총괄청 소속공무원, 중앙관서의 장 또는 그 소속공무원, 지방자치단의 장 또는 그 소속공무원에게 위임하거나 ② 정부출자기업체, 금융기관, 투자매매업자, 투자중개업자, 특별법에 따라 설립된 법인에 위탁할 수 있다. [기출31]

   * 일반재산의 관리・처분에 관한 사무를 위임・위탁받은 자가 해당 일반재산의 대부료를 면제하려는 경우에는 미리 총괄청의 승인을 받아야 한다(영 제50조 제3항).

2) 총괄청은 일반재산의 관리・처분에 관한 사무의 일부를 위탁받을 수 있으며 중앙관서의 장과 협의하여 특별법에 따라 설립된 법인에게 재위탁할 수 있다. → 총괄청은 위탁받은 일반재산의 관리・처분에 관한 사무를 한국자산관리공사에 위탁한다.

3) 중앙관서의 장이 특별회계나 기금에 속하는 일반재산을 위탁개발하려는 경우에는 '1)'을 준용하여 위탁할 수 있다.

4) 중앙관서의 장과 '1)'에 따라 위임받은 기관이 일반재산을 관리·처분하는 경우에는 제28조 및 제 29조를 준용한다.

5) 일반재산의 관리·처분에 관한 사무를 위임이나 위탁한 총괄청이나 중앙관서의 장은 위임이나 위탁을 받은 자가 해당 사무를 부적절하게 집행하고 있다고 인정되거나 일반재산의 집중적 관리 등을 위하여 필요한 경우에는 그 위임이나 위탁을 철회할 수 있다.

6) 위임이나 위탁을 받아 관리·처분한 일반재산 중 대통령령으로 정하는 재산(부동산과 그 종물, 증권)의 대부료, 매각대금, 개발수입 또는 변상금은 「국가재정법」 제17조와 「국고금관리법」 제7조에도 불구하고 대통령령으로 정하는 바에 따라 위임이나 위탁을 받은 자에게 귀속시킬 수 있다. 증권의 경우에 시행령 제38조 제1항 각 호의 자에게 귀속시킬 수 있는 매각대금의 범위는 매각 과정에서 발생한 필요경비로 한다. 이 경우 총괄청은 위탁받은 자와 협의하여 필요경비의 100분의 10의 범위에서 대행수수료를 추가로 귀속시킬 수 있다.

시행령 제38조 제1항 각 호
1. 해당 증권을 발행한 법인
2. 「은행법」 제2조 제1항 제2호에 따른 은행(같은 법 제5조에 따라 은행으로 보는 것을 포함한다)
3. 「자본시장과 금융투자업에 관한 법률」에 따른 투자매매업자, 투자중개업자 및 집합투자업자
4. 「예금자보호법」에 따른 예금보험공사
5. 「중소기업은행법」에 따른 중소기업은행
6. 「한국산업은행법」에 따른 한국산업은행
7. 「한국수출입은행법」에 따른 한국수출입은행
8. 「한국은행법」에 따른 한국은행

---

7) 시행령 제38조(관리·처분기관)

시행령 제38조(관리·처분기관)
① 총괄청은 증권의 처분을 중앙관서의 장이나 다음 각 호의 어느 하나에 해당하는 자에게 위탁할 수 있다.
1. 해당 증권을 발행한 법인
2. 「은행법」 제2조 제1항 제2호에 따른 은행(같은 법 제5조에 따라 은행으로 보는 것을 포함한다)
3. 「자본시장과 금융투자업에 관한 법률」에 따른 투자매매업자, 투자중개업자 및 집합투자업자
4. 「예금자보호법」에 따른 예금보험공사
5. 「중소기업은행법」에 따른 중소기업은행
6. 「한국산업은행법」에 따른 한국산업은행
7. 「한국수출입은행법」에 따른 한국수출입은행
8. 「한국은행법」에 따른 한국은행

---

③ 총괄청은 다음 각 호의 일반재산의 관리·처분에 관한 사무(관리·처분과 관련된 소송업무를 포함한다) 및 이미 처분된 총괄청 소관 일반재산의 처분과 관련된 소송업무(제5항 제2호에 따른 소송업무는 제외한다)를 한국자산관리공사에 위탁한다.

1. 국세물납에 따라 취득한 일반재산
2. 법 제40조 제2항 본문에 따라 용도폐지되어 총괄청에 인계된 재산
3. 삭제
4. 법 제59조의2 제2항 전단에 따른 출자로 인하여 취득한 증권
5. 제47조에 따라 대여의 방법으로 운용하기 위하여 총괄청이 지정하는 증권
6. 제79조에 따른 청산법인의 청산이 종결됨에 따라 국가에 현물증여되는 재산
7. 그 밖에 일반재산의 효율적 관리·처분을 위하여 총괄청이 지정하는 재산

⑤ 총괄청 또는 중앙관서의 장은 다음 각 호의 사무를 한국자산관리공사 또는 「한국토지주택공사법」에 따른 한국토지주택공사에 위탁한다.

1. 법 제59조에 따라 개발하려는 일반재산의 관리·처분에 관한 사무
2. 제1호에 따른 일반재산으로서 이미 처분된 총괄청 또는 중앙관서의 장 소관 일반재산의 처분과 관련된 소송업무

⑥ 제1항, 제3항부터 제5항까지의 규정에 따라 위탁을 받은 경우에는 위탁의 근거 규정을 표시하고, 위탁받은 자의 명의로 관리·처분한다.

⑦ 제3항부터 제5항까지의 규정에 따라 일반재산의 관리·처분에 관한 사무를 위탁하는 경우에 위탁료 등 세부적인 내용과 절차는 기획재정부령으로 정한다.

Ⅲ 계약의 방법[법 제43조 및 시행령 제40조]

1. 일반재산은 일반경쟁에 의하여 처분해야 한다(경쟁입찰은 1개 이상의 유효입찰이 있는 경우 최고가격 응찰자를 낙찰자로 한다).

   다만, 계약의 목적·성질·규모 등을 고려하여 필요하다고 인정되면 대통령령으로 정하는 바에 따라 참가자의 자격을 제한하거나 참가자를 지명하여 경쟁에 부치거나 수의계약으로 할 수 있으며, 증권은 대통령령으로 정하는 방법에 따를 수 있다.

2. 제한경쟁/지명경쟁 사유

   ① 토지의 용도 등을 고려할 때 해당 재산에 인접한 토지의 소유자를 지명하여 경쟁에 부칠 필요가 있는 경우
   ② 농경지의 경우에 특별자치시장·특별자치도지사·시장·군수 또는 구청장(자치구)이 인정하는 실경작자를 지명하거나 이들을 입찰에 참가할 수 있는 자로 제한하여 경쟁에 부칠 필요가 있는 경우

③ 법 제49조에 따라 용도를 지정하여 매각하는 경우
  (일반재산을 매각하는 경우에는 대통령령으로 정하는 바에 따라 매수자에게 그 재산의 용도와 그 용도에 사용하여야 할 기간을 정하여 매각 가능)
④ 수의계약 신청이 경합하는 경우

3. 수의계약 사유(처분가격은 예정가격 이상으로 한다)

① 수의계약 사유
  1. 외교상 또는 국방상의 이유로 비밀리에 처분할 필요가 있는 경우
  2. 천재지변이나 그 밖의 부득이한 사유가 발생하여 재해 복구나 구호의 목적으로 재산을 처분하는 경우
  3. 해당 재산을 양여받거나 무상으로 대부받을 수 있는 자에게 그 재산을 매각하는 경우
  4. 지방자치단체가 직접 공용 또는 공공용으로 사용하는 데에 필요한 재산을 해당 지방자치단체에 처분하는 경우
  5. 공공기관이 직접 사무용 또는 사업용으로 사용하는 데에 필요한 재산을 해당 공공기관에 처분하는 경우
  6. 삭제
  7. 개척·매립·간척 또는 조림 사업의 완성을 조건으로 매각을 예약하고, 지정된 기한까지 그 사업이 완성되어 그 완성된 부분을 예약 상대방에게 매각하는 경우
  8. 국유지개발목적회사에 개발 대상 국유재산을 매각하는 경우
  9. 은닉된 국유재산을 국가에 반환한 자에게 매각하는 경우
  10. 법률 제3482호 국유재산법 중 개정법률 부칙 제3조에 해당하는 재산을 당초에 국가로부터 매수한 자(매수자의 상속인 또는 승계인을 포함한다)에게 매각하는 경우
  11. 국가가 인구 분산을 위한 정착사업 등 각종 사업의 시행과 관련하여 이주대책의 목적으로 조성하였거나 조성할 예정인 이주단지의 국유지를 그 이주민에게 매각하는 경우
  12. 다른 국가가 대사관·영사관, 그 밖에 이에 준하는 외교목적의 시설로 사용하기 위하여 필요로 하는 국유재산을 해당 국가에 매각하는 경우
  13. 국가와 국가 외의 자가 공유하고 있는 국유재산을 해당 공유지분권자에게 매각하는 경우
  14. 국유재산으로서 이용가치가 없으며, 국가 외의 자가 소유한 건물로 점유·사용되고 있는 다음 각 목의 어느 하나에 해당하는 국유지를 그 건물 바닥면적의 두 배 이내의 범위에서 그 건물의 소유자에게 매각하는 경우
    가. 2012년 12월 31일 이전부터 국가 외의 자 소유의 건물로 점유된 국유지
    나. 토지 소유자와 건물 소유자가 동일하였으나 판결 등에 따라 토지 소유권이 국가로 이전된 국유지
  15. 2012년 12월 31일 이전부터 종교단체가 직접 그 종교 용도로 점유·사용하고 있는 재산을 그 점유·사용자에게 매각하는 경우
  16. 사유지에 설치된 국가 소유의 건물이나 공작물로서 그 건물이나 공작물의 위치, 규모, 형태 및 용도 등을 고려하여 해당 재산을 그 사유지의 소유자에게 매각하는 경우

17. 국유지의 위치, 규모, 형태 및 용도 등을 고려할 때 국유지만으로는 이용가치가 없는 경우로서 그 국유지와 서로 맞닿은 사유토지의 소유자에게 그 국유지를 매각하는 경우

18. 법률에 따라 수행하는 사업 등을 지원하기 위한 다음 각 목의 어느 하나에 해당하는 경우
    가. 삭제
    나. 삭제
    다. 삭제
    라. 「관광진흥법」 제55조에 따른 조성사업의 시행에 필요한 재산을 그 사업시행자에게 매각하는 경우
    마. 삭제
    바. 삭제
    사. 삭제
    아. 「농지법」에 따른 농지로서 국유지를 대부(사용허가를 포함한다) 받아 직접 5년 이상 계속하여 경작하고 있는 자에게 매각하는 경우
    자. 「사도법」 제4조에 따라 개설되는 사도에 편입되는 국유지를 그 사도를 개설하는 자에게 매각하는 경우
    차. 「산업입지 및 개발에 관한 법률」 제2조에 따른 산업단지 또는 그 배후주거지역에 위치한 국유지를 「영유아보육법」 제14조에 따라 직장어린이집을 설치하려는 자로서 보건복지부장관의 추천을 받은 자에게 1천400제곱미터 범위에서 매각하는 경우
    카. 「산업집적활성화 및 공장설립에 관한 법률」 제13조에 따른 설립승인 대상이 되는 규모의 공장입지에 위치하는 국유지를 공장설립 등의 승인을 받은 자에게 매각하는 경우[국유지의 면적이 공장부지 전체 면적의 50퍼센트 미만(「중소기업창업 지원법」 제45조에 따른 공장설립계획의 승인을 받은 자에 대해서는 국유지 편입비율의 제한을 하지 아니한다)인 경우로 한정한다]
    타. 「주택법」 제15조, 제19조 및 제30조에 따라 매각 대상이 되는 국유지를 그 사업주체에게 매각하는 경우[매각대상 국유지의 면적이 주택건립부지 전체 면적의 50퍼센트 미만(「주택법 시행령」 제3조에 따른 공동주택으로 점유된 국유지에 재건축하는 경우에는 국유지 편입비율의 제한을 받지 아니한다)인 경우로 한정한다]
    파. 「초ㆍ중등교육법」 제2조 각 호의 어느 하나에 해당하는 학교의 부지로 사용되고 있는 재산 또는 「고등교육법」 제2조 각 호의 어느 하나에 해당하는 대학의 부지로 사용되고 있거나 그 대학의 학교법인이 건립하려는 기숙사의 부지에 위치한 재산을 그 학교ㆍ대학 또는 학교법인에 매각하는 경우
    하. 다른 법률에 따라 특정한 사업목적 외의 처분이 제한되거나 일정한 자에게 매각하여야 하는 재산을 그 사업의 시행자 또는 그 법률에서 정한 자에게 매각하는 경우

19. 정부출자기업체의 주주 등 출자자에게 해당 기업체의 지분증권을 매각하는 경우(기출30)

20. 국유지개발목적회사의 주주 등 출자자에게 해당 회사의 지분증권을 매각하는 경우

21. 다음 각 목의 어느 하나에 해당하는 자에게 증권을 매각하거나 그 매각을 위탁 또는 대행하게 하는 경우
   가. 「자본시장과 금융투자업에 관한 법률」에 따른 투자매매업자, 투자중개업자 및 집합투자업자
   나. 「은행법」 제2조 제1항 제2호에 따른 은행(같은 법 제5조에 따라 은행으로 보는 것을 포함한다)
   다. 「보험업법」에 따른 보험회사
   라. 「여신전문금융업법」 제2조 제14호의4에 따른 신기술사업금융전문회사
   마. 「벤처투자 촉진에 관한 법률」 제2조 제10호에 따른 벤처투자회사
   바. 「벤처투자 촉진에 관한 법률」 제50조 제1항 제5호에 따른 회사
   사. 「벤처투자 촉진에 관한 법률」 제70조 제1항 각 호의 어느 하나에 해당하는 자

22. 법률에 따라 설치된 기금을 관리·운용하는 법인에 지분증권을 매각하는 경우

23. 정부출자기업체의 지분증권을 해당 기업체의 경영효율을 높이기 위하여 해당 기업체의 업무와 관련이 있는 법인·조합 또는 단체로서 기획재정부장관이 고시하는 법인·조합 또는 단체에 매각하는 경우

24. 「근로복지기본법」 제2조 제4호에 따른 우리사주조합에 가입한 자(이하 이 조에서 "우리사주조합원"이라 한다)에게 정부출자기업체의 지분증권을 매각하는 경우

25. 두 번에 걸쳐 유효한 입찰이 성립되지 아니하거나 뚜렷하게 국가에 유리한 가격으로 계약할 수 있는 경우

26. 지식재산의 내용상 그 실시(「특허법」 제2조 제3호, 「실용실안법」 제2조 제3호, 「디자인보호법」 제2조 제7호의 실시를 말한다)에 특정인의 기술이나 설비가 필요하여 경쟁입찰에 부치기 곤란한 경우

27. 재산의 위치·형태·용도 등이나 계약의 목적·성질 등으로 보아 경쟁에 부치기 곤란한 경우

28. 국세물납으로 취득한 지분증권을 상속인인 물납자에게 매각하는 경우로서 다음 각 목의 요건을 모두 갖춘 경우
   가. 지분증권 발행법인이 「중소기업기본법 시행령」 제3조 제1항에 따른 중소기업 또는 「중견기업 성장촉진 및 경쟁력 강화에 관한 특별법」 제2조 제1호에 따른 중견기업(라목에 따른 매수 예약 신청일 및 매수 신청일 직전 3개년도 매출액의 평균금액이 3천억원 이상인 기업은 제외한다)일 것
   나. 지분증권 피상속인이 지분증권 발행법인을 10년 이상 계속하여 경영하고, 그 기간 중 다음의 어느 하나에 해당하는 기간 동안 대표이사로 재직할 것. 다만, 2)의 경우는 상속인이 피상속인의 대표이사 직을 승계하여 승계한 날부터 상속개시일까지 계속 재직한 경우에 한정하여 적용한다.
      1) 지분증권 발행법인을 경영한 전체 기간 중 2분의 1 이상의 기간
      2) 10년 이상의 기간
      3) 상속개시일부터 소급하여 10년 중 5년 이상의 기간

다. 상속인 물납자가 지분증권 발행법인의 최대주주 및 대표이사일 것

라. 다목의 물납자가 「상속세 및 증여세법」 제73조에 따른 물납허가일(이하 이 목에서 "물납허가일"이라 한다)부터 1년 이내에 매수예약을 신청하고, 물납허가일부터 5년 이내에 매수를 신청할 것

② 제①의 제15호 및 제18호 자목 및 차목에 따라 수의계약의 방법으로 매각하는 경우 매각일부터 2년 이내에 그 재산을 해당 용도에 사용하지 아니하거나 매각일부터 10년 이내에 그 용도를 폐지하는 경우에는 그 계약을 해제한다는 내용의 특약등기를 하여야 한다.

③ 제①의 제24호에 따라 우리사주조합원에게 지분증권을 수의계약으로 매각하는 경우 우리사주조합원이 이미 소유한 지분증권과 수의계약으로 취득할 지분증권의 합계는 해당 정부출자기업체의 지분증권 발행 총수의 100분의 20을 초과하지 아니하여야 한다.

④ 사실상 또는 소송상 분쟁의 우려 등으로 인하여 수의의 방법으로 계약하기 곤란하다고 인정되는 재산은 경쟁입찰의 방법으로 처분하여야 한다.

4. 증권인 경우 매각방법(영 제41조)[기출33]

① 자본시장과 금융투자업에 관한 법률상 매출의 방법
② 증권시장에서 거래되는 증권을 그 증권시장에서 매각하는 방법
③ 공개매수에 응모하는 방법
④ 상법에 따른 주식매수청구권을 행사하는 방법
⑤ 다른 법령에 따른 증권의 매각방법

5. 경쟁에 부치는 경우 공고와 절차

총괄청이 지정·고시하는 정보처리장치를 이용하여 입찰공고·개찰·낙찰선언을 한다. 이 경우 중앙관서의 장은 필요하다고 인정하면 일간신문 등에 게재하는 방법을 병행할 수 있으며, 같은 재산에 대하여 수 회의 입찰에 관한 사항을 일괄하여 공고할 수 있다.

Ⅳ 처분재산의 가격결정(법 제44조 및 시행령 제42조 내지 제46조)

1. 일반재산의 처분가격(영 제42조)

1) 증권을 제외한 일반재산을 처분할 때에는 시가를 고려하여 예정가격을 결정해야 한다. [기출31 32 33 34]

① 대장가격 3천만원 이상인 경우(②의 경우는 제외) : 두 개의 감정평가법인등의 평가액을 산술평균한 금액
② 대장가격 3천만원 미만인 경우나 지방자치단체 또는 공공기관에 처분하는 경우 : 하나의 감정평가법인등의 평가액 → 3000만원 넘어도 1개 법인이다.

＊ 감정평가법인등의 평가액은 평가일부터 1년이 지나면 적용할 수 없다. [기출28]

2) 중앙관서의 장 등은 일반재산에 대하여 일반경쟁입찰을 두 번 실시하여도 낙찰자가 없는 경우에는 세 번째 입찰부터 최초 매각 예정가격의 100분의 50을 최저한도로 하여 매회 100분의 10의 금액만큼 그 예정가격을 낮출 수 있다. [기출34]

3) 국유지 중 일반경쟁입찰 방법으로 처분하는 경우 개별공시지가를 예정가격으로 할 수 있는 경우[기출33]

① 일단(一團)의 토지 면적이 100제곱미터 이하인 국유지(특별시·광역시에 소재한 국유지는 제외한다)[일단의 토지란 경계선이 서로 맞닿은 일반재산(국가와 국가 외의 자가 공유한 토지는 제외한다)인 일련(一連)의 토지를 말한다]

② 일단의 토지 대장가격이 1천만원 이하인 국유지

4) 감정평가 및 측량비용의 부담

중앙관서의 장 등은 일반재산의 처분을 신청한 자가 감정평가 실시 후에 정당한 사유 없이 그 신청을 철회한 경우에는 감정평가 및 측량에 든 비용을 그 신청자(지방자치단체가 신청자인 경우는 제외한다)로 하여금 부담하게 할 수 있다.

2. 개간관련(영 제42조)

1) 일반재산을 개척, 매립, 간척 또는 조림하거나 그 밖에 정당한 사유(다른 법률에 따라 국유재산의 매각을 예약한 경우)로 점유하고 개량한 자에게 해당 재산을 매각하는 경우에는 매각 당시의 개량한 상태의 가격에서 개량비 상당액을 뺀 금액을 매각대금을 한다. 다만, 매각을 위한 평가일 현재 개량하지 아니한 상태의 가액이 개량비 상당액을 빼고 남은 금액을 초과하는 경우에는 그 가액 이상으로 매각대금을 결정하여야 한다.

2) 보상법상 공익사업 시행자가 해당 점유·개량자에게 개량비 상당액을 지급한 경우에 관하여는 법 제44조의2 제1항을 준용한다.

> **법 제44조의2 제1항**
> 물납된 증권의 겨우 물납한 본인 등에게 수납가액보다 적은 금액으로 처분할 수 없다.

3) 개량비의 범위(시행규칙 제25조)

개량비의 범위는 중앙관서의 장등이 승인한 형질 변경, 조림, 부속시설 설치 등에 사용된 인건비, 시설비, 공과금, 그 밖에 해당 국유재산을 개량하기 위하여 지출한 비용으로 한다. 개량비는 매수하려는 자의 신청을 받아 중앙관서의 장등이 심사·결정한다.

3. 양여재산(아래 경우는 대장가격을 기준한다)(영 제42조)

1) 대통령령으로 정하는 일반재산을 직접 공용이나 공공용으로 사용하려는 지방자치단체에 양여하는 경우

> **대통령령으로 정하는 일반재산**
> 1. 국가 사무에 사용하던 재산을 그 사무를 이관받은 지방자치단체가 계속하여 그 사무에 사용하는 일반재산
> 2. 지방자치단체가 청사 부지로 사용하는 일반재산. 이 경우 종전 내무부 소관의 토지로서 1961년부터 1965년까지의 기간에 그 지방자치단체로 양여할 조건을 갖추었으나 양여하지 못한 재산을 계속하여 청사 부지로 사용하는 일반재산에 한정한다.
> 3. 「국토의 계획 및 이용에 관한 법률」 제86조에 따라 지방자치단체(특별시·광역시·경기도와 그 관할구역의 지방자치단체는 제외한다)의 장이 시행하는 도로시설(1992년 이전에 결정된 도시·군관리계획에 따른 도시·군계획시설을 말한다)사업 부지에 포함되어 있는 총괄청 소관의 일반재산
> 4. 「도로법」 제14조부터 제18조까지의 규정에 따른 도로(2004년 12월 31일 이전에 그 도로에 포함된 경우로 한정한다)에 포함되어 있는 총괄청 소관의 일반재산
> 5. 「5·18민주화운동 등에 관한 특별법」 제5조에 따른 기념사업을 추진하는 데에 필요한 일반재산

2) 국가가 보존·활용할 필요가 없고 대부·매각이나 교환이 곤란하여 대통령령으로 정하는 재산을 양여하는 경우

> **대통령령으로 정하는 재산**
> 1. 국가 외의 자가 소유하는 토지에 있는 국가 소유의 건물(부대시설을 포함한다). 이 경우 양여받는 상대방은 그 국가 소유의 건물이 있는 토지의 소유자로 한정한다.
> 2. 국가 행정 목적의 원활한 수행 등을 위하여 국무회의의 심의를 거쳐 대통령의 승인을 받아 양여하기로 결정한 일반재산

4. 공익사업 목적 처분하는 경우(보상액을 처분가격으로 할 수 있다)(영 제42조)

5. 지식재산의 처분에 관한 예정가격(영 제42조의2)[기출28]

① 해당 지식재산 존속기간 중의 사용료 또는 대부료 추정 총액
② 감정평가법인등이 평가한 금액(①에 따라 예정가격을 결정할 수 없는 경우에 한한다)
  * 감정평가법인등의 평가액은 평가일부터 1년이 지나면 적용할 수 없다.

①의 방법으로 예정가격을 결정하기 곤란한 경우에는 유사한 지식재산의 매매실례가격에 따라 결정하며, 매매실례가격이 없는 경우에는 「국가공무원 등 직무발명의 처분·관리 및 보상 등에 관한 규정」 제11조 제3항 또는 「종자산업법 시행령」 제17조를 준용하여 예정가격을 결정할 수 있다.

6. 상장증권의 예정가격(영 제43조)

1) 상장법인이 발행한 주권을 처분할 때(아래 중 어느 하나에 해당하는 가격 이상으로 한다)
  ① 평가기준일 전 1년 이내의 최근에 거래된 30일간의 최종 시세가액을 가중평균하여 산출한 가액으로 하되, 거래 실적이 있는 날이 30일 미만일 때에는 거래된 날의 증권시장의 최종

시세가액을 가중산술평균한 가액과 제44조 제1항의 방법에 따른 가액을 고려하여 산출한 가격. 다만, 경쟁입찰의 방법으로 처분하거나 「자본시장과 금융투자업에 관한 법률」 제9조 제9항에 따른 매출의 방법으로 처분하는 경우에는 평가기준일 전 1년 이내의 최근에 거래된 30일간(거래 실적이 있는 날이 30일 미만인 경우에는 거래된 날)의 증권시장에서의 최종 시세가액을 가중산술평균한 가액과 제44조 제1항의 방법에 따른 가액을 고려하여 산출한 가격으로 할 수 있다.

> **제44조 제1항의 방법에 따른 가액**
> 비상장법인이 발행한 지분증권을 처분할 때에는 그 예정가격은 기획재정부령으로 정하는 산출방식에 따라 비상장법인의 자산가치, 수익가치 및 상대가치를 고려하여 산출한 가격 이상으로 한다. 다만, 기획재정부령으로 정하는 경우에는 수익가치 또는 상대가치를 고려하지 아니할 수 있다.

② 공개매수가격에 응모하는 경우에는 그 공개매수 가격
③ 주식매수청구권 행사가격
④ 매각가격을 특정할 수 있는 경우 그 가격

2) 상기 1) 외의 상장증권은 평가기준일 전 1년 이내의 최근에 거래된 증권시장에서의 시세가격 및 수익률 등을 고려하여 산출한 가격 이상으로 한다.

3) 상기 1), 2)에도 불구하고 상장증권을 증권시장 또는 기재부장관이 가격 결정의 공정성이 있다고 고시하는 시장을 통하여 매각할 때에는 예정가격 없이 그 시장에서 형성되는 시세가격에 따른다.

7. 비상장증권의 예정가격(영 제44조)

1) 비상장법인이 발행한 지분증권을 처분할 때에는 그 예정가격은 기획재정부령으로 정하는 산출방식에 따라 비상장법인의 자산가치, 수익가치 및 상대가치를 고려하여 산출한 가격 이상으로 한다. 다만, 기획재정부령으로 정하는 경우에는 수익가치 또는 상대가치를 고려하지 아니할 수 있다. [기출28]

2) 국세물납으로 취득한 지분증권의 경우에는 물납재산의 수납가액 또는 증권시장 외의 시장에서 형성되는 시세가격을 고려하여 예정가격을 산출할 수 있다. 다만, 다음 각 호의 요건을 모두 충족하는 지분증권의 경우에는 물납재산의 수납가액과 관리 비용 등을 고려하여 기획재정부령으로 정하는 방법에 따라 예정가격을 산출할 수 있다.
1. '1)'에 따라 산출한 예정가격으로 일반경쟁입찰을 실시했으나 유효한 입찰이 성립되지 않았을 것
2. 제1호에 따른 예정가격의 산출일이 속하는 해의 다음 해에 다시 '1)'에 따라 예정가격을 산출하여 일반경쟁입찰을 실시했으나 유효한 입찰이 성립되지 않았을 것
3. 제40조 제3항 제25호(두 번에 걸쳐 유효한 입찰이 성립되지 아니하거나 뚜렷하게 국가에

유리한 가격으로 계약할 수 있는 경우)에 따라 수의계약의 방법으로 처분하는 경우일 것

4. 수의계약의 상대방이 해당 지분증권을 발행한 법인일 것

3) 비상장법인이 발행한 지분증권을 현물출자하는 경우에는 그 증권을 발행한 법인의 재산 상태 및 수익성을 기준으로 하여 기획재정부장관이 재산가격을 결정한다.

4) '1)' 외의 비상장증권의 예정가격은 기획재정부령으로 정하는 방식에 따라 산정한 기대수익 또는 예상수익률을 고려하여 산출한 가격 이상으로 한다.

기획재정부령

시행규칙 제30조(신주인수권증서의 기대수익 산출) ① 상장법인의 신주인수권증서(「자본시장과 금융투자업에 관한 법률」 제4조 제4항에 따른 신주인수권이 표시된 증서를 말한다. 이하 이 조에서 같다)를 매각하는 경우 영 제44조 제4항에 따른 기대수익은 신주의 추정 거래가격에서 신주의 발행가격을 빼서 산출한다.

② 비상장법인의 신주인수권증서를 매각하는 경우 영 제44조 제4항에 따른 기대수익은 해당 발행법인의 증자일을 기준으로 영 제44조 제1항에 따라 산출한 금액에서 신주의 발행가격을 빼서 산출한다.

시행규칙 제31조(수익증권의 기대수익 산출) 「자본시장과 금융투자업에 관한 법률」 제4조 제5항에 따른 수익증권을 매각하는 경우 영 제44조 제4항에 따른 기대수익은 이와 유사한 수익증권의 기준가격 및 증권시장에서의 시세가격을 고려하여 산출한다.

시행규칙 제32조(채무증권의 예상수익률 산출) 「자본시장과 금융투자업에 관한 법률」 제4조 제3항에 따른 채무증권을 매각하는 경우 영 제44조 제4항에 따른 예상수익률은 이와 유사한 증권시장에 상장된 채무증권의 수익률을 고려하여 산출한다.

---

8. 예정가격의 공개(영 제45조)

예정가격은 공개하여야 한다. 다만, 지분증권을 처분하는 경우에는 공개하지 아니할 수 있다.

9. 증권의 평가기관(영 제46조)

총괄청이나 중앙관서의 장등은 증권의 처분가격을 산출할 때 필요하면 ① 감정평가법인등, ②「자본시장과 금융투자업에 관한 법률」에 따른 신용평가회사, ③「공인회계사법」에 따른 회계법인 등에 의뢰하여 그 평가액을 고려할 수 있다.

Ⅴ 물납증권 처분제한(법 제44조의2)

1. 물납된 증권은 물납한 본인 및 대통령령으로 정하는 자에게 수납가보다 적은 금액으로 처분할 수 없다. 다만, 증권시장에서 거래되는 증권을 증권시장에서 매각하는 경우에는 그러하지 아니하다.

* 대통령령으로 정하는 자

① 배우자, 직계혈족, 형제자매, 배우자의 직계혈족, 배우자의 형제자매, 직계혈족의 배우자

② 물납한 본인 및 물납한 본인과 ①의 관계에 있는 사람이 물납 증권 처분 당시 보유한 지분증권의 합계가 그 외 각 주주가 보유한 지분증권보다 많은 법인

Ⅵ 개척/매립/간척/조림을 위한 예약(제45조)

1. 예약

일반재산은 개척/매립/간척 또는 조림 사업을 위해 그 사업의 완성을 조건으로 대부·매각 또는 양여를 예약할 수 있다. [기출29]

→ 예약을 한 자는 계약일부터 1년 이내에 그 사업을 시작하여야 한다.

→ 중앙관서의 장등이 매각이나 양여를 예약하려는 경우 총괄청과 협의해야 한다. [기출29]

2. 예약기간

1) 예약기간은 계약일로부터 10년 이내로 정해야 한다.. 다만, 해당 중앙관서의 장은 천재지변이나 그 밖의 부득이한 사유가 있는 경우에만 총괄청과 협의하여 5년의 범위에서 예약기간을 연장할 수 있다.

2) 예약상대방은 그 사업기간 중 예약된 재산 또는 사업의 기성부분을 무상으로 사용하거나 수익할 수 있다.

3. 예약의 해제(해지)

1) 예약상대방이 지정된 기한까지 사업을 시작하지 않거나 그 사업을 완성할 수 없다고 인정되면 그 예약을 해제 또는 해지할 수 있다.

2) 예약을 해제/해지하는 경우, 사업의 일부가 이미 완성된 때에는 공익상 지장이 없다고 인정되는 경우에만 그 기성부분의 전부 또는 일부를 예약 상대방에게 대부/매각 또는 양여할 수 있다.

제2절 대부

1. 대부기간(각 기간 이내)(제46조 제1항)

1) 조림을 목적으로 하는 토지와 그 정착물 : 20년[기출31]

2) 대부 받은 자의 비용으로 시설을 보수하는 건물(대통령령으로 정하는 경우에 한정한다) : 10년
  ① 준공 후 20년이 지난 건물로서 원활한 사용을 위하여 보수가 필요한 경우
  ② 「시설물의 안전 및 유지관리에 관한 특별법 시행령」 제12조에 따른 시설물의 안전등급 기준이 같은 영 별표 8에 따른 C등급 이하인 건물로서 안전관리를 위하여 보수가 필요한 경우
  ③ 천재지변이나 그 밖의 재해 등으로 인하여 파손된 건물로서 별도의 보수가 필요한 경우

3) 상기 1) 및 2) 외의 토지와 그 정착물 : 5년

4) 그 밖의 재산 : 1년

5) 신탁개발 및 민간참여개발에 따라 개발된 일반재산의 대부기간은 30년 이내로 가할 수 있으며, 20년의 범위에서 한 차례만 연장할 수 있다. (기출34 35)

6) 영구시설물 축조 시 : 10년 이내 → 법 제18조 제1항 단서에 따라 영구시설물을 축조하는 경우

> ***법 제18조 제1항 단서**
> 1. 기부를 조건으로 축조하는 경우
> 2. 다른 법률에 따라 국가에 소유권이 귀속되는 공공시설을 축조하는 경우
> 2의2. 매각대금을 나누어 내고 있는 일반재산으로서 대통령령으로 정하는 경우
>
> > **대통령령으로 정하는 경우**
> > 1. 시행령 제55조 제2항 제2호에 해당하는 재산으로서 매각대금의 2분의 1 이상을 낸 경우
> > 2. 시행령 제55조 제2항 제3호에 해당하는 토지로서 그 토지에 있는 사유건물이 천재지변이나 그 밖의 재해로 파손된 경우
> > 3. 시행령 제55조 제3항 제3호 또는 제3호의2에 해당하는 재산으로서 매각대금의 5분의 1 이상을 낸 경우
> > 4. 시행령 제55조 제2항 제9호에 해당하는 토지로서 매각대금의 5분의 1 이상을 낸 경우
>
> 3. 지방자치단체나 「지방공기업법」에 따른 지방공기업(이하 "지방공기업"이라 한다)이 「사회기반시설에 대한 민간투자법」 제2조 제1호의 사회기반시설 중 주민생활을 위한 문화시설, 생활체육시설 등 기획재정부령으로 정하는 사회기반시설을 해당 국유재산 소관 중앙관서의 장과 협의를 거쳐 총괄청의 승인을 받아 축조하는 경우
>
> > *** 시행규칙 제8조의2(사회기반시설의 범위)**
> > ① "주민생활을 위한 문화시설, 생활체육시설 등 기획재정부령으로 정하는 기반시설"이란 다음 각 호의 어느 하나에 해당하는 시설을 말한다.
> >   1. 「사회기반시설에 대한 민간투자법」 제2조 제1호 가목에 따른 경제활동의 기반이 되는 시설로서 다음 각 목의 시설
> >   가. 주거지 주차장 또는 전통시장 주차장
> >   나. 수소를 연료로 사용하는 자동차에 수소를 공급하기 위한 시설
> >   다. 수소 연료전지 발전소
> >   라. 유해물질에 대한 정수시설
> >   마. 전지자동차 충전시설
> >   바. 산업단지의 완충저류시설
> >   사. 재활용을 분리하는 선별장
> >   아. 농산물 직매장

　　자. 그 밖에 가목부터 아목까지의 규정에 따른 시설에 준하는 시설로서 경제활동의
　　　　기반이 되는 독립된 개별시설 중 기획재정부장관이 인정하는 시설

2. 「사회기반시설에 대한 민간투자법」 제2조 제1호 나목에 따른 사회서비스의 제공을
　　위해 필요한 시설로서 다음 각 목의 시설

　　가. 감염병전문병원

　　나. 공립요양병원

　　다. 치매전담 노인요양시설

　　라. 의료재활시설

　　마. 노숙인일시보호시설, 장애인거주시설 또는 장애인직업재활시설

　　바. 근로자건강센터 또는 건강생활지원센터

　　사. 다문화가족지원센터

　　아. 국공립어린이집, 지역아동센터 또는 공동육아나눔터

　　자. 박물관, 미술관 또는 과학관

　　차. 생활문화센터 또는 문화예술교육시설

　　카. 공공도서관

　　타. 이스포츠(전자스포츠) 상설경기장

　　파. 그 밖에 가목부터 타목까지의 규정에 따른 시설에 준하는 시설로서 사회서비스
　　　　의 제공을 위해 필요한 독립적인 개별시설 중 기획재정부장관이 인정하는 시설

3. 「사회기반시설에 대한 민간투자법」 제2조 제1호 다목에 따른 일반 공중의 이용을
　　위해 제공하는 공공용시설로서 다음 각 목의 시설

　　가. 체육시설

　　나. 국민체육시설

　　다. 복합커뮤니티센터

　　라. 지역복합복지시설

　　마. 산업재해 예방시설

　　바. 그 밖에 가목부터 마목까지의 규정에 따른 시설에 준하는 시설로서 일반 공중의
　　　　이용을 위해 제공하는 공공용인 독립적인 개별시설 중 기획재정부장관이 인정
　　　　하는 시설

② 제1항에도 불구하고 다음 각 호의 어느 하나에 해당하는 시설은 제1항에 따른 사회기
　　반시설의 범위에서 제외한다. 다만, 제2호에 해당하는 시설 위에 제1항에 따른 시설이
　　포함된 경우로서 기획재정부장관이 인정하는 시설은 제1항에 따른 사회기반시설의 범
　　위에 포함할 수 있다.

1. 도로, 철도, 하수도 등 선형적(線形的)인 시설로서 둘 이상의 지방자치단체의 관할
　　지역을 관통하는 시설

2. 지방자치단체 또는 「지방공기업법」에 따른 지방공기업의 행정업무 수행만을 위한
　　시설

4. 제59조의2에(민간참여개발) 따라 개발하는 경우

5. 법률 제4347호 지방교육자치에 관한 법률 시행 전에 설립한 초등학교·중학교·고등학교 및 특수학교에 총괄청 및 관련 중앙관서의 장과 협의를 거쳐 교육부장관의 승인을 받아 「학교시설사업 촉진법」 제2조 제1호에 따른 학교시설을 증축 또는 개축하는 경우

6. 그 밖에 국유재산의 사용 및 이용에 지장이 없고 국유재산의 활용가치를 높일 수 있는 경우로서 대부계약의 사용목적을 달성하기 위하여 중앙관서의 장등이 필요하다고 인정하는 경우

2. 갱신(제46조 제2항 내지 제4항)

1) 대부기간 만료 시 대통령령으로 정하는 경우를 제외하고는 그 대부기간을 초과하지 않는 범위에서 종전 대부계약을 갱신할 수 있다. 다만, 수의계약의 방법으로 대부할 수 있는 경우가 아니면 1회만 갱신할 수 있다. [기출28 34]

> * 대통령령으로 정하는 경우
> ① 대부재산을 국가나 지방자치단체가 행정재산의 용도로 사용하기 위하여 필요한 경우
> ② 법 제36조 제1항(사용허가 취소, 철회사유) 각 호의 어느 하나에 해당하는 경우
> ③ 대부계약 조건을 위반한 경우

2) 대부기간 끝나기 1개월 전에 중앙관서의 장등에 신청해야 한다.

3. 대부료, 계약의 해제 등(제47조 및 제47조의2)

1) 일반재산의 대부의 제한, 대부료, 대부료의 감면 및 대부계약의 해제나 해지 등에 관하여는 행정재산에 관한 규정을 준용한다. [기출28]

> ** 준용규정
> 제30조 제2항 : 다른 사람 사용 ×
> 제31조 제1항, 제2항 : 일반경쟁 제한지명 수의계약
> 제32조 : 사용료
> 제33조 : 조정
> 제34조 제1항 제2·3호, 제2항, 제3항 : 감면
> 제36조 : 취소철회
> 제38조 : 원상회복

2) 상기에도 불구하고 대부료에 관하여는 연간 대부료의 전부 또는 일부를 대부보증금으로 환산하여 받을 수 있다(대부보증금 = 연간 대부료 중 대부보증금 전환대상 금액 / 고시이자율)[기출28].

3) 중앙관서의 장등은 대부기간 만료, 대부계약 해제 또는 해지 시 대부보증금을 반환해야 한다(미납 대부료, 공과금 제외).

4) 중앙관서의 장은 국가가 타인의 재산을 점유하는 동시에 해당 재산 소유자는 일반재산을 점유 (상호 점유라 한다)하는 경우 해당 재산 소유자에게 점유 중인 일반재산의 대부료를 감면할 수 있다(상호점유 시 상호 점유하고 있는 사유재산을 행정재산으로 보아 그에 대한 사용료액 을 계산할 경우 산출되는 금액을 한도로 감면할 수 있다).

제3절　매각

1. 일반재산의 매각(제48조)

(1) 일반재산은 다음 어느 하나에 해당하는 경우 외에는 매각할 수 있다. [기출32]

① 중앙관서의 장이 행정목적으로 사용하기 위하여 그 재산에 대하여 행정재산의 사용 승인 이나 관리전환을 신청한 경우

②「국토의 계획 및 이용에 관한 법률」 등 다른 법률에 따라 그 처분이 제한되는 경우

③ 장래 행정목적의 필요성 등을 고려하여 국유재산 처분의 기준에 관한 사항의 처분기준에 서 정한 처분제한 대상에 해당하는 경우

④ ①부터 ③까지의 규정에 따른 경우 외에 대통령령으로 정하는 바에 따라 국가가 관리할 필요가 있다고 총괄청이나 중앙관서의 장이 지정하는 경우

> ＊ 대통령령으로 정하는 바
> 1. 일반재산의 개발이 필요한 재산
> 2. 장래의 행정수요에 대비하기 위하여 비축할 필요가 있는 재산
> 3. 사실상 or 소송상 분쟁이 진행 중이거나 예상되는 등 사유로 매각을 제한할 필요가 있는 재산

(2) 협의

1) 중앙관서의 장이 소관 특별회계나 기금에 속하는 일반재산 중 대통령령으로 정하는 일반재산 을 매각하려는 경우에는 총괄청과 협의해야 한다.

> ＊ 대통령령으로 정하는 일반재산
> ① 공용재산으로 사용 후 용도폐지된 토지나 건물
> ② 일단의 토지 면적이 3천제곱미터를 초과하는 재산

2) 중앙관서의 장 등은 다음 어느 하나에 해당하는 국유지를 매각하려는 경우에는 우선적으로 장기공공임대주택(공공건설임대주택으로서 임대의무기간이 10년 이상인 임대주택)의 용 도로 필요한지에 관하여 국토교통부장관과 협의해야 한다.

① 용도폐지된 군부대, 교도소 및 학교의 부지

② 일단의 토지 면적이 1만제곱미터를 초과하는 토지

2. 용도지정 매각(제49조)(기출29)

1) 일반재산 매각 시 용도와 그 용도에 사용하여야 할 기간(10년 이상)을 정하여 매각할 수 있다.

2) 총괄청은 필요하다고 인정하는 경우에는 용도를 지정하여 매각한 재산의 관리상황에 관하여 보고를 받거나 자료의 제출을 요구할 수 있고, 소속 공무원에게 그 관리상황을 감사하게 하거나 그 밖에 필요한 조치를 할 수 있다.

3) '매수자가 지정된 날짜가 지나도 그 용도에 사용하지 아니하거나 지정된 용도에 제공한 후 지정된 기간에 그 용도를 폐지한 경우'에는 매매계약을 해제한다는 특약등기를 해야 한다.

3. 매각대금의 납부(제50조)

1) 매각대금은 계약 체결일부터 60일의 범위에서 중앙관서의 장등이 정하는 기한까지 전액을 내야 한다. 다만, 제55조 제1항부터 제4항까지의 규정에 해당하는 경우에는 그러하지 아니하다.

2) 납부기간을 연장할 수 있는 경우
   ① 천재지변, 재난으로 매수인에게 책임을 물을 수 없는 사고가 발생한 경우
   ② 국가의 필요에 따라 국가가 매각재산을 일정 기간 계속하여 점유·사용할 목적으로 재산인도일과 매각대금의 납부기간을 계약 시에 따로 정하는 경우

3) 일반재산의 매각대금을 한꺼번에 납부하는 것이 곤란한 경우에는 1년 만기 정기예금 금리수준 고려하여 이자 붙여 20년 이내에 걸쳐 나누어 내게 할 수 있다(법 제50조 제2항).

시행령 제55조(매각대금의 분할납부)

① 법 제50조 제2항에 따라 매각대금이 500만원을 초과하고 3천만원 이하인 경우에는 그 매각대금을 3년 이내의 기간에 걸쳐 나누어 내게 할 수 있다.

② 법 제50조 제2항에 따라 다음 각 호의 어느 하나에 해당하는 경우에는 매각대금을 5년 이내의 기간에 걸쳐 나누어 내게 할 수 있다.
   1. 매각대금이 3천만원을 초과하는 경우
   2. 제33조에 따른 공공단체가 직접 비영리공익사업용으로 사용하려는 재산을 해당 공공단체에 매각하는 경우

> *** 제33조에 따른 공공단체**
> 1. 법령에 따라 정부가 자본금의 전액을 출자하는 법인
> 2. 법령에 따라 정부가 기본재산의 전액을 출연하는 법인

   3. 2012년 12월 31일 이전부터 사유건물로 점유·사용되고 있는 토지와 「특정건축물 정리에 관한 특별조치법」(법률 제3533호로 제정된 것, 법률 제6253호로 제정된 것, 법률 제7698호로 제정된 것, 법률 제11930호로 제정된 것을 말한다)에 따라 준공인가를 받은 건물로 점유·사용되고 있는 토지를 해당 점유·사용자에게 매각하는 경우
   4. 「도시 및 주거환경정비법」 제2조 제2호 나목에 따른 재개발사업을 시행하기 위한 정비구

역에 있는 토지로서 시·도지사가 같은 법에 따라 재개발사업의 시행을 위하여 정하는 기준에 해당하는 사유건물로 점유·사용되고 있는 토지를 재개발사업 사업시행계획인가 당시의 점유·사용자로부터 같은 법 제129조에 따라 그 권리·의무를 승계한 자에게 매각하는 경우(해당 토지가 같은 법 제2조 제4호에 따른 정비기반시설의 설치예정지에 해당되어 그 토지의 점유·사용자로부터 같은 법 제129조에 따라 권리·의무를 승계한 자에게 그 정비구역의 다른 국유지를 매각하는 경우를 포함한다)

5. 「전통시장 및 상점가 육성을 위한 특별법」 제31조에 따른 시장정비사업 시행구역의 토지 중 사유건물로 점유·사용되고 있는 토지를 그 점유·사용자에게 매각하는 경우

6. 「벤처기업육성에 관한 특별조치법」 제19조 제1항에 따라 벤처기업집적시설의 개발 또는 설치와 그 운영을 위하여 필요한 토지를 벤처기업집적시설의 설치·운영자에게 매각하는 경우

7. 「산업기술단지 지원에 관한 특례법」 제10조 제1항에 따른 산업기술단지의 조성에 필요한 토지를 사업시행자에게 매각하는 경우

8. 국가가 매각재산을 일정기간 계속하여 점유·사용하는 경우

9. 「산업집적활성화 및 공장설립에 관한 법률」 제2조 제14호에 따른 산업단지에 공장 설립을 위하여 필요한 토지를 입주기업체에 매각하는 경우

10. 다음 각 목의 어느 하나에 해당하는 기업 또는 조합이 해당 법령에 따른 사업 목적 달성을 위해 직접 사용하려는 재산을 그 기업 또는 조합에 매각하는 경우

    가. 「사회적기업 육성법」 제2조 제1호에 따른 사회적기업

    나. 「협동조합 기본법」 제2조 제1호에 따른 협동조합 및 같은 조 제3호에 따른 사회적협동조합

    다. 「국민기초생활 보장법」 제18조에 따른 자활기업

    라. 「도시재생 활성화 및 지원에 관한 특별법」 제2조 제1항 제9호에 따른 마을기업

③ 법 제50조 제2항에 따라 다음 각 호의 어느 하나에 해당하는 경우에는 매각대금을 10년 이내의 기간에 걸쳐 나누어 내게 할 수 있다.

1. 「농지법」에 따른 농지로서 국유지를 실경작자에게 매각하는 경우

2. 「도시개발법」 제3조에 따른 도시개발구역에 있는 토지로서 도시개발사업에 필요한 토지를 해당 사업의 시행자(같은 법 제11조 제1항 제7호에 따른 수도권 외의 지역으로 이전하는 법인만 해당한다)에게 매각하는 경우

3. 지방자치단체에 그 지방자치단체가 다음 각 목의 용도로 사용하려는 재산을 매각하는 경우

    가. 직접 공용 또는 공공용으로 사용

    나. 법 제18조 제1항 제3호에 따른 사회기반시설로 사용

    다. 「산업입지 및 개발에 관한 법률」에 따른 산업단지의 조성을 위하여 사용

    라. 「국민여가활성화기본법」 제3조 제2호에 따른 여가시설의 조성을 위하여 사용

3의2. 국유지개발목적회사에 개발대상 국유재산을 매각하는 경우

4. 「체육시설의 설치·이용에 관한 법률」에 따른 체육시설 중 골프장·스키장 등 실외 체육
   시설로 점유되고 있는 국유지를 해당 점유자에게 매각하는 경우

5. 삭제

6. 소상공인이 경영하는 업종(「중소기업창업 지원법」 제5조 제1항 단서에 해당하는 업종은
   제외한다)에 직접 사용하기 위한 재산을 그 소상공인에게 매각하는 경우

④ 법 제50조 제2항에 따라 다음 각 호의 어느 하나에 해당하는 경우에는 매각대금을 20년 이
  내의 기간에 걸쳐 나누어 내게 할 수 있다.

1. 「도시 및 주거환경정비법」 제2조 제2호 나목에 따른 재개발사업을 시행하기 위한 정비구
   역에 있는 토지로서 제2항 제4호에 따른 사유건물로 점유·사용되고 있는 토지를 재개발
   사업 시행인가 당시의 점유·사용자에게 매각하는 경우(해당 토지가 같은 법 제2조 제4
   호에 따른 정비기반시설의 설치예정지에 해당되어 그 토지의 점유·사용자에게 그 정비
   구역의 다른 국유지를 매각하는 경우를 포함한다)

2. 다음 각 목의 어느 하나에 해당하는 경우로서 국무회의의 심의를 거쳐 대통령의 승인을
   받은 경우
   가. 일반재산의 매각이 인구의 분산을 위한 정착사업에 필요하다고 인정되는 경우
   나. 천재지변이나 「재난 및 안전관리기본법」 제3조 제1호에 따른 재난으로 인하여 일반재
      산의 매각이 부득이하다고 인정되는 경우

⑤ 법 제50조 제2항에서 "대통령령으로 정하는 이자"란 제1항부터 제4항까지의 규정에 따른 매
  각대금 잔액에 고시이자율을 적용하여 산출한 이자를 말한다.

⑥ 제2항 제8호에 따라 매각대금을 5년 이내의 기간에 걸쳐 나누어 내는 경우 제5항에 따른
  이자는 매수자가 매각재산을 인도받거나 점유·사용을 시작한 때부터 징수한다.

4. 소유권의 이전 등(제51조)

1) 소유권 이전은 매각대금 완납된 후에 해야 한다. [기출31 32]

2) 매각대금을 나누어 내게 하는 경우로서 공익사업의 원활한 시행 등을 위하여 소유권의 이전이
   불가피하여 대통령령으로 정하는 경우에는 매각대금이 완납되기 전에 소유권을 이전할 수 있
   다. 이 경우 저당권 설정 등 채권의 확보를 위하여 필요한 조치를 취하여야 한다. [기출34 35]

5. 매매계약의 해제 사유(제52조) : 어느 하나에 해당하면 그 계약을 해제할 수 있다.

① 매수자가 매각대금을 체납한 경우 [기출34 35]

② 매수자가 거짓 진술을 하거나 부실한 증명서류를 제시하거나 그 밖의 부정한 방법으로 매수한
   경우

③ 용도를 지정하여 매각한 경우에 매수자가 지정된 날짜가 지나도 그 용도에 사용하지 아니하거
   나 지정된 용도에 제공한 후 지정된 기간에 그 용도를 폐지한 경우

6. 건물 등의 매수(제53조)

일반재산의 매각계약이 해제된 경우 그 재산에 설치된 건물이나 그 밖의 물건을 중앙관서의 장이 결정한 가격으로 매수할 것을 알린 경우 그 소유자는 정당한 사유 없이 그 매수를 거절하지 못한다.

> **처분재산의 가액결정** : 일반재산의 처분가격은 시가(時價)를 고려하여 결정
> ↳ 3천 이상 → 2개 법인
> ↳ 3천 미만, 지단, 공공기관 → 1개 법인

제4절 교환(제54조)

중앙관서의 장은 교환목적, 교환대상자, 교환재산의 가격 및 교환자금의 결제방법 등을 명백히 해야 한다.

'일반재산인 토지/건물, 그 밖의 토지의 정착물, 동산'과 '공유 or 사유재산인 토지/건물, 그 밖의 토지의 정착물, 동산'을 교환할 수 있다.

↳ 재산의 종류와 가격 등은 제한 가능
↳ 쌍방의 가격이 같지 아니하면 그 차액을 금전으로 대신 납부해야 한다.
↳ 일반재산을 교환하려면 그 내용을 감사원에 보고해야 한다.

1. 다음 어느 하나에 해당하는 경우에는 일반재산인 토지·건물, 그 밖의 토지의 정착물, 동산과 공유 또는 사유재산인 토지·건물, 그 밖의 토지의 정착물, 동산을 교환할 수 있다. [기출30 32]

   ① 국가가 직접 행정재산으로 사용하기 위하여 필요한 경우
   ② 소규모 일반재산을 한 곳에 모아 관리함으로써 재산의 효용성을 높이기 위하여 필요한 경우
   ③ 일반재산의 가치와 이용도를 높이기 위하여 필요한 경우로서 매각 등 다른 방법으로 해당 재산의 처분이 곤란한 경우
   ④ 상호점유를 하고 있고 해당 재산 소유자가 사유토지만으로는 진입·출입이 곤란한 경우 등 대통령령으로 정하는 불가피한 사유로 인하여 점유 중인 일반재산과 교환요청한 경우

   > *** 대통령령으로 정하는 불가피한 사유**
   > 1. 사유재산 소유자가 사유토지만으로는 진입·출입이 곤란한 경우
   > 2. 국가의 점유로 인하여 해당 사유재산의 효용이 현저하게 감소된 경우
   > 3. 2016년 3월 2일 전부터 사유재산 소유자가 소유한 건물로 점유·사용되고 있는 일반재산인 토지로서 해당 토지의 향후 행정재산으로서의 활용가능성이 현저하게 낮은 경우

2. ① 교환하는 재산의 종류와 가격 등은 대통령령으로 정하는 바에 따라 제한할 수 있다.
   ② 교환할 때 쌍방의 가격이 같지 아니하면 그 차액을 금전으로 대신 납부하여야 한다. [기출30]
   ③ 중앙관서의 장등은 일반재산을 교환하려면 그 내용을 감사원에 보고하여야 한다. [기출31]

3. 교환은 ① 공유재산과 교환하는 경우 및 ② 새로운 관사를 취득하기 위하여 노후화된 기존 관사와 교환하는 경우를 제외하고 서로 유사한 재산이어야 한다.

4. 서로 유사한 재산을 교환해야 한다.
   ① 토지를 토지와 교환하는 경우
   ② 건물을 건물과 교환하는 경우
   ③ 양쪽 또는 어느 한 쪽의 재산에 건물(공작물을 포함한다)이 있는 토지인 경우에 주된 재산이 서로 일치하는 경우(그 재산의 가액이 전체 재산가액의 2분의 1 이상인 재산을 말한다)
   ④ 동산(動産)을 동산과 교환하는 경우(이 경우 미리 중앙관서의 장은 총괄청과 협의해야 한다)

5. 중앙관서의 장등은 일반재산이 다음 ① ~ ⑦ 어느 하나에 해당하는 경우에는 교환해서는 아니 된다. 다만, ③ 또는 ④에 해당하는 일반재산이 아래 어느 하나에 해당하는 경우에는 그러하지 아니하다.

   > - 사유재산 소유자가 사유토지만으로는 진입·출입이 곤란한 경우
   > - 국가의 점유로 인해 해당 사유재산의 효용이 현저하게 감소된 경우
   > - 2016년 3월 2일 전부터 사유재산 소유자가 소유한 건물로 점유·사용되고 있는 일반재산인 토지로서 해당 토지의 향후 행정재산으로서의 활용가능성이 현저하게 낮은 경우

   ① 「국토의 계획 및 이용에 관한 법률」, 그 밖의 법률에 따라 그 처분이 제한되는 경우
   ② 장래에 도로·항만·공항 등 공공용 시설로 활용할 수 있는 재산으로서 보존·관리할 필요가 있는 경우
   ③ 교환으로 취득하는 재산에 대한 구체적인 사용계획 없이 교환하려는 경우
   ④ 한쪽 재산의 가격이 다른 쪽 재산 가격의 4분의 3 미만인 경우(소규모 일반재산을 한 곳에 모아 관리함으로써 재산의 효용성을 높이기 위하여 필요한 경우에는 1/2을 말한다.) 다만, 교환 대상 재산이 공유재산인 경우는 제외한다.
   ⑤ 교환한 후 남는 국유재산의 효용이 뚜렷하게 감소되는 경우
   ⑥ 교환 상대방에게 건물을 신축하게 하고 그 건물을 교환으로 취득하려는 경우
   ⑦ 그 밖에 국유재산 처분의 기준에 관한 사항에 따른 처분기준에서 정한 교환제한 대상에 해당하는 경우

6. 공유재산과 교환하려는 경우에는 시행령 제42조 제1항에도 불구하고 중앙관서의 장등과 지방자치단체가 협의하여 개별공시지가로 산출된 금액이나 하나 이상의 감정평가법인등의 평가액을 기준으로 하여 교환할 수 있다.

   > **영 제42조 제1항(처분재산의 예정가격)**
   > 1. 대장가격 3천만원 이상인 경우(제2호 경우는 제외) : 두 개 감정평가법인등 평가액 산술평균
   > 2. 대장가격 3천만원 미만인 경우나 지방자치단체 또는 공공기관에 처분하는 경우 : 하나 감정평가법인등 평가액

7. 일반재산의 관리·처분에 관한 사무를 위임·위탁받은 자는 일반재산을 교환하려는 경우에는 미리 총괄청의 승인받아야 한다.

제5절 양여(법 제55조 및 시행령 제58조)

1. 대통령령으로 정하는 일반재산을 직접 공용이나 공공용으로 사용하려는 지방자치단체에 양여하는 경우(양여한 재산이 10년 내에 양여목적과 달리 사용된 때에는 그 양여를 취소할 수 있다)
   ① 국가 사무에 사용하던 재산을 그 사무를 이관 받은 지방자치단체가 계속하여 그 사무에 사용하는 일반재산
   ② 지방자치단체가 청사 부지로 사용하는 일반재산
      (이 경우 종전 내무부 소관의 토지로서 1961년부터 1965년까지의 기간에 그 지방자치단체로 양여할 조건을 갖추었으나 양여하지 못한 재산을 계속하여 청사 부지로 사용하는 일반재산에 한정한다)
   ③ 「국토의 계획 및 이용에 관한 법률」에 따라 지방자치단체(특별시/광역시/경기도와 그 관할구역의 지방자치단체는 제외한다)의 장이 시행하는 도로시설(1992년 이전에 결정된 도시/군관리계획에 따른 도시·군계획시설을 말한다)사업 부지에 포함되어 있는 총괄청 소관의 일반재산
   ④ 「도로법」 제14조부터 제18조까지의 규정에 따른 도로(2004.12.31 이전에 그 도로에 포함된 경우 한정)에 포함되어 있는 총괄청 소관의 일반재산
   ⑤ 「5·18민주화운동 등에 관한 특별법」 제5조에 따른 기념사업을 추진하는 데에 필요한 일반재산

2. 지방자치단체나 대통령령으로 정하는 공공단체(정부가 자본금 전액출자 / 기본재산 전액 출연하는 법인)가 유지/보존비용을 부담한 공공용재산이 용도폐지됨으로써 일반재산이 되는 경우에 해당 재산을 그 부담한 비용의 범위에서 해당 지방자치단체나 공공단체에 양여하는 경우

3. 대통령령으로 정하는 행정재산을 용도폐지하는 경우 그 용도에 사용될 대체시설을 제공한 자 또는 그 상속인, 그 밖의 포괄승계인에게 그 부담한 비용의 범위에서 용도폐지된 재산을 양여하는 경우
   ① 토지보상법상 사업인정을 받은 공익사업의 사업지구에 편입되는 행정재산
   ② 군사시설 이전 등 대규모 국책사업을 수행하기 위하여 용도폐지가 불가피한 행정재산

4. 국가가 보존·활용할 필요가 없고 대부·매각이나 교환이 곤란하여 대통령령으로 정하는 재산을 양여하는 경우
   ① 국가 외의 자가 소유하는 토지에 있는 국가 소유의 건물(부대시설을 포함한다). 이 경우 양여받는 상대방은 그 국가 소유의 건물이 있는 토지의 소유자로 한정한다.
   ② 국가 행정 목적의 원활한 수행 등을 위하여 국무회의의 심의를 거쳐 대통령의 승인을 받아 양여하기로 결정한 일반재산

5. 협의 및 승인

1) 중앙관서의 장등은 일반재산을 양여하려면 총괄청과 협의해야 한다.

다만, 대통령령으로 정하는 가액 이하의(500억) 일반재산을 상기 '3.'에 따라 양여하는 경우에는 그러하지 아니하다.

2) 일반재산의 관리/처분에 관한 사무를 위임/위탁받은 자가 해당 일반재산을 양여하려는 경우에는 미리 총괄청의 승인을 받아야 한다.

제6절 개발

1. 개발(제57조)

(1) 일반재산은 국유재산관리기금의 운용계획에 따라 국유재산관리기금의 재원으로 개발하거나 신탁개발, 위탁개발, 민간참여개발 후 대부·분양할 수 있다.

(2) 개발이란

① 「건축법」 제2조에 따른 건축, 대수선, 리모델링 등의 행위

② 「공공주택 특별법」, 「국토의 계획 및 이용에 관한 법률」, 「도시개발법」, 「도시 및 주거환경 정비법」, 「산업입지 및 개발에 관한 법률」, 「주택법」, 「택지개발촉진법」 등 법률에 따라 토지를 조성하는 행위 → ②의 경우는 제59조(위탁개발)에 따라 위탁개발하는 경우에 한정한다.

(3) 일반재산 개발 시 고려사항

① 재정수입의 증대 등 재정관리의 건전성

② 공공시설의 확보 등 공공의 편익성

③ 주변환경의 개선 등 지역발전의 기여도

④ ①부터 ③까지의 규정에 따른 사항 외에 국가 행정목적 달성을 위한 필요성

2. 신탁개발(제58조)

1) 일반재산은 신탁계약을 체결하여 부동산신탁을 취급하는 신탁업자에게 신탁하여 개발할 수 있다. 중앙관서의 장등은 신탁계약을 체결하기 전에 신탁계약의 내용을 명백히 하여 총괄청과 협의하거나 총괄청의 승인을 받아야 한다.

2) 중앙관서의 장이 소관 특별회계나 기금에 속하는 일반재산을 '1)'에 따라 개발하려는 경우에는 신탁업자의 선정, 신탁기간, 신탁보수, 자금차입의 한도, 시설물의 용도 등에 대하여 대통령령으로 정하는 바에 따라 총괄청과 협의하여야 한다. 협의된 사항 중 대통령령으로 정하는 중요 사항(신탁업자의 선정, 신탁기간, 신탁보수, 자금차입의 한도, 시설물의 용도, 개발의 종류)을 변경하려는 경우에도 또한 같다.

3) 일반재산의 관리·처분에 관한 사무를 위임·위탁받은 자가 '1)'에 따라 개발하려는 경우에는 신탁업자의 선정, 신탁기간, 신탁보수, 자금차입의 한도, 시설물의 용도 등에 대하여 대통령령으로 정하는 바에 따라 총괄청의 승인을 받아야 한다. 승인받은 사항 중 대통령령으로 정하는 중요 사항(신탁업자의 선정, 신탁기간, 신탁보수, 자금차입의 한도, 시설물의 용도, 개발의 종류)을 변경하려는 경우에도 또한 같다.

4) '1)'에 따른 신탁으로 발생한 수익의 국가귀속방법, 그 밖에 필요한 사항은 대통령령으로 정한다.

> **＊ 영 제62조(신탁개발 수익의 국가귀속 방법 등)**
> ① 일반재산을 신탁받은 신탁업자는 신탁기간 중 매년 말일을 기준으로 신탁사무의 계산을 하고, 발생된 수익을 다음 연도 2월 말일까지 중앙관서의 장등에 내야 한다.
> ② 신탁기간이 끝나거나 신탁계약이 해지된 경우 신탁업자는 신탁사무의 최종 계산을 하여 중앙관서의 장등의 승인을 받고, 해당 신탁재산을 다음 각 호의 방법으로 국가에 이전하여야 한다.
> 　1. 토지와 그 정착물은 신탁등기를 말소하고 국가로 소유권이전등기를 한다. 다만, 등기하기 곤란한 정착물은 현 상태대로 이전한다.
> 　2. 그 밖에 신탁으로 발생한 재산은 금전으로 중앙관서의 장등에 낸다.

3. 위탁개발(제59조)

① 일반재산의 관리·처분에 관한 사무를 위탁받은 자(수탁자)는 위탁받은 일반재산을 개발할 수 있다.

② 수탁자가 ①에 따라 개발하려는 경우에는 위탁기간, 위탁보수, 자금차입의 한도, 시설물의 용도, 토지이용계획 등을 포함하는 위탁개발사업계획을 수립하여 총괄청이나 중앙관서의 장의 승인을 받아야 한다. 승인받은 사항 중 대통령령으로 정하는 중요 사항(위탁기간, 위탁보수, 자금차입의 한도, 시설물의 용도, 개발의 종류, 토지이용계획)을 변경하려는 경우에도 또한 같다.

③ 중앙관서의 장이 ②에 따라 개발을 승인하려는 경우에는 위탁개발사업계획을 총괄청에 제출하고 총괄청과 협의하여야 한다. 협의된 사항 중 대통령령으로 정하는 중요 사항(위탁기간, 위탁보수, 자금차입의 한도, 시설물의 용도, 개발의 종류, 토지이용계획)을 변경하려는 경우에도 또한 같다.

④ ①에 따른 위탁 개발로 발생한 수익의 국가귀속방법, 그 밖에 필요한 사항은 대통령령으로 정한다.

> **＊ 영 제64조(위탁 개발 수익의 국가귀속 방법 등)**
> ① 수탁자가 법 제59조에 따라 개발한 재산의 소유권은 국가로 귀속된다.
> ② 수탁자는 위탁기간 중 매년 말일을 기준으로 위탁사무의 계산을 하고, 발생한 수익을 총괄청이나 중앙관서의 장에 내야 한다.

⑤ ①에 따라 개발한 재산의 대부·분양·관리의 방법은 수탁자가 총괄청이나 중앙관서의 장과 협의하여 정할 수 있다.

4. 민간참여 개발

(1) 민간참여 개발(제59조의2)

① 총괄청은 다음 어느 하나에 해당하는 일반재산을 대통령령으로 정하는 민간사업자와 공동으로 개발할 수 있다. [기출32]

> * 대통령령으로 정하는 민간사업자란 다음 각 호의 자를 제외한 법인(외국법인 포함)을 말한다.
> 1. 국가, 지방자치단체 및 공공기관
> 2. 특별법에 따라 설립된 공사 또는 공단

　ⅰ) 5년 이상 활용되지 아니한 재산[기출30 34]

　ⅱ) 국유재산정책심의위원회의 심의를 거쳐 개발이 필요하다고 인정되는 재산

② 총괄청은 ①의 개발을 위하여 설립하는 국유지개발목적회사(국유지를 개발하기 위하여 민간사업자와 공동으로 설립하는 「법인세법」에 따른 투자회사를 말한다)와 자산관리회사(자산 관리·운용 및 처분에 관한 업무의 수행을 국유지개발목적회사로부터 위탁받은 자산관리회사로서 대통령령으로 정하는 회사를 말한다)에 국유재산관리기금운용계획에 따라 출자할 수 있다. 이 경우 국유지개발목적회사에 대한 국가의 출자규모는 자본금의 100분의 30을 초과할 수 없다.

③ 국유지개발목적회사는 다음 각 호에 해당하는 자(각 호의 자와 각 호의 어느 하나에 해당하는 자가 소유한 지분이 1001분의 30을 넘는 법인 및 각 호의 어느 하나에 해당하는 자가 최대 주식 소유자로서 경영에 참여하고 있는 법인)로부터 총사업비의 100분의 30을 초과하여 사업비를 조달하여서는 아니 된다.

　1. 「공공기관의 운영에 관한 법률」에 따른 공공기관

　2. 특별법에 따라 설립된 각종 공사 또는 공단

④ 국유지개발목적회사와 자산관리회사에 관하여 이 법에서 정하는 사항 외에는 「상법」에서 정하는 바에 따른다.

⑤ 총괄청은 ②의 국유재산관리기금운용계획에서 정한 범위 외에 국가에 부담이 되는 계약을 체결하려는 경우에는 미리 국회의 의결을 얻어야 한다.

⑥ 총괄청은 ①에 따른 개발이 완료되고 출자목적이 달성된 경우 기획재정부장관이 정하는 바에 따라 ②에 따라 출자한 지분을 회수하여야 한다.

(2) 민간참여 개발의 절차(제59조의3)

① 총괄청이 민간참여 개발을 하려면 다음 각 호의 사항을 포함하는 민간참여 개발사업에 관한 기본계획을 수립하여야 한다.

1. 개발대상 재산 및 시설물의 용도에 관한 사항
2. 개발사업의 추정 투자금액·건설기간 및 규모에 관한 사항
3. 사전사업타당성 조사 결과에 관한 사항(「국가재정법」에 따른 예비타당성조사를 포함한다)
4. 민간사업자 모집에 관한 사항
5. 협상대상자 선정 기준 및 방법에 관한 사항
6. 그 밖에 개발과 관련된 중요 사항

② 총괄청은 민간참여개발기본계획에 대하여 국유재산정책심의위원회의 분과위원회를 거쳐 위원회의 심의를 받아야 한다.

③ 총괄청은 ②에 따른 위원회의 전문적인 심의를 위하여 기획재정부장관이 정하는 바에 따라 수익성 분석 및 기술 분야의 전문가로 민간참여개발자문단을 구성·운영하여야 한다. 이 경우 민간참여개발자문단은 민간참여개발기본계획에 대한 자문의견서를 위원회에 제출하여야 한다.

④ 총괄청은 협상대상자 선정 기준 및 방법 등 대통령령으로 정하는 민간참여개발기본계획의 중요 사항을 변경하려는 경우 ②를 준용한다.

⑤ 총괄청은 민간사업자를 공개적으로 모집하고 선정하여야 한다. 이 경우 협상대상자 선정 기준 및 방법 등 모집에 관한 사항을 공고(인터넷에 게재하는 방식에 따른 경우를 포함한다)하여야 한다.

⑥ 민간사업자가 공고된 민간참여 개발사업에 참여하려는 경우에는 타당성 조사내용, 수익배분 기준 등 대통령령으로 정하는 사항을 포함하는 민간참여개발사업계획제안서(사업제안서)를 작성하여 총괄청에 제출하여야 한다.

⑦ 총괄청은 제출된 사업제안서에 대하여 민간전문가가 과반수로 구성된 민간참여개발사업평가단의 평가와 위원회의 심의를 거쳐 협상대상자를 지정하여야 한다.

⑧ 총괄청은 ⑦에 따라 지정한 협상대상자와의 협의에 따라 개발사업의 추진을 위한 사업협약을 체결한다. 이 경우 제59조의2 ③에 따른 사업비 조달 제한 및 위반 시 책임에 관한 사항이 포함되어야 한다.

⑨ ⑦에 따른 민간참여개발사업평가단의 구성·운영에 관한 사항은 대통령령으로 정한다.

> 영 제64조의7(민간참여개발사업평가단의 구성 및 운영)
> ① 총괄청은 법 제59조의3 ⑦에 따른 평가 업무를 수행하기 위하여 다음 각 호의 어느 하나에 해당하는 사람으로 민간참여개발사업평가단(이하 "평가단"이라 한다)을 구성한다.
> 1. 기획재정부, 국토교통부 및 조달청의 고위공무원단에 속하는 공무원 중 소속 기관의 장이 지명하는 사람
> 2. 다음 각 목의 어느 하나에 해당하는 사람 중 기획재정부장관이 위촉하는 사람
>   가. 개발사업 및 관련 분야의 조교수 이상의 직에 있는 사람

나. 「정부출연연구기관 등의 설립·운영 및 육성에 관한 법률」에 따라 설립된 정부출연
　　연구기관에 소속된 박사학위 소지자로서 개발사업에 관한 전문지식이 있는 사람
다. 5년 이상의 실무경험이 있는 건축사·공인회계사·변호사 등으로서 개발사업에 관
　　한 전문지식과 경험이 풍부한 사람
② 평가단의 구성원은 10명 이상 30명 이내로 한다.
③ 제1항 및 제2항에서 규정한 사항 외에 평가단의 구성 및 운영에 필요한 사항은 위원회의 심
　　의를 거쳐 총괄청이 정한다

(3) 민간참여 개발사업의 평가(제59조의4)

① 총괄청은 매년 민간참여 개발사업의 추진현황 및 실적을 평가하여 위원회에 보고하여야
　　한다.

② 총괄청은 ①에 따른 평가결과 제59조의2 ③을 위반하거나 사업부실 등으로 개발목적을 달
　　성할 수 없다고 판단하는 경우에는 위원회의 심의를 거쳐 출자지분의 회수 등 필요한 조치
　　를 하여야 한다.

(4) 손해배상책임(제59조의5)

제59조의3 ⑦에 따라 협상대상자로 지정받은 자가 사업제안서를 거짓으로 작성하여 국가에
손해를 발생하게 한 때에는 국가에 손해를 배상할 책임을 진다.

제7절　현물출자

1. 정부는 다음에 해당하는 경우 현물출자 할 수 있다(제60조)[기출32]

① 정부출자기업체를 새로 설립하려는 경우
② 정부출자기업체의 고유목적사업을 원활히 수행하기 위하여 자본의 확충이 필요한 경우
③ 정부출자기업체의 운영체제와 경영구조의 개편을 위하여 필요한 경우[기출30]

2. 현물출자 절차(제61조)

① 정부출자기업체는 현물출자를 받으려는 때에는 다음 각 호의 서류를 붙여 관계 법령에 따라
　　해당 정부출자기업체의 업무를 관장하는 행정기관의 장(주무기관의 장)에게 신청하여야 한
　　다.
　　1. 현물출자의 필요성
　　2. 출자재산의 규모와 명세
　　3. 출자재산의 가격평가서
　　4. 재무제표 및 경영현황
　　5. 사업계획서

② 주무기관의 장이 출자신청을 받은 때에는 현물출자의 적정성을 검토한 후 ①의 각 서류와 현물출자의견서를 붙여 총괄청에 현물출자를 요청하여야 한다.

③ 총괄청은 현물출자를 요청받은 경우에는 현물출자계획서를 작성하여 국무회의의 심의를 거쳐 대통령의 승인을 받아야 한다.

3. 출자가액 산정(제62조)

현물출자하는 경우에 일반재산의 출자가액은 제44조(시가를 고려하여 결정한다)에 따라 산정한다. 다만, 지분증권의 산정가액이 액면가에 미달하는 경우는 그 지분증권의 액면가에 따른다.

4. 출자재산 등의 수정(제63조)

총괄청은 평가기준일부터 출자일까지의 기간에 현물출자 대상재산이 멸실·훼손 등으로 변동된 경우에는 출자재산이나 출자가액을 수정할 수 있다. 이 경우 해당 주무기관의 장은 현물출자 대상재산의 변동 사실을 지체 없이 총괄청에 알려야 한다.

5. 현물출자에 따른 지분증권의 취득가액(제64조)

정부가 현물출자로 취득하는 지분증권의 취득가액은 기획재정부령으로 정하는 자산가치 이하로 한다. 다만, 지분증권의 자산가치가 액면가에 미달하는 경우로서 대통령령으로 정하는 경우에는 액면가로 할 수 있다.

＊ 기획재정부령으로 정하는 자산가치

1. 상장증권 : 영 제43조 제1항 제1호 본문에 따라 산출한 가격

> 영 제43조 제1항 제1호 본문 : 평가기준일 전 1년 이내의 최근에 거래된 30일간의 증권시장에서의 최종 시세가액을 가중산술평균하여 산출한 가격으로 하되, 거래 실적이 있는 날이 30일 미만일 때에는 거래된 날의 증권시장의 최종 시세가액을 가중산술평균한 가액과 제44조 제1항의 방법에 따른 가액을 고려하여 산출한 가격.
>
> > 제44조 제1항의 방법 : 비상장법인이 발행한 지분증권을 처분할 때에는 그 예정가격은 기획재정부령으로 정하는 산출방식에 따라 비상장법인의 자산가치, 수익가치 및 상대가치를 고려하여 산출한 가격 이상으로 한다. 다만, 기획재정부령으로 정하는 경우에는 수익가치 또는 상대가치를 고려하지 아니할 수 있다.

2. 비상장증권 : 직전 사업연도의 실적재무제표를 기준으로 하여 산정한 1주당 순자산가치

---

6. 상법의 적용 제외(제65조)

정부출자기업체가 제60조에 따라 현물출자를 받는 경우에는 「상법」 제295조 제2항, 제299조 제1항, 제299조의2와 제422조를 적용하지 아니한다.

제8절 정부배당

1. 정부배당

(1) 적용대상(제65조의2)

국유재산으로 관리되고 있는 출자재산으로서 국가가 일반회계, 특별회계 및 기금으로 지분을 가지고 있는 법인 중 대통령령으로 정하는 기업(「상속세 및 증여세법」에 따라 정부가 현물로 납입받은 지분을 가지고 있는 기업은 제외)으로부터 정부가 받는 배당에 대하여 적용한다.

(2) 정부배당결정의 원칙(제65조의3)

총괄청과 중앙관서의 장은 「상법」 또는 관계 법령에 따라 산정된 배당가능이익이 발생한 해당 정부배당대상기업에 대하여는 다음 사항을 고려하여 적정하게 정부배당이 이루어지도록 하여야 한다.
① 배당대상이 되는 이익의 규모
② 정부출자수입 예산 규모의 적정성 및 정부의 재정여건
③ 각 정부배당대상기업의 배당률 및 배당성향
④ 같거나 유사한 업종의 민간부문 배당률 및 배당성향
⑤ 해당 정부배당대상기업의 자본금 규모, 내부자금 적립 규모, 부채비율, 국제결제은행의 기준에 따른 자기자본비율, 과거 배당실적, 투자재원 소요의 적정성 등 경영여건
⑥ 그 밖에 대통령령으로 정하는 배당결정 기준

> 1. 법 제65조의2에 따른 정부배당대상기업에 대한 정부의 재정지원 여부 및 규모
> 2. 정부배당대상기업의 공공성 정도
> 3. 그 밖에 총괄청이 법 제65조의2에 따른 정부배당을 적정하게 하기 위하여 필요하다고 인정하는 사항

(3) 정부배당수입의 예산안 계상 등(제65조의4)

1) 정부배당대상기업은 대통령령으로 정하는 바에 따라 정부배당수입을 추정할 수 있는 자료를 총괄청이나 중앙관서의 장에게 제출하여야 한다.

> **영 제67조의4(정부배당수입 추정자료의 제출)**
> 정부배당대상기업은 제1호부터 제3호까지 및 제5호의 자료를 매년 5월 31일까지, 제4호의 자료를 매년 7월 31일까지 총괄청이나 중앙관서의 장에게 제출하여야 한다.
> 1. 주요 사업계획 및 추정 당기순이익
> 2. 이익금 처리계획
> 3. 납입자본금 현황
> 4. 해당 회계연도의 상반기 당기순이익 실적 및 연간 추정 당기순이익
> 5. 그 밖에 총괄청이 정부배당수입을 추정하기 위하여 필요하다고 인정하는 자료

2) 총괄청이나 중앙관서의 장은 1)에 따라 제출받은 자료를 기초로 다음 연도의 정부배당수입을 추정하여 소관 예산안의 세입예산 또는 기금운용계획안의 수입계획에 계상하여야 한다.

PART 04

(4) 정부배당의 결정(제65조의5)

1) 정부배당대상기업은 대통령령으로 정하는 바에 따라 정부배당결정과 관련한 자료를 총괄청과 중앙관서의 장에게 각각 제출하여야 한다.

> **영 제67조의5(정부배당결정 관련 자료의 제출)**
> 정부배당대상기업은 다음 각 호의 자료를 매년 1월 31일까지 총괄청과 중앙관서의 장에게 각각 제출하여야 한다.
> 1. 이익잉여금의 사내유보 및 배당에 관한 계획
> 2. 회계감사 이전에 작성한 재무상태표 및 손익계산서
> 3. 납입자본금 현황
> 4. 그 밖에 총괄청이 정부배당수입을 결정하기 위하여 필요하다고 인정하는 자료

2) 정부배당대상기업은 정부배당을 결정하는 경우 이사회·주주총회 등 정부배당결정 관련 절차를 거치기 전에 총괄청과 중앙관서의 장과 각각 미리 협의하여야 한다.

(5) 국회 보고 등(제65조의6)

총괄청과 중앙관서의 장은 정부배당대상기업의 배당이 완료된 때에는 정부배당대상기업의 배당내역을 국회 소관 상임위원회와 예산결산특별위원회에 보고하고 공표하여야 한다.

확인문제

01 국유재산법령상 일반재산에 관한 설명으로 옳은 것은? ✦ 32회
① 정부는 정부출자기업체를 새로 설립하려는 경우에는 일반재산을 현물출자할 수 있다.
② 총괄청은 5년 이상 활용되지 아니한 일반재산을 민간사업자와 공동으로 개발할 수 없다.
③ 중앙관서의 장은 다른 법률에 따라 그 처분이 제한되는 경우에도 일반재산을 매각할 수 있다.
④ 국가가 직접 행정재산으로 사용하기 위하여 필요한 경우에도 일반재산인 동산과 사유재산인 동산을 교환할 수 없다.
⑤ 일반재산을 매각하는 경우 해당 매각재산의 소유권 이전은 매각대금의 완납 이전에도 할 수 있다.

답 ①

02 국유재산법령상 일반재산에 관한 설명으로 옳은 것은? ✦ 31회
① 총괄청은 일반재산의 관리·처분에 관한 사무의 일부를 위탁받을 수 없다.
② 증권을 제외한 일반재산을 지방자치단체에 처분할 때 처분재산의 예정가격은 두 개의 감정평가법인등의 평가액을 산술평균한 금액으로 결정한다.
③ 조림을 목적으로 하는 토지의 대부기간은 25년 이상으로 한다.
④ 중앙관서의 장은 일반재산을 교환하려면 그 내용을 감사원에 보고하여야 한다.
⑤ 일반재산을 매각하면서 매각대금을 한꺼번에 납부하기로 한 경우 매각대금의 완납 이전에도 해당 매각재산의 소유권 이전이 가능하다.

답 ④

제4장 일반재산 주요 내용 O · X 확인 문제

01 용도를 지정하여 매각하는 경우 일반재산을 지명경쟁의 방법으로 처분할 수 있다. (   )

02 일반재산을 수의계약으로 처분할 수 있는 경우는?(이 경우 처분가격은 예정가격 이상으로 한다)

> 1. 외교상 또는 국방상의 이유로 비밀리에 처분할 필요가 있는 경우
> 2. 재해 복구나 구호의 목적으로 재산을 처분하는 경우
> 3. 해당 재산을 양여받거나 무상으로 대부받을 수 있는 자에게 그 재산을 매각하는 경우
> 4. 지방자치단체가 직접 공용으로 사용하는 데에 필요한 재산을 해당 지방자치단체에 처분하는 경우
> 5. 은닉된 국유재산을 국가에 반환한 자에게 매각하는 경우
> 6. 국가가 인구 분산을 위한 정착사업 등 각종 사업의 시행과 관련하여 이주대책의 목적으로 조성하였거나 조성할 예정인 이주단지의 국유지를 그 이주민에게 매각하는 경우
> 7. 외교목적의 시설로 사용하기 위해 필요한 국유재산을 해당 국가에 매각하는 경우
> 8. 국가 외의 자와 공유하고 있는 국유재산을 해당 공유지분권자에게 매각하는 경우
> 9. 정부출자기업체의 주주 등 출자자에게 해당 기업체의 지분증권을 매각하는 경우
> 10. 국유지개발목적회사의 주주 등 출자자에게 해당 회사의 지분증권을 매각하는 경우
> 11. 두 번에 걸쳐 유효한 입찰이 성립되지 아니하거나 뚜렷하게 국가에 유리한 가격으로 계약할 수 있는 경우

(   )

03 일반재산의 처분가격은 시가를 고려하여 결정한다. 대장가격이 4천만원 미만인 경우나 지방자치단체 또는 공공기관에 처분하는 경우에는 하나의 감정평가법인등의 평가액으로 결정한다.
(   )

04 중앙관서의 장등은 일반재산에 대하여 일반경쟁입찰을 두 번 실시하여도 낙찰자가 없는 경우에는 세 번째 입찰부터 최초 매각 예정가격의 100분의 20을 최저한도로 하여 매회 100분의 10의 금액만큼 그 예정가격을 낮출 수 있다. (   )

05 지식재산을 처분할 때의 예정가격을 해당 지식재산 존속기간 중의 사용료 또는 대부료 추정 총액으로 결정할 수 없는 경우에는 감정평가등이 평가한 금액으로 하되 평가일부터 2년이 지나면 적용할 수 없다. (   )

06 일반재산은 개척 · 매립 · 간척 또는 조림 사업을 시행하기 위하여 그 사업의 완성을 조건으로 대통령령으로 정하는 바에 따라 대부 · 매각 또는 양여를 예약할 수 있다. 중앙관서의 장등이 예약하려는 경우에는 감사원과 협의하여야 한다. (   )

07 조림을 목적으로 하는 토지와 그 정착물의 대부기간은 25년 이내로 한다. (   )

08 수의계약의 방법으로 대부할 수 있는 경우가 아니면 1회만 갱신할 수 있다. (   )

09 대부료에 관하여는 연간 대부료의 전부 또는 일부를 대부보증금으로 환산하여 받아야 한다.
(   )

10 일반재산을 매각하는 경우 그 재산의 용도와 그 용도에 사용하여야 할 기간을 정하여 매각할 수 있다. 용도를 지정하여 매각하는 경우에는 그 재산의 매각일부터 20년 이상 지정된 용도로 활용하여야 한다. (   )

11 일반재산의 매각대금은 계약 체결일부터 60일의 범위에서 중앙관서의 장등이 정하는 기한까지 전액을 내야 한다. 일반재산의 매각대금을 한꺼번에 납부하도록 하는 것이 곤란하다고 인정되는 경우에는 30년 이내에 걸쳐 나누어 내게 할 수 있다. (   )

12 매각대금을 나누어 내게 하는 경우로서 공익사업의 원활한 시행 등을 위하여 소유권의 이전이 불가피한 경우에는 매각대금이 완납되기 전에 소유권을 이전할 수 있다. (   )

13 교환할 때 쌍방의 가격이 같지 아니하면 그 차액을 금전 및 현물로 대신 납부하여야 한다.
(   )

14 중앙관서의 장등은 일반재산을 교환하려면 감사원의 승인을 받아야 한다. (   )

15 지방자치단체나 공공단체가 유지·보존비용을 부담한 공공용재산이 용도폐지됨으로써 일반재산이 되는 경우에 해당 재산은 그 부담한 비용의 범위에서 해당 지방자치단체나 공공단체에 양여할 수 있다. (   )

16 중앙관서의 장등은 일반재산을 양여하려면 감사원과 협의하여야 한다. (   )

17 총괄청은 3년 간 활용되지 아니한 일반재산을 민간사업자와 공동으로 개발할 수 있다.
(   )

18 정부는 정부출자기업체의 고유목적사업을 원활히 수행하기 위하여 자본의 확충이 필요한 경우와 정부출자기업체의 운영체제와 경영구조의 개편을 위하여 필요한 경우에는 행정재산을 현물출자할 수 있다. (   )

19 총괄청과 중앙관서의 장은 정부배당대상기업의 배당이 완료된 때에는 정부배당대상기업의 배당내역을 국회 소관 상임위원회와 예산결산특별위원회에 보고하고 공표하여야 한다. (   )

제4장 일반재산 주요 내용 O · X 확인 문제 정답

01 (○) 지명경쟁이 가능한 경우

> 1. 토지의 용도 등을 고려할 때 해당 재산에 인접한 토지의 소유자를 지명하여 경쟁에 부칠 필요가 있는 경우
> 2. 농경지의 경우에 실경작자를 지명하거나 이들을 입찰에 참가할 수 있는 자로 제한하여 경쟁에 부칠 필요가 있는 경우
> 3. 용도를 지정하여 매각하는 경우
> 4. 수의계약 신청이 경합하는 경우

02 모두 맞음

03 (×) 3천만원 미만인 경우

04 (×) 100분의 50을 최저한도로 한다.

05 (×) 평가일부터 1년이 지나면 적용할 수 없다.

06 (×) 총괄청과 협의하여야 한다.

07 (×) 조림을 목적으로 하는 토지와 그 정착물의 대부기간은 20년 이내로 한다.

08 (○)

09 (×) 연간 대부료의 전부 또는 일부를 대부보증금으로 환산하여 받을 수 있다.

10 (×) 10년 이상 지정된 용도로 활용하여야 한다.

11 (×) 20년 이내에 걸쳐 나누어 내게 할 수 있다.

12 (○)

13 (×) 차액을 금전으로 대신 납부하여야 한다.

14 (×) 중앙관서의 장등은 일반재산을 교환하려면 그 내용을 감사원에 보고하여야 한다.

15 (○)

---

* 양여가 가능한 경우
1. 직접 공용이나 공공용으로 사용하려는 지방자치단체에 양여하는 경우
2. 지방자치단체나 공공단체가 유지·보존비용을 부담한 공공용재산이 용도폐지됨으로써 일반재산이 되는 경우에 해당 재산을 그 부담한 비용의 범위에서 해당 지방자치단체나 공공단체에 양여하는 경우
3. 행정재산을 용도폐지하는 경우 그 용도에 사용될 대체시설을 제공한 자 또는 그 상속인, 그 밖의 포괄승계인에게 그 부담한 비용의 범위에서 용도폐지된 재산을 양여하는 경우
4. 국가가 보존·활용할 필요가 없고 대부·매각이나 교환이 곤란하여 양여하는 경우

---

16 (×) 중앙관서의 장등은 일반재산을 양여하려면 총괄청과 협의하여야 한다.

17 (×) 총괄청은 5년 이상 활용되지 아니한 일반재산을 민간사업자와 공동으로 개발할 수 있다.

18 (×) 일반재산을 현물출자할 수 있다.

19 (○)

지식재산 관리 · 처분의 특례

1. 지식재산의 사용허가 등(제65조의7)

1) 지식재산의 사용허가 또는 대부받은 자는 중앙관서의 장 등의 승인을 받아 다른 사람에게 사용·수익하게 할 수 있다.

2) 저작권 등의 사용허가 등을 받은 자는 해당 지식재산을 관리하는 중앙관서의 장 등의 승인을 받아 그 저작물의 변형, 변경 또는 개작을 할 수 있다. [기출33]

2. 지식재산의 사용허가 등의 방법(제65조의8)

1) 사용허가 등은 수의방법으로 하되 다수에게 일시에 또는 여러 차례에 걸쳐 할 수 있다. [기출33]

2) 사용허가 등을 받은 자는 다른 사람의 이용을 방해하여서는 아니 된다.

3) 다른 사람의 이용을 방해한 자에 대하여 사용허가 등을 철회할 수 있다.

4) 중앙관서의 장 등은 사용허가 등의 기간 동안 신청자 외에 사용허가 등을 받으려는 자가 없거나 지식재산의 효율적인 관리를 위하여 특히 필요하다고 인정하는 경우에는 특정인에 대하여만 사용허가 등을 할 수 있다. 이 경우 사용허가 등의 방법은 제31조 제1항(사용허가의 방법) 본문 및 제2항(=일반경쟁방법) 또는 제47조 제1항(대부료 계약의 해제 등)에 따른다.

3. 지식재산의 사용료 등(제65조의9)

1) 지식재산의 사용허가 등을 한 때에는 제32조 제1항 및 제47조 제1항에도 불구하고 해당 지식재산으로부터의 매출액 등을 고려하여 대통령령으로 정하는 사용료 또는 대부료를 징수한다.

2) 동일인(상속인이나 그 밖의 포괄승계인은 피승계인과 동일인으로 본다)이 같은 지식재산을 계속 사용·수익하는 경우에는 제33조(사용료의 조정) 및 제47조 제1항(대부계약의 해제)은 적용하지 아니한다.

4. 지식재산 사용료 및 대부료의 면제 및 감면(제65조의10)

(1) 면제

농업인과 어업인의 소득증대, 중소기업의 수출 증진, 창업기업/재창업기업에 대한 지원 및 벤처기업의 창업 촉진, 그 밖에 이에 준하는 국가시책추진을 위해 중앙관서의 장이 인정하는 경우

(2) 감면[기출33]

지식재산을 공익적 목적으로 활용하기 위하여 중앙관서의 장등이 필요하다고 인정하는 경우

① **지방자치단체에 사용허가 등을 하는 경우 :** 면제
② **그 밖의 경우 :** 사용료 등의 50/100

5. 지식재산의 사용허가 등 기간(제65조의11)

1) 지식재산의 사용허가기간 또는 대부기간은 5년 이내에서 대통령령(3년 이내 / 상표권은 5년 이내)으로 정한다.

> **영 제67조의10(지식재산의 사용허가 등 기간)**
>
> ① 지식재산(상표권은 제외한다)의 사용허가 등의 기간은 3년 이내로 한다.
> ② 제1항에도 불구하고 다음 각 호의 어느 하나에 해당하는 경우에는 그 사용허가 등의 기간을 다음 각 호의 구분에 따른 기간만큼 연장할 수 있다. 이 경우에도 최초의 사용허가 등의 기간과 연장된 사용허가 등의 기간을 합산한 기간은 5년을 초과하지 못한다.
> 1. 해당 지식재산을 실시하는 데에 필요한 준비기간이 1년 이상 걸리는 경우 : 그 준비기간
> 2. 해당 지식재산의 존속기간이 계약일부터 4년 이내에 만료되는 경우 : 그 존속기간 만료 시까지의 남은 기간
> ③ 상표권의 사용허가 등의 기간은 5년 이내로 한다.

2) 사용허가기간 또는 대부기간이 끝난 지식재산에 대하여는 사용허가기간 또는 대부기간을 초과하지 아니하는 범위에서 종전의 사용허가 등을 갱신할 수 있다. 다만, 제65조의8 제4항에 따른 사용허가 등(특정인에 대한 사용허가)의 경우에는 이를 한 번만 갱신할 수 있다.

6. 저작권의 귀속 등(제65조의12)

1) 중앙관서의 장 등은 국가 외의 자와 저작물 제작을 위한 계약을 체결하는 경우 그 결과물에 대한 저작권 귀속에 관한 사항을 계약내용에 포함하여야 한다.

2) 중앙관서의 장 등이 국가 외의 자와 공동으로 창작하기 위한 계약을 체결하는 경우 그 결과물에 대한 저작권은 공동으로 소유하며, 별도의 정함이 없으면 그 지분은 균등한 것으로 한다. 다만, 그 결과물에 대한 기여도 및 국가안전보장, 국방, 외교관계 등 계약목적물의 특수성을 고려하여 협의를 통하여 저작권의 귀속주체 또는 지분율 등을 달리 정할 수 있다.

3) 중앙관서의 장 등은 1) 및 2)에 따른 계약을 체결하는 경우 그 결과물에 대한 저작권의 전부를 국가 외의 자에게 귀속시키는 내용의 계약을 체결하여서는 아니 된다.

Chapter 05 대장과 보고

1. 대장과 실태조사(제66조)

1) 중앙관서의 장 등은 국유재산의 대장·등기사항증명서와 도면을 갖추어 두어야 한다(전산자료 대신 가능).
   → 매년 그 소관에 속하는 국유재산의 실태를 조사(재산 등기 및 지적 현황, 주위 환경, 이용 현황, 재산의 보존·관리 등에 필요한 사항)하여 대장을 정비해야 한다.

2) 총괄청은 중앙관서별로 국유재산에 관한 총괄부를 갖추어 두어 그 상황을 명백히 하여야 한다 (전산자료로 대신 가능).

3) 관리위임공무원, 위탁받은 자는 등기소, 관계 행장에게 무료로 필요서류 열람과 등사 또는 그 등본, 초본 또는 등기사항증명서의 교부 청구가 가능하다.

2. 다른 사람의 토지 등의 출입(제67조)

실태조사를 위해 필요한 경우 타인 토지 출입이 가능하다 → 소유자, 점유자, 관리인에게 미리 알려 (모르면 ×) → 이해관계인은 정당한 사유 없이 출입을 거부하거나 방해하지 못한다 → 신분표시 증표를 지니고 보여 주어야 한다.

3. 가격평가(제68조)

국유재산의 가격평가 등 회계처리는 「국가회계법」 제11조에 따른 국가회계기준에서 정하는 바에 따른다.

4. 국유재산관리운용보고서(제69조)

1) 중앙관서의 장은 그 소관에 속하는 국유재산에 관한 국유재산관리운용보고서를 작성하여 다음 연도 2월 말일까지 총괄청에 제출해야 한다.

   * 국유재산관리운용보고서에 포함되어야 할 사항
   ① 국유재산종합계획에 대한 집행 실적 및 평가 결과
   ② 연도 말 국유재산의 증감 및 보유 현황
   ③ 「국유재산특례제한법」 제9조에 따른 운용실적
   ④ 그 밖에 국유재산의 관리·처분 업무와 관련하여 중앙관서의 장이 중요하다고 인정하는 사항

2) 총괄청은 국유재산관리운용보고서를 통합하여 국유재산관리운용총보고서를 작성하여야 한다.

3) 국유재산관리운용총보고서를 다음 연도 4월 10일까지 감사원에 제출하여 검사를 받아야 한다.

4) 감사원의 검사를 받은 국유재산관리운용총보고서와 감사원의 검사보고서를 다음 연도 5월 31 일까지 국회에 제출해야 한다.

5. 멸실 등의 보고(제70조)

중앙관서의 장 등은 그 소관에 속하는 국유재산이 멸실되거나 철거된 경우에는 지체 없이 그 사실을 총괄청과 감사원에 보고해야 한다.

6. 적용 제외(제71조)

국방부장관이 관리하는 제5조 제1항 제2호의 재산과(선박, 항공기 등) 그 밖에 중앙관서의 장이 총괄청과 협의하여 정하는 재산은 상기 3, 4, 5의 규정을 적용하지 아니한다.

Chapter 06 보칙

보칙

1. 변상금(제72조)

1) 중앙관서의 장 등은 무단점유자에 대하여 대통령령으로 정하는 바에 따라 그 재산에 대한 사용료나 대부료의 100분의 120에 상당하는 변상금을 징수한다. [기출30]

2) 다음 어느 하나에 해당하는 경우에는 변상금을 징수하지 아니한다.
   ① 등기사항증명서나 그 밖의 공부(公簿)상의 명의인을 정당한 소유자로 믿고 적절한 대가를 지급하고 권리를 취득한 자(취득자의 상속인이나 승계인을 포함한다)의 재산이 취득 후에 국유재산으로 밝혀져 국가에 귀속된 경우
   ② 국가나 지방자치단체가 재해대책 등 불가피한 사유로 일정 기간 국유재산을 점유하게 하거나 사용·수익하게 한 경우

3) 변상금은 무단점유를 하게 된 경위(經緯), 무단점유지의 용도 및 해당 무단점유자의 경제적 사정 등을 고려하여 대통령령으로 정하는 바에 따라 5년의 범위에서 징수를 미루거나 나누어 내게 할 수 있다.

4) 변상금을 징수하는 경우에는 사용료와 대부료의 조정을 하지 아니한다.

5) 연간 사용료 또는 연간 대부료의 100분의 120에 상당하는 금액으로 한다. 이 경우 점유한 기간이 1회계연도를 초과할 때에는 각 회계연도별로 산출한 변상금을 합산한 금액으로 한다.

6) 중앙관서의 장 등은 무단점유자가 아래 중 하나에 해당하는 경우, 변상금의 최초 납부기한부터 1년의 범위에서 징수를 미룰 수 있다. [기출30]
   ① 재해나 도난으로 재산에 심한 손실을 입은 경우 [기출30]
   ② 무단점유자 또는 그 동거 가족의 질병이나 중상해로 장기 치료가 필요한 경우
   ③ 「국민기초생활 보장법」 제2조 제2호에 따른 수급자인 경우
   ④ 그 밖에 ① 및 ②에 준하는 사유로 인정되는 경우

7) 중앙관서의 장 등은 변상금이 50만원을 초과하는 경우에는 변상금 잔액에 고시이자율을 적용하여 산출한 이자를 붙이는 조건으로 3년 이내의 기간에 걸쳐 나누어 내게 할 수 있다. 이 경우 나누어 낼 변상금의 납부일자와 납부금액을 함께 통지하여야 한다.

8) 변상금을 미루어 내거나 나누어 내려는 자는 납부기한 다음 날부터 기산해 1년이 되는 날까지 기획재정부령으로 정하는 신청서를 중앙관서의 장 등에게 제출해야 한다.

9) 변상금을 징수할 때에는 그 금액, 납부기한, 납부장소와 가산금의 산출 근거를 명시하여 문서로 고지하여야 한다. 납부기한은 고지한 날부터 60일 이내로 한다.

2. 연체료 징수(제73조)

(1) 연체료 징수

중앙관서의 장 등은 국유재산의 사용료, 관리소홀에 따른 가산금, 대부료, 매각대금, 교환자금 및 변상금(징수를 미루거나 나누어 내는 경우 이자는 제외한다)이 납부기한까지 납부되지 아니한 경우 대통령령으로 정하는 바에 따라 연체료 징수할 수 있다.

① 15일 이내의 기한을 정하여 납부를 고지

② 고지기한까지 미납 시 두 번 이내의 범위에서 다시 납부를 고지하되, 마지막 고지에 의한 납부기한은 '①'에 따른 고지일로부터 3개월 이내가 되도록 하여야 하며,

③ 이후 1년에 한 번 이상 독촉하여야 한다.

　+

연체기간이 1개월 미만인 경우 : 연 7%

연체기간이 1개월 이상 3개월 미만인 경우 : 연 8%

연체기간이 3개월 이상 6개월 미만인 경우 : 연 9%

연체기간이 6개월 이상인 경우 : 연 10%

④ 고지한 납부기한까지 고지한 금액을 내는 경우에는 고지한 날부터 낸 날까지의 연체료는 징수하지 아니한다.

(2) 연체기간

1) 연체료 부과대상이 되는 연체기간은 납기일부터 60개월을 초과할 수 없다 [기출30]

2) 연체료 미납 시 국세징수법상 체납처분에 관한 규정 준용하여 징수할 수 있다.

　　1. 중앙관서의 장(일반재산의 경우 관리·처분에 관한 사무를 위임받은 자를 포함한다)은 직접 또는 관할 세무서장이나 지방자치단체의 장(세무서장등)에게 위임하여 징수할 수 있다. 이 경우 관할 세무서장등은 그 사무를 집행할 때 위임한 중앙관서의 장의 감독을 받는다.

　　2. 일반재산의 관리·처분에 관한 사무를 위탁받은 자는 관할 세무서장등에게 징수하게 할 수 있다.

3) 천재지변, 재난, 경기침체, 대량실업 등으로 경영상부담을 완화하기 위해서 총괄청이 대상과 기간을 정하여 고시하는 경우 사용료 및 대부료의 연체료 감경 가능

3. 도시관리계획의 협의 등(제73조의2)

1) 중앙관서의 장이나 지방자치단체의 장은 국유재산에 대하여 「국토의 계획 및 이용에 관한 법률」에 따라 도시관리계획을 결정·변경하거나 다른 법률에 따라 이용 및 보전에 관한 제한을 하는 경우 대통령령으로 정하는 바에 따라 미리 해당 국유재산을 소관하는 총괄청이나 중앙관서의 장과 협의하여야 한다.

> **영 제72조의2(도시 · 군관리계획의 협의 등)**
> ① 중앙관서의 장 또는 지방자치단체의 장이 법 제73조의2에 따라 협의하려는 경우에는 다음 각 호의 구분에 따른 자와 협의하여야 한다.
> 1. 총괄청 소관 일반재산인 경우 : 총괄청
> 2. 제1호 외의 국유재산인 경우 : 해당 국유재산을 소관하는 중앙관서의 장

2) 중앙관서의 장 등(다른 법령에 따라 국유재산의 관리 · 처분에 관한 사무를 위임 또는 위탁받은 자를 포함한다)은 「국토의 계획 및 이용에 관한 법률」 제65조 제3항 또는 그 밖의 법률에 따라 국유재산인 공공시설의 귀속에 관한 사항이 포함된 개발행위에 관한 인 · 허가 등을 하려는 자에게 의견을 제출하려는 경우에는 대통령령으로 정하는 바에 따라 총괄청과 미리 협의하여야 한다.

> **영 제72조의2(도시 · 군관리계획의 협의 등)**
> ② 중앙관서의 장등이 법 제73조의2에 따라 총괄청과 협의하려는 경우에는 사전검토 의견과 함께 기획재정부령으로 정하는 서류를 첨부하여야 한다.

3) 총괄청이나 중앙관서의 장 등은 국유재산을 효율적으로 관리하고 그 활용도를 높이기 위하여 필요하다고 인정하는 경우 「국토의 계획 및 이용에 관한 법률」에 따른 도시관리계획의 입안권자에게 해당 도시관리계획의 변경을 요청할 수 있다.

4. 소멸시효(제73조의3)

1) 금전의 급부를 목적으로 하는 국가의 권리는 5년간 행사하지 아니하면 시효의 완성으로 소멸한다.

2) 국유재산의 사용료, 관리소홀에 따른 가산금, 대부료, 변상금 및 연체료는 납부고지, 독촉, 교부청구, 압류에 의하여 소멸시효는 중단된다.

3) 중단된 소멸시효는 다음 어느 하나의 기간이 지난 때부터 새로 진행한다.
① 납부고지나 독촉에 따른 납입기간
② 교부청구 중의 기간
③ 압류해제까지의 기간

4) 소멸시효는 다음 어느 하나에 해당하는 기간에는 진행되지 아니한다.
① 이 법에 따른 분납기간, 징수유예기간
② 「국세징수법」에 따른 압류 · 매각의 유예기간
③ 「국세징수법」 제25조에 따른 사해행위 취소소송이나 「민법」 제404조에 따른 채권자대위 소송을 제기하여 그 소송이 진행 중인 기간(소송이 각하 · 기각 또는 취소된 경우에는 시효 정지의 효력이 없다)

5) 금전의 급부를 목적으로 하는 국가의 권리의 소멸시효에 관하여 이 법에 특별한 규정이 있는 것을 제외하고는 「민법」과 「국가재정법」에 따른다.

5. 불법시설물의 철거(제74조)[기출30]

정당한 사유 없이 국유재산을 점유하거나 이에 시설물을 설치한 경우에는 중앙관서의 장등은 대집행법을 준용하여 철거하거나 그 밖에 필요한 조치를 할 수 있다.

6. 과오납금 반환 가산금(제75조)

국가는 과오납된 국유재산의 사용료, 대부료, 매각대금 또는 변상금을 반환하는 경우에는 과오납된 날의 다음 날부터 반환하는 날까지의 기간에 대하여 대통령령으로 정하는 이자(고시이자율을 적용하여 산출한 이자)를 가산하여 반환한다.

7. 은닉재산(제77조 및 제78조)

1) 은닉된 국유재산이나 소유자 없는 부동산을 발견하여 정부에 신고한 자에게는 보상금을 지급할 수 있다. 보상금의 지급 또는 양여의 대상이 되는 은닉된 국유재산은 등기부 등본 또는 지적공부에 국가 외의 자의 명의로 등기 또는 등록되어 있고, 국가가 그 사실을 인지하지 못하고 있는 국유재산으로 한다. → 재산가액의 10/100, 3천만원 한도

2) 지방자치단체가 은닉된 국유재산이나 소유자 없는 부동산을 발견하여 신고한 경우에는 대통령령으로 정하는 바에 따라 그 재산가격의 2분의 1의 범위에서 그 지방자치단체에 국유재산을 양여하거나 보상금을 지급할 수 있다.

---

* 대통령령으로 정하는 바

1. 은닉재산을 발견·신고한 경우 : 총괄청이 지정하는 재산으로서 지방자치단체가 신고한 해당 재산 가격의 30/100을 넘지 아니하는 금액에 상당하는 재산을 양여
2. 다음 중 어느 하나에 해당하는 소유자 없는 부동산을 발견·신고한 경우 : 총괄청이 지정하는 재산으로서 지방자치단체가 신고한 해당 재산 가격의 15/100를 넘지 않는 금액에 상당하는 재산을 양여
   가. 공공용재산(폐쇄도로/폐하천 포함) 외에 처음부터 등기부등본 또는 지적공부에 등기 또는 등록된 사실이 없는 재산
   나. 공유수면 매립 등으로 조성된 토지의 이해관계인이 없어 소유권 취득 절차를 밟지 아니한 재산

---

3) 보상금의 지급 또는 양여의 대상이 되는 은닉된 국유재산은 등기부 등본 또는 지적공부에 국가 외의 자의 명의로 등기 또는 등록되어 있고, 국가가 그 사실을 인지하지 못하고 있는 국유재산으로 한다.

4) 은닉재산 등을 신고한 자가 둘 이상인 경우에는 먼저 신고한 자에게 보상금을 지급한다. 다만, 신고한 면적이 서로 다른 경우에는 나중에 신고한 자에게도 잔여분에 한정하여 보상금을 지급할 수 있다.

5) 은닉된 국유재산을 선의(善意)로 취득한 후 그 재산을 ① 자진 반환, ② 재판상의 화해에 해당

하는 원인으로 국가에 반환한 자에게 같은 재산을 매각하는 경우에는 반환의 원인별로 차등을 두어 그 매각대금을 이자 없이 12년 이하에 걸쳐 나누어 내게 하거나 매각 가격에서 8할 이하의 금액을 뺀 잔액을 그 매각대금으로 하여 전액을 한꺼번에 내게 할 수 있다.

6) 은닉재산등의 신고는 조달청장에게 하여야 한다. 조달청장은 기획재정부령으로 정하는 바에 따라 은닉재산등 처리대장을 갖추어 두고 이에 필요한 사항을 적어야 한다.

7) 보상금 산정을 위한 해당 재산가격의 결정은 행정재산 사용료 산출을 위한 재산가액 산출방법을 준용한다.

8. 변상책임(제79조)

국유재산의 관리에 관한 사무를 위임받은 자가 고의나 중대한 과실로 그 임무를 위반한 행위를 함으로써 그 재산에 손해를 끼친 경우에는 변상책임이 있다.

9. 벌칙 적용에서의 공무원 의제(제79조의2)

위원회, 민간참여개발자문단 및 민간참여개발사업평가단의 위원 중 공무원이 아닌 위원은 「형법」 제129조부터 제132조까지의 규정을 적용할 때에는 공무원으로 본다.

10. 청산절차의 특례(제80조)

국가가 지분증권의 2분의 1 이상을 보유하는 회사 중 대통령령으로 정하는 회사의 청산에 관하여는 「상법」 중 주주총회나 사원총회의 권한과 소집·결의방법 등에 관한 규정에도 불구하고 대통령령으로 정하는 바에 따른다.

> **영 제79조(청산에 관한 특례를 적용받는 회사의 범위)**
> ① 법 제80조에 따라 「상법」의 적용을 받지 아니하는 회사는 법률이나 기부채납 등에 따라 그 지분증권이 국가에 귀속된 기업체로서 총괄청이 지정하는 회사(이하 "청산법인"이라 한다)로 한다.
> ② 총괄청은 청산법인을 지정하였을 때에는 지체 없이 공고하여야 한다.
>
> **영 제80조(청산에 관한 특례)**
> ① 청산법인이 법 제80조에 따라 「상법」을 적용받지 아니하는 범위는 다음 각 호의 사항에 관한 것으로 한다.
> 1. 청산인 및 감사의 임명
> 2. 「상법」 제533조에 따른 재산목록 및 대차대조표의 승인
> 3. 영업의 양도·양수, 자본의 감소와 정관의 변경
> 4. 청산경비·결산 및 청산종결의 승인
> 5. 잔여재산의 분배 및 분배방법의 결정
> 6. 주주총회 또는 사원총회의 소집
> 7. 서류 보존인의 임명 및 보존방법의 결정

② 총괄청은 관계기관, 법인의 청산업무에 관한 학식과 경험이 풍부한 사람 등의 의견을 들어 제1항 각 호의 사항을 결정한다.

③ 청산법인의 청산에 관한 법령(법률은 제외한다)의 규정 중 이 영에 저촉되는 사항은 이 영에서 정하는 바에 따른다.

11. 군사분계선 이북지역에 있는 회사의 청산절차(제81조)

① 제80조에 따른 회사 중 그 본점이나 주사무소가 군사분계선 이북지역에 있는 회사의 청산에 관하여는 「상법」과 제80조를 준용한다. 다만, 「상법」 중 다음 각 호의 사항에 해당하는 규정은 그러하지 아니하다.

1. 회사의 해산등기
2. 청산인의 신고 및 등기
3. 「상법」 제533조에 따른 재산목록 및 대차대조표의 제출
4. 청산종결의 등기

② 청산절차가 진행 중인 회사가 소유하고 있는 부동산의 소유권이 「민법」 제245조에 따라 그 부동산을 무단점유하고 있는 자에게 이전될 우려가 있으면 청산절차의 종결 전에도 총괄청이 그 부동산을 국가로 귀속시킬 수 있다. 이 경우 청산종결 후 남은 재산의 분배에서 주주나 그 밖의 지분권자의 권리는 영향을 받지 아니한다.

③ 회사를 청산하려면 '해당 회사의 회사명 및 재산명세 및 공고 후 6개월이 지날 때까지 신고를 하지 아니하는 주주, 채권자, 그 밖의 권리자는 청산에서 제외된다는 뜻'을 관보에 공고하고, 전국을 보급지역으로 하여 발행되는 일간신문이나 인터넷 홈페이지, 방송 등을 통해서도 이를 공고해야 한다.

④ 제청산절차종결에 의하여 남은 재산의 분배에 따라 국가가 해당 회사의 부동산에 대한 소유권이전등기를 촉탁하는 경우의 등기절차는 「부동산등기법」의 규정에도 불구하고 대통령령으로 정하는 바에 따른다.

> ②의 후단 또는 청산절차 종결에 의한 잔여재산의 분배에 따라 국가가 해당 회사의 부동산에 대한 소유권이전등기를 촉탁하는 경우에는 등기의무자의 승낙서를 첨부하지 아니하며, 등기원인을 증명하는 서면은 총괄청이 관계기관, 법인의 청산업무에 관한 학식과 경험이 풍부한 사람 등의 의견을 들어 정한 서면으로 갈음한다.

01 지식재산의 사용허가는 수의의 방법으로 하되 다수에게 일시에 또는 여러 차례에 걸쳐 할 수 있다. (   )

02 지식재산의 사용허가등을 한 때에는 해당 지식재산으로부터의 매출액 등을 고려하여 사용료 또는 대부료를 징수한다. (   )

03 지식재산의 사용허가기간 또는 대부기간은 5년 이내에서 대통령령으로 정한다. 상표권의 사용허가 기간은 3년 이내로 하고, 상표권을 제외한 지식재산의 사용허가등의 기간은 5년 이내로 한다. (   )

04 중앙관서의 장은 실태조사를 위하여 필요한 경우 다른 사람의 토지 등에 출입할 수 있다. (   )

05 국방부장관이 관리하는 항공기가 멸실된 경우에도 지체 없이 그 사실을 총괄청과 감사원에 보고하여야 한다. (   )

06 국유재산의 무단점유자에 대하여 그 재산에 대한 사용료나 대부료의 100분의 130에 상당하는 변상금을 징수한다. 경제적 사정 등을 고려하여 5년의 범위에서 징수를 미루거나 나누어 내게 할 수 있다. (   )

07 변상금을 징수하는 경우에는 사용료와 대부료를 감면해야 한다. (   )

08 중앙관서의 장등은 국유재산의 사용료 및 변상금이 납부기한까지 납부되지 아니한 경우 연체료를 징수할 수 있다. 이 경우 연체료 부과대상이 되는 연체기간은 납기일부터 59개월을 초과할 수 없다. (   )

09 사용료, 관리소홀에 따른 가산금, 대부료, 변상금 및 연체료가 납부기한까지 납부되지 아니한 경우에는 행정대집행법을 준용하여 징수할 수 있다. (   )

10 정당한 사유 없이 국유재산을 점유하거나 이에 시설물을 설치한 경우에는 중앙관서의 장등은 「민사집행법」을 준용하여 철거하거나 그 밖에 필요한 조치를 할 수 있다. (   )

11 지방자치단체가 은닉된 국유재산이나 소유자 없는 부동산을 발견하여 신고한 경우에는 그 재산가격의 3분의 1의 범위에서 그 지방자치단체에 국유재산을 양여하거나 보상금을 지급할 수 있다. (   )

제4장의2 지식재산, 제5장 대장과 보고, 제6장 보칙 **주요 내용 O · X 확인 문제 정답**

01 (O)

02 (O)

03 (×) 상표권의 사용허가 기간은 5년 이내로 하고, 상표권을 제외한 지식재산의 사용허가등의 기간은 3년 이내로 한다.

04 (O)

05 (×) 국방부장관이 관리하는 항공기가 멸실된 경우에는 그러하지 아니하다.

06 (×) 국유재산의 무단점유자에 대하여 그 재산에 대한 사용료나 대부료의 100분의 120에 상당하는 변상금을 징수한다.

07 (×) 변상금을 징수하는 경우에는 사용료와 대부료의 조정을 하지 아니한다.

08 (×) 60개월을 초과할 수 없다.

09 (×) 국세징수법의 체납처분에 관한 규정을 준용하여 징수할 수 있다.

10 (×) 행정대집행법을 준용하여 철거하거나 그 밖에 필요한 조치를 할 수 있다.

11 (×) 2분의 1의 범위에서 그 지방자치단체에 국유재산을 양여하거나 보상금을 지급할 수 있다.

Chapter
07 벌칙

제82조(벌칙) 제7조 제1항을 위반하여 행정재산을 사용하거나 수익한 자는 2년 이하의 징역 또는 2천만원 이하의 벌금에 처한다.

> 제7조(국유재산의 보호)
> ① 누구든지 이 법 또는 다른 법률에서 정하는 절차와 방법에 따르지 아니하고는 국유재산을 사용하거나 수익하지 못한다.

PART **05**

건축법

건축법 기본 구조 및 최근 출제빈도 확인하기(4문제 출제)

단원	출제빈도
제1장 총칙	29 30 31 32 33 34 35
제2장 건축물의 건축	28 29 30 31 32 33 34
제3장 건축물의 유지와 관리	
제4장 건축물의 대지와 도로	28 31 33
제5장 건축물의 구조 및 재료 등	31 35
제6장 지역 및 지구의 건축물	30
제7장 건축설비	
제8장 특별건축구역 등	29 30 35
제8장의2 건축협정	
제8장의3 결합건축	
제9장 보칙	32 34
제10장 벌칙	

제1장 총칙

제1조 목적
제2조 정의[29 30 31 32 33 34 35]
제3조 적용 제외
제4조 건축위원회
제4조의2 건축위원회의 건축 심의 등
제4조의3 건축위원회 회의록의 공개
제4조의4 건축민원전문위원회
제4조의5 질의민원 심의의 신청
제4조의6 심의를 위한 조사 및 의견 청취
제4조의7 의견의 제시 등
제4조의8 사무국
제5조 적용의 완화
제6조 기존의 건축물 등에 관한 특례
제6조의2 특수구조 건축물의 특례
제6조의3 부유식 건축물의 특례
제7조 통일성을 유지하기 위한 도의 조례
제8조 리모델링에 대비한 특례 등
제9조 다른 법령의 배제

제2장 건축물의 건축

제10조 건축 관련 입지와 규모의 사전결정[28 29 31]
제11조 건축허가[28 30 32 33]
제12조 건축복합민원 일괄협의회
제13조 건축 공사현장 안전관리 예치금 등
제13조의2 건축물 안전영향평가[29 30 33 34]
제14조 건축신고[28 34]
제15조 건축주와의 계약 등
제16조 허가와 신고사항의 변경[28]
제17조 건축허가 등의 수수료
제17조의2 매도청구 등
제17조의3 소유자를 확인하기 곤란한 공유지분 등에
　　　　　대한 처분
제18조 건축허가 제한 등
제19조 용도변경[29 31]
제19조의2 복수 용도의 인정
제20조 가설건축물[32]
제21조 착공신고 등
제22조 건축물의 사용승인
제23조 건축물의 설계
제24조 건축시공

제25조 건축물의 공사감리
제25조의2 건축관계자 등에 대한 업무제한
제26조 허용 오차
제27조 현장조사・검사 및 확인업무의 대행
제28조 공사현장의 위해 방지 등
제29조 공용건축물에 대한 특례
제30조 건축통계 등
제31조 건축행정 전산화
제32조 건축허가 업무 등의 전산처리 등
제33조 전산자료의 이용자에 대한 지도・감독
제34조 건축종합민원실의 설치

제3장 건축물의 유지와 관리

제35조 삭제 〈2019.4.30.〉
제35조의2 삭제 〈2019.4.30.〉
제36조 삭제 〈2019.4.30.〉
제37조 건축지도원
제38조 건축물대장
제39조 등기촉탁

제4장 건축물의 대지와 도로

제40조 대지의 안전 등
제41조 토지 굴착 부분에 대한 조치 등
제42조 대지의 조경[28 31]
제43조 공개 공지 등의 확보[28 33]
제44조 대지와 도로의 관계[28]
제45조 도로의 지정・폐지 또는 변경[28]
제46조 건축선의 지정
제47조 건축선에 따른 건축제한

제5장 건축물의 구조 및 재료 등

제48조 구조내력 등[31]
제48조의2 건축물 내진등급의 설정[31]
제48조의3 건축물의 내진능력 공개
제48조의4 부속구조물의 설치 및 관리
제49조 건축물의 피난시설 및 용도제한 등[35]
제49조의2 피난시설 등의 유지・관리에 대한 기술지원
　　　　　[31]
제50조 건축물의 내화구조와 방화벽
제50조의2 고층건축물의 피난 및 안전관리

총칙

법의 목적과 기본개념이 정리된 총칙 내용의 출제빈도는 높지 않지만 기본내용을 이해하기 위해서 반드시 숙지해야 하는 용어들이므로 반복하여 익혀야 한다.

이 법은 건축물의 대지·구조·설비 기준 및 용도 등을 정하여 건축물의 안전·기능·환경 및 미관을 향상시킴으로써 공공복리의 증진에 이바지하는 것을 목적으로 한다.

I 기본개념

이 법에서 사용하는 용어의 뜻은 다음과 같다.

1. "대지(垈地)"란 「공간정보의 구축 및 관리 등에 관한 법률」에 따라 각 필지(筆地)로 나눈 토지를 말한다. 다만, 대통령령으로 정하는 토지는 둘 이상의 필지를 하나의 대지로 하거나 하나 이상의 필지의 일부를 하나의 대지로 할 수 있다.

> ① 둘 이상의 필지를 하나의 대지로 할 수 있는 토지
> 1. 하나의 건축물을 두 필지 이상에 걸쳐 건축하는 경우 : 그 건축물이 건축되는 각 필지의 토지를 합한 토지
> 2. 「공간정보의 구축 및 관리 등에 관한 법률」 제80조 제3항에 따라 합병이 불가능한 경우 중 다음 각 목의 어느 하나에 해당하는 경우 : 그 합병이 불가능한 필지의 토지를 합한 토지. 다만, 토지의 소유자가 서로 다르거나 소유권 외의 권리관계가 서로 다른 경우는 제외한다.
>   가. 각 필지의 지번부여지역(地番附與地域)이 서로 다른 경우
>   나. 각 필지의 도면의 축척이 다른 경우
>   다. 서로 인접하고 있는 필지로서 각 필지의 지반(地盤)이 연속되지 아니한 경우
> 3. 「국토의 계획 및 이용에 관한 법률」에 따른 도시·군계획시설에 해당하는 건축물을 건축하는 경우 : 그 도시·군계획시설이 설치되는 일단(一團)의 토지
> 4. 「주택법」 제15조에 따른 사업계획승인을 받아 주택과 그 부대시설 및 복리시설을 건축하는 경우 : 같은 법 제2조 제12호에 따른 주택단지
> 5. 도로의 지표 아래에 건축하는 건축물의 경우 : 특별시장·광역시장·특별자치시장·특별자치도지사·시장·군수 또는 구청장(자치구의 구청장을 말한다)이 그 건축물이 건축되는 토지로 정하는 토지
> 6. 법 제22조에 따른 사용승인을 신청할 때 둘 이상의 필지를 하나의 필지로 합칠 것을 조건으로 건축허가를 하는 경우 : 그 필지가 합쳐지는 토지. 다만, 토지의 소유자가 서로 다른 경우는 제외한다.

② 하나 이상의 필지의 일부를 하나의 대지로 할 수 있는 토지

1. 하나 이상의 필지의 일부에 대하여 도시·군계획시설이 결정·고시된 경우 : 그 결정·고시된 부분의 토지
2. 하나 이상의 필지의 일부에 대하여 「농지법」 제34조에 따른 농지전용허가를 받은 경우 : 그 허가받은 부분의 토지
3. 하나 이상의 필지의 일부에 대하여 「산지관리법」 제14조에 따른 산지전용허가를 받은 경우 : 그 허가받은 부분의 토지
4. 하나 이상의 필지의 일부에 대하여 「국토의 계획 및 이용에 관한 법률」 제56조에 따른 개발행위허가를 받은 경우 : 그 허가받은 부분의 토지
5. 법 제22조에 따른 사용승인을 신청할 때 필지를 나눌 것을 조건으로 건축허가를 하는 경우 : 그 필지가 나누어지는 토지

2. "건축물"이란 토지에 정착(定着)하는 공작물 중 지붕과 기둥 또는 벽이 있는 것과 이에 딸린 시설물, 지하나 고가(高架)의 공작물에 설치하는 사무소·공연장·점포·차고·창고, 그 밖에 대통령령으로 정하는 것을 말한다.

① "부속건축물"이란 같은 대지에서 주된 건축물과 분리된 부속용도의 건축물로서 주된 건축물을 이용 또는 관리하는 데에 필요한 건축물을 말한다.

② "부속용도"란 건축물의 주된 용도의 기능에 필수적인 용도로서 다음 각 목의 어느 하나에 해당하는 용도를 말한다.
가. 건축물의 설비, 대피, 위생, 그 밖에 이와 비슷한 시설의 용도
나. 사무, 작업, 집회, 물품저장, 주차, 그 밖에 이와 비슷한 시설의 용도
다. 구내식당·직장어린이집·구내운동시설 등 종업원 후생복리시설, 구내소각시설, 그 밖에 이와 비슷한 시설의 용도. 이 경우 다음의 요건을 모두 갖춘 휴게음식점(별표 1 제3호의 제1종 근린생활시설 중 같은 호 나목에 따른 휴게음식점을 말한다)은 구내식당에 포함되는 것으로 본다.
  1) 구내식당 내부에 설치할 것
  2) 설치면적이 구내식당 전체 면적의 3분의 1 이하로서 50제곱미터 이하일 것
  3) 다류(茶類)를 조리·판매하는 휴게음식점일 것
라. 관계 법령에서 주된 용도의 부수시설로 설치할 수 있게 규정하고 있는 시설, 그 밖에 국토교통부장관이 이와 유사하다고 인정하여 고시하는 시설의 용도

③ "부속구조물"이란 건축물의 안전·기능·환경 등을 향상시키기 위하여 건축물에 추가적으로 설치하는 환기시설물 등 대통령령으로 정하는 구조물[급기(給氣) 및 배기(排氣)를 위한 건축 구조물의 개구부(開口部)인 환기구]을 말한다.

3. "건축설비"란 건축물에 설치하는 전기·전화 설비, 초고속 정보통신 설비, 지능형 홈네트워크 설비, 가스·급수·배수(配水)·배수(排水)·환기·난방·냉방·소화(消火)·배연(排煙) 및 오물처

리의 설비, 굴뚝, 승강기, 피뢰침, 국기 게양대, 공동시청 안테나, 유선방송 수신시설, 우편함, 저수조(貯水槽), 방범시설, 그 밖에 국토교통부령으로 정하는 설비를 말한다.

4. "지하층"이란 건축물의 바닥이 지표면 아래에 있는 층으로서 바닥에서 지표면까지 평균높이가 해당 층 높이의 2분의 1 이상인 것을 말한다. [기출33]

> **법 제53조(지하층)**
> ① 건축물에 설치하는 지하층의 구조 및 설비는 국토교통부령으로 정하는 기준에 맞게 하여야 한다.
> ② 단독주택, 공동주택 등 대통령령으로 정하는 건축물의 지하층에는 거실을 설치할 수 없다. 다만, 다음 각 호의 사항을 고려하여 해당 지방자치단체의 조례로 정하는 경우에는 그러하지 아니하다.
> 　1. 침수위험 정도를 비롯한 지역적 특성
> 　2. 피난 및 대피 가능성
> 　3. 그 밖에 주거의 안전과 관련된 사항

5. "거실"이란 건축물 안에서 거주, 집무, 작업, 집회, 오락, 그 밖에 이와 유사한 목적을 위하여 사용되는 방을 말한다.

> "발코니"란 건축물의 내부와 외부를 연결하는 완충공간으로서 전망이나 휴식 등의 목적으로 건축물 외벽에 접하여 부가적(附加的)으로 설치되는 공간을 말한다. 이 경우 주택에 설치되는 발코니로서 국토교통부장관이 정하는 기준에 적합한 발코니는 필요에 따라 거실·침실·창고 등의 용도로 사용할 수 있다.

6. "주요구조부"란 내력벽(耐力壁), 기둥, 바닥, 보, 지붕틀 및 주계단(主階段)을 말한다. 다만, 사이 기둥, 최하층 바닥, 작은 보, 차양, 옥외 계단, 그 밖에 이와 유사한 것으로 건축물의 구조상 중요하지 아니한 부분은 제외한다.

7. "건축"이란 건축물을 신축·증축·개축·재축(再築)하거나 건축물을 이전하는 것을 말한다. [기출32 35]

> ① "신축"이란 건축물이 없는 대지(기존 건축물이 해체되거나 멸실된 대지를 포함한다)에 새로 건축물을 축조(築造)하는 것[부속건축물만 있는 대지에 새로 주된 건축물을 축조하는 것을 포함하되, 개축(改築) 또는 재축(再築)하는 것은 제외한다]을 말한다.
> ② "증축"이란 기존 건축물이 있는 대지에서 건축물의 건축면적, 연면적, 층수 또는 높이를 늘리는 것을 말한다.
> ③ "개축"이란 기존 건축물의 전부 또는 일부[내력벽·기둥·보·지붕틀(제16호에 따른 한옥의 경우에는 지붕틀의 범위에서 서까래는 제외한다) 중 셋 이상이 포함되는 경우를 말한다]를 해체하고 그 대지에 종전과 같은 규모의 범위에서 건축물을 다시 축조하는 것을 말한다.
> ④ "재축"이란 건축물이 천재지변이나 그 밖의 재해(災害)로 멸실된 경우 그 대지에 다음 각 목의 요건을 모두 갖추어 다시 축조하는 것을 말한다.

       가. 연면적 합계는 종전 규모 이하로 할 것
       나. 동(棟)수, 층수 및 높이는 다음의 어느 하나에 해당할 것
          1) 동수, 층수 및 높이가 모두 종전 규모 이하일 것
          2) 동수, 층수 또는 높이의 어느 하나가 종전 규모를 초과하는 경우에는 해당 동수, 층수
             및 높이가 「건축법」(이하 "법"이라 한다), 이 영 또는 건축조례(이하 "법령등"이라 한다)
             에 모두 적합할 것
    ⑤ "이전"이란 건축물의 주요구조부를 해체하지 아니하고 같은 대지의 다른 위치로 옮기는 것을
       말한다.

8. "대수선"이란 건축물의 기둥, 보, 내력벽, 주계단 등의 구조나 외부 형태를 수선·변경하거나 증
   설하는 것으로서 대통령령으로 정하는 것을 말한다. [기출34]

   "대통령령으로 정하는 것"이란 다음의 어느 하나에 해당하는 것으로서 증축·개축 또는 재축에 해
   당하지 아니하는 것을 말한다.
   ① 내력벽을 증설 또는 해체하거나 그 벽면적을 30제곱미터 이상 수선 또는 변경하는 것
   ② 기둥을 증설 또는 해체하거나 세 개 이상 수선 또는 변경하는 것
   ③ 보를 증설 또는 해체하거나 세 개 이상 수선 또는 변경하는 것
   ④ 지붕틀(한옥의 경우에는 지붕틀의 범위에서 서까래는 제외한다)을 증설 또는 해체하거나 세 개 이
     상 수선 또는 변경하는 것
   ⑤ 방화벽 또는 방화구획을 위한 바닥 또는 벽을 증설 또는 해체하거나 수선 또는 변경하는 것
   ⑥ 주계단·피난계단 또는 특별피난계단을 증설 또는 해체하거나 수선 또는 변경하는 것
   ⑦ 다가구주택의 가구 간 경계벽 또는 다세대주택의 세대 간 경계벽을 증설 또는 해체하거나 수선
     또는 변경하는 것
   ⑧ 건축물의 외벽에 사용하는 마감재료(법 제52조 제2항에 따른 마감재료를 말한다 : 방화에 지장
     이 없는 재료)를 증설 또는 해체하거나 벽면적 30제곱미터 이상 수선 또는 변경하는 것

9. "리모델링"이란 건축물의 노후화를 억제하거나 기능 향상 등을 위하여 대수선하거나 건축물의 일
   부를 증축 또는 개축하는 행위를 말한다.

10. "고층건축물"이란 층수가 30층 이상이거나 높이가 120미터 이상인 건축물을 말한다. [기출32 33]

    ① "초고층 건축물"이란 층수가 50층 이상이거나 높이가 200미터 이상인 건축물을 말한다.
    ② "준초고층 건축물"이란 고층건축물 중 초고층 건축물이 아닌 것을 말한다.

11. "실내건축"이란 건축물의 실내를 안전하고 쾌적하며 효율적으로 사용하기 위하여 내부 공간을 칸
    막이로 구획하거나 벽지, 천장재, 바닥재, 유리 등 대통령령으로 정하는 재료 또는 장식물을 설
    치하는 것을 말한다.

12. "특수구조 건축물"이란 다음 각 목의 어느 하나에 해당하는 건축물을 말한다.

가. 한쪽 끝은 고정되고 다른 끝은 지지(支持)되지 아니한 구조로 된 보·차양 등이 외벽(외벽이 없는 경우에는 외곽 기둥을 말한다)의 중심선으로부터 3미터 이상 돌출된 건축물

나. 기둥과 기둥 사이의 거리(기둥의 중심선 사이의 거리를 말하며, 기둥이 없는 경우에는 내력벽과 내력벽의 중심선 사이의 거리를 말한다. 이하 같다)가 20미터 이상인 건축물 [기출35]

다. 특수한 설계·시공·공법 등이 필요한 건축물로서 국토교통부장관이 정하여 고시하는 구조로 된 건축물

13. "건축물의 유지·관리"란 건축물의 소유자나 관리자가 사용 승인된 건축물의 대지·구조·설비 및 용도 등을 지속적으로 유지하기 위하여 건축물이 멸실될 때까지 관리하는 행위를 말한다.

14. "특별건축구역"이란 조화롭고 창의적인 건축물의 건축을 통하여 도시경관의 창출, 건설기술 수준향상 및 건축 관련 제도개선을 도모하기 위하여 이 법 또는 관계 법령에 따라 일부 규정을 적용하지 아니하거나 완화 또는 통합하여 적용할 수 있도록 특별히 지정하는 구역을 말한다.

15. "결합건축"이란 제56조에 따른 용적률을 개별 대지마다 적용하지 아니하고, 2개 이상의 대지를 대상으로 통합적용하여 건축물을 건축하는 것을 말한다.

16. "도로"란 보행과 자동차 통행이 가능한 너비 4미터 이상의 도로(지형적으로 자동차 통행이 불가능한 경우와 막다른 도로의 경우에는 대통령령으로 정하는 구조와 너비의 도로)로서 다음 각 목의 어느 하나에 해당하는 도로나 그 예정도로를 말한다.

가. 「국토의 계획 및 이용에 관한 법률」, 「도로법」, 「사도법」, 그 밖의 관계 법령에 따라 신설 또는 변경에 관한 고시가 된 도로

나. 건축허가 또는 신고 시에 특별시장·광역시장·특별자치시장·도지사·특별자치도지사(이하 "시·도지사"라 한다) 또는 시장·군수·구청장(자치구의 구청장을 말한다. 이하 같다)이 위치를 지정하여 공고한 도로(= 토지보상법상 사실상 사도)

법 제45조(도로의 지정·폐지 또는 변경)

① 허가권자는 제2조 제1항 제11호 나목에 따라 도로의 위치를 지정·공고하려면 국토교통부령으로 정하는 바에 따라 그 도로에 대한 이해관계인의 동의를 받아야 한다. 다만, 다음 각 호의 어느 하나에 해당하면 이해관계인의 동의를 받지 아니하고 건축위원회의 심의를 거쳐 도로를 지정할 수 있다.

1. 허가권자가 이해관계인이 해외에 거주하는 등의 사유로 이해관계인의 동의를 받기가 곤란하다고 인정하는 경우

2. 주민이 오랫동안 통행로로 이용하고 있는 사실상의 통로로서 해당 지방자치단체의 조례로 정하는 것인 경우

② 허가권자는 제1항에 따라 지정한 도로를 폐지하거나 변경하려면 그 도로에 대한 이해관계인의 동의를 받아야 한다. 그 도로에 편입된 토지의 소유자, 건축주 등이 허가권자에게 제1항에 따라 지정된 도로의 폐지나 변경을 신청하는 경우에도 또한 같다.

③ 허가권자는 제1항과 제2항에 따라 도로를 지정하거나 변경하면 국토교통부령으로 정하는 바에 따라 도로관리대장에 이를 적어서 관리하여야 한다.

"사도"란 다음 각 호의 도로가 아닌 것으로서 그 도로에 연결되는 길을 말한다. 다만, 제3호 및 제4호의 도로는 「도로법」 제50조에 따라 시도(市道) 또는 군도(郡道) 이상에 적용되는 도로 구조를 갖춘 도로에 한정한다.

1. 「도로법」 제2조 제1호에 따른 도로
2. 「도로법」의 준용을 받는 도로
3. 「농어촌도로 정비법」 제2조 제1항에 따른 농어촌도로
4. 「농어촌정비법」에 따라 설치된 도로

영 제3조의3(지형적 조건 등에 따른 도로의 구조와 너비)

법 제2조 제1항 제11호 각 목 외의 부분에서 "대통령령으로 정하는 구조와 너비의 도로"란 다음 각 호의 어느 하나에 해당하는 도로를 말한다.

1. 특별자치시장·특별자치도지사 또는 시장·군수·구청장이 지형적 조건으로 인하여 차량 통행을 위한 도로의 설치가 곤란하다고 인정하여 그 위치를 지정·공고하는 구간의 너비 3 미터 이상(길이가 10미터 미만인 막다른 도로인 경우에는 너비 2미터 이상)인 도로
2. 제1호에 해당하지 아니하는 막다른 도로로서 그 도로의 너비가 그 길이에 따라 각각 다음 표에 정하는 기준 이상인 도로

막다른 도로의 길이	도로의 너비
10미터 미만	2미터
10미터 이상 35미터 미만	3미터
35미터 이상	6미터(도시지역이 아닌 읍·면지역은 4미터)

---

17. "건축주"란 건축물의 건축·대수선·용도변경, 건축설비의 설치 또는 공작물의 축조(이하 "건축물의 건축 등"이라 한다)에 관한 공사를 발주하거나 현장 관리인을 두어 스스로 그 공사를 하는 자를 말한다.

18. "제조업자"란 건축물의 건축·대수선·용도변경, 건축설비의 설치 또는 공작물의 축조 등에 필요한 건축자재를 제조하는 사람을 말한다.

19. "유통업자"란 건축물의 건축·대수선·용도변경, 건축설비의 설치 또는 공작물의 축조에 필요한 건축자재를 판매하거나 공사현장에 납품하는 사람을 말한다.

20. "설계자"란 자기의 책임(보조자의 도움을 받는 경우를 포함한다)으로 설계도서를 작성하고 그 설계도서에서 의도하는 바를 해설하며, 지도하고 자문에 응하는 자를 말한다.

21. "설계도서"란 건축물의 건축 등에 관한 공사용 도면, 구조 계산서, 시방서(示方書), 그 밖에 국토교통부령으로 정하는 공사에 필요한 서류를 말한다.

22. "공사감리자"란 자기의 책임(보조자의 도움을 받는 경우를 포함한다)으로 이 법으로 정하는 바에 따라 건축물, 건축설비 또는 공작물이 설계도서의 내용대로 시공되는지를 확인하고, 품질관리·공사관리·안전관리 등에 대하여 지도·감독하는 자를 말한다.

23. "공사시공자"란 「건설산업기본법」 제2조 제4호에 따른 건설공사를 하는 자를 말한다.

24. "관계전문기술자"란 건축물의 구조·설비 등 건축물과 관련된 전문기술자격을 보유하고 설계와 공사감리에 참여하여 설계자 및 공사감리자와 협력하는 자를 말한다.

25. "건축물의 용도"란 건축물의 종류를 유사한 구조, 이용 목적 및 형태별로 묶어 분류한 것을 말한다.

시설군	용도분류
1. 자동차 관련 시설군	자동차 관련 시설
2. 산업 등 시설군	운수시설, 창고시설, 공장, 위험물저장 및 처리시설, 자원순환 관련 시설, 묘지 관련 시설, 장례시설
3. 전기통신시설군	방송통신시설, 발전시설
4. 문화집회시설군	문화 및 집회시설, 종교시설, 위락시설, 관광휴게시설
5. 영업시설군	판매시설, 운동시설, 숙박시설, 제2종 근린생활시설 중 다중생활시설
6. 교육 및 복지시설군	의료시설, 교육연구시설, 노유자시설(老幼者施設), 수련시설, 야영장 시설
7. 근린생활시설군	제1종 근린생활시설, 제2종 근린생활시설(다중생활시설은 제외한다)
8. 주거업무시설군	단독주택, 공동주택, 업무시설, 교정시설, 국방·군사시설
9. 그 밖의 시설군	동물 및 식물 관련 시설

26. "다중이용 건축물"이란 다음 각 목의 어느 하나에 해당하는 건축물을 말한다.

　　가. 다음의 어느 하나에 해당하는 용도로 쓰는 바닥면적의 합계가 5천제곱미터 이상인 건축물

　　　　1) 문화 및 집회시설(동물원 및 식물원은 제외한다)

　　　　2) 종교시설

　　　　3) 판매시설

　　　　4) 운수시설 중 여객용 시설

　　　　5) 의료시설 중 종합병원

　　　　6) 숙박시설 중 관광숙박시설

　　나. 16층 이상인 건축물 [기출35]

27. "준다중이용 건축물"이란 다중이용 건축물 외의 건축물로서 다음 각 목의 어느 하나에 해당하는 용도로 쓰는 바닥면적의 합계가 1천제곱미터 이상인 건축물을 말한다.

　　가. 문화 및 집회시설(동물원 및 식물원은 제외한다)

　　나. 종교시설

　　다. 판매시설

　　라. 운수시설 중 여객용 시설

　　마. 의료시설 중 종합병원

　　바. 교육연구시설

　　사. 노유자시설

　　아. 운동시설

　　자. 숙박시설 중 관광숙박시설

차. 위락시설

카. 관광 휴게시설

타. 장례시설

28. 옹벽 등의 공작물에의 준용

대지를 조성하기 위한 옹벽, 굴뚝, 광고탑, 고가수조(高架水槽), 지하 대피호, 그 밖에 이와 유사한 것으로서 대통령령으로 정하는 공작물을 축조(건축물과 분리하여 축조하는 것을 말한다)하려는 자는 대통령령으로 정하는 바에 따라 특별자치시장·특별자치도지사 또는 시장·군수·구청장에게 신고하여야 한다.

1. 높이 6미터를 넘는 굴뚝
2. 삭제 〈2020.12.15.〉
3. 높이 4미터를 넘는 장식탑, 기념탑, 첨탑, 광고탑, 광고판, 그 밖에 이와 비슷한 것
4. 높이 8미터를 넘는 고가수조나 그 밖에 이와 비슷한 것
5. 높이 2미터를 넘는 옹벽 또는 담장
6. 바닥면적 30제곱미터를 넘는 지하대피호
7. 높이 6미터를 넘는 골프연습장 등의 운동시설을 위한 철탑, 주거지역·상업지역에 설치하는 통신용 철탑, 그 밖에 이와 비슷한 것
8. 높이 8미터(위험을 방지하기 위한 난간의 높이는 제외한다) 이하의 기계식 주차장 및 철골 조립식 주차장(바닥면이 조립식이 아닌 것을 포함한다)으로서 외벽이 없는 것
9. 건축조례로 정하는 제조시설, 저장시설(시멘트사일로를 포함한다), 유희시설, 그 밖에 이와 비슷한 것
10. 건축물의 구조에 심대한 영향을 줄 수 있는 중량물로서 건축조례로 정하는 것
11. 높이 5미터를 넘는 「신에너지 및 재생에너지 개발·이용·보급 촉진법」 제2조 제2호 가목에 따른 태양에너지를 이용하는 발전설비와 그 밖에 이와 비슷한 것

29. 면적·높이 및 층수의 산정

건축물의 대지면적, 연면적, 바닥면적, 높이, 처마, 천장, 바닥 및 층수의 산정방법은 대통령령으로 정한다.

＊ 면적 등의 산정방법

① 건축물의 면적·높이 및 층수 등은 다음 각 호의 방법에 따라 산정한다.

　1. 대지면적 : 대지의 수평투영면적으로 한다. 다만, 다음 각 목의 어느 하나에 해당하는 면적은 제외한다.

　　가. 법 제46조 제1항 단서에 따라 대지에 건축선이 정하여진 경우 : 그 건축선과 도로 사이의 대지면적

　　나. 대지에 도시·군계획시설인 도로·공원 등이 있는 경우 : 그 도시·군계획시설에 포함되는 대지(「국토의 계획 및 이용에 관한 법률」 제47조 제7항에 따라 건축물 또는 공작

　　물을 설치하는 도시·군계획시설의 부지는 제외한다)면적

2. 건축면적 : 건축물의 외벽(외벽이 없는 경우에는 외곽 부분의 기둥으로 한다. 이하 이 호에서 같다)의 중심선으로 둘러싸인 부분의 수평투영면적으로 한다. 다만, 다음 각 목의 어느 하나에 해당하는 경우에는 해당 목에서 정하는 기준에 따라 산정한다.

　가. 처마, 차양, 부연(附椽), 그 밖에 이와 비슷한 것으로서 그 외벽의 중심선으로부터 수평거리 1미터 이상 돌출된 부분이 있는 건축물의 건축면적은 그 돌출된 끝부분으로부터 다음의 구분에 따른 수평거리를 후퇴한 선으로 둘러싸인 부분의 수평투영면적으로 한다.

　　1) 「전통사찰의 보존 및 지원에 관한 법률」 제2조 제1호에 따른 전통사찰 : 4미터 이하의 범위에서 외벽의 중심선까지의 거리

　　2) 사료 투여, 가축 이동 및 가축 분뇨 유출 방지 등을 위하여 처마, 차양, 부연, 그 밖에 이와 비슷한 것이 설치된 축사 : 3미터 이하의 범위에서 외벽의 중심선까지의 거리(두 동의 축사가 하나의 차양으로 연결된 경우에는 6미터 이하의 범위에서 축사 양 외벽의 중심선까지의 거리를 말한다)

　　3) 한옥 : 2미터 이하의 범위에서 외벽의 중심선까지의 거리

　　4) 「환경친화적자동차의 개발 및 보급 촉진에 관한 법률 시행령」 제18조의5에 따른 충전시설(그에 딸린 충전 전용 주차구획을 포함한다)의 설치를 목적으로 처마, 차양, 부연, 그 밖에 이와 비슷한 것이 설치된 공동주택(「주택법」 제15조에 따른 사업계획승인 대상으로 한정한다) : 2미터 이하의 범위에서 외벽의 중심선까지의 거리

　　5) 「신에너지 및 재생에너지 개발·이용·보급 촉진법」 제2조 제3호에 따른 신·재생에너지 설비(신·재생에너지를 생산하거나 이용하기 위한 것만 해당한다)를 설치하기 위하여 처마, 차양, 부연, 그 밖에 이와 비슷한 것이 설치된 건축물로서 「녹색건축물 조성 지원법」 제17조에 따른 제로에너지건축물 인증을 받은 건축물 : 2미터 이하의 범위에서 외벽의 중심선까지의 거리

　　6) 그 밖의 건축물 : 1미터

　나. 다음의 건축물의 건축면적은 국토교통부령으로 정하는 바에 따라 산정한다.

　　1) 태양열을 주된 에너지원으로 이용하는 주택

　　2) 창고 또는 공장 중 물품을 입출고하는 부위의 상부에 한쪽 끝은 고정되고 다른 쪽 끝은 지지되지 않는 구조로 설치된 돌출차양

　　3) 단열재를 구조체의 외기측에 설치하는 단열공법으로 건축된 건축물

　다. 다음의 경우에는 건축면적에 산입하지 않는다.

　　1) 지표면으로부터 1미터 이하에 있는 부분(창고 중 물품을 입출고하기 위하여 차량을 접안시키는 부분의 경우에는 지표면으로부터 1.5미터 이하에 있는 부분)

　　2) 「다중이용업소의 안전관리에 관한 특별법 시행령」 제9조에 따라 기존의 다중이용업소(2004년 5월 29일 이전의 것만 해당한다)의 비상구에 연결하여 설치하는 폭 2미터 이하의 옥외 피난계단(기존 건축물에 옥외 피난계단을 설치함으로써 법 제55조에 따른 건폐율의 기준에 적합하지 아니하게 된 경우만 해당한다)

　　3) 건축물 지상층에 일반인이나 차량이 통행할 수 있도록 설치한 보행통로나 차량통로

4) 지하주차장의 경사로

5) 건축물 지하층의 출입구 상부(출입구 너비에 상당하는 규모의 부분을 말한다)

6) 생활폐기물 보관시설(음식물쓰레기, 의류 등의 수거시설을 말한다. 이하 같다)

7) 「영유아보육법」 제15조에 따른 어린이집(2005년 1월 29일 이전에 설치된 것만 해당한다)의 비상구에 연결하여 설치하는 폭 2미터 이하의 영유아용 대피용 미끄럼대 또는 비상계단(기존 건축물에 영유아용 대피용 미끄럼대 또는 비상계단을 설치함으로써 법 제55조에 따른 건폐율 기준에 적합하지 아니하게 된 경우만 해당한다)

8) 「장애인·노인·임산부 등의 편의증진 보장에 관한 법률 시행령」 별표 2의 기준에 따라 설치하는 장애인용 승강기, 장애인용 에스컬레이터, 휠체어리프트 또는 경사로

9) 「가축전염병 예방법」 제17조 제1항 제1호에 따른 소독설비를 갖추기 위하여 같은 호에 따른 가축사육시설(2015년 4월 27일 전에 건축되거나 설치된 가축사육시설로 한정한다)에서 설치하는 시설

10) 「매장유산 보호 및 조사에 관한 법률」 제14조 제1항 제1호 및 제2호에 따른 현지보존 및 이전보존을 위하여 매장유산 보호 및 전시에 전용되는 부분

11) 「가축분뇨의 관리 및 이용에 관한 법률」 제12조 제1항에 따른 처리시설(법률 제12516호 가축분뇨의 관리 및 이용에 관한 법률 일부개정법률 부칙 제9조에 해당하는 배출시설의 처리시설로 한정한다)

12) 「영유아보육법」 제15조에 따른 설치기준에 따라 직통계단 1개소를 갈음하여 건축물의 외부에 설치하는 비상계단(같은 조에 따른 어린이집이 2011년 4월 6일 이전에 설치된 경우로서 기존 건축물에 비상계단을 설치함으로써 법 제55조에 따른 건폐율 기준에 적합하지 않게 된 경우만 해당한다)

3. 바닥면적 : 건축물의 각 층 또는 그 일부로서 벽, 기둥, 그 밖에 이와 비슷한 구획의 중심선으로 둘러싸인 부분의 수평투영면적으로 한다. 다만, 다음 각 목의 어느 하나에 해당하는 경우에는 각 목에서 정하는 바에 따른다.

가. 벽·기둥의 구획이 없는 건축물은 그 지붕 끝부분으로부터 수평거리 1미터를 후퇴한 선으로 둘러싸인 수평투영면적으로 한다.

나. 건축물의 노대등의 바닥은 난간 등의 설치 여부에 관계없이 노대등의 면적(외벽의 중심선으로부터 노대등의 끝부분까지의 면적을 말한다)에서 노대등이 접한 가장 긴 외벽에 접한 길이에 1.5미터를 곱한 값을 뺀 면적을 바닥면적에 산입한다.

다. 필로티나 그 밖에 이와 비슷한 구조(벽면적의 2분의 1 이상이 그 층의 바닥면에서 위층 바닥 아래면까지 공간으로 된 것만 해당한다)의 부분은 그 부분이 공중의 통행이나 차량의 통행 또는 주차에 전용되는 경우와 공동주택의 경우에는 바닥면적에 산입하지 아니한다.

라. 승강기탑(옥상 출입용 승강장을 포함한다), 계단탑, 장식탑, 다락[층고(層高)가 1.5미터(경사진 형태의 지붕인 경우에는 1.8미터) 이하인 것만 해당한다], 건축물의 내부에 설치하는 냉방설비 배기장치 전용 설치공간(각 세대나 실별로 외부 공기에 직접 닿는

곳에 설치하는 경우로서 1제곱미터 이하로 한정한다), 건축물의 외부 또는 내부에 설치하는 굴뚝, 더스트슈트, 설비덕트, 그 밖에 이와 비슷한 것과 옥상·옥외 또는 지하에 설치하는 물탱크, 기름탱크, 냉각탑, 정화조, 도시가스 정압기, 그 밖에 이와 비슷한 것을 설치하기 위한 구조물과 건축물 간에 화물의 이동에 이용되는 컨베이어벨트만을 설치하기 위한 구조물은 바닥면적에 산입하지 않는다.

마. 공동주택으로서 지상층에 설치한 기계실, 전기실, 어린이놀이터, 조경시설 및 생활폐기물 보관시설의 면적은 바닥면적에 산입하지 않는다.

바. 「다중이용업소의 안전관리에 관한 특별법 시행령」 제9조에 따라 기존의 다중이용업소(2004년 5월 29일 이전의 것만 해당한다)의 비상구에 연결하여 설치하는 폭 1.5미터 이하의 옥외 피난계단(기존 건축물에 옥외 피난계단을 설치함으로써 법 제56조에 따른 용적률에 적합하지 아니하게 된 경우만 해당한다)은 바닥면적에 산입하지 아니한다.

사. 제6조 제1항 제6호에 따른 건축물을 리모델링하는 경우로서 미관 향상, 열의 손실 방지 등을 위하여 외벽에 부가하여 마감재 등을 설치하는 부분은 바닥면적에 산입하지 아니한다.

아. 제1항 제2호 나목 3)의 건축물의 경우에는 단열재가 설치된 외벽 중 내측 내력벽의 중심선을 기준으로 산정한 면적을 바닥면적으로 한다.

자. 「영유아보육법」 제15조에 따른 어린이집(2005년 1월 29일 이전에 설치된 것만 해당한다)의 비상구에 연결하여 설치하는 폭 2미터 이하의 영유아용 대피용 미끄럼대 또는 비상계단의 면적은 바닥면적(기존 건축물에 영유아용 대피용 미끄럼대 또는 비상계단을 설치함으로써 법 제56조에 따른 용적률 기준에 적합하지 아니하게 된 경우만 해당한다)에 산입하지 아니한다.

차. 「장애인·노인·임산부 등의 편의증진 보장에 관한 법률 시행령」 별표 2의 기준에 따라 설치하는 장애인용 승강기, 장애인용 에스컬레이터, 휠체어리프트 또는 경사로는 바닥면적에 산입하지 아니한다.

카. 「가축전염병 예방법」 제17조 제1항 제1호에 따른 소독설비를 갖추기 위하여 같은 호에 따른 가축사육시설(2015년 4월 27일 전에 건축되거나 설치된 가축사육시설로 한정한다)에서 설치하는 시설은 바닥면적에 산입하지 아니한다.

타. 「매장유산 보호 및 조사에 관한 법률」 제14조 제1항 제1호 및 제2호에 따른 현지보존 및 이전보존을 위하여 매장유산 보호 및 전시에 전용되는 부분은 바닥면적에 산입하지 아니한다.

파. 「영유아보육법」 제15조에 따른 설치기준에 따라 직통계단 1개소를 갈음하여 건축물의 외부에 설치하는 비상계단의 면적은 바닥면적(같은 조에 따른 어린이집이 2011년 4월 6일 이전에 설치된 경우로서 기존 건축물에 비상계단을 설치함으로써 법 제56조에 따른 용적률 기준에 적합하지 않게 된 경우만 해당한다)에 산입하지 않는다.

하. 지하주차장의 경사로(지상층에서 지하 1층으로 내려가는 부분으로 한정한다)는 바닥면적에 산입하지 않는다.

거. 제46조 제4항 제3호에 따른 대피공간의 바닥면적은 건축물의 각 층 또는 그 일부로서 벽의 내부선으로 둘러싸인 부분의 수평투영면적으로 한다.

너. 제46조 제5항 제3호 또는 제4호에 따른 구조 또는 시설(해당 세대 밖으로 대피할 수 있는 구조 또는 시설만 해당한다)을 같은 조 제4항에 따른 대피공간에 설치하는 경우 또는 같은 조 제5항 제4호에 따른 대체시설을 발코니(발코니의 외부에 접하는 경우를 포함한다. 이하 같다)에 설치하는 경우에는 해당 구조 또는 시설이 설치되는 대피공간 또는 발코니의 면적 중 다음의 구분에 따른 면적까지를 바닥면적에 산입하지 않는다.

  1) 인접세대와 공동으로 설치하는 경우 : 4제곱미터

  2) 각 세대별로 설치하는 경우 : 3제곱미터

4. 연면적 : 하나의 건축물 각 층의 바닥면적의 합계로 하되, 용적률을 산정할 때에는 다음 각 목에 해당하는 면적은 제외한다.

  가. 지하층의 면적

  나. 지상층의 주차용(해당 건축물의 부속용도인 경우만 해당한다)으로 쓰는 면적

  다. 삭제 〈2012.12.12.〉

  라. 삭제 〈2012.12.12.〉

  마. 제34조 제3항 및 제4항에 따라 초고층 건축물과 준초고층 건축물에 설치하는 피난안 전구역의 면적

  바. 제40조 제4항 제2호에 따라 건축물의 경사지붕 아래에 설치하는 대피공간의 면적

5. 건축물의 높이 : 지표면으로부터 그 건축물의 상단까지의 높이[건축물의 1층 전체에 필로티(건축물을 사용하기 위한 경비실, 계단실, 승강기실, 그 밖에 이와 비슷한 것을 포함한다)가 설치되어 있는 경우에는 법 제60조 및 법 제61조 제2항을 적용할 때 필로티의 층고를 제외한 높이]로 한다. 다만, 다음 각 목의 어느 하나에 해당하는 경우에는 각 목에서 정하는 바에 따른다.

  가. 법 제60조에 따른 건축물의 높이는 전면도로의 중심선으로부터의 높이로 산정한다. 다만, 전면도로가 다음의 어느 하나에 해당하는 경우에는 그에 따라 산정한다.

    1) 건축물의 대지에 접하는 전면도로의 노면에 고저차가 있는 경우에는 그 건축물이 접하는 범위의 전면도로부분의 수평거리에 따라 가중평균한 높이의 수평면을 전면도로면으로 본다.

    2) 건축물의 대지의 지표면이 전면도로보다 높은 경우에는 그 고저차의 2분의 1의 높이만큼 올라온 위치에 그 전면도로의 면이 있는 것으로 본다.

  나. 법 제61조에 따른 건축물 높이를 산정할 때 건축물 대지의 지표면과 인접 대지의 지표면 간에 고저차가 있는 경우에는 그 지표면의 평균 수평면을 지표면으로 본다. 다만, 법 제61조 제2항에 따른 높이를 산정할 때 해당 대지가 인접 대지의 높이보다 낮은 경우에는 해당 대지의 지표면을 지표면으로 보고, 공동주택을 다른 용도와 복합하여 건축하는 경우에는 공동주택의 가장 낮은 부분을 그 건축물의 지표면으로 본다.

  다. 건축물의 옥상에 설치되는 승강기탑·계단탑·망루·장식탑·옥탑 등으로서 그 수평

투영면적의 합계가 해당 건축물 건축면적의 8분의 1(「주택법」 제15조 제1항에 따른 사업계획승인 대상인 공동주택 중 세대별 전용면적이 85제곱미터 이하인 경우에는 6분의 1) 이하인 경우로서 그 부분의 높이가 12미터를 넘는 경우에는 그 넘는 부분만 해당 건축물의 높이에 산입한다.

라. 지붕마루장식·굴뚝·방화벽의 옥상돌출부나 그 밖에 이와 비슷한 옥상돌출물과 난간벽(그 벽면적의 2분의 1 이상이 공간으로 되어 있는 것만 해당한다)은 그 건축물의 높이에 산입하지 아니한다.

6. 처마높이 : 지표면으로부터 건축물의 지붕틀 또는 이와 비슷한 수평재를 지지하는 벽·깔도리 또는 기둥의 상단까지의 높이로 한다.

7. 반자높이 : 방의 바닥면으로부터 반자까지의 높이로 한다. 다만, 한 방에서 반자높이가 다른 부분이 있는 경우에는 그 각 부분의 반자면적에 따라 가중평균한 높이로 한다.

8. 층고 : 방의 바닥구조체 윗면으로부터 위층 바닥구조체의 윗면까지의 높이로 한다. 다만, 한 방에서 층의 높이가 다른 부분이 있는 경우에는 그 각 부분 높이에 따른 면적에 따라 가중평균한 높이로 한다.

9. 층수 : 승강기탑(옥상 출입용 승강장을 포함한다), 계단탑, 망루, 장식탑, 옥탑, 그 밖에 이와 비슷한 건축물의 옥상 부분으로서 그 수평투영면적의 합계가 해당 건축물 건축면적의 8분의 1(「주택법」 제15조 제1항에 따른 사업계획승인 대상인 공동주택 중 세대별 전용면적이 85제곱미터 이하인 경우에는 6분의 1) 이하인 것과 지하층은 건축물의 층수에 산입하지 아니하고, 층의 구분이 명확하지 아니한 건축물은 그 건축물의 높이 4미터마다 하나의 층으로 보고 그 층수를 산정하며, 건축물이 부분에 따라 그 층수가 다른 경우에는 그중 가장 많은 층수를 그 건축물의 층수로 본다.

10. 지하층의 지표면 : 법 제2조 제1항 제5호에 따른 지하층의 지표면은 각 층의 주위가 접하는 각 지표면 부분의 높이를 그 지표면 부분의 수평거리에 따라 가중평균한 높이의 수평면을 지표면으로 산정한다.

② 제1항 각 호(제10호는 제외한다)에 따른 기준에 따라 건축물의 면적·높이 및 층수 등을 산정할 때 지표면에 고저차가 있는 경우에는 건축물의 주위가 접하는 각 지표면 부분의 높이를 그 지표면 부분의 수평거리에 따라 가중평균한 높이의 수평면을 지표면으로 본다. 이 경우 그 고저차가 3미터를 넘는 경우에는 그 고저차 3미터 이내의 부분마다 그 지표면을 정한다.

③ 다음 각 호의 요건을 모두 갖춘 건축물의 건폐율을 산정할 때에는 제1항 제2호에도 불구하고 지방건축위원회의 심의를 통해 제2호에 따른 개방 부분의 상부에 해당하는 면적을 건축면적에서 제외할 수 있다.

1. 다음 각 목의 어느 하나에 해당하는 시설로서 해당 용도로 쓰는 바닥면적의 합계가 1천제곱미터 이상일 것

가. 문화 및 집회시설(공연장·관람장·전시장만 해당한다)

나. 교육연구시설(학교·연구소·도서관만 해당한다)

다. 수련시설 중 생활권 수련시설, 업무시설 중 공공업무시설

2. 지면과 접하는 저층의 일부를 높이 8미터 이상으로 개방하여 보행통로나 공지 등으로 활용
   할 수 있는 구조·형태일 것

④ 제1항 제5호 다목 또는 제1항 제9호에 따른 수평투영면적의 산정은 제1항 제2호에 따른 건축
   면적의 산정방법에 따른다.

⑤ 국토교통부장관은 제1항부터 제4항까지에서 규정한 건축물의 면적, 높이 및 층수 등의 산정방
   법에 관한 구체적인 적용사례 및 적용방법 등을 작성하여 공개할 수 있다.

📖 확인문제

01 건축법령상 시설군과 그에 속하는 건축물의 용도를 옳게 연결한 것은? ✦ 31회

① 자동차 관련 시설군 – 운수시설
② 산업 등 시설군 – 자원순환 관련 시설
③ 전기통신시설군 – 공장
④ 문화집회시설군 – 수련시설
⑤ 교육 및 복지시설군 – 종교시설

02 건축법령상 용어에 관한 설명으로 옳지 않은 것은? ✦ 32회

① "지하층"이란 건축물의 바닥이 지표면 아래에 있는 층으로서 바닥에서 지표면까지 평균높이가
   해당 층 높이의 3분의 1 이상인 것을 말한다.
② "거실"이란 건축물 안에서 거주, 집무, 작업, 집회, 오락, 그 밖에 이와 유사한 목적을 위하여
   사용되는 방을 말한다.
③ "고층건축물"이란 층수가 30층 이상이거나 높이가 120미터 이상인 건축물을 말한다.
④ "초고층 건축물"이란 층수가 50층 이상이거나 높이가 200미터 이상인 건축물을 말한다.
⑤ "이전"이란 건축물의 주요구조부를 해체하지 아니하고 같은 대지의 다른 위치로 옮기는 것을
   말한다.

II 주요규정

1. 적용 제외(제3조) [기출30]

(1) 다음 어느 하나에 해당하는 건축물에는 이 법을 적용하지 아니한다.

① 1. 「문화유산의 보존 및 활용에 관한 법률」에 따른 지정문화유산이나 임시지정문화유산 또는 「자연유산의 보존 및 활용에 관한 법률」에 따라 지정된 천연기념물등이나 임시지정천연기념물, 임시지정명승, 임시지정시·도자연유산, 임시자연유산자료

② 철도나 궤도의 선로 부지(敷地)에 있는 다음 각 목의 시설

가. 운전보안시설

나. 철도 선로의 위나 아래를 가로지르는 보행시설

다. 플랫폼

라. 해당 철도 또는 궤도사업용 급수(給水)·급탄(給炭) 및 급유(給油) 시설

③ 고속도로 통행료 징수시설

④ 컨테이너를 이용한 간이창고(「산업집적활성화 및 공장설립에 관한 법률」 제2조 제1호에 따른 공장의 용도로만 사용되는 건축물의 대지에 설치하는 것으로서 이동이 쉬운 것만 해당된다)

⑤ 「하천법」에 따른 하천구역 내의 수문조작실

(2) 「국토의 계획 및 이용에 관한 법률」에 따른 도시지역 및 지구단위계획구역 외의 지역으로서 동이나 읍(동이나 읍에 속하는 섬의 경우에는 인구가 500명 이상인 경우만 해당된다)이 아닌 지역은 제44조부터 제47조까지, 제51조 및 제57조를 적용하지 아니한다.

> 제44조 대지와 도로의 관계
> 제45조 도로의 지정·폐지 또는 변경
> 제46조 건축선의 지정
> 제47조 건축선에 따른 건축제한
> 제51조 방화지구 안의 건축물
> 제57조 대지의 분할 제한

(3) 「국토의 계획 및 이용에 관한 법률」 제47조 제7항에 따른 건축물이나 공작물(매수청구를 한 토지를 매수하지 않는 경우에 허가를 받아 설치하는 건축물 또는 공작물)을 도시·군계획시설로 결정된 도로의 예정지에 건축하는 경우에는 제45조부터 제47조까지의 규정을 적용하지 아니한다.

2. 건축위원회(제4조 내지 제4조의3)

1) 국토교통부장관, 시·도지사 및 시장·군수·구청장은 다음 사항을 조사·심의·조정 또는 재정 하기 위하여 각각 건축위원회를 두어야 한다. + 전문위원회를 두어 운영할 수 있다(전문위원회

의 심의 등을 거친 사항은 건축위원회의 심의 등을 거친 것으로 본다).

① 이 법과 조례의 제정·개정 및 시행에 관한 중요 사항

② 건축물의 건축등과 관련된 분쟁의 조정 또는 재정에 관한 사항. 다만, 시·도지사 및 시장·군수·구청장이 두는 건축위원회는 제외한다.

③ 건축물의 건축등과 관련된 민원에 관한 사항. 다만, 국토교통부장관이 두는 건축위원회는 제외한다.

④ 건축물의 건축 또는 대수선에 관한 사항

⑤ 다른 법령에서 건축위원회의 심의를 받도록 규정한 사항

2) 국토교통부장관, 시·도지사 및 시장·군수·구청장은 건축위원회의 심의등을 효율적으로 수행하기 위하여 필요하면 자신이 설치하는 건축위원회에 다음 각 호의 전문위원회를 두어 운영할 수 있다.

1. 건축분쟁전문위원회(국토교통부에 설치하는 건축위원회에 한정한다)

2. 건축민원전문위원회(시·도 및 시·군·구에 설치하는 건축위원회에 한정한다)

3. 건축계획·건축구조·건축설비 등 분야별 전문위원회

3) 전문위원회는 건축위원회가 정하는 사항에 대하여 심의등을 한다. 전문위원회의 심의등을 거친 사항은 건축위원회의 심의등을 거친 것으로 본다.

4) 건축위원회의 심의 결과에 이의가 있는 자는 심의 결과를 통보받은 날부터 1개월 이내에 시·도지사 또는 시장·군수·구청장에게 건축위원회의 재심의를 신청할 수 있다.

재심의 신청을 받은 시·도지사 또는 시장·군수·구청장은 그 신청을 받은 날부터 15일 이내에 대통령령으로 정하는 바에 따라 건축위원회에 재심의 안건을 상정하고, 재심의 결과를 국토교통부령으로 정하는 바에 따라 재심의를 신청한 자에게 통보하여야 한다.

5) 시·도지사 또는 시장·군수·구청장은 심의(재심의 포함)를 신청한 자가 요청하는 경우에는 건축위원회 심의의 일시·장소·안건·내용·결과 등이 기록된 회의록을 공개하여야 한다. 다만, 심의의 공정성을 침해할 우려가 있다고 인정되는 이름, 주민등록번호 등 개인 식별 정보에 관한 부분의 경우에는 그러하지 아니하다.

3. 건축민원전문위원회(제4조의4 내지 제4조의7)

1) 건축민원전문위원회는 건축물의 건축등과 관련된 다음 각 민원을 심의하며, 시·도지사가 설치하는 (광역)건축민원전문위원회와 시장·군수·구청장이 설치하는 (기초)건축민원전문위원회로 구분한다.

1. 건축법령의 운영 및 집행에 관한 민원

2. 건축물의 건축등과 복합된 사항으로서 의제되는 인허가 규정의 운영 및 집행에 관한 민원

3. 그 밖에 대통령령으로 정하는 민원

2) 광역지방건축민원전문위원회는 허가권자나 도지사의 건축허가나 사전승인에 대한 질의민원을 심의하고, 기초지방건축민원전문위원회는 시장(행정시 시장 포함)·군수·구청장의 건축허가 또는 건축신고와 관련한 질의민원을 심의한다.

3) 건축민원전문위원회의 구성·회의·운영, 그 밖에 필요한 사항은 해당 지방자치단체의 조례로 정한다.

4) 건축민원전문위원회는 신청인의 질의민원을 받으면 15일 이내에 심의절차를 마쳐야 한다. 다만, 사정이 있으면 건축민원전문위원회의 의결로 15일 이내의 범위에서 기간을 연장할 수 있다.

5) 건축민원전문위원회는 심의에 필요하다고 인정하면 위원 또는 사무국의 소속 공무원에게 관계 서류를 열람하게 하거나 관계 사업장에 출입하여 조사하게 할 수 있다.

6) 건축민원전문위원회는 필요하다고 인정하면 신청인, 허가권자의 업무담당자, 이해관계자 또는 참고인을 위원회에 출석하게 하여 의견을 들을 수 있다.

7) 건축민원전문위원회는 민원심의의 결정내용을 지체 없이 신청인 및 해당 허가권자등에게 통지하여야 한다.

8) 심의 결정내용을 통지받은 허가권자등은 이를 존중하여야 하며, 통지받은 날부터 10일 이내에 그 처리결과를 해당 건축민원전문위원회에 통보하여야 한다.

4. 적용의 완화(제5조)

① 건축주, 설계자, 공사시공자 또는 공사감리자는 업무를 수행할 때 이 법을 적용하는 것이 매우 불합리하다고 인정되는 대지나 건축물로서 대통령령으로 정하는 것에 대하여는 이 법의 기준을 완화하여 적용할 것을 허가권자에게 요청할 수 있다.

② 요청을 받은 허가권자는 건축위원회의 심의를 거쳐 완화 여부와 적용 범위를 결정하고 그 결과를 신청인에게 알려야 한다.

③ 요청 및 결정의 절차와 그 밖에 필요한 사항은 해당 지방자치단체의 조례로 정한다.

---

* 완화하여 적용하는 건축물 및 기준

영 제6조(적용의 완화)

① 법 제5조 ①에 따라 완화하여 적용하는 건축물 및 기준은 다음 각 호와 같다.

　1. 수면 위에 건축하는 건축물 등 대지의 범위를 설정하기 곤란한 경우 : 법 제40조부터 제47조까지, 법 제55조부터 제57조까지, 법 제60조 및 법 제61조에 따른 기준

　2. 거실이 없는 통신시설 및 기계·설비시설인 경우 : 법 제44조부터 법 제46조까지의 규정에 따른 기준

　3. 31층 이상인 건축물(건축물 전부가 공동주택의 용도로 쓰이는 경우는 제외한다)과 발전소,

제철소, 「산업집적활성화 및 공장설립에 관한 법률 시행령」 별표 1의2 제2호 마목에 따라 산업통상자원부령으로 정하는 업종의 제조시설, 운동시설 등 특수 용도의 건축물인 경우 : 법 제43조, 제49조부터 제52조까지, 제62조, 제64조, 제67조 및 제68조에 따른 기준

4. 전통사찰, 전통한옥 등 전통문화의 보존을 위하여 시·도의 건축조례로 정하는 지역의 건축물인 경우 : 법 제2조 제1항 제11호, 제44조, 제46조 및 제60조 제3항에 따른 기준

5. 경사진 대지에 계단식으로 건축하는 공동주택으로서 지면에서 직접 각 세대가 있는 층으로의 출입이 가능하고, 위층 세대가 아래층 세대의 지붕을 정원 등으로 활용하는 것이 가능한 형태의 건축물과 초고층 건축물인 경우 : 법 제55조에 따른 기준

6. 다음 각 목의 어느 하나에 해당하는 건축물인 경우 : 법 제42조, 제43조, 제46조, 제55조, 제56조, 제58조, 제60조, 제61조 제2항에 따른 기준

　가. 허가권자가 리모델링 활성화가 필요하다고 인정하여 지정·공고한 구역(이하 "리모델링 활성화 구역"이라 한다) 안의 건축물

　나. 사용승인을 받은 후 15년 이상이 되어 리모델링이 필요한 건축물

　다. 기존 건축물을 건축(증축, 일부 개축 또는 일부 재축으로 한정한다. 이하 이 목 및 제32조 제3항에서 같다)하거나 대수선하는 경우로서 다음의 요건을 모두 갖춘 건축물

　　1) 기존 건축물이 건축 또는 대수선 당시의 법령상 건축물 전체에 대하여 다음의 구분에 따른 확인 또는 확인 서류 제출을 하여야 하는 건축물에 해당하지 아니할 것

　　　가) 2009년 7월 16일 대통령령 제21629호 건축법 시행령 일부개정령으로 개정되기 전의 제32조에 따른 지진에 대한 안전여부의 확인

　　　나) 2009년 7월 16일 대통령령 제21629호 건축법 시행령 일부개정령으로 개정된 이후부터 2014년 11월 28일 대통령령 제25786호 건축법 시행령 일부개정령으로 개정되기 전까지의 제32조에 따른 구조 안전의 확인

　　　다) 2014년 11월 28일 대통령령 제25786호 건축법 시행령 일부개정령으로 개정된 이후의 제32조에 따른 구조 안전의 확인 서류 제출

　　2) 제32조 제3항에 따라 기존 건축물을 건축 또는 대수선하기 전과 후의 건축물 전체에 대한 구조 안전의 확인 서류를 제출할 것. 다만, 기존 건축물을 일부 재축하는 경우에는 재축 후의 건축물에 대한 구조 안전의 확인 서류만 제출한다.

7. 기존 건축물에 「장애인·노인·임산부 등의 편의증진 보장에 관한 법률」 제8조에 따른 편의시설을 설치하면 법 제55조 또는 법 제56조에 따른 기준에 적합하지 아니하게 되는 경우 : 법 제55조 및 법 제56조에 따른 기준

7의2. 「국토의 계획 및 이용에 관한 법률」에 따른 도시지역 및 지구단위계획구역 외의 지역 중 동이나 읍에 해당하는 지역에 건축하는 건축물로서 건축조례로 정하는 건축물인 경우 : 법 제2조 제1항 제11호 및 제44조에 따른 기준

8. 다음 각 목의 어느 하나에 해당하는 대지에 건축하는 건축물로서 재해예방을 위한 조치가 필요한 경우 : 법 제55조, 법 제56조, 법 제60조 및 법 제61조에 따른 기준

　가. 「국토의 계획 및 이용에 관한 법률」 제37조에 따라 지정된 방재지구(防災地區)

　　나. 「급경사지 재해예방에 관한 법률」 제6조에 따라 지정된 붕괴위험지역

9. 조화롭고 창의적인 건축을 통하여 아름다운 도시경관을 창출한다고 법 제11조에 따른 특별시장·광역시장·특별자치시장·특별자치도지사 또는 시장·군수·구청장(이하 "허가권자"라 한다)가 인정하는 건축물과 「주택법 시행령」 제10조 제1항에 따른 도시형 생활주택(아파트는 제외한다)인 경우 : 법 제60조 및 제61조에 따른 기준

10. 「공공주택 특별법」 제2조 제1호에 따른 공공주택인 경우 : 법 제61조 제2항에 따른 기준

11. 다음 각 목의 어느 하나에 해당하는 공동주택에 「주택건설 기준 등에 관한 규정」 제2조 제3호에 따른 주민공동시설(주택소유자가 공유하는 시설로서 영리를 목적으로 하지 아니하고 주택의 부속용도로 사용하는 시설만 해당하며, 이하 "주민공동시설"이라 한다)을 설치하는 경우 : 법 제56조에 따른 기준

　　가. 「주택법」 제15조에 따라 사업계획 승인을 받아 건축하는 공동주택

　　나. 상업지역 또는 준주거지역에서 법 제11조에 따라 건축허가를 받아 건축하는 200세대 이상 300세대 미만인 공동주택

　　다. 법 제11조에 따라 건축허가를 받아 건축하는 「주택법 시행령」 제10조에 따른 도시형 생활주택

12. 법 제77조의4 제1항에 따라 건축협정을 체결하여 건축물의 건축·대수선 또는 리모델링을 하려는 경우 : 법 제55조 및 제56조에 따른 기준

② 허가권자는 법 제5조 ②에 따라 완화 여부 및 적용 범위를 결정할 때에는 다음 각 호의 기준을 지켜야 한다.

1. 제1항 제1호부터 제5호까지, 제7호·제7호의2 및 제9호의 경우

　　가. 공공의 이익을 해치지 아니하고, 주변의 대지 및 건축물에 지나친 불이익을 주지 아니할 것

　　나. 도시의 미관이나 환경을 지나치게 해치지 아니할 것

2. 제1항 제6호의 경우

　　가. 제1호 각 목의 기준에 적합할 것

　　나. 증축은 기능향상 등을 고려하여 국토교통부령으로 정하는 규모와 범위에서 할 것

　　다. 「주택법」 제15조에 따른 사업계획승인 대상인 공동주택의 리모델링은 복리시설을 분양하기 위한 것이 아닐 것

3. 제1항 제8호의 경우

　　가. 제1호 각 목의 기준에 적합할 것

　　나. 해당 지역에 적용되는 법 제55조, 법 제56조, 법 제60조 및 법 제61조에 따른 기준을 100분의 140 이하의 범위에서 건축조례로 정하는 비율을 적용할 것

4. 제1항 제10호의 경우

　　가. 제1호 각 목의 기준에 적합할 것

　　나. 기준이 완화되는 범위는 외벽의 중심선에서 발코니 끝부분까지의 길이 중 1.5미터를 초과하는 발코니 부분에 한정될 것. 이 경우 완화되는 범위는 최대 1미터로 제한하며, 완화되는 부분에 창호를 설치해서는 아니 된다.

5. 제1항 제11호의 경우
　　　가. 제1호 각 목의 기준에 적합할 것
　　　나. 법 제56조에 따른 용적률의 기준은 해당 지역에 적용되는 용적률에 주민공동시설에 해당하는 용적률을 가산한 범위에서 건축조례로 정하는 용적률을 적용할 것
　　6. 제1항 제12호의 경우
　　　가. 제1호 각 목의 기준에 적합할 것
　　　나. 법 제55조 및 제56조에 따른 건폐율 또는 용적률의 기준은 법 제77조의4 제1항에 따라 건축협정이 체결된 지역 또는 구역(이하 "건축협정구역"이라 한다) 안에서 연접한 둘 이상의 대지에서 건축허가를 동시에 신청하는 경우 둘 이상의 대지를 하나의 대지로 보아 적용할 것

5. 기존의 건축물 등에 관한 특례(제6조)

허가권자는 법령의 제정·개정이나 그 밖에 대통령령으로 정하는 사유로 대지나 건축물이 이 법에 맞지 아니하게 된 경우에는 대통령령으로 정하는 범위에서 해당 지방자치단체의 조례로 정하는 바에 따라 건축을 허가할 수 있다.

영 제6조의2(기존의 건축물 등에 대한 특례)

① 법 제6조에서 "그 밖에 대통령령으로 정하는 사유"란 다음 각 호의 어느 하나에 해당하는 경우를 말한다.
　1. 도시·군관리계획의 결정·변경 또는 행정구역의 변경이 있는 경우
　2. 도시·군계획시설의 설치, 도시개발사업의 시행 또는 「도로법」에 따른 도로의 설치가 있는 경우
　3. 그 밖에 제1호 및 제2호와 비슷한 경우로서 국토교통부령으로 정하는 경우

　"국토교통부령으로 정하는 경우"란 다음 각 호의 어느 하나에 해당하는 경우를 말한다.
　1. 법률 제3259호 「준공미필건축물 정리에 관한 특별조치법」, 법률 제3533호 「특정건축물 정리에 관한 특별조치법」, 법률 제6253호 「특정건축물 정리에 관한 특별조치법」, 법률 제7698호 「특정건축물 정리에 관한 특별조치법」 및 법률 제11930호 「특정건축물 정리에 관한 특별조치법」에 따라 준공검사필증 또는 사용승인서를 교부받은 사실이 건축물대장에 기재된 경우
　2. 「도시 및 주거환경정비법」에 의한 주거환경개선사업의 준공인가증을 교부받은 경우
　3. 「공유토지분할에 관한 특례법」에 의하여 분할된 경우
　4. 대지의 일부 토지소유권에 대하여 「민법」 제245조에 따라 소유권이전등기가 완료된 경우
　5. 「지적재조사에 관한 특별법」에 따른 지적재조사사업으로 새로운 지적공부가 작성된 경우

② 허가권자는 기존 건축물 및 대지가 법령의 제정·개정이나 제1항 각 호의 사유로 법령등에 부적합하더라도 다음 각 호의 어느 하나에 해당하는 경우에는 건축을 허가할 수 있다.

---

1. 기존 건축물을 재축하는 경우
2. 증축하거나 개축하려는 부분이 법령등에 적합한 경우
3. 기존 건축물의 대지가 도시·군계획시설의 설치 또는 「도로법」에 따른 도로의 설치로 법 제57조에 따라 해당 지방자치단체가 정하는 면적에 미달되는 경우로서 그 기존 건축물을 연면적 합계의 범위에서 증축하거나 개축하는 경우
4. 기존 건축물이 도시·군계획시설 또는 「도로법」에 따른 도로의 설치로 법 제55조 또는 법 제56조에 부적합하게 된 경우로서 화장실·계단·승강기의 설치 등 그 건축물의 기능을 유지하기 위하여 그 기존 건축물의 연면적 합계의 범위에서 증축하는 경우
5. 법률 제7696호 건축법 일부개정법률 제50조의 개정규정에 따라 최초로 개정한 해당 지방자치단체의 조례 시행일 이전에 건축된 기존 건축물의 건축선 및 인접 대지경계선으로부터의 거리가 그 조례로 정하는 거리에 미달되는 경우로서 그 기존 건축물을 건축 당시의 법령에 위반되지 않는 범위에서 수직으로 증축하는 경우
6. 기존 한옥을 개축하는 경우
7. 건축물 대지의 전부 또는 일부가 「자연재해대책법」 제12조에 따른 자연재해위험개선지구에 포함되고 법 제22조에 따른 사용승인 후 20년이 지난 기존 건축물을 재해로 인한 피해 예방을 위하여 연면적의 합계 범위에서 개축하는 경우

③ 허가권자는 「국토의 계획 및 이용에 관한 법률 시행령」 제84조의2 또는 제93조의3에 따라 기존 공장을 증축하는 경우에는 다음 각 호의 기준을 적용하여 해당 공장(이하 "기존 공장"이라 한다)의 증축을 허가할 수 있다.
1. 시행령 제3조의3 제2호에도 불구하고 도시지역에서의 길이 35미터 이상인 막다른 도로의 너비기준은 4미터 이상으로 한다.
2. 시행령 제28조 제2항에도 불구하고 연면적 합계가 3천제곱미터 미만인 기존 공장이 증축으로 3천제곱미터 이상이 되는 경우 해당 대지가 접하여야 하는 도로의 너비는 4미터 이상으로 하고, 해당 대지가 도로에 접하여야 하는 길이는 2미터 이상으로 한다.

6. 특수구조 건축물의 특례(제6조의2)

건축물의 구조, 재료, 형식, 공법 등이 특수한 대통령령으로 정하는 건축물(이하 "특수구조 건축물"이라 한다)은 제4조, 제4조의2부터 제4조의8까지, 제5조부터 제9조까지, 제11조, 제14조, 제19조, 제21조부터 제25조까지, 제40조, 제41조, 제48조, 제48조의2, 제49조, 제50조, 제50조의2, 제51조, 제52조, 제52조의2, 제52조의4, 제53조, 제62조부터 제64조까지, 제65조의2, 제67조, 제68조 및 제84조를 적용할 때 대통령령으로 정하는 바에 따라 강화 또는 변경하여 적용할 수 있다.

7. 부유식 건축물의 특례(제6조의3)

① 「공유수면 관리 및 매립에 관한 법률」 제8조에 따른 공유수면 위에 고정된 인공대지(제2조 제1항 제1호의 "대지"로 본다)를 설치하고 그 위에 설치한 건축물(이하 "부유식 건축물"이라

한다)은 제40조부터 제44조까지, 제46조 및 제47조를 적용할 때 대통령령으로 정하는 바에 따라 달리 적용할 수 있다.

② 부유식 건축물의 설계, 시공 및 유지관리 등에 대하여 이 법을 적용하기 어려운 경우에는 대통령령으로 정하는 바에 따라 변경하여 적용할 수 있다.

8. 통일성을 유지하기 위한 도의 조례(제7조)

도(道) 단위로 통일성을 유지할 필요가 있으면 제5조 제3항, 제6조, 제17조 제2항, 제20조 제2항 제3호, 제27조 제3항, 제42조, 제57조 제1항, 제58조 및 제61조에 따라 시·군의 조례로 정하여야 할 사항을 도의 조례로 정할 수 있다.

9. 리모델링에 대비한 특례 등(제8조)

리모델링이 쉬운 구조의 공동주택의 건축을 촉진하기 위하여 공동주택을 대통령령으로 정하는 구조로 하여 건축허가를 신청하면 제56조(용적률), 제60조(높이 제한) 및 제61조(일조 확보 높이 제한)에 따른 기준을 100분의 120의 범위에서 대통령령으로 정하는 비율로 완화하여 적용할 수 있다.

> * 리모델링이 쉬운 구조 등
> ① "대통령령으로 정하는 구조"란 다음 각 호의 요건에 적합한 구조를 말한다. 이 경우 다음 각 호의 요건에 적합한지에 관한 세부적인 판단 기준은 국토교통부장관이 정하여 고시한다.
>   1. 각 세대는 인접한 세대와 수직 또는 수평 방향으로 통합하거나 분할할 수 있을 것
>   2. 구조체에서 건축설비, 내부 마감재료 및 외부 마감재료를 분리할 수 있을 것
>   3. 개별 세대 안에서 구획된 실(室)의 크기, 개수 또는 위치 등을 변경할 수 있을 것
> ② 법 제8조에서 "대통령령으로 정하는 비율"이란 100분의 120을 말한다. 다만, 건축조례에서 지역별 특성 등을 고려하여 그 비율을 강화한 경우에는 건축조례로 정하는 기준에 따른다.

10. 다른 법령의 배제(제9조)

1) 건축물의 건축등을 위하여 지하를 굴착하는 경우에는 「민법」 제244조 제1항을 적용하지 아니한다. 다만, 필요한 안전조치를 하여 위해(危害)를 방지하여야 한다.

> 민법 제244조(지하시설 등에 대한 제한)
> ① 우물을 파거나 용수, 하수 또는 오물 등을 저치할 지하시설을 하는 때에는 경계로부터 2미터 이상의 거리를 두어야 하며 저수지, 구거 또는 지하실공사에는 경계로부터 그 깊이의 반 이상의 거리를 두어야 한다.

2) 건축물에 딸린 개인하수처리시설에 관한 설계의 경우에는 「하수도법」 제38조를 적용하지 아니한다.

제1장 총칙 주요 내용 O · X 확인 문제

01 건축물이란 토지에 정착하는 공작물 중 지붕과 기둥 또는 벽이 있는 것을 말하며 지하나 고가의 공작물에 설치하는 사무소 · 공연장 · 점포 · 차고 · 창고는 제외된다. (   )

02 지하층이란 건축물의 바닥이 지표면 아래에 있는 층으로서 바닥에서 지표면까지 평균높이가 해당 층 높이의 2분의 1을 초과하는 것을 말한다. (   )

03 주요구조부란 내력벽, 사이기둥, 바닥, 보, 지붕틀 및 주계단을 말한다. (   )

04 건축이란 건축물을 신축 · 증축 · 용도변경 · 개축 · 재축하거나 건축물을 이전하는 것을 말한다. (   )

05 신축이란 건축물이 없는 대지(기존 건축물이 해체되거나 멸실된 대지를 포함)에 새로 건축물을 축조하는 것(부속건축물만 있는 대지에 새로 주된 건축물을 축조하는 것은 제외되고, 개축 또는 재축을 포함한다)을 말한다. (   )

06 증축이란 기존 건축물이 있는 대지에서 건축물의 건축면적, 연면적, 층수를 늘리는 것을 말하며 높이는 해당되지 않는다. (   )

07 개축이란 기존 건축물의 전부 또는 일부(내력벽 · 기둥 · 보 · 지붕틀 중 둘 이상이 포함되는 경우를 말한다)를 해체하고 그 대지에 종전과 같은 규모의 범위에서 건축물을 다시 축조하는 것을 말한다. (   )

08 재축이란 재해로 멸실된 경우 종전 연면적을 초과하는 규모로 다시 축조하는 것을 말한다. (   )

09 이전이란 건축물의 주요구조부를 해체하여 같은 대지의 다른 위치로 옮기는 것을 말한다. (   )

10 내력벽을 증설 또는 해체하거나 그 벽면적을 50제곱미터 이하 수선 또는 변경하는 것은 대수선이다. (   )

11 특별피난계단을 증설 또는 해체하는 것은 대수선이 아니지만 수선 또는 변경하는 것은 대수선이다.
(   )

12 보를 증설 또는 해체하거나 두 개 이상 수선 또는 변경하는 것은 대수선이다. (   )

13 고층건축물이란 층수가 30층 이상이거나 높이가 150미터 이상인 건축물을 말하고, 초고층 건축물
이란 층수가 50층 이상이거나 높이가 250미터 이상인 건축물을 말한다. (   )

14 다중이용 건축물은 몇 개인가? (   )

> 1. 바닥면적 4천제곱미터 및 5층인 문화 및 집회시설
> 2. 바닥면적 1천제곱미터 및 15층인 식물원
> 3. 바닥면적 2천제곱미터 및 25층인 종교시설
> 4. 바닥면적 5천제곱미터 및 16층인 판매시설
> 5. 바닥면적 3천제곱미터 및 10층인 여객용 시설
> 6. 바닥면적 1만제곱미터 및 4층인 의료시설 중 일반병원
> 7. 바닥면적 3천제곱미터 및 20층인 숙박시설 중 관광숙박시설

15 연면적의 합계가 1천제곱미터인 운동시설, 장례시설, 종교시설 및 판매시설은 준다중이용건축물이다.
(   )

제1장 총칙 주요 내용 O·X 확인 문제 정답

01 (×) 건축물이란 토지에 정착하는 공작물 중 지붕과 기둥 또는 벽이 있는 것과 이에 딸린 시설물, 지하나 고가의 공작물에 설치하는 사무소·공연장·점포·차고·창고를 말한다.

02 (×) 2분의 1 이상인 것을 말한다.

03 (×) 주요구조부란 내력벽, 기둥, 바닥, 보, 지붕틀 및 주계단을 말한다. 다만, 사이 기둥, 최하층 바닥, 작은 보, 차양, 옥외 계단, 그 밖에 이와 유사한 것으로 건축물의 구조상 중요하지 아니한 부분은 제외한다.

04 (×) 용도변경은 아니다.

05 (×) 부속건축물만 있는 대지에 새로 주된 건축물을 축조하는 것을 포함하되, 개축 또는 재축하는 것은 제외한다.

06 (×) 증축이란 기존 건축물이 있는 대지에서 건축물의 건축면적, 연면적, 층수 또는 높이를 늘리는 것을 말한다.

07 (×) 내력벽·기둥·보·지붕틀 중 셋 이상이 포함되는 경우를 말한다.

08 (×) 재축이란 건축물이 천재지변이나 그 밖의 재해로 멸실된 경우 그 대지에 다음 각 목의 요건을 모두 갖추어 다시 축조하는 것을 말한다.
　　가. 연면적 합계는 종전 규모 이하로 할 것
　　나. 동(棟)수, 층수 및 높이는 다음의 어느 하나에 해당할 것
　　　　1) 동수, 층수 및 높이가 모두 종전 규모 이하일 것
　　　　2) 동수, 층수 또는 높이의 어느 하나가 종전 규모를 초과하는 경우에는 해당 동수, 층수 및 높이가 「건축법」(이하 "법"이라 한다), 이 영 또는 건축조례(이하 "법령등"이라 한다)에 모두 적합할 것

09 (×) 주요구조부를 해체하지 아니하고 같은 대지의 다른 위치로 옮기는 것을 말한다.

10 ~ 12

(×) 대수선이란 건축물의 기둥, 보, 내력벽, 주계단 등의 구조나 외부 형태를 수선·변경하거나 증설하는 것으로서 대통령령으로 정하는 것을 말한다.

대통령령으로 정하는 것
다음 각 호의 어느 하나에 해당하는 것으로서 증축·개축 또는 재축에 해당하지 아니하는 것을 말한다.
1. 내력벽을 증설 또는 해체하거나 그 벽면적을 30제곱미터 이상 수선 또는 변경하는 것
2. 기둥을 증설 또는 해체하거나 세 개 이상 수선 또는 변경하는 것
3. 보를 증설 또는 해체하거나 세 개 이상 수선 또는 변경하는 것

---

4. 지붕틀(한옥의 경우에는 지붕틀의 범위에서 서까래는 제외한다)을 증설 또는 해체하거나 세 개 이상 수선 또는 변경하는 것

5. 방화벽 또는 방화구획을 위한 바닥 또는 벽을 증설 또는 해체하거나 수선 또는 변경하는 것

6. 주계단·피난계단 또는 특별피난계단을 증설 또는 해체하거나 수선 또는 변경하는 것

8. 다가구주택의 가구 간 경계벽 또는 다세대주택의 세대 간 경계벽을 증설 또는 해체하거나 수선 또는 변경하는 것

9. 건축물의 외벽에 사용하는 마감재료를 증설 또는 해체하거나 벽면적 30제곱미터 이상 수선 또는 변경하는 것

13 (×) 고층건축물이란 층수가 30층 이상이거나 높이가 120미터 이상인 건축물을 말하고, 초고층 건축물이란 층수가 50층 이상이거나 높이가 200미터 이상인 건축물을 말한다.

14 정답은 3, 4, 6, 7
다중이용 건축물이란 다음 각 목의 어느 하나에 해당하는 건축물을 말한다.
가. 바닥면적의 합계가 5천제곱미터 이상인 건축물
   1) 문화 및 집회시설(동물원 및 식물원은 제외한다)
   2) 종교시설
   3) 판매시설
   4) 운수시설 중 여객용 시설
   5) 의료시설 중 종합병원
   6) 숙박시설 중 관광숙박시설
나. 16층 이상인 건축물

15 (○) 준다중이용 건축물이란 바닥면적의 합계가 1천제곱미터 이상인 건축물을 말한다.
가. 문화 및 집회시설(동물원 및 식물원은 제외한다)
나. 종교시설
다. 판매시설
라. 운수시설 중 여객용 시설
마. 의료시설 중 종합병원
바. 교육연구시설
사. 노유자시설
아. 운동시설
자. 숙박시설 중 관광숙박시설
차. 위락시설
카. 관광 휴게시설
타. 장례시설

건축물의 건축

① 사전결정 시 건축허가 신청 기한 및 의제되는 인허가 대상
② 건축허가 시 특별시장·광역시장이 허가권자가 되는 경우
③ 건축허가 시 도지사의 승인이 필요한 경우
④ 건축신고 대상
⑤ 용도변경
⑥ 가설건축물

Ⅰ 건축 관련 입지와 규모의 사전결정(제10조)

1. 사전결정 대상(기출29)

① 해당 대지에 건축하는 것이 이 법이나 관계 법령에서 허용되는지 여부
② 이 법 또는 관계 법령에 따른 건축기준 및 건축제한, 그 완화에 관한 사항 등을 고려하여 해당 대지에 건축 가능한 건축물의 규모
③ 건축허가를 받기 위하여 신청자가 고려하여야 할 사항

2. 절차

1) 건축허가 신청 전에 허가권자에게 사전결정을 신청할 수 있다.
   → 건축위원회 심의와 「도시교통정비 촉진법」에 따른 교통영향평가서의 검토를 동시에 신청할 수 있다.
   → 허가권자는 입지, 건축물의 규모, 용도 등을 사전결정한 후 사전결정일부터 7일 이내에 사전결정 신청자에게 알려야 한다(사전결정서를 송부해야 하며 사전결정서에는 법령 및 조례 등에의 적합여부와 관계법률의 허가·신고 또는 협의 여부를 표시하여야 한다).

2) 허가권자는 사전결정이 신청된 건축물의 대지면적이 「환경영향평가법」 제43조에 따른 소규모 환경영향평가 대상사업인 경우 환경부장관이나 지방환경관서의 장과 소규모 환경영향평가에 관한 협의를 하여야 한다.

3. 의제규정(기출31)

이 경우 미리 관계 행정기관의 장과 협의하여야 하며, 협의를 요청받은 관계 행정기관의 장은 요청받은 날부터 15일 이내에 의견을 제출하여야 한다(의견을 제출하지 아니하면 협의가 이루어진 것으로 본다).

① 「국토의 계획 및 이용에 관한 법률」 제56조에 따른 개발행위허가
② 「산지관리법」 제14조와 제15조에 따른 산지전용허가와 산지전용신고, 같은 법 제15조의2에 따른 산지일시사용허가·신고. 다만, 보전산지인 경우에는 도시지역만 해당된다.

③「농지법」제34조, 제35조 및 제43조에 따른 농지전용허가 · 신고 및 협의

④「하천법」제33조에 따른 하천점용허가

4. 실효규정(기출28)

사전결정신청자는 사전결정을 통지받은 날부터 2년 이내에 건축허가를 신청하여야 하며, 이 기간에 건축허가를 신청하지 아니하면 사전결정의 효력이 상실된다.

Ⅱ 건축허가(제11조)와 건축복합민원 일괄협의회(제12조)

1) 건축물을 건축하거나 대수선하려는 자는 특별자치시장 · 특별자치도지사 또는 시장 · 군수 · 구청장의 허가를 받아야 한다. 다만, 21층 이상의 건축물 등 대통령령으로 정하는 용도 및 규모의 건축물을 특별시나 광역시에 건축하려면 특별시장이나 광역시장의 허가를 받아야 한다. (기출28 30 32)

> 특별시장 또는 광역시장의 허가를 받아야 하는 건축물의 건축은 층수가 21층 이상이거나 연면적의 합계가 10만 제곱미터 이상인 건축물의 건축(연면적의 10분의 3 이상을 증축하여 층수가 21층 이상으로 되거나 연면적의 합계가 10만 제곱미터 이상으로 되는 경우를 포함한다)을 말한다. 다만, 다음 각 호의 어느 하나에 해당하는 건축물의 건축은 제외한다.
> 1. 공장
> 2. 창고
> 3. 지방건축위원회의 심의를 거친 건축물(특별시 또는 광역시의 건축조례로 정하는 바에 따라 해당 지방건축위원회의 심의사항으로 할 수 있는 건축물에 한정하며, 초고층 건축물은 제외한다.)

2) 시장 · 군수는 1)에 따라 다음 어느 하나에 해당하는 건축물의 건축을 허가하려면 미리 건축계획서와 국토교통부령으로 정하는 건축물의 용도, 규모 및 형태가 표시된 기본설계도서를 첨부하여 도지사의 승인을 받아야 한다. (기출32)

① 1)의 단서에 해당하는 건축물. 다만, 도시환경, 광역교통 등을 고려하여 해당 도의 조례로 정하는 건축물은 제외한다.

② 자연환경이나 수질을 보호하기 위하여 도지사가 지정 · 공고한 구역에 건축하는 3층 이상 또는 연면적의 합계가 1천제곱미터 이상인 건축물로서 위락시설과 숙박시설 등 대통령령으로 정하는 용도에 해당하는 건축물(기출30 33)

> * 위락시설과 숙박시설 등 대통령령으로 정하는 용도에 해당하는 건축물(기출30)
> 1. 공동주택
> 2. 제2종 근린생활시설(일반음식점만 해당한다)
> 3. 업무시설(일반업무시설만 해당한다)
> 4. 숙박시설
> 5. 위락시설

③ 주거환경이나 교육환경 등 주변 환경을 보호하기 위하여 필요하다고 인정하여 도지사가 지정·공고한 구역에 건축하는 위락시설 및 숙박시설에 해당하는 건축물[기출32]

2-1) 2)에 따른 건축허가사전승인 대상건축물의 건축허가에 관한 승인을 받으려는 시장·군수는 허가 신청일부터 15일 이내에 건축계획서 및 기본설계도서를 도지사에게 제출(전자문서로 제출하는 것을 포함한다)하여야 한다. 사전승인의 신청을 받은 도지사는 승인요청을 받은 날부터 50일 이내에 승인여부를 시장·군수에게 통보(전자문서에 의한 통보를 포함한다)하여야 한다. 다만, 건축물의 규모가 큰 경우등 불가피한 경우에는 30일의 범위 내에서 그 기간을 연장할 수 있다.

3) 1)에 따라 허가를 받으려는 자는 허가신청서에 국토교통부령으로 정하는 설계도서와 5)의 각 호에 따른 허가 등을 받거나 신고를 하기 위하여 관계 법령에서 제출하도록 의무화하고 있는 신청서 및 구비서류를 첨부하여 허가권자에게 제출하여야 한다. 다만, 국토교통부장관이 관계 행정기관의 장과 협의하여 국토교통부령으로 정하는 신청서 및 구비서류는 제21조에 따른 착공신고 전까지 제출할 수 있다.

4) 허가권자는 1)에 따른 건축허가를 하고자 하는 때에 「건축기본법」 제25조에 따른 한국건축규정의 준수 여부를 확인하여야 한다. 다만, 다음 어느 하나에 해당하는 경우에는 이 법이나 다른 법률에도 불구하고 건축위원회의 심의를 거쳐 건축허가를 하지 아니할 수 있다. [기출28 30]
① 위락시설이나 숙박시설에 해당하는 건축물의 건축을 허가하는 경우 해당 대지에 건축하려는 건축물의 용도·규모 또는 형태가 주거환경이나 교육환경 등 주변 환경을 고려할 때 부적합하다고 인정되는 경우
② 「국토의 계획 및 이용에 관한 법률」에 따른 방재지구(이하 "방재지구"라 한다) 및 「자연재해대책법」에 따른 자연재해위험개선지구(상습가뭄재해지구는 제외한다) 등 상습적으로 침수되거나 침수가 우려되는 대통령령으로 정하는 지역에 건축하려는 건축물에 대하여 일부 공간에 거실을 설치하는 것이 부적합하다고 인정되는 경우

5) 1)에 따른 건축허가를 받으면 다음의 허가 등을 받거나 신고를 한 것으로 보며, 공장건축물의 경우에는 「산업집적활성화 및 공장설립에 관한 법률」 제13조의2와 제14조에 따라 관련 법률의 인·허가 등이나 허가 등을 받은 것으로 본다. [기출30]

1. 제20조 제3항에 따른 공사용 가설건축물의 축조신고
2. 제83조에 따른 공작물의 축조신고
3. 「국토의 계획 및 이용에 관한 법률」 제56조에 따른 개발행위허가
4. 「국토의 계획 및 이용에 관한 법률」 제86조 제5항에 따른 시행자의 지정과 같은 법 제88조 제2항에 따른 실시계획의 인가
5. 「산지관리법」 제14조와 제15조에 따른 산지전용허가와 산지전용신고, 같은 법 제15조의2에 따른 산지일시사용허가·신고. 다만, 보전산지인 경우에는 도시지역만 해당된다.
6. 「사도법」 제4조에 따른 사도(私道)개설허가
7. 「농지법」 제34조, 제35조 및 제43조에 따른 농지전용허가·신고 및 협의
8. 「도로법」 제36조에 따른 도로관리청이 아닌 자에 대한 도로공사 시행의 허가, 같은 법 제52조 제1항에 따른 도로와 다른 시설의 연결 허가
9. 「도로법」 제61조에 따른 도로의 점용 허가 [기출29]
10. 「하천법」 제33조에 따른 하천점용 등의 허가
11. 「하수도법」 제27조에 따른 배수설비(配水設備)의 설치신고
12. 「하수도법」 제34조 제2항에 따른 개인하수처리시설의 설치신고
13. 「수도법」 제38조에 따라 수도사업자가 지방자치단체인 경우 그 지방자치단체가 정한 조례에 따른 상수도 공급신청
14. 「전기안전관리법」 제8조에 따른 자가용전기설비 공사계획의 인가 또는 신고
15. 「물환경보전법」 제33조에 따른 수질오염물질 배출시설 설치의 허가나 신고
16. 「대기환경보전법」 제23조에 따른 대기오염물질 배출시설설치의 허가나 신고
17. 「소음·진동관리법」 제8조에 따른 소음·진동 배출시설 설치의 허가나 신고
18. 「가축분뇨의 관리 및 이용에 관한 법률」 제11조에 따른 배출시설 설치허가나 신고
19. 「자연공원법」 제23조에 따른 행위허가
20. 「도시공원 및 녹지 등에 관한 법률」 제24조에 따른 도시공원의 점용허가
21. 「토양환경보전법」 제12조에 따른 특정토양오염관리대상시설의 신고
22. 「수산자원관리법」 제52조 제2항에 따른 행위의 허가
23. 「초지법」 제23조에 따른 초지전용의 허가 및 신고

6) 허가권자는 5)의 각 호의 어느 하나에 해당하는 사항이 다른 행정기관의 권한에 속하면 그 행정기관의 장과 미리 협의하여야 하며, 협의 요청을 받은 관계 행정기관의 장은 요청을 받은 날부터 15일 이내에 의견을 제출하여야 한다. 이 경우 관계 행정기관의 장은 제8항에 따른 처리기준이 아닌 사유를 이유로 협의를 거부할 수 없고, 협의 요청을 받은 날부터 15일 이내에 의견을 제출하지 아니하면 협의가 이루어진 것으로 본다.

7) 허가권자는 1)에 따른 허가를 받은 자가 다음 어느 하나에 해당하면 허가를 취소하여야 한다. 다만, ①에 해당하는 경우로서 정당한 사유가 있다고 인정되면 1년의 범위에서 공사의 착수기간을 연장할 수 있다. [기출32]

① 허가를 받은 날부터 2년(「산업집적활성화 및 공장설립에 관한 법률」 제13조에 따라 공장의 신설·증설 또는 업종변경의 승인을 받은 공장은 3년) 이내에 공사에 착수하지 아니한 경우

② ①의 기간 이내에 공사에 착수하였으나 공사의 완료가 불가능하다고 인정되는 경우

③ 제21조에 따른 착공신고 전에 경매 또는 공매 등으로 건축주가 대지의 소유권을 상실한 때부터 6개월이 지난 이후 공사의 착수가 불가능하다고 판단되는 경우

8) 5)의 각 호의 어느 하나에 해당하는 사항과 제12조 ①의 관계 법령을 관장하는 중앙행정기관의 장은 그 처리기준을 국토교통부장관에게 통보하여야 한다. 처리기준을 변경한 경우에도 또한 같다.

9) 국토교통부장관은 8)에 따라 처리기준을 통보받은 때에는 이를 통합하여 고시하여야 한다.

10) 건축위원회의 심의를 받은 자가 심의 결과를 통지 받은 날부터 2년 이내에 건축허가를 신청하지 아니하면 건축위원회 심의의 효력이 상실된다.

11) 건축허가를 받으려는 자는 해당 대지의 소유권을 확보하여야 한다. 다만, 다음 어느 하나에 해당하는 경우에는 그러하지 아니하다. [기출32]

---

1. 건축주가 대지의 소유권을 확보하지 못하였으나 그 대지를 사용할 수 있는 권원을 확보한 경우. 다만, 분양을 목적으로 하는 공동주택은 제외한다.
2. 건축주가 건축물의 노후화 또는 구조안전 문제 등 대통령령으로 정하는 사유로 건축물을 신축·개축·재축 및 리모델링을 하기 위하여 건축물 및 해당 대지의 공유자 수의 100분의 80 이상의 동의를 얻고 동의한 공유자의 지분 합계가 전체 지분의 100분의 80 이상인 경우

> "건축물의 노후화 또는 구조안전 문제 등 대통령령으로 정하는 사유"
> 1. 급수·배수·오수 설비 등의 설비 또는 지붕·벽 등의 노후화나 손상으로 그 기능 유지가 곤란할 것으로 우려되는 경우
> 2. 건축물의 노후화로 내구성에 영향을 주는 기능적 결함이나 구조적 결함이 있는 경우
> 3. 건축물이 훼손되거나 일부가 멸실되어 붕괴 등 그 밖의 안전사고가 우려되는 경우
> 4. 천재지변이나 그 밖의 재해로 붕괴되어 다시 신축하거나 재축하려는 경우

3. 건축주가 1)에 따른 건축허가를 받아 주택과 주택 외의 시설을 동일 건축물로 건축하기 위하여 「주택법」 제21조를 준용한 대지 소유 등의 권리 관계를 증명한 경우. 다만, 「주택법」 제15조 제1항 각 호 외의 부분 본문에 따른 대통령령으로 정하는 호수 이상으로 건설·공급하는 경우에 한정한다.
4. 건축하려는 대지에 포함된 국유지 또는 공유지에 대하여 허가권자가 해당 토지의 관리청이 해당 토지를 건축주에게 매각하거나 양여할 것을 확인한 경우
5. 건축주가 집합건물의 공용부분을 변경하기 위하여 「집합건물의 소유 및 관리에 관한 법률」 제15조 제1항에 따른 결의가 있었음을 증명한 경우
6. 건축주가 집합건물을 재건축하기 위하여 「집합건물의 소유 및 관리에 관한 법률」 제47조에 따른 결의가 있었음을 증명한 경우

---

12) 건축복합민원 일괄협의회

① 허가권자는 허가를 하려면 해당 용도·규모 또는 형태의 건축물을 건축하려는 대지에 건축하는 것이 관계 법령의 규정에 맞는지를 확인하고 건축복합민원 일괄협의회를 개최하여야 한다.

② 확인이 요구되는 법령의 관계 행정기관의 장은 소속 공무원을 건축복합민원 일괄협의회에 참석하게 하여야 한다.

Ⅲ 건축 공사현장 안전관리 예치금 등[제13조]

건축허가를 받은 자는 건축물의 건축공사를 중단하고 장기간 공사현장을 방치할 경우 공사현장의 미관 개선과 안전관리 등 필요한 조치를 하여야 한다.

1. 예치금부과

허가권자는 연면적이 1천제곱미터 이상인 건축물(「주택도시기금법」에 따른 주택도시보증공사가 분양보증을 한 건축물, 「건축물의 분양에 관한 법률」에 따른 분양보증이나 신탁계약을 체결한 건축물은 제외한다) 중 조례로 정하는 연면적이 1천제곱미터 이상인 건축물로서 착공신고를 하는 건축주(한국토지주택공사 또는 지방공사는 제외한다)에게 장기간 건축물의 공사현장이 방치되는 것에 대비하여 미리 미관 개선과 안전관리에 필요한 비용(보증서를 포함, 이하 "예치금"이라 한다)을 건축공사비의 1퍼센트의 범위에서 예치하게 할 수 있다. + 예치금 반환 시 이자포함 반환 (보증서 예치는 제외)

2. 개선명령(미이행 시 대집행 가능 + 예치금으로 대집행비용 충당 가능)

1) 허가권자는 공사현장이 방치되어 도시미관을 저해하고 안전을 위해한다고 판단되면 건축허가를 받은 자에게 건축물 공사현장의 미관과 안전관리를 위한 다음 개선을 명할 수 있다.

① 안전울타리 설치 등 안전조치 / ② 공사재개 또는 해체 등 정비

2) 허가권자는 방치되는 공사현장의 안전관리를 위하여 긴급한 필요가 있다고 인정하는 경우에는 대통령령으로 정하는 바에 따라 건축주에게 고지한 후 건축주가 예치한 예치금을 사용하여 안전울타리 설치 등 안전조치를 할 수 있다.

> 허가권자는 착공신고 이후 건축 중에 공사가 중단된 건축물로서 공사 중단 기간이 2년을 경과한 경우에는 건축주에게 서면으로 알린 후 예치금을 사용하여 공사현장의 미관과 안전관리 개선을 위한 다음 각 호의 조치를 할 수 있다.
> 1. 공사현장 안전울타리의 설치
> 2. 대지 및 건축물의 붕괴 방지 조치
> 3. 공사현장의 미관 개선을 위한 조경 또는 시설물 등의 설치
> 4. 그 밖에 공사현장의 미관 개선 또는 대지 및 건축물에 대한 안전관리 개선 조치가 필요하여 건축조례로 정하는 사항

Ⅳ 건축물 안전영향평가(제13조의2)

1) 허가권자는 초고층 건축물 등 대통령령으로 정하는 주요 건축물에 대하여 건축허가를 하기 전에 건축물의 구조, 지반 및 풍환경(風環境) 등이 건축물의 구조안전과 인접 대지의 안전에 미치는 영향 등을 평가하는 건축물 안전영향평가(건축위원회의 심의를 거쳐 확정)를 안전영향평가기관에 의뢰하여 실시하여야 한다. [기출29 30]

> **＊ 초고층 건축물 등 대통령령으로 정하는 주요 건축물** [기출29 30 34]
> 1. 초고층 건축물
> 2. 다음 각 목의 요건을 모두 충족하는 건축물
>   가. 연면적(하나의 대지에 둘 이상의 건축물을 건축하는 경우에는 각각의 건축물의 연면적을 말한다)이 10만 제곱미터 이상일 것
>   나. 16층 이상일 것

2) 안전영향평가기관은 안전영향평가를 의뢰받은 날부터 30일 이내에 안전영향평가 결과를 허가권자에게 제출하여야 한다. 다만, 부득이한 경우에는 20일의 범위에서 그 기간을 한 차례만 연장할 수 있다. 허가권자는 안전영향평가 결과를 제출받은 경우에는 지체 없이 안전영향평가를 의뢰한 자에게 그 내용을 통보하여야 한다. 안전영향평가에 드는 비용은 안전영향평가를 의뢰한 자가 부담한다.

3) 허가권자는 심의 결과 및 안전영향평가 내용을 해당 지방자치단체의 공보에 게시하는 방법(개인정보를 포함해서는 안 된다)에 따라 즉시 공개하여야 한다.

4) 안전영향평가를 실시하여야 하는 건축물이 다른 법률에 따라 구조안전과 인접 대지의 안전에 미치는 영향 등을 평가 받은 경우에는 안전영향평가의 해당 항목을 평가받은 것으로 본다. [기출33]

Ⅴ 건축신고(제14조)

1. 건축허가 의제

(1) 특별자치시장·특별자치도지사 또는 시장·군수·구청장에게 신고 시 건축허가가 의제됨 (건축허가에 따른 관련 인허가 사항도 의제됨)

① 바닥면적의 합계가 85제곱미터 이내의 증축·개축 또는 재축. 다만, 3층 이상 건축물인 경우에는 증축·개축 또는 재축하려는 부분의 바닥면적의 합계가 건축물 연면적의 10분의 1 이내인 경우로 한정한다.

② 「국토의 계획 및 이용에 관한 법률」에 따른 관리지역, 농림지역 또는 자연환경보전지역에서 연면적이 200제곱미터 미만이고 3층 미만인 건축물의 건축. 다만, 다음 각 목의 어느 하나에 해당하는 구역에서의 건축은 제외한다.

　　가. 지구단위계획구역

　　나. 방재지구 등 재해취약지역으로서 대통령령으로 정하는 구역(방재지구 및 붕괴위험지역)

③ 연면적이 200제곱미터 미만이고 3층 미만인 건축물의 대수선[기출28 34]

④ 주요구조부의 해체가 없는 등 대통령령으로 정하는 대수선(기출28 34)
⑤ 그 밖에 소규모 건축물로서 대통령령으로 정하는 건축물의 건축(기출28 34)

＊ 주요구조부의 해체가 없는 등 대통령령으로 정하는 대수선

1. 내력벽의 면적을 30제곱미터 이상 수선하는 것(기출28 34)
2. 기둥을 세 개 이상 수선하는 것
3. 보를 세 개 이상 수선하는 것(기출28 34)
4. 지붕틀을 세 개 이상 수선하는 것
5. 방화벽 또는 방화구획을 위한 바닥 또는 벽을 수선하는 것
6. 주계단·피난계단 또는 특별피난계단을 수선하는 것

＊ 소규모 건축물로서 대통령령으로 정하는 건축물

1. 연면적의 합계가 100제곱미터 이하인 건축물(기출28 34)
2. 건축물의 높이를 3미터 이하의 범위에서 증축하는 건축물(기출28 34)
3. 용도 및 규모가 주위환경이나 미관에 지장이 없다고 인정하여 건축조례로 정하는 건축물
4. 공업지역, 지구단위계획구역(도시지역 외 산업/유통형만 해당), 산업단지에서 건축하는 2층 이하인 건축물로서 연면적 합계 500제곱미터 이하인 공장(제조업소 등 물품의 제조·가공을 위한 시설을 포함한다)
5. 농업이나 수산업을 경영하기 위하여 읍·면지역(특별자치시장·특별자치도지사·시장·군수가 지역계획 또는 도시·군계획에 지장이 있다고 지정·공고한 구역은 제외한다)에서 건축하는 연면적 200제곱미터 이하의 창고 및 연면적 400제곱미터 이하의 축사, 작물재배사(作物栽培舍), 종묘배양시설, 화초 및 분재 등의 온실

건축물의 구조기준 등에 관한 규칙 제3조(적용범위 등)

소규모건축물

2층 이하이면서 연면적 500제곱미터 미만인 건축물로서 아래 해당되지 않는 건축물

1. 높이가 13미터 이상인 건축물
2. 처마높이가 9미터 이상인 건축물
3. 기둥과 기둥 사이의 거리가 10미터 이상인 건축물
4. 건축물의 용도 및 규모를 고려한 중요도가 높은 건축물로서 국토교통부령으로 정하는 건축물
5. 국가적 문화유산으로 보존할 가치가 있는 건축물로서 국토교통부령으로 정하는 것
6. "특수구조 건축물"
   가. 한쪽 끝은 고정되고 다른 끝은 지지(支持)되지 아니한 구조로 된 보·차양 등이 외벽(외벽이 없는 경우에는 외곽 기둥을 말한다)의 중심선으로부터 3미터 이상 돌출된 건축물
   나. 특수한 설계·시공·공법 등이 필요한 건축물로서 국토교통부장관이 정하여 고시하는 구조로 된 건축물

(2) 절차

특별자치시장·특별자치도지사 또는 시장·군수·구청장은 신고를 받은 날부터 5일 이내에 신고수리 여부 또는 처리기간의 연장 여부를 신고인에게 통지하여야 하나, 이 법 또는 다른 법령에 따라 심의, 동의, 협의, 확인 등이 필요한 경우에는 이러한 필요가 있음을 5일 이내에 그 내용을 통지하고 20일 이내에 신고에 대한 수리여부를 통지하여야 한다.

(3) 효력소멸

신고를 한 자가 신고일부터 1년 이내에 공사에 착수하지 아니하면 그 신고의 효력은 없어진다. 다만, 건축주의 요청에 따라 허가권자가 정당한 사유가 있다고 인정하면 1년의 범위에서 착수기한을 연장할 수 있다.

(4) 기타

건축물의 건축 등을 위하여 지하를 굴착하는 경우에는 「민법」 제244조 제1항을 적용하지 아니한다. 다만, 필요한 안전조치를 하여 위해(危害)를 방지하여야 한다.

Ⅵ 건축주와의 계약 및 허가와 신고사항의 변경

1. 건축주와의 계약 등(제15조)

① 건축관계자는 건축물이 설계도서에 따라 이 법과 이 법에 따른 명령이나 처분, 그 밖의 관계 법령에 맞게 건축되도록 업무를 성실히 수행하여야 하며, 서로 위법하거나 부당한 일을 하도록 강요하거나 이와 관련하여 어떠한 불이익도 주어서는 아니 된다.

② 건축관계자 간의 책임에 관한 내용과 그 범위는 이 법에서 규정한 것 외에는 건축주와 설계자, 건축주와 공사시공자, 건축주와 공사감리자 간의 계약으로 정한다.

③ 국토교통부장관은 계약의 체결에 필요한 표준계약서를 작성하여 보급하고 활용하게 하거나 건축사협회, 건설사업자단체로 하여금 표준계약서를 작성하여 보급하고 활용하게 할 수 있다.

2. 허가와 신고사항의 변경(제16조)

1) 허가를 받았거나 신고한 사항을 변경하려면 다음 구분에 따라 허가권자의 허가를 받거나 특별자치시장·특별자치도지사 또는 시장·군수·구청장에게 신고하여야 한다. 다만, 경미한 사항(신축·증축·개축·재축·이전·대수선 또는 용도변경에 해당하지 아니하는 변경)의 변경은 그러하지 아니하다. [기출28]

① 바닥면적의 합계가 85제곱미터를 초과하는 부분에 대한 신축·증축·개축에 해당하는 변경인 경우에는 허가를 받고, 그 밖의 경우에는 신고할 것

② 신고로써 허가를 갈음하는 건축물에 대하여는 변경 후 건축물의 연면적을 각각 신고로써 허가를 갈음할 수 있는 규모에서 변경하는 경우에는 ①에도 불구하고 신고할 것

③ 건축주·설계자·공사시공자 또는 공사감리자를 변경하는 경우에는 신고할 것

2) 허가나 신고사항 중 대통령령으로 정하는 사항의 변경은 사용승인을 신청할 때 허가권자에게 일괄하여 신고할 수 있다.

> * 대통령령으로 정하는 사항
> 1. 건축물의 동수나 층수를 변경하지 아니하면서 변경되는 부분의 바닥면적의 합계가 50제곱미터 이하인 경우로서 다음 각 목의 요건을 모두 갖춘 경우
>   가. 변경되는 부분의 높이가 1미터 이하이거나 전체 높이의 10분의 1 이하일 것
>   나. 허가를 받거나 신고를 하고 건축 중인 부분의 위치 변경범위가 1미터 이내일 것
>   다. 법 제14조 제1항에 따라 신고를 하면 법 제11조에 따른 건축허가를 받은 것으로 보는 규모에서 건축허가를 받아야 하는 규모로의 변경이 아닐 것
> 2. 건축물의 동수나 층수를 변경하지 아니하면서 변경되는 부분이 연면적 합계의 10분의 1 이하인 경우(연면적이 5천 제곱미터 이상인 건축물은 각 층의 바닥면적이 50제곱미터 이하의 범위에서 변경되는 경우만 해당한다). 다만, 제4호 본문 및 제5호 본문에 따른 범위의 변경인 경우만 해당한다.
> 3. 대수선에 해당하는 경우
> 4. 건축물의 층수를 변경하지 아니하면서 변경되는 부분의 높이가 1미터 이하이거나 전체 높이의 10분의 1 이하인 경우. 다만, 변경되는 부분이 제1호 본문, 제2호 본문 및 제5호 본문에 따른 범위의 변경인 경우만 해당한다.
> 5. 허가를 받거나 신고를 하고 건축 중인 부분의 위치가 1미터 이내에서 변경되는 경우. 다만, 변경되는 부분이 제1호 본문, 제2호 본문 및 제4호 본문에 따른 범위의 변경인 경우만 해당한다.

3) 허가사항 변경 및 신고사항 변경 시 관련 인허가 의제규정도 준용됨. + 허가나 신고사항의 변경에 관하여는 제9조를 준용한다.

> 법 제9조(다른 법령의 배제)
> ① 건축물의 건축 등을 위하여 지하를 굴착하는 경우에는 「민법」 제244조 제1항을 적용하지 아니한다. 다만, 필요한 안전조치를 하여 위해(危害)를 방지하여야 한다.
> ② 건축물에 딸린 개인하수처리시설에 관한 설계의 경우에는 「하수도법」 제38조를 적용하지 아니한다.

Ⅶ 매도청구 등(제17조의2 및 제17조의3)

1. 매도청구 대상

건축주가 건축물의 노후화 또는 구조안전 문제 등 대통령령으로 정하는 사유로 건축물을 신축·개축·재축 및 리모델링을 하기 위하여 건축물 및 해당 대지의 공유자 수의 100분의 80 이상의 동의를 얻고 동의한 공유자의 지분 합계가 전체 지분의 100분의 80 이상인 경우 미동의자의 공유지분

> **"건축물의 노후화 또는 구조안전 문제 등 대통령령으로 정하는 사유"**
> 1. 급수·배수·오수 설비 등의 설비 또는 지붕·벽 등의 노후화나 손상으로 그 기능 유지가 곤란할 것으로 우려되는 경우
> 2. 건축물의 노후화로 내구성에 영향을 주는 기능적 결함이나 구조적 결함이 있는 경우
> 3. 건축물이 훼손되거나 일부가 멸실되어 붕괴 등 그 밖의 안전사고가 우려되는 경우
> 4. 천재지변이나 그 밖의 재해로 붕괴되어 다시 신축하거나 재축하려는 경우

2. 매도청구

1) 건축허가를 받은 건축주는 해당 건축물 또는 대지의 공유자 중 동의하지 아니한 공유자에게 그 공유지분을 시가(市價)로 매도할 것을 청구할 수 있다. 이 경우 매도청구를 하기 전에 매도청구 대상이 되는 공유자와 3개월 이상 협의를 하여야 한다.

2) 매도청구에 관하여는 「집합건물의 소유 및 관리에 관한 법률」 제48조를 준용한다. 이 경우 구분소유권 및 대지사용권은 매도청구의 대상이 되는 대지 또는 건축물의 공유지분으로 본다.

> **집합건물의 소유 및 관리에 관한 법률 제48조(구분소유권 등의 매도청구 등)**
> ① 재건축의 결의가 있으면 집회를 소집한 자는 지체 없이 그 결의에 찬성하지 아니한 구분소유자(그의 승계인을 포함한다)에 대하여 그 결의 내용에 따른 재건축에 참가할 것인지 여부를 회답할 것을 서면으로 촉구하여야 한다.
> ② 제1항의 촉구를 받은 구분소유자는 촉구를 받은 날부터 2개월 이내에 회답하여야 한다.
> ③ 제2항의 기간 내에 회답하지 아니한 경우 그 구분소유자는 재건축에 참가하지 아니하겠다는 뜻을 회답한 것으로 본다.
> ④ 제2항의 기간이 지나면 재건축 결의에 찬성한 각 구분소유자, 재건축 결의 내용에 따른 재건축에 참가할 뜻을 회답한 각 구분소유자(그의 승계인을 포함한다) 또는 이들 전원의 합의에 따라 구분소유권과 대지사용권을 매수하도록 지정된 자(이하 "매수지정자"라 한다)는 제2항의 기간 만료일부터 2개월 이내에 재건축에 참가하지 아니하겠다는 뜻을 회답한 구분소유자(그의 승계인을 포함한다)에게 구분소유권과 대지사용권을 시가로 매도할 것을 청구할 수 있다. 재건축 결의가 있은 후에 이 구분소유자로부터 대지사용권만을 취득한 자의 대지사용권에 대하여도 또한 같다.
> ⑤ 제4항에 따른 청구가 있는 경우에 재건축에 참가하지 아니하겠다는 뜻을 회답한 구분소유자가 건물을 명도(明渡)하면 생활에 현저한 어려움을 겪을 우려가 있고 재건축의 수행에 큰 영향이 없을 때에는 법원은 그 구분소유자의 청구에 의하여 대금 지급일 또는 제공일부터 1년을 초과하지 아니하는 범위에서 건물 명도에 대하여 적당한 기간을 허락할 수 있다.
> ⑥ 재건축 결의일부터 2년 이내에 건물 철거공사가 착수되지 아니한 경우에는 제4항에 따라 구분소유권이나 대지사용권을 매도한 자는 이 기간이 만료된 날부터 6개월 이내에 매수인이 지급한 대금에 상당하는 금액을 그 구분소유권이나 대지사용권을 가지고 있는 자에게 제공하고 이들의 권리를 매도할 것을 청구할 수 있다. 다만, 건물 철거공사가 착수되지 아니한

타당한 이유가 있을 경우에는 그러하지 아니하다.

⑦ 제6항 단서에 따른 건물 철거공사가 착수되지 아니한 타당한 이유가 없어진 날부터 6개월 이내에 공사에 착수하지 아니하는 경우에는 제6항 본문을 준용한다. 이 경우 같은 항 본문 중 "이 기간이 만료된 날부터 6개월 이내에"는 "건물 철거공사가 착수되지 아니한 타당한 이유가 없어진 것을 안 날부터 6개월 또는 그 이유가 없어진 날부터 2년 중 빠른 날까지"로 본다.

3. 소유자를 확인하기 곤란한 공유지분 등에 대한 처분

1) 건축허가를 받은 건축주는 해당 건축물 또는 대지의 공유자가 거주하는 곳을 확인하기가 현저히 곤란한 경우에는 전국적으로 배포되는 둘 이상의 일간신문에 두 차례 이상 공고하고, 공고한 날부터 30일 이상이 지났을 때에는 매도청구 대상이 되는 건축물 또는 대지로 본다.

2) 매도청구 대상 공유지분의 감정평가액에 해당하는 금액을 법원에 공탁(供託)하고 착공할 수 있다(공유지분의 감정평가액은 허가권자가 추천하는 감정평가법인등 2인 이상이 평가한 금액을 산술평균하여 산정한다).

Ⅷ 건축허가 제한 등(제18조)

: 제한기간은 2년 이내 + 1회에 한하여 1년 이내 범위에서 연장 가능

1) 국토교통부장관은 국토관리를 위하여 특히 필요하다고 인정하거나 주무부장관이 국방, 「국가유산기본법」에 따른 국가유산의 보존, 환경보전 또는 국민경제를 위하여 특히 필요하다고 인정하여 요청하면 허가권자의 건축허가나 허가를 받은 건축물의 착공을 제한할 수 있다.

2) 특별시장·광역시장·도지사는 지역계획이나 도시·군계획에 특히 필요하다고 인정하면 시장·군수·구청장의 건축허가나 허가를 받은 건축물의 착공을 제한할 수 있다. 제한한 경우 즉시 국토교통부장관에게 보고하여야 하며, 보고를 받은 국토교통부장관은 제한 내용이 지나치다고 인정하면 해제를 명할 수 있다.

3) 국토교통부장관이나 시·도지사는 착공을 제한하려는 경우에는 주민의견을 청취한 후 건축위원회의 심의를 거쳐야 한다.

4) 국토교통부장관이나 특별시장·광역시장·도지사는 건축허가나 건축물의 착공을 제한하는 경우 제한 목적·기간, 대상 건축물의 용도와 대상 구역의 위치·면적·경계 등을 상세하게 정하여 허가권자에게 통보하여야 하며, 통보를 받은 허가권자는 지체 없이 이를 공고하여야 한다.

Ⅸ 용도변경(제19조 및 제19조의2) [기출29 31]

1) 건축물의 용도변경은 변경하려는 용도의 건축기준에 맞게 하여야 한다. 사용승인을 받은 건축물의 용도를 변경하려는 자는 특별자치시장·특별자치도지사 또는 시장·군수·구청장의 허가를 받거나 신고를 하여야 한다.

① 허가 대상 : 건축물의 용도를 상위군에 해당하는 용도로 변경하는 경우

② **신고 대상** : 건축물의 용도를 하위군에 해당하는 용도로 변경하는 경우

③ **건축물대장 기재내용 변경 신청** : 같은 시설군 안에서 용도를 변경하는 경우

2) 허가나 신고 대상인 경우로서 용도변경하려는 부분의 바닥면적의 합계가 100제곱미터 이상인 경우는 사용승인 신청(다만, 용도변경하려는 부분의 바닥면적의 합계가 500제곱미터 미만으로서 대수선에 해당되는 공사를 수반하지 아니하는 경우에는 그러하지 아니하다)

→ 허가 대상인 경우로서 용도변경하려는 부분의 바닥면적의 합계가 500제곱미터 이상인 용도변경의 설계에 관하여는 제23조(건축물의 설계)를 준용한다. 단 1층인 축사를 공장으로 용도변경하는 경우로서 증축·개축 또는 대수선이 수반되지 아니하고 구조 안전이나 피난 등에 지장이 없는 경우는 제외한다.

시설군	용도분류
1. 자동차 관련 시설군	자동차 관련 시설
2. 산업 등 시설군	운수시설, 창고시설, 공장, 위험물저장 및 처리시설, 자원순환 관련 시설, 묘지 관련 시설, 장례시설
3. 전기통신시설군	방송통신시설, 발전시설
4. 문화집회시설군	문화 및 집회시설, 종교시설, 위락시설, 관광휴게시설
5. 영업시설군	판매시설, 운동시설, 숙박시설, 제2종 근린생활시설 중 다중생활시설
6. 교육 및 복지시설군	의료시설, 교육연구시설, 노유자시설(老幼者施設), 수련시설, 야영장 시설
7. 근린생활시설군	제1종 근린생활시설, 제2종 근린생활시설(다중생활시설은 제외한다)
8. 주거업무시설군	단독주택, 공동주택, 업무시설, 교정시설, 국방·군사시설
9. 그 밖의 시설군	동물 및 식물 관련 시설

3) 건축주는 건축물의 용도를 복수로 하여 건축허가, 건축신고 및 용도변경 허가·신고 또는 건축물대장 기재내용의 변경 신청을 할 수 있다.

(같은 시설군 내에서 허용함이 원칙이나 지방건축위원회의 심의를 거쳐 다른 시설군의 용도 간의 복수 용도를 허용할 수 있다)

** 같은 시설군 안에서 용도변경하는 경우에는 기재내용의 변경을 신청하여야 하지만, 별표 1의 같은 호에 속하는 건축물 상호 간의 용도변경 및 관계 법령에서 정하는 용도제한에 적합한 범위에서 제1종 근린생활시설과 제2종 근린생활시설 상호 간의 용도변경의 경우에는 기재내용의 변경을 신청하지 않아도 된다[1][다만, 별표 1 제3호 다목(목욕장만 해당한다)·라목, 같은 표 제4호 가목·사목·카목·파목(골프연습장, 놀이형시설만 해당한다)·더목·러목·머목 같은 표 제7호 다목 2), 같은 표 제15호 가목(생활숙박시설만 해당한다) 및 같은 표 제16호 가목·나목에 해당하는 용도로 변경하는 경우는 제외한다].

---

1) 예를 들면, 단독주택은 다시 단독주택, 다중주택, 다가구주택, 공관으로 분류되는데 단독주택 안에서의 용도변경은 기재내용 변경을 신청하지 않아도 된다("단독주택 → 다가구주택" 시 기재내용 변경신청 ×).

❎ 가설건축물(제20조)

1. 허가대상 및 허가권자

도시·군계획시설 및 도시·군계획시설예정지에서 가설건축물 건축 시 특별자치시장·특별자치도지사 또는 시장·군수·구청장의 허가를 받아야 한다.

→ 가설건축물대장에 이를 기재하여 관리하여야 한다.

→ 다른 법령에 따른 제한규정 확인필요 시 관계 행정기관의 장과 미리 협의하여야 하고, 협의요청을 받은 관계 행정기관의 장은 요청을 받은 날부터 15일 이내에 의견을 제출하여야 한다 (기간 내 의견 미제출 시 협의성립으로 본다).

2. 허가기준

(1) 허가

1) 도시·군계획시설 및 도시·군계획시설예정지에서 가설건축물을 건축하려는 자는 특별자치시장·특별자치도지사 또는 시장·군수·구청장의 허가를 받아야 한다.

2) 다음 어느 하나에 해당하는 경우가 아니면 허가를 하여야 한다. [기출32]

① 「국토의 계획 및 이용에 관한 법률」 제64조(도시·군계획시설 부지에서의 개발행위)에 위배되는 경우

② 4층 이상인 경우

③ 구조, 존치기간, 설치목적 및 다른 시설 설치 필요성 등에 관하여 대통령령으로 정하는 기준의 범위에서 조례로 정하는 바에 따르지 아니한 경우

> * 대통령령으로 정하는 기준
> 1. 철근콘크리트조 또는 철골철근콘크리트조가 아닐 것
> 2. 존치기간은 3년 이내일 것. 다만, 도시·군계획사업이 시행될 때까지 그 기간을 연장할 수 있다.
> 3. 전기·수도·가스 등 새로운 간선 공급설비의 설치를 필요로 하지 아니할 것
> 4. 공동주택·판매시설·운수시설 등으로서 분양을 목적으로 건축하는 건축물이 아닐 것

④ 그 밖에 이 법 또는 다른 법령에 따른 제한규정을 위반하는 경우

(2) 신고

재해복구, 흥행, 전람회, 공사용 가설건축물 등 대통령령으로 정하는 용도의 가설건축물을 축조하려는 자는 대통령령으로 정하는 존치 기간, 설치 기준 및 절차에 따라 특별자치시장·특별자치도지사 또는 시장·군수·구청장에게 신고한 후 착공하여야 한다.

신고해야 하는 가설건축물의 존치기간은 3년 이내로 하며, 존치기간의 연장이 필요한 경우에는 횟수별 3년의 범위에서 가설건축물별로 건축조례로 정하는 횟수만큼 존치기간을 연장할 수 있다. 다만, 공사용 가설건축물 및 공작물의 경우에는 해당 공사의 완료일까지의 기간으로 한다.

* 재해복구, 흥행, 전람회, 공사용 가설건축물 등 대통령령으로 정하는 용도의 가설건축물

1. 재해가 발생한 구역 또는 그 인접구역으로서 특별자치시장·특별자치도지사 또는 시장·군수·구청장이 지정하는 구역에서 일시사용을 위하여 건축하는 것
2. 특별자치시장·특별자치도지사 또는 시장·군수·구청장이 도시미관이나 교통소통에 지장이 없다고 인정하는 가설흥행장, 가설전람회장, 농·수·축산물 직거래용 가설점포, 그 밖에 이와 비슷한 것
3. 공사에 필요한 규모의 공사용 가설건축물 및 공작물
4. 전시를 위한 견본주택이나 그 밖에 이와 비슷한 것
5. 특별자치시장·특별자치도지사 또는 시장·군수·구청장이 도로변 등의 미관정비를 위하여 지정·공고하는 구역에서 축조하는 가설점포(물건 등의 판매를 목적으로 하는 것을 말한다)로서 안전·방화 및 위생에 지장이 없는 것
6. 조립식 구조로 된 경비용으로 쓰는 가설건축물로서 연면적이 10제곱미터 이하인 것
7. 조립식 경량구조로 된 외벽이 없는 임시 자동차 차고
8. 컨테이너 또는 이와 비슷한 것으로 된 가설건축물로서 임시사무실·임시창고 또는 임시숙소로 사용되는 것(건축물의 옥상에 축조하는 것은 제외한다. 다만, 2009년 7월 1일부터 2015년 6월 30일까지 및 2016년 7월 1일부터 2019년 6월 30일까지 공장의 옥상에 축조하는 것은 포함한다)
9. 도시지역 중 주거지역·상업지역 또는 공업지역에 설치하는 농업·어업용 비닐하우스로서 연면적이 100제곱미터 이상인 것
10. 연면적이 100제곱미터 이상인 간이축사용, 가축분뇨처리용, 가축운동용, 가축의 비가림용 비닐하우스 또는 천막(벽 또는 지붕이 합성수지 재질로 된 것과 지붕 면적의 2분의 1 이하가 합성강판으로 된 것을 포함한다)구조 건축물
11. 농업·어업용 고정식 온실 및 간이작업장, 가축양육실
12. 물품저장용, 간이포장용, 간이수선작업용 등으로 쓰기 위하여 공장 또는 창고시설에 설치하거나 인접 대지에 설치하는 천막(벽 또는 지붕이 합성수지 재질로 된 것을 포함한다), 그 밖에 이와 비슷한 것
13. 유원지, 종합휴양업 사업지역 등에서 한시적인 관광·문화행사 등을 목적으로 천막 또는 경량구조로 설치하는 것
14. 야외전시시설 및 촬영시설
15. 야외흡연실 용도로 쓰는 가설건축물로서 연면적이 50제곱미터 이하인 것
16. 그 밖에 제1호부터 제14호까지의 규정에 해당하는 것과 비슷한 것으로서 건축조례로 정하는 건축물

(3) 적용제외 규정

가설건축물을 건축하거나 축조할 때에는 대통령령으로 정하는 바에 따라 제25조, 제38조부터 제42조까지, 제44조부터 제50조까지, 제50조의2, 제51조부터 제64조까지, 제67조, 제68조와 「녹색건축물 조성 지원법」 제15조 및 「국토의 계획 및 이용에 관한 법률」 제76조 중 일부 규정을 적용하지 아니한다.

3. 기타

① 가설건축물에 대하여는 법 제38조를 적용하지 아니한다.

> **법 제38조(건축물대장)**
> 건축물대장에 건축물과 그 대지의 현황 및 국토교통부령으로 정하는 건축물의 구조내력(構造耐力)에 관한 정보를 적어서 보관하고 이를 지속적으로 정비하여야 한다.

② 가설건축물 중 시장의 공지 또는 도로에 설치하는 차양시설에 대하여는 법 제46조(건축선의 지정) 및 법 제55조(건축물의 건폐율)를 적용하지 아니한다.

③ 가설건축물을 도시·군계획 예정 도로에 건축하는 경우에는 법 제45조 도로의 지정·폐지 또는 변경, 법 제46조 건축선의 지정, 법 제47조 건축선에 따른 건축제한 규정을 적용하지 아니한다.

XI 착공신고 및 사용승인 등

1. 착공신고(제21조)

① 허가를 받거나 신고를 한 건축물의 공사를 착수하려는 건축주는 허가권자에게 공사계획을 신고해야 한다.

② 공사계획을 신고하거나 변경신고를 하는 경우 해당 공사감리자(공사감리자를 지정한 경우만 해당된다)와 공사시공자가 신고서에 함께 서명하여야 한다.

③ 허가권자는 신고를 받은 날부터 3일 이내에 신고수리 여부 또는 민원 처리 관련 법령에 따른 처리기간의 연장 여부를 신고인에게 통지하여야 한다. 3일 내에 신고수리 여부 또는 민원 처리 관련 법령에 따른 처리기간의 연장 여부를 신고인에게 통지하지 아니하면 그 기간이 끝난 날의 다음 날에 신고를 수리한 것으로 본다.

> **건설산업기본법 제41조(건설공사 시공자의 제한)**
> ① 다음 각 호의 어느 하나에 해당하는 건축물의 건축 또는 대수선(大修繕)에 관한 건설공사(제9조 제1항 단서에 따른 경미한 건설공사는 제외한다. 이하 이 조에서 같다)는 건설사업자가 하여야 한다. 다만, 다음 각 호 외의 건설공사와 농업용, 축산업용 건축물 등 대통령령으로 정하는 건축물의 건설공사는 건축주가 직접 시공하거나 건설사업자에게 도급하여야 한다.
> 1. 연면적이 200제곱미터를 초과하는 건축물
> 2. 연면적이 200제곱미터 이하인 건축물로서 다음 각 목의 어느 하나에 해당하는 경우

　　　　가. 「건축법」에 따른 공동주택

　　　　나. 「건축법」에 따른 단독주택 중 다중주택, 다가구주택, 공관, 그 밖에 대통령령으로
　　　　　　정하는 경우

　　　　다. 주거용 외의 건축물로서 많은 사람이 이용하는 건축물 중 학교, 병원 등 대통령령으
　　　　　　로 정하는 건축물

　② 많은 사람이 이용하는 시설물로서 다음 각 호의 어느 하나에 해당하는 새로운 시설물을 설
　　치하는 건설공사는 건설사업자가 하여야 한다.

　　1. 「체육시설의 설치·이용에 관한 법률」에 따른 체육시설 중 대통령령으로 정하는 체육시설

　　2. 「도시공원 및 녹지 등에 관한 법률」에 따른 도시공원 또는 도시공원에 설치되는 공원시
　　　설로서 대통령령으로 정하는 시설물

　　3. 「자연공원법」에 따른 자연공원에 설치되는 공원시설 중 대통령령으로 정하는 시설물

　　4. 「관광진흥법」에 따른 유기시설 중 대통령령으로 정하는 시설물

④ 건축주는 「건설산업기본법」 제41조를 위반하여 건축물의 공사를 하거나 하게 할 수 없다.

2. 사용승인(제22조)

1) 건축주가 건축공사를 완료[하나의 대지에 둘 이상의 건축물을 건축하는 경우 동(棟)별 공사를
　완료한 경우를 포함한다]한 후 그 건축물을 사용하려면 공사감리자가 작성한 감리완료보고서
　(공사감리자를 지정한 경우만 해당된다)와 공사완료도서를 첨부하여 허가권자에게 사용승인
　을 신청하여야 한다.

2) 허가권자는 신청을 받은 경우 국토교통부령으로 정하는 기간²⁾에 다음 사항에 대한 검사를 실
　시하고, 검사에 합격된 건축물에 대하여는 사용승인서를 내주어야 한다. 다만, 해당 지방자치
　단체의 조례로 정하는 건축물은 사용승인을 위한 검사를 실시하지 아니하고 사용승인서를 내
　줄 수 있다.

　① 사용승인을 신청한 건축물이 이 법에 따라 허가 또는 신고한 설계도서대로 시공되었는지의
　　여부

　② 감리완료보고서, 공사완료도서 등의 서류 및 도서가 적합하게 작성되었는지의 여부

3) 건축주는 사용승인을 받은 후가 아니면 건축물을 사용하거나 사용하게 할 수 없다. 다만, 다음
　어느 하나에 해당하는 경우에는 그러하지 아니하다.

　① 허가권자가 기간 내에 사용승인서를 교부하지 아니한 경우

　② 사용승인서를 교부받기 전에 공사가 완료된 부분이 건폐율, 용적률, 설비, 피난·방화 등
　　국토교통부령으로 정하는 기준에 적합한 경우로서 기간을 정하여 대통령령으로 정하는 바
　　에 따라 임시로 사용의 승인을 한 경우

---

2) 신청서를 받은 날부터 7일 이내에 사용승인을 위한 현장검사를 실시하여야 하며, 현장검사에 합격된 건축물에
　대하여는 사용승인서를 신청인에게 발급하여야 한다.

> 1. 식수 등 조경에 필요한 조치를 하기에 부적합한 시기에 건축공사가 완료된 건축물은 허가권자가 지정하는 시기까지 식수(植樹) 등 조경에 필요한 조치를 할 것을 조건으로 임시사용을 승인할 수 있다.
> 2. 임시사용승인의 기간은 2년 이내로 한다. 다만, 허가권자는 대형 건축물 또는 암반공사 등으로 인하여 공사기간이 긴 건축물에 대하여는 그 기간을 연장할 수 있다.

4) 건축주가 사용승인을 받은 경우에는 다음에 따른 사용승인·준공검사 또는 등록신청 등을 받거나 한 것으로 보며, 공장건축물의 경우에는 「산업집적활성화 및 공장설립에 관한 법률」 제14조의2에 따라 관련 법률의 검사 등을 받은 것으로 본다.
  ① 「하수도법」 제27조에 따른 배수설비(排水設備)의 준공검사 및 같은 법 제37조에 따른 개인 하수처리시설의 준공검사
  ② 「공간정보의 구축 및 관리 등에 관한 법률」 제64조에 따른 지적공부(地籍公簿)의 변동사항 등록신청
  ③ 「승강기 안전관리법」 제28조에 따른 승강기 설치검사
  ④ 「에너지이용 합리화법」 제39조에 따른 보일러 설치검사
  ⑤ 「전기안전관리법」 제9조에 따른 전기설비의 사용전검사
  ⑥ 「정보통신공사업법」 제36조에 따른 정보통신공사의 사용전검사
  ⑥의2. 「기계설비법」 제15조에 따른 기계설비의 사용 전 검사
  ⑦ 「도로법」 제62조 제2항에 따른 도로점용 공사의 준공확인
  ⑧ 「국토의 계획 및 이용에 관한 법률」 제62조에 따른 개발 행위의 준공검사
  ⑨ 「국토의 계획 및 이용에 관한 법률」 제98조에 따른 도시·군계획시설사업의 준공검사
  ⑩ 「물환경보전법」 제37조에 따른 수질오염물질 배출시설의 가동개시의 신고
  ⑪ 「대기환경보전법」 제30조에 따른 대기오염물질 배출시설의 가동개시의 신고
  ⑫ 삭제 〈2009.6.9.〉

  → 허가권자는 사용승인을 하는 경우 상기 어느 하나에 해당하는 내용이 포함되어 있으면 관계 행정기관의 장과 미리 협의하여야 한다.

5) 특별시장 또는 광역시장은 사용승인을 한 경우 지체 없이 그 사실을 군수 또는 구청장에게 알려서 건축물대장에 적게 하여야 한다. 이 경우 건축물대장에는 설계자, 대통령령으로 정하는 주요 공사의 시공자, 공사감리자를 적어야 한다.

> *** 대통령령으로 정하는 주요 공사의 시공자**
> 1. 「건설산업기본법」 제9조에 따라 종합공사 또는 전문공사를 시공하는 업종을 등록한 자로서 발주자로부터 건설공사를 도급받은 건설사업자
> 2. 「전기공사업법」·「소방시설공사업법」 또는 「정보통신공사업법」에 따라 공사를 수행하는 시공자

2-1. 임시사용승인

1) 건축주는 사용승인서를 받기 전에 공사가 완료된 부분에 대한 임시사용의 승인을 받으려는 경우에는 국토교통부령으로 정하는 바에 따라 임시사용승인신청서를 허가권자에게 제출(전자문서에 의한 제출을 포함한다)하여야 한다.

2) 허가권자는 임시사용승인신청을 받은 경우에는 당해신청서를 받은 날부터 7일 이내에 임시사용승인서를 신청인에게 교부하여야 한다.

3) 허가권자는 공사가 완료된 부분이 건폐율, 용적률, 설비, 피난·방화 등 국토교통부령으로 정하는 기준에 적합한 경우에만 임시사용을 승인할 수 있으며, 식수 등 조경에 필요한 조치를 하기에 부적합한 시기에 건축공사가 완료된 건축물은 허가권자가 지정하는 시기까지 식수(植樹) 등 조경에 필요한 조치를 할 것을 조건으로 임시사용을 승인할 수 있다.

4) 임시사용승인의 기간은 2년 이내로 한다. 다만, 허가권자는 대형 건축물 또는 암반공사 등으로 인하여 공사기간이 긴 건축물에 대하여는 그 기간을 연장할 수 있다.

5) 허가권자는 건축물 및 대지의 일부가 법 제40조부터 제50조까지, 제50조의2, 제51조부터 제58조까지, 제60조부터 제62조까지, 제64조, 제67조, 제68조 및 제77조를 위반하여 건축된 경우에는 해당 건축물의 임시사용을 승인하여서는 아니 된다.

3. 건축물의 설계(제23조)

1) 건축물 또는 리모델링을 하는 건축물의 건축등을 위한 설계는 건축사가 아니면 할 수 없다. 다만, 다음 어느 하나에 해당하는 경우에는 그러하지 아니하다.
   ① 바닥면적의 합계가 85제곱미터 미만인 증축·개축 또는 재축
   ② 연면적이 200제곱미터 미만이고 층수가 3층 미만인 건축물의 대수선
   ③ 그 밖에 건축물의 특수성과 용도 등을 고려하여 대통령령으로 정하는 건축물의 건축 등

2) 설계자는 건축물이 이 법과 이 법에 따른 명령이나 처분, 그 밖의 관계 법령에 맞고 안전·기능 및 미관에 지장이 없도록 설계하여야 하며, 국토교통부장관이 정하여 고시하는 설계도서 작성기준에 따라 설계도서를 작성하여야 한다. 다만, 해당 건축물의 공법(工法) 등이 특수한 경우로서 국토교통부령으로 정하는 바에 따라 건축위원회의 심의를 거친 때에는 그러하지 아니하다.

3) 설계도서를 작성한 설계자는 설계가 이 법과 이 법에 따른 명령이나 처분, 그 밖의 관계 법령에 맞게 작성되었는지를 확인한 후 설계도서에 서명날인하여야 한다.

4) 국토교통부장관이 국토교통부령으로 정하는 바에 따라 작성하거나 인정하는 표준설계도서나 특수한 공법을 적용한 설계도서에 따라 건축물을 건축하는 경우에는 '1)'을 적용하지 아니한다.

4. 건축시공(제24조)

1) 공사시공자는 계약대로 성실하게 공사를 수행하여야 하며, 이 법과 이 법에 따른 명령이나 처분, 그 밖의 관계 법령에 맞게 건축물을 건축하여 건축주에게 인도하여야 한다.

2) 공사시공자는 건축물(건축허가나 용도변경허가 대상인 것만 해당된다)의 공사현장에 설계도서를 갖추어 두어야 한다.

5. 건축물의 공사감리(제25조)

건축주는 대통령령으로 정하는 용도·규모 및 구조의 건축물을 건축하는 경우 건축사나 대통령령으로 정하는 자를 공사감리자로 지정하여 공사감리를 하게 하여야 한다.

6. 공사현장의 위해 방지 등(제28조)

① 건축물의 공사시공자는 대통령령으로 정하는 바에 따라 공사현장의 위해를 방지하기 위하여 필요한 조치를 하여야 한다.

② 허가권자는 건축물의 공사와 관련하여 건축관계자 간 분쟁상담 등의 필요한 조치를 하여야 한다.

ⅩⅡ 공용건축물에 대한 특례

1) 국가나 지방자치단체는 제11조(건축허가), 제14조(건축신고), 제19조(용도변경), 제20조(가설건축물) 및 제83조(옹벽 등 공작물에의 준용)에 따른 건축물을 건축·대수선·용도변경하거나 가설건축물을 건축하거나 공작물을 축조하려는 경우에는 대통령령으로 정하는 바에 따라 미리 건축물의 소재지를 관할하는 허가권자와 협의하여야 한다.

해당 건축공사를 시행하는 행정기관의 장 또는 그 위임을 받은 자는 건축공사에 착수하기 전에 그 공사에 관한 설계도서와 관계도서 및 서류(전자문서 포함)를 허가권자에게 제출(전자문서에 의한 제출을 포함)하여야 한다. 다만, 국가안보상 중요하거나 국가기밀에 속하는 건축물을 건축하는 경우에는 설계도서의 제출을 생략할 수 있다.

2) 국가나 지방자치단체가 1)에 따라 건축물의 소재지를 관할하는 허가권자와 협의한 경우에는 제11조(건축허가), 제14조(건축신고), 제19조(용도변경), 제20조(가설건축물) 및 제83조(옹벽 등의 공작물에의 준용)에 따른 허가를 받았거나 신고한 것으로 본다.

3) '1)'에 따라 협의한 건축물에는 제22조 제1항부터 제3항까지의 규정(사용승인)을 적용하지 아니한다. 다만, 건축물의 공사가 끝난 경우에는 지체 없이 허가권자에게 통보하여야 한다.

4) 국가나 지방자치단체가 소유한 대지의 지상 또는 지하 여유공간에 구분지상권을 설정하여 주민편의시설 등 대통령령으로 정하는 시설을 설치하고자 하는 경우 허가권자는 구분지상권자를 건축주로 보고 구분지상권이 설정된 부분을 대지로 보아 건축허가를 할 수 있다. 이 경우 구분지상권 설정의 대상 및 범위, 기간 등은 「국유재산법」 및 「공유재산 및 물품 관리법」에 적합하여야 한다.

> * 주민편의시설 등 대통령령으로 정하는 시설
> 1. 제1종 근린생활시설
> 2. 제2종 근린생활시설(총포판매소, 장의사, 다중생활시설, 제조업소, 단란주점, 안마시술소 및 노래연습장은 제외한다)

3. 문화 및 집회시설(공연장 및 전시장으로 한정한다)
4. 의료시설
5. 교육연구시설
6. 노유자시설
7. 운동시설
8. 업무시설(오피스텔은 제외한다)

📖 확인문제

01 건축법령상 건축허가권자로부터 건축 관련 입지와 규모의 사전결정 통지를 받은 경우 허가를 받은 것으로 보는 것이 아닌 것은? ✦ 31회

① 「국토의 계획 및 이용에 관한 법률」에 따른 개발행위허가
② 「산지관리법」에 따른 산지전용허가(보전산지가 아님)
③ 「농지법」에 따른 농지전용허가
④ 「하천법」에 따른 하천점용허가
⑤ 「도로법」에 따른 도로점용허가

02 건축법령상 도시·군계획시설에서 가설건축물을 건축하는 경우 그 허가권자로 옳지 않은 것은? ✦ 32회

① 특별자치시장   ② 광역시장
③ 특별자치도지사   ④ 시장
⑤ 군수

03 건축법령상 건축허가에 관한 설명으로 옳은 것은? (단, 조례는 고려하지 않음) ✦ 32회

① 21층 이상의 건축물을 특별시나 광역시에 건축하려면 국토교통부장관의 허가를 받아야 한다.
② 주거환경이나 교육환경 등 주변 환경을 보호하기 위하여 도지사가 필요하다고 인정하여 지정·공고한 구역에 건축하는 위락시설에 해당하는 건축물의 건축을 시장·군수가 허가하려면 도지사의 승인을 받아야 한다.
③ 허가권자는 숙박시설에 해당하는 건축물의 건축을 허가하는 경우 해당 대지에 건축하려는 건축물의 용도·규모가 주거환경 등 주변 환경을 고려할 때 부적합하다고 인정되는 경우에는 건축위원회의 심의를 거치지 않고 건축허가를 하지 아니할 수 있다.
④ 허가권자는 허가를 받은 자가 허가를 받은 날부터 4년 이내에 공사에 착수하지 아니한 경우라도 정당한 사유가 있다고 인정되면 2년의 범위에서 공사기간을 연장할 수 있다.
⑤ 분양을 목적으로 하는 공동주택의 건축허가를 받으려는 자는 대지의 소유권을 확보하지 않아도 된다.

제2장 건축물의 건축 주요 내용 O·X 확인 문제

01 사전결정을 신청하는 자는 건축위원회 심의와 교통영향평가서의 검토를 동시에 신청할 수 없다. (   )

02 사전결정이 신청된 건축물의 대지면적이 소규모 환경영향평가 대상사업인 경우 환경부장관이나 지방환경관서의 장과 소규모 환경영향평가에 관한 협의를 할 수 있다. (   )

03 농림지역에서 사전결정 통지를 받은 보전산지는 산지전용허가가 의제된다. (   )

04 사전결정을 통지받은 날부터 1년 이내에 건축허가를 신청하여야 하며, 이 기간에 건축허가를 신청하지 아니하면 사전결정의 효력이 상실된다. (   )

05 서울특별시에서 21층 규모의 공장을 건축하는 경우 서울시장한테 허가를 받아야 한다. (   )

06 인천광역시에서 건축위원회의 심의를 거친 50층 규모의 복합쇼핑센터를 건축하는 경우에는 구청장에게 건축허가를 받아야 한다. (   )

07 서울특별시에서 연면적의 10분의 3 이상을 증축하여 층수가 21층이 되는 경우에는 서울시장한테 건축허가를 받아야 한다. (   )

08 자연환경이나 수질을 보호하기 위하여 도지사가 지정·공고한 구역에 건축하는 3층 미만 또는 연면적의 합계가 1천제곱미터 이상인 건축물로서 위락시설과 숙박시설에 해당하는 건축물은 도지사의 승인을 받아야 한다. (   )

09 주거환경이나 교육환경 등 주변 환경을 보호하기 위하여 필요하다고 인정하여 도지사가 지정·공고한 구역에 건축하는 3층 이상 또는 연면적의 합계가 1천제곱미터 이상인 건축물만 도지사의 승인을 받아야 한다. (   )

10 위락시설이나 숙박시설에 해당하는 건축물의 건축을 허가하는 경우 수질을 보호하기 위하여 부적합하다고 인정되는 경우에는 허가권자는 건축위원회의 심의를 거쳐 건축허가를 하지 아니할 수 있다. (   )

11 허가권자는 공장에 대한 건축허가를 받은 날부터 2년 이내에 공사에 착수하지 아니한 경우에는 건축허가를 취소하여야 한다. (   )

12 분양을 목적으로 하는 공동주택인 경우에는 대지 소유권을 확보하지 않아도 된다. (   )

13 초고층 건축물 및 연면적이 10만제곱미터이거나 16층 이상인 건축물은 안전영향평가를 받아야 한다. (   )

14 건축신고 대상은 몇 개인가? (   )

> 1. 바닥면적의 합계가 90제곱미터 이내의 증축·개축 또는 재축.
> 2. 관리지역, 농림지역 또는 자연환경보전지역에서 연면적이 200제곱미터 미만이고 4층 미만인 건축물의 건축.
> 3. 연면적이 300제곱미터 미만이고 3층 미만인 건축물의 대수선
> 4. 주요구조부의 해체가 없는 대수선
> 5. 연면적의 합계가 100제곱미터 이하인 건축물

15 신고를 한 자가 신고일부터 2년 이내에 공사에 착수하지 아니하면 그 신고의 효력은 없어진다. 정당한 사유가 있다고 인정하면 1년의 범위에서 착수기한을 연장할 수 있다. (   )

16 자동차 관련 시설군의 용도를 영업시설군의 용도로 변경하는 경우에는 신고사항이다.
(   )

17 근린생활시설군의 용도를 영업시설군의 용도로 변경하는 경우에는 허가사항이다. (   )

18 철근콘크리트조인 3층 이하의 가설건축물은 허가대상이다. (   )

01 (×) 사전결정을 신청하는 자는 건축위원회 심의와 교통영향평가서의 검토를 동시에 신청할 수 있다.

02 (×) 사전결정이 신청된 건축물의 대지면적이 소규모 환경영향평가 대상사업인 경우 환경부장관이나 지방환경관서의 장과 소규모 환경영향평가에 관한 협의를 하여야 한다.

03 (×) 사전결정 통지를 받은 경우에는 다음 각 호의 내용이 의제된 것으로 본다. 보전산지의 경우는 도시지역만 해당되므로 농림지역에서는 의제되지 않는다.

> 1. 개발행위허가
> 2. 산지전용허가와 산지전용신고, 산지일시사용허가 · 신고. 다만, 보전산지인 경우에는 도시지역만 해당된다.
> 3. 농지전용허가 · 신고 및 협의
> 4. 하천점용허가

04 (×) 사전결정을 통지받은 날부터 2년 이내에 건축허가를 신청하여야 하며, 이 기간에 건축허가를 신청하지 아니하면 사전결정의 효력이 상실된다.

5~7
> 5. (×) 구청장한테 받아야 한다.
> 6. (×) 초고층 건축물의 경우는 심의를 거친 경우에도 광역시장 허가사항임.
> 7. (○)
>   1) 건축물을 건축하거나 대수선하려는 자는 특별자치시장 · 특별자치도지사 또는 시장 · 군수 · 구청장의 허가를 받아야 한다.
>   2) 층수가 21층 이상이거나 연면적의 합계가 10만 제곱미터 이상인 건축물의 건축(연면적의 10분의 3 이상을 증축하여 층수가 21층 이상으로 되거나 연면적의 합계가 10만 제곱미터 이상으로 되는 경우를 포함한다)은 특별시장 또는 광역시장의 허가를 받아야 한다.
>   다만, 다음의 어느 하나에 해당하는 건축물의 건축은 제외한다.
>   ① 공장
>   ② 창고
>   ③ 지방건축위원회의 심의를 거친 건축물(특별시 또는 광역시의 건축조례로 정하는 바에 따라 해당 지방건축위원회의 심의사항으로 할 수 있는 건축물에 한정하며, 초고층 건축물은 제외한다)

08 (×) 3층 이상 또는 연면적의 합계가 1천제곱미터 이상인 건축물

09 (×) 건축 규모에 대한 규정은 없다.
주거환경이나 교육환경 등 주변 환경을 보호하기 위하여 필요하다고 인정하여 도지사가 지정 · 공고한 구역에 건축하는 건축물은 도지사의 승인을 받아야 한다.

10 (×) 주거환경이나 교육환경 등 주변 환경을 고려할 때

11 (×) 공장은 3년(정당한 사유가 있다고 인정되면 1년의 범위에서 착수기간을 연장할 수 있다)

> * 취소해야 하는 경우
> 1. 허가를 받은 날부터 2년(공장은 3년) 이내에 공사에 착수하지 아니한 경우
> 2. 2년 이내에 공사에 착수하였으나 공사의 완료가 불가능하다고 인정되는 경우
> 3. 착공신고 전에 경매 또는 공매 등으로 건축주가 대지의 소유권을 상실한 때부터 6개월이 지난
>   이후 공사의 착수가 불가능하다고 판단되는 경우

12 (×) 건축허가를 받으려는 자는 해당 대지의 소유권을 확보하여야 한다. 건축주가 대지의 소유권을
         확보하지 못하였으나 그 대지를 사용할 수 있는 권원을 확보한 경우에는 그러하지 않다(분양을
         목적으로 하는 공동주택은 제외한다).

13 (×) 안전영향평가 대상은 아래와 같다.

> 1. 초고층 건축물
> 2. 연면적이 10만 제곱미터 이상이면서 16층 이상인 건축물

14 (×) 2개 (4, 5번 맞음) 신고대상 건축물은 아래와 같다.

> 1. 바닥면적의 합계가 85제곱미터 이내의 증축·개축 또는 재축
> 2. 관리지역, 농림지역 또는 자연환경보전지역에서 연면적이 200제곱미터 미만이고 3층 미만인 건
>   축물의 건축
> 3. 연면적이 200제곱미터 미만이고 3층 미만인 건축물의 대수선
> 4. 주요구조부의 해체가 없는 대수선
>
> > *주요구조부의 해체가 없는 등 대수선
> > 1. 내력벽의 면적을 30제곱미터 이상 수선하는 것
> > 2. 기둥을 세 개 이상 수선하는 것
> > 3. 보를 세 개 이상 수선하는 것
> > 4. 지붕틀을 세 개 이상 수선하는 것
> > 5. 방화벽 또는 방화구획을 위한 바닥 또는 벽을 수선하는 것
> > 6. 주계단·피난계단 또는 특별피난계단을 수선하는 것
>
> 5. 그 밖에 소규모 건축물로서 대통령령으로 정하는 건축물의 건축
>
> > *대통령령으로 정하는 건축물
> > 1. 연면적의 합계가 100제곱미터 이하인 건축물
> > 2. 건축물의 높이를 3미터 이하의 범위에서 증축하는 건축물

15 (×) 신고일부터 1년 이내에 착수해야 한다.

16 (○)

17 (○)

18 (×) 철근콘크리트는 가설건축물의 허가를 할 수 없는 경우이다.

> 1. 철근콘크리트조 또는 철골철근콘크리트조가 아닐 것
> 2. 존치기간은 3년 이내일 것.
> 3. 전기·수도·가스 등 새로운 간선 공급설비의 설치를 필요로 하지 아니할 것
> 4. 공동주택·판매시설·운수시설 등으로서 분양을 목적으로 건축하는 건축물이 아닐 것
> 5. 4층 이상인 경우

건축물의 유지와 관리

1. 건축지도원(제37조)

① 특별자치시장·특별자치도지사 또는 시장·군수·구청장은 이 법 또는 이 법에 따른 명령이나 처분에 위반되는 건축물의 발생을 예방하고 건축물을 적법하게 유지·관리하도록 지도하기 위하여 대통령령으로 정하는 바에 따라 건축지도원을 지정할 수 있다.

② 건축지도원의 자격과 업무 범위 등은 대통령령으로 정한다.

2. 건축물대장(제38조)

1) 특별자치시장·특별자치도지사 또는 시장·군수·구청장은 건축물의 소유·이용 및 유지·관리 상태를 확인하거나 건축정책의 기초 자료로 활용하기 위하여 다음 어느 하나에 해당하면 건축물대장에 건축물과 그 대지의 현황 및 국토교통부령으로 정하는 건축물의 구조내력(構造耐力)에 관한 정보를 적어서 보관하고 이를 지속적으로 정비하여야 한다.

① 사용승인서를 내준 경우

② 건축허가 대상 건축물(신고 대상 포함) 외의 건축물의 공사를 끝낸 후 기재를 요청한 경우

③ 「집합건물의 소유 및 관리에 관한 법률」에 따른 건축물대장의 신규등록 및 변경등록의 신청이 있는 경우

④ 법 시행일 전에 법령 등에 적합하게 건축되고 유지·관리된 건축물의 소유자가 그 건축물의 건축물관리대장이나 그 밖에 이와 비슷한 공부(公簿)를 건축물대장에 옮겨 적을 것을 신청한 경우

⑤ 그 밖에 기재내용의 변경 등이 필요한 경우로서 국토교통부령으로 정하는 경우

> **"국토교통부령으로 정하는 경우"**
> 1. 건축물의 증축·개축·재축·이전·대수선 및 용도변경에 의하여 건축물의 표시에 관한 사항이 변경된 경우
> 2. 건축물의 소유권에 관한 사항이 변경된 경우
> 3. 법 및 관계 법령에 따른 조사·점검 등에 따른 건축물의 현황과 건축물대장의 기재내용이 일치하지 않는 경우

2) 특별자치시장·특별자치도지사 또는 시장·군수·구청장은 건축물대장의 작성·보관 및 정비를 위하여 필요한 자료나 정보의 제공을 중앙행정기관의 장 또는 지방자치단체의 장에게 요청할 수 있다. 이 경우 자료나 정보의 제공을 요청받은 기관의 장은 특별한 사유가 없으면 그 요청에 따라야 한다.

3) 건축물대장의 서식, 기재 내용, 기재 절차, 그 밖에 필요한 사항은 국토교통부령으로 정한다.

3. 등기촉탁(법 제39조)

① 특별자치시장·특별자치도지사 또는 시장·군수·구청장은 다음 각 호의 어느 하나에 해당하는 사유로 건축물대장의 기재 내용이 변경되는 경우(제2호의 경우 신규 등록은 제외한다) 관할 등기소에 그 등기를 촉탁하여야 한다. 이 경우 제1호와 제4호의 등기촉탁은 지방자치단체가 자기를 위하여 하는 등기로 본다.

> 1. 지번이나 행정구역의 명칭이 변경된 경우
> 2. 사용승인을 받은 건축물로서 사용승인 내용 중 건축물의 면적·구조·용도 및 층수가 변경된 경우
> 3. 「건축물관리법」 제30조에 따라 건축물을 해체한 경우
> 4. 「건축물관리법」 제34조에 따른 건축물의 멸실 후 멸실신고를 한 경우

② 등기촉탁의 절차에 관하여 필요한 사항은 국토교통부령으로 정한다.

건축물의 대지와 도로

건축법 주요 출제부분으로서 각 부분의 요건 숙지가 요구된다.
① 대지의 조경
② 공개 공지 등의 확보
③ 대지와 도로의 관계
④ 건축선에 다른 건축제한

1. 대지의 안전 등(제40조)

1) 대지는 인접한 도로면보다 높아야 한다. 대지의 배수에 지장이 없거나 건축물의 용도상 방습(防濕)의 필요가 없는 경우에는 인접한 도로면보다 낮아도 됨.

2) 습한 토지, 물이 나올 우려가 많은 토지, 쓰레기, 그 밖에 이와 유사한 것으로 매립된 토지에 건축물을 건축하는 경우에는 성토(盛土), 지반 개량 등 필요한 조치를 하여야 한다.

3) 대지에는 빗물과 오수를 배출하거나 처리하기 위하여 필요한 하수관, 하수구, 저수탱크, 그 밖에 이와 유사한 시설을 하여야 한다.

4) 손궤(損潰 : 무너져 내림)의 우려가 있는 토지에 대지를 조성하려면 옹벽을 설치하거나(높이 2미터 이상인 경우에는 콘크리트구조로 할 것, 옹벽의 외벽면에는 이의 지지 또는 배수를 위한 시설 외의 구조물이 밖으로 튀어 나오지 아니하게 할 것) 그 밖에 필요한 조치를 하여야 한다.

> 손궤의 우려가 있는 토지에 대지를 조성하는 경우에는 다음 각 호의 조치를 하여야 한다. 다만, 건축사 또는 「기술사법」에 따라 등록한 건축구조기술사에 의하여 해당 토지의 구조안전이 확인된 경우는 그러하지 아니하다.
> 1. 성토 또는 절토하는 부분의 경사도가 1 : 1.5 이상으로서 높이가 1미터 이상인 부분에는 옹벽을 설치할 것
> 2. 옹벽의 높이가 2미터 이상인 경우에는 이를 콘크리트구조로 할 것. 다만, 별표 6의 옹벽에 관한 기술적 기준에 적합한 경우에는 그러하지 아니하다.
> 3. 옹벽의 외벽면에는 이의 지지 또는 배수를 위한 시설 외의 구조물이 밖으로 튀어 나오지 아니하게 할 것
> 4. 옹벽의 윗가장자리로부터 안쪽으로 2미터 이내에 묻는 배수관은 주철관, 강관 또는 흄관으로 하고, 이음부분은 물이 새지 아니하도록 할 것
> 5. 옹벽에는 3제곱미터마다 하나 이상의 배수구멍을 설치하여야 하고, 옹벽의 윗가장자리로부터 안쪽으로 2미터 이내에서의 지표수는 지상으로 또는 배수관으로 배수하여 옹벽의 구조상 지장이 없도록 할 것

6. 성토부분의 높이는 법 제40조에 따른 대지의 안전 등에 지장이 없는 한 인접대지의 지표면보다 0.5미터 이상 높게 하지 아니할 것. 다만, 절토에 의하여 조성된 대지 등 허가권자가 지형조건상 부득이하다고 인정하는 경우에는 그러하지 아니하다.

2. 토지 굴착 부분에 대한 조치 등(제41조)

공사시공자는 대지를 조성하거나 건축공사를 하기 위하여 토지를 굴착·절토(切土)·매립(埋立) 또는 성토 등을 하는 경우 그 변경 부분에는 국토교통부령으로 정하는 바에 따라 공사 중 비탈면 붕괴, 토사 유출 등 위험 발생의 방지, 환경 보존, 그 밖에 필요한 조치를 한 후 해당 공사현장에 그 사실을 게시하여야 한다. 허가권자는 이를 위반한 자에게 의무이행에 필요한 조치를 명할 수 있다.

① 대지를 조성하거나 건축공사에 수반하는 토지를 굴착하는 경우에는 다음 각 호에 따른 위험발생의 방지조치를 하여야 한다.
  1. 지하에 묻은 수도관·하수도관·가스관 또는 케이블 등이 토지굴착으로 인하여 파손되지 아니하도록 할 것
  2. 건축물 및 공작물에 근접하여 토지를 굴착하는 경우에는 그 건축물 및 공작물의 기초 또는 지반의 구조내력의 약화를 방지하고 급격한 배수를 피하는 등 토지의 붕괴에 의한 위해를 방지하도록 할 것
  3. 토지를 깊이 1.5미터 이상 굴착하는 경우에는 그 경사도가 별표 7에 의한 비율 이하이거나 주변상황에 비추어 위해방지에 지장이 없다고 인정되는 경우를 제외하고는 토압에 대하여 안전한 구조의 흙막이를 설치할 것
  4. 굴착공사 및 흙막이 공사의 시공 중에는 항상 점검을 하여 흙막이의 보강, 적절한 배수조치 등 안전상태를 유지하도록 하고, 흙막이판을 제거하는 경우에는 주변지반의 내려앉음을 방지하도록 할 것
② 성토부분·절토부분 또는 되메우기를 하지 아니하는 굴착부분의 비탈면으로서 제25조에 따른 옹벽을 설치하지 아니하는 부분에 대하여는 법 제41조 제1항에 따라 다음 각 호에 따른 환경의 보전을 위한 조치를 하여야 한다.
  1. 배수를 위한 수로는 돌 또는 콘크리트를 사용하여 토양의 유실을 막을 수 있도록 할 것
  2. 높이가 3미터를 넘는 경우에는 높이 3미터 이내마다 그 비탈면적의 5분의 1 이상에 해당하는 면적의 단을 만들 것. 다만, 허가권자가 그 비탈면의 토질·경사도 등을 고려하여 붕괴의 우려가 없다고 인정하는 경우에는 그러하지 아니하다.
  3. 비탈면에는 토양의 유실방지와 미관의 유지를 위하여 나무 또는 잔디를 심을 것. 다만, 나무 또는 잔디를 심는 것으로는 비탈면의 안전을 유지할 수 없는 경우에는 돌붙이기를 하거나 콘크리트블록격자 등의 구조물을 설치하여야 한다.

3. 대지의 조경(제42조)

면적이 200제곱미터 이상인 대지에 건축을 하는 건축주는 용도지역 및 건축물의 규모에 따라 해당 지방자치단체의 조례로 정하는 기준에 따라 대지에 조경이나 그 밖에 필요한 조치를 하여야 한다.
[기출31]

(1) 예외(조경이 필요하지 아니한 건축물) [기출28 31]

> 1. 녹지지역에 건축하는 건축물
> 2. 면적 5천제곱미터 미만인 대지에 건축하는 공장
> 3. 연면적의 합계가 1천500제곱미터 미만인 공장
> 4. 「산업집적활성화 및 공장설립에 관한 법률」 제2조 제14호에 따른 산업단지의 공장
> 5. 대지에 염분이 함유되어 있는 경우 또는 건축물 용도의 특성상 조경 등의 조치를 하기가 곤란하거나 조경 등의 조치를 하는 것이 불합리한 경우로서 건축조례로 정하는 건축물
> 6. 축사
> 7. 법 제20조 제1항에 따른 가설건축물
> 8. 연면적의 합계가 1천500제곱미터 미만인 물류시설(주거지역 또는 상업지역에 건축하는 것은 제외한다)로서 국토교통부령으로 정하는 것
> 9. 「국토의 계획 및 이용에 관한 법률」에 따라 지정된 자연환경보전지역·농림지역 또는 관리지역(지구단위계획구역으로 지정된 지역은 제외한다)의 건축물
> 10. 다음 각 목의 어느 하나에 해당하는 건축물 중 건축조례로 정하는 건축물
>   가. 「관광진흥법」 제2조 제6호에 따른 관광지 또는 같은 조 제7호에 따른 관광단지에 설치하는 관광시설
>   나. 「관광진흥법 시행령」 제2조 제1항 제3호 가목에 따른 전문휴양업의 시설 또는 같은 호 나목에 따른 종합휴양업의 시설
>   다. 「국토의 계획 및 이용에 관한 법률 시행령」 제48조 제10호에 따른 관광·휴양형 지구단위계획구역에 설치하는 관광시설
>   라. 「체육시설의 설치·이용에 관한 법률 시행령」 별표 1에 따른 골프장

(2) 옥상 조경 등 따로 기준을 정하는 경우

1) 조경 등의 조치에 관한 기준은 아래와 같다. 다만, 건축조례로 다음 각 호의 기준보다 더 완화된 기준을 정한 경우에는 그 기준에 따른다.
   ① 공장('(1)'의 2부터 4까지에 해당하는 공장은 제외한다) 및 물류시설('(1)'의 8에 해당하는 물류시설과 주거지역 또는 상업지역에 건축하는 물류시설은 제외한다)
      가. 연면적의 합계가 2천 제곱미터 이상인 경우 : 대지면적의 10퍼센트 이상
      나. 연면적의 합계가 1천500 제곱미터 이상 2천 제곱미터 미만인 경우 : 대지면적의 5퍼센트 이상
   ② 「공항시설법」 제2조 제7호에 따른 공항시설 : 대지면적(활주로·유도로·계류장·착륙대 등 항공기의 이륙 및 착륙시설로 쓰는 면적은 제외한다)의 10퍼센트 이상

③ 「철도의 건설 및 철도시설 유지관리에 관한 법률」 제2조 제1호에 따른 철도 중 역시설 : 대지면적(선로·승강장 등 철도운행에 이용되는 시설의 면적은 제외한다)의 10퍼센트 이상

④ 그 밖에 면적 200제곱미터 이상 300제곱미터 미만인 대지에 건축하는 건축물 : 대지면적의 10퍼센트 이상

2) 건축물의 옥상에 조경이나 그 밖에 필요한 조치를 하는 경우에는 옥상부분 조경면적의 3분의 2에 해당하는 면적을 대지의 조경면적으로 산정할 수 있다.

→ 조경면적으로 산정하는 면적은 조경면적의 100분의 50을 초과할 수 없다.

4. 공개공지 등의 확보(제43조)

1) 다음 어느 하나에 해당하는 지역의 환경을 쾌적하게 조성하기 위하여 대통령령으로 정하는 용도와 규모의 건축물은 일반이 사용할 수 있도록 대통령령으로 정하는 기준에 따라 소규모 휴식시설 등의 공개공지(空地 : 공터) 또는 공개공간(이하 "공개공지 등"이라 한다)을 설치하여야 한다. [기출33]

① 일반주거지역, 준주거지역

② 상업지역

③ 준공업지역

④ 특별자치시장·특별자치도지사 또는 시장·군수·구청장이 도시화의 가능성이 크거나 노후 산업단지의 정비가 필요하다고 인정하여 지정·공고하는 지역

2) 건축물[3])에 공개공지 등을 설치하는 경우에는 건폐율, 용적률(1.2배 이하) 및 건축물의 높이(1.2배 이하)를 완화하여 적용할 수 있다. [기출28] 공개공지 등의 설치대상이 아닌 건축물의 대지에 공개공지를 설치하는 경우에 준용한다.

3) 누구든지 공개공지 등에 물건을 쌓아놓거나 출입을 차단하는 시설을 설치하는 등 공개공지 등의 활용을 저해하는 행위를 하여서는 아니 된다. [기출28]

---

1. 공개공지등의 일정 공간을 점유하여 영업을 하는 행위
2. 공개공지등의 이용에 방해가 되는 행위로서 다음 각 목의 행위
   가. 공개공지등에 제3항에 따른 시설 외의 시설물을 설치하는 행위
   나. 공개공지등에 물건을 쌓아 놓는 행위
3. 울타리나 담장 등의 시설을 설치하거나 출입구를 폐쇄하는 등 공개공지등의 출입을 차단하는 행위
4. 공개공지등과 그에 설치된 편의시설을 훼손하는 행위
5. 그 밖에 제1호부터 제4호까지의 행위와 유사한 행위로서 건축조례로 정하는 행위

---

3) 1)에 따른 건축물과 1)에 해당되지 아니하는 건축물이 하나의 건축물로 복합된 경우를 포함한다.

4) 공개공지 등에는 연간 60일 이내의 기간 동안 건축조례로 정하는 바에 따라 주민들을 위한 문화행사를 열거나 판촉활동을 할 수 있다. 다만, 울타리를 설치하는 등 공중이 해당 공개공지 등을 이용하는 데 지장을 주는 행위를 해서는 아니 된다.

---

* 공개공지 등의 확보

① 다음 어느 하나에 해당하는 건축물의 대지에는 공개공지 또는 공개공간을 설치해야 한다. 이 경우 공개공지는 필로티의 구조로 설치할 수 있다. [기출33]
　　1. 문화 및 집회시설, 종교시설, 판매시설(「농수산물 유통 및 가격안정에 관한 법률」에 따른 농수산물유통시설은 제외한다), 운수시설(여객용 시설만 해당한다), 업무시설 및 숙박시설로서 해당 용도로 쓰는 바닥면적의 합계가 5천 제곱미터 이상인 건축물 [기출28 33]
　　2. 그 밖에 다중이 이용하는 시설로서 건축조례로 정하는 건축물
② 공개공지 등의 면적은 대지면적의 100분의 10 이하의 범위에서 건축조례로 정한다 [기출28]
③ 공개공지 등을 설치할 때에는 모든 사람들이 환경친화적으로 편리하게 이용할 수 있도록 긴 의자 또는 조경시설 등 건축조례로 정하는 시설을 설치해야 한다.
④ 용적률 및 높이 제한 완화
　　1. 용적률은 해당 지역에 적용하는 용적률의 1.2배 이하
　　2. 높이 제한은 해당 건축물에 적용하는 높이기준의 1.2배 이하
⑤ 제한되는 행위는 다음 각 호와 같다.
　　1. 공개공지 등의 일정 공간을 점유하여 영업을 하는 행위
　　2. 공개공지 등의 이용에 방해가 되는 행위로서 다음 각 목의 행위
　　　　가. 공개공지 등에 제3항에 따른 시설 외의 시설물을 설치하는 행위
　　　　나. 공개공지 등에 물건을 쌓아 놓는 행위
　　3. 울타리나 담장 등의 시설을 설치하거나 출입구를 폐쇄하는 등 공개공지 등의 출입을 차단하는 행위
　　4. 공개공지 등과 그에 설치된 편의시설을 훼손하는 행위
　　5. 그 밖에 제1호부터 제4호까지의 행위와 유사한 행위로서 건축조례로 정하는 행위
⑥ 공개공지 등에는 연간 60일 이내의 기간 동안 건축조례로 정하는 바에 따라 주민들을 위한 문화행사를 열거나 판촉활동을 할 수 있다. 다만, 울타리를 설치하는 등 공중이 해당 공개공지 등을 이용하는 데 지장을 주는 행위를 해서는 아니 된다.

---

5) 시·도지사 또는 시장·군수·구청장은 관할 구역 내 공개공지등에 대한 점검 등 유지·관리에 관한 사항을 해당 지방자치단체의 조례로 정할 수 있다.

5. 대지와 도로의 관계(제44조) [기출28]

1) 건축물의 대지는 2미터 이상이 도로(자동차만의 통행에 사용되는 도로는 제외한다)에 접하여야 한다. 다만, 다음 어느 하나에 해당하면 그러하지 아니하다.
① 해당 건축물의 출입에 지장이 없다고 인정되는 경우

② 건축물의 주변에 대통령령으로 정하는 공지가 있는 경우(광장, 공원, 유원지, 그 밖에 관계 법령에 따라 건축이 금지되고 공중의 통행에 지장이 없는 공지로서 허가권자가 인정한 것)

③ 「농지법」 제2조 제1호 나목에 따른 농막을 건축하는 경우

2) 건축물의 대지가 접하는 도로의 너비, 대지가 도로에 접하는 부분의 길이, 그 밖에 대지와 도로의 관계에 관하여 필요한 사항은 대통령령으로 정하는 바에 따른다.

> **Q 참고**
>
> 연면적의 합계가 2천제곱미터(공장인 경우에는 3천제곱미터) 이상인 건축물(축사, 작물 재배사, 그 밖에 이와 비슷한 건축물로서 건축조례로 정하는 규모의 건축물은 제외한다)의 대지는 너비 6미터 이상의 도로에 4미터 이상 접하여야 한다.

6. 도로의 지정·폐지 또는 변경(제45조)

① 허가권자는 제2조 제1항 제11호 나목4)에 따라 도로의 위치를 지정·공고하려면 국토교통부령으로 정하는 바에 따라 그 도로에 대한 이해관계인의 동의를 받아야 한다. 다만, 다음 각 호의 어느 하나에 해당하면 이해관계인의 동의를 받지 아니하고 건축위원회의 심의를 거쳐 도로를 지정할 수 있다. [기출28]

1. 허가권자가 이해관계인이 해외에 거주하는 등의 사유로 이해관계인의 동의를 받기가 곤란하다고 인정하는 경우

2. 주민이 오랫동안 통행로로 이용하고 있는 사실상의 통로로서 해당 지방자치단체의 조례로 정하는 것인 경우

② 허가권자는 ①에 따라 지정한 도로를 폐지하거나 변경하려면 그 도로에 대한 이해관계인의 동의를 받아야 한다. 그 도로에 편입된 토지의 소유자, 건축주 등이 허가권자에게 ①에 따라 지정된 도로의 폐지나 변경을 신청하는 경우에도 또한 같다.

③ 허가권자는 ①, ②에 따라 도로를 지정하거나 변경하면 국토교통부령으로 정하는 바에 따라 도로관리대장에 이를 적어서 관리하여야 한다.

7. 건축선의 지정(제46조)

1) 도로와 접한 부분에 건축물을 건축할 수 있는 선은 대지와 도로의 경계선으로 한다.

다만, 제2조 제1항 제11호에 따른 소요 너비에(4m) 못 미치는 너비의 도로인 경우에는 그 중심선으로부터 그 소요 너비의 2분의 1의 수평거리만큼 물러난 선을 건축선으로 하되, 그 도로의 반대쪽에 경사지, 하천, 철도, 선로부지, 그 밖에 이와 유사한 것이 있는 경우에는 그 경사지 등이 있는 쪽의 도로경계선에서 소요 너비에 해당하는 수평거리의 선을 건축선으로 하며, 도로의 모퉁이에서는 대통령령으로 정하는 선을 건축선으로 한다.

---

4) 건축허가 또는 신고 시에 특별시장·광역시장·특별자치시장·도지사·특별자치도지사(이하 "시·도지사"라 한다) 또는 시장·군수·구청장(자치구의 구청장을 말한다. 이하 같다)이 위치를 지정하여 공고한 도로

* 대통령령으로 정하는 선

너비 8미터 미만인 도로의 모퉁이에 위치한 대지의 도로모퉁이 부분의 건축선은 그 대지에 접한 도로경계선의 교차점으로부터 도로경계선에 따라 다음의 표에 따른 거리를 각각 후퇴한 두 점을 연결한 선으로 한다.

(단위 : 미터)

도로의 교차각	해당 도로의 너비		교차되는 도로의 너비
	6 이상 8 미만	4 이상 6 미만	
90° 미만	4	3	6 이상 8 미만
	3	2	4 이상 6 미만
90° 이상 120° 미만	3	2	6 이상 8 미만
	2	2	4 이상 6 미만

2) 특별자치시장·특별자치도지사 또는 시장·군수·구청장은 시가지 안에서 건축물의 위치나 환경을 정비하기 위하여 필요하다고 인정하면 대통령령으로 정하는 범위에서 건축선을 따로 지정할 수 있다. 건축선을 지정하면 지체 없이 이를 고시하여야 한다.

특별자치시장·특별자치도지사 또는 시장·군수·구청장은 도시지역에는 4미터 이하의 범위에서 건축선을 따로 지정할 수 있다. 특별자치시장·특별자치도지사 또는 시장·군수·구청장은 건축선을 지정하려면 미리 그 내용을 해당 지방자치단체의 공보(公報), 일간신문 또는 인터넷 홈페이지 등에 30일 이상 공고하여야 하며, 공고한 내용에 대하여 의견이 있는 자는 공고기간에 특별자치시장·특별자치도지사 또는 시장·군수·구청장에게 의견을 제출(전자문서에 의한 제출을 포함한다)할 수 있다.

8. 건축선에 따른 건축제한(제47조)

1) 건축물과 담장은 건축선의 수직면(垂直面)을 넘어서는 아니 된다. 다만, 지표(地表) 아래 부분은 그러하지 아니하다.

2) 도로면으로부터 높이 4.5미터 이하에 있는 출입구, 창문, 그 밖에 이와 유사한 구조물은 열고 닫을 때 건축선의 수직면을 넘지 아니하는 구조로 하여야 한다. [기출28]

확인문제

01 건축법령상 면적이 200제곱미터 이상인 대지에 건축을 하는 건축주는 용도지역 및 건축물의 규모에 따라 해당 지방자치단체의 조례로 정하는 기준에 따라 대지에 조경이나 그 밖에 필요한 조치를 하여야 한다. 다만, 건축법령은 예외적으로 조경 등의 조치를 필요로 하지 않는 건축물을 허용하고 있다. 이러한 예외에 해당하는 것을 모두 고른 것은? (단, 그 밖의 조례, 「건축법」 제73조에 따른 적용 특례, 건축협정은 고려하지 않음)   ◆ 31회

> ㄱ. 축사
> ㄴ. 녹지지역에 건축하는 건축물
> ㄷ. 「건축법」상 가설건축물
> ㄹ. 면적 4천 제곱미터인 대지에 건축하는 공장
> ㅁ. 상업지역에 건축하는 연면적 합계가 1천 500제곱미터인 물류시설

① ㄱ, ㄴ, ㄹ
② ㄱ, ㄴ, ㅁ
③ ㄷ, ㄹ, ㅁ
④ ㄱ, ㄴ, ㄷ, ㄹ
⑤ ㄴ, ㄷ, ㄹ, ㅁ

제4장 건축물의 대지와 도로 주요 내용 O · X 확인 문제

01 면적이 200제곱미터 이상인 대지에 조경이 필요한 경우는? (　　　　)

> 1. 농림지역에 건축하는 건축물
> 2. 면적 5천제곱미터 미만인 대지에 건축하는 공장
> 3. 연면적의 합계가 1천500제곱미터 미만인 공장
> 4. 산업단지의 공장
> 5. 대지에 염분이 함유되어 있는 경우
> 6. 축사
> 7. 도시 · 군계획시설 예정지에서의 가설건축물
> 8. 상업지역에 건축하는 연면적 1천300제곱미터의 물류시설

02 공지공개를 설치해야 하는 지역은 일반주거지역, 준주거지역, 일반상업지역, 준공업지역 및 계획
관리지역이다. (　　　　)

03 문화 및 집회시설, 종교시설, 농수산물유통시설 용도로 쓰는 바닥면적의 합계가 5천제곱미터 이상
인 건축물은 공개공지 설치 대상이다. (　　　　)

04 건축물의 대지는 2미터 이상이 도로에 접하여야 한다. 다만, 연면적의 합계가 2천5백제곱미터인
공장은 너비 6미터 이상의 도로에 4미터 이상 접하여야 한다. (　　　　)

05 건축물과 담장은 건축선의 지상 및 지하의 수직면을 넘어서는 아니 된다. (　　　　)

06 도로면으로부터 높이 5.4미터 이하에 있는 출입구, 창문은 열고 닫을 때 건축선의 수직면을 넘지
아니하는 구조로 하여야 한다. (　　　　)

01 (1, 8) 조경 등의 조치를 하지 아니할 수 있는 경우

> 조경 등의 조치를 하지 아니할 수 있는 경우
> 1. 녹지지역에 건축하는 건축물
> 2. 면적 5천제곱미터 미만인 대지에 건축하는 공장
> 3. 연면적의 합계가 1천500제곱미터 미만인 공장
> 4. 「산업집적활성화 및 공장설립에 관한 법률」 제2조 제14호에 따른 산업단지의 공장
> 5. 대지에 염분이 함유되어 있는 경우 또는 건축물 용도의 특성상 조경 등의 조치를 하기가 곤란하거나 조경 등의 조치를 하는 것이 불합리한 경우로서 건축조례로 정하는 건축물
> 6. 축사
> 7. 도시 · 군계획시설 및 도시 · 군계획시설 예정지에서의 가설건축물
> 8. 연면적의 합계가 1천500제곱미터 미만인 물류시설(주거지역 또는 상업지역에 건축하는 것은 제외한다)로서 국토교통부령으로 정하는 것

02 (×) 계획관리지역은 해당되지 않는다.
일반주거지역, 준주거지역, 상업지역, 준공업지역, 특별자치시장 · 특별자치도지사 또는 시장 · 군수 · 구청장이 도시화의 가능성이 크거나 노후 산업단지의 정비가 필요하다고 인정하여 지정 · 공고하는 지역

03 (×) 문화 및 집회시설, 종교시설, 판매시설(농수산물유통시설은 제외한다), 운수시설(여객용 시설만 해당한다), 업무시설 및 숙박시설로서 해당 용도로 쓰는 바닥면적의 합계가 5천 제곱미터 이상인 건축물은 공개공지 설치 대상이다.

04 (×) 건축물의 대지는 2미터 이상이 도로에 접하여야 한다. 다만, 연면적의 합계가 2천제곱미터(공장인 경우에는 3천제곱미터) 이상인 건축물(축사, 작물 재배사, 그 밖에 이와 비슷한 건축물로서 건축조례로 정하는 규모의 건축물은 제외한다)의 대지는 너비 6미터 이상의 도로에 4미터 이상 접하여야 한다.

05 (×) 건축물과 담장은 건축선의 수직면을 넘어서는 아니 된다. 다만, 지표 아래 부분은 그러하지 아니하다.

06 (×) 도로면으로부터 높이 4.5미터 이하에 있는 출입구, 창문, 그 밖에 이와 유사한 구조물은 열고 닫을 때 건축선의 수직면을 넘지 아니하는 구조로 하여야 한다.

PART 05

건축물의 구조 및 재료 등

1. 구조내력 등(제48조)

1) 건축물은 고정하중, 적재하중(積載荷重), 적설하중(積雪荷重), 풍압(風壓), 지진, 그 밖의 진동 및 충격 등에 대하여 안전한 구조를 가져야 한다. [기출31]

2) 건축물을 건축하거나 대수선하는 경우에는 대통령령으로 정하는 바에 따라 구조의 안전을 확인하여야 한다.

> **시행령 제32조 제2항**
> 구조 안전을 확인한 건축물 중 다음 각 호의 어느 하나에 해당하는 건축물의 건축주는 해당 건축물의 설계자로부터 구조 안전의 확인 서류를 받아 법 제21조에 따른 착공신고를 하는 때에 그 확인 서류를 허가권자에게 제출하여야 한다. 다만, 표준설계도서에 따라 건축하는 건축물은 제외한다.
> 1. 층수가 2층[주요구조부인 기둥과 보를 설치하는 건축물로서 그 기둥과 보가 목재인 목구조 건축물(이하 "목구조 건축물"이라 한다)의 경우에는 3층] 이상인 건축물
> 2. 연면적이 200제곱미터(목구조 건축물의 경우에는 500제곱미터) 이상인 건축물. 다만, 창고, 축사, 작물 재배사는 제외한다.
> 3. 높이가 13미터 이상인 건축물
> 4. 처마높이가 9미터 이상인 건축물
> 5. 기둥과 기둥 사이의 거리가 10미터 이상인 건축물
> 6. 건축물의 용도 및 규모를 고려한 중요도가 높은 건축물로서 국토교통부령으로 정하는 건축물
> 7. 국가적 문화유산으로 보존할 가치가 있는 건축물로서 국토교통부령으로 정하는 것
> 8. 제2조 제18호 가목 및 다목의 건축물
> 9. 별표 1 제1호의 단독주택 및 같은 표 제2호의 공동주택

3) 지방자치단체의 장은 구조 안전 확인 대상 건축물에 대하여 허가 등을 하는 경우 내진(耐震) 성능 확보 여부를 확인하여야 한다. [기출31]

2. 건축물 내진등급의 설정(제48조의2)

1) 국토교통부장관은 지진으로부터 건축물의 구조 안전을 확보하기 위하여 건축물의 용도, 규모 및 설계구조의 중요도에 따라 내진등급(耐震等級)을 설정하여야 한다. [기출31]

2) 1)에 따른 내진등급을 설정하기 위한 내진등급기준 등 필요한 사항은 국토교통부령으로 정한다.

3. 건축물의 내진능력 공개(제48조의3)

1) 다음 어느 하나에 해당하는 건축물을 건축하고자 하는 자는 사용승인을 받는 즉시 건축물이 지진 발생 시에 견딜 수 있는 능력을 공개하여야 한다. 다만, 구조안전 확인 대상 건축물이 아니거

나 내진능력 산정이 곤란한 건축물로서 대통령령으로 정하는 건축물은 공개하지 아니한다.

> "내진능력 산정이 곤란한 건축물로서 대통령령으로 정하는 건축물"
>
> 　　1. 창고, 축사, 작물 재배사 및 표준설계도서에 따라 건축하는 건축물로서 시행령 제32조
> 　　　제2항 제1호 및 제3호부터 제9호까지의 어느 하나에도 해당하지 아니하는 건축물
> 　　2. 국토교통부령으로 정하는 소규모건축구조기준을 적용한 건축물
> ② 법 제48조의3 제1항 제3호에서 "대통령령으로 정하는 건축물"이란 시행령 제32조 제2항 제
> 　3호부터 제9호까지의 어느 하나에 해당하는 건축물을 말한다.

① 층수가 2층[주요구조부인 기둥과 보를 설치하는 건축물로서 그 기둥과 보가 목재인 목구조 건축물(이하 "목구조 건축물"이라 한다)의 경우에는 3층] 이상인 건축물
② 연면적이 200제곱미터(목구조 건축물의 경우에는 500제곱미터) 이상인 건축물
③ 그 밖에 건축물의 규모와 중요도를 고려하여 대통령령으로 정하는 건축물

2) 내진능력의 산정 기준과 공개 방법 등 세부사항은 국토교통부령으로 정한다.

4. 건축물의 피난시설 및 용도제한 등(제49조)

대통령령으로 정하는 용도 및 규모의 건축물과 그 대지에는 국토교통부령으로 정하는 바에 따라 복도, 계단, 출입구, 그 밖의 피난시설과 저수조(貯水槽), 대지 안의 피난과 소화에 필요한 통로를 설치하여야 한다.

심화

> **경계벽 등의 설치**
> ① 다음 각 호의 어느 하나에 해당하는 건축물의 경계벽은 국토교통부령으로 정하는 기준에 따라
> 　설치해야 한다.
> 　1. 단독주택 중 다가구주택의 각 가구 간 또는 공동주택(기숙사는 제외한다)의 각 세대 간 경
> 　　계벽(제2조 제14호 후단에 따라 거실·침실 등의 용도로 쓰지 아니하는 발코니 부분은 제외
> 　　한다)
> 　2. 공동주택 중 기숙사의 침실, 의료시설의 병실, 교육연구시설 중 학교의 교실 또는 숙박시설의
> 　　객실 간 경계벽
> 　3. 제1종 근린생활시설 중 산후조리원의 다음 각 호의 어느 하나에 해당하는 경계벽
> 　　가. 임산부실 간 경계벽
> 　　나. 신생아실 간 경계벽
> 　　다. 임산부실과 신생아실 간 경계벽
> 　4. 제2종 근린생활시설 중 다중생활시설의 호실 간 경계벽
> 　5. 노유자시설 중 「노인복지법」 제32조 제1항 제3호에 따른 노인복지주택(이하 "노인복지주택"
> 　　이라 한다)의 각 세대 간 경계벽
> 　6. 노유자시설 중 노인요양시설의 호실 간 경계벽

② 다음 각 호의 어느 하나에 해당하는 건축물의 층간바닥(화장실의 바닥은 제외한다)은 국토교통부령으로 정하는 기준에 따라 설치해야 한다.
1. 단독주택 중 다가구주택
2. 공동주택(「주택법」 제15조에 따른 주택건설사업계획승인 대상은 제외한다)
3. 업무시설 중 오피스텔
4. 제2종 근린생활시설 중 다중생활시설
5. 숙박시설 중 다중생활시설

5. 피난시설 등의 유지 · 관리에 대한 기술지원(제49조의2)

국가 또는 지방자치단체는 건축물의 소유자나 관리자에게 제49조 제1항 및 제2항에 따른 피난시설 등의 설치, 개량·보수 등 유지·관리에 대한 기술지원을 할 수 있다. [기출31]

> **법 제49조(건축물의 피난시설 및 용도제한 등)**
> ① 대통령령으로 정하는 용도 및 규모의 건축물과 그 대지에는 국토교통부령으로 정하는 바에 따라 복도, 계단, 출입구, 그 밖의 피난시설과 저수조(貯水槽), 대지 안의 피난과 소화에 필요한 통로를 설치하여야 한다.
> ② 대통령령으로 정하는 용도 및 규모의 건축물의 안전·위생 및 방화(防火) 등을 위하여 필요한 용도 및 구조의 제한, 방화구획(防火區劃), 화장실의 구조, 계단·출입구, 거실의 반자 높이, 거실의 채광·환기, 배연설비와 바닥의 방습 등에 관하여 필요한 사항은 국토교통부령으로 정한다. 다만, 대규모 창고시설 등 대통령령으로 정하는 용도 및 규모의 건축물에 대해서는 방화구획 등 화재 안전에 필요한 사항을 국토교통부령으로 별도로 정할 수 있다.

6. 초고층 · 준초고층 건축물의 피난 및 안전관리(제50조의2)

1) 초고층 건축물에는 피난층 또는 지상으로 통하는 직통계단과 직접 연결되는 피난안전구역(건축물의 피난·안전을 위하여 건축물 중간층에 설치하는 대피공간을 말한다)을 지상층으로부터 최대 30개 층마다 1개소 이상 설치하여야 한다.

2) 준초고층 건축물에는 피난층 또는 지상으로 통하는 직통계단과 직접 연결되는 피난안전구역을 해당 건축물 전체 층수의 2분의 1에 해당하는 층으로부터 상하 5개층 이내에 1개소 이상 설치하여야 한다. 다만, 국토교통부령으로 정하는 기준에 따라 피난층 또는 지상으로 통하는 직통계단을 설치하는 경우에는 그러하지 아니하다.

7. 건축물의 내화구조와 방화벽(제50조)

문화 및 집회시설, 의료시설, 공동주택 등 대통령령으로 정하는 건축물은 국토교통부령으로 정하는 기준에 따라 주요구조부와 지붕을 내화(耐火)구조로 하여야 한다. 다만, 막구조 등 대통령령으로 정하는 구조는 주요구조부에만 내화구조로 할 수 있다.

8. 고층건축물의 피난 및 안전관리(제50조의2)

고층건축물에는 대통령령으로 정하는 바에 따라 피난안전구역을 설치하거나 대피공간을 확보한 계단을 설치하여야 한다. 이 경우 피난안전구역의 설치 기준, 계단의 설치 기준과 구조 등에 관하여 필요한 사항은 국토교통부령으로 정한다.

9. 방화지구 안의 건축물(제51조)

1) 방화지구 안에서는 건축물의 주요구조부와 지붕·외벽을 내화구조로 하여야 한다. 아래의 경우에는 그러하지 아니하다.

① 연면적 30제곱미터 미만인 단층 부속건축물로서 외벽 및 처마면이 내화구조 또는 불연재료로 된 것

② 도매시장의 용도로 쓰는 건축물로서 그 주요구조부가 불연재료로 된 것

2) 방화지구 안의 공작물로서 간판, 광고탑, 그 밖에 대통령령으로 정하는 공작물 중 건축물의 지붕 위에 설치하는 공작물이나 높이 3미터 이상의 공작물은 주요부를 불연(不燃)재료로 하여야 한다.

3) 방화지구 안의 지붕·방화문 및 인접 대지 경계선에 접하는 외벽은 국토교통부령으로 정하는 구조 및 재료로 하여야 한다. 방화지구 내 건축물의 지붕으로서 내화구조가 아닌 것은 불연재료로 하여야 한다.

10. 건축물의 범죄예방(제53조의2)

1) 국토교통부장관은 범죄를 예방하고 안전한 생활환경을 조성하기 위하여 건축물, 건축설비 및 대지에 관한 범죄예방 기준을 정하여 고시할 수 있다.

2) 아래 건축물은 범죄예방 기준에 따라 건축하여야 한다.

① 다가구주택, 아파트, 연립주택 및 다세대주택

② 제1종 근린생활시설 중 일용품을 판매하는 소매점

③ 제2종 근린생활시설 중 다중생활시설

④ 문화 및 집회시설(동·식물원은 제외한다)

⑤ 교육연구시설(연구소 및 도서관은 제외한다)

⑥ 노유자시설

⑦ 수련시설

⑧ 업무시설 중 오피스텔

⑨ 숙박시설 중 다중생활시설

📖 **확인문제**

01 건축법령상 건축물의 구조 및 재료 등에 관한 설명으로 옳지 않은 것은? ✦ 31회

① 건축물은 고정하중, 적재하중, 적설하중, 풍압, 지진, 그 밖의 진동 및 충격 등에 대하여 안전한 구조를 가져야 한다.

② 지방자치단체의 장은 구조 안전 확인 대상 건축물에 대하여 건축허가를 하는 경우 내진성능 확보 여부를 확인하여야 한다.

③ 국토교통부장관은 지진으로부터 건축물의 구조 안전을 확보하기 위하여 건축물의 용도, 규모 및 설계구조의 중요도에 따라 내진등급을 설정하여야 한다.

④ 연면적이 200제곱미터인 목구조 건축물을 건축하고자 하는 자는 사용승인을 받는 즉시 내진능력을 공개하여야 한다.

⑤ 국가 또는 지방자치단체는 건축물의 소유자나 관리자에게 피난시설 등의 설치, 개량·보수 등 유지·관리에 대한 기술지원을 할 수 있다.

지역 및 지구의 건축물

Chapter 06

1. **건축물의 대지가 지역·지구 또는 구역에 걸치는 경우의 조치(제54조)**

   1) 대지가 이 법이나 다른 법률에 따른 지역·지구(녹지지역과 방화지구는 제외한다) 또는 구역에 걸치는 경우에는 대통령령으로 정하는 바5)에 따라 그 건축물과 대지의 전부에 대하여 대지의 과반(過半)이 속하는 지역·지구 또는 구역 안의 건축물 및 대지 등에 관한 이 법의 규정을 적용한다. 다만, 해당 대지의 규모와 그 대지가 속한 용도지역·지구 또는 구역의 성격 등 그 대지에 관한 주변여건상 필요하다고 인정하여 해당 지방자치단체의 조례로 적용방법을 따로 정하는 경우에는 그에 따른다.

   2) 하나의 건축물이 방화지구와 그 밖의 구역에 걸치는 경우에는 그 전부에 대하여 방화지구 안의 건축물에 관한 이 법의 규정을 적용한다. 다만, 건축물의 방화지구에 속한 부분과 그 밖의 구역에 속한 부분의 경계가 방화벽으로 구획되는 경우 그 밖의 구역에 있는 부분에 대하여는 그러하지 아니하다.

   3) 대지가 녹지지역과 그 밖의 지역·지구 또는 구역에 걸치는 경우에는 각 지역·지구 또는 구역 안의 건축물과 대지에 관한 이 법의 규정을 적용한다. 다만, 녹지지역 안의 건축물이 방화지구에 걸치는 경우에는 2)에 따른다.

2. **건축물의 건폐율(제55조)**

   대지면적에 대한 건축면적(대지에 건축물이 둘 이상 있는 경우에는 이들 건축면적의 합계로 한다)의 비율(건폐율)의 최대한도는 「국토의 계획 및 이용에 관한 법률」 제77조에 따른 건폐율의 기준에 따른다. 다만, 건축법에서 기준을 완화하거나 강화하여 적용하도록 규정한 경우에는 그에 따른다.

3. **건축물의 용적률(제56조)**

   대지면적에 대한 연면적(대지에 건축물이 둘 이상 있는 경우에는 이들 연면적의 합계로 한다)의 비율(용적률)의 최대한도는 「국토의 계획 및 이용에 관한 법률」 제78조에 따른 용적률의 기준에 따른다. 다만, 이 법에서 기준을 완화하거나 강화하여 적용하도록 규정한 경우에는 그에 따른다.

4. **대지의 분할 제한(제57조)**

   1) 건축물이 있는 대지는 대통령령으로 정하는 범위에서 해당 지방자치단체의 조례로 정하는 면적에 못 미치게 분할할 수 없다.

---

5) 대지가 지역·지구 또는 구역에 걸치는 경우 그 대지의 과반이 속하는 지역·지구 또는 구역의 건축물 및 대지 등에 관한 규정을 그 대지의 전부에 대하여 적용받으려는 자는 해당 대지의 지역·지구 또는 구역별 면적과 적용받으려는 지역·지구 또는 구역에 관한 사항을 허가권자에게 제출(전자문서에 의한 제출을 포함한다)하여야 한다.

> * 대통령령으로 정하는 범위
> 1. 주거지역 : 60제곱미터
> 2. 상업지역 : 150제곱미터
> 3. 공업지역 : 150제곱미터
> 4. 녹지지역 : 200제곱미터
> 5. 제1호부터 제4호까지의 규정에 해당하지 아니하는 지역 : 60제곱미터

2) 건축물이 있는 대지는 제44조(대지와 도로의 관계), 제55조(건폐율), 제56조(용적률), 제58조 (대지 안 공지), 제60조(높이 제한) 및 제61조(일조 높이 제한)에 따른 기준에 못 미치게 분할 할 수 없다.

3) 상기에도 불구하고 건축협정이 인가된 경우 그 건축협정의 대상이 되는 대지는 분할할 수 있다.

5. 대지 안의 공지(제58조)

건축물을 건축하는 경우에는 「국토의 계획 및 이용에 관한 법률」에 따른 용도지역·용도지구, 건 축물의 용도 및 규모 등에 따라 건축선 및 인접 대지경계선으로부터 6미터 이내의 범위에서 대통 령령으로 정하는 바에 따라 해당 지방자치단체의 조례로 정하는 거리 이상을 띄워야 한다.

> 건축선 및 인접 대지경계선(대지와 대지 사이에 공원, 철도, 하천, 광장, 공공공지, 녹지, 그 밖에 건축이 허용되지 아니하는 공지가 있는 경우에는 그 반대편의 경계선을 말한다)으로부터 건축물의 각 부분까지 띄어야 하는 거리의 기준은 별표 2와 같다.

6. 맞벽 건축과 연결복도(제59조)

1) 다음 어느 하나에 해당하는 경우에는 제58조(대지 안의 공지), 제61조(일조 등의 확보를 위한 건축물의 높이 제한) 및 「민법」 제242조를 적용하지 아니한다.

① 대통령령으로 정하는 지역6)에서 도시미관 등을 위하여 둘 이상의 건축물 벽을 맞벽7)(대지 경계선으로부터 50센티미터 이내인 경우를 말한다. 이하 같다)으로 하여 건축하는 경우

---

6) "대통령령으로 정하는 지역"
  1. 상업지역(다중이용 건축물 및 공동주택은 스프링클러나 그 밖에 이와 비슷한 자동식 소화설비를 설치한 경우로 한정한다)
  2. 주거지역(건축물 및 토지의 소유자 간 맞벽건축을 합의한 경우에 한정한다)
  3. 허가권자가 도시미관 또는 한옥 보전·진흥을 위하여 건축조례로 정하는 구역
  4. 건축협정구역
7) 맞벽은 다음 각 호의 기준에 적합하여야 한다.
  1. 주요구조부가 내화구조일 것
  2. 마감재료가 불연재료일 것

② 대통령령으로 정하는 기준[8]에 따라 인근 건축물과 이어지는 연결복도나 연결통로를 설치
하는 경우(연결복도나 연결통로는 건축사 또는 건축구조기술사로부터 안전에 관한 확인을
받아야 한다)

2) 맞벽, 연결복도, 연결통로의 구조·크기 등에 관하여 필요한 사항은 대통령령으로 정한다.

7. 건축물의 높이 제한(제60조)

1) 허가권자는 가로구역[(街路區域) : 도로로 둘러싸인 일단(一團)의 지역을 말한다]을 단위로 하
여 대통령령으로 정하는 기준과 절차에 따라 건축물의 높이를 지정·공고할 수 있다. 가로구
역별 건축물의 높이를 지정하려면 지방건축위원회의 심의를 거쳐야 한다. 다만, 특별자치시장·
특별자치도지사 또는 시장·군수·구청장은 가로구역의 높이를 완화하여 적용할 필요가 있다
고 판단되는 대지에 대하여는 대통령령으로 정하는 바에 따라 건축위원회의 심의를 거쳐 높이
를 완화하여 적용할 수 있다.

＊ 가로구역별로 건축물의 높이를 지정·공고할 때 고려사항
1. 도시·군관리계획 등의 토지이용계획
2. 해당 가로구역이 접하는 도로의 너비
3. 해당 가로구역의 상·하수도 등 간선시설의 수용능력
4. 도시미관 및 경관계획
5. 해당 도시의 장래 발전계획

---

2) 특별시장이나 광역시장은(시장·군수 ×) 도시의 관리를 위하여 필요하면 가로구역별 건축물
의 높이를 특별시나 광역시의 조례로 정할 수 있다.

3) 허가권자는 같은 가로구역에서 건축물의 용도 및 형태에 따라 건축물의 높이를 다르게 정할
수 있다.

4) 허가권자는 일조(日照)·통풍 등 주변 환경 및 도시미관에 미치는 영향이 크지 않다고 인정하
는 경우에는 건축위원회의 심의를 거쳐 이 법 및 다른 법률에 따른 가로구역의 높이 완화에
관한 규정을 중첩하여 적용할 수 있다.

---

[8] "대통령령으로 정하는 기준"
1. 주요구조부가 내화구조일 것
2. 마감재료가 불연재료일 것
3. 밀폐된 구조인 경우 벽면적의 10분의 1 이상에 해당하는 면적의 창문을 설치할 것. 다만, 지하층으로서
환기설비를 설치하는 경우에는 그러하지 아니하다.
4. 너비 및 높이가 각각 5미터 이하일 것. 다만, 허가권자가 건축물의 용도나 규모 등을 고려할 때 원활한
통행을 위하여 필요하다고 인정하면 지방건축위원회의 심의를 거쳐 그 기준을 완화하여 적용할 수 있다.
5. 건축물과 복도 또는 통로의 연결부분에 자동방화셔터 또는 방화문을 설치할 것
6. 연결복도가 설치된 대지 면적의 합계가 「국토의 계획 및 이용에 관한 법률 시행령」 제55조에 따른 개발행
위의 최대 규모 이하일 것. 다만, 지구단위계획구역에서는 그러하지 아니하다.

8. 일조 등의 확보를 위한 건축물의 높이 제한(제61조)

1) 전용주거지역과 일반주거지역 안에서 건축하는 건축물의 높이는 일조(日照) 등의 확보를 위하여 정북방향(正北方向)의 인접 대지경계선으로부터의 거리에 따라 대통령령으로 정하는 높이 이하로 하여야 한다.

2) 다음 어느 하나에 해당하는 공동주택(일반상업지역과 중심상업지역에 건축하는 것은 제외한다)은 채광(採光) 등의 확보를 위하여 대통령령으로 정하는 높이 이하로 하여야 한다.
   ① 인접 대지경계선 등의 방향으로 채광을 위한 창문 등을 두는 경우
   ② 하나의 대지에 두 동(棟) 이상을 건축하는 경우

3) 다음 어느 하나에 해당하면 건축물의 높이를 정남(正南)방향의 인접 대지경계선으로부터의 거리에 따라 대통령령으로 정하는 높이 이하로 할 수 있다.
   ① 「택지개발촉진법」 제3조에 따른 택지개발지구인 경우
   ② 「주택법」 제15조에 따른 대지조성사업지구인 경우
   ③ 「지역 개발 및 지원에 관한 법률」 제11조에 따른 지역개발사업구역인 경우
   ④ 「산업입지 및 개발에 관한 법률」 제6조, 제7조, 제7조의2 및 제8조에 따른 국가산업단지, 일반산업단지, 도시첨단산업단지 및 농공단지인 경우
   ⑤ 「도시개발법」 제2조 제1항 제1호에 따른 도시개발구역인 경우
   ⑥ 「도시 및 주거환경정비법」 제8조에 따른 정비구역인 경우
   ⑦ 정북방향으로 도로, 공원, 하천 등 건축이 금지된 공지에 접하는 대지인 경우
   ⑧ 정북방향으로 접하고 있는 대지의 소유자와 합의한 경우나 그 밖에 대통령령으로 정하는 경우

4) 2층 이하로서 높이가 8미터 이하인 건축물에는 해당 지방자치단체의 조례로 정하는 바에 따라 상기 1)부터 3)까지의 규정을 적용하지 아니할 수 있다.

> **영 제86조(일조 등의 확보를 위한 건축물의 높이 제한)**
> ① 전용주거지역이나 일반주거지역에서 건축물을 건축하는 경우에는 법 제61조 제1항에 따라 건축물의 각 부분을 정북(正北) 방향으로의 인접 대지경계선으로부터 다음 각 호의 범위에서 건축조례로 정하는 거리 이상을 띄어 건축하여야 한다.
> 1. 높이 10미터 이하인 부분 : 인접 대지경계선으로부터 1.5미터 이상
> 2. 높이 10미터를 초과하는 부분 : 인접 대지경계선으로부터 해당 건축물 각 부분 높이의 2분의 1 이상
> ② 다음 각 호의 어느 하나에 해당하는 경우에는 제1항을 적용하지 아니한다.
> 1. 다음 각 목의 어느 하나에 해당하는 구역 안의 대지 상호 간에 건축하는 건축물로서 해당 대지가 너비 20미터 이상의 도로(자동차·보행자·자전거 전용도로를 포함하며, 도로에 공공공지, 녹지, 광장, 그 밖에 건축미관에 지장이 없는 도시·군계획시설이 접한 경우

해당 시설을 포함한다)에 접한 경우

　가. 「국토의 계획 및 이용에 관한 법률」에 따른 지구단위계획구역, 경관지구

　나. 「경관법」 제9조 제1항 제4호에 따른 중점경관관리구역

　다. 법 제77조의2 제1항에 따른 특별가로구역

　라. 도시미관 향상을 위하여 허가권자가 지정·공고하는 구역

2. 건축협정구역 안에서 대지 상호 간에 건축하는 건축물(법 제77조의4 제1항에 따른 건축협정에 일정 거리 이상을 띄어 건축하는 내용이 포함된 경우만 해당한다)의 경우

3. 건축물의 정북 방향의 인접 대지가 전용주거지역이나 일반주거지역이 아닌 용도지역에 해당하는 경우

③ 법 제61조 제2항에 따라 공동주택은 다음 각 호의 기준을 충족해야 한다. 다만, 채광을 위한 창문 등이 있는 벽면에서 직각 방향으로 인접 대지경계선까지의 수평거리가 1미터 이상으로서 건축조례로 정하는 거리 이상인 다세대주택은 제1호를 적용하지 않는다.

1. 건축물(기숙사는 제외한다)의 각 부분의 높이는 그 부분으로부터 채광을 위한 창문 등이 있는 벽면에서 직각 방향으로 인접 대지경계선까지의 수평거리의 2배(근린상업지역 또는 준주거지역의 건축물은 4배) 이하로 할 것

2. 같은 대지에서 두 동(棟) 이상의 건축물이 서로 마주보고 있는 경우(한 동의 건축물 각 부분이 서로 마주보고 있는 경우를 포함한다)에 건축물 각 부분 사이의 거리는 다음 각 목의 거리 이상을 띄어 건축할 것. 다만, 그 대지의 모든 세대가 동지(冬至)를 기준으로 9시에서 15시 사이에 2시간 이상을 계속하여 일조(日照)를 확보할 수 있는 거리 이상으로 할 수 있다.

　가. 채광을 위한 창문 등이 있는 벽면으로부터 직각방향으로 건축물 각 부분 높이의 0.5배(도시형 생활주택의 경우에는 0.25배) 이상의 범위에서 건축조례로 정하는 거리 이상

　나. 가목에도 불구하고 서로 마주보는 건축물 중 높은 건축물(높은 건축물을 중심으로 마주보는 두 동의 축이 시계방향으로 정동에서 정서 방향인 경우만 해당한다)의 주된 개구부(거실과 주된 침실이 있는 부분의 개구부를 말한다)의 방향이 낮은 건축물을 향하는 경우에는 10미터 이상으로서 낮은 건축물 각 부분의 높이의 0.5배(도시형 생활주택의 경우에는 0.25배) 이상의 범위에서 건축조례로 정하는 거리 이상

　다. 가목에도 불구하고 건축물과 부대시설 또는 복리시설이 서로 마주보고 있는 경우에는 부대시설 또는 복리시설 각 부분 높이의 1배 이상

　라. 채광창(창넓이가 0.5제곱미터 이상인 창을 말한다)이 없는 벽면과 측벽이 마주보는 경우에는 8미터 이상

　마. 측벽과 측벽이 마주보는 경우[마주보는 측벽 중 하나의 측벽에 채광을 위한 창문 등이 설치되어 있지 아니한 바닥면적 3제곱미터 이하의 발코니(출입을 위한 개구부를 포함한다)를 설치하는 경우를 포함한다]에는 4미터 이상

3. 제3조 제1항 제4호에 따른 주택단지에 두 동 이상의 건축물이 법 제2조 제1항 제11호에

　　　　따른 도로를 사이에 두고 서로 마주보고 있는 경우에는 제2호 가목부터 다목까지의 규정을 적용하지 아니하되, 해당 도로의 중심선을 인접 대지경계선으로 보아 제1호를 적용한다.

④ 법 제61조 제3항 각 호 외의 부분에서 "대통령령으로 정하는 높이"란 제1항에 따른 높이의 범위에서 특별자치시장·특별자치도지사 또는 시장·군수·구청장이 정하여 고시하는 높이를 말한다.

⑤ 특별자치시장·특별자치도지사 또는 시장·군수·구청장은 제4항에 따라 건축물의 높이를 고시하려면 국토교통부령으로 정하는 바에 따라 미리 해당 지역주민의 의견을 들어야 한다. 다만, 법 제61조 제3항 제1호부터 제6호까지의 어느 하나에 해당하는 지역인 경우로서 건축위원회의 심의를 거친 경우에는 그러하지 아니하다.

⑥ 제1항부터 제5항까지를 적용할 때 건축물을 건축하려는 대지와 다른 대지 사이에 다음 각 호의 시설 또는 부지가 있는 경우에는 그 반대편의 대지경계선(공동주택은 인접 대지경계선과 그 반대편 대지경계선의 중심선)을 인접 대지경계선으로 한다.

　1. 공원(「도시공원 및 녹지 등에 관한 법률」 제2조 제3호에 따른 도시공원 중 지방건축위원회의 심의를 거쳐 허가권자가 공원의 일조 등을 확보할 필요가 있다고 인정하는 공원은 제외한다), 도로, 철도, 하천, 광장, 공공공지, 녹지, 유수지, 자동차 전용도로, 유원지

　2. 다음 각 목에 해당하는 대지(건축물이 없는 경우로 한정한다)

　　가. 너비(대지경계선에서 가장 가까운 거리를 말한다)가 2미터 이하인 대지

　　나. 면적이 제80조 각 호에 따른 분할제한 기준 이하인 대지

　3. 제1호 및 제2호 외에 건축이 허용되지 아니하는 공지

⑦ 제1항부터 제5항까지의 규정을 적용할 때 건축물(공동주택으로 한정한다)을 건축하려는 하나의 대지 사이에 제6항 각 호의 시설 또는 부지가 있는 경우에는 지방건축위원회의 심의를 거쳐 제6항 각 호의 시설 또는 부지를 기준으로 마주하고 있는 해당 대지의 경계선의 중심선을 인접 대지경계선으로 할 수 있다.

제6장 지역 및 지구의 건축물 주요 내용 O·X 확인 문제

01 시장이나 군수는 도시의 관리를 위하여 필요하면 가로구역별 건축물의 높이를 특별시나 광역시의 조례로 정할 수 있다. (   )

 제6장 지역 및 지구의 건축물 주요 내용 O·X 확인 문제 정답

01 (×) 시장이나 군수가 아니라 특별시장이나 광역시장이 조례로 정할 수 있다.

건축설비

1. 건축설비기준 등

건축설비의 설치 및 구조에 관한 기준과 설계 및 공사감리에 관하여 필요한 사항은 대통령령으로 정한다.

2. 승강기

1) 건축주는 6층 이상으로서 연면적이 2천제곱미터 이상인 건축물(대통령령으로 정하는 건축물은 제외한다)을 건축하려면 승강기를 설치하여야 한다. 이 경우 승강기의 규모 및 구조는 국토교통부령으로 정한다.

2) 높이 31미터를 초과하는 건축물에는 비상용승강기를 추가로 설치하여야 한다. 다만, 국토교통부령으로 정하는 건축물의 경우에는 그러하지 아니하다.

3) 고층건축물에는 승용승강기 중 1대 이상을 대통령령으로 정하는 바에 따라 피난용승강기로 설치하여야 한다.

> **＊ 피난용승강기의 설치 기준(피난용승강기의 승강장 및 승강로를 포함한다)**
> 1. 승강장의 바닥면적은 승강기 1대당 6제곱미터 이상으로 할 것
> 2. 각 층으로부터 피난층까지 이르는 승강로를 단일구조로 연결하여 설치할 것
> 3. 예비전원으로 작동하는 조명설비를 설치할 것
> 4. 승강장의 출입구 부근의 잘 보이는 곳에 해당 승강기가 피난용승강기임을 알리는 표지를 설치할 것
> 5. 그 밖에 화재예방 및 피해경감을 위하여 국토교통부령으로 정하는 구조 및 설비 등의 기준에 맞을 것

Chapter 08 특별건축구역 등

학습전략

특별건축구역의 개념 및 지정요건을 중심으로 숙지한다.
① 특별건축구역의 개념
② 특별건축구역의 지정

조화롭고 창의적인 건축물의 건축을 통하여 도시경관의 창출, 건설기술 수준향상 및 건축 관련 제도 개선을 도모하기 위하여 「건축법」 또는 관계 법령에 따라 일부 규정을 적용하지 아니하거나 완화 또는 통합하여 적용할 수 있도록 특별히 지정하는 구역

Ⅰ 특별건축구역의 지정(제69조)

1. 국토교통부장관이 지정하는 경우(기출29)

① 국가가 국제행사 등을 개최하는 도시 또는 지역의 사업구역

② 관계법령에 따른 국가정책사업으로서 대통령령으로 정하는 사업구역(행정중심복합도시의 사업구역, 혁신도시의 사업구역, 경제자유구역, 택지개발사업구역, 공공주택지구, 도시개발구역, 국립아시아문화전당 건설사업구역, 지구단위계획구역 중 현상설계(懸賞設計) 등에 따른 창의적 개발을 위한 특별계획구역)(기출30)

2. 시·도지사가 지정하는 경우(기출30)

① 지방자치단체가 국제행사 등을 개최하는 도시 또는 지역의 사업구역

② 관계법령에 따른 도시개발·도시재정비 및 건축문화 진흥사업으로서 건축물 또는 공간환경을 조성하기 위하여 대통령령으로 정하는 사업구역[경제자유구역, 택지개발사업구역, 정비구역, 도시개발구역, 재정비촉진구역, 국제자유도시의 사업구역, 지구단위계획구역 중 현상설계(懸賞設計) 등에 따른 창의적 개발을 위한 특별계획구역], 관광지·관광단지 또는 관광특구, 문화지구)

③ 그 밖에 대통령령으로 정하는 도시 또는 지역의 사업구역

> **"대통령령으로 정하는 도시 또는 지역"**
> 1. 건축문화 진흥을 위하여 국토교통부령으로 정하는(도시·군계획 또는 건축 관련 박물관, 박람회장, 문화예술회관, 그 밖에 이와 비슷한 문화예술공간을 말한다) 건축물 또는 공간환경을 조성하는 지역
> 2. 주거, 상업, 업무 등 다양한 기능을 결합하는 복합적인 토지 이용을 증진시킬 필요가 있는 지역으로서 다음 각 목의 요건을 모두 갖춘 지역
>   가. 도시지역일 것

> 나. 「국토의 계획 및 이용에 관한 법률 시행령」 제71조에 따른 용도지역 안에서의 건축제한 적용을 배제할 필요가 있을 것
> 3. 그 밖에 도시경관의 창출, 건설기술 수준향상 및 건축 관련 제도개선을 도모하기 위하여 특별건축구역으로 지정할 필요가 있다고 시·도지사가 인정하는 도시 또는 지역

3. 특별건축구역 지정 안 되는 경우

① 「개발제한구역의 지정 및 관리에 관한 특별조치법」에 따른 개발제한구역
② 「자연공원법」에 따른 자연공원
③ 「도로법」에 따른 접도구역
④ 「산지관리법」에 따른 보전산지

4. 국방부장관과의 사전 협의[기출30]

국토교통부장관 또는 시·도지사는 특별건축구역으로 지정하고자 하는 지역이 「군사기지 및 군사시설 보호법」에 따른 군사기지 및 군사시설 보호구역에 해당하는 경우에는 국방부장관과 사전에 협의하여야 한다.

Ⅱ 특별건축구역의 건축물(제70조)[기출30]

건축기준 등의 특례사항을 적용하여 건축할 수 있는 건축물
① 국가 또는 지방자치단체가 건축하는 건축물
② 「공공기관의 운영에 관한 법률」 제4조에 따른 공공기관 중 대통령령으로 정하는 공공기관이 건축하는 건축물
③ 그 밖에 대통령령으로 정하는 용도·규모의 건축물로서 도시경관의 창출, 건설기술 수준향상 및 건축 관련 제도개선을 위하여 특례 적용이 필요하다고 허가권자가 인정하는 건축물

> * 대통령령으로 정하는 공공기관
> 1. 「한국토지주택공사법」에 따른 한국토지주택공사
> 2. 「한국수자원공사법」에 따른 한국수자원공사
> 3. 「한국도로공사법」에 따른 한국도로공사
> 4. 삭제〈2009.9.21.〉
> 5. 「한국철도공사법」에 따른 한국철도공사
> 6. 「국가철도공단법」에 따른 국가철도공단
> 7. 「한국관광공사법」에 따른 한국관광공사
> 8. 「한국농어촌공사 및 농지관리기금법」에 따른 한국농어촌공사

** 특별건축구역의 특례사항 적용대상 건축물

용도	규모(연면적, 세대 또는 동)
1. 문화 및 집회시설, 판매시설, 운수시설, 의료시설, 교육연구시설, 수련시설	2천제곱미터 이상
2. 운동시설, 업무시설, 숙박시설, 관광 휴게시설, 방송통신시설	3천제곱미터 이상
3. 종교시설	–
4. 노유자시설	5백제곱미터 이상
5. 공동주택(주거용 외의 용도와 복합된 건축물을 포함한다)	100세대 이상
6. 단독주택 　가. 「한옥 등 건축자산의 진흥에 관한 법률」 제2조 제2호 또는 제3호의 한옥 또는 한옥건축양식의 단독주택 　나. 그 밖의 단독주택	1) 10동 이상 2) 30동 이상
7. 그 밖의 용도	1천제곱미터 이상

Ⅲ 특별건축구역의 지정절차 등(제71조)

1. 지정절차

1) 중앙행정기관의 장, 제69조의 사업구역을 관할하는 시·도지사 또는 시장·군수·구청장(이하 "지정신청기관"이라 한다)은 특별건축구역의 지정이 필요한 경우에는 다음 각 자료를 갖추어 중앙행정기관의 장 또는 시·도지사는 국토교통부장관에게, 시장·군수·구청장은 특별시장·광역시장·도지사에게 각각 특별건축구역의 지정을 신청할 수 있다. [기출30]

> 1. 특별건축구역의 위치·범위 및 면적 등에 관한 사항
> 2. 특별건축구역의 지정 목적 및 필요성
> 3. 특별건축구역 내 건축물의 규모 및 용도 등에 관한 사항
> 4. 특별건축구역의 도시·군관리계획에 관한 사항. 이 경우 도시·군관리계획의 세부 내용은 대통령령으로 정한다.
> 5. 건축물의 설계, 공사감리 및 건축시공 등의 발주방법 등에 관한 사항
> 6. 제74조에 따라 특별건축구역 전부 또는 일부를 대상으로 통합하여 적용하는 미술작품, 부설주차장, 공원 등의 시설에 대한 운영관리 계획서. 이 경우 운영관리 계획서의 작성방법, 서식, 내용 등에 관한 사항은 국토교통부령으로 정한다.
> 7. 그 밖에 특별건축구역의 지정에 필요한 대통령령으로 정하는 사항

2) 지정신청기관 외의 자는 상기 각 호의 자료를 갖추어 사업구역을 관할하는 시·도지사에게 특별건축구역의 지정을 제안할 수 있다.

3) 국토교통부장관 또는 특별시장·광역시장·도지사는 지정신청이 접수된 경우에는 특별건축구역 지정의 필요성, 타당성 및 공공성 등과 피난·방재 등의 사항을 검토하고, 지정 여부를

결정하기 위하여 지정신청을 받은 날부터 30일 이내에 국토교통부장관이 지정신청을 받은 경우에는 국토교통부장관이 두는 건축위원회(이하 "중앙건축위원회"), 특별시장·광역시장·도지사가 지정신청을 받은 경우에는 각각 특별시장·광역시장·도지사가 두는 건축위원회의 심의를 거쳐야 한다.

4) 국토교통부장관 또는 시·도지사는 필요한 경우 직권으로 특별건축구역을 지정할 수 있다. 이 경우 상기 각 호의 자료에 따라 특별건축구역 지정의 필요성, 타당성 및 공공성 등과 피난·방재 등의 사항을 검토하고 각각 중앙건축위원회 또는 시·도지사가 두는 건축위원회의 심의를 거쳐야 한다.

5) 국토교통부장관 또는 시·도지사는 특별건축구역을 지정하거나 변경·해제하는 경우에는 대통령령으로 정하는 바에 따라 주요 내용을 관보(시·도지사는 공보)에 고시하고, 국토교통부장관 또는 특별시장·광역시장·도지사는 지정신청기관에 관계 서류의 사본을 송부하여야 한다.

6) 5)에 따라 관계 서류의 사본을 받은 지정신청기관은 관계 서류에 도시·군관리계획의 결정사항이 포함되어 있는 경우에는「국토의 계획 및 이용에 관한 법률」제32조에 따라 지형도면의 승인신청 등 필요한 조치를 취하여야 한다.

7) 지정신청기관은 특별건축구역 지정 이후 변경이 있는 경우 변경지정을 받아야 한다. 이 경우 변경지정을 받아야 하는 변경의 범위, 변경지정의 절차 등 필요한 사항은 대통령령으로 정한다.
〔기출30〕

8) 국토교통부장관 또는 시·도지사는 다음 어느 하나에 해당하는 경우에는 특별건축구역의 전부 또는 일부에 대하여 지정을 해제할 수 있다. 이 경우 국토교통부장관 또는 특별시장·광역시장·도지사는 지정신청기관의 의견을 청취하여야 한다.

> 1. 지정신청기관의 요청이 있는 경우
> 2. 거짓이나 그 밖의 부정한 방법으로 지정을 받은 경우
> 3. 특별건축구역 지정일부터 5년 이내에 특별건축구역 지정목적에 부합하는 건축물의 착공이 이루어지지 아니하는 경우
> 4. 특별건축구역 지정요건 등을 위반하였으나 시정이 불가능한 경우

9) 특별건축구역을 지정하거나 변경한 경우에는「국토의 계획 및 이용에 관한 법률」제30조에 따른 도시·군관리계획의 결정(용도지역·지구·구역의 지정 및 변경은 제외한다)이 있는 것으로 본다.

2. 관계 법령의 적용 특례(제73조)
특별건축구역에 건축하는 건축물에 대하여는 다음을 적용하지 아니할 수 있다.
① 제42조, 제55조, 제56조, 제58조, 제60조 및 제61조

제42조(대지의 조경)

제55조(건축물의 건폐율)

제56조(건축물의 용적률)

제58조(대지 안의 공지)

제60조(건축물의 높이 제한)

제61조(일조 등의 확보를 위한 건축물의 높이 제한)

② 「주택법」 제35조 중 대통령령으로 정하는 규정

3. 통합적용계획의 수립 및 시행(제74조)

1) 특별건축구역에서는 다음 관계 법령의 규정에 대하여는 개별 건축물마다 적용하지 아니하고 특별건축구역 전부 또는 일부를 대상으로 통합하여 적용할 수 있다.

① 「문화예술진흥법」 제9조에 따른 건축물에 대한 미술작품의 설치

② 「주차장법」 제19조에 따른 부설주차장의 설치

③ 「도시공원 및 녹지 등에 관한 법률」에 따른 공원의 설치

2) 지정신청기관은 관계 법령의 규정을 통합하여 적용하려는 경우에는 특별건축구역 전부 또는 일부에 대하여 미술작품, 부설주차장, 공원 등에 대한 수요를 개별법으로 정한 기준 이상으로 산정하여 파악하고 이용자의 편의성, 쾌적성 및 안전 등을 고려한 통합적용계획을 수립하여야 한다.

3) 지정신청기관이 2)에 따라 통합적용계획을 수립하는 때에는 해당 구역을 관할하는 허가권자와 협의하여야 하며, 협의요청을 받은 허가권자는 요청받은 날부터 20일 이내에 지정신청기관에게 의견을 제출하여야 한다.

4) 지정신청기관은 도시·군관리계획의 변경을 수반하는 통합적용계획이 수립된 때에는 관련 서류를 「국토의 계획 및 이용에 관한 법률」 제30조에 따른 도시·군관리계획 결정권자에게 송부하여야 하며, 이 경우 해당 도시·군관리계획 결정권자는 특별한 사유가 없으면 도시·군관리계획의 변경에 필요한 조치를 취하여야 한다.

4. 건축주 등의 의무(제75조)

특별건축구역에서 제73조에 따라 건축기준 등의 적용 특례사항을 적용하여 건축허가를 받은 건축물의 공사감리자, 시공자, 건축주, 소유자 및 관리자는 시공 중이거나 건축물의 사용승인 이후에도 당초 허가를 받은 건축물의 형태, 재료, 색채 등이 원형을 유지하도록 필요한 조치를 하여야 한다.

5. 허가권자 등의 의무(제76조)

1) 허가권자는 특별건축구역의 건축물에 대하여 설계자의 창의성·심미성 등의 발휘와 제도개선·기술발전 등이 유도될 수 있도록 노력하여야 한다.

2) 허가권자는 모니터링 결과를 국토교통부장관 또는 특별시장·광역시장·도지사에게 제출하

여야 하며, 국토교통부장관 또는 특별시장·광역시장·도지사는 제77조에 따른 검사 및 모니터링 결과 등을 분석하여 필요한 경우 이 법 또는 관계 법령의 제도개선을 위하여 노력하여야 한다.

6. 특별건축구역 건축물의 검사 등(제77조)

1) 국토교통부장관 및 허가권자는 특별건축구역의 건축물에 대하여 제87조에 따라 검사를 할 수 있으며, 필요한 경우 제79조에 따라 시정명령 등 필요한 조치를 할 수 있다.

2) 국토교통부장관 및 허가권자는 제72조 제6항9)에 따라 모니터링을 실시하는 건축물에 대하여 직접 모니터링을 하거나 분야별 전문가 또는 전문기관에 용역을 의뢰할 수 있다. 이 경우 해당 건축물의 건축주, 소유자 또는 관리자는 특별한 사유가 없으면 모니터링에 필요한 사항에 대하여 협조하여야 한다.

7. 특별가로구역의 지정(제77조의2)

1) 국토교통부장관 및 허가권자는 도로에 인접한 건축물의 건축을 통한 조화로운 도시경관의 창출을 위하여 이 법 및 관계 법령에 따라 일부 규정을 적용하지 아니하거나 완화하여 적용할 수 있도록 다음 어느 하나에 해당하는 지구 또는 구역에서 대통령령으로 정하는 도로10)에 접한 대지의 일정 구역을 특별가로구역으로 지정할 수 있다.
① 경관지구
② 지구단위계획구역 중 미관유지를 위하여 필요하다고 인정하는 구역

2) 국토교통부장관 및 허가권자는 1)에 따라 특별가로구역을 지정하려는 경우에는 다음 자료를 갖추어 국토교통부장관 또는 허가권자가 두는 건축위원회의 심의를 거쳐야 한다.
① 특별가로구역의 위치·범위 및 면적 등에 관한 사항
② 특별가로구역의 지정 목적 및 필요성
③ 특별가로구역 내 건축물의 규모 및 용도 등에 관한 사항
④ 그 밖에 특별가로구역의 지정에 필요한 사항으로서 대통령령으로 정하는 사항11)

---

9) 국토교통부장관 또는 특별시장·광역시장·도지사는 건축제도의 개선 및 건설기술의 향상을 위하여 허가권자의 의견을 들어 특별건축구역 내에서 건축허가를 받은 건축물에 대하여 모니터링(특례를 적용한 건축물에 대하여 해당 건축물의 건축시공, 공사감리, 유지·관리 등의 과정을 검토하고 실제로 건축물에 구현된 기능·미관·환경 등을 분석하여 평가하는 것을 말한다)을 실시할 수 있다.
10) "대통령령으로 정하는 도로"란 다음 각 호의 어느 하나에 해당하는 도로를 말한다.
  1. 건축선을 후퇴한 대지에 접한 도로로서 허가권자(허가권자가 구청장인 경우에는 특별시장이나 광역시장을 말한다. 이하 이 조에서 같다)가 건축조례로 정하는 도로
  2. 허가권자가 리모델링 활성화가 필요하다고 인정하여 지정·공고한 지역 안의 도로
  3. 보행자전용도로로서 도시미관 개선을 위하여 허가권자가 건축조례로 정하는 도로
  4. 「지역문화진흥법」 제18조에 따른 문화지구 안의 도로
  5. 그 밖에 조화로운 도시경관 창출을 위하여 필요하다고 인정하여 국토교통부장관이 고시하거나 허가권자가 건축조례로 정하는 도로

3) 국토교통부장관 및 허가권자는 특별가로구역을 지정하거나 변경·해제하는 경우에는 국토교통부령으로 정하는 바에 따라 이를 지역 주민에게 알려야 한다.

8. 특별가로구역의 관리 및 건축물의 건축기준 적용 특례 등(제77조의3)

1) 국토교통부장관 및 허가권자는 특별가로구역을 효율적으로 관리하기 위하여 국토교통부령으로 정하는 바에 따라 제77조의2 제2항 각 호의 지정 내용을 작성하여 관리하여야 한다.

2) 특별가로구역의 변경절차 및 해제, 특별가로구역 내 건축물에 관한 건축기준의 적용 등에 관하여는 제71조 제9항·제10항(각 호 외의 부분 후단은 제외한다), 제72조 제1항부터 제5항까지, 제73조 제1항(제77조의2 제1항 제3호에 해당하는 경우에는 제55조 및 제56조는 제외한다)·제2항, 제75조 제1항 및 제77조 제1항을 준용한다. 이 경우 "특별건축구역"은 각각 "특별가로구역"으로, "지정신청기관", "국토교통부장관 또는 시·도지사" 및 "국토교통부장관, 시·도지사 및 허가권자"는 각각 "국토교통부장관 및 허가권자"로 본다.

3) 특별가로구역 안의 건축물에 대하여 국토교통부장관 또는 허가권자가 배치기준을 따로 정하는 경우에는 제46조 및 「민법」제242조를 적용하지 아니한다.

---

11) "대통령령으로 정하는 사항"이란 다음 각 호의 사항을 말한다.
1. 특별가로구역에서 이 법 또는 관계 법령의 규정을 적용하지 아니하거나 완화하여 적용하는 경우에 해당 규정과 완화 등의 범위에 관한 사항
2. 건축물의 지붕 및 외벽의 형태나 색채 등에 관한 사항
3. 건축물의 배치, 대지의 출입구 및 조경의 위치에 관한 사항
4. 건축선 후퇴 공간 및 공개공지등의 관리에 관한 사항
5. 그 밖에 특별가로구역의 지정에 필요하다고 인정하여 국토교통부장관이 고시하거나 허가권자가 건축조례로 정하는 사항

제8장 특별건축구역 주요 내용 O·X 확인 문제

01 국토교통부장관 또는 시·도지사는 국가 및 지방자치단체가 국제행사 등을 개최하는 도시 또는 지역의 사업구역에 대해서 특별건축구역을 지정할 수 있다. (   )

02 개발제한구역, 자연공원, 접도구역, 완충녹지는 특별건축구역으로 지정할 수 없다. (   )

03 국토교통부장관 또는 시·도지사는 특별건축구역으로 지정하고자 하는 지역이 군사기지 및 군사시설 보호구역에 해당하는 경우에는 국방부장관의 사전승인을 받아야 한다. (   )

04 특별건축구역에서 특례사항을 적용하여 건축할 수 있는 건축물은 국가 또는 지방자치단체, 한국토지주택공사, 대한지적공사가 건축하는 건축물이다. (   )

05 중앙행정기관의 장 또는 시·도지사는 국토교통부장관에게, 시장·군수·구청장은 특별시장·광역시장·도지사에게 각각 특별건축구역의 지정을 신청할 수 있다. (   )

06 특별건축구역을 지정하거나 변경한 경우에는 도시·군관리계획의 결정으로 용도지구의 지정이 있는 것으로 본다. (   )

01 (O)

02 (×) 개발제한구역, 자연공원, 접도구역, 보전산지는 특별건축구역으로 지정할 수 없다.

03 (×) 국방부장관과 사전에 협의하여야 한다.

04 (×) 대한지적공사는 공공기관에 해당되지 않는다.
　　　　　공공기관은 한국토지주택공사, 한국수자원공사, 한국도로공사, 한국철도공사, 국가철도공단, 한
　　　　　국관광공사, 한국농어촌공사가 해당된다.

05 (O)

06 (×) 특별건축구역을 지정하거나 변경한 경우에는 도시·군관리계획의 결정(용도지역·지구·구역의
　　　　　지정 및 변경은 제외한다.)이 있는 것으로 본다.

건축협정

1. 건축협정의 체결(제77조의4)

1) 토지 또는 건축물의 소유자(공유자 포함), 지상권자 등 대통령령으로 정하는 자(이하 "소유자 등")는 전원의 합의로 다음 어느 하나에 해당하는 지역 또는 구역에서 건축물의 건축·대수선 또는 리모델링에 관한 협정(이하 "건축협정"이라 한다)을 체결할 수 있다.
    ① 「국토의 계획 및 이용에 관한 법률」 제51조에 따라 지정된 지구단위계획구역
    ② 「도시 및 주거환경정비법」 제2조 제2호 가목에 따른 주거환경개선사업을 시행하기 위하여 같은 법 제8조에 따라 지정·고시된 정비구역
    ③ 「도시재정비 촉진을 위한 특별법」 제2조 제6호에 따른 존치지역
    ④ 「도시재생 활성화 및 지원에 관한 특별법」 제2조 제1항 제5호에 따른 도시재생활성화지역
    ⑤ 그 밖에 시·도지사 및 시장·군수·구청장(이하 "건축협정인가권자"라 한다)이 도시 및 주거환경개선이 필요하다고 인정하여 해당 지방자치단체의 조례로 정하는 구역

2) 둘 이상의 토지를 소유한 자가 1인인 경우에도 그 토지 소유자는 해당 토지의 구역을 건축협정 대상 지역으로 하는 건축협정을 정할 수 있다. 이 경우 그 토지 소유자 1인을 건축협정 체결자로 본다.

3) 건축협정은 다음 각 사항을 포함하여야 한다.
    ① 건축물의 건축·대수선 또는 리모델링에 관한 사항
    ② 건축물의 위치·용도·형태 및 부대시설에 관하여 대통령령으로 정하는 사항

> ＊ 대통령령으로 정하는 사항
> 1. 건축선
> 2. 건축물 및 건축설비의 위치
> 3. 건축물의 용도, 높이 및 층수
> 4. 건축물의 지붕 및 외벽의 형태
> 5. 건폐율 및 용적률
> 6. 담장, 대문, 조경, 주차장 등 부대시설의 위치 및 형태
> 7. 차양시설, 차면시설 등 건축물에 부착하는 시설물의 형태
> 8. 법 제59조 제1항 제1호에 따른 맞벽 건축의 구조 및 형태
> 9. 그 밖에 건축물의 위치, 용도, 형태 또는 부대시설에 관하여 건축조례로 정하는 사항

2. 건축협정의 인가(제77조의6)

1) 협정체결자 또는 건축협정운영회의 대표자는 건축협정서를 작성하여 국토교통부령으로 정하는 바에 따라 해당 건축협정인가권자(건축위원회 심의 거쳐야 한다)의 인가를 받아야 한다. 인가사항 변경 시에는 변경인가(경미한 경우는 생략), 인가 시 건축협정 관리대장을 작성하여 관리하여야 한다.

2) 건축협정 체결 대상 토지가 둘 이상의 특별자치시 또는 시·군·구에 걸치는 경우 건축협정 체결 대상 토지면적의 과반(過半)이 속하는 건축협정인가권자에게 인가를 신청할 수 있다. 이 경우 인가 신청을 받은 건축협정인가권자는 건축협정을 인가하기 전에 다른 특별자치시장 또는 시장·군수·구청장과 협의하여야 한다.

3. 건축협정의 폐지(제77조의9)

협정체결자 또는 건축협정운영회의 대표자는 건축협정을 폐지하려는 경우에는 협정체결자 과반수의 동의를 받아 국토교통부령으로 정하는 바에 따라 건축협정인가권자의 인가를 받아야 한다. 다만, 제77조의13에 따른 특례(건축협정에 따른 특례)를 적용하여 착공신고를 한 경우에는 착공신고를 한 날부터 20년이 지난 후에 건축협정의 폐지 인가를 신청할 수 있다.

4. 건축협정의 승계(제77조의10)

건축협정이 공고된 후 건축협정구역에 있는 토지나 건축물 등에 관한 권리를 협정체결자인 소유자등으로부터 이전받거나 설정받은 자는 협정체결자로서의 지위를 승계한다. 다만, 건축협정에서 달리 정한 경우에는 그에 따른다.

5. 건축협정에 따른 특례(제77조의13)

1) 건축협정의 인가를 받은 건축협정구역에서 연접한 대지에 대하여는 다음 관계 법령의 규정을 개별 건축물마다 적용하지 아니하고 건축협정구역의 전부 또는 일부를 대상으로 통합하여 적용할 수 있다.
   ① 제42조에 따른 대지의 조경
   ② 제44조에 따른 대지와 도로와의 관계
   ③ 제53조에 따른 지하층의 설치
   ④ 제55조에 따른 건폐율
   ⑤ 「주차장법」 제19조에 따른 부설주차장의 설치
   ⑥ 「하수도법」 제34조에 따른 개인하수처리시설의 설치

2) 건축협정구역에 건축하는 건축물에 대하여는 제42조, 제55조, 제56조, 제58조, 제60조 및 제61조와 「주택법」 제35조를 대통령령으로 정하는 바에 따라 완화하여 적용할 수 있다. 다만, 제56조를 완화하여 적용하는 경우에는 제4조에 따른 건축위원회의 심의와 「국토의 계획 및 이용에 관한 법률」 제113조에 따른 지방도시계획위원회의 심의를 통합하여 거쳐야 한다.

> 제42조(대지의 조경)
> 제55조(건축물의 건폐율)
> 제56조(건축물의 용적률)
> 제58조(대지 안의 공지)
> 제60조(건축물의 높이 제한)
> 제61조(일조 등의 확보를 위한 건축물의 높이 제한)
> 주택법 제35조(주택건설기준)

6. 건축협정 집중구역 지정 등(제77조의14)

1) 건축협정인가권자는 건축협정의 효율적인 체결을 통한 도시의 기능 및 미관의 증진을 위하여 해당지역의 전체 또는 일부를 건축협정 집중구역으로 지정할 수 있다.

   → 지정 또는 변경·해제 시 그 내용을 공고해야 한다.

2) 건축협정인가권자는 다음 사항에 대하여 건축위원회의 심의를 거쳐야 한다(협정 내용이 심의 내용에 부합하는 경우에는 심의 생략 가능).

   ① 건축협정 집중구역의 위치, 범위 및 면적 등에 관한 사항
   ② 건축협정 집중구역의 지정 목적 및 필요성
   ③ 건축협정 집중구역에서 제77조의4 제4항 각 호의 사항 중 건축협정인가권자가 도시의 기능 및 미관 증진을 위하여 세부적으로 규정하는 사항
   ④ 건축협정 집중구역에서 제77조의13에 따른 건축협정의 특례 적용에 관하여 세부적으로 규정하는 사항

 제8장의2 건축협정 주요 내용 O·X 확인 문제

01 토지 또는 건축물의 소유자, 지상권자 전원의 합의로 건축물의 건축·대수선 또는 리모델링에 관한 협정을 체결할 수 있다. (   )

 제8장의2 건축협정 주요 내용 O·X 확인 문제 정답

01 (O)

Chapter

08-3 결합건축

1. 결합건축 대상지(제77조의15)

(1) 대상지역

① 상업지역

② 역세권개발구역

③ 주거환경개선사업의 시행을 위한 구역

④ 도시 및 주거환경 개선과 효율적인 토지이용이 필요하다고 대통령령으로 정하는 지역

대통령령으로 정하는 지역	
1. 건축협정구역	2. 특별건축구역
3. 리모델링 활성화 구역	4. 도시재생활성화지역
5. 건축자산 진흥구역	

(2) 2개의 대지

① 2개의 대지 모두가 동일한 대상지역에 속하고 ② 2개의 대지 모두가 너비 12미터 이상인 도로로 둘러싸인 하나의 구역 안에 있는 경우에는(이 경우 그 구역 안에 너비 12미터 이상인 도로로 둘러싸인 더 작은 구역이 있어서는 아니 된다) 대지 간의 최단거리가 100미터 이내의 범위에서 2개의 대지의 건축주가 서로 합의한 경우 2개의 대지를 대상으로 결합건축을 할 수 있다.

(3) 3개의 대지

다음의 어느 하나

"대통령령으로 정하는 범위에 있는 3개 이상의 대지"란 다음 각 호의 요건을 모두 충족하는 3개 이상의 대지를 말한다.
1. 대지 모두가 법 제77조의15 (1) 각 호의 지역 중 같은 지역에 속할 것
2. 모든 대지 간 최단거리가 500미터 이내일 것

① 국가·지방자치단체 또는 공공기관이 소유 또는 관리하는 건축물과 결합건축하는 경우, ②「빈집 및 소규모주택 정비에 관한 특례법」에 따른 빈집 또는「건축물관리법」에 따른 빈 건축물을 철거하여 그 대지에 공원, 광장 등 대통령령으로 정하는 시설(공원, 녹지, 광장, 정원, 공지, 주차장, 놀이터 등 공동이용시설 및 건축조례로 정하는 시설)을 설치하는 경우, ③ 그 밖에 대통령령으로 정하는 건축물(마을회관, 마을공동작업소, 마을도서관, 어린이집 등 공동이용건축물, 민간임대주택 및 건축조례로 정하는 건축물)과 결합건축하는 경우에 해당하는 경우에는 모든 대지 간 최단거리가 500미터 이내인 경우에는 3개 이상 대지의 건축주 등이 서로 합의한 경우 3개 이상의 대지를 대상으로 결합건축을 할 수 있다.

(4) 기타

① 도시경관의 형성, 기반시설 부족 등의 사유로 해당 지방자치단체의 조례로 정하는 지역 안에서는 결합건축을 할 수 없다.

② 결합건축을 하려는 2개 이상의 대지를 소유한 자가 1명인 경우는 제77조의4 제2항을 준용한다.

> **제77조의4 제2항**
> 둘 이상의 토지를 소유한 자가 1인인 경우에도 그 토지 소유자는 해당 토지의 구역을 건축협정 대상 지역으로 하는 건축협정을 정할 수 있다. 이 경우 그 토지 소유자 1인을 건축협정 체결자로 본다.

2. 결합건축의 절차(제77조의16)

건축허가 신청 시 건축주는 결합건축협정서 첨부하여야 하며 국토교통부령으로 정하는 도서를 제출하여야 한다.

→ 허가권자는 도시·군계획사업에 편입된 대지가 있는 경우에는 결합건축을 포함한 건축허가를 아니할 수 있다.

→ 허가권자는 건축허가를 하기 전에 건축위원회의 심의를 거쳐야 한다. 다만, 결합건축으로 조정되어 적용되는 대지별 용적률이 도시계획조례의 용적률의 100분의 20을 초과하는 경우에는 건축위원회 심의와 도시계획위원회 심의를 공동으로 하여 거쳐야 한다.

> *** 결합건축협정서 명시사항**
> 1. 결합건축 대상 대지의 위치 및 용도지역
> 2. 결합건축협정서를 체결하는 자의 성명, 주소 및 생년월일(법인, 법인 아닌 사단이나 재단 및 외국인의 경우에는 「부동산등기법」 제49조에 따라 부여된 등록번호를 말한다)
> 3. 「국토의 계획 및 이용에 관한 법률」 제78조에 따라 조례로 정한 용적률과 결합건축으로 조정되어 적용되는 대지별 용적률
> 4. 결합건축 대상 대지별 건축계획서

3. 기타(결합건축의 관리)(제77조의17)

① 허가권자는 제77조의15 (1), (2)에 따른 결합건축과 관련된 건축물의 사용승인 신청이 있는 경우 해당 결합건축협정서상의 다른 대지에서 착공신고 또는 대통령령으로 정하는 조치가 이행되었는지를 확인한 후 사용승인을 하여야 한다.

② 결합건축협정서에 따른 협정체결 유지기간은 최소 2030년으로 한다. 다만, 결합건축협정서의 용적률 기준을 종전대로 환원하여 신축·개축·재축하는 경우에는 그러하지 아니한다.

③ 결합건축협정서를 폐지하려는 경우에는 결합건축협정체결자 전원이 동의하여 허가권자에게 신고하여야 하며, 허가권자는 용적률을 이전받은 건축물이 멸실된 것을 확인한 후 결합건축의 폐지를 수리하여야 한다.

보칙

① 이행강제금 부과 횟수 등 제반 절차
② 조정과 재정

1. 위반 건축물 등에 대한 조치 등(제79조)

1) 허가권자는 이 법 또는 이 법에 따른 명령이나 처분에 위반되는 대지나 건축물에 대하여 이 법에 따른 허가 또는 승인을 취소하거나 그 건축물의 건축주·공사시공자·현장관리인·소유자·관리자 또는 점유자(이하 "건축주 등")에게 공사의 중지를 명하거나 상당한 기간을 정하여 그 건축물의 해체·개축·증축·수선·용도변경·사용금지·사용제한, 그 밖에 필요한 조치를 명할 수 있다.

2) 허가권자는 허가나 승인이 취소된 건축물 또는 시정명령을 받고 이행하지 아니한 건축물에 대하여는 다른 법령에 따른 영업이나 그 밖의 행위를 허가·면허·인가·등록·지정 등을 하지 아니하도록 요청할 수 있다. 다만, 허가권자가 기간을 정하여 그 사용 또는 영업, 그 밖의 행위를 허용한 주택과 대통령령으로 정하는 경우에는 그러하지 아니하다.
   → 요청을 받은 자는 특별한 이유가 없으면 요청에 따라야 한다.

3) 허가권자는 시정명령을 하는 경우 국토교통부령으로 정하는 바에 따라 건축물대장에 위반내용을 적어야 한다.

2. 이행강제금(제80조)

(1) 이행강제금의 부과

1) 허가권자는 시정명령을 받은 후 시정기간 내에 시정명령을 이행하지 아니한 건축주 등에 대하여는 그 시정명령의 이행에 필요한 상당한 이행기한을 정하여 그 기한까지 시정명령을 이행하지 아니하면 다음의 이행강제금을 부과한다.

다만, 연면적(공동주택의 경우에는 세대 면적을 기준으로 한다)이 60제곱미터 이하인 주거용 건축물과 ② 중 주거용 건축물로서 대통령령으로 정하는 경우에는 다음 어느 하나에 해당하는 금액의 2분의 1의 범위에서 해당 지방자치단체의 조례로 정하는 금액을 부과한다.

> **＊ 대통령령으로 정하는 경우**
> 1. 법 제22조에 따른 사용승인을 받지 아니하고 건축물을 사용한 경우
> 2. 법 제42조에 따른 대지의 조경에 관한 사항을 위반한 경우
> 3. 법 제60조에 따른 건축물의 높이 제한을 위반한 경우
> 4. 법 제61조에 따른 일조 등의 확보를 위한 건축물의 높이 제한을 위반한 경우

5. 그 밖에 법 또는 법에 따른 명령이나 처분을 위반한 경우(별표 15 위반 건축물란의 제1호의 2, 제4호부터 제9호까지의 규정에 해당하는 경우는 제외한다)로서 건축조례로 정하는 경우

① 건축물이 제55조와 제56조에 따른 건폐율이나 용적률을 초과하여 건축된 경우 또는 허가를 받지 아니하거나 신고를 하지 아니하고 건축된 경우에는 「지방세법」에 따라 해당 건축물에 적용되는 1제곱미터의 시가표준액의 100분의 50에 해당하는 금액에 위반면적을 곱한 금액 이하의 범위에서 위반 내용에 따라 대통령령으로 정하는 비율을 곱한 금액 〔기출32 34〕

> ＊ 대통령령으로 정하는 비율
> 1. 건폐율을 초과하여 건축한 경우 : 100분의 80
> 2. 용적률을 초과하여 건축한 경우 : 100분의 90
> 3. 허가를 받지 아니하고 건축한 경우 : 100분의 100
> 4. 신고를 하지 아니하고 건축한 경우 : 100분의 70

② 건축물이 ① 외의 위반 건축물에 해당하는 경우에는 「지방세법」에 따라 그 건축물에 적용되는 시가표준액에 해당하는 금액의 100분의 10의 범위에서 위반내용에 따라 대통령령으로 정하는 금액

2) 허가권자는 영리목적을 위한 위반이나 상습적 위반 등 대통령령으로 정하는 경우에 1)에 따른 금액을 100분의 100의 범위에서 해당 지방자치단체의 조례로 정하는 바에 따라 가중하여야 한다.

3) 허가권자는 이행강제금을 부과하기 전에 이행강제금을 부과·징수한다는 뜻을 미리 문서로써 계고(戒告)하여야 한다. 〔기출32〕

4) 허가권자는 이행강제금을 부과하는 경우 금액, 부과 사유, 납부기한, 수납기관, 이의제기 방법 및 이의제기 기관 등을 구체적으로 밝힌 문서로 하여야 한다.

5) 허가권자는 최초의 시정명령이 있었던 날을 기준으로 하여 1년에 2회 이내의 범위에서 해당 지방자치단체의 조례로 정하는 횟수만큼 그 시정명령이 이행될 때까지 반복하여 이행강제금을 부과·징수할 수 있다. 〔기출32 34〕

6) 허가권자는 시정명령을 받은 자가 이를 이행하면 새로운 이행강제금의 부과를 즉시 중지하되, 이미 부과된 이행강제금은 징수하여야 한다. 〔기출32 34〕

7) 허가권자는 이행강제금 부과처분을 받은 자가 이행강제금을 납부기한까지 내지 아니하면 「지방행정제재·부과금의 징수 등에 관한 법률」에 따라 징수한다. 〔기출32 34〕

8) 이행강제금의 부과 및 징수절차는 「국고금관리법 시행규칙」 준용 + 이 경우 납입고지서에는 이의신청방법 및 이의신청기간을 함께 기재하여야 한다.

(2) 이행강제금 부과에 관한 특례(제80조의2)

1) 허가권자는 다음에서 정하는 바에 따라 감경할 수 있다. 다만, 지방자치단체의 조례로 정하는 기간까지 위반내용을 시정하지 아니한 경우는 제외한다.

① 축사 등 농업용·어업용 시설로서 500제곱미터(「수도권정비계획법」 제2조 제1호에 따른 수도권 외의 지역에서는 1천제곱미터) 이하인 경우는 5분의 1을 감경

② 그 밖에 위반 동기, 위반 범위 및 위반 시기 등을 고려하여 대통령령으로 정하는 경우(가중부과 사유에 해당하는 경우는 제외한다)에는 100분의 75의 범위에서 대통령령으로 정하는 비율을 감경

---

① "대통령령으로 정하는 경우" (다만, 1/2 범위 내 감경 대상인 경우는 제외한다)
1. 위반행위 후 소유권이 변경된 경우
2. 임차인이 있어 현실적으로 임대기간 중에 위반내용을 시정하기 어려운 경우(법 제79조 제1항에 따른 최초의 시정명령 전에 이미 임대차계약을 체결한 경우로서 해당 계약이 종료되거나 갱신되는 경우는 제외한다) 등 상황의 특수성이 인정되는 경우
3. 위반면적이 30제곱미터 이하인 경우(별표 1 제1호부터 제4호까지의 규정에 따른 건축물로 한정하며, 「집합건물의 소유 및 관리에 관한 법률」의 적용을 받는 집합건축물은 제외한다)
4. 「집합건물의 소유 및 관리에 관한 법률」의 적용을 받는 집합건축물의 구분소유자가 위반한 면적이 5제곱미터 이하인 경우(별표 1 제2호부터 제4호까지의 규정에 따른 건축물로 한정한다)
5. 법 제22조에 따른 사용승인 당시 존재하던 위반사항으로서 사용승인 이후 확인된 경우
6. 법률 제12516호 가축분뇨의 관리 및 이용에 관한 법률 일부개정법률 부칙 제9조에 따라 같은 조 제1항 각 호에 따른 기간(같은 조 제3항에 따른 환경부령으로 정하는 규모 미만의 시설의 경우 같은 항에 따른 환경부령으로 정하는 기한을 말한다) 내에 「가축분뇨의 관리 및 이용에 관한 법률」 제11조에 따른 허가 또는 변경허가를 받거나 신고 또는 변경신고를 하려는 배출시설(처리시설을 포함한다)의 경우
6의2. 법률 제12516호 가축분뇨의 관리 및 이용에 관한 법률 일부개정법률 부칙 제10조의2에 따라 같은 조 제1항에 따른 기한까지 환경부장관이 정하는 바에 따라 허가신청을 하였거나 신고한 배출시설(개 사육시설은 제외하되, 처리시설은 포함한다)의 경우
7. 그 밖에 위반행위의 정도와 위반 동기 및 공중에 미치는 영향 등을 고려하여 감경이 필요한 경우로서 건축조례로 정하는 경우

② "대통령령으로 정하는 비율"
1. 제1항 제1호부터 제6호까지 및 제6호의2의 경우 : 100분의 50
2. 제1항 제7호의 경우 : 건축조례로 정하는 비율

---

2) 허가권자는 법률 제4381호 건축법개정법률의 시행일(1992년 6월 1일을 말한다) 이전에 이 법 또는 이 법에 따른 명령이나 처분을 위반한 주거용 건축물에 관하여는 대통령령으로 정하는 바에 따라 제80조에 따른 이행강제금을 감경할 수 있다.

> * 이행강제금의 감경 비율
> 1. 연면적 85제곱미터 이하 주거용 건축물의 경우 : 100분의 80
> 2. 연면적 85제곱미터 초과 주거용 건축물의 경우 : 100분의 60

3. 「행정대집행법」 적용의 특례(제85조)

1) 허가권자는 제11조(건축허가), 제14조(건축신고), 제41조(토지 굴착 부분에 대한 조치 등)와 제79조 제1항[12])에 따라 필요한 조치를 할 때 다음 어느 하나에 해당하는 경우로서 「행정대집행법」 제3조 제1항과 제2항에 따른 절차에 의하면 그 목적을 달성하기 곤란한 때에는 해당 절차를 거치지 아니하고 대집행할 수 있다.
   ① 재해가 발생할 위험이 절박한 경우
   ② 건축물의 구조 안전상 심각한 문제가 있어 붕괴 등 손괴의 위험이 예상되는 경우
   ③ 허가권자의 공사중지명령을 받고도 따르지 아니하고 공사를 강행하는 경우
   ④ 도로통행에 현저하게 지장을 주는 불법건축물인 경우
   ⑤ 그 밖에 공공의 안전 및 공익에 매우 저해되어 신속하게 실시할 필요가 있다고 인정되는 경우로서 대통령령으로 정하는 경우

2) 대집행은 건축물의 관리를 위하여 필요한 최소한도에 그쳐야 한다.

4. 청문(제86조)

허가권자는 제79조(위반 건축물 등에 대한 조치 등)에 따라 허가나 승인을 취소하려면 청문을 실시하여야 한다.

5. 건축분쟁전문위원회

(1) 조정 및 재정의 분쟁 대상(제88조)

건축 등과 관련된 다음 분쟁(「건설산업기본법」 제69조에 따른 조정의 대상이 되는 분쟁은 제외한다)의 조정(調停) 및 재정(裁定)을 하기 위하여 국토교통부에 건축분쟁전문위원회를 둔다. [기출34]
① 건축관계자와 해당 건축물의 건축 등으로 피해를 입은 인근주민(이하 "인근주민"이라 한다) 간의 분쟁

---

12) 제79조(위반 건축물 등에 대한 조치 등) ① 허가권자는 이 법 또는 이 법에 따른 명령이나 처분에 위반되는 대지나 건축물에 대하여 이 법에 따른 허가 또는 승인을 취소하거나 그 건축물의 건축주·공사시공자·현장관리인·소유자·관리자 또는 점유자(이하 "건축주 등"이라 한다)에게 공사의 중지를 명하거나 상당한 기간을 정하여 그 건축물의 해체·개축·증축·수선·용도변경·사용금지·사용제한, 그 밖에 필요한 조치를 명할 수 있다.

② 관계전문기술자와 인근주민 간의 분쟁

③ 건축관계자와 관계전문기술자 간의 분쟁

④ 건축관계자 간의 분쟁

⑤ 인근주민 간의 분쟁

⑥ 관계전문기술자 간의 분쟁

⑦ 그 밖에 대통령령으로 정하는 사항

(2) 구성(제89조)

1) 분쟁위원회는 위원장과 부위원장 각 1명을 포함한 15명 이내의 위원으로 구성

2) 위원장과 부위원장은 위원 중에서 국토교통부장관이 위촉

3) 공무원이 아닌 위원의 임기는 3년으로 하되, 연임 가능, 보궐된 임기는 전임자의 남은 임기

4) 회의는 재적위원 과반수의 출석으로 열고 출석위원 과반수의 찬성으로 의결한다.

(3) 조정 또는 재정 신청

1) 분쟁위원회는 당사자의 조정 신청을 받으면 60일 이내에, 재정 신청을 받으면 120일 이내에 절차를 마쳐야 한다(부득이한 경우 분쟁위원회의 의결로 기간 연장 가능)(제92조 및 제97조)[기출34].

2) 조정은 3명의 위원으로 구성되는 조정위원회에서 하고, 재정은 5명의 위원으로 구성되는 재정위원회에서 한다. 조정위원회와 재정위원회의 회의는 구성원 전원의 출석으로 열고 과반수의 찬성으로 의결한다(제94조).

3) 시·도지사 또는 시장·군수·구청장은 위해 방지를 위하여 긴급한 상황이거나 그 밖에 특별한 사유가 없으면 조정 등의 신청이 있다는 이유만으로 해당 공사를 중지하게 하여서는 아니 된다(제93조).

4) 조정위원회는 조정에 필요하다고 인정하면 조정위원 또는 사무국의 소속 직원에게 관계 서류를 열람하게 하거나 관계 사업장에 출입하여 조사하게 할 수 있다(제95조).

5) 조정위원회는 필요하다고 인정하면 당사자나 참고인을 조정위원회에 출석하게 하여 의견을 들을 수 있다(제95조)[기출34].

6) 분쟁의 조정신청을 받은 조정위원회는 조정기간 내에 심사하여 조정안을 작성하여야 한다 (제95조)

(4) 조정의 효력(제96조)

1) 조정위원회는 조정안을 작성하면 지체 없이 각 당사자에게 조정안을 제시하여야 한다.

2) 조정안을 제시받은 당사자는 제시를 받은 날부터 15일 이내에 수락 여부를 조정위원회에 알려야 한다. [기출34]

3) 조정위원회는 당사자가 조정안을 수락하면 즉시 조정서를 작성하여야 하며, 조정위원과 각 당사자는 이에 기명날인하여야 한다.

4) 당사자가 조정안을 수락하고 조정서에 기명날인하면 조정서의 내용은 재판상 화해와 동일한 효력을 갖는다. 다만, 당사자가 임의로 처분할 수 없는 사항에 관한 것은 그러하지 아니하다.

(5) 재정의 효력

1) 재정위원회가 재정을 한 경우 재정 문서의 정본이 당사자에게 송달된 날부터 60일 이내에 당사자 양쪽이나 어느 한쪽으로부터 그 재정의 대상인 건축물의 건축 등의 분쟁을 원인으로 하는 소송이 제기되지 아니하거나 그 소송이 철회되면 그 재정 내용은 재판상 화해와 동일한 효력을 갖는다. 다만, 당사자가 임의로 처분할 수 없는 사항에 관한 것은 그러하지 아니하다(제96조).

2) 시효의 중단(제100조)

당사자가 재정에 불복하여 소송을 제기한 경우 시효의 중단과 제소기간을 산정할 때에는 재정신청을 재판상의 청구로 본다.

3) 조정 회부(제101조)[기출34]

분쟁위원회는 재정신청이 된 사건을 조정에 회부하는 것이 적합하다고 인정하면 직권으로 직접 조정할 수 있다.

📖 **확인문제**

01 건축법령상 이행강제금에 관한 설명으로 옳은 것은? ✦ 32회

① 이행강제금은 건축신고 대상 건축물에 대하여 부과할 수 없다.

② 이행강제금의 징수절차는 「지방세법」을 준용한다.

③ 허가권자는 이행강제금을 부과하기 전에 이행강제금을 부과·징수한다는 뜻을 미리 문서로써 계고하여야 한다.

④ 허가권자는 위반 건축물에 대한 시정명령을 받은 자가 이를 이행하면 이미 부과된 이행강제금의 징수를 즉시 중지하여야 한다.

⑤ 허가권자는 최초의 시정명령이 있었던 날을 기준으로 하여 1년에 5회 이내의 범위에서 그 시정명령이 이행될 때까지 반복하여 이행강제금을 부과·징수할 수 있다.

01 허가권자는 시정명령을 이행하지 아니한 건축주등에 대하여는 그 시정명령의 이행에 필요한 상당한 이행기한을 정하여 그 기한까지 시정명령을 이행하지 아니하면 이행강제금을 부과한다.
(　　　)

02 허가권자는 영리목적을 위한 위반을 한 경우에는 100분의 50의 범위에서 해당 지방자치단체의 조례로 정하는 바에 따라 가중하여야 한다. (　　　)

03 허가권자는 이행강제금을 부과한 후에 이행강제금을 부과·징수했다는 뜻을 문서로써 계고하여야 한다. (　　　)

04 허가권자는 최초의 시정명령이 있었던 날을 기준으로 하여 1년에 5회 이내의 범위에서 해당 지방자치단체의 조례로 정하는 횟수만큼 그 시정명령이 이행될 때까지 반복하여 이행강제금을 부과·징수할 수 있다. (　　　)

05 허가권자는 시정명령을 받은 자가 이를 이행하면 새로운 이행강제금의 부과를 즉시 중지하고, 이미 부과된 이행강제금은 감면해야 한다. (　　　)

06 허가권자는 이행강제금 부과처분을 받은 자가 이행강제금을 납부기한까지 내지 아니하면 「민법」에 따라 징수한다. (　　　)

07 건축관계자 간의 분쟁의 조정 및 재정을 하기 위하여 국토교통부에 건축분쟁전문위원회를 둔다.
(　　　)

08 건축물의 건축등과 관련된 분쟁의 조정 또는 재정을 신청하려는 자는 분쟁위원회에 조정등의 신청서를 제출하여야 한다. (　　　)

09 분쟁위원회는 당사자의 조정신청을 받으면 30일 이내에, 재정신청을 받으면 60일 이내에 절차를 마쳐야 한다. 다만, 부득이한 사정이 있으면 분쟁위원회의 의결로 기간을 연장할 수 있다.
(　　　)

10 조정위원회는 필요하다고 인정하면 당사자나 참고인을 조정위원회에 출석하게 하여 의견을 들을 수 있다. (　　　)

11 당사자가 조정안을 수락하고 조정서에 기명날인하면 조정서의 내용은 판결서 정본과 동일한 효력을 갖는다. (　　　)

12 분쟁위원회는 재정신청이 된 사건을 조정에 회부하는 것이 적합하다고 인정하면 직권으로 직접 조정할 수 있다. ( )

 제9장 보칙 주요 내용 O · X 확인 문제 정답

01 (O)

02 (×) 100분의 100의 범위에서 해당 지방자치단체의 조례로 정하는 바에 따라 가중하여야 한다.

03 (×) 허가권자는 이행강제금을 부과하기 전에 이행강제금을 부과·징수한다는 뜻을 미리 문서로써 계고하여야 한다.

04 (×) 허가권자는 최초의 시정명령이 있었던 날을 기준으로 하여 1년에 2회 이내의 범위에서 해당 지방 자치단체의 조례로 정하는 횟수만큼 그 시정명령이 이행될 때까지 이행강제금을 부과·징수할 수 있다.

05 (×) 허가권자는 시정명령을 받은 자가 이를 이행하면 새로운 이행강제금의 부과를 즉시 중지하되, 이미 부과된 이행강제금은 징수하여야 한다.

06 (×) 「지방행정제재·부과금의 징수 등에 관한 법률」에 따라 징수한다.

07 (O)

08 (O)

09 (×) 분쟁위원회는 당사자의 조정신청을 받으면 60일 이내에, 재정신청을 받으면 120일 이내에 절차 를 마쳐야 한다.

10 (O)

11 (×) 재판상 화해와 동일한 효력을 갖는다.

12 (O)

벌칙

1. 벌칙

(1) 벌칙(법 제106조)

① 제23조, 제24조 제1항, 제25조 제3항, 제52조의3 제1항 및 제52조의5 제2항을 위반하여 설계·시공·공사감리 및 유지·관리와 건축자재의 제조 및 유통을 함으로써 건축물이 부실하게 되어 착공 후「건설산업기본법」제28조에 따른 하자담보책임 기간에 건축물의 기초와 주요구조부에 중대한 손괴를 일으켜 일반인을 위험에 처하게 한 설계자·감리자·시공자·제조업자·유통업자·관계전문기술자 및 건축주는 10년 이하의 징역에 처한다.

② 제1항의 죄를 범하여 사람을 죽거나 다치게 한 자는 무기징역이나 3년 이상의 징역에 처한다.

(2) 벌칙(법 제107조)

① 업무상 과실로 제106조 제1항의 죄를 범한 자는 5년 이하의 징역이나 금고 또는 5억원 이하의 벌금에 처한다.

② 업무상 과실로 제106조 제2항의 죄를 범한 자는 10년 이하의 징역이나 금고 또는 10억원 이하의 벌금에 처한다.

(3) 벌칙(법 제108조)

① 다음 각 호의 어느 하나에 해당하는 자는 3년 이하의 징역이나 5억원 이하의 벌금에 처한다.

> 1. 도시지역에서 제11조 제1항, 제19조 제1항 및 제2항, 제47조, 제55조, 제56조, 제58조, 제60조, 제61조 또는 제77조의10을 위반하여 건축물을 건축하거나 대수선 또는 용도변경을 한 건축주 및 공사시공자
> 2. 제52조 제1항 및 제2항에 따른 방화에 지장이 없는 재료를 사용하지 아니한 공사시공자 또는 그 재료 사용에 책임이 있는 설계자나 공사감리자
> 3. 제52조의3 제1항을 위반한 건축자재의 제조업자 및 유통업자
> 4. 제52조의4 제1항을 위반하여 품질관리서를 제출하지 아니하거나 거짓으로 제출한 제조업자, 유통업자, 공사시공자 및 공사감리자
> 5. 제52조의5 제1항을 위반하여 품질인정기준에 적합하지 아니함에도 품질인정을 한 자

② 제1항의 경우 징역과 벌금은 병과(倂科)할 수 있다.

(4) 벌칙(법 제109조)

다음 각 호의 어느 하나에 해당하는 자는 2년 이하의 징역이나 2억원 이하의 벌금에 처한다.

1. 제27조 제2항에 따른 보고를 거짓으로 한 자
2. 제87조의2 제1항 제1호에 따른 보고·확인·검토·심사 및 점검을 거짓으로 한 자

(5) 벌칙(법 제110조)

다음 각 호의 어느 하나에 해당하는 자는 2년 이하의 징역 또는 1억원 이하의 벌금에 처한다.

1. 도시지역 밖에서 제11조 제1항, 제19조 제1항 및 제2항, 제47조, 제55조, 제56조, 제58조, 제60조, 제61조, 제77조의10을 위반하여 건축물을 건축하거나 대수선 또는 용도변경을 한 건축주 및 공사시공자

1의2. 제13조 제5항을 위반한 건축주 및 공사시공자

2. 제16조(변경허가 사항만 해당한다), 제21조 제5항, 제22조 제3항 또는 제25조 제7항을 위반한 건축주 및 공사시공자

3. 제20조 제1항에 따른 허가를 받지 아니하거나 제83조에 따른 신고를 하지 아니하고 가설건축물을 건축하거나 공작물을 축조한 건축주 및 공사시공자

4. 다음 각 목의 어느 하나에 해당하는 자

> 가. 제25조 제1항을 위반하여 공사감리자를 지정하지 아니하고 공사를 하게 한 자
> 나. 제25조 제1항을 위반하여 공사시공자 본인 및 계열회사를 공사감리자로 지정한 자

5. 제25조 제3항을 위반하여 공사감리자로부터 시정 요청이나 재시공 요청을 받고 이에 따르지 아니하거나 공사 중지의 요청을 받고도 공사를 계속한 공사시공자

6. 제25조 제6항을 위반하여 정당한 사유 없이 감리중간보고서나 감리완료보고서를 제출하지 아니하거나 거짓으로 작성하여 제출한 자

6의2. 제27조 제2항을 위반하여 현장조사·검사 및 확인 대행 업무를 한 자

7. 삭제 〈2019.4.30.〉

8. 제40조 제4항을 위반한 건축주 및 공사시공자

8의2. 제43조 제1항, 제49조, 제50조, 제51조, 제53조, 제58조, 제61조 제1항·제2항 또는 제64조를 위반한 건축주, 설계자, 공사시공자 또는 공사감리자

9. 제48조를 위반한 설계자, 공사감리자, 공사시공자 및 제67조에 따른 관계전문기술자

9의2. 제50조의2 제1항을 위반한 설계자, 공사감리자 및 공사시공자

9의3. 제48조의4를 위반한 건축주, 설계자, 공사감리자, 공사시공자 및 제67조에 따른 관계전문기술자

10. 삭제 〈2019.4.23.〉

11. 삭제 〈2019.4.23.〉

12. 제62조를 위반한 설계자, 공사감리자, 공사시공자 및 제67조에 따른 관계전문기술자

(6) 벌칙(법 제111조)

다음 각 호의 어느 하나에 해당하는 자는 5천만원 이하의 벌금에 처한다.

1. 제14조, 제16조(변경신고 사항만 해당한다), 제20조 제3항, 제21조 제1항, 제22조 제1항 또는 제83조 제1항에 따른 신고 또는 신청을 하지 아니하거나 거짓으로 신고하거나 신청한 자

2. 제24조 제3항을 위반하여 설계 변경을 요청받고도 정당한 사유 없이 따르지 아니한 설계자

3. 제24조 제4항을 위반하여 공사감리자로부터 상세시공도면을 작성하도록 요청받고도 이를 작성하지 아니하거나 시공도면에 따라 공사하지 아니한 자

3의2. 제24조 제6항을 위반하여 현장관리인을 지정하지 아니하거나 착공신고서에 이를 거짓으로 기재한 자

3의3. 삭제 〈2019.4.23.〉

4. 제28조 제1항을 위반한 공사시공자

5. 제41조나 제42조를 위반한 건축주 및 공사시공자

5의2. 제43조 제4항을 위반하여 공개공지 등의 활용을 저해하는 행위를 한 자

6. 제52조의2를 위반하여 실내건축을 한 건축주 및 공사시공자

6의2. 제52조의4 제5항을 위반하여 건축자재에 대한 정보를 표시하지 아니하거나 거짓으로 표시한 자

2. 양벌규정(법 제112조)

① 법인의 대표자, 대리인, 사용인, 그 밖의 종업원이 그 법인의 업무에 관하여 제106조의 위반행위를 하면 행위자를 벌할 뿐만 아니라 그 법인에도 10억원 이하의 벌금에 처한다. 다만, 법인이 그 위반행위를 방지하기 위하여 해당 업무에 관하여 상당한 주의와 감독을 게을리하지 아니한 때에는 그러하지 아니하다.

② 개인의 대리인, 사용인, 그 밖의 종업원이 그 개인의 업무에 관하여 제106조의 위반행위를 하면 행위자를 벌할 뿐만 아니라 그 개인에게도 10억원 이하의 벌금에 처한다. 다만, 개인이 그 위반행위를 방지하기 위하여 해당 업무에 관하여 상당한 주의와 감독을 게을리하지 아니한 때에는 그러하지 아니하다.

③ 법인의 대표자, 대리인, 사용인, 그 밖의 종업원이 그 법인의 업무에 관하여 제107조부터 제111조까지의 규정에 따른 위반행위를 하면 행위자를 벌할 뿐만 아니라 그 법인에도 해당 조문의 벌금형을 과(科)한다. 다만, 법인이 그 위반행위를 방지하기 위하여 해당 업무에 관하여 상당한 주의와 감독을 게을리하지 아니한 때에는 그러하지 아니하다.

④ 개인의 대리인, 사용인, 그 밖의 종업원이 그 개인의 업무에 관하여 제107조부터 제111조까지의 규정에 따른 위반행위를 하면 행위자를 벌할 뿐만 아니라 그 개인에게도 해당 조문의 벌금형을 과한다. 다만, 개인이 그 위반행위를 방지하기 위하여 해당 업무에 관하여 상당한 주의와 감독을 게을리하지 아니한 때에는 그러하지 아니하다.

3. 과태료(법 제113조)

① 다음 각 호의 어느 하나에 해당하는 자에게는 200만원 이하의 과태료를 부과한다.

> 1. 제19조 제3항에 따른 건축물대장 기재내용의 변경을 신청하지 아니한 자
> 2. 제24조 제2항을 위반하여 공사현장에 설계도서를 갖추어 두지 아니한 자
> 3. 제24조 제5항을 위반하여 건축허가 표지판을 설치하지 아니한 자
> 4. 제52조의3 제2항 및 제52조의6 제4항에 따른 점검을 거부·방해 또는 기피한 자
> 5. 제48조의3 제1항 본문에 따른 공개를 하지 아니한 자

② 다음 각 호의 어느 하나에 해당하는 자에게는 100만원 이하의 과태료를 부과한다.

> 1. 제25조 제4항을 위반하여 보고를 하지 아니한 공사감리자
> 2. 제27조 제2항에 따른 보고를 하지 아니한 자
> 3. 삭제 〈2019.4.30.〉
> 4. 삭제 〈2019.4.30.〉
> 5. 삭제 〈2016.2.3.〉
> 6. 제77조 제2항을 위반하여 모니터링에 필요한 사항에 협조하지 아니한 건축주, 소유자 또는 관리자
> 7. 삭제 〈2016.1.19.〉
> 8. 제83조 제2항에 따른 보고를 하지 아니한 자
> 9. 제87조 제1항에 따른 자료의 제출 또는 보고를 하지 아니하거나 거짓 자료를 제출하거나 거짓 보고를 한 자

③ 제24조 제6항을 위반하여 공정 및 안전 관리 업무를 수행하지 아니하거나 공사 현장을 이탈한 현장관리인에게는 50만원 이하의 과태료를 부과한다.

④ 제1항부터 제3항까지에 따른 과태료는 대통령령으로 정하는 바에 따라 국토교통부장관, 시·도지사 또는 시장·군수·구청장이 부과·징수한다.

제10장 벌칙 주요 내용 O·X 확인 문제

01 감정평가법인등의 업무정지처분이 「공익사업을 위한 토지 등의 취득 및 보상에 관한 법률」에 따른 보상평가 업무를 정상적으로 수행하는 데에 지장을 초래하는 우려가 있는 경우에는 업무정지처분을 갈음하여 5천만원(감정평가법인인 경우는 5억원) 이하의 과징금을 부과할 수 있다. (   )

02 국토교통부장관은 과징금을 부과하는 경우에는 위반행위의 내용과 정도, 위반행위의 기간과 위반 횟수, 위반행위로 취득한 이익의 규모는 고려하지 않는다. (   )

03 감정평가법인이 합병을 하는 경우 그 감정평가법인이 행한 위반행위는 합병 후 존속하거나 합병으로 신설된 감정평가법인이 행한 행위로 보아 과징금을 부과·징수할 수 없다. (   )

04 과징금의 부과에 이의가 있는 자는 이를 통보받은 날부터 30일 이내에 사유서를 갖추어 국토교통부장관에게 이의를 신청할 수 있다. 국토교통부장관은 30일 이내에 결정을 하여야 하며 20일의 범위에서 기간을 연장할 수 있다. (   )

05 과징금 이의신청에 대한 결정에 이의가 있는 자는 「행정소송법」에 따라 행정심판을 청구할 수 있다. (   )

06 국토교통부장관은 과징금납부의무자가 납부기한까지 과징금을 납부하지 아니한 경우에는 납부기한의 다음 날부터 과징금을 납부한 날의 전날까지의 기간에 대하여 연체료를 징수할 수 있다. (   )

07 시·도지사는 과징금납부의무자가 납부기한까지 과징금을 납부하지 아니하였을 때에는 국세 체납처분의 예에 따라 징수할 수 있다. (   )

08 국토교통부장관은 부정한 방법에 의한 자격취소 및 감정평가법인의 설립인가를 취소하는 경우에는 청문을 실시할 수 있다. (   )

09 국토교통부장관은 타당성조사를 위한 기초자료 수집 및 감정평가 내용 분석 업무를 한국감정평가사 협회에 위탁한다. (   )

10 과태료 부과 금액을 채우시오.

> 1. 결격사유 있는 사무직원을 둔 경우 : (   )만원 이하
> 2. 감정평가서의 원본과 그 관련 서류를 보존하지 아니한 자 : (   )만원 이하
> 3. 자격·등록취소의 경우 자격증 또는 등록증을 반납하지 아니한 경우 : (   )만원 이하

제10장 벌칙 주요 내용 O · X 확인 문제 정답

01 (×) 감정평가법인등의 업무정지처분이 「부동산 가격공시에 관한 법률」에 따른 표준지공시지가의 공시 등의 업무를 정상적으로 수행하는 데에 지장을 초래하는 등 공익을 해칠 우려가 있는 경우에는 업무정지처분을 갈음하여 5천만원(감정평가법인인 경우는 5억원) 이하의 과징금을 부과할 수 있다.

02 (×) 국토교통부장관은 과징금을 부과하는 경우에는 위반행위의 내용과 정도, 위반행위의 기간과 위반 횟수, 위반행위로 취득한 이익의 규모를 고려해야 한다.

03 (×) 과징금을 부과 · 징수할 수 있다.

04 (×) 30일의 범위에서 기간을 연장할 수 있다.

05 (×) 「행정심판법」에 따라 행정심판을 청구할 수 있다.

06 (×) 연체료가 아니라 가산금을 징수할 수 있다.

07 (×) 시 · 도지사가 아니라 국토교통부장관이 징수한다.

08 (×) 청문을 실시해야 한다.

09 (×) 한국부동산원에 위탁한다.

10 과태료 부과 금액을 채우시오.

> 1. 결격사유 있는 사무직원을 둔 경우 : 500만원 이하
> 2. 감정평가서의 원본과 그 관련 서류를 보존하지 아니한 자 : 300만원 이하
> 3. 자격 및 등록취소의 경우 자격증 또는 등록증을 반납하지 아니한 경우 : 150만원 이하

공간정보의 구축 및 관리 등에 관한 법률

공간정보의 구축 및 관리 등에 관한 법률 기본 구조 및 최근 출제빈도 확인하기(4문제 출제)

단원	출제빈도
제1장 총칙	28 32 33 34
제2장 측량	
제3장 지적	
제1절 토지의 등록	28 29 30 31 32 33 34 35
제2절 지적공부	29 30 31 33 34
제3절 토지의 이동 신청 및 지적정리 등	28 32 33 34 35
제4장 보칙	
제5장 벌칙	

총칙

법의 목적과 기본개념이 정리된 총칙 내용의 출제빈도는 높지 않지만 기본내용을 이해하기 위해서 반드시 숙지해야 하는 용어들이므로 반복하여 익혀야 한다.
시험에 종종 출제되는 주된 개념으로는 측량(기본측량, 공공측량, 일반측량, 지적확정측량)의 개념, 토지의 표시와 이동, 지적소관청, 등록전환, 축척변경은 필수 개념이다.

이 법은 측량의 기준 및 절차와 지적공부(地籍公簿)·부동산종합공부(不動産綜合公簿)의 작성 및 관리 등에 관한 사항을 규정함으로써 국토의 효율적 관리 및 국민의 소유권 보호에 기여함을 목적으로 한다. 공간정보란 지상·지하·수상·수중 등 공간상에 존재하는 자연적 또는 인공적인 객체에 대한 위치정보 및 이와 관련된 공간적 인지 및 의사결정에 필요한 정보를 말한다.

1. "공간정보"란 「국가공간정보 기본법」 제2조 제1호에 따른 공간정보를 말한다.

1의2. "측량"이란 공간상에 존재하는 일정한 점들의 위치를 측정하고 그 특성을 조사하여 도면 및 수치로 표현하거나 도면상의 위치를 현지(現地)에 재현하는 것을 말하며, 측량용 사진의 촬영, 지도의 제작 및 각종 건설사업에서 요구하는 도면작성 등을 포함한다.

2. "기본측량"이란 모든 측량의 기초가 되는 공간정보를 제공하기 위하여 국토교통부장관이 실시하는 측량(국토지리정보원에서 실시)을 말한다(가장 정확도가 높은 측량이며 공공측량, 일반측량 등 기타의 측량은 이 기본측량의 성과를 이용하고 실시한다).

3. "공공측량"이란 다음 각 목의 측량을 말한다.

　가. 국가, 지방자치단체, 그 밖에 대통령령으로 정하는 기관이 관계 법령에 따른 사업 등을 시행하기 위하여 기본측량을 기초로 실시하는 측량

영 제2조(공공측량시행자)

「공간정보의 구축 및 관리 등에 관한 법률」(이하 "법"이라 한다) 제2조 제3호 가목에서 "대통령령으로 정하는 기관"이란 다음 각 호의 기관을 말한다.

1. 「정부출연연구기관 등의 설립·운영 및 육성에 관한 법률」 제8조에 따른 정부출연연구기관 및 「과학기술분야 정부출연연구기관 등의 설립·운영 및 육성에 관한 법률」에 따른 과학기술분야 정부출연연구기관

2. 「공공기관의 운영에 관한 법률」에 따른 공공기관(이하 "공공기관"이라 한다)

3. 「지방공기업법」에 따른 지방직영기업, 지방공사 및 지방공단(이하 "지방공기업"이라 한다)

4. 「지방자치단체 출자·출연 기관의 운영에 관한 법률」 제2조 제1항에 따른 출자기관

5. 「사회기반시설에 대한 민간투자법」 제2조 제8호의 사업시행자

6. 지하시설물 측량을 수행하는 「도시가스사업법」 제2조 제2호의 도시가스사업자와 「전기통신사업법」 제6조의 기간통신사업자

나. 가목 외의 자가 시행하는 측량 중 공공의 이해 또는 안전과 밀접한 관련이 있는 측량으로서 대통령령으로 정하는 측량

> **영 제3조(공공측량)**
> 법 제2조 제3호 나목에서 "대통령령으로 정하는 측량"이란 다음 각 호의 측량 중 국토교통부장관이 지정하여 고시하는 측량을 말한다.
> 1. 측량실시지역의 면적이 1제곱킬로미터 이상인 기준점측량, 지형측량 및 평면측량
> 2. 측량노선의 길이가 10킬로미터 이상인 기준점측량
> 3. 국토교통부장관이 발행하는 지도의 축척과 같은 축척의 지도 제작
> 4. 촬영지역의 면적이 1제곱킬로미터 이상인 측량용 사진의 촬영
> 5. 지하시설물 측량
> 6. 인공위성 등에서 취득한 영상정보에 좌표를 부여하기 위한 2차원 또는 3차원의 좌표측량
> 7. 그 밖에 공공의 이해에 특히 관계가 있다고 인정되는 사설철도 부설, 간척 및 매립사업 등에 수반되는 측량

4. "지적측량"이란 토지를 지적공부에 등록하거나 지적공부에 등록된 경계점을 지상에 복원하기 위하여 제21호에 따른 필지(토지등록단위)의 경계 또는 좌표와 면적을 정하는 측량을 말하며, 지적확정측량 및 지적재조사측량을 포함한다. [기출28 32]

> **법 제23조(지적측량의 실시 등)**
> 다음 하나에 해당하는 경우에는 지적측량을 하여야 한다.
> 1. 제7조 제1항 제3호에 따른 지적기준점을 정하는 경우
> 2. 제25조에 따라 지적측량성과를 검사하는 경우
> 3. 다음 각 목의 어느 하나에 해당하는 경우로서 측량을 할 필요가 있는 경우
>   가. 제74조에 따라 지적공부를 복구하는 경우
>   나. 제77조에 따라 토지를 신규등록하는 경우
>   다. 제78조에 따라 토지를 등록전환하는 경우
>   라. 제79조에 따라 토지를 분할하는 경우
>   마. 제82조에 따라 바다가 된 토지의 등록을 말소하는 경우
>   바. 제83조에 따라 축척을 변경하는 경우
>   사. 제84조에 따라 지적공부의 등록사항을 정정하는 경우
>   아. 제86조에 따른 도시개발사업 등의 시행지역에서 토지의 이동이 있는 경우
>   자. 「지적재조사에 관한 특별법」에 따른 지적재조사사업에 따라 토지의 이동이 있는 경우
> 4. 경계점을 지상에 복원하는 경우
> 5. 그 밖에 대통령령으로 정하는 경우(지상건축물 등의 현황을 지적도 및 임야도에 등록된 경계와 대비하여 표시하는 데에 필요한 경우를 말한다)

4의2. "지적확정측량"이란 제86조 제1항에 따른 사업(도시개발사업, 농어촌정비사업, 토지개발사업)이 끝나 토지의 표시를 새로 정하기 위하여 실시하는 지적측량을 말한다. [기출32]

4의3. "지적재조사측량"이란 「지적재조사에 관한 특별법」에 따른 지적재조사사업에 따라 토지의 표시를 새로 정하기 위하여 실시하는 지적측량을 말한다.

> * (일제강점기에 평판과 대나무자로 측량하여 수기로 만든 종이지적을 사용하여) 토지의 실제 현황과 일치하지 아니하는 지적공부(地籍公簿)의 등록사항을 바로 잡고 종이에 구현된 지적(地籍)을 디지털 지적으로 전환함으로써 국토를 효율적으로 관리함과 아울러 국민의 재산권 보호에 기여함을 목적으로 지적재조사에 관한 특별법을 제정하였음(지적재조사에 따른 청산/분담금은 감정평가대상임).

5. 삭제 〈2020.2.18.〉
6. "일반측량"이란 기본측량, 공공측량 및 지적측량 외의 측량을 말한다. [기출32]
7. "측량기준점"이란 측량의 정확도를 확보하고 효율성을 높이기 위하여 특정 지점을 제6조에 따른 측량기준에 따라 측정하고 좌표 등으로 표시하여 측량 시에 기준으로 사용되는 점을 말한다.
8. "측량성과"란 측량을 통하여 얻은 최종 결과를 말한다.
9. "측량기록"이란 측량성과를 얻을 때까지의 측량에 관한 작업의 기록을 말한다.
9의2. "지명(地名)"이란 산, 하천, 호수 등과 같이 자연적으로 형성된 지형(地形)이나 교량, 터널, 교차로 등 지물(地物)·지역(地域)에 부여된 이름을 말한다.
10. "지도"란 측량 결과에 따라 공간상의 위치와 지형 및 지명 등 여러 공간정보를 일정한 축척에 따라 기호나 문자 등으로 표시한 것을 말하며, 정보처리시스템을 이용하여 분석, 편집 및 입력·출력할 수 있도록 제작된 수치지형도[항공기나 인공위성 등을 통하여 얻은 영상정보를 이용하여 제작하는 정사영상지도(正射映像地圖)를 포함한다]와 이를 이용하여 특정한 주제에 관하여 제작된 지하시설물도·토지이용현황도 등 대통령령으로 정하는 수치주제도(數値主題圖)를 포함한다.

> * 지형도는 특정 지역의 등고선, 수계(강, 호수 등), 교통망(도로, 철도 등), 시설물(주택, 건물 등), 산림, 경지(논, 밭 등), 행정구역 경계 등을 각종 축적에 따라 공간적 분포를 나타낸 도면이고, 수치지형도는 이러한 지형도를 전산화한 도면이다.
> '국가 GIS구축 기본계획'을 계기로 본격적인 수치지형도의 시대가 열렸다. 수치지형도는 컴퓨터가 처리할 수 있는 자료, 즉 수치형태의 지도로서 그림과 문자로 혼합된 자료이다.
>
> * **시행령 [별표 1] 수치주제도의 종류**(제4조 관련)
> 지하시설물도, 토지이용현황도, 토지적성도, 국토이용계획도, 도시계획도, 도로망도, 수계도, 하천현황도, 지하수맥도, 행정구역도, 산림이용기본도, 임상도, 지질도, 토양도, 식생도, 생태·자연도, 자연공원현황도, 토지피복지도, 관광지도, 풍수해·지진해보험관리지도, 재해지도 및 이와 유사한 수치주제도 중 관련 법령상 정보유통 및 활용을 위하여 정확도의 확보가 필수적이거나 공공목적상 정확도의 확보가 필수적인 것으로서 국토교통부장관이 정하여 고시하는 수치주제도

11.~17. 삭제 〈2020.2.18.〉

18. "지적소관청"이란 지적공부를 관리하는 특별자치시장, 시장[「제주특별자치도 설치 및 국제자유 도시 조성을 위한 특별법」제10조 제2항에 따른 행정시의 시장(제주시, 서귀포시)을 포함하며, 「지방자치법」제3조 제3항에 따라 자치구가 아닌 구를 두는 시의 시장은 제외한다(인구 50만 이상 이면 행정구를 둘 수 있는데 행정구를 두게 되면 구청장이 소관청이고 행정구를 두지 않으면 시장 이 소관청이 됨)]·군수 또는 구청장[자치구가 아닌 구[(행정구 : 대도시에 설치되는 구)의 구청장 을 포함한다]을 말한다(결국, 특별자치시장, 구가 없는 시장, 군수, 구청장이 됨)(기출32 34).

> 지방자치법
> 제2조(지방자치단체의 종류)
> ① 지방자치단체는 다음의 두 가지 종류로 구분한다.
>   1. 특별시, 광역시, 특별자치시, 도, 특별자치도
>   2. 시, 군, 구
> ② 지방자치단체인 구(이하 "자치구"라 한다)는 특별시와 광역시의 관할 구역 안의 구만을 말하며, 자치구의 자치권의 범위는 법령으로 정하는 바에 따라 시·군과 다르게 할 수 있다.
>
> 제3조(지방자치단체의 법인격과 관할)
> ③ 특별시·광역시 및 특별자치시가 아닌 인구 50만 이상의 시에는 자치구가 아닌 구를 둘 수 있고, 군에는 읍·면을 두며, 시와 구(자치구를 포함한다)에는 동을, 읍·면에는 리를 둔다.

19. "지적공부"란 토지대장, 임야대장, 공유지연명부, 대지권등록부, 지적도, 임야도 및 경계점좌 표등록부 등 지적측량 등을 통하여 조사된 토지의 표시와 해당 토지의 소유자 등을 기록한 대장 및 도면(정보처리시스템을 통하여 기록·저장된 것을 포함한다)을 말한다. [기출28]

19의2. "연속지적도"란 지적측량을 하지 아니하고 전산화된 지적도 및 임야도 파일을 이용하여, 도면상 경계점들을 연결하여 작성한 도면으로서 측량에 활용할 수 없는 도면을 말한다. [기출32]

19의3. "부동산종합공부"란 토지의 표시와 소유자에 관한 사항, 건축물의 표시와 소유자에 관한 사항, 토지의 이용 및 규제에 관한 사항, 부동산의 가격(개별공시지가, 개별주택가격 및 공동 주택가격 공시 내용), 부동산의 권리에 관한 사항 등 부동산에 관한 종합정보를 정보관리체계 를 통하여 기록·저장한 것을 말한다.

20. "토지의 표시"란 지적공부에 토지의 소재(토지가 존재하는 장소의 시군구 등 행정구역)·지번 (地番)·지목(地目)·면적·경계 또는 좌표(등기부에는 없음)를 등록한 것을 말한다. [기출33]

21. "필지"란 대통령령으로 정하는 바에 따라 구획되는 토지의 등록단위를 말한다.

> 영 제5조(1필지로 정할 수 있는 기준)
> ① 법 제2조 제21호에 따라 지번부여지역의 토지로서 소유자와 용도가 같고 지반이 연속된 토 지는 1필지로 할 수 있다.
> ② 제1항에도 불구하고 다음 각 호의 어느 하나에 해당하는 토지는 주된 용도의 토지에 편입하 여 1필지로 할 수 있다. 다만, 종된 용도의 토지의 지목(地目)이 "대"(垈)인 경우와 종된 용

> 도의 토지 면적이 주된 용도의 토지 면적의 10퍼센트를 초과하거나 330제곱미터를 초과하
> 는 경우에는 그러하지 아니하다.
> 1. 주된 용도의 토지의 편의를 위하여 설치된 도로·구거(溝渠 : 도랑) 등의 부지
> 2. 주된 용도의 토지에 접속되거나 주된 용도의 토지로 둘러싸인 토지로서 다른 용도로 사
>   용되고 있는 토지

22. "지번"이란 필지에 부여하여 지적공부에 등록한 번호를 말한다(지번은 본번과 부번이 있으며 부
    번은 본번에 '-'로 표시하여 붙여 쓰며 아라비아 숫자로 표기한다. 예로 100-1은 100번지 1호란
    뜻이며 '100의 1'이라 읽는다).

23. "지번부여지역"이란 지번을 부여하는 단위지역으로서 동·리 또는 이에 준하는 지역(법정동/리)
    을 말한다[법정동(국토교통부 기준)은 재산권과 관련된 공부상 주소로 사용되고, 행정동(행정안
    전부 기준)은 행정처리, 민원발급, 선거구의 기준이 됨].

24. "지목"이란 토지의 주된 용도에 따라 토지의 종류를 구분하여 지적공부에 등록한 것을 말한다
    [기출34].

25. "경계점"이란 필지를 구획하는 선의 굴곡점으로서 지적도나 임야도에 도해(圖解 : 그림) 형태로
    등록하거나 경계점좌표등록부에 좌표 형태로 등록하는 점을 말한다. [기출28]

26. "경계"란 필지별로 경계점들을 직선(곡선 아님)으로 연결하여 지적공부에 등록한 선을 말한다
    [기출34].

27. "면적"이란 지적공부에 등록한 필지의 수평면상(입체평면 아님) 넓이를 말한다.

28. "토지의 이동(異動)"이란 토지의 표시를 새로 정하거나 변경 또는 말소(기록을 지워 없앰)하는
    것을 말한다. [기출33]

29. "신규등록"이란 새로 조성된 토지(매립지 등)와 지적공부에 등록되어 있지 아니한 토지(미등록
    토지, 새로운 섬의 발견 등)를 지적공부에 등록하는 것을 말한다.

30. "등록전환"이란 임야대장 및 임야도에 등록된 토지를 토지대장 및 지적도에 옮겨 등록하는 것을
    말한다. [기출28 34]

31. "분할"이란 지적공부에 등록된 1필지를 2필지 이상으로 나누어 등록하는 것을 말한다.

32. "합병"이란 지적공부에 등록된 2필지 이상을 1필지로 합하여 등록하는 것을 말한다.

33. "지목변경"이란 지적공부에 등록된 지목을 다른 지목으로 바꾸어 등록하는 것을 말한다.

34. "축척변경"이란 지적도(임야도 아님)에 등록된 경계점의 정밀도를 높이기 위하여 작은 축척을 큰
    축척으로 변경하여 등록하는 것을 말한다. [기출28 34]

＊ 지적의 3요소
① 토지
② 등록(토지에 관한 일정사항을 기재하는 것)
③ 지적공부

> ** 지적제도란 토지에 관한 사항을 국가 또는 국가가 위임하는 기관(지적소관청)이 지적공부에
> 등록하고, 이에 관한 변경사항을 계속적으로 유지·관리하는 제도를 말한다.
> • 지적국정주의 : 국가가 지적사항 결정
> • 지적형식주의 : 공적 장부인 지적공부에 등록 + 공시하여야 효력 발생
> • 지적공개주의 : 토지소유자, 이해관계인 및 일반 국민에게 공개
> • 직권등록주의 : 국가(지적소관청)가 강제적으로 등록·공시
> • 실질적 심사주의 : 실체법상 사실관계가 부합되는지까지도 조사하여 등록

 확인문제

01 공간정보의 구축 및 관리 등에 관한 법령상 용어에 관한 설명으로 옳지 않은 것은? ✦32회

① 공공측량과 지적측량은 일반측량에 해당한다.
② 연속지적도는 측량에 활용할 수 없는 도면이다.
③ 토지의 이동(異動)이란 토지의 표시를 새로 정하거나 변경 또는 말소하는 것을 말한다.
④ 「지방자치법」에 따라 자치구가 아닌 구를 두는 시의 시장은 지적소관청에 해당하지 않는다.
⑤ 「도시개발법」에 따른 도시개발사업이 끝나 토지의 표시를 새로 정하기 위하여 실시하는 지적
측량은 지적확정측량에 해당한다.

답 ①

제1장 총칙 주요 내용 O · X 확인 문제

01 측량은 기본측량, 공공측량, 지적측량, 일반측량으로 구분된다. 지적확정측량은 지적재조사사업에 따라 실시하는 지적측량을 말한다. (   )

02 지적공부란 토지대장, 임야대장, 공유지연명부, 대지권등록부, 지적도, 임야도 및 경계점좌표등록부 등 지적측량 등을 통하여 조사된 토지의 표시와 해당 토지의 소유자 등을 기록한 대장 및 도면 (정보처리시스템을 통하여 기록 · 저장된 것을 포함한다)을 말한다. (   )

03 연속지적도란 지적측량을 하지 아니하고 전산화된 지적도 및 임야도 파일을 이용하여, 도면상 경계점들을 연결하여 작성한 도면으로서 측량에 활용될 수 있는 도면을 말한다. (   )

04 토지의 표시란 지적공부에 토지의 소재 · 지번 · 지목 · 면적 · 경계 또는 좌표 및 소유자를 등록한 것을 말한다. (   )

05 지목이란 토지의 소재와 지번에 따라 토지의 종류를 구분하여 지적공부에 등록한 것을 말한다. (   )

06 등록전환이란 토지대장 및 지적도에 등록된 토지를 임야대장 및 임야도에 옮겨 등록하는 것을 말한다. (   )

07 축척변경이란 지적도에 등록된 경계점의 정밀도를 높이기 위하여 작은 축척을 큰 축척으로 변경하여 등록하는 것을 말한다. (   )

제1장 총칙 주요 내용 O·X 확인 문제 정답

01 (×) 지적확정측량이란 개발사업이 끝나 토지의 표시를 새로 정하기 위하여 실시하는 지적측량을 말한다.

02 (○)

03 (×) 측량에 활용할 수 없다.

04 (×) 소유자는 아니다.

05 (×) 주된 용도에 따라 토지의 종류를 구분하여 지적공부에 등록한 것을 말한다.

06 (×) 등록전환이란 임야대장 및 임야도에 등록된 토지를 토지대장 및 지적도에 옮겨 등록하는 것을 말한다.

07 (○)

Chapter

02 측량

제28조(지적위원회)

① 다음 각 호의 사항을 심의·의결하기 위하여 국토교통부에 중앙지적위원회를 둔다.
 1. 지적 관련 정책 개발 및 업무 개선 등에 관한 사항
 2. 지적측량기술의 연구·개발 및 보급에 관한 사항
 3. 제29조 제6항에 따른 지적측량 적부심사(適否審査)에 대한 재심사(再審査)
 4. 제39조에 따른 측량기술자 중 지적분야 측량기술자(이하 "지적기술자"라 한다)의 양성에 관한 사항
 5. 제42조에 따른 지적기술자의 업무정지 처분 및 징계요구에 관한 사항
② 제29조에 따른 지적측량에 대한 적부심사 청구사항을 심의·의결하기 위하여 특별시·광역시·특별자치시·도 또는 특별자치도(이하 "시·도"라 한다)에 지방지적위원회를 둔다.
③ 중앙지적위원회와 지방지적위원회의 위원 구성 및 운영에 필요한 사항은 대통령령으로 정한다.
④ 중앙지적위원회와 지방지적위원회의 위원 중 공무원이 아닌 사람은 「형법」 제127조 및 제129조부터 제132조까지의 규정을 적용할 때에는 공무원으로 본다.

영 제20조(중앙지적위원회의 구성 등)

① 법 제28조 제1항에 따른 중앙지적위원회(이하 "중앙지적위원회"라 한다)는 위원장 1명과 부위원장 1명을 포함하여 5명 이상 10명 이하의 위원으로 구성한다.
② 위원장은 국토교통부의 지적업무 담당 국장이, 부위원장은 국토교통부의 지적업무 담당 과장이 된다.
③ 위원은 지적에 관한 학식과 경험이 풍부한 사람 중에서 국토교통부장관이 임명하거나 위촉한다.
④ 위원장 및 부위원장을 제외한 위원의 임기는 2년으로 한다.
⑤ 중앙지적위원회의 간사는 국토교통부의 지적업무 담당 공무원 중에서 국토교통부장관이 임명하며, 회의 준비, 회의록 작성 및 회의 결과에 따른 업무 등 중앙지적위원회의 서무를 담당한다.
⑥ 중앙지적위원회의 위원에게는 예산의 범위에서 출석수당과 여비, 그 밖의 실비를 지급할 수 있다. 다만, 공무원인 위원이 그 소관 업무와 직접적으로 관련되어 출석하는 경우에는 그러하지 아니하다.

영 제21조(중앙지적위원회의 회의 등)

① 중앙지적위원회 위원장은 회의를 소집하고 그 의장이 된다.

② 위원장이 부득이한 사유로 직무를 수행할 수 없을 때에는 부위원장이 그 직무를 대행하고, 위원 장 및 부위원장이 모두 부득이한 사유로 직무를 수행할 수 없을 때에는 위원장이 미리 지명한 위원이 그 직무를 대행한다.

③ 중앙지적위원회의 회의는 재적위원 과반수의 출석으로 개의(開議)하고, 출석위원 과반수의 찬 성으로 의결한다.

④ 중앙지적위원회는 관계인을 출석하게 하여 의견을 들을 수 있으며, 필요하면 현지조사를 할 수 있다.

⑤ 위원장이 중앙지적위원회의 회의를 소집할 때에는 회의 일시·장소 및 심의 안건을 회의 5일 전까지 각 위원에게 서면으로 통지하여야 한다.

⑥ 위원이 법 제29조 제6항에 따른 재심사 시 그 측량 사안에 관하여 관련이 있는 경우에는 그 안건 의 심의 또는 의결에 참석할 수 없다.

학습전략

① 지번부여 방법
② 지목의 종류

1. 토지의 조사·등록(제64조)

① 국토교통부장관은 모든 토지에 대하여 필지별로 소재·지번·지목·면적·경계 또는 좌표 등을 조사·측량하여 지적공부에 등록하여야 한다.

② 지적공부에 등록하는 지번·지목·면적·경계 또는 좌표는 토지의 이동이 있을 때 토지소유자(법인이 아닌 사단이나 재단의 경우에는 그 대표자나 관리인을 말한다. 이하 같다)의 신청을 받아 지적소관청이 결정한다. 다만, 신청이 없으면 지적소관청이 직권으로 조사·측량하여 결정할 수 있다. [기출35]

> **시행규칙 제59조(토지의 조사·등록)**
>
> ① 지적소관청은 법 제64조 제2항 단서에 따라 토지의 이동현황을 직권으로 조사·측량하여 토지의 지번·지목·면적·경계 또는 좌표를 결정하려는 때에는 토지이동현황 조사계획을 수립하여야 한다. 이 경우 토지이동현황 조사계획은 시·군·구별로 수립하되, 부득이한 사유가 있는 때에는 읍·면·동별로 수립할 수 있다.
>
> ② 토지의 이동현황을 조사한 때에는 토지이동 조사부에 토지의 이동현황을 적어야 한다.
>
> ③ 토지이동현황 조사 결과에 따라 토지의 지번·지목·면적·경계 또는 좌표를 결정한 때에는 이에 따라 지적공부를 정리하여야 한다.
>
> ④ 지적공부를 정리하려는 때에는 토지이동 조사부를 근거로 토지이동 조사서를 작성하여 토지이동 정리 결의서에 첨부하여야 하며, 토지이동조서의 아래 부분 여백에 "직권정리"라고 적어야 한다.

2. 지상경계의 구분(제65조)

1) 토지의 지상경계는 둑, 담장이나 그 밖에 구획의 목표가 될 만한 구조물 및 경계점표지 등으로 구분한다.

① **연접되는 토지 간에 높낮이 차이가 없는 경우 : 그 구조물 등의 중앙**

② **연접되는 토지 간에 높낮이 차이가 있는 경우 : 그 구조물 등의 하단부**

③ **도로·구거 등의 토지에 절토(땅깎기)된 부분이 있는 경우 : 그 경사면의 상단부**

④ **토지가 해면 또는 수면에 접하는 경우 : 최대만조위 또는 최대만수위가 되는 선**

⑤ 공유수면매립지의 토지 중 제방 등을 토지에 편입하여 등록하는 경우 : 바깥쪽 어깨부분

→ 지상경계의 구획을 형성하는 구조물 등의 소유자가 다른 경우에는 ①부터 ③까지의 규정에도 불구하고 그 소유권에 따라 지상경계를 결정

2) 소관청은 토지 이동에 따라 지상경계를 새로 정한 경우에는 지상경계점등록부를 작성/관리해야 한다. [기출30]

→ 다음 사항을 등록해야 한다.

① 토지의 소재

② 지번

③ 경계점 좌표(경계점좌표등록부 시행지역에 한정한다)

④ 경계점 위치 설명도

⑤ 그 밖에 국토교통부령으로 정하는 사항

> 1. 공부상 지목과 실제 토지이용 지목
> 2. 경계점의 사진 파일
> 3. 경계점표지의 종류 및 경계점 위치

3) 경계점표지를 설치하여 측량 가능한 경우

① 도시개발 사업지구 경계결정

② 공공사업 및 국가/지자체의 토지 취득을 위해서 분할하려는 경우

③ 국토계획법상 도시·군관리계획 결정고시와 지형도면이 고시된 도시·군관리계획선에 따라 토지를 분할하려는 경우

④ 토지소유자가 신청하는 경우

> 1. 소유권이전, 매매 등을 위해 필요한 경우
> 2. 토지이용상 불합리한 지상경계를 시정하기 위한 경우

⑤ 관계 법령에 따라 인허가를 받고 토지를 분할하려는 경우

> **** 지적공부에 등록된 토지의 경계확정방법**(대판 2006.9.22, 2006다24971)
>
> [판시사항]
> 지적공부상의 경계가 실제의 경계와 다르게 작성된 토지에 인접한 토지의 소유자 등 이해관계인들이 토지의 실제의 경계선을 지적공부상의 경계선에 일치시키기로 합의한 경우 그 토지의 공간적 범위가 지적공부상의 경계에 의하여 특정되는지 여부(적극)
>
> [판결요지]
> 지적법에 의하여 어떤 토지가 지적공부에 1필지의 토지로 등록되면 그 토지의 경계는 다른 특별한 사정이 없는 한 이 등록으로써 특정되고, 다만 지적공부를 작성함에 있어 기점을 잘못 선택하는 등의 기술적인 착오로 말미암아 지적공부상의 경계가 진실한 경계선과 다르게 잘못 작성되었다는 등의 특별한 사정이 있는 경우에는 그 토지의 경계는 지적공부에 의하지 않고 실제의 경계에 의하여 확정하여야 하지만, 그 후 그 토지에 인접한 토지의 소유자 등 이해관계인들이 그 토지의 실제의 경계선을 지적공부상의 경계선에 일치시키기로 합의하였다면 적어도 그때부터는 지적공부상의 경계에 의하여 그 토지의 공간적 범위가 특정된다.

3. 분할 시 경계는 지상건축물을 걸리게 결정해서는 아니 된다(다만 아래 경우는 가능)
   ① 법원의 확정판결이 있는 경우
   ② 공공사업에 해당하는 토지 분할의 경우
   ③ 도시개발 사업지구 경계결정
   ④ 국토계획법상 도시·군관리계획 결정고시와 지형도면이 고시된 도시·군관리계획선에 따라 토지를 분할하려는 경우

4. 지번의 부여
   (1) 지적소관청이 지번부여지역별로 차례대로 부여한다. [기출29 34] 지적소관청은 지적공부에 등록된 지번을 변경할 필요가 있다고 인정하면 시·도지사나 대도시 시장의 승인을 받아 지번부여지역의 전부 또는 일부에 대하여 지번을 새로 부여할 수 있다(제66조).

> * 영 제56조(지번의 구성 및 부여방법 등)
> ① 지번(地番)은 아라비아숫자로 표기하되, 임야대장 및 임야도에 등록하는 토지의 지번은 숫자 앞에 "산"자를 붙인다. [기출29]
> ② 지번은 본번과 부번으로 구성하되, 본번과 부번 사이에 "-" 표시로 연결한다. 이 경우 "-" 표시는 "의"라고 읽는다.
> ③ 지번의 부여방법 및 부여절차
>   1) 지번은 북서에서 남동으로 순차적으로 부여할 것 → 북서기번법[기출29]
>   2) 신규등록 및 등록전환의 경우에는 그 지번부여지역에서 인접토지의 본번에 부번을 붙여서

지번을 부여할 것. 다만, 다음 어느 하나에 해당하면 그 지번부여지역의 최종 본번의 다음 순번부터 본번으로 하여 순차적으로 지번을 부여할 수 있다.

　가. 대상토지가 그 지번부여지역의 최종 지번의 토지에 인접하여 있는 경우
　나. 대상토지가 이미 등록된 토지와 멀리 떨어져 있어서 등록된 토지 본번에 부번을 부여하는 것이 불합리한 경우
　다. 대상토지가 여러 필지로 되어 있는 경우

3) 분할의 경우에는 분할 후의 필지 중 1필지의 지번은 분할 전의 지번으로 하고, 나머지 필지의 지번은 본번의 최종 부번 다음 순번으로 부번을 부여할 것. 이 경우 주거 · 사무실 등 건축물이 있는 필지에 대해서는 분할 전의 지번을 우선 부여해야 한다.

4) 합병의 경우에는 합병 대상 지번 중 선순위의 지번을 그 지번으로 하되, 본번으로 된 지번이 있을 때에는 본번 중 선순위의 지번을 합병 후의 지번으로 할 것. 토지소유자가 합병 전의 필지에 주거 · 사무실 등의 건축물이 있는 경우 그 지번을 합병 후의 지번으로 신청할 때에는 그 지번을 합병 후의 지번으로 부여해야 한다.

〈원칙〉

| 1000 | 1023 | 1024 | 2000 | → | 1000 |

| 1000-1 | 2020 | 2020-2 | 2023 | → | 2020 |

| 20-2 | 30-1 | 15-2 | 13-1 | → | 13-1 |

〈예외〉

| 100 | 101 집 | 102 | → | 100 집 | 소유자신청 × |
| | | | → | 101 집 | 소유자신청 ○ |

5) 지적확정측량을 실시한 지역의 각 필지에 지번을 새로 부여하는 경우에는 다음 각 목의 지번을 제외한 본번을 부여할 것. 다만, 부여할 수 있는 종전 지번의 수가 새로 부여할 지번의 수보다 적을 때에는 블록 단위로 하나의 본번을 부여한 후 필지별로 부번을 부여하거나,

그 지번부여지역의 최종 본번 다음 순번부터 본번으로 하여 차례로 지번을 부여할 수 있다.

가. 지적확정측량을 실시한 지역의 종전의 지번과 지적확정측량을 실시한 지역 밖에 있는 본번이 같은 지번이 있을 때에는 그 지번

나. 지적확정측량을 실시한 지역의 경계에 걸쳐 있는 지번

6) 다음 각 목의 어느 하나에 해당할 때에는 5)를 준용하여 지번을 부여할 것

가. 지번부여지역의 지번을 변경할 때

나. 행정구역 개편에 따라 새로 지번을 부여할 때

다. 축척변경 시행지역의 필지에 지번을 부여할 때

④ 도시개발사업 등이 준공되기 전에 사업시행자가 지번부여 신청을 하면 국토교통부령으로 정하는바(사업계획도에 따르되 상기 '5)'에 따라 부여하여야 한다)에 따라 지번을 부여할 수 있다.

(2) 지번변경 승인신청(시행령 제57조)

① 지적소관청은 지번을 변경하려면 지번변경 사유를 적은 승인신청서에 지번변경 대상지역의 지번·지목·면적·소유자에 대한 상세한 내용을 기재하여 시·도지사 또는 대도시 시장에게 제출해야 한다. 이 경우 시·도지사 또는 대도시 시장은 「전자정부법」 제36조 제1항에 따른 행정정보의 공동이용을 통하여 지번변경 대상지역의 지적도 및 임야도를 확인해야 한다.

② 신청을 받은 시·도지사 또는 대도시 시장은 지번변경 사유 등을 심사한 후 그 결과를 지적소관청에 통지하여야 한다.

5. 지목

(1) 지목

지목은 전·답·과수원·목장용지·임야·광천지·염전·대(垈)·공장용지·학교용지·주차장·주유소용지·창고용지·도로·철도용지·제방(堤防)·하천·구거(溝渠)·유지(溜池)·양어장·수도용지·공원·체육용지·유원지·종교용지·사적지·묘지·잡종지로 구분하여 정한다.

＊ 앞 글자 한 자로 표기하나 다음의 경우는 두 번째 글자를 표기한다(원 천 차 장).

① 공장용지

② 주차장

③ 하천

④ 유원지

1. 전

물을 상시적으로 이용하지 않고 곡물·원예작물(과수류는 제외한다)·약초·뽕나무·닥나무·묘목·관상수 등의 식물을 주로 재배하는 토지와 식용(食用)으로 죽순을 재배하는 토지

2. 답

물을 상시적으로 직접 이용하여 벼·연(蓮)·미나리·왕골 등의 식물을 주로 재배하는 토지

3. **과수원**

  사과·배·밤·호두·귤나무 등 과수류를 집단적으로 재배하는 토지와 이에 접속된 저장고 등 부속시설물의 부지. 다만, 주거용 건축물의 부지는 "대"로 한다.

4. **목장용지** [기출29 32] : 다음 각 목의 토지. 다만, 주거용 건축물의 부지는 "대"로 한다.

  가. 축산업 및 낙농업을 하기 위하여 초지를 조성한 토지

  나. 「축산법」 제2조 제1호에 따른 가축을 사육하는 축사 등의 부지

  다. 가목 및 나목의 토지와 접속된 부속시설물의 부지

5. **임야**

  산림 및 원야(原野)를 이루고 있는 수림지(樹林地)·죽림지·암석지·자갈땅·모래땅·습지·황무지 등의 토지

6. **광천지**

  지하에서 온수·약수·석유류 등이 용출되는 용출구(湧出口)와 그 유지(維持)에 사용되는 부지. 다만, 온수·약수·석유류 등을 일정한 장소로 운송하는 송수관·송유관 및 저장시설의 부지는 제외한다.

7. **염전**

  바닷물을 끌어들여 소금을 채취하기 위하여 조성된 토지와 이에 접속된 제염장(製鹽場) 등 부속시설물의 부지. 다만, 천일제염 방식으로 하지 아니하고 동력으로 바닷물을 끌어들여 소금을 제조하는 공장시설물의 부지는 제외한다.

8. **대**

  가. 영구적 건축물 중 주거·사무실·점포와 박물관·극장·미술관 등 문화시설과 이에 접속된 정원 및 부속시설물의 부지 [기출28]

  나. 「국토의 계획 및 이용에 관한 법률」 등 관계 법령에 따른 택지조성공사가 준공된 토지

9. **공장용지** [기출 35]

  가. 제조업을 하고 있는 공장시설물의 부지

  나. 「산업집적활성화 및 공장설립에 관한 법률」 등 관계 법령에 따른 공장부지 조성공사가 준공된 토지

  다. 가목 및 나목의 토지와 같은 구역에 있는 의료시설 등 부속시설물의 부지

10. **학교용지** [기출28 33]

  학교의 교사(校舍)와 이에 접속된 체육장 등 부속시설물의 부지

11. **주차장** [기출33 35]

  자동차 등의 주차에 필요한 독립적인 시설을 갖춘 부지와 주차전용 건축물 및 이에 접속된 부속시설물의 부지. 다만, 다음 각 목의 어느 하나에 해당하는 시설의 부지는 제외한다.

가. 「주차장법」 제2조 제1호 가목 및 다목에 따른 노상주차장 및 부설주차장(「주차장법」 제 19조 제4항에 따라 시설물의 부지 인근에 설치된 부설주차장은 제외한다)

나. 자동차 등의 판매 목적으로 설치된 물류장 및 야외전시장 [기출29]

12. 주유소용지 [기출34 35]

다음 각 목의 토지. 다만, 자동차·선박·기차 등의 제작 또는 정비공장 안에 설치된 급유· 송유시설 등의 부지는 제외한다.

가. 석유·석유제품, 액화석유가스, 전기 또는 수소 등의 판매를 위하여 일정한 설비를 갖춘 시설물의 부지

나. 저유소(貯油所) 및 원유저장소의 부지와 이에 접속된 부속시설물의 부지

13. 창고용지 [기출28]

물건 등을 보관하거나 저장하기 위하여 독립적으로 설치된 보관시설물의 부지와 이에 접속 된 부속시설물의 부지

14. 도로

다음 각 목의 토지. 다만, 아파트·공장 등 단일 용도의 일정한 단지 안에 설치된 통로 등은 제외한다.

가. 일반 공중(公衆)의 교통 운수를 위하여 보행이나 차량운행에 필요한 일정한 설비 또는 형태를 갖추어 이용되는 토지

나. 「도로법」 등 관계 법령에 따라 도로로 개설된 토지

다. 고속도로의 휴게소 부지 [기출28 31 34]

라. 2필지 이상에 진입하는 통로로 이용되는 토지

15. 철도용지

교통 운수를 위하여 일정한 궤도 등의 설비와 형태를 갖추어 이용되는 토지와 이에 접속된 역사(驛舍)·차고·발전시설 및 공작창(工作廠) 등 부속시설물의 부지

16. 제방 [기출31]

조수·자연유수(自然流水)·모래·바람 등을 막기 위하여 설치된 방조제·방수제·방사제 ·방파제 등의 부지

17. 하천 [기출29 31 33]

자연의 유수(流水)가 있거나 있을 것으로 예상되는 토지

18. 구거

용수(用水) 또는 배수(排水)를 위하여 일정한 형태를 갖춘 인공적인 수로·둑 및 그 부속시설 물의 부지와 자연의 유수(流水)가 있거나 있을 것으로 예상되는 소규모 수로부지

19. 유지(溜池)

물이 고이거나 상시적으로 물을 저장하고 있는 댐·저수지·소류지(沼溜地)·호수·연못 등 의 토지와 연·왕골 등이 자생하는 배수가 잘 되지 아니하는 토지

20. 양어장 [기출35]

육상에 인공으로 조성된 수산생물의 번식 또는 양식을 위한 시설을 갖춘 부지와 이에 접속된 부속시설물의 부지

21. 수도용지

물을 정수하여 공급하기 위한 취수·저수·도수(導水)·정수·송수 및 배수 시설의 부지 및 이에 접속된 부속시설물의 부지

22. 공원

일반 공중의 보건·휴양 및 정서생활에 이용하기 위한 시설을 갖춘 토지로서 「국토의 계획 및 이용에 관한 법률」에 따라 공원 또는 녹지로 결정·고시된 토지

23. 체육용지

국민의 건강증진 등을 위한 체육활동에 적합한 시설과 형태를 갖춘 종합운동장·실내체육관·야구장·골프장·스키장·승마장·경륜장 등 체육시설의 토지와 이에 접속된 부속시설물의 부지. 다만, 체육시설로서의 영속성과 독립성이 미흡한 정구장·골프연습장·실내수영장 및 체육도장과 유수(流水)를 이용한 요트장 및 카누장 등의 토지는 제외한다.

24. 유원지 [기출35]

일반 공중의 위락·휴양 등에 적합한 시설물을 종합적으로 갖춘 수영장·유선장(遊船場)·낚시터·어린이놀이터·동물원·식물원·민속촌·경마장·야영장 등의 토지와 이에 접속된 부속시설물의 부지. 다만, 이들 시설과의 거리 등으로 보아 독립적인 것으로 인정되는 숙식시설 및 유기장(遊技場)의 부지와 하천·구거 또는 유지[공유(公有)인 것으로 한정한다]로 분류되는 것은 제외한다.

25. 종교용지 [기출28]

일반 공중의 종교의식을 위하여 예배·법요·설교·제사 등을 하기 위한 교회·사찰·향교 등 건축물의 부지와 이에 접속된 부속시설물의 부지

26. 사적지

국가유산으로 지정된 역사적인 유적·고적·기념물 등을 보존하기 위하여 구획된 토지. 다만, 학교용지·공원·종교용지 등 다른 지목으로 된 토지에 있는 유적·고적·기념물 등을 보호하기 위하여 구획된 토지는 제외한다.

27. 묘지 [기출31 33]

사람의 시체나 유골이 매장된 토지, 「도시공원 및 녹지 등에 관한 법률」에 따른 묘지공원으로 결정·고시된 토지 및 「장사 등에 관한 법률」 제2조 제9호에 따른 봉안시설과 이에 접속된 부속시설물의 부지. 다만, 묘지의 관리를 위한 건축물의 부지는 "대"로 한다.

28. 잡종지 [기출33 35]

다음 각 목의 토지. 다만, 원상회복을 조건으로 돌을 캐내는 곳 또는 흙을 파내는 곳으로 허가된 토지는 제외한다.

가. 갈대밭, 실외에 물건을 쌓아두는 곳, 돌을 캐내는 곳, 흙을 파내는 곳, 야외시장 및 공동 우물

나. 변전소, 송신소, 수신소 및 송유시설 등의 부지 [기출35]

다. 여객자동차터미널, 자동차운전학원 및 폐차장 등 자동차와 관련된 독립적인 시설물을 갖춘 부지

라. 공항시설 및 항만시설 부지

마. 도축장, 쓰레기처리장 및 오물처리장 등의 부지

바. 그 밖에 다른 지목에 속하지 않는 토지

＊ 지목 간편 정리

지목 : 앞 글자 한 자로 표기 / 단, 유원지, 하천, 주차장, 공장용지는 두 번째 글자 사용

부 : 부속시설물의 부지를 포함한다.

주 : 주거용 건축물의 부지는 "대"로 한다.

Ⅰ. 예외규정이 없는 경우

1. 전(물 상시 이용 × / 식물재배(과수류 제외), 식용죽순, 약초, 뽕나무, 닥나무, 묘목, 관상수)
2. 답(물 상시 이용 ○ / 벼・연・미나리・왕골 식물재배 / 연・왕골 자생 시는 유지)
3. 과수원(과수류 + "부" + "주")
4. 목장용지(초지 + "부" + "주")
5. 임야(산림 및 원야 / 수림지, 죽림지, 암석지, 자갈땅, 모래땅, 습지, 황무지 등)
8. 대(영구적 건축물 / 주거・사무실・점포・박물관・극장・미술관 등 문화시설 + 정원 및 "부" + 택지조성공사 준공토지)
9. 공장용지(제조업 공장시설 부지 + 공장 조성공사 준공토지 + 의료시설 등 부속시설)
10. 학교용지(학교의 교사와 체육장 등 + "부")
13. 창고용지(독립적으로 설치된 저장을 위한 보관시설물 부지 + "부")
15. 철도용지(교통 운수를 위한 일정한 궤도, 설비를 갖춘 토지 + 접속된 역사・차고・발전시설 및 공작창 등 부속시설물)
16. 제방(조수・자연유수・모래・바람 등 막기 위한 방조제・방수제・방사제・방파제 등)
17. 하천(자연의 유수가 있거나 있을 것으로 예상되는 토지(수로부지는 구거)
18. 구거(용수 또는 배수를 위한 인공적인 수로・둑 + "부" + 자연의 유수가 있거나 있을 것으로 예상되는 소규모 수로부지)
19. 유지(물이 고이거나 상시적으로 물을 저장하고 있는 댐・저수지・소류지・호수・연못 등의 토지 + 연・왕골 등이 자생하는 배수가 잘 되지 아니하는 토지(연 왕골 재배는 답)
20. 양어장(육상에 인공으로 조성된 수산생물의 번식 또는 양식을 위한 시설부지 + "부")
21. 수도용지(물을 정수하여 공급하기 위한 취수・저수・도수(導水)・정수・송수 및 배수시설의 부지 + "부")
22. 공원(공중의 보건・휴양 및 정서생활 / 국토계획법상 공원 및 녹지로 결정・고시된 토지)

25. 종교용지(공중의 종교의식을 위한 예배·법요·설교·제사 등을 하기 위한 교회·사찰·향교 등 건축물의 부지 + "부")

> 1. 전(물 상시 이용 X 식물재배 / 식용죽순 포함, 과수류 제외)
> 2. 답(물 상시 이용 식물재배 / 연·왕골 자생 시는 유지)
> 3. 과수원(과수류 + "부" + "주")
> 4. 목장용지(초지 + "부" + "주")
> 5. 임야(산림 및 원야)
> 8. 대(영구적 건축물이 있는 토지 + 택지조성공사 준공토지)
> 9. 공장용지(제조업 공장시설 부지 + 공장 조성공사 준공토지 + 의료시설 등 부속시설)
> 10. 학교용지(학교의 교사와 체육장 등 + "부")
> 13. 창고용지(독립적으로 설치된 저장을 위한 보관시설물 부지 + "부")
> 15. 철도용지(교통 운수를 위한 일정한 궤도, 설비를 갖춘 토지 + "부")
> 16. 제방(조수·자연유수·모래·바람 등을 막기 위한 방조제·방수제·방사제·방파제 등)
> 17. 하천(자연의 유수가 있거나 있을 것으로 예상되는 토지(수로부지는 구거))
> 18. 구거(용수 또는 배수를 위한 인공적인 수로·둑 + "부" + 자연의 유수가 있거나 있을 것으로 예상되는 소규모 수로부지)
> 19. 유지[물이 고이거나 상시적으로 물을 저장하고 있는 토지 + 연·왕골 등이 자생하는 배수가 잘 되지 아니하는 토지(연·왕골 재배는 답)]
> 20. 양어장(육상에 인공으로 조성된 수산생물의 번식 또는 양식을 위한 시설부지 + "부")
> 21. 수도용지(물을 정수하여 공급하기 위한 부지 + "부")
> 22. 공원(공중의 보건·휴양 및 정서생활 / 국토계획법상 공원 및 녹지로 결정·고시된 토지)
> 25. 종교용지(공중의 종교의식을 위한 교회·사찰·향교 등 건축물의 부지 + "부")

II. 예외규정이 있는 경우

6. 광천지(온수·약수·석유류의 용출구와 그 유지 / 단, 송수관, 송유관, 저장시설 부지 제외)

7. 염전[바닷물 소금채취(천일제염) + 접속된 제염장 / 단, 천일제염 방식으로 하지 아니하고 동력 제조하는 공장시설물 부지는 제외]

11. 주차장[자동차 주차에 필요한 시설부지 + 주차전용 건축물 + 부 / 단, 노상주차장 및 부설주차장(주차장법에 따라 시설물의 부지 인근에 설치된 부설주차장은 제외)은 제외, 자동차 판매 목적의 물류장 및 야외전시장은 제외]

12. 주유소용지(석유·석유제품, 액화석유가스, 전기 또는 수소 등의 판매부지 + 저유소 및 원유저장소 부지 + 부 / 단, 자동차·선박·기차 등의 제작 또는 정비공장 안에 설치된 급유·송유시설 등의 부지는 제외)

14. 도로(일반공중의 교통 운수를 위한 보행이나 차량운행에 필요한 일정한 설비 또는 형태를 갖추어 이용되는 토지 + 도로법 등 도로로 개설된 토지 + 고속도로의 휴게소 부지 + 2필지 이상에 진입하는 통로로 이용되는 토지 / 단, 아파트·공장 등 단일 용도의 일정한 단지 안에 설치된 통로 등은 제외)

23. **체육용지**(건강증진을 위한 체육활동에 적합한 시설과 형태를 갖춘 종합운동장·실내체육관·야구장·골프장·스키장·승마장·경륜장 등 체육시설의 토지 + 부 / 단, 체육시설로서의 영속성과 독립성이 미흡한 정구장·골프연습장·실내수영장 및 체육도장과 유수(流水)를 이용한 요트장 및 카누장 등의 토지는 제외)

24. **유원지**(일반 공중의 위락·휴양 등에 적합한 시설물을 종합적으로 갖춘 수영장·유선장(遊船場)·낚시터·어린이놀이터·동물원·식물원·민속촌·경마장·야영장 등의 토지와 이에 접속된 부속시설물의 부지. 단, 이들 시설과의 거리 등으로 보아 독립적인 것으로 인정되는 숙식시설 및 유기장(遊技場)의 부지와 하천·구거 또는 유지[공유인 것으로 한정]로 분류되는 것은 제외)

26. **사적지**(국가유산 지정된 역사적인 유적·고적·기념물 보존 위한 토지 / 단, 학교용지·공원·종교용지 등 다른 지목으로 된 토지에 있는 유적·고적·기념물 등을 보호하기 위하여 구획된 토지는 제외)

27. **묘지**(사람의 시체나 유골 매장 토지, 「도시공원 및 녹지 등에 관한 법률」에 따른 묘지공원으로 결정·고시된 토지 및 「장사 등에 관한 법률」에 따른 봉안시설 + "부" / 단, 묘지의 관리를 위한 건축물의 부지는 "대"로 한다)

28. **잡종지**(원상회복 조건으로 돌을 캐내거나 흙을 파내는 곳으로 허가된 토지는 제외)
    가. 갈대밭, 실외에 물건을 쌓아두는 곳, 돌을 캐내는 곳, 흙을 파내는 곳, 야외시장 및 공동우물
    나. 변전소, 송신소, 수신소 및 송유시설 등의 부지
    다. 여객자동차터미널, 자동차운전학원 및 폐차장 등 자동차와 관련된 독립적인 시설물을 갖춘 부지
    라. 공항시설 및 항만시설 부지
    마. 도축장, 쓰레기처리장 및 오물처리장 등의 부지
    바. 그 밖에 다른 지목에 속하지 않는 토지

＊ 물과 관련된 지목 비교
• **하천**[자연의 유수가 있거나 있을 것으로 예상되는 토지(수로부지는 구거)]
• **구거**(용수 또는 배수를 위한 인공적인 수로·둑 + "부" + 자연의 유수가 있거나 있을 것으로 예상되는 소규모 수로부지)
• **유지**[물이 고이거나 상시적으로 물을 저장하고 있는 토지 + 연·왕골 등이 자생하는 배수가 잘 되지 아니하는 토지(연·왕골 재배는 답)]
• **양어장**(육상에 인공으로 조성된 수산생물의 번식 또는 양식을 위한 시설부지 + "부")
• **수도용지**(물을 정수하여 공급하기 위한 부지 + "부")

> **＊ 건물이 있는 경우 비교 구분**
>
> • **대**(영구적 건축물 / 주거·사무실·점포·박물관·극장·미술관 등 문화시설 + 정원 및 "부"
>   + 택지조성공사 준공토지)
> • **묘지**(사람의 시체나 유골 매장 토지, 「도시공원 및 녹지 등에 관한 법률」에 따른 묘지공원으
>   로 결정·고시된 토지 및 「장사 등에 관한 법률」에 따른 봉안시설 + "부" / 단, **묘지의 관리를
>   위한 건축물의 부지는 "대"로 한다**)
> • **종교용지**(공중의 종교의식을 위한 예배·법요·설교·제사 등을 하기 위한 교회·사찰·향
>   교 등 건축물의 부지 + "부")
> • **공장용지**(제조업 공장시설 부지 + 공장 조성공사 준공토지 + 의료시설 등 부속시설)
> • **학교용지**(학교의 교사와 체육장 등 + "부")
> • **창고용지**(독립적으로 설치된 저장을 위한 보관시설물 부지 + "부")
> • **과수원**(과수류 + "부" + "주")
> • **목장용지**(초지 + "부" + "주")
> • **도로**(일반공중의 교통 운수를 위한 보행이나 차량운행에 필요한 일정한 설비 또는 형태를 갖
>   추어 이용되는 토지 + 도로법 등 도로로 개설된 토지 + **고속도로의 휴게소 부지**)
> ＊ **부** : 부속시설물의 부지를 포함한다.
> ＊ **주** : 주거용 건축물의 부지는 "대"로 한다.

(2) 지목설정방법 [기출32 34 35]

① 필지마다 하나의 지목을 설정할 것
② 1필지가 둘 이상의 용도로 활용되는 경우에는 주된 용도에 따라 지목을 설정할 것
③ 토지가 일시적 또는 임시적인 용도로 사용될 때에는 지목을 변경하지 아니한다.

6. 면적의 결정(면적 단위는 제곱미터 [기출34]) 및 측량계산의 끝수 처리(제68조)

(1) 1제곱미터 미만의 끝수가 있는 경우

• 0.5제곱미터 미만 : 버림
• 0.5제곱미터를 초과 : 올림
• 0.5제곱미터일 때에는 구하려는 끝자리의 숫자가 0 또는 짝수이면 버리고 홀수이면 올린다.
• 1필지의 면적이 1제곱미터 미만일 때에는 1제곱미터로 한다.

산출면적	결정면적
224.6	225
224.4	224
224.5	224
245.5	246
240.5	240
0.4	1

(2) 지적도의 축척이 600분의 1인 지역 및 경계점좌표등록부에 등록하는 지역은 제곱미터 이하 한 자리 단위로 하되, 0.1제곱미터 미만의 끝수가 있는 경우
- 0.05제곱미터 미만 : 버림
- 0.05제곱미터를 초과 : 올림
- 0.05제곱미터일 때에는 구하려는 끝자리의 숫자가 0 또는 짝수이면 버리고 홀수이면 올린다.
- 1필지의 면적이 0.1제곱미터 미만일 때에는 0.1제곱미터로 한다.

산출면적	결정면적
223.36	223.4
223.34	223.3
223.35	223.4
245.45	245.4
254.05	254.0
0.04	0.1

(3) 방위각의 각치(角値), 종횡선의 수치 또는 거리를 계산하는 경우 구하려는 끝자리의 다음 숫자가 5 미만일 때에는 버리고 5를 초과할 때에는 올리며, 5일 때에는 구하려는 끝자리의 숫자가 0 또는 짝수이면 버리고 홀수이면 올린다. 다만, 전자계산조직을 이용하여 연산할 때에는 최종수치에만 이를 적용한다.

01 지적소관청은 관할 지역에 대한 토지에 대하여 필지별로 소재 · 지번 · 지목 · 면적 · 경계 또는 좌표 등을 조사 · 측량하여 지적공부에 등록하여야 한다. (　　　)

02 지적공부에 등록하는 지번 · 지목 · 면적 · 경계 또는 좌표는 토지의 이동이 있을 때 지적소관청이 직권으로 조사 · 측량하여 결정할 수 있다. 토지소유자의 신청이 있는 경우에는 이를 유보할 수 있다. (　　　)

03 토지의 지상경계는 둑, 담장이나 그 밖에 구획의 목표가 될 만한 구조물 및 경계점표지 등으로 구분한다. (　　　)

04 지상경계점등록부에는 토지의 소재, 지번, 경계점 좌표(경계점좌표등록부 시행지역에 한정한다), 경계점 위치 설명도, 공부상 지목과 실제 토지이용 지목, 경계점의 사진 파일, 경계점표지의 종류 및 경계점 위치, 소유자에 관한 사항을 등록한다. (　　　)

05 지번은 지적소관청이 지번부여지역별로 북동에서 남서로 순차적으로 부여한다. 지적소관청은 지적공부에 등록된 지번을 변경할 필요가 있다고 인정하면 국토교통부장관의 승인을 받아 지번부여지역의 전부 또는 일부에 대하여 지번을 새로 부여할 수 있다. (　　　)

06 신규등록 및 등록전환의 경우에는 그 지번부여지역에서 인접토지의 본번에 부번을 붙여서 지번을 부여하는 것이 원칙이다. (　　　)

07 대상토지가 그 지번부여지역의 최종 지번의 토지에 인접하여 있는 경우, 대상토지가 이미 등록된 토지와 멀리 떨어져 있어서 등록된 토지의 본번에 부번을 부여하는 것이 불합리한 경우, 대상토지가 여러 필지로 되어 있는 경우에는 그 지번부여지역의 최종 본번에 부번을 붙여서 지번을 부여할 수 있다. (　　　)

08 분할의 경우 주거 · 사무실 등의 건축물이 있는 필지에 대해서는 소유자의 신청이 있는 경우에 분할 전의 지번을 우선하여 부여할 수 있다. (　　　)

09 합병의 경우에는 토지소유자가 합병 전의 필지에 주거 · 사무실 등의 건축물이 있어서 그 건축물이 위치한 지번을 합병 후의 지번으로 신청해야 한다. (　　　)

10 지적확정측량을 실시한 지역의 각 필지에 지번을 새로 부여하는 경우에는 지적확정측량을 실시한 지역의 경계에 걸쳐 있는 지번, 지적확정측량을 실시한 지역의 종전의 지번과 지적확정측량을 실시한 지역 밖에 있는 본번이 같은 지번이 있을 때에는 그 지번은 사용할 수 없다. (   )

11 도시개발사업 등이 준공되기 전에 사업시행자가 지번부여 신청을 하면 국토교통부령으로 정하는 바에 따라 지번을 부여할 수 있다. (   )

12 토지가 일시적 또는 임시적인 용도로 사용될 때에는 지목을 변경하지 아니한다. 지목구분 중 틀린 것은 몇 개인가? (   )

---

1. 전
   물을 상시적으로 이용하고 곡물·원예작물(과수류는 제외한다)·약초·뽕나무·닥나무·묘목·관상수 등의 식물을 주로 재배하는 토지와 식용으로 죽순을 재배하는 토지

2. 답
   물을 상시적으로 직접 이용하여 벼·연(蓮)·미나리·왕골 등의 식물을 주로 재배하는 토지

3. 주차장
   자동차 등의 주차에 필요한 독립적인 시설을 갖춘 부지와 주차전용 건축물 및 이에 접속된 부속시설물의 부지(노상주차장 및 부설주차장, 자동차 등의 판매 목적으로 설치된 물류장 및 야외전시장 포함)를 포함한다.

4. 도로
   고속도로의 휴게소 부지에 건축물이 없는 경우는 제외된다. 아파트·공장 등 단일 용도의 일정한 단지 안에 설치된 통로 등은 도로에 포함된다.

5. 묘지
   사람의 시체나 유골이 매장된 토지, 「도시공원 및 녹지 등에 관한 법률」에 따른 묘지공원으로 결정·고시된 토지 및 「장사 등에 관한 법률」에 따른 봉안시설과 이에 접속된 부속시설물의 부지. 다만, 묘지의 관리를 위한 건축물의 부지는 "대"로 한다.

제3장 제1절 토지의 등록 주요 내용 O·X 확인 문제 정답

01 (×) 지적소관청이 아닌 국토교통부장관은 모든 토지에 대하여

02 (×) 토지의 이동이 있을 때 토지소유자의 신청을 받아 지적소관청이 결정한다. 다만, 신청이 없으면 지적소관청이 직권으로 조사·측량하여 결정할 수 있다.

03 (O)

04 (×) 소유자에 관한 사항은 등록사항이 아니다.

05 (×) 지번은 지적소관청이 지번부여지역별로 북서에서 남동으로 순차적으로 부여한다. 지적소관청은 지적공부에 등록된 지번을 변경할 필요가 있다고 인정하면 시·도지사나 대도시 시장의 승인을 받아 지번부여지역의 전부 또는 일부에 대하여 지번을 새로 부여할 수 있다.

06 (O)

07 (×) 그 지번부여지역의 최종 본번의 다음 순번부터 본번으로 하여 순차적으로 지번을 부여할 수 있다.

08 (×) 분할의 경우 주거·사무실 등의 건축물이 있는 필지에 대해서는 분할 전의 지번을 우선하여 부여하여야 한다.

09 (×) 합병의 경우에는 토지소유자가 합병 전의 필지에 주거·사무실 등의 건축물이 있어서 그 건축물이 위치한 지번을 합병 후의 지번으로 신청할 때에는 그 지번을 합병 후의 지번으로 부여하여야 한다.

10 (O)

11 (O) 지적확정측량을 실시한 지역의 각 필지에 지번을 새로 부여하는 방법으로 부여한다.

12 3개

---

1. 전

   물을 상시적으로 이용하지 않고 곡물·원예작물(과수류는 제외한다)·약초·뽕나무·닥나무·묘목·관상수 등의 식물을 주로 재배하는 토지와 식용으로 죽순을 재배하는 토지

3. 주차장

   자동차 등의 주차에 필요한 독립적인 시설을 갖춘 부지와 주차전용 건축물 및 이에 접속된 부속시설물의 부지. 다만, 노상주차장 및 부설주차장, 자동차 등의 판매 목적으로 설치된 물류장 및 야외전시장은 제외된다.

4. 도로

   일반 공중의 교통 운수를 위하여 보행이나 차량운행에 필요한 일정한 설비 또는 형태를 갖추어 이용되는 토지, 도로법에 따라 도로로 개설된 토지, 고속도로의 휴게소 부지, 2필지 이상에 진입하는 통로로 이용되는 토지는 도로이나 아파트·공장 등 단일 용도의 일정한 단지 안에 설치된 통로 등은 제외한다.

제2절 | 지적공부

학습전략

지적공부는 그 내용이 전반적으로 출제되고 있으므로 전체적인 내용을 잘 숙지하여야 한다.
① 지적공부의 보존
② 토지대장 등의 등록사항
③ 지적전산자료의 이용
④ 부동산종합공부

1. 지적공부의 보존 등

(1) 지적소관청은 해당 청사 내에 지적서고를 설치하여 영구보존하고 반출이 금지된다. 단, 천재지변, 재난 및 시·도지사·대도시시장이 승인하는 경우 반출이 가능하다(제69조) [기출29 30 31].

1) **지적공부의 반출승인 절차**(시행규칙 제67조)

지적소관청이 지적공부를 그 시·군·구의 청사 밖으로 반출하려는 경우에는 시·도지사 또는 대도시 시장에게 지적공부 반출사유를 적은 승인신청서를 제출해야 한다. 신청을 받은 시·도지사 또는 대도시 시장은 지적공부 반출사유 등을 심사한 후 그 승인 여부를 지적소관청에 통지하여야 한다.

> **＊ 지적서고의 구조기준**
> 1. 골조는 철근콘크리트 이상의 강질로 할 것
> 2. 지적서고의 면적은 별표 7의 기준면적에 따를 것
> 3. 바닥과 벽은 2중으로 하고 영구적인 방수설비를 할 것
> 4. 창문과 출입문은 2중으로 하되, 바깥쪽 문은 반드시 철제로 하고 안쪽 문은 곤충·쥐 등의 침입을 막을 수 있도록 철망 등을 설치할 것
> 5. 온도 및 습도 자동조절장치를 설치하고, 연중 평균온도는 섭씨 20±5도를, 연중평균습도는 65±5퍼센트를 유지할 것
> 6. 전기시설을 설치하는 때에는 단독퓨즈를 설치하고 소화장비를 갖춰 둘 것
> 7. 열과 습도의 영향을 받지 아니하도록 내부공간을 넓게 하고 천장을 높게 설치할 것

2) 지적소관청은 해당 청사에 지적서고를 설치하고 그 곳에 지적공부(정보처리시스템을 통하여 기록·저장한 경우는 제외)를 영구히 보존해야 한다. → 지적공부의 전부/일부 멸실/훼손 시 소관청은 지체 없이 이를 복구해야 한다(제74조).

> **영 제61조(지적공부의 복구)** [기출29]
> 멸실·훼손 당시의 지적공부와 가장 부합된다고 인정되는 관계 자료에 따라 토지의 표시에 관한 사항을 복구하여야 한다. 다만, 소유자에 관한 사항은 부동산등기부나 법원의 확정판결에 따라 복구하여야 한다.

---

* **지적공부의 복구에 관한 관계 자료**

1. 지적공부의 등본
2. 측량 결과도
3. 토지이동정리 결의서
4. 토지(건물)등기사항증명서 등 등기사실을 증명하는 서류
5. 지적소관청이 작성하거나 발행한 지적공부의 등록내용을 증명하는 서류
6. 법 제69조 제3항에 따라 복제된 지적공부
7. 법원의 확정판결서 정본 또는 사본

┌심화┐

지적공부의 복구절차 등

1. 지적소관청은 조사된 복구자료 중 토지대장·임야대장 및 공유지연명부의 등록 내용을 증명하는 서류 등에 따라 별지 제70호서식의 지적복구자료 조사서를 작성하고, 지적도면의 등록 내용을 증명하는 서류 등에 따라 복구자료도를 작성하여야 한다.
2. 복구자료도에 따라 측정한 면적과 지적복구자료 조사서의 조사된 면적의 증감이 허용범위를 초과하거나 복구자료도를 작성할 복구자료가 없는 경우에는 복구측량을 하여야 한다. 허용범위 이내인 경우에는 그 면적을 복구면적으로 결정하여야 한다.
3. 복구측량을 한 결과가 복구자료와 부합하지 아니하는 때에는 토지소유자 및 이해관계인의 동의를 받아 경계 또는 면적 등을 조정할 수 있다. 이 경우 경계를 조정한 때에는 경계점표지를 설치하여야 한다.
4. 지적소관청은 복구자료의 조사 또는 복구측량 등이 완료되어 지적공부를 복구하려는 경우에는 복구하려는 토지의 표시 등을 시·군·구 게시판 및 인터넷 홈페이지에 15일 이상 게시하여야 한다. 복구하려는 토지의 표시 등에 이의가 있는 자는 게시기간 내에 지적소관청에 이의신청을 할 수 있다. 이 경우 이의신청을 받은 지적소관청은 이의사유를 검토하여 이유 있다고 인정되는 때에는 그 시정에 필요한 조치를 하여야 한다(지적복구자료 조사서, 복구자료도 또는 복구측량 결과도 등에 따라 토지대장·임야대장·공유지연명부 또는 지적도면을 복구하여야 한다).
5. 토지대장·임야대장 또는 공유지연명부는 복구되고 지적도면이 복구되지 아니한 토지가 법 제83조에 따른 축척변경 시행지역이나 법 제86조에 따른 도시개발사업 등의 시행지역에 편입된 때에는 지적도면을 복구하지 아니할 수 있다.

---

(2) **정보처리시스템에 기록·저장**

① 지적공부를 정보처리시스템을 통하여 기록·저장한 경우 관할 시·도지사, 시장·군수 또는 구청장은 그 지적공부를 지적정보관리체계에 영구히 보존해야 한다. → 시·도지사, 시장·군수 또는 구청장은 전부/일부 멸실/훼손 시 지체 없이 이를 복구해야 한다. [기출30 31]

② 국토교통부장관은 멸실/훼손 대비하여 복제관리 정보관리체계를 구축해야 한다. [기출30]

2. 지적정보 전담 관리기구의 설치(제70조)

① 국토교통부장관은 지적공부의 효율적인 관리 및 활용을 위하여 지적정보 전담 관리기구를 설치·운영한다. [기출30]

② 국토교통부장관은 지적공부를 과세나 부동산정책자료 등으로 활용하기 위하여 주민등록전산자료, 가족관계등록전산자료, 부동산등기전산자료 또는 공시지가전산자료 등을 관리하는 기관에 그 자료를 요청할 수 있으며 요청을 받은 관리기관의 장은 특별한 사정이 없으면 그 요청을 따라야 한다.

③ 지적정보 전담 관리기구의 설치·운영에 관한 세부사항은 대통령령으로 정한다.

3. 등록사항

(1) 토지(임야)대장 등록사항(제71조)

① 토지의 소재

② 지번

③ 지목

④ 면적

⑤ 소유자 성명/명칭, 주소 및 주민번호(등록번호) [기출35]

⑥ 그 밖에 국토교통부령으로 정하는 사항

> 1. 토지의 고유번호(행정구역코드번호＋대장구분＋지번)
> 2. 지적도 또는 임야도의 번호와 필지별 토지대장 또는 임야대장의 장번호 및 축척
> 3. 토지의 이동사유
> 4. 토지소유자가 변경된 날과 그 원인
> 5. 토지등급 또는 기준수확량등급과 그 설정/수정 연월일
> 6. 개별공시지가와 그 기준일 [기출30]
> 7. 그 밖에 국토교통부장관이 정하는 사항

(2) 소유자 둘 이상이면 공유지연명부를 작성해야 한다. [기출29 31 33 35]

① 토지의 소재

② 지번

③ 소유권지분

④ 소유자의 성명/명칭, 주소 및 주민등록번호

⑤ 그 밖에 국토교통부령으로 정하는 사항

> 1. 토지의 고유번호
> 2. 필지별 공유지연명부의 장번호
> 3. 토지소유자가 변경된 날과 그 원인

(3) 대지권등록부 [기출30]

① 토지의 소재

② 지번

③ 대지권 비율

④ 소유자의 성명/명칭, 주소 및 주민등록번호

⑤ 그 밖에 국토교통부령으로 정하는 사항

> 1. 토지의 고유번호
> 2. 전유부분의 건물표시
> 3. 건물의 명칭
> 4. 집합건물별 대지권등록부의 장번호
> 5. 토지소유자가 변경된 날과 그 원인
> 6. 소유권 지분

(4) 지적도 및 임야도(제72조) [기출31]

축척 → • **지적도** : 1/500, 1/600, 1/1,000, 1/1,200, 1/2,400, 1/3,000, 1/6,000

　　　　　• **임야도** : 1/3,000, 1/6,000

① 토지의 소재

② 지번

③ 지목

④ 경계

⑤ 그 밖에 국토교통부령으로 정하는 사항

> 1. 지적도면의 색인도(인접도면의 연결 순서를 표시하기 위하여 기재한 도표와 번호를 말한다)
> 2. 지적도면의 제명 및 축척
> 3. 도곽선(圖廓線)과 그 수치 [기출31]
> 4. 좌표에 의하여 계산된 경계점 간의 거리(경계점좌표등록부를 갖춰 두는 지역으로 한정한다)
> 5. 삼각점 및 지적기준점의 위치 [기출31]
> 6. 건축물 및 구조물 등의 위치
> 7. 그 밖에 국토교통부장관이 정하는 사항

＊ 경계점좌표등록부를 두는 지역의 지적도에는 해당 도면의 제명 끝에 "(좌표)"라고 표시하고, 도곽선의 오른쪽 아래 끝에 "이 도면에 의하여 측량을 할 수 없음"이라고 적어야 한다.

＊ 지적도면에는 지적소관청의 직인을 날인하여야 한다. 다만, 정보처리시스템을 이용하여 관리하는 지적도면의 경우에는 그러하지 아니하다.

＊ 지적소관청은 지적도면의 관리에 필요한 경우에는 지번부여지역마다 일람도와 지번색인표를 작성하여 갖춰 둘 수 있다.

(5) 경계점좌표등록부(제73조)

: 도시개발사업 등에 따라 새로이 지적공부에 등록하는 토지에 대하여 작성하여야 한다.

→ 경계점좌표등록부를 갖춰 두는 토지는 지적확정측량 또는 축척변경을 위한 측량을 실시하여 경계점을 좌표로 등록한 지역의 토지로 한다.

① 토지의 소재

② 지번

③ 좌표

④ 그 밖에 국토교통부령으로 정하는 사항

> 1. 토지의 고유번호
> 2. 지적도면의 번호 [기출34]
> 3. 필지별 경계점좌표등록부의 장번호
> 4. 부호 및 부호도

4. 지적공부의 열람 및 등본 발급

(1) 해당 지적소관청에 열람 또는 발급신청(제75조) [기출29]

지적공부를 열람하거나 그 등본을 발급받으려는 자는 해당 지적소관청에 그 열람 또는 발급을 신청하여야 한다.

다만, 정보처리시스템을 통하여 기록·저장된 지적공부(지적도 및 임야도는 제외) 열람/발급은 특별자치시장, 시장·군수 또는 구청장이나 읍면동의 장에게 신청할 수 있다.

(2) 지적전산자료 신청(제76조)

1) 지적공부에 관한 전산자료(연속지적도를 포함하며, 이하 "지적전산자료"라 한다)를 이용하거나 활용하려는 자는 다음 구분에 따라 신청하여야 한다. [기출29]

① 전국 단위의 지적전산자료 : 국토교통부장관, 시·도지사 또는 지적소관청

② 시·도 단위의 지적전산자료 : 시·도지사 또는 지적소관청

③ 시·군·구(자치구가 아닌 구를 포함한다) 단위의 지적전산자료 : 지적소관청

2) 지적전산자료의 이용 또는 활용 목적 등에 관하여 미리 관계 중앙행정기관의 심사를 받아야 한다. 다만, 중앙행정기관의 장, 그 소속 기관의 장 또는 지방자치단체의 장이 신청하는 경우에는 그러하지 아니하다. [기출29 30 31]

> **영 제62조(지적전산자료의 이용 등)**
> ① 지적공부에 관한 전산자료(지적전산자료)를 이용하거나 활용하려는 자는 다음 각 호의 사항을 적은 신청서를 관계 중앙행정기관의 장에게 제출하여 심사를 신청하여야 한다.
> 1. 자료의 이용 또는 활용 목적 및 근거
> 2. 자료의 범위 및 내용

3. 자료의 제공 방식, 보관 기관 및 안전관리대책 등

② 심사 신청을 받은 관계 중앙행정기관의 장은 다음 각 호의 사항을 심사한 후 그 결과를 신청인에게 통지하여야 한다.

1. 신청 내용의 타당성, 적합성 및 공익성

2. 개인의 사생활 침해 여부

3. 자료의 목적 외 사용 방지 및 안전관리대책

③ 지적전산자료의 이용 또는 활용에 관한 승인을 받으려는 자는 승인신청을 할 때에 제2항에 따른 심사 결과를 제출하여야 한다. 다만, 중앙행정기관의 장이 승인을 신청하는 경우에는 제2항에 따른 심사 결과를 제출하지 아니할 수 있다.

④ 승인신청을 받은 국토교통부장관, 시·도지사 또는 지적소관청은 다음 각 호의 사항을 심사하여야 한다.

1. 제2항 각 호의 사항

2. 신청한 사항의 처리가 전산정보처리조직으로 가능한지 여부

3. 신청한 사항의 처리가 지적업무수행에 지장을 주지 않는지 여부

⑤ 국토교통부장관, 시·도지사 또는 지적소관청은 제4항에 따른 심사를 거쳐 지적전산자료의 이용 또는 활용을 승인하였을 때에는 지적전산자료 이용·활용 승인대장에 그 내용을 기록·관리하고 승인한 자료를 제공하여야 한다.

⑥ 제5항에 따라 지적전산자료의 이용 또는 활용에 관한 승인을 받은 자는 국토교통부령으로 정하는 사용료를 내야 한다. 다만, 국가나 지방자치단체에 대해서는 사용료를 면제한다.

3) 다음의 경우에는 해당하는 경우에는 관계 중앙행정기관의 심사를 받지 아니할 수 있다.

① 토지소유자가 자기 토지에 대한 지적전산자료를 신청하는 경우

② 토지소유자가 사망하여 그 상속인이 피상속인의 토지에 대한 지적전산자료를 신청하는 경우

③ 「개인정보 보호법」 제2조 제1호에 따른 개인정보를 제외한 지적전산자료를 신청하는 경우

(3) 부동산종합공부(제76조의2 내지 제76조의5)

가. 소관청은 부동산의 효율적 이용과 부동산과 관련된 정보의 종합적 관리·운영을 위하여 부동산종합공부를 관리·운영한다. [기출31]

나. 소관청은 부동산종합공부를 영구히 보존하여야 하며, 부동산종합공부의 멸실 또는 훼손에 대비하여 이를 별도로 복제하여 관리하는 정보관리체계를 구축해야 한다.

다. 부동산종합공부의 등록사항(등록사항을 관리하는 기관의 장은 지적소관청에 상시적으로 관련 정보를 제공하여야 한다.)

① 토지의 표시와 소유자에 관한 사항 : 이 법에 따른 지적공부의 내용

② 건축물의 표시와 소유자에 관한 사항(토지에 건축물이 있는 경우만 해당한다) : 건축법상 건축물대장의 내용

③ 토지의 이용 및 규제에 관한 사항 : 「토지이용규제 기본법」 제10조에 따른 토지이용계획확인서의 내용

④ 부동산의 가격에 관한 사항 : 「부동산공시법」에 따른 개별공시지가, 개별주택가격 및 공동주택가격 공시내용

⑤ 그 밖에 부동산의 효율적 이용과 부동산과 관련된 정보의 종합적 관리·운영을 위하여 필요한 사항으로서 대통령령(부동산의 권리에 관한 사항)으로 정하는 사항

라. 지적소관청은 부동산종합공부의 정확한 등록 및 관리를 위하여 필요한 경우에는 등록사항을 관리하는 기관의 장에게 관련 자료의 제출을 요구할 수 있다. 이 경우 자료의 제출을 요구받은 기관의 장은 특별한 사유가 없으면 자료를 제공하여야 한다.

마. 부동산종합공부를 열람하거나 부동산종합공부 기록사항의 전부 또는 일부에 관한 증명서를 발급받으려는 자는 지적소관청이나 읍·면·동의 장에게 신청할 수 있다. [기출31]

바. 부동산종합공부의 등록사항 정정에 관하여는 제84조(등록사항의 정정)를 준용한다.
　　　(지적소관청은 불일치 사항을 확인·관리하고 각 소관청에 등록사항 정정 요청할 수 있다)

5. 지적공부의 정리 등(시행령 제84조)

① 지적소관청은 지적공부가 다음 어느 하나에 해당하는 경우에는 지적공부를 정리하여야 한다. 이 경우 이미 작성된 지적공부에 정리할 수 없을 때에는 새로 작성하여야 한다.

  1. 지번부여지역의 전부 또는 일부에 대하여 지번을 변경하는 경우
  2. 지적공부의 전부 또는 일부가 멸실되거나 훼손되어 지적공부를 복구하는 경우
  3. 신규등록·등록전환·분할·합병·지목변경 등 토지의 이동이 있는 경우

② 지적소관청은 상기에 따른 토지의 이동이 있는 경우에는 토지이동정리 결의서를 작성하여야 하고, 토지소유자의 변동 등에 따라 지적공부를 정리하려는 경우에는 소유자정리 결의서를 작성하여야 한다.

③ ① 및 ②에 따른 지적공부의 정리방법, 토지이동정리 결의서 및 소유자정리 결의서 작성방법 등에 관하여 필요한 사항은 국토교통부령으로 정한다.

시행규칙 제98조(지적공부의 정리방법 등)

① 토지이동정리 결의서의 작성은 토지대장·임야대장 또는 경계점좌표등록부별로 구분하여 작성하되, 토지이동정리 결의서에는 토지이동신청서 또는 도시개발사업 등의 완료신고서 등을 첨부하여야 하며, 소유자정리 결의서의 작성은 등기필증, 등기부 등본 또는 그 밖에 토지소유자가 변경되었음을 증명하는 서류를 첨부하여야 한다. 다만, 「전자정부법」 제36조 제1항에 따른 행정정보의 공동이용을 통하여 첨부서류에 대한 정보를 확인할 수 있는 경우에는 그 확인으로 첨부서류를 갈음할 수 있다.

② 제1항의 대장 외에 지적공부의 정리와 토지이동정리 결의서 및 소유자정리 결의서의 작성에 필요한 사항은 국토교통부장관이 정한다.

---

01 지적소관청은 지적공부는 제외를 영구히 보존하여야 하며, 지적공부를 정보처리시스템을 통하여 기록·저장한 경우 관할 시·도지사, 시장·군수 또는 구청장은 그 지적공부를 지적정보관리체계에 50년 간 보존하여야 한다. (   )

02 지적공부를 반출할 수 있는 경우로는 ① 천재지변이나 그 밖에 이에 준하는 재난을 피하기 위하여 필요한 경우, ② 관할 시·도지사 또는 대도시 시장 및 자치구의 구청장의 승인을 받은 경우이다. (   )

03 행정안전부장관은 보존하여야 하는 지적공부가 멸실되거나 훼손될 경우를 대비하여 지적공부를 복제하여 관리하는 정보관리체계를 구축하여야 한다. (   )

04 토지대장과 임야대장에는 소재, 지번, 지목, 면적, 소유자의 성명, 토지이동사유, 개별공시지가와 그 기준일 등을 등록하여야 한다. (   )

05 소유자가 셋 이상이면 공유지연명부에 토지의 소재, 지번, 소유권 지분, 소유자의 성명 또는 명칭, 주소 및 주민등록번호를 등록해야 한다. (   )

06 대지권등록부에 토지의 소재, 지번, 대지권 비율, 소유자의 성명 또는 명칭, 소유권 지분을 등록해야 한다. (   )

07 지적도 및 임야도에는 토지의 소재, 지번, 지목, 경계, 지적도면의 제명 및 축척, 건축물 및 구조물 등의 위치, 삼각점 및 지적기준점의 위치 등을 등록해야 한다. (   )

08 경계점좌표등록부를 갖춰 두는 지역의 지적도에는 해당 도면의 제명 앞에 "(좌표)"라고 표시하고, 도곽선의 아래 중앙에 "이 도면에 의하여 측량을 할 수 없음"이라고 적어야 한다. (   )

09 지적소관청이 지적공부를 복구할 때에는 멸실·훼손 당시의 지적공부와 가장 부합된다고 인정되는 관계 자료에 따라 토지의 표시에 관한 사항을 복구하여야 한다. 다만, 소유자에 관한 사항은 가족관계증명서에 따라 복구하여야 한다. (   )

10 지적공부를 열람하거나 그 등본을 발급받으려는 자는 해당 지적소관청에 그 열람 또는 발급을 신청하여야 한다. 정보처리시스템을 통하여 기록·저장된 지적공부(지적도 및 임야도는 포함)를 열

람하거나 그 등본을 발급받으려는 경우에는 구청장이나 읍·면·동의 장에게 신청할 수 있다. 부동산종합공부를 열람하거나 부동산종합공부 기록사항의 전부 또는 일부에 관한 증명서를 발급받으려는 자는 지적소관청에 우선 신청하되 지적소관청이 없는 지역에 대해서는 읍·면·동의 장에게 신청할 수 있다. (   )

11 지적공부에 관한 전국 단위의 지적전산자료는 국토교통부장관과 시·도지사에게 신청해야 하며 지적소관청에 신청할 수 없다. (   )

12 중앙행정기관의 장, 그 소속 기관의 장 또는 지방자치단체의 장이 지적전산자료를 신청하는 경우에는 미리 관계 중앙행정기관의 심사를 받아야 한다. (   )

13 지적소관청은 부동산종합공부를 영구히 보존하여야 하며, 국토교통부장관은 부동산종합공부의 멸실 또는 훼손에 대비하여 이를 별도로 복제하여 관리하는 정보관리체계를 구축하여야 한다. (   )

01 (×) 정보처리시스템을 통하여 기록·저장한 경우에도 영구히 보존하여야 한다.

02 (×) 지적공부를 반출할 수 있는 경우로는 ① 천재지변이나 그 밖에 이에 준하는 재난을 피하기 위하여 필요한 경우, ② 관할 시·도지사 또는 대도시 시장의 승인을 받은 경우이다.

03 (×) 국토교통부장관이 구축하여야 한다.

04 (○)

05 (×) 소유자가 둘 이상이면

06 (○)

07 (○)

08 (×) 제명 끝에 "(좌표)"라고 표시하고, 도곽선의 오른쪽 아래 끝에 "이 도면에 의하여 측량을 할 수 없음"이라고 적어야 한다.

09 (×) 소유자에 관한 사항은 등기부나 법원의 확정판결에 따라 복구하여야 한다.

10 (×) 정보처리시스템을 통하여 기록·저장된 지적공부 중 지적도 및 임야도는 제외된다. 부동산종합공부를 열람하거나 부동산종합공부 기록사항의 전부 또는 일부에 관한 증명서를 발급받으려는 자는 지적소관청이나 읍·면·동의 장에게 신청할 수 있다.

11 (×) 지적소관청에도 신청할 수 있다.

12 (×) 지적전산자료를 신청하려는 자는 미리 관계 중앙행정기관의 심사를 받아야 한다. 다만, 중앙행정기관의 장, 그 소속 기관의 장 또는 지방자치단체의 장이 신청하는 경우에는 그러하지 아니하다.

13 (×) 국토교통부장관이 아닌 지적소관청은 부동산종합공부를 영구히 보존하여야 하며, 부동산종합공부의 멸실 또는 훼손에 대비하여 이를 별도로 복제하여 관리하는 정보관리체계를 구축하여야 한다.

제3절 토지의 이동 신청 및 지적정리 등

1. 신규등록(제77조)[기출28 34] : 사유발생일로부터 60일 내 신청

** 신규등록 사유 적은 신청서에 첨부할 서류
① 법원의 확정판결서 정본 또는 사본
② 「공유수면 관리 및 매립에 관한 법률」에 따른 준공검사확인증 사본
③ 법률 제6389호 지적법개정법률 부칙 제5조에 따라 도시계획구역의 토지를 그 지방자치단체의 명의로 등록하는 때에는 기획재정부장관과 협의한 문서의 사본
④ 그 밖의 소유권을 증명할 수 있는 서류의 사본
※ ①~④의 서류를 해당 지적소관청이 관리하는 경우에는 지적소관청의 확인으로 그 서류의 제출을 갈음할 수 있다.

2. 등록전환(제78조) [기출 35] : 사유발생일로부터 60일 내 신청

① 산지관리법에 따른 산지전용허가·신고, 산지일시사용허가·신고, 건축법에 따른 건축허가·신고 또는 그 밖의 관계 법령에 따른 개발행위 허가 등을 받은 경우
→ 개발행위 관련 서류 제출
→ 소관청 보유 시는 확인 갈음
② 대부분의 토지가 등록전환되어 나머지 토지를 임야도에 계속 존치하는 것이 불합리한 경우
③ 임야도에 등록된 토지가 사실상 형질변경되었으나 지목변경을 할 수 없는 경우
④ 도시·군관리계획선에 따라 토지를 분할하는 경우

** 임야대장의 면적과 등록전환될 면적의 차이가 다음의 계산식($A = 0.026^2 M \sqrt{F}$)에 따른 허용범위 이내인 경우에는 등록전환될 면적을 등록전환 면적으로 결정하고, 허용범위를 초과하는 경우에는 임야대장의 면적 또는 임야도의 경계를 지적소관청이 직권으로 정정하여야 한다.

3. 분할 신청(제79조)

1) 토지소유자는 토지분할을 하려면 지적소관청에 분할을 신청하여야 한다.

> 분할을 신청할 수 있는 경우. 다만, 관계 법령에 따라 해당 토지에 대한 분할이 개발행위 허가 등의 대상인 경우에는 개발행위허가 등을 받은 이후에 분할 신청을 할 수 있다.
> ① 소유권이전, 매매 등을 위하여 필요한 경우
> ② 토지이용상 불합리한 지상 경계를 시정하기 위한 경우

2) 1필지의 일부가 형질변경 등으로 용도변경된 경우에는 용도변경된 날부터 60일 이내에 지적소관청에 토지의 분할을 신청해야 한다(지목변경신청서 함께 제출).

4. 합병 신청(제80조)

1) 토지소유자는 토지를 합병하려면 합병 사유를 적은 신청서를 지적소관청에 제출하여 지적소관청에 합병을 신청하여야 한다.

2) 토지소유자는 주택법상 공동주택의 부지, 도로, 제방, 하천, 구거, 유지, 그 밖에 대통령령(공장용지·학교용지·철도용지·수도용지·공원·체육용지 등 다른 지목의 토지)으로 정하는 토지로서 합병하여야 할 토지가 있으면 그 사유가 발생한 날부터 60일 이내에 지적소관청에 합병을 신청하여야 한다. [기출28]

3) 합병불가한 경우[기출28 33 34]

① 합병하려는 토지의 지번부여지역, 지목 또는 소유자가 서로 다른 경우

② 합병하려는 토지에 다음 각 목의 등기 외의 등기가 있는 경우

　　가. 소유권·지상권·전세권 또는 임차권의 등기

　　나. 승역지(承役地)에 대한 지역권의 등기

　　다. 합병하려는 토지 전부에 대한 등기원인(登記原因) 및 그 연월일과 접수번호가 같은 저당권의 등기

　　라. 합병하려는 토지 전부에 대한 「부동산등기법」 제81조 제1항 각 호의 등기사항이 동일한 신탁등기

③ 그 밖에 합병하려는 토지의 지적도 및 임야도의 축척이 서로 다른 경우 등 대통령령으로 정하는 경우[기출28]

---

1. 합병하려는 토지의 지적도 및 임야도의 축척이 서로 다른 경우

2. 합병하려는 각 필지가 서로 연접하지 않은 경우

3. 합병하려는 토지가 등기된 토지와 등기되지 아니한 토지인 경우

4. 합병하려는 각 필지의 지목은 같으나 일부 토지의 용도가 다르게 되어 법 제79조 제2항 (형질변경)에 따른 분할대상 토지인 경우. 다만, 합병 신청과 동시에 토지의 용도에 따라 분할 신청을 하는 경우는 제외한다.

5. 합병하려는 토지의 소유자별 공유지분이 다른 경우[기출32]

6. 합병하려는 토지가 구획정리, 경지정리 또는 축척변경을 시행하고 있는 지역의 토지와 그 지역 밖의 토지인 경우[기출33]

7. 합병하려는 토지 소유자의 주소가 서로 다른 경우. 다만, 신청을 접수받은 지적소관청이 「전자정부법」 제36조 제1항에 따른 행정정보의 공동이용을 통하여 다음 각 목의 사항을 확인(신청인이 주민등록표 초본 확인에 동의하지 않는 경우에는 해당 자료를 첨부하도록 하여 확인)한 결과 토지 소유자가 동일인임을 확인할 수 있는 경우는 제외한다.

　　가. 토지등기사항증명서

　　나. 법인등기사항증명서(신청인이 법인인 경우만 해당한다)

　　다. 주민등록표 초본(신청인이 개인인 경우만 해당한다)

---

5. **지목변경 신청(제81조)**[기출32 34 35] : 사유발생일로부터 60일 내에 신청

① 「국토의 계획 및 이용에 관한 법률」 등 관계 법령에 따른 토지의 형질변경 등의 공사가 준공된 경우

② 토지나 건축물의 용도가 변경된 경우

③ 법 제86조에 따른 도시개발사업 등의 원활한 추진을 위하여 사업시행자가 공사 준공 전에 토지의 합병을 신청하는 경우

---

* **지목변경 신청 시 첨부서류**

1. 관계법령에 따라 토지의 형질변경 등의 공사가 준공되었음을 증명하는 서류의 사본
2. 국유지·공유지의 경우에는 용도폐지 되었거나 사실상 공공용으로 사용되고 있지 아니함을 증명하는 서류의 사본
3. 토지 또는 건축물의 용도가 변경되었음을 증명하는 서류의 사본

** 개발행위허가·농지전용허가·보전산지전용허가 등 지목변경과 관련된 규제를 받지 아니하는 토지의 지목변경이나 전·답·과수원 상호 간의 지목변경인 경우에는 상기에 따른 서류의 첨부를 생략할 수 있다.

*** 상기 서류를 해당 지적소관청이 관리하는 경우에는 지적소관청의 확인으로 그 서류의 제출을 갈음할 수 있다.

---

6. 바다로 된 토지의 등록 말소(제82조)

1) 지적소관청은 지적공부에 등록된 토지가 지형의 변화 등으로 바다로 된 경우로서 원상으로 회복될 수 없거나 다른 지목의 토지로 될 가능성이 없는 경우에는 지적공부에 등록된 토지소유자에게 지적공부의 등록말소 신청을 하도록 통지하여야 한다. [기출 35]

2) 직권말소 및 회복등록

① 소유자가 통지받은 날부터 90일 이내에 등록말소를 신청하지 않으면 직권으로 등록을 말소한다. [기출28] 말소한 토지가 지형의 변화 등으로 다시 토지가 된 경우에는 지적측량성과 및 등록말소 당시의 지적공부 등 관계 자료에 따라 회복등록을 할 수 있다.

② 지적공부의 등록사항을 말소하거나 회복등록하였을 때에는 그 정리 결과를 토지소유자 및 해당 공유수면의 관리청에 통지하여야 한다.

7. 축척변경(제83조)

(1) 축척변경위원회

축척변경에 관한 사항을 심의·의결하기 위하여 지적소관청에 축척변경위원회를 둔다.

ㄱ. 축척변경위원회의 회의는 위원장을 포함한 재적위원 과반수의 출석으로 개의(開議)하고, 출석위원 과반수의 찬성으로 의결한다.

ㄴ. 축척변경위원회는 5명 이상 10명 이하의 위원으로 구성하되, 위원의 2분의 1 이상을 토지소유자로 하여야 한다. 이 경우 그 축척변경 시행지역의 토지소유자가 5명 이하일 때에는 토지소유자 전원을 위원으로 위촉하여야 한다.

ㄷ. 위원은 해당 축척변경 시행지역의 토지소유자로서 지역 사정에 정통한 사람과 지적에 관하여 전문지식을 가진 사람 중에서 지적소관청이 위촉한다.

---

(2) 지적소관청은 지적도가 다음 어느 하나에 해당하는 경우, 토지소유자의 신청[1] 또는 직권으로 일정한 지역을 정하여 그 지역의 축척을 변경할 수 있다.

① 잦은 토지의 이동으로 1필지의 규모가 작아서 소축척으로는 지적측량성과의 결정이나 토지의 이동에 따른 정리를 하기가 곤란한 경우

② 하나의 지번부여지역에 서로 다른 축척의 지적도가 있는 경우[기출34]

③ 그 밖에 지적공부를 관리하기 위하여 필요하다고 인정되는 경우

(3) 지적소관청은 '(2)'에 따라 축척변경을 하려면 축척변경 시행지역의 토지소유자 3분의 2 이상의 동의를 받아 축척변경위원회의 의결을 거친 후 시·도지사/대도시 시장의 승인을 받아야 한다. [기출34]

> **** 축척변경위원회의 의결 및 시·도지사 또는 대도시 시장의 승인 없이 축척변경 할 수 있는 경우(지번·지목·경계는 그대로 두고 축척변경 측량결과도에 따라 면적만 새로 정한다[2]) [기출34]**
>
> 1. 합병하려는 토지가 축척이 다른 지적도에 각각 등록되어 있어 축척변경을 하는 경우
> 2. 제86조에 따른 도시개발사업 등의 시행지역에 있는 토지로서 그 사업 시행에서 제외된 토지의 축척변경을 하는 경우

(4) 축척변경의 확정공고(시행령 제78조)

① 청산금의 납부 및 지급이 완료되었을 때에는 지적소관청은 지체 없이 축척변경의 확정공고를 하여야 한다.

② 지적소관청은 확정공고를 하였을 때에는 지체 없이 축척변경에 따라 확정된 사항을 지적공부에 등록하여야 한다.

③ 축척변경 시행지역의 토지는 확정공고일에 토지의 이동이 있는 것으로 본다.

(5) 축척변경의 절차, 축척변경으로 인한 면적 증감의 처리, 축척변경 결과에 대한 이의신청 및 축척변경위원회의 구성·운영 등에 필요한 사항은 대통령령으로 정한다.

> **영 제70조(축척변경 승인신청)**
>
> ① 지적소관청은 축척변경을 할 때에는 축척변경 사유를 적은 승인신청서에 서류(축척변경의 사유, 지번 등 명세, 토지소유자의 동의서, 축척변경위원회의 의결서 사본, 그 밖에 축척변경 승인을 위하여 시·도지사 또는 대도시 시장이 필요하다고 인정하는 서류)를 첨부하여 시·도지사 또는 대도시 시장에게 제출하여야 한다. 이 경우 시·도지사 또는 대도시 시장은 축척변경 대상지역의 지적도를 확인하여야 한다.

---

1) 축척변경을 신청하는 토지소유자는 축척변경 사유를 적은 신청서에 국토교통부령으로 정하는 서류(토지소유자 3분의 2 이상의 동의서)를 첨부하여 지적소관청에 제출하여야 한다(영 제69조)[기출28 32].

2) 축척변경 측량 결과도에 따라 면적을 측정한 결과 축척변경 전의 면적과 축척변경 후의 면적의 오차가 허용범위 이내인 경우에는 축척변경 전의 면적을 결정면적으로 하고, 허용면적을 초과하는 경우에는 축척변경 후의 면적을 결정면적으로 한다.

② 제1항에 따른 신청을 받은 시·도지사 또는 대도시 시장은 축척변경 사유 등을 심사한 후 그 승인 여부를 지적소관청에 통지하여야 한다.

영 제71조(축척변경 시행공고 등)

① 지적소관청은 시·도지사 또는 대도시 시장으로부터 축척변경 승인을 받았을 때에는 지체 없이 다음 각 호의 사항을 20일 이상 공고하여야 한다. [기출34]
   1. 축척변경의 목적, 시행지역 및 시행기간
   2. 축척변경의 시행에 관한 세부계획
   3. 축척변경의 시행에 따른 청산방법
   4. 축척변경의 시행에 따른 토지소유자 등의 협조에 관한 사항
② 제1항에 따른 시행공고는 시·군·구(자치구가 아닌 구를 포함한다) 및 축척변경 시행지역 동·리의 게시판에 주민이 볼 수 있도록 게시하여야 한다.
③ 축척변경 시행지역의 토지소유자 또는 점유자는 시행공고가 된 날(이하 "시행공고일"이라 한다)부터 30일 이내에 시행공고일 현재 점유하고 있는 경계에 국토교통부령으로 정하는 경계점표지를 설치하여야 한다.

영 제72조(토지의 표시 등)

① 지적소관청은 축척변경 시행지역의 각 필지별 지번·지목·면적·경계 또는 좌표를 새로 정하여야 한다.
② 지적소관청이 축척변경을 위한 측량을 할 때에는 토지소유자 또는 점유자가 설치한 경계점 표지를 기준으로 새로운 축척에 따라 면적·경계 또는 좌표를 정하여야 한다.

영 제73조(축척변경 지번별 조서의 작성)

지적소관청은 시행령 제72조 제2항에 따라 축척변경에 관한 측량을 완료하였을 때에는 시행공고일 현재의 지적공부상의 면적과 측량 후의 면적을 비교하여 그 변동사항을 표시한 축척변경 지번별 조서를 작성하여야 한다.

영 제74조(지적공부정리 등의 정지)

지적소관청은 축척변경 시행기간 중에는 축척변경 시행지역의 지적공부정리와 경계복원측량 (시행령 제71조 제3항에 따른 경계점표지의 설치를 위한 경계복원측량은 제외한다)을 시행령 제78조에 따른 축척변경 확정공고일까지 정지하여야 한다. 다만, 축척변경위원회의 의결이 있는 경우에는 그러하지 아니하다.

영 제75조(청산금의 산정)

① 지적소관청은 축척변경에 관한 측량을 한 결과 측량 전에 비하여 면적의 증감이 있는 경우에는 그 증감면적에 대하여 청산을 하여야 한다. 다만, 다음 각 호의 어느 하나에 해당하는 경우에는 그러하지 아니하다.
   1. 필지별 증감면적이 허용범위 이내인 경우. 다만, 축척변경위원회의 의결이 있는 경우는 제외한다.

2. 토지소유자 전원이 청산하지 아니하기로 합의하여 서면으로 제출한 경우

② 제1항 본문에 따라 청산을 할 때에는 축척변경위원회의 의결을 거쳐 지번별로 제곱미터당 금액(이하 "지번별 제곱미터당 금액"이라 한다)을 정하여야 한다. 이 경우 지적소관청은 시행공고일 현재를 기준으로 그 축척변경 시행지역의 토지에 대하여 지번별 제곱미터당 금액을 미리 조사하여 축척변경위원회에 제출하여야 한다.

③ 청산금은 시행령 제73조에 따라 작성된 축척변경 지번별 조서의 필지별 증감면적에 제2항에 따라 결정된 지번별 제곱미터당 금액을 곱하여 산정한다.

④ 지적소관청은 청산금을 산정하였을 때에는 청산금 조서(축척변경 지번별 조서에 필지별 청산금 명세를 적은 것을 말한다)를 작성하고, 청산금이 결정되었다는 뜻을 시행령 제71조 제2항의 방법에 따라 15일 이상 공고하여 일반인이 열람할 수 있게 하여야 한다.

⑤ 제3항에 따라 청산금을 산정한 결과 증가된 면적에 대한 청산금의 합계와 감소된 면적에 대한 청산금의 합계에 차액이 생긴 경우 초과액은 그 지방자치단체(「제주특별자치도 설치 및 국제자유도시 조성을 위한 특별법」 제10조 제2항에 따른 행정시의 경우에는 해당 행정시가 속한 특별자치도를 말하고, 「지방자치법」 제3조 제3항에 따른 자치구가 아닌 구의 경우에는 해당 구가 속한 시를 말한다. 이하 이 항에서 같다)의 수입으로 하고, 부족액은 그 지방자치단체가 부담한다.

영 제76조(청산금의 납부고지 등)

① 지적소관청은 시행령 제75조 제4항에 따라 청산금의 결정을 공고한 날부터 20일 이내에 토지소유자에게 청산금의 납부고지 또는 수령통지를 하여야 한다.

② 제1항에 따른 납부고지를 받은 자는 그 고지를 받은 날부터 6개월 이내에 청산금을 지적소관청에 내야 한다.

③ 지적소관청은 제1항에 따른 수령통지를 한 날부터 6개월 이내에 청산금을 지급하여야 한다.

④ 지적소관청은 청산금을 지급받을 자가 행방불명 등으로 받을 수 없거나 받기를 거부할 때에는 그 청산금을 공탁할 수 있다.

⑤ 지적소관청은 청산금을 내야 하는 자가 시행령 제77조 제1항에 따른 기간 내에 청산금에 관한 이의신청을 하지 아니하고 제2항에 따른 기간 내에 청산금을 내지 아니하면 「지방행정제재・부과금의 징수 등에 관한 법률」에 따라 징수할 수 있다.

영 제77조(청산금에 관한 이의신청)

① 시행령 제76조 제1항에 따라 납부고지되거나 수령통지된 청산금에 관하여 이의가 있는 자는 납부고지 또는 수령통지를 받은 날부터 1개월 이내에 지적소관청에 이의신청을 할 수 있다.

② 제1항에 따른 이의신청을 받은 지적소관청은 1개월 이내에 축척변경위원회의 심의・의결을 거쳐 그 인용(認容) 여부를 결정한 후 지체 없이 그 내용을 이의신청인에게 통지하여야 한다.

Q 참고 축척변경위원회

영 제79조(축척변경위원회의 구성 등)

① 축척변경위원회는 5명 이상 10명 이하의 위원으로 구성하되, 위원의 2분의 1 이상을 토지소유자로 하여야 한다. 이 경우 그 축척변경 시행지역의 토지소유자가 5명 이하일 때에는 토지소유자 전원을 위원으로 위촉하여야 한다.

② 위원장은 위원 중에서 지적소관청이 지명한다.

③ 위원은 다음 각 호의 사람 중에서 지적소관청이 위촉한다.

  1. 해당 축척변경 시행지역의 토지소유자로서 지역 사정에 정통한 사람

  2. 지적에 관하여 전문지식을 가진 사람

④ 축척변경위원회의 위원에게는 예산의 범위에서 출석수당과 여비, 그 밖의 실비를 지급할 수 있다. 다만, 공무원인 위원이 그 소관 업무와 직접적으로 관련되어 출석하는 경우에는 그러하지 아니하다.

영 제80조(축척변경위원회의 기능)

축척변경위원회는 지적소관청이 회부하는 다음 각 호의 사항을 심의·의결한다.

1. 축척변경 시행계획에 관한 사항

2. 지번별 제곱미터당 금액의 결정과 청산금의 산정에 관한 사항

3. 청산금의 이의신청에 관한 사항

4. 그 밖에 축척변경과 관련하여 지적소관청이 회의에 부치는 사항

영 제81조(축척변경위원회의 회의)

① 축척변경위원회의 회의는 지적소관청이 제80조 각 호의 어느 하나에 해당하는 사항을 축척변경위원회에 회부하거나 위원장이 필요하다고 인정할 때에 위원장이 소집한다.

② 축척변경위원회의 회의는 위원장을 포함한 재적위원 과반수의 출석으로 개의(開議)하고, 출석위원 과반수의 찬성으로 의결한다.

③ 위원장은 축척변경위원회의 회의를 소집할 때에는 회의일시·장소 및 심의안건을 회의 개최 5일 전까지 각 위원에게 서면으로 통지하여야 한다.

---

8. 등록사항의 정정(제84조)

(1) 토지소유자는 지적공부의 등록사항에 잘못이 있음을 발견하면 지적소관청에 그 정정을 신청할 수 있다.

(2) 지적소관청은 지적공부의 등록사항에 잘못이 있음을 발견하면 대통령령으로 정하는 바에 따라 직권으로 조사·측량하여 정정할 수 있다.

  1) 직권정정 사유

    ① 토지이동정리 결의서의 내용과 다르게 정리된 경우

    ② 지적도 및 임야도에 등록된 필지가 면적의 증감 없이 경계의 위치만 잘못된 경우

    ③ 1필지가 각각 다른 지적도나 임야도에 등록되어 있는 경우로서 지적공부에 등록된 면적과 측량한 실제면적은 일치하지만 지적도나 임야도에 등록된 경계가 서로 접합되지 않아 지적도나 임야도에 등록된 경계를 지상의 경계에 맞추어 정정하여야 하는 토지가 발견된 경우

④ 지적공부의 작성 또는 재작성 당시 잘못 정리된 경우
⑤ 지적측량성과와 다르게 정리된 경우
⑥ 법 제29조 제10항(지적적부심사)에 따라 지적공부의 등록사항을 정정하여야 하는 경우

> 토지소유자, 이해관계인 또는 지적측량수행자는 지적측량성과에 대하여 다툼이 있는 경우에는 대통령령으로 정하는 바에 따라 관할 시·도지사를 거쳐 지방지적위원회에 지적측량 적부심사를 청구할 수 있다.

⑦ 지적공부의 등록사항이 잘못 입력된 경우
⑧ 「부동산등기법」 제37조 제2항에 따른 통지가 있는 경우(지적소관청의 착오로 잘못 합병한 경우만 해당한다)

> 부동산등기법 제37조(합필 제한)
> ① 합필하려는 토지에 아래 등기 외의 권리에 관한 등기가 있는 경우에는 합필의 등기를 할 수 없다.
>   1. 소유권·지상권·전세권·임차권 및 승역지(承役地 : 편익제공지)에 하는 지역권의 등기
>   2. 합필하려는 모든 토지에 있는 등기원인 및 그 연월일과 접수번호가 동일한 저당권에 관한 등기
>   3. 합필하려는 모든 토지에 있는 제81조 제1항 각 호의 등기사항이 동일한 신탁등기
> ② 등기관이 제1항을 위반한 등기의 신청을 각하하면 지체 없이 그 사유를 지적소관청에 알려야 한다.

⑨ 법률 제2801호 지적법개정법률 부칙 제3조에 따른 면적 환산이 잘못된 경우

2) 상기 1)의 어느 하나에 해당하는 토지가 있을 때에는 지체 없이 관계 서류에 따라 지적공부의 등록사항을 정정하여야 한다.

3) 지적공부의 등록사항 중 경계나 면적 등 측량을 수반하는 토지의 표시가 잘못된 경우에는 지적소관청은 그 정정이 완료될 때까지 지적측량을 정지시킬 수 있다. 다만, 잘못 표시된 사항의 정정을 위한 지적측량은 그러하지 아니하다.

4) 정정으로 인접 토지의 경계가 변경되는 경우에는 관련서류를 제출해야 한다.
① 인접 토지소유자의 승낙서
② 인접 토지소유자가 승낙하지 아니하는 경우에는 이에 대항할 수 있는 확정판결서 정본(正本)

5) 소관청은 정정사항이 토지소유자에 관한 사항인 경우에는 등기필증, 등기완료통지서, 등기사항증명서 또는 등기관서에서 제공한 등기전산정보자료에 따라 정정해야 한다.
다만, 미등기 토지에 대하여 토지소유자의 성명 또는 명칭, 주민등록번호, 주소 등에 관한 사항의 정정을 신청한 경우로서 그 등록사항이 명백히 잘못된 경우에는 가족관계 기록사항에 관한 증명서에 따라 정정해야 한다.

9. 행정구역의 명칭변경 등(제85조)

1) 행정구역의 명칭이 변경되었으면 지적공부에 등록된 토지의 소재는 새로운 행정구역의 명칭으로 변경된 것으로 본다. [기출34]

2) 지번부여지역의 일부가 행정구역의 개편으로 다른 지번부여지역에 속하게 되었으면 지적소관청은 새로 속하게 된 지번부여지역의 지번을 부여하여야 한다.

10. 도시개발사업 등 시행지역의 토지이동 신청에 관한 특례(제86조)

① 도시개발사업, 농어촌정비사업, 그 밖에 대통령령으로 정하는 토지개발사업의 시행자는 대통령령으로 정하는 바에 따라 그 사업의 착수·변경 및 완료 사실을 지적소관청에 신고하여야 한다(신고 시 사업인가서, 지번별 조서, 사업계획도를 첨부하여야 한다).

→ 토지의 이동이 필요한 경우에는 해당사업 시행자가 지적소관청에 토지의 이동을 신청해야 한다.

→ 토지의 이동은 토지의 형질변경 등의 공사가 준공된 때에 이루어진 것으로 본다.

---

* 대통령령으로 정하는 토지개발사업

1. 「주택법」에 따른 주택건설사업
2. 「택지개발촉진법」에 따른 택지개발사업
3. 「산업입지 및 개발에 관한 법률」에 따른 산업단지개발사업
4. 「도시 및 주거환경정비법」에 따른 정비사업
5. 「지역 개발 및 지원에 관한 법률」에 따른 지역개발사업
6. 「체육시설의 설치·이용에 관한 법률」에 따른 체육시설 설치를 위한 토지개발사업
7. 「관광진흥법」에 따른 관광단지 개발사업
8. 「공유수면 관리 및 매립에 관한 법률」에 따른 매립사업
9. 「항만법」, 「신항만건설촉진법」에 따른 항만개발사업 및 「항만 재개발 및 주변지역 발전에 관한 법률」에 따른 항만재개발사업
10. 「공공주택 특별법」에 따른 공공주택지구조성사업
11. 「물류시설의 개발 및 운영에 관한 법률」 및 「경제자유구역의 지정 및 운영에 관한 특별법」에 따른 개발사업
12. 「철도의 건설 및 철도시설 유지관리에 관한 법률」에 따른 고속철도, 일반철도 및 광역철도 건설사업
13. 「도로법」에 따른 고속국도 및 일반국도 건설사업
14. 그 밖에 제1호~제13호까지의 사업과 유사한 경우로서 국토교통부장관의 고시 요건에 해당하는 토지개발사업

---

② 사업의 착수 또는 변경의 신고가 된 토지의 소유자가 해당 토지의 이동을 원하는 경우에는 해당 사업의 시행자에게 그 토지의 이동을 신청하도록 요청하여야 하며, 요청을 받은 시행자는 해당 사업에 지장이 없다고 판단되면 지적소관청에 그 이동을 신청하여야 한다.

** 도시개발사업 등의 착수·변경 또는 완료 사실의 신고는 그 사유가 발생한 날부터 15일 이내에 하여야 한다.

** 토지의 이동 신청은 그 신청대상지역이 환지(換地)를 수반하는 경우에는 사업완료 신고(토지의 이동 신청을 갈음한다는 뜻 기재)로써 이를 갈음할 수 있다.

*** 주택법에 따른 주택건설사업의 시행자가 파산 등의 이유로 토지의 이동 신청을 할 수 없을 때에는 그 주택의 시공을 보증한 자 또는 입주예정자 등이 신청 가능

**** 도시개발사업 등이 준공되기 전에 사업시행자가 지번부여 신청을 하면 국토교통부령으로 정하는 바에 따라 지번을 부여할 수 있다. 이 경우 사업계획도에 따르되, 지적확정측량을 실시한 지역의 지번부여 방법에 따라 지번을 부여하여야 한다.

11. 신청의 대위(제87조) [기출32 35]

토지소유자가 해야 하는 신청 대신 가능 - 등록사항 정정 대상토지는 제외한다.

① 공공사업 등에 따라 학교용지·도로·철도용지·제방·하천·구거·유지·수도용지 등의 지목으로 되는 토지인 경우 : 해당 사업의 시행자

② 국가나 지방자치단체가 취득하는 토지인 경우 : 해당 토지를 관리하는 행정기관의 장 또는 지방자치단체의 장

③ 「주택법」에 따른 공동주택의 부지인 경우 : 「집합건물의 소유 및 관리에 관한 법률」에 따른 관리인(관리인이 없는 경우는 공유자가 선임한 대표자) 또는 해당 사업시행자

④ 「민법」 제404조에 따른 채권자

12. 토지소유자의 정리(제88조)

1) 지적공부에 등록된 토지소유자의 변경사항은 등기관서에서 등기한 것을 증명하는 등기필증, 등기완료통지서, 등기사항증명서 또는 등기관서에서 제공한 등기전산정보자료에 따라 정리한다. 다만, 신규등록하는 토지의 소유자는 지적소관청이 직접 조사하여 등록한다.

2) 등기부에 적혀 있는 토지의 표시가 지적공부와 일치하지 아니하면 토지소유자를 정리할 수 없다. 이 경우 토지의 표시와 지적공부가 일치하지 아니하다는 사실을 관할 등기관서에 통지하여야 한다.

3) 「국유재산법」상 무주부동산의 경우에는 지적공부에 해당 토지의 소유자가 등록되지 아니한 경우에만 등록할 수 있다.

4) 지적소관청은 필요하다고 인정하는 경우에는 관할 등기관서의 등기부를 열람하여 지적공부와 부동산등기부가 일치하는지 여부를 조사·확인하여야 하며, 일치하지 아니하는 사항을 발견하면 등기사항증명서 또는 등기관서에서 제공한 등기전산정보자료에 따라 지적공부를 직권으로 정리하거나, 토지소유자나 그 밖의 이해관계인에게 그 지적공부와 부동산등기부가 일치하게 하는 데에 필요한 신청 등을 하도록 요구할 수 있다.

5) 지적소관청 소속 공무원이 지적공부와 부동산등기부의 부합 여부를 확인하기 위하여 등기부를 열람하거나, 등기사항증명서의 발급을 신청하거나, 등기전산정보자료의 제공을 요청하는 경우 그 수수료는 무료로 한다.

13. 등기촉탁(제89조)

① 지적소관청은 제64조 제2항(신규등록은 제외한다), 제66조 제2항, 제82조, 제83조 제2항, 제84조 제2항 또는 제85조 제2항에 따른 사유로 토지의 표시 변경에 관한 등기를 할 필요가 있는 경우에는 지체 없이 관할 등기관서에 그 등기를 촉탁해야 한다. 이 경우 등기촉탁은 국가가 국가를 위하여 하는 등기로 본다.

> 제64조 제2항(토지의 조사/등록 – 지적소관청 직권 조사측량 결정)
> 제66조 제2항(지번부여지역 새로운 지번부여)
> 제82조(바다로 된 토지의 등록말소 신청)
> 제83조(축척변경)
> 제84조(등록사항의 정정)
> 제85조(행정구역의 명칭변경 등)

② 지적소관청은 등기관서에 토지표시의 변경에 관한 등기를 촉탁하려는 토지표시변경등기 촉탁서에 그 취지를 적어야 한다. 토지표시의 변경에 관한 등기를 촉탁한 때에는 토지표시변경등기 촉탁대장에 그 내용을 적어야 한다.

14. 지적정리 등의 통지(제90조)

1) 제64조 제2항 단서, 제66조 제2항, 제74조, 제82조 제2항, 제84조 제2항, 제85조 제2항, 제86조 제2항, 제87조, 제89조에 따라 지적소관청이 지적공부에 등록하거나 지적공부를 복구 또는 말소하거나 등기촉탁을 하였으면 대통령령으로 정하는 바에 따라 해당 토지소유자에게 통지하여야 한다.

> 제66조 제2항(지번부여지역 새로운 지번부여)
> 제74조(지적공부의 복구)
> 제82조(바다로 된 토지의 등록말소 신청)
> 제84조(등록사항의 정정)
> 제85조(행정구역의 명칭변경 등)
> 제86조(도시개발사업 등 시행지역의 토지이동 신청에 관한 특례)
> 제87조(신청의 대위)
> 제89조(등기촉탁)

다만, 통지받을 자의 주소나 거소를 알 수 없는 경우에는 국토교통부령으로 정하는 바에 따라 일간신문, 해당 시·군·구의 공보 또는 인터넷 홈페이지에 공고하여야 한다.

2) 지적소관청이 토지소유자에게 지적정리 등을 통지하여야 하는 시기는 다음 각 구분에 따른다.

    1. 토지의 표시에 관한 변경등기가 필요한 경우 : 그 등기완료의 통지서를 접수한 날부터 15일 이내

    2. 토지의 표시에 관한 변경등기가 필요하지 아니한 경우 : 지적공부에 등록한 날부터 7일 이내

15. 연속지적도의 관리 등(제90조의2)

① 국토교통부장관은 연속지적도의 관리 및 정비에 관한 정책을 수립·시행하여야 한다.

② 지적소관청은 지적도·임야도에 등록된 사항에 대하여 토지의 이동 또는 오류사항을 정비한 때에는 이를 연속지적도에 반영하여야 한다.

③ 국토교통부장관은 지적소관청의 연속지적도 정비에 필요한 경비의 전부 또는 일부를 지원할 수 있다.

④ 국토교통부장관은 연속지적도를 체계적으로 관리하기 위하여 대통령령으로 정하는 바에 따라 연속지적도 정보관리체계를 구축·운영할 수 있다.

⑤ 국토교통부장관 또는 지적소관청은 연속지적도의 관리·정비 및 제4항에 따른 연속지적도 정보관리체계의 구축·운영에 관한 업무를 대통령령으로 정하는 법인, 단체 또는 기관에 위탁할 수 있다. 이 경우 위탁관리에 필요한 경비의 전부 또는 일부를 지원할 수 있다.

⑥ 연속지적도의 관리·정비의 방법 등에 필요한 사항은 국토교통부령으로 정한다.

확인문제

01 공간정보의 구축 및 관리 등에 관한 법령상 지목변경 신청 및 축척변경에 관한 설명이다. (   )에 들어갈 내용으로 각각 옳은 것은? ✦ 32회

> • 토지소유자는 지목변경을 할 토지가 있으면 그 사유가 발생한 날부터 (ㄱ) 이내에 지적소관청에 지목변경을 신청하여야 한다.
> • 지적소관청은 축척변경을 하려면 축척변경 시행지역의 토지소유자 (ㄴ) 이상의 동의를 받아야 한다.

① ㄱ : 30일, ㄴ : 2분의 1
② ㄱ : 30일, ㄴ : 3분의 2
③ ㄱ : 60일, ㄴ : 2분의 1
④ ㄱ : 60일, ㄴ : 3분의 2
⑤ ㄱ : 90일, ㄴ : 3분의 2

답 ④

02 공간정보의 구축 및 관리 등에 관한 법령상 지목에 관한 설명으로 옳지 않은 것은? ✦ 32회
① 축산업 및 낙농업을 하기 위하여 초지를 조성한 토지와 접속된 주거용 건축물의 부지는 "대"로 한다.
② 지목이 유원지인 토지를 지적도에 등록하는 때에는 "유"로 표기하여야 한다.
③ 물을 상시적으로 이용하지 않고 관상수를 주로 재배하는 토지의 지목은 "전"으로 한다.
④ 1필지가 둘 이상의 용도로 활용되는 경우에는 주된 용도에 따라 지목을 설정한다.
⑤ 토지가 임시적인 용도로 사용될 때에는 지목을 변경하지 아니한다.

답 ②

03 공간정보의 구축 및 관리 등에 관한 법령상 지적소관청이 지적공부의 등록사항을 직권으로 조사·측량하여 정정할 수 있는 경우가 아닌 것은? ✦ 32회
① 지적측량성과와 다르게 정리된 경우
② 지적공부의 작성 당시 잘못 정리된 경우
③ 지적공부의 등록사항이 잘못 입력된 경우
④ 합병하려는 토지의 소유자별 공유지분이 다른 경우
⑤ 토지이동정리 결의서의 내용과 다르게 정리된 경우

답 ④

04 공간정보의 구축 및 관리 등에 관한 법령상 지적공부에 관한 내용으로 옳지 않은 것은? 31회
① 지적소관청은 관할 시·도지사의 승인을 받은 경우 지적서고에 보존되어 있는 지적공부를 해당 청사 밖으로 반출할 수 있다.
② 지적공부를 정보처리시스템을 통하여 기록·저장한 경우 관할 시·도지사, 시장·군수 또는 구청장은 그 지적공부를 지적정보관리체계에 영구히 보존하여야 한다.

③ 지적소관청은 부동산의 효율적 이용과 부동산과 관련된 정보의 종합적 관리·운영을 위하여 부동산종합공부를 관리·운영한다.

④ 부동산종합공부를 열람하거나 부동산종합증명서를 발급받으려는 자는 지적소관청이나 읍·면·동의 장에게 신청할 수 있다.

⑤ 지적전산자료를 신청하려는 자는 지적전산자료의 이용 또는 활용 목적 등에 관하여 미리 중앙지적위원회의 심사를 받아야 한다.

답 ⑤

05 공간정보의 구축 및 관리 등에 관한 법령상 지목의 구분과 그에 속하는 내용의 연결로 옳지 않은 것은? ✦ 31회

① 도로 – 고속도로의 휴게소 부지

② 하천 – 자연의 유수가 있거나 있을 것으로 예상되는 토지

③ 제방 – 방조제의 부지

④ 대 – 묘지 관리를 위한 건축물의 부지

⑤ 전 – 물을 상시적으로 직접 이용하여 미나리를 주로 재배하는 토지

답 ⑤

06 공간정보의 구축 및 관리 등에 관한 법령상 토지소유자가 하여야 하는 신청을 대신할 수 있는 자에 해당하지 않는 것은? (단, 등록사항 정정 대상 토지는 제외함) ✦ 31회

① 국가가 취득하는 토지인 경우 : 해당 토지를 관리하는 행정기관의 장

② 지방자치단체가 취득하는 토지인 경우 : 해당 지방지적위원회

③ 「주택법」에 따른 공동주택의 부지인 경우 : 「집합건물의 소유 및 관리에 관한 법률」에 따른 관리인 또는 해당 사업의 시행자

④ 「민법」 제404조에 따른 채권자

⑤ 공공사업 등에 따라 지목이 학교용지로 되는 토지인 경우 : 해당 사업의 시행자

답 ②

07 공간정보의 구축 및 관리 등에 관한 법령상 지적도에 등록하여야 하는 사항이 아닌 것은? ✦ 31회

① 토지의 소재

② 소유권 지분

③ 도곽선(圖廓線)과 그 수치

④ 삼각점 및 지적기준점의 위치

⑤ 지목

답 ②

제3장 제3절 토지의 이동 신청 및 지적정리 등 주요 내용 O · X 확인 문제

01 신규등록 및 지목변경할 토지는 그 사유가 발생한 날부터 30일 이내에 지적소관청에 신규등록을 신청하여야 한다. (　　　)

02 토지소유자는 「주택법」에 따른 공동주택의 부지, 도로, 제방, 하천, 구거, 유지, 그 밖에 대통령령으로 정하는 토지로서 합병하여야 할 토지가 있으면 그 사유가 발생한 날부터 60일 이내에 지적소관청에 합병을 신청하여야 한다. (　　　)

03 합병 신청을 할 수 없는 경우를 모두 고르시오. (　　　　　　　　　)

> 1. 합병하려는 토지의 지번부여지역, 지목 또는 소유자가 서로 다른 경우
> 2. 합병하려는 토지에 소유권·지상권·전세권 또는 임차권의 등기가 있는 경우
> 3. 합병하려는 토지에 요역지에 대한 지역권의 등기가 있는 경우
> 4. 합병하려는 토지의 지적도 및 임야도의 축척이 서로 다른 경우
> 5. 합병하려는 토지 소유자의 주소가 서로 다르지만 토지 소유자가 동일인임을 확인할 수 있는 경우

04 지적소관청은 지적공부에 등록된 토지가 바다로 된 경우로서 원상으로 회복될 수 없거나 다른 지목의 토지로 될 가능성이 없는 경우에는 지적공부에 등록된 토지소유자에게 지적공부의 등록말소 신청을 하도록 통지하여야 한다. 토지소유자는 통지를 받은 날부터 60일 이내에 등록말소 신청을 해야 한다. (　　　)

05 축척변경에 관한 사항을 심의·의결하기 위하여 지적소관청에 축척변경위원회를 둔다. 축척변경 시행지역의 토지소유자 3분의 4 이상의 동의를 받아 축척변경위원회의 의결을 거친 후 시·도지사 또는 대도시 시장의 승인을 받아야 한다. (　　　)

06 토지소유자의 신청 또는 지적소관청의 직권으로 잦은 토지의 이동으로 1필지의 규모가 작아서 소축척으로는 지적측량성과의 결정이나 토지의 이동에 따른 정리를 하기가 곤란한 경우에는 축척을 변경할 수 있지만 하나의 지번부여지역에 서로 다른 축척의 지적도가 있는 경우에는 토지소유자의 신청이 있는 경우에만 축척변경이 가능하다. (　　　)

07 합병하려는 토지가 축척이 다른 지적도에 각각 등록되어 있어 축척변경을 하는 경우 및 도시개발사업 등의 시행지역에 있는 토지로서 그 사업 시행에서 제외된 토지의 축척변경을 하는 경우에는 축척변경위원회의 의결 및 시·도지사 또는 대도시 시장의 승인 없이 축척변경을 할 수 있다. (　　　)

08 미등기 토지에 대하여 토지소유자의 성명 또는 명칭, 주민등록번호, 주소 등에 관한 사항의 정정을 신청한 경우로서 그 등록사항이 명백히 잘못된 경우에는 등기필증, 등기완료통지서, 등기사항증명서 또는 등기관서에서 제공한 등기전산정보자료에 따라 정정하여야 한다. (   )

09 토지소유자가 하여야 하는 신청을 대신할 수 있는 경우는? (등록사항 정정 대상토지는 제외한다)
(   )

> 1. 공공사업 등에 따라 학교용지의 지목으로 되는 토지인 경우 : 해당 사업의 시행자
> 2. 국가가 취득하는 토지인 경우 : 해당 토지를 관리하는 지방자치단체의 장
> 3. 「주택법」에 따른 공동주택의 부지인 경우 : 관리인 또는 해당 사업의 시행자
> 4. 「민법」 제404조에 따른 채권자

10 지적공부에 등록된 토지소유자의 변경사항은 신규등록을 포함하여 등기관서에서 등기한 것을 증명하는 등기필증, 등기완료통지서, 등기사항증명서 또는 등기관서에서 제공한 등기전산정보자료에 따라 정리한다. (   )

11 국유재산법에 따른 총괄청이나 중앙관서의 장이 소유자 없는 부동산에 대한 소유자 등록을 신청하는 경우 지적소관청은 지적공부에 해당 토지의 소유자가 등록되지 아니한 경우에만 등록할 수 있다. (   )

제3장 제3절 토지의 이동 신청 및 지적정리 등 주요 내용 O · X 확인 문제 정답

01 (×) 60일 이내에 지적소관청에 신규등록을 신청하여야 한다.

02 (O)

03 (1, 3, 4)

> 1. 합병하려는 토지의 지번부여지역, 지목 또는 소유자가 서로 다른 경우에는 합병 불가
> 3. 승역지는 가능하나 요역지는 불가하다.
> 4. 합병하려는 토지의 지적도 및 임야도의 축척이 서로 다른 경우에는 합병 불가

04 (×) 토지소유자가 통지를 받은 날부터 90일 이내에 등록말소 신청을 하지 아니하면 대통령령으로 정하는 바에 따라 등록을 말소한다.

05 (×) 축척변경에 관한 사항을 심의 · 의결하기 위하여 지적소관청에 축척변경위원회를 둔다. 축척변경 시행지역의 토지소유자 3분의 2 이상의 동의를 받아 축척변경위원회의 의결을 거친 후 시 · 도지 사 또는 대도시 시장의 승인을 받아야 한다.

06 (×) 하나의 지번부여지역에 서로 다른 축척의 지적도가 있는 경우에도 토지소유자의 신청 또는 지적 소관청의 직권으로 가능하다.

07 (O)

08 (×) 미등기 토지에 대하여 토지소유자의 성명 또는 명칭, 주민등록번호, 주소 등에 관한 사항의 정정 을 신청한 경우로서 그 등록사항이 명백히 잘못된 경우에는 가족관계 기록사항에 관한 증명서에 따라 정정하여야 한다.

09 (1, 3, 4) (2 틀림)
국가나 지방자치단체가 취득하는 토지인 경우에는 해당 토지를 관리하는 행정기관의 장 또는 지방자치단체의 장이 대신할 수 있으므로 국가가 취득하는 경우에는 행정기관의 장이 대신 신청 한다.

10 (×) 신규등록하는 토지의 소유자는 지적소관청이 직접 조사하여 등록한다.

11 (O)

보칙

1. 토지등에의 출입 등(제101조 내지 제103조)

(1) 토지출입과 장애물의 변경 및 제거

이 법에 따라 측량을 하거나, 측량기준점을 설치하거나, 토지의 이동을 조사하는 자는 그 측량 또는 조사 등에 필요한 경우에는 타인의 토지·건물·공유수면 등에 출입하거나 일시 사용할 수 있으며, 특히 필요한 경우에는 나무, 흙, 돌, 그 밖의 장애물(이하 "장애물"이라 한다)을 변경하거나 제거할 수 있다.

→ 토지출입 시 권한을 표시하는 허가증을 지니고 관계인에게 이를 내보여야 한다.

→ 토지등의 점유자는 정당한 사유 없이 행위를 방해하거나 거부하지 못한다.

(2) 손실보상 및 토지의 수용 또는 사용

→ 손실을 받은 자가 있으면 그 행위를 한 자는 그 손실을 보상하여야 한다.

→ 손실보상에 관하여는 손실을 보상할 자와 손실을 받은 자가 협의하여야 한다.

→ 협의가 성립되지 않았거나 협의를 할 수 없는 경우에는 관할 토지수용위원회에 재결 신청 가능

→ 관할 토지수용위원회의 재결에 관하여는 「토지보상법」 제84조부터 제88조까지의 규정을 준용한다.

→ 국토교통부장관은 기본측량을 실시하기 위하여 필요하다고 인정하는 경우에는 토지, 건물, 나무, 그 밖의 공작물을 수용하거나 사용할 수 있다.

→ 수용 또는 사용 및 이에 따른 손실보상에 관하여는 「토지보상법」을 적용한다.

(3) 출입의 통지

타인의 토지등에 출입하려는 자는 관할 특별자치시장, 특별자치도지사, 시장·군수 또는 구청장의 허가를 받아야 하며, 출입하려는 날의 3일 전까지 해당 토지등의 소유자·점유자 또는 관리인에게 그 일시와 장소를 통지하여야 한다.

다만, 행정청인 자는 허가를 받지 아니하고 타인의 토지등에 출입할 수 있다.

(4) 일시사용과 장애물 변경 및 제거

1) 타인 토지등을 일시 사용하거나 장애물을 변경 또는 제거하려는 자는 그 소유자·점유자 또는 관리인의 동의를 받아야 한다.

다만, 소유자/점유자 또는 관리인의 동의를 받을 수 없는 경우 행정청인 자는 관할 특별자치시장, 특별자치도지사, 시장·군수 또는 구청장에게 그 사실을 통지하여야 하며, 행정청이 아닌 자는 미리 관할 특별자치시장, 특별자치도지사, 시장·군수 또는 구청장의 허가를 받아야 한다. → 구청장 등은 미리 그 소유자/점유자 또는 관리인의 의견을 들어야 한다.

2) 토지등을 일시 사용하거나 장애물을 변경 또는 제거하려는 자는 토지등을 사용하려는 날이나 장애물을 변경 또는 제거하려는 날의 3일 전까지 그 소유자·점유자 또는 관리인에게 통지하여야 한다. 다만, 토지등의 소유자·점유자 또는 관리인이 현장에 없거나 주소 또는 거소가 분명하지 아니할 때에는 관할 특별자치시장, 특별자치도지사, 시장·군수 또는 구청장에게 통지하여야 한다.

(5) 출입의 제한
해 뜨기 전이나 해가 진 후에는 그 토지등의 점유자의 승낙 없이 택지나 담장 또는 울타리로 둘러싸인 타인토지에 출입할 수 없다.

2. 수수료
1) 소관청이 직권으로 조사·측량하여 지적공부를 정리한 경우에는 그 조사·측량에 들어간 비용을 토지소유자로부터 징수해야 한다. 수수료는 지적공부를 정리한 날부터 30일 내에 내야 한다. 다만, 제82조(바다로 된 토지의 등록말소)에 따라 지적공부를 등록말소한 경우에는 그러하지 아니하다.

2) 수수료를 국토교통부령으로 정하는 기간 내에 내지 아니하면 국세 또는 지방세 체납처분의 예에 따라 징수한다.

벌칙

1. **벌칙** : 1년 이하의 징역 또는 1천만원 이하의 벌금(거짓으로 다음 각 목을 신청한 자)

   가. 제77조에 따른 신규등록 신청

   나. 제78조에 따른 등록전환 신청

   다. 제79조에 따른 분할 신청

   라. 제80조에 따른 합병 신청

   마. 제81조에 따른 지목변경 신청

   바. 제82조에 따른 바다로 된 토지의 등록말소 신청

   사. 제83조에 따른 축척변경 신청

   아. 제84조에 따른 등록사항의 정정 신청

   자. 제86조에 따른 도시개발사업 등 시행지역의 토지이동 신청

2. **양벌규정**

   법인의 대표자나 법인 또는 개인의 대리인, 사용인, 그 밖의 종업원이 그 법인 또는 개인의 업무에 관하여 제107조부터 제109조까지의(벌칙규정임) 어느 하나에 해당하는 위반행위를 하면 그 행위자를 벌하는 외에 그 법인 또는 개인에게도 해당 조문의 벌금형을 과(科)한다. 다만, 법인 또는 개인이 그 위반행위를 방지하기 위하여 해당 업무에 관하여 상당한 주의와 감독을 게을리하지 아니한 경우에는 그러하지 아니하다.

3. **과태료** : 200만원 이하

   정당한 사유 없이 토지등에의 출입 등을 방해하거나 거부한 자

제4장 보칙 및 제5장 벌칙 주요 내용 O·X 확인 문제

01 타인의 토지등에 출입하려는 자는 관할 특별자치시장, 특별자치도지사, 시장·군수 또는 구청장의 허가를 받아야 하며, 출입하려는 날의 7일 전까지 해당 토지등의 소유자·점유자 또는 관리인에게 그 일시와 장소를 통지하여야 한다. (   )

02 토지등을 일시 사용하거나 장애물을 변경 또는 제거하려는 자는 토지등을 사용하려는 날이나 장애물을 변경 또는 제거하려는 날의 7일 전까지 그 소유자·점유자 또는 관리인에게 통지하여야 한다. (   )

03 토지등의 출입에 의한 손실을 받은 자가 있으면 그 행위를 한 자는 그 손실을 보상하여야 한다. 손실보상에 관하여는 행위를 한 자가 속한 행정기관과 협의하여야 한다. (   )

04 정당한 사유 없이 토지등에의 출입 등을 방해하거나 거부한 자에게는 200만원 이하의 과태료를 부과·징수한다. (   )

제4장 보칙 및 제5장 벌칙 주요 내용 O · X 확인 문제 정답

01 (×) 출입하려는 날의 3일 전까지 해당 토지등의 소유자 · 점유자 또는 관리인에게 그 일시와 장소를 통지하여야 한다.

02 (×) 3일 전까지 그 소유자 · 점유자 또는 관리인에게 통지하여야 한다.

03 (×) 손실보상에 관하여는 손실을 보상할 자와 손실을 받은 자가 협의하여야 한다.

04 (○)

지적공부 양식

■ 공간정보의 구축 및 관리 등에 관한 법률 시행규칙 [별지 제63호서식] <개정 2017. 1. 31.>

토 지 대 장

고유번호			도면번호		발급번호	
토지소재			장 번 호		처리시각	
지 번		축 척	비 고		발 급 자	

토 지 표 시

지 목	면 적(㎡)	사 유

소 유 자

변 동 일 자 변 동 원 인	주 소
	성명 또는 명칭 / 등록번호

등 급 수 정 연 월 일	
토 지 등 급 (기준수확량등급)	( ) ( ) ( ) ( ) ( ) ( ) ( ) ( ) ( ) ( )
개별공시지가 기준일	
개별공시지가(원/㎡)	용도지역 등

270㎜×190㎜[백상지(150g/㎡)]

■ 공간정보의 구축 및 관리 등에 관한 법률 시행규칙 [별지 제64호서식] <개정 2017. 1. 31.>

임 야 대 장

고유번호		도면번호		발급번호	
토지소재		장번호		처리시각	
지번	축척	비고		발급자	

토 지 표 시			소 유 자		
지목	면적(㎡)	사유	변동일자 변동원인	주소	
			년 월 일	성명 또는 명칭	등록번호
			년 월 일		( )
					( )
					( )
					( )
					( )
					( )
					( )

등급수정 연월일					
토지등급 (기준수확량등급)	( )	( )	( )	( )	( )
개별공시지가 기준일					용도지역 등
개별공시지가(원/㎡)					

270㎜×190㎜[백상지(150g/㎡)]

■ 공간정보의 구축 및 관리 등에 관한 법률 시행규칙 [별지 제66호서식] <개정 2017. 1. 31.>

대지권등록부

고유번호		전유부분 건물표시	건물명칭		장번호	
토지소재						
지번		대지권 비율				
	대지권 비율					
	소유권 지분					
소유자	변동일자 년 월 일	변동원인	등록번호	주소		
	년 월 일		성명 또는 명칭			
	년 월 일					
	년 월 일					

270mm×190mm [백상지(150g/㎡)]

■ 공간정보의 구축 및 관리 등에 관한 법률 시행규칙 [별지 제65호서식] <개정 2017. 1. 31.>

공 유 지 연 명 부

고유번호						장번호	
토지 소재			지 번			비 고	
순번	변 동 일 자	변 동 원 인	소유권 지분	소 유 자			
				주 소	등록번호 성명 또는 명칭		
	년 월 일						
	년 월 일						
	년 월 일						
	년 월 일						
	년 월 일						
	년 월 일						
	년 월 일						
	년 월 일						
	년 월 일						

270㎜×190㎜ [백상지(150g/㎡)]

[별지 제67호서식]

지 적 도

○○군 ○○면 ○○리 지적도 ○○장 중 제○○호 축척○○○분의1

540㎜×440㎜ (폴리에스터켄트지 220g/㎡ 또는 알루미늄켄트지 700g/㎡)

[별지 제68호서식]

임 야 도

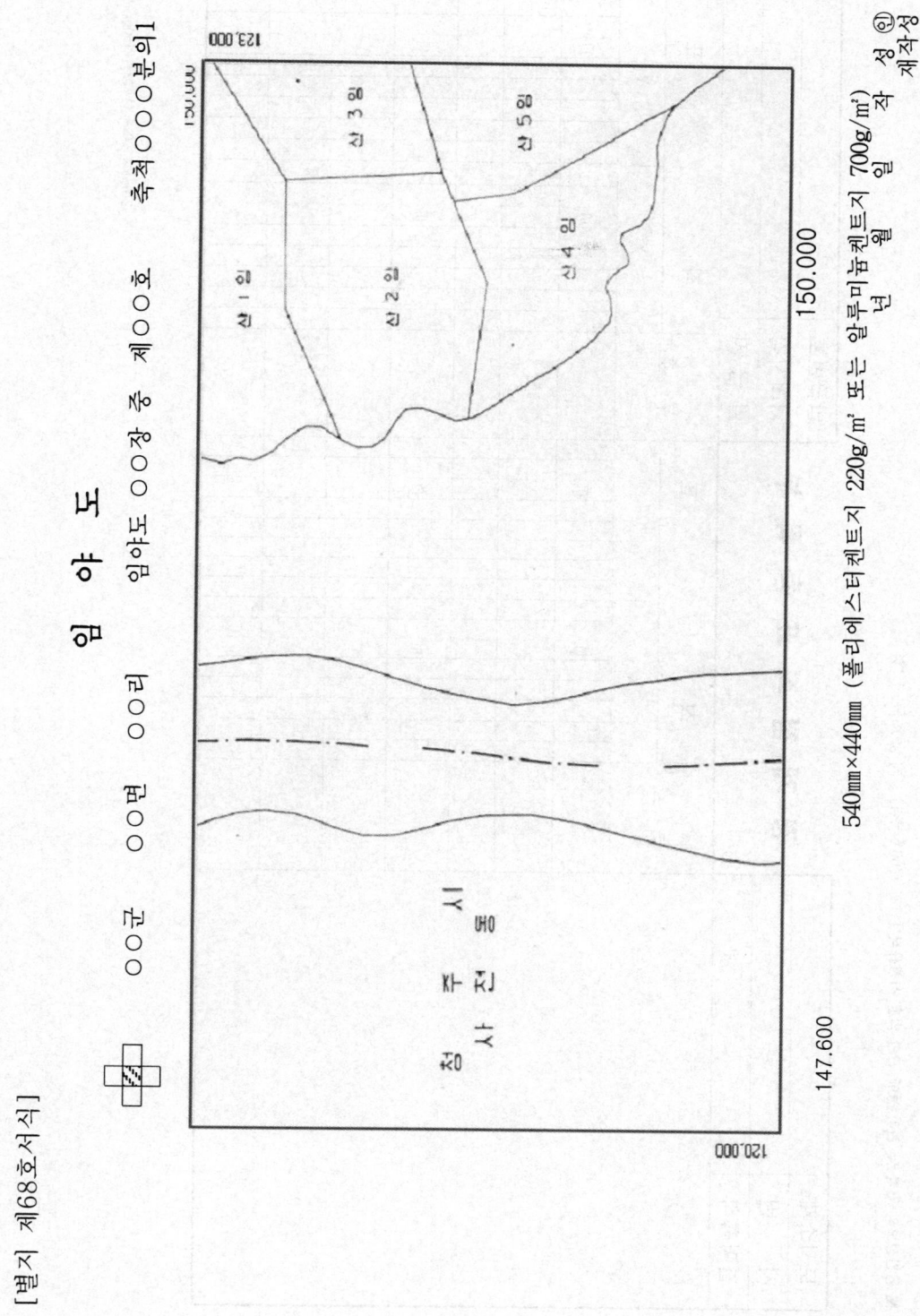

○○군　○○면　○○리

임야도 ○○장 중 제○○호

축척○○○○분의1

산 1 임

산 2 임

산 3 임

산 4 임

산 5 임

해 주 전 양 시

123.000

150.000

150.000

147.600

120.000

540㎜×440㎜ (폴리에스터켄트지 220g/㎡ 또는 알루미늄켄트지 700g/㎡)

년　월　일　작　성　성　성 ㊞

제작성

■ 공간정보의 구축 및 관리 등에 관한 법률 시행규칙 [별지 제69호서식] <개정 2017. 1. 31.>

경 계 점 좌 표 등 록 부

270mm×190mm (백상지(150g/㎡)

토지소재		
지 번		
출력축척		

발급번호		
처리시각		
발 급 자		

부 호	좌 표		
	X		Y
	ㅌ		ㅌ
	ㅌ		ㅌ

부 호	좌 표		
	X		Y
	ㅌ		ㅌ
	ㅌ		ㅌ

■ 공간정보의 구축 및 관리 등에 관한 법률 시행규칙 [별지 제71호의2서식] <개정 2023. 11. 27.>

부동산종합증명서(토지)

고유번호			장번호		건축물유무
소재지					

토지 표시

지목	면적(㎡)	이동일자	이동사유

소유자

변동일자	변동원인	성명 또는 명칭	등록번호	주소
등기원인일자	등기원인	대표자(관리자) 성명	대표자(관리자) 주민등록번호	대표자(관리자) 주소

등기 특정 권리사항 (등기기록의 권리정보 중 일부 특정권리의 유무만 기재한 것임. 기준시점 : 0000년/00월/00일 00시:00분)

구분	소유권	용익권 (지상권, 지역권, 전세권, 임차권)	담보권 (저당권, 근저당권, 질권, 근질권)	기타 (압류, 가압류, 가처분, 경매개시결정, 강제관리, 가등기, 환매특약)
유 / 무				

개별공시지가 연혁 (원/㎡)

기준일자				
공시지가				

토지이용 계획	「국토의 계획 및 이용에 관한 법률」 에 따른 지역 · 지구 등	다른 법령 등에 따른 지역 · 지구 등	「토지이용규제 기본법 시행령」 제9조제4항 각 호에 해당되는 사항

이 부동산종합증명서는 부동산종합공부의 기록사항과 틀림없음을 증명합니다.

년   월   일

특별자치시장
시장 · 군수 · 구청장
경제자유구역청장   직 인

297㎜×210㎜[백상지 80g/㎡(재활용품)]

부동산종합증명서(토지)

고유번호				장변호		건축물유무	
소재지							

토지 소유자 공유 현황

성명 또는 명칭	등록번호	지분	주소	등기 원인 일자	등기 원인	대표자(관리자) 성명	대표자(관리자) 주민등록번호	대표자(관리자) 주소
변동일자	변동원인							

토지 표시 연혁

지목	면적(㎡)	이동일자	이동사유	면적(㎡)	지목	이동일자	이동사유

토지 소유자 연혁

성명 또는 명칭	등록번호	주소	등기원인일자	등기원인	대표자(관리자) 성명	대표자(관리자) 주민등록번호	대표자(관리자) 주소
변동일자	변동원인						

부동산종합증명서(토지)

고유번호

소재지

토지이용계획 확인도면 [출력축척]	지적(임야)도 [등록축척]	장번호	건축물유무
	/ [출력축척]		

* 이 도면으로는 측량, 건축설계도면 등 그 밖의 목적으로 사용할 수 없습니다. * 이 도면으로는 지적측량을 할 수 없습니다.

부동산종합증명서(토지)

고유번호	
소재지	

장번호		건축물유무	

경계점 좌표 등록사항 [좌표축척:]

부호	좌표		부호	좌표	
	X	Y		X	Y

* 이 도면으로는 지적측량을 할 수 없습니다.

부동산종합증명서(토지)

고유번호		건축물유무
소재지		

안 내 사 항

※ 「공간정보의 구축 및 관리 등에 관한 법률」 제84조 규정에 의한 등록사항정정 대상 토지입니다.
※ 구획정리(경지정리/토지개발사업/지적재조사)사업 시행중인 토지입니다.
※ 「공간정보의 구축 및 관리 등에 관한 법률」 제74조 규정에 의해 토지소유자를 복구할 토지입니다.
※ 해당 토지에 건축물은 위반 건축물입니다.

토지이용계획도면 범례

유 의 사 항

[토지이용계획]

1. 토지이용계획은 「토지이용규제기본법」 제5조 각 호에 따른 지역·지구 등의 지정내용과 그 지역·지구 등에서의 행위제한 내용, 그리고 같은 법 시행령제9조제4항에서 정하는 사항을 확인해 드리는 것으로서 지역·지구·구역 등의 명칭을 쓰는 모든 것을 확인해 드리는 것은 아닙니다.
2. 「토지이용규제기본법」 제8조 제2항 단서에 따라 지형도면을 작성·고시하지 않는 경우로서 「철도안전법」 제45조에 따른 철도보호지구, 「학교보건법」 제5조에 따른 학교환경 위생정화구역 등의 같이 별도의 지정 절차 없이 법령 또는 자치법규에 따라 지역·지구 등의 범위가 직접 지정되는 경우에는 그 지역·지구 등의 지정여부를 확인해드리지 못할 수 있습니다.
3. 「토지이용규제기본법」 제 8조 제 3항 단서에 따라 지역·지구 등의 지정 시 지형도면 등의 고시가 곤란한 경우로서 「토지이용규제기본법시행령」 제 7조제 4항 각 호에 해당되는 경우에는 그 지형도면 등의 고시 전에 해당지역·지구 등의 지정여부를 확인해 드리지 못 합니다.
4. "확인도면"은 해당필지에 지정된 지역·지구 등의 지정여부를 확인하기 위한 참고 도면으로서 법적효력이 없고, 측량이나 건축설계도면 등 그 밖의 목적으로 사용할 수 없습니다.
5. 지역·지구 등에서의 행위 제한내용은 신청인의 편의를 도모하기 위하여 관계 법령 및 자치법규에 규정된 내용을 그대로 제공해 드리는 것으로서 내용에 오류가 있을 수 있으므로 참고자료로 활용하시기 바라며, 신청 토지에 대하여 제한되는 행위 제한의 구체적인 내용은 해당 지역·지구 등을 관리하는 해당 행정기관에 문의하시기 바랍니다.
※ 지역·지구 등에서의 행위제한 내용은 신청인이 확인을 신청한 경우에만 기재되며, 「국토의 계획 및 이용에 관한 법률」에 따른 지구단위계획구역에 해당하는 경우에는 담당과를 방문하여 토지이용과 관련한 계획을 별도로 확인하셔야 합니다.

[부동산종합증명서]

※ 부동산종합증명서에는 지적공부, 건축물대장, 토지이용계획확인서, 개별공시지가확인서, 개별(공동)주택가격확인서 등 부동산공적장부 정보를 전자적으로 통합·발췌하여 작성된 것으로 개별 부동산공적장부의 항목 중 일부는 출력되지 않을 수 있습니다.

[등기 특정 권리사항]

1. 등기 특정 권리사항은 등기기록 중 특정권리의 유무를 표시한 것으로 일부 표제부지 않은 권리사항도 있으므로 권리관계 확인을 위해서는 반드시 등기기록을 확인하시기 바랍니다.
2. 가등기는 소유권이전청구권가등기, 소유권이전담보가등기 및 권리질권(근저당권)등기·전세권·임차권·(근)저당권·질권설정·결권설정 청구권 가등기 만에 관한 것입니다.

■ 공간정보의 구축 및 관리 등에 관한 법률 시행규칙 [별지 제71호의3서식] <개정 2023. 11. 27.>

부동산종합증명서(토지, 건축물)

고유번호						건축물 명칭		장번호
소재지						건축물 동명칭		대장유형

토지 표시 (관련 필지가 다수일 경우 별도 발급)

구분	법정동	지번	지목	면적(㎡)	개별공시지가 (원/㎡)		
					기준일자	공시지가	

건축물 표시 (*표시 항목이 총괄일 경우 합계를 표시)

* 대지면적(㎡)	* 주용도
* 건축면적(㎡)	* 주구조
* 연면적(㎡)	지붕
* 건폐율(%)	높이
* 용적율(%)	층수(지상/지하)
* 건물수	* 부속건물(동/㎡)
* 허가일자	* 가구/세대/호
* 착공일자	* 주차 대수
* 사용승인일자	* 승강기

토지, 건축물 소유자 현황(집합건물일 경우 건축물 소유자는 기재하지 않음, 토지는 건축물의 대표지번을 기준으로 작성됨)

토지	구분	변동일자	변동원인	성명 또는 명칭	등록번호	주소
	등기원인일자		등기원인	대표자(관리자) 성명	대표자(관리자) 주민등록번호	대표자(관리자) 주소
건축물	구분	변동일자	변동원인	성명 또는 명칭	등록번호	주소

등기 특정 권리사항 (등기기록의 권리정보 중 일부 특정권리의 유무만 기재한 것임. 기준시점 : 0000년/00월/00일 00시:00분)

구분	소유권	용익권 (지상권, 지역권, 전세권, 임차권)	담보권 (저당권, 근저당권, 질권, 근질권)	기타(압류, 가압류, 가처분, 가등기, 경매개시결정, 강제관리, 가등기, 환매특약)
유/무(토지)				
유/무(건축물)				

토지이용 계획	「국토의 계획 및 이용에 관한 법률」에 따른 지역·지구 등	다른 법령 등에 따른 지역·지구 등	「토지이용규제 기본법 시행령」 제9조제4항 각 호에 해당되는 사항

이 부동산종합증명서는 부동산종합공부의 기록사항과 틀림없음을 증명합니다.

년   월   일

특별자치시장
시장·군수·구청장
경제자유구역청장   [직인]

297㎜×210㎜[백상지 80g/㎡(재활용품)]

부동산종합증명서(토지, 건축물)

고유번호			
소재지			

			장번호	
건축물 명칭	건축물 명칭		대장유형	
건축물 동명칭	건축물 동명칭			

토지 표시 현황

주/부	층명칭	층별구조	층별용도	면적(㎡)

건축물 표시 현황 (층별 현황)

주/부	층명칭	층별구조	층별용도	면적(㎡)

토지 소유자 공유 현황

변동일자	변동원인			
등기원인	등기원인일자			
성명 또는 명칭	대표자(관리자) 성명			
등록번호	대표자(관리자) 주민등록번호			
주소				
대표자(관리자) 주소	지분			

건축물 소유자 공유 현황

변동일자	변동원인			
변동원인				
성명 또는 명칭				
등록번호				
주소				
지분				

부동산종합증명서(토지, 건축물)

고유번호		건축물 명칭		장번호
소재지		건축물 동명칭		대장유형

토지 표시 연혁

지목	면적(㎡)	이동일자	이동사유

건축물 변동 연혁

변동일자	변동원인	변동내역

토지 소유자 연혁

변동일자	변동원인	성명 또는 명칭	등록번호	주소	등기원인	지분	등기원인일자	대표자(관리자) 주민등록번호	대표자(관리자) 성명

가격 연혁 (개별주택가격의 경우 일반건축물의 용도가 주택인 경우만 표시)

개별주택가격(원)	기준일자		주택가격	
대표지번 개별공시지가(원/㎡)	기준일자		공시지가	

부동산종합증명서(토지, 건축물)

건축물 현황도면 [배치도]

고유번호	
소재지	

건축물 명칭		장번호	
건축물 동명칭		대장유형	

도면작성자	도면축척

부동산종합증명서(토지, 건축물)

건축물 현황도면 [배치도]

고유번호		건축물 명칭	장번호
소재지		건축물 동명칭	대장유형

도면작성자

도면축척

부동산종합증명서(토지, 건축물)

고유번호		건축물 명칭		장번호	
소재지		건축물 동명칭		대장유형	

토지이용계획 확인도면 [출력축척]	지적(임야)도 [등록축척 / 출력축척]

* 이 도면으로는 측량, 건축설계도면 등 그 밖의 목적으로 사용할 수 없습니다. * 이 도면으로는 지적측량을 할 수 없습니다.

부동산종합증명서(토지, 건축물)

고유번호		건축물 명칭		장번호	
소재지		건축물 동명칭		대장유형	

경계점 좌표 등록사항 [출력축척]

부호	좌표		부호	좌표	
	X	Y		X	Y

* 이 도면으로는 지적측량을 할 수 없습니다.

고유번호			건축물 명칭	
소재지			건축물 동명칭	
			대장유형	

부동산종합증명서(토지, 건축물)

안내사항

※ 「공간정보의 구축 및 관리 등에 관한 법률」 제84조 규정에 의한 등록사항정정 대상 토지입니다.

※ 구획정리(경지정리/토지개발사업/지적재조사)사업 시행중인 토지입니다.

※ 「공간정보의 구축 및 관리 등에 관한 법률」 제74조 규정에 의해 토지소유자를 복구할 토지입니다.

※ 해당 토지에 건축물은 "위반 건축물"입니다.

토지이용계획도면 범례

유 의 사 항

[토지이용계획]

1. 토지이용계획은 「토지이용규제기본법」 제5조 각 호에 따른 지역·지구 등의 지정내용과 그 지역·지구 등에서의 행위제한 내용, 그리고 같은 법 시행령제9조제4항에서 정하는 사항을 확인해 드리는 것으로서 지역·지구·구역 등의 명칭을 쓰는 모든 것을 확인해 드리는 것은 아닙니다.

2. 「토지이용규제기본법」 제8조 제2항 단서에 따라 지형도면 작성·고시하지 않는 경우로서 「철도안전법」, 제45조에 따른 철도보호지구, 「학교보건법」 제5조에 따른 학교환경 위생정화구역 등과 같이 별도의 지정 절차 없이 법령 또는 자치법규에 따라 지역·지구 등의 범위가 직접 지정되는 경우에는 그 지역·지구 등의 지정여부를 확인해 드리지 못 할 수 있습니다.

3. 「토지이용규제기본법」 제 8조 제 3항 단서에 따라 지역·지구 등의 지정 시 지형도면 등의 고시가 곤란한 경우로서 「토지이용규제기본법시행령」 제 7조제 4항 각 호에 해당되는 경우에는 그 지형도면 등의 고시 전에 해당지역·지구 등의 지정여부를 확인해 드리며 「토지이용규제기본법시행령」 제 7조제 4항 각 호에 해당되는 경우로서 해당하는 경우에 '확인도면'은 해당필지에 지정된 지역·지구 등의 지정여부를 확인하기 위한 참고 도면으로서 법적효력이 없고, 측량이나 건축설계도면 등 그 밖의 목적으로 사용할 수 없습니다.

4. '확인도면'은 해당필지에 지정된 지역·지구 등의 지정여부를 확인하기 위한 참고 도면으로서 법적효력이 없고, 측량이나 건축설계도면 등 그 밖의 목적으로 사용할 수 없습니다.

5. 지역·지구 등에서의 행위 제한내용은 신청인의 편의를 도모하기 위하여 관계 법령 및 자치법규에 규정된 내용을 그대로 제공해 드리는 것으로서 신청인이 신청한 경우 예만 제공되며, 신청 토지에 대하여 제공된 행위 제한내용은 모든 개발행위가 범위으로 보장됨을 보장하는 것은 아닙니다.

※ 지역·지구 등에서의 행위제한 내용은 신청인이 신청한 경우에만 기재되며, 「국토의 계획 및 이용에 관한 법률」에 따른 지구단위계획구역에 해당하는 경우에는 담당과를 방문하여 토지이용과 관련한 계획을 별도로 확인하셔야 합니다.

[부동산종합증명서]

※ 부동산종합증명서는 지적공부, 건축물대장, 토지이용계획확인서, 개별공시지가확인서, 개별(공동)주택가격확인서 등 부동산공적장부 정보를 전자적으로 통합·발췌하여 작성된 것으로 개별 부동산공적장부의 항목 중 일부는 출력되지 않을 수 있습니다.

[등기 특정 권리사항]

1. 등기 특정 권리사항은 등기기록 중 특정권리만 표시한 것으로 일부 특정되지 않은 권리사항도 있을 수 있으니 반드시 등기기록을 확인하시기 바랍니다.

2. 가등기는 소유권이전청구권가등기, 소유권이전담보가등기 및 지상권·전세권·임차권·저당권·(근)저당권·질권설정 청구권 가등기 말에 관한 것입니다.

■ 공간정보의 구축 및 관리 등에 관한 법률 시행규칙 [별지 제71호의4서식] <개정 2023. 11. 27.>

부동산종합증명서(토지, 집합건물)

고유번호				건축물 명칭		건축물 동명칭	장변호
소재지				건축물 동명칭			호명칭

토지 표시 (대지권 비율)

구분	법정동	지번	지목	면적(㎡)	대지권 비율	개별공시지가 (원/㎡)		기준일자	공시지가

1동 건축물 표시

* 연면적(㎡) * 주용도
* 부속건물(동/㎡) 주구조
층수(지상/지하) * 사용승인일자

건축물 표시 (전유·공용 부분)

구분	주/부 전유/공용	층별	구조	용도	면적(㎡)

토지(대지권), 건축물 소유자 현황

구분	변동일자 변동원인	등록번호 성명 또는 명칭	등기원인	대표자(관리자) 성명	대표자(관리자) 주민등록번호	주소
토지			등기원인일자			
(대지권) 구분 건축물	변동일자 변동원인	등록번호 성명 또는 명칭				주소

등기 특정 권리사항 (등기기록의 권리정보 중 일부 특정권리의 유무만 기재한 것임, 기준시점 : 0000년/00월/00일 00시:00분)

구분	소유권	용익권 (지상권, 지역권, 전세권, 임차권)	담보권 (저당권, 근저당권, 질권, 근질권)	기타(압류, 가압류, 가처분, 경매개시결정, 강제관리, 가등기, 환매특약)
유/무				

토지이용 계획	「국토의 계획 및 이용에 관한 법률」에 따른 지역·지구 등	다른 법령 등에 따른 지역·지구 등	「토지이용규제 기본법 시행령」 제9조제4항 각 호에 해당되는 사항

이 부동산종합증명서는 부동산종합공부의 기록사항과 틀림없음을 증명합니다.

년 월 일

특별자치시시장
시장·군수·구청장
경제자유구역청장 [직인]

297㎜×210㎜[백상지 80g/㎡(재활용품)]

부동산종합증명서(토지, 집합건물)

고유번호

소재지

건축물 명칭 / 건축물 동명칭

장번호 / 호명칭

층별 현황

주/부	층명칭	총별구조	총별용도	면적(㎡)

건축물 동명칭 / 면적(㎡) / 총별용도 / 총별구조 / 총명칭

토지(대지권) 공유 현황

변동일자	변동원인	성명 또는 명칭	등록번호	지분
등기원인일자	등기원인	대표자(관리자) 성명	대표자(관리자) 주민등록번호	
		대표자(관리자) 주소		

건축물 소유자 공유 현황

변동일자	변동원인	성명 또는 명칭	등록번호	지분	주소

부동산종합증명서(토지, 집합건물)

고유번호				건축물 명칭		장번호
소재지				건축물 동명칭		호명칭 호

토지 표시 연혁

지목	면적(㎡)	이동일자	이동사유

건축물 전유 변동 연혁

변동일자	변동원인	변동내역

토지부분 소유자 연혁

변동일자	변동원인	성명 또는 명칭	등록번호	주소	등기원인일자	등기원인	대표자(관리자)성명	대표자(관리자)주민등록번호	대표자(관리자) 주소

공동주택가격 연혁 (원)

기준일자	주택가격

부동산종합증명서(토지, 집합건물)

고유번호			건축물 명칭	장번호
소재지			건축물 동명칭	호명칭 호

토지이용계획 확인도면 [출력축척   ]　　지적(임야)도 [등록축척   ]　　/ 출력축척

* 이 도면이로는 측량, 건축설계도면 등 그 밖의 목적이로 사용할 수 없습니다. * 이 도면이로는 지적측량을 할 수 없습니다.

부동산종합증명서(토지, 집합건물)

건축물 현황도면 [평면도]

고유번호		건축물 명칭		장번호
소재지		건축물 동명칭		호명칭

도면축척		도면작성자

부동산종합증명서(토지, 집합건물)

고유번호		건축물 명칭		장번호	
소재지		건축물 동명칭		동명칭	

경계점 좌표 등록사항 [출력축척:]

부호	좌표		부호	좌표		부호	좌표	
	X	Y		X	Y		X	Y

* 이 도면으로는 지적측량을 할 수 없습니다.

부동산종합증명서(토지, 집합건물)

고유번호		건축물 명칭	호명칭
소재지		건축물 동명칭	

안내사항

※ 「공간정보의 구축 및 관리 등에 관한 법률」 제84조 규정에 의한 등록사항정정 대상 토지입니다.
※ 구획정리(경지정리/토지개발사업/지적재조사)사업 시행중인 토지입니다.
※ 「공간정보의 구축 및 관리 등에 관한 법률」 제74조 규정에 의해 토지소유자를 복구할 토지입니다.
※ 해당 토지에 건축물은 "위반 건축물"입니다.

토지이용계획도면 범례

유 의 사 항

[토지이용계획]
1. 토지이용계획은 「토지이용규제기본법」 제5조 각 호에 따른 지역·지구 등의 지정내용과 그 지역·지구 등에서의 행위제한 내용, 그리고 같은 법 시행령제9조제4항에서 정하는 사항을 확인을 확인해 드리는 것으로서 지역·지구·구역 등의 명칭을 쓰는 모든 것을 확인해 드리는 것은 아닙니다.
2. 「토지이용규제기본법」 제8조 제2항 단서에 따라 지형도면 작성·고시하지 않는 경우로서 「철도안전법」, 제45조에 따른 철도보호지구, 「학교보건법」 제5조에 따른 학교환경 위생정화구역 등과 같이 별도의 지정 절차 없이 법령 또는 자치법규에 따라 지역·지구 등의 범위가 직접 지정되는 경우에는 그 지역·지구 등의 지정여부를 확인해드리지 못할 수 있습니다.
3. 「토지이용규제기본법」 제8조 제3항 단서에 따라 지역·지구 등의 지정 시 지형도면 등의 고시가 곤란한 경우로서 「토지이용규제기본법시행령」 제7조제4항 각 호에 해당되는 경우에는 그 지형도면 등의 고시 전에 해당지역·지구 등의 지정여부를 확인해 드리지 못 합니다.
4. "확인도면"은 해당필지에 지정된 지역·지구 등의 지정여부를 확인하기 위한 참고 도면으로서 법적효력이 없고, 측량이나 건축설계도면 등 그 밖의 목적으로 사용할 수 없습니다.
5. 지역·지구 등에서의 행위 제한내용은 신청인의 편의를 도모하기 위하여 관계 법령 및 자치법규에 규정된 내용을 그대로 제공해 드리는 것으로서 신청인의 이용에 편의를 제공하기 위한 것으로 모든 개발행위가 범위으로 보장되는 것은 아닙니다.
※ 지역·지구 등에서의 행위제한 내용은 신청인이 확인을 신청한 경우에만 기재되며, 「국토의 계획 및 이용에 관한 법률」에 따른 지구단위계획구역에 해당하는 경우에는 담당과를 방문하여 토지이용계획과 관련한 계획을 별도로 확인하셔야 합니다.

[부동산종합증명서]
※ 부동산종합증명서는 지적공부, 건축물대장, 토지이용계획확인서, 개별공시지가확인서, 개별(공동)주택가격확인서 등 부동산공적장부 정보를 전자적으로 통합·발췌하여 작성된 것으로 개별 부동산공적장부의 항목 중 일부는 출력되지 않을 수 있습니다.

[등기 특정 권리사항]
1. 등기 특정 권리사항은 등기기록 중 특정권리만 표시한 것으로 표시되지 않은 권리사항도 있을 수 있으니 반드시 등기기록을 확인하시기 바랍니다.
2. 가등기는 소유권이전청구권가등기, 소유권이전담보가등기 및 확정일자 (근)저당권·전세권·임차권·지역권·전세권·질권설정 청구권 가등기 만에 관한 것입니다.

토지대장

고유번호	1162010100-11597-0024		도면번호	47	발급번호	20211620-00149-8690
토지소재	서울특별시 관악구 봉천동		장번호	2-1	처리시각	15시 12분 58초
지번	159-2	축척 수치			발급자	인터넷민원

토지표시

지목	면적(㎡)	사유
(08) 대	*503.7*	(62) 1980년 12월 31일 구획정리완료
		--- 이하 여백 ---

소유자

변동일자 / 변동원인	주소	성명 또는 명칭	등록번호
1983년 03월 17일 (09)촉탁등기	377		
1989년 05월 10일 (03)소유권이전	부천서남구 김		1-1******
2010년 03월 19일 (04)주소변경	경기도 시흥시 박		44 / ***
2010년 05월 06일 (03)소유권이전	경기도 부천시 박		4 / 1******
	박 외 3인		7 / ?******

토지등급 / 개별공시지가

등급수정 연월일	1983. 05. 01. 수정	1984. 07. 01. 수정	1985. 07. 01. 수정	1989. 04. 01. 수정	1990. 01. 01. 수정	1991. 01. 01. 수정	1992. 01. 01. 수정
토지등급(기준수확량등급)	76	200	203	209	217	223	233
개별공시지가기준일	2015년 01월 01일	2016년 01월 01일	2017년 01월 01일	2018년 01월 01일	2019년 01월 01일	2020년 01월 01일	2021년 01월 01일 용도지역등
개별공시지가 (원/㎡)	5887000	6052000	6237000	6654000	6816000	6902000	7492000

토지대장에 의하여 작성한 등본입니다.

2021년 8월 20일

서울특별시 관악구청장

문서확인번호 : 1629-4397-5699-6479

토지 대장

고유번호	1162010100-11597-0024	도면번호	47	발급번호	20211620-00149-8690
토지소재	서울특별시 관악구 봉천동	장번호	2-2	처리시각	15시 12분 58초
지 번	1597-24	비 고		발 급 자	인터넷민원
		축척	수치		

토 지 표 시

지 목	면 적(㎡)	사 유

소 유 자

변 동 일 자	주 소	
변 동 원 인	성명 또는 명칭	등 록 번 호
	-- 이하 여백 --	

등급수정 년월일	1993. 01. 01. 수정	1994. 01. 01. 수정	1995. 01. 01. 수정
토 지 등 급 (기준수확량등급)	238	244	249
개별공시지가기준일			
개별공시지가(원/㎡)		용도지역 등	

토지대장에 의하여 작성한 등본입니다.

2021년 8월 20일

서울특별시 관악구청장

◆ 본 증명서는 인터넷으로 발급되었으며, 정부24(gov.kr)의 인터넷발급문서진위확인 메뉴를 통해 위·변조 여부를 확인할 수 있습니다. (발급일로부터 90일까지) 또한 문서 하단의 바코드로도 진위확인(정부24 앱 또는 스캐너용 문서확인 프로그램)을 하실 수 있습니다.

공유지 연명부

고유번호	1162010100-11597-0024			장번호	1
토지소재	서울특별시 관악구 봉천동	지번	1597		

순번	변 동 일 자 / 변 동 원 인	소유권 지분	주 소	소유자 등록번호 / 성명 또는 명칭	비 고
000001	2010년 05월 06일 (03)소유권이전	1/6	경기도 부천시	****** 박	
000002	2010년 05월 06일 (03)소유권이전	1/6	경기도 부천시	1****** 7 박	
000003	2010년 05월 06일 (03)소유권이전	1/6	경기도 시흥시	771203-2****** 박	
000004	2010년 05월 06일 (03)소유권이전	1/2	경기도 시흥시	4 ****** 박ㅇㅇ	
			---- 이하 여백 ----		

본 증명서는 인터넷으로 발급되었으며, 정부24(gov.kr)의 인터넷발급문서진위확인 메뉴를 통해 위·변조 여부를 확인할 수 있습니다.(발급일로부터 90일까지) 또한 문서 하단의 바코드로도 진위확인(정부24 앱 또는 스캐너용 문서확인 프로그램)을 하실 수 있습니다.

문서확인번호 : 1620-3514-6324-5994

대지권 등록부

2/2

고유번호	1147010200-10911-0000			
토지소재	서울특별시 양천구 목동	지번	911	대지권비율 43.31/94634.5

전유부분 건물표시	동	층	호	장번호
건물명칭 목동신시가지아파트				1

대지권비율		

소유자

변동일자 변동원인	소유권 지분	주소	등록번호 성명 또는 명칭
2016년 11월 30일 (03)소유권이전	1/2	경기도 광명시	****** (3)
2016년 11월 30일 (03)소유권이전	1/2	경기도 광명시	****** (8)
		---- 이하 여백 ----	

◆ 본 증명서는 인터넷으로 발급되었으며, 정부24(gov. kr)의 인터넷발급문서진위확인 메뉴를 통해 위 · 변조 여부를 확인할 수 있습니다.(발급일로부터 90일까지) 또한 문서 하단의 바코드로도 진위확인(정부24 앱 또는 스캐너용 문서확인프로그램)을 하실 수 있습니다.

문서확인번호 : 1629-4395-7693-9111

지적도 등본

발급번호	202111620001498688	처리시각	15시 10분 34초	발급자	정부24
토지소재	서울특별시 관악구 봉천동	지번	1597-24번지	축척	등록:1/500 출력:1/600

3

2   19.4

15.21

4   1597-25 대   1597-39 도   1597-33 대

1597-24 대
33.78   10.69

5

8.75

1   12.0   6   1693-32 도

1693-28 도   1596-3 종

1596-1 대   1596-17 대

1591-2 대

1596-16 대

1596-21 대

지적도등본에 의하여 작성한 등본입니다.
이 도면등본으로는 지적측량에 사용할 수 없습니다.

2021년 08월 20일

서울특별시 관악구청

◆ 본 증명서는 인터넷으로 발급되었으며, 정부24(gov.kr)의 인터넷발급문서진위확인 메뉴를 통해 위·변조 여부를 확인할 수 있습니다.
 (발급일로부터 90일까지) 또한 문서 하단의 바코드로도 진위확인(정부24 앱 또는 스캐너용 문서확인 프로그램)을 하실 수 있습니다.

문서확인번호 : 1629-4393-9536-0418

경계점좌표등록부

발급번호	2021162000149883
처리시각	15시 01분 37초
발급자	정부24

토지소재	서울특별시 관악구 봉천동
지 번	1597-24번지
축 척	1/1000

부호	좌 표		부호	좌 표	
	X	Y		X	Y
1	441626.07	195743.00			
2	441659.42	195737.62			
3	441662.46	195756.78			
4	441647.39	195754.73			
5	441636.71	195754.22			
6	441627.98	195754.85			
	- 이 하 여 백 -				

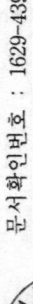

경계점좌표등록부에 의하여 작성한 등본입니다.

2021년 08월 20일

서울특별시 관악구청장

* 이 도면으로는 지적측량을 할 수 없습니다.

◆ 본 증명서는 인터넷으로 발급되었으며, 정부24(gov. kr)의 인터넷발급문서진위확인 메뉴를 통해 위 · 변조 여부를 확인할 수 있습니다.(발급일로부터 90일까지) 또한 문서 하단의 바코드로도 진위확인(정부24 앱 또는 스캐너용 문서확인)을 하실 수 있습니다.

부동산등기법

부동산등기법 기본 구조 및 최근 출제빈도 확인하기(4문제 출제)

단원	출제빈도
제1장 총칙	28 30 33 35
제2장 등기소와 등기관	35
제3장 등기부 등	28 29 30 35
제4장 등기절차	
제1절 총칙	29 31 32 33 35
제2절 표시에 관한 등기	
제1관 토지의 표시에 관한 등기	29 31 32 34
제2관 건물의 표시에 관한 등기	29 31 33 34
제3절 권리에 관한 등기	
제1관 통칙	31 32 33 34 35
제2관 소유권에 관한 등기	31 34 35
제3관 용익권에 관한 등기	28 29 31
제4관 담보권에 관한 등기	28
제5관 신탁에 관한 등기	32
제6관 가등기	32 35
제7관 가처분에 관한 등기	
제8관 관공서가 촉탁하는 등기	30 31
제5장 이의	28 30 34 35
제6장 보칙	

Chapter

01 총칙

학습전략

등기할 수 있는 권리 및 부기등기의 순위를 집중하여 숙지하시기 바랍니다.

이 법은 부동산등기(不動産登記)에 관한 사항을 규정함을 목적으로 한다.

1. 정의 및 등기할 수 있는 권리(제2조)

① "등기부"란 전산정보처리조직에 의하여 입력·처리된 등기정보자료를 대법원규칙으로 정하는 바에 따라 편성한 것을 말한다.

② "등기부부본자료(登記簿副本資料)"란 등기부와 동일한 내용으로 보조기억장치에 기록된 자료를 말한다.

> **부동산등기규칙 제20조(신탁원부 등의 보존기간)**
>
> ① 제18조(신탁원부 등의 보존) 및 제19조(신청정보 등의 보존)에 따라 보조기억장치에 저장한 정보는 다음 각 호의 구분에 따른 기간 동안 보존하여야 한다.
>   1. 신탁원부 : 영구
>   2. 공동담보(전세)목록 : 영구
>   3. 도면 : 영구
>   4. 매매목록 : 영구
>   5. 신청정보 및 첨부정보와 취하정보 : 5년
> ② 제1항 제5호의 보존기간은 해당 연도의 다음해부터 기산한다.
> ③ 보존기간이 만료된 제1항 제5호의 정보는 법원행정처장의 인가를 받아 보존기간이 만료되는 해의 다음해 3월 말까지 삭제한다.

③ "등기기록"이란 1필의 토지 또는 1개의 건물에 관한 등기정보자료를 말한다.

> **부동산등기규칙 제12조(부동산고유번호)**
>
> ① 등기기록을 개설할 때에는 1필의 토지 또는 1개의 건물마다 부동산고유번호를 부여하고 이를 등기기록에 기록하여야 한다.
> ② 구분건물에 대하여는 전유부분마다 부동산고유번호를 부여한다. [기출35]

④ "등기필정보"(登記畢情報)란 등기부에 새로운 권리자가 기록되는 경우에 그 권리자를 확인하기 위하여 제11조 제1항에 따른 등기관이 작성한 정보를 말한다.

> **제11조(등기사무의 처리)**
> ① 등기사무는 등기소에 근무하는 법원서기관·등기사무관·등기주사 또는 등기주사보(법원 사무관·법원주사 또는 법원주사보 중 2001년 12월 31일 이전에 시행한 채용시험에 합격하여 임용된 사람을 포함한다) 중에서 지방법원장(등기소의 사무를 지원장이 관장하는 경우에는 지원장을 말한다. 이하 같다)이 지정하는 자[이하 "등기관"(登記官)이라 한다]가 처리한다.

⑤ 등기할 수 있는 권리 : 등기는 부동산의 표시(表示)와 다음 어느 하나에 해당하는 권리의 보존, 이전, 설정, 변경, 처분의 제한 또는 소멸에 대하여 한다(제3조)[기출30].

1. 소유권(所有權)
2. 지상권(地上權)
3. 지역권(地役權)
4. 전세권(傳貰權)
5. 저당권(抵當權)
6. 권리질권(權利質權)
7. 채권담보권(債權擔保權)
8. 임차권(賃借權)

> 질권은 담보물권이다. 부동산은 저당권이 설정되지만, 부동산이 아닌 동산이나 채권 및 주식 등 권리에는 질권이 설정될 수 있다.

> **설정** : 당사자간의 계약에 의하여 새로이 소유권 이외의 권리를 창설하는 것
> 　　　예 근저당권 설정, 저당권 설정, 전세권 설정, 지상권 설정, 지역권 설정 등
>
> **보존** : 미등기의 부동산에 대하여 소유권의 존재를 공시하기 위하여 처음으로 하는 등기
> 　　　예 소유권 보존
>
> **이전** : 어떤 자에게 귀속되어 있던 권리가 다른 자에게 옮겨가는 것
> 　　　예 소유권 이전, 전세권 이전, 저당권 이전 등
>
> **변경** : 권리의 내용변경(권리의 존속기간의 연장, 지료나 임료의 증감)인 실체법상의 변경 외에 부동산표시의 변경이나 등기명의인 표시의 변경 등을 포함
>
> **처분의 제한** : 소유권자나 기타 권리자가 가지는 권리의 처분 기능을 제한하는 것
> 　　　예 공유물의 분할금지나 압류, 가압류, 가처분에 의한 처분금지 등
>
> **소멸** : 소멸이란 어떤 부동산이나 권리가 어떤 사유로 인하여 없어지는 것

2. 권리의 순위(권리의 순위는 등기한 순서)(제4조 및 제5조)[기출28]

① 같은 부동산에 관하여 등기한 권리의 순위는 법률에 다른 규정이 없으면 등기한 순서에 따른다. 등기의 순서는 등기기록 중 같은 구(區)에서 한 등기 상호 간에는 순위번호에 따르고, 다른 구에서 한 등기 상호 간에는 접수번호에 따른다.

② 부기등기는 주등기의 순위에 따른다. 다만, 같은 주등기에 관한 부기등기 상호 간의 순위는 그 등기 순서에 따른다.

→ 부기등기는 등기의 순서에 의한 독립의 번호가 붙여지지 않고 다른 기존의 특정의 등기의 번호가 붙여지는 등기이다.

→ 등기는 당사자의 신청 또는 관공서의 촉탁에 따라 한다. 다만, 법률에 다른 규정이 있는 경우에는 그러하지 아니하다.

3. 등기의 효력(제6조)[기출28 33]

등기신청은 등기신청정보가 전산정보처리 조직에 저장된 때 저장된 것으로 본다. 등기를 마친 경우 접수한 때부터 효력이 발생된다.

PART 07

Chapter 02 등기소와 등기관

학습전략
주요내용으로 관할과 등기사무의 정지 및 위임 등이 있으나 출제빈도는 거의 없는 파트이다.

1. 관할 등기소, 관할의 위임 및 등기사무의 정지 등(제7조 내지 제10조)

1) 등기사무는 부동산의 소재지를 관할하는 지방법원, 그 지원(支院) 또는 등기소(이하 "등기소" 라 한다)에서 담당한다.
2) 부동산이 여러 등기소의 관할구역에 걸쳐 있을 때에는 각 등기소를 관할하는 상급법원의 장이 관할 등기소를 지정한다.
3) 대법원장은 어느 등기소의 관할에 속하는 사무를 다른 등기소에 위임하게 할 수 있다.
4) 어느 부동산의 소재지가 다른 등기소의 관할로 바뀌었을 때에는 종전의 관할 등기소는 전산정 보처리조직을 이용하여 그 부동산에 관한 등기기록의 처리권한을 다른 등기소로 넘겨주는 조 치를 하여야 한다.
5) 대법원장은 등기소에서 등기사무를 정지하여야 하는 사유가 발생하면 기간을 정하여 등기사 무의 정지를 명령할 수 있다.

2. 등기사무의 처리 및 등기관(제11조)

1) 등기사무는 등기소에 근무하는 법원서기관·등기사무관·등기주사 또는 등기주사보(법원사무 관·법원주사 또는 법원주사보 중 2001년 12월 31일 이전에 시행한 채용시험에 합격하여 임용 된 사람을 포함한다) 중에서 지방법원장(등기소의 사무를 지원장이 관장하는 경우에는 지원장 을 말한다. 이하 같다)이 지정하는 자[이하 "등기관"(登記官)이라 한다]가 처리한다.
2) 등기관은 등기사무를 전산정보처리조직을 이용하여 등기부에 등기사항을 기록하는 방식으로 처리하여야 한다.
3) 등기관은 접수번호의 순서에 따라 등기사무를 처리하여야 한다. [기출35]
4) 등기관이 등기사무를 처리한 때에는 등기사무를 처리한 등기관이 누구인지 알 수 있는 조치를 하여야 한다. [기출35]

3. 등기관의 업무처리의 제한(제12조)

1) 등기관은 자기, 배우자 또는 4촌 이내의 친족(이하 '배우자 등')이 등기신청인인 때에는 그 등 기소에서 소유권등기를 한 성년자로서 등기관의 배우자 등이 아닌 자 2명 이상의 참여가 없으 면 등기를 할 수 없다(배우자 등의 관계가 끝난 후에도 같다).
2) 등기관은 조서를 작성하여 참여인과 같이 기명날인 또는 서명을 하여야 한다.

4. 재정보증(제13조)

법원행정처장은 등기관의 재정보증(財政保證)에 관한 사항을 정하여 운용할 수 있다.

Chapter 03 등기부 등

학습전략

등기부의 종류 및 등기사항의 열람에 관한 내용이 주요 출제파트이므로 해당 부분을 집중해서 공략해야 할 것이다.

1. 등기부의 종류(제14조)

1) 등기부는 토지등기부 / 건물등기부로 구분한다. [기출29 30]

2) 등기부(+폐쇄등기부)는 영구히 보존하여야 한다. [기출28 30 35]

   ① 등기부(+폐쇄등기부)는 전쟁/천재지변/이에 준하는 사태를 피하기 위한 경우 외에는 이동하지 못한다.

   ② 등기부(+폐쇄등기부)의 보관, 관리 장소는 중앙관리소로 한다.

3) 등기부의 부속서류는 전쟁/천재지변/이에 준하는 사태를 피하기 위한 경우 외에는 등기소 밖으로 이동하지 못한다. 다만, 신청서나 그 밖의 부속서류는 법원의 명령 또는 촉탁이 있거나 법관이 발부한 영장에 의하여 압수하는 경우에는 가능하다. [기출28 29]

> 등기부 : 토지, 건물
> 부속서류 : 도면, 신탁원부, 공동담보, 전세목록, 매매목록 ⇒ 이해관계 부분만 열람가능
> 신청서 및 그 밖의 부속서류 : 신청서, 매매계약서, 주소증명정보, 인감증명서

2. 물적 편성주의(제15조)

1) 등기부는 1필의 토지 또는 1개의 건물에 대하여 1개의 등기기록을 둔다. 다만, 1동의 건물을 구분한 건물에 있어서는 1동의 건물에 속하는 전부에 대하여 1개의 등기기록을 사용한다. [기출 28 30 35]

2) 등기기록

   ① 부동산의 표시 = 표제부

   ② 소유권에 관한 사항 = 갑구

   ③ 소유권 외의 권리에 관한 사항 = 을구

3. 등기부부본자료의 작성(제16조)

등기관이 등기를 마쳤을 때에는 등기부부본자료를 작성하여야 한다. [기출29]

4. 등기부의 손상과 복구 등(제17조 및 제18조)

1) 등기부의 전부 또는 일부가 손상되거나 손상될 염려가 있을 때에는 대법원장은 등기부의 복구·손상방지 등 필요한 처분을 명령할 수 있다.

2) 등기부의 부속서류가 손상·멸실(滅失)의 염려가 있을 때에는 대법원장은 그 방지를 위하여 필요한 처분을 명령할 수 있다. [기출29]

3) 대법원장은 처분명령에 관한 권한을 법원행정처장 또는 지방법원장에게 위임할 수 있다.

5. 등기사항의 열람과 증명 및 등기기록의 폐쇄(제19조 및 제20조)

1) 누구든지 등기기록(폐쇄등기기록 포함)에 기록되어 있는 사항의 전부 또는 일부의 열람 및 등기사항증명서의 발급을 청구할 수 있다.

2) 등기기록의 열람 및 등기사항증명서의 발급 청구는 관할 등기소가 아닌 등기소에 대하여도 할 수 있다. [기출29 30 35]

3) 등기기록의 부속서류에 대하여는 이해관계 있는 부분만 열람을 청구할 수 있다. [기출28]

4) 등기관이 등기기록에 등기된 사항을 새로운 등기기록에 옮겨 기록한 때에는 종전 등기기록을 폐쇄(閉鎖)하여야 하고 폐쇄등기기록을 영구히 보존하여야 한다.

6. 중복등기기록의 정리(제21조)

1) 등기관이 같은 토지에 관하여 중복하여 마쳐진 등기기록을 발견한 경우에는 중복등기기록 중 어느 하나의 등기기록을 폐쇄하여야 한다.

---

1. **소유권의 등기명의인이 같은 경우의 정리(부동산등기규칙 제34조)**
   후등기기록을 폐쇄 → 후등기기록에 소유권 외의 권리 등에 관한 등기가 있고 선등기기록에 그와 같은 등기가 없는 경우에는 선등기기록을 폐쇄한다.

2. **소유권의 등기명의인이 다른 경우의 정리(부동산등기규칙 제35조)**
   중복등기기록 중 어느 한 등기기록의 최종 소유권의 등기명의인이 다른 등기기록의 최종 소유권의 등기명의인으로부터 직접 또는 전전하여 소유권을 이전받은 경우로서, 다른 등기기록이 후등기기록이거나 소유권 외의 권리 등에 관한 등기가 없는 선등기기록일 때에는 그 다른 등기기록을 폐쇄한다.

3. **소유권의 등기명의인이 다른 경우의 정리(부동산등기규칙 제36조)**
   어느 한 등기기록에만 원시취득사유 또는 분배농지의 상환완료를 등기원인으로 한 소유권이전등기가 있을 때에는 그 등기기록 제외한 나머지 등기기록을 폐쇄한다.
   소유권보존등기가 원시취득사유 또는 분배농지의 상환완료에 따른 것임을 당사자가 소명하는 경우에도 같다.
   → 이 경우 직권에 의한 등기의 말소 절차를 이행한다.

4. **소유권의 등기명의인이 다른 경우의 정리(부동산등기규칙 제37조)**
   ① 상기 "2. 3."에 미해당 시 각 등기기록의 최종 소유권의 등기명의인과 등기상 이해관계인에 대하여 1개월 이상의 기간을 정하여 그 기간 내에 이의를 진술하지 아니하면 그 등기기록을 폐쇄할 수 있다는 뜻을 통지하여야 한다.

---

② 어느 등기기록의 최종 소유권의 등기명의인과 등기상 이해관계인이 이의를 진술하지 아니하였을 때에는 그 등기기록을 폐쇄한다. 다만, 모든 중복등기기록의 최종 소유권의 등기명의인과 등기상 이해관계인이 이의를 진술하지 아니하였을 때에는 그러하지 아니하다.

③ ①, ②에 따라 등기기록을 정리할 수 있는 경우 외에는 대장과 일치하지 않는 등기기록을 폐쇄한다.

④ ①부터 ③까지 규정에 따른 정리를 한 경우 등기관은 그 뜻을 폐쇄된 등기기록의 최종 소유권의 등기명의인과 등기상 이해관계인에게 통지하여야 한다.

2) 폐쇄된 등기기록의 소유권의 등기명의인 또는 등기상 이해관계인은 소유권의 등기명의인의 소유임을 증명하여 폐쇄된 등기기록의 부활을 신청할 수 있다.

3) 중복등기 기록의 정리는 실체의 권리관계에 영향을 미치지 아니한다. [기출28]

제1장 총칙, 제2장 등기소와 등기관 및 제3장 등기부 주요 내용 O · X 확인 문제

01 등기는 부동산의 표시와 소유권, 지상권, 지역권, 유치권, 전세권, 저당권, 권리질권, 채권담보권, 임차권의 보존, 이전, 설정, 변경, 처분의 제한 또는 소멸에 대하여 한다. (　　　)

02 등기의 순서는 등기기록 중 같은 구(區)에서 한 등기 상호 간에는 접수번호에 따르고, 다른 구에서 한 등기 상호 간에는 순위번호에 따른다. (　　　)

03 부기등기의 순위는 주등기의 순위에 따른다. 다만, 같은 주등기에 관한 부기등기 상호 간의 순위는 그 등기 순서에 따른다. (　　　)

04 등기관이 등기를 마친 경우 그 등기는 그때부터 효력을 발생한다. (　　　)

05 여러 등기소의 관할구역에 걸쳐 있을 때에는 대법원장이 관할 등기소를 지정한다. (　　　)

06 지방법원장은 등기소의 관할에 속하는 사무를 다른 등기소에 위임하게 할 수 있고 기간을 정하여 등기사무의 정지를 명령할 수 있다. 또한 등기부의 부속서류가 손상·멸실의 염려가 있을 때에는 그 방지를 위하여 필요한 처분을 명령할 수 있다. (　　　)

07 등기관은 접수번호의 순서에 따라 등기사무를 처리하여야 하고, 처리한 등기관이 누구인지 알 수 있는 조치를 하여야 한다. (　　　)

08 등기부는 토지등기부와 건물등기부로 구분한다. 등기부는 영구히 보존하여야 한다. 폐쇄한 등기기록은 30년간 보존하여야 한다. (　　　)

09 등기부와 부속서류는 대법원규칙으로 정하는 장소에 보관·관리하여야 하며, 전쟁·천재지변이나 그 밖에 이에 준하는 사태를 피하기 위한 경우 외에는 그 장소 밖으로 옮기지 못한다. (　　　)

10 신청서나 그 밖의 부속서류는 법관이 발부한 영장에 의하여 압수하는 경우에도 보관장소에서 반출해서는 안 된다. (　　　)

11 이해관계인만 수수료를 내고 관할등기소와 관할등기소가 아닌 등기소에 대하여 등기기록에 기록되어 있는 사항의 전부의 열람과 이를 증명하는 등기사항증명서의 발급을 청구할 수 있다. (　　　)

12 중복등기기록의 정리는 실체의 권리관계에 영향을 미친다. (　　　)

제1장 총칙, 제2장 등기소와 등기관 및 제3장 등기부 주요 내용 O·X 확인 문제 정답

01 (×) 유치권은 등기 대상이 아니다.

02 (×) 같은 구는 순위번호, 다른 구는 접수번호에 따른다.

03 (O) 부기등기의 순위는 주등기의 순위에 따른다. 다만, 같은 주등기에 관한 부기등기 상호 간의 순위
　　　　는 그 등기 순서에 따른다.

04 (×) 등기는 접수한 때부터 효력을 발생한다.

05 (×) 상급법원의 장이 관할 등기소를 지정한다.

06 (×) 지방법원장이 아니라 대법원장이다.

07 (O)

08 (×) 폐쇄한 등기기록도 영구히 보존하여야 한다.

09 (O)

10 (×) 신청서나 그 밖의 부속서류에 대하여는 법원의 명령 또는 촉탁이 있거나 법관이 발부한 영장에
　　　　의하여 압수하는 경우에는 반출이 가능하다.

11 (×) 누구든지 수수료를 내고 관할등기소와 관할등기소가 아닌 등기소에 대하여 등기기록에 기록되어
　　　　있는 사항의 전부 또는 일부의 열람과 이를 증명하는 등기사항증명서의 발급을 청구할 수 있다.
　　　　등기기록의 부속서류에 대하여는 이해관계 있는 부분만 열람을 청구할 수 있다.

12 (×) 중복등기기록의 정리는 실체의 권리관계에 영향을 미치지 아니한다.

등기절차

> **학습전략**
>
> 공동신청원칙에 대한 예외로서 단독신청이 가능한 경우가 주요 빈출 내용이므로 이를 중점적으로 숙지한다.

1. 신청주의

1) 등기는 당사자의 신청 또는 관공서의 촉탁에 따라 한다. 다만, 법률에 다른 규정이 있는 경우에는 그러하지 아니하다(제22조)(기출29).

> **신청의 방법(제24조)**
> ① 신청인 또는 대리인(대리인이 변호사/법무사인 경우에는 사무원을 등기소에 출석 가능)이 등기소에 출석하는 방법
> ② 전산정보처리조직을 이용하여 신청정보 및 첨부정보를 보내는 방법(법원행정처장이 지정하는 등기유형으로 한정한다)

2) 등기의 신청은 1건당 1개의 부동산에 관한 신청정보를 제공하는 방법으로 한다(제25조).
   → 등기목적/등기원인 동일시에는 같은 등기소의 관할 내에 있는 여러 개의 부동산에 관한 신청정보를 일괄하여 제공하는 방법으로 할 수 있다.

> **부동산등기규칙 제47조(일괄신청과 동시신청)**
> ① 다음 각 호의 경우에는 1건의 신청정보로 일괄하여 신청하거나 촉탁할 수 있다.
>   1. 같은 채권의 담보를 위하여 소유자가 다른 여러 개의 부동산에 대한 저당권설정등기를 신청하는 경우
>   2. 법 제97조 각 호의 등기를 촉탁하는 경우
>
> > 법 제97조(공매처분으로 인한 등기의 촉탁) 관공서가 공매처분(公賣處分)을 한 경우에 등기권리자의 청구를 받으면 지체 없이 다음 각 호의 등기를 등기소에 촉탁하여야 한다.
> > 1. 공매처분으로 인한 권리이전의 등기
> > 2. 공매처분으로 인하여 소멸한 권리등기(權利登記)의 말소
> > 3. 체납처분에 관한 압류등기 및 공매공고등기의 말소
>
>   3. 「민사집행법」 제144조 제1항 각 호의 등기를 촉탁하는 경우
> ② 같은 등기소에 동시에 여러 건의 등기신청을 하는 경우에 첨부정보의 내용이 같은 것이 있

을 때에는 먼저 접수되는 신청에만 그 첨부정보를 제공하고, 다른 신청에는 먼저 접수된 신청에 그 첨부정보를 제공하였다는 뜻을 신청정보의 내용으로 등기소에 제공하는 것으로 그 첨부정보의 제공을 갈음할 수 있다.

3) 등기관이 등기를 마쳤을 때에는 대법원규칙으로 정하는 바에 따라 신청인 등에게 그 사실을 알려야 한다.

1-1. 등기신청적격

적격 인정	적격 부정
자연인, 미성년자, 외국인, 북한주민 등	사자(死者), 태아
법인(외국법인 포함)	학교(국립, 공립, 사립)
국가, 지방자치단체	중앙관서 / 읍, 면, 동, 리
권리능력 없는 사단 및 재단	
특별법상 조합(수협 및 농협 등)	
전통사찰의 보존 및 자원에 관한 법률에 따라 등록된 전통사찰	

1-2. 등기신청의 취하

1) 등기신청의 취하는 등기관이 등기를 마치기 전까지 할 수 있다.

2) 취하는 다음의 구분에 따른 방법으로 하여야 한다.
   ① "방문신청" : 신청인 또는 그 대리인이 등기소에 출석하여 취하서를 제출하는 방법
   ② "전자신청" : 전산정보처리조직을 이용하여 취하정보를 전자문서로 등기소에 송신하는 방법

> **부동산등기규칙**
>
> **제56조(방문신청의 방법)**
> ① 방문신청을 하는 경우에는 등기신청서에 제43조 및 그 밖의 법령에 따라 신청정보의 내용으로 등기소에 제공하여야 하는 정보를 적고 신청인 또는 그 대리인이 기명날인하거나 서명하여야 한다.
> ② 신청서가 여러 장일 때에는 신청인 또는 그 대리인이 간인을 하여야 하고, 등기권리자 또는 등기의무자가 여러 명일 때에는 그중 1명이 간인하는 방법으로 한다. 다만, 신청서에 서명을 하였을 때에는 각 장마다 연결되는 서명을 함으로써 간인을 대신한다.
> ③ 제1항의 경우에는 그 등기신청서에 제46조 및 그 밖의 법령에 따라 첨부정보로서 등기소에 제공하여야 하는 정보를 담고 있는 서면을 첨부하여야 한다.
>
> **제57조(신청서 등의 문자)**
> ① 신청서나 그 밖의 등기에 관한 서면을 작성할 때에는 자획(字劃)을 분명히 하여야 한다.
> ② 제1항의 서면에 적은 문자의 정정, 삽입 또는 삭제를 한 경우에는 그 글자 수를 난외(欄外)에

적으며 문자의 앞뒤에 괄호를 붙이고 이에 날인 또는 서명하여야 한다. 이 경우 삭제한 문자는 해독할 수 있게 글자체를 남겨두어야 한다.

제67조(전자신청의 방법)

① 전자신청은 당사자가 직접 하거나 자격자대리인이 당사자를 대리하여 한다. 다만, 법인 아닌 사단이나 재단은 전자신청을 할 수 없으며, 외국인의 경우에는 다음 각 호의 어느 하나에 해당하는 요건을 갖추어야 한다. [기출35]

   1. 「출입국관리법」 제31조에 따른 외국인등록

   2. 「재외동포의 출입국과 법적 지위에 관한 법률」 제6조, 제7조에 따른 국내거소신고

② 제1항에 따라 전자신청을 하는 경우에는 제43조 및 그 밖의 법령에 따라 신청정보의 내용으로 등기소에 제공하여야 하는 정보를 전자문서로 등기소에 송신하여야 한다. 이 경우 사용자등록번호도 함께 송신하여야 한다.

③ 제2항의 경우에는 제46조 및 그 밖의 법령에 따라 첨부정보로서 등기소에 제공하여야 하는 정보를 전자문서로 등기소에 송신하거나 대법원예규로 정하는 바에 따라 등기소에 제공하여야 한다.

④ 제2항과 제3항에 따라 전자문서를 송신할 때에는 다음 각 호의 구분에 따른 신청인 또는 문서작성자의 전자서명정보(이하 "인증서등"이라 한다)를 함께 송신하여야 한다.

   1. 개인 : 「전자서명법」 제2조 제6호에 따른 인증서(서명자의 실지명의를 확인할 수 있는 것으로서 법원행정처장이 지정·공고하는 인증서를 말한다)

   2. 법인 : 「상업등기법」의 전자증명서

   3. 관공서 : 대법원예규로 정하는 전자인증서

⑤ 제4항 제1호의 공고는 인터넷등기소에 하여야 한다.

제64조(전자표준양식에 의한 신청)

방문신청을 하고자 하는 신청인은 신청서를 등기소에 제출하기 전에 전산정보처리조직에 신청정보를 입력하고, 그 입력한 신청정보를 서면으로 출력하여 등기소에 제출하는 방법으로 할 수 있다.

2. 등기신청인

등기권리자와 등기의무자 공동 신청 원칙 → 다른 규정이 있으면 그에 따른다.

(1) 단독신청(제23조)

  1) 등기명의인 단독신청[기출29]

    ① 소유권보존등기 또는 소유권보존등기의 말소등기(등기명의인으로 될 자 포함)

    ② 부동산표시의 변경이나 경정

    ③ 등기명의인표시의 변경이나 경정

  2) 등기권리자[기출29 31 32]

    상속, 법인의 합병, 포괄승계[3]

---

3) 1. 법인의 분할로 인하여 분할 전 법인이 소멸하는 경우

3) 등기권리자 또는 등기의무자 단독[기출32]

　① 등기절차의 이행 또는 인수를 명하는 판결에 의한 등기는 승소한 등기권리자 또는 등기의무자

　② 공유물을 분할하는 판결에 의한 등기는 등기권리자 또는 등기의무자가 단독으로 신청한다.

4) 수탁자[기출29 31]

　① 신탁재산에 속하는 부동산의 신탁등기는 수탁자(受託者)가 단독으로 신청한다.

　② 수탁자가 타인에게 신탁재산에 대하여 신탁을 설정하는 경우 새로운 수탁자가 신청한다.

(2) 기타

1) 종중, 문중, 대표자나 관리인이 있는 법인 아닌 사단이나 재단에 속하는 부동산의 등기는 사단이나 재단을 등기권리자 또는 등기의무자로 한다. → 사단이나 재단의 명의로 그 대표자나 관리인이 신청한다(제26조)[기출29 31 33 35].

2) 등기원인 발생 후, 등기권리자 또는 등기의무자에 대하여 상속이나 포괄승계가 있는 경우에는 상속인이나 그 밖의 포괄승계인이 그 등기를 신청할 수 있다(제27조).

3) 채권자는 「민법」 제404조에 따라 채무자를 대위(代位)하여 등기를 신청할 수 있다(제28조)[기출29 33].

3. 신청의 각하(제29조)

등기관은 다음 각 호의 어느 하나에 해당하는 경우에만 이유를 적은 결정으로 신청을 각하(却下)하여야 한다. 다만, 신청의 잘못된 부분이 보정(補正)될 수 있는 경우로서 신청인이 등기관이 보정을 명한 날의 다음 날까지 그 잘못된 부분을 보정하였을 때에는 그러하지 아니하다.

1. 사건이 그 등기소의 관할이 아닌 경우
2. 사건이 등기할 것이 아닌 경우
3. 신청할 권한이 없는 자가 신청한 경우
4. 제24조 제1항 제1호에 따라 등기를 신청할 때에 당사자나 그 대리인이 출석하지 아니한 경우
5. 신청정보의 제공이 대법원규칙으로 정한 방식에 맞지 아니한 경우
6. 신청정보의 부동산 또는 등기의 목적인 권리의 표시가 등기기록과 일치하지 아니한 경우
7. 신청정보의 등기의무자의 표시가 등기기록과 일치하지 아니한 경우. 다만, 제27조에 따라 포괄승계인이 등기신청을 하는 경우는 제외한다.
8. 신청정보와 등기원인을 증명하는 정보가 일치하지 아니한 경우
9. 등기에 필요한 첨부정보를 제공하지 아니한 경우
10. 취득세, 등록면허세 또는 수수료를 내지 아니하거나 등기신청과 관련하여 다른 법률에 따라 부과된 의무를 이행하지 아니한 경우

---

2. 법령에 따라 법인이나 단체의 권리·의무를 포괄승계하는 경우

11. 신청정보 또는 등기기록의 부동산의 표시가 토지대장·임야대장 또는 건축물대장과 일치하지 아니한 경우

> **이미 마쳐진 등기에 대한 이의**
> ① 이미 마쳐진 등기에 대하여 상기 제1호 및 제2호의 사유로 이의한 경우 등기관은 그 이의가 이유 있다고 인정하면 법 제58조의 절차를 거쳐 그 등기를 직권으로 말소한다.
> ② "①"의 경우 등기관은 그 이의가 이유 없다고 인정하면 이의신청서를 관할 지방법원에 보내야 한다.
> ③ 이미 마쳐진 등기에 대하여 상기 제1호 및 제2호 외의 사유로 이의한 경우 등기관은 이의신청서를 관할 지방법원에 보내야 한다.
>
> **제58조(직권에 의한 등기의 말소)**
> ① 등기관이 등기를 마친 후 그 등기가 제29조 제1호 또는 제2호에 해당된 것임을 발견하였을 때에는 등기권리자, 등기의무자와 등기상 이해관계 있는 제3자에게 1개월 이내의 기간을 정하여 그 기간에 이의를 진술하지 아니하면 등기를 말소한다는 뜻을 통지하여야 한다. [기출 35]
> ② 제1항의 경우 통지를 받을 자의 주소 또는 거소(居所)를 알 수 없으면 제1항의 통지를 갈음하여 제1항의 기간 동안 등기소 게시장에 이를 게시하거나 대법원규칙으로 정하는 바에 따라 공고하여야 한다.
> ③ 등기관은 제1항의 말소에 관하여 이의를 진술한 자가 있으면 그 이의에 대한 결정을 하여야 한다.
> ④ 등기관은 제1항의 기간 이내에 이의를 진술한 자가 없거나 이의를 각하한 경우에는 제1항의 등기를 직권으로 말소하여야 한다.

│심화│

사건이 등기할 것이 아닌 경우
1. 등기능력 없는 물건 또는 권리에 대한 등기를 신청한 경우
   (1) 등기할 수 없는 권리 : 점유권, 유치권, 동산질권
   (2) 등기할 수 없는 물건 : 터널, 교량, 캐노피, 가설건축물 등
2. 법령에 근거가 없는 특약사항의 등기를 신청한 경우
3. 구분건물의 전유부분과 대지사용권의 분리처분 금지에 위반한 등기를 신청한 경우
4. 농지를 전세권설정의 목적으로 하는 등기를 신청한 경우(농지지상권, 농지저당권은 가능)
5. 저당권을 피담보채권과 분리하여 양도하거나, 피담보채권과 분리하여 다른 채권의 담보로 하는 등기를 신청한 경우
6. 일부지분에 대한 소유권보존등기를 신청한 경우(단, 1인이 전원명의의 보존등기는 가능)
7. 공동상속인 중 일부가 자신의 상속지분만에 대한 상속등기를 신청한 경우(단, 1인이 전원명의의 상속등기는 가능)
8. 관공서 또는 법원의 촉탁으로 실행되어야 할 등기를 신청한 경우
9. 이미 보존등기된 부동산에 대하여 다시 보존등기를 신청한 경우
10. 그 밖에 신청취지 자체에 의하여 법률상 허용될 수 없음이 명백한 등기를 신청한 경우

4. 등기완료의 통지(제30조)[기출28]

등기관이 등기를 마쳤을 때에는 대법원규칙으로 정하는 바에 따라 신청인 등에게 그 사실을 알려야 한다.

5. 행정구역의 변경(제31조)[기출29]

행정구역 또는 그 명칭이 변경되었을 때, 등기기록에 기록된 행정구역 또는 그 명칭에 대하여 변경등기가 있는 것으로 본다.

6. 등기의 경정(제32조)

1) 등기관이 등기를 마친 후 등기에 착오나 빠진 부분 발견 시, 지체 없이 등기권리자, 등기의무자 및 등기명의인에게 알려야 한다(각 2인 이상인 경우에는 그중 1인에게 통지).

2) 등기관이 착오나 빠진 부분이 등기관의 잘못인 경우는 직권으로 경정하되, 등기상 이해관계 있는 제3자가 있는 경우에는 제3자의 승낙이 있어야 한다. 경정등기를 하였을 때에는 그 사실을 등기권리자, 등기의무자 또는 등기명의인에게 알려야 한다(각 2인 이상인 경우에는 그중 1인에게 통지).

3) 채권자대위등기 시 채권자에게 통지(각 2인 이상인 경우에는 그중 1인에게 통지)를 해야 한다.

7. 새 등기기록에의 이기(제33조)[기출29]

등기기록에 기록된 사항이 많아 취급하기에 불편하게 되는 등 합리적 사유인정 시 등기관은 현재 효력이 있는 등기만을 새로운 등기기록에 옮겨 기록할 수 있다.

확인문제

01 부동산등기법령상 권리에 관한 등기에 관한 설명으로 옳지 않은 것은? ✦ 32회

① 지방자치단체의 부동산등기용 등록번호는 국토교통부장관이 지정·고시한다.
② 등기관이 권리의 변경이나 경정의 등기를 할 때에는 등기상 이해관계 있는 제3자의 승낙이 없는 경우에도 부기로 하여야 한다.
③ 등기관이 전세금반환채권의 일부 양도를 원인으로 한 전세권 일부이전등기를 할 때에는 양도액을 기록한다.
④ 등기관이 환매특약의 등기를 할 경우 매매비용은 필요적 기록사항이다.
⑤ 국가가 등기권리자인 경우, 등기관이 새로운 권리에 관한 등기를 마쳤을 때에는 등기필정보를 작성하여 등기권리자에게 통지하지 않아도 된다.

답 ②

제4장 제1절 등기절차 주요 내용 O · X 확인 문제

01 등기관은 등기할 사항에 대한 신청의 잘못된 부분이 보정될 수 있는 경우로서 신청인이 등기관이 보정을 명한 날까지 그 잘못된 부분을 보정하였을 때에는 각하하지 아니한다. (　　　)

02 소유권보존등기 또는 소유권보존등기의 말소등기는 등기명의인으로 될 자와 등기명의인이 공동으로 신청한다. (　　　)

03 상속, 법인의 합병, 포괄승계에 따른 등기는 등기권리자가 단독으로 신청할 수 없다. (　　　)

04 등기절차의 이행 또는 인수를 명하는 판결에 의한 등기는 패소한 등기의무자가 단독으로 신청한다. (　　　)

05 부동산표시의 변경이나 경정의 등기는 소유권의 등기명의인이 단독으로 신청한다. (　　　)

06 등기명의인표시의 변경이나 경정의 등기는 해당 권리의 등기명의인이 단독으로 신청한다. (　　　)

07 신탁재산에 속하는 부동산의 신탁등기는 신탁자가 단독으로 신청한다. (　　　)

08 종중, 문중, 그 밖에 대표자나 관리인이 있는 법인 아닌 사단이나 재단에 속하는 부동산의 등기에 관하여는 그 사단이나 재단의 대표자를 등기권리자 또는 등기의무자로 한다. (　　　)

제4장 제1절 등기절차 주요 내용 O·X 확인 문제 정답

01 (×) 보정을 명한 날의 다음 날까지 그 잘못된 부분을 보정하였을 때에는 각하하지 아니한다.

02 (×) 소유권보존등기 또는 소유권보존등기의 말소등기는 등기명의인으로 될 자 또는 등기명의인이 단독으로 신청한다.

03 (×) 단독으로 신청한다.

04 (×) 등기절차의 이행 또는 인수를 명하는 판결에 의한 등기는 승소한 등기권리자 또는 등기의무자가 단독으로 신청하고, 공유물을 분할하는 판결에 의한 등기는 등기권리자 또는 등기의무자가 단독으로 신청한다.

05 (O)

06 (O)

07 (×) 신탁재산에 속하는 부동산의 신탁등기는 수탁자가 단독으로 신청한다.

08 (×) 사단이나 재단을 등기권리자 또는 등기의무자로 한다. 그 사단이나 재단의 명의로 그 대표자나 관리인이 신청한다.

제2절 표시에 관한 등기

학습전략

① 표시에 대한 기본적인 등기사항
② 토지 및 건물의 변경등기의 신청멸실등기의 신청
③ 멸실등기의 신청 등

1관 토지의 표시에 관한 등기

1. 등기사항(제34조)[기출34] : 토지 등기기록 표제부

① 표시번호
② 접수연월일
③ 소재와 지번(地番)
④ 지목(地目)
⑤ 면적
⑥ 등기원인

2. 변경등기 및 멸실등기의 신청

1) 토지의 분할, 합병이 있는 경우와 토지의 표시에 관한 사항의 등기사항에 변경이 있는 경우에는 토지 소유권의 등기명의인은 그 사실이 있는 때부터 1개월 이내에 신청하여야 한다(제35조) [기출31 32 34].

2) 토지가 멸실된 경우에는 그 토지 소유권의 등기명의인은 그 사실이 있는 때부터 1개월 이내에 그 등기를 신청하여야 한다(제39조). [기출29 31]

3. 직권에 의한 표시변경등기(제36조)

① 등기관이 지적소관청으로부터 지적공부와 등기표시의 불일치 통지를 받은 경우 1개월 이내에 등기명의인의 신청 없는 경우 그 통지서의 기재내용에 따른 변경의 등기를 직권으로 하여야 한다.

② 직권으로 변경등기를 하였을 때에는 등기관은 지체 없이 그 사실을 지적소관청과 소유권의 등기명의인에게 알려야 한다. 다만, 등기명의인이 2인 이상인 경우에는 그중 1인에게 통지하면 된다. [기출32]

4. 합필제한(제37조)

1) 합필(合筆)하려는 토지에 다음의 등기 외의 권리에 관한 등기가 있는 경우에는 합필의 등기를 할 수 없다.

① 소유권·지상권·전세권·임차권 및 승역지(承役地 : 편익제공지)에 하는 지역권의 등기

② 합필하려는 모든 토지에 있는 등기원인 및 그 연월일과 접수번호가 동일한 저당권에 관한 등기
③ 합필하려는 모든 토지에 있는 신탁등기의 등기사항이 동일한 신탁등기

2) 등기관이 상기 위반한 등기의 신청을 각하하면 지체 없이 그 사유를 지적소관청에 알려야 한다.

5. 합필의 특례(제38조)

1) **토지합병절차를 마친 후** 합필등기 전에 합병된 토지 중 어느 토지에 관하여 소유권이전등기가 된 경우
   → 이해관계인의 승낙이 있으면 합필 후의 토지를 공유로 하는 합필등기를 신청할 수 있다.

2) **토지합병절차를 마친 후** 합필등기 전에 합병된 토지 중 어느 토지에 관하여 합필등기의 제한 사유에 해당하는 권리에 관한 등기가 된 경우
   → 이해관계인의 승낙이 있으면 해당 토지의 소유권의 등기명의인은 그 권리의 목적물을 합필 후의 토지에 관한 지분으로 하는 합필등기를 신청할 수 있다. 다만, 요역지(要役地 : 편익 필요지)에 하는 지역권의 등기가 있는 경우에는 합필 후의 토지 전체를 위한 지역권으로 하는 합필등기를 신청하여야 한다.

확인문제

01 부동산등기법령상 '변경등기의 신청에 관한 조문의 일부분이다. (   )에 들어갈 내용으로 각각 옳은 것은? ✦ 31회

> • 토지의 분할, 합병이 있는 경우와 제34조의 등기사항에 변경이 있는 경우에는 그 토지 소유권의 등기명의인은 그 사실이 있는 때부터 (ㄱ) 이내에 그 등기를 신청하여야 한다.
> • 건물의 분할, 구분, 합병이 있는 경우와 제40조의 등기사항에 변경이 있는 경우에는 그 건물 소유권의 등기명의인은 그 사실이 있는 때부터 (ㄴ) 이내에 그 등기를 신청하여야 한다.

① ㄱ : 30일, ㄴ : 30일
② ㄱ : 3개월, ㄴ : 3개월
③ ㄱ : 3개월, ㄴ : 1개월
④ ㄱ : 1개월, ㄴ : 3개월
⑤ ㄱ : 1개월, ㄴ : 1개월

답⟩ ⑤

02 부동산등기법령상 등기절차에 관한 설명으로 옳은 것은? ✦ 32회
① 법인의 합병에 따른 등기는 등기권리자와 등기의무자가 공동으로 신청하여야 한다.
② 등기의무자는 공유물을 분할하는 판결에 의한 등기를 단독으로 신청할 수 없다.
③ 토지의 분할이 있는 경우에는 그 토지소유권의 등기명의인은 그 사실이 있는 때부터 1개월 이내에 그 등기를 신청하여야 한다.
④ 등기관이 직권에 의한 표시변경등기를 하였을 때에는 소유권의 등기명의인은 지체 없이 그 사실을 지적소관청에게 알려야 한다.
⑤ 토지가 멸실된 경우에는 그 토지소유권의 등기명의인은 그 사실이 있는 때부터 14일 이내에 그 등기를 신청하여야 한다.

[해설]
① 단독으로 신청한다.
② 단독신청 가능
④ 등기관은 지체 없이 그 사실을 지적소관청과 소유권의 등기명의인에게 알려야 한다. 다만, 등기명의인이 2인 이상인 경우에는 그중 1인에게 통지하면 된다.
⑤ 14일이 아니라 1개월

답⟩ ③

2관 건물의 표시에 관한 등기

1. 등기사항(제40조) [기출33]

1) 건물등기기록 표제부

① 표시번호

② 접수연월일

③ 소재, 지번 및 건물번호. 다만, 같은 지번 위에 1개의 건물만 있는 경우에는 건물번호는 기록하지 아니한다.

④ 건물의 종류, 구조와 면적. 부속건물이 있는 경우에는 부속건물의 종류, 구조와 면적도 함께 기록한다.

⑤ 등기원인

⑥ 도면의 번호(같은 지번 위에 여러 개의 건물이 있는 경우와 구분건물인 경우로 한정한다) [기출35]

2) 구분건물인 경우는 소재, 지번 및 건물번호 대신 1동 건물의 등기기록의 표제부에는 소재와 지번, 건물명칭 및 번호를 기록하고 전유부분 표제부에는 건물번호를 기록한다(구분건물등기기록에는 1동의 건물에 대하여는 표제부만 두고 전유부분마다 표제부와 갑, 을구를 둔다).

3) 대지권이 있는 경우 1동 건물의 등기기록의 표제부에 대지권의 목적인 토지의 표시에 관한 사항을 기록하고 전유부분의 등기기록의 표제부에는 대지권의 표시에 관한 사항을 기록하여야 한다.

4) 등기관이 대지권등기를 하였을 때에는 직권으로 대지권의 목적인 토지의 등기기록에 소유권, 지상권, 전세권 또는 임차권이 대지권이라는 뜻을 기록하여야 한다. [기출29]

2. 변경등기의 신청(제41조)

1) 건물의 분할, 구분, 합병이 있는 경우와 등기사항에 변경이 있는 경우에는 등기명의인은 그 사실이 있는 때부터 1개월 이내에 그 등기를 신청하여야 한다. [기출31]

2) 구분건물로서 표시등기만 있는 건물에 관하여는 제65조 각 호 어느 하나에 해당하는 자가 등기를 신청하여야 한다.

> **제65조(소유권보존등기의 신청인)**
> 미등기의 토지 또는 건물에 관한 소유권보존등기는 다음 각 호의 어느 하나에 해당하는 자가 신청할 수 있다.
> 1. 토지대장, 임야대장 또는 건축물대장에 최초의 소유자로 등록되어 있는 자 또는 그 상속인, 그 밖의 포괄승계인
> 2. 확정판결에 의하여 자기의 소유권을 증명하는 자
> 3. 수용(收用)으로 인하여 소유권을 취득하였음을 증명하는 자
> 4. 특별자치도지사, 시장, 군수 또는 구청장(자치구의 구청장을 말한다)의 확인에 의하여 자기의 소유권을 증명하는 자(건물의 경우로 한정한다)

3) 구분건물로서 그 대지권의 변경이나 소멸이 있는 경우에는 구분건물 소유권의 등기명의인은 1동의 건물에 속하는 다른 구분건물의 소유권의 등기명의인을 대위하여 그 등기를 신청할 수 있다. [기출29 34]

4) 건물이 구분건물인 경우에 그 건물의 등기기록 중 1동 표제부에 기록하는 등기사항에 관한 변경등기는 그 구분건물과 같은 1동의 건물에 속하는 다른 구분건물에 대하여도 변경등기로서의 효력이 있다. [기출34]

3. 합병제한(제42조)

1) 합병하려는 건물에 다음의 등기 외의 권리에 관한 등기가 있는 경우에는 합병의 등기를 할 수 없다.

① 소유권·전세권 및 임차권의 등기

② 합병하려는 모든 건물에 있는 등기원인 및 그 연월일과 접수번호가 동일한 저당권에 관한 등기

③ 합병하려는 모든 건물에 있는 제81조 제1항 각 호의 등기사항이 동일한 신탁등기

2) 등기관이 상기 위반한 등기의 신청을 각하하면 지체 없이 그 사유를 건축물대장 소관청에 알려야 한다.

4. 멸실등기의 신청(제43조)

1) 건물이 멸실된 경우에는 그 건물 소유권의 등기명의인은 그 사실이 있는 때부터 1개월 이내에 그 등기를 신청하여야 한다. 이 경우 제41조 제2항을 준용한다.

2) 1개월 이내에 멸실등기를 신청하지 아니하면 그 건물대지의 소유자가 건물 소유권의 등기명의인을 대위하여 그 등기를 신청할 수 있다.

3) 구분건물로서 그 건물이 속하는 1동 전부가 멸실된 경우에는 그 구분건물의 소유권의 등기명의인은 1동의 건물에 속하는 다른 구분건물의 소유권의 등기명의인을 대위하여 1동 전부에 대한 멸실등기를 신청할 수 있다. [기출35]

5. 건물의 부존재(제44조)

1) 존재하지 아니하는 건물에 대한 등기가 있을 때에는 그 소유권의 등기명의인은 지체 없이 그 건물의 멸실등기를 신청해야 한다. [기출29]

2) 그 건물 소유권의 등기명의인이 1)에 따라 등기를 신청하지 아니하는 경우에는 대지소유자가 대위하여 신청할 수 있다.

3) 존재하지 아니하는 건물이 구분건물인 경우에는 그 구분건물의 소유권의 등기명의인은 1동의 건물에 속하는 다른 구분건물의 소유권의 등기명의인을 대위하여 1동 전부에 대한 멸실등기를 신청할 수 있다.

6. 등기상 이해관계인이 있는 건물의 멸실(제45조)

소유권 외의 권리가 등기되어 있는 건물에 대한 멸실등기의 신청이 있는 경우에 등기관은 그 권리의 등기명의인에게 1개월 이내의 기간을 정하여 그 기간까지 이의(異議)를 진술하지 아니하면 멸실등기를 한다는 뜻을 알려야 한다. 이 경우 법 제58조 제2항부터 제4항까지를 준용한다. [기출29]

> **법 제58조(직권에 의한 등기의 말소)**
> ① 등기관이 등기를 마친 후 그 등기가 법 제29조 제1호 또는 제2호에 해당된 것임을 발견하였을 때에는 등기권리자, 등기의무자와 등기상 이해관계 있는 제3자에게 1개월 이내의 기간을 정하여 그 기간에 이의를 진술하지 아니하면 등기를 말소한다는 뜻을 통지하여야 한다.
> ② 제1항의 경우 통지를 받을 자의 주소 또는 거소(居所)를 알 수 없으면 제1항의 통지를 갈음하여 제1항의 기간 동안 등기소 게시장에 이를 게시하거나 대법원규칙으로 정하는 바에 따라 공고하여야 한다.
> ③ 등기관은 제1항의 말소에 관하여 이의를 진술한 자가 있으면 그 이의에 대한 결정을 하여야 한다.
> ④ 등기관은 제1항의 기간 이내에 이의를 진술한 자가 없거나 이의를 각하한 경우에는 제1항의 등기를 직권으로 말소하여야 한다.

다만, 건축물대장에 건물멸실의 뜻이 기록되어 있거나 소유권 외의 권리의 등기명의인이 멸실등기에 동의한 경우에는 그러하지 아니하다.

7. 구분건물의 표시에 관한 등기(제46조)

1) 1동의 건물에 속하는 구분건물 중 일부만에 관하여 소유권보존등기를 신청하는 경우에는 나머지 구분건물의 표시에 관한 등기를 동시에 신청하여야 한다. [기출34 35]
   → 구분건물의 소유자는 1동에 속하는 다른 구분건물의 소유자를 대위하여 그 건물의 표시에 관한 등기를 신청할 수 있다.

2) 구분건물이 아닌 건물로 등기된 건물에 접속하여 구분건물을 신축한 경우에 그 신축건물의 소유권보존등기를 신청할 때는 구분건물이 아닌 건물을 구분건물로 변경하는 건물의 표시변경등기를 동시에 신청하여야 한다.
   → 구분건물의 소유자는 1동에 속하는 다른 구분건물의 소유자를 대위하여 그 건물의 표시에 관한 등기를 신청할 수 있다.

8. 규약상 공용부분의 등기와 규약폐지에 따른 등기(제47조)

1) 「집합건물의 소유 및 관리에 관한 법률」에 따른 공용부분이라는 뜻의 등기는 소유권의 등기명의인이 신청하여야 한다. 이 경우 공용부분인 건물에 소유권 외의 권리에 관한 등기가 있을 때에는 그 권리의 등기명의인의 승낙이 있어야 한다.

2) 공용부분이라는 뜻을 정한 규약을 폐지한 경우에 공용부분의 취득자는 지체 없이 소유권보존등기를 신청하여야 한다.

제4장 제2절 표시에 관한 등기 주요 내용 O·X 확인 문제

01 토지의 분할, 합병이 있는 경우와 등기사항에 변경이 있는 경우에는 그 토지 소유권의 등기명의인은 그 사실이 있는 때부터 60일 이내에 그 등기를 신청하여야 한다. (　　　)

02 토지가 멸실된 경우에는 그 토지 소유권의 등기명의인은 그 사실이 있는 때부터 6개월 이내에 그 등기를 신청하여야 한다. (　　　)

03 합필하려는 토지에 승역지에 하는 지역권의 등기가 있는 경우에는 합필할 수 없다. (　　　)

04 존재하지 아니하는 건물에 대한 등기가 있을 때에는 그 소유권의 등기명의인은 1개월 이내에 그 건물의 멸실등기를 신청하여야 한다. (　　　)

05 등기관이 대지권등기를 하였을 때에는 등기명의인의 신청으로 대지권의 목적인 토지의 등기기록에 소유권, 지상권, 전세권 또는 임차권이 대지권이라는 뜻을 기록하여야 한다. (　　　)

06 건물의 분할, 구분, 합병이 있는 경우와 등기사항에 변경이 있는 경우에는 그 건물 소유권의 등기명의인은 지체 없이 그 등기를 신청하여야 한다. (　　　)

07 구분건물로서 그 대지권의 변경이나 소멸이 있는 경우에는 구분건물의 소유권의 등기명의인은 1동의 건물에 속하는 다른 구분건물의 소유권의 등기명의인을 대위하여 그 등기를 신청할 수 없다. (　　　)

08 1동의 건물에 속하는 구분건물 중 일부만에 관하여 소유권보존등기를 신청하는 경우에는 나머지 구분건물의 표시에 관한 등기를 동시에 신청하여야 한다. (　　　)

제4장 제2절 표시에 관한 등기 주요 내용 O · X 확인 문제 정답

01 (×) 1개월 이내에 그 등기를 신청하여야 한다.

02 (×) 1개월 이내에 그 등기를 신청하여야 한다.

03 (×) 합필하려는 토지에 소유권 · 지상권 · 전세권 · 임차권 및 승역지(承役地 : 편익제공지)에 하는 지역권의 등기 외의 권리에 관한 등기가 있는 경우에는 합필의 등기를 할 수 없다.

04 (×) 지체 없이 그 건물의 멸실등기를 신청하여야 한다.

05 (×) 등기명의인의 신청이 아닌 직권으로 기록하여야 한다.

06 (×) 1개월 이내에 그 등기를 신청하여야 한다.

07 (×) 다른 구분건물의 소유권의 등기명의인을 대위하여 그 등기를 신청할 수 있다.

08 (○)

권리에 관한 등기

① 등록번호의 부여절차
② 부기로 하는 등기
③ 환매특약등기 및 권리소멸약정의 등기
④ 소유권보존등기의 등기사항 및 신청인
⑤ 용익권, 담보권에 관한 등기사항
⑥ 신탁등기의 신청방법
⑦ 가등기의 신청방법 및 가등기에 의한 본등기의 순위

1관 통칙

1. 등기사항(제48조)

1) 등기관이 갑구 또는 을구에 권리에 관한 등기를 할 때에는 다음 사항을 기록하여야 한다(을구는 이에 기재할 사항이 없을 때에는 이를 두지 않을 수 있다).

① 순위번호
② 등기목적[기출31]
③ 접수연월일 및 접수번호
④ 등기원인 및 그 연월일
⑤ 권리자(권리자의 성명 또는 명칭 외에 주민등록번호 또는 부동산등기용등록번호와 주소 또는 사무소소재지를 함께 기록)(권리자가 2인 이상인 경우에는 권리자별 지분을 기록하여야 하고 등기할 권리가 합유인 때에는 그 뜻을 기록하여야 한다)[기출31]

** 부동산등기용등록번호의 부여절차(법 제49조 제1항)

① 부동산등기용등록번호는 다음 각 호의 방법에 따라 부여한다.

1. 국가·지방자치단체·국제기관 및 외국정부의 등록번호는 국토교통부장관이 지정·고시[기출32 34]
2. 주민등록번호가 없는 재외국민의 등록번호는 대법원 소재지 관할 등기소의 등기관이 부여하고, 법인의 등록번호는 주된 사무소 소재지 관할 등기소의 등기관이 부여
3. 법인 아닌 사단이나 재단 및 국내에 영업소나 사무소의 설치 등기를 하지 아니한 외국법인의 등록번호는 시장(행정시 시장 포함, 자치구가 아닌 구를 두는 시의 시장은 제외한다), 군수 또는 구청장(자치구가 아닌 구의 구청장을 포함한다)이 부여[기출 35]
4. 외국인의 등록번호는 체류지(국내에 체류지가 없는 경우에는 대법원 소재지에 체류지가 있는 것으로 본다)를 관할하는 지방출입국·외국인관서 장이 부여

② 제1항 제2호에 따른 등록번호의 부여절차는 대법원규칙으로 정하고, 제1항 제3호와 제4호에 따른 등록번호의 부여절차는 대통령령으로 정한다.

---

2) 법인 아닌 사단이나 재단 명의의 등기를 할 때에는 그 대표자나 관리인의 성명, 주소 및 주민
   등록번호를 함께 기록해야 한다. [기출 35]

3) 권리자가 2인 이상인 경우에는 권리자별 지분을 기록하여야 하고 등기할 권리가 합유(合有)인
   때에는 그 뜻을 기록하여야 한다.

🔍 **참고**

* 합유에 관한 등기
1. 민법상 조합의 재산은 조합 자체의 명의로 등기할 수 없고, 그 조합원 전원의 합유이므로 조합원 전원
   의 명의로 합유등기를 신청하여야 한다.
2. 부동산에 대한 합유는 등기할 수 있지만 합유지분은 등기할 수 없으므로 신청서에는 기재되지 않는다.
3. 합유지분은 이전될 수 없고, 저당권설정 및 처분제한등기도 할 수 없다.

【 갑구 】	(소유권에 관한 사항)			
순위번호	등기목적	접수	등기원인	권리자 및 기타사항
1	소유권보존	1970년 5월 5일 제1500호		소유자 김갑동 450405-1234567 서울시 관악구 신림동 100
2	소유권이전	2020년 8월 5일 제9099호	2020년 8월 4일 매매	합유자 홍길동 600707-1001122 서울특별시 서초구 서초대로 20 동길동 600707-1001122 서울특별시 서초구 서초대로 20 서길동 600707-1001122 서울특별시 서초구 서초대로 20

* 비교 : 공유지분

【 갑구 】	(소유권에 관한 사항)			
순위번호	등기목적	접수	등기원인	권리자 및 기타사항
1	소유권일부 이전	1970년 5월 5일 제1500호	2020년 8월 4일 매매	공유자 지분 1/2 홍길동 600707-1001122 서울특별시 서초구 서초대로 20 거래가액 100,000,000원
2	소유권일부 이전	2020년 8월 5일 제9099호	2020년 8월 4일 매매	공유자 지분 1/2 동길동 600708-1001122 서울특별시 서초구 서초대로 20 거래가액 100,000,000원

2. 등기필정보(제50조 및 제51조)

1) 등기관이 새로운 권리에 관한 등기를 마쳤을 때에는 등기필정보를 작성하여 등기권리자에게 통지하여야 한다. 다만, 다음 어느 하나에 해당하는 경우에는 그러하지 아니하다.

① 등기권리자가 등기필정보의 통지를 원하지 아니하는 경우(그 뜻을 신청정보의 내용으로 하여야 한다)

② 국가 또는 지방자치단체가 등기권리자인 경우

③ ① 및 ②에서 규정한 경우 외에 대법원규칙으로 정하는 경우. 이 경우 등기신청할 때에 그 뜻을 신청정보의 내용으로 하여야 한다.

> * "대법원규칙으로 정하는 경우"란 다음 각 호의 어느 하나에 해당하는 경우를 말한다.
> 1. 등기필정보를 전산정보처리조직으로 통지받아야 할 자가 수신이 가능한 때부터 3개월 이내에 전산정보처리조직을 이용하여 수신하지 않은 경우
> 2. 등기필정보통지서를 수령할 자가 등기를 마친 때부터 3개월 이내에 그 서면을 수령하지 않은 경우
> 3. 승소한 등기의무자가 등기신청을 한 경우
> 4. 등기권리자를 대위하여 등기신청을 한 경우
> 5. 등기관이 직권으로 소유권보존등기를 한 경우

2) 등기권리자와 등기의무자가 공동으로 권리에 관한 등기를 신청하는 경우에 신청인은 그 신청정보와 함께 1)에 따라 통지받은 등기의무자의 등기필정보를 등기소에 제공하여야 한다. 승소한 등기의무자가 단독으로 권리에 관한 등기를 신청하는 경우에도 또한 같다.

3) 등기필정보가 없는 경우 : 2) 경우에 등기의무자의 등기필정보가 없을 때에는 등기의무자 또는 그 법정대리인(이하 "등기의무자등")이 등기소에 출석하여 등기관으로부터 등기의무자등임을 확인받아야 한다.

다만, 등기신청인의 대리인(변호사나 법무사만을 말한다)이 등기의무자등으로부터 위임받았음을 확인한 경우 또는 신청서(위임에 의한 대리인이 신청하는 경우에는 그 권한을 증명하는 서면을 말한다) 중 등기의무자등의 작성부분에 관하여 공증(公證)을 받은 경우에는 그러하지 아니하다.

4) 등기필정보는 아라비아 숫자와 그 밖의 부호의 조합으로 이루어진 일련번호와 비밀번호로 구성한다. 등기필정보는 부동산 및 등기명의인별로 작성한다.

> **부동산등기규칙 제108조(등기필정보 통지의 상대방)**
> ① 등기관은 등기를 마치면 등기필정보를 등기명의인이 된 신청인에게 통지한다. 다만, 관공서가 등기권리자를 위하여 등기를 촉탁한 경우에는 대법원예규로 정하는 바에 따라 그 관공서 또는 등기권리자에게 등기필정보를 통지한다.

② 법정대리인이 등기를 신청한 경우에는 그 법정대리인에게, 법인의 대표자나 지배인이 신청한 경우에는 그 대표자나 지배인에게, 법인 아닌 사단이나 재단의 대표자나 관리인이 신청한 경우에는 그 대표자나 관리인에게 등기필정보를 통지한다. [기출 35]

3. 부기로 하는 등기(제52조)[기출31 32 35]

등기관이 다음 등기를 할 때에는 부기로 하여야 한다. 다만, ⑤의 등기는 등기상 이해관계 있는 제3자의 승낙이 없는 경우에는 그러하지 아니하다.

① 등기명의인표시의 변경이나 경정의 등기
② 소유권 외의 권리의 이전등기
③ 소유권 외의 권리를 목적으로 하는 권리에 관한 등기
④ 소유권 외의 권리에 대한 처분제한 등기
⑤ 권리의 변경이나 경정의 등기
⑥ 제53조의 환매특약등기
⑦ 제54조의 권리소멸약정등기
⑧ 제67조 제1항 후단의 공유물 분할금지의 약정등기
⑨ 그 밖에 대법원규칙으로 정하는 등기

---

* 그 밖에 대법원규칙으로 정하는 등기
부동산등기규칙 제82조(토지합필의 특례에 따른 등기)
① 토지를 공유(共有)로 하는 합필의 등기를 할 때에는 등기를 마친 후 종전 토지의 소유권의 등기를 공유지분으로 변경하는 등기를 부기로 하여야 하고, 종전 등기의 권리자에 관한 사항을 말소하는 표시를 하여야 한다.
② 이해관계인이 있을 때에는 그 이해관계인 명의의 등기를 공유지분 위에 존속하는 것으로 변경하는 등기를 부기로 하여야 한다.

제118조(말소회복등기)
말소된 등기에 대한 회복 신청을 받아 등기관이 등기를 회복할 때에는 회복의 등기를 한 후 다시 말소된 등기와 같은 등기를 하여야 한다. 다만, 등기전체가 아닌 일부 등기사항만 말소된 것일 때에는 부기에 의하여 말소된 등기사항만 다시 등기한다.

제135조(공동담보라는 뜻의 기록)
① 공동담보라는 뜻의 기록은 각 부동산의 등기기록 중 해당 등기의 끝부분에 하여야 한다.
② 공동저당인 경우에는 각 부동산의 등기기록에 공동담보목록의 번호를 기록한다.
③ 공동담보 목적으로 새로 추가되는 부동산의 등기기록에는 그 등기의 끝부분에 공동담보라는 뜻을 기록하고 종전에 등기한 부동산의 등기기록에는 해당 등기에 부기등기로 그 뜻을 기록하여야 한다.

---

* 주등기 및 부기등기

구분	주등기	부기등기
보존 · 설정등기	1. 소유권 보존등기 2. 소유권 외의 각종 권리의 설정등기 (전세권, 지상권설정등기 등)	1. 소유권 외의 권리를 목적으로 하는 권리의 설정등기(전세권 목적 저당권 설정등기, 전전세등기 등) 2. 저당권부권리질권등기
이전등기	소유권 이전등기	소유권 외의 권리의 이전등기(저당권, 전세권 이전등기 등)
처분제한등기 (가압류, 가처분)	소유권에 대한 처분제한등기(가압류, 가처분, 경매)	소유권 외의 권리에 대한 처분제한등기 (전세권에 대한 가압류등기 등)
변경 · 경정등기	1. 부동산표시변경등기 2. 권리변경 등기 시 이해관계인의 승낙 정보를 제공하지 않은 경우	1. 등기명의인표시변경등기 2. 권리변경등기 시 이해관계인의 승낙 정보를 제공한 경우
말소등기	주등기로 실행	–
말소회복등기	전부 말소회복등기	일부 말소회복등기
기타	1. 대지권의 등기 2. 대지권이 있는 뜻의 등기 3. 토지에 관하여 별도 등기가 있다는 뜻의 등기	1. 가등기상 권리의 이전등기 2. 환매특약등기 3. 권리소멸의 약정등기 4. 공유물분할금지의 약정등기

4. **환매특약등기(제53조)**[기출31 32 34]

등기관이 환매특약의 등기를 할 때에는 다음 각 사항을 기록하여야 한다. 다만, ③은 등기원인에 그 사항이 정하여져 있는 경우에만 기록한다.

① 매수인이 지급한 대금

② 매매비용

③ 환매기간

【 갑구 】	(소유권에 관한 사항)			
순위번호	등기목적	접수	등기원인	권리자 및 기타사항
1	소유권보존	1970년 5월 5일 제1500호		소유자 김갑동 450405-1234567 서울시 관악구 신림동 100
2	소유권이전	2020년 8월 5일 제9099호	2020년 8월 4일 환매특약부매매	소유자 홍길동 600707-1001122 서울특별시 서초구 서초대로 20 (서초동) 법률 제16913호에 의하여 등기

2-1	환매특약	2020년 8월 5일 제9099호	2020년 8월 4일 특약	환매대금	금100,000,000원
				환매기간	2020년 8월 4일 ~2020년 12월 31일
				환매권자	이래도

5. 권리소멸약정의 등기(제54조)[기출31 34]

등기원인에 권리의 소멸에 관한 약정이 있을 경우 신청인은 그 약정에 관한 등기를 신청할 수 있다.

6. 사망 등으로 인한 권리의 소멸과 말소등기(제55조)

등기명의인인 사람의 사망 또는 법인의 해산으로 권리가 소멸한다는 약정이 등기되어 있는 경우에 사람의 사망 또는 법인의 해산으로 그 권리가 소멸하였을 때에는, 등기권리자는 그 사실을 증명하여 단독으로 해당 등기의 말소를 신청할 수 있다.

7. 등기의무자의 소재불명과 말소등기(제56조)

① 등기권리자가 등기의무자의 소재불명으로 인하여 공동으로 등기의 말소를 신청할 수 없을 때에는 「민사소송법」에 따라 공시최고(公示催告)를 신청할 수 있다.

② 제권판결(除權判決 : 실권선언 판결)이 있으면 등기권리자가 그 사실을 증명하여 단독으로 등기의 말소를 신청할 수 있다.

8. 이해관계 있는 제3자가 있는 등기의 말소(제57조)

① 등기의 말소를 신청하는 경우에 그 말소에 대하여 등기상 이해관계 있는 제3자가 있을 때에는 제3자의 승낙이 있어야 한다. [기출34]

② 등기를 말소할 때에는 등기상 이해관계 있는 제3자 명의의 등기는 등기관이 직권으로 말소한다.

＊ 말소등기신청 시 이해관계인

1. 이해관계인의 판단기준

이해관계 있는 제3자는 등기부상 자기의 권리가 등기되어 있고, 그 등기부의 기재에 의하여 형식적으로 판단할 때 손해를 받게 될 지위에 있는 자를 말한다.

2. 이해관계인의 승낙정보 등

말소등기를 신청함에 있어 그 등기에 이해관계 있는 제3자가 있는 경우에는 그의 승낙서나 이에 대항할 수 있는 재판정보를 첨부하여야 한다.

3. 기타

승낙서 등을 첨부하지 아니하고 말소등기를 신청하는 경우에는 그 말소등기 신청을 각하하여야 한다.

---

9. 직권에 의한 등기의 말소(제58조)

등기관이 등기를 마친 후 그 등기가 등기소 관할이 아닌 경우 또는 등기할 것이 아닌 경우에 해당된 것임을 발견하였을 때에는 등기권리자, 등기의무자와 등기상 이해관계 있는 제3자에게 1개월 내의 기간을 정하여 그 기간에 이의를 진술하지 아니하면 등기를 말소한다는 뜻을 통지하여야 한다.

→ 통지를 받을 자의 주소 또는 거소(居所)를 알 수 없으면 통지를 갈음하여 상기의 기간 동안 등기소 게시장에 이를 게시하거나 대법원규칙으로 정하는 바(대법원 인터넷등기소에 게시하는 방법)에 따라 공고하여야 한다.

→ 등기관은 말소에 관하여 이의를 진술한 자가 있으면 그 이의에 대한 결정을 하여야 한다.

→ 등기관은 상기의 기간 이내에 이의를 진술한 자가 없거나 이의를 각하한 경우에는 등기를 직권으로 말소하여야 한다.

10. 말소등기의 회복(제59조)

말소된 등기의 회복(回復)을 신청하는 경우에 등기상 이해관계 있는 제3자가 있을 때에는 그 제3자의 승낙이 있어야 한다.

11. 대지사용권의 취득(제60조)

1) 구분건물을 신축한 자가 대지사용권을 가지고 있는 경우에 대지권에 관한 등기를 하지 아니하고 구분건물에 관하여만 소유권이전등기를 마쳤을 때에는 현재의 구분건물의 소유명의인과 공동으로 대지사용권에 관한 이전등기를 신청할 수 있다.

2) 구분건물을 신축하여 양도한 자가 그 건물의 대지사용권을 나중에 취득하여 이전하기로 약정한 경우에 1)을 준용한다.

3) "1) 및 2)"에 따른 등기는 대지권에 관한 등기와 동시에 신청하여야 한다.

12. 구분건물의 등기기록에 대지권등기가 되어 있는 경우(제61조)

1) 대지권을 등기한 후에 한 건물의 권리에 관한 등기는 대지권에 대하여 동일한 등기로서 효력이 있다(대지권에 대한 등기로서의 효력이 있는 등기와 대지권의 목적인 토지의 등기기록 중 해당 구에 한 등기 순서는 접수번호에 따른다). 다만, 그 등기에 건물만에 관한 것이라는 뜻의 부기가 되어 있을 때에는 그러하지 아니하다.

2) 대지권이 등기된 구분건물의 등기기록에는 건물만에 관한 소유권이전등기 또는 저당권설정등기, 그 밖에 이와 관련이 있는 등기를 할 수 없다. [기출35]

3) 토지 소유권이 대지권인 경우에 대지권이라는 뜻의 등기가 되어 있는 토지의 등기기록에는 소유권이전등기, 저당권설정등기, 그 밖에 이와 관련이 있는 등기를 할 수 없다.

4) 지상권, 전세권 또는 임차권이 대지권인 경우에 3)을 준용한다.

13. 소유권변경 사실의 통지(제62조)(기출34)

등기관은 아래 등기를 하면 지체 없이 그 사실을 토지는 지적소관청, 건물은 건축물대장 소관청에 각각 알려야 한다.

① 소유권의 보존 또는 이전

② 소유권의 등기명의인표시의 변경 또는 경정

③ 소유권의 변경 또는 경정

④ 소유권의 말소 또는 말소회복

14. 과세자료의 제공(제63조)

등기관이 소유권의 보존 또는 이전의 등기(가등기 포함)를 하였을 때에는 지체 없이 그 사실을 부동산 소재지 관할 세무서장에게 통지하여야 한다(과세자료의 제공은 전산정보처리조직을 이용하여 할 수 있다).

📖 확인문제

01 부동산등기법령상 '권리에 관한 등기'에 관한 설명으로 옳은 것은? ✦ 31회

① 권리자가 2인 이상인 경우에는 권리자별 지분을 기록하여야 하고 등기할 권리가 총유(總有)인 때에는 그 뜻을 기록하여야 한다.

② 등기원인에 권리의 소멸에 관한 약정이 있을 경우 신청인은 그 약정에 관한 등기를 신청할 수 있다.

③ 등기관이 소유권 외의 권리에 대한 처분제한 등기를 할 때 등기상 이해관계 있는 제3자의 승낙이 없으면 부기로 할 수 없다.

④ 등기관이 환매특약의 등기를 할 때 매매비용은 기록하지 아니한다.

⑤ 등기관이 소유권보존등기를 할 때 등기원인과 그 연월일을 기록하여야 한다.

답 ②

02 부동산등기법령상 등기신청에 관한 설명으로 옳지 않은 것은? ✦ 31회

① 법인의 합병에 따른 등기는 등기권리자가 단독으로 신청한다.

② 신탁재산에 속하는 부동산의 신탁등기는 수탁자가 단독으로 신청한다.

③ 수용으로 인한 소유권이전등기는 등기권리자가 단독으로 신청할 수 있다.

④ 채권자는 「민법」 제404조에 따라 채무자를 대위하여 등기를 신청할 수 있다.

⑤ 대표자가 있는 종중에 속하는 부동산의 등기는 대표자의 명의로 신청한다.

답 ⑤

2관 소유권에 관한 등기

1. 소유권보존등기의 등기사항(제64조) 및 신청인(제65조)

1) 등기관이 소유권보존등기를 할 때에는 등기원인과 그 연월일을 기록하지 아니한다. [기출 34]

2) 미등기의 토지 또는 건물에 관한 소유권보존등기는 다음 어느 하나에 해당하는 자가 신청할 수 있다. [기출 35]

① 토지대장, 임야대장 또는 건축물대장에 최초의 소유자로 등록되어 있는 자 또는 그 상속 인, 그 밖의 포괄승계인

② 확정판결에 의하여 자기의 소유권을 증명하는 자

③ 수용(收用)으로 인하여 소유권을 취득하였음을 증명하는 자 [기출 34]

④ 특별자치도지사, 시장, 군수 또는 구청장(자치구의 구청장을 말한다)의 확인에 의하여 자 기의 소유권을 증명하는 자(건물의 경우로 한정한다)

2. 미등기부동산의 처분제한의 등기와 직권보존(제66조)

1) 등기관이 미등기부동산에 대하여 법원의 촉탁에 따라 소유권의 처분제한의 등기를 할 때에는 직권으로 소유권보존등기를 하고, 처분제한의 등기를 명하는 법원의 재판에 따라 소유권의 등 기를 한다는 뜻을 기록하여야 한다.

2) 등기관이 1)에 따라 건물에 대한 소유권보존등기를 하는 경우에는 제65조(소유권보존등기의 신청인)를 적용하지 아니한다. 다만, 그 건물이 「건축법」상 사용승인을 받아야 할 건물임에도 사용승인을 받지 아니하였다면 그 사실을 표제부에 기록하여야 한다.

> 제65조(소유권보존등기의 신청인)
> 미등기의 토지 또는 건물에 관한 소유권보존등기는 다음 각 호의 어느 하나에 해당하는 자가 신청할 수 있다.
> 1. 토지대장, 임야대장 또는 건축물대장에 최초의 소유자로 등록되어 있는 자 또는 그 상속인, 그 밖의 포괄승계인
> 2. 확정판결에 의하여 자기의 소유권을 증명하는 자
> 3. 수용(收用)으로 인하여 소유권을 취득하였음을 증명하는 자
> 4. 특별자치도지사, 시장, 군수 또는 구청장(자치구의 구청장을 말한다)의 확인에 의하여 자기 의 소유권을 증명하는 자(건물의 경우로 한정한다)

3) "2)" 단서에 따라 등기된 건물에 대하여 「건축법」상 사용승인이 이루어진 경우에는 그 건물 소유권의 등기명의인은 1개월 이내에 "2)" 단서의 기록에 대한 말소등기를 신청하여야 한다.

【 표제부 】 (건물의 표시)				
표시번호	접수	소재지번 및 건물번호	건물내역	등기원인 및 기타사항
1		서울시 양천구 신정동 00	철근콘크리트구조 철근콘크리트 경사지붕 2층 단독주택 1층 100㎡ 2층 100㎡	2030년 등기
2				건축법상 사용승인 받지 않은 건물임

3. 소유권의 일부이전(제67조)

등기관이 소유권의 일부에 관한 이전등기를 할 때에는 이전되는 지분을 기록하여야 한다. 이 경우 등기원인에 「민법」 제268조 제1항 단서의 약정이 있을 때에는 그 약정에 관한 사항도 기록하여야 한다.

→ 약정의 변경등기는 공유자 전원이 공동으로 신청하여야 한다.

4. 거래가액의 등기(제68조)

등기관이 「부동산 거래신고 등에 관한 법률」 제3조 제1항에서 정하는 계약을 등기원인으로 한 소유권이전등기를 하는 경우에는 대법원규칙으로 정하는 바에 따라 거래가액을 기록한다.

【 갑구 】			(소유권에 관한 사항)	
순위번호	등기목적	접수	등기원인	권리자 및 기타사항
1	소유권보존	1970년 5월 5일 제1500호		소유자 김갑동 450405-1234567 서울시 관악구 신림동 100
2	소유권이전	2020년 8월 5일 제9099호	1993년 7월 2일 매매	소유자 홍길동 600707-1001122 서울특별시 서초구 서초대로 20 (서초동) 법률 제16913호에 의하여 등기 매매금액 100,000,000원

01 등기관이 갑구 또는 을구에 권리에 관한 등기를 할 때에는 순위번호, 등기목적, 접수연월일 및 접수번호, 등기원인 및 그 연월일, 권리자를 기록하여야 한다. (   )

02 권리자가 2인 이상인 경우에는 권리자별 지분을 기록하여야 하고 등기할 권리가 총유인 때에는 그 뜻을 기록하여야 한다. (   )

03 국가 · 지방자치단체 · 국제기관 및 외국정부의 등록번호는 국토교통부장관이 지정 · 고시한다. (   )

04 등기관이 새로운 권리에 관한 등기를 마쳤을 때에는 등기필정보를 작성하여 등기의무자에게 통지하여야 한다. (   )

05 부기등기 대상인지 판단하시오.

> 1. 등기명의인표시의 변경이나 경정의 등기 → (○ , ×)
> 2. 소유권의 이전등기 → (○ , ×)
> 3. 소유권 외의 권리를 목적으로 하는 권리에 관한 등기 → (○ , ×)
> 4. 소유권에 대한 처분제한 등기 → (○ , ×)
> 5. 권리의 변경이나 경정의 등기(이해관계 있는 제3자의 승낙이 없는 경우만) → (○ , ×)
> 6. 환매실행등기 → (○ , ×)
> 7. 권리소멸약정등기 → (○ , ×)
> 8. 공유물 분할금지의 약정등기 → (○ , ×)

06 등기관이 환매특약의 등기를 할 때에는 매수인이 지급한 대금, 매매비용, 환매기간을 기록해야 한다. 다만, 환매기간은 등기원인에 그 사항이 정하여져 있는 경우에만 기록한다. (   )

07 등기원인에 권리의 소멸에 관한 약정이 있을 경우 신청인은 그 약정에 관한 등기를 신청할 수 있다. (   )

08 등기관이 소유권보존등기를 할 때에는 등기원인과 그 연월일을 기록한다. (   )

09 미등기의 토지 또는 건물에 관한 소유권보존등기를 신청할 수 있는 자는? (　　　　)

> 1. 토지대장에 최초의 소유자로 등록되어 있는 자 또는 그 상속인, 그 밖의 포괄승계인
> 2. 확정판결에 의하여 자기의 소유권을 증명하는 자
> 3. 수용으로 인하여 소유권을 취득하였음을 증명하는 자
> 4. 군수의 확인에 의하여 자기의 토지 소유권을 증명하는 자

10 등기관이 소유권의 일부에 관한 이전등기를 할 때에는 이전되는 지분을 기록하여야 한다.
(　　　)

01 (○)

02 (×) 합유인 때에는 그 뜻을 기록하여야 한다.

03 (○)

04 (×) 등기권리자에게 통지하여야 한다.

05 정답은 아래와 같다.

> 1. 등기명의인표시의 변경이나 경정의 등기 → (○)
> 2. 소유권의 이전등기 → (×) 소유권 외의 권리의 이전등기가 부기등기 대상이다.
> 3. 소유권 외의 권리를 목적으로 하는 권리에 관한 등기 → (○)
> 4. 소유권에 대한 처분제한 등기 → (×) 소유권 외의 권리에 대한 처분제한 등기가 부기등기 대상이다.
> 5. 권리의 변경이나 경정의 등기(이해관계 있는 제3자의 승낙이 없는 경우만) → (×)
> 6. 환매실행등기 → (×) 환매특약등기가 부기등기 사항이다. 실행등기는 주등기이다.
> 7. 권리소멸약정등기 → (○)
> 8. 공유물 분할금지의 약정등기 → (○)

06 (○)

07 (○)

08 (×) 기록하지 아니한다.

09 1, 2, 3 맞음. 4 틀림(건물의 경우로 한정한다.)

> 특별자치도지사, 시장, 군수 또는 구청장(자치구의 구청장)의 확인에 의하여 자기의 소유권을
> 증명하는 자(건물의 경우로 한정한다)

10 (○)

3관 용익권(用益權)에 관한 등기

1. 지상권의 등기사항(제69조) [기출28 29 33]

등기관이 지상권설정의 등기를 할 때에는 제48조에서 규정한 사항 외에 다음 사항을 기록하여야한다. 다만, ③부터 ⑤까지는 등기원인에 그 약정이 있는 경우에만 기록한다.

제48조(등기사항)

① 등기관이 갑구 또는 을구에 권리에 관한 등기를 할 때에는 다음 각 호의 사항을 기록하여야 한다.
  1. 순위번호
  2. 등기목적
  3. 접수연월일 및 접수번호
  4. 등기원인 및 그 연월일
  5. 권리자

② 제1항 제5호의 권리자에 관한 사항을 기록할 때에는 권리자의 성명 또는 명칭 외에 주민등록번호 또는 부동산등기용등록번호와 주소 또는 사무소 소재지를 함께 기록하여야 한다.

③ 제26조에 따라 법인 아닌 사단이나 재단 명의의 등기를 할 때에는 그 대표자나 관리인의 성명, 주소 및 주민등록번호를 함께 기록하여야 한다.

④ 제1항 제5호의 권리자가 2인 이상인 경우에는 권리자별 지분을 기록하여야 하고 등기할 권리가 합유(合有)인 때에는 그 뜻을 기록하여야 한다.

---

① 지상권설정의 목적
② 범위
③ 존속기간
④ 지료와 지급시기
⑤ 「민법」 제289조의2 제1항 후단의 약정
⑥ 지상권설정의 범위가 토지의 일부인 경우에는 그 부분을 표시한 도면의 번호

【 을구 】			(소유권 이외의 권리에 관한 사항)		
순위번호	등기목적	접수	등기원인	권리자 및 기타사항	
1	지상권설정	2003년 3월 10일 제3125호	2003년 3월 9일 설정계약	목적 범위 존속기간 지료 지급시기 지사권자	철근콘크리트조 건물소유 동남쪽 350㎡ 2003년 8월 3일부터 30년 월 금 300,000원 매월 말일 이래도

2. 지역권의 등기사항(제70조) [기출33]

등기관이 승역지의 등기기록에 지역권설정의 등기를 할 때에는 제48조 제1항 제1호부터 제4호까지에서 규정한 사항 외에 다음 사항을 기록하여야 한다. 다만, ④는 등기원인에 그 약정이 있는 경우에만 기록한다.

① 지역권설정의 목적
② 범위
③ 요역지
④ 「민법」 제292조 제1항 단서, 제297조 제1항 단서 또는 제298조의 약정
⑤ 승역지의 일부에 지역권설정의 등기를 할 때에는 그 부분을 표시한 도면의 번호

【을구】			(소유권 이외의 권리에 관한 사항)	
순위번호	등기목적	접수	등기원인	권리자 및 기타사항
1	지역권설정	2003년 3월 10일 제3125호	2003년 3월 9일 설정계약	목적 통행 범위 동측 50m 요역지 서울시 관악구 봉천동 1 도면편철장 제5책 제9면

3. 요역지지역권의 등기사항(제71조)

1) 등기관이 승역지에 지역권설정의 등기를 하였을 때에는 직권으로 요역지의 등기기록에 다음 사항을 기록하여야 한다.
   ① 순위번호
   ② 등기목적
   ③ 승역지
   ④ 지역권설정의 목적
   ⑤ 범위
   ⑥ 등기연월일

【을구】			(소유권 이외의 권리에 관한 사항)	
순위번호	등기목적	접수	등기원인	권리자 및 기타사항
1	요역지지역권			승역지 서울시 관악구 봉천동 1 목적 통행 범위 동측 50m 2003년 3월 10일 등기

2) 등기관은 요역지가 다른 등기소의 관할에 속하는 때에는 지체 없이 그 등기소에 승역지, 요역지, 지역권설정의 목적과 범위, 신청서의 접수연월일을 통지하여야 한다.
   → 통지를 받은 등기소의 등기관은 지체 없이 요역지인 부동산의 등기기록에 상기 ①부터 ⑤까지의 사항, 그 통지의 접수연월일 및 그 접수번호를 기록하여야 한다.

3) 등기관이 지역권의 변경등기 또는 말소등기를 할 때에는 "2)"를 준용한다.

4. 전세권 등의 등기사항(제72조)[기출28 33]

1) 등기관이 전세권설정이나 전전세(轉傳貰)의 등기를 할 때에는 제48조에서 규정한 사항 외에 다음 각 호의 사항을 기록하여야 한다. 다만, ③부터 ⑤까지는 등기원인에 그 약정이 있는 경우에만 기록한다.
   ① 전세금 또는 전전세금
   ② 범위
   ③ 존속기간
   ④ 위약금 또는 배상금
   ⑤ 「민법」 제306조 단서의 약정
   ⑥ 전세권설정이나 전전세의 범위가 부동산의 일부인 경우에는 그 부분을 표시한 도면의 번호

> 민법 제306조(전세권의 양도, 임대 등)
> 전세권자는 전세권을 타인에게 양도 또는 담보로 제공할 수 있고 그 존속기간 내에서 그 목적물을 타인에게 전전세 또는 임대할 수 있다. 그러나 설정행위로 이를 금지한 때에는 그러하지 아니하다.

2) 여러 개의 부동산에 관한 권리를 목적으로 하는 전세권설정의 등기를 하는 경우에는 제78조(공동저당의 등기)를 준용한다.

【 을구 】			(소유권 이외의 권리에 관한 사항)		
순위번호	등기목적	접수	등기원인	권리자 및 기타사항	
1	전세권설정	2003년 3월 10일 제3125호	2003년 3월 9일 설정계약	전세금 범위 존속기간 전세권자	금 100,000,000원 건물 3층 전부 2003년 3월 10일부터 2004년 3월 9일까지 저래도 790703-1234567 서울시 용산구 용산동 1

5. 전세금반환채권의 일부양도에 따른 전세권 일부이전등기(제73조)

등기관이 전세금반환채권의 일부 양도를 원인으로 한 전세권 일부이전등기를 할 때에는 양도액을 기록한다. [기출28]
→ 전세권 일부이전등기의 신청은 전세권의 존속기간의 만료 전에는 할 수 없다. 다만, 존속기간 만료 전이라도 해당 전세권이 소멸하였음을 증명하여 신청하는 경우에는 그러하지 아니하다.

【 을구 】			(소유권 이외의 권리에 관한 사항)	
순위번호	등기목적	접수	등기원인	권리자 및 기타사항
1	전세권설정	2009년 5월 10일 제5678호	2000년 5월 8일 설정계약	전세금　　　금 200,000,000원 범위　　　건물 전부 존속기간　2009년 5월 9일부터 2011년 5월 8일까지 전세권자　이래도 700407-1234567 　　　　　서울특별시 서초구 서초동 123
1-1	1번 전세권 일부이전	2011년 11월 3일 제10567호	2011년 11월 1일 전세금반환채권 일부양도	양도액　　금 100,000,000원 전세권자　저래도 690707-1012518 　　　　　서울특별시 강남구 테헤란로 568(역삼동)

6. 임차권 등의 등기사항(제74조) [기출31]

등기관이 임차권 설정 또는 임차물 전대(轉貸)의 등기를 할 때에는 제48조에서 규정한 사항 외에 다음 사항을 기록하여야 한다. 다만, ③부터 ⑥까지는 등기원인에 그 사항이 있는 경우에만 기록한다.

① 차임(借賃)
② 범위
③ 차임지급시기
④ 존속기간. 다만, 처분능력 또는 처분권한 없는 임대인에 의한 「민법」 제619조의 단기임대차인 경우에는 그 뜻도 기록한다.
⑤ 임차보증금
⑥ 임차권의 양도 또는 임차물의 전대에 대한 임대인의 동의
⑦ 임차권설정 또는 임차물전대의 범위가 부동산의 일부인 때에는 그 부분을 표시한 도면의 번호

【 을구 】			(소유권 이외의 권리에 관한 사항)	
순위번호	등기목적	접수	등기원인	권리자 및 기타사항
1	임차권설정	2003년 3월 10일 제3125호	2003년 3월 9일 설정계약	임차보증금　금 100,000,000원 차임　　　월 금 2,000,000원 차임지급시기　매월 말일 존속기간　2004년 3월 9일까지 임차권자　저래도 　　　　　790703-1234567 　　　　　서울시 용산구 용산동

📖 확인문제

01 부동산등기법령상 임차권 설정등기의 등기사항 중 등기원인에 그 사항이 없더라도 반드시 기록하여야 하는 사항을 모두 고른 것은? ✦ 31회

ㄱ. 등기목적	ㄴ. 권리자
ㄷ. 차임	ㄹ. 차임지급시기
ㅁ. 임차보증금	ㅂ. 존속기간

① ㄱ, ㄴ, ㄷ
② ㄱ, ㄷ, ㄹ
③ ㄴ, ㄷ, ㅁ
④ ㄱ, ㄹ, ㅁ, ㅂ
⑤ ㄴ, ㄹ, ㅁ, ㅂ

4관 담보권에 관한 등기

1. 저당권의 등기사항(제75조)[기출28 34]

1) 등기관이 저당권설정의 등기를 할 때에는 제48조에서 규정한 사항 외에 다음 사항을 기록하여야 한다. 다만, ③부터 ⑧까지는 등기원인에 그 약정이 있는 경우에만 기록한다.
① 채권액
② 채무자의 성명 또는 명칭과 주소 또는 사무소 소재지
③ 변제기(辨濟期)
④ 이자 및 그 발생기·지급시기
⑤ 원본(元本) 또는 이자의 지급장소
⑥ 채무불이행(債務不履行)으로 인한 손해배상에 관한 약정
⑦ 「민법」 제358조 단서의 약정
⑧ 채권의 조건

2) 등기관은 "1)"의 저당권의 내용이 근저당권(根抵當權)인 경우에는 제48조에서 규정한 사항 외에 다음 사항을 기록하여야 한다. 다만, ③ 및 ④는 등기원인에 그 약정이 있는 경우에만 기록한다.
① 채권의 최고액
② 채무자의 성명 또는 명칭과 주소 또는 사무소 소재지
③ 「민법」 제358조 단서의 약정
④ 존속기간

【 을구 】		(소유권 이외의 권리에 관한 사항)			
순위번호	등기목적	접수	등기원인	권리자 및 기타사항	
1	근저당권 설정	2003년 3월 10일 제3125호	2003년 3월 9일 설정계약	채권최고액 채무자	금 100,000,000원 저래도 790903-1234567 서울시 용산구 용산동
				저당권자	㈜한국은행 11111-11111111 서울시 중구(용산지점)
1-1	1번저당권 이전	2003년 12월 10일 제3025호	2003년 12월 9일 채권양도	저당권자	㈜서울은행 11111-111111112 서울시 중구(중구지점)

2. 저당권부채권에 대한 질권 등의 등기사항(제76조)

1) 등기관이 「민법」 제348조에 따라 저당권부채권(抵當權附債權)에 대한 질권의 등기를 할 때에는 제48조에서 규정한 사항 외에 다음 사항을 기록하여야 한다.

① 채권액 또는 채권최고액

② 채무자의 성명 또는 명칭과 주소 또는 사무소 소재지

③ 변제기와 이자의 약정이 있는 경우에는 그 내용

2) 등기관이 「동산·채권 등의 담보에 관한 법률」 제37조에서 준용하는 「민법」 제348조에 따른 채권담보권의 등기를 할 때에는 제48조에서 정한 사항 외에 다음 사항을 기록하여야 한다.

① 채권액 또는 채권최고액

② 채무자의 성명 또는 명칭과 주소 또는 사무소 소재지

③ 변제기와 이자의 약정이 있는 경우에는 그 내용

【 을구 】		(소유권 이외의 권리에 관한 사항)			
순위번호	등기목적	접수	등기원인	권리자 및 기타사항	
1	근저당권 설정	2003년 3월 10일 제3125호	2003년 3월 9일 설정계약	채권최고액 채무자	금 100,000,000원 저래도 790903-1234567 서울시 용산구 용산동
				저당권자	㈜한국은행 11111-11111111 서울시 중구(용산지점)

| 1-1 | 1번근저당
권부질권 | 2003년 12월 10일
제3025호 | 2003년 12월 9일
설정계약 | 채무자

채권최고액
변제기
이자
채권자 | 저래도
790903-1234567
서울시 용산구 용산동
금 50,000,000원
2003년 12월 31일
월1할
그래도
790704-2345678
서울시 중구 중동 1 |

3. 피담보채권이 금액을 목적으로 하지 아니하는 경우(제77조)

등기관이 일정한 금액을 목적으로 하지 아니하는 채권을 담보하기 위한 저당권설정의 등기를 할 때에는 그 채권의 평가액을 기록하여야 한다.

4. 공동저당의 등기(제78조)

1) 등기관이 동일한 채권에 관하여 여러 개의 부동산에 관한 권리를 목적으로 하는 저당권설정의 등기를 할 때에는 각 부동산의 등기기록에 그 부동산에 관한 권리가 다른 부동산에 관한 권리와 함께 저당권의 목적으로 제공된 뜻을 기록하여야 한다. [기출28]

2) 등기관은 1)의 경우에 부동산이 5개 이상일 때에는 공동담보목록을 작성하여야 한다. [기출28 34]

3) 2)의 공동담보목록은 등기기록의 일부로 본다.

4) 등기관이 1개 또는 여러 개의 부동산에 관한 권리를 목적으로 하는 저당권설정의 등기를 한 후 동일한 채권에 대하여 다른 1개 또는 여러 개의 부동산에 관한 권리를 목적으로 하는 저당권설정의 등기를 할 때에는 그 등기와 종전의 등기에 각 부동산에 관한 권리가 함께 저당권의 목적으로 제공된 뜻을 기록하여야 한다. 이 경우 "2) 및 3)"을 준용한다.

5) 4)의 경우 종전에 등기한 부동산이 다른 등기소의 관할에 속할 때에는 제71조 제2항 및 제3항을 준용한다.

> 제71조(요역지지역권의 등기사항)
> ① 등기관이 승역지에 지역권설정의 등기를 하였을 때에는 직권으로 요역지의 등기기록에 다음 각 호의 사항을 기록하여야 한다.
>   1. 순위번호
>   2. 등기목적
>   3. 승역지
>   4. 지역권설정의 목적
>   5. 범위
>   6. 등기연월일

> ② 등기관은 요역지가 다른 등기소의 관할에 속하는 때에는 지체 없이 그 등기소에 승역지, 요역지, 지역권설정의 목적과 범위, 신청서의 접수연월일을 통지하여야 한다.
> ③ 제2항의 통지를 받은 등기소의 등기관은 지체 없이 요역지인 부동산의 등기기록에 제1항 제1호부터 제5호까지의 사항, 그 통지의 접수연월일 및 그 접수번호를 기록하여야 한다.

5. 채권일부의 양도 또는 대위변제로 인한 저당권 일부이전등기의 등기사항(제79조)

등기관이 채권의 일부에 대한 양도 또는 대위변제(代位辨濟)로 인한 저당권 일부이전등기를 할 때에는 제48조에서 규정한 사항 외에 양도액 또는 변제액을 기록하여야 한다. [기출34]

6. 공동저당의 대위등기(제80조)

1) 등기관이 「민법」 제368조 제2항 후단의 대위등기를 할 때에는 제48조에서 규정한 사항 외에 다음 사항을 기록하여야 한다.
① 매각 부동산(소유권 외의 권리가 저당권의 목적일 때에는 그 권리를 말한다)
② 매각대금
③ 선순위 저당권자가 변제받은 금액

2) 1)의 등기에는 제75조(저당권의 등기사항)를 준용한다.

> **제75조(저당권의 등기사항)**
> ① 등기관이 저당권설정의 등기를 할 때에는 제48조에서 규정한 사항 외에 다음 각 호의 사항을 기록하여야 한다. 다만, 제3호부터 제8호까지는 등기원인에 그 약정이 있는 경우에만 기록한다.
> 1. 채권액
> 2. 채무자의 성명 또는 명칭과 주소 또는 사무소 소재지
> 3. 변제기(辨濟期)
> 4. 이자 및 그 발생기·지급시기
> 5. 원본(元本) 또는 이자의 지급장소
> 6. 채무불이행(債務不履行)으로 인한 손해배상에 관한 약정
> 7. 「민법」 제358조 단서의 약정
> 8. 채권의 조건
> ② 등기관은 제1항의 저당권의 내용이 근저당권(根抵當權)인 경우에는 제48조에서 규정한 사항 외에 다음 각 호의 사항을 기록하여야 한다. 다만, 제3호 및 제4호는 등기원인에 그 약정이 있는 경우에만 기록한다.
> 1. 채권의 최고액
> 2. 채무자의 성명 또는 명칭과 주소 또는 사무소 소재지
> 3. 「민법」 제358조 단서의 약정
> 4. 존속기간

01 아래 각 권리를 등기할 때 필수적 사항에 동그라미를 하시오.

> 1. **지상권**
>   지상권설정의 목적, 범위, 범위가 일부인 경우에는 그 부분을 표시한 도면의 번호, 존속기간, 지료와 지급시기
>
> 2. **전세권**
>   전세금, 존속기간, 범위, 범위가 부동산의 일부인 경우에는 그 부분을 표시한 도면의 번호, 위약금 또는 배상금
>
> 3. **임차권**
>   차임지급시기, 존속기간, 임차보증금, 임차권의 양도 또는 임차물의 전대에 대한 임대인의 동의, 차임, 범위
>
> 4. **저당권**
>   채권액, 채무자의 성명 또는 명칭과 주소 또는 사무소 소재지, 이자 및 그 발생기·지급시기, 원본 또는 이자의 지급장소, 채무불이행으로 인한 손해배상에 관한 약정, 채권의 조건, 변제기
>
> 5. **근저당권**
>   채권의 최고액, 존속기간, 채무자의 성명 또는 명칭과 주소 또는 사무소 소재지

02 등기관은 저당권설정 부동산이 3개 이상일 때에는 공동담보목록을 작성하여야 한다. 공동담보목록은 등기기록의 일부로 본다. (   )

03 등기관이 전세금반환채권의 일부 양도를 원인으로 한 전세권 일부이전등기를 할 때에는 양도액을 기록하지 않아도 된다. (   )

제4장 제3절 권리에 관한 등기 제3관 용익권 및 제4관 담보권에 관한 등기 **주요 내용 O · X 확인 문제 정답**

01 아래 각 권리를 등기할 때 필수적 사항에 동그라미 하시오.

---

1. **지상권**
   필수사항 : 지상권설정의 목적, 범위, 범위가 일부인 경우에는 그 부분을 표시한 도면의 번호
   임의사항 : 존속기간, 지료와 지급시기

2. **전세권**
   필수사항 : 전세금, 범위, 범위가 부동산의 일부인 경우에는 그 부분을 표시한 도면의 번호
   임의사항 : 존속기간, 위약금 또는 배상금

3. **임차권**
   필수사항 : 차임, 범위, 범위가 부동산의 일부인 때에는 그 부분을 표시한 도면의 번호
   임의사항 : 차임지급시기, 존속기간, 임차보증금, 임차권의 양도 또는 임차물의 전대에 대한 임대인의 동의

4. **저당권**
   필수사항 : 채권액, 채무자의 성명 또는 명칭과 주소 또는 사무소 소재지
   임의사항 : 변제기, 이자 및 그 발생기·지급시기, 원본 또는 이자의 지급장소, 채무불이행으로 인한 손해배상에 관한 약정, 채권의 조건

5. **근저당권**
   필수사항 : 채권의 최고액, 채무자의 성명 또는 명칭과 주소 또는 사무소 소재지
   임의사항 : 존속기간

---

02 (×) 5개 이상일 때에는 공동담보목록을 작성하여야 한다. 공동담보목록은 등기기록의 일부로 본다.

03 (×) 양도액을 기록해야 한다.

5관 신탁에 관한 등기

1. 신탁등기의 등기사항(제81조)

1) 등기관이 신탁등기를 할 때에는 다음 사항을 기록한 신탁원부(信託原簿)를 작성하고, 등기기록에는 제48조에서 규정한 사항 외에 그 신탁원부의 번호를 기록하여야 한다.

① 위탁자(委託者), 수탁자 및 수익자(受益者)의 성명 및 주소(법인인 경우에는 그 명칭 및 사무소 소재지를 말한다)

② 수익자를 지정하거나 변경할 수 있는 권한을 갖는 자를 정한 경우에는 그 자의 성명 및 주소(법인인 경우에는 그 명칭 및 사무소 소재지를 말한다)

③ 수익자를 지정하거나 변경할 방법을 정한 경우에는 그 방법

④ 수익권의 발생 또는 소멸에 관한 조건이 있는 경우에는 그 조건

⑤ 신탁관리인이 선임된 경우에는 신탁관리인의 성명 및 주소(법인인 경우에는 그 명칭 및 사무소 소재지를 말한다)

⑥ 수익자가 없는 특정의 목적을 위한 신탁인 경우에는 그 뜻

⑦ 「신탁법」 제3조 제5항에 따라 수탁자가 타인에게 신탁을 설정하는 경우에는 그 뜻

⑧ 「신탁법」 제59조 제1항에 따른 유언대용신탁인 경우에는 그 뜻

⑨ 「신탁법」 제60조에 따른 수익자연속신탁인 경우에는 그 뜻

⑩ 「신탁법」 제78조에 따른 수익증권발행신탁인 경우에는 그 뜻

⑪ 「공익신탁법」에 따른 공익신탁인 경우에는 그 뜻

⑫ 「신탁법」 제114조 제1항에 따른 유한책임신탁인 경우에는 그 뜻

⑬ 신탁의 목적

⑭ 신탁재산의 관리, 처분, 운용, 개발, 그 밖에 신탁 목적의 달성을 위하여 필요한 방법

⑮ 신탁종료의 사유

⑯ 그 밖의 신탁 조항

2) 상기 ⑤, ⑥, ⑩ 및 ⑪의 사항에 관하여 등기를 할 때에는 수익자의 성명 및 주소를 기재하지 아니할 수 있다.

3) 1)의 신탁원부는 등기기록의 일부로 본다.

2. 신탁등기의 신청방법(제82조)[기출32]

1) 신탁등기의 신청은 해당 부동산에 관한 권리의 설정등기, 보존등기, 이전등기 또는 변경등기의 신청과 동시에 하여야 한다.

2) 수익자나 위탁자는 수탁자를 대위하여 신탁등기를 신청할 수 있다. 이 경우 1)은 적용하지 아니한다.

3) 등기관은 대위자의 성명 또는 명칭, 주소 또는 사무소 소재지 및 대위원인을 기록하여야 한다.

3. 신탁의 합병·분할 등에 따른 신탁등기의 신청(제82조의2)

  1) 신탁의 합병 또는 분할로 인하여 하나의 신탁재산에 속하는 부동산에 관한 권리가 다른 신탁의 신탁재산에 귀속되는 경우 신탁등기의 말소등기 및 새로운 신탁등기의 신청은 신탁의 합병 또는 분할로 인한 권리변경등기의 신청과 동시에 하여야 한다.

  2) 「신탁법」 제34조 제1항 제3호 및 같은 조 제2항에 따라 여러 개의 신탁을 인수한 수탁자가 하나의 신탁재산에 속하는 부동산에 관한 권리를 다른 신탁의 신탁재산에 귀속시키는 경우 신탁등기의 신청방법에 관하여는 1)을 준용한다.

4. 수탁자의 임무 종료에 의한 등기(제83조)

  다음 어느 하나에 해당하여 수탁자의 임무가 종료된 경우 신수탁자는 단독으로 신탁재산에 속하는 부동산에 관한 권리이전등기를 신청할 수 있다.

  ① 「신탁법」 제12조 제1항 각 호의 어느 하나에 해당하여 수탁자의 임무가 종료된 경우

  ② 「신탁법」 제16조 제1항에 따라 수탁자를 해임한 경우

  ③ 「신탁법」 제16조 제3항에 따라 법원이 수탁자를 해임한 경우

  ④ 「공익신탁법」 제27조에 따라 법무부장관이 직권으로 공익신탁의 수탁자를 해임한 경우

5. 수탁자가 여러 명인 경우(제84조)

  1) 수탁자가 여러 명인 경우 등기관은 신탁재산이 합유인 뜻을 기록하여야 한다. [기출32]

  2) 여러 명의 수탁자 중 1인이 제83조 각 호의 어느 하나의 사유로 그 임무가 종료된 경우 다른 수탁자는 단독으로 권리변경등기를 신청할 수 있다. 이 경우 다른 수탁자가 여러 명일 때에는 그 전원이 공동으로 신청하여야 한다.

6. 신탁재산에 관한 등기신청의 특례(제84조의2)

  다음 어느 하나에 해당하는 경우 수탁자는 단독으로 해당 신탁재산에 속하는 부동산에 관한 권리변경등기를 신청할 수 있다.

  ① 「신탁법」 제3조 제1항 제3호에 따라 신탁을 설정하는 경우

  ② 「신탁법」 제34조 제2항 각 호의 어느 하나에 해당하여 다음 각 목의 어느 하나의 행위를 하는 것이 허용된 경우

    가. 수탁자가 신탁재산에 속하는 부동산에 관한 권리를 고유재산에 귀속시키는 행위

    나. 수탁자가 고유재산에 속하는 부동산에 관한 권리를 신탁재산에 귀속시키는 행위

    다. 여러 개의 신탁을 인수한 수탁자가 하나의 신탁재산에 속하는 부동산에 관한 권리를 다른 신탁의 신탁재산에 귀속시키는 행위

  ③ 「신탁법」 제90조 또는 제94조에 따라 수탁자가 신탁을 합병, 분할 또는 분할합병하는 경우

7. 촉탁에 의한 신탁변경등기(제85조)

　1) 법원은 다음 어느 하나에 해당하는 재판을 한 경우 지체 없이 신탁원부 기록의 변경등기를 등
　　기소에 촉탁하여야 한다. [기출32]
　　　① 수탁자 해임의 재판
　　　② 신탁관리인의 선임 또는 해임의 재판
　　　③ 신탁 변경의 재판

　2) 법무부장관은 다음 어느 하나에 해당하는 경우 지체 없이 신탁원부 기록의 변경등기를 등기소
　　에 촉탁하여야 한다.
　　　① 수탁자를 직권으로 해임한 경우
　　　② 신탁관리인을 직권으로 선임하거나 해임한 경우
　　　③ 신탁내용의 변경을 명한 경우

　3) 등기관이 1)의 ① 및 2)의 ①에 따라 법원 또는 주무관청의 촉탁에 의하여 수탁자 해임에 관한
　　신탁원부 기록의 변경등기를 하였을 때에는 직권으로 등기기록에 수탁자 해임의 뜻을 부기하
　　여야 한다.

8. 직권에 의한 신탁변경등기(제85조의2)

　등기관이 신탁재산에 속하는 부동산에 관한 권리에 대하여 다음 어느 하나에 해당하는 등기를 할
　경우 직권으로 그 부동산에 관한 신탁원부 기록의 변경등기를 하여야 한다.
　① 수탁자의 변경으로 인한 이전등기
　② 여러 명의 수탁자 중 1인의 임무 종료로 인한 변경등기
　③ 수탁자인 등기명의인의 성명 및 주소(법인인 경우에는 그 명칭 및 사무소 소재지를 말한다)에
　　관한 변경등기 또는 경정등기

9. 신탁변경등기의 신청(제86조)

　수탁자는 제85조 및 제85조의2에 해당하는 경우를 제외하고 제81조 제1항 각 호의 사항이 변경되
　었을 때에는 지체 없이 신탁원부 기록의 변경등기를 신청하여야 한다.

10. 신탁등기의 말소(제87조)

　1) 신탁재산에 속한 권리가 이전, 변경 또는 소멸됨에 따라 신탁재산에 속하지 아니하게 된 경우
　　신탁등기의 말소신청은 신탁된 권리의 이전등기, 변경등기 또는 말소등기의 신청과 동시에 하
　　여야 한다.

　2) 신탁종료로 인하여 신탁재산에 속한 권리가 이전 또는 소멸된 경우에는 1)을 준용한다.

　3) 신탁등기의 말소등기는 수탁자가 단독으로 신청할 수 있다.

　4) 수익자나 위탁자는 수탁자를 대위하여 신탁등기의 말소를 신청할 수 있다(대위자의 성명 또는
　　명칭, 주소 또는 사무소 소재지 및 대위원인을 기록하여야 한다).

11. 담보권신탁에 관한 특례(제87조의2)

위탁자가 자기 또는 제3자 소유의 부동산에 채권자가 아닌 수탁자를 저당권자로 하여 설정한 저당권을 신탁재산으로 하고 채권자를 수익자로 지정한 신탁의 경우 등기관은 그 저당권에 의하여 담보되는 피담보채권이 여럿이고 각 피담보채권별로 제75조에 따른 등기사항이 다를 때에는 제75조에 따른 등기사항을 각 채권별로 구분하여 기록하여야 한다.

→ 신탁의 신탁재산에 속하는 저당권에 의하여 담보되는 피담보채권이 이전되는 경우 수탁자는 신탁원부 기록의 변경등기를 신청하여야 한다.

→ 신탁의 신탁재산에 속하는 저당권의 이전등기를 하는 경우에는 제79조를 적용하지 아니한다.

12. 신탁재산관리인이 선임된 신탁의 등기(제87조의3)

「신탁법」제17조 제1항 또는 제18조 제1항에 따라 신탁재산관리인이 선임된 신탁의 경우 제23조 제7항·제8항, 제81조, 제82조, 제82조의2, 제84조 제1항, 제84조의2, 제85조 제1항·제2항, 제85조의2 제3호, 제86조, 제87조 및 제87조의2를 적용할 때에는 "수탁자"는 "신탁재산관리인"으로 본다.

📖 확인문제

01 부동산등기법령상 신탁에 관한 등기에 관한 설명으로 옳은 것을 모두 고른 것은? ✦ 32회

> ㄱ. 수탁자가 여러 명인 경우 등기관은 신탁재산이 합유인 뜻을 기록하여야 한다.
> ㄴ. 위탁자가 수탁자를 대위하여 신탁등기를 신청하는 경우 신탁등기의 신청은 해당 부동산에 관한 권리의 설정등기의 신청과 동시에 하여야 한다.
> ㄷ. 수익자나 위탁자는 수탁자를 대위하여 신탁등기의 말소등기를 신청할 수 없다.
> ㄹ. 법원은 수탁자 해임의 재판을 한 경우 지체 없이 신탁원부 기록의 변경등기를 등기소에 촉탁하여야 한다.

① ㄱ, ㄷ   ② ㄱ, ㄹ
③ ㄴ, ㄷ   ④ ㄱ, ㄴ, ㄹ
⑤ ㄴ, ㄷ, ㄹ

6관 가등기

1. 가등기의 대상(제88조)[기출35]

가등기는 제3조(등기할 수 있는 권리) 각 호의 어느 하나에 해당하는 권리의 설정, 이전, 변경 또는 소멸의 청구권(請求權)을 보전(保全)하려는 때에 한다. 그 청구권이 시기부(始期附) 또는 정지조건부(停止條件附)일 경우나 그 밖에 장래에 확정될 것인 경우에도 같다.

* 소유권이청구권 가등기(매매예약 의한 가등기)

【 갑구 】	(소유권에 관한 사항)			
순위 번호	등기목적	접수	등기원인	권리자 및 기타사항
3	소유권이전청구권 가등기	2003년 3월 10일 제3125호	2003년 3월 9일 매매예약	가등기권자 그래도 550505-1089321 서울특별시 서대문구 홍은동 9

* 시기부 소유권이청구권 가등기

【 갑구 】	(소유권에 관한 사항)			
순위 번호	등기목적	접수	등기원인	권리자 및 기타사항
3	시기부 소유권이전청구권 가등기	2003년 3월 10일 제3125호	2003년 3월 9일 매매예약(시기 2003년 6월 30일)	가등기권자 그래도 550505-1089321 서울특별시 서대문구 홍은동 9

* 정지조건부 소유권이청구권 가등기

【 갑구 】	(소유권에 관한 사항)			
순위 번호	등기목적	접수	등기원인	권리자 및 기타사항
3	조건부 소유권이전청구권 가등기	2003년 3월 10일 제3125호	2003년 3월 9일 매매(조건 소방도로 개설)	가등기권자 그래도 550505-1089321 서울특별시 서대문구 홍은동 9

2. 가등기의 신청방법(제89조)[기출32]

가등기권리자는 제23조 제1항(공동신청 원칙)에도 불구하고 가등기의무자의 승낙이 있거나 가등기를 명하는 법원의 가처분명령(假處分命令)이 있을 때에는 단독으로 가등기를 신청할 수 있다.

3. 가등기를 명하는 가처분명령(제90조)[기출32]

가등기를 명하는 가처분명령은 부동산의 소재지를 관할하는 지방법원이 가등기권리자의 신청으로 가등기 원인사실의 소명이 있는 경우에 할 수 있다.

→ 신청을 각하한 결정에 대하여는 즉시항고(卽時抗告)를 할 수 있다.

→ 즉시항고에 관하여는 「비송사건절차법」을 준용한다.

【 갑구 】	(소유권에 관한 사항)			
순위 번호	등기목적	접수	등기원인	권리자 및 기타사항
3	소유권이전청구권 가등기	2003년 3월 10일 제3125호	2003년 3월 8일 서울지방법원의 가등기가처분결정 (2003카기500)	가등기권자 그래도 550505-1089321 서울특별시 서대문구 홍은동 9

4. 가등기에 의한 본등기의 순위(제91조)[기출32]

가등기에 의한 본등기(本登記)를 한 경우 본등기의 순위는 가등기의 순위에 따른다.

【 갑구 】	(소유권에 관한 사항)			
순위 번호	등기목적	접수	등기원인	권리자 및 기타사항
3	소유권이전청구권 가등기	2003년 3월 10일 제3125호	2003년 3월 9일 매매예약	가등기권자 그래도 550505-1089321 서울특별시 서대문구 홍은동 9
	소유권이전	2004년 3월 9일 제5123호	2004년 3월 8일 매매	소유자 그래도 550505-1089321 서울특별시 서대문구 홍은동 9

5. 가등기에 의하여 보전되는 권리를 침해하는 가등기 이후 등기의 직권말소(제92조)

1) 등기관은 가등기에 의한 본등기를 하였을 때에는 대법원규칙으로 정하는 바에 따라 가등기 이후에 된 등기로서 가등기에 의하여 보전되는 권리를 침해하는 등기를 직권으로 말소하여야 한다.

> "대법원규칙으로 정하는 바"란 아래의 경우를 말한다.
>
> **부동산등기규칙 제147조(본등기와 직권말소)**
>
> ① 등기관이 소유권이전등기청구권보전 가등기에 의하여 소유권이전의 본등기를 한 경우에는 법 제92조 제1항에 따라 가등기 후 본등기 전에 마쳐진 등기 중 다음 각 호의 등기를 제외하고는 모두 직권으로 말소한다.
>
> 1. 해당 가등기상 권리를 목적으로 하는 가압류등기나 가처분등기
> 2. 가등기 전에 마쳐진 가압류에 의한 강제경매개시결정등기
> 3. 가등기 전에 마쳐진 담보가등기, 전세권 및 저당권에 의한 임의경매개시결정등기
> 4. 가등기권자에게 대항할 수 있는 주택임차권등기, 주택임차권설정등기, 상가건물임차권등기, 상가건물임차권설정등기(이하 "주택임차권등기등"이라 한다)
>
> ② 등기관이 제1항과 같은 본등기를 한 경우 그 가등기 후 본등기 전에 마쳐진 체납처분으로 인한 압류등기에 대하여는 직권말소대상통지를 한 후 이의신청이 있으면 대법원예규로 정하는 바에 따라 직권말소 여부를 결정한다.

부동산등기규칙 제148조(본등기와 직권말소)

① 등기관이 지상권, 전세권 또는 임차권의 설정등기청구권보전 가등기에 의하여 지상권, 전세권 또는 임차권의 설정의 본등기를 한 경우 가등기 후 본등기 전에 마쳐진 다음 각 호의 등기(동일한 부분에 마쳐진 등기로 한정한다)는 법 제92조 제1항에 따라 직권으로 말소한다.

1. 지상권설정등기
2. 지역권설정등기
3. 전세권설정등기
4. 임차권설정등기
5. 주택임차권등기등. 다만, 가등기권자에게 대항할 수 있는 임차인 명의의 등기는 그러하지 아니하다. 이 경우 가등기에 의한 본등기의 신청을 하려면 먼저 대항력 있는 주택임차권등기등을 말소하여야 한다.

② 지상권, 전세권 또는 임차권의 설정등기청구권보전 가등기에 의하여 지상권, 전세권 또는 임차권의 설정의 본등기를 한 경우 가등기 후 본등기 전에 마쳐진 다음 각 호의 등기는 직권말소의 대상이 되지 아니한다.

1. 소유권이전등기 및 소유권이전등기청구권보전 가등기
2. 가압류 및 가처분 등 처분제한의 등기
3. 체납처분으로 인한 압류등기
4. 저당권설정등기
5. 가등기가 되어 있지 않은 부분에 대한 지상권, 지역권, 전세권 또는 임차권의 설정등기와 주택임차권등기등

③ 저당권설정등기청구권보전 가등기에 의하여 저당권설정의 본등기를 한 경우 가등기 후 본등기 전에 마쳐진 등기는 직권말소의 대상이 되지 아니한다.

부동산등기규칙 제149조(직권말소한 뜻의 등기)

가등기에 의한 본등기를 한 다음 가등기 후 본등기 전에 마쳐진 등기를 등기관이 직권으로 말소할 때에는 가등기에 의한 본등기로 인하여 그 등기를 말소한다는 뜻을 기록하여야 한다.

부동산등기규칙 제150조(가등기의 말소등기신청)

법 제93조 제2항에 따라 가등기의무자 또는 등기상 이해관계인이 단독으로 가등기의 말소등기를 신청하는 경우에는 가등기명의인의 승낙이나 이에 대항할 수 있는 재판이 있음을 증명하는 정보를 첨부정보로서 등기소에 제공하여야 한다.

2) 등기관이 가등기 이후의 등기를 말소하였을 때에는 지체 없이 그 사실을 말소된 권리의 등기명의인에게 통지하여야 한다.

6. 가등기의 말소(제93조)

1) 가등기명의인은 제23조 제1항(등기의 공동신청)에도 불구하고 단독으로 가등기의 말소를 신청할 수 있다.

2) 가등기의무자 또는 가등기에 관하여 등기상 이해관계 있는 자는 제23조 제1항(등기의 공동신청)에도 불구하고 가등기명의인의 승낙을 받아 단독으로 가등기의 말소를 신청할 수 있다. [기출32]

📖 확인문제

01 부동산등기법령상 가등기에 관한 설명으로 옳지 않은 것은? ✦ 32회

① 가등기를 명하는 가처분명령의 관할법원은 부동산의 소재지를 관할하는 지방법원이다.

② 가등기권리자는 가등기를 명하는 법원의 가처분명령이 있을 때에는 단독으로 가등기를 신청할 수 있다.

③ 가등기를 명하는 가처분명령의 신청을 각하하는 결정에 대하여는 즉시항고를 할 수 있다.

④ 가등기에 의한 본등기를 한 경우 본등기의 순위는 가등기의 순위에 따른다.

⑤ 가등기의무자는 가등기명의인의 동의 없이도 단독으로 가등기의 말소를 신청할 수 있다.

[해설]
⑤ 가등기명의인의 승낙을 받아 단독으로 신청가능하다.

[답] ⑤

7관 가처분에 관한 등기

1. 가처분등기 이후의 등기 등의 말소(제94조)

1) 「민사집행법」 제305조 제3항에 따라 권리의 이전, 말소 또는 설정등기청구권을 보전하기 위한 처분금지가처분등기가 된 후 가처분채권자가 가처분채무자를 등기의무자로 하여 권리의 이전, 말소 또는 설정의 등기를 신청하는 경우에는, 대법원규칙으로 정하는 바에 따라 그 가처분등기 이후에 된 등기로서 가처분채권자의 권리를 침해하는 등기의 말소를 단독으로 신청할 수 있다.

2) 등기관이 1)의 신청에 따라 가처분등기 이후의 등기를 말소할 때에는 직권으로 그 가처분등기도 말소하여야 한다. 가처분등기 이후의 등기가 없는 경우로서 가처분채무자를 등기의무자로 하는 권리의 이전, 말소 또는 설정의 등기만을 할 때에도 또한 같다.

3) 등기관이 1)의 신청에 따라 가처분등기 이후의 등기를 말소하였을 때에는 지체 없이 그 사실을 말소된 권리의 등기명의인에게 통지하여야 한다.

2. 가처분에 따른 소유권 외의 권리 설정등기(제95조)

등기관이 제94조 제1항에 따라 가처분채권자 명의의 소유권 외의 권리 설정등기를 할 때에는 그 등기가 가처분에 기초한 것이라는 뜻을 기록하여야 한다.

8관 관공서가 촉탁하는 등기 등

1. 관공서가 등기명의인 등을 갈음하여 촉탁할 수 있는 등기(제96조)

관공서가 체납처분(滯納處分)으로 인한 압류등기(押留登記)를 촉탁하는 경우에는 등기명의인 또

는 상속인, 그 밖의 포괄승계인을 갈음하여 부동산의 표시, 등기명의인의 표시의 변경, 경정 또는 상속, 그 밖의 포괄승계로 인한 권리이전(權利移轉)의 등기를 함께 촉탁할 수 있다.

2. 공매처분으로 인한 등기의 촉탁(제97조)

관공서가 공매처분(公賣處分)을 한 경우에 등기권리자의 청구를 받으면 지체 없이 다음 각 등기를 등기소에 촉탁하여야 한다.

① 공매처분으로 인한 권리이전의 등기
② 공매처분으로 인하여 소멸한 권리등기(權利登記)의 말소
③ 체납처분에 관한 압류등기 및 공매공고등기의 말소

3. 관공서의 촉탁에 따른 등기(제98조)

1) 국가 또는 지방자치단체가 등기권리자인 경우에는 국가 또는 지방자치단체는 등기의무자의 승낙을 받아 해당 등기를 지체 없이 등기소에 촉탁하여야 한다.

2) 국가 또는 지방자치단체가 등기의무자인 경우에는 국가 또는 지방자치단체는 등기권리자의 청구에 따라 지체 없이 해당 등기를 등기소에 촉탁하여야 한다.

4. 수용으로 인한 등기(제99조)

1) 수용으로 인한 소유권이전등기는 등기권리자가 단독으로 신청할 수 있다. [기출30 31]

> 토지수용의 재결의 실효를 원인으로 하는 토지수용으로 인한 소유권이전등기의 말소의 신청은 등기의무자와 등기권리자가 공동으로 신청하여야 하며, 이에 의하여 토지수용으로 인한 소유권 이전등기를 말소한 때에는 등기공무원은 토지수용으로 말소한 등기를 직권으로 회복하여야 한다 (2011.10.11. 등기예규 제1388호).

2) 등기권리자는 1)의 신청을 하는 경우에 등기명의인이나 상속인, 그 밖의 포괄승계인을 갈음하여 부동산의 표시 또는 등기명의인의 표시의 변경, 경정 또는 상속, 그 밖의 포괄승계로 인한 소유권이전의 등기를 신청할 수 있다. [기출30]

3) 국가 또는 지방자치단체가 1)의 등기권리자인 경우에는 국가 또는 지방자치단체는 지체 없이 1)과 2)의 등기를 등기소에 촉탁하여야 한다.

4) 등기관이 1)과 3)에 따라 수용으로 인한 소유권이전등기를 하는 경우 그 부동산의 등기기록 중 소유권, 소유권 외의 권리, 그 밖의 처분제한에 관한 등기가 있으면 그 등기를 직권으로 말소하여야 한다. 다만, 그 부동산을 위하여 존재하는 지역권의 등기 또는 토지수용위원회의 재결(裁決)로써 존속(存續)이 인정된 권리의 등기는 그러하지 아니하다. [기출30]

5) 부동산에 관한 소유권 외의 권리의 수용으로 인한 권리이전등기에 관하여는 1)부터 4)까지의 규정을 준용한다.

PART 07

제4장 제3절 권리에 관한 등기 제5관 ~ 제8관 신탁등기, 가등기, 가처분 등기 및 관공서 촉탁등기 주요 내용 O·X 확인 문제

01 신탁등기의 신청은 해당 부동산에 관한 권리의 설정등기, 보존등기, 이전등기 또는 변경등기의 신청과 동시에 하여야 한다. 수익자나 위탁자는 수탁자를 대위하여 신탁등기를 하는 경우에도 그러하다. (   )

02 수탁자가 여러 명인 경우 등기관은 신탁재산이 총유인 뜻을 기록하여야 한다. (   )

03 수탁자 해임의 재판을 한 경우 1개월 이내에 신탁원부 기록의 변경등기를 등기소에 촉탁하여야 한다. (   )

04 신탁등기의 말소신청은 신탁된 권리의 이전등기, 변경등기 또는 말소등기의 신청과 동시에 하여야 한다. 신탁등기의 말소등기는 수탁자가 단독으로 신청할 수 없다. (   )

05 가등기는 청구권이 시기부 또는 정지조건부일 경우나 그 밖에 장래에 확정될 것인 경우에는 할 수 없다. (   )

06 가등기권리자는 가등기의무자의 승낙이 있거나 가등기를 명하는 법원의 가처분명령이 있을 때에는 단독으로 가등기를 신청할 수 있다. (   )

07 가등기를 명하는 가처분명령은 가등기권리자의 주소지를 관할하는 지방법원이 가등기권리자의 신청으로 가등기 원인사실의 소명이 있는 경우에 할 수 있다. (   )

08 가등기에 의한 본등기를 한 경우 본등기의 순위는 가등기의 순위에 따른다. (   )

09 등기관은 가등기에 의한 본등기를 하였을 때에는 가등기 이후에 된 등기로서 가등기에 의하여 보전되는 권리를 침해하는 등기는 직권으로 말소할 수 없다. (   )

10 가등기명의인은 단독으로 가등기의 말소를 신청할 수 있다. (   )

11 가등기의무자 또는 가등기에 관하여 등기상 이해관계 있는 자는 가등기 명의인의 승낙을 받아 단독으로 가등기의 말소를 신청할 수 없다. (   )

12 수용으로 인한 소유권이전등기는 등기권리자가 단독으로 신청할 수 없다. (   )

13 등기관이 수용으로 인한 소유권이전등기를 하는 경우 그 부동산을 위하여 존재하는 지역권의 등기는 직권말소해야 한다. (   )

01 (×) 수익자나 위탁자는 수탁자를 대위하여 신탁등기를 하는 경우에는 그러하지 아니하다.

02 (×) 수탁자가 여러 명인 경우 등기관은 신탁재산이 합유인 뜻을 기록하여야 한다.

03 (×) 지체 없이 신탁원부 기록의 변경등기를 등기소에 촉탁하여야 한다.

04 (×) 신탁등기의 말소등기는 수탁자가 단독으로 신청할 수 있다.

05 (×) 가등기는 권리의 설정, 이전, 변경 또는 소멸의 청구권을 보전하려는 때에 한다. 그 청구권이 시기부 또는 정지조건부일 경우나 그 밖에 장래에 확정될 것인 경우에도 같다.

06 (○)

07 (×) 가등기권리자의 주소지가 아닌 부동산의 소재지를 관할하는 지방법원

08 (○)

09 (×) 등기관은 가등기에 의한 본등기를 하였을 때에는 가등기 이후에 된 등기로서 가등기에 의하여 보전되는 권리를 침해하는 등기를 직권으로 말소하여야 한다.

10 (○)

11 (×) 가등기의무자 또는 가등기에 관하여 등기상 이해관계 있는 자는 가등기명의인의 승낙을 받아 단독으로 가등기의 말소를 신청할 수 있다.

12 (×) 수용으로 인한 소유권이전등기는 등기권리자가 단독으로 신청할 수 있다.

13 (×) 등기관이 수용으로 인한 소유권이전등기를 하는 경우 그 부동산을 위하여 존재하는 지역권의 등기 또는 토지수용위원회의 재결로써 존속이 인정된 권리의 등기는 직권말소하지 아니한다.

Chapter 05 이의

이의신청 내용은 전반적으로 고르게 1문제 정도 출제되고 있다. 기본 내용이 쉬운 편이므로 각 출제된 내용은 정확하게 숙지하고 있어야 한다.

1. 이의신청과 그 관할(제100조)[기출30]

등기관의 결정 또는 처분에 이의가 있는 자는 관할 지방법원에 이의신청을 할 수 있다.

2. 이의절차(제101조)[기출28 30]

이의의 신청은 대법원규칙으로 정하는 바4)에 따라 등기소에 이의신청서를 제출하는 방법으로 한다.

3. 새로운 사실에 의한 이의 금지(제102조)[기출28 34]

새로운 사실이나 새로운 증거방법을 근거로 이의신청을 할 수는 없다.

4. 등기관의 조치(제103조)

1) 등기관은 이의가 이유 있다고 인정하면 그에 해당하는 처분을 하여야 한다.

2) 등기관은 이의가 이유 없다고 인정하면 이의신청일부터 3일 이내에 의견을 붙여 이의신청서를 관할 지방법원에 보내야 한다. [기출34]

3) 등기를 마친 후에 이의신청이 있는 경우에는 3일 이내에 의견을 붙여 이의신청서를 관할 지방법원에 보내고 등기상 이해관계 있는 자에게 이의신청 사실을 알려야 한다.

5. 집행 부정지(제104조)[기출28 34 35]

이의에는 집행정지(執行停止)의 효력이 없다.

6. 이의에 대한 결정과 항고(제105조)[기출30]

① 관할 지방법원은 이의에 대하여 이유를 붙여 결정을 하여야 한다. 이 경우 이의가 이유 있다고 인정하면 등기관에게 그에 해당하는 처분을 명령하고 그 뜻을 이의신청인과 등기상 이해관계 있는 자에게 알려야 한다.

② 결정에 대하여는 「비송사건절차법」에 따라 항고할 수 있다.

7. 처분 전의 가등기 및 부기등기의 명령(제106조)[기출30]

관할 지방법원은 이의신청에 대하여 결정하기 전에 등기관에게 가등기 또는 이의가 있다는 뜻의 부기등기를 명령할 수 있다.

---

4) 등기소에 제출하는 이의신청서에는 이의신청인의 성명과 주소, 이의신청의 대상인 등기관의 결정 또는 처분, 이의신청의 취지와 이유, 그 밖에 대법원예규로 정하는 사항을 적고 신청인이 기명날인 또는 서명하여야 한다.

8. 관할 법원의 명령에 따른 등기(제107조)

등기관이 관할 지방법원의 명령에 따라 등기를 할 때에는 명령을 한 지방법원, 명령의 연월일 및 명령에 따라 등기를 한다는 뜻을 기록하여야 한다.

9. 송달(제108조)[기출30 34]

송달에 대하여는 「민사소송법」을 준용하고, 이의의 비용에 대하여는 「비송사건절차법」을 준용한다.

10. 기타[심화 : 기록명령에 따른 등기를 할 수 없는 경우(규칙 제161조)]

1) 등기신청의 각하결정에 대한 이의신청에 따라 관할 지방법원이 그 등기의 기록명령을 하였더라도 다음 어느 하나에 해당하는 경우에는 그 기록명령에 따른 등기를 할 수 없다.

① 권리이전등기의 기록명령이 있었으나, 그 기록명령에 따른 등기 전에 제3자 명의로 권리이전등기가 되어 있는 경우

② 지상권, 지역권, 전세권 또는 임차권의 설정등기의 기록명령이 있었으나, 그 기록명령에 따른 등기 전에 동일한 부분에 지상권, 전세권 또는 임차권의 설정등기가 되어 있는 경우

③ 말소등기의 기록명령이 있었으나 그 기록명령에 따른 등기 전에 등기상 이해관계인이 발생한 경우

④ 등기관이 기록명령에 따른 등기를 하기 위하여 신청인에게 첨부정보를 다시 등기소에 제공할 것을 명령하였으나 신청인이 이에 응하지 아니한 경우

2) 1)과 같이 기록명령에 따른 등기를 할 수 없는 경우에는 그 뜻을 관할 지방법원과 이의신청인에게 통지하여야 한다.

1. 등기사무의 처리에 필요한 전산정보자료의 제공 요청(제109조)

법원행정처장은 「전자정부법」 제2조 제2호에 따른 행정기관 및 같은 조 제3호에 따른 공공기관(이하 "행정기관등"이라 한다)의 장에게 등기사무의 처리에 필요한 전산정보자료의 제공을 요청할 수 있다.

2. 등기정보자료의 제공 등(제109조의2)

1) 행정기관등의 장은 소관 업무의 처리를 위하여 필요한 경우에 관계 중앙행정기관의 장의 심사를 거치고 법원행정처장의 승인을 받아 등기정보자료의 제공을 요청할 수 있다. 다만, 중앙행정기관의 장은 법원행정처장과 협의를 하여 협의가 성립되는 때에 등기정보자료의 제공을 요청할 수 있다.

2) 행정기관등의 장이 아닌 자는 수수료를 내고 대법원규칙으로 정하는 바에 따라 등기정보자료를 제공받을 수 있다. 다만, 등기명의인별로 작성되어 있거나 그 밖에 등기명의인을 알아볼 수 있는 사항을 담고 있는 등기정보자료는 다른 법률에 특별한 규정이 있는 경우를 제외하고는 해당 등기명의인이나 그 포괄승계인만이 제공받을 수 있다.

3) 1) 및 2)에 따른 등기정보자료의 제공 절차, 2)에 따른 수수료의 금액 및 그 면제 범위는 대법원규칙으로 정한다.

3. 등기필정보의 안전확보(제110조)

1) 등기관은 취급하는 등기필정보의 누설·멸실 또는 훼손의 방지와 그 밖에 등기필정보의 안전관리를 위하여 필요하고도 적절한 조치를 마련하여야 한다.

2) 등기관과 그 밖에 등기소에서 부동산등기사무에 종사하는 사람이나 그 직에 있었던 사람은 그 직무로 인하여 알게 된 등기필정보의 작성이나 관리에 관한 비밀을 누설하여서는 아니 된다.

3) 누구든지 부실등기를 하도록 등기의 신청이나 촉탁에 제공할 목적으로 등기필정보를 취득하거나 그 사정을 알면서 등기필정보를 제공하여서는 아니 된다.

4. 벌칙(제111조)

다음 어느 하나에 해당하는 사람은 2년 이하의 징역 또는 1천만원 이하의 벌금에 처한다.

① 제110조 제2항을 위반하여 등기필정보의 작성이나 관리에 관한 비밀을 누설한 사람

② 제110조 제3항을 위반하여 등기필정보를 취득한 사람 또는 그 사정을 알면서 등기필정보를 제공한 사람

③ 부정하게 취득한 등기필정보를 ②의 목적으로 보관한 사람

5. 대법원규칙에의 위임(제113조)

이 법 시행에 필요한 사항은 대법원규칙으로 정한다.

제5장 이의 및 제6장 보칙 주요 내용 O · X 확인 문제

01 이의신청은 지방법원에 이의신청서를 제출하는 방법으로 한다. (   )

02 새로운 사실이나 새로운 증거방법을 근거로 이의신청을 할 수 있다. (   )

03 등기관은 이의가 이유 있다고 인정하면 그에 해당하는 처분을 하여야 한다. 등기관은 이의가 이유 없다고 인정하면 이의신청일부터 5일 이내에 의견을 붙여 이의신청서를 관할 지방법원에 보내야 한다. (   )

04 등기를 마친 후에 이의신청이 있는 경우에는 5일 이내에 의견을 붙여 이의신청서를 관할 지방법원에 보내고 등기상 이해관계 있는 자에게 이의신청 사실을 알려야 한다. (   )

05 이의에는 집행정지의 효력이 있다. (   )

06 관할 지방법원은 이의에 대하여 이유를 붙여 결정을 하여야 한다. 결정에 대하여는 「민사소송법」에 따라 항고할 수 있다. (   )

07 관할 지방법원은 이의신청에 대하여 결정하기 전에 등기관에게 가등기 또는 이의가 있다는 뜻의 부기등기를 명령할 수 있다. (   )

08 등기필정보의 작성이나 관리에 관한 비밀을 누설한 사람은 2년 이하의 징역 또는 1천만원 이하의 벌금에 처한다. (   )

제5장 이의 및 제6장 보칙 주요 내용 O · X 확인 문제 정답

01 (×) 이의신청은 등기소에 이의신청서를 제출하는 방법으로 한다.

02 (×) 새로운 사실이나 새로운 증거방법을 근거로 이의신청을 할 수는 없다.

03 (×) 이의신청일부터 3일 이내에 의견을 붙여 이의신청서를 관할 지방법원에 보내야 한다.

04 (×) 3일 이내에 의견을 붙여 이의신청서를 관할 지방법원에 보내고 등기상 이해관계 있는 자에게 이의신청 사실을 알려야 한다.

05 (×) 이의에는 집행정지의 효력이 없다.

06 (×)「비송사건절차법」에 따라 항고할 수 있다.

07 (○)

08 (○)

---

* 2년 이하의 징역 또는 1천만원 이하의 벌금
1. 등기필정보의 작성이나 관리에 관한 비밀을 누설한 사람
2. 등기필정보를 취득한 사람 또는 그 사정을 알면서 등기필정보를 제공한 사람
3. 부정하게 취득한 등기필정보를 제2호의 목적으로 보관한 사람

동산 · 채권 등의 담보에 관한 법률

동산·채권 등의 담보에 관한 법률 기본 구조 및 최근 출제빈도 확인하기(매년 1문제 출제)

단원	출제빈도
제1장 총칙	28
제2장 동산담보권	30 31 33 34 35
제3장 채권담보권	28
제4장 담보등기	29 32 35
제5장 지식재산권의 담보에 관한 특례	
제6장 보칙	
제7장 벌칙	

Chapter
01

총칙(제1조 목적 및 제2조 정의)

Ⅰ 목적

이 법은 동산·채권·지식재산권을 목적으로 하는 담보권과 그 등기 또는 등록에 관한 사항을 규정하여 자금조달을 원활하게 하고 거래의 안전을 도모하며 국민경제의 건전한 발전에 이바지함을 목적으로 한다.

Ⅱ 정의(제2조)

1. "담보약정"은 양도담보 등 명목을 묻지 아니하고 이 법에 따라 동산·채권·지식재산권을 담보로 제공하기로 하는 약정을 말한다.
2. "동산담보권"은 담보약정에 따라 동산(여러 개의 동산 또는 장래에 취득할 동산을 포함한다)을 목적으로 등기한 담보권을 말한다.
3. "채권담보권"은 담보약정에 따라 금전의 지급을 목적으로 하는 지명채권(여러 개의 채권 또는 장래에 발생할 채권을 포함한다)을 목적으로 등기한 담보권을 말한다. [기출28]
4. "지식재산권담보권"은 담보약정에 따라 특허권, 실용신안권, 디자인권, 상표권, 저작권, 반도체집적회로의 배치설계권 등 지식재산권[법률에 따라 질권(質權)을 설정할 수 있는 경우로 한정한다. 이하 같다]을 목적으로 그 지식재산권을 규율하는 개별 법률에 따라 등록한 담보권을 말한다.
5. "담보권설정자"는 이 법에 따라 동산·채권·지식재산권에 담보권을 설정한 자를 말한다. 다만, 동산·채권을 담보로 제공하는 경우에는 법인(상사법인, 민법법인, 특별법에 따른 법인, 외국법인을 말한다. 이하 같다) 또는 「부가가치세법」에 따라 사업자등록을 한 사람으로 한정한다.
6. "담보권자"는 이 법에 따라 동산·채권·지식재산권을 목적으로 하는 담보권을 취득한 자를 말한다.
7. "담보등기"는 이 법에 따라 동산·채권을 담보로 제공하기 위하여 이루어진 등기를 말한다.
8. "담보등기부"는 전산정보처리조직에 의하여 입력·처리된 등기사항에 관한 전산정보자료를 담보권설정자별로 저장한 보조기억장치(자기디스크, 자기테이프, 그 밖에 이와 유사한 방법으로 일정한 등기사항을 기록·보존할 수 있는 전자적 정보저장매체를 포함한다. 이하 같다)를 말하고, 동산담보등기부와 채권담보등기부로 구분한다.
9. "채무자 등"은 채무자, 담보목적물의 물상보증인(物上保證人), 담보목적물의 제3취득자를 말한다.
10. "이해관계인"은 채무자 등과 담보목적물에 대한 권리자로서 담보등기부에 기록되어 있거나 그 권리를 증명한 자, 압류 및 가압류 채권자, 집행력 있는 정본(正本)에 의하여 배당을 요구한 채권자를 말한다.
11. "등기필정보"는 담보등기부에 새로운 권리자가 기록되는 경우 그 권리자를 확인하기 위하여 지방법원, 그 지원 또는 등기소에 근무하는 법원서기관, 등기사무관, 등기주사 또는 등기주사보 중에서 지방법원장(등기소의 사무를 지원장이 관장하는 경우에는 지원장을 말한다)이 지정하는 사람(이하 "등기관"이라 한다)이 작성한 정보를 말한다.

제1장 총칙 주요 내용 O · X 확인 문제

01 괄호 안을 채우시오

> 이 법은 동산 · 채권 · (   )을 목적으로 하는 담보권과 그 등기 또는 등록에 관한 사항을 규정하여 (   )을 원활하게 하고 (   )을 도모하며 국민경제의 건전한 발전에 이바지함을 목적으로 한다.

02 동산담보권은 담보약정에 따라 동산(여러 개의 동산 또는 장래에 취득할 동산을 포함한다)을 목적으로 등기한 담보권을 말한다. (   )

03 채권담보권은 담보약정에 따라 금전의 지급을 목적으로 하는 지명채권(여러 개의 채권 또는 장래에 발생할 채권을 포함한다)을 목적으로 등기한 담보권을 말한다. (   )

04 지식재산권담보권은 담보약정에 따라 특허권, 실용신안권, 디자인권, 상표권, 저작권, 반도체집적회로의 배치설계권 등 지식재산권(법률에 따라 질권을 설정할 수 없는 경우로 한정한다)을 목적으로 그 지식재산권을 규율하는 개별 법률에 따라 등록한 담보권을 말한다. (   )

05 담보권설정자는 이 법에 따라 동산 · 채권 · 지식재산권에 담보권을 설정한 자를 말한다. 다만, 지식재산권을 담보로 제공하는 경우에는 법인(상사법인, 민법법인, 특별법에 따른 법인, 외국법인을 말한다) 또는 「부가가치세법」에 따라 사업자등록을 한 사람으로 한정한다. (   )

06 채무자 등은 채무자, 담보목적물의 물상보증인, 담보목적물의 제3취득자를 말한다. (   )

07 이해관계인은 채무자 등과 담보목적물에 대한 권리자로서 담보등기부에 기록되어 있거나 그 권리를 증명한 자, 압류 및 가압류 채권자, 집행력 있는 정본에 의하여 배당을 요구한 채권자를 말한다. (   )

제1장 총칙 주요 내용 O · X 확인 문제 정답

01 괄호 안을 채우시오

> 이 법은 동산·채권·(지식재산권)을 목적으로 하는 담보권과 그 등기 또는 등록에 관한 사항을 규정하여 (자금조달)을 원활하게 하고 (거래의 안전)을 도모하며 국민경제의 건전한 발전에 이바지함을 목적으로 한다.

02 (O)

03 (O)

04 (×) 법률에 따라 질권을 설정할 수 있는 경우로 한정한다.

05 (×) 지식재산권이 아닌 동산·채권을 담보로 제공하는 경우에는 법인(상사법인, 민법법인, 특별법에 따른 법인, 외국법인을 말한다. 이하 같다) 또는 「부가가치세법」에 따라 사업자등록을 한 사람으로 한정한다.

06 (O)

07 (O)

동산담보권

동산담보권의 목적물, 동산담보권의 효력 및 담보등기의 효력 등 전반적인 내용이 출제되고 있으며 매년 1문 제씩 출제되는 상황을 고려해 볼 때 중복되는 지문이 많지 않다. 따라서 전체적인 내용숙지가 중요하다.

1. 기본사항(제3조~제13조)

1) ① 법인 또는 부가가치세법에 따라 사업자등록을 한 사람은 동산을 담보로 담보등기를 할 수 있다(제3조). ② 사업자등록이 말소된 경우에도 이미 설정된 동산담보권의 효력에는 영향을 미치지 않는다(제4조). [기출 34]

2) 담보목적물의 소유 여부 및 다른 권리의 존재 유무를 담보약정 시 상대방에게 명시해야 한다(제6조).

3) 특정가능한 동산(장래에 취득할 동산 포함) [기출35] → 목적물의 종류, 보관장소, 수량

4) 아래 대상은 담보등기를 할 수 없다(제3조). [기출30 34]

> 1. 「선박등기법」에 따라 등기된 선박, 「자동차 등 특정동산 저당법」에 따라 등록된 건설기계·자동차·항공기·소형선박, 「공장 및 광업재단 저당법」에 따라 등기된 기업재산, 그 밖에 다른 법률에 따라 등기되거나 등록된 동산
> 2. 화물상환증, 선하증권, 창고증권이 작성된 동산
> 3. 무기명채권증서 등 대통령령으로 정하는 증권
>   - 무기명채권증서
>   - 「자산유동화에 관한 법률」 제2조 제4호에 따른 유동화증권
>   - 「자본시장과 금융투자업에 관한 법률」 제4조에 따른 증권

5) 동산담보권은 그 담보할 채무의 최고액만을 정하고 채무의 확정을 장래에 보류하여 설정할 수 있다(채무의 이자는 최고액 중에 포함된 것으로 본다). [기출33] 이 경우 채무가 확정될 때까지 채무의 소멸 또는 이전은 이미 설정된 동산담보권에 영향을 미치지 아니한다(제5조).

6) 피담보채권과 분리하여 양도할 수 없다(제13조). [기출31]

7) **피담보채권의 범위**(제12조)
   동산담보권은 원본(原本), 이자, 위약금, 담보권실행의 비용, 담보목적물의 보존비용 및 채무불이행 또는 담보목적물의 흠으로 인한 손해배상의 채권을 담보한다. 다만, 설정행위에 다른 약정이 있는 경우에는 그 약정에 따른다.

2. 동산담보권의 효력 등

1) 담보등기의 효력(제7조)

① 약정에 따른 동산담보권의 득실변경(得失變更)은 담보등기부에 등기를 하여야 그 효력이 생긴다. [기출33 34]

② 동일한 동산에 설정된 동산담보권의 순위는 등기의 순서에 따른다. [기출33]

③ 동일한 동산에 관하여 담보등기부의 등기와 인도(「민법」에 규정된 간이인도, 점유개정, 목적물반환청구권의 양도 포함)가 행하여진 경우에 그에 따른 권리 사이의 순위는 법률에 다른 규정이 없으면 그 선후(先後)에 따른다.

2) 담보권자는 채무자 또는 제3자가 제공한 담보목적물에 대하여 다른 채권자보다 자기채권을 우선변제받을 권리가 있다(제8조).

3) 담보권자는 채권 전부를 변제받을 때까지 담보목적물 전부에 대하여 그 권리를 행사할 수 있다(제9조).

4) 담보목적물에 부합된 물건과 종물(從物)에도 미친다. 다만, 법률에 다른 규정이 있거나 설정행위에 다른 약정이 있으면 그러하지 아니하다(제10조).

5) 동산담보권의 효력은 담보목적물에 대한 압류 또는 인도 청구가 있은 후에 담보권설정자가 그 담보목적물로부터 수취한 과실(果實) 또는 수취할 수 있는 과실에 미친다(제11조)[기출34].

3. 물상대위 및 다른 재산으로부터의 변제

1) 동산담보권은 담보목적물의 매각, 임대, 멸실, 훼손 또는 공용징수 등으로 인하여 담보권설정자가 받을 금전이나 그 밖의 물건에 대하여도 행사할 수 있다. 이 경우 그 지급 또는 인도 전에 압류하여야 한다(제14조)[기출33].

2) 담보권자는 담보목적물로부터 변제를 받지 못한 채권이 있는 경우에만 채무자의 다른 재산으로부터 변제를 받을 수 있다. 담보목적물보다 먼저 다른 재산을 대상으로 하여 배당이 실시되는 경우에는 적용하지 아니한다. 다만, 다른 채권자는 담보권자에게 그 배당금액의 공탁을 청구할 수 있다(제15조).

3) 타인의 채무를 담보하기 위한 담보권설정자가 그 채무를 변제하거나 동산담보권의 실행으로 인하여 담보목적물의 소유권을 잃은 경우에는 「민법」의 보증채무에 관한 규정에 따라 채무자에 대한 구상권이 있다(제16조).

4. 담보목적물에 대한 현황조사 및 담보목적물의 보충(제17조)

1) 담보권설정자는 정당한 사유 없이 담보권자의 담보목적물에 대한 현황조사 요구를 거부할 수 없다. 이 경우 담보목적물의 현황을 조사하기 위하여 약정에 따라 전자적으로 식별할 수 있는 표지를 부착하는 등 필요한 조치를 할 수 있다.

2) 담보권설정자에게 책임이 있는 사유로 담보목적물의 가액(價額)이 현저히 감소된 경우에는 담보권자는 담보권설정자에게 그 원상회복 또는 적당한 담보의 제공을 청구할 수 있다. [기출34]

5. 제3취득자의 비용상환청구권 및 담보목적물의 반환청구권(제18조 및 제19조)

1) 담보목적물의 제3취득자가 그 담보목적물의 보존 · 개량을 위하여 필요비 또는 유익비를 지출한 경우에는 「민법」 제203조 제1항 또는 제2항에 따라 담보권자가 담보목적물을 실행하고 취득한 대가에서 우선하여 상환받을 수 있다.

2) 담보권자는 담보목적물을 점유한 자에 대하여 담보권설정자에게 반환할 것을 청구할 수 있다.

3) 담보권자가 담보목적물을 점유할 권원(權原)이 있거나 담보권설정자가 담보목적물을 반환받을 수 없는 사정이 있는 경우에 담보권자는 담보목적물을 점유한 자에 대하여 자신에게 담보목적물을 반환할 것을 청구할 수 있다.

4) 점유자가 그 물건을 점유할 권리가 있는 경우에는 반환을 거부할 수 있다.

6. 방해제거청구권 및 방해예방청구권(제20조)

담보권자는 동산담보권을 방해하는 자에게 방해의 제거를 청구할 수 있고, 동산담보권을 방해할 우려가 있는 행위를 하는 자에게 방해의 예방이나 손해배상의 담보를 청구할 수 있다.

7. 동산담보권의 실행방법 등(제21조 및 제22조)

1) 담보권자는 자기의 채권을 변제받기 위하여 담보목적물의 경매를 청구할 수 있다. [기출31] 담보권설정자가 담보목적물을 점유하는 경우에 경매절차는 압류에 의하여 개시한다. [기출32]

2) 경매절차는 민사집행법을 준용한다.

3) 정당한 이유가 있는 경우 담보권자는 담보목적물로써 직접 변제에 충당하거나 담보목적물을 매각하여 그 대금을 변제에 충당할 수 있다. 다만, 선순위권리자(담보등기부에 등기되어 있거나 담보권자가 알고 있는 경우로 한정한다)가 있는 경우에는 그의 동의를 받아야 한다.

8. 직접변제 및 매각(제23조)

(1) 절차

1) 담보권자가 담보목적물로써 직접 변제에 충당하거나 담보목적물을 매각하기 위하여는 그 채권의 변제기 후에 동산담보권 실행의 방법을 채무자 등과 담보권자가 알고 있는 이해관계인에게 통지하고, 통지가 채무자 등과 담보권자가 알고 있는 이해관계인에게 도달한 날부터 1개월이 지나야 한다.

다만, 담보목적물이 멸실 또는 훼손될 염려가 있거나 가치가 급속하게 감소될 우려가 있는 경우에는 그러하지 아니하다.

2) 통지에는 피담보채권의 금액, 담보목적물의 평가액 또는 예상매각대금, 담보목적물로써 직접 변제에 충당하거나 담보목적물을 매각하려는 이유를 명시해야 한다.

PART 08

> **영 제3조(담보목적물의 직접 변제충당 등의 통지)**
> ① 담보권자는 통지를 할 때 담보목적물의 평가액 또는 예상매각대금에서 그 채권액을 뺀 금액
>   이 없다고 인정되는 경우에는 그 뜻을 밝혀야 한다.
> ② 담보권자는 통지를 할 때 담보목적물이 여러 개인 경우에는 각 담보목적물의 평가액 또는
>   예상매각대금에 비례하여 소멸시키려는 채권과 그 비용을 밝혀야 한다.
> ③ 통지는 우편이나 그 밖의 적당한 방식으로 할 수 있다.
> ④ 담보목적물에 대한 권리자로서 담보등기부에 기록되어 있는 이해관계인에 대한 통지는 받
>   을 자의 등기부상의 주소로 할 수 있다.
> ⑤ 담보권자가 과실 없이 채무자 등과 담보권자가 알고 있는 이해관계인의 소재를 알지 못하여
>   ③에 따른 방식으로 통지할 수 없는 경우에는 「민사소송법」의 공시송달에 관한 규정에 따라
>   통지할 수 있다.

3) 담보권자는 담보목적물의 평가액 또는 매각대금에서 그 채권액(선순위 동산담보권 채권액
   포함)을 뺀 금액을 채무자 등에게 지급해야 한다.

4) 담보권자가 담보목적물로써 직접 변제에 충당하는 경우 청산금을 채무자 등에게 지급한 때
   에 담보목적물의 소유권을 취득한다.

(2) 절차의 중지

다음 구분에 따라 정한 기간 내에 담보목적물에 대하여 경매가 개시된 경우에는 담보권자는
직접 변제충당 등의 절차를 중지하여야 한다.

1) 담보목적물을 직접 변제에 충당하는 경우 : '청산금을 지급하기 전' 또는 '청산금이 없는 경
   우에는 동산담보권 실행의 방법을 채무자 등과 담보권자가 알고 있는 이해관계인에게 통지
   한 경우 통지가 도달한 날로부터 1개월이 지나기 전'

2) 담보목적물을 매각하여 그 대금을 변제에 충당하는 경우 : 담보권자가 제3자와 매매계약을
   체결하기 전

(3) 담보목적물 취득자 등의 지위(제24조)

동산담보권의 실행(직접변제 및 매각)으로 담보권자나 매수인이 담보목적물의 소유권을 취득
하면 그 담보권자의 권리와 그에 대항할 수 없는 권리는 소멸한다.

9. 담보목적물의 점유(제25조)[기출33]

1) 담보권자가 담보목적물을 점유한 경우에는 피담보채권을 전부 변제받을 때까지 담보목적물을
   유치할 수 있다. 다만, 선순위권리자에게 대항하지 못한다.

2) 담보권자가 담보권을 실행하기 위하여 필요한 경우에는 채무자 등에게 담보목적물의 인도를
   청구할 수 있다.

3) 담보권자가 담보목적물을 점유하는 경우에 담보권자는 선량한 관리자의 주의로 담보목적물을
   관리하여야 한다.

→ 담보권자는 담보목적물의 과실을 수취하여 다른 채권자보다 먼저 그 채권의 변제에 충당할 수 있다. 다만, 과실이 금전이 아닌 경우에는 그 과실을 경매하거나 그 과실로써 직접 변제에 충당하거나 그 과실을 매각하여 그 대금으로 변제에 충당할 수 있다.

10. 후순위권리자의 권리행사(제26조)

1) 후순위권리자는 채무자 등이 받을 청산금에 대하여 그 순위에 따라 청산금이 지급될 때까지 그 권리를 행사할 수 있고, 담보권자는 후순위권리자가 요구하는 경우에는 청산금을 지급하여야 한다.

→ 권리행사를 막으려는 자는 청산금을 압류하거나 가압류하여야 한다.

→ 후순위권리자는 권리를 행사할 때에는 그 피담보채권의 범위에서 그 채권의 명세와 증서를 담보권자에게 건네주어야 한다.

→ 담보권자가 채권 명세와 증서를 받고 후순위권리자에게 청산금을 지급한 때에는 그 범위에서 채무자 등에 대한 청산금 지급채무가 소멸한다.

2) 직접변제 및 매각에 따른 동산담보권 실행의 경우에 후순위권리자는 아래 구분에 따라 정한 기간 전까지 담보목적물의 경매를 청구할 수 있다.

> 1. 담보목적물을 직접 변제에 충당하는 경우 : ① 청산금을 지급하기 전 또는 ② 청산금이 없는 경우 '동산담보권 실행의 방법'을 채무자 등과 담보권자가 알고 있는 이해관계인에게 통지한 경우 통지가 도달한 날로부터 1개월이 지나기 전
> 2. 담보목적물을 매각하여 그 대금을 변제에 충당하는 경우 : 담보권자가 제3자와 매매계약을 체결하기 전

다만, 그 피담보채권의 변제기가 되기 전에는 "동산담보권 실행의 방법을 채무자 등과 담보권자가 알고 있는 이해관계인에게 통지한 경우 통지가 도달한 날로부터 1개월이 지나기 전"까지의 기간에만 경매를 청구할 수 있다.

10-1. 변제와 실행 중단(제28조)

동산담보권의 실행의 경우에 채무자 등은 아래 "①, ②" 구분에 따라 정한 기간까지 피담보채무액을 담보권자에게 지급하고 담보등기의 말소를 청구할 수 있다. 이 경우 담보권자는 동산담보권의 실행을 즉시 중지하여야 한다.

→ 동산담보권의 실행을 중지함으로써 담보권자에게 손해가 발생하는 경우에 채무자 등은 그 손해를 배상하여야 한다. [기출31]

① 담보목적물을 직접 변제에 충당하는 경우 : 청산금을 지급하기 전 또는 청산금이 없는 경우에는 '동산담보권 실행의 방법을 채무자 등과 담보권자가 알고 있는 이해관계인에게 통지한 경우 통지가 도달한 날로부터 1개월이 지나기 전'

② 담보목적물을 매각하여 그 대금을 변제에 충당하는 경우 : 담보권자가 제3자와 매매계약을 체결하기 전

11. 매각대금 등의 공탁(제27조)

1) 담보목적물의 매각대금 등이 압류되거나 가압류된 경우 또는 담보목적물의 매각대금 등에 관하여 권리를 주장하는 자가 있는 경우에 담보권자는 그 전부 또는 일부를 법원에 공탁할 수 있다. 이 경우 담보권자는 공탁사실을 즉시 담보등기부에 등기되어 있거나 담보권자가 알고 있는 이해관계인과 담보목적물의 매각대금 등을 압류 또는 가압류하거나 그에 관하여 권리를 주장하는 자에게 통지하여야 한다.

2) 담보목적물의 매각대금 등에 대한 압류 또는 가압류가 있은 후에 1)에 따라 담보목적물의 매각대금 등을 공탁한 경우에는 채무자 등의 공탁금출급청구권이 압류되거나 가압류된 것으로 본다.

3) 담보권자는 공탁금의 회수를 청구할 수 없다.

11-1. 공동담보와 배당, 후순위자의 대위(제29조)

1) 동일한 채권의 담보로 여러 개의 담보목적물에 동산담보권을 설정한 경우에 그 담보목적물의 매각대금을 동시에 배당할 때에는 각 담보목적물의 매각대금에 비례하여 그 채권의 분담을 정한다.

2) 담보목적물 중 일부의 매각대금을 먼저 배당하는 경우에는 그 대가에서 그 채권 전부를 변제받을 수 있다.
   이 경우 경매된 동산의 후순위담보권자는 선순위담보권자가 다른 담보목적물의 동산담보권 실행으로 변제받을 수 있는 금액의 한도에서 선순위담보권자를 대위(代位)하여 담보권을 행사할 수 있다.

3) 담보권자가 직접변제방법에 따라 동산담보권을 실행하는 경우에는 1)과 2)를 준용한다. 다만, 1)에 따라 각 담보목적물의 매각대금을 정할 수 없는 경우에는 직접변제를 위한 채무자 등과 이해관계인에 대한 통지에 명시된 각 담보목적물의 평가액 또는 예상매각대금에 비례하여 그 채권의 분담을 정한다.

11-2. 이해관계인의 가처분 신청 등(제30조)

1) 이해관계인은 담보권자가 위법하게 동산담보권을 실행하는 경우에 동산담보권 실행의 중지 등 필요한 조치를 명하는 가처분을 신청할 수 있다.

2) 법원은 신청에 대한 결정을 하기 전에 이해관계인에게 담보를 제공하게 하거나 제공하지 아니하고 집행을 일시 정지하도록 명하거나 담보권자에게 담보를 제공하고 그 집행을 계속하도록 명하는 등 잠정처분을 할 수 있다.

3) 담보권 실행을 위한 경매에 대하여 이해관계인은 「민사집행법」에 따라 이의신청을 할 수 있다.

11-3. 동산담보권 실행에 관한 약정(제31조)

담보권자와 담보권설정자는 이 법에서 정한 실행절차와 다른 내용의 약정을 할 수 있다(약정에 의하여 이해관계인의 권리를 침해하지 못한다).

다만, 직접변제를 위한 채무자등과 이해관계인에 대한 통지가 없거나 통지 후 1개월이 지나지 아니한 경우에도 통지 없이 담보권자가 담보목적물을 처분하거나 직접 변제에 충당하기로 하는 약정은 효력이 없다.

11-4. 담보목적물의 선의취득(제32조)

동산담보권이 설정된 담보목적물의 소유권·질권을 취득하는 경우에는 「민법」 제249조부터 제251조까지의 규정을 준용한다.

12. 동산담보권에 관하여는 「민법」 제331조 및 제369조를 준용한다(제33조).

> **민법 제331조(질권의 목적물)**
> 질권은 양도할 수 없는 물건을 목적으로 하지 못한다.
>
> **민법 제369조(부종성)**
> 저당권으로 담보한 채권이 시효의 완성 기타 사유로 인하여 소멸한 때에는 저당권도 소멸한다.

제2장 동산담보권 주요 내용 O·X 확인 문제

01 여러 개의 동산(장래에 취득할 동산을 포함한다)의 경우에는 목적물의 종류, 보관장소, 수량을 정할 수 없는 경우에도 이를 목적으로 담보등기를 할 수 있다. (　　　)

02 등록된 자동차는 담보등기를 할 수 없지만 저당권이 설정된 경우에는 후순위 담보등기를 할 수 있다. (　　　)

03 담보권설정자의 사업자등록이 말소된 경우에는 설정된 동산담보권도 말소된다. (　　　)

04 담보권자는 채권 전부를 변제받을 때까지 담보목적물 전부에 대하여 그 권리를 행사할 수 있다. (　　　)

05 동산담보권의 효력은 담보목적물에 부합된 물건에는 미치나 종물에는 미치지 않는다. (　　　)

06 동산담보권의 효력은 담보목적물에 대한 압류 전에 담보권설정자가 그 담보목적물로부터 수취한 과실 또는 수취할 수 있는 과실에 미친다. (　　　)

07 동산담보권은 원본, 이자, 위약금, 담보권실행의 비용, 담보목적물의 보존비용 및 채무불이행 또는 담보목적물의 흠으로 인한 손해배상의 채권을 담보한다. (　　　)

08 동산담보권은 피담보채권과 분리하여 타인에게 양도할 수 있다. (　　　)

09 동산담보권은 담보권설정자가 받을 금전이나 그 밖의 물건에 대하여도 행사할 수 있다. 이 경우 그 지급 또는 인도 전에 압류하여야 한다. (　　　)

10 담보권자는 담보목적물로부터 변제를 받지 못한 채권이 있는 경우 채무자의 다른 재산으로부터 변제받을 수 없다. (　　　)

11 담보권자는 자기의 채권을 변제받기 위하여 담보목적물의 경매를 청구할 수 있다. 담보권설정자가 담보목적물을 점유하는 경우에 경매를 청구할 수 없다. (　　　)

12 담보권자가 담보목적물로써 직접 변제에 충당하거나 담보목적물을 매각하여 그 대금을 변제에 충당하는 경우 선순위권리자가 있는 경우에는 그의 동의를 받아야 한다. (　　　)

13 동일한 채권의 담보로 여러 개의 담보목적물에 동산담보권을 설정한 경우에 그 담보목적물의 매각대금을 동시에 배당할 때에는 각 담보목적물의 매각순서에 따라 그 채권의 분담을 정한다. (　　　)

14 담보권자와 담보권설정자는 이 법에서 정한 실행절차와 다른 내용의 약정을 할 수 있다. (　　　)

📖 제2장 동산담보권 주요 내용 O·X 확인 문제 정답

01 (X) 여러 개의 동산(장래에 취득할 동산을 포함한다)이더라도 목적물의 종류, 보관장소, 수량을 정하거나 그 밖에 이와 유사한 방법으로 특정할 수 있는 경우에는 이를 목적으로 담보등기를 할 수 있다.

02 (X) 담보등기를 할 수 없는 경우

> 1. 등기된 선박, 등록된 건설기계·자동차·항공기·소형선박,
> 2. 화물상환증, 선하증권, 창고증권이 작성된 동산
> 3. 무기명채권증서, 유동화증권, 「자본시장과 금융투자업에 관한 법률」에 따른 증권

03 (X) 담보권설정자의 사업자등록이 말소된 경우에도 이미 설정된 동산담보권의 효력에는 영향을 미치지 아니한다.

04 (O)

05 (X) 동산담보권의 효력은 담보목적물에 부합된 물건과 종물에 미친다.

06 (X) 압류 후에 담보권설정자가 그 담보목적물로부터 수취한 과실 또는 수취할 수 있는 과실에 미친다.

07 (O)

08 (X) 동산담보권은 피담보채권과 분리하여 타인에게 양도할 수 없다.

09 (O)

10 (X) 담보권자는 담보목적물로부터 변제를 받지 못한 채권이 있는 경우에만 채무자의 다른 재산으로부터 변제를 받을 수 있다.

11 (X) 담보권자는 자기의 채권을 변제받기 위하여 담보목적물의 경매를 청구할 수 있다. 담보권설정자가 담보목적물을 점유하는 경우에 경매절차는 압류에 의하여 개시한다.

12 (O)

13 (X) 각 담보목적물의 매각대금에 비례하여 그 채권의 분담을 정한다.

14 (O)

PART 08

채권담보권

대체로 동산담보권과 그 내용이 대동소이하므로 채권담보권의 대상 및 실행방법에 대해 집중 공략한다.

1. 대상(제34조)

1) 법인 등이 담보약정에 따라 금전의 지급을 목적으로 하는 지명채권을 담보로 제공하는 경우에는 담보등기를 할 수 있다.

2) 여러 개의 채권(채무자가 특정되었는지 여부를 묻지 아니하고 장래에 발생할 채권을 포함한다)이더라도 채권의 종류, 발생 원인, 발생 연월일을 정하거나 그 밖에 이와 유사한 방법으로 특정할 수 있는 경우에는 이를 목적으로 하여 담보등기를 할 수 있다. [기출28]

2. 담보등기의 효력(제35조)

① 약정에 따른 채권담보권의 득실변경은 담보등기부에 등기한 때에 지명채권의 채무자(제3채무자라 한다) 외의 제3자에게 대항할 수 있다.

② 담보권자 또는 담보권설정자(채권담보권 양도의 경우에는 그 양도인 또는 양수인을 말한다)는 제3채무자에게 등기사항증명서를 건네주는 방법으로 그 사실을 통지하거나 제3채무자가 이를 승낙하지 아니하면 제3채무자에게 대항하지 못한다.

③ 동일한 채권에 관하여 담보등기부의 등기와 「민법」 제349조 또는 제450조 제2항에 따른 통지 또는 승낙이 있는 경우에(질권설정), 담보권자 또는 담보의 목적인 채권의 양수인은 법률에 다른 규정이 없으면 제3채무자 외의 제3자에게 등기와 그 통지의 도달 또는 승낙의 선후에 따라 그 권리를 주장할 수 있다.

④ 제2항의 통지, 승낙에 관하여는 「민법」 제451조 및 제452조를 준용한다.

3. 실행(제36조)[기출28]

1) 담보권자는 피담보채권의 한도에서 채권담보권의 목적이 된 채권을 직접 청구할 수 있다.

2) 채권담보권의 목적이 된 채권이 피담보채권보다 먼저 변제기에 이른 경우에는 담보권자는 제3채무자에게 그 변제금액의 공탁을 청구할 수 있다. 이 경우 제3채무자가 변제금액을 공탁한 후에는 채권담보권은 그 공탁금에 존재한다.

3) 담보권자는 상기 채권담보권의 실행방법 외에 「민사집행법」에서 정한 집행방법으로 채권담보권을 실행할 수 있다.

4. 채권담보권에 관하여는 그 성질에 반하지 아니하는 범위에서 동산담보권에 관한 제2장과 「민법」 제348조 및 제352조를 준용한다(제37조).

> **민법 제348조(저당채권에 대한 질권과 부기등기)**
> 저당권으로 담보한 채권을 질권의 목적으로 한 때에는 그 저당권등기에 질권의 부기등기를 하여야 그 효력이 저당권에 미친다.
>
> **민법 제352조(질권설정자의 권리처분제한)**
> 질권설정자는 질권자의 동의 없이 질권의 목적된 권리를 소멸하게 하거나 질권자의 이익을 해하는 변경을 할 수 없다.

제3장 채권담보권 주요 내용 O · X 확인 문제

01 사업자등록을 하지 않은 사람도 담보약정에 따라 금전의 지급을 목적으로 하는 지명채권을 담보로 제공하는 경우에는 담보등기를 할 수 있다. (   )

02 여러 개의 채권(장래에 발생할 채권을 포함한다)이더라도 채권의 종류, 발생 원인, 발생 연월일을 정하거나 그 밖에 이와 유사한 방법으로 특정할 수 있는 경우에는 이를 목적으로 하여 담보등기를 할 수 있다. (   )

03 채권담보권의 득실변경은 담보등기부에 등기한 때에 지명채권의 채무자 외의 제3자에게 대항할 수 있다. (   )

04 담보권자는 피담보채권의 한도에서 채권담보권의 목적이 된 채권을 직접 청구할 수 있다.
(   )

05 채권담보권의 목적이 된 채권이 피담보채권보다 먼저 변제기에 이른 경우에는 담보권자는 제3채무자에게 그 변제금액의 공탁을 청구할 수 있다. (   )

06 담보권자는 「민사소송법」에서 정한 집행방법으로 채권담보권을 실행할 수 있다. (   )

제3장 채권담보권 주요 내용 O · X 확인 문제 정답

01 (×) 법인 또는 사업자등록을 한 사람이 할 수 있다.

02 (O)

03 (O)

04 (O)

05 (O)

06 (×) 「민사집행법」에서 정한 집행방법으로 채권담보권을 실행할 수 있다.

담보등기

등기신청인, 등기신청의 접수와 담보권의 존속기간 및 연장등기를 집중 공략하고, 이의신청에 대한 기본사항을 숙지한다.

1. 등기할 수 있는 권리 및 관할 등기소, 등기사무의 처리(제38~제40조)

1) 담보등기는 동산담보권이나 채권담보권의 설정, 이전, 변경, 말소 또는 연장에 대하여 한다.

2) 등기에 관한 사무는 대법원장이 지정·고시하는 지방법원, 그 지원 또는 등기소에서 취급한다. 등기사무에 관하여는 대법원장이 지정·고시한 지방법원, 그 지원 또는 등기소 중 담보권설정자의 주소를 관할하는 지방법원, 그 지원 또는 등기소를 관할 등기소로 한다. 대법원장은 어느 등기소의 관할에 속하는 사무를 다른 등기소에 위임할 수 있다.

3) 등기사무는 등기관이 처리한다. → 접수번호 순서에 따라 전산정보처리조직에 기록 → 등기관의 식별부호를 기록하는 등 등기사무를 처리한 등기관을 확인할 수 있는 조치를 하여야 한다.

2. 등기의 신청 등(제41조 및 제42조)

1) 담보등기는 법률에 다른 규정이 없으면 등기권리자와 등기의무자가 공동으로 신청한다.

2) 등기명의인 표시의 변경 또는 경정(更正)의 등기는 등기명의인 단독으로 신청할 수 있다. [기출35]

3) 판결에 의한 등기는 승소한 등기권리자 또는 등기의무자 단독으로 신청할 수 있고, 상속이나 그 밖의 포괄승계로 인한 등기는 등기권리자 단독으로 신청 할 수 있다. [기출29 32 35]

4) **등기신청의 방법**
   ① **방문신청** : 신청인 또는 그 대리인이 등기소에 출석하여 서면으로 신청. 다만, 대리인이 변호사 또는 법무사인 경우에는 사무원이 등기소에 출석하여 신청 가능
   ② **전자신청** : 대법원규칙으로 정하는 바에 따라 전산정보처리조직을 이용하여 신청

> **등기신청에 필요한 서면 또는 전자문서 및 신청서의 기재사항 및 방식(제43조)**
> ① 담보등기를 신청할 때에는 다음 각 호의 서면 또는 전자문서(이하 "서면 등"이라 한다)를 제출 또는 송신하여야 한다.
>   1. 대법원규칙으로 정하는 방식에 따른 신청서
>   2. 등기원인을 증명하는 서면 등
>   3. 등기원인에 대하여 제3자의 허가, 동의 또는 승낙이 필요할 때에는 이를 증명하는 서면 등
>   4. 대리인이 등기를 신청할 때에는 그 권한을 증명하는 서면 등
>   5. 그 밖에 당사자의 특정 등을 위하여 대법원규칙으로 정하는 서면 등
> ② 제1항 제1호에 따른 신청서에는 다음 각 호의 사항을 기록하고 신청인이 기명날인하거나 서

명 또는 「전자서명법」 제2조 제2호에 따른 전자서명을 하여야 한다.

1. 제47조 제2항 제1호부터 제9호까지의 규정에서 정한 사항
2. 대리인이 등기를 신청할 경우 대리인의 성명[대리인이 법무법인, 법무법인(유한), 법무조합, 법무사법인 또는 법무사법인(유한)인 경우에는 그 명칭을 말한다], 주소(법인이나 조합인 경우는 본점 또는 주된 사무소를 말한다)
3. 등기권리자와 등기의무자가 공동으로 신청하는 경우 및 승소한 등기의무자가 단독으로 등기를 신청하는 경우에 등기의무자의 등기필정보. 다만, 최초 담보권설정등기의 경우에는 기록하지 아니한다.
4. 등기소의 표시
5. 연월일

3. 등기신청의 접수 및 효력(제45조)

① 등기신청은 등기의 목적, 신청인의 성명 또는 명칭, 그 밖에 대법원규칙으로 정하는 등기신청정보가 전산정보처리조직에 전자적으로 기록된 때에 접수된 것으로 본다.

② 등기관이 등기를 마친 경우 그 등기는 접수한 때부터 효력을 발생한다. [기출29 32]

* 담보등기부에 등기를 하려는 자는 대법원규칙으로 정하는 바에 따라 수수료를 내야 한다(제44조).

4. 신청의 각하(제46조)

신청의 잘못된 부분이 보정될 수 있는 경우에 당일 보정하였을 때에는 각하하지 아니한다.

① 사건이 그 등기소의 관할이 아닌 경우
② 사건이 등기할 것이 아닌 경우
③ 권한이 없는 자가 신청한 경우
④ 방문신청의 경우 당사자나 그 대리인이 출석하지 아니한 경우
⑤ 신청서가 대법원규칙으로 정하는 방식에 맞지 아니한 경우
⑥ 신청서에 기록된 사항이 첨부서면과 들어맞지 아니한 경우
⑦ 신청서에 필요한 서면 등을 첨부하지 아니한 경우
⑧ 신청의 내용이 이미 담보등기부에 기록되어 있던 사항과 일치하지 아니한 경우
⑨ 제44조에 따른 신청수수료를 내지 아니하거나 등기신청과 관련하여 다른 법률에 따라 부과된 의무를 이행하지 아니한 경우

4-1 등기부의 작성 및 기록사항(제47조)

① 담보등기부는 담보목적물인 동산 또는 채권의 등기사항에 관한 전산정보자료를 전산정보처리조직에 의하여 담보권설정자별로 구분하여 작성한다.

② 담보등기부에 기록할 사항은 다음 각 호와 같다.

1. 담보권설정자의 성명, 주소 및 주민등록번호(법인인 경우에는 상호 또는 명칭, 본점 또는 주된 사무소 및 법인등록번호를 말한다)

2. 채무자의 성명과 주소(법인인 경우에는 상호 또는 명칭 및 본점 또는 주된 사무소를 말한다)

3. 담보권자의 성명, 주소 및 주민등록번호(법인인 경우에는 상호 또는 명칭, 본점 또는 주된 사무소 및 법인등록번호를 말한다)

3의2. 담보권설정자나 담보권자가 주민등록번호가 없는 재외국민이거나 외국인인 경우에는 「부동산등기법」에 따라 부여받은 부동산등기용등록번호

4. 담보권설정자나 채무자 또는 담보권자가 외국법인인 경우 국내의 영업소 또는 사무소. 다만, 국내에 영업소 또는 사무소가 없는 경우에는 대법원규칙으로 정하는 사항

5. 담보등기의 등기원인 및 그 연월일

6. 담보등기의 목적물인 동산, 채권을 특정하는 데 필요한 사항으로서 대법원규칙으로 정한 사항

7. 피담보채권액 또는 그 최고액

8. 제10조 단서 또는 제12조 단서의 약정이 있는 경우 그 약정

9. 담보권의 존속기간

10. 접수번호

11. 접수연월일

5. 등기필정보의 통지(제48조)

등기관이 담보권의 설정 또는 이전등기를 마쳤을 때에는 등기필정보를 등기권리자에게 통지해야 한다. 다만, 최초 담보권설정등기의 경우에는 담보권설정자에게도 등기필정보를 통지하여야 한다.

6. 존속기간 및 연장(제49조)

1) 담보권의 존속기간은 5년을 초과할 수 없다. 5년을 초과하지 않는 기간으로 갱신 가능(만료 전에 연장등기 신청해야 한다) [기출29 32 35]

2) 연장등기를 위하여 담보등기부에 다음 사항을 기록하여야 한다.
   ① 존속기간을 연장하는 취지
   ② 연장 후의 존속기간
   ③ 접수번호
   ④ 접수연월일

7. 말소등기(제50조)

1) 담보권설정자와 담보권자는 다음 어느 하나에 해당하는 경우 말소등기를 신청할 수 있다. [기출35]
   ① 담보약정의 취소, 해제 또는 그 밖의 원인으로 효력이 발생하지 아니하거나 효력을 상실한 경우
   ② 담보목적물인 동산이 멸실되거나 채권이 소멸한 경우
   ③ 그 밖에 담보권이 소멸한 경우

2) 말소등기를 하기 위하여 담보등기부에 다음 사항을 기록하여야 한다.
  ① 담보등기를 말소하는 취지. 다만, 담보등기의 일부를 말소하는 경우에는 그 취지와 말소등기의 대상
  ② 말소등기의 등기원인 및 그 연월일
  ③ 접수번호
  ④ 접수연월일

8. 등기의 경정(제51조)

1) 오기(誤記)나 누락(漏落) 시 담보권설정자 또는 담보권자는 경정등기를 신청할 수 있다.
  → 등기관의 잘못으로 인한 경우에는 직권으로 경정할 수 있다.
2) 담보등기부에 기록된 담보권설정자의 법인등기부상 상호, 명칭, 본점 또는 주된 사무소가 변경된 경우 담보등기를 담당하는 등기관은 담보등기부의 해당 사항을 직권으로 변경할 수 있다.
3) 직권변경을 위하여 담보권설정자의 법인등기를 담당하는 등기관은 담보권설정자의 상호 등에 대한 변경등기를 마친 후 지체 없이 담보등기를 담당하는 등기관에게 이를 통지하여야 한다.

9. 등기부의 열람 및 발급(제52조)

1) 누구든지 수수료를 내고 등기사항을 열람하거나 그 전부 또는 일부를 증명하는 서면의 발급청구할 수 있다.
2) 신청서나 그 밖의 부속서류 열람은 등기관이 보는 앞에서 이해관계 있는 부분만 열람이 가능하다[1].

10. 이의신청 등

1) 등기관의 결정 또는 처분에 이의가 있는 자는 관할 지방법원에 이의신청을 할 수 있다.
  → 이의신청서는 등기소에 제출한다.
  → 이의신청은 집행정지의 효력이 없다. [기출29 32]
2) 새로운 사실이나 새로운 증거방법을 근거로 이의신청을 할 수 없다. [기출29]
3) 등기관은 이의가 이유 있다고 인정하면 그에 해당하는 처분을 하여야 한다.
  등기관은 이의가 이유 없다고 인정하면 3일 이내에 의견서를 붙여 사건을 관할 지방법원에 송부하여야 한다. [기출32]

  등기 완료한 후 이의신청이 있는 경우 등기관은 다음 구분에 따른 당사자에게 이의신청 사실을 통지하고, 3일 이내에 의견서를 붙여 사건관할 지방법원에 송부해야 한다.
  ① 제3자가 이의신청한 경우 : 담보권설정자 및 담보권자
  ② 담보권설정자 또는 담보권자가 이의신청한 경우 : 그 상대방

---

1) 동산채권의 담보등기 등에 관한 규칙 제25조

4) 관할 지방법원은 이의에 대하여 이유를 붙인 결정을 하여야 한다(결정에 대하여는 「비송사건
절차법」에 따라 항고할 수 있다).

이 경우 이의가 이유 있다고 인정하면 등기관에게 그에 해당하는 처분을 명하고 그 뜻을 이의
신청인 및 당사자에게 통지하여야 한다.

11. 준용규정(제57조)

담보등기에 관하여는 이 법에 특별한 규정이 있는 경우를 제외하고는 그 성질에 반하지 아니하는
범위에서 「부동산등기법」을 준용한다.

01 담보등기는 동산담보권이나 채권담보권의 설정, 이전, 변경, 말소 또는 연장에 대하여 한다.
(   )

02 등기에 관한 사무는 지방법원장이 지정·고시하는 지방법원, 그 지원 또는 등기소에서 취급한다.
(   )

03 등기명의인 표시의 변경 또는 경정의 등기는 등기명의인 단독으로 신청할 수 있다. (   )

04 등기관이 등기를 마친 경우 그 등기는 그때부터 효력을 발생한다. (   )

05 신청서에 필요한 서면 등을 첨부하지 아니한 경우 보정될 수 있는 경우에 신청인이 다음날까지 이를 보정하였을 때에는 그러하지 아니하다. (   )

06 담보권의 존속기간은 5년을 초과할 수 없다. 다만, 3년을 초과하지 않는 기간으로 이를 갱신할 수 있다. (   )

07 말소등기를 하기 위하여 담보등기부에 말소등기의 등기원인 및 그 연월일을 기록하여야 한다.
(   )

08 담보등기부에 기록된 사항에 오기나 누락이 등기관의 잘못으로 인한 경우에는 등기관은 담보권설정자 또는 담보권자는 경정등기 신청에 따라서만 경정할 수 있다. (   )

09 등기관의 결정 또는 처분에 이의가 있는 자는 관할 등기소에 이의신청을 할 수 있다. 이의신청은 집행정지의 효력이 없다. (   )

10 새로운 사실이나 새로운 증거방법을 근거로 이의신청을 할 수 있다. (   )

11 관할 지방법원은 이의에 대하여 이유를 붙인 결정을 하여야 한다. 결정에 대하여는 「부동산등기법」을 준용하여 따라 항고할 수 있다. (   )

제4장 담보등기 주요 내용 O · X 확인 문제 정답

01 (O)

02 (×) 지방법원장이 아닌 대법원장이 지정·고시하는 지방법원, 그 지원 또는 등기소에서 취급한다.

03 (O)

04 (×) 등기관이 등기를 마친 경우 그 등기는 접수한 때부터 효력을 발생한다.

05 (×) 등기관은 다음 각 호의 어느 하나에 해당하는 경우에만 이유를 적은 결정으로써 신청을 각하하여야 한다. 다만, 신청의 잘못된 부분이 보정(補正)될 수 있는 경우에 신청인이 당일 이를 보정하였을 때에는 그러하지 아니하다.

> 1. 사건이 그 등기소의 관할이 아닌 경우
> 2. 사건이 등기할 것이 아닌 경우
> 3. 권한이 없는 자가 신청한 경우
> 4. 방문신청의 경우 당사자나 그 대리인이 출석하지 아니한 경우
> 5. 신청서가 대법원규칙으로 정하는 방식에 맞지 아니한 경우
> 6. 신청서에 기록된 사항이 첨부서면과 들어맞지 아니한 경우
> 7. 신청서에 필요한 서면 등을 첨부하지 아니한 경우
> 8. 신청의 내용이 이미 담보등기부에 기록되어 있던 사항과 일치하지 아니한 경우
> 9. 제44조에 따른 신청수수료를 내지 아니하거나 등기신청과 관련하여 다른 법률에 따라 부과된 의무를 이행하지 아니한 경우

06 (×) 5년을 초과하지 않는 기간으로 이를 갱신할 수 있다.

07 (O)

08 (×) 오기나 누락이 등기관의 잘못으로 인한 경우에는 등기관이 직권으로 경정할 수 있다.

09 (×) 등기관의 결정 또는 처분에 이의가 있는 자는 관할 지방법원에 이의신청을 할 수 있다. 이의신청서는 등기소에 제출한다.

10 (×) 새로운 사실이나 새로운 증거방법을 근거로 이의신청을 할 수 없다.

11 (×) 「비송사건절차법」에 따라 항고할 수 있다.

Chapter 05 지식재산권의 담보에 관한 특례

1. 대상(제58조)

1) 지식재산권자가 약정에 따라 동일한 채권을 담보하기 위하여 2개 이상의 지식재산권을 담보로 제공하는 경우에는 특허원부, 저작권등록부 등 그 지식재산권을 등록하는 공적(公的) 장부(이하 "등록부"라 한다)에 이 법에 따른 담보권을 등록할 수 있다.

2) 담보의 목적이 되는 지식재산권은 그 등록부를 관장하는 기관이 동일하여야 하고, 지식재산권의 종류와 대상을 정하거나 그 밖에 이와 유사한 방법으로 특정할 수 있어야 한다.

2. 등록의 효력(제59조)

1) 등록을 한 때에 그 지식재산권에 대한 질권의 득실변경을 등록한 것과 동일한 효력이 생긴다.

2) 동일한 지식재산권에 관하여 이 법에 따른 담보권 등록과 그 지식재산권을 규율하는 개별 법률에 따른 질권 등록이 이루어진 경우에 그 순위는 법률에 다른 규정이 없으면 그 선후에 따른다.

3. 지식재산권담보권자의 권리행사(제60조)

담보권자는 지식재산권을 규율하는 개별 법률에 따라 담보권을 행사할 수 있다.

4. 준용규정(제61조)

지식재산권담보권에 관하여는 그 성질에 반하지 아니하는 범위에서 동산담보권에 관한 제2장과 「민법」 제352조를 준용한다.

다만, 제21조 제2항과 지식재산권에 관하여 규율하는 개별 법률에서 다르게 정한 경우에는 그러하지 아니하다.

> **법 제21조(동산담보권의 실행방법)**
> ② 정당한 이유가 있는 경우 담보권자는 담보목적물로써 직접 변제에 충당하거나 담보목적물을 매각하여 그 대금을 변제에 충당할 수 있다. 다만, 선순위권리자(담보등기부에 등기되어 있거나 담보권자가 알고 있는 경우로 한정한다)가 있는 경우에는 그의 동의를 받아야 한다.

보칙 및 벌칙

1. 등기필정보의 안전 확보(제62조)

1) 등기관은 취급하는 등기필정보의 누설, 멸실 또는 훼손의 방지와 그 밖에 등기필정보의 안전 관리에 필요한 적절한 조치를 마련하여야 한다.

2) 등기관과 그 밖에 등기소에서 등기사무에 종사하는 사람이나 그 직(職)에 있었던 사람은 그 직무로 인하여 알게 된 등기필정보의 작성이나 관리에 관한 비밀을 누설하여서는 아니 된다.

3) 누구든지 등기를 신청하거나 촉탁하여 담보등기부에 불실등기(不實登記)를 하도록 할 목적으로 등기필정보를 취득하거나 그 사정을 알면서 등기필정보를 제공하여서는 아니 된다.

2. 벌칙(2년 이하의 징역 또는 1천만원 이하 벌금)(제64조)

① 등기필정보의 작성이나 관리에 관한 비밀을 누설한 사람

② 담보등기부에 불실등기 목적으로 등기필정보를 취득한 사람 또는 그 사정을 알면서 등기필정보를 제공한 사람

③ 부정하게 취득한 등기필정보를 불실등기 목적으로 보관한 사람

제5장 지식재산권의 담보에 관한 특례, 제6장 보칙 및 제7장 벌칙
주요 내용 O · X 확인 문제

01 지식재산권자가 약정에 따라 다른 채권을 담보하기 위하여 2개 이상의 지식재산권을 담보로 제공하는 경우에는 특허원부, 저작권등록부 등 그 지식재산권을 등록하는 공적 장부에 담보권을 등록할 수 있다. (　　　)

02 약정에 따른 지식재산권담보권의 득실변경은 그 등록을 하고 담보권자에게 통지한 때에 그 지식재산권에 대한 질권의 득실변경을 등록한 것과 동일한 효력이 생긴다. (　　　)

03 동일한 지식재산권에 관하여 이 법에 따른 담보권 등록과 그 지식재산권을 규율하는 개별 법률에 따른 질권 등록이 이루어진 경우에 그 순위는 법률에 다른 규정이 없으면 개별법률에 따른 질권 등록이 우선한다. (　　　)

04 담보권자는 지식재산권을 규율하는 개별 법률에 따라 담보권을 행사할 수 있다. (　　　)

05 등기필정보의 작성이나 관리에 관한 비밀을 누설한 사람은 2년 이하의 징역 또는 2천만원 이하의 벌금에 처한다. (　　　)

제5장 지식재산권의 담보에 관한 특례, 제6장 보칙 및 제7장 벌칙
주요 내용 O·X 확인 문제 정답

01 (×) 다른 채권이 아니라 동일한 채권을 담보하기 위한 경우 가능하다.

02 (×) 약정에 따른 지식재산권담보권의 득실변경은 그 등록을 한 때에 그 지식재산권에 대한 질권의 득실변경을 등록한 것과 동일한 효력이 생긴다.

03 (×) 동일한 지식재산권에 관하여 이 법에 따른 담보권 등록과 그 지식재산권을 규율하는 개별 법률에 따른 질권 등록이 이루어진 경우에 그 순위는 법률에 다른 규정이 없으면 그 선후에 따른다.

04 (○)

05 (×) 등기필정보의 작성이나 관리에 관한 비밀을 누설한 사람은 2년 이하의 징역 또는 1천만원 이하의 벌금에 처한다.

도시 및 주거환경 정비법

도시 및 주거환경정비법 기본 구조 및 최근 출제빈도 확인하기(매년 4문제 출제)

단원	출제빈도
제1장 총칙	28 31 32
제2장 기본계획의 수립 및 정비구역의 지정	28 30 31 32 33
제3장 정비사업의 시행	
제1절 정비사업의 시행방법 등	30 33
제2절 조합설립추진위원회 및 조합의 설립 등	28 29 30 31 32 34
제3절 사업시행계획 등	29 30 34
제4절 정비사업 시행을 위한 조치 등	
제5절 관리처분계획 등	28 29 33
제6절 공사완료에 따른 조치 등	34
제4장 비용의 부담 등	29 34
제5장 공공재개발사업 및 공공재건축사업	
제5장의2 공공시행자 및 지정개발자 사업시행의 특례	
제6장 정비사업전문관리업	
제7장 감독 등	
제8장 보칙	
제9장 벌칙	

법의 목적과 기본개념이 정리된 총칙 내용의 출제빈도는 높지 않지만 기본내용을 이해하기 위해서 반드시 숙지해야 하는 용어들이므로 반복하여 익혀야 한다. 기본 정의 출제비율이 높으므로 기본개념을 숙지하여야 한다.

이 법은 도시기능의 회복이 필요하거나 주거환경이 불량한 지역을 계획적으로 정비하고 노후·불량 건축물을 효율적으로 개량하기 위하여 필요한 사항을 규정함으로써 도시환경을 개선하고 주거생활 의 질을 높이는 데 이바지함을 목적으로 한다.

Ⅰ 기본개념(제2조)

1. "정비구역"이란 정비사업을 계획적으로 시행하기 위하여 제16조에 따라 지정·고시된 구역을 말한다.

2. "정비사업"이란 이 법에서 정한 절차에 따라 도시기능을 회복하기 위하여 정비구역에서 정비기반 시설을 정비하거나 주택 등 건축물을 개량 또는 건설하는 다음 각 목의 사업을 말한다. [기출 32 35]

　가. **주거환경개선사업** : 도시저소득 주민이 집단거주하는 지역으로서 정비기반시설이 극히 열악 하고 노후·불량건축물이 과도하게 밀집한 지역의 주거환경을 개선하거나 단독주택 및 다세 대주택이 밀집한 지역에서 정비기반시설과 공동이용시설 확충을 통하여 주거환경을 보전·정 비·개량하기 위한 사업

　나. **재개발사업** : 정비기반시설이 열악하고 노후·불량건축물이 밀집한 지역에서 주거환경을 개 선하거나 상업지역·공업지역 등에서 도시기능의 회복 및 상권활성화 등을 위하여 도시환경 을 개선하기 위한 사업. 이 경우 다음 요건을 모두 갖추어 시행하는 재개발사업을 "공공재개 발사업"이라 한다.

　　1) 특별자치시장, 특별자치도지사, 시장, 군수, 자치구의 구청장(이하 "시장·군수등"이라 한다) 또는 제10호에 따른 토지주택공사등(조합과 공동으로 시행하는 경우를 포함한다)이 제24조 에 따른 주거환경개선사업의 시행자, 제25조 제1항 또는 제26조 제1항에 따른 재개발사업의 시행자나 제28조에 따른 재개발사업의 대행자(이하 "공공재개발사업 시행자"라 한다)일 것

　　2) 건설·공급되는 주택의 전체 세대수 또는 전체 연면적 중 토지등소유자 대상 분양분(제80 조에 따른 지분형주택은 제외한다)을 제외한 나머지 주택의 세대수 또는 연면적의 100분의 20 이상 100분의 50 이하의 범위에서 대통령령으로 정하는 기준에 따라 특별시·광역시· 특별자치시·도·특별자치도 또는 「지방자치법」 제198조에 따른 서울특별시·광역시 및 특별자치시를 제외한 인구 50만 이상 대도시(이하 "대도시"라 한다)의 조례(이하 "시·도조 례"라 한다)로 정하는 비율 이상을 제80조에 따른 지분형주택, 「공공주택 특별법」에 따른

공공임대주택(이하 "공공임대주택"이라 한다) 또는 「민간임대주택에 관한 특별법」 제2조 제4호에 따른 공공지원민간임대주택(이하 "공공지원민간임대주택"이라 한다)으로 건설·공급할 것. 이 경우 주택 수 산정방법 및 주택 유형별 건설비율은 대통령령으로 정한다.

영 제1조의2(공공재개발사업의 공공임대주택 건설비율)

① 「도시 및 주거환경정비법」(이하 "법"이라 한다) 제2조 제2호 나목2) 전단에 따른 "대통령령으로 정하는 기준"이란 다음 각 호의 구분에 따른 기준을 말한다.

1. 「수도권정비계획법」 제6조 제1항 제1호에 따른 과밀억제권역(이하 "과밀억제권역"이라 한다)에서 시행하는 경우 : 100분의 30 이상 100분의 40 이하

2. 과밀억제권역 외의 지역에서 시행하는 경우 : 100분의 20 이상 100분의 30 이하

② 법 제2조 제2호 나목2)에 따라 건설·공급해야 하는 공공임대주택(「공공주택 특별법」에 따른 공공임대주택을 말한다. 이하 같다) 건설비율은 건설·공급되는 주택의 전체 세대수의 100분의 20 이하에서 국토교통부장관이 정하여 고시하는 비율 이상으로 한다.

③ 특별시장·광역시장·특별자치시장·특별자치도지사·시장 또는 군수(광역시의 군수는 제외하며, 이하 "정비구역지정권자"라 한다)는 제2항에도 불구하고 다음 각 호의 어느 하나에 해당하는 경우에는 「국토의 계획 및 이용에 관한 법률」 제113조에 따라 해당 지방자치단체에 설치된 지방도시계획위원회[이하 "지방도시계획위원회"라 하며, 정비구역이 「도시재정비 촉진을 위한 특별법」 제5조에 따른 재정비촉진지구 내에 있는 경우로서 같은 법 제34조에 따른 도시재정비위원회(이하 "도시재정비위원회"라 한다)가 설치된 지역의 경우 도시재정비위원회를 말한다. 이하 같다]의 심의를 거쳐 공공임대주택 건설비율을 제2항의 비율보다 완화할 수 있다.

1. 건설하는 주택의 전체 세대수가 200세대 미만인 경우

2. 정비구역의 입지, 정비사업의 규모, 토지등소유자의 수 등을 고려할 때 토지등소유자의 부담이 지나치게 높아 제2항에 따른 공공임대주택 건설비율을 확보하기 어렵다고 인정하는 경우

다. 재건축사업 : 정비기반시설은 양호하나 노후·불량건축물에 해당하는 공동주택이 밀집한 지역에서 주거환경을 개선하기 위한 사업. 이 경우 다음 요건을 모두 갖추어 시행하는 재건축사업을 "공공재건축사업"이라 한다.

1) 시장·군수등 또는 토지주택공사등(조합과 공동으로 시행하는 경우를 포함한다)이 제25조 제2항 또는 제26조 제1항에 따른 재건축사업의 시행자나 제28조 제1항에 따른 재건축사업의 대행자(이하 "공공재건축사업 시행자"라 한다)일 것

2) 종전의 용적률, 토지면적, 기반시설 현황 등을 고려하여 대통령령으로 정하는 세대수 이상을 건설·공급할 것. 다만, 제8조 제1항에 따른 정비구역의 지정권자가 「국토의 계획 및 이용에 관한 법률」 제18조에 따른 도시·군기본계획, 토지이용 현황 등 대통령령으로 정하는 불가피한 사유로 해당하는 세대수를 충족할 수 없다고 인정하는 경우에는 그러하지 아니하다.

> **＊ 대통령령으로 정하는 세대수**
> 공공재건축사업을 추진하는 단지의 종전 세대수의 100분의 160에 해당하는 세대를 말한다.
>
> **＊ 대통령령으로 정하는 불가피한 사유**
> 다음 각 호의 어느 하나에 해당하는 사유를 말한다. 이 경우 정비구역지정권자는 각 호의 사유로 상기에 따른 세대수를 충족할 수 없는지를 판단할 때에는 지방도시계획위원회의 심의를 거쳐야 한다.
> 1. 100분의 160에 따른 세대수를 건설·공급하는 경우 「국토의 계획 및 이용에 관한 법률」 제18조에 따른 도시·군기본계획에 부합하지 않게 되는 경우
> 2. 해당 토지 및 인근 토지의 이용 현황을 고려할 때 100분의 160에 따른 세대수를 건설·공급하기 어려운 부득이한 사정이 있는 경우

3. "노후·불량건축물"이란 다음 각 목의 어느 하나에 해당하는 건축물을 말한다.
   가. 건축물이 훼손되거나 일부가 멸실되어 붕괴, 그 밖의 안전사고의 우려가 있는 건축물
   나. 내진성능이 확보되지 아니한 건축물 중 중대한 기능적 결함 또는 부실 설계·시공으로 구조적 결함 등이 있는 건축물로서 대통령령으로 정하는 건축물

> **＊ 대통령령으로 정하는 건축물**
> 건축물을 건축하거나 대수선할 당시 건축법령에 따른 지진에 대한 안전 여부 확인 대상이 아닌 건축물로서 다음 각 호의 어느 하나에 해당하는 건축물을 말한다.
> 1. 급수·배수·오수 설비 등의 설비 또는 지붕·외벽 등 마감의 노후화나 손상으로 그 기능을 유지하기 곤란할 것으로 우려되는 건축물
> 2. 법 제12조 제4항에 따른 안전진단기관이 실시한 안전진단 결과 건축물의 내구성·내하력(耐荷力) 등이 같은 조 제5항에 따라 국토교통부장관이 정하여 고시하는 기준에 미치지 못할 것으로 예상되어 구조 안전의 확보가 곤란할 것으로 우려되는 건축물

   다. 다음의 요건을 모두 충족하는 건축물로서 대통령령으로 정하는 바에 따라 시·도조례로 정하는 건축물
   1) 주변 토지의 이용 상황 등에 비추어 주거환경이 불량한 곳에 위치할 것
   2) 건축물을 철거하고 새로운 건축물을 건설하는 경우 건설에 드는 비용과 비교하여 효용의 현저한 증가가 예상될 것

> **＊ 조례로 정할 수 있는 건축물**
> 특별시·광역시·특별자치시·도·특별자치도 또는 「지방자치법」 제198조 제1항에 따른 서울특별시·광역시 및 특별자치시를 제외한 인구 50만 이상 대도시의 조례(이하 "시·도조례"라 한다)로 정할 수 있는 건축물은 다음 각 호의 어느 하나에 해당하는 건축물을 말한다.
> 1. 「건축법」 제57조 제1항에 따라 해당 지방자치단체의 조례로 정하는 면적에 미치지 못하거나 「국토의 계획 및 이용에 관한 법률」 제2조 제7호에 따른 도시·군계획시설(이하 "도시·군계획시설"이라 한다) 등의 설치로 인하여 효용을 다할 수 없게 된 대지에 있는 건축물

> 2. 공장의 매연·소음 등으로 인하여 위해를 초래할 우려가 있는 지역에 있는 건축물
> 3. 해당 건축물을 준공일 기준으로 40년까지 사용하기 위하여 보수·보강하는 데 드는 비용이 철거 후 새로운 건축물을 건설하는 데 드는 비용보다 클 것으로 예상되는 건축물

라. 도시미관을 저해하거나 노후화된 건축물로서 대통령령으로 정하는 바에 따라 시·도조례로 정하는 건축물

> *** 조례로 정하는 건축물**
> 1. 준공된 후 20년 이상 30년 이하의 범위에서 시·도조례로 정하는 기간이 지난 건축물
> 2. 「국토의 계획 및 이용에 관한 법률」 제19조 제1항 제8호에 따른 도시·군기본계획의 경관에 관한 사항에 어긋나는 건축물

4. "정비기반시설"이란 도로·상하수도·구거(溝渠 : 도랑)·공원·공용주차장·공동구(「국토의 계획 및 이용에 관한 법률」 제2조 제9호에 따른 공동구를 말한다. 이하 같다), 그 밖에 주민의 생활에 필요한 열·가스 등의 공급시설로서 대통령령으로 정하는 시설을 말한다. [기출 31 32]

> *** 대통령령으로 정하는 시설**
> 1. 녹지
> 2. 하천
> 3. 공공공지
> 4. 광장
> 5. 소방용수시설
> 6. 비상대피시설
> 7. 가스공급시설
> 8. 지역난방시설
> 9. 주거환경개선사업을 위하여 지정·고시된 정비구역에 설치하는 공동이용시설로서 법 제52조에 따른 사업시행계획서(이하 "사업시행계획서"라 한다)에 해당 특별자치시장·특별자치도지사·시장·군수 또는 자치구의 구청장(이하 "시장·군수등"이라 한다)이 관리하는 것으로 포함된 시설

5. "공동이용시설"이란 주민이 공동으로 사용하는 놀이터·마을회관·공동작업장, 그 밖에 대통령령으로 정하는 시설을 말한다.

> *** 대통령령으로 정하는 시설**
> 1. 공동으로 사용하는 구판장·세탁장·화장실 및 수도
> 2. 탁아소·어린이집·경로당 등 노유자시설
> 3. 그 밖에 제1호 및 제2호의 시설과 유사한 용도의 시설로서 시·도조례로 정하는 시설

6. "대지"란 정비사업으로 조성된 토지를 말한다.

7. "주택단지"란 주택 및 부대시설·복리시설을 건설하거나 대지로 조성되는 일단의 토지로서 다음 각 목의 어느 하나에 해당하는 일단의 토지를 말한다.

가. 「주택법」 제15조에 따른 사업계획승인을 받아 주택 및 부대시설·복리시설을 건설한 일단의 토지

Q 참고 ┃ 주택법상 용어정의

1. "주택"이란 세대(世帶)의 구성원이 장기간 독립된 주거생활을 할 수 있는 구조로 된 건축물의 전부 또는 일부 및 그 부속토지를 말하며, 단독주택과 공동주택으로 구분한다.

5. "국민주택"이란 다음 각 목의 어느 하나에 해당하는 주택으로서 국민주택규모 이하인 주택을 말한다.
   가. 국가·지방자치단체, 「한국토지주택공사법」에 따른 한국토지주택공사(이하 "한국토지주택공사"라 한다) 또는 「지방공기업법」 제49조에 따라 주택사업을 목적으로 설립된 지방공사(이하 "지방공사"라 한다)가 건설하는 주택
   나. 국가·지방자치단체의 재정 또는 「주택도시기금법」에 따른 주택도시기금(이하 "주택도시기금"이라 한다)으로부터 자금을 지원받아 건설되거나 개량되는 주택

6. "국민주택규모"란 주거의 용도로만 쓰이는 면적(이하 "주거전용면적"이라 한다)이 1호(戶) 또는 1세대당 85제곱미터 이하인 주택(「수도권정비계획법」 제2조 제1호에 따른 수도권을 제외한 도시지역이 아닌 읍 또는 면 지역은 1호 또는 1세대당 주거전용면적이 100제곱미터 이하인 주택을 말한다)을 말한다. 이 경우 주거전용면적의 산정방법은 국토교통부령으로 정한다.

8. "임대주택"이란 임대를 목적으로 하는 주택으로서, 「공공주택 특별법」 제2조 제1호 가목에 따른 공공임대주택과 「민간임대주택에 관한 특별법」 제2조 제1호에 따른 민간임대주택으로 구분한다.

13. "부대시설"이란 주택에 딸린 다음 각 목의 시설 또는 설비를 말한다.
   가. 주차장, 관리사무소, 담장 및 주택단지 안의 도로
   나. 「건축법」 제2조 제1항 제4호에 따른 건축설비
   다. 가목 및 나목의 시설·설비에 준하는 것으로서 대통령령으로 정하는 시설 또는 설비

14. "복리시설"이란 주택단지의 입주자 등의 생활복리를 위한 다음 각 목의 공동시설을 말한다.
   가. 어린이놀이터, 근린생활시설, 유치원, 주민운동시설 및 경로당
   나. 그 밖에 입주자 등의 생활복리를 위하여 대통령령으로 정하는 공동시설

나. 가목에 따른 일단의 토지 중 「국토의 계획 및 이용에 관한 법률」 제2조 제7호에 따른 도시·군계획시설(이하 "도시·군계획시설"이라 한다)인 도로나 그 밖에 이와 유사한 시설로 분리되어 따로 관리되고 있는 각각의 토지

다. 가목에 따른 일단의 토지 둘 이상이 공동으로 관리되고 있는 경우 그 전체 토지

라. 제67조에 따라 분할된 토지 또는 분할되어 나가는 토지

PART 09

> **제67조(재건축사업의 범위에 관한 특례)**
> ① 사업시행자 또는 추진위원회는 다음 각 호의 어느 하나에 해당하는 경우에는 그 주택단지
>   안의 일부 토지에 대하여 「건축법」 제57조(대지의 분할 제한)에도 불구하고 분할하려는 토
>   지면적이 같은 조에서 정하고 있는 면적에 미달되더라도 토지분할을 청구할 수 있다.
>   1. 「주택법」 제15조 제1항에 따라 사업계획승인을 받아 건설한 둘 이상의 건축물이 있는 주
>   택단지에 재건축사업을 하는 경우
>   2. 제35조 제3항에 따른 조합설립의 동의요건을 충족시키기 위하여 필요한 경우

　　마. 「건축법」 제11조에 따라 건축허가를 받아 아파트 또는 연립주택을 건설한 일단의 토지

8. "사업시행자"란 정비사업을 시행하는 자를 말한다.

9. "토지등소유자"란 다음 각 목의 어느 하나에 해당하는 자를 말한다. 다만, 제27조 제1항에 따라
   「자본시장과 금융투자업에 관한 법률」 제8조 제7항에 따른 신탁업자(이하 "신탁업자"라 한다)가
   사업시행자로 지정된 경우 토지등소유자가 정비사업을 목적으로 신탁업자에게 신탁한 토지 또는
   건축물에 대하여는 위탁자를 토지등소유자로 본다.
　　가. 주거환경개선사업 및 재개발사업의 경우에는 정비구역에 위치한 토지 또는 건축물의 소유자
　　　　또는 그 지상권자
　　나. 재건축사업의 경우에는 정비구역에 위치한 건축물 및 그 부속토지의 소유자

10. "토지주택공사등"이란 「한국토지주택공사법」에 따라 설립된 한국토지주택공사 또는 「지방공기
    업법」에 따라 주택사업을 수행하기 위하여 설립된 지방공사를 말한다.

11. "정관등"이란 다음 각 목의 것을 말한다.
　　가. 제40조에 따른 조합의 정관
　　나. 사업시행자인 토지등소유자가 자치적으로 정한 규약
　　다. 시장·군수등, 토지주택공사등 또는 신탁업자가 제53조에 따라 작성한 시행규정

Ⅱ 도시·주거환경정비 기본방침(제3조)[기출 28]

국토교통부장관은 도시 및 주거환경을 개선하기 위하여 10년마다 다음 사항을 포함한 기본방침을 정
하고, 5년마다 타당성을 검토하여 그 결과를 기본방침에 반영하여야 한다.
① 도시 및 주거환경 정비를 위한 국가 정책 방향
② 제4조 제1항에 따른 도시·주거환경정비기본계획의 수립 방향
③ 노후·불량 주거지 조사 및 개선계획의 수립
④ 도시 및 주거환경 개선에 필요한 재정지원계획
⑤ 그 밖에 도시 및 주거환경 개선을 위하여 필요한 사항으로서 대통령령으로 정하는 사항

확인문제

01 도시 및 주거환경정비법령상 정비기반시설이 아닌 것을 모두 고른 것은? (단, 주거환경개선사업을 위하여 지정·고시된 정비구역이 아님)   ✦ 32회

| ㄱ. 광장 | ㄴ. 구거(構渠) | ㄷ. 놀이터 |
| ㄹ. 녹지 | ㅁ. 공동구 | ㅂ. 마을회관 |

① ㄱ, ㄴ   ② ㄴ, ㄷ
③ ㄷ, ㅂ   ④ ㄹ, ㅁ
⑤ ㅁ, ㅂ

답 ③

02 도시 및 주거환경정비법령상 다음 설명에 해당하는 사업은?   ✦ 32회

> 도시 저소득 주민이 집단거주하는 지역으로서 정비기반시설이 극히 열악하고 노후·불량건축물이 과도하게 밀집한 지역의 주거환경을 개선하거나 단독주택 및 다세대주택이 밀집한 지역에서 정비기반시설과 공동이용시설 확충을 통하여 주거환경을 보전·정비·개량하기 위한 사업

① 도시재개발사업   ② 주택재건축사업
③ 가로주택정비사업   ④ 주거환경개선사업
⑤ 도시재생사업

답 ④

03 도시 및 주거환경정비법령상 정비기반시설이 아닌 것은?   ✦ 31회

① 경찰서   ② 공용주차장
③ 상수도   ④ 하천
⑤ 지역난방시설

답 ①

01 주거환경개선사업이란 단독주택 및 공동주택이 밀집한 지역에서 정비기반시설과 공동이용시설 확충을 통하여 주거환경을 보전 · 정비 · 개량하기 위한 사업을 말한다. (   )

02 재개발사업이란 정비기반시설이 극히 열악하고 노후 · 불량건축물이 과도하게 밀집한 지역에서 주거환경을 개선하거나 상업지역 · 공업지역 등에서 도시기능의 회복 및 상권활성화 등을 위하여 도시환경을 개선하기 위한 사업을 말한다. (   )

03 시장, 군수, 자치구의 구청장이 주거환경개선사업을 시행하고 건설 · 공급되는 주택의 전체 세대수 또는 전체 연면적 중 토지등소유자 대상 분양분(지분형주택은 제외한다)을 제외한 나머지 주택의 세대수 또는 연면적의 100분의 20 이상 100분의 50 이하의 범위에서 대통령령으로 정하는 기준에 따라 특별시 · 광역시 · 특별자치시 · 도 · 특별자치도 또는 대도시의 조례로 정하는 비율 이상을 지분형주택, 공공임대주택 또는 공공지원민간임대주택으로 건설 · 공급하는 경우를 공공재개발이라고 한다. (   )

04 재건축사업이란 정비기반시설은 양호하나 노후 · 불량건축물에 해당하는 공동주택이 밀집한 지역에서 주거환경을 개선하기 위한 사업을 말한다. 시장 · 군수등 또는 토지주택공사등(조합과 공동으로 시행하는 경우를 포함한다)이 재건축사업의 시행자나 재건축사업의 대행자로서 종전의 용적률, 토지면적, 기반시설 현황 등을 고려하여 종전 세대수의 100분의 150 이상을 건설 · 공급하는 경우를 공공재건축사업이라 한다. (   )

05 정비기반시설 6개 이상 쓰시오.

(   )

06 공동이용시설이란 주민이 공동으로 사용하는 놀이터 · 마을회관 · 공동작업장, 공동으로 사용하는 구판장 · 세탁장 · 화장실 및 수도, 탁아소 · 어린이집 · 경로당 등 노유자시설을 말한다. (   )

07 국토교통부장관은 도시 및 주거환경을 개선하기 위하여 5년마다 기본방침을 정하고, 10년마다 타당성을 검토하여 그 결과를 기본방침에 반영하여야 한다. (   )

01 (×) 단독주택 및 다세대주택이 밀집한 지역

02 (×) 재개발사업이란 정비기반시설이 열악하고 노후 · 불량건축물이 밀집한 지역

03 (○)

04 (×) 종전 세대수의 100분의 160 이상을 건설 · 공급하는 경우를 공공재건축사업이라 한다.

05 "정비기반시설"이란 도로 · 상하수도 · 구거(도랑) · 공원 · 공용주차장 · 공동구, 그 밖에 주민의 생활에 필요한 열 · 가스 등의 공급시설로서 대통령령으로 정하는 시설을 말한다.

> "대통령령으로 정하는 시설"
> 1. 녹지   2. 하천   3. 공공공지   4. 광장   5. 소방용수시설   6. 비상대피시설
> 7. 가스공급시설   8. 지역난방시설
> 9. 주거환경개선사업을 위하여 지정 · 고시된 정비구역에 설치하는 공동이용시설로서 사업시행계획
>   서에 해당 특별자치시장 · 특별자치도지사 · 시장 · 군수 또는 자치구의 구청장이 관리하는 것으
>   로 포함된 시설

06 (○) "공동이용시설"이란 주민이 공동으로 사용하는 놀이터 · 마을회관 · 공동작업장, 그 밖에 대통령령으로 정하는 시설을 말한다.

> "대통령령으로 정하는 시설"이란 다음 각 호의 시설을 말한다.
> 1. 공동으로 사용하는 구판장 · 세탁장 · 화장실 및 수도
> 2. 탁아소 · 어린이집 · 경로당 등 노유자시설
> 3. 그 밖에 제1호 및 제2호의 시설과 유사한 용도의 시설로서 시 · 도조례로 정하는 시설

07 (×) 국토교통부장관은 도시 및 주거환경을 개선하기 위하여 10년마다 다음 각 호의 사항을 포함한 기본방침을 정하고, 5년마다 타당성을 검토하여 그 결과를 기본방침에 반영하여야 한다.

> 1. 도시 및 주거환경 정비를 위한 국가 정책 방향
> 2. 제4조 제1항에 따른 도시 · 주거환경정비기본계획의 수립 방향
> 3. 노후 · 불량 주거지 조사 및 개선계획의 수립
> 4. 도시 및 주거환경 개선에 필요한 재정지원계획
> 5. 그 밖에 도시 및 주거환경 개선을 위하여 필요한 사항으로서 대통령령으로 정하는 사항

Chapter 02 기본계획의 수립 및 정비구역의 지정

학습전략

① 도시·주거환경정비기본계획의 내용 및 확정·고시 절차를 집중 공략한다.
② 정비구역의 지정고시와 이로 인한 행위제한 내용을 집중 공략한다.
③ 정비구역을 해제해야 하거나 해제할 수 있는 경우를 집중 공략한다.

I 도시·주거환경정비기본계획의 수립

1. 기본계획의 수립(제4조) [기출 30]

특별시장·광역시장·특별자치시장·특별자치도지사 또는 시장(=수립권자)은 10년마다 기본계획을 수립하고(도지사가 인정하는 대도시가 아닌 '시'는 제외 가능) + 5년마다 타당성을 검토해야 한다.

> **기본계획의 내용(제5조)**
> ① 기본계획에는 다음 각 호의 사항이 포함되어야 한다. [기출 28 30 33]
> 1. 정비사업의 기본방향
> 2. 정비사업의 계획기간
> 3. 인구·건축물·토지이용·정비기반시설·지형 및 환경 등의 현황
> 4. 주거지 관리계획
> 5. 토지이용계획·정비기반시설계획·공동이용시설설치계획 및 교통계획
> 6. 녹지·조경·에너지공급·폐기물처리 등에 관한 환경계획
> 7. 사회복지시설 및 주민문화시설 등의 설치계획
> 8. 도시의 광역적 재정비를 위한 기본방향
> 9. 제16조에 따라 정비구역으로 지정할 예정인 구역의 개략적 범위
> 10. 단계별 정비사업 추진계획(정비예정구역별 정비계획의 수립시기가 포함되어야 한다)
> 11. 건폐율·용적률 등에 관한 건축물의 밀도계획
> 12. 세입자에 대한 주거안정대책
> 13. 그 밖에 주거환경 등을 개선하기 위하여 필요한 사항으로서 대통령령으로 정하는 사항
>
> > **영 제5조(기본계획의 내용)** 법 제5조 제1항 제13호에서 "대통령령으로 정하는 사항"이란 다음 각 호의 사항을 말한다.
> > 1. 도시관리·주택·교통정책 등 「국토의 계획 및 이용에 관한 법률」 제2조 제2호의 도시·군계획과 연계된 도시·주거환경정비의 기본방향
> > 2. 도시·주거환경정비의 목표
> > 3. 도심기능의 활성화 및 도심공동화 방지 방안
> > 4. 역사적 유물 및 전통건축물의 보존계획
> > 5. 정비사업의 유형별 공공 및 민간부문의 역할
> > 6. 정비사업의 시행을 위하여 필요한 재원조달에 관한 사항

② 기본계획의 수립권자는 기본계획에 다음 각 호의 사항을 포함하는 경우에는 제1항 제9호 및 제10호의 사항을 생략할 수 있다.
  1. 생활권의 설정, 생활권별 기반시설 설치계획 및 주택수급계획
  2. 생활권별 주거지의 정비·보전·관리의 방향
③ 기본계획의 작성기준 및 작성방법은 국토교통부장관이 정하여 고시한다.

2. 기본계획 수립을 위한 주민의견청취 등(제6조)

기본계획 수립(변경) 시 14일 이상 주민에게 공람하여 의견을 들어야 하며, 제시된 의견이 타당하다고 인정되면 이를 기본계획에 반영하여야 한다. 공람과 함께 지방의회 의견(계획을 통지한 날부터 60일 내 의견제시 → 의견제시 없으면 이의 없는 것으로 봄)을 들어야 한다.

3. 기본계획의 확정(협의 및 심의)(제7조)[기출 30]

① 수립권자가 기본계획을 수립/변경하는 경우(대도시시장 아닌 시장 제외) 관계 행정기관의 장과 협의한 후, 지방도시계획위원회의 심의를 거쳐야 한다.
② 대도시 시장이 아닌 시장은 기본계획 수립/변경 시에 도지사의 승인을(경미한 변경은 도지사 승인 ×)받아야 한다(도지사는 승인 시 관계 행정기관의 장과 협의 + 지방도시계획위원회 심의).
③ 경미한 사항을 변경하는 경우에는 주민공람, 지방의회 의견 청취, 관계 행정기관의 장과 협의 및 도시계획위원회의 심의를 생략할 수 있다.

"대통령령으로 정하는 경미한 사항을 변경하는 경우"
1. 정비기반시설(제3조 제9호1)에 해당하는 시설은 제외한다)의 규모를 확대하거나 그 면적을 10퍼센트 미만의 범위에서 축소하는 경우
2. 정비사업의 계획기간을 단축하는 경우
3. 공동이용시설에 대한 설치계획을 변경하는 경우
4. 사회복지시설 및 주민문화시설 등에 대한 설치계획을 변경하는 경우
5. 구체적으로 면적이 명시된 법 제5조 제1항 제9호2)에 따른 정비예정구역(이하 "정비예정구역"이라 한다)의 면적을 20퍼센트 미만의 범위에서 변경하는 경우
6. 법 제5조 제1항 제10호3)에 따른 단계별 정비사업 추진계획(이하 "단계별 정비사업 추진계획"이라 한다)을 변경하는 경우
7. 건폐율(「건축법」 제55조에 따른 건폐율을 말한다. 이하 같다) 및 용적률(「건축법」 제56조에 따른 용적률을 말한다. 이하 같다)을 각 20퍼센트 미만의 범위에서 변경하는 경우
8. 정비사업의 시행을 위하여 필요한 재원조달에 관한 사항을 변경하는 경우
9. 「국토의 계획 및 이용에 관한 법률」 제2조 제3호에 따른 도시·군기본계획의 변경에 따라 기본계획을 변경하는 경우

---

1) 주거환경개선사업을 위하여 지정·고시된 정비구역에 설치하는 공동이용시설로서 법 제52조에 따른 사업시행계획서(이하 "사업시행계획서"라 한다)에 해당 특별자치시장·특별자치도지사·시장·군수 또는 자치구의 구청장(이하 "시장·군수등"이라 한다)이 관리하는 것으로 포함된 시설

4. 기본계획의 고시(제7조)

지체 없이 지방자치단체 공보에 고시하고 일반인이 열람할 수 있도록 해야 한다. 기본계획을 고시한 경우 국토교통부장관에게 보고해야 한다.

5. 기본계획 수립 시 용적률 완화(제11조)

① 기본계획의 수립권자 또는 정비계획의 입안권자는 주거지역에 대하여는 조례로 정한 용적률에도 불구하고 법률에 따른 용적률의 상한까지 용적률을 정할 수 있다(구청장등[4]) 또는 대도시의 시장이 아닌 시장은 정비계획을 입안하거나 변경입안하려는 경우 기본계획의 변경 또는 변경승인을 특별시장·광역시장·도지사에게 요청할 수 있다).

② 기본계획의 수립권자 또는 정비계획의 입안권자는 천재지변, 그 밖의 불가피한 사유로 건축물이 붕괴할 우려가 있어 긴급히 정비사업을 시행할 필요가 있다고 인정하는 경우에는 용도지역의 변경을 통해 용적률을 완화하여 기본계획을 수립하거나 정비계획을 입안할 수 있다. 이 경우 기본계획의 수립권자, 정비계획의 입안권자 및 정비구역의 지정권자는 용도지역의 변경을 이유로 기부채납을 요구하여서는 아니 된다.

ⅠⅠ 정비계획의 입안 및 수립

1. 정비계획의 내용(제9조)

① 정비계획에는 다음 각 호의 사항이 포함되어야 한다.

1. 정비사업의 명칭

2. 정비구역 및 그 면적

2의2. 토지등소유자별 분담금 추산액 및 산출근거

3. 도시·군계획시설의 설치에 관한 계획

4. 공동이용시설 설치계획

5. 건축물의 주용도·건폐율·용적률·높이에 관한 계획

6. 환경보전 및 재난방지에 관한 계획

7. 정비구역 주변의 교육환경 보호에 관한 계획

8. 세입자 주거대책

9. 정비사업시행 예정시기

10. 정비사업을 통하여 공공지원민간임대주택을 공급하거나 같은 조 제11호에 따른 주택임대관리업자(이하 "주택임대관리업자"라 한다)에게 임대할 목적으로 주택을 위탁하려는 경우에는 다음 각 목의 사항. 다만, 나목과 다목의 사항은 건설하는 주택 전체 세대수에서 공

---

2) 정비구역으로 지정할 예정인 구역(이하 "정비예정구역"이라 한다)의 개략적 범위
3) 단계별 정비사업 추진계획(정비예정구역별 정비계획의 수립시기가 포함되어야 한다)
4) 자치구의 구청장 또는 광역시의 군수

공지원민간임대주택 또는 임대할 목적으로 주택임대관리업자에게 위탁하려는 주택(이하 "임대관리 위탁주택"이라 한다)이 차지하는 비율이 100분의 20 이상, 임대기간이 8년 이상의 범위 등에서 대통령령으로 정하는 요건5)에 해당하는 경우로 한정한다.

　　가. 공공지원민간임대주택 또는 임대관리 위탁주택에 관한 획지별 토지이용 계획

　　나. 주거·상업·업무 등의 기능을 결합하는 등 복합적인 토지이용을 증진시키기 위하여 필요한 건축물의 용도에 관한 계획

　　다. 「국토의 계획 및 이용에 관한 법률」 제36조 제1항 제1호 가목에 따른 주거지역을 세분 또는 변경하는 계획과 용적률에 관한 사항

　　라. 그 밖에 공공지원민간임대주택 또는 임대관리 위탁주택의 원활한 공급 등을 위하여 대통령령으로 정하는 사항6)

　11. 「국토의 계획 및 이용에 관한 법률」 제52조 제1항 각 호의 사항에 관한 계획(필요한 경우로 한정한다)

　12. 그 밖에 정비사업의 시행을 위하여 필요한 사항으로서 대통령령으로 정하는 사항7)

② 제1항 제10호 다목을 포함하는 정비계획은 기본계획에서 정하는 제5조 제1항 제11호에 따른 건폐율·용적률 등에 관한 건축물의 밀도계획에도 불구하고 달리 입안할 수 있다.

---

5) 건설하는 주택 전체 세대수에서 다음 각 호의 주택으로서 임대기간이 8년 이상인 주택이 차지하는 비율의 합계가 100분의 20 이상인 경우를 말한다.
　1. 「민간임대주택에 관한 특별법」 제2조 제4호에 따른 공공지원민간임대주택(이하 "공공지원민간임대주택"이라 한다)
　2. 「민간임대주택에 관한 특별법」 제2조 제11호에 따른 주택임대관리업자에게 관리를 위탁하려는 주택(이하 "임대관리 위탁주택"이라 한다)
6) 다음 각 호의 사항을 말한다. 다만, 제2호 및 제3호의 사항은 정비계획에 필요한 경우로 한정한다.
　1. 건설하는 주택 전체 세대수에서 공공지원민간임대주택 또는 임대관리 위탁주택이 차지하는 비율
　2. 공공지원민간임대주택 및 임대관리 위탁주택의 건축물 배치 계획
　3. 주변지역의 여건 등을 고려한 입주예상 가구 특성 및 임대사업 운영방향
7) 다음 각 호의 사항을 말한다.
　1. 법 제17조 제4항에 따른 현금납부에 관한 사항
　2. 법 제18조에 따라 정비구역을 분할, 통합 또는 결합하여 지정하려는 경우 그 계획
　3. 법 제23조 제1항 제2호에 따른 방법으로 시행하는 주거환경개선사업의 경우 법 제24조에 따른 사업시행자로 예정된 자
　4. 정비사업의 시행방법
　5. 기존 건축물의 정비·개량에 관한 계획
　6. 정비기반시설의 설치계획
　7. 건축물의 건축선에 관한 계획
　8. 홍수 등 재해에 대한 취약요인에 관한 검토 결과
　9. 정비구역 및 주변지역의 주택수급에 관한 사항
　10. 안전 및 범죄예방에 관한 사항
　11. 그 밖에 정비사업의 원활한 추진을 위하여 시·도조례로 정하는 사항

③ 제8조 제4항[8]) 및 제5항[9])에 따라 정비계획을 입안하는 특별자치시장, 특별자치도지사, 시장, 군수 또는 구청장등(이하 "정비계획의 입안권자"라 한다)이 제5조 제2항 각 호의 사항을 포함하여 기본계획을 수립한 지역에서 정비계획을 입안하는 경우에는 그 정비구역을 포함한 해당 생활권에 대하여 같은 항 각 호의 사항에 대한 세부 계획을 입안할 수 있다.

④ 정비계획의 작성기준 및 작성방법은 국토교통부장관이 정하여 고시한다.

2. 정비계획의 입안대상지역(시행령 제7조)

① 특별시장·광역시장·특별자치시장·특별자치도지사·시장·군수 또는 자치구의 구청장은 별표 1의 요건에 해당하는 지역에 대하여 정비계획을 입안할 수 있다. 자치구의 구청장 또는 광역시의 군수(구청장등)는 정비계획을 입안하여(지방의회의 의견을 첨부하여) 특별시장·광역시장에게 정비구역 지정을 신청하여야 한다.

② 특별시장·광역시장·특별자치시장·특별자치도지사·시장·군수 또는 자치구의 구청장은 정비계획을 입안하는 경우에는 다음 각 호의 사항을 조사하여 별표 1의 요건에 적합한지 여부를 확인하여야 하며, 정비계획의 입안 내용을 변경하려는 경우에는 변경내용에 해당하는 사항을 조사·확인하여야 한다.

1. 주민 또는 산업의 현황
2. 토지 및 건축물의 이용과 소유현황
3. 도시·군계획시설 및 정비기반시설의 설치현황
4. 정비구역 및 주변지역의 교통상황
5. 토지 및 건축물의 가격과 임대차 현황
6. 정비사업의 시행계획 및 시행방법 등에 대한 주민의 의견
7. 그 밖에 시·도조례로 정하는 사항

③ 특별시장·광역시장·특별자치시장·특별자치도지사·시장·군수 또는 자치구의 구청장은 사업시행자(사업시행자가 둘 이상인 경우에는 그 대표자를 말한다)에게 ②에 따른 조사를 하게 할 수 있다.

[별표1] 정비계획의 입안대상지역

1. 주거환경개선사업을 위한 정비계획은 다음 각 목의 어느 하나에 해당하는 지역에 대하여 입안한다.

   가. 1985년 6월 30일 이전에 건축된 건축물로서 법률 제3533호 특정건축물정리에 관한 특별조치법 제2조에 따른 무허가건축물 또는 위법시공건축물과 노후·불량건축물이 밀집되어 있어 주거지로서의 기능을 다하지 못하거나 도시미관을 현저히 훼손하고 있는 지역

   나. 「개발제한구역의 지정 및 관리에 관한 특별조치법」에 따른 개발제한구역으로서 그 구역지정 이전에 건축된 노후·불량건축물의 수가 해당 정비구역의 건축물 수의 50퍼센트 이상인 지역

---

8) 정비구역의 지정권자는 정비구역 지정을 위하여 직접 정비계획을 입안할 수 있다.
9) 자치구의 구청장 또는 광역시의 군수 정비계획을 입안하여 특별시장·광역시장에게 정비구역 지정을 신청하여야 한다. 이 경우 지방의회의 의견을 첨부하여야 한다.

다. 재개발사업을 위한 정비구역의 토지면적의 50퍼센트 이상의 소유자와 토지 또는 건축물을 소유하고 있는 자의 50퍼센트 이상이 각각 재개발사업의 시행을 원하지 않는 지역

라. 철거민이 50세대 이상 규모로 정착한 지역이거나 인구가 과도하게 밀집되어 있고 기반시설의 정비가 불량하여 주거환경이 열악하고 그 개선이 시급한 지역

마. 정비기반시설이 현저히 부족하여 재해발생 시 피난 및 구조 활동이 곤란한 지역

바. 건축대지로서 효용을 다할 수 없는 과소필지 등이 과다하게 분포된 지역으로서 건축행위 제한 등으로 주거환경이 열악하여 그 개선이 시급한 지역

사. 「국토의 계획 및 이용에 관한 법률」 제37조 제1항 제4호에 따른 방재지구로서 주거환경개선사업이 필요한 지역

아. 단독주택 및 다세대주택 등이 밀집한 지역으로서 주거환경의 보전·정비·개량이 필요한 지역

자. 법 제20조 및 제21조에 따라 해제된 정비구역 및 정비예정구역

차. 기존 단독주택 재건축사업 또는 재개발사업을 위한 정비구역 및 정비예정구역의 토지등소유자의 50퍼센트 이상이 주거환경개선사업으로의 전환에 동의하는 지역

카. 「도시재정비 촉진을 위한 특별법」 제2조 제6호에 따른 존치지역 및 같은 법 제7조 제2항에 따라 재정비촉진지구가 해제된 지역

2. 재개발사업을 위한 정비계획은 노후·불량건축물의 수가 전체 건축물의 수의 60퍼센트(「도시재정비 촉진을 위한 특별법」 제5조에 따른 재정비촉진지구에서 재개발사업을 위한 정비계획을 입안하는 경우에는 50퍼센트로 하며, 재정비촉진지구 외의 지역의 경우에는 50퍼센트 이상 70퍼센트 이하의 범위에서 시·도조례로 증감할 수 있다) 이상인 지역으로서 다음 각 목의 어느 하나에 해당하는 지역에 대하여 입안한다. 이 경우 순환용주택을 건설하기 위하여 필요한 지역을 포함할 수 있다.

가. 정비기반시설의 정비에 따라 토지가 대지로서의 효용을 다할 수 없게 되거나 과소토지로 되어 도시의 환경이 현저히 불량하게 될 우려가 있는 지역

나. 노후·불량건축물의 연면적의 합계가 전체 건축물의 연면적의 합계의 60퍼센트(「도시재정비 촉진을 위한 특별법」 제5조에 따른 재정비촉진지구에서 재개발사업을 위한 정비계획을 입안하는 경우에는 50퍼센트로 하며, 재정비촉진지구 외의 지역의 경우에는 50퍼센트 이상 70퍼센트 이하의 범위에서 시·도조례로 증감할 수 있다) 이상이거나 건축물이 과도하게 밀집되어 있어 그 구역 안의 토지의 합리적인 이용과 가치의 증진을 도모하기 곤란한 지역

다. 인구·산업 등이 과도하게 집중되어 있어 도시기능의 회복을 위하여 토지의 합리적인 이용이 요청되는 지역

라. 해당 지역의 최저고도지구의 토지(정비기반시설용지를 제외한다)면적이 전체 토지면적의 50퍼센트를 초과하고, 그 최저고도에 미달하는 건축물이 해당 지역 건축물의 바닥면적합계의 3분의 2 이상인 지역

마. 공장의 매연·소음 등으로 인접지역에 보건위생상 위해를 초래할 우려가 있는 공업지역 또는 「산업집적활성화 및 공장설립에 관한 법률」에 따른 도시형공장이나 공해발생정도가 낮은 업종으로 전환하려는 공업지역

바. 역세권 등 양호한 기반시설을 갖추고 있어 대중교통 이용이 용이한 지역으로서 「주택법」 제20조에 따라 토지의 고도이용과 건축물의 복합개발을 통한 주택 건설·공급이 필요한 지역

사. 「국토의 계획 및 이용에 관한 법률」 제37조 제1항 제4호에 따른 방재지구가 해당 지역 전체 토지면적의 2분의 1 이상인 지역

아. 「건축법」 제2조 제1항 제5호에 따른 지하층의 전부 또는 일부를 주거용도로 사용하는 건축물의 수가 해당 지역 전체 건축물의 수의 2분의 1 이상인 지역

자. 제1호 라목 또는 마목에 해당하는 지역

3. 재건축사업을 위한 정비계획은 제1호 및 제2호에 해당하지 않는 지역으로서 다음 각 목의 어느 하나에 해당하는 지역에 대하여 입안한다.

가. 건축물의 일부가 멸실되어 붕괴나 그 밖의 안전사고의 우려가 있는 지역

나. 재해 등이 발생할 경우 위해의 우려가 있어 신속히 정비사업을 추진할 필요가 있는 지역

다. 노후·불량건축물로서 기존 세대수가 200세대 이상이거나 그 부지면적이 1만 제곱미터 이상인 지역

라. 셋 이상의 「건축법 시행령」 별표 1 제2호 가목에 따른 아파트 또는 같은 호 나목에 따른 연립주택이 밀집되어 있는 지역으로서 법 제12조에 따른 안전진단 실시 결과 전체 주택의 3분의 2 이상이 재건축이 필요하다는 판정을 받은 지역으로서 시·도조례로 정하는 면적 이상인 지역

4. 무허가건축물의 수, 노후·불량건축물의 수, 호수밀도, 토지의 형상 또는 주민의 소득 수준 등 정비계획의 입안대상지역 요건은 필요한 경우 제1호부터 제3호까지에서 규정한 범위에서 시·도조례로 이를 따로 정할 수 있다. 이 경우 제2호에 따른 재개발사업을 위한 정비계획의 입안대상지역 요건을 갖춘 지역에 위치한 노후·불량건축물의 수가 전체 건축물 수의 4분의 3 이상인 경우에는 전단에 따라 시·도조례로 따로 정한 요건을 갖춘 것으로 본다.

5. 부지의 정형화, 효율적인 기반시설의 확보 등을 위하여 필요하다고 인정되는 경우에는 지방도시계획위원회의 심의를 거쳐 제1호부터 제3호까지의 규정에 해당하는 정비구역의 입안대상지역 면적의 100분의 120 이하의 범위에서 시·도조례로 정하는 바에 따라 제1호부터 제3호까지의 규정에 해당하지 않는 지역을 포함하여 정비계획을 입안할 수 있다.

6. 건축물의 상당수가 붕괴나 그 밖의 안전사고의 우려가 있거나 상습 침수, 홍수, 산사태, 해일, 토사 또는 제방 붕괴 등으로 재해가 생길 우려가 있는 지역에 대해서는 정비계획을 입안할 수 있다.

3. 정비구역의 지정을 위한 정비계획의 입안 요청 등(제13조의2)

(1) 토지등소유자의 정비구역의 지정을 위한 정비계획의 입안 요청 등(입안권자에게)

토지등소유자의 2분의 1 이하의 범위에서 조례로 정하는 비율 이상의 동의를 받은 후 시·도조례로 정하는 요청서 서식에 정비계획의 입안을 요청하는 구역의 범위 및 해당 구역에 위치한 건축물 현황에 관한 서류를 첨부하여 정비계획의 입안권자에게 제출해야 한다.

1) 입안 요청이 가능한 경우

① 단계별 정비사업 추진계획상 정비예정구역별 정비계획의 입안시기가 지났음에도 불구하고 정비계획이 입안되지 아니한 경우

② 기본계획에 정비구역으로 지정할 예정인 구역의 개략적 범위 및 단계별 정비사업 추진계획(정비예정구역별 정비계획의 수립시기가 포함되어야 한다)에 따른 사항을 생략한 경우

③ 천재지변 등 대통령령으로 정하는 불가피한 사유로 긴급하게 정비사업을 시행할 필요가

있다고 판단되는 경우(천재지변, 특정관리대상으로 지정된 경우, 시설물의 안전 및 유지관리에 관한 특별법 상 안전조치를 해야 하는 경우)

(2) 정비계획의 입안권자는 요청일부터 4개월 이내에(2개월 범위에서 한 차례만 연장 가능) 입안 여부를 결정하여 토지등소유자 및 정비구역의 지정권자에게 알려야 한다.

(3) 정비구역의 지정권자는 다음 어느 하나에 해당하는 경우에는 토지이용, 주택건설 및 기반시설의 설치 등에 관한 기본방향을 작성하여 정비계획의 입안권자에게 제시하여야 한다.

① 정비계획의 입안권자가 토지등소유자에게 정비계획을 입안하기로 통지한 경우

② 단계별 정비사업 추진계획에 따라 정비계획의 입안권자가 요청하는 경우

③ 정비계획의 입안권자가 정비계획을 입안하기로 결정한 경우로서 대통령령으로 정하는 경우(정비계획의 입안권자가 토지등소유자의 2분의 1 이하의 범위에서 시·도조례로 정하는 비율 이상의 동의를 받아 정비구역지정권자에게 요청하는 경우)

④ 정비계획을 변경하는 경우로서 대통령령으로 정하는 경우

> "대통령령으로 정하는 경우"란 법 제54조, 법 제66조 제2항부터 제5항까지, 법 제101조의5 또는 법 제101조의6에 따른 용적률 완화를 위하여 정비계획을 변경하는 경우로서 정비계획의 입안권자가 토지등소유자의 2분의 1 이하의 범위에서 시·도조례로 정하는 비율 이상의 동의를 받아 정비구역지정권자에게 요청하는 경우를 말한다.

** 토지이용, 주택건설 및 기반시설의 설치 등에 관한 기본방향 포함사항

1. 용적률, 건폐율, 높이 및 용도지역 등 개발밀도에 관한 사항
2. 지형, 지역적 특성, 경관, 보행자의 보행 편의 등을 고려한 건축 기준에 관한 사항
3. 정비기반시설, 공동이용시설, 「국토의 계획 및 이용에 관한 법률」 제2조 제6호에 따른 기반시설 및 같은 법 제52조의2 제1항 제3호에 따른 시설(공공시설)의 설치가 필요한 경우 그 설치에 관한 사항
4. 법 제13조의2 제3항 제4호("④ 정비계획을 변경하는 경우로서 대통령령으로 정하는 경우")에 따라 정비계획을 변경하는 경우로서 법 제50조의3 제1항[10]에 따라 정비계획의 변경을 위한 지방도시계획위원회 심의를 사업시행계획인가와 관련된 심의와 함께 통합하여 검토 및 심의하려는 경우에는 법 제9조 제1항 제4호·제5호·제7호(공동이용시설 설치계획, 건축물의 주용도·건폐율·용적률·높이에 관한 계획, 정비구역 주변의 교육환경 보호에 관한 계획) 및 이 영 제8조 제3항 제6호(정비기반시설의 설치계획)에 관한 사항

---

10) ① 정비구역의 지정권자는 사업시행계획인가(인가받은 사항을 변경하는 경우를 포함한다)에 앞서 결정·고시된 정비계획의 변경(정비구역의 변경도 포함하나 경미한 변경은 제외한다)이 필요한 경우 정비계획의 변경을 위한 지방도시계획위원회 심의를 사업시행계획인가와 관련된 심의와 함께 통합하여 검토 및 심의할 수 있다.

(4) 정비구역의 지정요청을 위한 요청서의 작성, 토지등소유자의 동의, 요청서의 처리 및 정비계획의 기본방향 작성을 위하여 필요한 사항은 대통령령으로 정한다.

4. 정비계획의 입안 제안(제14조)

(1) 토지등소유자는 정비계획 입안 제안할 수 있다(⑤의 경우에는 제26조 제1항 제1호 및 제27조 제1항 제1호에 따라 사업시행자가 되려는 자를 말한다)

① 단계별 정비사업 추진계획(정비예정구역별 정비계획의 수립시기가 포함되어야 한다)에 따른 단계별 정비사업 추진계획상 정비예정구역별 정비계획의 입안시기가 지났음에도 불구하고 정비계획이 입안되지 아니하거나, 단계별 정비사업 추진계획에 따른 정비예정구역별 정비계획의 수립시기를 정하고 있지 아니한 경우

② 토지등소유자가 제26조 제1항 제7호 및 제8호에 따라 토지주택공사등을 사업시행자로 지정 요청하려는 경우

③ 대도시가 아닌 시 또는 군으로서 시·도조례로 정하는 경우

④ 정비사업을 통하여 공공지원민간임대주택을 공급하거나 임대할 목적으로 주택을 주택임대관리업자에게 위탁하려는 경우로서 제9조 제1항 제10호 각 목을 포함하는 정비계획의 입안을 요청하려는 경우

⑤ 제26조 제1항 제1호 및 제27조 제1항 제1호에 따라 정비사업을 시행하려는 경우
(천재지변, 「재난 및 안전관리 기본법」 또는 「시설물의 안전 및 유지관리에 관한 특별법」에 따른 사용제한·사용금지, 그 밖의 불가피한 사유로 긴급하게 정비사업을 시행할 필요가 있다고 인정하여 시장/군수 등이 재개발/재건축 사업을 직접 시행하거나 사업시행자를 지정하여 정비사업을 시행하게 하는 경우를 말한다)

⑥ 토지등소유자(조합이 설립된 경우에는 조합원을 말한다)가 3분의 2 이상의 동의로 정비계획의 변경을 요청하는 경우. 다만, 제15조 제3항에 따른 경미한 사항을 변경하는 경우에는 토지등소유자의 동의절차를 거치지 아니한다.

⑦ 토지등소유자가 공공재개발사업 또는 공공재건축사업을 추진하려는 경우(기출 35)

(2) 정비계획 입안의 제안을 위한 토지등소유자의 동의, 제안서의 처리 등에 필요한 사항(영 제12조)

① 토지등소유자의 3분의 2 이하 및 토지면적 3분의 2 이하의 범위에서 조례로 정하는 비율 이상의 동의와 정비계획도서, 계획설명서를 제출해야 한다.

② 제안일로부터 60일 이내에 반영여부를 제안자에게 통보해야 한다. 부득이한 경우 한 차례만 30일 연장할 수 있다.

③ 정비계획의 입안권자는 제안을 정비계획에 반영하는 경우에는 첨부된 정비계획도서와 계획설명서를 정비계획의 입안에 활용할 수 있다.

5. 정비계획 입안을 위한 주민의견청취 등(제15조)

(1) 정비계획의 입안권자는 정비계획을 입안 또는 변경하려면 주민에게 서면으로 통보한 후 주민

설명회 및 30일 이상 주민에게 공람하여 의견을 들어야 하며 타당하다고 인정되면 정비계획에 반영하여야 한다.

(2) 주민공람과 함께 지방의회 의견을 들어야 한다. 지방의회는 정비계획의 입안권자가 정비계획을 통지한 날부터 60일 내에 의견을 제시(기간 내 제시하지 아니하면 의견이 없는 것으로 본다)해야 한다.

(3) 경미한 사항을 변경하는 경우에는 주민에 대한 서면통보, 주민설명회, 주민공람 및 지방의회의 의견청취 절차를 거치지 아니할 수 있다.

＊(법 제15조 제3항) 경미한 사항을 변경하는 경우

1. 정비구역의 면적을 10퍼센트 미만의 범위에서 변경하는 경우(법 제18조에 따라 정비구역을 분할, 통합 또는 결합하는 경우를 제외한다)
1의2. 토지등소유자별 분담금 추산액 및 산출근거를 변경하는 경우
2. 정비기반시설의 위치를 변경하는 경우와 정비기반시설 규모를 10퍼센트 미만의 범위에서 변경하는 경우
3. 공동이용시설 설치계획을 변경하는 경우
4. 재난방지에 관한 계획을 변경하는 경우
5. 정비사업시행 예정시기를 3년의 범위에서 조정하는 경우
6. 「건축법 시행령」 별표 1 각 호의 용도범위에서 건축물의 주용도(해당 건축물의 가장 넓은 바닥면적을 차지하는 용도를 말한다. 이하 같다)를 변경하는 경우
7. 건축물의 건폐율 또는 용적률을 축소하거나 10퍼센트 미만의 범위에서 확대하는 경우
8. 건축물의 최고 높이를 변경하는 경우
9. 법 제66조 제1항에 따라 용적률을 완화하여 변경하는 경우
10. 「국토의 계획 및 이용에 관한 법률」 제2조 제3호에 따른 도시·군기본계획, 같은 조 제4호에 따른 도시·군관리계획 또는 기본계획의 변경에 따라 정비계획을 변경하는 경우
11. 「도시교통정비 촉진법」에 따른 교통영향평가 등 관계법령에 의한 심의결과에 따른 변경인 경우
12. 그 밖에 제1호부터 제8호까지, 제10호 및 제11호와 유사한 사항으로서 시·도조례로 정하는 사항을 변경하는 경우

---

(4) 정비계획의 입안권자는 정비기반시설 및 국유·공유재산의 귀속 및 처분에 관한 사항이 포함된 정비계획을 입안하려면 미리 해당 정비기반시설 및 국유·공유재산의 관리청의 의견을 들어야 한다.

6. 임대주택 및 주택규모별 건설비율(제10조)

정비계획의 입안권자는 주택수급의 안정과 저소득 주민의 입주기회 확대를 위하여 정비사업으로 건설하는 주택에 대하여 다음 구분에 따른 범위에서 국토교통부장관이 정하여 고시하는 임대주택 및 주택규모별 건설비율 등을 정비계획에 반영하여야 한다(사업시행자는 고시된 내용에 따라 주택을 건설하여야 한다).

① 「주택법」 제2조 제6호에 따른 국민주택규모의 주택(이하 "국민주택규모 주택"이라 한다)이 전체 세대수의 100분의 90 이하에서 대통령령으로 정하는 범위

② 임대주택(공공임대주택 및 「민간임대주택에 관한 특별법」에 따른 민간임대주택을 말한다. 이하 같다)이 전체 세대수 또는 전체 연면적의 100분의 30 이하에서 대통령령으로 정하는 범위

영 제9조(주택의 규모 및 건설비율)

① 법 제10조 제1항 제1호 및 제2호에서 "대통령령으로 정하는 범위"란 각각 다음 각 호의 범위를 말한다.

　1. 주거환경개선사업의 경우 다음 각 목의 범위

　　가. 「주택법」 제2조 제6호에 따른 국민주택규모(이하 "국민주택규모"라 한다)의 주택 : 건설하는 주택 전체 세대수의 100분의 90 이하

　　나. 공공임대주택 : 건설하는 주택 전체 세대수의 100분의 30 이하로 하며, 주거전용면적이 40제곱미터 이하인 공공임대주택이 전체 공공임대주택 세대수의 100분의 50 이하

　2. 재개발사업의 경우 다음 각 목의 범위

　　가. 국민주택규모의 주택 : 건설하는 주택 전체 세대수의 100분의 80 이하

　　나. 임대주택(「민간임대주택에 관한 특별법」에 따른 민간임대주택과 공공임대주택을 말한다. 이하 같다) : 건설하는 주택 전체 세대수 또는 전체 연면적(법 제54조 제1항, 법 제66조 제2항 또는 법 제101조의5 제1항에 따라 정비계획으로 정한 용적률을 초과하여 건축함으로써 증가된 세대수 또는 면적은 제외한다. 이하 이 목에서 같다)의 100분의 20 이하[법 제55조 제1항, 법 제66조 제3항 또는 법 제101조의5 제2항 본문에 따라 공급되는 임대주택은 제외하며, 해당 임대주택 중 주거전용면적이 40제곱미터 이하인 임대주택이 전체 임대주택 세대수(법 제55조 제1항, 법 제66조 제3항 또는 법 제101조의5 제2항 본문에 따라 공급되는 임대주택은 제외한다. 이하 이 목에서 같다)의 100분의 40 이하여야 한다]. 다만, 특별시장·광역시장·특별자치시장·특별자치도지사·시장·군수 또는 자치구의 구청장이 정비계획을 입안할 때 관할 구역에서 시행된 재개발사업에서 건설하는 주택 전체 세대수에서 별표 3 제2호 가목1)에 해당하는 세입자가 입주하는 임대주택 세대수가 차지하는 비율이 특별시장·광역시장·특별자치시장·도지사·특별자치도지사(이하 "시·도지사"라 한다)가 정하여 고시하는 임대주택 비율보다 높은 경우 등 관할 구역의 특성상 주택수급안정이 필요한 경우에는 다음 계산식에 따라 산정한 임대주택 비율 이하의 범위에서 임대주택 비율을 높일 수 있다.

$$해당 \ 시·도지사가 \ 고시한 \ 임대주택 \ 비율 + (건설하는 \ 주택 \ 전체 \ 세대수 \times \frac{10}{100})$$

　3. 재건축사업의 경우 국민주택규모의 주택이 건설하는 주택 전체 세대수의 100분의 60 이하

② 제1항 제3호에도 불구하고 과밀억제권역에서 다음 각 호의 요건을 모두 갖춘 경우에는 국민주택규모의 주택 건설 비율을 적용하지 아니한다.

> 1. 재건축사업의 조합원에게 분양하는 주택은 기존 주택(재건축하기 전의 주택을 말한다)의 주거전용면적을 축소하거나 30퍼센트의 범위에서 그 규모를 확대할 것
> 2. 조합원 이외의 자에게 분양하는 주택은 모두 85제곱미터 이하 규모로 건설할 것

"국민주택규모"란 주거의 용도로만 쓰이는 면적(이하 "주거전용면적"이라 한다)이 1호(戶) 또는 1세대당 85제곱미터 이하인 주택(「수도권정비계획법」 제2조 제1호에 따른 수도권을 제외한 도시지역이 아닌 읍 또는 면 지역은 1호 또는 1세대당 주거전용면적이 100제곱미터 이하인 주택을 말한다)을 말한다. 이 경우 주거전용면적의 산정방법은 국토교통부령으로 정한다.

7. 기본계획 수립 시 용적률 완화(제11조)

① 기본계획의 수립권자 또는 정비계획의 입안권자는 주거지역에 대하여는 조례로 정한 용적률에도 불구하고 법률에 따른 용적률의 상한까지 용적률을 정할 수 있다(구청장등[11] 또는 대도시의 시장이 아닌 시장은 정비계획을 입안하거나 변경입안하려는 경우 기본계획의 변경 또는 변경승인을 특별시장·광역시장·도지사에게 요청할 수 있다).

② 기본계획의 수립권자 또는 정비계획의 입안권자는 천재지변, 그 밖의 불가피한 사유로 건축물이 붕괴할 우려가 있어 긴급히 정비사업을 시행할 필요가 있다고 인정하는 경우에는 용도지역의 변경을 통해 용적률을 완화하여 기본계획을 수립하거나 정비계획을 입안할 수 있다. 이 경우 기본계획의 수립권자, 정비계획의 입안권자 및 정비구역의 지정권자는 용도지역의 변경을 이유로 기부채납을 요구하여서는 아니 된다.

Ⅲ 정비구역의 지정 및 행위제한

1. 정비구역의 지정(제8조)

① 특별시장·광역시장·특별자치시장·특별자치도지사·시장 또는 군수(광역시의 군수는 제외)(=정비구역의 지정권자)는 기본계획에 적합한 범위에서 노후·불량건축물이 밀집하는 등 대통령령으로 정하는 요건에 해당하는 구역에 대하여 정비계획을 결정하여 정비구역을 지정(변경지정을 포함한다)할 수 있다.

② 법 제26조 제1항 제1호 및 제27조 제1항 제1호에 따라(천재지변 등 시급한 시행이 필요한 경우) 정비사업을 시행하려는 경우에는 기본계획을 수립하거나 변경하지 아니하고 정비구역을 지정할 수 있다.

③ 정비구역의 지정권자는 정비구역의 진입로 설치를 위하여 필요한 경우에는 진입로 지역과 그 인접지역을 포함하여 정비구역을 지정할 수 있다.

④ 정비구역의 지정권자는 정비구역 지정을 위하여 직접 제9조에 따른 정비계획을 입안할 수 있다.

---

11) 자치구의 구청장 또는 광역시의 군수

⑤ 자치구의 구청장 및 광역시 군수(이하 구청장등)는 정비계획을 입안하여 특별·광역시장에게 (지방의회 의견을 첨부하여) 정비구역을 신청해야 한다. [기출 35]

2. 정비계획의 결정 및 정비구역의 지정·고시 절차(제16조)

① 정비구역의 지정권자는 정비구역을 지정하거나 변경지정하려면 지방도시계획위원회의 심의를 거쳐야 한다. 다만, 제15조 제3항에 따른 경미한 사항을 변경하는 경우에는 지방도시계획위원회의 심의를 거치지 아니할 수 있다. [기출 30]

② 정비구역의 지정권자는 정비구역을 지정(변경지정 포함)하거나 정비계획을 결정(변경결정 포함)한 때에는 정비계획을 포함한 정비구역 지정의 내용을 해당 지방자치단체의 공보에 고시하여야 한다. 이 경우 지형도면 고시 등에 대하여는 「토지이용규제 기본법」에 따른다. 정비구역의 지정권자는 정비계획을 포함한 정비구역을 지정·고시한 때에는 국토교통부장관에게 그 지정의 내용을 보고하여야 하며, 관계 서류를 일반인이 열람할 수 있도록 하여야 한다.

3. 정비구역 지정·고시의 효력 등(제17조)(지구단위계획구역으로 지정된 것으로 본다)

① 지구단위계획구역 내 건폐율 용적률 등 완화규정 적용, 용적률이 완화되는 경우로서 사업시행자가 정비구역에 있는 대지의 가액 일부에 해당하는 금액을 현금으로 납부한 경우에는 대통령령으로 정하는 공공시설 또는 기반시설의 부지를 제공하거나 공공시설등을 설치하여 제공한 것으로 본다.

② 지구단위계획구역에 대하여 정비계획의 내용을 모두 포함한 지구단위계획을 결정·고시(변경결정·고시 포함)하는 경우 해당 지구단위계획구역은 정비구역으로 지정·고시된 것으로 본다.

4. 정비구역의 분할, 통합 및 결합 가능(제18조)[기출 30 35]

① 정비구역의 지정권자는 정비사업의 효율적인 추진 또는 도시의 경관보호를 위하여 필요하다고 인정하는 경우에는 다음 각 호의 방법에 따라 정비구역을 지정할 수 있다.
 1. 하나의 정비구역을 둘 이상의 정비구역으로 분할
 2. 서로 연접한 정비구역을 하나의 정비구역으로 통합
 3. 서로 연접하지 아니한 둘 이상의 구역(제8조 제1항에 따라 대통령령으로 정하는 요건[12]에 해당하는 구역으로 한정한다) 또는 정비구역을 하나의 정비구역으로 결합

② 정비구역을 분할·통합하거나 서로 떨어진 구역을 하나의 정비구역으로 결합하여 지정하려는 경우 시행 방법과 절차에 관한 세부사항은 시·도조례로 정한다.

5. 행위제한(제19조)

(1) 시장·군수 등 허가(국계법상 개발행위허가 의제)[기출 33]
 ① 건축물의 건축 등 : 건축물(가설건축물 포함)의 건축, 용도변경[기출 35]
 ② 공작물의 설치 : 인공을 가하여 제작한 시설물(건축물 제외)의 설치

---

12) "Ⅱ. 정비계획의 입안 및 수립 - 2.정비계획의 입안대상지역(시행령 제7조)" 참조.

③ **토지의 형질변경** : 절토(땅깎기)·성토(흙쌓기)·정지(땅고르기)·포장 등의 방법으로 토지의 형상을 변경하는 행위, 토지의 굴착 또는 공유수면의 매립

④ **토석의 채취** : 흙·모래·자갈·바위 등의 토석을 채취하는 행위. 다만, 토지의 형질변경을 목적으로 하는 것은 '③'에 따른다.

⑤ **토지분할**

⑥ **물건을 쌓아놓는 행위** : 이동이 쉽지 아니한 물건을 1개월 이상 쌓아놓는 행위

⑦ **죽목의 벌채 및 식재**

＊＊ 위반 시 원상회복 명령 → 대집행 가능

＊＊ 시장·군수등은 허가를 하려는 경우로서 사업시행자가 있는 경우에는 미리 그 사업시행자의 의견을 들어야 한다.

(2) 허가불필요

① 재해복구 또는 재난수습에 필요한 응급조치를 위한 행위

② 기존 건축물의 붕괴 등 안전사고의 우려가 있는 경우 건축물에 대한 안전조치를 위한 행위

③ 그 밖에 대통령령으로 정하는 행위

> ＊ **대통령령으로 정하는 행위**[기출 33]
>
> 다음 각 호의 어느 하나에 해당하는 행위로서 「국토의 계획 및 이용에 관한 법률」 제56조에 따른 개발행위허가의 대상이 아닌 것을 말한다.
>
> 1. 농림수산물의 생산에 직접 이용되는 것으로서 국토교통부령으로 정하는 간이공작물의 설치
> 2. 경작을 위한 토지의 형질변경
> 3. 정비구역의 개발에 지장을 주지 아니하고 자연경관을 손상하지 아니하는 범위에서의 토석의 채취
> 4. 정비구역에 존치하기로 결정된 대지에 물건을 쌓아놓는 행위
> 5. 관상용 죽목의 임시식재(경작지에서의 임시식재는 제외한다)

(3) 기득권 보호

정비구역의 지정 및 고시 당시 공사 또는 사업에 착수한 자는 시장·군수등에게 신고한 후 이를 계속 시행할 수 있다. 신고하여야 하는 자는 정비구역이 지정·고시된 날부터 30일 이내에 그 공사 또는 사업의 진행상황과 시행계획을 첨부하여 관할 시장·군수등에게 신고하여야 한다.

(4) 국토교통부장관, 시·도지사, 시장, 군수 또는 구청장(자치구)은 비경제적인 건축행위 및 투기 수요의 유입을 막기 위하여 기본계획을 공람 중인 정비예정구역 또는 정비계획을 수립 중인 지역에 대하여 3년 이내의 기간(+1년 한 차례 연장가능)을 정하여 "① 건축물의 건축, ② 토지의 분할, ③ 건축물대장 중 일반건축물대장을 집합건축물대장으로 전환, ④ 건축물대장 중 집합건축물대장의 전유부분 분할" 행위를 제한할 수 있다.

(5) 정비예정구역 또는 정비구역(=정비구역등)에서는 「주택법」 제2조 제11호 가목에 따른 지역주택조합의 조합원을 모집해서는 아니 된다.

> "주택조합"이란 많은 수의 구성원이 주택법상 사업계획의 승인을 받아 주택을 마련하거나 리모델링하기 위하여 결성하는 다음 각 목의 조합을 말한다.
> 가. 지역주택조합 : 서울특별시, 경기도, 충청도 등 각 지역에 거주하는 주민이 주택을 마련하기 위하여 설립한 조합
> 나. 직장주택조합 : 같은 직장의 근로자가 주택을 마련하기 위하여 설립한 조합
> 다. 리모델링주택조합 : 공동주택의 소유자가 그 주택을 리모델링하기 위하여 설립한 조합

Ⅳ 정비구역등의 해제

1. 정비구역의 해제(제20조)

지정권자는 해제해야 한다(구청장등은 특별시장 및 광역시장에게 해제 요청).

(1) 해제/해제신청사유(제1항)[기출 31 32 35]

① 정비예정구역에 대하여 기본계획에서 정한 정비구역 지정 예정일부터 3년이 되는 날까지 특별자치시장, 특별자치도지사, 시장 또는 군수가 정비구역을 지정하지 아니하거나 구청장등이 정비구역의 지정을 신청하지 아니하는 경우

② 재개발사업·재건축사업(조합이 시행하는 경우로 한정한다)이 다음 각 목의 어느 하나에 해당하는 경우

> 가. 토지등소유자가 정비구역으로 지정·고시된 날부터 2년이 되는 날까지 조합설립추진위원회의 승인을 신청하지 아니하는 경우
> 나. 토지등소유자가 정비구역으로 지정·고시된 날부터 3년이 되는 날까지 조합설립인가를 신청하지 아니하는 경우(제31조 제4항에 따라 추진위원회를 구성하지 아니하는 경우로 한정한다)
>
> > **제31조(조합설립추진위원회의 구성·승인)**
> > ④ 정비사업에 대하여 제118조에 따른 공공지원을 하려는 경우에는 추진위원회를 구성하지 아니할 수 있다. 이 경우 조합설립 방법 및 절차 등에 필요한 사항은 대통령령으로 정한다.
> >
> > * 공공지원이란 정비사업의 추진(추진위원회 또는 주민대표회의 구성, 관리업자의 선정, 설계자 및 시공자 선정 방법 등, 세입자의 주거 및 이주대책, 관리처분계획 수립 등)을 시장, 군수등 및 공공지원을 위탁받은 자가 행하는 것을 말한다.
>
> 다. 추진위원회가 추진위원회 승인일부터 2년이 되는 날까지 조합설립인가를 신청하지 아니하는 경우
> 라. 조합이 조합설립인가를 받은 날부터 3년이 되는 날까지 사업시행계획인가를 신청하지 아니하는 경우

③ 토지등소유자가 시행하는 재개발사업으로서 토지등소유자가 정비구역으로 지정/고시된 날부터 5년이 되는 날까지 사업시행계획인가를 신청하지 아니하는 경우

(2) 예외사항(제6항)

정비구역의 지정권자는 다음 어느 하나에 해당하는 경우에는 상기 (1)의 ①부터 ③까지의 규정에 따른 해당 기간을 2년의 범위에서 연장하여 정비구역등을 해제하지 아니할 수 있다.

① 정비구역등의 토지등소유자(조합을 설립한 경우에는 조합원을 말한다)가 100분의 30 이상의 동의로 상기 (1)의 ①부터 ③까지의 규정에 따른 해당 기간이 도래하기 전까지 연장을 요청하는 경우

② 정비사업의 추진 상황으로 보아 주거환경의 계획적 정비 등을 위하여 정비구역등의 존치가 필요하다고 인정하는 경우

＊ 그 사실을 해당 지방자치단체의 공보에 고시하고 국토교통부장관에게 통보하여야 하며, 관계 서류를 일반인이 열람할 수 있도록 하여야 한다(제7항).

2. 정비구역의 직권해제(제21조)(+ 지방도시계획위원회의 심의)[기출 30 31]

① 정비사업의 시행으로 토지등소유자에게 과도한 부담이 발생할 것으로 예상되는 경우

② 정비구역등의 추진 상황으로 보아 지정 목적을 달성할 수 없다고 인정되는 경우

③ 토지등소유자의 100분의 30 이상이 정비구역등(추진위원회가 구성되지 아니한 구역으로 한정한다)의 해제를 요청하는 경우

④ 제23조 제1항 제1호에 따른 방법으로 시행 중인 주거환경개선사업의 정비구역이 지정·고시된 날부터 10년 이상 지나고, 추진 상황으로 보아 지정 목적을 달성할 수 없다고 인정되는 경우로서 토지등소유자의 과반수가 정비구역의 해제에 동의하는 경우

> **제23조 제1항 제1호**
> 사업시행자가 정비구역에서 정비기반시설 및 공동이용시설을 새로 설치하거나 확대하고 토지등소유자가 스스로 주택을 보전·정비하거나 개량하는 방법

⑤ 추진위원회 구성 또는 조합 설립에 동의한 토지등소유자의 2분의 1 이상 3분의 2 이하의 범위에서 시·도조례로 정하는 비율 이상의 동의로 정비구역의 해제를 요청하는 경우(사업시행계획인가를 신청하지 아니한 경우로 한정한다)

⑥ 추진위원회가 구성되거나 조합이 설립된 정비구역에서 토지등소유자 과반수의 동의로 정비구역의 해제를 요청하는 경우(사업시행계획인가를 신청하지 아니한 경우로 한정한다)

＊ 정비구역등을 해제하여 추진위원회 구성승인 또는 조합설립인가가 취소되는 경우 정비구역의 지정권자는 해당 추진위원회 또는 조합이 사용한 비용의 일부를 대통령령으로 정하는 범위에서 시·도조례로 정하는 바에 따라 보조할 수 있다.

> * **대통령령으로 정하는 범위**
> 1. 정비사업전문관리 용역비
> 2. 설계 용역비
> 3. 감정평가비용
> 4. 그 밖에 조합설립추진위원회 및 조합이 법 제32조, 제44조 및 제45조에 따른 업무(추진위원회 업무, 총회 소집 및 의결)를 수행하기 위하여 사용한 비용으로서 시·도조례로 정하는 비용

3. 해제 절차(제20조 제3항 내지 제5항 및 제7항, 제21조 제2항)

해제 시 특별자치시장, 특별자치도지사, 시장, 군수 또는 구청장 등은 30일 이상 주민에게 공람하여 의견을 청취하고 지방의회의 의견을 청취(60일 내 의견 제시 없으면 이의 없는 것으로 본다)해야 한다. 지방도시계획위원회 심의를 거쳐 해제[13]하는 경우 지방자치단체 공보에 고시하고, 국토교통부장관에게 통보하며, 일반인이 열람할 수 있게 해야 한다.

* 정비구역등이 해제된 경우 정비구역의 지정권자는 해제된 정비구역등을 도시재생선도지역으로 지정하도록 국토교통부장관에게 요청할 수 있다(제21조의2).

4. 정비구역 해제의 효력(제22조)

① 정비구역등이 해제된 경우에는 정비계획으로 변경된 용도지역, 정비기반시설 등은 정비구역 지정 이전의 상태로 환원된 것으로 본다. [기출 35] 다만, 제21조 제1항 제4호의 경우 정비구역의 지정권자는 정비기반시설의 설치 등 해당 정비사업의 추진 상황에 따라 환원되는 범위를 제한할 수 있다. [기출 30]

> **제21조 제1항 제4호**
> 제23조 제1항 제1호에 따른 방법으로 시행 중인 주거환경개선사업의 정비구역이 지정·고시된 날부터 10년 이상 지나고, 추진 상황으로 보아 지정 목적을 달성할 수 없다고 인정되는 경우로서 토지등소유자의 과반수가 정비구역의 해제에 동의하는 경우
>
> **제23조 제1항 제1호**
> 사업시행자가 정비구역에서 정비기반시설 및 공동이용시설을 새로 설치하거나 확대하고 토지등소유자가 스스로 주택을 보전·정비하거나 개량하는 방법

② 정비구역등(재개발사업 및 재건축사업)이 해제된 경우 해제된 정비구역등을 제23조 제1항 제1호의 방법으로 시행하는 주거환경개선구역으로 지정할 수 있다. 이 경우 주거환경개선구역으로 지정된 구역은 기본계획에 반영된 것으로 본다.

③ 정비구역등이 해제·고시된 경우 추진위원회 구성승인 또는 조합설립인가는 취소된 것으로 보고, 시장·군수등은 해당 지단 공보에 그 내용을 고시해야 한다.

---

13) 「도시재정비 촉진을 위한 특별법」 제5조에 따른 재정비촉진지구에서는 같은 법 제34조에 따른 도시재정비위원회의 심의를 거쳐 정비구역등을 해제하여야 한다.

Ⅴ 기타

1. 재건축사업 정비계획 입안을 위한 안전진단(제12조)

입안자(특별자치시장, 특별자치도지사, 시장, 군수 또는 자치구의 구청장)가 함.

(1) 수립시기 도래 시

정비계획의 입안권자는 재건축사업 정비계획의 입안을 위하여 정비예정구역별 정비계획의 수립시기가 도래한 때에 안전진단을 실시하여야 한다.

(2) 요청 시 해야 함 → 30일 이내에 실시여부를 결정하여 통보해야 한다. 단, 안전진단 실시 여부 결정 전, 단계별 정비사업 추진계획 등의 사유로 재건축사업의 시기를 조정할 필요 인정 시 안전진단의 실시 시기를 조정할 수 있다.

+ 정비계획의 입안권자는 안전진단에 드는 비용을 해당 안전진단의 실시를 요청하는 자에게 부담하게 할 수 있다.

+ 안전진단의 요청이 있는 공동주택이 노후·불량건축물에 해당하지 아니함이 명백하다고 인정하는 경우에는 안전진단의 실시가 필요하지 아니하다고 결정할 수 있다.

1) 정비계획 입안을 제안하려는 자가 입안제안 전에 해당 정비예정구역에 위치한 건축물 및 그 부속토지의 소유자 10분의 1 이상의 동의를 받아 안전진단의 실시를 요청하는 경우

2) 제5조 제2항에 따라 정비예정구역을 지정하지 아니한 지역에서 재건축사업을 하려는 자가 사업예정구역에 있는 건축물 및 그 부속토지의 소유자 10분의 1 이상의 동의를 받아 안전진단의 실시를 요청하는 경우

> 제5조(기본계획의 내용)
> ② 기본계획의 수립권자는 기본계획에 다음 각 호의 사항을 포함하는 경우에는 제1항 제9호 및 제10호의 사항을 생략할 수 있다.
>   1. 생활권의 설정, 생활권별 기반시설 설치계획 및 주택수급계획
>   2. 생활권별 주거지의 정비·보전·관리의 방향

3) 제2조 제3호 나목(내진성능이 확보되지 아니한 건축물 중 중대한 기능적 결함 또는 부실 설계·시공으로 구조적 결함 등이 있는 건축물로서 대통령령으로 정하는 건축물)의 소유자로서 재건축사업을 시행하려는 자가 해당 사업예정구역에 위치한 건축물 및 그 부속토지의 소유자 10분의 1 이상의 동의를 받아 안전진단의 실시를 요청하는 경우

> ＊ 요청 시 첨부 서류
> 1. 사업지역 및 주변지역의 여건 등에 관한 현황도
> 2. 결함부위의 현황사진

(3) 안전진단 대상

재건축사업의 안전진단은 주택단지의 건축물을 대상으로 한다. 아래의 경우에는 제외 가능

> 1. 천재지변 등으로 주택이 붕괴되어 신속히 재건축을 추진할 필요를 인정하는 것
> 2. 주택의 구조안전상 사용금지가 필요하다고 정비계획의 입안권자가 인정하는 것
> 3. 노후·불량건축물 수에 관한 기준을 충족한 경우 잔여 건축물
> 4. 정비계획의 입안권자가 진입도로 등 기반시설 설치를 위하여 불가피하게 정비구역에 포함된 것으로 인정하는 건축물
> 5. 「시설물의 안전 및 유지관리에 관한 특별법」에 따라 지정받은 안전등급이 D(미흡) 또는 E(불량)인 건축물

(4) 현지조사 및 안전진단의 의뢰

1) 현지조사

정비계획의 입안권자는 현지조사 등을 통하여 해당 건축물의 구조안전성, 건축마감, 설비노후도 및 주거환경 적합성 등을 심사하여 안전진단의 실시 여부를 결정해야 한다.

+ 한국건설기술연구원 및 국토안전관리원에 현지조사를 의뢰할 수 있으며 의뢰를 받은 날부터 20일 이내에 조사결과를 정비계획의 입안권자에게 제출하여야 한다.

2) 안전진단의 의뢰

안전진단 실시의 필요성이 인정되면 안전진단기관(한국건설기술연구원, 안전진단전문기관, 국토안전관리원)에 안전진단을 의뢰해야 한다.

+ 안전진단기관은 국토교통부장관이 정하여 고시하는 기준(건축물의 내진성능 확보를 위한 비용을 포함)에 따라 안전진단을 실시해야 한다.

++ 국토교통부령으로 정하는 방법 및 절차에 따라 안전진단 결과보고서를 작성하여 정비계획의 입안권자 및 안전진단의 실시를 요청한 자에게 제출해야 한다.

3) 안전진단의 대상·기준·실시기관·지정절차 및 수수료 등에 필요한 사항은 대통령령으로 정한다.

> **＊ 안전진단 사항**
> 1. 구조안전성 평가 : 노후·불량건축물을 대상으로 구조적 또는 기능적 결함 등을 평가하는 안전진단
> 2. 구조안전성 및 주거환경 중심 평가 : 제1호 외의 노후·불량건축물을 대상으로 구조적·기능적 결함 등 구조안전성과 주거생활의 편리성 및 거주의 쾌적성 등 주거환경을 종합적으로 평가하는 안전진단

4) 정비계획의 입안권자는 안전진단의 결과와 도시계획 및 지역여건 등을 종합적으로 검토하여 정비계획의 입안 여부를 결정하여야 한다.

2. 안전진단 결과의 적정성 검토(제13조) + 검토비용은 요청자 부담

1) 정비계획의 입안권자(특별자치시장 및 특별자치도지사는 제외)는 정비계획의 입안 여부를 결정한 경우에는 지체 없이 특별시장·광역시장·도지사에게 결정내용과 해당 안전진단 결과보고서를 제출해야 한다.

2) 특별시장·광역시장·특별자치시장·도지사·특별자치도지사(이하 "시·도지사")는 필요시 국토안전관리원 또는 한국건설기술연구원에 안전진단 결과의 적정성에 대한 검토를 의뢰할 수 있다. → (의뢰받은 날부터 60일 이내에 그 결과를 시·도지사에게 제출해야 한다. + 부득이한 경우 30일 범위에서 한 차례 연장 가능)

3) 국토교통부장관은 시·도지사에게 안전진단 결과보고서의 제출을 요청할 수 있으며, 필요한 경우 시·도지사에게 안전진단 결과의 적정성에 대한 검토를 요청할 수 있다.

4) 시·도지사는 안전진단 검토결과에 따라 정비계획의 입안권자에게 정비계획 입안결정의 취소 등 필요한 조치를 요청할 수 있으며, 정비계획의 입안권자는 특별한 사유가 없으면 그 요청에 따라야 한다. 다만, 특별자치시장 및 특별자치도지사는 직접 정비계획의 입안결정의 취소 등 필요한 조치를 할 수 있다.

5) 안전진단 결과의 평가 등에 필요한 사항은 대통령령으로 정한다.

** 결과보고서 포함사항

1. 구조안전성 평가 결과보고서 - 구조안전성에 관한 사항 및 종합평가의견
   1) 기울기·침하·변형에 관한 사항
   2) 콘크리트 강도·처짐 등 내하력(耐荷力)에 관한 사항
   3) 균열·부식 등 내구성에 관한 사항

2. 구조안전성 및 주거환경 중심 평가 결과보고서
   가. 주거환경에 관한 사항
      1) 도시미관·재해위험도
      2) 일조환경·에너지효율성
      3) 층간 소음 등 사생활침해
      4) 노약자와 어린이의 생활환경
      5) 주차장 등 주거생활의 편리성
   나. 건축마감 및 설비노후도에 관한 사항
      1) 지붕·외벽·계단실·창호의 마감상태
      2) 난방·급수급탕·오배수·소화설비 등 기계설비에 관한 사항
      3) 수변전(受變電), 옥외전기 등 전기설비에 관한 사항
   다. 비용분석에 관한 사항
      1) 유지관리비용

---

2) 보수·보강비용

3) 철거비·이주비 및 신축비용

라. 구조안전성에 관한 사항

　　1) 기울기·침하·변형에 관련된 사항

　　2) 콘크리트 강도·처짐 등 내하력(耐荷力)에 관한 사항

　　3) 균열·부식 등 내구성에 관한 사항

마. 종합평가의견

🛡 확인문제

01 도시 및 주거환경정비법령상 정비계획 입안을 위하여 주민의견 청취절차를 거쳐야 하는 경우는? (단, 조례는 고려하지 않음)　　　✦ 32회

① 공동이용시설 설치계획을 변경하는 경우

② 재난방지에 관한 계획을 변경하는 경우

③ 정비사업시행 예정시기를 3년의 범위에서 조정하는 경우

④ 건축물의 최고 높이를 변경하는 경우

⑤ 건축물의 용적률을 20퍼센트 미만의 범위에서 확대하는 경우

02 도시 및 주거환경정비법령상 정비구역의 해제사유에 해당하는 것은?　　　✦ 31회

① 조합의 재건축사업의 경우, 토지등소유자가 정비구역으로 지정·고시된 날부터 1년이 되는 날까지 조합설립추진위원회의 승인을 신청하지 않은 경우

② 조합의 재건축사업의 경우, 토지등소유자가 정비구역으로 지정·고시된 날부터 2년이 되는 날까지 조합설립인가를 신청하지 않은 경우

③ 조합의 재건축사업의 경우, 조합설립추진위원회가 추진위원회 승인일부터 1년이 되는 날까지 조합설립인가를 신청하지 않은 경우

④ 토지등소유자가 재개발사업을 시행하는 경우로서 토지등소유자가 정비구역으로 지정·고시된 날부터 5년이 되는 날까지 사업시행계획인가를 신청하지 않은 경우

⑤ 조합설립추진위원회가 구성된 구역에서 토지등소유자의 100분의 20이 정비구역의 해제를 요청한 경우

제2장 기본계획의 수립 및 정비구역의 지정 주요 내용 O · X 확인 문제

01 특별시장 · 광역시장 · 특별자치시장 · 특별자치도지사 또는 시장은 관할 구역에 대하여 도시 · 주거환경정비기본계획을 10년 단위로 수립하여야 한다. 다만, 도지사가 대도시가 아닌 시로서 기본계획을 수립할 필요가 없다고 인정하는 시에 대하여는 기본계획을 수립하지 아니할 수 있다. (　　)

02 기본계획에 포함될 사항 중 틀린 것은 몇 개인가? (　　)

> 1. 정비사업의 기본방향
> 2. 정비사업의 계획기간
> 3. 인구 · 건축물 · 토지이용 · 정비기반시설 · 지형 및 환경 등의 현황
> 4. 주거지 관리계획
> 5. 토지이용계획 · 정비기반시설계획 · 공동이용시설설치계획 및 교통계획
> 6. 녹지 · 조경 · 에너지공급 · 폐기물처리 등에 관한 환경계획
> 7. 사회복지시설 및 주민문화시설 등의 설치계획
> 8. 도시의 광역적 재정비를 위한 기본방향
> 9. 정비구역으로 지정할 예정인 구역의 개략적 범위
> 10. 단계별 정비사업 추진계획(정비예정구역별 정비계획의 수립시기가 포함되어야 한다)
> 11. 건폐율 · 용적률 등에 관한 건축물의 밀도계획
> 12. 세입자에 대한 주거안정대책

03 기본계획의 수립권자는 기본계획을 수립하거나 변경하려는 경우에는 14일 이상 주민에게 공람하여 의견을 들어야 하며, 제시된 의견이 타당하다고 인정되면 이를 기본계획에 반영할 수 있다. (　　)

04 기본계획의 수립권자(대도시의 시장이 아닌 시장은 제외한다)는 기본계획을 수립하거나 변경하려면 관계 행정기관의 장과 협의한 후 지방도시계획위원회의 심의를 거쳐야 한다. 대도시의 시장이 아닌 시장은 기본계획을 수립하거나 변경하려면 도지사와 협의해야 한다. (　　)

05 토지등소유자가 정비계획의 입안권자에게 정비구역의 지정을 위한 정비계획의 입안을 요청하는 경우에는 정비계획의 입안권자는 요청일부터 60일 이내에(30일 범위에서 한 차례만 연장 가능) 정비계획의 입안 여부를 결정하여 토지등소유자 및 정비구역의 지정권자에게 알려야 한다. (　　)

06 정비구역의 지정권자는 하나의 정비구역을 둘 이상의 정비구역으로 분할할 수 있고, 서로 연접한 정비구역을 하나의 정비구역으로 결합할 수 있다. (　　)

07 정비구역에서 재해복구 또는 재난수습에 필요한 응급조치를 위한 행위를 하는 경우에는 시장·군수등의 허가를 받아야 한다. (　　　)

08 허가 없이 건축행위를 한 자에게는 시장·군수등은 원상회복을 명할 수 있다. 이 경우 명령을 받은 자가 그 의무를 이행하지 아니하는 때에는 시장·군수등은 「민사집행법」에 따라 대집행할 수 있다. (　　　)

09 국토교통부장관, 시·도지사, 시장, 군수 또는 구청장은 비경제적인 건축행위 및 투기 수요의 유입을 막기 위하여 기본계획을 공람 중인 정비예정구역 또는 정비계획을 수립 중인 지역에 대하여 2년 이내의 기간(1년의 범위에서 한 차례만 연장할 수 있다)을 정하여 건축물의 건축 및 토지의 분할행위를 제한할 수 있다. (　　　)

10 정비예정구역 또는 정비구역 지역주택조합의 조합원을 모집해서는 아니 된다. (　　　)

11 정비구역의 지정권자가 정비구역을 해제해야 하는 경우는? (　　　)

> 1. 정비예정구역에 대하여 기본계획에서 정한 정비구역 지정 예정일부터 3년이 되는 날까지 특별자치시장, 특별자치도지사, 시장 또는 군수가 정비구역을 지정하지 아니하거나 구청장등이 정비구역의 지정을 신청하지 아니하는 경우
> 2. 재개발사업·재건축사업(조합이 시행하는 경우로 한정)이 토지등소유자가 정비구역으로 지정·고시된 날부터 2년이 되는 날까지 제31조에 따른 조합설립추진위원회의 승인을 신청하지 아니하는 경우
> 3. 추진위원회가 추진위원회 승인일부터 2년이 되는 날까지 조합설립인가를 신청하지 아니하는 경우
> 4. 조합이 조합설립인가를 받은 날부터 3년이 되는 날까지 사업시행계획인가를 신청하지 아니하는 경우
> 5. 토지등소유자가 시행하는 재개발사업으로서 토지등소유자가 정비구역으로 지정·고시된 날부터 5년이 되는 날까지 사업시행계획인가를 신청하지 아니하는 경우
> 6. 정비사업의 시행으로 토지등소유자에게 과도한 부담이 발생할 것으로 예상되는 경우
> 7. 정비구역등의 추진 상황으로 보아 지정 목적을 달성할 수 없다고 인정되는 경우
> 8. 토지등소유자의 100분의 30 이상이 정비구역등(추진위원회가 구성되지 아니한 구역으로 한정한다)의 해제를 요청하는 경우
> 9. 추진위원회 구성 또는 조합 설립에 동의한 토지등소유자의 2분의 1 이상 3분의 2 이하의 범위에서 시·도조례로 정하는 비율 이상의 동의로 정비구역의 해제를 요청하는 경우(사업시행계획인가를 신청하지 아니한 경우로 한정한다)
> 10. 추진위원회가 구성되거나 조합이 설립된 정비구역에서 토지등소유자 과반수의 동의로 정비구역의 해제를 요청하는 경우(사업시행계획인가를 신청하지 아니한 경우로 한정한다)

제2장 기본계획의 수립 및 정비구역의 지정 주요 내용 O·X 확인 문제 정답

01 (○)

02 모두 맞음

03 (×) 제시된 의견이 타당하다고 인정되면 이를 기본계획에 반영하여야 한다.

04 (×) 기본계획의 수립권자(대도시의 시장이 아닌 시장은 제외한다)는 기본계획을 수립하거나 변경하려면 관계 행정기관의 장과 협의한 후 지방도시계획위원회의 심의를 거쳐야 한다. 대도시의 시장이 아닌 시장은 기본계획을 수립하거나 변경하려면 도지사의 승인을 받아야 한다.

05 (×) 정비구역의 지정을 위한 정비계획의 입안 요청 등, 정비계획의 입안제안과 구분할 것!!

① 토지등소유자는 다음 어느 하나에 해당하는 경우에는 정비계획의 입안권자에게 정비구역의 지정을 위한 정비계획의 입안을 요청할 수 있다.
1. 단계별 정비사업 추진계획상 정비예정구역별 정비계획의 입안시기가 지났음에도 불구하고 정비계획이 입안되지 아니한 경우
2. 기본계획에 정비구역으로 지정할 예정인 구역의 개략적 범위 및 단계별 정비사업 추진계획(정비예정구역별 정비계획의 수립시기가 포함되어야 한다)에 따른 사항을 생략한 경우
3. 천재지변 등 대통령령으로 정하는 불가피한 사유로 긴급하게 정비사업을 시행할 필요가 있다고 판단되는 경우
② 정비계획의 입안권자는 요청일부터 4개월 이내에(2개월 범위에서 한 차례만 연장 가능) 정비계획의 입안 여부를 결정하여 토지등소유자 및 정비구역의 지정권자에게 알려야 한다.
③ 정비구역의 지정권자는 다음 어느 하나에 해당하는 경우에는 토지이용, 주택건설 및 기반시설의 설치 등에 관한 기본방향을 작성하여 정비계획의 입안권자에게 제시하여야 한다.
1. 정비계획의 입안권자가 토지등소유자에게 정비계획을 입안하기로 통지한 경우
2. 단계별 정비사업 추진계획에 따라 정비계획의 입안권자가 요청하는 경우
3. 정비계획의 입안권자가 정비계획을 입안하기로 결정한 경우로서 대통령령으로 정하는 경우
4. 정비계획을 변경하는 경우로서 대통령령으로 정하는 경우
④ 정비구역의 지정요청을 위한 요청서의 작성, 토지등소유자의 동의, 요청서의 처리 및 정비계획의 기본방향 작성을 위하여 필요한 사항은 대통령령으로 정한다.

06 (×) 하나의 정비구역을 둘 이상의 정비구역으로 분할, 서로 연접한 정비구역을 하나의 정비구역으로 통합, 서로 연접하지 아니한 둘 이상의 구역(제8조 제1항에 따라 대통령령으로 정하는 요건에 해당하는 구역으로 한정한다) 또는 정비구역을 하나의 정비구역으로 결합할 수 있다.

07 (×) 허가대상

> 1. 건축물의 건축 등 : 건축물(가설건축물을 포함한다)의 건축, 용도변경
> 2. 공작물의 설치 : 인공을 가하여 제작한 시설물의 설치
> 3. 토지의 형질변경 : 절토(땅깎기)·성토(흙쌓기)·정지(땅고르기)·포장 등의 방법으로 토지의 형상을 변경하는 행위, 토지의 굴착 또는 공유수면의 매립
> 4. 토석의 채취 : 흙·모래·자갈·바위 등의 토석을 채취하는 행위. 다만, 토지의 형질변경을 목적으로 하는 것은 제3호에 따른다.
> 5. 토지분할
> 6. 물건을 쌓아놓는 행위 : 이동이 쉽지 아니한 물건을 1개월 이상 쌓아놓는 행위
> 7. 죽목의 벌채 및 식재(관상용 죽목의 임시식재는 제외한다. 단, 경작지에서의 임시식재는 허가를 받아야 한다)

08 (×) 「행정대집행법」에 따라 대집행할 수 있다.

09 (×) 3년 이내의 기간(1년의 범위에서 한 차례만 연장할 수 있다)을 정하여 제한할 수 있다.

10 (○)

11 (1 ~ 5) 1~5는 해제해야 하는 경우이고 6~10은 해제할 수 있는 경우이다.

Chapter 03 정비사업의 시행

제1절 | 정비사업의 시행방법 등

학습전략

① 정비사업의 시행자가 누구인지 명확한 숙지가 요구된다. 원칙적인 사업자, 공공시행자, 지정개발자, 사업대행자를 구분하여 정리하여야 한다.

② 조합설립추진위원회와 조합은 빈출 주제이므로 철저하게 대비하여야 한다. 조합 정관 기재사항과 임원에 대한 내용이 중요하다.

③ 사업시행계획인가와 관리처분계획인가처분의 기본절차와 각 계획 내용을 정리하여야 한다.

Q 참고

시장군수등 = 특별자치시장, 특별자치도지사, 시장·군수·구청장(자치구)

Ⅰ 시행방법(제23조)

1. 주거환경개선사업(①~④ 어느 하나 또는 혼용)(기출 30)

① 시장군수등이 기반시설 및 공동시설을 설치(확대)하고 토지등소유자가 스스로 주택을 보전/정비/개량하는 방법

② 전부/일부를 수용하여 주택을 토지등소유자에게 우선 공급하거나 대지를 토지등소유자 또는 토지등소유자 외의 자에게 공급하는 방법

③ 환지공급방법

④ 관리처분계획에 따라 주택/부대시설/복리시설을 공급하는 방법

2. 재개발사업

① 관리처분방식으로 건축물 공급

② 환지공급방법

3. 재건축사업(기출 30 35)

관리처분계획에 따라 주택/부대시설/복리시설 및 오피스텔(준주거/상업지역, 전체 건축물 연면적의 30/100 이하)을 공급하는 방법. 다만, 주택단지에 있지 아니하는 건축물의 경우에는 지형여건·주변의 환경으로 보아 사업 시행상 불가피한 경우로서 정비구역으로 보는 사업에 한정한다.

Ⅱ 사업시행자(제24조)

1. 주거환경개선사업

(1) 시행방법 "①"의 경우 → 시장군수등이 직접 또는 토지주택공사등 지정(이 경우 공람공고일 현재 토지등소유자의 과반수의 동의 필요)

(2) 시행방법"② ~ ④"의 경우 → (토지등소유자 2/3 이상 및 세입자 세대수 과반수 동의 필요)
① 시장군수등이 시행
② 또는 지정자 시행가능(토지주택공사등(토지주택공사 + 지방공사), "국가, 지단, 토지주택공사, 공공기관"이 50% 초과 출자로 설립한 법인)
③ 또는 "지정자 + 건설업자 및 건설업자로 보는 등록사업자를 공동시행자로 지정"하는 경우

공람공고일 현재 해당 정비예정구역의 토지 또는 건축물의 소유자 또는 지상권자의 3분의 2 이상의 동의와 세입자(공람공고일(정비계획 입안을 위한 주민의견청취) 3개월 전부터 해당 정비예정구역에 3개월 이상 거주하고 있는 자를 말한다) 세대수의 과반수의 동의를 각각 받아야 한다.

다만, 아래경우는 세입자 동의 절차를 거치지 않을 수 있다.
1. 세입자의 세대수가 토지등소유자의 2분의 1 이하인 경우
2. 임대주택을 건설할 필요 없다고 시·도지사가 인정하는 경우
3. 자기개량방식, 환지방식, 관리처분방식으로(시행방식 ①③④의 경우)사업시행하는 경우

(3) 시장·군수등은 천재지변, 그 밖의 불가피한 사유로 건축물이 붕괴할 우려가 있어 긴급히 정비사업을 시행할 필요가 있다고 인정하는 경우에는 토지등소유자 및 세입자의 동의 없이 자신이 직접 시행하거나 토지주택공사등을 사업시행자로 지정하여 시행하게 할 수 있다. 이 경우 시장·군수등은 지체 없이 토지등소유자에게 긴급한 정비사업의 시행 사유·방법 및 시기 등을 통보하여야 한다.

> **법 제24조(주거환경개선사업의 시행자)**
> ① 제23조 제1항 제1호에 따른 방법으로 시행하는 주거환경개선사업은 시장·군수등이 직접 시행하되, 토지주택공사등을 사업시행자로 지정하여 시행하게 하려는 경우에는 제15조 제1항에 따른 공람공고일 현재 토지등소유자의 과반수의 동의를 받아야 한다.
> ② 제23조 제1항 제2호부터 제4호까지의 규정에 따른 방법으로 시행하는 주거환경개선사업은 시장·군수등이 직접 시행하거나 다음 각 호에서 정한 자에게 시행하게 할 수 있다.
> 1. 시장·군수등이 다음 각 목의 어느 하나에 해당하는 자를 사업시행자로 지정하는 경우
>   가. 토지주택공사등
>   나. 주거환경개선사업을 시행하기 위하여 국가, 지방자치단체, 토지주택공사등 또는 「공공기관의 운영에 관한 법률」 제4조에 따른 공공기관이 총지분의 100분의 50을 초과하는 출자로 설립한 법인

2. 시장·군수등이 제1호에 해당하는 자와 다음 각 목의 어느 하나에 해당하는 자를 공동시행자로 지정하는 경우

　　가. 「건설산업기본법」 제9조에 따른 건설업자(이하 "건설업자"라 한다)

　　나. 「주택법」 제7조 제1항에 따라 건설업자로 보는 등록사업자(이하 "등록사업자"라 한다)

③ 제2항에 따라 시행하려는 경우에는 제15조 제1항에 따른 공람공고일 현재 해당 정비예정구역의 토지 또는 건축물의 소유자 또는 지상권자의 3분의 2 이상의 동의와 세입자(제15조 제1항에 따른 공람공고일 3개월 전부터 해당 정비예정구역에 3개월 이상 거주하고 있는 자를 말한다) 세대수의 과반수의 동의를 각각 받아야 한다. 다만, 세입자의 세대수가 토지등소유자의 2분의 1 이하인 경우 등 대통령령으로 정하는 사유가 있는 경우에는 세입자의 동의절차를 거치지 아니할 수 있다.

④ 시장·군수등은 천재지변, 그 밖의 불가피한 사유로 건축물이 붕괴할 우려가 있어 긴급히 정비사업을 시행할 필요가 있다고 인정하는 경우에는 제1항 및 제3항에도 불구하고 토지등소유자 및 세입자의 동의 없이 자신이 직접 시행하거나 토지주택공사등을 사업시행자로 지정하여 시행하게 할 수 있다. 이 경우 시장·군수등은 지체 없이 토지등소유자에게 긴급한 정비사업의 시행 사유·방법 및 시기 등을 통보하여야 한다.

2. 재개발(제25조)

① 조합이 시행하거나,

② 시장군수등, 토지주택공사등, 건설업자, 등록사업자, 대통령령으로 정하는 요건 갖춘 자(신탁업자, 한국부동산원)와 공동(조합 과반수 동의 필요) 시행할 수 있다.

③ 토지등소유자가 20인 미만인 경우에는 토지등소유자가 시행하거나 과반수 동의 받아(② 사업자와)공동으로 시행할 수 있다. [기출 30 35]

3. 재건축(제25조) [기출 30]

① 조합이 시행하거나,

② 시장군수등, 토지주택공사등, 건설업자, 등록사업자와 공동(조합 과반수 동의 필요) 시행할 수 있다.

＊ 신탁업자, 한국부동산원 없음!!!!!

법 제25조(재개발사업·재건축사업의 시행자)

① 재개발사업은 다음 각 호의 어느 하나에 해당하는 방법으로 시행할 수 있다.

　1. 조합이 시행하거나 조합이 조합원의 과반수의 동의를 받아 시장·군수등, 토지주택공사등, 건설업자, 등록사업자 또는 대통령령으로 정하는 요건을 갖춘 자와 공동으로 시행하는 방법

　2. 토지등소유자가 20인 미만인 경우에는 토지등소유자가 시행하거나 토지등소유자가 토지등소유자의 과반수의 동의를 받아 시장·군수등, 토지주택공사등, 건설업자, 등록사업자 또는 대통령령으로 정하는 요건을 갖춘 자와 공동으로 시행하는 방법

> ② 재건축사업은 조합이 시행하거나 조합이 조합원의 과반수의 동의를 받아 시장·군수등, 토지주
> 택공사등, 건설업자 또는 등록사업자와 공동으로 시행할 수 있다.

4. 재개발사업·재건축사업의 공공시행자(제26조)[기출 33]

① 시장·군수등은 재개발사업 및 재건축사업이 다음 각 호의 어느 하나에 해당하는 때에는 제25
조에도 불구하고 직접 정비사업을 시행하거나 토지주택공사등(토지주택공사등이 건설업자 또
는 등록사업자와 공동으로 시행하는 경우를 포함한다)을 사업시행자로 지정하여 정비사업을
시행하게 할 수 있다.

1. 천재지변, 재난 및 안전관리 기본법 또는 시설물의 안전 및 유지관리에 관한 특별법에 따른
   사용제한·사용금지, 그 밖의 불가피한 사유로 긴급하게 정비사업을 시행할 필요가 있다고
   인정하는 때
2. 정비계획에서 정한 정비사업시행 예정일부터 2년 이내에 사업시행계획인가를 신청하지 아
   니하거나 사업시행계획인가를 신청한 내용이 위법 또는 부당하다고 인정하는 때(재건축사
   업 제외)
3. 추진위원회가 3년 내에 조합설립인가 신청하지 아니하거나 조합이 조합설립인가를 받은
   날부터 3년 내에 사업시행계획인가 신청하지 아니한 때
4. 지방자치단체의 장이 도시·군계획사업과 병행하여 정비사업을 시행할 필요 인정 시
5. 순환정비방식 시행 필요 인정 시
6. 사업시행계획인가가 취소된 때
7. 국·공유지 면적 및 국공유지와 토지주택공사등이 소유한 면적이 전체 1/2 이상 + 토지등
   소유자의 과반수가 동의하는 때
8. 정비구역 토지면적 1/2 이상 토지소유자와 토지등소유자의 2/3 이상에 해당하는 자가 시장·
   군수등 또는 토지주택공사등을 사업시행자로 지정할 것을 요청하는 때. 이 경우 토지등소
   유자가 정비계획의 입안을 제안한 경우 입안제안에 동의한 토지등소유자는 토지주택공사
   등의 사업시행자 지정에 동의한 것으로 본다. 다만, 사업시행자의 지정 요청 전에 시장·군
   수등 및 주민대표회의에 사업시행자의 지정에 대한 반대의 의사표시를 한 토지등소유자의
   경우에는 그러하지 아니하다.

② 시장·군수등은 제1항에 따라 직접 정비사업을 시행하거나 토지주택공사등을 사업시행자로 지
정하는 때에는 정비사업 시행구역 등 토지등소유자에게 알릴 필요가 있는 사항으로서 대통령령
으로 정하는 사항을 해당 지방자치단체의 공보에 고시하여야 한다. 다만, 제1항 제1호의 경우에
는 토지등소유자에게 지체 없이 정비사업의 시행 사유·시기 및 방법 등을 통보하여야 한다.

③ 시장·군수등이 직접 정비사업을 시행하거나 토지주택공사등을 사업시행자로 지정·고시한
때에는 그 고시일 다음 날에 추진위원회의 구성승인 또는 조합설립인가가 취소된 것으로 본
다. 이 경우 시장·군수등은 해당 지방자치단체의 공보에 해당 내용을 고시하여야 한다.

5. 재개발사업 · 재건축사업의 지정개발자(제27조)

① 시장 · 군수등은 재개발사업 및 재건축사업에 대해 토지등소유자, 민관합동법인, 신탁업자로서 대통령령으로 정하는 요건을 갖춘자를 시행자로 지정 가능 → 상기 제26조 ①의 1, 2.의 경우 + 3. 재개발사업 및 재건축사업의 조합설립을 위한 동의요건 이상에 해당하는 자가 신탁업자를 사업시행자로 지정하는 것에 동의[14]하는 때[15])에 지정이 가능하다.

> ① 법 제27조 제1항 각 호 외의 부분에서 "대통령령으로 정하는 요건을 갖춘 자"란 다음 각 호의 어느 하나에 해당하는 자를 말한다.
> 1. 정비구역의 토지 중 정비구역 전체 면적 대비 50퍼센트 이상의 토지를 소유한 자로서 토지등소유자의 2분의 1 이상의 추천을 받은 자
> 2. 『사회기반시설에 대한 민간투자법』 제2조 제12호에 따른 민관합동법인(민간투자사업의 부대사업으로 시행하는 경우에만 해당한다)으로서 토지등소유자의 2분의 1 이상의 추천을 받은 자
> 3. 신탁업자로서 토지등소유자의 2분의 1 이상의 추천을 받거나 법 제27조 제1항 제3호 또는 법 제28조 제1항 제2호에 따른 동의를 받은 자
> ② 제1항 각 호에 따른 토지등소유자의 추천은 다음 각 호의 기준에 따라 산정한다.
> 1. 재개발사업의 경우에는 다음 각 목의 기준에 따를 것
>   가. 1필지의 토지 또는 하나의 건축물을 여럿이서 공유할 때에는 그 여럿을 대표하는 1인을 토지등소유자로 산정할 것. 다만, 재개발구역의 『전통시장 및 상점가 육성을 위한 특별법』 제2조에 따른 전통시장 및 상점가로서 1필지의 토지 또는 하나의 건축물을 여럿이서 공유하는 경우에는 해당 토지 또는 건축물의 토지등소유자의 4분의 3 이상의 동의를 받아 이를 대표하는 1인을 토지등소유자로 산정할 수 있다.
>   나. 토지에 지상권이 설정되어 있는 경우 토지의 소유자와 해당 토지의 지상권자를 대표하는 1인을 토지등소유자로 산정할 것
>   다. 1인이 다수 필지의 토지 또는 다수의 건축물을 소유하고 있는 경우에는 필지나 건축물의 수에 관계없이 토지등소유자를 1인으로 산정할 것

---

14) 토지등소유자의 동의는 국토교통부령으로 정하는 동의서에 동의를 받는 방법으로 한다. 이 경우 동의서에는 다음 각 호의 사항이 모두 포함되어야 한다.
  1. 건설되는 건축물의 설계의 개요
  2. 건축물의 철거 및 새 건축물의 건설에 드는 공사비 등 정비사업에 드는 비용
  3. 정비사업비의 분담기준(신탁업자에게 지급하는 신탁보수 등의 부담에 관한 사항을 포함한다)
  4. 사업 완료 후 소유권의 귀속
  5. 정비사업의 시행방법 등에 필요한 시행규정
  6. 신탁계약의 내용
15) 신탁업자는 사업시행자 지정에 필요한 동의를 받기 전에 다음 각 호에 관한 사항을 토지등소유자에게 제공하여야 한다.
  1. 토지등소유자별 분담금 추산액 및 산출근거
  2. 그 밖에 추정분담금의 산출 등과 관련하여 시 · 도조례로 정하는 사항

　　　　라. 둘 이상의 토지 또는 건축물을 소유한 공유자가 동일한 경우에는 그 공유자 여럿을 대표하는 1인을 토지등소유자로 산정할 것
　　2. 재건축사업의 경우에는 다음 각 목의 기준에 따를 것
　　　　가. 소유권 또는 구분소유권을 여럿이서 공유하는 경우에는 그 여럿을 대표하는 1인을 토지등소유자로 산정할 것
　　　　나. 1인이 둘 이상의 소유권 또는 구분소유권을 소유하고 있는 경우에는 소유권 또는 구분소유권의 수에 관계없이 토지등소유자를 1인으로 산정할 것
　　　　다. 둘 이상의 소유권 또는 구분소유권을 소유한 공유자가 동일한 경우에는 그 공유자 여럿을 대표하는 1인을 토지등소유자로 할 것
　　3. 토지건물등기사항증명서, 건물등기사항증명서, 토지대장 또는 건축물관리대장에 소유자로 등재될 당시 주민등록번호의 기록이 없고 기록된 주소가 현재 주소와 다른 경우로서 소재가 확인되지 아니한 자는 토지등소유자의 수 또는 공유자 수에서 제외할 것
　　4. 국·공유지에 대해서는 그 재산관리청 각각을 토지등소유자로 산정할 것
③ 제1항 각 호에 따른 추천의 철회는 해당 각 호의 구분에 따른 추천이 있은 날부터 30일 이내에 할 수 있다.
④ 제3항에 따라 추천을 철회하려는 토지등소유자는 철회서에 토지등소유자가 성명을 적고 지장(指章)을 날인한 후 주민등록증 및 여권 등 신원을 확인할 수 있는 신분증명서 사본을 첨부하여 추천의 상대방 및 시장·군수등에게 내용증명의 방법으로 발송해야 한다. 이 경우 시장·군수등이 철회서를 받았을 때에는 지체 없이 추천의 상대방에게 철회서가 접수된 사실을 통지해야 한다.
⑤ 제3항에 따른 추천의 철회는 제4항 전단에 따라 철회서가 추천의 상대방에게 도달한 때 또는 같은 항 후단에 따라 시장·군수등이 추천의 상대방에게 철회서가 접수된 사실을 통지한 때 중 빠른 때에 효력이 발생한다.

② 시장·군수등은 지정개발자를 사업시행자로 지정하는 때에는 정비사업 시행구역 등 토지등소유자에게 알릴 필요가 있는 사항으로서 대통령령으로 정하는 사항을 해당 지방자치단체의 공보에 고시하여야 한다. 다만, '제26조 ①의 1의' 경우에는 토지등소유자에게 지체 없이 정비사업의 시행 사유·시기 및 방법 등을 통보하여야 한다.

"대통령령으로 정하는 사항"이란 각각 다음 각 호의 사항을 말한다.
1. 정비사업의 종류 및 명칭
2. 사업시행자의 성명 및 주소(법인인 경우에는 법인의 명칭 및 주된 사무소의 소재지와 대표자의 성명 및 주소를 말한다. 이하 같다)
3. 정비구역(정비구역을 둘 이상의 구역으로 분할하는 경우에는 분할된 각각의 구역을 말한다)의 위치 및 면적
4. 정비사업의 착수예정일 및 준공예정일

③ 시장·군수등이 지정개발자를 사업시행자로 지정·고시한 때에는 그 고시일 다음 날에 추진위원회의 구성승인 또는 조합설립인가가 취소된 것으로 본다. 이 경우 시장·군수등은 해당 지방자치단체의 공보에 해당 내용을 고시하여야 한다.

④ 국토교통부장관은 신탁업자와 토지등소유자 상호 간의 공정한 계약의 체결을 위하여 대통령령으로 정하는 바에 따라 표준 계약서 및 표준 시행규정을 마련하여 그 사용을 권장할 수 있다.

> * 표준 계약서 및 표준 시행규정에는 다음 각 호의 구분에 따른 내용이 포함되어야 한다.
> 1. 표준 계약서 : 다음 각 목의 사항
>   가. 신탁의 목적에 관한 사항
>   나. 신탁계약의 기간, 신탁 종료 및 해지에 관한 사항
>   다. 신탁재산의 관리, 운영 및 처분에 관한 사항
>   라. 자금의 차입 방법에 관한 사항
>   마. 그 밖에 토지등소유자 권익 보호 및 정비사업의 추진을 위해 필요한 사항
> 2. 표준 시행규정 : 법 제53조 각 호의 사항

> * 지정개발자의 정비사업비의 예치 등
> ① 시장·군수등은 재개발사업의 사업시행계획인가를 하는 경우 해당 정비사업의 사업시행자가 지정개발자(지정개발자가 토지등소유자인 경우로 한정한다)인 때에는 정비사업비의 100분의 20의 범위에서 시·도조례로 정하는 금액을 예치하게 할 수 있다.
> ② 예치금은 청산금의 지급이 완료된 때에 반환한다.
> ③ 예치 및 반환 등에 필요한 사항은 시·도조례로 정한다.

6. 재개발사업·재건축사업의 사업대행자(제28조)

① 시장·군수등이 직접 정비사업을 시행하거나 토지주택공사등 또는 지정개발자에게 해당 조합 또는 토지등소유자를 대신하여 정비사업을 시행하게 할 수 있다.
   1. 장기간 정비사업이 지연되거나 권리관계에 관한 분쟁 등으로 해당 조합 또는 토지등소유자가 시행하는 정비사업을 계속 추진하기 어렵다고 인정하는 경우
   2. 토지등소유자(조합설립 시는 조합원)의 과반수 동의로 요청하는 경우

② 사업대행자는 사업시행자에게 청구할 수 있는 보수 또는 비용의 상환에 대한 권리로써 사업시행자에게 귀속될 대지 또는 건축물을 압류할 수 있다.

7. 계약의 방법 및 시공자 선정 등(제29조)

① 추진위원장 또는 사업시행자(청산인을 포함한다)는 이 법 또는 다른 법령에 특별한 규정이 있는 경우를 제외하고는 계약(공사, 용역, 물품구매 및 제조 등을 포함한다. 이하 같다)을 체결하려면 일반경쟁에 부쳐야 한다. 다만, 계약규모, 재난의 발생 등 대통령령으로 정하는 경우에는 입찰 참가자를 지명(指名)하여 경쟁에 부치거나 수의계약(隨意契約)으로 할 수 있다.

② 일반경쟁의 방법으로 계약을 체결하는 경우로서 대통령령으로 정하는 규모를 초과하는 계약은 국가종합전자조달시스템(이하 "전자조달시스템"이라 한다)을 이용하여야 한다.

③ 계약을 체결하는 경우 계약의 방법 및 절차 등에 필요한 사항은 국토교통부장관이 정하여 고시한다.

④ 조합은 조합설립인가를 받은 후 조합총회에서 경쟁입찰 또는 수의계약(2회 이상 경쟁입찰이 유찰된 경우로 한정한다)의 방법으로 건설업자 또는 등록사업자를 시공자로 선정하여야 한다. 다만, 대통령령으로 정하는 규모(조합원이 100인 이하인 정비사업) 이하의 정비사업은 조합총회에서 정관으로 정하는 바에 따라 선정할 수 있다.

⑤ 토지등소유자가 '20인 미만인 경우에는 토지등소유자가 시행하거나 토지등소유자가 토지등소유자의 과반수의 동의를 받아 시장·군수등, 토지주택공사등, 건설업자, 등록사업자 또는 대통령령으로 정하는 요건을 갖춘 자와 공동으로 시행하는 방법'으로 재개발사업을 시행하는 경우에는 사업시행계획인가를 받은 후 규약에 따라 건설업자 또는 등록사업자를 시공자로 선정하여야 한다.

⑥ 시장·군수등이 '천재지변, 재난 및 안전관리 기본법 또는 시설물의 안전 및 유지관리에 관한 특별법에 따른 사용제한·사용금지, 그 밖의 불가피한 사유로 긴급하게 정비사업을 시행할 필요가 있다고 인정하는 때'에 해당하는 경우에는 직접 정비사업을 시행하거나 토지주택공사등 또는 지정개발자를 사업시행자로 지정한 경우 사업시행자는 사업시행자 지정·고시 후 경쟁입찰 또는 수의계약의 방법으로 건설업자 또는 등록사업자를 시공자로 선정하여야 한다.

⑦ 제⑥에 따라 시공자를 선정하거나 '관리처분계획에 따라 주택 및 부대시설·복리시설을 건설하여 공급하는 방법'으로 시행하는 주거환경개선사업의 사업시행자가 시공자를 선정하는 경우 제47조에 따른 주민대표회의 또는 제48조에 따른 토지등소유자 전체회의는 대통령령으로 정하는 경쟁입찰 또는 수의계약(2회 이상 경쟁입찰이 유찰된 경우로 한정한다)의 방법으로 시공자를 추천할 수 있다.

제47조(주민대표회의)

① 토지등소유자가 시장·군수등 또는 토지주택공사등의 사업시행을 원하는 경우에는 정비구역 지정·고시 후 주민대표기구(이하 "주민대표회의"라 한다)를 구성하여야 한다.

② 주민대표회의는 위원장을 포함하여 5명 이상 25명 이하로 구성한다.

③ 주민대표회의는 토지등소유자의 과반수의 동의를 받아 구성하며, 국토교통부령으로 정하는 방법 및 절차에 따라 시장·군수등의 승인을 받아야 한다.

④ 제3항에 따라 주민대표회의의 구성에 동의한 자는 제26조 제1항 제8호 후단에 따른 사업시행자의 지정에 동의한 것으로 본다. 다만, 사업시행자의 지정 요청 전에 시장·군수등 및 주민대표회의에 사업시행자의 지정에 대한 반대의 의사표시를 한 토지등소유자의 경우에는 그러하지 아니하다.

⑤ 주민대표회의 또는 세입자(상가세입자를 포함한다. 이하 같다)는 사업시행자가 다음 각 호의 사항에 관하여 제53조에 따른 시행규정을 정하는 때에 의견을 제시할 수 있다. 이 경우 사업시행자는 주민대표회의 또는 세입자의 의견을 반영하기 위하여 노력하여야 한다.

1. 건축물의 철거
  2. 주민의 이주(세입자의 퇴거에 관한 사항을 포함한다)
  3. 토지 및 건축물의 보상(세입자에 대한 주거이전비 등 보상에 관한 사항을 포함한다)
  4. 정비사업비의 부담
  5. 세입자에 대한 임대주택의 공급 및 입주자격
  6. 그 밖에 정비사업의 시행을 위하여 필요한 사항으로서 대통령령으로 정하는 사항
⑥ 주민대표회의의 운영, 비용부담, 위원의 선임 방법 및 절차 등에 필요한 사항은 대통령령으로 정한다.

제48조(토지등소유자 전체회의)

① 제27조 제1항 제3호에 따라 사업시행자로 지정된 신탁업자는 다음 각 호의 사항에 관하여 해당 정비사업의 토지등소유자(재건축사업의 경우에는 신탁업자를 사업시행자로 지정하는 것에 동의한 토지등소유자를 말한다. 이하 이 조에서 같다) 전원으로 구성되는 회의(이하 "토지등소유자 전체회의"라 한다)의 의결을 거쳐야 한다.
  1. 시행규정의 확정 및 변경
  2. 정비사업비의 사용 및 변경
  3. 정비사업전문관리업자와의 계약 등 토지등소유자의 부담이 될 계약
  4. 시공자의 선정 및 변경
  5. 정비사업비의 토지등소유자별 분담내역
  6. 자금의 차입과 그 방법·이자율 및 상환방법
  7. 제52조에 따른 사업시행계획서의 작성 및 변경(제50조 제1항 본문에 따른 정비사업의 중지 또는 폐지에 관한 사항을 포함하며, 같은 항 단서에 따른 경미한 변경은 제외한다)
  8. 제74조에 따른 관리처분계획의 수립 및 변경(제74조 제1항 각 호 외의 부분 단서에 따른 경미한 변경은 제외한다)
  9. 제89조에 따른 청산금의 징수·지급(분할징수·분할지급을 포함한다)과 조합 해산 시의 회계보고
  10. 제93조에 따른 비용의 금액 및 징수방법
  11. 그 밖에 토지등소유자에게 부담이 되는 것으로 시행규정으로 정하는 사항
② 토지등소유자 전체회의는 사업시행자가 직권으로 소집하거나 토지등소유자 5분의 1 이상의 요구로 사업시행자가 소집한다.
③ 토지등소유자 전체회의의 소집 절차·시기 및 의결방법 등에 관하여는 제44조 제5항, 제45조 제3항·제4항·제7항 및 제9항을 준용한다. 이 경우 "총회"는 "토지등소유자 전체회의"로, "정관"은 "시행규정"으로, "조합원"은 "토지등소유자"로 본다.

⑧ 조합은 제④에 따른 시공자 선정을 위한 입찰에 참가하는 건설업자 또는 등록사업자가 토지등소유자에게 시공에 관한 정보를 제공할 수 있도록 합동설명회를 2회 이상 개최하여야 한다.
⑨ 제⑧에 따른 합동설명회의 개최 방법이나 시기 등은 국토교통부령으로 정한다.
⑩ 제⑦에 따라 주민대표회의 또는 토지등소유자 전체회의가 시공자를 추천한 경우 사업시행자는 추천받은 자를 시공자로 선정하여야 한다. 이 경우 시공자와의 계약에 관해서는 「지방자치단

체를 당사자로 하는 계약에 관한 법률」 제9조 또는 「공공기관의 운영에 관한 법률」 제39조를 적용하지 아니한다.

⑪ 사업시행자(사업대행자를 포함한다)는 제④부터 제⑦까지 및 제⑩에 따라 선정된 시공자와 공사에 관한 계약을 체결할 때에는 기존 건축물의 철거 공사(「석면안전관리법」에 따른 석면 조사·해체·제거를 포함한다)에 관한 사항을 포함시켜야 한다.

8. 공사비 검증 요청 등(제29조의2)

재개발사업·재건축사업의 사업시행자(시장·군수등 또는 토지주택공사등이 단독 또는 공동으로 정비사업을 시행하는 경우는 제외한다)는 시공자와 계약 체결 후 다음 각 호의 어느 하나에 해당하는 때에는 정비사업 지원기구에 공사비 검증을 요청하여야 한다. 공사비 검증의 방법 및 절차, 검증 수수료, 그 밖에 필요한 사항은 국토교통부장관이 정하여 고시한다.

1. 토지등소유자 또는 조합원 5분의 1 이상이 사업시행자에게 검증 의뢰를 요청하는 경우
2. 공사비의 증액 비율(당초 계약금액 대비 누적 증액 규모의 비율로서 생산자물가상승률은 제외한다)이 다음 각 목의 어느 하나에 해당하는 경우
   가. 사업시행계획인가 이전에 시공자를 선정한 경우 : 100분의 10 이상
   나. 사업시행계획인가 이후에 시공자를 선정한 경우 : 100분의 5 이상
3. 제1호 또는 제2호에 따른 공사비 검증이 완료된 이후 공사비의 증액 비율(검증 당시 계약금액 대비 누적 증액 규모의 비율로서 생산자물가상승률은 제외한다)이 100분의 3 이상인 경우

9. 임대사업자의 선정(제30조)

사업시행자는 공공지원민간임대주택을 원활히 공급하기 위하여 국토교통부장관이 정하는 경쟁입찰의 방법 또는 수의계약(2회 이상 경쟁입찰이 유찰된 경우와 공공재개발사업을 통해 건설·공급되는 공공지원민간임대주택을 국가가 출자·설립한 법인 등 대통령령으로 정한 자에게 매각하는 경우로 한정한다)의 방법으로 「민간임대주택에 관한 특별법」 제2조 제7호에 따른 임대사업자(이하 "임대사업자"라 한다)를 선정할 수 있다. 임대사업자의 선정절차 등에 필요한 사항은 국토교통부장관이 정하여 고시할 수 있다.

제2절 조합설립추진위원회 및 조합의 설립 등

학습전략

조합설립추진위원회 및 조합의 설립은 주요 출제 파트이다. 주요 핵심 내용은 아래와 같다.
① 조합설립추진위원회의 기능 및 조직운영
② 정관의 기재사항
③ 총회 의결사항
④ 조합임원의 직무와 결격사유

제1항 조합설립추진위원회

1. 조합설립추진위원회의 구성·승인(제31조)

1) 조합설립을 위해서는 정비구역 지정·고시 후 위원장 포함한 5명 이상의 추진위원회 위원 및 운영규정에 대하여 토지등소유자 과반수의 동의를 받아 추진위원회를 구성하여 시장·군수·구청장의 승인을 받아야 한다.

2) 추진위원회의 구성에 동의한 토지등소유자는 조합설립에 동의한 것으로 본다. → 다만 조합설립인가 신청 전에 반대의사 표시한 경우는 그러하지 아니한다.
   → 정비사업에 대하여 제118조에 따른 공공지원을 하려는 경우에는 추진위원회를 구성하지 아니할 수 있다.

제118조(정비사업의 공공지원)

① 시장·군수등은 정비사업의 투명성 강화 및 효율성 제고를 위하여 시·도조례로 정하는 정비사업에 대하여 사업시행 과정을 지원하거나 토지주택공사등, 신탁업자, 「주택도시기금법」에 따른 주택도시보증공사 또는 이 법 제102조 제1항 각 호 외의 부분 단서에 따라 대통령령으로 정하는 기관에 공공지원을 위탁할 수 있다.

② 다음 각 호의 업무를 수행한다.
  1. 추진위원회 또는 주민대표회의 구성
  2. 정비사업전문관리업자의 선정(위탁지원자는 선정을 위한 지원으로 한정한다)
  3. 설계자 및 시공자 선정 방법 등
  4. 제52조 제1항 제4호에 따른 세입자의 주거 및 이주 대책(이주 거부에 따른 협의 대책을 포함한다) 수립
  5. 관리처분계획 수립
  6. 그 밖에 시·도조례로 정하는 사항

④ 공공지원에 필요한 비용은 시장·군수등이 부담하되, 특별시장, 광역시장 또는 도지사는 관할 구역의 시장, 군수 또는 구청장에게 조례로 정하는 바에 따라 그 비용의 일부를 지원가능

⑦ 다음 각 호의 어느 하나에 해당하는 경우에는 토지등소유자(조합을 설립한 경우에는 조합원)의 과반수 동의를 받아 시공자를 선정할 수 있다. 다만, 제1호의 경우에는 해당 건설업자를 시공자로 본다.
  1. 조합이 제25조에 따라 건설업자와 공동으로 정비사업을 시행하는 경우로서 조합과 건설업자 사이에 협약을 체결하는 경우
  2. 제28조 제1항 및 제2항에 따라 사업대행자가 정비사업을 시행하는 경우

---

2. 추진위원회의 기능(제32조)

(1) 추진위원회의 업무[기출 29 30 31]
  ① 정비사업전문관리업자의 선정 및 변경
  ② 설계자의 선정 및 변경

③ 개략적인 정비사업 시행계획서의 작성

④ 조합설립인가를 받기 위한 준비업무

⑤ 그 밖에 조합설립을 추진하기 위하여 대통령령으로 정하는 업무

> 1. 추진위원회 운영규정의 작성
> 2. 토지등소유자의 동의서의 접수[기출 29]
> 3. 조합의 설립을 위한 창립총회의 개최
> 4. 조합 정관의 초안 작성
> 5. 그 밖에 추진위원회 운영규정으로 정하는 업무

* 추진위원회가 수행하는 업무의 내용이 토지등소유자의 비용부담을 수반하거나 권리·의무에 변동을 발생시키는 경우로서 대통령령으로 정하는 사항에 대하여는 그 업무를 수행하기 전에 대통령령으로 정하는 비율 이상의 토지등소유자의 동의를 받아야 한다.

(2) 추진위원회는 조합설립인가를 신청하기 전에 조합설립을 위한 창립총회를 개최하여야 한다.

(3) 추진위원회가 정비사업전문관리업자를 선정하려는 경우에는 진위원회 승인을 받은 후 경쟁입찰 또는 수의계약(2회 이상 경쟁입찰이 유찰된 경우로 한정한다)의 방법으로 선정하여야 한다.

3. 추진위원회의 조직(제33조)

① 추진위원회는 추진위원회를 대표하는 추진위원장 1명과 감사를 두어야 한다. [기출 31]

② 추진위원의 선출에 관한 선거관리는 선거관리위원회에 위탁할 수 있다.

③ 토지등소유자는 추진위원회의 운영규정에 따라 추진위원회에 추진위원의 교체 및 해임을 요구할 수 있으며, 추진위원장이 사임, 해임, 임기만료, 그 밖에 불가피한 사유 등으로 직무를 수행할 수 없는 때부터 6개월 이상 선임되지 아니한 경우 그 업무의 대행에 관하여는 제41조 제5항 단서를 준용한다. 이 경우 "조합임원"은 "추진위원장"으로 본다.

> 제41조(조합의 임원)
> ⑤ 조합임원의 선출방법 등은 정관으로 정한다. 다만, 시장·군수등은 다음 각 호의 어느 하나에 해당하는 경우 시·도조례로 정하는 바에 따라 변호사·회계사·기술사 등으로서 대통령령으로 정하는 요건을 갖춘 자를 전문조합관리인으로 선정하여 조합임원의 업무를 대행하게 할 수 있다.
> 1. 조합임원이 사임, 해임, 임기만료, 그 밖에 불가피한 사유 등으로 직무를 수행할 수 없는 때부터 6개월 이상 선임되지 아니한 경우
> 2. 총회에서 조합원 과반수의 출석과 출석 조합원 과반수의 동의로 전문조합관리인의 선정을 요청하는 경우

④ 추진위원의 교체·해임 절차 등에 필요한 사항은 운영규정에 따른다.

⑤ 추진위원의 결격사유는 조합임원의 결격사유를 준용하며 퇴임된 위원이 퇴임 전에 관여한 행위는 그 효력을 잃지 아니한다.

4. 추진위원회의 운영규정(제34조)(기출 32)

(1) 국토교통부장관은 추진위원회 아래의 운영규정을 정하여 고시하여야 한다.
　① 추진위원의 선임방법 및 변경
　② 추진위원의 권리・의무
　③ 추진위원회의 업무범위
　④ 추진위원회의 운영방법
　⑤ 토지등소유자의 운영경비 납부
　⑥ 추진위원회 운영자금의 차입
　⑦ 그 밖에 추진위원회의 운영에 필요한 사항으로서 대통령령으로 정하는 사항

> 1. 추진위원회 운영경비의 회계에 관한 사항
> 2. 정비사업전문관리업자의 선정에 관한 사항
> 3. 그 밖에 국토교통부장관이 정비사업의 원활한 추진을 위하여 필요하다고 인정하는 사항

(2) 기타

1) 추진위원회는 운영규정에 따라 운영하여야 하며, 토지등소유자는 운영에 필요한 경비를 운영규정에 따라 납부하여야 한다.
2) 추진위원회는 수행한 업무를 제44조에 따른 총회(이하 "총회"라 한다)에 보고하여야 하며, 그 업무와 관련된 권리・의무는 조합이 포괄승계한다.
3) 추진위원회는 사용경비를 기재한 회계장부 및 관계 서류를 조합설립인가일부터 30일 이내에 조합에 인계하여야 한다.
4) 추진위원회의 운영에 필요한 사항은 대통령령으로 정한다.

> **영 제29조(추진위원회의 운영)**
> ① 추진위원회는 다음 각 호의 사항을 토지등소유자가 쉽게 접할 수 있는 일정한 장소에 게시하거나 인터넷 등을 통하여 공개하고, 필요한 경우에는 토지등소유자에게 서면통지를 하는 등 토지등소유자가 그 내용을 충분히 알 수 있도록 하여야 한다. 다만, 제8호 및 제9호의 사항은 조합설립인가 신청일 60일 전까지 추진위원회 구성에 동의한 토지등소유자에게 등기우편으로 통지하여야 한다.
> 1. 법 제12조에 따른 안전진단의 결과
> 2. 정비사업전문관리업자의 선정에 관한 사항
> 3. 토지등소유자의 부담액 범위를 포함한 개략적인 사업시행계획서
> 4. 추진위원회 위원의 선정에 관한 사항
> 5. 토지등소유자의 비용부담을 수반하거나 권리・의무에 변동을 일으킬 수 있는 사항
> 6. 법 제32조 제1항에 따른 추진위원회의 업무에 관한 사항
> 7. 창립총회 개최의 방법 및 절차

8. 조합설립에 대한 동의철회(법 제31조 제2항 단서에 따른 반대의 의사표시를 포함한다) 및 방법

9. 제30조 제2항에 따른 조합설립 동의서에 포함되는 사항

② 추진위원회는 추진위원회의 지출내역서를 매분기별로 토지등소유자가 쉽게 접할 수 있는 일정한 장소에 게시하거나 인터넷 등을 통하여 공개하고, 토지등소유자가 열람할 수 있도록 하여야 한다.

5. 토지등소유자의 동의방법 등(제36조)

① 동의는 서면동의서에 토지등소유자가 성명을 적고 지장(指章)을 날인하는 방법으로 하며, 주민등록증, 여권 등 신원을 확인할 수 있는 신분증명서의 사본을 첨부하여야 한다.

1. 정비구역등 해제의 연장을 요청하는 경우
2. 정비구역의 해제에 동의하는 경우
3. 주거환경개선사업의 시행자를 토지주택공사등으로 지정하는 경우
4. 토지등소유자가 재개발사업을 시행하려는 경우
5. 재개발사업·재건축사업의 공공시행자 또는 지정개발자를 지정하는 경우
6. 조합설립을 위한 추진위원회를 구성하는 경우
7. 추진위원회의 업무가 토지등소유자의 비용부담을 수반하거나 권리·의무에 변동을 가져오는 경우
8. 조합을 설립하는 경우
9. 주민대표회의를 구성하는 경우
10. 사업시행계획인가를 신청하는 경우
11. 사업시행자가 사업시행계획서를 작성하려는 경우

② 토지등소유자의 동의자 수 산정 방법 및 절차 등에 필요한 사항은 대통령령으로 정한다.

영 제33조(토지등소유자의 동의자 수 산정 방법 등)

(1) 토지등소유자(토지면적에 관한 동의자 수를 산정하는 경우에는 토지소유자를 말한다)의 동의는 다음의 기준에 따라 산정한다. [기출 28]

1) 주거환경개선사업, 재개발사업의 경우에는 다음 각 목의 기준에 의할 것

가. 1필지의 토지 또는 하나의 건축물을 여럿이서 공유하는 경우에는 해당 토지 또는 건축물의 토지등소유자의 4분의 3 이상의 동의를 받아 이를 대표하는 1인을 토지등소유자로 산정할 것

나. 토지에 지상권이 설정되어 있는 경우 토지의 소유자와 해당 토지의 지상권자를 대표하는 1인을 토지등소유자로 산정할 것

다. 1인이 다수 필지의 토지 또는 다수의 건축물을 소유하고 있는 경우에는 필지나 건축물의 수에 관계없이 토지등소유자를 1인으로 산정할 것. 다만, 재개발사업으로서 법

제25조 제1항 제2호에 따라 토지등소유자가 재개발사업을 시행하는 경우 토지등소유자가 정비구역 지정 후에 정비사업을 목적으로 취득한 토지 또는 건축물에 대해서는 정비구역 지정 당시의 토지 또는 건축물의 소유자를 토지등소유자의 수에 포함하여 산정하되, 이 경우 동의 여부는 이를 취득한 토지등소유자에 따른다.

　　라. 둘 이상의 토지 또는 건축물을 소유한 공유자가 동일한 경우에는 그 공유자 여럿을 대표하는 1인을 토지등소유자로 산정할 것

　2) 재건축사업의 경우에는 다음 각 목의 기준에 따를 것

　　가. 소유권 또는 구분소유권을 여럿이서 공유하는 경우에는 그 여럿을 대표하는 1인을 토지등소유자로 산정할 것

　　나. 1인이 둘 이상의 소유권 또는 구분소유권을 소유하고 있는 경우에는 소유권 또는 구분소유권의 수에 관계없이 토지등소유자를 1인으로 산정할 것

　　다. 둘 이상의 소유권 또는 구분소유권을 소유한 공유자가 동일한 경우에는 그 공유자 여럿을 대표하는 1인을 토지등소유자로 할 것

　3) 추진위원회의 구성 또는 조합의 설립에 동의한 자로부터 토지 또는 건축물을 취득한 자는 추진위원회의 구성 또는 조합의 설립에 동의한 것으로 볼 것

　4) 토지건물등기사항증명서·건물등기사항증명서·토지대장 및 건축물관리대장에 소유자로 등재될 당시 주민등록번호의 기록이 없고 기록된 주소가 현재 주소와 다른 경우로서 소재가 확인되지 아니한 자는 토지등소유자의 수 또는 공유자 수에서 제외할 것

　5) 국·공유지에 대해서는 그 재산관리청 각각을 토지등소유자로 산정할 것

(2) 철회 또는 반대의사표시의 시기

　1) 시기

　　동의의 철회 또는 반대의사 표시의 시기는 다음 기준에 따른다.

　　① 동의의 철회 또는 반대의사의 표시는 해당 동의에 따른 인·허가 등을 신청하기 전까지 할 수 있다.

　　② ①에도 불구하고 다음 각 목의 동의는 최초로 동의한 날부터 30일까지만 철회할 수 있다. 다만, 나목의 동의는 최초로 동의한 날부터 30일이 지나지 아니한 경우에도 법 제32조 제3항에 따른 조합설립을 위한 창립총회 후에는 철회할 수 없다.

　　　가. 법 제21조 제1항 제4호에 따른 정비구역의 해제에 대한 동의

　　　나. 법 제35조에 따른 조합설립에 대한 동의(동의 후 제30조 제2항 각 호의 사항이 변경되지 아니한 경우로 한정한다)

　2) 의사표시의 방법

　　1)에 따른 동의를 철회하거나 반대의 의사표시를 하려는 토지등소유자는 철회서에 토지등소유자가 성명을 적고 지장(指章)을 날인한 후 주민등록증 및 여권 등 신원을 확인할 수 있는 신분증명서 사본을 첨부하여 동의의 상대방 및 시장·군수등에게 내용증명의 방법으로 발송하여야 한다. 이 경우 시장·군수등이 철회서를 받은 때에는 지체 없이 동의의 상대방에게 철회서가 접수된 사실을 통지하여야 한다.

(3) 효력발생시기

　　동의의 철회나 반대의 의사표시는 철회서가 "① 동의의 상대방에게 도달한 때 또는 ② 시
　　장·군수등이 동의의 상대방에게 철회서가 접수된 사실을 통지한 때" 중 빠른 때에 효력
　　이 발생한다.

6. 토지등소유자가 시행하는 재개발사업에서의 토지등소유자의 동의자 수 산정에 관한 특례 (제36조의2)

1) 정비구역 지정·고시(변경지정·고시는 제외한다) 이후 제25조 제1항 제2호에 따라 토지등소
유자가 재개발사업을 시행하는 경우 토지등소유자의 동의자 수를 산정하는 기준일은 다음 각
호의 구분에 따른다.

① 정비계획의 변경을 제안하는 경우 : 정비구역 지정·고시가 있는 날

② 사업시행계획인가를 신청하는 경우 : 사업시행계획인가를 신청하기 직전의 정비구역 변경
지정·고시가 있는 날(정비구역 변경지정이 없거나 정비구역 지정·고시 후에 정비사업을
목적으로 취득한 토지 또는 건축물에 대해서는 정비구역 지정·고시가 있는 날을 말한다)

2) 1)에 따른 토지등소유자의 동의자 수를 산정함에 있어 같은 항 각 호의 구분에 따른 산정기준
일 이후 1명의 토지등소유자로부터 토지 또는 건축물의 소유권이나 지상권을 양수하여 여러
명이 소유하게 된 때에는 그 여러 명을 대표하는 1명을 토지등소유자로 본다.

7. 토지등소유자의 동의서 재사용의 특례(제37조)

① 조합설립인가(변경인가를 포함한다)를 받은 후에 동의서 위조, 동의 철회, 동의율 미달 또는
동의자 수 산정방법에 관한 하자 등으로 다툼이 있는 경우로서 다음 각 호의 어느 하나에 해당
하는 때에는 동의서의 유효성에 다툼이 없는 토지등소유자의 동의서를 다시 사용할 수 있다.

1. 조합설립인가의 무효 또는 취소소송 중에 일부 동의서를 추가 또는 보완하여 조합설립변경
인가를 신청하는 때에는 다음 각 목의 요건을 충족해야 한다.

　　가. 토지등소유자에게 기존 동의서를 다시 사용할 수 있다는 취지와 반대 의사표시의 절차
　　　　및 방법을 서면으로 설명·고지할 것

　　나. 60일 이상의 반대의사 표시기간을 가목의 서면에 명백히 적어 부여할 것

2. 법원의 판결로 조합설립인가의 무효 또는 취소가 확정되어 조합설립인가를 다시 신청하는
때에는 다음 각 목의 요건을 충족해야 한다.

　　가. 토지등소유자에게 기존 동의서를 다시 사용할 수 있다는 취지와 반대의사 표시의 절차
　　　　및 방법을 서면으로 설명·고지할 것

　　나. 90일 이상의 반대의사 표시기간을 가목의 서면에 명백히 적어 부여할 것

　　다. 정비구역, 조합정관, 정비사업비, 개인별 추정분담금, 신축되는 건축물의 연면적 등 정
　　　　비사업의 변경내용을 가목의 서면에 포함할 것

라. 다음의 변경의 범위가 모두 100분의 10 미만일 것
    1) 정비구역 면적의 변경
    2) 정비사업비의 증가(생산자물가상승률분 및 현금청산 금액은 제외한다)
    3) 신축되는 건축물의 연면적 변경
마. 조합설립인가의 무효 또는 취소가 확정된 조합과 새롭게 설립하려는 조합이 추진하려는 정비사업의 목적과 방식이 동일할 것
바. 조합설립의 무효 또는 취소가 확정된 날부터 3년 내에 새로운 조합을 설립하기 위한 창립총회를 개최할 것

제2항 조합설립

1. 조합설립인가등(제35조)

1) 시장군수등, 토지주택공사등 또는 지정개발자가 아닌 자가 정비사업 시행 시에는 토지등소유자로 구성된 조합을 설립해야 한다(20인 미만 토지등소유자가 재개발 시행 시 제외).

2) 재개발사업의 추진위원회(정비사업의 공공지원에 따라 추진위원회를 구성하지 아니하는 경우에는 토지등소유자를 말한다)가 조합을 설립하려면 토지등소유자의 3/4 이상 및 토지면적의 1/2 이상의 토지소유자의 동의를 받고 아래 사항 첨부하여 시장군수등의 인가를 받아야 한다.

> ① 정관
> ② 정비사업비와 관련된 자료 등 국토교통부령으로 정하는 서류
>
> > *** 국토교통부령으로 정하는 서류**
> > 1. 설립인가 : 다음 각 목의 서류
> >   가. 조합원 명부 및 해당 조합원의 자격을 증명하는 서류
> >   나. 공사비 등 정비사업에 드는 비용을 기재한 토지등소유자의 조합설립동의서 및 동의사항을 증명하는 서류
> >   다. 창립총회 회의록 및 창립총회참석자 연명부
> >   라. 토지·건축물 또는 지상권을 여럿이서 공유하는 경우에는 그 대표자의 선임 동의서
> >   마. 창립총회에서 임원·대의원을 선임한 때에는 선임된 자의 자격을 증명하는 서류
> >   바. 건축계획(주택을 건축하는 경우에는 주택건설예정세대수를 포함한다), 건축예정지의 지번·지목 및 등기명의자, 도시·군관리계획상의 용도지역, 대지 및 주변현황을 기재한 사업계획서
> > 2. 변경인가 : 변경내용을 증명하는 서류
>
> ③ 그 밖에 시·도조례로 정하는 서류

3) 재건축사업의 추진위원회(정비사업의 공공지원에 따라 추진위원회를 구성하지 아니하는 경우에는 토지등소유자를 말한다)가 조합을 설립하려는 때에는 주택단지의 공동주택의 각 동(복리시설의 경우에는 주택단지의 복리시설 전체를 하나의 동으로 본다)별 구분소유자의 과반수 동

의(공동주택의 각 동별 구분소유자가 5 이하인 경우는 제외한다)와 주택단지의 전체 구분소유자의 4분의 3 이상 및 토지면적의 4분의 3 이상의 토지소유자의 동의를 받아 시장·군수등의 인가를 받아야 한다.

+ 주택단지가 아닌 지역이 정비구역에 포함된 때에는 주택단지가 아닌 지역의 토지 또는 건축물 소유자의 4분의 3 이상 및 토지면적의 3분의 2 이상의 토지소유자의 동의를 받아야 한다.

4) 상기 동의서에는 다음 사항이 포함되어야 한다.
① 건설되는 건축물의 설계의 개요
② 공사비 등 정비사업비용에 드는 비용
③ 정비사업비의 분담기준
④ 사업 완료 후 소유권의 귀속에 관한 사항
⑤ 조합 정관

5) 설립된 조합이 인가받은 사항을 변경하고자 하는 때에는 총회에서 조합원의 3분의 2 이상의 찬성으로 의결하고, 시장·군수등의 인가를 받아야 한다. 경미한 사항의 변경은 신고대상이다 (20일 이내에 수리여부 통지).

> **영 제31조(조합설립인가내용의 경미한 변경)** "대통령령으로 정하는 경미한 사항"[기출 35]
> 1. 착오·오기 또는 누락임이 명백한 사항[기출 35]
> 2. 조합의 명칭 및 주된 사무소의 소재지와 조합장의 성명 및 주소(조합장의 변경이 없는 경우로 한정한다)[기출 35]
> 3. 토지 또는 건축물의 매매 등으로 조합원의 권리가 이전된 경우의 조합원의 교체 또는 신규 가입[기출 35]
> 4. 조합임원 또는 대의원의 변경(법 제45조에 따른 총회의 의결 또는 법 제46조에 따른 대의원회의 의결을 거친 경우로 한정한다)[기출 34]
> 5. 건설되는 건축물의 설계 개요의 변경[기출 34]
> 6. 정비사업비의 변경
> 7. 현금청산으로 인하여 정관에서 정하는 바에 따라 조합원이 변경되는 경우
> 8. 법 제16조에 따른 정비구역 또는 정비계획의 변경에 따라 변경되어야 하는 사항. 다만, 정비구역 면적이 10퍼센트 이상의 범위에서 변경되는 경우는 제외한다.
> 9. 그 밖에 시·도조례로 정하는 사항

6) 조합이 정비사업을 시행하는 경우 「주택법」 제54조를 적용할 때에는 조합을 같은 법 제2조 제10호에 따른 사업주체로 보며, 조합설립인가일부터 같은 법 제4조에 따른 주택건설사업 등의 등록을 한 것으로 본다.

7) 추진위원회는 조합설립에 필요한 동의를 받기 전에 추정분담금 등 대통령령으로 정하는 정보를 토지등소유자에게 제공하여야 한다. [기출 32]

2. 조합정관 기재사항(제40조)

1. 조합의 명칭 및 사무소의 소재지
2. 조합원의 자격
3. 조합원의 제명·탈퇴 및 교체
4. 정비구역의 위치 및 면적
5. 조합의 임원(이하 "조합임원"이라 한다)의 수 및 업무의 범위
6. 조합임원의 권리·의무·보수·선임방법·변경 및 해임(기출 30 34)
7. 대의원의 수, 선임방법, 선임절차 및 대의원회의 의결방법
8. 조합의 비용부담 및 조합의 회계
9. 정비사업의 시행연도 및 시행방법
10. 총회의 소집 절차·시기 및 의결방법
11. 총회의 개최 및 조합원의 총회소집 요구
12. 미분양신청자에 대한 수용청구 또는 매도청구소송 지연에 따른 이자 지급
13. 정비사업비의 부담 시기 및 절차
14. 정비사업이 종결된 때의 청산절차(조합의 해산 이후 청산인의 보수 등 청산 업무에 필요한 사항을 포함한다)
15. 청산금의 징수·지급의 방법 및 절차
16. 시공자·설계자의 선정 및 계약서에 포함될 내용
17. 정관의 변경절차
18. 그 밖에 정비사업의 추진 및 조합의 운영을 위하여 필요한 사항으로서 대통령령으로 정하는 사항

"대통령령으로 정하는 사항"이란 다음 각 호의 사항을 말한다.
1. 정비사업의 종류 및 명칭
2. 임원의 임기, 업무의 분담 및 대행 등에 관한 사항
3. 대의원회의 구성, 개회와 기능, 의결권의 행사방법 및 그 밖에 회의의 운영에 관한 사항
4. 법 제24조 및 제25조에 따른 정비사업의 공동시행에 관한 사항
5. 정비사업전문관리업자에 관한 사항
6. 정비사업의 시행에 따른 회계 및 계약에 관한 사항
7. 정비기반시설 및 공동이용시설의 부담에 관한 개략적인 사항
8. 공고·공람 및 통지의 방법
9. 토지 및 건축물 등에 관한 권리의 평가방법에 관한 사항
10. 법 제74조 제1항에 따른 관리처분계획(이하 "관리처분계획"이라 한다) 및 청산(분할징수 또는 납입에 관한 사항을 포함한다)에 관한 사항
11. 사업시행계획서의 변경에 관한 사항
12. 조합의 합병 또는 해산에 관한 사항
13. 임대주택의 건설 및 처분에 관한 사항
14. 총회의 의결을 거쳐야 할 사항의 범위

PART 09

15. 조합원의 권리·의무에 관한 사항
16. 조합직원의 채용 및 임원 중 상근(常勤)임원의 지정에 관한 사항과 직원 및 상근임원의 보수에 관한 사항
17. 그 밖에 시·도조례로 정하는 사항

1) 조합이 정관을 변경하려는 경우에는 총회를 개최하여 조합원 과반수의 찬성으로 시장·군수등의 인가를 받아야 한다. 다만, 제2호·제3호·제4호·제8호·제13호 또는 제16호의 경우에는 조합원 3분의 2 이상의 찬성으로 한다. [기출 29 31 34]

2) 경미한 사항을 변경하려는 때에는 이 법 또는 정관으로 정하는 방법에 따라 변경하고 시장·군수등에게 신고하여야 한다. 시장·군수등은 신고를 받은 날부터 20일 이내에 신고수리 여부를 신고인에게 통지하여야 한다. 기간 내에 신고수리 여부 또는 민원 처리 관련 법령에 따른 처리기간의 연장을 신고인에게 통지하지 아니하면 그 기간이 끝난 날의 다음 날에 신고를 수리한 것으로 본다.

> **영 제39조(정관의 경미한 변경사항)** "대통령령으로 정하는 경미한 사항"
> 1. 법 제40조 제1항 제1호에 따른 조합의 명칭 및 사무소의 소재지에 관한 사항
> 2. 조합임원의 수 및 업무의 범위에 관한 사항[기출 34]
> 3. 삭제 〈2019.6.18.〉
> 4. 법 제40조 제1항 제10호에 따른 총회의 소집 절차·시기 및 의결방법에 관한 사항
> 5. 제38조 제2호에 따른 임원의 임기, 업무의 분담 및 대행 등에 관한 사항
> 6. 제38조 제3호에 따른 대의원회의 구성, 개회와 기능, 의결권의 행사방법, 그 밖에 회의의 운영에 관한 사항
> 7. 제38조 제5호에 따른 정비사업전문관리업자에 관한 사항
> 8. 제38조 제8호에 따른 공고·공람 및 통지의 방법에 관한 사항
> 9. 제38조 제13호에 따른 임대주택의 건설 및 처분에 관한 사항
> 10. 제38조 제14호에 따른 총회의 의결을 거쳐야 할 사항의 범위에 관한 사항
> 11. 제38조 제16호에 따른 조합직원의 채용 및 임원 중 상근임원의 지정에 관한 사항과 직원 및 상근임원의 보수에 관한 사항
> 12. 착오·오기 또는 누락임이 명백한 사항
> 13. 법 제16조에 따른 정비구역 또는 정비계획의 변경에 따라 변경되어야 하는 사항
> 14. 그 밖에 시·도조례로 정하는 사항

3. 조합의 법인격 등(제38조)

조합은 법인으로 한다(조합설립인가일로부터 30일 이내에 주된 사무소 소재지에 등기하는 때에 성립한다. 명칭에 '정비사업조합' 문자를 사용하여야 한다).

4. 조합의 임원(제41조)

(1) 조합은 조합원으로서 정비구역에 위치한 건축물 또는 토지(재건축사업의 경우에는 건축물과 그 부속토지를 말한다)를 소유한 자[하나의 건축물 또는 토지의 소유권을 다른 사람과 공유한 경우에는 가장 많은 지분을 소유(2인 이상의 공유자가 가장 많은 지분을 소유한 경우를 포함한다)한 경우로 한정한다] 중 다음 어느 하나의 요건을 갖춘 조합장 1명과 이사, 감사를 임원으로 둔다(조합원만 임원이 될 수 있다). 조합장은 선임일부터 제74조 제1항에 따른 관리처분계획인가를 받을 때까지는 해당 정비구역에서 거주(영업을 하는 자의 경우 영업을 말한다)하여야 한다.

① 정비구역에 위치한 건축물 또는 토지를 5년 이상 소유하고 있을 것

② 정비구역에서 거주하고 있는 자로서 선임일 직전 3년 동안 정비구역 내 거주 기간이 1년 이상 거주할 것

＊＊ 조합에 두는 이사의 수는 3명 이상으로 하고, 감사의 수는 1명 이상 3명 이하로 한다. 다만, 토지등소유자의 수가 100인을 초과하는 경우에는 이사의 수를 5명 이상으로 한다.

＊＊ 조합장은 선임일부터 관리처분계획인가를 받을 때까지는 해당 정비구역에서 거주(영업을 하는 자의 경우 영업)해야 한다.

(2) **조합임원의 선출방법 및 임기**

1) 조합은 총회 의결을 거쳐 조합임원의 선출에 관한 선거관리를 「선거관리위원회법」에 따라 선거관리위원회에 위탁할 수 있다.

2) 조합임원의 선출방법 등은 정관으로 정한다. 다만, 시장·군수등은 다음 각 호의 어느 하나에 해당하는 경우 시·도조례로 정하는 바에 따라 변호사·회계사·기술사 등으로서 대통령령으로 정하는 요건을 갖춘 자를 전문조합관리인으로 선정하여 조합임원의 업무를 대행하게 할 수 있다.

1. 조합임원이 사임, 해임, 임기만료, 그 밖에 불가피한 사유 등으로 직무를 수행할 수 없는 때부터 6개월 이상 선임되지 아니한 경우

2. 총회에서 조합원 과반수의 출석과 출석 조합원 과반수의 동의로 전문조합관리인의 선정을 요청하는 경우

> **영 제41조(전문조합관리인의 선정)** "대통령령으로 정하는 요건을 갖춘 자"란 다음 각 호의 어느 하나에 해당하는 사람을 말한다.
> 1. 다음 각 목의 어느 하나에 해당하는 자격을 취득한 후 정비사업 관련 업무에 5년 이상 종사한 경력이 있는 사람
>   가. 변호사
>   나. 공인회계사
>   다. 법무사
>   라. 세무사

PART 09

        마. 건축사
        바. 도시계획·건축분야의 기술사
        사. 감정평가사
        아. 행정사(일반행정사를 말한다. 이하 같다)
    2. 조합임원으로 5년 이상 종사한 사람
    3. 공무원 또는 공공기관의 임직원으로 정비사업 관련 업무에 5년 이상 종사한 사람
    4. 정비사업전문관리업자에 소속되어 정비사업 관련 업무에 10년 이상 종사한 사람
    5. 「건설산업기본법」 제2조 제7호에 따른 건설사업자에 소속되어 정비사업 관련 업무
       에 10년 이상 종사한 사람
    6. 제1호부터 제5호까지의 경력을 합산한 경력이 5년 이상인 사람. 이 경우 같은 시기의
       경력은 중복하여 계산하지 아니하며, 제4호 및 제5호의 경력은 2분의 1만 포함하여
       계산한다.
② 시장·군수등은 전문조합관리인의 선정이 필요하다고 인정하거나 조합원(추진위원회의
   경우에는 토지등소유자를 말한다) 3분의 1 이상이 전문조합관리인의 선정을 요청하면
   공개모집을 통하여 전문조합관리인을 선정할 수 있다. 이 경우 조합 또는 추진위원회의
   의견을 들어야 한다.
③ 전문조합관리인은 선임 후 6개월 이내에 법 제115조에 따른 교육을 60시간 이상 받아야
   한다. 다만, 선임 전 최근 3년 이내에 해당 교육을 60시간 이상 받은 경우에는 그러하지
   아니하다.
④ 전문조합관리인의 임기는 3년으로 한다.

> 법 제115조(교육의 실시) 국토교통부장관, 시·도지사, 시장, 군수 또는 구청장은 추진위원장
> 및 감사, 조합임원, 전문조합관리인, 정비사업전문관리업자의 대표자 및 기술인력, 토지등소유
> 자 등에 대하여 대통령령으로 정하는 바에 따라 교육을 실시할 수 있다.

3) 조합임원의 임기는 3년 이하의 범위에서 정관으로 정하되, 연임할 수 있다. [기출 30 34]

5. 조합임원의 직무(제42조)

1) 조합장은 조합을 대표하고, 그 사무를 총괄하며, 총회 또는 제46조에 따른 대의원회의 의장이
   된다.

2) 조합장이 대의원회의 의장이 되는 경우에는 대의원으로 본다.

3) 조합장 또는 이사가 자기를 위하여 조합과 계약이나 소송을 할 때에는 감사가 조합을 대표한다.
   [기출 30 31]

4) 조합임원은 같은 목적의 정비사업을 하는 다른 조합의 임원 또는 직원을 겸할 수 없다.

6. 조합임원 등의 결격사유 및 해임(제43조)

1) 결격사유(조합임원 도는 전문조합관리인이 될 수 없다)

    ① 미성년자·피성년후견인 또는 피한정후견인

② 파산선고를 받고 복권되지 아니한 자

③ 금고 이상의 실형을 선고받고 그 집행이 종료(종료된 것으로 보는 경우를 포함한다)되거나 집행이 면제된 날부터 2년이 지나지 아니한 자

④ 금고 이상의 형의 집행유예를 받고 그 유예기간 중에 있는 자

⑤ 이 법을 위반하여 벌금 100만 원 이상의 형을 선고받고 10년이 지나지 아니한 자

⑥ 조합설립 인가권자에 해당하는 지방자치단체의 장, 지방의회의원 또는 그 배우자·직계존속·직계비속

2) 당연퇴임[기출 30]

조합임원이 다음의 어느 하나에 해당하는 경우에는 당연 퇴임한다. → 퇴임된 임원이 퇴임 전에 관여한 행위는 그 효력을 잃지 아니한다.

① 결격사유에 해당하게 되거나 선임 당시 그에 해당하는 자였음이 밝혀진 경우

② 조합임원이 제41조 제1항에 따른 자격요건을 갖추지 못한 경우

> **제41조 제1항**
> 1. 정비구역에 위치한 건축물 또는 토지(재건축사업의 경우에는 건축물과 그 부속토지를 말한다)를 5년 이상 소유하고 있을 것
> 2. 정비구역에서 거주하고 있는 자로서 선임일 직전 3년 동안 정비구역 내 거주 기간이 1년 이상일 것

3) 조합임원은 제44조 제2항에도 불구하고 조합원 10분의 1 이상의 요구로 소집된 총회에서 조합원 과반수의 출석과 출석 조합원 과반수의 동의를 받아 해임 가능. 이 경우 요구자 대표로 선출된 자가 해임 총회의 소집 및 진행을 할 때에는 조합장의 권한을 대행한다. [기출 30]

> **제44조 제2항**
> ② 총회는 조합장이 직권으로 소집하거나 조합원 5분의 1 이상(정관의 기재사항 중 제40조 제1항 제6호에 따른 조합임원의 권리·의무·보수·선임방법·변경 및 해임에 관한 사항을 변경하기 위한 총회의 경우는 10분의 1 이상으로 한다) 또는 대의원 3분의 2 이상의 요구로 조합장이 소집하며, 조합원 또는 대의원의 요구로 총회를 소집하는 경우 조합은 소집을 요구하는 자가 본인인지 여부를 대통령령으로 정하는 기준에 따라 정관으로 정하는 방법으로 확인하여야 한다.
>
> "대통령령으로 정하는 기준"이란 다음 각 호와 같다.
> 1. 총회의 소집을 요구하는 조합원 또는 대의원은 요구서에 성명을 적고 서명 또는 지장날인을 하며, 주민등록증, 여권 등 신원을 확인할 수 있는 신분증명서의 사본을 첨부할 것
> 2. 제1호에도 불구하고 총회의 소집을 요구하는 조합원 또는 대의원이 해외에 장기체류하는 등 불가피한 사유가 있다고 인정되는 경우에는 해당 조합원 또는 대의원의 인감도장을 찍은 요구서에 해당 인감증명서를 첨부할 것

4) 시장군수등이 전문조합관리인 선정 시 전문조합관리인이 업무를 대행할 임원은 당연 퇴임한다.

7. 조합원의 자격 등(제39조)

(1) 조합원의 자격

정비사업의 조합원(사업시행자가 신탁업자인 경우에는 위탁자를 말한다)은 토지등소유자(재건축사업의 경우에는 동의한 자만 해당한다)로 한다.

> 다음 각 호의 어느 하나에 해당하는 때에는 그 여러 명을 대표하는 1명을 조합원으로 본다. 다만, 「지방자치분권 및 지역균형발전에 관한 특별법」 제25조에 따른 공공기관의 지방이전 및 혁신도시 활성화를 위한 시책 등에 따라 이전하는 공공기관이 소유한 토지 또는 건축물을 양수한 경우 양수한 자(공유의 경우 대표자 1명을 말한다)를 조합원으로 본다.
> 1. 토지 또는 건축물의 소유권과 지상권이 여러 명의 공유에 속하는 때
> 2. 여러 명의 토지등소유자가 1세대에 속하는 때. 이 경우 동일한 세대별 주민등록표상에 등재되어 있지 아니한 배우자 및 미혼인 19세 미만의 직계비속은 1세대로 보며, 1세대로 구성된 여러 명의 토지등소유자가 조합설립인가 후 세대를 분리하여 동일한 세대에 속하지 아니하는 때에도 이혼 및 19세 이상 자녀의 분가(세대별 주민등록을 달리하고, 실거주지를 분가한 경우로 한정한다)를 제외하고는 1세대로 본다.
> 3. 조합설립인가(조합설립인가 전에 제27조 제1항 제3호에 따라 신탁업자를 사업시행자로 지정한 경우에는 사업시행자의 지정을 말한다. 이하 이 조에서 같다) 후 1명의 토지등소유자로부터 토지 또는 건축물의 소유권이나 지상권을 양수하여 여러 명이 소유하게 된 때

(2) 투기과열지구

1) 원칙

재건축사업인 경우는 조합설립인가 후, 재개발사업인 경우는 관리처분계획의 인가 후 해당 정비사업의 건축물 또는 토지를 양수(매매·증여, 그 밖의 권리의 변동을 수반하는 모든 행위를 포함하되, 상속·이혼으로 인한 양도·양수의 경우는 제외한다)한 자는 조합원이 될 수 없다. → 이 경우 손실보상을 해야 한다.

2) 예외(양도인이 다음 어느 하나인 경우에는 조합원이 될 수 있다)

① 세대원의 근무상 또는 생업상의 사정이나 질병치료(의료기관의 장이 1년 이상의 치료나 요양이 필요하다고 인정하는 경우로 한정한다)·취학·결혼으로 세대원이 모두 해당 사업구역에 위치하지 아니한 특별시·광역시·특별자치시·특별자치도·시 또는 군으로 이전하는 경우

② 상속으로 취득한 주택으로 세대원 모두 이전하는 경우

③ 세대원 모두 해외로 이주하거나 세대원 모두 2년 이상 해외에 체류하려는 경우

④ 1세대 1주택자로서 양도하는 주택에 대한 소유기간이 10년 이상 및 거주기간(「주민등록법」 제7조에 따른 주민등록표를 기준으로 하며, 소유자가 거주하지 아니하고 소유자의

배우자나 직계존비속이 해당 주택에 거주한 경우에는 그 기간을 합산한다)이 5년 이상 인 경우(소유자가 피상속인으로부터 주택을 상속받아 소유권을 취득한 경우에는 피상 속인의 주택의 소유기간 및 거주기간을 합산한다)

⑤ 지분형주택을 공급받기 위하여 건축물 또는 토지를 토지주택공사등과 공유하려는 경우

⑥ 공공임대주택, 공공분양주택의 공급 및 대통령령으로 정하는 사업(공공재개발사업 시 행자가 상가를 임대하는 사업)을 목적으로 건축물 또는 토지를 양수하려는 공공재개발 사업 시행자에게 양도하려는 경우

⑦ 그 밖에 불가피한 사정으로 양도하는 경우로서 대통령령으로 정하는 경우

---

1. 조합설립인가일부터 3년 이상 사업시행인가 신청이 없는 재건축사업의 건축물을 3년 이상 계속하여 소유하고 있는 자(소유기간을 산정할 때 소유자가 피상속인으로부터 상속받아 소유권을 취득한 경우에는 피상속인의 소유기간을 합산한다. 이하 제2호 및 제3호에서 같다)가 사업시행인가 신청 전에 양도하는 경우

2. 사업시행계획인가일부터 3년 이내에 착공하지 못한 재건축사업의 토지 또는 건축물 을 3년 이상 계속하여 소유하고 있는 자가 착공 전에 양도하는 경우

3. 착공일부터 3년 이상 준공되지 않은 재개발사업·재건축사업의 토지를 3년 이상 계 속하여 소유하고 있는 경우

4. 법률 제7056호 도시 및 주거환경정비법 일부개정법률 부칙 제2항에 따른 토지등소유 자로부터 상속·이혼으로 인하여 토지 또는 건축물을 소유한 자

5. 국가·지방자치단체 및 금융기관(「주택법 시행령」 제71조 제1호 각 목의 금융기관을 말한다)에 대한 채무를 이행하지 못하여 재개발사업·재건축사업의 토지 또는 건축물 이 경매 또는 공매되는 경우

6. 「주택법」 제63조 제1항에 따른 투기과열지구(이하 "투기과열지구"라 한다)로 지정되기 전에 건축물 또는 토지를 양도하기 위한 계약(계약금 지급 내역 등으로 계약일을 확인 할 수 있는 경우로 한정한다)을 체결하고, 투기과열지구로 지정된 날부터 60일 이내에 「부동산 거래신고 등에 관한 법률」 제3조에 따라 부동산 거래의 신고를 한 경우

---

8. 총회

(1) 총회의 소집(제44조)

1) 조합에는 조합원으로 구성되는 총회를 둔다.

2) 총회는 조합장이 직권으로 소집하거나 조합원 5분의 1 이상 또는 대의원 3분의 2 이상의 요구로 조합장이 소집한다. 조합원 또는 대의원의 요구로 총회를 소집하는 경우 조합은 소 집을 요구하는 자가 본인인지 여부를 대통령령으로 정하는 기준에 따라 정관으로 정하는 방법으로 확인하여야 한다.

"대통령령으로 정하는 기준"
1. 총회의 소집을 요구하는 조합원 또는 대의원은 요구서에 성명을 적고 서명 또는 지장날인을

> 하며, 주민등록증, 여권 등 신원을 확인할 수 있는 신분증명서의 사본을 첨부할 것
> 2. 제1호에도 불구하고 총회의 소집을 요구하는 조합원 또는 대의원이 해외에 장기체류하는 등 불가피한 사유가 있다고 인정되는 경우에는 해당 조합원 또는 대의원의 인감도장을 찍은 요구서에 해당 인감증명서를 첨부할 것

3) 정관의 기재사항 중 조합임원의 권리/의무/보수/선임방법/변경 및 해임에 관한 사항을 변경하기 위한 총회의 경우는 조합원 10분의 1 이상 요구로 소집한다.

4) 조합임원의 사임, 해임 또는 임기만료 후 6개월 이상 조합임원이 선임되지 아니한 경우에는 시장·군수등이 조합임원 선출을 위한 총회를 소집할 수 있다.

5) 총회를 소집하려는 자는 총회가 개최되기 7일 전까지 회의 목적·안건·일시 및 장소와 서면의결권의 행사기간 및 장소 등 서면의결권 행사에 필요한 사항을 정하여 조합원에게 통지하여야 한다.

6) 총회의 소집 절차·시기 등에 필요한 사항은 정관으로 정한다.

(2) 총회의 의결(제45조)

1) 다음 각 호 사항은 총회 의결을 거쳐야 한다. 각 호의 사항 중 이 법 또는 정관에 따라 조합원의 동의가 필요한 사항은 총회에 상정하여야 한다. [기출 31 35]

> 1. 정관의 변경(경미한 사항의 변경은 이 법 또는 정관에서 총회의결사항으로 정한 경우로 한정한다)
> 2. 자금의 차입과 그 방법·이자율 및 상환방법
> 3. 정비사업비의 세부 항목별 사용계획이 포함된 예산안 및 예산의 사용내역
> 4. 예산으로 정한 사항 외에 조합원에게 부담이 되는 계약
> 5. 시공자·설계자 및 감정평가법인등(제74조 제4항(관리처분계획 인가)에 따라 시장·군수등이 선정·계약하는 감정평가법인등은 제외한다)의 선정 및 변경. 다만, 감정평가법인등 선정 및 변경은 총회의 의결을 거쳐 시장·군수등에게 위탁할 수 있다. [기출 35]
> 6. 정비사업전문관리업자의 선정 및 변경
> 7. 조합임원의 선임 및 해임
> 8. 정비사업비의 조합원별 분담내역
> 9. 사업시행계획서의 작성 및 변경(정비사업의 중지 또는 폐지에 관한 사항을 포함하며, 같은 항 단서에 따른 경미한 변경은 제외한다)
> 10. 관리처분계획의 수립 및 변경(경미한 변경은 제외한다)
> 10의2. 조합의 해산과 조합 해산 시의 회계보고
> 11. 제89조에 따른 청산금의 징수·지급(분할징수·분할지급을 포함한다)
> 12. 제93조에 따른 비용의 금액 및 징수방법
> 13. 그 밖에 조합원에게 경제적 부담을 주는 사항 등 주요한 사항을 결정하기 위하여 대통령령 또는 정관으로 정하는 사항

> * **대통령령 또는 정관으로 정하는 사항**
> 1. 조합의 합병 또는 해산에 관한 사항
> 2. 대의원의 선임 및 해임에 관한 사항
> 3. 건설되는 건축물의 설계 개요의 변경[기출 34]
> 4. 정비사업비의 변경

2) 총회의 의결은 이 법 또는 정관에 다른 규정이 없으면 조합원 과반수의 출석과 출석 조합원의 과반수 찬성으로 한다.

3) 상기 1)의 제9호 및 제10호의 경우(사업시행계획서의 작성 및 변경(정비사업의 중지 또는 폐지에 관한 사항 포함), 관리처분계획의 수립 및 변경)에는 조합원 과반수의 찬성으로 의결한다. 다만, 정비사업비가 10/100(생산자물가상승률분, 제73조에 따른 손실보상 금액은 제외) 이상 늘어나는 경우에는 조합원 3분의 2 이상의 찬성으로 의결하여야 한다.

4) 조합원은 서면으로 의결권을 행사하거나 다음 각 호의 어느 하나에 해당하는 경우에는 대리인을 통하여 의결권을 행사할 수 있다.

> 1. 조합원이 권한을 행사할 수 없어 배우자, 직계존비속 또는 형제자매 중에서 성년자를 대리인으로 정하여 위임장을 제출하는 경우
> 2. 해외에 거주하는 조합원이 대리인을 지정하는 경우
> 3. 법인인 토지등소유자가 대리인을 지정하는 경우. 이 경우 법인의 대리인은 조합임원 또는 대의원으로 선임될 수 있다.

→ 서면으로 의결권을 행사하는 경우에는 정족수를 산정할 때에 출석한 것으로 본다.
→ 서면의결권을 행사하는 자가 본인인지를 확인하여야 한다.
→ 재난발생, 감염병에 따른 집합제한 또는 금지조치 시 전자적 방법으로 의결권 행사가능 (정족수를 산정할 때에는 직접 출석한 것으로 본다)

5) 총회의 의결은 조합원의 100분의 10 이상이 직접 출석하여야 한다(대리인을 통하여 의결권을 행사하는 경우 직접 출석한 것으로 본다). 다만, 시공자의 선정을 의결하는 총회의 경우에는 조합원의 과반수가 직접 출석하여야 하고, 창립총회, 시공자 선정 취소를 위한 총회, 사업시행계획서의 작성 및 변경, 관리처분계획의 수립 및 변경을 의결하는 총회 등 대통령령으로 정하는 총회의 경우에는 조합원의 100분의 20 이상이 직접 출석하여야 한다.

> "대통령령으로 정하는 총회"란 다음 각 호의 어느 하나에 해당하는 총회를 말한다.
> 1. 창립총회
> 1의2. 시공자 선정 취소를 위한 총회
> 2. 사업시행계획서의 작성 및 변경을 위하여 개최하는 총회

      3. 관리처분계획의 수립 및 변경을 위하여 개최하는 총회
      4. 정비사업비의 사용 및 변경을 위하여 개최하는 총회

  6) 총회의 의결방법, 서면의결권 행사 및 본인확인방법 등에 필요한 사항은 정관으로 정한다.

9. 대의원회(제46조)

1) 조합원의 수가 100명 이상인 조합은 대의원회를 두어야 한다. [기출 34] 조합장이 아닌 조합임원은 대의원이 될 수 없다. [기출 31]

2) 대의원회는 조합원의 1/10 이상으로 구성한다(조합원의 1/10이 100명을 넘는 경우에는 조합원의 1/10의 범위에서 100명 이상으로 구성 가능)[기출 34].

3) 대의원회는 총회의 의결사항 중 대통령령으로 정하는 사항 외에는 총회의 권한을 대행할 수 있다.

> (대의원회가 총회의 권한을 대행할 수 없는 사항) "대통령령으로 정하는 사항"
> 1. 정관의 변경에 관한 사항(경미한 사항의 변경은 법 또는 정관에서 총회의결사항으로 정한 경우로 한정한다)
> 2. 자금의 차입과 그 방법·이자율 및 상환방법에 관한 사항
> 3. 예산으로 정한 사항 외에 조합원에게 부담이 되는 계약에 관한 사항
> 4. 시공자·설계자 또는 감정평가법인등(시장·군수등이 선정·계약하는 감정평가법인등은 제외한다)의 선정 및 변경에 관한 사항
> 5. 정비사업전문관리업자의 선정 및 변경에 관한 사항
> 6. 조합임원의 선임 및 해임과 대의원의 선임 및 해임에 관한 사항. 다만, 정관으로 정하는 바에 따라 임기 중 궐위된 자(조합장은 제외한다)를 보궐선임하는 경우를 제외한다.
> 7. 사업시행계획서의 작성 및 변경에 관한 사항(정비사업의 중지 또는 폐지에 관한 사항을 포함하며, 경미한 변경은 제외한다)
> 8. 관리처분계획의 수립 및 변경에 관한 사항(경미한 변경은 제외한다)
> 9. 총회에 상정하여야 하는 사항
> 10. 조합의 합병 또는 해산에 관한 사항. 다만, 사업완료로 인한 해산의 경우는 제외한다.
> 11. 건설되는 건축물의 설계 개요의 변경에 관한 사항
> 12. 정비사업비의 변경에 관한 사항

4) 대의원의 수, 선임방법, 선임절차 및 대의원회의 의결방법 등은 대통령령으로 정하는 범위에서 정관으로 정한다.

> (대의원회)
> ① 대의원은 조합원 중에서 선출한다.
> ② 대의원의 선임 및 해임에 관하여는 정관으로 정하는 바에 따른다.
> ③ 대의원의 수는 "2)"의 범위 내에서 정관으로 정하는 바에 따른다.

④ 대의원회는 조합장이 필요하다고 인정하는 때에 소집한다. 다만, 다음 각 호의 어느 하나에 해당하는 때에는 조합장은 해당일부터 14일 이내에 대의원회를 소집하여야 한다.

   1. 정관으로 정하는 바에 따라 소집청구가 있는 때

   2. 대의원의 3분의 1 이상(정관으로 달리 정한 경우에는 그에 따른다)이 회의의 목적사항을 제시하여 청구하는 때

⑤ 제4항 각 호의 어느 하나에 따른 소집청구가 있는 경우로서 조합장이 제4항 각 호 외의 부분 단서에 따른 기간 내에 정당한 이유 없이 대의원회를 소집하지 아니한 때에는 감사가 지체 없이 이를 소집하여야 하며, 감사가 소집하지 아니하는 때에는 제4항 각 호에 따라 소집을 청구한 사람의 대표가 소집한다. 이 경우 미리 시장·군수등의 승인을 받아야 한다.

⑥ 제5항에 따라 대의원회를 소집하는 경우에는 소집주체에 따라 감사 또는 제4항 각 호에 따라 소집을 청구한 사람의 대표가 의장의 직무를 대행한다.

⑦ 대의원회의 소집은 집회 7일 전까지 그 회의의 목적·안건·일시 및 장소를 기재한 서면을 대의원에게 통지하는 방법에 따른다. 이 경우 정관으로 정하는 바에 따라 대의원회의 소집 내용을 공고하여야 한다.

⑧ 대의원회는 재적대의원 과반수의 출석과 출석대의원 과반수의 찬성으로 의결한다. 다만, 그 이상의 범위에서 정관으로 달리 정하는 경우에는 그에 따른다.

⑨ 대의원회는 제7항 전단에 따라 사전에 통지한 안건만 의결할 수 있다. 다만, 사전에 통지하지 아니한 안건으로서 대의원회의 회의에서 정관으로 정하는 바에 따라 채택된 안건의 경우에는 그러하지 아니하다.

⑩ 특정한 대의원의 이해와 관련된 사항에 대해서는 그 대의원은 의결권을 행사할 수 없다.

10. 주민대표회의(위원장 1명, 부위원장 1명, 감사 1명~3명 이하)(제47조)

1) 토지등소유자가 시장·군수등 또는 토지주택공사등의 사업시행을 원하는 경우에는 정비구역 지정·고시 후 주민대표기구(주민대표회의)를 구성해야 한다.

2) 위원장을 포함하여 5명 이상 25명 이하로 구성한다.

3) 주민대표회의 또는 세입자(상가세입자 포함)는 사업시행자가 다음 각 호의 사항에 관하여 시행규정을 정하는 때에 의견 제시가 가능하다 → 사업시행자는 주민대표회의 또는 세입자의 의견을 반영하기 위해 노력해야 한다.

   1. 건축물의 철거
   2. 주민의 이주(세입자의 퇴거에 관한 사항을 포함한다)
   3. 토지 및 건축물의 보상(세입자에 대한 주거이전비 등 보상에 관한 사항을 포함한다)
   4. 정비사업비의 부담
   5. 세입자에 대한 임대주택의 공급 및 입주자격
   6. 그 밖에 정비사업의 시행을 위하여 필요한 사항으로서 대통령령으로 정하는 사항

4) 주민대표회의는 토지등소유자의 과반수의 동의를 받고 시장·군수등의 승인을 받아야 한다. 주민대표회의의 구성에 동의한 자는 사업시행자의 지정에 동의한 것으로 본다. 다만, 사업시행자의 지정 요청 전에 시장·군수등 및 주민대표회의에 사업시행자의 지정에 대한 반대의 의사표시를 한 토지등소유자의 경우에는 그러하지 아니하다.

5) 주민대표회의의 운영, 비용부담, 위원의 선임 방법 및 절차 등에 필요한 사항은 대통령령으로 정한다.

① 시장·군수등 또는 토지주택공사등은 주민대표회의의 운영에 필요한 경비의 일부를 해당 정비사업비에서 지원할 수 있다.

② 주민대표회의의 위원의 선출·교체 및 해임, 운영방법, 운영비용의 조달 그 밖에 주민대표회의의 운영에 필요한 사항은 주민대표회의가 정한다.

11. 토지등소유자 전체회의(제48조)

① '재개발사업 및 재건축사업의 조합설립을 위한 동의요건 이상에 해당하는 자가 신탁업자를 사업시행자로 지정하는 것에 동의하는 때'에 따라 사업시행자로 지정된 신탁업자는 다음 각 호의 사항에 관하여 해당 정비사업의 토지등소유자(재건축사업의 경우에는 신탁업자를 사업시행자로 지정하는 것에 동의한 토지등소유자를 말한다) 전원으로 구성되는 회의(이하 "토지등소유자 전체회의"라 한다)의 의결을 거쳐야 한다.

1. 시행규정의 확정 및 변경
2. 정비사업비의 사용 및 변경
3. 정비사업전문관리업자와의 계약 등 토지등소유자의 부담이 될 계약
4. 시공자의 선정 및 변경
5. 정비사업비의 토지등소유자별 분담내역
6. 자금의 차입과 그 방법·이자율 및 상환방법
7. 사업시행계획서의 작성 및 변경(정비사업의 중지 또는 폐지에 관한 사항을 포함하며, 같은 항 단서에 따른 경미한 변경은 제외한다)
8. 관리처분계획의 수립 및 변경(경미한 변경은 제외한다)
9. 제89조에 따른 청산금의 징수·지급(분할징수·분할지급을 포함한다)과 조합 해산 시의 회계보고
10. 제93조에 따른 비용의 금액 및 징수방법
11. 그 밖에 토지등소유자에게 부담이 되는 것으로 시행규정으로 정하는 사항

② 토지등소유자 전체회의는 사업시행자가 직권으로 소집하거나 토지등소유자 5분의 1 이상의 요구로 사업시행자가 소집한다.

12. 민법의 준용(제49조)

조합에 관하여는 이 법에 규정된 사항을 제외하고는 「민법」 중 사단법인에 관한 규정을 준용한다.

확인문제

01 도시 및 주거환경정비법령상 조합설립추진위원회(이하 '추진위원회')에 관한 설명으로 옳지 않은 것은?

✦ 32회

① 국토교통부장관은 추진위원회의 공정한 운영을 위하여 추진위원회의 운영규정을 정하여 고시 하여야 한다.

② 추진위원회는 운영규정에 따라 운영하여야 하며, 토지등소유자는 운영에 필요한 경비를 운영 규정에 따라 납부하여야 한다.

③ 추진위원회는 사용경비를 기재한 회계장부 및 관계 서류를 조합설립인가일부터 30일 이내에 조합에 인계하여야 한다.

④ 추진위원회는 조합설립에 필요한 동의를 받기 전에 추정분담금 등 대통령령으로 정하는 정보 를 토지등소유자에게 제공하여야 한다.

⑤ 조합이 시행하는 재건축사업에서 추진위원회가 추진위원회 승인일부터 1년이 되는 날까지 조 합설립인가를 신청하지 아니하는 경우에는 정비구역의 지정권자는 정비구역 등을 해제하여야 한다.

답 ⑤

02 도시 및 주거환경정비법령상 조합설립추진위원회와 조합에 관한 설명으로 옳지 않은 것은? ✦ 31회

① 조합설립추진위원회는 설계자의 선정 및 변경의 업무를 수행할 수 있다.

② 조합설립추진위원회는 추진위원회를 대표하는 추진위원장 1명과 감사를 두어야 한다.

③ 조합장이 자기를 위하여 조합과 계약이나 소송을 할 때에는 이사가 조합을 대표한다.

④ 정비사업전문관리업자의 선정 및 변경의 사항은 조합 총회의 의결을 거쳐야 한다.

⑤ 조합장이 아닌 조합임원은 조합의 대의원이 될 수 없다.

답 ③

03 도시 및 주거환경정비법령상 조합이 정관의 기재사항을 변경하려고 할 때, 조합원 3분의 2 이상의 찬성을 받아야 하는 것을 모두 고른 것은? (단, 조례는 고려하지 않음)

✦ 31회

ㄱ. 조합의 명칭 및 사무소의 소재지	ㄴ. 조합원의 자격
ㄷ. 조합원의 제명·탈퇴 및 교체	ㄹ. 정비사업비의 부담 시기 및 절차
ㅁ. 조합의 비용부담 및 조합의 회계	

① ㄱ, ㄴ, ㄷ
② ㄱ, ㄹ, ㅁ
③ ㄴ, ㄷ, ㄹ
④ ㄱ, ㄴ, ㄷ, ㅁ
⑤ ㄴ, ㄷ, ㄹ, ㅁ

답 ⑤

학습전략

① 전반적인 정비사업의 시행과정을 숙지해야 합니다.

> **1단계(기본계획의 수립 및 고시)** : 도시·주거환경정비기본계획의 수립 - 기본계획 수립을 위한 주민의견청취 - 기본계획의 확정·고시
>
> **2단계(정비계획의 수립 및 시행)** : 정비계획의 입안 제안, 정비계획 입안 제안, 정비계획 입안을 위한 주민의견청취, 정비계획의 결정 및 정비구역의 지정·고시 // 사업시행자의 결정, 계약의 방법 및 시공자 선정 등, 사업시행계획서의 작성, 사업시행계획인가
>
> **3단계(관리처분 관련)** : 분양공고 및 분양신청, 관리처분계획의 인가
>
> **4단계(공사)** : 사업착공, 정비사업의 준공인가, 정비구역의 해제, 이전고시

② 사업시행계획의 인가절차 및 관리처분계획의 인가절차에서 주로 출제되므로 인가절차를 중심으로 학습하여야 할 것입니다.

1. 사업시행계획인가

(1) 사업시행계획인가(제50조)

1) 사업시행자(공동시행 포함하되, 사업시행자가 시장·군수등인 경우 제외)는 정비사업을 시행하려는 경우에는 사업시행계획서에 정관 등과 국토교통부령으로 정하는 서류를 첨부하여 시장·군수등에게 제출하고 사업시행계획인가를 받아야 하고, 인가받은 사항을 변경하거나 정비사업을 중지 또는 폐지하려는 경우에도 또한 같다. 〔기출 34〕

→ 시장·군수등은 특별한 사유가 없으면 상기에 따라 사업시행계획서의 제출이 있은 날부터 60일 이내에 인가 여부를 결정하여 사업시행자에게 통보하여야 한다. 〔기출 30〕

다만, 대통령령으로 정하는 경미한 사항을 변경하려는 때에는 시장·군수등에게 신고하여야 한다.

> **＊ 대통령령으로 정하는 경미한 사항을 변경하려는 때**〔기출 34〕
> 1. 정비사업비를 10퍼센트의 범위에서 변경하거나 관리처분계획의 인가에 따라 변경하는 때. 다만, 「주택법」제2조 제5호에 따른 국민주택을 건설하는 사업인 경우에는 「주택도시기금법」에 따른 주택도시기금의 지원금액이 증가되지 아니하는 경우만 해당한다.
> 2. 건축물이 아닌 부대시설·복리시설의 설치규모를 확대하는 때(위치가 변경되는 경우는 제외한다)
> 3. 대지면적을 10퍼센트의 범위에서 변경하는 때
> 4. 세대수와 세대당 주거전용면적을 변경하지 않고 세대당 주거전용면적의 10퍼센트의 범위에서 세대 내부구조의 위치 또는 면적을 변경하는 때
> 5. 내장재료 또는 외장재료를 변경하는 때

6. 사업시행계획인가의 조건으로 부과된 사항의 이행에 따라 변경하는 때
7. 건축물의 설계와 용도별 위치를 변경하지 아니하는 범위에서 건축물의 배치 및 주택단지 안의 도로선형을 변경하는 때
8. 「건축법 시행령」 제12조 제3항 각 호의 어느 하나에 해당하는 사항을 변경하는 때
9. 사업시행자의 명칭 또는 사무소 소재지를 변경하는 때
10. 정비구역 또는 정비계획의 변경에 따라 사업시행계획서를 변경하는 때
11. 법 제35조 제5항 본문에 따른 조합설립변경 인가에 따라 사업시행계획서를 변경하는 때
12. 그 밖에 시·도조례로 정하는 사항을 변경하는 때

2) 신고를 받은 날부터 20일 이내에 신고수리 여부를 신고인에게 통지하여야 한다. → 미통지시 기간이 끝난 날의 다음 날에 신고를 수리한 것으로 본다.

3) 사업시행자(시장·군수등 또는 토지주택공사등은 제외한다)는 사업시행계획인가를 신청하기 전에 미리 총회의 의결을 거쳐야 하며, 인가받은 사항을 변경하거나 정비사업을 중지 또는 폐지하려는 경우에도 또한 같다. 다만, 경미한 사항의 변경은 총회의 의결을 필요로 하지 아니한다.

4) 토지등소유자가 제25조 제1항 제2호(토지등소유자 20인 미만인 경우)에 따라 재개발사업을 시행하려는 경우에는 사업시행계획인가를 신청하기 전에 사업시행계획서에 대하여 토지등소유자의 4분의 3 이상 및 토지면적의 2분의 1 이상의 토지소유자의 동의를 받아야 한다. 다만, 인가받은 사항을 변경하려는 경우에는 규약으로 정하는 바에 따라 토지등소유자의 과반수의 동의를 받아야 한다(경미한 사항의 변경은 제외).

5) 지정개발자는 사업시행계획인가 신청 시 토지등소유자의 과반수의 동의 및 토지면적의 2분의 1 이상의 토지소유자의 동의를 받아야 한다(경미한 사항의 변경은 제외).

6) 천재지변으로 시장군수등 또는 지정개발자가 시행하는 경우에는 토지등소유자의 동의를 필요로 하지 않는다.

(2) 기반시설의 기부채납 기준(제51조)

① 시장·군수등은 사업시행계획을 인가하는 경우 사업시행자가 제출하는 사업시행계획에 해당 정비사업과 직접적으로 관련이 없거나 과도한 정비기반시설의 기부채납을 요구하여서는 아니 된다.

② 국토교통부장관은 정비기반시설의 기부채납과 관련하여 다음 각 호의 사항이 포함된 운영기준을 작성하여 고시할 수 있다.
  1. 정비기반시설의 기부채납 부담의 원칙 및 수준
  2. 정비기반시설의 설치기준 등

③ 시장·군수등은 ②에 따른 운영기준의 범위에서 지역여건 또는 사업의 특성 등을 고려하여 따로 기준을 정할 수 있으며, 이 경우 사전에 국토교통부장관에게 보고하여야 한다.

(3) 관계 서류의 공람과 의견청취(제56조)

① 시장·군수등은 사업시행계획인가를 하거나 사업시행계획서를 작성하려는 경우에는 대통령령으로 정하는 방법 및 절차에 따라 관계 서류의 사본을 14일 이상 일반인이 공람할 수 있게 하여야 한다. 다만, 경미한 사항을 변경하려는 경우에는 그러하지 아니하다.

② 토지등소유자 또는 조합원, 그 밖에 정비사업과 관련하여 이해관계를 가지는 자는 공람기간 이내에 시장·군수등에게 서면으로 의견을 제출할 수 있다. 시장·군수등은 제출된 의견을 심사하여 채택할 필요가 있다고 인정하는 때에는 이를 채택하고, 그러하지 아니한 경우에는 의견을 제출한 자에게 그 사유를 알려주어야 한다.

2. 사업시행계획서 작성 시 포함내용[기출 52]

1. 토지이용계획(건축물배치계획을 포함한다)
2. 정비기반시설 및 공동이용시설의 설치계획
3. 임시거주시설을 포함한 주민이주대책[기출 35]
4. 세입자의 주거 및 이주 대책
5. 사업시행기간 동안 정비구역 내 가로등 설치, 폐쇄회로 텔레비전 설치 등 범죄예방대책
6. 제10조(임대주택 및 주택규모별 건설비율)에 따른 임대주택의 건설계획(재건축사업의 경우는 제외한다)
7. 제54조 제4항, 제101조의5 및 제101조의6에 따른 국민주택규모 주택의 건설계획(주거환경개선사업의 경우는 제외한다)
8. 공공지원민간임대주택 또는 임대관리 위탁주택의 건설계획(필요한 경우로 한정한다)
9. 건축물의 높이 및 용적률 등에 관한 건축계획
10. 정비사업의 시행과정에서 발생하는 폐기물의 처리계획
11. 교육시설의 교육환경 보호에 관한 계획(정비구역부터 200미터 이내에 교육시설이 설치되어 있는 경우로 한정한다)
12. 정비사업비
13. 그 밖에 사업시행을 위한 사항으로서 대통령령으로 정하는 바에 따라 시·도조례로 정하는 사항

✱✱ 사업시행자는 일부 건축물의 존치 또는 리모델링(「주택법」 제2조 제25호 또는 「건축법」 제2조 제1항 제10호에 따른 리모델링을 말한다)에 관한 내용이 포함된 사업시행계획서를 작성하여 사업시행계획인가를 신청할 수 있다.

사업시행계획서를 작성하려는 경우에는 존치 또는 리모델링하는 건축물 소유자의 동의(「집합건물의 소유 및 관리에 관한 법률」 제2조 제2호에 따른 구분소유자가 있는 경우에는 구분소유자의 3분의 2 이상의 동의와 해당 건축물 연면적의 3분의 2 이상의 구분소유자의 동의로 한다)를 받아야 한다. 다만, 정비계획에서 존치 또는 리모델링하는 것으로 계획된 경우에는 그러하지 아니한다.

3. 시행규정의 작성(제53조)

시장·군수등, 토지주택공사등 또는 신탁업자가 단독으로 정비사업을 시행하는 경우 다음 각 호의 사항을 포함하는 시행규정을 작성하여야 한다.

> 1. 정비사업의 종류 및 명칭
> 2. 정비사업의 시행연도 및 시행방법
> 3. 비용부담 및 회계
> 4. 토지등소유자의 권리·의무
> 5. 정비기반시설 및 공동이용시설의 부담
> 6. 공고·공람 및 통지의 방법
> 7. 토지 및 건축물에 관한 권리의 평가방법
> 8. 관리처분계획 및 청산(분할징수 또는 납입에 관한 사항을 포함한다). 다만, 수용의 방법으로 시행하는 경우는 제외한다.
> 9. 시행규정의 변경
> 10. 사업시행계획서의 변경
> 11. 토지등소유자 전체회의(신탁업자가 사업시행자인 경우로 한정한다)
> 12. 그 밖에 시·도조례로 정하는 사항

4. 사업시행계획의 통합심의

(1) 통합심의(제50조의2)

① 정비구역의 지정권자는 사업시행계획인가와 관련된 다음 중 둘 이상의 심의가 필요한 경우에는 이를 통합하여 검토 및 심의(이하 "통합심의"라 한다)하여야 한다.

1. 「건축법」에 따른 건축물의 건축 및 특별건축구역의 지정 등에 관한 사항
2. 「경관법」에 따른 경관 심의에 관한 사항
3. 「교육환경 보호에 관한 법률」에 따른 교육환경평가
4. 「국토의 계획 및 이용에 관한 법률」에 따른 도시·군관리계획에 관한 사항
5. 「도시교통정비 촉진법」에 따른 교통영향평가에 관한 사항
6. 「환경영향평가법」에 따른 환경영향평가 등에 관한 사항
7. 그 밖에 국토교통부장관, 시·도지사 또는 시장·군수등이 필요하다고 인정하여 통합심의에 부치는 사항

② 사업시행자가 통합심의를 신청하는 경우에는 심의에 필요한 서류를 첨부하여야 한다. 이 경우 정비구역의 지정권자는 통합심의를 효율적으로 처리하기 위하여 필요한 경우 제출기한을 정하여 제출하도록 할 수 있다.

③ 정비구역의 지정권자가 통합심의를 하는 경우에는 다음 어느 하나에 해당하는 위원회에 속하고 해당 위원회의 위원장의 추천을 받은 위원, 정비구역의 지정권자가 속한 지방자치단체 소속 공무원 및 사업시행계획 인가권자가 속한 지방자치단체 소속 공무원으로 소집

된 통합심의위원회를 구성하여 통합심의하여야 한다. 이 경우 통합심의위원회의 구성, 통합심의의 방법 및 절차에 관한 사항은 대통령령으로 정한다.

1. 「건축법」에 따른 건축위원회
2. 「경관법」에 따른 경관위원회
3. 「교육환경 보호에 관한 법률」에 따른 교육환경보호위원회
4. 지방도시계획위원회
5. 「도시교통정비 촉진법」에 따른 교통영향평가심의위원회
6. 도시재정비위원회(정비구역이 재정비촉진지구 내에 있는 경우에 한정한다)
7. 「환경영향평가법」에 따른 환경영향평가협의회
8. 제1항 제7호에 대하여 심의권한을 가진 관련 위원회

④ 시장·군수등은 특별한 사유가 없으면 통합심의 결과를 반영하여 사업시행계획을 인가하여야 한다.

⑤ 통합심의를 거친 경우에는 제①의 각 사항에 대한 검토·심의·조사·협의·조정 또는 재정을 거친 것으로 본다.

(2) 통합심의위원회(영 제46조의2)

① 통합심의위원회는 위원장 1명과 부위원장 1명을 포함하여 20명 이상 100명 이하의 위원으로 성별을 고려하여 구성한다.

② 통합심의위원회 위원장과 부위원장은 통합심의위원회의 위원 중에서 정비구역지정권자가 임명하거나 위촉한다.

(3) 위원의 제척·기피·회피(영 제46조의3)

① 통합심의위원회의 심의·의결에서 제척된다.

1. 위원 또는 그 배우자나 배우자였던 사람이 해당 안건의 당사자(당사자가 법인·단체 등인 경우에는 그 임원을 포함한다. 이하 이 호 및 제2호에서 같다)가 되거나 그 안건의 당사자와 공동권리자 또는 공동의무자인 경우
2. 위원이 해당 안건의 당사자와 친족이거나 친족이었던 경우
3. 위원이 해당 안건에 대하여 자문, 연구, 용역(하도급을 포함한다), 감정 또는 조사를 한 경우
4. 위원이나 위원이 속한 법인·단체 등이 해당 안건 당사자의 대리인이거나 대리인이었던 경우
5. 위원이 임원 또는 직원으로 재직하고 있거나 최근 3년 내에 재직했던 기업 등이 해당 안건에 대하여 자문, 연구, 용역(하도급을 포함한다), 감정 또는 조사를 한 경우

② 해당 안건의 당사자는 위원에게 공정한 심의·의결을 기대하기 어려운 사정이 있는 경우에는 통합심의위원회에 기피 신청을 할 수 있고, 통합심의위원회는 의결로 기피 여부를 결정한다. 이 경우 기피 신청의 대상인 위원은 그 의결에 참여할 수 없다.

③ 위원이 제척 사유에 해당하는 경우에는 스스로 해당 안건의 심의·의결에서 회피해야 한다.

(4) 통합심의의 방법과 절차(영 제46조의4)

① 통합심의를 하는 경우 정비구역지정권자는 통합심의위원회 개최 7일 전까지 회의 안건과 심의에 참여할 위원을 확정하고, 회의 일시, 장소 및 회의에 부치는 안건 등 회의 내용을 회의에 참여하는 위원에게 알려야 한다.

② 통합심의위원회의 회의는 위원 과반수의 출석으로 개의하고, 출석위원 과반수의 찬성으로 의결한다. 통합심의위원회의 회의를 개의할 때에는 통합심의를 해야 하는 각 위원회 위원(통합심의 안건과 직접 관련이 없는 위원회 위원은 제외한다)이 각각 1명 이상 출석해야 한다.

③ 통합심의위원회는 통합심의와 관련하여 필요하다고 인정하거나 정비구역지정권자가 요청하는 경우에는 당사자 또는 관계자를 출석하게 하여 의견을 듣거나 설명하게 할 수 있다.

④ 통합심의위원회는 사업시행계획인가와 관련된 사항, 당사자 또는 관계자의 의견 및 설명, 관계 기관의 의견 등을 종합적으로 검토하여 심의해야 한다.

⑤ 통합심의위원회는 회의를 할 때 회의내용을 녹취하고, 다음 각 사항을 회의록으로 작성해야 한다.

1. 회의일시, 장소 및 공개 여부
2. 출석위원 서명부
3. 상정된 의안 및 심의결과
4. 그 밖에 주요 논의사항 등

⑥ 통합심의위원회의 회의에 참석한 위원에게는 예산의 범위에서 수당 및 여비를 지급할 수 있다. 다만, 공무원인 위원이 소관 업무와 직접 관련되어 위원회에 출석하는 경우에는 그렇지 않다.

⑦ 통합심의위원회에 분과위원회를 둘 수 있고, 분과위원회에서 의결한 사항은 통합심의위원회 위원장에게 보고하고 통합심의위원회의 심의를 거쳐야 한다.

⑧ 통합심의위원회 및 분과위원회 운영에 필요한 사항은 통합심의위원회의 의결을 거쳐 통합심의위원회 위원장이 정한다.

5. 정비계획 변경 및 사업시행인가의 심의 특례(제50조의3)

① 정비구역의 지정권자는 사업시행계획인가(인가받은 사항을 변경하는 경우 포함)에 앞서 결정·고시된 정비계획의 변경[정비구역의 변경도 포함하며(경미한 변경은 제외)]이 필요한 경우 정비계획의 변경을 위한 지방도시계획위원회 심의를 사업시행계획인가와 관련된 심의와 함께 통합하여 검토 및 심의할 수 있다.

② 정비구역의 지정권자가 심의를 통합하여 실시하는 경우 사업시행자는 하나의 총회(제27조 제1항에(재개발사업·재건축사업의 지정개발자) 따라 신탁업자가 사업시행자로 지정된 경우에는 법 제48조에 따른 토지등소유자 전체회의를 말한다)에서 정비사업비의 조합원별

분담내역 및 사업시행계획서의 작성 및 변경[정비사업의 중지 또는 폐지에 관한 사항 포함(경미한 변경은 제외)]에 관한 사항을 의결하여야 한다.

③ 상기 ①, ② 외에 심의 및 총회 의결을 위한 절차와 방법에 관하여 필요한 사항은 대통령령으로 정한다.

6. 재건축사업 등의 용적률 완화 및 국민주택규모 주택 건설비율(제54조)

(1) 용적률 완화

사업시행자는 다음 어느 하나에 해당하는 정비사업(재정비촉진지구에서 시행되는 재개발사업 및 재건축사업은 제외)을 시행하는 경우, **정비계획(정비계획 의제되는 계획 포함)으로 정하여진 용적률에도 불구하고 지방도시계획위원회의 심의를 거쳐 국계법상 및 관계법률상 용적률의 상한까지 건축할 수 있다**(단, 재정비촉진지구에서 시행되는 재개발사업 및 재건축사업은 제외된다).

「수도권정비계획법」에 따른 과밀억제권역에서 시행하는 재개발사업 및 재건축사업(주거지역 및 공업지역(준공업지역)으로 한정) + 시·도조례로 정하는 지역에서 시행하는 재개발사업 및 재건축사업

---

* 관계 법률에 따른 용적률의 상한은 다음 어느 하나에 해당하여 건축행위가 제한되는 경우 건축이 가능한 용적률을 말한다.
  1. 「국토의 계획 및 이용에 관한 법률」 제76조에 따른 건축물의 층수제한
  2. 「건축법」 제60조에 따른 높이제한
  3. 「건축법」 제61조에 따른 일조 등의 확보를 위한 건축물의 높이제한
  4. 「공항시설법」 제34조에 따른 장애물 제한표면구역 내 건축물의 높이제한
  5. 「군사기지 및 군사시설 보호법」 제10조에 따른 비행안전구역 내 건축물의 높이제한
  6. 「문화유산의 보존 및 활용에 관한 법률」 제12조에 따른 건설공사 시 문화유산 보호를 위한 건축제한
  6의2. 「자연유산의 보존 및 활용에 관한 법률」 제9조에 따른 건설공사 시 천연기념물등의 보호를 위한 건축제한
  7. 그 밖에 시장·군수등이 건축 관계 법률의 건축제한으로 용적률의 완화가 불가능하다고 근거를 제시하고, 지방도시계획위원회 또는 「건축법」 제4조에 따라 시·도에 두는 건축위원회가 심의를 거쳐 용적률 완화가 불가능하다고 인정한 경우

---

(2) 국민주택규모 결정

사업시행자는 법적상한용적률에서 정비계획으로 정하여진 용적률을 뺀 용적률(이하 "초과용적률"이라 한다)의 일정비율 적용하여 국민주택규모 주택을 건설하여야 한다.

다만, 제24조 제4항, 제26조 제1항 제1호 및 제27조 제1항 제1호에 따른 정비사업을 시행하는 경우에는 그러하지 아니하다.

① 과밀억제권역에서 시행하는 재건축사업은 초과용적률의 100분의 30 이상 100분의 50 이하로서 시·도조례로 정하는 비율

② 과밀억제권역에서 시행하는 재개발사업은 초과용적률의 100분의 50 이상 100분의 75 이하로서 시·도조례로 정하는 비율

③ 과밀억제권역 외의 지역에서 시행하는 재건축사업은 초과용적률의 100분의 50 이하로서 시·도조례로 정하는 비율

④ 과밀억제권역 외의 지역에서 시행하는 재개발사업은 초과용적률의 100분의 75 이하로서 시·도조례로 정하는 비율

7. 국민주택규모 주택의 공급 및 인수(제55조)

1) 사업시행자는 국민주택규모 주택을 국토교통부장관, 시·도지사, 시장, 군수, 구청장 또는 토지주택공사등(이하 "인수자")에 공급하여야 한다.

> *** 국민주택규모 주택의 공급방법 등**
> ① 사업시행자는 국토교통부장관, 시·도지사, 시장·군수·구청장 또는 토지주택공사등(이하 "인수자"라 한다)에게 공급해야 하는 국민주택규모 주택을 공개추첨의 방법으로 선정해야 하며, 그 선정결과를 지체 없이 인수자에게 통보해야 한다.
> ② 사업시행자가 선정된 국민주택규모 주택을 공급하는 경우에는 시·도지사, 시장·군수·구청장 순으로 우선하여 인수할 수 있다. 다만, 시·도지사 및 시장·군수·구청장이 국민주택규모 주택을 인수할 수 없는 경우에는 시·도지사는 국토교통부장관에게 인수자 지정을 요청해야 한다. → 30일 이내에 인수자를 지정하여 시·도지사에게 통보해야 하며, 시·도지사는 지체 없이 이를 시장·군수·구청장에게 보내어 그 인수자와 국민주택규모 주택의 공급에 관하여 협의하도록 해야 한다.

2) 국민주택규모 주택의 공급가격은 국토교통부장관이 고시하는 공공건설임대주택의 표준건축비로 하며, 부속 토지는 인수자에게 기부채납한 것으로 본다.

3) 사업시행자는 사업시행계획인가를 신청하기 전에 미리 국민주택규모 주택에 관한 사항을 인수자와 협의하여 사업시행계획서에 반영하여야 한다.

4) 국민주택규모 주택의 인수를 위한 절차와 방법 등에 필요한 사항은 대통령령으로 정할 수 있으며, 인수된 국민주택규모 주택은 대통령령으로 정하는 장기공공임대주택(임대의무기간이 20년 이상인 공공임대주택)으로 활용하여야 한다.

다만, 토지등소유자의 부담 완화 등 대통령령으로 정하는 요건에 해당하는 경우에는 인수된 국민주택규모 주택을 장기공공임대주택이 아닌 임대주택으로 활용할 수 있다.

> **＊ 토지등소유자의 부담 완화 등 대통령령으로 정하는 요건에 해당하는 경우**
> 1. 가목의 가액을 나목의 가액으로 나눈 값이 100분의 80 미만인 경우. 이 경우 가목 및 나목의 가액은 사업시행계획인가 고시일을 기준으로 하여 산정하되 구체적인 산정방법은 국토교통부장관이 정하여 고시한다.
>   가. 정비사업 후 대지 및 건축물의 총 가액에서 총사업비를 제외한 가액
>   나. 정비사업 전 토지 및 건축물의 총 가액
> 2. 시·도지사가 정비구역의 입지, 토지등소유자의 조합설립 동의율, 정비사업비의 증가규모, 사업기간 등을 고려하여 토지등소유자의 부담이 지나치게 높다고 인정하는 경우

＋ 단서에 따른 임대주택의 인수자는 임대의무기간에 따라 감정평가액의 100분의 50 이하의 범위에서 대통령령으로 정하는 가격으로 부속 토지를 인수하여야 한다.

> **＊ 대통령령으로 정하는 가격**
> 1. 임대의무기간이 10년 이상인 경우 : 감정평가액(시장·군수등이 지정하는 둘 이상의 감정평가업자가 평가한 금액을 산술평균한 금액을 말한다. 이하 제2호에서 같다)의 100분의 30에 해당하는 가격
> 2. 임대의무기간이 10년 미만인 경우 : 감정평가액의 100분의 50에 해당하는 가격

8. 인·허가등의 의제 등(제57조)

① 사업시행자가 사업시행계획인가를 받은 때(시장·군수등이 직접 정비사업을 시행하는 경우에는 사업시행계획서를 작성한 때를 말한다)에는 다음 각 호의 인가·허가·결정·승인·신고·등록·협의·동의·심사·지정 또는 해제(이하 "인·허가등")가 있은 것으로 보며, 사업시행계획인가의 고시가 있은 때에는 다음 각 호의 관계 법률에 따른 인·허가등의 고시·공고 등이 있은 것으로 본다.
1. 「주택법」제15조에 따른 사업계획의 승인
2. 「공공주택 특별법」제35조에 따른 주택건설사업계획의 승인
3. 「건축법」제11조에 따른 건축허가, 같은 법 제20조에 따른 가설건축물의 건축허가 또는 축조신고 및 같은 법 제29조에 따른 건축협의
4. 「도로법」제36조에 따른 도로관리청이 아닌 자에 대한 도로공사 시행의 허가 및 같은 법 제61조에 따른 도로의 점용 허가
5. 「사방사업법」제20조에 따른 사방지의 지정해제
6. 「농지법」제34조에 따른 농지전용의 허가·협의 및 같은 법 제35조에 따른 농지전용신고
7. 「산지관리법」제14조·제15조에 따른 산지전용허가 및 산지전용신고, 같은 법 제15조의2에 따른 산지일시사용허가·신고와 「산림자원의 조성 및 관리에 관한 법률」제36조 제1항·제5항에 따른 입목벌채등의 허가·신고 및 「산림보호법」제9조 제1항 및 같은 조 제2항 제1호에 따른 산림보호구역에서의 행위의 허가. 다만, 「산림자원의 조성 및 관리에 관한

법률」에 따른 채종림·시험림과 「산림보호법」에 따른 산림유전자원보호구역의 경우는 제
외한다.

8. 「하천법」 제30조에 따른 하천공사 시행의 허가 및 하천공사실시계획의 인가, 같은 법 제33
조에 따른 하천의 점용허가 및 같은 법 제50조에 따른 하천수의 사용허가

9. 「수도법」 제17조에 따른 일반수도사업의 인가 및 같은 법 제52조 또는 제54조에 따른 전용
상수도 또는 전용공업용수도 설치의 인가

10. 「하수도법」 제16조에 따른 공공하수도 사업의 허가 및 같은 법 제34조 제2항에 따른 개인
하수처리시설의 설치신고

11. 「공간정보의 구축 및 관리 등에 관한 법률」 제15조 제4항에 따른 지도등의 간행 심사

12. 「유통산업발전법」 제8조에 따른 대규모점포등의 등록

13. 「국유재산법」 제30조에 따른 사용허가(재개발사업으로 한정한다)

14. 「공유재산 및 물품 관리법」 제20조에 따른 사용·수익허가(재개발사업으로 한정한다)

15. 「공간정보의 구축 및 관리 등에 관한 법률」 제86조 제1항에 따른 사업의 착수·변경의 신고

16. 「국토의 계획 및 이용에 관한 법률」 제86조에 따른 도시·군계획시설 사업시행자의 지정
및 같은 법 제88조에 따른 실시계획의 인가

17. 「전기안전관리법」 제8조에 따른 자가용전기설비의 공사계획의 인가 및 신고

18. 「소방시설 설치 및 관리에 관한 법률」 제6조 제1항에 따른 건축허가등의 동의, 「위험물안
전관리법」 제6조 제1항에 따른 제조소등의 설치의 허가(제조소등은 공장건축물 또는 그
부속시설과 관계있는 것으로 한정한다)

19. 「도시공원 및 녹지 등에 관한 법률」 제16조의2에 따른 공원조성계획의 결정

② 사업시행자가 공장이 포함된 구역에 대하여 재개발사업의 사업시행계획인가를 받은 때에는 제
①에 따른 인·허가등 외에 다음 각 호의 인·허가등이 있은 것으로 보며, 사업시행계획인가
를 고시한 때에는 다음 각 호의 관계 법률에 따른 인·허가 등의 고시·공고 등이 있은 것으로
본다.

1. 「산업집적활성화 및 공장설립에 관한 법률」 제13조에 따른 공장설립등의 승인 및 같은 법
제15조에 따른 공장설립등의 완료신고

2. 「폐기물관리법」 제29조 제2항에 따른 폐기물처리시설의 설치승인 또는 설치신고(변경승인
또는 변경신고를 포함한다)

3. 「대기환경보전법」 제23조, 「물환경보전법」 제33조 및 「소음·진동관리법」 제8조에 따른
배출시설설치의 허가 및 신고

4. 「총포·도검·화약류 등의 안전관리에 관한 법률」 제25조 제1항에 따른 화약류저장소 설
치의 허가

③ 사업시행자는 정비사업에 대하여 인·허가등의 의제를 받으려는 경우에는 사업시행계획인가
를 신청하는 때에 해당 법률에서 정하는 관계 서류를 함께 제출하여야 한다. 다만, 사업시행계

획인가를 신청한 때에 시공자가 선정되어 있지 아니하여 관계 서류를 제출할 수 없거나 제⑥에 따라 사업시행계획인가를 하는 경우에는 시장·군수등이 정하는 기한까지 제출할 수 있다.

④ 시장·군수등은 사업시행계획인가를 하거나 사업시행계획서를 작성하려는 경우 미리 관계 행정기관의 장과 협의하여야 하고, 협의를 요청받은 관계 행정기관의 장은 요청받은 날(제③ 단서의 경우에는 서류가 관계 행정기관의 장에게 도달된 날을 말한다)부터 30일 이내에 의견을 제출하여야 한다. 이 경우 관계 행정기관의 장이 30일 이내에 의견을 제출하지 아니하면 협의된 것으로 본다.

⑤ 시장·군수등은 사업시행계획인가(시장·군수등이 사업시행계획서를 작성한 경우를 포함한다)를 하려는 경우 정비구역부터 200미터 이내에 교육시설이 설치되어 있는 때에는 해당 지방자치단체의 교육감 또는 교육장과 협의하여야 하며, 인가받은 사항을 변경하는 경우에도 또한 같다.

⑥ 시장·군수등은 제④ 및 제⑤에도 불구하고 천재지변이나 그 밖의 불가피한 사유로 긴급히 정비사업을 시행할 필요가 있다고 인정하는 때에는 관계 행정기관의 장 및 교육감 또는 교육장과 협의를 마치기 전에 사업시행계획인가를 할 수 있다. 이 경우 협의를 마칠 때까지는 제①및 제②에 따른 인·허가등을 받은 것으로 보지 아니한다.

⑦ 제①이나 제②에 따라 인·허가등을 받은 것으로 보는 경우에는 관계 법률 또는 시·도조례에 따라 해당 인·허가등의 대가로 부과되는 수수료와 해당 국·공유지의 사용 또는 점용에 따른 사용료 또는 점용료를 면제한다.

9. 순환정비방식의 정비사업 등(제59조)

① 사업시행자는 정비구역의 안과 밖에 새로 건설한 주택 또는 이미 건설되어 있는 주택의 경우 그 정비사업의 시행으로 철거되는 주택의 소유자 또는 세입자(정비구역에서 실제 거주하는 자로 한정한다)를 임시로 거주하게 하는 등 그 정비구역을 순차적으로 정비하여 주택의 소유자 또는 세입자의 이주대책을 수립하여야 한다.

② 사업시행자는 ①에 따른 방식으로 정비사업을 시행하는 경우에는 임시로 거주하는 주택(이하 "순환용주택")을 「주택법」 제54조에도 불구하고 임시거주시설로 사용하거나 임대할 수 있으며, 대통령령으로 정하는 방법과 절차에 따라 토지주택공사등이 보유한 공공임대주택을 순환용주택으로 우선 공급할 것을 요청할 수 있다.

③ 사업시행자는 순환용주택에 거주하는 자가 정비사업이 완료된 후에도 순환용주택에 계속 거주하기를 희망하는 때에는 대통령령으로 정하는 바에 따라 분양하거나 계속 임대할 수 있다. 이 경우 사업시행자가 소유하는 순환용주택은 인가받은 관리처분계획에 따라 토지등소유자에게 처분된 것으로 본다.

10. 지정개발자의 정비사업비의 예치 등(제60조)

① 시장·군수등은 재개발사업의 사업시행계획인가를 하는 경우 해당 정비사업의 사업시행자가

지정개발자(지정개발자가 토지등소유자인 경우로 한정한다)인 때에는 정비사업비의 100분의 20의 범위에서 시·도조례로 정하는 금액을 예치하게 할 수 있다.

② 예치금은 청산금의 지급이 완료된 때에 반환한다.

③ 예치 및 반환 등에 필요한 사항은 시·도조례로 정한다.

제4절 정비사업 시행을 위한 조치 등

학습전략

"정비사업 시행을 위한 조치 등"의 부분에서는 거의 출제가 되지 않으나 전반적인 사업절차의 흐름을 파악하는데 필요하므로 절차정도만 가볍게 숙지하면 충분함.

1. 임시주거시설·임시상가의 설치 등(제61조)

1) 사업시행자는 주거환경개선사업 및 재개발사업의 시행으로 철거되는 주택의 소유자 또는 세입자에게 해당 정비구역 안과 밖에 위치한 임대주택등의 시설에 임시로 거주하게 하거나 주택자금의 융자를 알선하는 등 임시거주에 상응하는 조치를 하여야 한다.

2) 사업시행자는 임시거주시설의 설치 등을 위하여 필요한 때에는 국가·지방자치단체, 그 밖의 공공단체 또는 개인의 시설이나 토지를 일시 사용할 수 있다.

3) 국가 또는 지단은 사업시행자로부터 임시거주시설에 필요한 건축물/토지의 사용신청을 받은 경우 대통령령으로 정하는 사유가 없으면 이를 거절하지 못한다. → 이 경우 사용료 또는 대부료는 면제

> **＊ 대통령령으로 정하는 사유**
> 1. 임시거주시설의 설치를 위하여 필요한 건축물이나 토지에 대하여 제3자와 이미 매매계약을 체결한 경우
> 2. 사용신청 이전에 임시거주시설의 설치를 위하여 필요한 건축물이나 토지에 대한 사용계획이 확정된 경우
> 3. 제3자에게 이미 임시거주시설의 설치를 위하여 필요한 건축물이나 토지에 대한 사용허가를 한 경우

4) 사업시행자는 정비사업의 공사를 완료한 때에는 완료한 날부터 30일 이내에 임시거주시설을 철거하고, 사용한 건축물이나 토지를 원상회복하여야 한다.

5) 재개발사업의 사업시행자는 사업시행으로 이주하는 상가세입자가 사용할 수 있도록 정비구역 또는 정비구역 인근에 임시상가를 설치할 수 있다.

2. 사업시행자는 공공단체(지방자치단체는 제외한다) 또는 개인의 시설이나 토지를 일시 사용함으로써 손실을 입은 자가 있는 경우에는 손실을 보상(협의 → 재결)해야 한다(제62조).

3. 토지 등의 수용 또는 사용(제63조)

사업시행자는 정비구역에서 정비사업(재건축사업의 경우에는 제26조 제1항 제1호 및 제27조 제1항 제1호에 해당하는 사업으로 한정한다)을 시행하기 위하여 「공익사업을 위한 토지 등의 취득 및 보상에 관한 법률」 제3조에 따른 토지·물건 또는 그 밖의 권리를 취득하거나 사용할 수 있다.

> *** 제26조 제1항 제1호 및 제27조 제1항 제1호에 해당하는 사업**
> 재건축사업의 공공시행 → 시장·군수등이 천재지변, 사용제한/사용금지 등 불가피한 사유로 긴급하게 정비사업을 시행할 필요가 있다고 인정하는 경우

4. 재건축사업에서의 매도청구(제64조)

사업시행자는 사업시행계획인가 고시일부터 30일 이내에 다음의 자에게 조합설립 또는 사업시행자의 지정에 관한 동의 여부를 회답할 것을 서면으로 촉구해야 한다.

① 조합설립에 동의하지 아니한 자

② 제26조 제1항 및 제27조 제1항에 따라 시장·군수등, 토지주택공사등 또는 신탁업자의 사업시행자 지정에 동의하지 아니한 자

> *** 제26조 제1항 제1호 및 제27조 제1항 제1호에 해당하는 사업**
> 재건축사업의 공공시행 → 시장·군수등이 천재지변, 사용제한/사용금지 등 불가피한 사유로 긴급하게 정비사업을 시행할 필요가 있다고 인정하는 경우

→ 촉구를 받은 토지등소유자는 촉구를 받은 날부터 2개월 이내에 회답하여야 한다.

→ 기간 내에 회답하지 아니한 경우 그 토지등소유자는 조합설립 또는 사업시행자의 지정에 동의하지 아니하겠다는 뜻을 회답한 것으로 본다.

→ 기간이 지나면 사업시행자는 그 기간이 만료된 때부터 2개월 이내에 조합설립 또는 사업시행자 지정에 동의하지 아니하겠다는 뜻을 회답한 토지등소유자와 건축물 또는 토지만 소유한 자에게 건축물 또는 토지의 소유권과 그 밖의 권리를 매도할 것을 청구할 수 있다.

5. 보상법 준용(제65조)

1) 정비구역에서 정비사업의 시행을 위한 토지 또는 건축물의 소유권과 그 밖의 권리에 대한 수용 또는 사용은 이 법에 규정된 사항을 제외하고는 보상법을 준용한다.
   다만, 정비사업의 시행에 따른 손실보상의 기준 및 절차는 대통령령으로 정할 수 있다.

2) 보상법 준용 시 사업시행계획인가 고시(시장·군수등이 직접 정비사업을 시행하는 경우에는 사업시행계획서의 고시)를 사업인정 및 고시가 있은 것으로 본다.

3) 재결신청은 사업시행계획인가(사업시행계획변경인가를 포함한다)를 할 때 정한 사업시행기간 이내에 하여야 한다.

4) 대지 또는 건축물을 현물보상하는 경우에는 보상법 제42조(재결의 실효)에도 불구하고 제83 조(정비사업의 준공인가)에 따른 준공인가 이후에도 할 수 있다.

5) 정비구역의 지정을 위한 주민공람공고일부터 계약체결일 또는 수용재결일까지 계속하여 거주하고 있지 아니한 건축물의 소유자는 「공익사업을 위한 토지 등의 취득 및 보상에 관한 법률 시행령」 제40조 제5항 제2호에 따라 이주대책대상자에서 제외한다.

다만, 같은 호 단서(같은 호 마목은 제외한다 : 마. 해당 공익사업지구 내 타인이 소유하고 있는 건축물에의 거주)에 해당하는 경우에는 그러하지 아니하다.

6) 영업손실을 보상하는 경우 보상대상자의 인정시점은 정비구역의 지정을 위한 공람공고일로 본다.

7) 주거이전비를 보상하는 경우 보상대상자의 인정시점은 정비구역의 지정을 위한 공람공고일로 본다.

6. 지상권 등 계약의 해지(제70조)

1) 정비사업의 시행으로 지상권·전세권 또는 임차권의 설정 목적을 달성할 수 없는 때에는 그 권리자는 계약을 해지할 수 있다.

2) 계약을 해지할 수 있는 자가 가지는 전세금·보증금, 그 밖의 계약상의 금전의 반환청구권은 사업시행자에게 행사할 수 있다.

3) 금전의 반환청구권의 행사로 해당 금전을 지급한 사업시행자는 해당 토지등소유자에게 구상할 수 있다.

4) 사업시행자는 구상이 되지 아니하는 때에는 해당 토지등소유자에게 귀속될 대지 또는 건축물을 압류 가능(=압류는 저당권과 동일 효력)

** 관리처분계획의 인가를 받은 경우 지상권·전세권설정계약 또는 임대차계약의 계약기간은 민법 /주택임대차보호법/상가임대차보호법이 적용되지 않는다.

7. 용적률에 관한 특례(제66조)

1) 사업시행자가 다음 어느 하나에 해당하는 경우에는 「국토의 계획 및 이용에 관한 법률」 제78조 제1항에도 불구하고 해당 정비구역에 적용되는 용적률의 100분의 125 이하의 범위에서 대통령령으로 정하는 바에 따라 특별시·광역시·특별자치시·특별자치도·시 또는 군의 조례로 용적률을 완화하여 정할 수 있다.

① 대통령령으로 정하는 손실보상의 기준 이상으로 세입자에게 주거이전비를 지급하거나 영업의 폐지 또는 휴업에 따른 손실을 보상하는 경우
② 손실보상에 더하여 임대주택을 추가로 건설하거나 임대상가를 건설하는 등 추가적인 세입자 손실보상 대책을 수립하여 시행하는 경우

2) 정비구역이 역세권 등 대통령령으로 정하는 요건에 해당하는 경우(제24조 제4항, 제26조 제1 항 제1호 및 제27조 제1항 제1호에 따른 정비사업을 시행하는 경우는 제외한다)에는 용적률을 완화하여 적용할 수 있다.

> "역세권 등 대통령령으로 정하는 요건에 해당하는 경우" 다음 요건을 모두 갖춘 경우를 말한다.
> 1. 해당 정비구역 총 면적의 2분의 1 이상이 다음 어느 하나에 해당하는 지역에 위치할 것
>   가.「철도의 건설 및 철도시설 유지관리에 관한 법률」제2조 제1호에 따른 철도 또는「도시 철도법」제2조 제2호에 따른 도시철도의 승강장 경계로부터 시·도조례로 정하는 거리 이내에 위치한 지역
>   나. 세 개 이상의 대중교통 정류장이 인접해 있거나 고속버스·시외버스 터미널, 간선도로 의 교차지 등 양호한 기반시설을 갖추고 있어 대중교통 이용이 용이한 지역으로서 시· 도조례로 정하는 요건을 모두 갖춘 지역
> 2. 해당 정비구역에서 시행하는 정비사업이 법 제54조 제1항 각 호의 어느 하나에 해당할 것

1. 지방도시계획위원회의 심의를 거쳐 법적상한용적률의 100분의 120까지 완화
2. 용도지역의 변경을 통하여 용적률을 완화하여 정비계획을 수립(변경수립을 포함한다. 이하 이 조에서 같다)한 후 변경된 용도지역의 법적상한용적률까지 완화

3) 사업시행자는 완화된 용적률에서 정비계획으로 정하여진 용적률을 뺀 용적률의 100분의 75 이하로서 대통령령으로 정하는 바에 따라 시·도조례로 정하는 비율에 해당하는 면적에 국민 주택규모 주택을 건설하여 인수자에게 공급하여야 한다. 이 경우 국민주택규모 주택의 공급 및 인수방법에 관하여는 "국민주택규모 주택의 공급방법 등"을 준용한다.

> 사업시행자가 국민주택규모 주택을 건설하여 인수자에게 공급해야 하는 면적은 완화된 용적률 에서 정비계획으로 정하여진 용적률을 뺀 용적률(추가용적률)의 다음 각 호의 구분에 따른 비 율에 해당하는 면적으로 한다.
> 1. 과밀억제권역에서 시행하는 재건축사업 : 추가용적률의 100분의 30 이상 100분의 75 이하 의 범위에서 시·도조례로 정하는 비율
> 2. 과밀억제권역에서 시행하는 재개발사업 : 추가용적률의 100분의 50 이상 100분의 75 이하 의 범위에서 시·도조례로 정하는 비율
> 3. 과밀억제권역 외의 지역에서 시행하는 재건축사업 : 추가용적률의 100분의 50 이하의 범위 에서 시·도조례로 정하는 비율
> 4. 과밀억제권역 외의 지역에서 시행하는 재개발사업 : 추가용적률의 100분의 75 이하의 범위 에서 시·도조례로 정하는 비율

4) "3)"에도 불구하고 인수자는 사업시행자로부터 공급받은 주택 중 대통령령으로 정하는 비율 (100분의 20 이상의 범위에서 시·도조례로 정하는 비율)에 해당하는 주택에 대해서는「공공 주택 특별법」제48조에 따라 분양할 수 있다. 이 경우 해당 주택의 공급가격은「주택법」제57조

제4항에 따라 국토교통부장관이 고시하는 건축비로 하며, 부속 토지의 가격은 감정평가액의 100분의 50 이상의 범위에서 대통령령으로 정한다.

> 공급받은 주택을 다음 각 호의 어느 하나에 해당하는 주택으로 분양해야 한다.
> 1. 「공공주택 특별법」 제2조 제1호의4에 따른 지분적립형 분양주택
> 2. 「공공주택 특별법」 제2조 제1호의5에 따른 이익공유형 분양주택
> 3. 「주택법」 제2조 제9호에 따른 토지임대부 분양주택(사업주체가 「공공주택 특별법」 제4조에 따른 공공주택사업자인 경우로 한정한다)

5) "3), 4)"에서 규정한 사항 외에 국민주택규모 주택의 인수 절차 및 활용에 필요한 사항은 대통령령으로 정할 수 있다

8. 재건축사업의 범위에 관한 특례(제67조)

1) 사업시행자 또는 추진위원회는 다음 어느 하나에 해당하는 경우에는 그 주택단지 안의 일부 토지에 대하여 「건축법」 제57조(대지의 분할 제한)에도 불구하고 분할하려는 토지면적이 같은 조에서 정하고 있는 면적에 미달되더라도 토지분할을 청구할 수 있다.
   ① 「주택법」 제15조 제1항에 따라 사업계획승인을 받아 건설한 둘 이상의 건축물이 있는 주택단지에 재건축사업을 하는 경우
   ② 조합설립의 동의요건을 충족시키기 위하여 필요한 경우

2) 토지분할 청구를 하는 때에는 토지분할의 대상이 되는 토지 및 그 위의 건축물과 관련된 토지등소유자와 협의하여야 한다.

3) 토지분할의 협의가 성립되지 아니한 경우에는 법원에 토지분할을 청구할 수 있다.

4) 시장·군수등은 토지분할이 청구된 경우에 분할되어 나가는 토지 및 그 위의 건축물이 다음 각 요건을 충족하는 때에는 토지분할이 완료되지 아니하여 "1)"에 따른 동의요건에 미달되더라도 특별자치시·특별자치도·시·군·구(자치구를 말한다)에 설치하는 건축위원회의 심의를 거쳐 조합설립인가와 사업시행계획인가를 할 수 있다.
   ① 해당 토지 및 건축물과 관련된 토지등소유자(제77조에 따른 기준일의 다음 날 이후에 정비구역에 위치한 건축물 및 그 부속토지의 소유권을 취득한 자는 제외한다)의 수가 전체의 10분의 1 이하일 것
   ② 분할되어 나가는 토지 위의 건축물이 분할선 상에 위치하지 아니할 것
   ③ 그 밖에 사업시행계획인가를 위하여 대통령령으로 정하는 요건에 해당할 것

9. 건축규제의 완화 등에 관한 특례(제68조)

1) 주거환경개선사업에 따른 건축허가를 받은 때와 부동산등기(소유권 보존등기 또는 이전등기로 한정한다)를 하는 때에는 「주택도시기금법」 제8조의 국민주택채권의 매입에 관한 규정을 적용하지 아니한다.

2) 사업시행자는 주거환경개선구역에서 「건축법」 제44조에 따른 대지와 도로의 관계(소방활동에 지장이 없는 경우로 한정한다), 「건축법」 제60조 및 제61조에 따른 건축물의 높이 제한(사업시행자가 공동주택을 건설·공급하는 경우로 한정한다)에 해당하는 사항은 시·도조례로 정하는 바에 따라 기준을 따로 정할 수 있다.

3) 사업시행자는 공공재건축사업을 위한 정비구역 또는 제26조 제1항 제1호 및 제27조 제1항 제1호에 따른 재건축구역(재건축사업을 시행하는 정비구역을 말한다) 또는 제66조 제2항에 따라 (정비구역이 역세권 등 대통령령으로 정하는 요건에 해당하는 경우) 용적률을 완화하여 적용하는 정비구역에서 다음 어느 하나에 해당하는 사항에 대하여 대통령령으로 정하는 범위에서 「건축법」 제72조 제2항에 따른 지방건축위원회 또는 지방도시계획위원회의 심의를 거쳐 그 기준을 완화받을 수 있다.

① 「건축법」 제42조에 따른 대지의 조경기준
② 「건축법」 제55조에 따른 건폐율의 산정기준
③ 「건축법」 제58조에 따른 대지 안의 공지 기준
④ 「건축법」 제60조 및 제61조에 따른 건축물의 높이 제한
⑤ 「주택법」 제35조 제1항 제3호 및 제4호에 따른 부대시설 및 복리시설의 설치기준
⑥ 「도시공원 및 녹지 등에 관한 법률」 제14조에 따른 도시공원 또는 녹지 확보기준
⑦ 상기 ①~⑥ 외에 공공재건축사업 또는 제26조 제1항 제1호 및 제27조 제1항 제1호에 따른 재건축사업의 원활한 시행을 위하여 대통령령으로 정하는 사항

10. 소유자의 확인이 곤란한 건축물 등에 대한 처분(제71조)

1) 사업시행자는 다음에서 정하는 날 현재 건축물 또는 토지의 소유자의 소재 확인이 현저히 곤란한 때에는 전국적으로 배포되는 둘 이상의 일간신문에 2회 이상 공고하고, 공고한 날부터 30일 이상이 지난 때에는 그 소유자의 해당 건축물 또는 토지의 감정평가액에 해당하는 금액을 법원에 공탁하고 정비사업을 시행할 수 있다.

① 조합이 사업시행자가 되는 경우에는 조합설립인가일
② 제25조 제1항 제2호에 따라 토지등소유자가 시행하는 재개발사업의 경우에는 사업시행계획인가일
③ 제26조 제1항에 따라 시장·군수등, 토지주택공사등이 정비사업을 시행하는 경우에는 같은 조 제2항에 따른 고시일
④ 제27조 제1항에 따라 지정개발자를 사업시행자로 지정하는 경우에는 같은 조 제2항에 따른 고시일
→ 토지 또는 건축물의 감정평가는 제74조 제4항 제1호를 준용한다.

> **제74조 제4항 제1호**
> 1. 「감정평가 및 감정평가사에 관한 법률」에 따른 감정평가법인등 중 다음 각 목의 구분에 따른 감정평가법인등이 평가한 금액을 산술평균하여 산정한다. 다만, 관리처분계획을 변경·중지 또는 폐지하려는 경우 분양예정 대상인 대지 또는 건축물의 추산액과 종전의 토지 또는 건축물의 가격은 사업시행자 및 토지등소유자 전원이 합의하여 산정할 수 있다.
>   가. 주거환경개선사업 또는 재개발사업 : 시장·군수등이 선정·계약한 2인 이상의 감정평가법인등
>   나. 재건축사업 : 시장·군수등이 선정·계약한 1인 이상의 감정평가법인등과 조합총회의 의결로 선정·계약한 1인 이상의 감정평가법인등

2) 재건축사업을 시행하는 경우 조합설립인가일 현재 조합원 전체의 공동소유인 토지 또는 건축물은 조합 소유의 토지 또는 건축물로 본다. → 조합 소유로 보는 토지 또는 건축물의 처분에 관한 사항은 관리처분계획에 명시하여야 한다.

제5절 관리처분계획 등

학습전략

관리처분계획의 인가절차에서 종종 출제되므로 인가절차와 관리처분계획 수립기준 및 내용에 대해서 집중적으로 학습한다.

1. 분양공고 및 분양신청(제72조)

1) 사업시행자는 사업시행계획인가의 고시가 있은 날(사업시행계획인가 이후 시공자를 선정한 경우에는 시공자와 계약을 체결한 날)부터 120일 이내에 다음 각 호의 사항을 토지등소유자에게 통지하고 분양의 대상이 되는 대지 또는 건축물의 내역 등 대통령령으로 정하는 사항을 해당 지역 일간신문에 공고해야 한다.
다만, 토지등소유자 1인이 시행하는 재개발사업의 경우에는 그러하지 아니하다.

> *** 대통령령으로 정하는 사항**
> 1. 사업시행인가의 내용
> 2. 정비사업의 종류·명칭 및 정비구역의 위치·면적
> 3. 분양신청기간 및 장소
> 4. 분양대상 대지 또는 건축물의 내역
> 5. 분양신청자격
> 6. 분양신청

7. 토지등소유자외의 권리자의 권리신고방법
8. 분양을 신청하지 아니한 자에 대한 조치
9. 그 밖에 시·도조례로 정하는 사항

1. 분양대상자별 종전의 토지 또는 건축물의 명세 및 사업시행계획인가의 고시가 있은 날을 기준으로 한 가격(사업시행계획인가 전에 붕괴 등 안전사고 우려 및 폐공가의 밀집으로 범죄발생 우려가 있는 사유로 철거된 건축물은 시장/군수등에게 허가를 받은 날을 기준으로 한 가격)

2. 분양대상자별 분담금의 추산액

3. 분양신청기간

4. 그 밖에 대통령령으로 정하는 사항
   ① 상기 '대통령령으로 정하는 사항' 제1호부터 제6호까지 및 제8호의 사항
   ② 분양신청서
   ③ 그 밖에 시·도조례로 정하는 사항

2) 분양신청기간은 통지한 날부터 30일 이상 60일 이내로 하여야 한다. 관리처분계획의 수립에 지장이 없는 경우 한 차례 20일 범위에서 연장할 수 있다.

3) 분양신청기간 종료 후 사업시행계획인가의 변경(경미한 사항의 변경은 제외)으로 세대수 또는 주택규모가 달라지는 경우 분양공고 등의 절차를 다시 거칠 수 있다.

4) 사업시행자는 정관등으로 정하고 있거나 총회의 의결을 거친 경우에는 ① 분양신청을 하지 아니한 자, ② 분양신청기간 종료 이전에 분양신청을 철회한 자에 해당하는 토지등소유자에게 분양신청을 다시 하게 할 수 있다

5) 투기과열지구의 정비사업에서 관리처분계획에 따라 같은 조 제1항 제2호 또는 제1항 제4호 가목의 분양대상자 및 그 세대에 속한 자는 분양대상자 선정일(조합원 분양분의 분양대상자는 최초 관리처분계획 인가일을 말한다)부터 5년 이내에는 투기과열지구에서 분양신청을 할 수 없다. 다만, 상속, 결혼, 이혼으로 조합원 자격을 취득한 경우에는 분양신청을 할 수 있다.

6) 공공재개발사업 시행자는 제39조 제2항 제6호[16]에 따라 건축물 또는 토지를 양수하려는 경우 무분별한 분양신청을 방지하기 위하여 분양공고 시 양수대상이 되는 건축물 또는 토지의 조건을 함께 공고하여야 한다.

2. 미분양신청자 등에 대한 조치(제73조)

1) 사업시행자는 관리처분계획이 인가·고시된 다음 날부터 90일 이내에 다음 각 호에서 정하는 자와 토지, 건축물 또는 그 밖의 권리의 손실보상에 관한 협의해야 한다. [기출 35] 다만, 사업시

---

16) 공공임대주택, 「공공주택 특별법」에 따른 공공분양주택의 공급 및 대통령령으로 정하는 사업을 목적으로 건축물 또는 토지를 양수하려는 공공재개발사업 시행자에게 양도하려는 경우

행자는 분양신청기간 종료일의 다음 날부터 협의를 시작할 수 있다.

> 1. 분양신청을 하지 아니한 자
> 2. 분양신청기간 종료 이전에 분양신청을 철회한 자
> 3. 제72조 제6항 본문에 따라 분양신청을 할 수 없는 자
> 4. 제74조에 따라 인가된 관리처분계획에 따라 분양대상에서 제외된 자

2) 사업시행자는 협의가 성립되지 아니하면 그 기간의 만료일 다음 날부터 60일 이내에 수용재결을 신청하거나 매도청구소송을 제기하여야 한다.

3) 사업시행자는 기간을 넘겨서 수용재결을 신청하거나 매도청구소송을 제기한 경우에는 해당 토지등소유자에게 지연일수(遲延日數)에 따른 이자를 지급하여야 한다(이 경우 이자는 100분의 15 이하의 범위에서 대통령령으로 정하는 이율을 적용하여 산정한다).

3. 관리처분계획의 인가 등(제74조)

(1) 관리처분계획의 인가

사업시행자는 분양신청기간이 종료된 때에는 분양신청의 현황을 기초로 다음 사항이 포함된 관리처분계획을 수립하여 시장·군수등의 인가를 받아야 한다. [기출 28 29 33]

관리처분계획의 수립 및 변경은 총회 의결을 거쳐야 하며 총회의 개최일부터 1개월 전에 아래 BOX 내 3.부터 6.까지의 규정에 해당하는 사항을 각 조합원에게 문서로 통지하여야 한다.

> 1. 분양설계
> 2. 분양대상자의 주소 및 성명
> 3. 분양대상자별 분양예정인 대지 또는 건축물의 추산액(임대관리 위탁주택에 관한 내용을 포함한다)
> 4. 다음 각 목에 해당하는 보류지 등의 명세와 추산액 및 처분방법. 다만, 나목의 경우에는 제30조 제1항에 따라 선정된 임대사업자의 성명 및 주소를 포함한다.
>   가. 일반 분양분(법인인 경우에는 법인의 명칭 및 소재지와 대표자의 성명 및 주소)
>   나. 공공지원민간임대주택
>   다. 임대주택
>   라. 그 밖에 부대시설·복리시설 등
> 5. 분양대상자별 종전의 토지 또는 건축물 명세 및 사업시행계획인가 고시가 있은 날을 기준으로 한 가격(사업시행계획인가 전에 제81조 제3항에 따라 철거된 건축물은 시장·군수등에게 허가를 받은 날을 기준으로 한 가격)(사업시행계획인가 전에 붕괴 등 안전사고 우려 및 폐공가의 밀집으로 범죄발생 우려가 있는 사유)
> 6. 정비사업비의 추산액(재건축사업의 경우에는 재건축부담금에 관한 사항을 포함) 및 그에 따른 조합원 분담규모 및 분담시기
> 7. 분양대상자의 종전 토지 또는 건축물에 관한 소유권 외의 권리명세

8. 세입자별 손실보상을 위한 권리명세 및 그 평가액
9. 그 밖에 정비사업과 관련한 권리 등에 관하여 대통령령으로 정하는 사항

> 1. 법 제73조에 따라 현금으로 청산하여야 하는 토지등소유자별 기존의 토지·건축물 또는 그 밖의 권리의 명세와 이에 대한 청산방법
> 2. 법 제79조 제4항 전단에 따른 보류지 등의 명세와 추산가액 및 처분방법
> 3. 제63조 제1항 제4호에 따른 비용의 부담비율에 따른 대지 및 건축물의 분양계획과 그 비용부담의 한도·방법 및 시기
>   (이 경우 비용부담으로 분양받을 수 있는 한도는 정관등에서 따로 정하는 경우를 제외하고는 기존의 토지 또는 건축물의 가격의 비율에 따라 부담할 수 있는 비용의 50퍼센트를 기준으로 정한다)
> 4. 정비사업의 시행으로 인하여 새롭게 설치되는 정비기반시설의 명세와 용도가 폐지되는 정비기반시설의 명세
> 5. 기존 건축물의 철거 예정시기
> 6. 그 밖에 시·도조례로 정하는 사항

관리처분계획을 변경·중지 또는 폐지하려는 경우에도 또한 같다(경미한 사항을 변경하려는 경우에는 시장·군수등에게 신고해야 한다. → 20일 내 수리여부 통지 → 미통지 시 기간 종료 다음 날 신고수리한 것으로 본다).

> **＊ 경미한 사항**
> 1. 계산착오·오기·누락 등에 따른 조서의 단순정정인 경우(불이익을 받는 자가 없는 경우에만 해당한다)
> 2. 법 제40조 제3항에 따른 정관 및 법 제50조에 따른 사업시행계획인가의 변경에 따라 관리처분계획을 변경하는 경우
> 3. 법 제64조에 따른 매도청구에 대한 판결에 따라 관리처분계획을 변경하는 경우[기출 35]
> 4. 법 제129조에 따른 권리·의무의 변동이 있는 경우로서 분양설계의 변경을 수반하지 아니하는 경우
> 5. 주택분양에 관한 권리를 포기하는 토지등소유자에 대한 임대주택의 공급에 따라 관리처분계획을 변경하는 경우[기출 29]
> 6. 「민간임대주택에 관한 특별법」 제2조 제7호에 따른 임대사업자의 주소(법인인 경우에는 법인의 소재지와 대표자의 성명 및 주소)를 변경하는 경우

(2) 감정평가[기출 28]

정비사업에서 재산 또는 권리를 평가할 때에는 다음 방법에 따른다.

1) 「감정평가 및 감정평가사에 관한 법률」에 따른 감정평가법인등 중 다음 각 목의 구분에 따른 감정평가법인등이 평가한 금액을 산술평균하여 산정한다. 다만, 관리처분계획을 변경·중지 또는 폐지하려는 경우 분양예정 대상인 대지 또는 건축물의 추산액과 종전의 토지 또는 건축

물의 가격은 사업시행자 및 토지등소유자 전원이 합의하여 산정할 수 있다.

　가. 주거환경개선사업 또는 재개발사업 : 시장·군수등이 선정·계약한 2인 이상의 감정평가
　　　법인등

　나. 재건축사업 : 시장·군수등이 선정·계약한 1인 이상의 감정평가법인등과 조합총회의 의
　　　결로 선정·계약한 1인 이상의 감정평가법인등[기출 35]

2) 시장·군수등은 감정평가법인등을 선정·계약하는 경우 감정평가법인등의 업무수행능력, 소
　속 감정평가사의 수, 감정평가 실적, 법규 준수 여부, 평가계획의 적정성 등을 고려하여 객관
　적이고 투명한 절차에 따라 선정하여야 한다. 이 경우 감정평가법인등의 선정·절차 및 방법
　등에 필요한 사항은 시·도조례로 정한다.

3) 사업시행자는 감정평가를 하려는 경우 시장·군수등에게 감정평가법인등의 선정·계약을 요청하
　고 감정평가에 필요한 비용을 미리 예치하여야 한다. 시장·군수등은 감정평가가 끝난 경우 예
　치된 금액에서 감정평가 비용을 직접 지급한 후 나머지 비용을 사업시행자와 정산하여야 한다.

4. 관리처분의 방법(영 제63조)

(1) 주거환경개선사업(관리처분방식의 경우)과 재개발사업의 경우

1. 시·도조례로 분양주택의 규모를 제한하는 경우에는 그 규모 이하로 주택을 공급할 것
2. 1개의 건축물의 대지는 1필지의 토지가 되도록 정할 것. 다만, 주택단지의 경우에는 그러하
　지 아니하다.
3. 정비구역의 토지등소유자(지상권자는 제외)에게 분양할 것. 다만, 공동주택을 분양하는 경
　우 시·도조례로 정하는 금액·규모·취득 시기 또는 유형에 대한 기준에 부합하지 아니하
　는 토지등소유자는 시·도조례로 정하는 바에 따라 분양대상에서 제외할 수 있다.
4. 1필지의 대지 및 그 대지에 건축된 건축물(보류지로 정하거나 조합원 외의 자에게 분양하는
　부분은 제외)을 2인 이상에게 분양하는 때에는 기존의 토지 및 건축물의 가격(제93조에 따
　라 사업시행방식이 전환된 경우에는 환지예정지의 권리가액을 말한다)과 제59조 제4항 및
　제62조 제3호에 따라 토지등소유자가 부담하는 비용(재개발사업의 경우에만 해당한다)의
　비율에 따라 분양할 것
5. 분양대상자가 공동으로 취득하게 되는 건축물의 공용부분은 각 권리자의 공유로 하되, 해당
　공용부분에 대한 각 권리자의 지분비율은 그가 취득하게 되는 부분의 위치 및 바닥면적 등
　의 사항을 고려하여 정할 것
6. 1필지의 대지 위에 2인 이상에게 분양될 건축물이 설치된 경우에는 건축물의 분양면적의 비
　율에 따라 그 대지소유권이 주어지도록 할 것
　(주택과 그 밖의 용도의 건축물이 함께 설치된 경우에는 건축물의 용도 및 규모 등을 고려하여
　대지지분이 합리적으로 배분될 수 있도록 한다.) 이 경우 토지의 소유관계는 공유로 한다.
7. 주택 및 부대시설·복리시설의 공급순위는 기존의 토지 또는 건축물의 가격을 고려하여 정
　할 것. 이 경우 구체적인 기준은 시·도조례로 정할 수 있다.

(2) **재건축사업의 경우** → 아래 경우를 기준으로 하나 조합이 조합원 전원의 동의를 받아 그 기준을 따로 정하는 경우에는 그에 따른다.

> 1. 상기 (1)의 제5호 및 제6호를 적용할 것
> 2. 부대시설·복리시설(부속토지를 포함)의 소유자에게는 부대시설·복리시설을 공급할 것. 다만, 다음 각 목의 어느 하나에 해당하는 경우에는 1주택을 공급할 수 있다.
>> 가. 새로운 부대시설·복리시설을 건설하지 아니하는 경우로서 기존 부대시설·복리시설의 가액이 분양주택 중 최소분양단위규모의 추산액에 정관등으로 정하는 비율(정관등으로 정하지 아니하는 경우에는 1로 한다. 이하 나목에서 같다)을 곱한 가액보다 클 것
>> 나. 기존 부대시설·복리시설의 가액에서 새로 공급받는 부대시설·복리시설의 추산액을 뺀 금액이 분양주택 중 최소분양단위규모의 추산액에 정관등으로 정하는 비율을 곱한 가액보다 클 것
>> 다. 새로 건설한 부대시설·복리시설 중 최소분양단위규모의 추산액이 분양주택 중 최소분양단위규모의 추산액보다 클 것

5. 관리처분계획의 수립기준(제76조)

관리처분계획의 수립기준 등에 필요한 사항은 대통령령으로 정한다. [기출 28]

> 1. 종전의 토지 또는 건축물의 면적·이용상황·환경, 그 밖의 사항을 종합적으로 고려하여 대지 또는 건축물이 균형 있게 분양신청자에게 배분되고 합리적으로 이용되도록 한다.
> 2. 지나치게 좁거나 넓은 토지 또는 건축물은 넓히거나 좁혀 대지 또는 건축물이 적정 규모가 되도록 한다.
> 3. 너무 좁은 토지 또는 건축물을 취득한 자나 정비구역 지정 후 분할된 토지 또는 집합건물의 구분소유권을 취득한 자에게는 현금으로 청산할 수 있다.
> 4. 재해 또는 위생상의 위해를 방지하기 위하여 토지의 규모를 조정할 특별한 필요가 있는 때에는 너무 좁은 토지를 넓혀 토지를 갈음하여 보상을 하거나 건축물의 일부와 그 건축물이 있는 대지의 공유지분을 교부할 수 있다.
> 5. 분양설계에 관한 계획은 제72조에 따른 분양신청기간이 만료하는 날을 기준으로 하여 수립한다.
> 6. 1세대 또는 1명이 하나 이상의 주택 또는 토지를 소유한 경우 1주택을 공급하고, 같은 세대에 속하지 아니하는 2명 이상이 1주택 또는 1토지를 공유한 경우에는 1주택만 공급한다.
> 7. 제6호에도 불구하고 다음 각 목의 경우에는 각 목의 방법에 따라 주택을 공급할 수 있다.
>> 가. 2명 이상이 1토지를 공유한 경우로서 시·도조례로 주택공급을 따로 정하고 있는 경우에는 시·도조례로 정하는 바에 따라 주택을 공급할 수 있다.
>> 나. 다음 어느 하나에 해당하는 토지등소유자에게는 소유한 주택 수만큼 공급할 수 있다.
>>> 1) 과밀억제권역에 위치하지 아니한 재건축사업의 토지등소유자. 다만, 투기과열지구 또는 「주택법」 제63조의2 제1항 제1호에 따라 지정된 조정대상지역(아하 '조정대상지역')에서

사업시행계획인가(최초 사업시행계획인가를 말한다)를 신청하는 재건축사업의 토지등소유자는 제외

2) 근로자(공무원인 근로자를 포함한다) 숙소, 기숙사 용도로 주택을 소유하고 있는 토지등소유자

3) 국가, 지방자치단체 및 토지주택공사등

4) 「지방자치분권 및 지역균형발전에 관한 특별법」 제25조 공공기관지방이전 및 혁신도시 활성화를 위한 시책 등에 따라 이전하는 공공기관이 소유한 주택을 양수한 자

다. 나목 1) 단서에도 불구하고 과밀억제권역 외의 조정대상지역 또는 투기과열지구에서 조정대상지역 또는 투기과열지구로 지정되기 전에 1명의 토지등소유자로부터 토지 또는 건축물의 소유권을 양수하여 여러 명이 소유하게 된 경우에는 양도인과 양수인에게 각각 1주택을 공급할 수 있다.

라. 제74조 제1항 제5호에 따른 가격의 범위 또는 종전 주택의 주거전용면적의 범위에서 2주택을 공급할 수 있고, 이 중 1주택은 주거전용면적을 60제곱미터 이하로 한다. 다만, 60제곱미터 이하로 공급받은 1주택은 제86조 제2항에 따른 이전고시일 다음 날부터 3년이 지나기 전에는 주택을 전매(매매·증여나 그 밖에 권리의 변동을 수반하는 모든 행위를 포함하되 상속의 경우는 제외한다)하거나 전매를 알선할 수 없다.

마. 과밀억제권역에 위치한 재건축사업의 경우에는 토지등소유자가 소유한 주택수의 범위에서 3주택까지 공급할 수 있다. 다만, 투기과열지구 또는 조정대상지역에서 사업시행계획인가(최초 사업시행계획인가를 말한다)를 신청하는 재건축사업의 경우에는 그러하지 아니하다.

6. 사업시행계획인가 및 관리처분계획인가의 시기 조정(제75조)

1) 특별시장·광역시장 또는 도지사는 정비사업의 시행으로 정비구역 주변 지역에 주택이 현저하게 부족하거나 주택시장이 불안정하게 되는 등 특별시·광역시 또는 도의 조례로 정하는 사유가 발생하는 경우에는 「주거기본법」 제9조에 따른 시·도 주거정책심의위원회의 심의를 거쳐 사업시행계획인가 또는 제74조에 따른 관리처분계획인가의 시기를 조정하도록 해당 시장, 군수 또는 구청장에게 요청할 수 있다. 이 경우 요청을 받은 시장, 군수 또는 구청장은 특별한 사유가 없으면 그 요청에 따라야 하며, 사업시행계획인가 또는 관리처분계획인가의 조정 시기는 인가를 신청한 날부터 1년을 넘을 수 없다.

2) 특별자치시장 및 특별자치도지사는 상기 사유 시 관리처분계획인가의 시기를 조정할 수 있다. 이 경우 사업시행계획인가 또는 관리처분계획인가의 조정 시기는 인가를 신청한 날부터 1년을 넘을 수 없다.

7. 주택 등 건축물을 분양받을 권리의 산정 기준일(제77조)

정비사업을 통하여 분양받을 건축물이 다음 어느 하나에 해당하는 경우에는 제16조 제2항 전단에 따른 고시가 있는 날(정비계획의 결정 및 정비구역의 지정 고시일) 또는 시·도지사가 투기를 억제하기 위하여 기본계획 수립을 위한 주민공람의 공고일 후 정비구역 지정·고시 전에 따로 정하

는 날의 다음 날을 기준으로 건축물을 분양받을 권리를 산정한다. → 시·도지사는 기준일을 따로 정하는 경우에는 기준일·지정사유·건축물을 분양받을 권리의 산정 기준 등을 해당 지방자치단체의 공보에 고시하여야 한다.

① 1필지의 토지가 여러 개의 필지로 분할되는 경우
② 「집합건물의 소유 및 관리에 관한 법률」에 따른 집합건물이 아닌 건축물이 같은 법에 따른 집합건물로 전환되는 경우
③ 하나의 대지 범위에 속하는 동일인 소유의 토지와 주택 등 건축물을 토지와 주택 등 건축물로 각각 분리하여 소유하는 경우
④ 나대지에 건축물을 새로 건축하거나 기존 건축물을 철거하고 다세대주택, 그 밖의 공동주택을 건축하여 토지등소유자의 수가 증가하는 경우
⑤ 「집합건물의 소유 및 관리에 관한 법률」 제2조 제3호에 따른 전유부분의 분할로 토지등소유자의 수가 증가하는 경우

8. 관리처분계획의 공람 및 인가절차 등(제78조)

1) 사업시행자는 관리처분계획인가를 신청하기 전에 관계 서류의 사본을 30일 이상 토지등소유자에게 공람하게 하고 의견을 들어야 한다(경미한 사항은 ×).

2) 시장·군수등은 사업시행자의 관리처분계획인가의 신청이 있은 날부터 30일 이내에 인가 여부를 결정하여 사업시행자에게 통보하여야 한다.
   다만, 시장·군수등은 3)에 따라 관리처분계획의 타당성 검증을 요청하는 경우에는 관리처분계획인가의 신청을 받은 날부터 60일 이내에 인가 여부를 결정하여 사업시행자에게 통지하여야 한다.

3) 시장·군수등은 다음 각 호의 어느 하나에 해당하는 경우에는 대통령령으로 정하는 공공기관에 관리처분계획의 타당성 검증을 요청하여야 한다. 이 경우 시장·군수등은 타당성 검증 비용을 사업시행자에게 부담하게 할 수 있다.

> 1. 제74조 제1항 제6호에 따른 정비사업비가 제52조 제1항 제12호에 따른 정비사업비 기준으로 10/100 이상으로서 대통령령으로 정하는 비율 이상 늘어난 경우
> 2. 제74조 제1항 제6호에 따른 조합원 분담규모가 제72조 제1항 제2호에 따른 분양대상자별 분담금의 추산액 총액 기준으로 20/100 이상으로서 대통령령으로 정하는 비율 이상 늘어난 경우
> 3. 조합원 5분의 1 이상이 관리처분계획인가 신청이 있은 날부터 15일 이내에 시장·군수등에게 타당성 검증을 요청한 경우
> 4. 그 밖에 시장·군수등이 필요하다고 인정하는 경우

4) 시장·군수등이 2)에 따라 관리처분계획을 인가하는 때에는 그 내용을 해당 지방자치단체의 공보에 고시하여야 한다.

5) 사업시행자는 1)에 따라 공람을 실시하려거나 4)에 따른 시장·군수등의 고시가 있은 때에는 대통령령으로 정하는 방법과 절차에 따라 토지등소유자에게는 공람계획을 통지하고, 분양신청을 한 자에게는 관리처분계획인가의 내용 등을 통지하여야 한다.

6) 시장·군수등이 직접 관리처분계획을 수립하는 경우에 '1) 4) 5)'를 준용한다. [기출 35]

9. 관리처분계획에 따른 처분 등(제79조)

1) 정비사업의 시행으로 조성된 대지 및 건축물은 관리처분계획에 따라 처분 또는 관리하여야 한다.

2) 사업시행자는 정비사업의 시행으로 건설된 건축물을 인가받은 관리처분계획에 따라 토지등소유자에게 공급하여야 한다.

3) 사업시행자는 정비구역에 주택을 건설하는 경우에는 입주자 모집 조건·방법·절차, 입주금(계약금·중도금 및 잔금을 말한다)의 납부 방법·시기·절차, 주택공급 방법·절차 등에 관하여 「주택법」에도 불구하고 대통령령으로 정하는 범위에서 시장·군수등의 승인을 받아 따로 정할 수 있다.

4) 사업시행자는 분양신청을 받은 후 잔여분이 있는 경우에는 정관등 또는 사업시행계획으로 정하는 목적 위하여 그 잔여분을 보류지(건축물을 포함한다)로 정하거나 조합원 또는 토지등소유자 이외의 자에게 분양할 수 있다. 이 경우 분양공고와 분양신청절차 등에 필요한 사항은 대통령령으로 정한다.

5) 국토교통부장관, 시·도지사, 시장, 군수, 구청장 또는 토지주택공사등은 조합이 요청하는 경우 재개발사업의 시행으로 건설된 임대주택을 인수하여야 한다.
이 경우 재개발임대주택의 인수 절차 및 방법, 인수 가격 등에 필요한 사항은 대통령령으로 정한다.

영 제68조(재개발임대주택 인수방법 및 절차 등)

① 조합이 재개발사업의 시행으로 건설된 임대주택의 인수를 요청하는 경우 시·도지사 또는 시장, 군수, 구청장이 우선하여 인수하여야 하며, 시·도지사 또는 시장, 군수, 구청장이 예산·관리인력의 부족 등 부득이한 사정으로 인수하기 어려운 경우에는 국토교통부장관에게 토지주택공사등을 인수자로 지정할 것을 요청할 수 있다.

② 재개발임대주택의 인수 가격은 「공공주택 특별법 시행령」 제54조 제5항에 따라 정해진 분양전환가격의 산정기준 중 건축비에 부속토지의 가격을 합한 금액으로 하며, 부속토지의 가격은 사업시행계획인가 고시가 있는 날을 기준으로 감정평가법인등 둘 이상이 평가한 금액을 산술평균한 금액으로 한다. 이 경우 건축비 및 부속토지의 가격에 가산할 항목은 인수자가 조합과 협의하여 정할 수 있다.

③ 재개발임대주택의 인수계약 체결을 위한 사전협의, 인수계약의 체결, 인수대금의 지급방법 등 필요한 사항은 인수자가 따로 정하는 바에 따른다.

---

6) 사업시행자는 정비사업의 시행으로 임대주택을 건설하는 경우에는 임차인의 자격·선정방법·임대보증금·임대료 등 임대조건에 관한 기준 및 무주택 세대주에게 우선 매각하도록 하는 기

준 등에 관하여 「민간임대주택에 관한 특별법」 제42조 및 제44조, 「공공주택 특별법」 제48조, 제49조 및 제50조의3에도 불구하고 대통령령으로 정하는 범위에서 시장·군수등의 승인을 받아 따로 정할 수 있다. 다만, 재개발임대주택으로서 최초의 임차인 선정이 아닌 경우에는 대통령령으로 정하는 범위에서 인수자가 따로 정한다.

> **영 제69조(임대주택의 공급 등)**
> ① 임대주택을 건설하는 경우의 임차인의 자격·선정방법·임대보증금·임대료 등 임대조건에 관한 기준 및 무주택 세대주에게 우선 분양전환하도록 하는 기준 등에 관하여는 별표3에 규정된 범위에서 시장·군수등의 승인을 받아 사업시행자 및 법 제23조 제1항 제2호에 따라 대지를 공급받아 주택을 건설하는 자가 따로 정할 수 있다.
>
> > **법 제23조 제1항 제2호**
> > 제24조에 따른 사업시행자가 제63조에 따라 정비구역의 전부 또는 일부를 수용하여 주택을 건설한 후 토지등소유자에게 우선 공급하거나 대지를 토지등소유자 또는 토지등소유자 외의 자에게 공급하는 방법
>
> ② 법 제79조 6) 단서에 따라 인수자는 다음 각 호의 범위에서 재개발임대주택의 임차인의 자격 등에 관한 사항을 정하여야 한다.
>   1. 임차인의 자격은 무주택 기간과 해당 정비사업이 위치한 지역에 거주한 기간이 각각 1년 이상인 범위에서 오래된 순으로 할 것. 다만, 시·도지사가 법 제79조 5) 및 이 영 제48조 제2항[17])에 따라 임대주택을 인수한 경우에는 거주지역, 거주기간 등 임차인의 자격을 별도로 정할 수 있다.
>   2. 임대보증금과 임대료는 정비사업이 위치한 지역의 시세의 100분의 90 이하의 범위로 할 것
>   3. 임대주택의 계약방법 등에 관한 사항은 「공공주택 특별법」에서 정하는 바에 따를 것
>   4. 관리비 등 주택의 관리에 관한 사항은 「공동주택관리법」에서 정하는 바에 따를 것
> ③ 시장·군수등은 사업시행자 및 법 제23조 제1항 제2호에 따라 대지를 공급받아 주택을 건설하는 자가 요청하거나 임차인 선정을 위하여 필요한 경우 국토교통부장관에게 제1항 및 제2항에 따른 임차인 자격 해당 여부에 관하여 주택전산망에 따른 전산검색을 요청할 수 있다.

7) 사업시행자는 2)부터 6)까지의 규정에 따른 공급대상자에게 주택을 공급하고 남은 주택을 그 외의 자에게 공급할 수 있다.

---

17) 제48조(국민주택규모 주택의 공급방법 등)
① 사업시행자는 법 제54조 제4항에 따라 건설한 국민주택규모 주택 중 법 제55조 제1항에 따라 국토교통부장관, 시·도지사, 시장·군수·구청장 또는 토지주택공사등(이하 "인수자"라 한다)에 공급해야 하는 국민주택규모 주택을 공개추첨의 방법으로 선정해야 하며, 그 선정결과를 지체 없이 같은 항에 따른 인수자에게 통보해야 한다.
② 사업시행자가 제1항에 따라 선정된 국민주택규모 주택을 공급하는 경우에는 시·도지사, 시장·군수·구청장 순으로 우선하여 인수할 수 있다. 다만, 시·도지사 및 시장·군수·구청장이 국민주택규모 주택을 인수할 수 없는 경우에는 시·도지사는 국토교통부장관에게 인수자 지정을 요청해야 한다.

8) 7)에 따른 주택의 공급 방법·절차 등은 「주택법」 제54조를 준용한다. 다만, 사업시행자가 제 매도청구소송을 통하여 법원의 승소판결을 받은 후 입주예정자에게 피해가 없도록 손실보상금 을 공탁하고 분양예정인 건축물을 담보한 경우에는 법원의 승소판결이 확정되기 전이라도 「주 택법」 제54조에도 불구하고 입주자를 모집할 수 있으나, 준공인가 신청 전까지 해당 주택건설 대지의 소유권을 확보하여야 한다.

10. 지분형주택 등의 공급(제80조)

① 사업시행자가 토지주택공사등인 경우에는 분양대상자와 사업시행자가 공동 소유하는 방식으 로 주택(이하 "지분형주택")을 공급할 수 있다. 이 경우 공급되는 지분형주택의 규모, 공동 소 유기간 및 분양대상자 등 필요한 사항은 대통령령[18]으로 정한다.

② 국토교통부장관, 시·도지사, 시장, 군수, 구청장 또는 토지주택공사등은 정비구역에 세입자 와 대통령령[19]으로 정하는 면적 이하의 토지 또는 주택을 소유한 자의 요청이 있는 경우에는 '제79조 5)'에 따라 인수한 임대주택의 일부를 「주택법」에 따른 토지임대부 분양주택으로 전환 하여 공급하여야 한다.

11. 건축물 등의 사용·수익의 중지 및 철거 등(제81조)

1) 종전의 토지 또는 건축물의 소유자·지상권자·전세권자·임차권자 등 권리자는 관리처분계 획인가의 고시가 있는 때에는 제86조에 따른 이전고시가 있는 날까지 종전의 토지 또는 건축

---

18) 시행령 제70조(지분형주택의 공급)
 ① 법 제80조에 따른 지분형주택(이하 "지분형주택")의 규모, 공동 소유기간 및 분양대상자는 다음 각 호와 같다.
  1. 지분형주택의 규모는 주거전용면적 60제곱미터 이하인 주택으로 한정한다.
  2. 지분형주택의 공동 소유기간은 법 제86조 제2항에 따라 소유권을 취득한 날부터 10년의 범위에서 사업 시행자가 정하는 기간으로 한다.
  3. 지분형주택의 분양대상자는 다음 각 목의 요건을 모두 충족하는 자로 한다.
   가. 법 제74조 제1항 제5호에 따라 산정한 종전에 소유하였던 토지 또는 건축물의 가격이 제1호에 따른 주택의 분양가격 이하에 해당하는 사람
   나. 세대주로서 제13조 제1항에 따른 정비계획의 공람 공고일 당시 해당 정비구역에 2년 이상 실제 거 주한 사람
   다. 정비사업의 시행으로 철거되는 주택 외 다른 주택을 소유하지 아니한 사람
 ② 지분형주택의 공급방법·절차, 지분 취득비율, 지분 사용료 및 지분 취득가격 등에 관하여 필요한 사항은 사업시행자가 따로 정한다.
19) 시행령 제71조(소규모 토지 등의 소유자에 대한 토지임대부 분양주택 공급)
 ① 법 제80조 제2항에서 "대통령령으로 정하는 면적 이하의 토지 또는 주택을 소유한 자"란 다음 각 호의 어느 하나에 해당하는 자를 말한다.
  1. 면적이 90제곱미터 미만의 토지를 소유한 자로서 건축물을 소유하지 아니한 자
  2. 바닥면적이 40제곱미터 미만의 사실상 주거를 위하여 사용하는 건축물을 소유한 자로서 토지를 소유하 지 아니한 자
 ② 제1항에도 불구하고 토지 또는 주택의 면적은 제1항 각 호에서 정한 면적의 2분의 1 범위에서 시·도조례 로 달리 정할 수 있다.

물을 사용하거나 수익할 수 없다. 다만, 다음 각 호의 어느 하나에 해당하는 경우에는 그러하지 아니하다.

> 1. 사업시행자의 동의를 받은 경우
> 2. 「공익사업을 위한 토지 등의 취득 및 보상에 관한 법률」에 따른 손실보상이 완료되지 아니한 경우

2) 사업시행자는 관리처분계획인가를 받은 후 기존의 건축물을 철거하여야 한다.

3) 사업시행자는 다음 각 호의 하나에 해당하는 경우에는 2)에도 불구하고 기존 건축물 소유자의 동의 및 시장·군수등의 허가 받아 해당 건축물을 철거 가능 → 이 경우 건축물의 철거는 토지 등소유자로서의 권리·의무에 영향을 주지 않는다.

> 1. 「재난 및 안전관리 기본법」·「주택법」·「건축법」 등 관계 법령에서 정하는 기존 건축물의 붕괴 등 안전사고의 우려가 있는 경우
> 2. 폐공가(廢空家)의 밀집으로 범죄발생의 우려가 있는 경우

4) 시장·군수등은 사업시행자가 2)에 따라 기존의 건축물을 철거하거나 철거를 위하여 점유자를 퇴거시키려는 경우 다음 각 호의 어느 하나에 해당하는 시기에는 건축물을 철거하거나 점유자를 퇴거시키는 것을 제한할 수 있다.

> 1. 일출 전과 일몰 후
> 2. 호우, 대설, 폭풍해일, 지진해일, 태풍, 강풍, 풍랑, 한파 등으로 해당 지역에 중대한 재해발생이 예상되어 기상청장이 「기상법」상 특보를 발표한 때
> 3. 「재난 및 안전관리 기본법」 제3조에 따른 재난이 발생한 때
> 4. 제1호부터 제3호까지의 규정에 준하는 시기로 시장·군수등이 인정하는 시기

12. 시공보증(제82조)

① 조합이 정비사업의 시행을 위하여 시장·군수등 또는 토지주택공사등이 아닌 자를 시공자로 선정(제25조에 따른 공동사업시행자가 시공하는 경우를 포함한다)한 경우 그 시공자는 공사의 시공보증(시공자가 공사의 계약상 의무를 이행하지 못하거나 의무이행을 하지 아니할 경우 보증기관에서 시공자를 대신하여 계약이행의무를 부담하거나 총 공사금액의 100분의 50 이하 대통령령으로 정하는 비율 이상의 범위에서 사업시행자가 정하는 금액을 납부할 것을 보증하는 것을 말한다)을 위하여 국토교통부령으로 정하는 기관의 시공보증서를 조합에 제출하여야 한다.

② 시장·군수등은 「건축법」 제21조에 따른 착공신고를 받는 경우에는 1)에 따른 시공보증서의 제출 여부를 확인하여야 한다.

제6절 공사완료에 따른 조치 등

1. 정비사업의 준공인가(제83조)

1) 시장·군수등이 아닌 사업시행자가 정비사업 공사를 완료한 때에는 대통령령으로 정하는 방법 및 절차에 따라 시장·군수등의 준공인가를 받아야 한다. [기출 34] 준공인가신청을 받은 시장·군수등은 지체 없이 준공검사를 실시하여야 한다(이 경우 시장·군수등은 효율적인 준공검사를 위하여 필요한 때에는 관계 행정기관·공공기관·연구기관, 그 밖의 전문기관 또는 단체에게 준공검사의 실시를 의뢰할 수 있다).

> **영 제74조 준공인가**
>
> ① 시장·군수등이 아닌 사업시행자는 준공인가를 받으려는 때에는 국토교통부령으로 정하는 준공인가신청서를 시장·군수등에게 제출하여야 한다. 다만, 사업시행자(공동시행자인 경우 포함)가 토지주택공사인 경우로서 「한국토지주택공사법」에 따라 준공인가 처리결과를 시장·군수등에게 통보한 경우에는 그러하지 아니하다.
>
> ② 시장·군수등은 준공인가를 한 때에는 준공인가증에 다음 각 호의 사항을 기재하여 사업시행자에게 교부하여야 한다.
> 1. 정비사업의 종류 및 명칭
> 2. 정비사업 시행구역의 위치 및 명칭
> 3. 사업시행자의 성명 및 주소
> 4. 준공인가의 내역
>
> ③ 사업시행자는 제1항 단서에 따라 자체적으로 처리한 준공인가결과를 시장·군수등에게 통보한 때 또는 제2항에 따른 준공인가증을 교부받은 때에는 그 사실을 분양대상자에게 지체 없이 통지하여야 한다.
>
> ④ 시장·군수등은 공사완료의 고시를 하는 때에는 제2항 각 호의 사항을 포함하여야 한다.

2) 시장·군수등은 준공검사를 실시한 결과 정비사업이 인가받은 사업시행계획대로 완료되었다고 인정되는 때에는 준공인가를 하고 공사의 완료를 지방자치단체 공보에 고시하여야 한다.

3) 시장·군수등은 직접 시행하는 정비사업에 관한 공사가 완료된 때에는 그 완료를 해당 지방자치단체의 공보에 고시하여야 한다.

4) 시장·군수등은 준공인가를 하기 전이라도 완공된 건축물이 사용에 지장이 없는 등 대통령령으로 정하는 기준에 적합한 경우에는 입주예정자가 완공된 건축물을 사용할 수 있도록 사업시행자에게 허가할 수 있다(사용허가를 하는 때에는 동별·세대별 또는 구획별로 사용허가를 할

수 있다). 다만, 시장·군수등이 사업시행자인 경우에는 허가를 받지 아니하고 입주예정자가 완공된 건축물을 사용하게 할 수 있다.

> "완공된 건축물이 사용에 지장이 없는 등 대통령령으로 정하는 기준"이란 다음 각 호를 말한다.
> 1. 완공된 건축물에 전기·수도·난방 및 상·하수도 시설 등이 갖추어져 있어 해당 건축물을 사용하는 데 지장이 없을 것
> 2. 완공된 건축물이 관리처분계획에 적합할 것
> 3. 입주자가 공사에 따른 차량통행·소음·분진 등의 위해로부터 안전할 것

5) 공사완료의 고시 절차 및 방법, 그 밖에 필요한 사항은 대통령령으로 정한다.

2. 준공인가 등에 따른 정비구역의 해제(제84조)

1) 정비구역의 지정은 준공인가의 고시가 있는 날(관리처분계획을 수립하는 경우에는 이전고시가 있는 때를 말한다)의 다음 날에 해제된 것으로 본다. 이 경우 지방자치단체는 해당 지역을 「국토의 계획 및 이용에 관한 법률」에 따른 지구단위계획으로 관리하여야 한다.

2) 정비구역의 해제는 조합의 존속에 영향을 주지 아니한다.

3. 공사완료에 따른 관련 인·허가등의 의제(제85조)

① 준공인가를 하거나 공사완료를 고시하는 경우 시장·군수등이 의제되는 인·허가등에 따른 준공검사·준공인가·사용검사·사용승인 등(이하 "준공검사·인가등"이라 한다)에 관하여 ③에 따라 관계 행정기관의 장과 협의한 사항은 해당 준공검사·인가등을 받은 것으로 본다.

② 시장·군수등이 아닌 사업시행자는 ①에 따른 준공검사·인가등의 의제를 받으려는 경우에는 준공인가를 신청하는 때에 해당 법률에서 정하는 관계 서류를 함께 제출하여야 한다.

③ 시장·군수등은 준공인가를 하거나 공사완료를 고시하는 경우 그 내용에 의제되는 인·허가등에 따른 준공검사·인가등에 해당하는 사항이 있은 때에는 미리 관계 행정기관의 장과 협의하여야 한다.

④ 관계 행정기관의 장은 ③에 따른 협의를 요청받은 날부터 10일 이내에 의견을 제출하여야 한다.

⑤ 관계 행정기관의 장이 ④에서 정한 기간(「민원 처리에 관한 법률」 제20조 제2항에 따라 회신기간을 연장한 경우에는 그 연장된 기간을 말한다) 내에 의견을 제출하지 아니하면 협의가 이루어진 것으로 본다.

⑥ 제57조 제6항은 제1항에 따른 준공검사·인가등의 의제에 준용한다.

> **법 제57조(인·허가등의 의제 등)**
> ⑥ 시장·군수등은 천재지변이나 그 밖의 불가피한 사유로 긴급히 정비사업을 시행할 필요가 있다고 인정하는 때에는 관계 행정기관의 장 및 교육감 또는 교육장과 협의를 마치기 전에 사업시행계획인가를 할 수 있다. 이 경우 협의를 마칠 때까지는 제1항 및 제2항에 따른 인·허가등을 받은 것으로 보지 아니한다.

4. 이전고시 등(제86조)

1) 사업시행자는 준공인가고시가 있은 때에는 지체 없이 대지확정측량을 하고 토지의 분할절차를 거쳐 관리처분계획에서 정한 사항을 분양받을 자에게 통지하고 대지 또는 건축물의 소유권을 이전하여야 한다. 다만, 정비사업의 효율적인 추진을 위하여 필요한 경우에는 해당 정비사업에 관한 공사가 전부 완료되기 전이라도 완공된 부분은 준공인가를 받아 대지 또는 건축물별로 분양받을 자에게 소유권을 이전할 수 있다.

2) 사업시행자는 대지 및 건축물의 소유권을 이전하려는 때에는 그 내용을 해당 지방자치단체의 공보에 고시한 후 시장·군수등에게 보고하여야 한다. 이 경우 대지 또는 건축물을 분양받을 자는 고시가 있은 날의 다음 날에 그 대지 또는 건축물의 소유권을 취득한다.

5. 조합의 해산(제86조의2)

① 조합장은 이전고시가 있은 날부터 1년 이내에 조합 해산을 위한 총회를 소집하여야 한다.

② 조합장이 기간 내에 총회를 소집하지 아니한 경우 조합원 5분의 1 이상의 요구로 소집된 총회에서 조합원 과반수의 출석과 출석 조합원 과반수의 동의를 받아 해산을 의결할 수 있다. 이 경우 요구자 대표로 선출된 자가 조합 해산을 위한 총회의 소집 및 진행을 할 때에는 조합장의 권한을 대행한다.

③ 시장·군수등은 조합이 정당한 사유 없이 해산을 의결하지 아니하는 경우에는 조합설립인가를 취소할 수 있다.

④ 해산하는 조합에 청산인이 될 자가 없는 경우에는 「민법」 제83조에도 불구하고 시장·군수등은 법원에 청산인의 선임을 청구할 수 있다.

⑤ ① 또는 ②에 따라 조합이 해산을 의결하거나 ③에 따라 조합설립인가가 취소된 경우 청산인은 지체 없이 청산의 목적범위에서 성실하게 청산인의 직무를 수행하여야 한다.

6. 대지 및 건축물에 대한 권리의 확정(제87조)

1) 대지 또는 건축물을 분양받을 자에게 소유권을 이전한 경우 종전의 토지 또는 건축물에 설정된 지상권·전세권·저당권·임차권·가등기담보권·가압류 등 등기된 권리 및 「주택임대차보호법」 제3조 제1항의 요건을 갖춘 임차권은 소유권을 이전받은 대지 또는 건축물에 설정된 것으로 본다.

2) ①에 따라 취득하는 대지 또는 건축물 중 토지등소유자에게 분양하는 대지 또는 건축물은 「도시개발법」 제40조에 따라 행하여진 환지로 본다.

3) 제79조 제4항에 따른 보류지와 일반에게 분양하는 대지 또는 건축물은 「도시개발법」 제34조에 따른 보류지 또는 체비지로 본다.

> 제79조(관리처분계획에 따른 처분 등)
> ④ 사업시행자는 제72조에 따른 분양신청을 받은 후 잔여분이 있는 경우에는 정관등 또는 사업시행계획으로 정하는 목적을 위하여 그 잔여분을 보류지(건축물을 포함한다)로 정

> 하거나 조합원 또는 토지등소유자 이외의 자에게 분양할 수 있다. 이 경우 분양공고와
> 분양신청절차 등에 필요한 사항은 대통령령으로 정한다.

7. 등기절차 및 권리변동의 제한(제88조)

1) 사업시행자는 이전고시가 있은 때에는 지체 없이 대지 및 건축물에 관한 등기를 지방법원지원 또는 등기소에 촉탁 또는 신청하여야 한다.

2) 정비사업에 관하여 이전고시가 있은 날부터 1)에 따른 등기가 있을 때까지는 저당권 등의 다른 등기를 하지 못한다.

8. 청산금 등(제89조)

1) 대지 또는 건축물을 분양받은 자가 종전에 소유하고 있던 토지 또는 건축물의 가격과 분양받은 대지 또는 건축물의 가격 사이에 차이가 있는 경우 사업시행자는 이전고시가 있은 후에 그 차액에 상당하는 금액(이하 "청산금"이라 한다)을 분양받은 자로부터 징수하거나 분양받은 자에게 지급하여야 한다.

2) 사업시행자는 정관등에서 분할징수 및 분할지급을 정하고 있거나 총회의 의결을 거쳐 따로 정한 경우에는 관리처분계획인가 후부터 이전고시가 있은 날까지 일정 기간별로 분할징수하거나 분할지급할 수 있다.

3) 사업시행자는 1) 및 2)를 적용하기 위하여 종전에 소유하고 있던 토지 또는 건축물의 가격과 분양받은 대지 또는 건축물의 가격을 평가하는 경우 그 토지 또는 건축물의 규모·위치·용도·이용 상황·정비사업비 등을 참작하여 평가하여야 한다.

9. 청산금 징수방법 등(제90조)

1) 시장·군수등인 사업시행자는 청산금을 납부할 자가 이를 납부하지 아니하는 경우 지방세 체납처분의 예에 따라 징수(분할징수 포함)할 수 있다.
   → 시장·군수등이 아닌 사업시행자는 시장·군수등에게 청산금의 징수를 위탁 가능
   → 청산금을 지급받을 자가 받을 수 없거나 받기를 거부한 때에는 사업시행자는 그 청산금을 공탁할 수 있다.

2) 청산금을 지급(분할지급을 포함한다)받을 권리 또는 이를 징수할 권리는 이전고시일의 다음 날부터 5년간 행사하지 아니하면 소멸한다.

10. 저당권의 물상대위(제91조)

정비구역에 있는 토지 또는 건축물에 저당권을 설정한 권리자는 사업시행자가 저당권이 설정된 토지 또는 건축물의 소유자에게 청산금을 지급하기 전에 압류절차를 거쳐 저당권을 행사할 수 있다.

제3장 정비사업의 시행 주요 내용 O·X 확인 문제

01 재건축사업은 주택, 부대시설·복리시설 및 오피스텔을 건설하여 공급하는 방법으로 한다. 오피스텔을 건설하여 공급하는 경우에는 준주거지역 및 상업지역에서만 건설할 수 있다. 이 경우 오피스텔의 연면적은 전체 건축물 연면적의 100분의 30 이하이어야 한다. (　　　)

02 재개발사업의 경우 토지등소유자가 20인 이하인 경우에는 토지등소유자가 시행할 수 있다.
(　　　)

03 시장·군수등이 직접 재개발 및 재건축사업을 시행하거나 토지주택공사등(토지주택공사등이 건설업자 또는 등록사업자와 공동으로 시행하는 경우를 포함한다)을 사업시행자로 지정하여 정비사업을 시행하게 할 수 있는 경우는? (　　　　　　)

> 1. 천재지변 등 불가피한 사유로 긴급하게 정비사업을 시행할 필요가 있다고 인정하는 때
> 2. 정비계획에서 정한 정비사업시행 예정일부터 2년 이내에 사업시행계획인가를 신청하지 아니하거나 사업시행계획인가를 신청한 내용이 위법 또는 부당하다고 인정하는 때(재건축사업의 경우는 제외한다)
> 3. 추진위원회가 시장·군수등의 구성승인을 받은 날부터 3년 이내에 조합설립인가를 신청하지 아니하거나 조합이 조합설립인가를 받은 날부터 3년 이내에 사업시행계획인가를 신청하지 아니한 때
> 4. 해당 정비구역의 국·공유지 면적 또는 국·공유지와 토지주택공사등이 소유한 토지를 합한 면적이 전체 토지면적의 2분의 1 이상으로서 토지등소유자의 과반수가 시장·군수등 또는 토지주택공사등을 사업시행자로 지정하는 것에 동의하는 때

04 조합설립추진위원회는 정비사업전문관리업자의 선정 및 변경, 조합설립인가를 받기 위한 준비업무 및 구체적인 정비사업 시행계획서의 작성 등의 업무를 수행한다. (　　　)

05 추진위원회는 추진위원회를 대표하는 추진위원장 1명과 이사 및 감사를 두어야 한다. (　　　)

06 추진위원회는 사용경비를 기재한 회계장부 및 관계 서류를 조합설립인가일부터 15일 이내에 조합에 인계하여야 한다. (　　　)

07 조합을 설립을 위한 동의요건을 채우시오.

> ① 재개발사업
> : 토지등소유자의 (　　　) 이상 / 토지면적의 (　　　) 이상의 토지소유자
> ② 재건축사업

> : 주택단지 공동주택의 각 동별 구분소유자의 과반수 동의(5 이하인 경우 제외)
> 주택단지 전체 구분소유자의 (   ) 이상 / 토지면적의 (   ) 이상의 토지소유자
> ③ 주택단지가 아닌 지역이 정비구역에 포함된 때
> : 토지 또는 건축물 소유자의 (   ) 이상 및 토지면적의 (   ) 이상의 토지소유자

08 정관을 변경하는 경우 2/3 이상 찬성이 필요한 경우는? (   )

> 1. 조합의 명칭 및 사무소의 소재지
> 2. 조합원의 자격
> 3. 조합원의 제명·탈퇴 및 교체
> 4. 정비구역의 위치 및 면적
> 5. 조합의 임원의 수 및 업무의 범위
> 6. 조합임원의 권리·의무·보수·선임방법·변경 및 해임
> 7. 대의원의 수, 선임방법, 선임절차 및 대의원회의 의결방법
> 8. 조합의 비용부담 및 조합의 회계
> 9. 정비사업의 시행연도 및 시행방법
> 10. 총회의 소집 절차·시기 및 의결방법
> 11. 총회의 개최 및 조합원의 총회소집 요구
> 12. 정비사업비의 부담 시기 및 절차
> 13. 정비사업이 종결된 때의 청산절차
> 14. 청산금의 징수·지급의 방법 및 절차
> 15. 시공자·설계자의 선정 및 계약서에 포함될 내용
> 16. 정관의 변경절차

09 조합은 조합원이 아닌 자도 임원이 될 수 있고, 하나의 건축물 또는 토지의 소유권을 다른 사람과 공유한 경우에는 가장 많은 지분을 소유한 자가 임원이 될 수 있다. (   )

10 조합에 두는 이사의 수는 3명 이상으로 하고, 감사의 수는 1명 이상 3명 이하로 한다. 다만, 토지등소유자의 수가 100인을 초과하는 경우에는 이사의 수를 5명 이상으로 한다. 조합임원의 임기는 3년 이하의 범위에서 정관으로 정하되, 연임할 수 있다. (   )

11 조합장이 대의원회의 의장이 되는 경우에는 대의원으로 본다. (   )

12 조합장 또는 이사가 자기를 위하여 조합과 계약이나 소송을 할 때에는 이사가 조합을 대표한다. (   )

13 조합임원은 같은 목적의 정비사업을 하는 다른 조합의 임원 또는 직원을 겸하기 위해서는 도지사의 승인이 있어야 한다. (   )

14 퇴임된 임원이 퇴임 전에 관여한 행위는 그 효력이 실효된다. (   )

15 조합임원은 조합원 5분의 1 이상의 요구로 소집된 총회에서 조합원 과반수의 출석과 출석 조합원 과반수의 동의를 받아 해임할 수 있다. (   )

16 자금의 차입과 그 방법·이자율 및 상환방법, 시공자·설계자 및 감정평가법인등 선정 및 변경, 조합임원의 선임 및 해임에 대해서는 총회 의결을 거쳐야 한다. (   )

17 조합원의 수가 100명 이상인 조합은 대의원회를 두어야 한다. 조합장은 대의원이 될 수 없다.
    (   )

18 사업시행자는 정비사업을 시행하려는 경우에는 사업시행계획인가를 받아야 하고, 시장·군수등은 특별한 사유가 없으면 사업시행계획서의 제출이 있은 날부터 45일 이내에 인가 여부를 결정하여 사업시행자에게 통보하여야 한다. (   )

19 사업시행자가 사업시행계획서를 작성하는 경우 토지이용계획(건축물배치계획을 포함한다), 정비기반시설 및 공동이용시설의 설치계획, 세입자의 주거 및 이주 대책, 건축물의 높이 및 용적률 등에 관한 건축계획에 대한 계획을 포함해야 한다. (   )

20 사업시행자는 정비구역에서 정비사업을 시행하기 위하여 「공익사업을 위한 토지 등의 취득 및 보상에 관한 법률」에 따른 토지·물건 또는 그 밖의 권리를 취득하거나 사용할 수 있다. (   )

21 사업시행자는 사업시행계획인가의 고시가 있은 날(사업시행계획인가 이후 시공자를 선정한 경우에는 시공자와 계약을 체결한 날)부터 120일 이내에 분양의 대상이 되는 대지 또는 건축물의 내역을 해당 지역에서 발간되는 일간신문에 공고하여야 한다. (   )

22 관리처분계획을 수립하는 경우에 포함되어야 하는 사항에는 분양설계, 분양대상자별 분양예정인 대지 또는 건축물의 추산액(임대관리 위탁주택에 관한 내용을 포함한다), 분양대상자의 종전 토지 또는 건축물에 관한 소유권 외의 권리명세, 세입자별 손실보상을 위한 권리명세 및 그 평가액 등이 있다. (   )

23 관리처분계획은 ① 지나치게 좁거나 넓은 토지 또는 건축물은 넓히거나 좁혀 대지 또는 건축물이 적정 규모가 되도록 하고, ② 너무 좁은 토지 또는 건축물이나 정비구역 지정 후 분할된 토지를 취득한 자에게는 현금으로 청산할 수 있다. (   )

24 시장·군수등이 아닌 사업시행자가 정비사업 공사를 완료한 때에는 시장·군수등의 준공인가를 받아야 한다. 정비구역의 지정은 준공인가의 고시가 있은 날(관리처분계획을 수립하는 경우에는 이전고시가 있은 때를 말한다)의 다음 날에 해제된 것으로 본다. 정비구역의 해제는 조합의 존속에 영향을 주지 아니한다. (   )

25 사업시행자는 준공검사에 따른 고시가 있은 때에는 지체 없이 대지확정측량을 하고 토지의 분할절차를 거쳐 관리처분계획에서 정한 사항을 분양받을 자에게 통지하고 대지 또는 건축물의 소유권을 이전하여야 한다. (   )

01 (○)

02 (×) 토지등소유자가 20인 미만인 경우

03 모두 맞음(재개발사업 · 재건축사업의 공공시행자)

시장 · 군수등은 재개발사업 및 재건축사업이 다음 각 호의 어느 하나에 해당하는 때에는 직접 정비사업을 시행하거나 토지주택공사등(토지주택공사등이 건설업자 또는 등록사업자와 공동으로 시행하는 경우를 포함한다)을 사업시행자로 지정하여 정비사업을 시행하게 할 수 있다.

> 1. 천재지변, 「재난 및 안전관리 기본법」 제27조 또는 「시설물의 안전 및 유지관리에 관한 특별법」 제23조에 따른 사용제한 · 사용금지, 그 밖의 불가피한 사유로 긴급하게 정비사업을 시행할 필요가 있다고 인정하는 때
> 2. 제16조 제2항 전단에 따라 고시된 정비계획에서 정한 정비사업시행 예정일부터 2년 이내에 사업시행계획인가를 신청하지 아니하거나 사업시행계획인가를 신청한 내용이 위법 또는 부당하다고 인정하는 때(재건축사업의 경우는 제외한다)
> 3. 추진위원회가 시장 · 군수등의 구성승인을 받은 날부터 3년 이내에 조합설립인가를 신청하지 아니하거나 조합이 조합설립인가를 받은 날부터 3년 이내에 사업시행계획인가를 신청하지 아니한 때
> 4. 지방자치단체의 장이 시행하는 「국토의 계획 및 이용에 관한 법률」 제2조 제11호에 따른 도시 · 군계획사업과 병행하여 정비사업을 시행할 필요가 있다고 인정하는 때
> 5. 제59조 제1항에 따른 순환정비방식으로 정비사업을 시행할 필요가 있다고 인정하는 때
> 6. 제113조에 따라 사업시행계획인가가 취소된 때
> 7. 해당 정비구역의 국 · 공유지 면적 또는 국 · 공유지와 토지주택공사등이 소유한 토지를 합한 면적이 전체 토지면적의 2분의 1 이상으로서 토지등소유자의 과반수가 시장 · 군수등 또는 토지주택공사등을 사업시행자로 지정하는 것에 동의하는 때
> 8. 해당 정비구역의 토지면적 2분의 1 이상의 토지소유자와 토지등소유자의 3분의 2 이상에 해당하는 자가 시장 · 군수등 또는 토지주택공사등을 사업시행자로 지정할 것을 요청하는 때. 이 경우 제14조 제1항 제2호에 따라 토지등소유자가 정비계획의 입안을 제안한 경우 입안제안에 동의한 토지등소유자는 토지주택공사등의 사업시행자 지정에 동의한 것으로 본다. 다만, 사업시행자의 지정 요청 전에 시장 · 군수등 및 제47조에 따른 주민대표회의에 사업시행자의 지정에 대한 반대의 의사표시를 한 토지등소유자의 경우에는 그러하지 아니하다.

04 (×) 개략적인 정비사업 시행계획서의 작성

> ***추진위원회의 업무**
> 1. 정비사업전문관리업자의 선정 및 변경
> 2. 설계자의 선정 및 변경
> 3. 개략적인 정비사업 시행계획서의 작성

4. 조합설립인가를 받기 위한 준비업무
5. 추진위원회 운영규정의 작성
6. 토지등소유자의 동의서의 접수
7. 조합의 설립을 위한 창립총회(이하 "창립총회"라 한다)의 개최
8. 조합 정관의 초안 작성
9. 그 밖에 추진위원회 운영규정으로 정하는 업무

05 (×) 추진위원회는 추진위원회를 대표하는 추진위원장 1명과 감사를 두어야 한다.

06 (×) 30일 이내에 조합에 인계하여야 한다.

07 조합을 설립을 위한 동의요건을 채우시오.
① 재개발사업
: 토지등소유자의 (4분의 3) 이상 / 토지면적의 (2분의 1) 이상의 토지소유자
② 재건축사업
: 주택단지 공동주택의 각 동별 구분소유자의 과반수 동의(5이하인 경우 제외)
주택단지 전체 구분소유자의 (4분의 3) 이상 / 토지면적의 (4분의 3) 이상의 토지소유자
③ 주택단지가 아닌 지역이 정비구역에 포함된 때
: 토지 또는 건축물 소유자의 (4분의 3) 이상 및 토지면적의 (3분의 2) 이상의 토지소유자

08 (2, 3, 4, 8, 12, 15) 조합원 3분의 2 이상의 찬성 사항
1. 조합원의 자격
2. 조합원의 제명·탈퇴 및 교체
3. 정비구역의 위치 및 면적
4. 조합의 비용부담 및 조합의 회계
5. 정비사업비의 부담 시기 및 절차
6. 시공자·설계자의 선정 및 계약서에 포함될 내용

09 (×) 조합은 조합원으로서 정비구역에 위치한 건축물 또는 토지를 소유한 자가 임원이 될 수 있으며 공유인 경우에는 가장 많은 지분을 소유한 자가 된다.

조합은 조합원으로서 정비구역에 위치한 건축물 또는 토지(재건축사업의 경우에는 건축물과 그 부속토지를 말한다. 이하 이 항에서 같다)를 소유한 자[하나의 건축물 또는 토지의 소유권을 다른 사람과 공유한 경우에는 가장 많은 지분을 소유(2인 이상의 공유자가 가장 많은 지분을 소유한 경우를 포함한다)한 경우로 한정한다] 중 다음 각 호의 어느 하나의 요건을 갖춘 조합장 1명과 이사, 감사

830 PART 09 도시 및 주거환경정비법

를 임원으로 둔다. 이 경우 조합장은 선임일부터 제74조 제1항에 따른 관리처분계획인가를 받을 때까지는 해당 정비구역에서 거주(영업을 하는 자의 경우 영업을 말한다. 이하 이 조 및 제43조에서 같다)하여야 한다.
1. 정비구역에 위치한 건축물 또는 토지를 5년 이상 소유할 것
2. 정비구역에서 거주하고 있는 자로서 선임일 직전 3년 동안 정비구역에서 1년 이상 거주할 것

10 (○)

11 (○)

12 (×) 감사가 조합을 대표한다.

13 (×) 조합임원은 같은 목적의 정비사업을 하는 다른 조합의 임원 또는 직원을 겸할 수 없다.

14 (×) 퇴임된 임원이 퇴임 전에 관여한 행위는 그 효력을 잃지 아니한다.

15 (×) 조합임원은 조합원 10분의 1 이상의 요구로 소집된 총회에서 조합원 과반수의 출석과 출석 조합원 과반수의 동의를 받아 해임할 수 있다.

16 (○) 총회 의결 사항

1. 정관의 변경(제40조 제4항에 따른 경미한 사항의 변경은 이 법 또는 정관에서 총회의결사항으로 정한 경우로 한정한다)
2. 자금의 차입과 그 방법·이자율 및 상환방법
3. 정비사업비의 세부 항목별 사용계획이 포함된 예산안 및 예산의 사용내역
4. 예산으로 정한 사항 외에 조합원에게 부담이 되는 계약
5. 시공자·설계자 및 감정평가법인등(제74조 제4항에 따라 시장·군수등이 선정·계약하는 감정평가법인등은 제외한다)의 선정 및 변경. 다만, 감정평가법인등 선정 및 변경은 총회의 의결을 거쳐 시장·군수등에게 위탁할 수 있다.
6. 정비사업전문관리업자의 선정 및 변경
7. 조합임원의 선임 및 해임
8. 정비사업비의 조합원별 분담내역
9. 제52조에 따른 사업시행계획서의 작성 및 변경(제50조 제1항 본문에 따른 정비사업의 중지 또는 폐지에 관한 사항을 포함하며, 같은 항 단서에 따른 경미한 변경은 제외한다)
10. 제74조에 따른 관리처분계획의 수립 및 변경(제74조 제1항 각 호 외의 부분 단서에 따른 경미한 변경은 제외한다)
10의2. 제86조의2에 따른 조합의 해산과 조합 해산 시의 회계보고

> 11. 제89조에 따른 청산금의 징수·지급(분할징수·분할지급을 포함한다)
> 12. 제93조에 따른 비용의 금액 및 징수방법
> 13. 그 밖에 조합원에게 경제적 부담을 주는 사항 등 주요한 사항을 결정하기 위하여 대통령령 또는 정관으로 정하는 사항

17 (×) 조합원의 수가 100명 이상인 조합은 대의원회를 두어야 한다. 조합장이 아닌 조합임원은 대의원이 될 수 없다.

18 (×) 사업시행자는 정비사업을 시행하려는 경우에는 사업시행계획인가를 받아야 하고, 시장·군수등은 특별한 사유가 없으면 사업시행계획서의 제출이 있은 날부터 60일 이내에 인가 여부를 결정하여 사업시행자에게 통보하여야 한다.

19 (○)

> **＊ 사업시행자가 사업시행계획서를 작성하는 경우 포함사항**
> 1. 토지이용계획(건축물배치계획을 포함한다)
> 2. 정비기반시설 및 공동이용시설의 설치계획
> 3. 임시거주시설을 포함한 주민이주대책
> 4. 세입자의 주거 및 이주 대책
> 5. 사업시행기간 동안 정비구역 내 가로등 설치, 폐쇄회로 텔레비전 설치 등 범죄예방대책
> 6. 제10조에 따른 임대주택의 건설계획(재건축사업의 경우는 제외한다)
> 7. 제54조 제4항, 제101조의5 및 제101조의6에 따른 국민주택규모 주택의 건설계획(주거환경개선사업의 경우는 제외한다)
> 8. 공공지원민간임대주택 또는 임대관리 위탁주택의 건설계획(필요한 경우로 한정한다)
> 9. 건축물의 높이 및 용적률 등에 관한 건축계획
> 10. 정비사업의 시행과정에서 발생하는 폐기물의 처리계획
> 11. 교육시설의 교육환경 보호에 관한 계획(정비구역부터 200미터 이내에 교육시설이 설치되어 있는 경우로 한정한다)
> 12. 정비사업비
> 13. 그 밖에 사업시행을 위한 사항으로서 대통령령으로 정하는 바에 따라 시·도조례로 정하는 사항

20 (○)

21 (○)

22 (○) 관리처분계획 포함사항

1. 분양설계
2. 분양대상자의 주소 및 성명
3. 분양대상자별 분양예정인 대지 또는 건축물의 추산액(임대관리 위탁주택에 관한 내용을 포함한다)
4. 다음 각 목에 해당하는 보류지 등의 명세와 추산액 및 처분방법. 다만, 나목의 경우에는 제30조 제1항에 따라 선정된 임대사업자의 성명 및 주소(법인인 경우에는 법인의 명칭 및 소재지와 대표자의 성명 및 주소)를 포함한다.
   가. 일반 분양분
   나. 공공지원민간임대주택
   다. 임대주택
   라. 그 밖에 부대시설·복리시설 등
5. 분양대상자별 종전의 토지 또는 건축물 명세 및 사업시행계획인가 고시가 있은 날을 기준으로 한 가격(사업시행계획인가 전에 제81조 제3항에 따라 철거된 건축물은 시장·군수등에게 허가를 받은 날을 기준으로 한 가격)
6. 정비사업비의 추산액(재건축사업의 경우에는 「재건축초과이익 환수에 관한 법률」에 따른 재건축부담금에 관한 사항을 포함한다) 및 그에 따른 조합원 분담규모 및 분담시기
7. 분양대상자의 종전 토지 또는 건축물에 관한 소유권 외의 권리명세
8. 세입자별 손실보상을 위한 권리명세 및 그 평가액
9. 그 밖에 정비사업과 관련한 권리 등에 관하여 대통령령으로 정하는 사항

23 (○) 관리처분계획의 수립기준

1. 종전의 토지 또는 건축물의 면적·이용 상황·환경, 그 밖의 사항을 종합적으로 고려하여 대지 또는 건축물이 균형 있게 분양신청자에게 배분되고 합리적으로 이용되도록 한다.
2. 지나치게 좁거나 넓은 토지 또는 건축물은 넓히거나 좁혀 대지 또는 건축물이 적정 규모가 되도록 한다.
3. 너무 좁은 토지 또는 건축물을 취득하거나 정비구역 지정 후 분할된 토지 또는 집합건물의 구분소유권을 취득한 자에게는 현금으로 청산할 수 있다.
4. 재해 또는 위생상의 위해를 방지하기 위하여 토지의 규모를 조정할 특별한 필요가 있는 때에는 너무 좁은 토지를 넓혀 토지를 갈음하여 보상을 하거나 건축물의 일부와 그 건축물이 있는 대지의 공유지분을 교부할 수 있다.
5. 분양설계에 관한 계획은 제72조에 따른 분양신청기간이 만료하는 날을 기준으로 하여 수립한다.
6. 1세대 또는 1명이 하나 이상의 주택 또는 토지를 소유한 경우 1주택을 공급하고, 같은 세대에 속하지 아니하는 2명 이상이 1주택 또는 1토지를 공유한 경우에는 1주택만 공급한다.

24 (○)

25 (○)

Chapter 04 비용의 부담 등

비용부담의 출제비율은 높지 않으나 최근 기출문제에 출제되는 비중이 늘어나고 있는 추세이다. 비용부담의 무가 누구에게 있는지를 중심으로 학습하면 좋을 것이다.

1. 비용부담

(1) 비용부담의 원칙(제92조)

1) 정비사업비는 이 법 또는 다른 법령에 특별한 규정이 있는 경우를 제외하고는 사업시행자가 부담한다. [기출 29]

2) 시장·군수등은 시장·군수등이 아닌 사업시행자가 시행하는 정비사업의 정비계획에 따라 설치되는 다음 시설에 대하여는 그 건설에 드는 비용의 전부 또는 일부를 부담할 수 있다 [기출 34].

① 도시·군계획시설 중 대통령령으로 정하는 주요 정비기반시설 및 공동이용시설

> **＊ 대통령령으로 정하는 주요 정비기반시설 및 공동이용시설**
> 1. 도로　　　2. 상·하수도　3. 공원　　4. 공용주차장　5. 공동구
> 6. 녹지　　　7. 하천　　　8. 공공공지　9. 광장

② 임시거주시설

(2) 비용의 조달(제93조)

① 사업시행자는 토지등소유자로부터 제92조 1)에 따른 비용과 정비사업의 시행과정에서 발생한 수입의 차액을 부과금으로 부과·징수할 수 있다. [기출 29 34]

② 사업시행자는 토지등소유자가 부과금의 납부를 게을리한 때에는 연체료를 부과·징수할 수 있다.

③ 부과금 및 연체료의 부과·징수에 필요한 사항은 정관등으로 정한다.

④ 시장·군수등이 아닌 사업시행자는 부과금 또는 연체료를 체납하는 자가 있는 때에는 시장·군수등에게 그 부과·징수를 위탁할 수 있다. [기출 29]

⑤ 시장·군수등은 부과·징수를 위탁받은 경우에는 지방세 체납처분의 예에 따라 부과·징수할 수 있다. 이 경우 사업시행자는 징수한 금액의 100분의 4에 해당하는 금액을 해당 시장·군수등에게 교부하여야 한다. [기출 34]

(3) 정비기반시설 관리자의 비용부담(제94조)

1) 정비기반시설

① 시장·군수등은 자신이 시행하는 정비사업으로 현저한 이익을 받는 정비기반시설의 관

리자가 있는 경우에는 대통령령으로 정하는 방법 및 절차에 따라 해당 정비사업비의 일부를 그 정비기반시설의 관리자와 협의하여 그 관리자에게 부담시킬 수 있다.

② 정비기반시설 관리자가 부담하는 비용의 총액은 해당 정비사업에 소요된 비용의 3분의 1을 초과해서는 아니 된다. 다만, 다른 정비기반시설의 정비가 그 정비사업의 주된 내용이 되는 경우에는 그 부담비용의 총액은 해당 정비사업에 소요된 비용의 2분의 1까지로 할 수 있다.

③ 시장·군수등은 정비사업비의 일부를 정비기반시설의 관리자에게 부담시키려는 때에는 정비사업에 소요된 비용의 명세와 부담 금액을 명시하여 해당 관리자에게 통지하여야 한다.

2) 공동구

① 사업시행자는 정비사업을 시행하는 지역에 전기·가스 등의 공급시설을 설치하기 위하여 공동구를 설치하는 경우에는 다른 법령에 따라 그 공동구에 수용될 시설을 설치할 의무가 있는 자에게 공동구의 설치에 드는 비용[20]을 부담시킬 수 있다.

② 공동구에 수용될 전기·가스·수도의 공급시설과 전기통신시설 등의 관리자(이하 "공동구점용예정자"라 한다)가 부담할 공동구의 설치에 드는 비용의 부담비율은 공동구의 점용예정면적비율에 따른다. [기출 34]

③ 사업시행자는 사업시행계획인가의 고시가 있은 후 지체 없이 공동구점용예정자에게 산정된 부담금의 납부를 통지하여야 한다.

④ 부담금의 납부통지를 받은 공동구점용예정자는 공동구의 설치공사가 착수되기 전에 부담금액의 3분의 1 이상을 납부하여야 하며, 그 잔액은 공사완료 고시일전까지 납부하여야 한다. [기출 34]

(4) 보조 및 융자(제95조)

① 국가 또는 시·도는 시장, 군수, 구청장 또는 토지주택공사등이 시행하는 정비사업에 관한 기초조사 및 정비사업의 시행에 필요한 시설로서 대통령령으로 정하는 정비기반시설, 임시거주시설 및 주거환경개선사업에 따른 공동이용시설[21]의 건설에 드는 비용의 일부를 보

---

20) 공동구의 설치에 드는 비용은 다음 각 호와 같다. 다만, 보조금이 있는 경우에는 설치에 드는 비용에서 해당 보조금의 금액을 빼야 한다.
  1. 설치공사의 비용
  2. 내부공사의 비용
  3. 설치를 위한 측량·설계비용
  4. 공동구의 설치로 인한 보상의 필요가 있는 경우에는 그 보상비용
  5. 공동구 부대시설의 설치비용
  6. 법 제95조에 따른 융자금이 있는 경우에는 그 이자에 해당하는 금액
21) "대통령령으로 정하는 정비기반시설, 임시거주시설 및 주거환경개선사업에 따른 공동이용시설"이란 정비기반시설, 임시거주시설 및 주거환경개선사업에 따른 공동이용시설의 전부를 말한다.

조하거나 융자할 수 있다. 이 경우 국가 또는 시·도는 다음 각 호의 어느 하나에 해당하는 사업에 우선적으로 보조하거나 융자할 수 있다.

1. 시장·군수등 또는 토지주택공사등이 다음 각 목의 어느 하나에 해당하는 지역에서 시행하는 주거환경개선사업

   가. 제20조 및 제21조에 따라 해제된 정비구역등

   나. 「도시재정비 촉진을 위한 특별법」 제7조 제2항에 따라 재정비촉진지구가 해제된 지역

2. 국가 또는 지방자치단체가 도시영세민을 이주시켜 형성된 낙후지역으로서 대통령령으로 정하는 지역에서 시장·군수등 또는 토지주택공사등이 단독으로 시행하는 재개발사업

** 국가 또는 지방자치단체가 보조하거나 융자할 수 있는 금액은 기초조사비, 정비기반시설 및 임시거주시설의 사업비의 각 80퍼센트(법 제23조 제1항 제1호에 따른 주거환경개선사업을 시행하는 정비구역에서 시·도지사가 시장·군수등에게 보조하거나 융자하는 경우에는 100퍼센트) 이내로 한다.

② 시장·군수등은 사업시행자가 토지주택공사등인 주거환경개선사업과 관련하여 ①에 따른 정비기반시설 및 공동이용시설, 임시거주시설을 건설하는 경우 건설에 드는 비용의 전부 또는 일부를 토지주택공사등에게 보조하여야 한다.

③ 국가 또는 지방자치단체는 시장·군수등이 아닌 사업시행자가 시행하는 정비사업에 드는 비용의 일부를 보조 또는 융자하거나 융자를 알선할 수 있다. [기출 29]

→ 보조할 수 있는 금액은 기초조사비, 정비기반시설 및 임시거주시설의 사업비, 조합 운영경비의 각 50퍼센트 이내로 한다.

→ 다음 각 호의 사항에 필요한 비용의 각 80퍼센트 이내에서 융자하거나 융자를 알선할 수 있다.

   1. 기초조사비

   2. 정비기반시설 및 임시거주시설의 사업비

   3. 세입자 보상비

   4. 주민 이주비

   5. 그 밖에 시·도조례로 정하는 사항(지방자치단체가 융자하거나 융자를 알선하는 경우만 해당한다)

④ 국가 또는 지방자치단체는 제1항 및 제2항에 따라 정비사업에 필요한 비용을 보조 또는 융자하는 경우 순환정비방식의 정비사업에 우선적으로 지원할 수 있다. 이 경우 순환정비방식의 정비사업의 원활한 시행을 위하여 국가 또는 지방자치단체는 다음 각 호의 비용 일부를 보조 또는 융자할 수 있다.

1. 순환용주택의 건설비

2. 순환용주택의 단열보완 및 창호교체 등 에너지 성능 향상과 효율개선을 위한 리모델링 비용

3. 공가(空家)관리비

⑤ 국가는 다음 각 호의 어느 하나에 해당하는 비용의 전부 또는 일부를 지방자치단체 또는 토지주택공사등에 보조 또는 융자할 수 있다.

　　1. 순환정비방식의 정비사업에서 토지주택공사등이 보유한 공공임대주택을 순환용주택으로 조합에게 제공하는 경우 그 건설비 및 공가관리비 등의 비용

　　2. 시·도지사, 시장, 군수, 구청장 또는 토지주택공사등이 재개발임대주택을 인수하는 경우 그 인수 비용

⑥ 국가 또는 지방자치단체는 토지임대부 분양주택을 공급받는 자에게 해당 공급비용의 전부 또는 일부를 보조 또는 융자할 수 있다.

2. 정비기반시설의 설치(제96조)

사업시행자는 관할 지방자치단체의 장과의 협의를 거쳐 정비구역에 정비기반시설(주거환경개선사업의 경우에는 공동이용시설을 포함한다)을 설치하여야 한다.

3. 정비기반시설 및 토지 등의 귀속(제97조)

1) 시장·군수등 또는 토지주택공사등이 정비사업의 시행으로 새로 정비기반시설을 설치하거나 기존의 정비기반시설을 대체하는 정비기반시설을 설치한 경우에는 「국유재산법」 및 「공유재산 및 물품 관리법」에도 불구하고 종래의 정비기반시설은 사업시행자에게 무상으로 귀속되고, 새로 설치된 정비기반시설은 그 시설을 관리할 국가 또는 지방자치단체에 무상으로 귀속된다.

2) 시장·군수등 또는 토지주택공사등이 아닌 사업시행자가 정비사업의 시행으로 새로 설치한 정비기반시설은 그 시설을 관리할 국가 또는 지방자치단체에 무상으로 귀속되고, 정비사업의 시행으로 용도가 폐지되는 국가 또는 지방자치단체 소유의 정비기반시설은 사업시행자가 새로 설치한 정비기반시설의 설치비용에 상당하는 범위에서 그에게 무상으로 양도된다.

3) 1) 및 2)의 정비기반시설에 해당하는 도로는 다음 각 호의 어느 하나에 해당하는 도로를 말한다.

> 1. 「국토의 계획 및 이용에 관한 법률」 제30조에 따라 도시·군관리계획으로 결정되어 설치된 도로
> 2. 「도로법」 제23조에 따라 도로관리청이 관리하는 도로
> 3. 「도시개발법」 등 다른 법률에 따라 설치된 국가 또는 지방자치단체 소유의 도로
> 4. 그 밖에 「공유재산 및 물품 관리법」에 따른 공유재산 중 일반인의 교통을 위하여 제공되고 있는 부지. 이 경우 부지의 사용 형태, 규모, 기능 등 구체적인 기준은 시·도조례로 정할 수 있다.

4) 시장·군수등은 1)부터 3)까지의 규정에 따른 정비기반시설의 귀속 및 양도에 관한 사항이 포함된 정비사업을 시행하거나 그 시행을 인가하려는 경우에는 미리 그 관리청의 의견을 들어야 한다. 인가받은 사항을 변경하려는 경우에도 또한 같다.

5) 사업시행자는 1)부터 3)까지의 규정에 따라 관리청에 귀속될 정비기반시설과 사업시행자에게 귀속 또는 양도될 재산의 종류와 세목을 정비사업의 준공 전에 관리청에 통지하여야 하며, 해당 정비기반시설은 그 정비사업이 준공인가되어 관리청에 준공인가통지를 한 때에 국가 또는 지방자치단체에 귀속되거나 사업시행자에게 귀속 또는 양도된 것으로 본다.

6) 5)에 따른 정비기반시설에 대한 등기의 경우 정비사업의 시행인가서와 준공인가서(시장·군수 등이 직접 정비사업을 시행하는 경우에는 사업시행계획인가의 고시와 공사완료의 고시를 말한다)는 「부동산등기법」에 따른 등기원인을 증명하는 서류를 갈음한다.

7) 정비사업의 시행으로 용도가 폐지되는 국가 또는 지방자치단체 소유의 정비기반시설의 경우 정비사업의 시행 기간 동안 해당 시설의 대부료는 면제된다.

4. 국유·공유재산의 처분 등(제98조)

1) 시장·군수등은 인가하려는 사업시행계획 또는 직접 작성하는 사업시행계획서에 국유·공유 재산의 처분에 관한 내용이 포함되어 있는 때에는 미리 관리청과 협의해야 한다.

→ 협의를 받은 관리청은 20일 이내에 의견을 제시하여야 한다.

→ 이 경우 관리청이 불분명한 재산 중 도로·구거(도랑) 등은 국토교통부장관을, 하천은 환경부장관을, 그 외의 재산은 기획재정부장관을 관리청으로 본다.

2) 정비구역의 국유·공유재산은 정비사업 외의 목적으로 매각되거나 양도될 수 없다. [기출 29]

3) 정비구역의 국유·공유재산은 사업시행자 또는 점유자 및 사용자에게 다른 사람에 우선하여 수의계약으로 매각 또는 임대될 수 있다. → 사업시행계획인가의 고시가 있은 날부터 종전의 용도가 폐지된 것으로 본다.

4) 정비사업을 목적으로 우선하여 매각하는 국·공유지는 사업시행계획인가의 고시가 있은 날을 기준으로 평가하며, 주거환경개선사업의 경우 매각가격은 평가금액의 100분의 80으로 한다.

다만, 사업시행계획인가의 고시가 있은 날부터 3년 이내에 매매계약을 체결하지 아니한 국·공유지는 「국유재산법」 또는 「공유재산 및 물품 관리법」에서 정한다.

5. 국유·공유재산의 임대(제99조)

① 지방자치단체 또는 토지주택공사등은 주거환경개선구역 및 재개발구역(재개발사업을 시행하는 정비구역을 말한다. 이하 같다)에서 임대주택을 건설하는 경우에는 「국유재산법」 제46조 제1항 또는 「공유재산 및 물품 관리법」 제31조에도 불구하고 국·공유지 관리청과 협의하여 정한 기간 동안 국·공유지를 임대할 수 있다. 임대하는 국·공유지의 임대료는 「국유재산법」 또는 「공유재산 및 물품 관리법」에서 정한다.

② 시장·군수등은 「국유재산법」 제18조 제1항 또는 「공유재산 및 물품 관리법」 제13조에도 불구하고 제1항에 따라 임대하는 국·공유지 위에 공동주택, 그 밖의 영구시설물을 축조하게 할

수 있다. 이 경우 해당 시설물의 임대기간이 종료되는 때에는 임대한 국·공유지 관리청에 기부 또는 원상으로 회복하여 반환하거나 국·공유지 관리청으로부터 매입하여야 한다.

6. 공동이용시설 사용료의 면제(제100조)

지방자치단체의 장은 마을공동체 활성화 등 공익 목적을 위하여 「공유재산 및 물품 관리법」 제20조에 따라 주거환경개선구역 내 공동이용시설에 대한 사용 허가를 하는 경우 같은 법 제22조에도 불구하고 사용료를 면제할 수 있다. 공익 목적의 기준, 사용료 면제 대상 및 그 밖에 필요한 사항은 시·도조례로 정한다.

7. 국·공유지의 무상양여 등(제101조)

① 다음 각 호의 어느 하나에 해당하는 구역에서 국가 또는 지방자치단체가 소유하는 토지는 사업시행계획인가의 고시가 있은 날부터 종전의 용도가 폐지된 것으로 보며, 「국유재산법」, 「공유재산 및 물품 관리법」 및 그 밖에 국·공유지의 관리 및 처분에 관하여 규정한 관계 법령에도 불구하고 해당 사업시행자에게 무상으로 양여된다. 다만, 「국유재산법」 제6조 제2항에 따른 행정재산 또는 「공유재산 및 물품 관리법」 제5조 제2항에 따른 행정재산과 국가 또는 지방자치단체가 양도계약을 체결하여 정비구역지정 고시일 현재 대금의 일부를 수령한 토지에 대하여는 그러하지 아니하다.

1. 주거환경개선구역
2. 국가 또는 지방자치단체가 도시영세민을 이주시켜 형성된 낙후지역으로서 대통령령으로 정하는 재개발구역(이 항 각 호 외의 부분 본문에도 불구하고 무상양여 대상에서 국유지는 제외하고, 공유지는 시장·군수등 또는 토지주택공사등이 단독으로 사업시행자가 되는 경우로 한정한다)

② 무상양여된 토지의 사용수익 또는 처분으로 발생한 수입은 주거환경개선사업 또는 재개발사업 외의 용도로 사용할 수 없다.

③ 시장·군수등은 무상양여의 대상이 되는 국·공유지를 소유 또는 관리하고 있는 국가 또는 지방자치단체와 협의를 하여야 한다.

④ 사업시행자에게 양여된 토지의 관리처분에 필요한 사항은 국토교통부장관의 승인을 받아 해당 시·도조례 또는 토지주택공사등의 시행규정으로 정한다.

📖 제4장 비용의 부담 주요 내용 O·X 확인 문제

01 정비사업비는 이 법 또는 다른 법령에 특별한 규정이 있는 경우를 제외하고는 사업시행자가 부담한다. (   )

02 시장·군수등이 아닌 사업시행자는 부과금 또는 연체료를 체납하는 자가 있는 때에는 시장·군수등에게 그 부과·징수를 위탁할 수 없다. (   )

03 국가 또는 지방자치단체는 시장·군수등이 아닌 사업시행자가 시행하는 정비사업에 드는 비용의 전부를 보조 또는 융자하거나 융자를 알선할 수 있다. (   )

04 정비구역의 국유·공유재산은 정비사업 외의 목적으로 매각되거나 양도하는 경우에는 도지상의 사전승인을 받아야 된다. (   )

📖 제4장 비용의 부담 주요 내용 O·X 확인 문제 정답

01 (○)

02 (×) 시장·군수등이 아닌 사업시행자는 부과금 또는 연체료를 체납하는 자가 있는 때에는 시장·군수등에게 그 부과·징수를 위탁할 수 있다.

03 (×) 비용의 일부를 보조 또는 융자하거나 융자를 알선할 수 있다.

04 (×) 정비구역의 국유·공유재산은 정비사업 외의 목적으로 매각되거나 양도될 수 없다.

공공재개발사업 및 공공재건축사업

공공재개발 및 재건축사업은 개념 및 사업시행자 위주로 간략하게 정리하면 됩니다.

1. 공공재개발사업 예정구역의 지정 · 고시(제101조의2)

① 정비구역의 지정권자는 비경제적인 건축행위 및 투기 수요의 유입을 방지하고, 합리적인 사업계획을 수립하기 위하여 공공재개발사업을 추진하려는 구역을 공공재개발사업 예정구역으로 지정할 수 있다. + 재개발 절차를 준용한다.

　＊ 공공재개발사업 예정구역 지정에 관하여 지방도시계획위원회의 심의를 거치기 전에 미리 관할 시장 · 군수등의 의견을 들어야 한다. 다만, ②에서 정비계획의 입안권자가 공공재개발사업 예정구역의 지정을 신청한 경우에는 의견청취를 생략할 수 있다.

　＊ 공공재개발사업 예정구역을 지정 · 고시하기 전에 예정구역 지정의 내용을 14일 이상 주민에게 공람하여 의견을 들어야 하며, 제시된 의견이 타당하다고 인정되면 이를 반영하여 지정 · 고시해야 한다.

　＊ 공공재개발사업 예정구역 고시에는 다음 각 호의 사항이 포함되어야 한다.

　　1. 공공재개발사업 예정구역의 명칭, 위치 및 면적 등 구역개요

　　2. 공공재개발사업 예정구역의 현황(인구, 건축물, 토지이용계획, 정비기반시설 등)

　　3. 정비구역 지정 예정시기

　　4. 공공재개발사업을 시행할 시장 · 군수등이나 토지주택공사등의 명칭, 소재지 및 대표자 성명

　　5. 그 밖에 공공재개발사업 예정구역의 지정과 관련하여 시 · 도조례로 정하는 사항

② 정비계획의 입안권자 또는 토지주택공사등은 정비구역의 지정권자에게 공공재개발사업 예정구역의 지정을 신청할 수 있다. 이 경우 토지주택공사등은 정비계획의 입안권자를 통하여 신청하여야 한다.

　＊ 공공재개발사업 예정구역 지정의 신청이 있는 경우 신청일부터 30일 이내에 심의를 완료해야 한다. 다만, 30일 이내에 심의를 완료할 수 없는 정당한 사유가 있다고 판단되는 경우에는 심의기간을 30일의 범위에서 한 차례 연장할 수 있다.

③ 공공재개발사업 예정구역에서 건축물의 건축, 토지의 분할, 건축물대장 중 일반건축물대장을 집합건축물대장으로 전환, 건축물대장 중 집합건축물대장의 전유부분 분할 및 지역주택조합의 조합원을 모집하려는 자는 시장 · 군수등의 허가를 받아야 한다. 허가받은 사항을 변경하려는 때에도 또한 같다.

④ 공공재개발사업 예정구역 내에 분양받을 건축물이 제77조 제1항 각 호의 어느 하나에 해당하

는 경우에는 공공재개발사업 예정구역 지정·고시가 있은 날 또는 시·도지사가 투기를 억제하기 위하여 공공재개발사업 예정구역 지정·고시 전에 따로 정하는 날의 다음 날을 기준으로 건축물을 분양받을 권리를 산정한다. 이 경우 시·도지사가 건축물을 분양받을 권리일을 따로 정하는 경우에는 기준일·지정사유·건축물을 분양받을 권리의 산정 기준 등을 해당 지방자치단체의 공보에 고시하여야 한다.

제77조(주택 등 건축물을 분양받을 권리의 산정 기준일)

① 정비사업을 통하여 분양받을 건축물이 다음 각 호의 어느 하나에 해당하는 경우에는 제16조 제2항 전단에 따른 고시가 있은 날 또는 시·도지사가 투기를 억제하기 위하여 제6조제1항에 따른 기본계획 수립을 위한 주민공람의 공고일 후 정비구역 지정·고시 전에 따로 정하는 날(이하 이 조에서 "기준일"이라 한다)의 다음 날을 기준으로 건축물을 분양받을 권리를 산정한다.

1. 1필지의 토지가 여러 개의 필지로 분할되는 경우
2. 『집합건물의 소유 및 관리에 관한 법률』에 따른 집합건물이 아닌 건축물이 같은 법에 따른 집합건물로 전환되는 경우
3. 하나의 대지 범위에 속하는 동일인 소유의 토지와 주택 등 건축물을 토지와 주택 등 건축물로 각각 분리하여 소유하는 경우
4. 나대지에 건축물을 새로 건축하거나 기존 건축물을 철거하고 다세대주택, 그 밖의 공동주택을 건축하여 토지등소유자의 수가 증가하는 경우
5. 『집합건물의 소유 및 관리에 관한 법률』 제2조 제3호에 따른 전유부분의 분할로 토지등소유자의 수가 증가하는 경우

---

⑤ 정비구역의 지정권자는 공공재개발사업 예정구역이 지정·고시된 날부터 2년이 되는 날까지 공공재개발사업 예정구역이 공공재개발사업을 위한 정비구역으로 지정되지 아니하거나, 공공재개발사업 시행자가 지정되지 아니하면 그 2년이 되는 날의 다음 날에 공공재개발사업 예정구역 지정을 해제하여야 한다. 다만, 정비구역의 지정권자는 1회에 한하여 1년의 범위에서 공공재개발사업 예정구역의 지정을 연장할 수 있다.

⑥ 공공재개발사업 예정구역의 지정과 ②에 따른 지정 신청에 필요한 사항 및 그 절차는 대통령령으로 정한다.

2. 공공재개발사업을 위한 정비구역 지정 등(제101조의3)

① 정비구역의 지정권자는 기본계획을 수립하거나 변경하지 아니하고 공공재개발사업을 위한 정비계획을 결정하여 정비구역을 지정할 수 있다.

② 정비계획의 입안권자는 공공재개발사업의 추진을 전제로 정비계획을 작성하여 정비구역의 지정권자에게 공공재개발사업을 위한 정비구역의 지정을 신청할 수 있다. 이 경우 공공재개발사업을 시행하려는 공공재개발사업 시행자는 정비계획의 입안권자에게 공공재개발사업을 위한 정비계획의 수립을 제안할 수 있다.

③ 정비계획의 지정권자는 공공재개발사업을 위한 정비구역을 지정·고시한 날부터 1년이 되는 날까지 공공재개발사업 시행자가 지정되지 아니하면 그 1년이 되는 날의 다음 날에 공공재개발사업을 위한 정비구역의 지정을 해제하여야 한다. 다만, 정비구역의 지정권자는 1회에 한하여 1년의 범위에서 공공재개발사업을 위한 정비구역의 지정을 연장할 수 있다.

3. 공공재개발사업 예정구역 및 공공재개발사업·공공재건축사업을 위한 정비구역 지정을 위한 특례(제101조의4)

① 지방도시계획위원회 또는 도시재정비위원회는 공공재개발사업 예정구역 또는 공공재개발사업·공공재건축사업을 위한 정비구역의 지정에 필요한 사항을 심의하기 위하여 분과위원회를 둘 수 있다. 이 경우 분과위원회의 심의는 지방도시계획위원회 또는 도시재정비위원회의 심의로 본다.

② 정비구역의 지정권자가 공공재개발사업 또는 공공재건축사업을 위한 정비구역의 지정·변경을 고시한 때에는 기본계획의 수립·변경, 「도시재정비 촉진을 위한 특별법」 제5조에 따른 재정비촉진지구의 지정·변경 및 같은 법 제12조에 따른 재정비촉진계획의 결정·변경이 고시된 것으로 본다.

4. 공공재개발사업에서의 용적률 완화 및 주택 건설비율 등(제101조의5)

① 공공재개발사업 시행자는 공공재개발사업(「도시재정비촉진을 위한 특별법」 제2조 제1호에 따른 재정비촉진지구에서 시행되는 공공재개발사업을 포함한다)을 시행하는 경우 「국토의 계획 및 이용에 관한 법률」 제78조 및 조례에도 불구하고 지방도시계획위원회 및 도시재정비위원회의 심의를 거쳐 법적상한용적률의 100분의 120(이하 "법적상한초과용적률"이라 한다)까지 건축할 수 있다.

② 공공재개발사업 시행자는 법적상한초과용적률(국토의 계획 및 이용에 관한 법률에 따른 용적률의 상한)에서 정비계획으로 정하여진 용적률을 뺀 용적률의 100분의 20 이상 100분의 70 이하로서 시·도조례로 정하는 비율에 해당하는 면적에 국민주택규모 주택을 건설하여 인수자에게 공급하여야 한다. 다만, 제24조 제4항, 제26조 제1항 제1호 및 제27조 제1항 제1호에 따른 정비사업을 시행하는 경우에는 그러하지 아니한다.

③ 국민주택규모 주택의 공급 및 인수방법에 관하여는 제55조를 준용한다.

> ### 제55조(국민주택규모 주택의 공급 및 인수)
> ① 사업시행자는 국민주택규모 주택을 국토교통부장관, 시·도지사, 시장, 군수, 구청장 또는 토지주택공사등(이하 "인수자"라 한다)에 공급하여야 한다.
> ② 국민주택규모 주택의 공급가격은 「공공주택 특별법」 제50조의4에 따라 국토교통부장관이 고시하는 공공건설임대주택의 표준건축비로 하며, 부속 토지는 인수자에게 기부채납한 것으로 본다.
> ③ 사업시행자는 미리 국민주택규모 주택에 관한 사항을 인수자와 협의하여 사업시행계획서에 반영하여야 한다.

④ 인수된 국민주택규모 주택은 대통령령으로 정하는 장기공공임대주택으로 활용하여야 한다. 다만, 토지등소유자의 부담 완화 등 대통령령으로 정하는 요건에 해당하는 경우에는 인수된 국민주택규모 주택을 장기공공임대주택이 아닌 임대주택으로 활용할 수 있다.

이 경우 임대주택의 인수자는 임대의무기간에 따라 감정평가액의 100분의 50 이하의 범위에서 대통령령으로 정하는 가격으로 부속 토지를 인수하여야 한다.

④ 제③에도 불구하고 인수자는 공공재개발사업 시행자로부터 공급받은 주택 중 대통령령으로 정하는 비율(100분의 50 이상의 범위에서 시·도조례로 정하는 비율)에 해당하는 주택에 대해서는 「공공주택 특별법」 제48조에 따라 분양할 수 있다. 이 경우 해당 주택의 공급가격과 부속 토지의 가격은 제66조 제4항을 준용하여 정한다.

제66조(용적률에 관한 특례 등)
④ 제3항에도 불구하고 인수자는 사업시행자로부터 공급받은 주택 중 대통령령으로 정하는 비율에 해당하는 주택에 대해서는 「공공주택 특별법」 제48조에 따라 분양할 수 있다. 이 경우 해당 주택의 공급가격은 「주택법」 제57조 제4항에 따라 국토교통부장관이 고시하는 건축비로 하며, 부속 토지의 가격은 감정평가액의 100분의 50 이상의 범위에서 대통령령으로 정한다.

5. 공공재건축사업에서의 용적률 완화 및 주택 건설비율 등(제101조의6)

① 공공재건축사업을 위한 정비구역에 대해서는 해당 정비구역의 지정·고시가 있은 날부터 「국토의 계획 및 이용에 관한 법률」 제36조 제1항 제1호 가목 및 같은 조 제2항에 따라 주거지역을 세분하여 정하는 지역 중 대통령령으로 정하는 지역으로 결정·고시된 것으로 보아 해당 지역에 적용되는 용적률 상한까지 용적률을 정할 수 있다. 다만, 다음 각 호의 어느 하나에 해당하는 경우에는 그러하지 아니하다.

1. 해당 정비구역이 「개발제한구역의 지정 및 관리에 관한 특별조치법」 제3조 제1항에 따라 결정된 개발제한구역인 경우
2. 시장·군수등이 공공재건축사업을 위하여 필요하다고 인정하여 해당 정비구역의 일부분을 종전 용도지역으로 그대로 유지하거나 동일면적의 범위에서 위치를 변경하는 내용으로 정비계획을 수립한 경우
3. 시장·군수등이 제9조 제1항 제10호 다목(「국토의 계획 및 이용에 관한 법률」 제36조 제1항 제1호 가목에 따른 주거지역을 세분 또는 변경하는 계획과 용적률에 관한 사항)의 사항을 포함하는 정비계획을 수립한 경우

② 공공재건축사업 시행자는 공공재건축사업(「도시재정비 촉진을 위한 특별법」 제2조 제1호에 따른 재정비촉진지구에서 시행되는 공공재건축사업을 포함한다)을 시행하는 경우 제54조 제4항에도 불구하고 ①에 따라 완화된 용적률에서 정비계획으로 정하여진 용적률을 뺀 용적률의 100분의 40 이상 100분의 70 이하로서 주택증가 규모, 공공재건축사업을 위한 정비구역의

재정적 여건 등을 고려하여 시·도조례로 정하는 비율에 해당하는 면적에 국민주택규모 주택을 건설하여 인수자에게 공급하여야 한다.

③ ②에 따른 주택의 공급가격은「공공주택 특별법」제50조의4에 따라 국토교통부장관이 고시하는 공공건설임대주택의 표준건축비로 하고, ④ 단서에 따라 분양을 목적으로 인수한 주택의 공급가격은「주택법」제57조 제4항에 따라 국토교통부장관이 고시하는 기본형건축비로 한다. 이 경우 부속 토지는 인수자에게 기부채납한 것으로 본다.

④ ②에 따른 국민주택규모 주택의 공급 및 인수방법에 관하여는 제55조를 준용한다. 다만, 인수자는 공공재건축사업 시행자로부터 공급받은 주택 중 대통령령으로 정하는 비율(100분의 50 이상의 범위에서 시·도조례로 정하는 비율)에 해당하는 주택에 대해서는「공공주택 특별법」제48조에 따라 분양할 수 있다.

⑤ ③ 후단에도 불구하고 ④ 단서에 따른 분양주택의 인수자는 감정평가액의 100분의 50 이상의 범위에서 대통령령으로 정하는 가격으로 부속 토지를 인수하여야 한다.

제5장 공공재개발사업 및 공공재건축사업 주요 내용 O · X 확인 문제

01 정비구역의 지정권자는 비경제적인 건축행위 및 투기 수요의 유입을 방지하고, 합리적인 사업계획을 수립하기 위하여 공공재개발사업을 추진하려는 구역을 공공재개발사업 예정구역으로 지정해야 한다. (   )

02 정비구역의 지정권자는 공공재개발사업 예정구역이 지정 · 고시된 날부터 3년이 되는 날까지 공공재개발사업 예정구역이 공공재개발사업을 위한 정비구역으로 지정되지 아니하거나, 공공재개발사업 시행자가 지정되지 아니하면 그 3년이 되는 날의 다음 날에 공공재개발사업 예정구역 지정을 해제하여야 한다. 다만, 정비구역의 지정권자는 1회에 한하여 2년의 범위에서 공공재개발사업 예정구역의 지정을 연장할 수 있다. (   )

03 정비구역의 지정권자는 기본계획을 수립하거나 변경하지 아니하고 공공재개발사업을 위한 정비계획을 결정하여 정비구역을 지정할 수 있다. (   )

04 정비계획의 지정권자는 공공재개발사업을 위한 정비구역을 지정 · 고시한 날부터 2년이 되는 날까지 공공재개발사업 시행자가 지정되지 아니하면 그 1년이 되는 날의 다음 날에 공공재개발사업을 위한 정비구역의 지정을 해제하여야 한다. 다만, 정비구역의 지정권자는 1회에 한하여 1년의 범위에서 공공재개발사업을 위한 정비구역의 지정을 연장할 수 있다. (   )

01 (×) 공공재개발사업 예정구역으로 지정할 수 있다.

02 (×) 정비구역의 지정권자는 공공재개발사업 예정구역이 지정·고시된 날부터 2년이 되는 날까지 공
공재개발사업 예정구역이 공공재개발사업을 위한 정비구역으로 지정되지 아니하거나, 공공재개
발사업 시행자가 지정되지 아니하면 그 2년이 되는 날의 다음 날에 공공재개발사업 예정구역 지
정을 해제하여야 한다. 다만, 정비구역의 지정권자는 1회에 한하여 1년의 범위에서 공공재개발사
업 예정구역의 지정을 연장할 수 있다.

03 (○)

04 (×) 정비계획의 지정권자는 공공재개발사업을 위한 정비구역을 지정·고시한 날부터 1년이 되는 날
까지 공공재개발사업 시행자가 지정되지 아니하면 그 1년이 되는 날의 다음 날에 공공재개발사
업을 위한 정비구역의 지정을 해제하여야 한다. 다만, 정비구역의 지정권자는 1회에 한하여 1년
의 범위에서 공공재개발사업을 위한 정비구역의 지정을 연장할 수 있다.

PART 09

공공시행자 및 지정개발자 사업시행의 특례

1. 정비구역 지정의 특례(제101조의8)

① 토지주택공사등(제26조에 따라 사업시행자로 지정되려는 경우로 한정한다. 이하 이 장에서 같다) 또는 지정개발자(제27조 제1항에 따른 신탁업자로 한정한다. 이하 이 장에서 같다)는 대통령령으로 정하는 비율(3분의 2 이상) 이상의 토지등소유자의 동의[22]를 받아 정비구역의 지정권자(특별자치시장·특별자치도지사·시장·군수인 경우로 한정한다. 이하 이 장에서 같다)에게 정비구역의 지정(변경지정 포함)을 제안할 수 있다. 이 경우 토지주택공사등 또는 지정개발자는 다음 각 호의 사항을 포함한 제안서를 정비구역의 지정권자에게 제출하여야 한다.

  1. 정비사업의 명칭

  2. 정비구역의 위치, 면적 등 개요

  3. 토지이용, 주택건설 및 기반시설의 설치 등에 관한 기본방향

  4. 그 밖에 지정제안을 위하여 필요한 사항으로서 대통령령으로 정하는 사항[23]

② 토지주택공사등 또는 지정개발자가 정비구역의 지정을 제안한 경우 정비구역의 지정권자는 정비계획을 수립하기 전에 정비구역을 지정할 수 있다(주민 및 지방의회의 의견을 들어야 하며, 지방도시계획위원회의 심의를 거쳐야 한다. 경미한 사항을 변경하는 경우에는 그러하지 아니하다).

2. 사업시행자 지정의 특례(제101조의9)

① 정비구역의 지정권자는 토지면적 2분의 1 이상의 토지소유자와 토지등소유자의 3분의 2 이상에 해당하는 자가 동의하는 경우에는 정비구역의 지정과 동시에 토지주택공사등 또는 지정개발자를 사업시행자로 지정할 수 있다(정비구역 지정제안에 동의한 토지등소유자는 토지주택공사등 또는 지정개발자의 사업시행자 지정에 동의한 것으로 본다).

② 정비구역의 지정권자는 토지주택공사등 또는 지정개발자를 사업시행자로 지정하는 때에는 정비사업 시행구역 등 토지등소유자에게 알릴 필요가 있는 사항으로서 대통령령으로 정하는 사항을 해당 지방자치단체의 공보에 고시하여야 한다.

> **"대통령령으로 정하는 사항"**
> 1. 정비사업의 종류 및 명칭

---

22) 토지등소유자의 동동의서에는 다음 각 호의 사항이 포함되어야 한다.
  1. 정비사업비의 분담기준
  2. 사업 완료 후 소유권의 귀속에 관한 사항
  3. 정비사업의 종류, 시행방법 등에 관한 시행규정의 내용
  4. 신탁계약의 내용(정비사업을 시행하려는 자가 지정개발자인 경우에만 해당한다)
23) ① 사업시행자의 명칭, 소재지 및 대표자 성명, ② 정비사업 시행 예정시기

2. 사업시행자의 성명 및 주소(법인인 경우에는 법인의 명칭 및 주된 사무소의 소재지와 대표자의 성명 및 주소를 말한다. 이하 같다)

3. 정비구역(법 제18조에 따라 정비구역을 둘 이상의 구역으로 분할하는 경우에는 분할된 각각의 구역을 말한다. 이하 같다)의 위치 및 면적

4. 정비사업의 착수예정일 및 준공예정일

3. 정비계획과 사업시행계획의 통합 수립(제101조의10)

① 사업시행자는 정비구역이 지정된 경우에는 정비계획과 사업시행계획을 통합하여 다음 각 사항이 포함된 정비사업계을 수립하여야 한다.

   *정비계획의 내용 중 "정비사업시행 예정시기"는 제외한다.

② 사업시행자는 정비사업계획인가를 받아야 하고, 인가받은 사항을 변경하거나 정비사업을 중지 또는 폐지하려는 경우에도 또한 같다. 경미한 사항을 변경하려는 때에는 정비구역의 지정권자에게 신고하여야 한다.

영 제46조(사업시행계획인가의 경미한 변경)

"대통령령으로 정하는 경미한 사항을 변경하려는 때"란 다음 각 호의 어느 하나에 해당하는 때를 말한다.

1. 정비사업비를 10퍼센트의 범위에서 변경하거나 관리처분계획의 인가에 따라 변경하는 때. 다만, 「주택법」 제2조 제5호에 따른 국민주택을 건설하는 사업인 경우에는 「주택도시기금법」에 따른 주택도시기금의 지원금액이 증가되지 아니하는 경우만 해당한다.

2. 건축물이 아닌 부대시설·복리시설의 설치규모를 확대하는 때(위치가 변경되는 경우는 제외한다)

3. 대지면적을 10퍼센트의 범위에서 변경하는 때

4. 세대수와 세대당 주거전용면적을 변경하지 않고 세대당 주거전용면적의 10퍼센트의 범위에서 세대 내부구조의 위치 또는 면적을 변경하는 때

5. 내장재료 또는 외장재료를 변경하는 때

6. 사업시행계획인가의 조건으로 부과된 사항의 이행에 따라 변경하는 때

7. 건축물의 설계와 용도별 위치를 변경하지 아니하는 범위에서 건축물의 배치 및 주택단지 안의 도로선형을 변경하는 때

8. 「건축법 시행령」 제12조 제3항 각 호의 어느 하나에 해당하는 사항을 변경하는 때

9. 사업시행자의 명칭 또는 사무소 소재지를 변경하는 때

10. 정비구역 또는 정비계획의 변경에 따라 사업시행계획서를 변경하는 때

11. 법 제35조 제5항 본문에 따른 조합설립변경 인가에 따라 사업시행계획서를 변경하는 때

12. 그 밖에 시·도조례로 정하는 사항을 변경하는 때

---

③ 지정개발자가 정비사업을 시행하려는 경우에는 정비사업계획인가(최초 정비사업계획인가를 말한다)를 신청하기 전에 재개발사업 및 재건축사업의 조합설립을 위한 동의요건 이상의 동의를 받아야 한다(사업시행자 지정에 동의한 토지등소유자는 동의한 것으로 본다).

④ 정비사업계획인가를 하거나 정비사업을 변경·중지 또는 폐지하는 경우에는 그 내용을 해당 지방자치단체의 공보에 고시하여야 한다. ②의 경미한 사항을 변경하려는 경우에는 그러하지 아니하다.

⑤ 정비사업계획인가의 고시가 있는 경우 지구단위계획구역 및 지구단위계획으로 결정·고시된 것으로 본다.

⑥ 정비사업계획인가의 고시는 정비계획 결정의 고시 및 사업시행계획인가의 고시로 본다.

⑦ 정비사업계획에 임대주택 및 주택규모별 건설비율, 기본계획 및 정비계획 수립 시 용적률 완화, 재건축사업 정비계획 입안을 위한 안전진단, 안전진단 결과의 적정성 검토, 정비구역 지정·고시의 효력, 사업시행계획인가, 사업시행계획의 통합심의, 기반시설의 기부채납기준, 시행규정의 작성, 재건축사업 등의 용적률 완화 및 국민주택규모 주택 건설비율, 국민주택규모 공급 및 인수, 관계 서류의 공람과 의견청취, 인·허가등의 의제 등, 사업시행계획인가의 특례에 대한 내용을 준용한다.

⑧ 정비사업계획인가 및 고시 등을 위하여 필요한 사항은 대통령령으로 정한다.

Chapter 07 정비사업전문관리업

제102조(정비사업전문관리업의 등록) ① 다음 각 호의 사항을 추진위원회 또는 사업시행자로부터 위탁받거나 이와 관련한 자문을 하려는 자는 대통령령으로 정하는 자본·기술인력 등의 기준을 갖춰 시·도지사에게 등록 또는 변경(대통령령으로 정하는 경미한 사항의 변경은 제외한다)등록하여야 한다. 다만, 주택의 건설 등 정비사업 관련 업무를 하는 공공기관 등으로 대통령령으로 정하는 기관의 경우에는 그러하지 아니하다.

1. 조합설립의 동의 및 정비사업의 동의에 관한 업무의 대행
2. 조합설립인가의 신청에 관한 업무의 대행
3. 사업성 검토 및 정비사업의 시행계획서의 작성
4. 설계자 및 시공자 선정에 관한 업무의 지원
5. 사업시행계획인가의 신청에 관한 업무의 대행
6. 관리처분계획의 수립에 관한 업무의 대행
7. 제118조 제2항 제2호에 따라 시장·군수등이 정비사업전문관리업자를 선정한 경우에는 추진위원회 설립에 필요한 다음 각 목의 업무
   가. 동의서 제출의 접수
   나. 운영규정 작성 지원
   다. 그 밖에 시·도조례로 정하는 사항

② ①에 따른 등록의 절차 및 방법, 등록수수료 등에 필요한 사항은 대통령령으로 정한다.

③ 시·도지사는 ①에 따라 정비사업전문관리업의 등록 또는 변경등록한 현황, 제106조 제1항에 따라 정비사업전문관리업의 등록취소 또는 업무정지를 명한 현황을 국토교통부령으로 정하는 방법 및 절차에 따라 국토교통부장관에게 보고하여야 한다.

제103조(정비사업전문관리업자의 업무제한 등) 정비사업전문관리업자는 동일한 정비사업에 대하여 다음 각 호의 업무를 병행하여 수행할 수 없다.

1. 건축물의 철거
2. 정비사업의 설계
3. 정비사업의 시공
4. 정비사업의 회계감사
5. 그 밖에 정비사업의 공정한 질서유지에 필요하다고 인정하여 대통령령으로 정하는 업무

제104조(정비사업전문관리업자와 위탁자와의 관계) 정비사업전문관리업자에게 업무를 위탁하거나 자문을 요청한 자와 정비사업전문관리업자의 관계에 관하여 이 법에 규정된 사항을 제외하고는 「민법」 중 위임에 관한 규정을 준용한다.

제105조(정비사업전문관리업자의 결격사유) ① 다음 각 호의 어느 하나에 해당하는 자는 정비사업전문관리업의 등록을 신청할 수 없으며, 정비사업전문관리업자의 업무를 대표 또는 보조하는 임직원이 될 수 없다.

1. 미성년자(대표 또는 임원이 되는 경우로 한정한다)·피성년후견인 또는 피한정후견인
2. 파산선고를 받은 자로서 복권되지 아니한 자
3. 정비사업의 시행과 관련한 범죄행위로 인하여 금고 이상의 실형의 선고를 받고 그 집행이 종료(종료된 것으로 보는 경우를 포함한다)되거나 집행이 면제된 날부터 2년이 지나지 아니한 자
4. 정비사업의 시행과 관련한 범죄행위로 인하여 금고 이상의 형의 집행유예를 받고 그 유예기간 중에 있는 자
5. 이 법을 위반하여 벌금형 이상의 선고를 받고 2년이 지나지 아니한 자
6. 제106조에 따라 등록이 취소된 후 2년이 지나지 아니한 자(법인인 경우 그 대표자를 말한다)
7. 법인의 업무를 대표 또는 보조하는 임직원 중 제1호부터 제6호까지 중 어느 하나에 해당하는 자가 있는 법인

② 정비사업전문관리업자의 업무를 대표 또는 보조하는 임직원이 ①의 각 호의 어느 하나에 해당하게 되거나 선임 당시 그에 해당하였던 자로 밝혀진 때에는 당연 퇴직한다.

③ ②에 따라 퇴직된 임직원이 퇴직 전에 관여한 행위는 효력을 잃지 아니한다.

제106조(정비사업전문관리업의 등록취소 등) ① 시·도지사는 정비사업전문관리업자가 다음 각 호의 어느 하나에 해당하는 때에는 그 등록을 취소하거나 1년 이내의 기간을 정하여 업무의 전부 또는 일부의 정지를 명할 수 있다. 다만, 제1호·제4호·제8호 및 제9호에 해당하는 때에는 그 등록을 취소하여야 한다.

1. 거짓, 그 밖의 부정한 방법으로 등록을 한 때
2. 제102조 제1항에 따른 등록기준에 미달하게 된 때
3. 추진위원회, 사업시행자 또는 시장·군수등의 위탁이나 자문에 관한 계약 없이 제102조 제1항 각 호에 따른 업무를 수행한 때
4. 제102조 제1항 각 호에 따른 업무를 직접 수행하지 아니한 때
5. 고의 또는 과실로 조합에게 계약금액(정비사업전문관리업자가 조합과 체결한 총계약금액을 말한다)의 3분의 1 이상의 재산상 손실을 끼친 때
6. 제107조에 따른 보고·자료제출을 하지 아니하거나 거짓으로 한 때 또는 조사·검사를 거부·방해 또는 기피한 때
7. 제111조에 따른 보고·자료제출을 하지 아니하거나 거짓으로 한 때 또는 조사를 거부·방해 또는 기피한 때
8. 최근 3년간 2회 이상의 업무정지처분을 받은 자로서 그 정지처분을 받은 기간이 합산하여 12개월을 초과한 때

9. 다른 사람에게 자기의 성명 또는 상호를 사용하여 이 법에서 정한 업무를 수행하게 하거나 등록증을 대여한 때

10. 이 법을 위반하여 벌금형 이상의 선고를 받은 경우(법인의 경우에는 그 소속 임직원을 포함한다)

11. 그 밖에 이 법 또는 이 법에 따른 명령이나 처분을 위반한 때

② ①에 따른 등록의 취소 및 업무의 정지처분에 관한 기준은 대통령령으로 정한다.

③ ①에 따라 등록취소처분 등을 받은 정비사업전문관리업자와 등록취소처분 등을 명한 시·도지사는 추진위원회 또는 사업시행자에게 해당 내용을 지체 없이 통지하여야 한다.

④ 정비사업전문관리업자는 ①에 따라 등록취소처분 등을 받기 전에 계약을 체결한 업무는 계속하여 수행할 수 있다. 이 경우 정비사업전문관리업자는 해당 업무를 완료할 때까지는 정비사업전문관리업자로 본다.

⑤ 정비사업전문관리업자는 ④의 전단에도 불구하고 다음 각 호의 어느 하나에 해당하는 경우에는 업무를 계속하여 수행할 수 없다.

1. 사업시행자가 ③에 따른 통지를 받거나 처분사실을 안 날부터 3개월 이내에 총회 또는 대의원회의 의결을 거쳐 해당 업무계약을 해지한 경우

2. 정비사업전문관리업자가 등록취소처분 등을 받은 날부터 3개월 이내에 사업시행자로부터 업무의 계속 수행에 대하여 동의를 받지 못한 경우. 이 경우 사업시행자가 동의를 하려는 때에는 총회 또는 대의원회의 의결을 거쳐야 한다.

3. ①의 각 호 외의 부분 단서에 따라 등록이 취소된 경우

제107조(정비사업전문관리업자에 대한 조사 등) ① 국토교통부장관 또는 시·도지사는 다음 각 호의 어느 하나에 해당하는 경우 정비사업전문관리업자에 대하여 그 업무에 관한 사항을 보고하게 하거나 자료의 제출, 그 밖의 필요한 명령을 할 수 있으며, 소속 공무원에게 영업소 등에 출입하여 장부·서류 등을 조사 또는 검사하게 할 수 있다.

1. 등록요건 또는 결격사유 등 이 법에서 정한 사항의 위반 여부를 확인할 필요가 있는 경우

2. 정비사업전문관리업자와 토지등소유자, 조합원, 그 밖에 정비사업과 관련한 이해관계인 사이에 분쟁이 발생한 경우

3. 그 밖에 시·도조례로 정하는 경우

② ①에 따라 출입·검사 등을 하는 공무원은 권한을 표시하는 증표를 지니고 관계인에게 내보여야 한다.

③ 국토교통부장관 또는 시·도지사가 정비사업전문관리업자에게 ①에 따른 업무에 관한 사항의 보고, 자료의 제출을 하게 하거나, 소속 공무원에게 조사 또는 검사하게 하려는 경우에는 「행정조사기본법」 제17조에 따라 사전통지를 하여야 한다.

④ ①에 따라 업무에 관한 사항의 보고 또는 자료의 제출 명령을 받은 정비사업전문관리업자는 그 명령을 받은 날부터 15일 이내에 이를 보고 또는 제출(전자문서를 이용한 보고 또는 제출을 포함한다)하여야 한다.

⑤ 국토교통부장관 또는 시·도지사는 ①에 따른 업무에 관한 사항의 보고, 자료의 제출, 조사 또는 검사 등이 완료된 날부터 30일 이내에 그 결과를 통지하여야 한다.

제108조(정비사업전문관리업 정보의 종합관리) ① 국토교통부장관은 정비사업전문관리업자의 자본금·사업실적·경영실태 등에 관한 정보를 종합적이고 체계적으로 관리하고 시·도지사, 시장, 군수, 구청장, 추진위원회 또는 사업시행자 등에게 제공하기 위하여 정비사업전문관리업 정보종합체계를 구축·운영할 수 있다.
② ①에 따른 정비사업전문관리업 정보종합체계의 구축·운영에 필요한 사항은 국토교통부령으로 정한다.

제109조(협회의 설립 등) ① 정비사업전문관리업자는 정비사업전문관리업의 전문화와 정비사업의 건전한 발전을 도모하기 위하여 정비사업전문관리업자단체(이하 "협회"라 한다)를 설립할 수 있다.
② 협회는 법인으로 한다.
③ 협회는 주된 사무소의 소재지에서 설립등기를 하는 때에 성립한다.
④ 협회를 설립하려는 때에는 회원의 자격이 있는 50명 이상을 발기인으로 하여 정관을 작성한 후 창립총회의 의결을 거쳐 국토교통부장관의 인가를 받아야 한다. 협회가 정관을 변경하려는 때에도 또한 같다.
⑤ 이 법에 따라 시·도지사로부터 업무정지처분을 받은 회원의 권리·의무는 영업정지기간 중 정지되며, 정비사업전문관리업의 등록이 취소된 때에는 회원의 자격을 상실한다.
⑥ 협회의 정관, 설립인가의 취소, 그 밖에 필요한 사항은 대통령령으로 정한다.
⑦ 협회에 관하여 이 법에 규정된 사항을 제외하고는 「민법」 중 사단법인에 관한 규정을 준용한다.

제110조(협회의 업무 및 감독) ① 협회의 업무는 다음 각 호와 같다.
  1. 정비사업전문관리업 및 정비사업의 건전한 발전을 위한 조사·연구
  2. 회원의 상호 협력증진을 위한 업무
  3. 정비사업전문관리 기술 인력과 정비사업전문관리업 종사자의 자질향상을 위한 교육 및 연수
  4. 그 밖에 대통령령으로 정하는 업무
② 국토교통부장관은 협회의 업무 수행 현황 또는 이 법의 위반 여부를 확인할 필요가 있는 때에는 협회에게 업무에 관한 사항을 보고하게 하거나 자료의 제출, 그 밖에 필요한 명령을 할 수 있으며, 소속 공무원에게 그 사무소 등에 출입하여 장부·서류 등을 조사 또는 검사하게 할 수 있다.
③ ②에 따른 업무에 관한 사항의 보고, 자료의 제출, 조사 또는 검사에 관하여는 제107조 제2항부터 제5항까지의 규정을 준용한다.

Chapter 08 감독 등

제111조(자료의 제출 등) ① 시·도지사는 국토교통부령으로 정하는 방법 및 절차에 따라 정비사업의 추진실적을 분기별로 국토교통부장관에게, 시장, 군수 또는 구청장은 시·도조례로 정하는 바에 따라 정비사업의 추진실적을 특별시장·광역시장 또는 도지사에게 보고하여야 한다.

② 국토교통부장관, 시·도지사, 시장, 군수 또는 구청장은 정비사업(제86조의2에 따라 해산한 조합의 청산 업무를 포함한다. 이하 이 항에서 같다)의 원활한 시행을 감독하기 위하여 필요한 경우로서 다음 각 호의 어느 하나에 해당하는 때에는 추진위원회·사업시행자(청산인을 포함한다)·정비사업전문관리업자·설계자 및 시공자 등 이 법에 따른 업무를 하는 자에게 그 업무에 관한 사항을 보고하게 하거나 자료의 제출, 그 밖의 필요한 명령을 할 수 있으며, 소속 공무원에게 영업소 등에 출입하여 장부·서류 등을 조사 또는 검사하게 할 수 있다.

1. 이 법의 위반 여부를 확인할 필요가 있는 경우
2. 토지등소유자, 조합원, 그 밖에 정비사업과 관련한 이해관계인 사이에 분쟁이 발생된 경우
3. 제86조의2에 따라 해산한 조합의 잔여재산의 인도 등 청산인의 직무를 성실히 수행하고 있는지를 확인할 필요가 있는 경우
4. 그 밖에 시·도조례로 정하는 경우

③ ②에 따른 업무에 관한 사항의 보고, 자료의 제출, 조사 또는 검사에 관하여는 제107조 제2항부터 제5항까지의 규정을 준용한다.

제111조의2(자금차입의 신고) 추진위원회 또는 사업시행자(시장·군수등과 토지주택공사등은 제외한다)는 자금을 차입한 때에는 대통령령으로 정하는 바에 따라 자금을 대여한 상대방, 차입액, 이자율 및 상환방법 등의 사항을 시장·군수등에게 신고하여야 한다.

제112조(회계감사) ① 시장·군수등 또는 토지주택공사등이 아닌 사업시행자 또는 추진위원회는 다음 각 호의 어느 하나에 해당하는 경우에는 다음 각 호의 구분에 따른 기간 이내에 「주식회사 등의 외부감사에 관한 법률」 제2조 제7호 및 제9조에 따른 감사인의 회계감사를 받기 위하여 시장·군수등에게 회계감사기관의 선정·계약을 요청하여야 하며, 그 감사결과를 회계감사가 종료된 날부터 15일 이내에 시장·군수등 및 해당 조합에 보고하고 조합원이 공람할 수 있도록 하여야 한다. 다만, 지정개발자가 사업시행자인 경우에는 제1호에 해당하는 경우는 제외한다.

1. 제34조 제4항에 따라 추진위원회에서 사업시행자로 인계되기 전까지 납부 또는 지출된 금액과 계약 등으로 지출될 것이 확정된 금액의 합이 대통령령으로 정한 금액 이상인 경우 : 추진위원회에서 사업시행자로 인계되기 전 7일 이내
2. 제50조 제9항에 따른 사업시행계획인가 고시일 전까지 납부 또는 지출된 금액이 대통령령으로 정하는 금액 이상인 경우 : 사업시행계획인가의 고시일부터 20일 이내

3. 제83조 제1항에 따른 준공인가 신청일까지 납부 또는 지출된 금액이 대통령령으로 정하는 금액 이상인 경우 : 준공인가의 신청일부터 7일 이내

4. 토지등소유자 또는 조합원 5분의 1 이상이 사업시행자에게 회계감사를 요청하는 경우 : ④에 따른 절차를 고려한 상당한 기간 이내

② 시장·군수등은 ①에 따른 요청이 있는 경우 즉시 회계감사기관을 선정하여 회계감사가 이루어지도록 하여야 한다.

③ ②에 따라 회계감사기관을 선정·계약한 경우 시장·군수등은 공정한 회계감사를 위하여 선정된 회계감사기관을 감독하여야 하며, 필요한 처분이나 조치를 명할 수 있다.

④ 사업시행자 또는 추진위원회는 ①에 따라 회계감사기관의 선정·계약을 요청하려는 경우 시장·군수등에게 회계감사에 필요한 비용을 미리 예치하여야 한다. 시장·군수등은 회계감사가 끝난 경우 예치된 금액에서 회계감사비용을 직접 지급한 후 나머지 비용은 사업시행자와 정산하여야 한다.

제113조(감독) ① 정비사업(제86조의2에 따라 해산한 조합의 청산 업무를 포함한다. 이하 이 조에서 같다)의 시행이 이 법 또는 이 법에 따른 명령·처분이나 사업시행계획서 또는 관리처분계획에 위반되었다고 인정되는 때에는 정비사업의 적정한 시행을 위하여 필요한 범위에서 국토교통부장관은 시·도지사, 시장, 군수, 구청장, 추진위원회, 주민대표회의, 사업시행자(청산인을 포함한다. 이하 이 항에서 같다) 또는 정비사업전문관리업자에게, 특별시장, 광역시장 또는 도지사는 시장, 군수, 구청장, 추진위원회, 주민대표회의, 사업시행자 또는 정비사업전문관리업자에게, 시장·군수등은 추진위원회, 주민대표회의, 사업시행자 또는 정비사업전문관리업자에게 처분의 취소·변경 또는 정지, 공사의 중지·변경, 임원의 개선 권고, 그 밖의 필요한 조치를 취할 수 있다.

② 국토교통부장관, 시·도지사, 시장, 군수 또는 구청장은 이 법에 따른 정비사업의 원활한 시행을 위하여 관계 공무원 및 전문가로 구성된 점검반을 구성하여 정비사업 현장조사를 통하여 분쟁의 조정, 위법사항의 시정요구 또는 수사기관에 고발 등 필요한 조치를 할 수 있다. 이 경우 관할 지방자치단체의 장과 조합 등은 대통령령으로 정하는 자료의 제공 등 점검반의 활동에 적극 협조하여야 한다.

③ ②에 따른 정비사업 현장조사에 관하여는 제107조 제2항, 제3항 및 제5항을 준용한다.

제113조의2(시공자 선정 취소 명령 또는 과징금) ① 시·도지사(해당 정비사업을 관할하는 시·도지사를 말한다. 이하 이 조 및 제113조의3에서 같다)는 건설업자 또는 등록사업자가 다음 각 호의 어느 하나에 해당하는 경우 사업시행자에게 건설업자 또는 등록사업자의 해당 정비사업에 대한 시공자 선정을 취소할 것을 명하거나 그 건설업자 또는 등록사업자에게 사업시행자와 시공자 사이의 계약서상 공사비의 100분의 20 이하에 해당하는 금액의 범위에서 과징금을 부과할 수 있다. 이 경우 시공자 선정 취소의 명을 받은 사업시행자는 시공자 선정을 취소하여야 한다.

1. 건설업자 또는 등록사업자가 제132조 제1항 또는 제2항을 위반한 경우

2. 건설업자 또는 등록사업자가 제132조의2를 위반하여 관리·감독 등 필요한 조치를 하지 아니

한 경우로서 용역업체의 임직원(건설업자 또는 등록사업자가 고용한 개인을 포함한다. 이하 같다)이 제132조 제1항을 위반한 경우

② ①에 따라 과징금을 부과하는 위반행위의 종류와 위반 정도 등에 따른 과징금의 금액 등에 필요한 사항은 대통령령으로 정한다.

> **영 제89조의2(과징금의 부과기준 등)**
> ① 법 제113조의2에 따른 과징금의 부과기준은 별표 5의2와 같다.
> ② 시·도지사는 법 제113조의2에 따라 시공자 선정을 취소할 것을 명하거나 과징금을 부과하려는 경우에는 그 위반행위, 처분의 종류 및 과징금의 금액(과징금을 부과하는 경우만 해당한다)을 적어 서면으로 통지하여야 한다.
> ③ 제2항에 따른 과징금 부과 통지를 받은 자는 통지가 있은 날부터 20일 또는 시·도지사가 20일 이상의 범위에서 따로 정한 기간 이내에 시·도지사가 정하는 수납기관에 과징금을 납부해야 한다.
> ④ 제3항에 따라 과징금을 납부받은 수납기관은 그 납부자에게 영수증을 발급하여야 하고, 지체 없이 그 사실을 해당 시·도지사에게 통보하여야 한다.

③ 시·도지사는 ①에 따라 과징금의 부과처분을 받은 자가 납부기한까지 과징금을 내지 아니하면 「지방행정제재·부과금의 징수 등에 관한 법률」에 따라 징수한다.

제113조의3(건설업자의 및 등록사업자 입찰참가 제한) ① 시·도지사는 제113조의2 제1항 각 호의 어느 하나에 해당하는 건설업자 또는 등록사업자에 대해서는 2년 이내의 범위에서 대통령령으로 정하는 기간 동안 정비사업의 입찰참가를 제한하여야 한다.

② 시·도지사는 제1항에 따라 건설업자 또는 등록사업자에 대한 정비사업의 입찰참가를 제한하려는 경우에는 대통령령으로 정하는 바에 따라 대상, 기간, 사유, 그 밖의 입찰참가 제한과 관련된 내용을 공개하고, 관할 구역의 시장, 군수 또는 구청장 및 사업시행자에게 통보하여야 한다. 다만, 정비사업의 입찰참가를 제한하려는 해당 건설업자 또는 등록사업자가 입찰 참가자격을 제한받은 사실이 있는 경우에는 시·도지사가 입찰참가 제한과 관련된 내용을 전국의 시장, 군수 또는 구청장에게 통보하여야 하고, 통보를 받은 시장, 군수 또는 구청장은 관할 구역의 사업시행자에게 관련된 내용을 다시 통보하여야 한다.

③ 제2항에 따라 입찰자격 제한과 관련된 내용을 통보받은 사업시행자는 해당 건설업자 또는 등록사업자의 입찰 참가자격을 제한하여야 한다. 이 경우 사업시행자는 전단에 따라 입찰참가를 제한받은 건설업자 또는 등록사업자와 계약(수의계약을 포함한다)을 체결하여서는 아니 된다.

④ 시·도지사는 제1항에 따라 정비사업의 입찰참가를 제한하는 경우에는 대통령령으로 정하는 바에 따라 입찰참가 제한과 관련된 내용을 제119조 제1항에 따른 정비사업관리시스템에 등록하여야 한다.

⑤ 시·도지사는 대통령령으로 정하는 위반행위에 대하여는 제1항부터 제3항까지에도 불구하고 1회에 한하여 과징금으로 제1항의 입찰참가 제한을 갈음할 수 있다. 이 경우 과징금의 부과기준 및

절차는 제113조의2 제1항 및 제3항을 준용하고, 과징금을 부과하는 위반행위의 종류와 위반 정도 등에 따른 과징금의 금액 등에 필요한 사항은 대통령령으로 정한다.

제114조(정비사업 지원기구) 국토교통부장관 또는 시·도지사는 다음 각 호의 업무를 수행하기 위하여 정비사업 지원기구를 설치할 수 있다. 이 경우 국토교통부장관은 「한국부동산원법」에 따른 한국부동산원 또는 「한국토지주택공사법」에 따라 설립된 한국토지주택공사에, 시·도지사는 「지방공기업법」에 따라 주택사업을 수행하기 위하여 설립된 지방공사에 정비사업 지원기구의 업무를 대행하게 할 수 있다.

1. 정비사업 상담지원업무
2. 정비사업전문관리제도의 지원
3. 전문조합관리인의 교육 및 운영지원
4. 소규모 영세사업장 등의 사업시행계획 및 관리처분계획 수립지원
5. 정비사업을 통한 공공지원민간임대주택 공급 업무 지원
6. 제29조의2에 따른 공사비 검증 업무
7. 공공재개발사업 및 공공재건축사업의 지원
8. 그 밖에 국토교통부장관이 정하는 업무

제115조(교육의 실시) 국토교통부장관, 시·도지사, 시장, 군수 또는 구청장은 추진위원장 및 감사, 조합임원, 전문조합관리인, 정비사업전문관리업자의 대표자 및 기술인력, 토지등소유자 등에 대하여 대통령령으로 정하는 바에 따라 교육을 실시할 수 있다.

제116조(도시분쟁조정위원회의 구성 등) ① 정비사업의 시행으로 발생한 분쟁을 조정하기 위하여 정비구역이 지정된 특별자치시, 특별자치도, 또는 시·군·구(자치구를 말한다. 이하 이 조에서 같다)에 도시분쟁조정위원회(이하 "조정위원회"라 한다)를 둔다. 다만, 시장·군수등을 당사자로 하여 발생한 정비사업의 시행과 관련된 분쟁 등의 조정을 위하여 필요한 경우에는 시·도에 조정위원회를 둘 수 있다.

② 조정위원회는 부시장·부지사·부구청장 또는 부군수를 위원장으로 한 10명 이내의 위원으로 구성한다.

③ 조정위원회 위원은 정비사업에 대한 학식과 경험이 풍부한 사람으로서 다음 각 호의 어느 하나에 해당하는 사람 중에서 시장·군수등이 임명 또는 위촉한다. 이 경우 아래 1., 3. 및 4.에 해당하는 사람이 각 2명 이상 포함되어야 한다.

1. 해당 특별자치시, 특별자치도 또는 시·군·구에서 정비사업 관련 업무에 종사하는 5급 이상 공무원
2. 대학이나 연구기관에서 부교수 이상 또는 이에 상당하는 직에 재직하고 있는 사람
3. 판사, 검사 또는 변호사의 직에 5년 이상 재직한 사람
4. 건축사, 감정평가사, 공인회계사로서 5년 이상 종사한 사람
5. 그 밖에 정비사업에 전문적 지식을 갖춘 사람으로서 시·도조례로 정하는 자

④ 조정위원회에는 위원 3명으로 구성된 분과위원회(이하 "분과위원회"라 한다)를 두며, 분과위원회에는 ③의 1. 및 3.에 해당하는 사람이 각 1명 이상 포함되어야 한다.

제117조(조정위원회의 조정 등) ① 조정위원회는 정비사업의 시행과 관련하여 다음 각 호의 어느 하나에 해당하는 분쟁 사항을 심사·조정한다. 다만, 「주택법」, 「공익사업을 위한 토지 등의 취득 및 보상에 관한 법률」, 그 밖의 관계 법률에 따라 설치된 위원회의 심사대상에 포함되는 사항은 제외할 수 있다.
1. 매도청구권 행사 시 감정가액에 대한 분쟁
2. 공동주택 평형 배정방법에 대한 분쟁
3. 그 밖에 대통령령으로 정하는 분쟁

② 시장·군수등은 다음 각 호의 어느 하나에 해당하는 경우 조정위원회를 개최할 수 있으며, 조정위원회는 조정신청을 받은 날(아래 2.의 경우 조정위원회를 처음 개최한 날을 말한다)부터 60일 이내에 조정절차를 마쳐야 한다. 다만, 조정기간 내에 조정절차를 마칠 수 없는 정당한 사유가 있다고 판단되는 경우에는 조정위원회의 의결로 그 기간을 한 차례만 연장할 수 있으며 그 기간은 30일 이내로 한다.
1. 분쟁당사자가 정비사업의 시행으로 인하여 발생한 분쟁의 조정을 신청하는 경우
2. 시장·군수등이 조정위원회의 조정이 필요하다고 인정하는 경우

③ 조정위원회의 위원장은 조정위원회의 심사에 앞서 분과위원회에서 사전 심사를 담당하게 할 수 있다. 다만, 분과위원회의 위원 전원이 일치된 의견으로 조정위원회의 심사가 필요 없다고 인정하는 경우에는 조정위원회에 회부하지 아니하고 분과위원회의 심사로 조정절차를 마칠 수 있다.

④ 조정위원회 또는 분과위원회는 ② 또는 ③에 따른 조정절차를 마친 경우 조정안을 작성하여 지체없이 각 당사자에게 제시하여야 한다. 이 경우 조정안을 제시받은 각 당사자는 제시받은 날부터 15일 이내에 수락 여부를 조정위원회 또는 분과위원회에 통보하여야 한다.

⑤ 당사자가 조정안을 수락한 경우 조정위원회는 즉시 조정서를 작성한 후, 위원장 및 각 당사자는 조정서에 서명·날인하여야 한다.

⑥ ⑤에 따라 당사자가 강제집행을 승낙하는 취지의 내용이 기재된 조정서에 서명·날인한 경우 조정서의 정본은 「민사집행법」 제56조에도 불구하고 집행력 있는 집행권원과 같은 효력을 가진다. 다만, 청구에 관한 이의의 주장에 대하여는 「민사집행법」 제44조 제2항을 적용하지 아니한다.

⑦ 그 밖에 조정위원회의 구성·운영 및 비용의 부담, 조정기간 연장 등에 필요한 사항은 시·도조례로 정한다.

제117조의2(협의체의 운영 등) ① 시장·군수등은 정비사업과 관련하여 발생하는 문제를 협의하기 위하여 제117조 제2항에 따라 조정위원회의 조정신청을 받기 전에 사업시행자, 관계 공무원 및 전문가, 그 밖에 이해관계가 있는 자 등으로 구성된 협의체를 구성·운영할 수 있다.

② 특별시장·광역시장 또는 도지사는 제1항에 따른 협의체의 구성·운영에 드는 비용의 전부 또는 일부를 보조할 수 있다.

③ 제1항에 따른 협의체의 구성·운영 시기, 협의 대상·방법 및 제2항에 따른 비용 보조 등에 관하여 필요한 사항은 시·도조례로 정한다.

제118조(정비사업의 공공지원) ① 시장·군수등은 정비사업의 투명성 강화 및 효율성 제고를 위하여 시·도조례로 정하는 정비사업에 대하여 사업시행 과정을 지원(이하 "공공지원"이라 한다)하거나 토지주택공사등, 신탁업자, 「주택도시기금법」에 따른 주택도시보증공사 또는 이 법 제102조 제1항 각 호 외의 부분 단서에 따라 대통령령으로 정하는 기관에 공공지원을 위탁할 수 있다.

② ①에 따라 정비사업을 공공지원하는 시장·군수등 및 공공지원을 위탁받은 자(이하 "위탁지원자"라 한다)는 다음 각 호의 업무를 수행한다.

　1. 추진위원회 또는 주민대표회의 구성

　2. 정비사업전문관리업자의 선정(위탁지원자는 선정을 위한 지원으로 한정한다)

　3. 설계자 및 시공자 선정 방법 등

　4. 제52조 제1항 제4호에 따른 세입자의 주거 및 이주 대책(이주 거부에 따른 협의 대책을 포함한다) 수립

　5. 관리처분계획 수립

　6. 그 밖에 시·도조례로 정하는 사항

③ 시장·군수등은 위탁지원자의 공정한 업무수행을 위하여 관련 자료의 제출 및 조사, 현장점검 등 필요한 조치를 할 수 있다. 이 경우 위탁지원자의 행위에 대한 대외적인 책임은 시장·군수등에게 있다.

④ 공공지원에 필요한 비용은 시장·군수등이 부담하되, 특별시장, 광역시장 또는 도지사는 관할 구역의 시장, 군수 또는 구청장에게 특별시·광역시 또는 도의 조례로 정하는 바에 따라 그 비용의 일부를 지원할 수 있다.

⑤ 추진위원회가 ②의 2.에 따라 시장·군수등이 선정한 정비사업전문관리업자를 선정하는 경우에는 제32조 제2항을 적용하지 아니한다.

⑥ 공공지원의 시행을 위한 방법과 절차, 기준 및 제126조에 따른 도시·주거환경정비기금의 지원, 시공자 선정 시기 등에 필요한 사항은 시·도조례로 정한다.

⑦ ⑥에도 불구하고 다음 각 호의 어느 하나에 해당하는 경우에는 토지등소유자(제35조에 따라 조합을 설립한 경우에는 조합원을 말한다)의 과반수 동의를 받아 제29조 제4항에 따라 시공자를 선정할 수 있다. 다만, 1.의 경우에는 해당 건설업자를 시공자로 본다.

　1. 조합이 제25조에 따라 건설업자와 공동으로 정비사업을 시행하는 경우로서 조합과 건설업자 사이에 협약을 체결하는 경우

　2. 제28조 제1항 및 제2항에 따라 사업대행자가 정비사업을 시행하는 경우

⑧ ⑦의 1.의 협약사항에 관한 구체적인 내용은 시·도조례로 정할 수 있다.

제119조(정비사업관리시스템의 구축) ① 국토교통부장관 또는 시·도지사는 정비사업의 효율적이고 투명한 관리를 위하여 정비사업관리시스템을 구축하여 운영할 수 있다.

② 국토교통부장관은 시·도지사에게 ①에 따른 정비사업관리시스템의 구축 등에 필요한 자료의 제출 등 협조를 요청할 수 있다. 이 경우 자료의 제출 등 협조를 요청받은 시·도지사는 정당한 사유가 없으면 이에 따라야 한다.

③ ①에 따른 정비사업관리시스템의 운영방법 등에 필요한 사항은 국토교통부령 또는 시·도조례로 정한다.

제120조(정비사업의 정보공개) 시장·군수등은 정비사업의 투명성 강화를 위하여 조합이 시행하는 정비사업에 관한 다음 각 호의 사항을 매년 1회 이상 인터넷과 그 밖의 방법을 병행하여 공개하여야 한다. 이 경우 공개의 방법 및 시기 등 필요한 사항은 시·도조례로 정한다.

1. 제74조 제1항에 따라 관리처분계획의 인가(변경인가를 포함한다. 이하 이 조에서 같다)를 받은 사항 중 제29조에 따른 계약금액
2. 제74조 제1항에 따라 관리처분계획의 인가를 받은 사항 중 정비사업에서 발생한 이자
3. 그 밖에 시·도조례로 정하는 사항

제121조(청문) 국토교통부장관, 시·도지사, 시장, 군수 또는 구청장은 다음 각 호의 어느 하나에 해당하는 처분을 하려는 경우에는 청문을 하여야 한다.

1. 제86조의2 제3항에 따른 조합설립인가의 취소
2. 제106조 제1항에 따른 정비사업전문관리업의 등록취소
3. 제113조 제1항부터 제3항까지의 규정에 따른 추진위원회 승인의 취소, 조합설립인가의 취소, 사업시행계획인가의 취소 또는 관리처분계획인가의 취소
4. 제113조의2 제1항에 따른 시공자 선정 취소 또는 과징금 부과
5. 제113조의3 제1항에 따른 입찰참가 제한

보칙 및 벌칙

제122조(토지등소유자의 설명의무) ① 토지등소유자는 자신이 소유하는 정비구역 내 토지 또는 건축물에 대하여 매매·전세·임대차 또는 지상권 설정 등 부동산 거래를 위한 계약을 체결하는 경우 다음 각 호의 사항을 거래 상대방에게 설명·고지하고, 거래 계약서에 기재 후 서명·날인하여야 한다.

1. 해당 정비사업의 추진단계
2. 퇴거예정시기(건축물의 경우 철거예정시기를 포함한다)
3. 제19조에 따른 행위제한
4. 제39조에 따른 조합원의 자격
5. 제70조 제5항에 따른 계약기간
6. 제77조에 따른 주택 등 건축물을 분양받을 권리의 산정 기준일
7. 그 밖에 거래 상대방의 권리·의무에 중대한 영향을 미치는 사항으로서 대통령령으로 정하는 사항

② 제1항 각 호의 사항은 「공인중개사법」 제25조 제1항 제2호의 "법령의 규정에 의한 거래 또는 이용 제한사항"으로 본다.

제123조(재개발사업 등의 시행방식의 전환) ① 시장·군수등은 제28조 제1항에 따라 사업대행자를 지정하거나 토지등소유자의 5분의 4 이상의 요구가 있어 제23조 제2항에 따른 재개발사업의 시행방식의 전환이 필요하다고 인정하는 경우에는 정비사업이 완료되기 전이라도 대통령령으로 정하는 범위에서 정비구역의 전부 또는 일부에 대하여 시행방식의 전환을 승인할 수 있다.

② 사업시행자는 제1항에 따라 시행방식을 전환하기 위하여 관리처분계획을 변경하려는 경우 토지면적의 3분의 2 이상의 토지소유자의 동의와 토지등소유자의 5분의 4 이상의 동의를 받아야 하며, 변경절차에 관하여는 제74조 제1항의 관리처분계획 변경에 관한 규정을 준용한다.

③ 사업시행자는 제1항에 따라 정비구역의 일부에 대하여 시행방식을 전환하려는 경우에 재개발사업이 완료된 부분은 제83조에 따라 준공인가를 거쳐 해당 지방자치단체의 공보에 공사완료의 고시를 하여야 하며, 전환하려는 부분은 이 법에서 정하고 있는 절차에 따라 시행방식을 전환하여야 한다.

④ 제3항에 따라 공사완료의 고시를 한 때에는 「공간정보의 구축 및 관리 등에 관한 법률」 제86조 제3항에도 불구하고 관리처분계획의 내용에 따라 제86조에 따른 이전이 된 것으로 본다.

⑤ 사업시행자는 정비계획이 수립된 주거환경개선사업을 제23조 제1항 제4호의 시행방법으로 변경하려는 경우에는 토지등소유자의 3분의 2 이상의 동의를 받아야 한다.

제124조(관련 자료의 공개 등) ① 추진위원장 또는 사업시행자(조합의 경우 청산인을 포함한 조합임원, 토지등소유자가 단독으로 시행하는 재개발사업의 경우에는 그 대표자를 말한다)는 정비사업

의 시행에 관한 다음 각 호의 서류 및 관련 자료가 작성되거나 변경된 후 15일 이내에 이를 조합원, 토지등소유자 또는 세입자가 알 수 있도록 인터넷과 그 밖의 방법을 병행하여 공개하여야 한다.

1. 제34조 제1항에 따른 추진위원회 운영규정 및 정관등
2. 설계자・시공자・철거업자 및 정비사업전문관리업자 등 용역업체의 선정계약서
3. 추진위원회・주민총회・조합총회 및 조합의 이사회・대의원회의 의사록
4. 사업시행계획서
5. 관리처분계획서
6. 해당 정비사업의 시행에 관한 공문서
7. 회계감사보고서
8. 월별 자금의 입금・출금 세부내역
8의2. 제111조의2에 따라 신고한 자금차입에 관한 사항
9. 결산보고서
10. 청산인의 업무 처리 현황
11. 그 밖에 정비사업 시행에 관하여 대통령령으로 정하는 서류 및 관련 자료

② 제1항에 따라 공개의 대상이 되는 서류 및 관련 자료의 경우 분기별로 공개대상의 목록, 개략적인 내용, 공개장소, 열람・복사 방법 등을 대통령령으로 정하는 방법과 절차에 따라 조합원 또는 토지등소유자에게 서면으로 통지하여야 한다.

③ 추진위원장 또는 사업시행자는 제1항 및 제4항에 따라 공개 및 열람・복사 등을 하는 경우에는 주민등록번호를 제외하고 국토교통부령으로 정하는 방법 및 절차에 따라 공개하여야 한다.

④ 조합원, 토지등소유자가 제1항에 따른 서류 및 다음 각 호를 포함하여 정비사업 시행에 관한 서류와 관련 자료에 대하여 열람・복사 요청을 한 경우 추진위원장이나 사업시행자는 15일 이내에 그 요청에 따라야 한다.

1. 토지등소유자 명부
2. 조합원 명부
3. 그 밖에 대통령령으로 정하는 서류 및 관련 자료

⑤ 제4항의 복사에 필요한 비용은 실비의 범위에서 청구인이 부담한다. 이 경우 비용납부의 방법, 시기 및 금액 등에 필요한 사항은 시・도조례로 정한다.

⑥ 제4항에 따라 열람・복사를 요청한 사람은 제공받은 서류와 자료를 사용목적 외의 용도로 이용・활용하여서는 아니 된다.

제125조(관련 자료의 보관 및 인계) ① 추진위원장・정비사업전문관리업자 또는 사업시행자(조합의 경우 청산인을 포함한 조합임원, 토지등소유자가 단독으로 시행하는 재개발사업의 경우에는 그 대표자를 말한다)는 제124조 제1항에 따른 서류 및 관련 자료와 총회 또는 중요한 회의(조합원 또는 토지등소유자의 비용부담을 수반하거나 권리・의무의 변동을 발생시키는 경우로서 대통령

령으로 정하는 회의를 말한다)가 있은 때에는 속기록·녹음 또는 영상자료를 만들어 청산 시까지 보관하여야 한다.

② 시장·군수등 또는 토지주택공사등이 아닌 사업시행자는 정비사업을 완료하거나 폐지한 때에는 시·도조례로 정하는 바에 따라 관계 서류를 시장·군수등에게 인계하여야 한다.

③ 시장·군수등 또는 토지주택공사등인 사업시행자와 제2항에 따라 관계 서류를 인계받은 시장·군수등은 해당 정비사업의 관계 서류를 5년간 보관하여야 한다.

제126조(도시·주거환경정비기금의 설치 등) ① 제4조 및 제7조에 따라 기본계획을 수립하거나 승인하는 특별시장·광역시장·특별자치시장·도지사·특별자치도지사 또는 시장은 정비사업의 원활한 수행을 위하여 도시·주거환경정비기금(이하 "정비기금"이라 한다)을 설치하여야 한다. 다만, 기본계획을 수립하지 아니하는 시장 및 군수도 필요한 경우에는 정비기금을 설치할 수 있다.

② 정비기금은 다음 각 호의 어느 하나에 해당하는 금액을 재원으로 조성한다.

1. 제17조 제4항에 따라 사업시행자가 현금으로 납부한 금액

2. 제55조 제1항, 제101조의5 제2항 및 제101조의6 제2항에 따라 시·도지사, 시장, 군수 또는 구청장에게 공급된 주택의 임대보증금 및 임대료

3. 제94조에 따른 부담금 및 정비사업으로 발생한 「개발이익 환수에 관한 법률」에 따른 개발부담금 중 지방자치단체 귀속분의 일부

4. 제98조에 따른 정비구역(재건축구역은 제외한다) 안의 국·공유지 매각대금 중 대통령령으로 정하는 일정 비율 이상의 금액

4의2. 제113조의2에 따른 과징금

5. 「재건축초과이익 환수에 관한 법률」에 따른 재건축부담금 중 같은 법 제4조 제3항 및 제4항에 따른 지방자치단체 귀속분

6. 「지방세법」 제69조에 따라 부과·징수되는 지방소비세 또는 같은 법 제112조(같은 조 제1항 제1호는 제외한다)에 따라 부과·징수되는 재산세 중 대통령령으로 정하는 일정 비율 이상의 금액

7. 그 밖에 시·도조례로 정하는 재원

③ 정비기금은 다음 각 호의 어느 하나의 용도 이외의 목적으로 사용하여서는 아니 된다.

1. 이 법에 따른 정비사업으로서 다음 각 목의 어느 하나에 해당하는 사항

　　가. 기본계획의 수립

　　나. 안전진단 및 정비계획의 수립

　　다. 추진위원회의 운영자금 대여

　　라. 그 밖에 이 법과 시·도조례로 정하는 사항

2. 임대주택의 건설·관리

3. 임차인의 주거안정 지원

4. 「재건축초과이익 환수에 관한 법률」에 따른 재건축부담금의 부과·징수

5. 주택개량의 지원

6. 정비구역등이 해제된 지역에서의 정비기반시설의 설치 지원

7. 「빈집 및 소규모주택 정비에 관한 특례법」 제44조에 따른 빈집정비사업 및 소규모주택정비사업에 대한 지원

8. 「주택법」 제68조에 따른 증축형 리모델링의 안전진단 지원

9. 제142조에 따른 신고포상금의 지급

④ 정비기금의 관리・운용과 개발부담금의 지방자치단체의 귀속분 중 정비기금으로 적립되는 비율 등에 필요한 사항은 시・도조례로 정한다.

제127조(노후・불량주거지 개선계획의 수립) 국토교통부장관은 주택 또는 기반시설이 열악한 주거지의 주거환경개선을 위하여 5년마다 개선대상지역을 조사하고 연차별 재정지원계획 등을 포함한 노후・불량주거지 개선계획을 수립하여야 한다.

제128조(권한의 위임 등) ① 국토교통부장관은 이 법에 따른 권한의 일부를 대통령령으로 정하는 바에 따라 시・도지사, 시장, 군수 또는 구청장에게 위임할 수 있다.

② 국토교통부장관, 시・도지사, 시장, 군수 또는 구청장은 이 법의 효율적인 집행을 위하여 필요한 경우에는 대통령령으로 정하는 바에 따라 다음 각 호의 어느 하나에 해당하는 사무를 정비사업지원기구, 협회 등 대통령령으로 정하는 기관 또는 단체에 위탁할 수 있다.

1. 제108조에 따른 정비사업전문관리업 정보종합체계의 구축・운영

2. 제115조에 따른 교육의 실시

2의2. 제119조에 따른 정비사업관리시스템의 구축・운영

3. 그 밖에 대통령령으로 정하는 사무

제129조(사업시행자 등의 권리・의무의 승계) 사업시행자와 정비사업과 관련하여 권리를 갖는 자(이하 "권리자"라 한다)의 변동이 있는 때에는 종전의 사업시행자와 권리자의 권리・의무는 새로 사업시행자와 권리자로 된 자가 승계한다.

제130조(정비구역의 범죄 등의 예방) ① 시장・군수등은 제50조 제1항에 따른 사업시행계획인가를 한 경우 그 사실을 관할 경찰서장 및 관할 소방서장에게 통보하여야 한다.

② 시장・군수등은 사업시행계획인가를 한 경우 정비구역 내 주민 안전 등을 위하여 다음 각 호의 사항을 관할 시・도경찰청장 또는 경찰서장에게 요청할 수 있다.

1. 순찰 강화

2. 순찰초소의 설치 등 범죄 예방을 위하여 필요한 시설의 설치 및 관리

3. 그 밖에 주민의 안전을 위하여 필요하다고 인정하는 사항

③ 시장・군수등은 사업시행계획인가를 한 경우 정비구역 내 주민 안전 등을 위하여 관할 시・도 소방본부장 또는 소방서장에게 화재예방 순찰을 강화하도록 요청할 수 있다.

제131조(재건축사업의 안전진단 재실시) 시장·군수등은 제16조 제2항 전단에 따라 정비구역이 지정·고시된 날부터 10년이 되는 날까지 제50조에 따른 사업시행계획인가를 받지 아니하고 다음 각 호의 어느 하나에 해당하는 경우에는 안전진단을 다시 실시하여야 한다.

1. 「재난 및 안전관리 기본법」 제27조 제1항에 따라 재난이 발생할 위험이 높거나 재난예방을 위하여 계속적으로 관리할 필요가 있다고 인정하여 특정관리대상지역으로 지정하는 경우
2. 「시설물의 안전 및 유지관리에 관한 특별법」 제12조 제2항에 따라 재해 및 재난 예방과 시설물의 안전성 확보 등을 위하여 정밀안전진단을 실시하는 경우
3. 「공동주택관리법」 제37조 제3항에 따라 공동주택의 구조안전에 중대한 하자가 있다고 인정하여 안전진단을 실시하는 경우

제132조(조합임원 등의 선임·선정 및 계약 체결 시 행위제한 등) ① 누구든지 추진위원, 조합임원의 선임 또는 제29조에 따른 계약 체결과 관련하여 다음 각 호의 행위를 하여서는 아니 된다.

1. 금품, 향응 또는 그 밖의 재산상 이익을 제공하거나 제공의사를 표시하거나 제공을 약속하는 행위
2. 금품, 향응 또는 그 밖의 재산상 이익을 제공받거나 제공의사 표시를 승낙하는 행위
3. 제3자를 통하여 제1호 또는 제2호에 해당하는 행위를 하는 행위

② 건설업자와 등록사업자는 제29조에 따른 계약의 체결과 관련하여 시공과 관련 없는 사항으로서 다음 각 호의 어느 하나에 해당하는 사항을 제안하여서는 아니 된다.

1. 이사비, 이주비, 이주촉진비, 그 밖에 시공과 관련 없는 사항에 대한 금전이나 재산상 이익을 제공하는 것으로서 대통령령으로 정하는 사항
2. 「재건축초과이익 환수에 관한 법률」에 따른 재건축부담금의 대납 등 이 법 또는 다른 법률을 위반하는 방법으로 정비사업을 수행하는 것으로서 대통령령으로 정하는 사항

③ 시·도지사, 시장, 군수 또는 구청장은 제1항 각 호 또는 제2항 각 호의 행위에 대한 신고의 접수·처리 등의 업무를 수행하기 위하여 신고센터를 설치·운영할 수 있다.

④ 제3항에 따른 신고센터의 설치 및 운영에 필요한 사항은 국토교통부령으로 정한다.

제132조의2(건설업자와 등록사업자의 관리·감독 의무) 건설업자와 등록사업자는 시공자 선정과 관련하여 홍보 등을 위하여 계약한 용역업체의 임직원이 제132조 제1항을 위반하지 아니하도록 교육, 용역비 집행 점검, 용역업체 관리·감독 등 필요한 조치를 하여야 한다.

제132조의3(허위·과장된 정보제공 등의 금지) ① 건설업자, 등록사업자 및 정비사업전문관리업자는 토지등소유자에게 정비사업에 관한 정보를 제공함에 있어 다음 각 호의 행위를 하여서는 아니 된다.

1. 사실과 다르게 정보를 제공하거나 사실을 부풀려 정보를 제공하는 행위
2. 사실을 숨기거나 축소하는 방법으로 정보를 제공하는 행위

② 제1항 각 호의 행위의 구체적인 내용은 대통령령으로 정한다.

③ 건설업자, 등록사업자 및 정비사업전문관리업자는 제1항을 위반함으로써 피해를 입은 자가 있는 경우에는 그 피해자에 대하여 손해배상의 책임을 진다.

④ 제3항에 따른 손해가 발생된 사실은 인정되나 그 손해액을 증명하는 것이 사안의 성질상 곤란한 경우 법원은 변론 전체의 취지와 증거조사의 결과에 기초하여 상당한 손해액을 인정할 수 있다.

제133조(조합설립인가 등의 취소에 따른 채권의 손해액 산입) 시공자·설계자 또는 정비사업전문관리업자 등(이하 이 조에서 "시공자등"이라 한다)은 해당 추진위원회 또는 조합(연대보증인을 포함하며, 이하 이 조에서 "조합등"이라 한다)에 대한 채권(조합등이 시공자등과 합의하여 이미 상환하였거나 상환할 예정인 채권은 제외한다. 이하 이 조에서 같다)의 전부 또는 일부를 포기하고 이를 「조세특례제한법」 제104조의26에 따라 손금에 산입하려면 해당 조합등과 합의하여 다음 각 호의 사항을 포함한 채권확인서를 시장·군수등에게 제출하여야 한다.

1. 채권의 금액 및 그 증빙 자료
2. 채권의 포기에 관한 합의서 및 이후의 처리 계획
3. 그 밖에 채권의 포기 등에 관하여 시·도조례로 정하는 사항

제134조(벌칙 적용에서 공무원 의제) 추진위원장·조합임원·청산인·전문조합관리인 및 정비사업전문관리업자의 대표자(법인인 경우에는 임원을 말한다)·직원 및 위탁지원자는 「형법」 제129조부터 제132조까지의 규정을 적용할 때에는 공무원으로 본다.

제135조(벌칙) 다음 각 호의 어느 하나에 해당하는 자는 5년 이하의 징역 또는 5천만원 이하의 벌금에 처한다.

1. 제36조에 따른 토지등소유자의 서면동의서를 위조한 자
2. 제132조 제1항 각 호의 어느 하나를 위반하여 금품, 향응 또는 그 밖의 재산상 이익을 제공하거나 제공의사를 표시하거나 제공을 약속하는 행위를 하거나 제공을 받거나 제공의사 표시를 승낙한 자

제136조(벌칙) 다음 각 호의 어느 하나에 해당하는 자는 3년 이하의 징역 또는 3천만원 이하의 벌금에 처한다.

1. 제29조 제1항에 따른 계약의 방법을 위반하여 계약을 체결한 추진위원장, 전문조합관리인 또는 조합임원(조합의 청산인 및 토지등소유자가 시행하는 재개발사업의 경우에는 그 대표자, 지정개발자가 사업시행자인 경우 그 대표자를 말한다)
2. 제29조 제4항부터 제7항까지 및 제10항을 위반하여 시공자를 선정한 자 및 시공자로 선정된 자
2의2. 제29조 제11항을 위반하여 시공자와 공사에 관한 계약을 체결한 자
3. 제31조 제1항에 따른 시장·군수등의 추진위원회 승인을 받지 아니하고 정비사업전문관리업자를 선정한 자

4. 제32조 제2항에 따른 계약의 방법을 위반하여 정비사업전문관리업자를 선정한 추진위원장(전문조합관리인을 포함한다)
5. 제36조에 따른 토지등소유자의 서면동의서를 매도하거나 매수한 자
6. 거짓 또는 부정한 방법으로 제39조 제2항을 위반하여 조합원 자격을 취득한 자와 조합원 자격을 취득하게 하여준 토지등소유자 및 조합의 임직원(전문조합관리인을 포함한다)
7. 제39조 제2항을 회피하여 제72조에 따른 분양주택을 이전 또는 공급받을 목적으로 건축물 또는 토지의 양도·양수 사실을 은폐한 자
8. 제76조 제1항 제7호라목 단서를 위반하여 주택을 전매하거나 전매를 알선한 자

제137조(벌칙) 다음 각 호의 어느 하나에 해당하는 자는 2년 이하의 징역 또는 2천만원 이하의 벌금에 처한다.
1. 제12조 제5항에 따른 안전진단 결과보고서를 거짓으로 작성한 자
2. 제19조 제1항을 위반하여 허가 또는 변경허가를 받지 아니하거나 거짓, 그 밖의 부정한 방법으로 허가 또는 변경허가를 받아 행위를 한 자
3. 제31조 제1항 또는 제47조 제3항을 위반하여 추진위원회 또는 주민대표회의의 승인을 받지 아니하고 제32조 제1항 각 호의 업무를 수행하거나 주민대표회의를 구성·운영한 자
4. 제31조 제1항 또는 제47조 제3항에 따라 승인받은 추진위원회 또는 주민대표회의가 구성되어 있음에도 불구하고 임의로 추진위원회 또는 주민대표회의를 구성하여 이 법에 따른 정비사업을 추진한 자
5. 제35조에 따라 조합이 설립되었는데도 불구하고 추진위원회를 계속 운영한 자
6. 제45조에 따른 총회의 의결을 거치지 아니하고 같은 조 제1항 각 호의 사업(같은 항 제13호 중 정관으로 정하는 사항은 제외한다)을 임의로 추진한 조합임원(전문조합관리인을 포함한다)
7. 제50조에 따른 사업시행계획인가를 받지 아니하고 정비사업을 시행한 자와 같은 사업시행계획서를 위반하여 건축물을 건축한 자
8. 제74조에 따른 관리처분계획인가를 받지 아니하고 제86조에 따른 이전을 한 자
9. 제102조 제1항을 위반하여 등록을 하지 아니하고 이 법에 따른 정비사업을 위탁받은 자 또는 거짓, 그 밖의 부정한 방법으로 등록을 한 정비사업전문관리업자
10. 제106조 제1항 각 호 외의 부분 단서에 따라 등록이 취소되었음에도 불구하고 영업을 하는 자
11. 제113조 제1항부터 제3항까지의 규정에 따른 처분의 취소·변경 또는 정지, 그 공사의 중지 및 변경에 관한 명령을 받고도 이를 따르지 아니한 추진위원회, 사업시행자, 주민대표회의 및 정비사업전문관리업자
12. 제124조 제1항에 따른 서류 및 관련 자료를 거짓으로 공개한 추진위원장 또는 조합임원(토지등소유자가 시행하는 재개발사업의 경우 그 대표자)
13. 제124조 제4항에 따른 열람·복사 요청에 허위의 사실이 포함된 자료를 열람·복사해 준 추진위원장 또는 조합임원(토지등소유자가 시행하는 재개발사업의 경우 그 대표자)

제138조(벌칙) ① 다음 각 호의 어느 하나에 해당하는 자는 1년 이하의 징역 또는 1천만원 이하의 벌금에 처한다.

1. 제19조 제8항을 위반하여 「주택법」 제2조 제11호 가목에 따른 지역주택조합의 조합원을 모집한 자

2. 제34조 제4항을 위반하여 추진위원회의 회계장부 및 관계 서류를 조합에 인계하지 아니한 추진위원장(전문조합관리인을 포함한다)

3. 제83조 제1항에 따른 준공인가를 받지 아니하고 건축물 등을 사용한 자와 같은 조 제5항 본문에 따라 시장·군수등의 사용허가를 받지 아니하고 건축물을 사용한 자

4. 다른 사람에게 자기의 성명 또는 상호를 사용하여 이 법에서 정한 업무를 수행하게 하거나 등록증을 대여한 정비사업전문관리업자

5. 제102조 제1항 각 호에 따른 업무를 다른 용역업체 및 그 직원에게 수행하도록 한 정비사업전문관리업자

6. 제112조 제1항에 따른 회계감사를 요청하지 아니한 추진위원장, 전문조합관리인 또는 조합임원(토지등소유자가 시행하는 재개발사업 또는 제27조에 따라 지정개발자가 시행하는 정비사업의 경우에는 그 대표자를 말한다)

7. 제124조 제1항을 위반하여 정비사업시행과 관련한 서류 및 자료를 인터넷과 그 밖의 방법을 병행하여 공개하지 아니하거나 같은 조 제4항을 위반하여 조합원 또는 토지등소유자의 열람·복사 요청을 따르지 아니하는 추진위원장, 전문조합관리인 또는 조합임원(조합의 청산인 및 토지등소유자가 시행하는 재개발사업의 경우에는 그 대표자, 제27조에 따른 지정개발자가 사업시행자인 경우 그 대표자를 말한다)

8. 제125조 제1항을 위반하여 속기록 등을 만들지 아니하거나 관련 자료를 청산 시까지 보관하지 아니한 추진위원장, 전문조합관리인 또는 조합임원(조합의 청산인 및 토지등소유자가 시행하는 재개발사업의 경우에는 그 대표자, 제27조에 따른 지정개발자가 사업시행자인 경우 그 대표자를 말한다)

② 건설업자 또는 등록사업자가 제132조의2에 따른 조치를 소홀히 하여 용역업체의 임직원이 제132조 제1항 각 호의 어느 하나를 위반한 경우 그 건설업자 또는 등록사업자는 5천만원 이하의 벌금에 처한다.

제139조(양벌규정) 법인의 대표자나 법인 또는 개인의 대리인, 사용인, 그 밖의 종업원이 그 법인 또는 개인의 업무에 관하여 제135조부터 제138조까지의 어느 하나에 해당하는 위반행위를 하면 그 행위자를 벌하는 외에 그 법인 또는 개인에게도 해당 조문의 벌금에 처한다. 다만, 법인 또는 개인이 그 위반행위를 방지하기 위하여 해당 업무에 관하여 상당한 주의와 감독을 게을리하지 아니한 경우에는 그러하지 아니하다.

제140조(과태료) ① 다음 각 호의 어느 하나에 해당하는 자에게는 1천만원 이하의 과태료를 부과한다.

1. 제113조 제2항에 따른 점검반의 현장조사를 거부·기피 또는 방해한 자
2. 제132조 제2항을 위반하여 제29조에 따른 계약의 체결과 관련하여 시공과 관련 없는 사항을 제안한 자
3. 제132조의3제1항을 위반하여 사실과 다른 정보 또는 부풀려진 정보를 제공하거나, 사실을 숨기거나 축소하여 정보를 제공한 자

② 다음 각 호의 어느 하나에 해당하는 자에게는 500만원 이하의 과태료를 부과한다.

1. 제29조 제2항을 위반하여 전자조달시스템을 이용하지 아니하고 계약을 체결한 자
2. 제78조 제5항 또는 제86조 제1항에 따른 통지를 게을리한 자
3. 제107조 제1항 및 제111조 제2항에 따른 보고 또는 자료의 제출을 게을리한 자
3의2. 제111조의2를 위반하여 자금차입에 관한 사항을 신고하지 아니하거나 거짓으로 신고한 자
4. 제125조 제2항에 따른 관계 서류의 인계를 게을리한 자

③ 제1항 및 제2항에 따른 과태료는 대통령령으로 정하는 방법 및 절차에 따라 국토교통부장관, 시·도지사, 시장, 군수 또는 구청장이 부과·징수한다.

제141조(자수자에 대한 특례) 제132조 제1항 각 호의 어느 하나를 위반하여 금품, 향응 또는 그 밖의 재산상 이익을 제공하거나 제공의사를 표시하거나 제공을 약속하는 행위를 하거나 제공을 받거나 제공의사 표시를 승낙한 자가 자수하였을 때에는 그 형벌을 감경 또는 면제한다.

제142조(금품·향응 수수행위 등에 대한 신고포상금) 시·도지사 또는 대도시의 시장은 제132조 제1항 각 호의 행위사실을 신고한 자에게 시·도조례로 정하는 바에 따라 포상금을 지급할 수 있다.

박문각
감정평가사

도승하
감정평가관계법규

1차 | 기본서

제4판 인쇄 2024. 7. 25. | **제4판 발행** 2024. 7. 30. | **편저자** 도승하

발행인 박 용 | **발행처** (주)박문각출판 | **등록** 2015년 4월 29일 제2019-0000137호

주소 06654 서울시 서초구 효령로 283 서경 B/D 4층 | **팩스** (02)584-2927

전화 교재 문의 (02)6466-7202

저자와의
협의하에
인지생략

정가 54,000원
ISBN 979-11-7262-062-2